ZUIGAO RENMIN FAYUAN
MINSHI SUSONG ZHENGJU GUIZE
TIAOWEN JIEXI YU SHIWU YUNYONG

最高人民法院
民事诉讼证据规则
条文解析与实务运用

肖　峰／著

法律出版社 LAW PRESS·CHINA
北京

图书在版编目(CIP)数据

最高人民法院民事诉讼证据规则：条文解析与实务运用 / 肖峰著. -- 北京：法律出版社，2022(2025.12 重印).
ISBN 978-7-5197-5755-7

Ⅰ. ①最… Ⅱ. ①肖… Ⅲ. ①民事诉讼－证据－法规－中国②民事诉讼－证据－法律解释－中国 Ⅳ. ①D925.113

中国版本图书馆 CIP 数据核字(2021)第 141305 号

最高人民法院民事诉讼证据规则：
条文解析与实务运用
ZUIGAO RENMIN FAYUAN MINSHI SUSONG ZHENGJU GUIZE:
TIAOWEN JIEXI YU SHIWU YUNYONG

肖 峰 著

责任编辑 慕雪丹 章 雯
装帧设计 汪奇峰

出版发行 法律出版社
编辑统筹 法商出版分社
责任校对 赵明霞
责任印制 胡晓雅
经 销 新华书店

开本 787 毫米×1092 毫米 1/16
印张 41 字数 995 千
版本 2022 年 6 月第 1 版
印次 2025 年 12 月第 5 次印刷
印刷 固安华明印业有限公司

地址:北京市丰台区莲花池西里 7 号(100073)
网址:www.lawpress.com.cn
投稿邮箱:info@lawpress.com.cn
举报盗版邮箱:jbwq@lawpress.com.cn

销售电话:010-83938349
客服电话:010-83938350
咨询电话:010-63939796

书号:ISBN 978-7-5197-5755-7
定价:188.00 元
凡购买本社图书,如有印装错误,我社负责退换。电话:010-83938349

作者简介

肖　峰　全日制法学博士，经济学博士后。原最高人民法院高级法官、首批员额法官，最高人民法院民事审判第一庭、第三巡回法庭主审法官、审判长，国家法官学院专家委员会委员。国务院国资委特聘授课专家、中国婚姻家庭法学研究会理事、中国社会法学研究会理事、中华遗嘱库法律委员会主席、中国人民大学、中国政法大学、西北政法大学、北京化工大学等高校兼职教授、硕士生导师。

迄今已审理各类民商事案件近2000件，多次被最高人民法院评为办案标兵，多篇裁判文书被选为全国指导案例或最高人民法院优秀裁判文书。

参与起草了民事诉讼法司法解释、民事诉讼证据规定司法解释、民事诉讼法律文书样式、建设工程施工合同纠纷司法解释、劳动争议司法解释、民间借贷司法解释、房屋租赁司法解释、物权法解释、婚姻家庭编司法解释（一）、继承编司法解释（一）、劳动争议裁审衔接意见、最高法院民法典立法建议稿（总则编、合同编、物权编、婚姻家庭编、继承编）等重要法律、司法解释及规范性文件。

参与撰写了民事诉讼法司法解释、八民会纪要、婚姻法解释三、劳动争议司法解释四、民间借贷司法解释、房屋租赁合同司法解释、旅游纠纷司法解释、网络侵权司法解释、物权法司法解释一、消费者公益诉讼司法解释、建设工程施工合同司法解释、民法典婚姻家庭编司法解释（一）、民法典继承编司法解释（一）等理解与适用书籍。

在《中国审判》《人民司法》《法律适用》《民事审判指导与参考》《建筑时报》等刊物发文50多篇。著有：《新民诉法解释法义精要与实务指引》《担保法实务札记 ：担保纠纷裁判思路精解》《婚姻家庭纠纷裁判思路与裁判规则》《中华人民共和国民法典婚姻家庭编条文精释与案例实务》《中华人民共和国民法典继承编条文释义与疑难适用》等书籍。

曾应邀在国家法官学院、部分省市高级人民法院、国务院国资委、中国银行业协会以及中国平安、国家开发银行、中国建筑、中国交建、中国中铁、中国电建、中国石化、中国联通、中国电科、国家能源集团、华润集团等中国企业五百强单位讲授法律实务课程。

个人主理法律实务微信公众号“法语峰言”“房建峰言”拥有业内粉丝数十万，位居国内法律实务类公众号前列。了解更多实务内容，敬请关注肖峰博士个人微信公号：**“法语峰言”**和**“房建峰言”**。

序

“是即是，从来好事多磨难。”这是我写这本书的最大感受。严格来说，我硕博阶段分别学的是民商法、经济法，写程序法问题并非我专业所及。好在博士毕业进入最高人民法院后，我审理了大量民商事经济纠纷案件，对诉讼程序有了较多的感性认识。特别是有幸作为起草专班主要成员，我全程参与起草了《最高人民法院关于适用〈中华人民共和国民事诉讼法〉的解释》，并具体负责执笔修改并参与定稿了该司法解释中：证据、第一审普通程序、简易程序、小额诉讼、特别程序、督促程序以及执行异议之诉等部分的全部条文。鉴于民事证据问题的复杂性，《最高人民法院关于适用〈中华人民共和国民事诉讼法〉的解释》中并未对证据部分作出全面规定。在该司法解释颁布施行后，最高人民法院随即开始立项制定新的证据规定司法解释。在参与新的证据规定司法解释起草讨论中，我提出的一些建议，也已被采纳吸收。

参与上述民事诉讼程序相关司法解释的起草：一方面让我加强了对民事诉讼前沿理论的学习；另一方面则帮助我全面了解了民事诉讼程序实务领域存在的诸多争议和解决思路。这些都进一步提升了我对民事诉讼程序特别是证据部分的理论水平和实务操作能力。

此外，我也曾应邀在国家法官学院、各省市高级人民法院、国务院国资委法规局、中国平安、中国建筑、中国电建、中国联通、中国石化、国家能源、华润等单位讲授民事诉讼实务课程。通过授课及与听众的互动，也让我加深了对民事诉讼程序以及证据实务的理解。

正是基于这些理论知识和实务经验的铺垫，我萌生了写一本证据法书籍的想法。但真正有勇气提笔开始本书的写作，还是在2019年最高人民法院派我到南京的第三巡回法庭担任主审法官期间。一开始，我曾试图写一本关于证据法的纯理论书籍，但几经努力，终因理论储备不够，不得不放弃，转向理论和实务相结合的写作思路。为此，我在传统条文释义模式基础上，将每个条文细化为：【法条渊源】【法条精析】【实务疑难】【关联法条】【典型案例】等五个部分。具体而言：

【法条渊源】梳理了新证据规定所有条文的前世今生和发展变化，让您了解每一个法条的起草背景及与相关法条的互动关系；

【法条精析】从历次起草稿法条表述的增、删、改等文字变动情况着手，进行理论分析，并阐明实务要点，让您全面了解该法条起草的不同想法和做法；

【实务疑难】针对诉讼实务中常见争议问题,结合我本人15年来的办案经验心得,提出一些倾向性意见,为您实务办案提供参考;

【关联法条】收集了2021年最新民事诉讼法和2022年最新民事诉讼法解释等现行法律、行政法规、司法解释等规范性文件中与本条司法解释相关的条文,供您对比分析,加深对本条的理解;

【典型案例】检索了近年来司法实践中关于每个法条适用的最新裁判案例(截至2022年5月),为您直观展示法条适用的具体语境和适用要点,搭建从知识到实务的捷径。

此外,为了让您有更好的阅读体验,我还在本书书末附上了【证据相关条文新旧对比及现行有效证据条文汇总】和【当事人用证据诉讼文书样式】。

概言之,我写书的初衷就是梳理总结我过往证据实务经验和心得体会,与您分享、交流、共同进步。

写作始终,不忘初衷! 至于结果,留给时间!

法律、司法解释及其他法律文件全称、简称对照

一、法律

全称	简称
1982 年《中华人民共和国民事诉讼法(试行)》	1982 年《民事诉讼法》
1991 年《中华人民共和国民事诉讼法》	1991 年《民事诉讼法》
2007 年第一次修正《中华人民共和国民事诉讼法》	2007 年《民事诉讼法》
2012 年第二次修正《中华人民共和国民事诉讼法》	2012 年《民事诉讼法》
2017 年修正《中华人民共和国公证法》	2017 年修正《公证法》
2017 年第三次修正《中华人民共和国民事诉讼法》	2017 年《民事诉讼法》
2021 年第四次修正《中华人民共和国民事诉讼法》	2021 年《民事诉讼法》
1999 年《中华人民共和国合同法》	1999 年《合同法》
1999 年《中华人民共和国海事诉讼特别程序法》	2000 年《海事程序法》
2005 年《中华人民共和国电子签名法》	2005 年《电子签名法》
2018 年《中华人民共和国公司法》	2018 年《公司法》
2020 年《中华人民共和国民法典》	2021 年《民法典》
2007 年《中华人民共和国物权法》	2007 年《物权法》

二、司法解释及其他法律文件

全称	简称
1992 年《最高人民法院关于适用〈中华人民共和国民事诉讼法〉若干问题的意见》	1992 年《民诉法意见》
1993 年《第一审经济纠纷案件适用普通程序开庭审理的若干规定》	1993 年《经济开庭规定》
1997 年《最高人民法院关于人民法院立案工作的暂行规定》	1997 年《立案暂行规定》
1998 年《最高人民法院关于民事经济审判方式改革问题的若干规定》	1998 年《审判改革规定》
2008 年《最高人民法院关于适用〈关于民事诉讼证据的若干规定〉中有关举证时限规定的通知》	2008 年《举证时限通知》

续表

全称	简称
2002年《最高人民法院关于民事诉讼证据的若干规定》	2002年《证据规定》
2007年《最高人民法院对外委托鉴定、评估、拍卖等工作管理规定》	2007年《委托鉴定规定》
2010年《最高人民法院、最高人民检察院、公安部、国家安全部、司法部关于办理死刑案件审查判断证据若干问题的规定》	2010年《死刑证据规定》
2012年《最高人民法院关于适用〈中华人民共和国刑事诉讼法〉的解释》	2012年《刑诉法解释》
2015年《最高人民法院关于适用〈中华人民共和国民事诉讼法〉的解释》	2015年《民诉法解释》
2020年第一次修正《最高人民法院关于适用〈中华人民共和国民事诉讼法〉的解释》	2020年《民诉法解释》
2022年第二次修正《最高人民法院关于适用〈中华人民共和国民事诉讼法〉的解释》	2022年《民诉法解释》
2015年《最高人民法院关于人民法院登记立案若干问题的规定》	2015年《登记立案规定》
2015年《全国人民代表大会常务委员会关于司法鉴定管理问题的决定》	2015年《鉴定管理决定》
2016年《最高人民法院、最高人民检察院、公安部关于办理刑事案件收集提取和审查判断电子数据若干问题的规定》	2016年《电子数据规定》
2016年《最高人民法院关于民事诉讼证据的解释》(征求意见稿)	2016年《法院征求意见稿》
2017年《最高人民法院、最高人民检察院、公安部、国家安全部、司法部关于办理刑事案件严格排除非法证据若干问题的规定》	2017年《排除非法证据规定》
2017年《最高人民法院关于民事诉讼证据的解释》(最高人民法院民一庭提交审判长联席会议讨论稿)	2017年《审判长讨论稿》
2018年《最高人民法院关于民事诉讼证据的解释》(提交最高人民法院审判委员会送审稿)	2018年《审委会送审稿》
2019年《最高人民法院关于审理建设工程施工合同纠纷案件适用法律问题的解释(二)》	2019年《建设工程解释二》
2019年修正《最高人民法院关于民事诉讼证据的若干规定》	2020年《证据规定》
2020年《最高人民法院关于人民法院民事诉讼中委托鉴定审查工作若干问题的规定》	2020年《委托鉴定审查规定》
2020年《最高人民法院关于知识产权民事诉讼证据的若干规定》	2020年《知产证据规定》
2015年《最高人民法院关于审理民间借贷案件适用法律若干问题的规定》	2015年《民间借贷司法解释》

续表

全称	简称
2020 年修正《最高人民法院关于适用〈中华人民共和国公司法〉若干问题的规定(四)》	2020 年《公司法解释四》
1998 年《最高人民法院关于执行〈中华人民共和国刑事诉讼法〉若干问题的解释》	1998 年《刑诉法解释》
2005 年《全国人民代表大会常务委员会关于司法鉴定管理问题的决定》	2005 年《鉴定管理决定》

2021 年第四次修正《中华人民共和国民事诉讼法》前后相关条文序号对照表

【说明】2019 年修正《最高人民法院关于民事诉讼证据的若干规定》时，所依据的为当时有效的 2017 年第三次修正《中华人民共和国民事诉讼法》。但 2021 年第四次修正《中华人民共和国民事诉讼法》后，截止本书完成之时，《最高人民法院关于民事诉讼证据的若干规定》未再进行相应修正。鉴于与本部分相关的民事诉讼法条文，在 2021 年第四次修正《中华人民共和国民事诉讼法》前后只有条文序号变动，而条文内容均无变化，为还原当时起草过程，本书中仍有部分表述引用了当时的条文序号。为避免读者混淆，故制作相关条文修正前后序号对照表，供参考。

2017 年第三次修正《中华人民共和国民事诉讼法》	2021 年第四次修正《中华人民共和国民事诉讼法》
第六章　证　　据	
第六十三条	第六十六条
第六十四条	第六十七条
第六十五条	第六十八条
第六十六条	第六十九条
第六十七条	第七十条
第六十八条	第七十一条
第六十九条	第七十二条
第七十条	第七十三条
第七十一条	第七十四条
第七十二条	第七十五条
第七十三条	第七十六条
第七十四条	第七十七条
第七十五条	第七十八条
第七十六条	第七十九条
第七十七条	第八十条
第七十八条	第八十一条

续表

2017 年第三次修正 《中华人民共和国民事诉讼法》	2021 年第四次修正 《中华人民共和国民事诉讼法》
第七十九条	第八十二条
第八十条	第八十三条
第八十一条	第八十四条
第一百一十条	第一百一十三条
第一百一十一条	第一百一十四条
第一百二十七条	第一百三十条
第一百三十三条	第一百三十六条

目　　录

第一部分　2020 年《证据规定》条文

第一部分　2020 年《证据规定》条文

（修改）第一条 【起诉证据】

原告向人民法院起诉或者被告提出反诉，应当提供符合起诉条件的相应的证据。

法条渊源

人民法院对起诉条件及其相应证据要求的立案审查早在 1982 年《民事诉讼法》第八十一条至第八十五条就有明确规定。此后，在历次民事诉讼法修改中均一脉相承。1997 年《立案暂行规定》，确立了人民法院内部立审分离制度，首次以规范性文件的形式对起诉受理阶段的有关事实问题提出证明要求，从而产生了"起诉证据"这一证据法学上的新课题。但在实务中仍有当事人在起诉或提出反诉时，不提交证明其符合起诉条件的相关证据。这无疑增加了人民法院审查立案的难度。为此，2002 年《证据规定》第一条开宗明义，第一次对当事人起诉或反诉宣示了应当提供自己符合起诉条件的相应证据要求。2022 年《民诉法解释》第二百零八条规定实行立案登记，但仍需要当事人提供起诉材料，法院进行立案审查后决定是否立案。2015 年《登记立案规定》第六条则规定，当事人提出起诉的，应当提交证明当事人原被告资格、诉讼请求和争议事实的证据材料。可见，实行立案登记制后，人民法院仍应对当事人是否具备起诉条件进行立案审查，故当事人应提供相应证据材料。本条规定沿袭了 2002 年《证据规定》第一条的实质要求。

法条精析

本条是在 2002 年《证据规定》第一条基础上稍作文字修改而来，主要内容是对起诉证据要求的规定。此前，在 2016 年《法院征求意见稿》和 2017 年《审判长讨论稿》中基于总分结构的体系安排，本条内容被删除。但在 2018 年《审委会送审稿》中又恢复表述为"原告向人民法院起诉或者被告提起反诉，应当提供符合起诉条件的相应的证据"。最终定稿时则只作了个别文字修改，将"提起反诉"修改为"提出反诉"，更符合实务中的惯用表达（注：尽管其与 2021 年《民事诉讼法》第五十四条中"提起反诉"的书面表达并不一致）。

该修改参照 2021 年《民事诉讼法》第六十七条第一款的规定，明确了原告对自己符合起诉条件这一主张的行为意义上的举证责任，暗含了如果举证不能，应依照 2022 年《民诉法解释》第九十条第二款的规定，由负有举证证明责任的当事人承担不利后果，即结果意义上的举证责任。因此，新规定相较于旧规定更为科学和合理。

起诉是指原告认为自己的民事权益受到侵害，请求法院审判特定实体主张，对其民事权益予以司法救济的行为。民事诉讼实行不告不理的原则，原告起诉是引发诉讼程序的前提。但是仅仅有原告的起诉行为并不必然引发诉讼程序的开始，尚需具有一定的起诉条件。2021 年《民事诉讼法》第一百二十二条规定，"起诉必须符合下列条件：（一）原告是与本案有直接利害关系的公民、法人和其他组织;(二)有明确的被告;(三)有具体的诉讼请求和事实、理由;(四)属于人民法院受理民事诉讼的范围和受诉人民法院管辖"。另外,起诉原则上还应当提交书面起诉状。起诉状的内容和要求在2021年《民事诉讼法》第一百二十四条和2015年《登记立案规定》第四条中予以规定,两者表述上略有差异,但都要求起诉状记载下列事项:(1)原告的姓名、性别、年龄、民族、职业、工作单位、住所、联系方式,法人或者其他组织的名称、住所和法定代表人或者主要负责人的姓名、职务、联系方式;(2)被告的姓名、性别、工作单位、住所等信息,法人或者其他组织的名称、住所等信息;(3)诉讼请求和所根据的事实与理由;(4)证据和证据来源,证人姓名和住所。这里起诉状中所载证据主要包括证明具备上述起诉条件的证据。一般包括:(1)原告的身份证据和具有诉讼行为能力的证据;(2)诉讼代理人的代理权限证据;(3)作为诉讼请求基础的事实理由的初步证据。这里的初步证据是指无须达到严格证明标准的证据,即当事人提出的证据,不能使法官形成内心确信,只能让其产生薄弱心证,相信事实大致如此,也称自由证明或释明;(4)由法院主管和受诉法院有管辖权的证据;(5)被告存在且明确的身份证据。主要有原告身份证明复印件,营业执照或者组织机构代码证复印件,法定代表人或者主要负责人身份证明书,法人或者其他组织不能提供组织机构代码时应当提供的组织机构被注销的情况说明,授权委托书,代理人身份证明,具体明确的足以使被告或者被告人与他人相区别的姓名或者名称、住所等信息。因此,就本条规定而言,这里"应当提供符合起诉条件的相应的证据"的起诉证据是指用来证明当事人享有起诉权和由法院主管、受诉法院享有管辖权的证据材料。

一般而言,起诉证据包含以下几层含义:

1. 起诉证据是当事人起诉时向人民法院提交的证据。在此强调了证据提出的诉讼阶段和时间,表明起诉证据是人民法院立案受理之前起诉人所提交的证据。

2. 起诉证据是指当事人为获得积极起诉后果而向人民法院提交的证据。这层含义侧重于举证的目的性,积极起诉后果构成了举证的直接目的。需要说明的是,积极的起诉后果有程序后果和实体后果之别,前者意味着起诉人的起诉被人民法院依法接受或受理,后者则是指实体期待权益的实现。起诉证据提交的目的显然首先体现为起诉的有效性和被法院立案受理。

3. 起诉证据是用来证明起诉人是否具有起诉权和受诉法院是否具有管辖权的证据。这是起诉证据区别于其他阶段诉讼证据的个性所在。正是由于证明对象上的特殊性,才使起诉证据具有独立意义。①

从其含义出发,可知起诉证据与诉讼中证据存在明显区别:首先,证据提交时间不同。起诉证据只能在立案阶段提出。诉讼中证据,则既可以在立案阶段提交,也可以在诉讼期间提交。其次,证明对象不同。起诉证据的证明对象是起诉人享有起诉权和审查立案的人民法院具有管辖权等程序事实,而诉讼中证据,既可以是程序事实,也可以是实体事实。再次,收集证据主体不同。起诉证据原则上只能由起诉人收集提交,而诉讼中证据既可以由起诉人收集

---

① 胡亚球:《论民事起诉证据》,载《法学》1998年第11期。

提交，也可以由被告方收集提交，甚至还可以由人民法院依法调查收集。最后，证据方法不同。起诉证据不包括鉴定意见和勘验笔录。这是因为两者都是产生于人民法院受理案件后行使审判权的过程中，不符合起诉证据的提证时间和主体要求。

过往的司法实践中，除了证明符合起诉形式的证据之外，法院在立案审查时，还要审查是否同时提供了能证明诉讼请求和事实的证据。但立案审查只限于程序审查，即只审查起诉证据能否表明当事人身份或者争议的事项是什么，并不审查证据事实本身，更不允许实体审查。换言之，审查起诉时法院不考察起诉证据与本案事实之间有多大程度的关联，更无须审查起诉证据对本案事实有多大的证明力。故不能要求当事人在起诉时就提供证明其诉讼请求的主要证据，否则，本司法解释中的举证时限制度、证据交换制度以及审理程序就失去了存在的价值。① 故自 2015 年立案登记制度改革之后，法院的审查则主要围绕是否具备起诉的形式条件进行，看原告起诉是否符合 2021 年《民事诉讼法》第一百二十二条规定的形式起诉条件以及起诉状是否记载了 2021 年《民事诉讼法》第一百二十四条规定的事项。符合条件的当场予以登记立案，不符合条件的予以释明。至于证明案件基本事实的证据（比如原告请求被告返还借款 500 元，一般应当提供转账凭证、借条以及返还的约定等证据），在起诉阶段并非必须全部提供。在法院受理案件之后，法院会给原告、被告相应的举证期，在举证期内原被告双方可再提供用以证明自己主张的证据。当然，原告也可在起诉阶段全部提交，不过这并非强制性规定。如果原告拒不依照本条提供符合起诉条件的相应的证据，则应承担结果意义上的证明责任，即自行承担相应不利后果，人民法院可裁定不予受理。

反诉是指在本诉的诉讼程序中，本诉的被告以本诉的原告为被告，提起的与本诉相关的诉。本诉被告被称为“反诉原告”，本诉原告被称为“反诉被告”。② 本诉的被告向本诉的原告提起的诉讼，目的是吞并或抵销本诉的诉讼请求。反诉需要满足以下几个条件：第一，主体方面，反诉的原告是本诉的被告，反诉的被告是本诉的原告；第二，程序方面，本诉和反诉适用同一诉讼程序；第三，诉讼请求方面，本诉请求和反诉请求基于相同的法律关系、相同的事实或者诉讼请求之间具有因果关系；第四，管辖方面，反诉不属于人民法院专属管辖的范围；第五，起诉时间方面，反诉提起的时间必须在案件受理后，法庭辩论终结前。反诉作为一种独立的诉，也必须符合起诉的条件。因此，本诉的被告在提起反诉时，也需要提供相应的起诉证据。并且，除此之外还需证明满足提起反诉的程序条件。法院在本诉的被告提起反诉后，应当对是否符合反诉条件和具备相应的起诉证据进行审查，不具备反诉条件的，予以裁定不予受理。这里有必要说明的是，反诉起诉证据与反诉证据有本质区别，前者只需提供能否进入诉讼程序的证据，而后者实质就是诉讼证据，即反诉原告所主张抵销、吞并本诉请求所赖以成立的实体法事实证据。概言之，反诉证据用于证明反诉请求，而反诉起诉证据则仅仅证明具备起诉条件。

值得注意的是，本条规定基本沿袭了 2002 年《证据规定》第一条规定，并在此基础上更改

---

① 李国光主编：《最高人民法院〈关于民事诉讼证据的若干规定〉的理解与适用》，中国法制出版社 2002 年版，第 32 页。

② 江伟、肖建国主编：《民事诉讼法》（第 7 版），中国人民大学出版社 2015 年版，第 36 页。

两处用语。第一处将“应当附有”改成了“应当提供”,第二处将“相应的证据材料”改成了“相应的证据”。从文义上理解,附有意为附带有,即多指起诉状附带有,具有一定的随意性、非正式性,而“提供”比“附有”具有更强烈的命令性、正式性。同时也表明,在实施起诉或者反诉这些诉讼行为时提供证据的必要性。至于证据材料,虽然2021年《民事诉讼法》第六十九条规定了“当事人提交的证据材料”,但其是否有证明力,能够成为证据法上的证据,则不确定。故从能证明符合起诉条件必须是证据的角度,本条删除了“材料”二字。

实务疑难

怎么证明满足“有明确的被告”这一起诉条件?

实务中,原告起诉时,无法提供被告确切的身份信息或联系方式的情形比较常见。对此,有几种截然不同的观点:第一种观点认为,根据当事人主义的要求,既然原告起诉被告的目的是向被告主张权益,维护自身利益,那么原告就应当提供被告准确的身份信息和联系方式,否则法院要么因无法确认该被告是否真实存在,即便判决也是无法强制执行;要么因无法联系被告,而使被告不能及时应诉,剥夺了其参加诉讼、发表辩论意见的权利,有违当事人诉讼权利平等保护原则。故对此情形,应不予受理案件。第二种观点认为,从我国现实情况出发,人民法院应依申请或职权,主动调查确认被告的真实信息和联系方式,从而尽快解决诉讼纠纷。而且,现在实行立案登记制,来案必立,故对此情形,应予立案受理。第三种观点认为,应区分情形处理。一般情形下,应根据2022年《民诉法解释》第二百零九条的规定,原告提供被告的姓名或者名称、住所等信息具体明确,足以使被告与他人相区别的,可以认定为有明确的被告。起诉状列写被告信息不足以认定明确的被告的,人民法院可以告知原告补正。原告补正后仍不能确定明确的被告的,人民法院裁定不予受理。也即,区分被告身份信息和住所等联系信息两类情形处理。就被告身份信息而言,只要原告提供的证据能证明被告的称谓等信息真实,足以使被告与他人相区别的,就满足了本条规定的起诉证据要求,可以认定为有明确的被告。被告为自然人时,只要提供的姓名和身份证号码一致;被告为组织时,只要该组织名称与登记信息一致就可确认被告真实存在。反之,如果原告不能提供证据证明该被告真实存在,则法院可以不予受理该案件。就有无真实住所、电话等联系地址和方式而言,都不是判断有无明确被告的依据。这是因为,即便无法联系被告,也不妨碍法院受理案件后,公告送达相关法律文书给被告。故不能仅以没有被告联系方式为由,不予受理案件。以上观点中,笔者倾向于第三种观点。

关联法条

1.《中华人民共和国民事诉讼法》(2021年)

第六十七条第一款 当事人对自己提出的主张,有责任提供证据。

2.《最高人民法院关于适用〈中华人民共和国民事诉讼法〉的解释》(2022年)

第九十条 当事人对自己提出的诉讼请求所依据的事实或者反驳对方诉讼请求所依据的事实,应当提供证据加以证明,但法律另有规定的除外。

在作出判决前,当事人未能提供证据或者证据不足以证明其事实主张的,由负有举证证明责任的当事人承担不利的后果。

第二百零八条 人民法院接到当事人提交的民事起诉状时,对符合民事诉讼法第一百一十九条的规定,且不属于第一百二十四条规定情形的,应当登记立案;对当场不能判定是否符合起诉条件的,应当接收起诉材料,并出具注明收到日期的书面凭证。

需要补充必要相关材料的,人民法院应当及时告知当事人。在补齐相关材料后,应当在七日内决定是否立案。

立案后发现不符合起诉条件或者属于民事诉讼法第一百二十四条规定情形的,裁定驳回起诉。

3.《最高人民法院关于人民法院登记立案若干问题的规定》(2015年)

第六条 当事人提出起诉、自诉的,应当提交以下材料:

(一)起诉人、自诉人是自然人的,提交身份证明复印件;起诉人、自诉人是法人或者其他组织的,提交营业执照或者组织机构代码证复印件、法定代表人或者主要负责人身份证明书;法人或者其他组织不能提供组织机构代码的,应当提供组织机构被注销的情况说明;

(二)委托起诉或者代为告诉的,应当提交授权委托书、代理人身份证明、代为告诉人身份证明等相关材料;

(三)具体明确的足以使被告或者被告人与他人相区别的姓名或者名称、住所等信息;

(四)起诉状原本和与被告或者被告人及其他当事人人数相符的副本;

(五)与诉请相关的证据或者证明材料。

第七条 当事人提交的诉状和材料不符合要求的,人民法院应当一次性书面告知在指定期限内补正。

当事人在指定期限内补正的,人民法院决定是否立案的期间,自收到补正材料之日起计算。

当事人在指定期限内没有补正的,退回诉状并记录在册;坚持起诉、自诉的,裁定或者决定不予受理、不予立案。

经补正仍不符合要求的,裁定或者决定不予受理、不予立案。

典型案例

1.(2021)最高法民申2484号

裁判观点:本案双方当事人再审审查期间的争议焦点是:泸州老窖公司出具的《鉴定证明书》是否具有证明力。2017年《民事诉讼法》第六十四条第一款规定:"当事人对自己提出的主张,有责任提供证据。"2020年《证据规定》第一条规定:"原告向人民法院起诉或者被告提出反诉,应当提供符合起诉条件的相应的证据。"泸州老窖公司主张祥一瑞烟酒行销售了侵害其商标专用权的产品,有责任提供证据证明被诉侵权产品不是泸州老窖公司的产品。本案中,首先,泸州老窖公司出具了《鉴定证明书》,对被诉侵权产品通过防伪核对、紫光灯照射等鉴定手段对其商标、防伪标识、酒盒、辅材等进行鉴定,认定被诉侵权产品不是泸州老窖公司的产品。湖南省长沙市华湘公证处在二审庭审后提交了一份《情况说明》，说明公证处在购买被诉侵权产品后、封存前，泸州老窖公司相关人员来到公证处在公证人员面前对被诉侵权产品进行了鉴定。泸州老窖公司在一审中当庭鉴别，被诉侵权产品与其生产的产品在开启处的拉环上存在明显区别。况且，祥一瑞烟酒行主张《鉴定证明书》系伪造，但未提供足以反驳的证据。二审法院综合考虑前述情况，认定泸州老窖公司提供的证据可以证明被诉侵权产品系假冒商品并无不当。其次，原国家工商行政管理总局商标局《关于假冒注册商标商品及标识鉴定有关问题的批复》（商标案字〔2005〕第172号）明确："在查处商标违法行为过程中，工商行政管理机关可以委托商标注册人对涉嫌假冒注册商标商品及商标标识进行鉴定，出具书面鉴定意见，并承担相应的法律责任。被鉴定者无相反证据推翻该鉴定结论的，工商行政管理机关将该鉴定结论作为证据予以采纳。"前述规定表明商标注册人可以对被诉侵权产品进行鉴定，并未限定商标注册人在其提起的侵权诉讼中仅能由工商行政管理机关委托其鉴定。泸州老窖公司出具的《鉴定证明书》不属于2017年《民事诉讼法》规定的鉴定意见，无须交由专业机构进行。祥一瑞烟酒行关于泸州老窖公司没有鉴定资格、未经工商行政管理机关委托进行鉴定不合法的主张缺乏事实和法律依据，本院不予支持。

2.（2021）最高法民申3070号

裁判观点：本案各方当事人再审审查期间的争议焦点为，夏集星是否应对前案判决周海燕承担的侵权责任承担连带责任。

2017年《民事诉讼法》第六十四条第一款规定："当事人对自己提出的主张，有责任提供证据。"2020年《证据规定》第一条规定："原告向人民法院起诉或者被告提出反诉，应当提供符合起诉条件的相应的证据。"2009年《侵权责任法》第八条规定："二人以上共同实施侵权行为，造成他人损害的，应当承担连带责任。"第十三条规定："法律规定承担连带责任的，被侵权人有权请求部分或者全部连带责任人承担责任。"

本案中，好媳妇公司主张夏集星与周海燕构成共同侵权、夏集星应对前案判决周海燕承担的侵权责任承担连带责任，应该提供证据予以证明。首先，前案中，湖南省湘潭市中级人民法院认定岳塘区鑫鑫塑料制品批发部经营者肖建长于2015年10月至2016年8月期间已从周海燕处购买被诉侵权产品9批次，且肖建长于2016年8月31日还向周海燕购买了第10批次共10箱被诉侵权产品。上述事实均不能证明夏集星与周海燕共同实施了被诉侵权行为。其次，虽然已有生效判决认定夏集星在2015年亦曾销售被诉侵权产品，但是不能由此证明夏集星在前案中销售了被诉侵权产品。再次，虽然好媳妇公司为证明夏集星和周海燕使用化名夏海的手机号共同销售被诉侵权产品提交了该手机号的几段通话录音，录音内容包括肖建长与夏集星之间的对话。鉴于夏集星与周海燕于2017年12月登记结婚，夏集星关于其为周海燕代接电话的陈述具有一定的合理性。因此，前述录音不足以证明夏集星与周海燕构成共同侵权。最后，肖建长与夏集星之间的电话录音仅有两段处于本案被诉侵权产品的销售期间，且肖建长与夏集星在录音中仅提到订货及发货，没有涉及货物型号等具体信息，在没有其他证据佐证的情况下，不能证明夏集星共同参与销售了前案认定的被诉侵权产品，亦不能证明夏集星为周海燕销售被诉侵权产品提供了具体的帮助。综上，在好媳妇公司未提交足以证明夏集星与周海燕构成共同侵权证据的情况下，应当承担不利的法律后果。好媳妇公司主张夏集星与周海燕共同销售被诉侵权产品依据不足,其关于夏集星应对前案判决周海燕向好媳妇公司承担的赔偿责任承担连带责任的再审理由缺乏事实依据,本院不予支持。

(保留) 第二条 【举证释明和申请法院调查收集证据】

人民法院应当向当事人说明举证的要求及法律后果,促使当事人在合理期限内积极、全面、正确、诚实地完成举证。

当事人因客观原因不能自行收集的证据,可申请人民法院调查收集。

法条渊源

举证直接关涉裁判结果,既与当事人利益有关,又是一项专业性较强的诉讼活动,需要人民法院将举证具体要求和相应后果对当事人进行释明。早在 1998 年《审判改革规定》第二条就人民法院对当事人的举证释明义务作了原则性规定。2002 年《证据规定》第三条又对举证释明义务作了细化规定。2022 年《民诉法解释》第二百六十六条则特别规定了适用简易程序审理的案件,人民法院应向当事人说明逾期举证以及拒不到庭的法律后果。至于当事人申请法院调查收集证据则最早在 1991 年《民事诉讼法》第六十四条第二款就有规定,后为历次修正民事诉讼法沿袭。1992 年《民诉法意见》第七十三条作了进一步细化规定。后为 2002 年《证据规定》第三条重申。2020 年《民诉法解释》第九十四条和第九十五条又通过明确"客观原因""不予准许"的方式,进行了拓展。

法条精析

本条沿袭了 2002 年《证据规定》第三条的规定,没有任何变化。该条施行以来,在民事审判工作中取得了积极成效。故这次作为民事诉讼举证环节的一般性要求保留下来。本条在起草过程中,略有变化。2016 年《法院征求意见稿》第九条规定"人民法院在诉讼过程中,应当向当事人说明举证的要求及法律后果,促使当事人在合理期限内积极、全面、正确、诚实地完成举证"。2017 年《审判长讨论稿》第七条的表述为"人民法院在诉讼中应当向当事人说明举证的要求及法律后果,促使当事人在合理期限内积极、全面、正确、诚实地完成举证"。可见,该条删除了 2002 年《证据规定》第三条第二款关于当事人申请法院调查收集证据的规定。而在 2018 年《审委会送审稿》中则只是作序号调整,直接将原 2002 年《证据规定》第三条改为第二条,即删除了前稿中的"在诉讼中",与此同时,恢复了原条文第二款关于当事人申请法院调查收集证据的规定。理由在于,人民法院向当事人说明举证要求和法律后果的场合只能是在诉讼中,故"在诉讼中"实属多余。当事人申请法院调查收集证据往往是因为法院说明了举证的要求。故应将两者放入同一条文。定稿时,本条再无变化。本条共分为两款,分别规定的是人民法院的举证释明义务和当事人申请人民法院调查收集证据。

释明是大陆法系当事人主义诉讼模式吸收职权主义部分内容的产物,故其不能背离当事人主义的辩论原则和处分原则,虽然它有时也表现为法官就不清楚的案件事实发问,但其目的并非通过询问直接发现案件事实,而是引导当事人将其纳入辩论范围,让事实在辩论中明晰化。更多时候,释明的目的还在于促使或帮助当事人对权利作出处分,侧重于保证实体与程序公正及诉讼效率。

关于释明的法律性质,学界也存在诸多观点:一是权利说。在德国早期,法官释明权被认为是一种权利,因此出现了"释明权"术语,现在也有学者认为释明权是法官的诉讼指挥权。采用"权利说"最典型的代表就是法国。法国民事诉讼法典规定"法官可以告知当事人提出其任务必要的说明,包括事实方面的问题和法律方面的问题,或提请当事人说明看来尚不清楚的问题"。[①]《韩国民事诉讼法》也认为,释明是一项权利。[②] 二是义务论。有学者认为,2002 年《证据规定》对法官释明权使用了"应当"一词,即法官"必须"为说明和告知义务。因而,从实质意义上说,释明是法官的义务。德国就是典型的将法官释明作为一项义务的代表。《德国民事诉讼法》规定"审判长应当命令当事人对在庭审过程中作出的全部重要事实作补充陈述……并且应当向当事人发问以达到认识上的一致"。[③] 三是权利兼义务论,这是目前最广泛的观点。根据现在大多数学说以及实务见解,日本的释明制度兼具权利与义务双重属性。日本有学者认为,"法官释明在某特定程度内是义务,超过该程度就转化为权利,而再超过权利的限度,就是违法"。[④] 学者大多赞成释明既是法官的权利,又是法官的义务。即从法院职权的角度来看,释明是法官干预诉讼的权利;从保护当事人诉讼利益的角度来说,释明又是法官的义务。[⑤] 法官释明权属于国家司法公权力,由国家赋予,法官是没有权利放弃、变更和处分的,否则就有可能导致审判过程及结果失去公正性,应当承担发回重审、再审等法律后果。

现代民事证据制度对法院释明的要求越来越具有针对性和具体性,法院为了能够切实帮助当事人理解应当如何举证及举证与否的法律后果,并对举证行为进行调整,从而促使了举证释明制度的创设和完善。个案举证释明是指法官在每个案件中应根据具体案情对当事人举证进行针对性的释明,是一种特殊释明,旨在强调法官与当事人的互动。这一制度已为德国、日本等国民事诉讼立法所规定,如《德国民事诉讼法》第一百三十九条第一款规定,审判长应当命令当事人对全部重要事实作充分且适当的陈述,关于事实的陈述不充分的,法院应当命令当事人补充陈述,声明证据。审判长为了达到此项目的,在必要限度内,与当事人就事实及争执的关系进行讨论,并且应当向当事人发问。我国关于举证释明的规定最早追溯于 2002 年《证据规定》第三条第一款规定,人民法院应当向当事人说明举证的要求及法律后果,促使当事人在合理期限内积极、全面、正确、诚实地完成举证。这一制度的确立是我国公正司法理念以及人权保障理念在民事诉讼中的具体贯彻,其不仅可以使辩论主义优质化,使判决既判力正当化,而且有效弥补了当事人诉讼能力的不足,实现了诉讼平等,是民事诉讼制度和程序

---

① 《法国新民事诉讼法典》,罗结珍译,中国法制出版社 1999 年版,第 48 页。
② 孟涛、房国宾:《韩国民事诉讼法基本原则探析》,载《河北法学》2003 年第 3 期。
③ 《德意志联邦共和国民事诉讼法》,谢怀栻译,中国法制出版社 2001 年版,第 37 页。
④ [日]谷口安平:《程序的正义与诉讼》,王亚新、刘荣军译,中国政法大学出版社 1996 年版,第 181 页。
⑤ 夏明贵:《在实然与应然之间:法官释明权行使的实证研究》,载《法治研究》2007 年第 11 期。

按照立法目的运行的重要保障。鉴于释明的重要功能，英国、美国、法国、德国和日本均有举证释明相应的规定，积极促进法官举证释明制度的发展已经成为全球趋势。

关于本条所称举证释明：何谓举证释明？举证释明是指当事人在举证过程中的声明和意思陈述不清楚、不恰当时，或所举证据不够充分但自以为证据已经充分时，法官向当事人说明举证的要求及相应法律后果，让当事人把不明确的予以澄清，把不充分的予以补充，或把不恰当的予以排除，或者提出新的证据，以证明案件事实的权能。举证释明最早是被作为人民法院行使审判权而衍生出来的一种权力，即举证释明由法院根据案情酌情决定是否进行。但从后来发展情况看，为了保障当事人诉讼权利、尽快明确诉讼争议所在、提高司法效率，各地法院普遍主动通过向当事人送达"举证通知""举证须知""举证指南"等形式，对当事人的举证相关事项进行提醒、告知，俨然，法院主动举证释明逐渐实质上成为一种职责、义务。故此，第三条用"应当"一词明确了举证释明的义务性。当然，有必要说明的是，实务中，从提高诉讼效率出发，说明的方式也未必一定是书面形式。根据 2022 年《民诉法解释》第二百六十七条的规定，适用简易程序审理案件，可以简便方式进行审理前的准备，在庭审中直接口头告知举证相关事项即可。

举证的释明是法官释明制度在举证过程中的适用，以督促当事人积极、全面、正确、诚实地履行举证义务，提出明确、充分的证据证明事实主张，维护当事人的民事诉讼权利。当事人所举证据材料不充分的，通过释明令其补充。法官不能简单以当事人未尽举证责任为由而判定其败诉，而是应该向其释明，促使当事人积极举证。事实上，当事人提供的诉讼证据不充分的情况在审判实务中大量存在：有的是由于当事人误以为自己就该事项并无举证责任；有的是当事人误以为其所举证据已经充分。此时，法官应当主动向当事人发问，提示其应当提供相应和充分的证据材料。经提示后，如果当事人仍未提供充分而有力的证据，人民法院可以判令其败诉，承担不利的诉讼后果。

举证释明本质是对法官能动性的强化，在制度构建时必须确保适度、公正。从我国司法实践看，进行举证释明的主体主要有立案庭法官、审判庭书记员和审判法官三种类型。① 相比而言，合议庭法官特别是承办法官应当是举证释明的最佳主体。合议庭法官特别是承办法官在事实认定中具有较大的自由裁量权，包括法院调查取证权，以及证据能力和证明力的判断等。因此，承办法官作为举证释明的主体可充分公开案件事实认定的法官心证，确保诉讼主体之间就举证事项进行有效沟通，最大程度实现举证释明创设的目的。从制度实效看，只有案件承办法官才会对案件有充分的了解，对举证释明才更具有针对性和精准性。提交何种证据是当事人自主决定的诉讼活动，但对于证据的采信毕竟离不开法官的心证。在证明责任分配不明确的情况下，当事人应当提供什么证据，就要求举证释明的内容应当具有具体性和针对性，应当比《举证权利义务告知书》更加具体且有针对性。但法官毕竟处于中立地位，因此释明不能过度。我国台湾地区学者姜世明教授将法院释明的内容划分为"不应释明"、"可以阐明"和"应释明"三个层次。《德国民事诉讼法》第一百三十九条规定"法院应当使当事人及

---

① 李祖军、吕辉：《个案举证释明研究——兼评 2012 年〈民事诉讼法〉第 65 条》，载《现代法学》2014 年第 1 期。

时完整地陈述所有重要的事实”。我国举证释明的范围应包括：一是证明责任的分配。法官应当对当事人的咨询予以解答，告知其无须举证的事实，节约诉讼成本，保障当事人的诉讼利益；二是补足证据的释明，如当事人未能围绕争议焦点提出的证据以及因裁判需要当事人补充提交的证据，需要法官予以释明。就具体案件而言，举证释明贯穿于整个诉讼过程，但不同阶段侧重点应略有不同。在立案阶段，由于我国实行“立审分离”，立案法官不参与后续诉讼阶段，因此在此阶段只发放《举证权利义务告知书》进行一般的举证释明；在审前阶段，法官对于案件事实基本了解，争议焦点明确，为庭审做准备，提高效率，在此阶段法官应当全面而具体地告知当事人应当提供哪些证据，并在证据交换后对当事人举出的证据进行评析；在审理阶段，应尽量减少举证释明，除非对案件事实认定有重要影响的关键证据以及当事人主张不充分或举证不充分而当事人却误以为充分的情况；在宣判阶段，在证据方面的释明属于判后答疑，使当事人充分了解法官审查、认定证据的过程，从而服判息诉；在二审阶段，法官对于证据的释明主要就是围绕当事人提交的证据是否属于新证据进行释明。

举证释明实现了法官与当事人在举证方面的交流，可避免过于机械遵循当事人主义而导致程序中立形成当事人接近正义的实质障碍。法官就应当如何举证及相应法律后果向当事人予以释明，能够有助于充实审理内容，及时保障当事人之实体上及程序上的利益。由于人类认识能力有限，作为民事审判客体的民事关系发生在过去，当事人不能完全准确地向法官重复过去的事情，有可能导致当事人陈述与事实有所出入。法官无法保证在诉讼中查明的案件事实与客观情况完全相符，在法官不得拒绝裁判的现代法治原则下，只能借助有关证据推定相关事实的存在，并在此基础上作出相应的裁决。举证释明使高度的主观和模糊的法官心证公开化、透明化，有效改善了法官与当事人在举证方面的交流，也确保了当事人精准知道应提交哪些证据以及相应的举证期限，认识到所提交证据是否达到证明标准，便于当事人及时补充证据，弥补其诉讼能力不足，保障了双方当事人的平等对抗。这种法官释明权也为当事人能够有效参与到审判程序中提供了保障，体现了对当事人主体地位的尊重。“证明责任的分配，是民事诉讼证据制度的核心问题，也是民事诉讼理论中最具争议的问题之一”，[①]我国《民事诉讼法》以及相关司法解释仅规定了“谁主张，谁举证”的一般性证明责任分配原则，在司法实践中并不能有效解决问题。在这种情况下，在无可操作性法律依据又无指导性理论作为证明责任分配依据的现状，即便是律师在某些情况下也可能模糊不清，何况缺乏诉讼专业知识的当事人。举证释明要求法官在具体诉讼过程中对某一方当事人的举证进行针对性的指导，使法官的“心证”公开化，同时也使当事人在个案中对证明责任分配的理解更加精准化，极大地完善了证明责任分配规则，避免了法官心证给当事人造成的不意打击，是对当事人履行举证责任的重要保障。[②] 举证释明是尽可能地以最小的成本投入获得最大的诉讼效益，完善法官在具体事件的举证释明，可使当事人较早明白哪些事实属于免证事实，不会浪费当事人人力、物力收集证据，也缩短了取证、举证的期限，节约了诉讼资源。同时法官的举证释明具有诉讼指引的效果，可使当事人的举证行为更加理性，明确了案件争议焦点，帮助当事人准

---

① 韩红俊：《释明义务研究》，法律出版社 2008 年版，第 6 页。

② 李祖军、吕辉：《个案举证释明研究——兼评 2012 年〈民事诉讼法〉第 65 条》，载《现代法学》2014 年第 1 期。

确衡量诉讼风险,使更多的当事人“接近正义”。

司法实务中,当事人主动收集或经人民法院释明后收集证据证明自己的主张是常态,但不可否认的是,基于日常生活中,“证据偏在”情形的客观存在,不可避免地会出现当事人因客观原因,无法收集到能证明自己主张的证据的情形。对此,2021 年《民事诉讼法》第六十七条第二款中规定了当事人因客观原因不能自行收集的证据,可申请人民法院调查收集证据,减轻了当事人举证的困难,充分发挥法院调查取证职能。关于是否准予申请,由法官根据个案情况予以决定。法院依申请收集证据是指在某些客观原因下,当事人及其代理人不能自行收集其所需的证据,此时其向法院提出书面的申请,法院依照该申请进行收集证据的行为。

1. 依申请收集证据的情形

第一,当事人及其代理人无权收集。若一方当事人提出了某项事实主张,但支持该项事实主张的证据是由国家有关部门在保管,而该方当事人及其代理人没有向有关部门调取证据的权限,此时若该方当事人或其代理人向法院申请调查取证,法院依法审查属实,可以向有关部门收集。

第二,涉密证据无法调取。国家秘密涉及国家安全、社会稳定等重大因素;商业秘密涉及商家营业利润的获取、市场份额的占有等重要方面;个人隐私权是人格权的必要组成部分,其重要性不言而喻。基于以上原因,当事人及其代理人只能申请法院调取涉密证据。

第三,其他客观原因无法收集。这是对当事人及其代理人申请法院调查取证情形的兜底条款。现实的发展是迅速的,法律有滞后性的缺陷,对于当事人因客观原因无法收集证据的情形法律不可能一一列举,因此只能将原因限定为“因客观原因”。

2. 申请的期限和形式

2002 年《证据规定》中规定当事人申请法院调取证据的期限是举证期限届满前 7 天,这次修改为举证期限届满前。申请形式依旧是书面申请,这是为了规范法院调查取证的行为,只有在当事人提出书面的申请后,法院才能依法启动调查取证的程序。

实务疑难

司法实践中,有如下几个问题需要予以关注:

第一,当事人申请法院调查取证的费用问题。在诉讼数量激增的当代社会,诉讼费用的收取也能起到规范当事人利用国家有限司法资源行为的作用。此外,诉讼又并非每个纳税人都会接受的国家公共产品。因此,由在诉讼中受益的当事人来承担也是公平的。因此,各国通例中会对申请法院调查取证的当事人一方收取部分费用。

第二,当事人申请法院调查取证时应该提供相应的证据线索。2020 年《证据规定》第二十条第二款规定:“申请书应当载明被调查人的姓名或者单位名称、住所地等基本情况、所要调查收集的证据名称或者内容、需要由人民法院调查收集证据的原因及其要证明的事实以及明确的线索。”只有当事人提供了准确的证据线索,法院才能迅速地完成证据收集,这既有利于提高诉讼效率,也有利于案件事实的查明。

第三,法院驳回当事人及其代理人调查取证的申请应说明理由,当事人对此决定不能上诉但可以依法申请复议一次。法院驳回当事人调查取证的申请是行使司法权力的行为，理应说明理由，否则无法令人信服，不利于解决纠纷。此外，没有救济的权利不能称作权利，当事人申请法院调查取证的权利也不例外，因此，2002 年《证据规定》第十九条第二款规定，当法院驳回其申请时，当事人可以自收到决定次日起 3 日内向原法院申请复议，法院应在 5 日内答复。不过，在 2020 年《证据规定》中已被删除。

关联法条

1.《中华人民共和国民事诉讼法》(2021 年)

第六十七条第二款　当事人及其诉讼代理人因客观原因不能自行收集的证据，或者人民法院认为审理案件需要的证据，人民法院应当调查收集。

第一百二十九条　人民法院对决定受理的案件，应当在受理案件通知书和应诉通知书中向当事人告知有关的诉讼权利义务，或者口头告知。

2.《最高人民法院关于适用〈中华人民共和国民事诉讼法〉的解释》(2022 年)

第九十四条　民事诉讼法第六十四条第二款规定的当事人及其诉讼代理人因客观原因不能自行收集的证据包括：

（一）证据由国家有关部门保存，当事人及其诉讼代理人无权查阅调取的；

（二）涉及国家秘密、商业秘密或者个人隐私的；

（三）当事人及其诉讼代理人因客观原因不能自行收集的其他证据。

当事人及其诉讼代理人因客观原因不能自行收集的证据，可以在举证期限届满前书面申请人民法院调查收集。

第九十五条　当事人申请调查收集的证据，与待证事实无关联、对证明待证事实无意义或者其他无调查收集必要的，人民法院不予准许。

第二百六十八条　对没有委托律师、基层法律服务工作者代理诉讼的当事人，人民法院在庭审过程中可以对回避、自认、举证证明责任等相关内容向其作必要的解释或者说明，并在庭审过程中适当提示当事人正确行使诉讼权利、履行诉讼义务。

3.《最高人民法院关于知识产权民事诉讼证据的若干规定》(2020 年)

第一条　知识产权民事诉讼当事人应当遵循诚信原则，依照法律及司法解释的规定，积极、全面、正确、诚实地提供证据。

典型案例

1.(2020)最高法民申 5116 号

裁判观点：原判决认定三家公司之间存在财务混同并无不当。首先，原审法院依国电光伏公司申请调取国发华企公司的银行流水不违反法律规定。依照 2020 年《证据规定》第二条第二款，当事人因客观原因不能自行收集的证据，可申请人民法院调查收集。国电光伏公司一审中提供了初步证据证明三家公司住所地、联系方式、高管人员、业务范围等存在混同情形。在此情况下，一审法院调取银行流水以查明三家公司是否存在财务混同，于法有据。其次,原判决举证责任分配适当。一审法院调取的国发华企公司五个银行账户往来明细反映三家公司之间存在多笔大额资金往来,但三家公司和郭留成均称不清楚国发华企公司与三股东之间有无业务往来以及资金往来的原因。一审法院向国发节能公司、国发后勤公司、郭留成释明启动司法审计的必要性,告知国发华企公司及其三股东作为持有人有义务配合提供财务账册,对举证责任的分配并无不当。在法院释明法律后果的情况下,国发华企公司及其股东仍不同意财务审计且不配合提供财务账册,故根据 2020 年《证据规定》第四十八条规定,原审法院认定案涉财务账册记载了财务混同内容,并无不当。

2.(2021)京民终 771 号

裁判观点:由于在本案一审及二审审理程序中,各被告均未到庭参加诉讼,亦未提交任何书面答辩意见,因此对于中航化肥公司的诉讼请求是否成立,法院应主要审查中航化肥公司所主张的其与大航维勒公司之间的《产品销售合同》是否已经实际履行。2017 年《民事诉讼法》第六十四条第一款规定,当事人对自己提出的主张,有责任提供证据。2020 年《民诉法解释》第九十条规定,当事人对自己提出的诉讼请求所依据的事实或者反驳对方诉讼请求所依据的事实,应当提供证据加以证明,但法律另有规定的除外。在作出判决前,当事人未能提供证据或者证据不足以证明其事实主张的,由负有举证证明责任的当事人承担不利的后果。2020 年《证据规定》第二条第一款规定,人民法院应当向当事人说明举证的要求及法律后果,促使当事人在合理期限内积极、全面、正确、诚实地完成举证。即当事人就自己提出的诉讼请求所依据的事实或者反驳对方的诉讼请求所依据的事实有责任提供证据加以证明。在该事实真伪不明时,没有能够证明这一事实的一方就要承担相应的法律后果。具体来说,凡提出某种实体权利请求,或要求法院确认某种法律关系存在的当事人,应当对产生该权利或法律关系的事实负举证责任。就本案而言,中航化肥公司主张其与大航维勒公司之间存在买卖合同关系,货权已转移给大航维勒公司,大航维勒公司未能按约支付货款。故中航化肥公司负有对自己提出的诉讼请求所依据的事实提供证据加以证明的责任。1999 年《合同法》第一百三十条规定,买卖合同是出卖人转移标的物的所有权于买受人,买受人支付价款的合同;第一百三十三条规定,标的物的所有权自标的物交付时起转移,但法律另有规定或者当事人另有约定的除外;第一百三十五条规定,出卖人应当履行向买受人交付标的物或者交付提取标的物的单证,并转移标的物所有权的义务。按照上述法律规定,中航化肥公司若要证明其与大航维勒公司之间存在买卖合同关系、其已经完成《产品销售合同》项下掺混肥的交付义务、大航维勒公司应按约定支付价款的主张,就必须提交其已将掺混肥交付大航维勒公司的证据或者提交其交付提取掺混肥单证的证据。但本案的情况是,一审审理中,一审法院多次向中航化肥公司释明,要求其提交货物交付、双方对账记录等能证明《产品销售合同》实际履行的证据,中航化肥公司表示无法提供直接证据。二审审理期间,中航化肥公司对于货物交付情况亦不能提交任何直接证据予以证明。同时,中航化肥公司虽然提交了双方之间的《产品销售合同》、开具的发票、双方多次确认欠款的《协议书》等证据,但鉴于中航化肥公司无法说明具体提货时间和具体提货过程、无法对大航维勒公司如何仅凭双方之间的《产品销售合同》提取货物作出合理的说明,且在合同履行中存在诸如未按《产品销售合同》约定先交货后付款、在未收取任何货款的情形下交付全部货物并以“补偿金”的名目开具发票、实际结算单价及利息计算标准和时间与合同约定不一致等违反一般商业交易习惯的行为,本院尚不能依据中航化肥公司提交的现有证据,确信中航化肥公司所主张的双方之间存在买卖合同关系、其已按约履行交付货物义务的事实具有高度可能性。故依据2020年《民诉法解释》第一百零八条第一款:"对负有举证证明责任的当事人提供的证据,人民法院经审查并结合相关事实,确信待证事实的存在具有高度可能性的,应当认定该事实存在"的规定以及前述法律规定,一审法院判决驳回中航化肥公司的诉讼请求正确,应予维持。中航化肥公司的相关上诉请求,无证据支持,本院不予采信。

(修改) 第三条 【自认规定】

在诉讼过程中,一方当事人陈述的于己不利的事实,或者对于己不利的事实明确表示承认的,另一方当事人无需举证证明。

在证据交换、询问、调查过程中,或者在起诉状、答辩状、代理词等书面材料中,当事人明确承认于己不利的事实的,适用前款规定。

法条渊源

早在1984年《最高人民法院关于贯彻执行民事政策法律若干问题的意见》中就规定"债权人和债务人双方都承认的借贷关系,依法也应予以保护",初现自认制度雏形。1992年《民诉法意见》第七十五条第一项就规定,一方当事人对另一方当事人陈述的案件事实和提出的诉讼请求,明确表示承认的,当事人无须举证,该条第一次提出自认免责。但其承认的对象包括:另一方当事人陈述的案件事实和提出的诉讼请求。承认对方诉讼请求属于认诺而与举证并无关系,该条将事实和请求的承认并列尚有缺陷。1998年《审判改革规定》第九条第二款第一次将自认事实与自认对方诉讼请求分离,仅将针对案件事实自认的法律效果明确为免证事实。直至2002年《证据规定》第八条、第七十四条才比较系统地规定了自认的相关问题。2015年《民诉法解释》第九十二条又对自认进行了相应补充。本条规定是在2002年《证据规定》第八条第一款和第七十四条基础上修改而成的。

法条精析

本条是在综合2002年《证据规定》第八条第一款、第七十四条以及2015年《民诉法解释》第九十二条第一款基础上修改而成的,主要内容是关于自认的规定。本条在起草过程中有变化。2016年《法院征求意见稿》第十六条规定"一方当事人在法庭审理中或者在起诉状、答辩状、代理词等书面材料中,对另一方当事人主张的于己不利的事实明确表示承认的,另一方当事人无需举证。一方当事人在法庭审理之外,对于另一方当事人主张的于己不利的事实,在审判人员面前明确表示承认且记录在卷的,适用前款规定"。在2017年《审判长讨论稿》第十三条第一款、第二款中,将本条内容表述为"一方当事人在法庭审理中,或者在起诉状、答辩状、代理词等书面材料中,对于己不利的事实明确表示承认的,另一方当事人无需举证证明。在审判人员组织证据交换、询问、调查过程中,当事人明确承认于己不利的事实和认可的证据,人民法院应当予以确认,但法律、司法解释另有规定的除外”。在 2018 年《审委会送审稿》第三条中,则表述为“在诉讼过程中,一方当事人陈述或者承认的于己不利的事实,另一方当事人无需举证证明。在证据交换、询问、调查过程中,或者在起诉状、答辩状、代理词等书面材料中,当事人明确承认于己不利的事实的,适用前款规定”。与前者相比,除了行文更简洁、更符合行文逻辑之外,还在当事人承认的基础上增加了当事人陈述。在定稿时,则将“一方当事人陈述或者承认”细分为两种情形:一方当事人陈述的于己不利的事实,或者对于己不利的事实明确表示承认的。强调了承认的表示应当明确而非含混不清。

与 2002 年《证据规定》相比,本条将其第八条第一款中的但书规定“但涉及身份关系的案件除外”和第七十四条的后半部分“人民法院应当予以确认,但当事人反悔并有相反证据足以推翻的除外”予以删除,前者是为了避免与 2015 年《民诉法解释》中禁止自认的规定重合,后者则是“禁反言”和诚实信用原则的要求。另外,2022 年《民诉法解释》第九十二条第一款关于当事人自认的规定也与本条有渊源关系。具体而言,将 2002 年《证据规定》第七十四条规定的“诉讼过程中”和 2015 年《民诉法解释》第九十二条第一款规定的“法庭审理中”统一修改为“在证据交换、询问、调查过程中”,细化了可进行自认的诉讼环节,更具有操作性。

在国外民事诉讼理论中,关于自认的通说定义为:当事人在其诉讼的口头辩论或者准备程序中所作出的与对方当事人主张一致,而对自己不利的事实的陈述。①

由该定义,首先,自认应是发生在诉讼过程中,排除诉讼外的自认。实务中,对“诉讼过程中”的理解有不同意见:一种意见认为,诉讼过程为时间概念,其实质是诉讼开始后至诉讼结束前这一段时间;另一种意见则认为,诉讼过程是空间概念,指法律规定的特定程序运行过程。笔者认同第二种意见。诉讼过程要求当事人的自认应以向法院递交答辩状等书面形式或是正式在审判人员面前进行。自认应是向法院作出的自认,必须在诉讼过程中向法院作出。当事人私下承认或对第三人所作承认,都属于诉讼外的自认,不能对当事人和法院产生约束力,不能达到免证效果,不属于本条所指自认。例如,当事人在诉讼程序外,如在诉讼期间或诉讼前与当事人或其他人私下往来信件中或交谈中对不利事实的承认等。而且,这里的诉讼过程中,应特指的是本案诉讼过程中。对本案当事人及法院而言,当事人在其他案件诉讼过程中的自认,同样不构成本案的自认。理由在于,在两个不同的诉讼中,虽然自认的事项相同,但是基于不同的诉讼环境和诉讼目的,当事人的意思表示并非完全一致。如认为该情形也产生自认的效力,则既遮挡了当事人为或不为一定诉讼行为的权利,又可能引发侵害案外人利益的恶意诉讼。故通说认为,诉讼外的自认不产生直接免证效果,不具有免除对方当事人举证责任的效力。诉讼外的自认可被作为一种对诉讼外自认的事实进行证明的证据。其只能作为证据形式而非证据规则与其他证据一起呈现到法官面前,接受法官心证和裁判。此时,起证明力作用的并非自认,而是固定诉讼外自认内容的相应证据方法。例如,书证、视

---

① 张卫平:《民事证据法》,法律出版社 2017 年版,第 106 页。

听资料、证人证言等。至于其证明力如何，则由法官审查判断。

其次，自认是指于己不利事实的承认和陈述。这里的于己不利事实并非都是社会学意义上的事实，通常是指涉及实体法构成要件所引证的要件事实。就“当事人对于己不利的事实的承认”而言，需要注意的是，自认针对的是对己不利事实。至于何为“不利事实”，有两种不同观点：一种观点认为，应当从是否可能会导致自认人败诉的角度予以理解，即自认人承认的事实可能导致自认人败诉的，则构成不利事实；另一种观点认为，所谓“不利事实”，是指应当由对方加以证明的事实的陈述，即如果该事实原本由自己举证，则对该事实的陈述就不构成自认。[①] 由本条第一款可知，我国采用的是第一种观点。鉴于司法实践需要，2002 年《证据规定》第八条中并未明示自认的对象仅限于不利于己的事实，因此在《最高人民法院〈关于民事诉讼证据的若干规定〉的理解与适用》一书中写道“本条司法解释并没有将陈述于己不利的事实列入自认的构成要件中，没有明确要求自认的对象必须为不利于己的事实，因此，我们不难看出，当事人对有利于己事实的陈述，也可以构成诉讼上的自认。规定于己有利的事实也能成为自认的对象，其理论基础在于及时确定争点、固定证据，减少证据调查，简化诉讼，从而可以尽快地终结诉讼”[②]。本次对《证据规定》的修改明确了当事人进行自认的范围仅限于对方提出的于己不利的事实，对于己有利的事实不允许进行自认。当事人在民事诉讼过程中有权处分自己的权利，对不利于自己的事实主张予以承认，也可以减少法院调查取证的负担，集中力量解决案件争议焦点。但是对于己有利的事实不再允许当事人进行自认，也是为了避免双方当事人暗自勾结，进行虚假诉讼，维护法院判决的既判力和正义性。

本条第一款相比 2002 年《证据规定》增加了一种自认的情形，“一方当事人陈述的于己不利的事实”。学理上称为“先行自认”。具言之，当事人陈述于己不利的事实后，对方当事人可以对该陈述进行援用，以支持其观点，而不需另行举证证明其主张。由于先行自认在对方当事人援用之前没有形成共同确认，不产生法律约束力，故只要对方当事人尚未援用，作出不利陈述的当事人均可以随时撤回其不利事实陈述。但一旦已被对方当事人援用，则陈述方当事人应受该自认的拘束，而不能随意撤销。在先行自认中，虽然当事人先陈述了特定事实，但该事实的价值取向是于己不利的，故不应构成其事实主张，而应是对方当事人援用时拟制为对方的主张。就当事人承认的对象而言，还要注意区分自认和认诺。1992 年《民诉法意见》第七十五条第一项规定了承认的对象既包括案件事实，又包括诉讼请求。但承认对方诉讼请求与举证并无关系，前者属于认诺。自认与认诺尽管形式相似，但区别明显：第一，对法院的拘束力不同。认诺具有直接约束法官裁判的效力。一旦诉讼请求被承认，就免除了法官的判断义务，法官应直接判承认者败诉。就自认而言，法官则还需要依据该事实及其他因素对诉讼请求是否应被支持作出判断。第二，承认的主体不同。认诺是对诉讼请求的承认，一般只能由被告或者反诉被告作出。故认诺的主体相对固定为被告。自认只是承认于己不利的事实，只要符合条件，双方当事人都可为自认主体。第三，法律后果不同。认诺的直接后果是认

---

① 张卫平：《民事证据法》，法律出版社 2017 年版，第 113～114 页。

② 李国光主编：《最高人民法院〈关于民事诉讼证据的若干规定〉的理解与适用》，中国法制出版社 2002 年版，第 127 页。

诺一方当事人败诉,而自认的直接后果仅是免除对方当事人的举证责任。

再次,一般情形下,自认对当事人、法院均有拘束力。自认的基本功能就在于通过当事人对对方主张事实以及对己不利事实的承认,免除对方当事人对其主张事实的证明责任。其基本原理是双方没有争议的事实不管该事实的证明责任在哪一方,都不需要加以证明,从而简化诉讼程序,降低诉讼成本,提高诉讼效率。自认的这一价值与自认的拘束力有内在关联性。如果自认对当事人和法院都没有拘束力,当事人可以任意反悔,法院可以进行调查否认自认,自认的价值就不复存在了。理论上,自认对法院的拘束力源于辩论原则,自认对法院的效力主要有:(1)排除辩论主义的适用,法院不再组织双方当事人辩论;(2)排除法院职权调查行为,法院不能再就此方面证据进行调查,更不能将调查结果作为裁判基础;(3)排除法院另行作其他事实认定,法院应以自认事实为真实;(4)自认效力可拘束二审法院。

至于自认对当事人的约束则源于禁反言原则和诚实信用原则,即当事人在实施一定的诉讼行为之后,如果没有正当理由不得实施否定或者与前一行为相矛盾的诉讼行为。因此,在本条第二款修订过程中,删除了 2002 年《证据规定》第七十四条中但书条款的规定,即关于诉讼过程中当事人在起诉状、答辩状、陈述及其委托代理人的代理词中承认的对己方不利的事实和认可的证据得到法院确认之后还可以反悔的规定,也即对当事人自认的撤销予以限制。

最后,关于自认的时间,2002 年《证据规定》第七十四条关于自认时间的规定是“诉讼过程中”,2015 年《民诉法解释》第九十二条第一款规定的自认的时间是“法庭审理中”。本条将 2002 年《证据规定》中的“诉讼过程中”和 2015 年《民诉法解释》中的“法庭审理中”统一修改成了“证据交换、询问和调查过程中”。从学理而言,证据交换、询问和调查多特指的是审前准备程序。由于我国《民事诉讼法》没有规定独立的审前程序,关于审前程序的诸多环节都散见于其第十二章第一审普通程序第二节审理前的准备。故在以往司法实践中,经常有一种错觉,即上述证据交换、询问和调查发生在正式开庭审理前,而诉讼过程中应针对的就是正式开庭审理。在正式开庭审理前当事人明确承认于己不利事实,不属于严格意义上本条第一款所指的诉讼过程中。为突出强调当事人接受证据交换、询问和调查也是诉讼过程中的表现,故在本条第二款中将后者具体化,便于统一裁判认识。至于删除 2002 年《证据规定》第一款但书条款的原因很简单,既然本规定第八条已对此有集中规定,那么就没有必要再在本条中重复规定。综上所述,如将本条规定与 2022 年《民诉法解释》第九十二条第一款关于自认时间的规定合并理解,自认的时间区间就成了“庭前准备阶段和法庭审理中”。

值得注意的是,虽然辩论主义是自认制度的基石,但是我国仅确立了辩论原则还未有辩论主义。立法仍允许法院对特定事实进行职权探知,在自己需要的场合依职权收集证据。因此,自认制度目前在我国缺乏完善制度保障,难以发挥全部功效。

实务疑难

当事人对另一方当事人主张的案件法律关系性质或应适用的法律明确表示认可,是否构成本条所称的自认(权利自认)?

所谓“权利自认”，是指承认不利于自己的，对方当事人对事实所属法律关系性质或应适用法律的陈述或意见为正确。从比较法角度而言，目前大多数国家的法律都不承认权利自认具有约束力。这是因为对法律关系的定性以及适用法律属于法官职权范畴，当事人无权干涉。西方法谚有云，“告诉我什么是事实，否则我将不能告诉你什么是法律”，即指适用法律由法官负责。因此，即使是双方当事人对法律适用、法律关系性质的陈述相同，法官仍可以作出与当事人陈述不一致的认定而使自认失去意义。但对于先决性法律关系自认而言，如基于所有权请求对方返还财产，对方当事人承认该所有权归属的陈述，以及对具体事实符合法律规定要件结果的陈述，如承认“过失”。笔者倾向于这些属于自认也应该具有法律效力。

关联法条

《最高人民法院关于适用〈中华人民共和国民事诉讼法〉的解释》（2022年）

第九十二条 一方当事人在法庭审理中，或者在起诉状、答辩状、代理词等书面材料中，对于己不利的事实明确表示承认的，另一方当事人无需举证证明。

对于涉及身份关系、国家利益、社会公共利益等应当由人民法院依职权调查的事实，不适用前款自认的规定。

自认的事实与查明的事实不符的，人民法院不予确认。

典型案例

1.（2021）最高法民终562号

裁判观点：袁永红在原审庭审中自述案涉车位于2017年8月15日办理交接手续。2020年《证据规定》第三条规定：“在诉讼过程中，一方当事人陈述的于己不利的事实，或者对于己不利的事实明确表示承认的，另一方当事人无需举证证明。在证据交换、询问、调查过程中，或者在起诉状、答辩状、代理词等书面材料中，当事人明确承认于己不利的事实的，适用前款规定。”因此，原审判决认定袁永红合法占有使用案涉车位的时间为2017年8月15日，其合法占有使用案涉车位在重庆高院对案涉车位采取查封措施之后，并据此认定袁永红对案涉车位不享有足以排除强制执行的民事权益，并无不当。

2.（2021）最高法知民终334号

裁判观点：首先，关于被诉侵权产品是否具有冲压粒子、冲压粒子固定螺杆、真空泵、连通管路等部件。鉴于原审法院证据保全拍摄的照片确未显示被诉侵权产品具有冲压粒子、冲压粒子固定螺杆、真空泵、连通管路等部件，且瑞之顺公司在二审询问中亦明确述称，其关于被诉侵权产品实施的技术方案不具有涉案专利权利要求1限定的上述六项技术特征的主张是建立在证据保全现场的被诉侵权产品缺少上述部件的基础之上，故有必要对“被诉侵权产品是否具有冲压粒子、冲压粒子固定螺杆、真空泵、连通管路等部件”这一待证事实作出认定。一方面，2020年《证据规定》第三条规定：“在诉讼过程中，一方当事人陈述的于己不利的事实，或者对于己不利的事实明确表示承认的，另一方当事人无需举证证明。在证据交换、询问、调查过程中,或者在起诉状、答辩状、代理词等书面材料中,当事人明确承认于己不利的事实的,适用前款规定。"第五条第一款规定:"当事人委托诉讼代理人参加诉讼的,除授权委托书明确排除的事项外,诉讼代理人的自认视为当事人的自认。"本案中,瑞之顺公司在一审阶段委托的特别授权代理人顾新伟、时锋于2019年11月21日向原审法院提交了书面答辩状,明确承认被诉侵权产品存在冲压粒子、冲压粒子固定螺杆等部件,应认为构成瑞之顺公司就其被诉侵权产品技术方案相关内容的自认。进而,结合瑞之顺公司在2019年11月21日答辩状中记载的"瑞之顺公司产品的抽气槽轴线位于两个滚筒轴线的平面内""瑞之顺公司的产品,其底部匀气凹腔为圆柱形,该创新能够在冲压粒子表面形成更稳定的负压,使产品在冲压前、挤压中、挤压后吸附更牢固,吸附时间更长,有利于凸台的成型、稳定",以及代表瑞之顺公司于2019年12月17日参加原审法院组织的第一次法庭调查的特别授权代理人顾新伟、时锋当庭自认的内容,即"这个东西它本身特别简单,就是一个巨大的铁架子,然后是上下两个滚筒,然后它是靠电机来驱动这两个滚筒……然后外加一个抽真空的一个设备……"可以认定被诉侵权产品具有将主滚筒内的气体向外抽取,以便在滚筒内部形成负压从而更牢固地吸附位于滚筒表面冲压粒子的真空抽气泵装置,并可以合理认定为了将主滚筒内的气体顺利抽出,被诉侵权产品的主滚筒上必然设置有向外排气的结构以及与外部负责抽气的真空抽气泵连接的管路。

3.(2020)最高法民申6096号

裁判观点:一、案涉工程总价款问题。首先,根据2020年《证据规定》第三条的规定:在诉讼过程中,一方当事人陈述的于己不利的事实,或者对于己不利的事实明确表示承认的,另一方当事人无需举证证明。在证据交换、询问、调查过程中,或者在起诉状、答辩状、代理词等书面材料中,当事人明确承认于己不利的事实的,适用前款规定。中铁公司在一审法院2019年5月6日庭审中明确表示《结算通知》是由中铁公司发送的,并主张《结算通知》中载明的合同内外的工程量并非结算工程量。中铁公司认可《结算通知》系由其发送,其对于《结算通知》属于自认。此外,中铁公司主张瑞翊公司提交的《结算通知》不真实,但作为《结算通知》发送方未能提供原件,原审判决认定瑞翊公司提交的《结算通知》是真实的,并无不当。

(修改)第四条 【拟制自认】

一方当事人对于另一方当事人主张的于己不利的事实既不承认也不否认,经审判人员说明并询问后,其仍然不明确表示肯定或者否定的,视为对该事实的承认。

法条渊源

一般认为,1998年《审判改革规定》第二十二条是关于拟制自认的最早规定。但细究而言,该条文实质并非拟制自认的规定:一方面,该条文采用"一方当事人出示的证据"的表述与自认对象为当事人对于事实的陈述并不一致；另一方面，条文中"可以确认其证明力"的表述赋予法官对此的自由裁量权，可以自主决定其证明力。这也与拟制自认约束法官事实认定的基本法理有悖。直至2002年《证据规定》第八条第二款才第一次明确规定了拟制自认。事实上，本条关于当事人拟制自认的规定是在2002年《证据规定》第八条第二款的基础上修改而成的。

法条精析

本条关于当事人拟制自认的规定，是在2002年《证据规定》第八条第二款的基础上修改而来的，将原规定中"陈述的事实"限缩为"主张的于己不利的事实"。本条在起草过程中变化较大。2016年《法院征求意见稿》第十九条规定："一方当事人对于另一方当事人主张的于己不利的事实不进行争辩的，经人民法院说明法律后果并询问后，其仍然不明确表示肯定或者否定的，视为自认。但当事人的其他陈述可以视为已经予以争辩的除外"。2017年《审判长讨论稿》第十四条第一款规定"一方当事人对于另一方当事人主张的于己不利的事实不进行必要的争辩的，经审判人员说明并询问后，其仍然不明确表示肯定或者否定的，视为自认。但当事人的其他陈述可以视为已经进行争辩的除外"。2018年《审委会送审稿》第四条则表述为"一方当事人对于另一方当事人主张的于己不利的事实既不表示承认也不否认，经审判人员说明并询问后，其仍然不明确表示肯定或者否定的，视为对该项事实的承认"。两者比较，后者将前者中"不进行必要的争辩""视为自认"分别修改为"既不表示承认也不否认""视为对该项事实的承认"。这样可以更方便非专业人士对条文的理解。此外，后者还将前者的但书条款部分删除，以避免实务中对此理解的分歧。定稿时，只对2018年《审委会送审稿》第四条的表述作了个别文字修改。

本条之所以将2002年《证据规定》第八条"陈述的事实"中包含的"于己有利事实"明确排除，目的是防止当事人之间恶意串通，虚假诉讼。此外，还将原规定中"充分说明"放宽为"说明"，以缓和司法实务中对说明何谓"充分"的认识分歧。2002年《证据规定》将当事人自认、拟制自认、诉讼代理人的自认、自认的撤回统一规定在第八条各款中，2020年《证据规定》修改则将第八条各款分别进行规定，使得条文体系更加清晰完整。

拟制自认，一般是指在诉讼过程中一方当事人对他方当事人主张的于己不利事实，既不表示承认也不表示否认，法律将其该行为拟制为当事人自认了该事实。拟制自认并非真正的自认，而是法律拟制其法律效果与自认相同。法律规定拟制自认的理由在于《民事诉讼法》赋予了当事人对于他方所主张的事实进行质问、反驳陈述的权利。常理而言，如果对方当事人主张了于己不利的事实，且该事实并不存在，那么被主张不利事实的当事人必然会予以反驳。反向推导，如果该被主张不利事实的当事人并未作出任何意思表示，那就应推定该事实存在。

虽然有学者指出，拟制自认不等同于默示自认。拟制自认是把非自认视为自认的一种法律强制；而默示自认则是通过当事人的非语言等行为得出其已自认的一种推定。但大多数学者的观点是认为默示自认与拟制自认的含义相同，我国民事诉讼法对此没有明确规定，但司法实务中也将拟制自认与默示自认等同使用。构成拟制自认应满足以下几个要件：

1. 主体要件。一般而言，诉讼当事人无论是原告还是被告，均可成为自认的主体，只要其对对方当事人陈述的于己不利事实表示承认或主动陈述于己不利的事实，对方当事人援引该事实即可。广义上的自认主体还包括共同诉讼人、诉讼代表人以及有独立请求权第三人。根据 2002 年《证据规定》第八条第三款（现本解释的第五条第一款）的规定，表面上代理人也可以为自认行为，成为拟制自认的主体。但实际上代理人仅能在当事人所委托的范围内进行拟制自认。对于代理人而言，其的承认行为是因当事人授权而作出，实质上仍然是属于当事人的自认。除此之外，2002 年《证据规定》第八条第三款的表述是“视为当事人的承认”，而不是“视为代理人的承认”，所以代理人只是代为自认的人，真正的自认主体还是当事人。

2. 客体要件。关于拟制自认的客体，一般认为应是辩论主义范围之内的事项。法院依职权调查的事项不能成为拟制自认的客体，这一点并无争议。但是，对于拟制自认的客体是否包括法律、对当事人有利的事实，则存在不同的观点。对于拟制自认的客体是否包括法律，我国目前仍采取否定说的观点，仅允许当事人就案涉对其不利事实进行自认。理由在于，法律适用问题专业性较强，如果让当事人对法律适用部分通过自认方式进行选择适用，将由于当事人法律素养的参差不齐而导致案件错判，丧失司法公正，故法律适用只能由法院适用。关于是否只有包含不利于当事人的事项才能构成拟制自认，也存在多种观点：一是以兼子一教授为代表的“败诉可能性说”，即认为只要依其陈述，可能会受到不利益之判决即为已足。二是以三月章教授为代表的“证明责任说”，即认为所谓的不利益，是指对于应由他负举证责任之事实为承认而言。就当事人对本方负有举证责任之事实为承认而言，当事人对本方负有证明责任的事实作出不利益的陈述，将不成立自认。三是以松本博之为代表的“否定说”，即认为“一旦自认成立，那么证据调查也就无须进行，因而可以促使诉讼尽早地结束”。因此主张对于自认成立本身应当广泛地予以认可，进而在自认的成立上排除不利益性之要件。[①] 我国司法实务是采取“肯定说”观点，即只有非负证明责任的当事人对对方当事人所作出的不利于己方的事实不作任何表述，才构成拟制自认。并且在诉讼中，拟制自认的主体为非证明责任主体，也就表示负证明责任的一方只能主张不利于非证明责任主体一方的事实。

3. 形式要件。2002 年《证据规定》第八条第二款将拟制自认的形式表述为“不明确表示肯定或者否定”，学理上认为此规定的关键点在于“不争执”。[②] 不明确表示争执时（既不承认也不否定），不必然视为自认。如果当事人虽在特定场合不明确表示争执，但在其他陈述中对于己不利的事实有争执的意思时，则应对拟制自认的认定持审慎态度。具体而言，虽然本条并未明确规定经审判人员说明并询问后，当事人应作出明确表示的期限，但考虑到我国人民群众知识层次、诉讼技能参差不齐的现状，只有根据辩论的整体意图来看不存在争执时，才可考虑认定为拟制自认。至于辩论的整体意图则通常要到法庭辩论终结前才能得出。故实务中应在法庭辩论终结前，当事人仍不明确表示肯定或否定的情形下，才能通过拟制自认推定

---

① 张友好：《论拟制自认之构成及其法理——兼评〈关于民事诉讼证据的若干规定〉第 8 条第 2 款》，载《法律科学》2006 年第 5 期。

② 常怡主编：《民事诉讼法学》，中国政法大学出版社 2013 年版，第 115 页。

该主张事实存在。如果在法庭审理中当事人虽然并未积极对他方主张的事实进行反驳,但是从其他陈述可以看出有反驳的意思时,就不得视为拟制自认。例如,在原告请求被告履行买卖合同给付标的物并按约定赔偿因迟延给付的违约金案件中,如果被告提出买卖合同不成立的抗辩理由,虽然其抗辩并未直接涉及违约金的部分,但是赔偿迟延给付的违约金是基于双方买卖合同成立的前提,如果双方买卖合同不成立,那么违约金部分的约定也必定不成立,所以当事人对买卖合同的抗辩,也包含对于违约金部分的抗辩。[①]

需要注意的是,当事人未到庭或中途退庭的情形下,当事人一方所作的"不争执"的陈述能否作为自认?对被告拒不到庭或未经许可中途退庭的情形,我国《民事诉讼法》第一百四十七条仅规定了法院缺席判决,并未对如何进行审判作出规定,但仍然要求原告对其主张举证。《日本民事诉讼法》(新修订)第一百五十九条第三款规定,除对当事人的传唤系以公告送达的以外,被告拒不出庭的准用默示自认的条款。诚然,相较于日本的规定,我国《民事诉讼法》并未完全贯彻全面辩论主义的原则,但"拒不出庭或未经许可中途退庭准用默示自认的规定"无法解决一方当事人为两人以上时,其中一位当事人拒不出庭或未经许可中途退庭该如何裁判的问题,可能出现数个被告的裁判结果不一致的情形。我国的裁判结果视原告的主张与举证情况而定的做法给了法官更大的自由裁量权,尤其是在原告出示的证据明显不充分时,可以直接以证明责任原理,裁判原告败诉。但并不是所有缺席判决都不可以直接适用拟制自认的规则。如果当事人不是依据公告送达被通知而缺席或者未经许可中途退庭,原告所主张的于被告不利事实已经法院送达告知被告且释明如仍不明确表示肯定或否定将导致拟制自认后果后,可以视为被告对该事实的承认。

拟制自认在本质上是建立在当事人未明确表示其认同对方所举出的对其不利的事实的基础上。法律规定当事人默示的行为就表示其认同该事实的真实性,这种做法实际上存在一定的风险性。其正当性的法理基础在于我国民事诉讼模式正逐渐向辩论主义模式转变,有必要逐渐减少法院依职权进行探究的事项。这也反映出民事诉讼尊重当事人处分权的特点。当事人一方对他方主张的事实不予争执,该事实就处于无争议状态。在辩论主义模式下,法院就受到该事实的拘束。显而易见,拟制自认有助于人民法院提高庭审效率。但受双方当事人诉讼能力水平差异的影响,拟制自认也容易造成案件事实与客观真实相悖的结果。故法官的释明就很重要。所谓释明,就是通过解释、说明、询问、发问等与当事人沟通方式让不明确的事项变得明确。本条中"经审判人员说明并询问后"即为审判人员对拟制自认的构成要件及其法律后果通过说明并询问方式向于其不利的一方当事人作出释明,便于其正确决策。之所以将2002年《证据规定》第八条中"充分"删除,主要理由在于:一方面,实务反馈原来规定"充分说明"的尺度不好掌握。个案中,审判人员容易说明得过多或过少,从而违反法官中立原则。另一方面,实务中,当事人之间也因立场、理解的差异,会对说明是否达到充分程度产生分歧。笔者认为,就该释明义务,法官在审判实践中应着重把握以下几点:第一,应说明的主要内容是当事人如不表示承认也不否认的法律后果,而不是当事人陈述的事实;第二,应要

---

① 李国光主编:《最高人民法院〈关于民事诉讼证据的若干规定〉的理解与适用》,中国法制出版社2002年版,第121页。

求提出事实主张的当事人就事实的细节作出说明，特别是在当事人对所提事实说明不够时要通过询问方式加以补充；第三，要帮助另一方当事人了解该事实的诉讼意义和作用。法官在告知自认的法律后果后，再明确询问另一方当事人的意见。

此外，诚实信用原则要求当事人真实陈述，禁止故意作出不真实的陈述或者扰乱对方当事人及证人的真实陈述，督促双方当事人尽快解决争议，实现社会和谐。“当事人未尽其所负陈述义务及诉讼促进义务，对于他造主张之事实负有提出答辩以使主张或否认具体化之责任，如其就此有所不尽或懈怠，则可将其视同自认处理。”①当事人消极对待诉讼，对于他方的主张不及时表明态度的意图就是拖延诉讼、避免不利裁判结果。而拟制自认的确立有助于调动当事人诉讼的积极性，缩小当事人之间的争议范围，有助于集中展开诉讼活动，促进诉讼的进行，提高诉讼的效益。

实务疑难

实务中，当事人还往往对于己不利的事实作“不知道、不记得”等不知陈述，应如何处理？

这是指诉讼中一方当事人对对方当事人所主张的于己不利事实作不知道、不记得之类的陈述。也就是说，其是介于争执与自认间的一种特别陈述。对该陈述的法律后果，我国立法目前没有规定。从比较法角度来看，德国立法规定，要对不知陈述区别对待：如果其不知陈述针对的是自己亲自参与行为和亲身感受，那么应推定其明知而不说，属于不诚信、不合法的行为，故其应被视为不争执。此时，当事人的不知陈述被视为拟制自认。反之，则不能简单认定为拟制自认。在日本，通说认为，当事人对对方主张的事实作不知陈述将被推定为对该事实有争议，从而不能被视为自认。我国台湾地区则采用自由裁量说，将当事人的不知陈述是否构成拟制自认交由法官自由心证确定。笔者倾向于德国立法观点，即当事人作不知陈述的对象为亲身经历和感受时，原则上作为拟制自认，除非存在于己不利事实发生时间久远、当事人因年龄和身体等原因记忆衰退等客观因素。

关联法条

《最高人民法院关于适用〈中华人民共和国民事诉讼法〉的解释》（2022 年）

第九十二条　一方当事人在法庭审理中，或者在起诉状、答辩状、代理词等书面材料中，对于己不利的事实明确表示承认的，另一方当事人无需举证证明。

对于涉及身份关系、国家利益、社会公共利益等应当由人民法院依职权调查的事实，不适用前款自认的规定。

自认的事实与查明的事实不符的，人民法院不予确认。

---

① 邱联恭：《口述民事诉讼法讲义（三）》，台北，邱联恭自版 2002 年版，第 167 ~ 168 页。

典型案例

1.(2021)桂民申4047号

裁判观点:本案中,出借人曾日新主张双方约定了利息,即月利率3%,借款人覃京宋、覃梦雪主张双方未约定利息。经审查,案涉《借条》未约定利息,但《借条》载明借款金额为90,000元,而曾日新实际向覃京宋转账87,300元,符合按月利率3%预先扣除一个月利息的特点。2016年3月至2018年4月期间,覃京宋每月偿还曾日新2700元,具有每月按月利率3%支付利息的规律性。二审诉讼中,曾日新提供的其与覃京宋的微信聊天记录显示,2018年9月9日曾日新通过微信给覃京宋发信息"不忘初心老弟,什么时候能还款?能给个明确的时间吗",覃京宋回复"年底得还款了曾哥,到时会加上这几个月的利息的,不好意思了"。覃京宋、覃梦雪均表示对微信聊天记录的真实性无法确认。根据2020年《证据规定》第四条"一方当事人对于另一方当事人主张的于己不利的事实既不承认也不否认,经审判人员说明并询问后,其仍然不明确表示肯定或者否定的,视为对该事实的承认"的规定,微信聊天记录反映的事实对覃京宋、覃梦雪不利,但覃京宋、覃梦雪对该内容的真实性不置可否,也未提出相反证据,故二审法院采信微信聊天记录,并无不当。

2.(2021)陕民终779号

裁判观点:2020年《证据规定》第四条规定:"一方当事人对于另一方当事人主张的于己不利的事实既不承认也不否认,经审判人员说明并询问后,其仍然不明确表示肯定或者否定的,视为对该事实的承认。"张华在原一审庭审中自认师彤其并不认识,签名可能是其妻子王美香找人签的。王美香在谈话时自认"师彤的身份证是假的,用的是王俊英的头像。原我公司的资料员姓名记不清了,以前代卖火车票,随便找了一份身份证,正好是师彤的,就用于贷款了"。经法庭询问,原告称对师彤的签字是否本人所签并不清楚。工行榆林分行为专业的金融机构,在办理个人担保业务时,保证人的身份证复印件是必备资料之一,且属于应存档的资料。因信达陕西分公司在诉讼中不能提交其本应持有的师彤的身份证复印件,故原告尚未完成基本的举证义务,本院认定王美香所述的对原告不利的事实存在。

3.(2021)晋民申700号

裁判观点:再审申请人主张"付款委托书""证明"上加盖的金渠公司的印章与金渠公司和电建二公司签订"协议""补充协议"时加盖的印章并非同一枚印章。本院认为,2020年《证据规定》第四条规定:"一方当事人对于另一方当事人主张的于己不利的事实既不承认也不否认,经审判人员说明并询问后,其仍然不明确表示肯定或者否定的,视为对该事实的承认。"经查阅卷宗及询问,二审中,就这一问题被申请人幸福金点公司向二审法院申请鉴定,审判人员向再审申请人说明并询问后,要求其进行书面答复,再审申请人未在指定期限内予以答复,应视为对该事实的承认,原审法院据此认定并无不妥,且再审申请人并未提供相反证据证明几份文书并非同一枚印章,故其理由不能成立。

4.(2020)鲁民申3544号

裁判观点:关于隐蔽工程检查验收单等证据的效力问题,根据2020年《证据规定》第四条之规定,一方当事人对于另一方当事人主张的于己不利的事实既不承认也不否认,经审判人员说明并询问后，其仍然不明确表示肯定或者否定的，视为对该事实的承认。原审庭审过程中，在审判人员明确说明并询问的情况下，申请人代理人仍对涉案隐蔽工程检查验收单是否系其工作人员签字表示不清楚，原审法院在考虑到申请人的其中一代理人系本单位员工的情形下，依法认定申请人对上述验收单系其工作人员签字予以承认具有法律依据。

（修改）第五条 【代理人自认】

当事人委托诉讼代理人参加诉讼的，除授权委托书明确排除的事项外，诉讼代理人的自认视为当事人的自认。

当事人在场对诉讼代理人的自认明确否认的，不视为自认。

法条渊源

关于当事人委托诉讼代理人的权限问题，最早在1982年《民事诉讼法》第五十一条就规定，诉讼代理人代为承认、放弃或者变更诉讼请求，进行和解，提起反诉或者上诉，必须有被代理人的特别授权。后该条特别授权规定一直为历次民事诉讼法修改所保留。但该条中规定的诉讼代理人代为承认对象为诉讼请求。这在理论上被称为认诺，而非自认。但从实践情况来看，经常对自认和认诺不作区分。代理人承认的对象除了诉讼请求之外，经常还包括于己不利的事实。对此，代理人承认的于其所代理的当事人不利的事实，是否构成自认，则有分歧。针对实务中的理解分歧，2002年《证据规定》第八条首次明确规定了代理人自认。但从近年适用情况看，代理人自认又出现了一些新问题。本条关于代理人自认的规定就是结合实践需求，对2002年《证据规定》第八条第三款的规定修改而成。

法条精析

本条是关于代理人自认的规定，源自2002年《证据规定》第八条第三款。本条起草过程中变化较大。2016年《法院征求意见稿》第二十条规定"当事人委托诉讼代理人参加诉讼的，诉讼代理人的自认视为当事人的自认。但未经特别授权的诉讼代理人所作出的自认直接导致承认对方诉讼请求的除外。当事人在场但对于诉讼代理人的自认不做否认的，视为当事人的自认"。2017年《审判长讨论稿》第十五条规定，当事人委托诉讼代理人参加诉讼的，诉讼代理人的自认视为当事人的自认。当事人在场对诉讼代理人的自认明确否认的，不视为自认。2018年《审委会送审稿》第五条则有两种意见：第一种意见建议修改为"当事人委托诉讼代理人参加诉讼的，诉讼代理人的自认视为当事人的自认。当事人在场对诉讼代理人的自认明确否认的，不视为自认"。第二种意见为不修改2002年《证据规定》的原条文。本条定稿时，则增加了"除授权委托书明确排除的事项外"的表述，理由在于，诉讼代理人的权限均来自当事人的授权，如果当事人在授权书中明确排除了诉讼代理人对特定事实的自认，则应予以尊重。本条主要修改内容为：第一，删除了"但未经特别授权的代理人对事实的承认直接导致承认对方诉讼请求的除外";理由在于:(1)民事诉讼法对于诉讼代理人特别授权的规定,针对的是诉讼代理人对诉讼请求的处分,而自认是对事实的承认,其本身与诉讼请求并不直接相关;(2)审判实践中,对事实的承认直接导致承认对方诉讼请求的情形发生在对事实和诉讼请求概括承认的场合,这种情况下可以直接认定为对诉讼请求的认可,没有区分对事实承认和对诉讼请求认可的必要;(3)"未经特别授权的代理人对事实的承认直接导致对方诉讼请求的除外"的规定,容易引起误解和争议,有些地方法院要求删除上述内容;(4)更加便利司法实践的操作,授权委托书并未明确排除的事项,诉讼代理人均可以代当事人进行自认,不必再进行区分是否导致诉讼请求的成立。第二,将"当事人在场但对其代理人的承认不作否认表示的,视为当事人的承认"的表述调整为"当事人在场对诉讼代理人的自认明确否认的,不视为自认"。表意更准确,适用更方便。

所谓代理人自认,是指在诉讼过程中,委托诉讼代理人代表委托人对对方当事人或其代理人主张的于己不利事实表示承认或主动承认于己不利事实被对方当事人援引,从而免除对方当事人的举证责任的情形。代理人自认实质上是当事人自认的另一种表现形式,通常作为一种例外情况出现,制度价值在于提高诉讼效率。司法实践中,大多数当事人会选择委托诉讼代理人共同出庭或者单独出庭参加诉讼。如果在这种情况下,法律规定只有当事人才可以进行自认,那么无疑会拖慢诉讼的进程,降低诉讼效率,也使当事人委托诉讼代理人出庭的目的无法实现。虽然代理人的自认在一定程度等同于当事人的自认,被视为是当事人所作出的意思表示,但是两者还是有所区别。对于诉讼中争议的事实,代理人毕竟没有当事人了解得清楚,故当事人亲自出庭自认,更有助于查清案件事实的真相。因此,各国法律对于代理人自认制度都适当作出了一些限制,使其与当事人自认区分开来。由此,可避免实践中出现的一些问题。

诉讼代理人是基于当事人授权而取得代理当事人诉讼的权利,只有在当事人授权的范围内作出的行为才对当事人产生约束力。代理人超出授权范围实施的诉讼行为,不对当事人产生影响。我国司法解释目前对于自认的效力只规定诉讼上的自认具有免除对方当事人举证的效果。同时,司法解释也规定了在诉讼过程中,代理人在当事人授权范围内的自认与当事人自认具有相同的效果。由此可推出,代理人在诉讼外的自认或者超出当事人授权范围的自认不产生与当事人自认相同的效果。这样规定的原因是由于代理人只有在诉讼过程中才具有代理权,作为当事人的代理人,其对事实作出承认的权利与当事人是不一样的。当事人在任何时候都可对其相关事实作出自认的意思表示(尽管该自认并不能当然产生免除对方当事人举证的法律效果),而代理人只能在诉讼中作出自认的表示。除此之外,只有在诉讼过程中,代理人才能对争执事实有较多的了解。在诉讼之外,当事人与他人还没有形成委托代理关系时,他人也就很难了解到争议事实的真相,其在诉讼外对事实认定的准确性也会大大降低。

2002年《证据规定》第八条第三款中"但未经特别授权的代理人对事实的承认直接导致承认对方诉讼请求的除外",排除的对象主要是未经特别授权的代理人对特定事实的承认等于承认对方诉讼请求的情形。也即将直接导致承认对方诉讼请求的事实从委托诉讼代理人自认的事实范围中排除,除非其有特别授权。例如,民间借贷案件中,被告借款人的委托诉讼代理人当庭承认尚欠原告所主张的借款本金和利息数额的事实。显然，被告借款人的委托诉讼代理人对上述事实的承认行为，将直接导致原告诉讼请求的成立。根据 2021 年《民事诉讼法》第六十二条第二款“授权委托书必须记明委托事项和权限。诉讼代理人代为承认、放弃、变更诉讼请求，进行和解，提起反诉或者上诉，必须有委托人的特别授权”的规定，上述情形中，被告借款人的委托诉讼代理人要作出上述承认，必须先取得委托人被告借款人的事先特别授权。因此，2002 年《证据规定》第八条第三款规定，委托诉讼代理人必须得到当事人关于诉讼请求处分的特别授权。但从该但书条款适用情况看，司法实践中对承认的事实与承认对方诉讼请求之间是否为直接因果关系经常存在争议，不利于统一适用该条规定。在就本条内容征求意见和调研过程中，多数地方法院要求删除该但书条款内容。几经斟酌，2020 年《证据规定》最终删除了上述内容，而将代理人自认的排除事项限制为“授权委托书明确排除的事项”，这说明只要授权委托书中并未明确表示排除的事项，诉讼代理人均可以代替当事人进行自认。这里所指的“授权委托书明确排除的事项”包括以下三层含义：一是授权委托书排除的对象只能是事项（事实），而不包括诉讼请求。根据 2020 年《证据规定》第三条第一款的规定，自认的对象为本应由相对方举证证明的于己不利的待证事实，而非所有事实。二是授权委托书排除的对象只能是于己不利的事实，而不包括诉讼请求。理论上，一方当事人对相对方诉讼请求的承认为认诺。认诺一旦成立有效，则作出认诺意思表示的当事人将承担败诉的不利后果。代理人自认于己不利事实，并不必然或直接导致己方败诉。可见，自认与认诺存在本质区别。三是当事人在授权委托书中排除的事项必须具体可识别，不存在模糊、分歧。故本次将原自认例外规定修改为“除授权委托书明确排除的事项外”可谓更为精准。

本次修改的另一亮点在于本条第二款将 2002 年《证据规定》第八条第三款中当事人在场的情况下“对其代理人的承认不作否认表示的，视为当事人的承认”修改为“对诉讼代理人的自认明确否认的，不视为自认”。该款修改目的在于用更明确、简洁表达方式，督促当事人在法庭上积极行使自己的诉讼权利，作出积极的表示。只有当事人对诉讼代理人的自认明确否认的，法院才不视为当事人的自认。反向解释，从民事诉讼程序尊重诉讼当事人的处分权出发，当事人对诉讼代理人的自认并未明确作出否认，一律视为当事人的自认。当事人必须以“明确”方式作出否认，这既尊重了当事人的处分权，又有利于法院进行认定。一般而言，当事人可以作出默示自认，而代理人只能采用明示自认的方式。世界上许多国家只承认诉讼代理人明示自认的效力，这是由代理制度的性质所决定的。代理人是在代理权限内代替当事人作出积极的意思表示，对当事人产生约束力。如果代理人采用默示方式，法院将认定其并无意思表示，不能形成对当事人的约束效力。法律之所以能够将当事人的默示视为自认，是因为当事人作为争议事实的实际参与者，法律推定其应当知晓事实。依照诚实信用原则，当事人应当就对方的主张作出肯定或否定的表示。若当事人不作任何表示，按照经验法则应推断该事实存在。因为如果该推断是不符合事实的，当事人为了维护自己的利益，必然会积极抗辩。如果当事人采取消极默示的态度，则有很大理由相信该事实是真实的。

诉讼代理人与当事人的自认在效力上也存在差异。当事人在诉讼过程中明示作出的自认有约束本人及法院，免除对方当事人举证责任的效力。对本人的约束力主要表现在作出自认的当事人原则上不得撤回自己作出的自认；法院通常应按照当事人自认的内容认定事实，法院也无须再对自认的事实进行调查;对他方当事人的效力就表现在免除对方就该自认事实的举证责任。诉讼代理人的自认与当事人自认效力上不同的是诉讼代理人所作出的自认并不对诉讼代理人本人产生约束力,同时缺乏稳定性。当事人如果要撤销本人作出的自认,需满足一定的条件。各国的法律一般要求当事人撤销自认应当满足这样的条件,即自认出于当事人认识上的错误及自认内容与事实本身不符,而且这种错误自认是在受欺诈或强暴或胁迫所致,如不能满足上述要求,则应获得对方当事人的同意。① 但当事人要撤回诉讼代理人的自认,则没有上述条件限制:由于当事人撤销代理人的自认不是对自己意思表示的否定,因此不受禁止反言的限制;而诉讼代理人作出自认的行为是源于当事人的授权,是其单方行为,而当事人撤回代理人的自认,是对其单方意思表示的撤销。本条修改将原来的"当事人在场但对其代理人的承认不作否认表示的,视为当事人的承认"改为"当事人在场对诉讼代理人的自认表示明确否认的,不视为自认"。这一规定将原来的将当事人的默示表示即认定当事人承认代理人所作出的自认,改为现在的当事人必须明确表示否定才可以改变诉讼代理人的自认效力,两者从表面看并无不同,但也反映出法院鼓励当事人在诉讼中积极作出意思表示,帮助法院查清事实,从而维护当事人的利益。

实务疑难

司法实践中,关于自认,需要注意以下要点:

第一,部分自认不得扩及全部。若原告起诉被告返还借款 2 万元,被告在诉讼过程中对借贷关系存在的事实予以认可,但只承认借款数额为 1 万元。此时,在没有其他证据证明借款数额为 2 万元的情况下,法院只能对自认的 1 万元借款予以认可。第二,当事人对于对方主张的于己不利的事实承认其一度存在,但随后又主张该事实因事后的其他原因而告消灭的,不应该认定为自认。因为承认先前事实只是对后来事实消灭的过程描述,并非对先前事实的最终确认。第三,当事人若对其自认的事实作出相反主张,或对自认的事实附加限制条件。则法官可以根据案情以及当事人在诉讼过程中的行为表现,综合裁量是否构成自认。

关联法条

《中华人民共和国民事诉讼法》(2021 年)

第六十二条 委托他人代为诉讼,必须向人民法院提交由委托人签名或者盖章的授权委托书。

授权委托书必须记明委托事项和权限。诉讼代理人代为承认、放弃、变更诉讼请求,进行和解,提起反诉或者上诉,必须有委托人的特别授权。

侨居在国外的中华人民共和国公民从国外寄交或者托交的授权委托书,必须经中华人民共和国驻该国的使领馆证明;没有使领馆的,由与中华人民共和国有外交关系的第三国驻该国的使领馆证明,再转由中华人民共和国驻该第三国使领馆证明,或者由当地的爱国华侨团

---

① 陈计男:《民事诉讼法论》,台北,三民书局 1994 年版,第 416 页。

体证明。

第六十三条　诉讼代理人的权限如果变更或者解除，当事人应当书面告知人民法院，并由人民法院通知对方当事人。

典型案例

1.(2021)最高法民申 2613 号

裁判观点：结合博海公司向大足城投公司出具的借条、委托书、前述《对账确认协议》载明的内容、本院向大足城投公司和博海公司的询问笔录及大足城投公司向博海公司的债权申报情况等可以确认，博海公司是以借支的方式向大足城投公司申领工程款。而且博海公司诉讼代理人在二审庭审中将前述款项陈述为案涉已付工程款。根据 2020 年《证据规定》第五条第一款“当事人委托诉讼代理人参加诉讼的，除授权委托书明确排除的事项外，诉讼代理人的自认视为当事人的自认”及第九条第一款“有下列情形之一，当事人在法庭辩论终结前撤销自认的，人民法院应当准许：(一)经对方当事人同意的；(二)自认是在受胁迫或者重大误解情况下作出的”的规定，博海公司诉讼代理人的陈述构成了不可撤销的自认。综上，原审判决认定大足城投公司支付的前述 184,700,000 元为已付博海公司的工程款并无不当，翔宇公司、金泰公司主张该款项属于博海公司借款的理由不能成立，本院不予支持。

2.(2021)豫民再 142 号

裁判观点：2020 年《证据规定》第五条第一款规定：“当事人委托诉讼代理人参加诉讼的，除授权委托书明确排除的事项外，诉讼代理人的自认视为当事人的自认”。经查，一审中，王伶俐向其委托诉讼代理人马巧玲、李奇男出具的授权委托书显示为特别授权，马巧玲、李奇男作为王伶俐的一审诉讼代理人在庭审中陈述“王伶俐因孩子太小，在家带孩子，生活费用来源一部分是家庭其他人接济，一部分是胡道来支付”。该陈述与王伶俐上诉状中认可其未上班，没有经济收入的事实能够相互印证。据此，上述自认应视为对王伶俐不利的事实，林骁无须举证证明。

3.(2021)桂民申 267 号

裁判观点：潘国成于 2020 年 12 月 9 日提交原审证据目录，其中南宁市中级人民法院于 2020 年 8 月 4 日询问笔录中，审判员询问“上诉人你方对转款本身的行为是没有异议的?”潘国成代理人叶露回答“没有异议，但是我方认为遗漏了转款款项。刘鸿成通过本人自己及陆金祥给潘国成总共 1,880,000 元。潘国成没有自己转给刘鸿成，但潘国成转给陆金祥 1,163,000 元，陆金祥的卡是刘鸿成拿住，所以他的款项实为刘鸿成收款和借款……”同时，审判员询问“对于陆金祥收款视为刘鸿成收款双方是否有异议?”叶露及刘鸿成代理人朱剑均回答“没有”。2020 年《证据规定》第五条第一款规定：“当事人委托诉讼代理人参加诉讼的，除授权委托书明确排除的事项外，诉讼代理人的自认视为当事人的自认。”叶露为潘国成特别授权代理人，因此，对叶露上述自认事实应视为潘国成的自认，也即是对刘鸿成通过陆金祥转款给潘国成，潘国成转款给陆金祥视为刘鸿成收款的事实应予确认，刘鸿成与潘国成间形成了借贷关系。

4.（2020）甘民终485号

裁判观点：二审中旭升源公司结合其提供的照片主张与其就案涉工程进行协商、为其公司提供西安建总账户、交给其1000万元保证金收据的均是安孟林，其有理由相信安孟林有权代表西安建总，构成表见代理。西安建总委托诉讼代理人杨卓称系其公司工程部人员与旭升源公司进行协商，账户信息、收据亦是其公司人员交予旭升源公司，与安孟林无关。西安建总另一位委托诉讼代理人许春清认可安孟林收取和退还保证金的事实，其认为安孟林是建筑市场的掮客。2020年《证据规定》第五条规定："当事人委托诉讼代理人参加诉讼的，除授权委托书明确排除的事项外，诉讼代理人的自认视为当事人的自认。当事人在场对诉讼代理人的自认明确否认的，不视为自认。"对于同一事实两位委托诉讼代理人的陈述明显不一致，西安建总亦未提交证据证实系其公司人员与旭升源公司进行协商，其应承担举证不能的不利后果。

5.（2020）吉民申2884号

裁判观点：2020年《证据规定》第五条规定："当事人委托诉讼代理人参加诉讼的，除授权委托书明确排除的事项外，诉讼代理人的自认视为当事人的自认。当事人在场对诉讼代理人的自认明确否认的，不视为自认。"经查阅原审卷宗，王剑波委托诉讼代理人委托权限包括代为承认、放弃、变更诉讼请求，进行和解。根据上述司法解释的规定，王剑波的委托诉讼代理人在本案一、二审审理过程中的陈述应当作为认定案件事实的依据。王剑波以本人未在场，其委托诉讼代理人与孙明华串通作虚假陈述为由主张原判决认定事实有误，缺乏证据证实，本院不予支持。

（新增） 第六条 【共同诉讼自认】

普通共同诉讼中，共同诉讼人中一人或者数人作出的自认，对作出自认的当事人发生效力。

必要共同诉讼中，共同诉讼人中一人或者数人作出自认而其他共同诉讼人予以否认的，不发生自认的效力。其他共同诉讼人既不承认也不否认，经审判人员说明并询问后仍然不明确表示意见的，视为全体共同诉讼人的自认。

法条渊源

虽然早在1982年《民事诉讼法》第四十七条已对共同诉讼作出规定，但关于共同诉讼人的自认问题，却一直欠缺立法规范。即便2002年《证据规定》第八条中明确了自认的效力，但依然没有涉及共同诉讼人的自认是否约束其他共同诉讼人的问题。但在实务中，关于共同诉讼人自认的情形，并不少见。故本次根据审判实践的需要和证据法理论，并结合2017年《民事诉讼法》第五十二条关于普通共同诉讼和必要共同诉讼的区分作出规定。这是我国司法解释层面第一次明确规定共同诉讼中的自认该如何认定的问题。

法条精析

本条是关于共同诉讼人自认的规定，属于 2002 年《证据规定》没有的新内容。本条起草过程中变化不大。2016 年《法院征求意见稿》第二十一条规定“普通共同诉讼中，一人或者数人作出的自认，对作出自认的当事人发生效力。必要共同诉讼中，一人或者数人作出自认而其他共同诉讼人予以否认的，不发生自认的效力。其他共同诉讼人既不承认也不否认，经审判人员充分说明并询问后仍然不明确表示意见的，视为全体共同诉讼人的自认”。2017 年《审判长讨论稿》第十六条规定“普通共同诉讼中，共同诉讼中一人或者数人作出的自认，对作出自认的当事人发生效力。必要共同诉讼中，共同诉讼人中一人或者数人作出自认而其他共同诉讼人予以否认的，不发生自认的效力。其他共同诉讼人不进行必要的争辩的，经审判人员说明并询问后仍然不明确表示意见的，视为全体共同诉讼人的自认”。2018 年《审委会送审稿》第六条则只将“不进行必要的争辩”修改为“既不承认也不否认”。定稿则与 2018 年《审委会送审稿》第六条表述一致。本条主要内容是关于在共同诉讼方一人或者数人对于对方当事人提出的于己不利的事实表示承认，是否对于共同诉讼方的其他当事人具有约束力的问题。与之相关的法条是 2021 年《民事诉讼法》第五十五条关于共同诉讼的规定。本条共分两款：第一款是关于普通共同诉讼人自认的规定；第二款是关于必要共同诉讼人自认的规定。

一、共同诉讼概述

共同诉讼是指一方或双方当事人均为两人以上的诉讼。共同诉讼可以分为普通共同诉讼和必要共同诉讼。普通共同诉讼是指一方或双方当事人为两人以上，诉讼标的是同一种类，各诉讼人相互独立并经当事人同意，进行合并审理、分别裁判的共同诉讼。必要共同诉讼是指当事人一方或双方为两人以上，诉讼标的是共同的，法院必须合并审理并在裁判中对诉讼标的合一确定的共同诉讼。大陆法系国家还将必要共同诉讼分为固有的必要共同诉讼和类似的必要共同诉讼：前者是指对诉讼标的，各个共同诉讼人必须合一确定，而且各个共同诉讼人必须一同起诉或应诉，当事人才能适格的必要共同诉讼；后者是指对诉讼标的，各个共同诉讼人既可以共同起诉或应诉，又可以分别起诉或应诉，但一旦选择一同起诉或应诉，法院对共同诉讼人的诉讼标的就必须要合一确定的必要共同诉讼。我国民事诉讼法中并未对固有的必要共同诉讼和类似的必要共同诉讼作区分规定。为了能够更加直观地表现必要共同诉讼和普通共同诉讼，下面试举两例说明：

例 1

郑甲、郑乙和郑丙三人合伙分别投入资金开办一家商行。郑甲代表该商号与傅某签订一份购房合同，约定购买傅某与其妻为共同产权人的一处门面房作为商行的营业场所。后双方因故就购房事宜发生纠纷，郑甲以自己名义起诉傅某一人，请求交付铺面。法院经审查诉状，告知郑甲通知郑乙、郑丙也作为原告，还必须把傅妻也列为被告，否则只能不予受理。经过修改诉状，列明了郑甲等三人为共同原告，傅某和傅妻为共同被告之后，法院才对本案予以立案。①

---

① 王亚新：《主体/客体相互视角下的共同诉讼》，载《当代法学》2015 年第 1 期。

例 2

房东赵某把自己三室一厅的住房分别租给钱某、孙某和李某三人。后因共用的客厅和卫生间等处的设施出现问题影响使用,三位房客向房东反映情况却未得到及时修理,遂不同程度地都拖欠了房租。赵某与钱、孙、李三位协商未果,于是以三名房客为共同被告向法院提起诉讼,请求解除三份租约,三被告分别结清所欠租金并腾退房屋。法院受理本案经开庭审理,在两名被告与原告之间分别达成调解协议,一名继续居住,另一名无须交租金但解除租约并退房。法院最终还针对房东与一名房客之间的争议作出判决,宣告其减额缴纳欠租,在即将届满的租期结束后即腾退所居房间。①

上述两个示例体现了必要和普通共同诉讼的具体形态。例 1 中郑甲等三人与傅某夫妻之间的纠纷法律关系就是同一项不动产的买卖,他们三人之间的诉讼标的就是关于该不动产的买卖合同关系,即同一的诉讼标的。在必要共同诉讼中,原告或者被告一方被视为一个整体参加到诉讼过程中,和对方当事人有共同的法律关系和诉讼请求。将这些案件合并进行审判,目的是保障各当事人的程序权益,使其充分参与到诉讼过程中,保证裁判的一致性,避免因根据不同程序作出的裁判结果不同甚至是相互抵触。否则,这不仅不利于当事人利益的保护,也不利于维护法院裁判的权威性。因此,在缺少必要共同诉讼当事人的情况下,法院对于部分必要共同诉讼当事人的起诉要么是裁定不予受理或裁定驳回起诉,要么是依职权追加当事人。

在例 2 中是房东赵某分别与钱某、孙某、李某分别签订了三个性质相同的租赁合同,只能说原告与被告之间存在"同一类别的"多个诉讼标的。原告既可以分别起诉也可以一并起诉,法院也可以将这三个案件合并审理或分别审理。即使分别审理,也不会妨碍为当事人提供程序保障,法院也可以根据三个案件的具体情况作出不同的裁判。不过出于对诉讼效率的追求,法院也可以准许原告将数个性质类似、纠纷起因相同的案件提出的诉讼请求合并在一份诉状中。与上述必要共同诉讼不同的是,普通共同诉讼合并审理的目的是能够利用主张、证据共通的特点来追求纠纷的一次性解决,发挥方便法院和当事人的作用,节约资源、提高诉讼效率。

二、共同诉讼人自认的约束力

基于前面对普通共同诉讼的含义、特征的探讨,可以知道普通共同诉讼合并审理的目的在于能够提高诉讼效率、节约诉讼成本。各共同诉讼人之间的诉讼权利义务是各自独立的,具有可分性。共同诉讼人中一人的行为仅对该当事人有效,对其他普通共同诉讼人没有约束力。同理,共同诉讼人中一人的自认只能表明其自己认可了对方当事人所陈述的于己不利的事实。相应地,对方当事人所陈述的于己不利事实也只能对该自认的共同诉讼人产生约束力,而不会对其他共同诉讼人产生约束力。至于必要共同诉讼,各共同诉讼人对争议的法律关系享有共同的权利,承担共同的义务。任一共同诉讼人的诉讼行为必然会牵涉其他共同诉讼人的权益。故在这种情况下,自认应该如何认定需要认真斟酌。对此,一些国家或地区规

---

① 胡亚球:《论民事起诉证据》,载《法学》1998 年第 11 期。

定，在共同诉讼中，在全体共同诉讼人必须一起确定诉讼标的的情况下，其中一人的诉讼行为，只有有利于全体时，才发生效力。① 如《日本民事诉讼法》第六十二条第一项规定，在全体共同诉讼人必须合一确定诉讼标的的情况下，其中一人的诉讼行为，有利于全体共同诉讼人时才发生效力。我国台湾地区“民事诉讼法”第五十六条第一款规定：“共同诉讼人中一人之行为有利共同诉讼人者，其效力及于全体，不利者对全体不发生效力。”按此规定，共同诉讼中一人或数人的自认，其效力不及于其他共同诉讼人，除非有利于其他共同诉讼人。

根据我国《民事诉讼法》第五十五条的规定，共同诉讼的一方当事人对诉讼标的有共同的权利义务的，其中一人的诉讼行为经其他共同诉讼人的承认，对其他共同诉讼人发生效力。根据这一规定可以得出，共同诉讼方中一人的自认并不当然对其他共同诉讼人产生效力，只有得到了其他所有共同诉讼人的承认后，才能产生相应的约束力。为了鼓励当事人能够在法庭上积极表达自己的意思，本条第二款规定，必要共同诉讼人中一人或数人作出自认的表示，其他必要共同诉讼人明确表示否认的，才不会产生自认的约束力。理由在于必要共同诉讼人是就同一诉讼标的产生诉讼，对该标的物的权利具有不可分性，应共同行使诉讼权利和履行诉讼义务，形成共同意思表示。如果其中一人否认于己不利事实，就意味着关于自认的共同意思表示尚未形成，不能认定为必要共同诉讼人已经作出自认。从日常生活经验而言，如果某一必要共同诉讼人所承认的于己不利事实是虚假的，那么其他必要共同诉讼人的当然反映应该是明确表示否认。但从司法实务情况来看，其他必要共同诉讼人基于自身利益考量，对是否承认呈含混态度，不愿明确表示承认或否认的情形并不少见。如果因其他必要共同诉讼人不作明确意思表示就认定不构成自认，可能会影响已承认共同诉讼人的诉权行使，不利于提高司法效率。为此，本条增加规定了默示承认，即如果对某一必要共同诉讼人自认的某事实，其他共同诉讼人既不表示承认也不表示否认的，经审判人员说明并询问后，仍不明确发表意见的，应视为其已经默示承认，可以适用拟制自认的规定。

实务疑难

普通共同诉讼中，共同诉讼人中一人或者数人作出自认后，人民法院基于该自认在该共同诉讼人所涉案件裁判中认定自认事实，对其他未作出自认的当事人所涉案件裁判有何影响？

由于普通共同诉讼的诉讼标的是同一种类，故普通共同诉讼可以合并审理，也可以不合并审理。可以合并审理是指客观上存在合并审理的条件，共同诉讼人主观上有合并审理的意愿。如果人民法院认为可以合并审理的，还必须经当事人同意后才能予以合并审理。但这里的合并审理实质是将本来可能发生的多个类型相同的法律关系的诉讼程序合并到一个诉讼程序中一并审理。但人民法院审理普通共同诉讼仍需区分不同普通共同诉讼人所涉具体法律关系，分别作出对应判决。这也就意味着本条实施后，可能存在自认的普通共同诉讼人所涉案件的裁判认定该自认事实，但该裁判对其他未自认普通共同诉讼人所涉案件的裁判产生

① 叶自强：《论自认》，载梁慧星主编：《民商法论丛》（第5卷），法律出版社1996年版。

影响的问题。对此,由于普通共同诉讼人所涉案件虽合并审理,但裁判各自独立,故该认定自认事实的生效裁判相对于其他普通共同诉讼人所涉案件而言,属于2020年《证据规定》第十条第一款第六项"已为人民法院发生法律效力的裁判所确认的基本事实",主张该基本事实存在的一方当事人无须举证证明,除非相对方当事人有相反证据足以推翻该裁判。但如果该裁判尚未生效,则主张该基本事实存在的一方当事人仍需举证证明自认事实。人民法院在审理该类案件时也应注意不要出现裁判认定事实不同的结果。

关联法条

1.《中华人民共和国民事诉讼法》(2021年)

第五十五条 当事人一方或者双方为二人以上,其诉讼标的是共同的,或者诉讼标的是同一种类、人民法院认为可以合并审理并经当事人同意的,为共同诉讼。

共同诉讼的一方当事人对诉讼标的有共同权利义务的,其中一人的诉讼行为经其他共同诉讼人承认,对其他共同诉讼人发生效力;对诉讼标的没有共同权利义务的,其中一人的诉讼行为对其他共同诉讼人不发生效力。

2.《最高人民法院关于适用〈中华人民共和国民事诉讼法〉的解释》(2022年)

第七十三条 必须共同进行诉讼的当事人没有参加诉讼的,人民法院应当依照民事诉讼法第一百三十五条的规定,通知其参加;当事人也可以向人民法院申请追加。人民法院对当事人提出的申请,应当进行审查,申请理由不成立的,裁定驳回;申请理由成立的,书面通知被追加的当事人参加诉讼。

第七十四条 人民法院追加共同诉讼的当事人时,应当通知其他当事人。应当追加的原告,已明确表示放弃实体权利的,可不予追加;既不愿意参加诉讼,又不放弃实体权利的,仍应追加为共同原告,其不参加诉讼,不影响人民法院对案件的审理和依法作出判决。

典型案例

1.(2021)最高法民申5116号

裁判观点:关于未付工程款中抵扣代理费金额问题。2020年《证据规定》第六条第二款规定:"必要共同诉讼中,共同诉讼人中一人或者数人作出自认而其他共同诉讼人予以否认的,不发生自认的效力。其他共同诉讼人既不承认也不否认,经审判人员说明并询问后仍然不明确表示意见的,视为全体共同诉讼人的自认。"原审已查明,申请人向国金律师事务所支付的代理费是5,257,289.48元,还有550万元是向"周洪"个人支付,不能证明向周洪支付的550万元是因案涉工程产生的代理费。赖宝兴关于认可714万元代理费的意见并未得到其他被申请人的认可。故原审确定申请人向国金律师事务所支付的代理费是5,257,289.48元并无不当。申请人主张赖宝兴的自认应视为其他被申请人的自认,申请人支付的代理费金额应为714万元的申诉请求,无事实和法律依据。

2.(2021)皖08民终3387号

裁判观点:一审法院审理的3299号案件中王永定并非该案件中的当事人,且王永定与吴东明、吴泽进对合伙事宜本就存在不同意见，双方存在利害关系，该案中也并没有对当事人所提交的证据作出最终认定，同时依据 2020 年《证据规定》第六条“普通共同诉讼中，共同诉讼人中一人或者数人作出的自认，对作出自认的当事人发生效力。必要共同诉讼中，共同诉讼人中一人或者数人作出自认而其他共同诉讼人予以否认的，不发生自认的效力”的规定，即便王永定对有关工程款结算作出过自认，而吴东明、吴泽进并不认可，故对吴东明、吴泽进并不发生自认的效力，因此中阳建设公司以此为由对欠付工程款数额提出抗辩没有法律依据。

3.（2021）川 04 民终 403 号

裁判观点：本案中，虽然余忠强认可其收到借款 3 万元，系其自认，依照 2020 年《证据规定》第六条第二款“必要共同诉讼中，共同诉讼人中一人或者数人作出自认而其他共同诉讼人予以否认的，不发生自认的效力。其他共同诉讼人既不承认也不否认，经审判人员说明并询问后仍然不明确表示意见的，视为全体共同诉讼人自认”的规定，在必要共同诉讼人宋兴会否认的情况下，余忠强的自认不发生自认的效力。但是，余忠强不仅自认收到借款 3 万元，且结合宋兴会与任成的通话录音记录，相互印证余忠强收到了出借款项，故余忠强收到 3 万元借款的事实并非仅有自认，而有其他相应证据予以证明，故对余忠强收到 3 万元出借款的事实，本院予以确认。

4.（2021）浙 06 民终 3451 号

裁判观点：对于共同借款人雒守龙的自认行为，根据 2020 年《证据规定》第六条第二款的规定，必要共同诉讼中，共同诉讼人中一人或者数人作出自认而其他共同诉讼人予以否认的，不发生自认的效力。其他共同诉讼人既不承认也不否认，经审判人员说明并询问后仍然不明确表示意见的，视为全体共同诉讼人的自认。雒守龙缺席一审庭审，二审期间到庭，在庭询中认可案涉借条项下的借款已经交付且用于兰州九鼎公司经营，但其系必要共同诉讼参与人，其自认不发生效力，不足以据此确认借条项下的款项已经完成交付。且在二审庭询中，雒守龙自述无法区分周帅方所交付的款项系杭州九鼎公司投资款还是个人借款。综上，虽周帅方举证了借条等证据材料，但就交付行为未能完成充分举证，应承担举证不能的不利后果，一审法院驳回其诉讼请求，于法有据。

5.（2021）川 16 民申 2 号

裁判观点：对于借款合意的事实，饶琳陈述虽予以承认，但本案诉讼中饶祖才、王小英是以饶琳为共同借款人从而作为一审被告起诉的，饶琳作为被告方的必要共同诉讼人之一，根据 2020 年《证据规定》第六条第二款“必要共同诉讼中，共同诉讼人中一人或者数人作出自认而其他共同诉讼人予以否认的，不发生自认的效力。其他共同诉讼人既不承认也不否认，经审判人员说明并询问后仍然不明确表示意见的，视为全体共同诉讼人的自认”的规定，饶琳的自认不发生自认效力，不能视为李翔、刘国珍对饶祖才、王小英主张事实的承认。

（新增）第七条 【限制性或附条件自认】

一方当事人对于另一方当事人主张的于己不利的事实有所限制或者附加条件予以承认的，由人民法院综合案件情况决定是否构成自认。

法条渊源

实践中，当事人自认情形比较复杂，既有不附加条件的完全自认，也有以满足一定条件或附加限制性要求的限制自认。前者已有司法解释规范，后者则在规范层面尚为空白。但就类推适用角度而言，至少有《民法典》第一百五十八条、第一百五十九条关于附条件民事法律行为的规定可供参考。例如，生效、解除条件成就时，民事法律行为就生效或解除。当事人为自己的利益不正当地阻止条件成就的，视为条件已成就等。此外，2002 年《证据规定》第六十七条关于对案件事实的认可，以达成调解协议或者和解为目的为条件的规定，也与限制自认的内在精神保持一致。但是，在没有直接、明确关于限制自认规定的情形下，法官裁判案件又没有直接请求权基础根据，必将会出现审判各行其是的现象，有损民事裁判的权威。因此，从实务层面界定诉讼上限制自认的性质和效力是很有必要的。基于实务需求，本条第一次对限制自认作出了明确规定。

法条精析

本条规定是关于限制性或附条件自认的新增规定，在 2002 年《证据规定》中并没有相同内容。本条在起草中变化较大。2016 年《法院征求意见稿》第十八条规定"一方当事人对于另一方当事人主张的于己不利的事实声称不知道或记不清，或者有所增加或限制地予以承认的，由人民法院综合案件的具体情况决定是否构成自认"。2017 年《审判长讨论稿》第十四条第二款规定"一方当事人对于另一方当事人主张的于己不利的事实声称不知道或记不清，或者有所限制或附加条件地予以承认的，由人民法院综合案件的具体情况决定是否构成自认"。2018 年《审委会送审稿》第七条规定"一方当事人对于另一方当事人主张的于己不利的事实有所限制或附加条件地予以承认的，由人民法院综合案件情况决定是否构成自认"。可见，后者将前者中"声称不知道或记不清"的情形删除。其理由在于，当事人声称不知道或记不清的情形在实务中较为常见，但其真伪相比限制或附条件更难以判断，讨论中争议较大，故暂时不作规定。本条定稿则与 2018 年《审委会送审稿》第七条基本一致，只有个别文字修改。

本条将"一方当事人对于另一方当事人主张的于己不利的事实有所限制或者附加条件予以承认的"的情况规定为限制自认，不能完全按照当事人的意思来判断该事实是否成立，而应当依当事人所举出的证据及法庭上的表现来判断当事人的自认是否合法。规定由法官根据具体情况作出裁判，是赋予了法官就此两类情况自由裁量的权力。我国学者大多是赞同类似于我国台湾地区"自由裁量"的规定。本条草案中曾将当事人声称不知道或记不清与有所限制或附条件予以承认的情况一并规定，由人民法院结合案件的具体情况决定是否构成自认。考虑到我国司法实践情况，后将当事人声称不知道或记不清的内容予以删除。

自认制度设立的主要作用就是通过一方当事人对另一方当事人主张的于己不利事实的承认，免除后者的举证责任，从而达到简化诉讼程序，提高诉讼效率的目的。自认根据不同标准可有不同分类。例如，根据自认是否发生在诉讼过程中，可分为诉讼上自认和诉讼外自认。又如，根据自认的程度、范围可将自认划分为完全自认与限制自认。完全自认是对另一方当事人主张事实的全部自认；限制自认是对于自认附加条件或限制，或者呈现出前后矛盾，甚至其中言辞令人费解或难以确定其真实含义和意图的情形。

从司法实务表现而言，限制自认主要可分为以下三类：

第一，当事人一方在承认对方所主张的于己不利事实时，附加独立的攻击或防御方法，若根据两项事实之间是否存在"不可避免地牵连"为标准，本情形所指自认又可细分为牵连性的自认和可分性的自认。牵连性的自认是指在诉讼过程中，当事人针对相对方当事人陈述于己不利事实，基于另一事实进行独立的攻击或防御，在此过程中又不可避免地牵连出对方当事人陈述的部分事实或全部事实，从而不得不承认对方当事人陈述的部分或全部事实。例如，民间借贷案件中，被告基于其持有的原告出具的收条事实进行防御或抗辩，其前提就是承认原告曾经出借款项给被告这一事实。可分性的自认是指在诉讼过程中，当事人在承认部分事实或全部于己不利事实的基础上，又以另一事实进行独立的攻击或防御。但另一事实与自认事实没有关联性，即该当事人陈述另一事实并不必然地牵连出对方当事人陈述的部分事实或全部事实。例如，同样在民间借贷案件中，原告主张被告欠款 10 万元，而被告在承认欠款 10 万元的同时，主张原告也曾欠其 12 万元货款，要求抵销。本例中 12 万元货款就与欠款 10 万元没有必然联系，也即，被告陈述原告欠其 12 万元货款时并不必然牵扯出自己还欠原告 10 万元借款的事实。

第二，当事人一方承认对方所主张的事实中的一部分而争执其他部分。例如，原告诉称被告曾向其借款 10 万元，而被告只承认借款 4 万元。对此，当事人主张一致的部分借款 4 万元可以成立自认，但就该 4 万元自认不得扩及 10 万元主张，另一方仍对自认方未自认的 6 万元部分负有举证责任。

第三，当事人在自认上附加条件或期限等其他限制。当事人是否承认对方当事人于己不利事实，取决于对自身利益的理性判断。自身利益的判断又经常以将来某些事实的发生或不发生、何时发生为前提，但由于将来的不确定性，事实是否发生，何时发生难以预知。故实务中，当事人对自认附加条件或期限等限制的，不在少数。例如，当事人当庭陈述，如果原告不要我的利息，我承认原告刚才陈述的我去年借了他 10 万元属实。这里的"如果原告不要我的利息"即是一种将来不确定事件。以将来不确定事件作为控制手段者，称条件；在民法理论上，条件可根据不同标准作不同分类。但从条件本身应具备将来性、不确定性角度而言，条件可分为真正条件和不真正条件。真正条件需具备当事人约定、将来不确定事件两个特征，否则即为不真正条件，如法定条件、既成条件、必成条件、不法条件、不能条件、矛盾条件等都属于不真正条件范畴。故在诉讼中，如当事人承认对方当事人于己不利的事实所附条件是上述不真正条件，则应从自认不可分性出发，区分所附各种类型条件的内涵与于己不利事实、其他案情等因素综合把握是否构成自认。至于期限，以将来确定事件作为控制手段者，则称期限。期限与条件相比最大区别是事件将来确定发生，只不过可能存在具体发生时间无法确定的问题。例如，“下次下雨时”下雨属于自然现象，必然到来，但下次的具体时间则无法确定。实务中，也会出现自认附带期限的情形。例如，当事人当庭陈述要我承认借了被告10万元，除非我死的那天。这里“我死的那天”就是附带的期限。也即，文义而言，这句话的意思是，原告死亡的那天会承认借了被告10万元。当然，从日常生活经验可知，原告真实意思就是不承认被告主张的借款事实。

各国立法对限制自认规定不同，如《德国民事诉讼法》第二百八十九条规定：对于审判上的自认，附加有包含独立的攻击或防御方法的陈述者，并不影响自认的效力。故限制自认也构成自认，从而可以免除对方的举证责任。但是，当事人应对所附的限制条件举证。我国台湾地区“民事诉讼法”第二百七十九条第二项则规定：当事人于自认有所附加或限制者，应否视为自认，由法院斟酌情形断定之。依此条规定，限制自认是否产生自认的效力，应由法官综合判断。我国大陆民事诉讼法没有自认的规定，更没有对于限制自认是否构成诉讼上的自认，可否免除对方当事人的证明责任问题作出任何规定。即便司法解释层面，2002年《证据规定》也没有限制自认的规定。这也给实践操作带来了难度。

对于限制自认的效力，在目前法无明文规定的情况下，笔者认为，既然学理上，将不可分性作为自认的基本特征之一，即自认人应以一般正常人的标准承认对方当事人所主张事实，而非选择性的承认其一言半语。那么，判断当事人的陈述是否属于自认，应当基于证据调查及辩论的总体情况从整体上作出认定。审判实践中，诉讼上的限制自认均为该当事人在承认对方当事人诉称的部分事实或全部事实的同时，提出条件、期限、与攻击防御方法相关事实等限制。首先，对于部分自认情形，可根据案件事实加以认定：当事人承认的于己不利部分事实可以成立自认，但就该部分事实的自认不得扩及全部事实主张；其次，对于附条件自认情形，则应根据条件的具体类型以及案件的具体情况来判断当事人承认的内心真意，从而认定是否构成自认；对于可分性自认，由于承认方承认的于己不利事实与主张的事实具有各自独立、互不影响的特点，故法院可以对承认方承认的于己不利事实予以确认，至于承认方另行提出的主张事实是否成立，则交由其举证证明。对于牵连性的自认，本质而言，其作出承认意思表示虽基于事实但不是出于其本意，也即其本身未必有承认该事实的真实意愿。对此情形，理论和实务界均未形成共识。在本条起草调研过程中，实务界反馈的情况五花八门，远超上述分类。故几经斟酌，最后本条参照我国台湾地区的规定，对限制自认抽象规定为由人民法院综合案件情况决定是否构成自认。由法院斟酌具体案件情况作出裁判的做法更具有灵活性，能使个案中的当事人利益得到较全面的保障。

实务疑难

诉讼外的承认能否直接适用自认规则？

自认是对于己不利事实的承认。依自认作出的场合，可分为诉讼中的自认和诉讼外的自认，两者在证明力上有很大差异。诉讼法学上一般认为，诉讼中的自认一经作出，即产生两方面效果：一是对当事人产生拘束力，即当事人一方对另一方主张的对其不利的事实一经作出承认的声明或表示，另一方当事人即无须对该事实举证证明，而且除特定情形外，作出自认的当事人也不能撤销或否认其自认；二是对法院产生拘束力，即对于当事人自认的事实，法院原则上应当予以支持，不能作出与自认的事实相反的认定，无法定情形不能否定自认的效力。在实证法上，2022 年《民诉法解释》第九十二条第一款亦规定：一方当事人在法庭审理中，或者在起诉状、答辩状、代理词等书面材料中，对于己不利的事实明确表示承认的，另一方当事人无须举证证明。由此可知，自认规则的适用需满足以下要件：第一，承认发生在诉讼过程中；第二，承认的对象是对另一方当事人陈述的案件事实；第三，当事人所承认的事实于己不利。对于诉讼外的自认，我国现行《民事诉讼法》及有关司法解释均未作出规定，是否与诉讼中自认具有同样的法律效力，仍需从法理上进行分析。虽然出于个人趋利避害的天性，当事人在诉讼中陈述的事实一般都对自己有利，若其对不利事实作出自认，则此事实即具有较高的真实性，法院依自认认定该事实亦具有合理性和正当性。但真实性并非自认效力的唯一依据，更深层的原因在于，自认效力的基础即民事诉讼法上的辩论主义。根据辩论主义的基本原理，裁判者所依据的事实必须受当事人主张的约束和限制，即当事人没有主张的事实，裁判者不能作为裁判的依据。因此，自认规则只能在诉讼中适用，一旦需要查明的事实经过严格的诉讼程序被双方当事人认可，即具备了无争议性，对法院的认定形成拘束力。对于诉讼外发生的当事人承认，由于作出的时间、背景、场合不同，自认人在作出自认时与诉讼中所处的地位及维护的利益均不相同，缺乏相应法律程序的保障，仅能够具有一般的证据效力，不能直接解除对方当事人的举证负担。

关联法条

1.《中华人民共和国民法典》(2021 年)

第一百五十八条　民事法律行为可以附条件，但是根据其性质不得附条件的除外。附生效条件的民事法律行为，自条件成就时生效。附解除条件的民事法律行为，自条件成就时失效。

第一百五十九条　附条件的民事法律行为，当事人为自己的利益不正当地阻止条件成就的，视为条件已经成就；不正当地促成条件成就的，视为条件不成就。

2.《最高人民法院关于适用〈中华人民共和国民事诉讼法〉的解释》(2022 年)

第九十二条　一方当事人在法庭审理中，或者在起诉状、答辩状、代理词等书面材料中，对于己不利的事实明确表示承认的，另一方当事人无需举证证明。

对于涉及身份关系、国家利益、社会公共利益等应当由人民法院依职权调查的事实，不适用前款自认的规定。

自认的事实与查明的事实不符的，人民法院不予确认。

典型案例

1.(2020)陕民终 995 号

裁判观点：关于国实公司主张其就案涉工程提供钢材数额应以宝鸡二建自认的 3,228,707.76 元计算的问题。一方面，2020 年《证据规定》第七条规定，一方当事人对于另一方当事人主张的于己不利的事实有所限制或者附加条件予以承认的,由人民法院综合案件情况决定是否构成自认。本案中,宝鸡二建曾主张钢材供应数额系基于陕西国正建设工程项目管理有限责任公司就案涉项目已完工程的审核而制作的《工程项目造价明细表》,而国实公司否认该审核意见,该主张系建立在国实公司所否认的证据之上,在国实公司否认该审核意见的基础上宝鸡二建的主张不构成自认;另一方面,2015 年《民诉法解释》第九十二条第三款规定,自认的事实与查明的事实不符的,人民法院不予确认。本案中,虽然宝鸡二建主张国实公司供应钢材为 3,228,707.76 元,而造价鉴定意见确认钢材数额为 2,733,297 元,国实公司作为钢材供应方亦未提交相应的证据予以证明,故原审采信本案鉴定意见查明案涉工程钢材供应价款并无不当。

2.(2022)新 40 民终 145 号

裁判观点:贾殿省在另案诉讼中关于"永益房产公司欠消防水池工程款 4 万元",是基于"消防水池合同 95 万元"的陈述前提。根据 2020 年《证据规定》第七条"一方当事人对于另一方当事人主张的于己不利的事实有所限制或者附加条件予以承认的,由人民法院综合案件情况决定是否构成自认"的规定,即便贾殿省在另案诉讼中的陈述构成诉讼自认,亦是一种附条件自认,贾殿省对工程款数额的陈述是以"消防水池合同 95 万元"为所附条件,该附加条件与其陈述事实不可分割,不能断章取义理解,而应整体分析判断贾殿省陈述的真实含义并非认可案涉工程实际结算价为 103 万元的情况下永益房产公司欠付工程款数额为 4 万元。因此,贾殿省在另案诉讼中的陈述在本案中不能构成法律上的自认,不具有法律上自认的证据效力。

3.(2021)粤 01 民终 19732 号

裁判观点:宁波美泰公司认为其也是案涉起火仓库的实际承租人和使用人的主张,与上述生效判决已经认定并作为裁判依据的基本事实不符。至于宁波美泰公司提出,伍时佳在(2018)粤 0114 民初 8911 号、(2020)粤 0114 民初 6970 号案件中曾确认宁波美泰公司使用了案涉仓库,构成自认,应当对自认事实予以确认的问题。伍时佳在另案主张宁波美泰公司实际使用仓库是为了向宁波美泰公司主张连带赔偿责任,并非是对于己不利事实的确认,或者属于附加条件予以承认;而且,上述生效判决都没有确认该事实,也没有判决宁波美泰公司与广州美泰公司承担连带责任。根据 2020 年《证据规定》第七条"一方当事人对于另一方当事人主张的于己不利的事实有所限制或者附加条件予以承认的,由人民法院综合案件情况决定是否构成自认"和第八条第二款"自认的事实与已经查明的事实不符的,人民法院不予确认"的规定,宁波美泰公司要求确认其为案涉起火仓库实际承租人和使用人的理由不成立,本院不予认可。总之,一审法院根据双方当事人的诉辩、提交的证据对宁波美泰公司不是案涉起火仓库的实际承租人,也没有证据证明案涉仓库起火时存放有宁波美泰公司货物的事实进行了认定,并在此基础上驳回宁波美泰公司要求伍时佳、金狮公司赔偿损失的全部诉讼请求,合法合理,且理由阐述充分,本院予以确认。

（新增） 第八条 【自认排除情形】

《最高人民法院关于适用〈中华人民共和国民事诉讼法〉的解释》第九十六条第一款规定的事实，不适用有关自认的规定。

自认的事实与已经查明的事实不符的，人民法院不予确认。

法条渊源

根据辩论主义要求，人民法院认定待证事实原则上应受当事人自认的限制。但基于现实生活的复杂性，各国多对该限制作了例外规定。就我国而言，对于实务中不适用自认的情形，2002年《证据规定》中已有初步规定，大致包括：第八条规定的涉及身份关系的事实和第十五条规定的涉及国家利益、社会公共利益或者案外人权益的事实，至于法院依职权追加当事人中止诉讼、终结诉讼、回避等程序性事项的事实则没有规定。2015年《民诉法解释》第九十二条第二款将应由人民法院依职权调查的事实，明确规定为不适用自认的规定。而该解释第九十六条第一款又对关于人民法院依职权调查收集证据的情形进一步细化，其中就包括“（三）涉及民事诉讼法第五十五条规定诉讼的……（五）涉及依职权追加当事人、中止诉讼、终结诉讼、回避等程序性事项的”。因此，从体系解释角度，应认为上述程序性事实也不允许当事人自认。本条是对上述规定演进的总结和归纳。

法条精析

本条是关于自认排除情形的规定，主要明确的是人民法院依职权调查的事实不适用自认。本条是在2015年《民诉法解释》第九十二条第二款、第九十六条第一款基础上修改而来的，相对于2002年《证据规定》第八条基本属于新增规定（只保留了涉及身份关系事实不适用自认）。本条起草过程中变化较大。2016年《法院征求意见稿》第十七条规定：“对于涉及身份关系、国家利益、社会公共利益等应当由人民法院依职权调查的事实，不适用有关自认的规定。自认的内容明显与事实不符的，人民法院对于当事人自认的事实不予确认。”2017年《审判长讨论稿》第十七条第一款、第二款规定，“涉及身份关系、国家利益、社会公共利益等应当由人民法院依职权调查的事实，不适用有关自认的规定。自认的事实与已经查明的事实不符的，人民法院不予确认”。2018年《审委会送审稿》第八条则简化为“民事诉讼法司法解释第九十六条第一款第一至四项规定的事实，不适用有关自认的规定。自认的事实与已经查明事实不符的，人民法院不予确认”。定稿时将“第一至四项”删除，实际增加了该款第五项“涉及依职权追加当事人、中止诉讼、终结诉讼、回避等程序性事项”的情形。也即，当事人对涉及上述程序性事项的事实的自认不适用自认的规定。本条主要修改内容为，由于2015年《民诉法解释》第九十六条第一款已将其第九十二条第二款规定的由人民法院依职权调查的事实全部罗列且增加了“（三）涉及民事诉讼法第五十五条规定诉讼的；（四）当事人有恶意串通损害他人合法权益可能的；（五）涉及依职权追加当事人、中止诉讼、终结诉讼、回避等程序性事项的”几项事实，更为周延。故本条第一款用“《最高人民法院关于适用〈中华人民共和国民事诉讼法〉的解释》第九十六条第一款规定的事实”替代2015年《民诉法解释》第九十二条第二款规定的“对于涉及身份关系、国家利益、社会公共利益等应当由人民法院依职权调查的事实”,至于本条第二款,则将2015年《民诉法解释》第九十二条第三款保留,只作文字修改增加“已经”二字。理由在于,民事诉讼证明的目标在于发现事实,自认的事实与已经查明事实不符的情况下,应当对当事人的事实处分权进行限制,以查明的事实作为裁判的基础。

根据本条第一款2022年《民诉法解释》第九十六条第一款规定情形,属于排除适用自认的情形,具体分述如下:

首先,自认不适用于涉及身份关系事实。其原因在于人身权是自然人与生俱来的一种固有的民事权利,不具备直接的财产上的属性,主要体现的是人格关系与身份关系中的精神权益和价值理念。由于有关身份关系的诉讼直接涉及人的基本权利,关系到一个社会的道德体系建设,因此有必要用一种特殊的社会公共利益保障机制来加以维护。各国一般采用法院依职权调查主义,主动查明。例如,在婚姻案件中,涉及撤销婚姻、离婚或拒绝同居的原因事实时,自认都不发生效力。2002年《证据规定》第八条第一款也规定了自认的除外情况即为维护人类基本伦理价值和人权保护的要求,涉及身份关系的婚姻、家庭、收养案件不适用自认规则,法院对当事人自认的事实仍然可以要求当事人举证证明。① 其范围包括婚姻关系和亲子关系两类案件,具体指离婚纠纷、解除非法同居关系纠纷、收养关系纠纷等。

其次,自认不适用涉及国家利益、社会公共利益或案外人利益等事实。学理上,法院职权探知主义与当事人辩论主义是事实获取的两种对立理念。辩论主义将提出事实的权利和责任分配给当事人并约束法院主动调查当事人未提出的事实;而职权探知主义则将此交于法院依职权探知。因而,法院可依职权考虑当事人未提出的事实并依职权调查证据。职权探知主义并非指排除当事人对事实和证据的提出,而是旨在强调法院在获取证据资料方面不受当事人主张的限制。在职权探知主义下,当事人在事实问题上无法形成对法院裁判的约束。在德国法中,职权探知主义也仅适用于民事诉讼局部,如涉及豁免、外国法以及婚姻继承案件中的部分。② 既然法院是国家政权的重要组成机构,是维护国家利益、社会公共利益以及案外人利益的工具,那么在其依法履职进行审判过程中,一旦发现有损上述利益的行为,就应主动依职权查明相关案件事实,而不能放任通过恶意串通、虚假诉讼、自认伪造虚假事实骗取法院认可,最终损害国家利益、公共利益的行为。除了国家利益、社会公共利益之外,实务中通过虚假诉讼损害案外人利益情形越来越多。因此,也应把可能涉及损害案外人利益的事实排除在自认之外。

除了涉及国家利益和公共利益、案外人利益等之外,应由法院依职权探知的还包含涉及依职权追加当事人、中止诉讼、终结诉讼、回避等程序性事项。程序性事项涉及的是审判程序中的问题。此类事项不涉及当事人之间的事实判断,需要由法官根据专业的法律知识作出判断。所以当事人的自认范围不包含程序性事项。以诉讼中止为例,是指在诉讼过程中出现了法定原因暂时停止诉讼程序的进行,待法定原因消除后,再行恢复诉讼程序。当诉讼程序中

---

① 陈祥龙、杨永华:《自认若干问题初探》,载《华东政法学院学报》2003年第1期。

② 冯珂:《从权利保障到权力制约:论我国民事诉讼模式转换的趋向》,载《当代法学》2016年第3期。

出现了法定的诉讼中止事由，当事人可以向法院提出，要求法院作出中止诉讼的裁定，法院也可以根据中止事由依职权裁定诉讼中止。但是不管是哪种方式中止诉讼，都要由法院判断中止事由是否成立并作出裁定，仅有当事人的主张无法成立，因此不适用于当事人的自认制度。

本条第二款是“自认的事实与已经查明的事实不符的，人民法院不予确认”。这表明，虽然从辩论主义出发，当事人对事实的自认应约束法院的裁判，而给予对当事人自由处分权的尊重，自认就被认定为无须进行证明的事实并成为裁判的依据，法院也不需要再考虑该事实的真实性。但鉴于我国正处在诉讼模式由法院职权主义向当事人主义过渡时期、法院司法权威尚未被全面认同、当事人诉讼中弄虚作假情形还较常见等诸多因素，本条第二款仍有必要保留 2015 年《民诉法解释》第九十二条第三款规定内容真实的理念。因此，法官对于明显与事实不符的自认事实仍然要继续追问并形成内心确信。这种实质真实观是职权探知主义的根源，与自认制度中的处分权理念是一对对立的概念；①这表明在我国民事诉讼中，以这种理念构建的自认制度以及涉及事实认定的其他诉讼制度，都要在一定程度上打破当事人事实主张的约束，为当事人主义和辩论原则在处分自由上设置必要的限制。例如，利用“假离婚”提起诉讼，作为债务人的夫妻一方自认原本自己应得部分财产归另一方所有，从而使债权人的债权因债务人没有财产而得不到清偿，以此来逃避债务。这种情况下就需要法院发挥其“纠错”的功能，对当事人滥用诉权以及当事人基于被胁迫、重大误解作出的自认予以撤销。法院裁判不再受当事人自认的限制。这种制度设计的理念在于对实体真实的追求，符合我国一直以来诉讼所坚持的根据事实真相作出公正裁判的原则。

实务疑难

自认的事实与法定免证事实之间矛盾时，应如何处理？

2020 年《证据规定》第十条规定了法定免证事实的情形，包括：(1)自然规律以及定理、定律；(2)众所周知的事实；(3)根据法律规定推定的事实；(4)根据已知事实和日常生活经验法则推定出的另一事实；(5)已为仲裁机构的生效裁决所确认的事实；(6)已为人民法院发生法律效力的裁判所确认的基本事实；(7)已为有效公证文书所证明的事实。上述法定免证事实，是长期以来各国司法经验的总结，具有很高的真实性，一般无须证据来证明，除非有相反证据足以反驳或推翻。但在实务中经常出现当事人自认事实与上述法定免证事实不一致的情形。此时，当事人自认事实能否作为足以反驳或推翻的相反证据，实务观点不一：一种观点认为，只要当事人自认事实的行为不违反相关法律规定，从辩论主义，当事人自认事实约束当事人和法院角度出发，应当酌情认定足以反驳或推翻上述法定免证事实；另一种观点认为，鉴于虚假诉讼存在、当事人趋利性以及当事人主观善变性特征，其自认事实未必与客观事实一致。故如果自认的事实与免证事实相反，一般应认定该自认无效，除非当事人提供其他补强证据，达到足以反驳或推翻法定免证事实的程度。笔者倾向第二种观点。

① 张卫平：《民事诉讼：关键词展开》，中国人民大学出版社 2005 年版，第 22 页。

关联法条

《最高人民法院关于适用〈中华人民共和国民事诉讼法〉的解释》(2022年)

第九十二条 一方当事人在法庭审理中,或者在起诉状、答辩状、代理词等书面材料中,对于己不利的事实明确表示承认的,另一方当事人无需举证证明。

对于涉及身份关系、国家利益、社会公共利益等应当由人民法院依职权调查的事实,不适用前款自认的规定。

自认的事实与查明的事实不符的,人民法院不予确认。

第九十六条 民事诉讼法第六十四条第二款规定的人民法院认为审理案件需要的证据包括:

(一)涉及可能损害国家利益、社会公共利益的;

(二)涉及身份关系的;

(三)涉及民事诉讼法第五十五条规定诉讼的;

(四)当事人有恶意串通损害他人合法权益可能的;

(五)涉及依职权追加当事人、中止诉讼、终结诉讼、回避等程序性事项的。

除前款规定外,人民法院调查收集证据,应当依照当事人的申请进行。

典型案例

1. (2021)最高法民申4892号

裁判观点:余英泽申请再审称,案涉房屋项目建设方家园公司已认可其为实际施工人,故应确认其实际施工人的身份。2020年《证据规定》第八条第二款规定:"自认的事实与已经查明的事实不符的,人民法院不予确认。"家园公司系银川市中级人民法院(2018)宁01执353号执行案件的被执行人,即使其认可余英泽为案涉房屋项目的实际施工人,也应提供相应证据证明。因此,余英泽申请再审称根据家园公司的自认,即应认定其为案涉房屋项目的实际施工人,没有事实和法律依据。此外,余英泽也没有提供证据证明,其对案涉房屋享有足以排除强制执行的民事权益。因此,一、二审判决驳回余英泽对案涉房屋提起的执行异议之诉,认定事实清楚,适用法律并无不当。

2. (2020)苏民申10195号

裁判观点:案涉居间服务协议第一条约定,创业公司为完成新天地不夜城项目拟对外募集资金,委托应莉促成其与第三方达成融资协议并取得融资款项;其投融资部总经理吴卫在公安机关报案时亦明确陈述创业公司有融资4.2亿元的需求,通过紫金公司账户支付了保证金。新天地不夜城项目当时是否已经投入运营,与是否需要融资并无直接因果关系;创业公司主张缔约目的是利用自身固定资产提供融资担保,如其所言属实,其完全可以以担保人身份参与到融资合同中,该辩解与合同载明主体以及通常商业模式相悖,难以采信。虽然在前案诉讼中紫金公司曾称签订居间服务协议是为其自身融资,构成前案中的自认,但该案已经撤诉;紫金公司在本案诉状中即主张其应创业公司要求代为支付应莉200万元保证金,即明确主张双方之间存在委托关系,2020年《证据规定》第八条第二款规定,自认的事实与已经查明的事实不符的，人民法院不予确认。故创业公司该申诉理由不能成立。

3.（2021）辽 01 民终 17684 号

裁判观点：关于自认的问题。2020 年《证据规定》第八条规定："《最高人民法院关于适用〈中华人民共和国民事诉讼法〉的解释》第九十六条第一款规定的事实，不适用有关自认的规定。自认的事实与已经查明的事实不符的，人民法院不予确认。"证据属于民事诉讼的实体内容，在辩论主义的诉讼模式之下，诉讼的实体内容由当事人决定，法院仅在特殊情况下，出于保护公共利益等需要进行有限地介入。若人民法院拥有广泛的调查收集证据的职能，则既扭曲了其作为中立裁判者的本来角色，也容易发生寻租行为，影响审判的公正性，损害司法权威。自认具有免除对方当事人举证证明责任的作用，对法院也有拘束力，即法院对当事人的自认，不能进行职权调查，而应当直接作为裁判的依据。自认必须具有合法性，当事人的自认不能与现行有效的法律规定相冲突。基于此，对于法律和司法解释明确规定应由法院依职权调查收集的证据，就不能适用自认规则。不适用自认规则的情形为：2019 年《民诉法解释》第九十六条第一款规定："民事诉讼法第六十四条第二款规定的人民法院认为审理案件需要的证据包括：（一）涉及可能损害国家利益、社会公共利益的；（二）涉及身份关系的；（三）涉及民事诉讼法第五十五条规定诉讼的；（四）当事人有恶意串通损害他人合法权益可能的；（五）涉及依职权追加当事人、中止诉讼、终结诉讼、回避等程序性事项的。"涉及可能损害国家利益、社会公共利益的事实，不适用自认。国家利益是只能以国家为利益主体的利益，是指满足或能够满足国家以生存发展为基础的各方面需要并且对国家在整体上具有好处的事物。国家利益主要包括国家经济利益、政治利益、文化利益、安全利益和外交利益等方面。国家利益根据利益客体的不同可以分为不同的类型，如物质利益与精神利益、实物利益与过程利益、现实利益与潜在利益、当前利益与长远利益。社会公共利益是指为广大公民所能享受的利益，这里所指的广大公民，是指特定范围内的广大，既有全国性的广大，又有区域性的广大，其外延可以限制在享有立法权的建制区域。社会公共利益强调利益的公共性而非私人利益，利益的承载者是社会而不是个人；国家利益强调国家的对内对外利益，在主权内同社会公共利益相近，在主权外同民族利益相近。法院对涉及国家利益和社会公共利益的事实保留依职权调查的权利，是法院保护国家利益和社会公共利益所需要的职权，因此应排除适用自认。案涉房屋属于管理局所有，即案涉房屋属于国有资产，故案涉房租问题不属于当事人承认的事实的范畴，应由法院依职权调查，因此不受当事人自认的约束。考虑管理局的委托代理人在一审法院的授权范围为"一般代理"，其无权就事实问题予以承认，故管理局的委托代理人在一审审理中的"承认"对管理局不发生法律效力。

4.（2021）粤 01 民终 18646 号

裁判观点：对于谭泉上诉主张增城碧桂园物业公司在仲裁期间自认与谭泉的劳动关系存续至 2020 年问题，2020 年《证据规定》第八条规定："《最高人民法院关于适用〈中华人民共和国民事诉讼法〉的解释》第九十六条第一款规定的事实，不适用有关自认的规定。自认的事实与已经查明的事实不符的，人民法院不予确认。"根据上述法律规定可知，首先，涉及身份关系（包括确认劳动关系）的事实，不适用自认的有关规定；其次，本案中增城碧桂园物业公司自认的事实亦与已经查明的事实不符,一审法院据此对增城碧桂园物业公司的自认不予采纳并无不当,本院予以确认。

(修改) 第九条 【自认的撤销】

有下列情形之一,当事人在法庭辩论终结前撤销自认的,人民法院应当准许:

(一)经对方当事人同意的;

(二)自认是在受胁迫或者重大误解情况下作出的。

人民法院准许当事人撤销自认的,应当作出口头或者书面裁定。

法条渊源

关于法律行为的撤销问题,在实体法层面,1999 年《合同法》第五十四条规定了因重大误解订立,订立合同时显失公平的,一方以欺诈、胁迫的手段或者乘人之危,使对方在违背真实意思的情况下订立的合同,受损害方有权请求人民法院或者仲裁机构撤销。后在《民法典》第一百四十七条至第一百五十二条专门规定了民事法律行为的撤销。但在诉讼法层面,迄今为止,我国民事诉讼立法一直未明确规定自认撤销制度。司法解释层面,最早是在 2002 年《证据规定》第八条第四款首次出现自认"撤回"的表述。关于"撤回"的表述,1999 年《合同法》第十七条、第十八条规定撤回要约的通知应当在要约到达受要约人之前或者与要约同时到达受要约人。根据该法第十八条,撤销要约的通知应当在受要约人发出承诺通知之前到达受要约人。可见,在民事实体法层面,"撤销"与"撤回"有本质区别。2002 年《证据规定》第八条第四款中"撤回"表述针对的情形实质就是上述"撤销"情形。从该条第四款适用情况看,集中反映的问题主要在于如果认定"有充分证据证明",是否必须证明"与事实不符"等方面。这也是本条修改的重点所在。

法条精析

本条是关于撤销自认的规定,是在 2002 年《证据规定》第八条第四款规定基础上修改而来的。本条在起草过程中变化较大。2016 年《法院征求意见稿》第二十二条规定:"有下列情形之一的,当事人可以在法庭辩论终结前撤销自认:(一)一方当事人要求撤销自认并经对方当事人同意的;(二)一方当事人有证据证明自认是在受胁迫、欺诈或者重大误解情形下作出的。人民法院准许当事人撤销自认的,待证事实由承担举证证明责任的当事人进行证明。"2017 年《审判长讨论稿》第十八条规定:"有下列情形之一的,当事人在法庭辩论终结前撤销自认,人民法院应当准许:(一)经对方当事人同意的;(二)有证据证明自认是在受胁迫、欺诈或者重大误解情形下作出的。人民法院准许当事人撤销自认的,待证事实由承担举证证明责任的当事人证明。"2018 年《审委会送审稿》第九条规定:"有下列情形之一的,当事人在法庭辩论终结前撤销自认,人民法院应当准许:(一)经对方当事人同意的;(二)有证据证明自认的内容与事实不符的(另一种意见:有证据证明自认是在受胁迫或者重大误解情况下作出且与事实不符的)。人民法院准许当事人撤销自认的,待证事实由承担举证责任的当事人证明。”显然,后者采结果主义,强调自认的内容应与事实不符。本条定稿时,基本回到了2017年《审判长讨论稿》第十八条的规定,只是删除了“欺诈”的情形和“待证事实由承担举证证明责任的当事人证明”,增加了“应当作出口头或者书面裁定”的表述。

本条具体修改内容为:(1)将“撤回承认”修改为“撤销自认”;(2)删除“或者有充分证据证明”;(3)删除“且与事实不符的”;(4)将“不能免除对方当事人的举证责任”修改为“人民法院应当准许”;(5)增加规定“人民法院准许当事人撤销自认的,应当作出口头或者书面裁定”。上述修改,除文字表达方面进一步规范化外,在内容上保留“对方当事人同意”的情形。对违背当事人真实意思表示情形的撤销条件适当放宽,不再要求满足“与事实不符”,更有利于保障当事人的诉讼权利,满足审判实践的需要。除此之外,本条新增第二款程序性规定,人民法院准许当事人撤销自认的应当作出口头或者书面裁定,规范了实务中各地法院就准许撤销自认制作的法律文书不统一的情形,以维护裁判的权威性、稳定性。

当事人的自认从成立之时起,便对作出自认的当事人产生约束力。原则上,该当事人不能撤销自认。否则:一方面可能会造成诉讼上的突袭,导致对方当事人无法及时提出主张或者抗辩;另一方面法院也要因此对自认的事实重新认定,妨碍诉讼往下推进。但是,自认制度的本质是一方当事人就对方当事人主张的不利于己之事实表示承认,从而形成双方当事人对特定事实“无争议”的法律状态。进而,法院受当事人自认的效力约束,以自认的事实作为裁判的依据。既然自认是当事人自愿创造的“无争议”的法律状态,且将作为法院裁判的依据,那么也应当允许当事人撤销因不可归责于本人的原因违背其真实意思而作出的自认。否则:一是会导致法院作出不符合事实,缺乏公正性的裁判;二是也违背了当事人应诚实信用、自主解决纠纷的精神。

本条修改所列举的当事人可以撤销自认的情形包括:(1)经对方当事人同意的,可以撤销自认。自认对自认人自身的约束力在于维护对方当事人对自认的信赖。当自认人作出自认,即免除了对方当事人对自认事实的举证责任,对方当事人就不必再花费时间和精力去搜集和保存已不存在争议事实的证据。允许自认人撤销自认,自认人就会因对对方当事人造成损害,面临被指实施诉讼突袭的可能。如果对方当事人愿意承担当事人撤销自认后所引发的举证成本以及可能因举证不能所引发的不利后果,那么从私权自治角度出发,应允许自认当事人在对方当事人同意的前提下,撤销已作出的自认。所以,为了保护对方当事人的诉讼权益,本条规定当对方当事人同意自认人撤销时,自认人可以撤销自认。目前,在司法实践中,适用该规定撤销自认的情况较少。(2)自认是在受胁迫或者重大误解情况下作出的。与2002年《证据规定》第八条第四款相比,本次修改删除了“有充分证据证明”和“与事实不符”的规定,体现出对违背当事人真实意思表示情形的撤销条件适当放宽的司法倾向,更有利于保护自认人的真实意思表示。也即,只要自认人有证据能够证明其自认是在违背本人意愿的情况下作出,无论其自认是否与事实相符,法院都允许自认人撤销自认。这一修改也维护了诉讼秩序的稳定,避免了负有举证责任的当事人利用自认制度逃避举证责任。例如,对方当事人对自认人实施了胁迫行为,威胁其对某事实进行自认,否则就会对其实施人身伤害的行为。只要对方当事人或第三人对自认人实施了不法行为,不管自认的事实是不是真实的,自认人都可以主张撤销自认。这里需要注意的是,2002年《证据规定》用的是"撤回自认",本条修改为"撤销自认",两者的区别并不仅在文字表述不同,更重要的是,在民事实体法领域,撤回通常是指意思表示尚未到达对方前,表意当事人基于各种考虑,将该在途意思表示撤回来。换言之,在此情形下,对方当事人实际并未收到过意思表示,也就无从基于该意思表示采取下一步行动。

从比较法的角度上看,大陆法系国家中的德国、法国、日本均有关于自认制度的条文。在自认的撤回规定中,德国法设置的条件是"自认与真实不符且因错误发生,满足条件时自认失去效力"(《德国民事诉讼法》第二百九十条)。[①] 法国法规定自认的撤回以能够证明自认是因事实错误作出作为条件,但当事人不能对法律存在误解为由主张撤回(《法国民事诉讼法》第一千三百五十六条)。相比而言,法国法不仅将错误要件规定在事实错误的范围之内,且未将"与事实不符"纳入自认撤销规则之内。日本虽然未直接规定自认的撤回,但在理论界已经就自认撤回的条件有所讨论,除对方当事人同意和因他人实施应受刑罚行为而为自认两种情形外,自认在能证明违反真实且基于错误而作出时也允许撤回。对此日本的学术界尚有争议,实务界也存在不同的观点。[②] 受大陆法系影响,我国台湾地区"民事诉讼法"第二百七十九条也对自认作出规定,该条第三款规定"除另有规定外以自认当事人证明与事实不符或者经对方当事人同意为前提"。虽在条文中并无错误、受胁迫等意思瑕疵方面的内容,但我国台湾地区实务界多将当事人因错误而为自认与违反真实等同视之,并认为因受欺诈、胁迫而为自认可单独作为撤回条件。[③] 由此可见,在大陆法系国家或地区对自认的撤回条件均以当事人意思瑕疵和自认事实与事实真相不符为主要条件。

除了上述可以撤回自认的情形之外,各国学术界还对另外一种情况存在较大争议:能够证明自认不真实且因自认人认识上的错误导致,是否可以允许自认当事人撤回自认?这种情况包含两层含义:(1)当事人自认的事实与真实事实不符;(2)当事人自认的事实与真实不符是由于自认人认识上的错误所导致,即自认人对自认事实产生误解。日本最高裁判所的判例认为,不管自认人的错误是否系过失所致,只要认定错误就允许自认人撤销自认。[④] 对于当事人认识错误是否应存在过失,国外学术界有不同的观点:第一种观点是不可撤销论,即主张自认一旦成立生效就不允许被撤销。因为如果允许当事人对案件事实作出的自认任意地撤销,就会损害对方当事人的信赖利益,使其陷入诉讼突袭的局面,且有可能因为举证而承担败诉的风险。[⑤] 在立法实践中,我国澳门特区民事诉讼法采纳了这种观点,该法第四百八十九条第一款规定了自认不得撤回。第二种观点是可撤销一元论。该理论认为,成立生效的自认可以被撤销,但需要满足一个条件:自认事实不真实,而不需要自认人在认识上存在错误。支持这

① [德]罗森贝克、[德]施瓦布、[德]戈特瓦尔德:《德国民事诉讼法》(第16版),李大雪译,中国法制出版社2007年版,第828页。

② 日本最高裁判所1950年7月11日判决,载《最高裁判所民事判例集》第4卷第7号,第316页。

③ 姚瑞光:《民事诉讼法论》,中国政法大学出版社2011年版,第298页。

④ 日本最高裁判所1996年12月6日判例,载《判例时报》第468号,第40页。

⑤ [日]松本博之:《民事自白法》,弘文堂1994年版,第62页。

种观点的又可以分两种不同的方法。一种方法是从禁反言的角度来加以论证的。依照禁反言的法理,实施一定行为和表示的主体在该行为或表示对他人的权利义务产生影响时,如果不能证明该表示不是真实表示的场合,就不能免除其所要承担的相应义务。反过来,如果能证明,他就不会承担其表示所引发的义务或责任。在自认的场合,只要证明自认的事实是不真实的,自然就可以撤销自认,免除对自认人的约束力。另外,从自认的约束力的必要性来看,约束力的存在主要是避免因任意撤销自认而给对方当事人的证明制造困难。但如果证明责任就在自认人一方,即使撤销自认,也不会给对方在证明方面制造麻烦。另一种论证不是基于禁反言,而是从司法裁判的宗旨角度来考量。司法裁判以真实的事实为基础。对于违反真实的自认,法院就应当允许自认人撤销。这才符合司法裁判的理念和宗旨。如果在撤回或撤销的条件上硬要加上错误这一限制条件,必然出现以不真实事实作出判决的情况,与司法裁判的宗旨是相悖的。[①] 我国台湾地区"民事诉讼法"修正案采纳了此种观点,将该法第二百七十九条第三款规定中的"错误"要件删除,只保留了"不真实"的规定。在可撤销一元论中还有另外一种观点,即主张要撤销自认只需证明自认是由于本人认识上的错误所导致。自认原本只是当事人主张这一层面的问题,而对不真实的证明即禁反言的理由应当是另一个层面的问题。将不同层面的问题放在同一个层面来考虑是不正确的。如果从禁反言的法理来思考,对方当事人的陈述是否违反真实不能称其为问题,因为自认人认为的后行陈述不符合真实情况时就当然可以撤销自认。因此,关键还在于自认人当时是不是客观地对对方陈述的事实予以正确的判断。如果没有正确判断,发生了认识上的错误就应当允许其撤销。因此,从大的方面来把握,当事人的错误更符合撤销的要件。[②] 在立法上,采纳该观点的有菲律宾、法国、意大利等国家。第三种观点是可撤销二元论。该理论认为自认成立生效后可以被撤销,但应当具备两个条件,即满足自认事实与真实不符和由于自认人认识错误所导致,持该观点的学者认为,在当事人有真实义务之前提下,当事人可以主张该自认并非真实,并要求改正。当事人是否有意识地为违背真实的自认,并非法院所应顾虑的事项,重点在于是否违背真实。至于为什么必须具备"错误"的要件?则是为了使当事人严格遵守真实义务的规定,对于有意为违背真实的自认的当事人,以不能撤销的方式予以制裁。[③]

对于将认识错误作为自认撤销的要件并无不妥,但在实践中自认人想要证明认识有错误是很不容易的事情。所以,基于这一难点,自认人对错误的证明就会转化成对自认事实不真实的证明。这样一来,就算坚持"自认事实不真实"与"认识错误"的二元论,在实践中也会变成证明自认事实不真实的一元论。从诉讼政策上考虑,如果这种自认是对自己不利的事实进行的自认以及会破坏裁判的真实性,就应当适当放宽自认撤销的限制,本次《证据规定》的修改也是出于这种考虑。此外,鉴于撤销自认会影响法院对案件事实的认定并间接影响将来的裁判,故从促进程序进行、维护裁判稳定性出发,应对撤销自认设定时间节点。对此,2002 年

---

① [日]高桥宏志:《论自认》,载《日本法学教室》1992 年。

② [日]板原正夫:《裁判上自认法则的使用范围》,载新堂幸司:《讲座民事诉讼(四)》,弘文堂 1985 年版,第 318 页。

③ 民事诉讼法研究会:《民事诉讼法之研讨(九)》,台北,三民书局股份有限公司 2000 年版,第 144 页。

《证据规定》第八条第四款规定的是法庭辩论终结前,这也是2022年《民诉法解释》第二百三十二条规定的当事人可增加诉讼请求、提出反诉等权利主张的时间节点。从实践反映情况看,并无争议,故本条予以沿用。从而也间接说明了,当事人只能在一审法庭辩论终结前主张撤销自认,而原则上不能延续到二审期间再主张撤销自认。否则,就会严重影响一审裁判的稳定性。

最后,由于撤销自认涉及之前免证的案件事实需要进行举证质证的问题,属于民事诉讼中的程序性事项,故本条新增第二款规定,人民法院准许当事人撤销自认时,不能以通知方式,而应作出口头或书面裁定。

实务疑难

当事人对自认的事实是否可以反悔?

本条第一款规定了当事人在法庭辩论终结前在两种情形下可以撤销自认:(1)经对方当事人同意的;(2)自认是在受胁迫或者重大误解情况下作出的。除此之外,实务中,当事人还经常在自认后反悔,以提供了足以推翻的相反证据为由,主张撤销该自认。对此,有两种观点:一种观点认为,既然有相反证据足以推翻该自认事实,说明之前的自认事实并不真实,人民法院应以真实案件事实作为裁判基础,故应允许当事人撤销自认。而且,2002年《证据规定》第七十四条“诉讼过程中,当事人在起诉状、答辩状、陈述及其委托代理人的代理词中承认的对己方不利的事实和认可的证据,人民法院应当予以确认,但当事人反悔并有相反证据足以推翻的除外”的规定可以印证。另一种观点认为,如果允许当事人在自认后又以所谓足以推翻的相反证据来推翻之前的自认,将使得自认制度适用失去意义。当事人甚至可以将自认作为诉讼策略,先利用自认骗取对方信赖,为自己证据准备赢得时机,直至收集到足够推翻的证据就可以推翻自认事实。我国原则上实行证据裁判主义,法院裁判的依据是证据反映的法律事实而非客观事实。对于自认撤销而言,是否撤销也不应以事实为依据。本条起草中将2002年《证据规定》第八条第四款“有充分证据证明其承认行为是在受胁迫或者重大误解情况下作出且与事实不符”中的“且与事实不符”删除就是印证。笔者倾向同意第二种意见。事实上,2020年《证据规定》也已将2002年《证据规定》第七十四条中“但当事人反悔并有相反证据足以推翻的除外”这一但书条款删除。

关联法条

1.《中华人民共和国民法典》(2021年)

第一百四十七条 基于重大误解实施的民事法律行为,行为人有权请求人民法院或者仲裁机构予以撤销。

第一百四十八条 一方以欺诈手段,使对方在违背真实意思的情况下实施的民事法律行为,受欺诈方有权请求人民法院或者仲裁机构予以撤销。

第一百四十九条 第三人实施欺诈行为,使一方在违背真实意思的情况下实施的民事法律行为,对方知道或者应当知道该欺诈行为的,受欺诈方有权请求人民法院或者仲裁机构予以撤销。

第一百五十条　一方或者第三人以胁迫手段，使对方在违背真实意思的情况下实施的民事法律行为，受胁迫方有权请求人民法院或者仲裁机构予以撤销。

第一百五十一条　一方利用对方处于危困状态、缺乏判断能力等情形，致使民事法律行为成立时显失公平的，受损害方有权请求人民法院或者仲裁机构予以撤销。

第一百五十二条　有下列情形之一的，撤销权消灭：

（一）当事人自知道或者应当知道撤销事由之日起一年内、重大误解的当事人自知道或者应当知道撤销事由之日起九十日内没有行使撤销权；

（二）当事人受胁迫，自胁迫行为终止之日起一年内没有行使撤销权；

（三）当事人知道撤销事由后明确表示或者以自己的行为表明放弃撤销权。

当事人自民事法律行为发生之日起五年内没有行使撤销权的，撤销权消灭。

2.《最高人民法院关于适用〈中华人民共和国民事诉讼法〉的解释》（2022 年）

第九十二条　一方当事人在法庭审理中，或者在起诉状、答辩状、代理词等书面材料中，对于己不利的事实明确表示承认的，另一方当事人无需举证证明。

对于涉及身份关系、国家利益、社会公共利益等应当由人民法院依职权调查的事实，不适用前款自认的规定。

自认的事实与查明的事实不符的，人民法院不予确认。

典型案例

1.（2021）最高法知民终 334 号

裁判观点：2020 年《证据规定》第九条规定："有下列情形之一，当事人在法庭辩论终结前撤销自认的，人民法院应当准许：（一）经对方当事人同意的；（二）自认是在受胁迫或者重大误解情况下作出的。人民法院准许当事人撤销自认的，应当作出口头或者书面裁定。"虽然，瑞之顺公司在一审的后续阶段更换了委托诉讼代理人，更换后的委托诉讼代理人否认被诉侵权产品存在冲压粒子、冲压粒子固定螺杆、真空泵、连通管路等部件，相当于推翻了瑞之顺公司此前的自认，但根据前述司法解释关于允许撤销自认的规定，瑞之顺公司并无证据证明其最初委托的诉讼代理人在答辩状和原审法院第一次法庭调查中自认的内容是在受到胁迫或重大误解的情况下作出，且其对自认内容的撤销也没有征得涉案专利权人周勤的同意，故瑞之顺公司在本案原审阶段更换诉讼代理人后对相关技术事实予以否认，依法不能产生推翻其在本案原审阶段更换诉讼代理人之前自认事实的法律效力。因此，瑞之顺公司关于被诉侵权产品不具有冲压粒子、冲压粒子固定螺杆、真空泵、连通管路等部件的上诉理由不能成立，本院不予支持。

2.（2021）辽民终 2352 号

裁判观点：一审庭审中，福海渔业公司与王政翔均认可福海渔业公司尚欠王政翔工资报酬 24,849 元，故原审判令福海渔业公司向王政翔支付工资报酬 24,849 元并无不妥。虽然福海渔业公司一审庭审结束后向原审法院递交《情况说明》，认为王政翔已超支工资，要求撤回一审庭审中的自认。但福海渔业公司提供的《情况说明》为其单方制作,且未附有支付的证明,亦未证明其一审庭审中的自认存在受胁迫或者重大误解的情况,不符合2020年《证据规定》第九条第一款的规定,原审未予准许并无不当。

3.(2021)京02民终17229号

裁判观点:依据2020年《证据规定》第三条第一款规定:在诉讼过程中,一方当事人陈述的于己不利的事实,或者对于己不利的事实明确表示承认的,另一方当事人无需举证证明。第九条第一款规定:有下列情形之一,当事人在法庭辩论终结前撤销自认的,人民法院应当准许:(一)经对方当事人同意的;(二)自认是在受胁迫或者重大误解情况下作出的。本案中,五洲公司在一审审理过程中针对全征的诉讼请求所发表的答辩意见为认可借款事实,只是对借款本息的计算方式提出异议,并未提出该公司不是本案债务人、还款期限未到期、利率计算方式已变更等抗辩意见,且五洲公司二审提交的《还款协议》,该公司在一审时已经持有但因其自身原因并未提交。另外,依据本案查明的事实,五洲公司并未依据《还款协议》的约定按期足额履行还款义务,且该协议第5条明确约定如五洲公司、朱金武未按期支付则应承担未按期还款给全征造成的全部经济损失(包括但不限于因维权、向法院起诉等支出的律师费、诉讼费、保全费等)。据此,五洲公司在一审审理过程中通过答辩的方式对其债务人身份表示认可,应当视为该公司的自认行为,因其在一审法庭辩论终结前并未撤销该自认,故本院对于五洲公司债务人身份予以认定。

4.(2021)桂02民终4742号

裁判观点:本案一审过程中,杜作江代表其本人及作为奕丰公司的法定代表人,对建行柳州分行提交的该行与广西汇力律师事务所的《委托代理协议》及广西汇力律师事务所出具的收据这两份证据及其"建行柳州分行为实现债权支出的律师费用"的证明目的均无异议。故本院认为,奕丰公司及杜作江构成对于"建行柳州分行为实现债权支出了律师费30,225元"这一不利于己方事实的自认,建行柳州分行无须再就该事实另行举证。2020年《证据规定》第九条规定:"有下列情形之一,当事人在法庭辩论终结前撤销自认的,人民法院应当准许:(一)经对方当事人同意的;(二)自认是在受胁迫或者重大误解情况下作出的。人民法院准许当事人撤销自认的,应当作出口头或者书面裁定。"现在二审程序中两上诉人虽然对于前述自认事实予以否认,但既未在法定期限内申请撤销自认,也未能证明得到建行柳州分行同意或该自认是在受胁迫或重大误解情况下做出,故对于其以否认自认事实的方式撤销自认的行为,本院不予准许。

(修改) 第十条 【免证事实】

下列事实,当事人无须举证证明:

(一)自然规律以及定理、定律;

(二)众所周知的事实;

（三）根据法律规定推定的事实；

（四）根据已知的事实和日常生活经验法则推定出的另一事实；

（五）已为仲裁机构的生效裁决所确认的事实；

（六）已为人民法院发生法律效力的裁判所确认的基本事实；

（七）已为有效公证文书所证明的事实。

前款第二项至第五项事实，当事人有相反证据足以反驳的除外；第六项、第七项事实，当事人有相反证据足以推翻的除外。

法条渊源

从我国立法沿革来看，最早在1982年《民事诉讼法》第五十九条规定了公证事实为免证事实。在此后的历次民事诉讼法修改中，立法者一直将法律层面的免证事实限定在公证事实范围内。至于其他免证事实则由司法解释加以细化规定。1992年《民诉法意见》第七十五条第一次较为系统地规定了免证事实。在此基础上，2002年《证据规定》第八条将该意见中第一项关于当事人自认的规定从该条中分离，单独一条作了细化规定。其中不仅增加了拟制自认，还将"一方当事人对另一方当事人提出的诉讼请求，明确表示承认"的认诺情形从自认中剔除。至于其他部分则稍作修改后，以第九条加以规定。具体修改为，将该意见第七十五条的第二项分解为一、二项；在该条第三项的基础上增加"日常生活经验法则"；单独增加第五项"已为仲裁机构的生效裁决所确认的事实"；增加了第二款"前款（一）、（三）、（四）、（五）、（六）项，当事人有相反证据足以推翻的除外"。在随后2015年《民诉法解释》第九十二条和第九十三条中，则分别对自认和其他免证事实作了进一步修改完善。其中关于自认部分的修改在本书其他部分已有详细阐述，在此略过不提。就其第九十三条第二款而言，该款中规定的"第二项至第四项规定的事实"，由2002年《证据规定》规定的"当事人有相反证据足以推翻的除外"改为"当事人有相反证据足以反驳的除外"，降低了对当事人的举证要求。

法条精析

本条是在2002年《证据规定》第九条和2015年《民诉法解释》第九十三条基础上修改而成的。本条起草过程中，2016年《法院征求意见稿》第二十五条规定："下列事实，当事人无须举证证明：（一）自然规律以及定理、定律；（二）众所周知的事实；（三）审判人员基于履行职务的行为已经知悉的事实；（四）根据法律规定推定的事实；（五）根据已知的事实和日常生活经验法则推定出的另一事实；（六）已为人民法院发生法律效力的裁判所确认的事实；（七）已为仲裁机构的生效裁决所确认的事实；（八）已为有效公证文书所证明的事实。前款第（二）至（五）项事实，当事人有相反证据否定其真实性的除外；第（六）至（八）项事实，当事人有相反证据足以推翻的除外。"2017年《审判长讨论稿》第十九条与2015年《民诉法解释》第九十三条相比，只是删除了"已为仲裁机构生效裁决所确认的事实"。理由在于，现实中已出现利用仲裁确认虚假事实并以之作为诉讼证据误导法庭的情形。2018年《审委会送审稿》第十条延续了2017年《审判长讨论稿》第十九条规定内容。本条定稿时,鉴于《仲裁法》的规定,又将“已为仲裁机构生效裁决所确认的事实”重新纳入条文,只不过将否定其证明力的标准降低为“当事人有相反证据足以反驳的除外”。本条主要内容是关于免证事实的规定。主要修改内容为:条文序号变化。2015年《民诉法解释》第九十三条第一款将2002年《证据规定》第九条第一款第一项、第二项内容位置调换,并在调换后的第一项增加了“定律”二字。将原第三项中根据法律规定推定的事实单列为第三项,原第三项剩余的根据日常生活经验法则推定出的另一事实单列为第四项,将原第四项、第五项内容位置调换。相应地,原第六项则变为第七项。2015年《民诉法解释》第九十三条第二款在2002年《证据规定》第九条第二款的基础上,新增规定,将2002年《证据规定》第九条第一款规定的“(一)众所周知的事实”“(三)根据法律规定或者已知的事实和日常生活经验法则,能推定出的另一事实”由“当事人有相反证据足以推翻的除外”修改为“当事人有相反证据足以反驳的除外”。2020年《证据规定》第十条第一款则进一步将2015年《民诉法解释》第九十三条第一款中的第五项、第六项位置对调。并在第二款将“(五)已为仲裁机构的生效裁决所确认的事实”由“当事人有相反证据足以推翻的除外”修改为“当事人有相反证据足以反驳的除外”。

在民事诉讼中,免证事实又称不要证事实,是指无须经由双方当事人提供证据予以证明,受诉法院可以在作出裁判时直接确认并依照的事实。我国的民事诉讼原则上采用证据裁判主义,即受诉法院作出裁判所认定案件事实应当以证据为基础,没有证据证明的事实原则上不能作为裁判的依据。本条所言的免证事实则是证据裁判主义的例外。当证据欠缺或不足以证明待证事实导致法院无法认定事实的真实性时又该如何裁判?对此,司法实践中就要靠证明责任来解决这一问题。一般而言,诉讼中的双方当事人就其主张的事实承担举证责任,并承担因举证不能而带来的不利法律后果。免证事实则是举证证明责任的例外。免证事实规定的法理基础在于:首先,有利于节约诉讼成本。本条规定了自然规律、定理、定律、众所周知的事实、法律推定的事实、通过已知事实或日常生活经验法则所推定的事实、生效裁判、裁决确定的事实、有效公证文书证明的事实等无须进行举证证明的事实,属于免证事实。本条中的“无须举证证明”仅指无须在本案中提出证据证明。这是因为实际上除了众所周知的事实之外,这些事实在某种程度上是已经被证实了的。从诉讼成本的角度上看,已经得到证实的事实没有必要在本案中再次证明。其次,有利于维护生效裁判、裁决、公证书的权威性。如果另案中当事人对法院生效裁判、生效仲裁裁决和公证文书已经认定的事实再次进行举证证明,就有可能会出现与原法院裁判、仲裁裁决或原公证文书认定的事实不一致的情形。此时,法院无论如何进行裁判都会损害一方当事人的利益,破坏当事人对生效法律文书的信赖利益,导致我国司法机关、仲裁机构和公证机关等的权威性在社会公众内心中降低。需要注意的是,2015年《民诉法解释》并未将自认的事实放入免证事实的范围之内。原因是自认是辩论主义下的产物,但在我国职权探知主义的诉讼体制下,自认制度设计是基于提高诉讼效率的目的而产生,实质并不能约束法院对待证事实的查明,故从严格意义而言,我国法上的自认并不完全适用免证事实的相应规则。

从法条溯源角度,本条直接源自2015年《民诉法解释》第九十三条,并在后者基础上有所修改。细究而言,主要表现在以下几个方面:

其一,将否定“已为仲裁机构生效裁决所确认的事实”为免证事实的条件修改为“当事人有相反证据足以反驳”。2015年《民诉法解释》第九十三条中规定的免证是有条件的,众所周知的事实、根据法律规定推定的事实、根据已知的事实和日常生活经验法则推定出的另一事实这三类事实,在当事人有“相反证据足以反驳”的情况下,主张该事实的当事人应当承担举证责任。对于已为人民法院发生法律效力的裁判确认的事实、已为仲裁机构生效裁决确认的事实、已为有效公证文书证明的事实这三类事实,当事人有“相反证据足以推翻的”,主张该事实的当事人仍应承担举证责任。比较这两类免证事实的否定条件,在表达上有细微的差异:从语义上比较,“足以推翻”比“足以反驳”的否定程度更高。推翻意味着要彻底否定这些事实存在,当事人必须重新对案件事实提出证据加以证明。反驳则只需要对事实的某一部分进行否定或者指出其相关证据的瑕疵,达到能够动摇法官的内心确信程度即可,并不一定需要提出证据才能完成。虽然从语义上看,两者的否定程度不尽相同,但在司法实践操作上,有时确实很难区分两者的区别。笔者认为,当出现确实无法区分的情形时,从依职权查明事实,予以纠错仍是我国法院基本职能以及当前社会公众对司法的认知水平出发,一般宜对两者的构成从宽解释。值得重点说明的是,本条修改过程中,曾在草稿中将该条第一款第六项“已为仲裁机构生效裁决所确认的事实”删除,不再继续保留作为免证事实。当时的理由在于:实务中,案件进入仲裁程序后,仲裁庭对事实认定并不需要遵循严格的证据规则,在认定事实上有很大的自由和空间,故其对事实的认定与案件真实可能有所差别。从地方反馈情况而言,仲裁裁决的一裁终局性质,导致其一旦出现裁决认定事实与真实情况不一致的情形,很难得到自我更正。由于现行法下,对错误仲裁裁决的司法救济多规定为程序审查,很少涉及事实等实体认定。故在很多情形下,即便仲裁裁决出现案件事实的认定错误,人民法院也无法通过司法手段予以纠正。既然自我纠错和司法纠错都无法彻底解决仲裁裁决对事实的认定错误问题,那么就没有必要给予仲裁裁决认定事实免证事实的定性。但笔者对此持反对意见。在就仲裁裁决认定事实是否应从免证事实中删除的讨论中,笔者提出,虽然现实中仲裁裁决确实存在上述问题,但不能因噎废食。在现行法确立生效仲裁裁决与生效裁判具有同样权威性和强制执行力的情形下,同样情况应同样处理,既然本条对生效裁判认定的事实确立为免证事实,那么对生效仲裁裁决认定的事实也应认定为免证事实。最终,本条采纳了笔者意见对仲裁裁决认定事实免证予以保留。至于如何纠正生效仲裁裁决的上述弊端问题,几经斟酌,本条最后选择了将其归入有相反证据足以反驳的除外情形这一处理方案。即由“当事人有相反证据足以推翻的除外”改为“当事人有相反证据足以反驳的除外”,降低了对当事人的举证要求。具体而言,只要当事人能够提出证据反驳该仲裁裁决确认的事实即可,而不需要完全推翻该事实。故此次修改一方面继续保留生效仲裁裁决认定事实的免证性;另一方面从查明事实角度,在证明标准方面对其与法院生效裁判的排除情形予以区分,从举证证明角度,确立了否认仲裁裁决认定的事实要比否认法院生效裁判认定的事实相对容易的司法导向。

其二,将“已为人民法院发生法律效力的裁判所确认的事实”限缩为“基本事实”。在本条论证过程中,有观点提出“已为人民法院发生法律效力的裁判所确认的事实”免除当事人举证责任的规定同样违反自由心证原则,应予删除。笔者认为,“已为人民法院发生法律效力的裁判所确认的事实”免除当事人相应举证责任,与自由心证原则确实存在一定矛盾,但生效裁判所确认的事实与裁判结果存在密切关系。在我国现阶段尚未完全建立既判力规则的情况下,对事实认定不一致所导致的关联裁判结果不一致,不易被社会公众接受,故现阶段仍然有保留该项规定的必要。这里的基本事实可参考2022年《民诉法解释》第三百三十三条规定,该条将基本事实界定为,用以确定当事人主体资格、案件性质、民事权利义务等对原判决、裁定的结果有实质性影响的事实。显然,这些事实也是人民法院审理案件时需要重点查明的事实。生效裁判所认定的基本事实系人民法院经过审理重点查明的事实,其本身已经经过严格的质证与审查认定,对其客观真实性更有把握。故本条对该项免证事实的范围限缩为"已为人民法院发生法律效力的裁判所确认的基本事实"。当然,反向解释,如果人民法院生效裁判所确认的事实并非上述基本事实,则在另案中,另案当事人不能主张其为免证事实,仍应举证证明该事实的存在。

其三,本次《证据规定》修改中保留下来的第三项中规定的"根据法律推定的事实"与事实推定不同。推定是指依照法律规定或者根据日常生活经验法则,从已知的某一事实推定存在另一事实,并允许当事人提出反证反驳的证据法则。前一事实称为前提事实,后一事实称为推定事实,一旦前提事实得到证明,法院可以径直根据前提事实认定推定的事实,无须再对推定事实加以证明。[①] 推定的发生依据包括法律规定和经验法则,分别称为法律推定和事实推定。事实推定是在证明存在的基础事实的基础上,按照经验推定某种未知事实的存在。法律上的推定与事实推定最大的不同是,它不是根据经验法则作出的推定,而是通过适用法律的规定,推定未知的事实。[②] 例如,《日本破产法》第五十三条第二款规定,"破产人在破产宣告之日所实施的法律行为,推定为在破产宣告后所实施的行为"。第五十八条规定:"适用前三条规定者,如在破产宣告的公告前,推定为不知其事实,如在公告后,推定为知其事实。"[③] 在适用法律推定时,当事人应证明作为推定基础的前提事实是真实的,只要该前提事实能够成立,那么推定事实就同样能够成立。法律推定与当事人直接证明被推定的事实在法律效果上相同,但法律推定减轻了当事人的举证负担。如果法律推定的事实被否定,只能通过提供足以反驳的相反证据方式进行。反驳的对象既可以是前提事实,也可以是推定事实。足以反驳的标准则以证明该推定事实存在与否处于真伪不明状态即可。至于本条中"根据已知的事实和日常生活经验法则推定出的另一事实"则是对事实推定的描述。事实推定成立的条件主要有:(1)前提事实已无争议;(2)前提事实与推定事实之间存在必然联系,如互为主从、互为因果、互相排斥、互相包容等;(3)待证事实无法直接证明。

实务疑难

人民法院发现前诉生效裁判认定的事实错误时的处理。

---

① 李国光主编:《最高人民法院〈关于民事诉讼证据的若干规定〉的理解与适用》,中国法制出版社2002年版,第133页。

② 张卫平:《民事证据法》,法律出版社2017年版,第145页。

③ 除《日本破产法》外,《日本民法》第一百八十六条、第六百一十九条、第六百二十九条、第七百七十二条,《日本商法》第二十条,《日本票据法》第二十条也都有关于法律上事实推定的规定。

司法实践中，应当如何理解生效裁判认定的事实对后诉法院的影响经常存在争议。生效裁判认定的事实之所以具有免证效力，是因为该事实在前诉法院已经对该事实进行过认定，当事人的事实主张与该认定一致，出于节约诉讼成本的考虑，没有必要再对同一事项进行举证证明。之所以强调生效裁判所确认的事实，是由于一旦判决生效，该生效裁判发生改变的概率较小，如果该裁判未生效，则法院对该事实的认定就有可能发生改变。但这并不能说明，生效判决的免证作用与法院判决的既判力有关。判决的确定力又分为形式上的确定力和实质上的确定力。法院作出的判决可以通过上诉途径予以撤销和更改的，就是不确定的判决，当事人放弃上诉的权利，经过上诉期，判决生效，就成为确定的判决，除非经过审判监督程序，否则该判决不会更改。这种判决的不可撤销性就是形式上的确定力。判决实质上的确定力叫作既判力，是指法院作出的判决一旦生效，当事人和法院都要受该判决的约束，当事人不得再提出与该判决相反的请求，法院也不得在后面的诉讼中作出与该判决相冲突的内容。从国外情况看，大陆法系国家多数认为，既判力只能及于裁判主文事项，而不能及于判决理由。在立法上，《德国民事诉讼法》第三百二十二条，《日本民事诉讼法》第一百九十九条均规定，除抵销抗辩以外，判决理由无既判力。其理由在于，为了保障当事人在诉讼中的主体地位，体现处分原则，法院只能就当事人请求事项作出裁判，其裁判效力也仅仅及于请求事项。如果将既判力扩张至判决理由，当当事人随意间提出的证据方法或没有经过充分质证的证据方法被法院采纳并作出裁判后，可能会给当事人带来不能得到救济的不利后果。

一般认为，我国立法上还没有明确肯定裁判既判力，但理论上对裁判既判力的问题讨论则观点纷呈，尚未形成通说。有观点认为，即便承认裁判的既判力也应有所限定，对于生效裁判认定的事实部分一般不应包括在既判力的范围内。故笔者认为，在满足本条规定有相反证据足以推翻原裁判确认的基本事实的前提下，人民法院在后诉裁判中可以作出与前诉认定事实不同的认定。

关联法条

1.《中华人民共和国民事诉讼法》(2021 年)

第七十二条 经过法定程序公证证明的法律事实和文书，人民法院应当作为认定事实的根据，但有相反证据足以推翻公证证明的除外。

2.《最高人民法院关于适用〈中华人民共和国民事诉讼法〉的解释》(2022 年)

第九十三条 下列事实，当事人无须举证证明：

(一)自然规律以及定理、定律；

(二)众所周知的事实；

(三)根据法律规定推定的事实；

(四)根据已知的事实和日常生活经验法则推定出的另一事实；

(五)已为人民法院发生法律效力的裁判所确认的事实；

(六)已为仲裁机构生效裁决所确认的事实；

(七)已为有效公证文书所证明的事实。

前款第二项至第四项规定的事实,当事人有相反证据足以反驳的除外;第五项至第七项规定的事实,当事人有相反证据足以推翻的除外。

3.《最高人民法院关于知识产权民事诉讼证据的若干规定》(2020 年)

第六条 对于未在法定期限内提起行政诉讼的行政行为所认定的基本事实,或者行政行为认定的基本事实已为生效裁判所确认的部分,当事人在知识产权民事诉讼中无须再证明,但有相反证据足以推翻的除外。

第三十条 当事人对公证文书提出异议,并提供相反证据足以推翻的,人民法院对该公证文书不予采纳。

当事人对公证文书提出异议的理由成立的,人民法院可以要求公证机构出具说明或者补正,并结合其他相关证据对该公证文书进行审核认定。

典型案例

1.(2021)最高法民申 4509 号

裁判观点:原审判决在"本院认为"部分作出的"费用承担之认定",并非判决主文,并不必然导致对港口公司合法权益的损害及对另案判决结果的影响。2020 年《证据规定》第十条规定:"下列事实,当事人无须举证证明:……(六)已为人民法院发生法律效力的裁判所确认的基本事实……前款……第六项、第七项事实,当事人有相反证据足以推翻的除外。"因此,若港口公司有充分相反证据,仍可在另案诉讼中推翻本案原审判决的相关认定。在港口公司认可本案二审判决驳回奥维俊杉公司上诉、维持驳回奥维俊杉公司诉讼请求的一审判决的情况下,本院不对港口公司仅针对原审判决部分说理的异议启动再审程序。

2.(2021)最高法民申 6972 号

裁判观点:根据 2020 年《证据规定》第十条"下列事实,当事人无须举证证明:……(六)已为人民法院发生法律效力的裁判所确认的基本事实……前款第二项至第五项事实,当事人有相反证据足以反驳的除外;第六项、第七项事实,当事人有相反证据足以推翻的除外"的规定,本案中,李曼二审的上诉请求为确认对李先国、唐艳享有××项目下因利息产生的债权为 716 万元。因王俊华、李曼就××项目股权转让款及利息已提起过诉讼,并被南充中院驳回诉讼请求,生效的南充中院 805 号民事判决已认定《清算结论书》对李曼具有法律效力,且《清算结论书》已实际履行完毕,李曼未提交证据足以反驳南充中院 805 号民事判决确认的事实,故二审判决驳回李曼的上诉主张,并无不当。

3.(2021)最高法民申 1456 号

裁判观点:《374 号判决》查明的事实与本案事实有交叉,两案查明的事实均是对客观事实的陈述,并不冲突。2020 年《证据规定》第十条规定,已为人民法院发生法律效力的裁判所确认的基本事实当事人无须举证证明。该规定是针对生效判决确认的事实免除当事人的举证责任,而赵敏申请再审所称的原判决针对相同事实作出了与《374 号判决》不同的认定是指判决论理部分,并非是指认定事实部分,《374 号判决》所作出的相关认定不属于法律规定的无须举证证明的事实。再者,《374 号判决》系铭方公司起诉赵敏等人返还出资,主要围绕赵敏等人是否抽逃出资进行审理，与本案的审理范围不同。因此，原判决未以《374 号判决》作为本案裁判依据，适用法律并无不当。

4.（2021）最高法民申 2219 号

裁判观点：关于原审认定案涉《协议》系廖少华、胡国发受赵保明胁迫签订是否具有相应证据证明的问题。根据另案查明的事实，即江西省抚州市中级人民法院 2016 年 6 月 16 日作出的（2016）赣 10 民初 17 号民事判决，认定廖少华、胡国发在 2013 年 12 月 13 日签订案涉《协议》时受到胁迫。辛庆云、胡松华、胡燕琴、廖少华、黄××不服，在上诉期限内提起上诉后，江西省高级人民法院于 2016 年 12 月 21 日作出（2016）赣民终 592 号民事判决，认定二审查明的案件事实与一审相同，对于一审认定的事实，予以确认。本院认为，因（2016）赣民终 592 号民事判决已发生法律效力，而赵保明又未提供足以推翻上述事实的相反证据，因此，依据 2020 年《证据规定》第十条第一款第六项规定，原审法院认定案涉《协议》系赵保明胁迫廖少华、胡国发签订，具有相应依据，并无不当。

5.（2021）最高法民申 209 号

裁判观点：关于原判决认定王树卿、荀顺成、门笑凯系案涉工程实际施工人问题。王树卿、荀顺成、门笑凯为本案一审第三人，深华公司一审诉讼请求及正昊公司反诉请求均未要求确认王树卿等三人为实际施工人，原判决亦未判决王树卿等三人享有权利或承担责任，一审判决对此未予审理并无明显不当。二审判决在裁判理由中认定王树卿、荀顺成、门笑凯系涉案项目 2#、3#、5#楼的实际施工人。2020 年《证据规定》第十条规定："下列事实，当事人无须举证证明：……（六）已为人民法院发生法律效力的裁判所确认的基本事实……前款第二项至第五项事实，当事人有相反证据足以反驳的除外；第六项、第七项事实，当事人有相反证据足以推翻的除外。"故此，在原判决主文未对王树卿等人实际施工人身份作出确认情形下，深华公司可就原判决认定王树卿等人实际施工人的事实提供足以推翻的相反证据以证明自己的主张，而非向人民法院申请再审。

（修改） 第十一条 【优先提供原件或原物原则】

当事人向人民法院提供证据，应当提供原件或者原物。如需自己保存证据原件、原物或者提供原件、原物确有困难的，可以提供经人民法院核对无异的复制件或者复制品。

法条渊源

最佳证据规则，是关于文字材料可采性的一项重要证据规则。其基本精神是：以文件内容而不是以文件本身作为证据的一方当事人，必须提出文件内容的原始证据。最佳证据规则要求当事人在证明书证内容时提交书证原件，其所反映的观念是原始文字材料优于其复制件或者根据其回忆所作的口头陈述，以保障证据的准确性。我国早在 1982 年《民事诉讼法》第六十条就规定了书证、物证应提交原件、原物。提交外文书证,必须附送中文译本。司法解释层面,最早在1998年《审判改革规定》第二十六条规定了对书证单一证据,应当注意审查书证是否系原件,物证是否系原物;复印件或者复制品是否与原件、原物的内容、形式及其他特征相符合。2002年《证据规定》第十条再次重申了原件、原物的重要性。除此之外,与本条规定有渊源的是2017年《民事诉讼法》第七十条第一款和2020年《民诉法解释》第一百一十一条关于"提交书证原件确有困难"如何认定的规定。《民事诉讼法》历经四次修改,相关规定在条文顺序上由第六十条改为第六十八条,再到第七十三条,条文内容没有发生变化。

法条精析

本条文源自2002年《证据规定》第十条,仅作了条文序号修改。本条起草中,2016年《法院征求意见稿》和2017年《审判长讨论稿》中因总分结构的编排体例原因并没有专门规定。2018年《审委会送审稿》则只对序号进行修改,将2002年《证据规定》第十条改为第十一条。本条定稿时,再无变化。本条与2022年《民诉法解释》第一百一十一条对"提交书证原件确有困难"情形的规定,共同对2021年《民事诉讼法》第七十三条作出解释。

关于优先提供原件或原物原则的规定,源自最佳证据规则。最佳证据规则起源于英国普通法,是指与案件有关的事实,应当找到最具有说服力的证据方式予以证明。在中世纪,证言是法庭所接受的唯一证据形式,文书被认为是传闻证据而不可采(当文书用以证明其所记载的内容时,因其产生于法庭之外而被归为传闻证据)。英国证据法学家Thayer认为,"最佳证据"一词最早出现于1700年首席大法官Holt的论述中,"仅仅需要事物本身所能具有的最佳证据"。而彼时的最佳证据便是证人证言。随着社会的发展,越来越多的机构组织以书面形式保存业务记录,当熟悉相关记录的雇员无法出庭作证时,这些组织机构要求法庭采纳书面记录代替证言。迫于这一现实给法庭带来的压力,业务记录成为传闻证据的例外,这也使对最佳证据规则的传统适用予以变通成为必须。文书证据成为英国法院除了证言之外可被重点采纳的一个证据种类。文书以其所记载的内容来证明案件事实,这就对其本身的真实性提出了要求。文书证据的提出方式或者证据方法包括第一位证据与第二位证据,第一位证据通常为文书原件,其最能反映签订文书时当事人的权利义务内容,因而是最佳证据。最佳证据规则要求当事人在证明书证内容时提交书证原件,其所反映的观念是原始文字材料优于其复制件或者根据其回忆所作的口头陈述,以保障证据的准确性。有些法官认为,文书证据相比证言是更好的证据种类,因为人的记忆会减弱,而文书一如其最初始的记录。[①]第二位证据为文书的复印件或复制件。起先,最佳证据规则仅适用于书证本身,而在对书证复印件的证明力态度上,英美法系和大陆法系有明显差异:英美法系在注重书证原件作为第一手资料运用的同时,也注重书证复制件的可采性,并规定在一些情形下,书证的复制件与原件有同等证明力。例如,在英格兰,如果文书原件不复存在,原件的复制件或者复制件的复制件作为证据是可采的,并且提出复制件的一方当事人损坏了原件的事实与该证据是否可采不相关。实务

---

① 胡萌:《英国最佳证据规则的兴衰》,载《人民法院报》2019年6月14日,第2版。

中，对于复制件最重要的是其证明力的判断。在必要时，使用该证据的一方当事人还须提供生成、处理及存储过程相关的证据，以证明该复制件与原件在内容上无异。

但大陆法系在书证复制件的应用上，则坚持以提交原件为原则。我国在承继大陆法系对于复制件的态度之上，又将最佳证据规则从书证扩展至物证、视听资料和电子数据等。故本条以比书证更上位的证据概念，来放宽对最佳证据规则的适用范围。同时，为了避免法官的自由裁量权过大，在本条中规定当事人向法院提供证据，原则上应当提供证据的原物或者原件，只有在特殊情况下才可以提供复制品或者复制件。因为在理论证据分类上，原物或者原件属于第一位资料，即原始证据。复制品或者复印件则晚于原始证据产生，属于传来证据。因此，在证明力上原始证据（原物或者原件）大于传来证据（复制品或者复印件）。

关于"原件"和"原物"的概念没有歧义，即原件是指文书的制作人最初作成，反映制作人的意思表示的文件；"原物"是指与实体争议有关的对象或物品，只用于"物证"。在实践中容易混淆的概念是"复印件"、"复写件"、"复制件"和"复制品"。对此，本书予以重点说明，方便在司法实践中理解与运用：首先，"复印件"是指对原件进行拍照、复印、打印、扫描等方式所形成的图文资料。其次，"复写件"是不同于"复印件"的，把复写纸夹在两张或几张纸之间书写形成的文书，叫复写件，如超市的二联和三联发票。虽然复写件与原件同时完成，属于原始证据而非传来证据，但是复写件经过复写纸形成，没有原制作单位和制作人的签章，也不是原件。因此，其也不具有原件的证明力（关于"复印件"和"复写件"的区别也可参照本规定关于公文书证的法条释义部分）。[①] 最后，关于"复制件"适用的证据种类，存在不同观点，即有观点认为"复制件"仅适用于物证，有观点认为"复制件"适用于书证和物证，还有观点认为"复制件"适用于物证、书证和视听资料。根据本规定的条文情况来看，"复制件"既适用于书证（参见本规定第二十一条），同时适用于视听资料和电子数据（参见本规定第二十三条），而"复印件"仅适用于书证。"复制品"一般适用于物证（参见本规定第十二条和第二十二条），但是在其他法律法规中也存在混用的情形。虽然"复制品"和"复制件"适用情况较为混乱，但按照表达习惯和语义来说，"复制品"更强调物品的性质，"复制件"则强调书证、视听资料、电子数据的性质。就复制品或者复制件作为第二位证据提交的情形而言，本条规定了两种情形：当事人需自己保存证据原件、原物和当事人提供原件、原物确有困难。对于后者情形，2021 年《民事诉讼法》第七十三条和 2022 年《民诉法解释》第一百一十一条已有规定，在此略过不赘述。但就前者而言，所谓当事人需要自己保存证据原件、原物，主要基于以下原因：首先，该证据原件、原物对当事人具有唯一性、不可替代性，一旦提交后灭失，将无法补救；其次，该证据原件、原物能被当事人用于其他法律关系场合；最后，该证据原件、原物涉及当事人其他重大财产或人身利益，如户籍身份信息、房产档案等。在满足上述三条件之一的情形下，当事人可以提供证据的相应复制件或复制品。这些复制件或复制品提交前提是经过人民法院从形式角度核对没有发现问题。当然，如果当事人不能提供原件、原物确有 2022 年《民诉法解释》第一百一十一条规定的正当理由，就可以主张适用 2021 年《民事诉讼法》第七十三

① 王新平：《民事诉讼证据运用与实务技巧》，中国民主法制出版社 2017 年版，第 125 页。

条，只提交复制件、复制品。此时，当事人存在客观不能提交原件、原物给法院核对的可能。故本条所涉确有困难应作限定解释，仅针对当事人持有证据客观上可以核对的情形。

实务疑难

经人民法院核对无异的复制件或者复制品提交法院后，开庭时，提供方当事人不出示原件、原物，则该复制件、复制品能否单独作为认定案件事实的根据？

司法实务中，当事人为举证提交了经法院核对无异的复制件或复制品后，正式开庭时，对方当事人当庭要求质证原件、原物，举证方当事人以该复制件或复制品提交时已经法院核对原件、原物为由拒绝提交或者以原件、原物灭失等理由不向法庭提交证据原件、原物。此时，该复制件或复制品能否单独作为认定案件事实的根据，实务观点不一：第一种观点认为，该复制件或复制品质证时，未经当事人核对原件、原物，不能确认其真实性，故不能单独作为认定案件事实的根据。对此，2020 年《证据规定》第九十条也规定，无法与原件、原物核对的复制件、复制品不能单独作为认定案件事实的根据。第二种观点认为，虽然对该复制件或复制品质证时，当事人不能提交原件、原物核对，但毕竟在当事人向法院提交该复制件或复制品时，法院已经将其与原件、原物核对。尽管该核对行为并不等于当事人的质证行为，但终归已经法院核对，当事人质证时与原件、原物核对也是为了将原件原物是否一致呈现给法院。既然法院已经核对了，就不属于 2020 年《证据规定》第九十条规定的情形，故可以单独作为认定案件事实的根据。笔者倾向第一种观点。理由在于，当事人质证原件、原物与复制件、复制品是否一致的目的是确认复制件、复制品的真实性，确认其有无证据能力。法院收取证据时的核对行为，仅为形式上核对，目的是确保证据交换时，对方当事人收到的复制件、复制品与提交方当事人想要提交的一致。两者核对的性质和目的完全不同。

关联法条

1.《中华人民共和国民事诉讼法》(2021 年)

第七十三条第一款 书证应当提交原件。物证应当提交原物。提交原件或者原物确有困难的，可以提交复制品、照片、副本、节录本。

2.《最高人民法院关于适用〈中华人民共和国民事诉讼法〉的解释》(2022 年)

第六十四条第一款 当事人对自己提出的主张，有责任提供证据。

第一百一十一条 民事诉讼法第七十条规定的提交书证原件确有困难，包括下列情形：

(一)书证原件遗失、灭失或者毁损的；

(二)原件在对方当事人控制之下，经合法通知提交而拒不提交的；

(三)原件在他人控制之下，而其有权不提交的；

(四)原件因篇幅或者体积过大而不便提交的；

(五)承担举证证明责任的当事人通过申请人民法院调查收集或者其他方式无法获得书证原件的。

前款规定情形，人民法院应当结合其他证据和案件具体情况，审查判断书证复制品等能否作为认定案件事实的根据。

典型案例

1.（2020）最高法执复 91 号

裁判观点：如果第三人提供债权转让协议予以证明的，一般应当提供原件，提供原件确有困难的，也可以提供经核对无异的复印件。2020 年《证据规定》第十一条规定，当事人向人民法院提供证据，应当提供原件或者原物。如需自己保存证据原件、原物或者提供原件、原物确有困难的，可以提供经人民法院核对无异的复制件或者复制品。因此，在特殊情形下，应当允许当事人提供经人民法院核对无异的复制件或复制品作为证据使用。本案中，盛京银行提供了债权转让协议复印件，并提出了不能提供原件的合理理由，人民法院在可以通过核对原件、发函或者当面询问（制作笔录）等方式核实生效法律文书确定的债权人是否认可第三人取得债权情况下，仅以盛京银行未能提交原件为由，裁定驳回其执行申请欠妥。

2.（2021）粤 53 民终 467 号

裁判观点：2020 年《证据规定》第十一条规定："当事人向人民法院提供证据，应当提供原件或者原物。如需自己保存证据原件、原物或者提供原件、原物确有困难的，可以提供经人民法院核对无异的复制件或者复制品。"傅绍球主张三多公司、丁勇共同支付工程款 238,000 元，提供其与丁勇签订的《郁南县云霄灌区改造工程渡槽劳务分包施工合同》以及 2017 年 1 月 12 日的《水利水电工程工程量签证单》等证据予以证实，但《水利水电工程工程量签证单》没有原件核对，且签证单上人员的身份不明，施工合同约定的重建赤坭渡槽工程范围 K29 + 172 – K29 + 248 与签证单载明的工程范围 K29 + 093 – K29 + 172 存在明显区别，傅绍球没有对此作出合理解释，故本院对傅绍球提交的《水利水电工程工程量签证单》证据的真实性、合法性及关联性，均不予采纳。

3.（2020）京民申 2325 号

裁判观点：当事人向人民法院提供证据，应当提供原件或者原物。如需自己保存证据原件、原物或者提供原件、原物确有困难的，可以提供经人民法院核对无异的复制件或者复制品。原件或者原物已不存在，但有证据证明复制件、复制品与原件或者原物一致的除外。乔广怀在本案中提供的《注销公告》是复印件，在（2019）京 0108 民初 45651 号乔广怀诉戴树清等损害股东利益责任纠纷案中提供了《注销公告》的原件，海淀法院委托北京民生物证科学司法鉴定所对该公告上印文是否为复印形成进行鉴定。该所鉴定意见为：检材上德华公司印文不是盖印形成，而是彩色喷墨打印机打印形成。在此情况下，对涉案房屋是否系德华公司的财产还需进一步核查。

4.（2021）鲁 01 民终 9973 号

裁判观点：2020 年《证据规定》第十一条规定："当事人向人民法院提供证据，应当提供原件或者原物。如需自己保存证据原件、原物或者提供原件、原物确有困难的，可以提供经人民法院核对无异的复制件或者复制品。"本案中，袁庆亮向刘小楚、岳菲菲主张偿还借款 20 万元，仅提交了一份显示有刘小楚、岳菲菲出具的借条复印件，但并未提交原件。对于款项的交付,袁庆亮主张为现金交付,但刘小楚、岳菲菲均不认可。对于袁庆亮申请的证人所作的证言有的称为其筹措款项,有的称见到过借条原件,但均对袁庆亮实际向刘小楚、岳菲菲出借款项的具体数额及是否实际交付不清楚,该证人证言均难以证明借款的实际发生。

(新增) 第十二条 【动产物证提交】

以动产作为证据的,应当将原物提交人民法院。原物不宜搬移或者不宜保存的,当事人可以提供复制品、影像资料或者其他替代品。

人民法院在收到当事人提交的动产或者替代品后,应当及时通知双方当事人到人民法院或者保存现场查验。

法条渊源

该法条第一款是关于以动产作为证据时,原物与复制品等替代品之间关系的规定,其渊源来自现行《民事诉讼法》第七十三条第一款和2002年《证据规定》第十条。其中《民事诉讼法》历经四次修改、2002年《证据规定》经修改一次,其内容都没有发生变化,仅是在法条顺序上由1991年《民事诉讼法》第六十八条第一款变为了2021年《民事诉讼法》第七十三条第一款。本条第二款是关于人民法院收到当事人提交的物证后的操作性规定。该款出自2017年《民事诉讼法》第八十条,侧重于对勘验人勘验物证或现场时的程序性事项规定,意在防止不规范操作调查,保障程序正义。需要注意的是,2017年《民事诉讼法》和2002年《证据规定》对于书证、物证规定是合二为一的,现在本条将其分开,有利于根据书证、物证(动产和不动产)各自不同的特点将规定更加具体化、科学化和合理化。

法条精析

本条是关于当事人提交动产物证的操作性规定,2002年《证据规定》没有对应规定,属于新增条文,源自2017年《民事诉讼法》第七十条和2002年《证据规定》第十条。本条起草中变化不大。2016年《法院征求意见稿》第七十五条规定:"当事人以动产作为证据的,应当将动产提交人民法院。人民法院在收到当事人提交的动产后,应当及时通知双方当事人到人民法院查验。"第七十七条规定:"物证应当提供原物。原物不宜搬移或者不宜保存的,当事人可以提供复制品、照片或者其他替代品。"2017年《审判长讨论稿》第五十七条规定:"以动产作为证据的,应当将原物提交人民法院。原物不宜搬移或者不宜保存的,当事人可以提供复制品、照片或者其他替代品。人民法院在收到当事人提交的动产或者替代品后,应当及时通知双方当事人到人民法院或者到保存现场查验。"2018年《审委会送审稿》第十二条基本延续了2016年《法院征求意见稿》的内容。2017年《审判长讨论稿》第五十七条,只是将"照片"修改为"影像资料",将录像资料纳入进来。本条定稿时,再无变化。

我国最早关于物证的史料记载出自宋代,物证是宋代官府解决民事纠纷的重要依据。

“物证”是指以物品、痕迹、书面文件等为物质载体的证据形式，是通过其自身属性、外部特征和存在状况等证明案件事实的证据资料。所谓自身属性，也称内部属性特征，是指物证的物理属性、化学成分、内部结构、质量功能等特征；所谓外部特征，也称外部形态特征，是指物证的大小形状、颜色、光泽、图纹等特征；所谓存在状况，也称空间方位特征，是指物证所处的位置环境、状态、与其他物体的相互关系等特征。[①] 物证以其自身的稳定性、证明的依赖性和间接性特征区别于书证。一般而言，物证的载体是物。根据《民法典》第一百一十五条的规定可知，物可分为动产和不动产。相应地，物证根据载体不同，可大致分为不动产物证和动产物证两大类。进而，本规定用本条以及第十三条分别就动产和不动产作为物证的提交方式进行了规定。何谓动产？由于《民法典》并未进一步细分何为不动产和动产，可以根据 2019 年《不动产登记暂行条例》第二条第二款“……不动产，是指土地、海域以及房屋、林木等定着物”这一规定，反向解释为不属于土地、海域以及房屋、林木等定着物范畴的物都属于动产。

本条分为两款，第一款是关于以动产原物作为证据提交时，特殊情况可提供非原物替代品。一般而言，在当事人没有将物证的原件提交时，法院便无法直接对其真实性进行判断，所以 2017 年《民事诉讼法》第七十条第一款和 2002 年《证据规定》第十条规定了提交物证原件确有困难的情况下，可以提交原物的复制品或照片，这是本条第一款规定的渊源。本条第一款明确了可以提供复制品、影像资料或其他代替品的两种情形，即动产物证“不宜搬移”或“不宜保存”。所谓不宜搬移，并非指不能进行物理上移动位置，而是指如果搬移原有位置将可能导致与之关联的特定案件事实不能查明，故不适合搬移。例如，一起交通事故侵权案件中，肇事机动车在现场的位置以及与周边物体的碰撞情况对证明事故的发生原因以及是否构成侵权有重大关联。一旦将其搬移，则意味着破坏事故现场，甚至无法通过拍照摄像等方式还原。不宜保存，是指该动产的保存需要特定的环境，如低温、无菌等环境条件要求。可见，这种规定相对明确的情形比“提交确有困难”的标准来说更容易操作与认定，更有利于保持司法裁量权的统一。虽然本条只规定了两种情形可以提交替代品，但笔者认为，实践中，如果因为动产物证依法已由有关部门查扣、保管、处理或者依法应返还给他人时，也应类推上述规定，当事人可以提交复制品、影像资料或者其他替代品。鉴于现实中可以作为动产原物的替代品多种多样，随着现代科技水平的进步，将来还会出现更多新类型的替代品，因此有必要明确一下能够成为动产原物替代品的共性要求：必须是能够对案件信息予以保留。也即，将动产原物自身属性、外部特征和存在状况等能证明案件事实的信息予以保留。因为物证的证明功能就是通过其自身属性、外部特征和存在状况实现的。所谓自身属性，也称内在属性特征，是指物证的物理属性、化学成分、内部结构、质量功能等特征；所谓外部特征，也称外部形态特征，是指物证的大小形状、颜色、光泽、图纹等特征；所谓存在状况，也称空间方位特征，是指物证所处的位置环境、状态、与其他物体的相互关系等特征。[②]

值得注意的是，在本《证据规定》的讨论稿中，第一款规定的是“原物不宜搬移或者不宜保存的，当事人可以提供复制品、照片或者其他替代品”，在最终版本中，将“照片”更换成了

---

① 何家弘：《物证也说谎》，载何家弘主编：《证据学论坛》（第 5 卷），中国检察出版社 2002 年版，第 4 页。

② 何家弘：《物证也说谎》，载何家弘主编：《证据学论坛》（第 5 卷），中国检察出版社 2002 年版，第 4 页。

“影像资料”。理由在于:影像是人对视觉感知的物质再现。影像可以由光学设备获取,如照相机、镜子、望远镜及显微镜等;也可以人为创作,如手工绘画图像等。图像可以记录、保存在纸质媒介、胶片等对光信号敏感的介质上。随着数字采集技术和信号处理理论的发展,越来越多的图像以数字形式存储。可见,从范围上来说,“影像资料”包括但不限于“照片”,体现了电子数据时代下立法的灵活性和与时俱进。对此,2022 年《民诉法解释》第一百一十六条也规定,视听资料包括录音资料和影像资料。存储在电子介质中的录音资料和影像资料,适用电子数据的规定。

本条第二款中,在当事人提交物证或其替代品后,法院需要通知当事人一起对该物证的真伪进行核查。实务中,当事人提交的动产物证原件或替代品五花八门,种类繁多。对其中外形尺寸较小、便于携带和保管的动产物证或替代品,可以交给法院,由法院自行保管。对于大型机械等其他不便于法院自行保管的动产物证,则可由法院在物证保存现场指定专人保管。当然,一般情况下,仅有原物、复制品或影像资料均不足以让法院认定当事人所主张的事实或以此物证证明的事实为真实。所以,本条第二款规定人民法院收到当事人提交的动产物证后,应及时通知双方当事人到法院或者保存现场进行查验,充分听取对方当事人的意见后再作判断。

实务疑难

当事人如何现场查验动产原物的替代品?

因当事人提交物品的不同,查验的侧重点也有所不同。若当事人提交的是物证原件,则需要从物证的来源、外形、表面到收集提取的各个环节审查是否被破坏;若当事人提交的是复制品、影像资料或其他替代品,则主要查验复制品与原物是否一致,影像资料、复制品是否经过人工合成、剪辑和修改等。在司法实践中涉及此处的争议大多是法院在勘查物证时没有遵循法定程序或者未通知当事人到场,当事人以此为理由上诉或申请再审。因此,为了减少此类争议的发生,法院在查验物证时应遵循法定程序,最好是以书面通知形式告知当事人查验的具体时间、地点、查验内容、注意事项等,以确保当事人知情权、参与权的落实。

关联法条

1.《中华人民共和国民事诉讼法》(2021 年)

第七十三条第一款 书证应当提交原件。物证应当提交原物。提交原件或者原物确有困难的,可以提交复制品、照片、副本、节录本。

第八十三条 勘验物证或者现场,勘验人必须出示人民法院的证件,并邀请当地基层组织或者当事人所在单位派人参加。当事人或者当事人的成年家属应当到场,拒不到场的,不影响勘验的进行。

有关单位和个人根据人民法院的通知,有义务保护现场,协助勘验工作。

勘验人应当将勘验情况和结果制作笔录,由勘验人、当事人和被邀参加人签名或者盖章。

2.《最高人民法院关于适用〈中华人民共和国民事诉讼法〉的解释》(2022 年)

第一百一十一条 民事诉讼法第七十条规定的提交书证原件确有困难，包括下列情形：

（一）书证原件遗失、灭失或者毁损的；

（二）原件在对方当事人控制之下，经合法通知提交而拒不提交的；

（三）原件在他人控制之下，而其有权不提交的；

（四）原件因篇幅或者体积过大而不便提交的；

（五）承担举证证明责任的当事人通过申请人民法院调查收集或者其他方式无法获得书证原件的。

前款规定情形，人民法院应当结合其他证据和案件具体情况，审查判断书证复制品等能否作为认定案件事实的根据。

典型案例

1.(2018)赣 08 民终 2116 号

裁判观点：任某忠虽向法院递交与姜某明的录音储存卡，拟证明其曾与姜某明约定，案涉欠款应在欠条出具的 2 年后支付。光速电子公司对该证据真实性、合法性、关联性均提出异议，认为该份录音材料形成时间不明确。依照 2002 年《证据规定》第十条“当事人向人民法院提供证据，应当提供原件或者原物”和第六十九条第四项“无法与原件、原物核对的复印件、复制品不能单独作为认定案件事实的依据”之规定，本案中，任某忠向法院递交的录音储存卡系复制品，其提供的录音储存卡内容真实性无法核实且光速电子公司与中星源公司交易自 2014 年开始，录音时间不明，仅凭任某忠提供的该份录音储存卡，无法证明双方对案涉欠款还款时间作出了特别约定，故任某忠应当按照欠条约定，向光速电子公司支付货款。

综上所述，光速电子公司上诉理由成立，予以支持。

2.(2013)呼民终字第 763 号

裁判观点：2011 年 12 月 2 日原告在取货时认为冷冻的海蛎子肉融化，便申请阿荣旗公证处对现场进行了保全物证公证，阿荣旗公证处出具了(2011)阿证字第 719 号公证书，拍摄了照片 9 张，制作影碟 1 张，并现场记录海蛎子肉 41 件，包装箱内袋装海蛎子肉融化。此后该批货物仍一直存放于被告公司冷库内。法院认为，从现场拍摄的照片可以清楚地看到海蛎子解冻融化、包装箱经水浸泡破损，该组照片经过阿荣旗公证处公证，草原联邦肉食品公司认为该公证书违法，但没有充分证据推翻公证书内容，该上诉理由，法院不予支持。

（修改） 第十三条 【不动产作为物证】

当事人以不动产作为证据的，应当向人民法院提供该不动产的影像资料。

人民法院认为有必要的，应当通知双方当事人到场进行查验。

法条渊源

为解决现实中存在的证据原件、原物不方便提交的问题,最早在1982年《民事诉讼法》第六十条就规定,提交原件或者原物确有困难的,可以提交复制品、照片、副本、节录本。后该规定内容在《民事诉讼法》的四次修改中均没有发生变化,仅是在法条顺序上由第六十八条第一款变为第七十三条第一款。从司法解释层面来看,2002年《证据规定》第十条作了细化规定,增加了"如需自己保存证据原件"作为可以提供复制件或者复制品的法定情形,并对所提供的复制件或者复制品增加了"人民法院核对无异"的要求。2015年《民诉法解释》第一百一十六条则将视听资料细分为录音资料和影像资料。通过影像资料这一新增规定,为不动产等不能移动或不宜移动的证据提供了方便提交的替代品。如对影像资料记载的证据信息存在争议,则可通过现场勘查的方式进行核实。

法条精析

本条是新增的关于"不动产作为物证"的操作性规定。本条起草过程中,2016年《法院征求意见稿》第七十六条规定:"当事人以不动产或者其他不宜提交的动产作为证据的,应当告知人民法院,由人民法院通知双方当事人到场进行查验。"2017年《审判长讨论稿》第五十八条规定:"当事人以不动产作为证据的,应当向人民法院提供该不动产的影像资料,人民法院认为有必要的,应当通知双方当事人到场进行查验。"2018年《审委会送审稿》第十三条与2017年《审判长讨论稿》第五十八条表述一致。本条定稿也没有变化。

本条与上条相同,其法律渊源来自2021年《民事诉讼法》第七十三条第一款和2002年《证据规定》第十条,是最佳证据规则的细化。最佳证据规则是时代的产物,在中世纪,复制靠的是手抄,文书原件自然成为证据的最佳呈现方式,现代影印技术等的发展使复制件的精确度更有保障,法庭也越来越倾向于将复制件与原件仅在证明力上作区分。[①] 最佳证据规则原先仅适用于书证,渐渐发展到物证领域,因考虑到物证的体积过大、不便携带的特点,《民事诉讼法》规定了可对物证通过提交复制件等方式展示于法庭。本条规定在2002年《证据规定》第十条的基础上进一步发展,对物证进一步细化到动产和不动产。鉴于不动产不能移动的特点,本条规定了当事人应当向人民法院提交该不动产的影像资料。结合本规定第十二条关于影像资料的介绍,影像指的是视频和照片,但一般不包括音频。相应地,2015年《民诉法解释》第一百一十六条规定,视听资料包括录音资料和影像资料。对于存储在电子介质中的录音资料和影像资料,适用电子数据的规定。若法院和当事人对不动产的影像资料的真伪有异议,可通知当事人双方到场进行查验。

在2020年《证据规定》颁布之前,我国立法并没有将物证和书证的提供规则作出分别规定,更没有再将物证细化为不动产和动产分别予以规定。2020年《证据规定》根据书证与物证的不同特征,设置了不同的程序和认证规则。此外,2020年《证据规定》还根据动产和不动产的特性,规定了作为证据不便提交时动产可提交复制品、替代品,不动产可提供影像资料的

---

① 胡萌:《英国最佳证据规则的兴衰》,载《人民法院报》2019年6月14日,第2版。

条文。需要注意的是,2020 年《证据规定》第十二条规定,在动产作为物证时,“人民法院收到当事人提交的动产或者替代品后,应当及时通知双方当事人到人民法院或者到保存现场查验”。本条规定“人民法院认为有必要的,应当通知双方当事人到场进行查验”,区别在于:当事人提交动产作为证据时法院必须通知双方当事人进行查验;当事人在提交证据为不动产时,只有在法院认为有必要时才通知双方当事人进行查验。之所以这样规定的原因在于:第一,当事人以不动产作为物证,大多是在房屋侵权损害赔偿纠纷案件、建设工程施工合同纠纷案件或者土地使用权侵权纠纷案件中,相比动产纠纷,不动产现场被破坏、被当事人伪造的可能性较小。而且,对方当事人的认可度也较高。第二,与不动产相对应,动产的造假成本较低,而且相比较不动产来说更容易保管和保存。因此,一般来说都具有查验的可操作性。所以,本条所指必要性一般是指法院发现当事人提交的不动产影像资料有明显伪造痕迹或者对方当事人争议较大的情形。当然,这里还需要具备一个前提,即不动产查勘现场还具有可能性。例如,施工完毕交付使用多年的住宅小区,建设单位突然提出房屋基坑防水施工有质量问题。此时,再到住宅小区现场勘验,已因时间久远,证据灭失而没有必要。至于查验方式,根据 2021 年《民事诉讼法》第八十三条的规定,勘验人必须出示人民法院的证件,并邀请当地基层组织或当事人所在单位派人参加,当事人拒不到场的,不影响勘验的进行。

此外,本条与前一条比较可知,第十二条规定对不宜搬动的动产原物,当事人可以提供复制品、影像资料或者其他替代品。在本条中删除了“复制品”和兜底词语“其他替代品”。这是因为对于多数动产而言,体积、价值相对较小,存在复制可能性和具有经济性,故当事人可提供复制品或其他替代品。但是,对于土地、房屋、桥梁等不动产而言,与特定周边环境密不可分,故不存在复制原物的可能性或者即便复制,也可能因费用高昂而没有必要。因此,本条没有规定提供不动产的复制品或其他替代品,而只规定了影像资料。至于 2020 年《证据规定》第十一条所指的提供原物确有困难的,可以提供经人民法院核对无异的复制件或者复制品,而本条只要求提供不动产的影像资料,没有规定应经人民法院核对无异的前提。这是因为本条中的影像资料并非一般意义上的物证复制品。事实上,根据日常生活经验可知,不动产一般不可能进行实物复制,经人民法院核对无误的前提也就没有必要了。此外,还有一点,2020 年《证据规定》第十二条规定,当事人举证有“原物不宜搬移或者不宜保存的情形,当事人可以提供复制品、影像资料或者其他替代品”。本条则规定“应当向人民法院提供该不动产的影像”,之所以前者用“可以”,是指在动产原物一旦存在宜搬移或保存情形,则不可以用影像资料的复制品、复制件替代原物提交。不动产不存在可以搬移的情形,故只能用“应当”二字,来强制当事人用影像资料的形式向法院提交。

实务疑难

对不动产所拍摄的影像资料在证据类型上是属于物证还是视听资料抑或电子数据?

第一种观点认为,其实并不能以简单的外部特征来判断,对于体积庞大、不可移动的不动产来说,其不可能以原物的形式呈现在法庭中,供法院和当事人查证和质证。因此,对于此类因拍摄不动产形成的影像资料也应当作为物证。此观点也在 2011 年司法部所出的《法律职业资格考试》的主观题“甲公司职工黎某因公司拖欠其工资,多次与公司法定代表人王某发生争吵……”中得到了认可。第二种观点认为,影像资料属于视听资料。视听资料是以录音、录像等技术手段反映的图像、声音以及电子计算机储存的数据证明案件事实的证据。2022 年《民诉法解释》第一百一十六条已经明确规定,视听资料包括录音资料和影像资料。既然司法解释已经明确规定影像资料属于视听资料,那么从司法实务角度,就应该将其作为《民事诉讼法》规定的八种法定证据形式之一的视听资料看待。第三种观点则认为,影像资料属于电子数据。电子数据是基于电子技术生成,以数字化的形式存储在磁盘、磁带等载体中,其内容可与载体分离,并可多次复制到其他载体的能够证明案件事实的证据。只要该影像资料是用数字化形式拍摄或者存储于数字介质中,就属于电子数据。对此,2022 年《民诉法解释》第一百一十六条第三款就规定了存储在电子介质中的录音资料和影像资料,适用电子数据的规定。笔者倾向认为,本条中的影像资料本质上是一种证据保全的产物、提供证据的方法。当事人通过将不动产的外部特征拍摄成静态或动态影视资料的形式,固定了证据资料,既可以防止其以后发生变化或灭失,又可以方便携带和向法庭展示不动产的外观特征。至于采取何种方式保存该证据保全产物,则因存储介质不同,而有所区别。

关联法条

1.《中华人民共和国民事诉讼法》(2021 年)

第七十三条第一款 书证应当提交原件。物证应当提交原物。提交原件或者原物确有困难的,可以提交复制品、照片、副本、节录本。

2.《最高人民法院关于适用〈中华人民共和国民事诉讼法〉的解释》(2022 年)

第一百一十六条 视听资料包括录音资料和影像资料。

电子数据是指通过电子邮件、电子数据交换、网上聊天记录、博客、微博客、手机短信、电子签名、域名等形成或者存储在电子介质中的信息。

存储在电子介质中的录音资料和影像资料,适用电子数据的规定。

典型案例

1.(2021)豫 11 民申 173 号

裁判观点:2019 年 1 月,再审申请人于洪波承租被申请人张爱红鸡场期间,因鸡场发生火灾给张爱红造成财产损失。事后,于洪波向张爱红出具保证书,承诺若不能在 2019 年 7 月 31 日前复原鸡场,愿以市场评估价赔偿张爱红。于洪波、张爱红对以上事实无异议,现双方争议焦点在于具体赔偿金额。于洪波认为,鸡棚顶部着火长度不足 30 米,评估机构按鸡棚总长度 100 米评估损失属于认定事实错误。事实上,鸡棚顶部着火长度并非判断鸡棚整体实际遭受损失大小的唯一标准,仅以鸡棚顶部着火长度占总长度的比例折算鸡棚实际损失并不客观。价格评估结论书系由一审法院依法委托专业评估机构,经现场勘查对鸡舍实际损失进行评估,评估机构与评估人员具备相应资质,评估程序合法,于洪波虽对评估结论不予认可,但未提交充分证据推翻该结论,原审法院依据该结论认定张爱红的损失金额并无不当。于洪波主张本案系虚假诉讼，经查，于洪波认可因鸡场着火给张爱红造成财产损失的事实，张爱红依据价格评估结论书中载明的损失金额提起诉讼于法有据，本案不属于《关于进一步加强虚假诉讼犯罪惩治工作的意见》第六条规定的虚假诉讼情形。于洪波主张原审法院未理会其实地勘验申请、对其提交的《公证书》不予理睬，系程序违法。经查，2020年《证据规定》第十三条规定："当事人以不动产作为证据的，应当向人民法院提供该不动产的影像资料。人民法院认为有必要的，应当通知双方当事人到场进行查验。"据此，现场查验并非法院审理案件的必经程序，且一审法院已依法委托价格评估机构前往现场对事故损失进行专业评估。对于于洪波提交的《公证书》，一审法院已组织双方充分质证，本案审理程序不存在违法情形。

2.（2020）湘07民终2489号

裁判观点：首先，1999年《合同法》第二百七十九条第一款规定："建设工程竣工后，发包人应当根据施工图纸及说明书、国家颁发的施工验收规范和质量检验标准及时进行验收。验收合格的，发包人应当按照约定支付价款，并接收该建设工程。"2020年4月3日，发包人邓新民接收案涉工程但未验收，且拒绝结算剩余工程款。一审法院以发包人邓新民签字确认的工程总造价120,135.95元《装修预算表》及自认新增费用2355元，认定案涉装修工程的实际工程造价为122,490.95元并无不当。

其次，2020年《证据规定》第十三条规定："当事人以不动产作为证据的，应当向人民法院提供该不动产的影像资料。人民法院认为有必要的，应当通知双方当事人到场进行查验。"案涉装修工程已竣工接收但未验收，且发包人邓新民拒绝人民法院组织的现场查验，却要求行使扣除部分工程款的权利，明显权利与义务不对等，邓新民对此应当承担举证不能的不利后果。

（新增）第十四条　【电子数据的范围】

电子数据包括下列信息、电子文件：

（一）网页、博客、微博客等网络平台发布的信息；

（二）手机短信、电子邮件、即时通信、通讯群组等网络应用服务的通信信息；

（三）用户注册信息、身份认证信息、电子交易记录、通信记录、登录日志等信息；

（四）文档、图片、音频、视频、数字证书、计算机程序等电子文件；

（五）其他以数字化形式存储、处理、传输的能够证明案件事实的信息。

法条渊源

1999年《合同法》第十一条第一次将数据电文作为书证纳入书面形式合同。电子数据作为证据进行审查最早在2005年《电子签名法》中已有规定。但在司法实践中被采用则首先出现在2002年《证据规定》第二十二条规定的"计算机数据"。后出现在2010年《死刑证据规定》中,之后由2012年《刑诉法解释》第九十三条将电子证据换为电子数据。2012年《民事诉讼法》第六十三条第一次在民事诉讼立法层面确立了电子数据的法定证据方法地位。2015年《民诉法解释》第一百一十六条第二款则对电子数据作了定义。该条第三款则规定存储在电子介质中的录音资料和影像资料,适用电子数据的规定。2016年《电子数据规定》进一步完善了电子数据的相关规定。

法条精析

关于电子数据的定义及范围在2002年《证据规定》中没有明确规定,本条内容属于新增规定,是以列举式规定对电子数据的范围进行明确的界定。本条在2016年《电子数据规定》第一条基础上修改而成,是对2015年《民诉法解释》第一百一十六条第二款电子数据概念、范围作出的补充规定。本条在起草中变化较大。2016年《法院征求意见稿》第八十一条规定:"电子数据是指电子邮件、电子数据交换、网上聊天记录、博客、微博客、微信、手机短信、电子签名、域名等形成或者存储在电子介质中的电子信息。"2017年《审判长讨论稿》第六十一条第一款规定与最终定稿相比,多了"朋友圈、贴吧、网盘"的表述。2018年《审委会送审稿》第十四条规定与2017年《审判长讨论稿》第六十一条第一款规定表述一致。与2016年《电子数据规定》相比,本条修改主要表现在:(1)将该规定第一条第二款第一项中"朋友圈、贴吧、网盘"删除;(2)将该规定第一条第一款"以数字化形式存储、处理、传输的,能够证明案件事实的数据"中的"数据"修改为"信息"作为本条第五项兜底条款。进而,形成了目前对电子数据范围的界定。

2012年《民事诉讼法》第六十三条,新增电子数据并将其规定为一种独立的法定证据类型,但没有明确其范围。根据《联合国国际贸易法委员会电子商务示范法》第二条的规定,数据电文是指由电子手段、光学手段或类似手段生成、储存或传递的信息。由此,作为法定证据类型的电子数据,可以归结为以电子、电磁、光学等形式或类似形式储存在计算机中的信息作为证明案件事实的证据资料,既包括计算机程序及其所处理的信息,也包括其他应用专门技术设备检测得到的信息资料。① 具体到证据范畴的电子数据定义则规定在2016年《电子数据规定》中:"电子数据是案件发生过程中形成的,以数字化形式存储、处理、传输的,能够证明案件事实的数据。"

2015年《民诉法解释》第一百一十六条第二款在对电子数据作定义时,附带对其种类进行了不完全列举式规定。但该规定较为简单,难以囊括实践中电子数据的多种类型。因此,2020年《证据规定》有必要对电子数据的范围进行进一步的补充规定,为审判实践中电子数据的应用作出指导。从电子数据的特征上看,其具有以下几种特征:一是生成手段的多样性。其生成手段包括电子、数字、无线、光学等。二是生成阶段的多样性,电子数据可以在信息生成、发送、传输、接收、储存的各个阶段产生。三是概念的开放性,通过未来的技术手段,可能会出现新的类型的电子数据。电子数据是一个概括性的统称,在此概念之下,其表现形式纷

① 杜万华、胡云腾主编:《最高人民法院民事诉讼法司法解释逐条适用解析》,法律出版社2015年版,第202页。

繁复杂,极具衍生性与扩展性。[①] 因此,很难以一个抽象化的定义来界定电子数据。而且,抽象化定义缺少对电子数据常见表现形式的示例,会导致在实践中难以准确地把握电子数据的内涵。因此,本条采用列举的方式对电子数据的范围进行了界定。在征求网络、电子计算机专业人士意见的基础上,对审判实践中电子数据的常见表现形式进行了归纳整合,包括能证明案件事实的电子文件、信息。所谓电子文件,根据2016年颁布的国家标准《电子文件归档与电子档案管理规范》(GB/T 18894—2016)3.1的规定,电子文件的定义为"国家机构、社会组织或个人在履行其法定职责或处理事务过程中,通过计算机等电子设备形成、办理、传输和存储的数字格式的各种信息记录。电子文件由内容、结构、背景组成"。与普通文件载体不同,计算机文件是以计算机硬盘为载体存储在计算机上的信息集合。文件可以是文本文档、图片、程序等。文件通常具有三个字母的文件扩展名,用于指示文件类型(例如,图片文件常常以JPEG格式保存并且文件扩展名为.jpg)。信息是人们在适应外部世界,并使这种适应反作用于外部世界的过程中,同外部世界进行互相交换的内容和名称。进一步而言,数字信息使用0和1两种数码的组合来记录信息,每一个0或1叫作1个比特,需要记录的信息用一串比特存储于计算机存储器(包括内存储器和各种外存储器)中,并可通过通信网络进行传输。电子文件与数字信息的共同点在于两者都是由电子计算机生成和处理,其信息以二进制数字代码记录和表示。电子文件与数字信息的基本区别在于电子文件是文件的一种类型,具有文件的各种属性,特别是有特定的用途和效力。这是电子文件与其他数字信息的基本区别。从逻辑上说,电子文件是"数字信息"和"文件"两个概念的交集,它既是具有文件特征的数字信息,又是以数字信息为特征的文件。这里的数字信息,其不是由纸张或其他形式作为载体,而是由数字编码组成,以INTERNET或其他各种传输途径为载体的一种高科技信息手段。本条所指电子信息主要有:一是平台信息。包括网页、博客、微博客等网络平台上发布的信息。二是通信信息。包括手机短信、电子邮件、即时通信、通讯群组等的通信信息。三是记录信息。包括用户注册信息、身份认证信息、电子交易记录、通信记录、登录日志等信息。随着现代科技发展、技术创新倍数增长,可以预见将来的日常生活中,还会出现更多的数字信息形式。为此,本条第五项还规定了关于信息的兜底条款,也间接对本条所指"信息"作了定义:以数字化形式存储、处理、传输的能够证明案件事实的信息。除了一般意义上的电子信息,本条还特别在第四项规定了电子文件,包括文档、图片、音频、视频、数字证书、计算机程序等。需要注意的是,根据2022年《民诉法解释》第一百一十六条第三款,以数字化形式存储的音频、视频属于电子数据而非视听资料,而以模拟信号存储的磁带、录像带等音频、视频仍然属于视听资料。

此外,需要指出的是,上述分类只是对实践中常见的电子数据进行了简单的分类。由于电子数据的表现形式复杂、种类多样,各类电子数据之间可能存在交叉。比如,数字证书本身是电子文件,当被用于确认用户在计算机信息系统上的操作权限时,又属于身份认证信息;再如,计算机信息系统日志,如果提取的是一条一条的记录,那么可以归为记录类信息,如果提

① 毕玉谦:《电子数据庭审证据调查模式识辨》,载《国家检察官学院学报》2016年第1期。

取的是存储记录的数据库文件，那么又可以归为电子文件。

实务疑难

询问当事人、证人、鉴定人等时的录音录像是电子数据抑或视听资料？

实务中，基于调查收集判断证据的需要，经常会对当事人、证人、鉴定人等进行询问并同步录音录像。此时，该录音录像的性质经常存在争议：第一种观点认为，该录音录像是视听资料，因为其可以证明案件事实，且是通过录音带、录像带、光盘、电脑等科技手段和设备存储的电子音像信息，满足了视听资料定义中的实质要件和形式要件要求。第二种观点则认为，该录音录像应区分情形认定其性质。如果该录音录像的原始图像、声音是由电子计算机等电子化手段存储，则应属于电子数据。如果是通过录音带、录像带等感光材料手段储存，则为视听资料。笔者倾向于第二种观点。理由在于：关于电子数据和视听资料关系问题，早在 1982 年《民事诉讼法》就规定了视听资料这一证据类型，并在实务中将录音、录像、计算机存储资料等均划归其中。故早期通说认为，电子数据属于视听资料的范畴。电子数据作为独立证据方法直至 2012 年《刑事诉讼法》和《民事诉讼法》中才从立法上予以明确。事实上，两者确有共同之处：(1)两者都是采用可视形式体现证据价值；(2)两者都需要通过一定工具或手段转化形式后才能被直接感知；(3)两者的正本和副本一般都保持一致。但两者仍有根本区别：是否通过电子或数字化手段直接真实再现案件原始图像、声音。视听资料的本质特征应为通过非电子或数字手段直接真实再现案件原始图像、声音。电子数据则恰恰相反，是通过电子化（或称数字化）形式，将相应电子信号信息存储在电子介质上而形成。虽然电子数据与电子计算机存在紧密联系，但不能将与电子计算机有关的证据都纳入电子证据的范畴。我们知道，计算机在很多场合仅仅是以工具的形式存在，如借助计算机可以将视听资料、证人证言转化为电子版本存储、显示，我们不能说因为计算机在此情况下的使用就使原证据形式转化成电子证据，实际上它们仍然是视听资料、证人证言。[①] 这是因为转化为电子版本只是对视听资料、证人证言的复制，本身并不是再现案件原始图像、声音。只有案件原始图像、声音直接通过计算机处理再现出来才能形成电子数据。但从实务操作出发，如果视听资料存储在 U 盘、光盘等电子介质中，则从证据出示及审查判断角度而言，其与电子数据实质没有区别，故 2022 年《民诉法解释》第一百一十六条第三款规定，存储在电子介质中的录音资料和影像资料，适用电子数据的规定。

关联法条

1.《中华人民共和国民事诉讼法》(2021 年)

第六十六条 证据包括：

（一）当事人的陈述；

（二）书证；

---

① 常怡、王健：《论电子证据的独立性》，载《法学》2004 年第 3 期。

(三)物证;

(四)视听资料;

(五)电子数据;

(六)证人证言;

(七)鉴定意见;

(八)勘验笔录。

证据必须查证属实,才能作为认定事实的根据。

2.《最高人民法院关于适用〈中华人民共和国民事诉讼法〉的解释》(2022年)

第一百一十六条第二款　电子数据是指通过电子邮件、电子数据交换、网上聊天记录、博客、微博客、手机短信、电子签名、域名等形成或者存储在电子介质中的信息。

3.《最高人民法院、最高人民检察院、公安部关于办理刑事案件收集提取和审查判断电子数据若干问题的规定》(2016年)

第一条　电子数据是案件发生过程中形成的,以数字化形式存储、处理、传输的,能够证明案件事实的数据。

电子数据包括但不限于下列信息、电子文件:

(一)网页、博客、微博客、朋友圈、贴吧、网盘等网络平台发布的信息;

(二)手机短信、电子邮件、即时通信、通讯群组等网络应用服务的通信信息;

(三)用户注册信息、身份认证信息、电子交易记录、通信记录、登录日志等信息;

(四)文档、图片、音视频、数字证书、计算机程序等电子文件。

以数字化形式记载的证人证言、被害人陈述以及犯罪嫌疑人、被告人供述和辩解等证据,不属于电子数据。确有必要的,对相关证据的收集、提取、移送、审查,可以参照适用本规定。

典型案例

1.(2020)最高法知民终767号

裁判观点:2020年《证据规定》第十四条规定:"电子数据包括下列信息、电子文件:(一)网页、博客、微博客等网络平台发布的信息;(二)手机短信、电子邮件、即时通信、通讯群组等网络应用服务的通信信息;(三)用户注册信息、身份认证信息、电子交易记录、通信记录、登录日志等信息;(四)文档、图片、音频、视频、数字证书、计算机程序等电子文件;(五)其他以数字化形式存储、处理、传输的能够证明案件事实的信息。"第九十四条规定:"电子数据存在下列情形的,人民法院可以确认其真实性,但有足以反驳的相反证据的除外:(一)由当事人提交或者保管的于己不利的电子数据;(二)由记录和保存电子数据的中立第三方平台提供或者确认的;(三)在正常业务活动中形成的;(四)以档案管理方式保管的;(五)以当事人约定的方式保存、传输、提取的。电子数据的内容经公证机关公证的,人民法院应当确认其真实性,但有相反证据足以推翻的除外。"经审查,双方当事人均未提交关于本案项目交付、测试等合同履行的书面证据,开发过程主要体现在微信聊天记录的电子数据证据中。在案微信聊天电子数据证据系在双方当事人履行涉案合同的正常业务活动中形成,时间前后连贯,内容基本完整,且与合同约定相互对应,能形成合乎逻辑的证据锁链,原审法院采信以微信聊天形式固定的电子数据证据作为本案定案证据并无不妥。

2.(2020)赣民终423号

裁判观点:江西红狮公司以公证书的形式展示了提取QQ聊天记录的全过程及全部内容,聊天记录内容清晰、完整,证明江西红狮公司提交的QQ聊天记录打印件与原件一致。2020年《证据规定》第十四条规定,"电子数据包括下列信息、电子文件:……(二)手机短信、电子邮件、即时通信、通讯群组等网络应用服务的通信信息;……"第十五条第二款规定:"当事人以电子数据作为证据的,应当提供原件。电子数据的制作者制作的与原件一致的副本,或者直接来源于电子数据的打印件或其他可以显示、识别的输出介质,视为电子数据的原件。"第九十四条第二款规定:"电子数据的内容经公证机关公证的,人民法院应当确认其真实性,但有相反证据足以推翻的除外。"根据上述规定,江西红狮公司提交的QQ聊天记录属于电子数据证据,是原始的输出证据。中国港湾公司提供的证据不足以推翻《公证书》的真实性和证明效力。中国港湾公司主张公证书与一审QQ对账截图不一致,要求当庭展示原始载体,本院认为,其所谓不一致仅是截屏操作手法可能不同引起的形式上的细微差异,内容并无任何不同,实际没有当庭展示原始载体的必要。

3.(2020)川11民终1031号

裁判观点:根据2015年《民诉法解释》第一百一十六条"视听资料包括录音资料和影像资料。电子数据是指通过电子邮件、电子数据交换、网上聊天记录、博客、微博客、手机短信、电子签名、域名等形成或者存储在电子介质中的信息。存储在电子介质中的录音资料和影像资料,适用电子数据的规定"和2020年《证据规定》第十四条第二项"电子数据包括下列信息、电子文件:……(二)手机短信、电子邮件、即时通信、通讯群组等网络应用服务的通信信息;……"的规定,前述证据属于民事诉讼证据中的"电子数据"。根据2020年《证据规定》第十五条"当事人以视听资料作为证据的,应当提供存储该视听资料的原始载体。当事人以电子数据作为证据的,应当提供原件。电子数据的制作者制作的与原件一致的副本,或者直接来源于电子数据的打印件或其他可以显示、识别的输出介质,视为电子数据的原件"的规定,结合各方的陈述和在案证据,本院对犍为学有修理店提供的李学有与王丹玲微信聊天记录予以采信,理由如下:1.王丹玲在二审中认可曾经添加过李学有为微信好友,并于2019年12月10日通过微信向李学有发送其与天路福公司签订的二份《约定书》照片。2020年10月12日庭审中,王丹玲当庭通过了李学有再次申请添加为微信好友的朋友验证,并接收到"你好"文字字样,该文字字样与李学有提供的微信聊天记录均在李学有与王丹玲微信聊天项下,具有连续性。本院认定李学有提供的微信聊天记录中的相对方为王丹玲。

2.聊天记录中包含了李学有与王丹玲的大量语音对话,王丹玲对该语音对话的质证意见为"我现在无法确认"、"不确认"。由于微信聊天中的语音存储在电脑终端或者手机等移动互联网终端设备中,而微信语音不具备直接下载、转发的功能,故本院认定犍为学有修理店提供了李学有与王丹玲微信聊天记录的原件。

（新增）第十五条　【准书证最佳证据规则】

当事人以视听资料作为证据的，应当提供存储该视听资料的原始载体。

当事人以电子数据作为证据的，应当提供原件。电子数据的制作者制作的与原件一致的副本，或者直接来源于电子数据的打印件或其他可以显示、识别的输出介质，视为电子数据的原件。

法条渊源

最佳证据规则是传统英美法中适用于书证的证据可采性规则，即除了书证原件之外的其他证据均不能被用来证明文书的内容。这主要是基于书证内容的易篡改性、易复制性，而书证内容又是该类证据的证明力所在。与书证一样，视听资料和电子数据也是靠其内容来证明待证事实，且同样具有易篡改性、易复制性，故现代立法和司法已经将最佳证据规则从书证扩大到视听资料和电子数据。对此，1982 年《民事诉讼法》第六十条就规定书证应当提交原件。虽然该法也同时规定了视听资料，但并未明确将最佳证据规则适用于视听资料。至于电子数据，虽然立法直至 2012 年才明确其法定证据方法的地位，但早在 2002 年《证据规定》第二十二条就将计算机数据纳入视听资料范畴，并明确了视听资料的最佳证据规则。至于电子数据的原件认定标准则一直没有规定。

法条精析

本条是关于视听资料和电子数据等准书证最佳证据规则的规定，属于新增内容，在 2002 年《证据规定》中没有规定。本条在起草过程中有变化。2016 年《法院征求意见稿》第八十条规定：“当事人以视听资料作为证据的，应当提供原件。符合本解释第六十六条规定情形的，当事人可以提供视听资料的复制件。”第八十二条规定：“当事人以电子数据作为证据的，应当提供原件。下列情形，视为电子数据的原件：（一）电子数据的制作者制作的与原件具有同等效力的副本；（二）直接来源于电子数据的打印或者其他可以显示、识别的输出介质。”2017 年《审判长讨论稿》第六十条第一款规定：“视听资料包括录音资料和影像资料。当事人以视听资料作为证据的，应当提供存储该视听资料的原始载体。”第六十一条第二款规定：“当事人以电子数据作为证据的，应当提供原件。电子数据的制作者制作的与原件一致的副本，或者直接来源于电子数据的打印件或者其他可以显示、识别的输出介质，视为电子数据的原件。”2018 年《审委会送审稿》第十五条规定删除了“视听资料包括录音资料和影像资料”，本条定稿时再无变化。

本条第一款是关于视听资料的原始载体的规定，是在 2017 年《民事诉讼法》第七十一条规定的基础上发展、完善而来的。鉴于视听资料易被篡改且篡改难以发现的先天缺陷，审查视听资料的真实性往往是实践中的难点。从技术原理上看，视听资料原始载体中所记载的内容是未经过篡改的，所以原始载体对审查视听资料的真实性至关重要。本条基于 2017 年《民事诉讼法》第七十一条的理念，提出了更为细化的规定，当事人以视听资料作为证据的，应当提供存储视听资料的原始载体,这也与最佳证据规则相一致。

本条第二款是关于对电子数据原件的规定,是对2002年《证据规定》第十条的发展,以适应电子证据的特殊性。鉴于电子数据可精确复制、载体不易移动等特点,电子数据的原件的认定并不能固守形式主义,能否提供电子数据的原始载体并不是判断电子数据真实性的主要考虑因素。所以,本条在贯彻证据原件原则的基础上,综合考虑了电子数据的特殊性以及电子数据生成、使用的过程,将对电子证据原件的认定突破了传统意义上的原件的概念,将制作者制作的与原件一致的副本,或者直接来源于电子数据的打印或者其他可以显示、识别的输出介质,也视为电子数据的原件。

一、最佳证据规则要求当事人提交视听资料原件

基于最佳证据原则的要求,当事人提交法庭的证据应当是原件。因为证据的真实性与证据载体的物理特性密切相关。原件上保留着原始内容、内容的制作时间等重要信息。复制件在复制的过程中不仅抹去了部分信息,而且更易于在复制的过程中更改原始内容,难辨真伪。具体到视听资料而言,则更为明显。视听资料与传统文字材料有所不同,其是利用录音、录像等技术手段反映的声音、图像等以证明案件事实的证据。传统文字材料比如合同、备忘录等,是以文字、符号、图形等形式所记载的内容或表达的思想来证明案件事实。原件上往往有当事人原始的印章或者签名,往往能够通过肉眼就可以与复制件作出区分。但是,视听资料的复制可以完整的保留原始记录的信息,并且从表面上看与原始资料并无区别。因此,实务中很难仅仅通过载体的外形和记载的内容查明视听资料是原始资料还是经复制而成。再者,即使视听资料在复制的过程中未被编辑,但复制视听资料不可避免地存在失真的问题。失真程度严重时,会影响其内容的分辨,甚至失去证据价值,因而视听资料是否被复制对其证明力有重要影响。[①] 而且,视听资料具有易被篡改的特性,利用一定的设备可以在复制的过程中删除或修改复制的信息,非常容易被剪辑、拼接、组合伪造成与原始视听资料的含义完全不同的证据材料。故仅通过一般的审查较难辨别视听资料是否被篡改。从技术原理上看,对视听资料进行编辑、篡改,一般通过从原始载体向另外载体上转录的方式才能实现。因此,原始载体中的视听资料可以被认为是未经过第二次编辑的第一手证据资料。这里所谓原始载体是指以直接来源于案件事实的声音、图像等为内容的视听资料的存储载体。综上所述,不管是从审查证据的真实性抑或完整性角度而言,要求当事人提供存储该视听资料的原始载体,都有利于确保视听资料的可采性。基于此种考虑,本条第一款规定当事人以视听资料作为证据的,应当提供存储该视听资料的原始载体。

二、最佳证据规则要求当事人提交电子数据原件或拟制原件

根据日常生活经验可知,电子数据作为证据提交时,与上述视听资料存在以下类似情况:(1)原件与复制件难以区分;(2)电子数据容易被编辑、篡改等。故其也应与视听资料一样,根据最佳证据规则要求,当事人应提供原件。在调查收集证据的场合,电子证据的原件应当指最初生成的电子数据及其首先固定所在的各种存储介质,如果某一电子证据首先固定于某

---

① 樊崇义、温小洁、赵燕编著:《视听资料研究综述与评价》,中国人民公安大学出版社2002年版,第46页。

块计算机硬盘上,则该硬盘或其上的电子数据就是原件;如果某一电子数据首先固定于磁带、软盘或光盘上,则磁带、软盘、光盘或其上的电子数据就是原件。[①] 但是,电子数据是存储在电子介质中的电子数据信息,其在证明案件事实时必须转化为人们可以直接感知的形式。相比于传统证据类型,电子数据的数据量十分庞大,而且往往分散储存。如果恪守传统证据类型原件的定义,则电子数据呈交法庭的过程将会比较复杂,甚至会间接地导致大部分电子数据因其形式上的缺陷而无法进入法庭。由此,引发了实务操作中如何识别电子数据原件的问题。而且传统意义上的原件的概念并不能与电子数据的特殊性相适应。固守形式主义将会使电子数据的转化形式被视为复印件,继而使电子数据无法成为认定案件事实的证据,有碍案件真实的发现。

在这一问题上,大部分国家对电子数据原件的规定均与传统证据规定有所区别。从世界范围内的立法例看,有四种处理方法:一是功能等同说。这一观点是在《联合国国际贸易法委员会电子商务示范法》中率先提出来的,规定具有最终完整性和可用性等功能的电子复本为原件。只要确实起到了在"功能上等同或基本等同"于书面原件效果的数据电文,便可被视为合法有效的原件,即可满足证据法对原件的要求。这使法律上对证据原件的某种形式上的要求扩至功能等同的所有其他形式,从而实现从"形式要求"到"功能要求"的转换。我国《电子签名法》第五条即吸纳了上述规定精神。二是拟制原件说《美国联邦证据规则》规则 1001(3)规定:"文书或录音的'原件'是指该文书或录音本身,或者制作者或发行者意图使其具有同等效力的复本。照片的'原件'包括底片或由底片冲洗出的任何相片。如果数据被储存在计算机或类似装置里面,则任何可用肉眼阅读的、表明其能准确反映数据的打印物或其他的输出物,均为'原件'。"三是混合标准说。该观点将功能等同说与拟制原件说相结合,形成了新的原件理论。以《1998 年加拿大统一电子证据法》为例,其规定当事人双方可以提交两种原件:其一是源于具有完整性的电子记录系统生成或存储的电子记录;其二是严格依据商业习惯制作的电子记录打印输出物。这两种原件在地位上是平等的,法律并不明显倾向于哪一种。四是复式原件说。《菲律宾电子证据规则》在一定程度上践行了这一理论。其规则第四条第二款规定,"……如果某一文件在同一时刻或前后不久就同一内容执行两份或更多复本,或者该文件是通过与原俘相同的印模、或者使用同一字模、或者通过机械或电子的再录制、或者通过化学复制方法、或者通过其能正确复制原件的相应技术而形成的复制件,则对该复本或复制件均应视为原件的相当物"。[②] 本条第二款从电子数据的生成、使用的过程出发,结合审判实践的经验,融合了上述四种处理方法,对电子数据原件的认定并未局限于其原始载体,将电子数据的制作者制作的与原件一致的副本,或者直接来源于电子数据的打印件或者其他可以显示、识别的输出介质,均在本款中被视为电子数据的原件。最后有必要说明的是,本条所指电子数据原件与视听资料原始载体相比,更多强调的是文字、图案、符号类可阅读的电子数据,不包括存有声音和连续播放画面的影像资料。

---

① 宋春雨:《对新民诉法证据制度若干问题的理解》,载《山东审判》2013 年第 1 期。

② 刘品新:《论电子证据的原件理论》,载《法律科学》2009 年第 5 期。

实务疑难

当事人应如何证明提交的视听资料是原始载体？

司法实务中，当事人就视听资料进行质证时，经常会质疑对方当事人提交的视听资料是否为原始载体，从而否定或削弱其证明力。由于视听资料的原始载体和复制品往往从外观和内容上都无法区分，故实务中提供视听资料作为证据的一方当事人往往不知该如何证明其所提交的视听资料证据就是原始载体。对此，笔者认为，第一，可从视听资料制作设备着手。视听资料的原始载体一般直接来自录音录像等视听资料制作设备。只要能证明特定视听资料制作设备与待证事实的必然联系，就可通过证明载体直接取自特定视听资料制作设备来证明其为原始载体。例如，固定设置在案发现场的监控录像设备，可以通过公证等方式证明所提交的视听资料载体来自该设备从而证明其为原始载体。第二，可让制作或保管视听资料原始载体的机关、企事业单位或与本案及与当事人无关的自然人到庭作证，证明该载体为原始载体。第三，可申请法院委托鉴定机构对是否为原始载体进行鉴定，或自行委托咨询机构等提供专业咨询意见供法院参考等。

关联法条

1.《中华人民共和国民事诉讼法》（2021 年）

第七十四条 人民法院对视听资料，应当辨别真伪，并结合本案的其他证据，审查确定能否作为认定事实的根据。

2.《最高人民法院关于适用〈中华人民共和国民事诉讼法〉的解释》（2022 年）

第一百一十六条 视听资料包括录音资料和影像资料。

电子数据是指通过电子邮件、电子数据交换、网上聊天记录、博客、微博客、手机短信、电子签名、域名等形成或者存储在电子介质中的信息。

存储在电子介质中的录音资料和影像资料，适用电子数据的规定。

典型案例

1.（2022）辽 13 民终 143 号

裁判观点：本案的争议焦点即徐赫阳提供录音的证明效力问题。2020 年《证据规定》第十五条第一款规定：“当事人以视听资料作为证据的，应当提供存储该视听资料的原始载体。”2021 年《民事诉讼法》第七十四条规定：“人民法院对视听资料，应当辨别真伪，并结合本案的其他证据，审查确定能否作为认定事实的根据。”本案中，徐赫阳在二审期间提供了录音的原始载体，符合视听资料证据的形式规则，该录音资料与徐赫阳主张的事实相吻合，且刘丽军不能提出该录音资料存在剪辑或其他改变真实性的事实理由，因此，该录音证据可以作为认定案件事实的根据。

2.（2021）甘民申 2872 号

裁判观点：原判依据 2020 年 5 月 27 日、6 月 5 日、6 月 8 日双方微信聊天记录认定优防科技公司与盛益康公司协商到提货事宜，优尚防护公司对上述聊天记录当庭提出异议，认为该公司无周姓职员，对方未提交微信聊天原件，一审对此未予进一步查证，二审期间也未依法对被上诉人优防科技公司进行询问，对于该公司申请重新排期也未予以答复。依据 2017 年《民事诉讼法》第七十条第一款规定："书证应当提交原件。物证应当提交原物。提交原件或者原物确有困难的，可以提交复制品、照片、副本、节录本。"另依据 2020 年《证据规定》第十五条的规定："当事人以视听资料作为证据的，应当提供存储该视听资料的原始载体。当事人以电子数据作为证据的，应当提供原件。电子数据的制作者制作的与原件一致的副本，或者直接来源于电子数据的打印件或其他可以显示、识别的输出介质，视为电子数据的原件。"综上，原审对当事人有异议的事实，未予进一步查明，也未对微信聊天截图复印件与原件等进行核对，认定事实存在不妥。

3. (2021)豫民申 5600 号

裁判观点：2020 年《证据规定》第十五条第一款规定，"当事人以视听资料作为证据的，应当提供存储该视听资料的原始载体"。核验视听资料的真实性需要查验其最初录制的设备即原始载体，以判断视听资料形成的时间，内容的完整性、连贯性，由此认定视听资料是否能够真实地反映案件相关事实。原审中河南测绘院提交的三份录音资料均不属于原始载体，且河南测绘院未能向法庭说明其中 2016 年 12 月及 2017 年 12 月两份录音资料的具体录音形成时间，2017 年 5 月录音资料的录音形成时间亦是河南测绘院自己推测得出，不是通过该份录音资料自身所得出的形成时间。并且对于该三份录音资料所要证明的事实，河南测绘院未提交其他证据予以印证。原审法院对录音资料不符合证据的真实性的认定，于法有据。

4. (2020)吉民申 1177 号

裁判观点：本案中，张言杰在二审庭审中已经向法庭提交该录音的原始载体，符合 2020 年《证据规定》第十五条第一款有关"当事人以视听资料作为证据的，应当提供存储该视听资料的原始载体"的规定。虽朱玉梅对该录音的真实性和完整性提出异议，但其承认录音中的声音是自己的，且未提供证据对录音的真实性、完整性予以反驳，在原审庭审中亦明确表示对该录音完整性不申请鉴定。因此，二审判决结合于某的证言，对该录音予以采信并无不当。

5. (2021)吉 03 民终 997 号

裁判观点：高义针对欠付工程款的数额提交了 2020 年 12 月 24 日其向徐丹索要 45 万元工程款的通话录音，并提供了存储该通话录音的原始载体手机，符合 2020 年《证据规定》第十五条第一款"当事人以视听资料作为证据的，应当提供存储该视听资料的原始载体"的规定，故该通话录音作为证据合法有效。

6. (2021)渝 02 民终 783 号

裁判观点：根据 2020 年《证据规定》第十四条的规定，微信聊天记录、微信转账记录属于电子数据证据。该规定第十五条规定，当事人以视听资料作为证据的，应当提供存储该视听资料的原始载体。当事人以电子数据作为证据的，应当提供原件。电子数据的制作者制作的与原件一致的副本，或者直接来源于电子数据的打印件或其他可以显示、识别的输出介质，视为电子数据的原件。本案中，孙宗俊、孙支格只提交了微信聊天记录截屏打印件，并未提交原件，即原始的微信聊天记录。此种情形下，只有在确认打印件显示的微信聊天记录截屏内容与原始的微信聊天记录内容一致的情况下，才能视为电子数据的原件，否则不能视为电子数据的原件。根据当事人陈述以及周结庆出示的微信转账记录等证据，能够证实孙宗俊与周结庆曾使用微信进行沟通，孙宗俊出示的微信聊天记录截屏中显示的聊天参与方微信昵称（“泪水中的微笑”）、微信号与周结庆微信昵称、微信号相同。孙宗俊提交的微信聊天记录截屏内容中有“泪水中的微笑”发来的手机短信图片，短信上面记载的尾号4165储蓄卡账户四笔收支情况（由中国建设银行短信通知）与周结庆提交的周结庆尾号4165建设银行卡交易明细记载的时间、金额、交易对手、余额等信息完全一致，该信息属于周结庆银行账户变动的个人信息，如果截屏内容系孙宗俊伪造，那么孙宗俊为何能掌握该信息，周结庆对此未能作出合理解释。根据孙宗俊提交的微信聊天记录截屏内容，聊天参与方向“泪水中的微笑”催告还款，“泪水中的微笑”为证明自己经济困难而主动将自己的银行账户变动信息发给对方。结合孙宗俊与周结庆有借贷纠纷的事实以及孙宗俊持有截屏证据的事实，本院认为截屏显示的内容是孙宗俊掌握周结庆银行账户变动信息的唯一合理解释，其真实性应予确认，故本院认定孙宗俊提交的微信聊天记录截屏内容与原始的微信聊天记录内容一致，可以视为电子数据的原件；微信聊天参与方是周结庆、孙宗俊。

（修改）第十六条 【域外证据认证】

当事人提供的公文书证系在中华人民共和国领域外形成的，该证据应当经所在国公证机关证明，或者履行中华人民共和国与该所在国订立的有关条约中规定的证明手续。

中华人民共和国领域外形成的涉及身份关系的证据，应当经所在国公证机关证明并经中华人民共和国驻该国使领馆认证，或者履行中华人民共和国与该所在国订立的有关条约中规定的证明手续。

当事人向人民法院提供的证据是在香港、澳门、台湾地区形成的，应当履行相关的证明手续。

法条渊源

我国《民事诉讼法》第六十二条、第二百七十一条分别规定了形成于境外的代为诉讼授权委托书，也即侨居在国外的中国公民和在中华人民共和国领域内没有住所的外国人、无国籍人、外国企业和组织从国外寄交或者托交的委托他人代理诉讼的授权委托书的生效要件。其中，对此种委托书明确要求采用所在国公证机关证明和中国驻该国使领馆认证或者履行条约规定的证明手续方式。2002年《证据规定》第十一条则将上述授权委托书放宽至一切形成于域外的证据均应在证据所在地驻外使领馆进行使领馆认证。2015年《民诉法解释》第五百二十三条则进一步明确了外国人、外国企业或组织及其代表人参加诉讼，应当向人民法院提交的身份证明文件及其认证要求。

法条精析

本条是关于域外证据公证、使领馆认证的规定，是在 2017 年《民事诉讼法》第五十九条、第二百六十四条，2002 年《证据规定》第十一条、第十二条和 2015 年《民诉法解释》第五百二十三条等规定基础上修改而成的。本条在起草过程中变化较大。2016 年《法院征求意见稿》中没有规定本条内容。2017 年《审判长讨论稿》第二十一条第一款、第二款规定："当事人向人民法院提供的证据系在中华人民共和国领域外形成的，该证据应当经所在国公证机关证明，或者履行中华人民共和国与该所在国订立的有关条约中规定的证明手续。但涉及身份关系的证据应当经所在国公证机关证明，并经中华人民共和国驻该国使领馆认证。当事人向人民法院提供的证据是在香港、澳门、台湾地区形成的，应当履行相关的证明手续。"2018 年《审委会送审稿》第十六条规定将"当事人向人民法院提供的证据"修改为"当事人提供的公文书证"限缩了单方认证的范围。在"涉及身份关系的证据"前增加了"中华人民共和国领域外形成的"，并增加了"或者履行中华人民共和国与该所在国订立的有关条约中规定的证明手续"。本条定稿时与 2018 年《审委会送审稿》第十六条规定保持一致。

本条修改的主要内容在于，限缩了使领馆认证的范围，即原则上域外公文书证只需经所在国公证机关证明或者履行条约手续即可，而使领馆认证限于涉及身份关系的证据。从本条修改过程中的情况来看，司法实践中，上述规定目前主要有以下两类问题：(1)法院适用该条时，仅以域外证据未经使领馆认证为由，不予采信；(2)法院适用该条时，仅以域外证据已经使领馆认证为由不予质证，即予采信。这些问题将导致人民法院审理涉外民商事案件时一方面可能出现相关事实认定错误；另一方面会加大相关当事人的证据收集负担，不利于我国涉外民商事审判质效的提高和当事人服判息讼。

为了解决上述问题，本条的修改限缩了使领馆认证的范围，规定了一般的域外公文书证只需要由所在国公证机关证明或者履行相关的条约规定的证明手续即可，不再需要经过我国驻该国使领馆进行使领馆认证。但是，对于涉及身份的证据需要所在国公证机关证明后，还需要我国驻该国使领馆审查认定或者履行相关条约规定的证明手续。之所以如此修改，主要理由在于：

1. 对域外证据进行使领馆认证并不能解决证据"三性"问题

根据我国《民事诉讼法》及相关司法解释的规定，对证据的认定要围绕三方面：合法性、关联性、真实性。证据的这三种属性决定着证据的证据资格以及证明力大小。因此，我国使领馆对域外证据的认证也应从这三种主要属性角度来进行分析。

第一，证据的合法性。合法性的要求包括证据形式的合法、调查取证的主体合法、取证手段和程序合法。一般情况下，证据的合法性直接决定着证据资格的有无，如果某一涉外证据不具有合法性，那么就要依照"非法证据排除"的规则予以排除。根据 2017 年修正《公证法》第二条的规定，公证是公证机构根据自然人、法人或者其他组织的申请，依照法定程序对民事法律行为、有法律意义的事实和文书的真实性、合法性予以证明的活动。从该定义可知，公证机构的职能包括对证据的合法性予以证明。这里的证据合法性审查，确实会涉及证据形式合法性的初步判断，在一定程度上有助于证据的合法性认定。但是，如果要求公证机关对证据合法性进一步进行实质上的审查，则一方面可能会加重公证机构的工作负担；另一方面可能超过公证机构当前的证据审查能力。故公证机构对证据的公证行为本身，并不能作为证据是否具有合法性的决定性标准。具体到域外证据，2002 年《证据规定》第十一条除了要求对域外证据进行公证证明之外，同时要求进行驻外使领馆认证。具体而言，只有进行使领馆认证，法官才能根据该规定确定域外证据的合法性。进而，我国司法实践中存在一种错误认识：对于未依法办理证明或者使领馆认证手续的域外证据，部分法院倾向于将其认定为证据形式不合法，不予采信。笔者认为，对于未经领事认证的域外证据，不能以其形式不合法为由，而适用非法证据排除规则，排除其证据资格。其理由主要有二：一是使领馆认证并不能认证域外证据的合法性。根据 2016 年《领事认证办法》第三条第一款的规定，领事认证，是指领事认证机构根据自然人、法人或者其他组织的申请，对国内涉外公证书、其他证明文书或者国外有关文书上的最后一个印鉴、签名的真实性予以确认的活动。另外，根据该办法第二十条第一款的规定，国外出具的需送至国内使用的文书，中国法律法规规定或者文书使用机构要求认证的，经文书出具国有关机构公证、认证后，应当由中国驻该国使馆、领馆或者外交部委托的其他驻外机构办理领事认证。此外，该办法第三十一条规定，领事认证是领事认证机构以国家名义对文书予以确认的活动，其目的是使一国出具的文书能在另一国境内得以承认，不会因为怀疑文书上的印鉴、签名的真实性而影响其域外的法律效力。领事认证不对公证书或者其他证明文书证明的事项行使证明职能，不对文书内容本身的真实性、合法性负责，文书内容由文书出具机构负责。也即，域外证据的领事认证仅仅是对国外有关文书上的最后一个印鉴、签名的真实性予以确认。不对公证书或者其他证明文书证明的事项行使证明职能，不对文书内容本身的真实性、合法性负责。二是没有经过驻外使领馆认证的域外证据不属于 2022 年《民诉法解释》第一百零六条非法证据排除规定适用对象。首先，关于非法证据排除规定，采用的是手段违法标准，而对域外证据使领馆认证的规定，实际是对域外证据的形式要求，认证与否与取证手段是否合法无关。其次，司法实务中，违法证据排除规定适用应慎重，主要适用于取证手段有显著社会危害性或严重侵害他人权益的情形。未经使领馆认证的域外证据只是违反了国家机关的行政管理，并未严重损害社会公益和他人利益。

第二，证据的关联性。关联性是指民事证据与案件事实之间的内在必要联系。在英美法中，证据必须具有关联性，否则不可采信。关联性是决定证据是否可以采信的前提之一。从我国证据法理的角度上看，民事证据的关联性在不同层次上决定了某一民事证据能否证明待证事实，并且能证明到何种程度。从 2017 年修正《公证法》第二条规定可知，公证机构对证据的认定仅在真实性、合法性角度对证据进行证明，而对于证据与证明内容之间的关联性是无权认定证明的。比如，对于书证、鉴定意见等文书证据来说，需要考察该类文书所记载的内容、思想与待证事实之间是否有关联，而即便公证机构依法认定了书证、鉴定意见等文书证据的真实性、合法性，但也会因无法判断其与待证事实之间是否具有关联性，而对证据关联性的最终认定并无实质作用。根据 2016 年《领事认证办法》第三条第一款的规定，领事认证，仅对国外有关文书上的最后一个印鉴、签名的真实性予以确认。其对于法官在庭审中确认证据关联性难以起到实质性作用。领事认证仅为形式性确认，仅能确认某一文书的出具机关是否真实存在且是否为有权机关。例如，经使领馆认证的文书完全可以是由于当事人法律事实观念不强或证明内容对应错误而提供的与争议没有关联、无法实现证明目的的“证据”。反向言之，域外证据也不能仅仅因为没有经过使领馆认证，就否定其与待证事实之间存在关联性。例如，在李某某与曾某等房屋买卖合同纠纷案中，[①]法院结合其他证据和质证，对经领事认证的合约的真实性予以认定，但是其认为该组证据不能证明原告主张。对于物证等证据，其与待证事实是否有关联性则要考察其物理状态，如果物证无法形成如公证书、鉴定意见等文书，便无法进行认证。然而，未经领事认证的物证，由于其是以物理状态来表明其与待证事实之间的关联性，所以即便未经认证，也不能否定该域外物证与证明对象、案件事实之间的关联性。[②]

第三，证据的真实性。真实性是指该证据必须是客观存在的事实，包含两个方面的内容：形式真实性和内容真实性。形式真实性针对的证据本身的存在是否未经伪造以及证据制作主体是否客观存在。内容真实性关注的则是证据所证明的内容是否客观存在。就公证证明而言，即便公证机构的公证行为包括对证据真实性的证明，也并不能得出域外证据经公证机构的公证后，其所证明事实的真实性不能被推翻。对此，2021 年《民事诉讼法》第七十二条规定的但书条款“但有相反证据足以推翻公证证明的除外”可为立法例证。既然经过公证证明的域外证据的真实性亦可被相反证据推翻，那么在立法没有明确规定的情形下，自然得不出未经过公证证明的域外证据就不具备真实性这一反向解释结论。至于使领馆认证与证据真实性的关系，必须承认，使领馆认证确实在一定程度上可以帮助确认域外证据的形式真实性，即可以通过确认最后一个签名或印章为真来认定该域外证据的最后制作者是真实存在的有权机关。进而，法官在审理案件时，可以据此确认该认证文书的形式效力，从而间接确认域外证据的可采信资格。但是，使领馆的认证行为只能间接证明域外证据的形式真实性。也即该认证的直接确认对象为域外证据的公证文书，而不是域外证据本身。由于现实中伪造印章或签名的情形并不罕见，故即便已经使领馆认证的域外证据，也不能排除该认证中对印章或签名认定错误的情形。因此，不能仅凭域外证据已经使领馆认证，而直接认定该证据的真实性。

综上所述，2002 年《证据规定》第十一条规定，虽然要求一切形成于域外的证据均应公证并经证据所在地驻外使领馆进行使领馆认证，但这并不能达到满足证据“三性”认定的目的。本条修改中，限缩了原来双重证明的规定，只将涉及身份关系的证据比照 2002 年《证据规定》第十一条规定保留。对不涉及身份关系证明的其他域外证据则未作公证证明或使领馆认证方面的限制性规定，除公文书证只要求所在国公证证明外。

2. 涉及身份关系的域外证据仍应经所在国公证证明和使领馆认证

本条中保留了“涉及身份关系的证据，应当经所在国公证机关证明并经中华人民共和国驻该国使领馆认证”。主要理由在于：一方面，涉及身份关系的证据认定涉及天道伦理、公序良俗，应更加慎重。使领馆认证在一定程度上有助于确认域外证据的真实性。使领馆认证包括两方面的内容：一是认证的对象，仅针对各类证明文书；二是认证的结果，可以产生确认文书出具主体是否属实的效果。故经过使领馆认证的域外证据，在真实性、合法性上可以在一

① 福建省莆田市涵江区人民法院（2014）涵民初字第 2499 号民事判决书。

② 袁发强、魏文博：《域外证据领事认证的合理性质疑》，载《武大国际法评论》2017 年第 6 期。

定程度上得到确定,即经使领馆认证后,至少可以确认该域外证据的公证文书系真实存在的有权机关作出。进而,法官在审判过程中可以结合该使领馆认证行为,增强在涉及身份关系公证文书效力认定上的心证,确认域外证据的可采性。另一方面,由于身份关系是一种特殊的法律关系,而不像其他普通的民商事法律关系一样,只涉及权利义务的承担问题。身份关系具有对世效力,是基于自然人之间血缘或法律上拟制而产生的一系列民事权利义务关系总和,也是其他一切民事权利义务关系的前提和基础。所以对身份关系的审查一定要经过严格的程序和详细的检验。而且,涉及身份关系的证据并不限于当事人的举证,我国法律规定法院在必要的时候可以依职权调查收集证据。由此可见,在域外证据的认证中也需要加以严格检验。

3. 域外证据(公文书证、涉及身份关系的证据除外)是否应经过强制公证或者认证

前文已述,2021 年《民事诉讼法》第六十二条、第二百七十一条分别规定了侨居在国外的中国公民和在中国境内没有住所的外国人、无国籍人、外国企业和组织形成于境外的诉讼授权委托书的生效要件。两者都有涉及所在国公证机关强制证明、中国驻该国使领馆强制认证或者履行条约规定的要求。对此,在立法机关没有修法改变之前,应严格遵守,自无异议。但就 2002 年《证据规定》第十一条规定一切域外证据均应经公证证明和使领馆强制认证的问题,虽然 2015 年《民诉法解释》第五百二十三条进一步明确了外国企业或组织及其代表人参加诉讼,应当向人民法院提交经过强制公证和强制使领馆认证的身份证明文件,但既然本次证据规定修改中,已经明确将 2002 年《证据规定》第十一条修改为本条,那么第十一条的规定内容就已被本条规定内容替代。进而,从本条中对公文书证、涉及身份关系以外的其他域外证据没有继续保留强制公证证明或强制使领馆证明的规定可推知,域外证据(公文书证、涉及身份关系的证据除外)已无须进行强制公证或者认证。理由在于:第一,域外证据认定标准难以确定。通说认为,我国对域外证据采用形成地标准,但该标准在具体实务中存在争议。例如,对跨国电话录音证据,如当事人是在 A 国向 B 国的他方当事人拨打国际电话并进行了电话录音,此时,该电话录音的形成地就存在录音采集地和录音发生地的争议。这又直接决定了到哪个国家进行公证或使领馆认证的问题。如果当事人是在本国向 B 国拨打国际电话,则又产生当事人不知是否有必要对该证据到驻 B 国使领馆进行认证的问题。第二,部分类型的域外证据缺乏可公证性。例如,对于视听资料,虽然可以公证其内容表述,但对其本身的真实性很难公证。这是因为公证机关仅仅对民事法律行为、有法律意义的事实和文书进行公证。公证机关可以公证视听资料所呈现的画面、声音是否真实、合法,但无法对已制作完成的视听资料本身的真实性、合法性予以证明。第三,使领馆认证存在或然性。2016 年《领事认证办法》第二十三条规定,有下列情形之一的,领事认证机构不予办理领事认证:(1)文书的印鉴、签名不属实的;(2)文书的印鉴、签名未进行备案,或者与备案不相符的;(3)文书的印鉴、签名、装订、时效等不符合文书出具机构、文书使用机构规定和要求的;(4)可能损害国家利益和社会公共利益的;(5)不予办理领事认证的其他情形。从实务来看,其中第四项、第五项事实上已经赋予使领馆在是否认证上的自由裁量权。故一旦使领馆不予认证,如仍坚持强制认证,则对当事人举证造成困难。第四,双认证制度增加了当事人举证成本。根据 2016 年《领事认证办法》第二十条的规定,国外出具的需送至国内使用的文书,中国法律法规规定或者文

书使用机构要求认证的，经文书出具国有关机构公证、认证后，应当由中国驻该国使馆、领馆或者外交部委托的其他驻外机构办理领事认证。很显然，该双认证制度增加了当事人的时间、费用成本。综上所述，不能再以没有公证机关公证或使领馆认证为由，质疑这些域外证据的可采性。

实务疑难

已经公证证明、使领馆认证的域外证据是否还应进行质证？

司法实务中，关于域外证据的采信问题上，至少还存在以下两种常见做法：一种是以域外证据没有经过公证证明、认证为由，对其不予质证不采信；另一种是以域外证据已经过公证证明、认证为由，对其不予质证就采信。两种共同点在于不予质证，将公证、认证等同于质证。笔者认为，两种做法不妥：首先，质证是证据采信的必要前提。民事诉讼中，当事人之间各自举证并对对方当事人提交的证据提出质疑和反驳，既是维护自己民事权益的行为，又是体现当事人之间的诉讼地位平等和尊重私权自治的表现，也是实现案件事实科学认定的最佳途径。其次，任何证据都应进行质证是《民事诉讼法》及其解释的要求。2021 年《民事诉讼法》第七十一条规定，证据应当在法庭上出示，并由当事人互相质证。2022 年《民诉法解释》第一百零三条第一款规定，证据应当在法庭上出示，由当事人互相质证。未经当事人质证的证据，不得作为认定案件事实的根据。以上规定确立了质证在案件事实认定中的基础作用。这也说明法官对证据的认定，需要通过当事人之间的质证来锁定最符合法官自由心证下采信标准的证据。就上述规定的文义解释而言，并未将域外证据排除在外。故不管是否经过公证证明、使领馆认证，所有域外证据都应进行质证。对此，2005 年《第二次全国涉外商事海事审判工作会议纪要》也指出，对在我国境外形成的证据，不论是否已办理公证、认证或者其他证明手续，人民法院均应组织当事人进行质证，并结合当事人的质证意见进行审核认定。此外，有观点认为，本规定第十条已经规定，已为有效公证文书证明的事实，当事人无须举证证明。既然域外证据已经域外公证证明，故满足该条规定而免于证明，进而不需质证可以直接认定。但是，第十条第二款也规定了当事人有相反证据足以推翻的除外。这里的推翻只能通过质证方式进行。故除非对方当事人对该域外证据不持异议，否则一旦对方当事人提出异议并提出相反证据，就应该组织质证，通过当事人之间的说明、质疑和辩解，予以最后认定。

关联法条

1.《中华人民共和国民事诉讼法》（2021 年）

第六十二条　委托他人代为诉讼，必须向人民法院提交由委托人签名或者盖章的授权委托书。

授权委托书必须记明委托事项和权限。诉讼代理人代为承认、放弃、变更诉讼请求，进行和解，提起反诉或者上诉，必须有委托人的特别授权。

侨居在国外的中华人民共和国公民从国外寄交或者托交的授权委托书，必须经中华人民共和国驻该国的使领馆证明；没有使领馆的，由与中华人民共和国有外交关系的第三国驻该国的使领馆证明，再转由中华人民共和国驻该第三国使领馆证明，或者由当地的爱国华侨团体证明。

第二百七十一条 在中华人民共和国领域内没有住所的外国人、无国籍人、外国企业和组织委托中华人民共和国律师或者其他人代理诉讼，从中华人民共和国领域外寄交或者托交的授权委托书，应当经所在国公证机关证明，并经中华人民共和国驻该国使领馆认证，或者履行中华人民共和国与该所在国订立的有关条约中规定的证明手续后，才具有效力。

2.《最高人民法院关于适用〈中华人民共和国民事诉讼法〉的解释》(2022 年)

第五百二十一条 外国人参加诉讼，应当向人民法院提交护照等用以证明自己身份的证件。

外国企业或者组织参加诉讼，向人民法院提交的身份证明文件，应当经所在国公证机关公证，并经中华人民共和国驻该国使领馆认证，或者履行中华人民共和国与该所在国订立的有关条约中规定的证明手续。

代表外国企业或者组织参加诉讼的人，应当向人民法院提交其有权作为代表人参加诉讼的证明，该证明应当经所在国公证机关公证，并经中华人民共和国驻该国使领馆认证，或者履行中华人民共和国与该所在国订立的有关条约中规定的证明手续。

本条所称的“所在国”，是指外国企业或者组织的设立登记地国，也可以是办理了营业登记手续的第三国。

3.《最高人民法院关于知识产权民事诉讼证据的若干规定》(2020 年)

第八条 中华人民共和国领域外形成的下列证据，当事人仅以该证据未办理公证、认证等证明手续为由提出异议的，人民法院不予支持：

(一)已为发生法律效力的人民法院裁判所确认的；

(二)已为仲裁机构生效裁决所确认的；

(三)能够从官方或者公开渠道获得的公开出版物、专利文献等；

(四)有其他证据能够证明真实性的。

第九条 中华人民共和国领域外形成的证据，存在下列情形之一的，当事人仅以该证据未办理认证手续为由提出异议的，人民法院不予支持：

(一)提出异议的当事人对证据的真实性明确认可的；

(二)对方当事人提供证人证言对证据的真实性予以确认，且证人明确表示如作伪证愿意接受处罚的。

前款第二项所称证人作伪证，构成民事诉讼法第一百一十一条规定情形的，人民法院依法处理。

第十条 在一审程序中已经根据民事诉讼法第五十九条、第二百六十四条的规定办理授权委托书公证、认证或者其他证明手续的，在后续诉讼程序中，人民法院可以不再要求办理该授权委托书的上述证明手续。

典型案例

1.（2021）最高法民申 1520 号

裁判观点：可变资本公司提交的新证据不符合我国法律对域外证据的形式要求。2020 年《证据规定》第十六条第一款规定："当事人提供的公文书证系在中华人民共和国领域外形成的，该证据应当经所在国公证机关证明，或者履行中华人民共和国与该所在国订立的有关条约中规定的证明手续。"可变资本公司没有提交墨西哥公证机关对墨西哥检察总署出具的官方确认文件的公证材料。因此，可变资本公司提交的证据不满足 2020 年《证据规定》第十六条第一款的要求。

2.（2021）最高法民申 1750 号

裁判观点：安鑫公司提供的美国海关指令、参考文献等不符合我国法律规定的证据形式。2020 年《证据规定》第十六条第一款规定："当事人提供的公文书证系在中华人民共和国领域外形成的，该证据应当经所在国公证机关证明，或者履行中华人民共和国与该所在国订立的有关条约中规定的证明手续。"安鑫公司未提交针对美国海关指令或参考文献的公证手续，不符合 2020 年《证据规定》第十六条第一款的要求。

3.（2021）新 01 民再 117 号

裁判观点：依据 2020 年《证据规定》第十六条第一款规定，当事人提供的公文书证系在中华人民共和国领域外形成的，该证据应当经所在国公证机关证明，或者履行中华人民共和国与该所在国订立的有关条约中规定的证明手续。吴炜提交的名为"澳大利亚注册移民机构行为准则"为打印件，未依法履行关于证明手续的要求，本院对该证据依法不予采信。

4.（2021）粤 01 民终 21999 号

裁判观点：2020 年《证据规定》第十六条第一款规定，当事人提供的公文书证系在中华人民共和国领域外形成的，该证据应当经所在国公证机关证明，或者履行中华人民共和国与该所在国订立的有关条约中规定的证明手续。崔二井用于证明其转出款项的尾数 1082 的存折系在韩国办理并形成的书证，虽崔二井提交了广州市南方公证处的翻译公证书，但该公证书仅系对存折的复印件的翻译公证，而非对该存折是否真实存在、复印件与原件是否一致的公证，崔二井称该公证书系崔二井本人持原件到公证处进行翻译但在案证据未能证明其陈述事实。

5.（2021）辽 01 民终 10295 号

裁判观点：富有照明厂提供了其公司出口巴基斯坦的出口报关单及巴基斯坦方客户向其提供的致函，函件显示巴基斯坦客户提出富有照明厂出售的节能灯存在质量问题，且原因是由于"1200182J"电容器质量不合格，并从其支付给富有照明厂的货款中扣除 200,000 美元作为损失赔偿。长兴公司虽对该函件的证据形式及证据内容均存在异议，但富有照明厂于二审中提供了该函件的所在国公证机关公证，而长兴公司所提 2020 年《证据规定》第十六条第一款关于域外形成证据履行证明手续的要求系针对当事人提交"公文书证"的情形，本案富有照明厂所提巴基斯坦客户的函件并非为"公文书证"，故一审法院以此作为富有照明厂的损失基础，结合富有照明厂作为灯具的生产者应对使用电容器生产灯具前后尽到相应检测义务为由，认定长兴公司承担 200,000 美元中 50% 即 100,000 美元作为损失赔偿并无不当。

6.(2021)闽01民终645号

裁判观点:本院经审查认为,根据2020年《证据规定》第十六条"……中华人民共和国领域外形成的涉及身份关系的证据,应当经所在国公证机关证明并经中华人民共和国驻该国使领馆认证,或者履行中华人民共和国与该所在国订立的有关条约中规定的证明手续……"的规定,SIAUWLUNG(音译:小龙)、FILIKWIBOWO(音译:飞利·微波窝)、VERASUSANTI(音译:飞莅·素式蒂)提交印度尼西亚巴淡市之1A级地方法院出具的《核定书》,证明三人与吴友琛系父子、父女关系,系吴友琛的法定继承人。该《核定书》系中华人民共和国领域外形成的涉及身份关系的证据,已经印度尼西亚公证机关证明并经中华人民共和国驻该国大使馆认证,系真实合法有效的书面材料,可初步证明三人与吴友琛之间的亲属关系,三人具备原告主体资格。一审裁定驳回起诉,适用法律不当。

7.(2020)粤09民终167号

裁判观点:彭吕旺所提供的《任职薪金证明书》是在香港特区形成的,根据2020年《证据规定》第十六条"当事人提供的公文书证系在中华人民共和国领域外形成的,该证据应当经所在国公证机关证明,或者履行中华人民共和国与该所在国订立的有关条约中规定的证明手续。中华人民共和国领域外形成的涉及身份关系的证据,应当经所在国公证机关证明并经中华人民共和国驻该国使领馆认证,或者履行中华人民共和国与该所在国订立的有关条约中规定的证明手续。当事人向人民法院提供的证据是在香港、澳门、台湾地区形成的,应当履行相关的证明手续"的规定,该证据应履行相关的证明手续,而彭吕旺未向法院提交《任职薪金证明书》已经履行相关的证明手续的证据,《任职薪金证明书》未符合涉港证据的形式要件,一审法院以该证据认定彭吕旺的误工损失,明显不当,本院予以纠正。

(保留)第十七条 【外文书证形式要求】

当事人向人民法院提供外文书证或者外文说明资料,应当附有中文译本。

法条渊源

使用诉讼系属法院所在国的语言、文字进行诉讼,是各国独立行使司法权的内容之一。2021年《民事诉讼法》第二百六十九条规定:"人民法院审理涉外民事案件,应当使用中华人民共和国通用的语言、文字。当事人要求提供翻译的,可以提供,费用由当事人承担。"相应地可以推出,外国当事人提出诉讼或者外国法院委托我国进行司法协助的文书以及当事人提供的外文书证,都应当具有中文译本。对此,1982年《民事诉讼法》第六十条就已经规定,提交外文书证,必须附送中文译本。该条规定在历次《民事诉讼法》修改中均予以保留。至于司法解释层面,2002年《证据规定》第十二条对《民事诉讼法》关于外文书证的中文译本问题,进行了细化,在外文书证基础上增加了"外文说明资料"的表述,并将"附送"修改为"附有"、"必须"修改为"应当",缓和了提供中文译本的要求。

法条精析

本条是关于外文书证或外文说明资料形式要求的规定，在起草过程中，没有变化。2016年《法院征求意见稿》中没有规定本条内容。2017 年《审判长讨论稿》第二十一条第三款规定："当事人向人民法院提供外文书证或者外文说明资料，应当附有中文译本。"与 2002 年《证据规定》第十二条相比，内容没有变化。2018 年《审委会送审稿》只作了序号修改，将 2002 年《证据规定》第十二条改为第十七条。本文定稿时不再有变化。

2021 年《民事诉讼法》第二百六十九条规定："人民法院审理涉外民事案件，应当使用中华人民共和国通用的语言、文字。当事人要求提供翻译的，可以提供，费用由当事人承担。"该规定要求我国人民法院审理涉外民事案件时，应当使用中文进行审理，制作诉讼文书；当事人及其诉讼代理人、其他诉讼参与人实施的各种诉讼行为，如提交起诉状、答辩状，对证人、鉴定人员和勘验人员的询问等活动，无论是书面形式，还是口头形式，都应以汉语、中文进行。相应地，该法第七十三条第二款也规定"提交外文书证，必须附有中文译本"。

规定外文书证或外文说明资料应当附有中文译本，是以我国涉外民事诉讼中"使用中国通用的语言、文字原则"为直接法律依据的。[①] 在我国进行民事诉讼，必须使用本国语言、文字进行，否则将不产生诉讼法上的效果。这同样也是涉及国家主权和民族尊严的问题。事实上，如果当事人不提供中文译本，人民法院就可以拒绝采纳外文书证或外文说明资料。外文书证是指以外国文字所记载的内容或表达的思想来证明案件事实的证据。例如，外文遗嘱。外文说明资料是指用外国文字记载的对特定对象予以说明、解释、指导等内容的资料。例如，某进口汽车使用方法的外文说明资料。对于形成于域外的外文书证或外文说明资料，应根据 2020 年《证据规定》第十六条办理相应公证、认证或证明手续。其中涉及身份关系的外文书证，还应当经所在国公证机关证明并经中华人民共和国驻该国使领馆认证（领事认证），或者履行中华人民共和国与该所在国订立的有关条约中规定的证明手续。根据 2016 年《领事认证办法》第三条的规定，领事只对外文书证上的最后一个印鉴、签名是否具有真实性予以确认，不对公证书或者其他证明文书证明的事项行使证明职能，不对文书内容本身的真实性、合法性负责，文书内容由文书出具机构负责。至于中文译本，是否也应办理证明手续则有不同的观点：一种观点认为，中文译本，应随同一起公证认证，或者一起履行其他证明手续[②]；另一种观点认为，中文译本没有必要履行证明手续。译本只是外文书证或外文说明资料的语言转换形式，并不构成独立的证据。因此，只要外文书证或资料经过了公证认证，就应当认为已经满足了本规定对境外形成的证据在形式上的要求。笔者倾向于第二种观点。另外，根据使用中国通用语言文字原则，人民法院对当事人提供的经公证、认证或证明的外文书证或资料，只审查中文译本。对中文译本与原文可能存在的意思表述出入甚至错误，证据提供者应当承担诉讼风险责任，并应允许对方当事人对此发表质证意见。如果某一外文词句存在法律意义不

---

① 李国光主编：《最高人民法院〈关于民事诉讼证据的若干规定〉的理解与适用》，中国法制出版社 2002 年版，第 165 ~ 166 页。

② 李国光主编：《最高人民法院〈关于民事诉讼证据的若干规定〉的理解与适用》，中国法制出版社 2002 年版，第 166 页。

相同的多种译文表达，应该运用法律解释的方法，确定正确的中文含义。需要注意的是，中文译本与外文书证具有同一效力，除非当事人提出充分的证据以反证推翻。法院在审查当事人提供的证据时，依照“使用中国通用的语言、文字”的原则，只审查中文译本即可，无须再对外文书证或外文说明资料进行审查。

除了涉外诉讼案件之外，当事人在一般的国内民事诉讼案件中也可能基于举证的需要，向人民法院提交外文书证或者外文说明资料。此时，从便于当事人参加诉讼、便于人民法院查明案情和公正审理角度而言，也需要当事人附有中文译本。此时的中文译本，应是由主张方当事人单方提供。故其如不提供，则可能面临不利法律后果。

最后，还需要注意的是，我国2021年《民事诉讼法》第二百六十九条规定的“当事人要求提供翻译的，可以提供，费用由当事人承担”，这里的由法院提供的翻译仅针对诉讼中各方当事人的陈述的口头翻译，而非书面翻译。

实务疑难

如何确认外文书证和中文译本内容一致？

司法实务中，对于形成于中华人民共和国领域外的外文书证的中文译本经常存在两者内容是否一致的争议：一种观点认为，中文译本应履行域外证据相应证明手续。虽然中文译本是外文书证的语言转换，但其对案件审理起到关键作用。故从其内容起到证明作用角度而言，中文译本也是书证。故应参照2020年《证据规定》第十六条的规定，要求其提供相应公证、认证等证明文件。另一种观点认为，中文译本不需要与域外证据一起办理证明手续。理由在于：外文书证翻译为中文是对书面证据内容文字表述方式的转换，本身并不是与外文书证并列各自独立的证据，既然外文书证已经通过了公证或证明，那么就没有必要对其中文译本提出公证或证明要求。笔者倾向第二种观点。如果中文译本是否与外文书证内容相同，没有得到相应的证明，那么即便出现当事人一方对中文译本的质疑，提供中文译本的一方当事人可以申请人民法院委托翻译人员对相应外文书证进行翻译。至于翻译费用问题，则可比照鉴定费用处理。

关联法条

《中华人民共和国民事诉讼法》（2021年）

第七十三条 书证应当提交原件。物证应当提交原物。提交原件或者原物确有困难的，可以提交复制品、照片、副本、节录本。

提交外文书证，必须附有中文译本。

第二百六十九条 人民法院审理涉外民事案件，应当使用中华人民共和国通用的语言、文字。当事人要求提供翻译的，可以提供，费用由当事人承担。

典型案例

1.(2021)粤01民终11007号

裁判观点:关于耿可亭主张耿可健向一审法院提交的《二次补充证据目录》中的相应证据没有经过认证手续,中文译本由上海力友翻译有限公司翻译,但该公司并无涉外文件翻译资格,一审法院采纳该证据违反了法定程序的问题。对此,本院认为,根据2020年《证据规定》第十六条第二款和第十七条的规定,当事人向人民法院提供的证据是在香港特区形成的,应当履行相关的证明手续,当事人向人民法院提供外文书证或者外文说明资料,应当附有中文译本。在本案中,耿可健提交的《二次补充证据目录》中的部分证据是在香港特区形成的外文书证,耿可健提交了由上海力友翻译有限公司翻译的中文译本,根据该公司的营业执照,该公司的经营范围包括翻译服务,耿可亭没有提交证据证明中文译文存在翻译错误,虽然耿可健未提交证据证明其履行了相关的证明手续,但耿可健为证明其出资购买案涉房屋,另提交了多份证据,一审法院并非是单独依据《二次补充证据目录》中的相应证据认定耿可健全额出资购买案涉房屋,故耿可亭的该项上诉理由不能成立,本院不予采纳。

2.(2020)吉02民终343号

裁判观点:2020年《证据规定》第十六条第一款规定:"当事人提供的公文书证系在中华人民共和国领域外形成的,该证据应当经所在国公证机关证明,或者履行中华人民共和国与该所在国订立的有关条约中规定的证明手续。"第十七条规定:"当事人向人民法院提供外文书证或者外文说明资料,应当附有中文译本。"本案中,中钢吉林机电公司提交了经马来西亚司法部公证的书证,且在书证中附有中文翻译,符合证据的形式要件,结合双方签订的买卖合同及往来邮件,可证明中钢吉林机电公司以Brillihant(Malaysia)Sdn. Bnd名义购买胶料,发生的货款为107,149马币,折合人民币208,844.11元。在中钢吉林机电公司完成举证责任的情况下,德州亚太公司如对公证书证中购货合同内容、价格及发票等存有异议,应对此提供足以反驳的证据以证明其主张,但德州亚太公司未提供证据予以证明,应承担举证不能的不利后果。

3.(2020)川01民终1718号

裁判观点:2020年《证据规定》第十七条规定,当事人向人民法院提供外文书证或者外文说明资料,应当附有中文译本。本案中,风口科技公司用以证明涉案作品著作权归属的视频及其截图内容均为外文,而其并未提供中文译本,不符合前述法律规定;并且,即使该视频及其截图界面中显示有涉案摄影作品,但仅凭现有证据也无法达到风口科技公司关于涉案作品著作权归属的证明目的。本院对上述证据不予采信。

(修改) 第十八条 【依职权调查收集无争议事实证据】

双方当事人无争议的事实符合《最高人民法院关于适用〈中华人民共和国民事诉讼法〉的解释》第九十六条第一款规定情形的,人民法院可以责令当事人提供有关证据。

法条渊源

民事诉讼审理模式主要有二：当事人主义和法院职权主义。当事人主义模式采辩论原则，要求法院应将当事人无争议事实作为裁判依据。但法院职权主义模式则认为涉及案情的所有事实都可通过依职权调取证据等方式主动查明。从我国情况看，1982年《民事诉讼法》第五十六条，一方面规定“当事人对自己的主张，有责任提供证据”，另一方面规定“人民法院应当按照法定程序，全面地、客观地收集证据”。20世纪80年代开始，我国法院系统进行了民事审判方式的改革，首要改革方向就是强调当事人在诉讼中的举证责任，弱化法院的职权。1991年《民事诉讼法》第六十四条对法院调查取证权作出规定：“当事人及其诉讼代理人因客观原因不能自行收集的证据，或者人民法院认为审理案件需要的证据，人民法院应当调查收集。”2002年《证据规定》第十五条将法院调查收集证据的范围进行了重新界定：(1)涉及可能有损国家利益、社会公共利益或者他人合法权益的事实；(2)涉及依职权追加当事人、中止诉讼、终结诉讼、回避等与实体争议无关的程序事项。并通过其第十六条明确规定除上述情形外，人民法院调查收集证据，应当依当事人的申请进行。① 2015年《民诉法解释》第九十四条、第九十六条对2012年《民事诉讼法》第六十四条第二款的内容进行了细化，具体列举了法院依职权调查收集证据的范围。实务中，当出现当事人无争议事实的相关证据属于人民法院依职权调查收集证据的范围时，人民法院是否仍有权向当事人收集证据的问题。其实质是辩论主义和职权主义的协调互补问题。对此，本条最终规定，人民法院依职权向当事人调查收集证据的范围，不受当事人是否对相关事实有争议的影响。

法条精析

本条是关于人民法院依职权调查收集当事人无争议事实证据的规定，是在2002年《证据规定》第十三条、2015年《民诉法解释》第九十六条第一款基础上修改而来的。本条起草过程中，2016年《法院征求意见稿》和2017年《审判长讨论稿》中均没有专门规定，2018年《审委会送审稿》第十八条规定为，“对双方当事人无争议但属于民事诉讼法司法解释第九十六条第一款第一至四项规定的事实，人民法院可以责令当事人提供有关证据”。本条定稿时用“符合《最高人民法院关于适用〈中华人民共和国民事诉讼法〉的解释》第九十六条第一款规定情形”替代了“属于民事诉讼法司法解释第九十六条第一款第一至四项规定的事实”。也即增加了“涉及依职权追加当事人、中止诉讼、终结诉讼、回避等程序性事项的”情形。

主要修改内容为，将2002年《证据规定》第十三条“但涉及国家利益、社会公共利益或者他人合法利益的事实”替换为2015年《民诉法解释》第九十六条第一款规定的情形，扩大了无争议事实的范围，从而将人民法院可以依职权要求当事人提供的无争议事实证据的范围相应扩大。

理论上，辩论主义主要内容大致有四点：(1)当事人未主张的事实，不能作为裁判依据；(2)当事人无争执的事实，应作为法院裁判依据；(3)法院能够调查收集的证据只限于当事人

---

① 李浩：《回归民事诉讼法——法院依职权调查取证的再改革》，载《法学家》2011年第3期。

提出申请的证据;(4)辩论主义只针对事实关系的处理,对法律适用,则是由法院进行法律衡量,不受当事人陈述约束。如严格按其精神,则对于当事人无争议的事实(如自认事实),当事人既不需要举证证明,人民法院也无须调查收集相关证据证明,可以直接采信作为裁判依据。但这显然与我国当前民事诉讼立法理念并不完全一致。诚然,民事诉讼审判方式改革的目标是当事人主义,但从 2021 年《民事诉讼法》第六十七条第一款可知,我国民事诉讼仍有职权主义色彩,人民法院可以依职权调查收集证据。此外,2002 年《证据规定》第十五条以及 2015 年《民诉法解释》第九十六条都对人民法院依职权调查收集证据的范围作了规定。由此,实务中就产生一个问题:当事人如果对应当属于人民法院依职权调查收集的证据所涉事实没有争议时,人民法院是否还能依职权调查收集上述相关证据。

一般而言,人民法院依职权调查收集证据,是指人民法院依据其审判权,主动向诉讼当事人、有关单位或者个人调查收集证据。2021 年《民事诉讼法》第七十条第一款规定:"人民法院有权向有关单位和个人调查取证。有关单位和个人不得拒绝。"收集证据,是法院行使审判权的一种重要方式。如果规定由当事人承担全部的证据收集责任,则不仅加重当事人的负担,同时也会给法院的审判带来一定的困扰。故关键在于如何科学合理界定法院依职权收集证据的范围。2015 年《民诉法解释》规定了法院应当依职权收集的证据,主要集中在涉及国家利益、社会公共利益、身份关系、2021 年《民事诉讼法》第五十八条规定的公益诉讼、当事人恶意串通损害他人合法权益的,涉及依职权追加当事人、中止诉讼、终结诉讼、回避等程序性事项。这些事项主要分为两大类:一类是涉及当事人之外的利益,包括国家利益、社会公共利益和第三人利益;另一类是涉及程序性事项。依照辩论主义原则的基本要求,法院不得将当事人没有提出的证据作为判决的依据,这主要是针对非程序性事项以及不涉及公共利益和身份关系的诉讼。① 法院依职权收集证据的对象既包括诉讼外的公民、法人和其他组织,也包括案件的当事人。多数情况下,法院依职权收集证据的方式表现为向案外人收集证据。例如,要求保管与争议事实相关文件材料的单位提供该书证、走访未能出庭的证人,也包括要求当事人提供其持有的证据或询问当事人,依职权决定鉴定、勘验等。

法院依职权收集证据的目的是履行查明案件事实的审判职责,而不是帮助某一方当事人收集证据。这是因为尽管法院收集到的证据可能会有利或不利于某一方当事人。但是,法院在收集证据的时候也很难知道该证据会对哪一方当事人有利。甚至在有些情况下,法院收集的证据可能对当事人双方都不利。例如,在怀疑原被告试图通过虚假诉讼来骗取法院的判决书或调解书时,法院就可以依职权收集证据。相较于当事人申请收集的证据一般为当事人、诉讼代理人因客观原因无法收集的证据而言,法院依职权收集的证据则是由法律预先规定。为了防止在民事诉讼中负有证明责任的一方将自己的举证责任推给法院,2022 年《民诉法解释》、2020 年《证据规定》等相关司法解释中对依申请和依职权的范围都作了细化规定。此外,法院依申请调查的证据应当把它交给申请调取证据的一方当事人,由该当事人在质证时进行出示并说明。法院依职权调取的证据不存在交给某一方当事人的情况,法院依职权调查的证据由

① 张卫平:《民事证据法》,法律出版社 2017 年版,第 162 页。

法官在开庭时向当事人出示,听取当事人的意见。必要时,法院的有关人员还要就收集证据的情况作出说明。由于法律规定依职权调取的证据不是关于程序性事项,就是与当事人本人的利益没有关联,所以法律上既未要求法院事先告知当事人,也未给当事人提出异议的权利。

2002 年《证据规定》第十五条中规定,应当由法院依职权调查收集的证据有其合理性和必要性。在民事诉讼中,法院解决的是平等主体之间的纠纷。法院通常作为中立的裁判主持诉讼的进行,而一般不介入当事人的诉讼活动。但是,一旦当事人的争点超出了私人利益的范围,事关国家利益、社会公共利益以及第三人利益,法院就必须介入以维持社会秩序的稳定,保护国家、社会和公民的利益。涉及他人合法权益的事实,是指该事实与诉讼外的某个第三人相关。如果不查明该事实,有可能使第三人的合法权益受到损害。对将涉及他人合法权益的事实规定为法院应当依职权调查的事实,有学者提出了质疑,认为涉及他人合法权益的事实,并不必然涉及公益,应当由当事人负主张责任和证明责任,不应由法院依职权探知真相。① 但是,问题就在于,司法实践中,虽然第三人发现自己利益受损时可以通过申请再审的方式寻求救济,但是可能等到再审判决真正确定第三人利益受损,财产也可能早已被转移。此外,再审程序会增加案外人的讼累,增加法院的工作压力,甚至可能会损害法院判决的权威性。所以,如果在诉讼中发现当事人意图不轨,并阻止他们损害第三人的利益,就能将损害降到最低。故法院要依职权主动管理和监督当事人的取证环节。所以,2002 年《证据规定》第十五条将有关他人合法权益的事实规定为法院依职权调取收集证据的范围。程序性事项关乎诉讼程序本身的开启和终止,以及能否顺利进行。从某种意义上说,其也超出了诉讼当事人私人利益的范围。由于民事诉讼关乎法院这一公共资源的运用,所以说只有法律才能对程序性事项加以规定。即便实行辩论主义的大陆法系国家,也要求法院应当主动关注程序法事项,必要时可以采取依职权调查的方式查明事实。民事诉讼制度的性质决定了证据的收集应当首先以当事人收集和提出为主,其次是法院依当事人、诉讼代理人的申请调取证据,最后才是法院依职权调查证据。这样的顺序排列,理由在于:一方面,当事人是整个案件经过的亲历者,其所提供的证据更能真实反映案件事实,一般情况下法院可以根据当事人提出的证据作出裁判;另一方面,法院调取的证据可能是有利或不利于一方当事人的,这与法院中立的裁判者角色可能会有所冲突,可能引起当事人的不满。所以,法律规定,在当事人出于客观原因无法获取证据且该证据与案件事实有关联的情形下,法院可以作为当事人的辅助者依申请调取证据。但在涉及国家、社会公共利益、他人合法权益以及程序性事项的情况下,法院可以主动依职权调取证据。这样的制度设计既有利于发挥当事人的积极性,发挥其在证据收集环节的主导作用,也有助于法院能够查清案件事实,维护社会的公平正义。综上所述,既然人民法院依职权调查收集证据所涉及的事项无论涉及当事人之外的利益,包括国家利益、社会公共利益和第三人利益,还是涉及程序性事项,均与当事人自身利益无关,不存在干涉当事人诉讼权利的问题。即便当事人对上述事项无争议,人民法院出于其他利益考虑,也可以要求当事人提供相应证据,以查明该无争议事实的真假。

---

① 李浩:《回归民事诉讼法——法院依职权调查取证的再改革》,载《法学家》2011 年第 3 期。

实务疑难

人民法院以符合 2022 年《民诉法解释》第九十六条第一款规定情形为由，责令当事人就无争议事实提供有关证据。当事人无正当理由不提供的，应如何处理？

实务中对上述情形的处理，可能存在分歧观点：第一种观点认为，根据“谁主张、谁举证”原则，如果当事人无正当理由拒不提供相关证据，则可以举证不能为由，不确认当事人主张的待证事实，进而判决驳回其诉讼请求；第二种观点认为，2022 年《民诉法解释》第九十六条第一款规定情形为人民法院认为审理案件需要的证据，也即人民法院应依职权主动调查收集的证据，具体包括：涉及可能损害国家利益、社会公共利益的事实；身份关系的事实；涉及公益诉讼的事实；涉及依职权追加当事人、中止诉讼、终结诉讼、回避等程序性事项的事实；涉及当事人有恶意串通损害他人合法权益可能的事实。也即，针对上述事实，即便当事人不主动举证，也不应承担相应不利后果。该待证事实由法院依职权调查核实。如果人民法院依职权调查核实不清，则对当事人的自认事实，可以予以确认。笔者倾向于第二种观点。此外，如果调查核实双方当事人无争议的事实涉嫌当事人恶意串通损害他人合法权益，则要么可以涉嫌虚假诉讼罪为由，裁定驳回起诉，移送公安机关处理，要么可以根据 2021 年《民事诉讼法》第一百一十五条、第一百一十六条的规定，判决驳回其诉讼请求，予以罚款、拘留等。

关联法条

1.《中华人民共和国民事诉讼法》（2021 年）

第五十八条　对污染环境、侵害众多消费者合法权益等损害社会公共利益的行为，法律规定的机关和有关组织可以向人民法院提起诉讼。

人民检察院在履行职责中发现破坏生态环境和资源保护、食品药品安全领域侵害众多消费者合法权益等损害社会公共利益的行为，在没有前款规定的机关和组织或者前款规定的机关和组织不提起诉讼的情况下，可以向人民法院提起诉讼。前款规定的机关或者组织提起诉讼的，人民检察院可以支持起诉。

第六十七条第二款　当事人及其诉讼代理人因客观原因不能自行收集的证据，或者人民法院认为审理案件需要的证据，人民法院应当调查收集。

第七十条　人民法院有权向有关单位和个人调查取证，有关单位和个人不得拒绝。

人民法院对有关单位和个人提出的证明文书，应当辨别真伪，审查确定其效力。

2.《最高人民法院关于适用〈中华人民共和国民事诉讼法〉的解释》（2022 年）

第九十六条　民事诉讼法第六十四条第二款规定的人民法院认为审理案件需要的证据包括：

（一）涉及可能损害国家利益、社会公共利益的；

（二）涉及身份关系的；

（三）涉及民事诉讼法第五十五条规定诉讼的；

（四）当事人有恶意串通损害他人合法权益可能的；

（五）涉及依职权追加当事人、中止诉讼、终结诉讼、回避等程序性事项的。

除前款规定外，人民法院调查收集证据，应当依照当事人的申请进行。

典型案例

1.（2021）闽01民终4117号

裁判观点：2020年《证据规定》第十八条规定："双方当事人无争议的事实符合《最高人民法院关于适用〈中华人民共和国民事诉讼法〉的解释》第九十六条第一款规定情形的，人民法院可以责令当事人提供有关证据。"涉及身份关系的事实即属于规定情形之一。虽然郑通金、严子尧对严红俤已死亡、严子尧系严红俤侄子及唯一继承人的事实均无异议，但相关事实涉及身份关系以及严红俤或者严红俤继承人的合法权益，一审认定郑通金、严子尧应当提供证据予以证实并无不当，本院予以确认。郑通金主张在当事人无争议情况下对上述事实不负有举证责任，缺乏依据，本院不予采纳。

2.（2021）川11民终456号

裁判观点：基于张杨红的自认和认诺，本应免除余树云的进一步举证证明欠付工资的其他证据的举证责任。但根据2020年《证据规定》第十八条"双方当事人无争议的事实符合《最高人民法院关于适用〈中华人民共和国民事诉讼法〉的解释》第九十六条第一款规定情形的，人民法院可以责令当事人提供有关证据"和2020年《民诉法解释》第九十六条第一款第四项"民事诉讼法第六十四条第二款规定的人民法院认为审理案件需要的证据包括：当事人有恶意串通损害他人合法权益可能的……"的规定，在诉讼上，凡对无争议的事实，法院可据此将这种事实作为裁判依据，免除相对一方当事人的举证责任。从这一点而言，由此卸除相对一方当事人的举证负担，实质上是一方当事人处分权利的体现。但是，当事人的这种处分行为只能限于当事人之间争议的私权纠纷，不具有可能存在恶意串通损害他人合法权益的事实的情形。如果案件处理结果涉及他人合法权益时，当事人对自己权利的处分行为，就可能会损害他人利益，民事实体法和民事诉讼法都要对当事人的处分权进行限制，法院审理该案件时可施行干预，即通过审判职能，按照举证责任的分担，责令有关当事人提供相关证据。就本案而言，万××航公司提出，余树云仅提供了张杨红向其出具的结算单据作为证据，无其他证据予以佐证，证实余树云提供劳务及劳务量的真实性。余树云是否在案涉工地为张杨红提供了劳务，劳务工资的认定可能会损害万××航公司的合法权益，故余树云需在合理期限内向法院提交相应证据。余树云作为一审原告，张杨红作为自认人，均未在合理期限内提交二人签字确认的结算单据形成的基础证据。且张杨红与余树云关于考勤表不能提交原因的陈述相互矛盾。若以二人形成的结算单据单独作为认定万××航公司需承担连带责任的基础证据，会损害万××航公司的合法权益，故该结算单据仅能规制张杨红和余树云二人，但不能仅据此作为认定万××航公司承担连带责任的依据。万××航公司的上诉理由成立，本院予以采纳。

3.（2021）鄂28民终73号

裁判观点：2020年《证据规定》第十八条规定，双方当事人无争议的事实但有恶意串通损害他人合法权益可能的，人民法院可以责令当事人提供有关证据。本案中，杨俭起诉要求来凤县万湛房地产开发有限公司支付其在2012年8月至2016年8月间的工资61.5万元，虽然来凤县万湛房地产开发有限公司认可欠付杨俭61.5万元工资的事实，但杨俭离职时间为2016年9月2日，杨俭离职时未与来凤县万湛房地产开发有限公司办理工资结算，在离职后三年多的时间里，亦未向来凤县万湛房地产开发有限公司主张权利，在来凤县万湛房地产开发有限公司因存在巨额债务即将对其名下楼盘进行评估拍卖的情况下主张权利，而劳动报酬属于优先受偿债权，杨俭与来凤县万湛房地产开发有限公司对欠付工资的自认有可能损害其他债权人的合法权益。在此情况下，一审法院要求杨俭提供劳动合同、社保缴费记录、工资支付记录、工作考勤记录等其他可以证明履职的资料，但杨俭至今未向法院提交相关证据，其具体工资标准和欠薪期间无法核实。因此，杨俭要求来凤县万湛房地产开发有限公司支付欠付工资61.5万元缺乏事实依据，本院不予支持。

（保留）第十九条 【证据材料的整理与提交收据】

当事人应当对其提交的证据材料逐一分类编号，对证据材料的来源、证明对象和内容作简要说明，签名盖章，注明提交日期，并依照对方当事人人数提出副本。

人民法院收到当事人提交的证据材料，应当出具收据，注明证据的名称、份数和页数以及收到的时间，由经办人员签名或者盖章。

法条渊源

关于当事人提交证据材料的要求和人民法院收到当事人提交的证据资料后，出具相应收据的问题，最早是在1992年《民诉法意见》第七十一条有规定。后在1998年《审判改革规定》第四条中予以保留。2002年《证据规定》第十四条进一步细化，吸收了全国各地法院的成功经验，并作为一项制度规定下来。

法条精析

本条是关于当事人整理提交证据材料的要求和人民法院收到证据材料后出具收据的规定，是沿袭2002年《证据规定》第十四条规定。本条修改中，2016年《法院征求意见稿》和2017年《审判长讨论稿》中均没有规定、2018年《审委会送审稿》第十九条恢复了2002年《证据规定》第十四条规定，没有修改。从本条内容看，第一款是关于对当事人向法院提交证据材料的具体要求；第二款是关于人民法院接受当事人提交的证据材料时出具收据的具体要求。

根据本条第一款的规定，当事人举证时应当对其提交的证据材料进行逐一分类编号。实践中，提及当事人举证相关事项时经常将证据、证据材料、证据资料、证据方法等混同使用，不作区分。但细究而言，以上概念并非等同。“证据材料”是指民事诉讼当事人向法院提供的或者法院依职权收集的，用来证明案件事实的各种材料。经过当事人的质证并被法院采纳为认定案件事实的依据的证据材料，成为定案证据或裁判证据，或者直接称为“证据”。因此，定案证据来源于证据材料,证据材料则是定案证据的初始形态。证据方法,是指在诉讼中为了证明案件事实,可作为调查对象的有形物,如证人、文书、物体等。证据资料,则是指法院对各种证据方法经过调查后所获得的资料,如证人证言、鉴定意见等。[①] 这里所指逐一分类编号大致可参考罗森贝格的法律要件说:第一,凡主张权利或法律关系存在的当事人,只需对产生该权利或法律关系的法律事实负举证责任,不必对不存在阻碍权利或法律关系发生的事实负举证责任,存在阻碍权利或者法律关系发生的事实的举证责任由对方当事人负担;第二,凡主张原来存在的权利或法律关系已经或者应当变更或消灭的人,只需就存在变更或消灭权利或者法律关系的事实负举证责任,不必进一步对不存在阻碍变更或者消灭权利或法律关系的事实负举证责任,这类事实的存在也由对方当事人主张并负举证责任。既然提交证据材料的目的是举证存在或不存在特定法律要件事实,那么提交时,就有必要根据当事人举证需证明的法律要件事实、围绕案件争议焦点,将相应证据材料作出分类,编上序号,以方便对方当事人和法院确定争执范围,有针对性举证和提高审判效率。实务中,对证据材料分类、编号通常采用证据清单或证据目录等方式进行。主要内容包括:(1)对证据材料的来源、证明对象和内容进行简要说明。“证据材料来源”是指证据材料是原始证据抑或传来证据,从何处发现和如何取得,是自己控制还是他人占有。如物证、书证、视听资料是从何处发现、由谁提供或收集、采用何种方法收集的。“证明对象”指当事人提交的证据材料所证明的待证事实。“证据材料内容”是指该证据材料证明待证事实的形式,如书证是以其所记载的文字、图形等表意符号为准,物证则以其外观、性质、形态等为其内容。(2)签名盖章。当事人应当对其所提交的每一种证据材料进行签名或盖章。(3)注明提交日期。当事人应当对其所提交的每一种证据都注明提交法院日期。(4)依照对方当事人人数提交副本。传统上,副本专指书证的副本,是依照原件全文进行抄录、印制,但不具有正本效力的文书。随着现代科技的发展,数字副本也已出现。所谓数字副本在电子文档编辑中对文档内容的复制,作为对原文本内容的备份,实质为电子文档的复制品。之所以要根据对方当事人人数提交副本,主要是为了方便人民法院将证据材料副本转交给所有对方当事人,以方便对方当事人根据证据材料副本,明确己方需要举证的范围,提高诉讼效率。从实务操作而言,实践中如果提交的证据材料数量较多时,多数当事人都是以在证据清单或证据目录上签名或盖章并注明日期的方式来替代在每一份证据材料上签名或盖章、注明日期。

本条第二款规定法院收到当事人提交的证据材料的,应当出具收据。为了避免当事人和法院之间事后在是否提交证据以及提交何种证据、证据的数量、证据有无瑕疵等问题上发生争议,1992 年《民诉法意见》第七十一条规定,“对当事人提供的证据,人民法院应当出具收据,注明证据的名称、收到的时间、份数和页数,由审判员或书记员签字或盖章”。从此,法院出具收据的做法在各地法院得到广泛应用,1998 年《审判改革规定》第四条重申了法院向当事人或其诉讼代理人出具收据的义务。后 2002 年《证据规定》第十四条予以沿用。根据本条的规定,法院经办人员在办理接收证据材料事项时,对当事人及其诉讼代理人提交的各项证据材料,都应当出具证据。应在收据上注明证据名称、份数、页数以及收到时间,并由法院经

---

① 江伟、肖建国主编:《民事诉讼法》(第 7 版),中国人民大学出版社 2015 年版,第 164 ~ 165 页。

办人员在收据上签字或盖章。

自 2002 年《证据规定》第十四条施行后，司法实践中，很多地方的法院贯彻该条规定精神，对当事人证据提交采取了面交方式，在法院内专设收取证据材料、诉讼意见的窗口，配备专职人员，专司收取和清点当事人提交的证据或诉讼意见材料，并出具收据。当事人将证据材料送至窗口，交、接登记，领取法院出具的收据，即视为将证据提交给了法院。该做法比较成熟，有效，故本条继续保持了该条文的精神。

实务疑难

当事人用邮政挂号或邮政特快专递方式将证据材料寄给法院工作人员，如事后法院不承认收到相应证据材料，该如何处理？

实务中，法院不承认收到相应证据资料，有两种可能：一种可能是法院确实从未收到过当事人提交的所谓证据材料。此时，根据“谁主张，谁举证”的原则，应由举证当事人承担相应不利后果；另一种可能是法院收到证据材料后丢失或故意隐瞒，此种情形让确实已提供证据的当事人承担举证不能的后果，也不公平。笔者认为，邮政特快专递的签收回执可以证明法院确实收到过邮件，但邮件具体内容则可能各执一词。为避免举证当事人最终承担举证不能后果，如果确实需要通过邮政快递方式寄送证据材料，最好将证据装袋邮寄全程公证。这样可以通过签收回执以及公证事项相互印证，证明提交过相应证据。

关联法条

1.《中华人民共和国民事诉讼法》(2021 年)

第六十九条　人民法院收到当事人提交的证据材料，应当出具收据，写明证据名称、页数、份数、原件或者复印件以及收到时间等，并由经办人员签名或者盖章。

2.《最高人民法院关于适用〈中华人民共和国民事诉讼法〉的解释》(2022 年)

第二百零八条　人民法院接到当事人提交的民事起诉状时，对符合民事诉讼法第一百二十二条的规定，且不属于第一百二十七条规定情形的，应当登记立案；对当场不能判定是否符合起诉条件的，应当接收起诉材料，并出具注明收到日期的书面凭证。

需要补充必要相关材料的，人民法院应当及时告知当事人。在补齐相关材料后，应当在七日内决定是否立案。

立案后发现不符合起诉条件或者属于民事诉讼法第一百二十七条规定情形的，裁定驳回起诉。

典型案例

1.(2021)新 30 民终 32 号

裁判观点：关于原审法院认定事实是否违反了证据审核和认定规则的问题。一审判决对调解书和公证书的真实性没有认定，是基于一审霍明德没有提交这两份文书原件的原因，二审经比对这两份文本原件在上述证据分析认定部分已经述明，不再赘述。此外，关于霍明德提出的一审判决书在证据分析认定剥夺了当事人举证权利问题。二审法庭调查阶段,霍明德诉讼委托代理人提出,结合原被告双方在一审法庭的证据,原告提供证据二3个在判决书中只记录2个,收条4份只记录2份等,剥夺了霍明德的举证权利。二审庭审休庭向到法院参加云庭审的双方当事人展示了卷内各自提供的证据,证据均入卷。存在一组数份证据在质证时编号有散开的情况,有的一组证据数份存在没有编份数的序号的情况。根据2020年《证据规定》第十九条第一款的规定"当事人应当对其提交的证据材料逐一分类编号,对证据材料的来源、证明对象和内容作简要说明,签名盖章,注明提交日期,并依照对方当事人人数提出副本"。本案一审原、被告提交的证据均为铅笔标注,字体一致,显然不是当事人自己分类编号的。一审判决在证据分析时,将双方没有争议的证据放在了前面一段,霍明德提交的证据一在表述时没有写序号,直接写的是证据名称。综上,一审判决在证据分析认定不存在剥夺当事人举证权利问题。

2.(2020)粤02民终2190号

裁判观点:钟欲辉庭后提交了二张光盘(一张光盘一段视频,一张光盘含照片三张,视频三段),因其未按2020年《证据规定》第十九条第一款"当事人应当对其提交的证据材料逐一分类编号,对证据材料的来源、证明对象和内容作简要说明,签名盖章,注明提交日期,并依照对方当事人人数提出副本"的规定对光盘附说明、签名、注明提交日期等文字信息,且未按对方当事人人数提交副本(仅提供一份证据给法院),本院要求钟欲辉完善证据材料,直至本案审结,本院仍未收到钟欲辉应完善的证据材料,导致无法进行质证,故本院不予审查。

(修改) 第二十条 【书面申请调查取证】

当事人及其诉讼代理人申请人民法院调查收集证据,应当在举证期限届满前提交书面申请。

申请书应当载明被调查人的姓名或者单位名称、住所地等基本情况、所要调查收集的证据名称或者内容、需要由人民法院调查收集证据的原因及其要证明的事实以及明确的线索。

法条渊源

1991年《民事诉讼法》第六十四条第三款将法院的工作重心从调查收集证据转移到审查核实证据上。第六十五条第二款适当地减轻了法院调查取证的责任,当事人的举证责任则随之加重。2002年《证据规定》第十五条严格限制了法院依职权主动调查收集证据的范围。第十六条确立了当事人在民事诉讼调查取证活动中的主体地位,这也是现代民事诉讼中当事人这一概念的应有之义。2015年《民诉法解释》第九十五条对当事人申请调查的内容作出规定,减轻了法院的工作负担。本条是在2015年《民诉法解释》第九十四条第二款、第九十五条和2002年《证据规定》第十八条、第十九条基础上归纳、整理、修改而成。

法条精析

本条是关于当事人书面申请法院调查取证的操作性规定，是在2002年《证据规定》第十八条、第十九条和2015年《民诉法解释》第九十四条第二款规定基础上修改而成的。本条在起草中有变化。2016年《法院征求意见稿》第三十五条规定："当事人及其诉讼代理人因客观原因不能自行收集的证据，可以在举证期限届满前书面申请人民法院调查收集。申请书应当载明下列事项：(一)证据持有人或者被调查人的姓名、名称、住所；(二)证据的内容及所证明的案件事实；(三)需要由人民法院调查收集证据的原因；(四)必要的线索。当事人以口头方式提出申请的，人民法院应当将其申请的内容记入笔录。"2017年《审判长讨论稿》第二十三条第一款和第二款规定，"在诉讼过程中，当事人及其诉讼代理人因客观原因不能自行收集的证据，可以在举证期限届满前书面申请人民法院签发调查令后者申请人民法院调查收集。申请书应当载明证据持有人或者被调查人的姓名、名称、住所，证据的内容及所证明的案件事实，无法自行调查收集证据的原因，必要的线索等内容"。2018年《审委会送审稿》第二十条修改为"当事人及其诉讼代理人申请人民法院调查收集证据，应当在举证期限届满前提交书面申请。申请书应当载明被调查人的姓名或者单位名称、住所地等基本情况、所要调查收集的证据的内容、需要由人民法院调查收集证据的原因及其要证明的事实以及明确的线索等内容"。本条定稿时在2018年《审委会送审稿》第二十条基础上增加了"证据名称"，删除了"等内容"的表述。

本条主要修改内容：(1)申请时限。2002年《证据规定》第十九条第一款规定的申请时限是"不得迟于举证期限届满前七日"，2015年《民诉法解释》第九十四条第二款将其修改为"可以在举证期限届满前"，本条第一款将其修改为"应当在举证期限届满前"。(2)申请书内容。本条第二款在2002年《证据规定》第十八条基础上增加规定了"证据名称""以及明确的线索"。(3)删除复议程序。本条起草中，删除了2002年《证据规定》第十九条第二款关于申请调取证据被法院否决后申请复议的程序。

我国民事诉讼法规定的证据调查收集制度就其基本模式而言，经历了一个由法官主导调查收集证据，到弱化法院依职权调查收集证据，再到逐步提出当事人证据收集权的过程。2021年《民事诉讼法》第六十七条第一款、第二款规定："当事人对自己提出的主张，有责任提供证据。当事人及其诉讼代理人因客观原因不能自行收集的证据，或者人民法院认为审理案件需要的证据，人民法院应当调查收集。"2022年《民诉法解释》第九十四条详细限定了当事人可以申请法院调查取证的几种情形，反向强化了当事人在证据调查收集中的主导作用。

根据本条规定，当事人及其诉讼代理人应当在举证期限届满前向法院提交书面申请书，应当载明被调查人的姓名或名称、住所等基本情况，以及申请调查的证据的内容或名称和需要人民法院调查收集证据的原因、需要证明的事实及线索。由被申请法院审查书面申请中载明的申请理由是否符合当事人申请法院调查收集证据的情形。如果符合，人民法院应当进行调查收集。

在民事诉讼中，为了保证诉讼进程的顺利进行，世界各国或主要地区的民事诉讼法皆规定当事人应当在适当阶段采取相应诉讼行为，同样，也包括当事人申请法院调查收集证据也应当在适当阶段提出,逾期提出就要承担相应的不利后果。如《德国民事诉讼法》第二百八十二条第一款规定,当事人双方都应当在言词辩论中,按照诉讼的程度和程序上的要求,在必要与适当的时候,提出他的攻击和防御方法,特别是各种主张、否认、异议、抗辩、证据方法和证据抗辩。同法第二百九十六条第二款规定,违反第二百八十二条第一款而未及时提出攻击或防御方法,如果法官依其自由心证认为逾时提出足以延迟诉讼的终结并且当事人就其逾期有重大过失时,可以予以驳回。又如,《日本民事诉讼法》第一百五十六条规定,攻击和防御方法应当根据诉讼进行的状况于适当的时候提出。第一百五十七条第一款规定,当事人由于故意或重大过失逾期提出攻击或者防御方法,法院认为其将由此导致诉讼迟延终结时,法院依申请或依职权,裁定驳回。① 由此可见,当事人未在规定时间内向法院提出调查收集证据的申请,可能被法院以逾期申请不符合规定为由予以驳回,当事人就要承担再也不能向法院提出申请调查取证的失权后果以及因无法举证而产生的不利后果。认定当事人逾期申请法院调查证据,需要满足以下几个条件:第一,举证人提出证据调查申请逾时,此为客观要件。本条规定的是"应当在举证期限届满前"向法院提交书面申请。第二,当事人逾时提出证据调查取证申请具有可归责性,此为主观要件,是指当事人逾期提出证据调查申请是由于故意或重大过失未能提出。2022 年《民诉法解释》第一百零二条规定了当事人因本人的原因逾期提供证据的,并不必然导致证据失权。只有当事人因故意或重大过失逾时提供与案件基本事实无关的证据,才不予采纳。由于申请法院调查收集证据,本质上也是广义上的当事人提供证据的行为,故本条起草过程中,有观点认为,应继续保留 2015 年《民诉法解释》第九十四条第二款关于"可以在举证期限届满前"这一任意性规定,以应对实务中的复杂情况。但最终本条未采纳该观点,还是将其修改为"应当在举证期限届满前"的强制性规定。理由在于:一则,民事审判方式改革正逐渐淡化法院职权主义色彩、强化当事人主义,法官居中原则为大势所趋,故应尽量限制法院调查取证行为;二则,为了尽量避免少数当事人恶意逾期申请法院调取证据,拖延诉讼。因此,今后对实务中当事人逾期申请调查取证行为,人民法院原则上应不予准许。

尽管我国法律规定了当事人逾时提供证据要承担不利后果,但这种不利后果并不是绝对的。笔者认为,特殊情况下,当法院发现当事人只有一般过失或者申请调查的证据与案件基本事实有关的,可以采纳当事人的申请予以调查,以体现出我国民事诉讼立法对促进诉讼进程和发现实体真实之间的利益权衡。

实务中,当事人书面申请法院调查收集证据环节,除了逾期申请的问题外,还存在书面申请书内容不完整、不规范,妨碍法院审查是否准许当事人申请的情况。当事人申请法院调查证据,除了要在法定时间内提出书面申请书之外,还要规范书面申请书的内容。首先,应载明被调查人的基本情况,如姓名或单位名称、住所地等。实务中,经常出现的情形是申请法院调查取证的对象没有载明,导致法院无法判断调查对象是否真实存在或无法联系调查对象,会妨碍调查取证的进行。其次,应载明所要调查收集的证据名称或者内容。这是为了便于人民

① 占善刚:《当事人申请证据调查的法律规制问题》,载《理论探索》2015 年第 4 期。

法院调查收集证据时能有的放矢,避免大海捞针式收集,提高收集效率。这次修改时,增加了载明证据名称,可以让收集证据对象更周延和明确。再次,应载明需要由法院调查收集证据的原因,即明确存在符合 2022 年《民诉法解释》第九十四条规定的情形。最后,应载明其申请调查的证据与待证事实之间的关系,对证明待证事实有何意义等内容。证据内容要对裁判具有重要意义,是指当事人证明的案件事实对于法院裁判的作出具有决定意义。具体包含两个方面的要求:第一,原告所陈述的案件事实能使其所提诉讼请求具有正当性。也即原告所陈述的案件事实若为真实,则能满足其所追求的法律效果,此称为原告陈述的充分性。第二,被告针对原告陈述的案件事实所作的防御性陈述是重要的,也即被告的陈述如果成立,将使原告所提诉讼请求丧失正当性基础而被法院驳回。这表明如果原告所主张的事实不构成具有法院裁判性的重要事实,那么双方当事人对该事实的争议也不会影响裁判的正当性,法院也不必耗费时间和精力去调查该证据。德国的民诉法教科书经常举下面的例子来说明何谓具有裁判重要性的事实。原告 K 针对被告 B 提起损害赔偿诉讼,理由是 B 所驾驶的小汽车因高速行驶偏离马路而撞坏了原告地产周围的篱笆。在诉讼中,被告 B 提出抗辩,称其行驶遵守了交通规则并且没有超速,也不知为何会偏离马路而驶入原告的地产,也许是事发前所出现的不可预测的技术性障碍所导致的。在该诉讼中,可以认为双方当事人针对汽车偏离道路的真正原因发生争执而所作的陈述不具有裁判重要性。因为依《德国道路交通法》第七条第二款之规定,小汽车在行驶过程中所产生的损害按无过错责任处理,也即损害只要是在汽车行驶中产生的,并且不是由于不可抗力造成的,车主即负损害赔偿责任。当事人虽然对汽车偏离道路的原因产生争议,但该事实对于裁判并不具有重要性,法官对其毋庸进行证据调查。①

在民事诉讼中,当事人申请法院调查证据是为了能使其所主张的事实得到法院的确信。如果法院已就作为证明主题的待证事实作出了心证,或者当事人申请法院调查的证据是为了证明与心证同一方向的事实存在,则证据调查即欠缺必要性。不过,学者一般认为,法院不能以作为证明主题的反对事实已获得确信为理由驳回当事人的证据调查申请。也即当事人如果提出反证而申请法院进行调查时,法院则不能以已得心证为由驳回当事人的证据调查申请。法院更不能以当事人申请调查的证据价值极低为由驳回当事人的证据调查申请,因为这样做会导致法院对事实的认定形成预断而损害事实认定的客观性。② 日本最高裁判所判例确立了唯一的证据不能驳回法则体现了如当事人申请法院调查的证据为审判中争议焦点的唯一证据时,法院就必须对该证据进行证据调查。且基于举证证明责任的规制,当待证事实真伪不明时,由负有证明责任的当事人承担不利的诉讼后果,当事人必然会觉得不公。所以,当申请调查的证据系本案争点的唯一证据时,法院必须依当事人的申请进行调查,才能保障裁判的公平正义。

有必要说明的是,实务中还存在当事人提交书面申请时,未载明申请调查的证据所处位置、如何寻找、由谁控制等基本线索,导致人民法院即便准许申请后,客观上也无法调查收集

---

① Musielak:《Grundkurs ZPO》,5. Aufl. 2000. page. 237.

② [日]小室直人等:《新民事诉讼法》(Ⅱ),日本评论社 2003 年版,第 143 页。

到证据的情形，为解决该问题，本条修改时对书面申请书应载明的内容增加了“明确的线索”这一规定。

实务疑难

当事人及其诉讼代理人申请人民法院调查收集证据后，人民法院不予准许或不予回应如何处理？

司法实务中，当事人及其诉讼代理人提交申请人民法院调查收集证据的申请书后，不予准许或不予回应的情形非常普遍。对此，一种观点认为，如果人民法院收到当事人提交申请后，人民法院明确表示不予准许的，应当根据2002年《证据规定》第十九条第二款的规定，向当事人或其诉讼代理人送达通知书。当事人及其诉讼代理人可以在收到通知书的次日起3日内向受理申请的人民法院书面申请复议一次。人民法院应当在收到复议申请之日起5日内作出答复。另一种观点认为，当事人申请法院调查收集的是因客观原因不能自行收集的证据，如果人民法院认为申请调查收集的证据，与待证事实无关联、对证明待证事实无意义或其他无调查收集必要的，人民法院不予准许。实务中，人民法院不予准许的外观表现非常之多，可以是正式的书面通知书，也可以是口头告知或用行为告知等。当事人可以随时通过与法院沟通了解不予准许的原因，至于复议的问题，则缺乏依据。笔者倾向于第二种观点。鉴于实务中，当事人通过申请复议拖延诉讼的情形普遍存在且复议一般针对的是决定、裁定，现就通知书提起复议，缺乏法律依据。这也是2020年《证据规定》删除2002年《证据规定》第十九条第二款规定的原因。

关联法条

1.《中华人民共和国民事诉讼法》(2021年)

第六十七条 当事人对自己提出的主张，有责任提供证据。

当事人及其诉讼代理人因客观原因不能自行收集的证据，或者人民法院认为审理案件需要的证据，人民法院应当调查收集。

人民法院应当按照法定程序，全面地、客观地审查核实证据。

2.《最高人民法院关于适用〈中华人民共和国民事诉讼法〉的解释》(2022年)

第九十四条 民事诉讼法第六十四条第二款规定的当事人及其诉讼代理人因客观原因不能自行收集的证据包括：

(一)证据由国家有关部门保存，当事人及其诉讼代理人无权查阅调取的；

(二)涉及国家秘密、商业秘密或者个人隐私的；

(三)当事人及其诉讼代理人因客观原因不能自行收集的其他证据。

当事人及其诉讼代理人因客观原因不能自行收集的证据，可以在举证期限届满前书面申请人民法院调查收集。

第九十五条 当事人申请调查收集的证据，与待证事实无关联、对证明待证事实无意义或者其他无调查收集必要的，人民法院不予准许。

典型案例

1. (2021)最高法民申 937 号

裁判观点：根据 2020 年《证据规定》第二十条第一款的规定，当事人及其诉讼代理人申请人民法院调查收集证据，应当在举证期限届满前提交书面申请。而余业秀在二审庭审中及庭审后提出调查取证申请，超过了举证期限。余业秀二审庭审期间提交的调取证据申请书中仅要求调取发票，且发票及银行流水对证明案涉工程实际结算金额无意义，没有调查收集的必要，二审法院未予准许，并无不当。故余业秀关于二审判决存在 2017 年《民事诉讼法》第二百条第五项规定情形的申请理由，不能成立。

2. (2021)豫民申 3620 号

裁判观点：关于调查收集证据问题。2020 年《证据规定》第二十条第一款规定："当事人及其诉讼代理人申请人民法院调查收集证据，应当在举证期限届满前提交书面申请。"2019 年《民诉法解释》第九十五条规定："当事人申请调查收集的证据，与待证事实无关联、对证明待证事实无意义或者其他无调查收集必要的，人民法院不予准许。"经查阅本案一审、二审卷宗，没有王秀云、安保振、安爱花提交的调取证据申请书在卷，王秀云、安保振、安爱花在本案一审庭审中亦未申请人民法院调查收集证据。一审判决后，王秀云、安保振、安爱花提起上诉，并未提出一审法院未调查收集相关证据的问题，并申请二审法院予以调取。王秀云、安保振、安爱花申请再审称一审法院拒收其调取证据申请书，未提供充分证据予以证明，且本案中西街村委会、西街村九组、安峻奇均认可案涉房屋系诉争宅基地所置换，王秀云、安保振、安爱花申请到临颍县城投公司调取集体土地使用权人(含安玉周等)所得补偿或置换具体协议或文件规定，不符合法律规定。

3. (2021)新民申 1871 号

裁判观点：关于本院审查期间是否应调查取证的问题。因罗水清、沈玉兰在二审中主张 85 万元是王新军自 2013 年 1 月至 2013 年 3 月 29 日陆续取现交付给图尔迪·柯尤木的，该 85 万元应当认定为借款本金，现申请法院调取 2013 年 1 月至 2016 年 12 月罗继雄、王新军、图尔迪·柯尤木的银行交易记录来查明罗继雄向图尔迪·柯尤木出借 200 万元的理由不能成立。2020 年《证据规定》第二十条规定："当事人及其诉讼代理人申请人民法院调查收集证据，应当在举证期限届满前提交书面申请。申请书应当载明被调查人的姓名或者单位名称、住所地等基本情况、所要调查收集的证据名称或者内容、需要由人民法院调查收集证据的原因及其要证明的事实以及明确的线索。"本案中，罗水清、沈玉兰未在举证期限届满前向二审法院提交调取证据的书面申请，其在申请再审期间申请调取证据，本院不予支持。

4. (2021)京 03 民终 15171 号

裁判观点：本院审理期间，高某陈述：我们得知被继承人李某 3 在工商银行有存折，但是不知道存折号或者卡号，希望二审法院查询。李某 1 对此认为，存折情况不了解。李某 2 对此未发表意见。依照 2020 年《证据规定》第二十条"当事人及其诉讼代理人申请人民法院调查收集证据，应当在举证期限届满前提交书面申请。申请书应当载明被调查人的姓名或者单位名称、住所地等基本情况、所要调查收集的证据名称或者内容、需要由人民法院调查收集证据的原因及其要证明的事实以及明确的线索"的规定,由于高某未就其所述李某3工商银行存折提供明确线索,故本院对高某要求查询李某3工商银行存折的申请不作为新证据予以确认。

5.(2021)鲁14民终3519号

裁判观点:2020年《证据规定》第二十条规定:"当事人及其诉讼代理人申请人民法院调查收集证据,应当在举证期限届满前提交书面申请。申请书应当载明被调查人的姓名或者单位名称、住所地等基本情况、所要调查收集的证据名称或者内容、需要由人民法院调查收集证据的原因及其要证明的事实以及明确的线索。"上诉人主张一审申请调查被继承人张付莲银行存款信息,但其在一审审理过程中并未提出书面申请,一审法院不予支持并无不当。

6.(2021)宁04民终1020号

裁判观点:2020年《证据规定》第二十条第一款规定:"当事人及其诉讼代理人申请人民法院调查收集证据,应当在举证期限届满前提交书面申请。"本案一审的举证期限至2021年5月23日届满,本案一审定于2021年6月3日上午10点开庭,而上诉人凯申物流公司于6月3日上午约10点向一审法院申请调取证据。根据上述法律规定,凯申物流公司申请人民法院调取证据应在举证期限届满前提出,但其提交的申请已超出举证期限,且在开庭当日申请。故一审对凯申物流公司申请调取证据不予准许,符合法律规定,程序合法。

(修改) 第二十一条 【人民法院调查收集书证】

人民法院调查收集的书证,可以是原件,也可以是经核对无误的副本或者复制件。是副本或者复制件的,应当在调查笔录中说明来源和取证情况。

法条渊源

关于书证提交问题,最早在1982年《民事诉讼法》第六十条就有规定,书证应当提交原件,提交原件确有困难的,可以提交复制品、照片、副本、节录本。该条确立了原件优先的书证最佳证据原则,并被历次《民事诉讼法》修改保留。至于人民法院调查收集书证原件的具体操作性规定,则在2002年《证据规定》第二十条作出规定。从上述法条实施以来的反馈情况看,效果显著。故本条基本沿袭了2002年《证据规定》第二十条、2017年《民事诉讼法》第七十条第一款的规定。

法条精析

本条是关于书证收集要求的规定,是在2002年《证据规定》第二十条、2017年《民事诉讼法》第七十条第一款基础上修改而成的。本条在起草过程中,2016年《法院征求意见稿》和2017年《审判长讨论稿》基于总分结构原因,删除了2002年《证据规定》第二十条的规定,但在2018年《审委会送审稿》第二十一条又恢复了2002年《证据规定》第二十条规定的内容,只是序号调整。本条定稿时，相对 2002 年《证据规定》第二十条，就修改一处：将“调查人员”替换“人民法院”。理由在于，本条起草本意是针对法院作为调查主体的调查取证行为。该行为是单位依职权的公行为，而非个人私行为。原来的表述“调查人员”，是与审判人员相对而言的。在立审分离、审执分离的背景下，“调查人员”应当是指本案审判人员以外的，从事庭外调查取证的人员。由审判人员以外的人员实施证据的调取行为，可以避免审判人员先入为主，偏信擅断，使审判人员能够集中精力独立、公正地进行审判工作，也有利于将来开庭时对法院调取的证据进行法庭质证。[①] 但从实务情况看，审判人员自己进行证据调查收集的情形，并不罕见。故本条将“调查人员”更换成“人民法院”，与之前相比更有包容性。

书证是指以文字、符号、图形等形式所记载的内容或表达的思想来证明案件事实的证据。例如，各种书面文件或纸面文字材料，如合同文本、各种信函、电报、传真、图纸、图表、文件等。但书证内容的物质载体并不限于纸面材料，非纸类的物质亦可成为载体，如木、竹、石、金属等。[②] 我国三大诉讼法均将书证列为法定证据种类之一，并将书证列于证据种类的前列以强调其重要性。书证与物证的最大区别在于，书证是通过其所记载的内容信息作为证明案件事实的根据，而物证是通过其外形、颜色、质量等来证明。司法实践中，书证的形式一般表现为合同、承诺书、借条等形式，且这些书证上一般含有当事人的签名。所以，通常情况下，书证就成为证明案件事实最直接的证据。书证的证明力可以分为形式上的证明力和实质上的证明力，需两者同时满足才能发挥书证的证明效力。前者是指该书证中所表达的意思或思想的确系制作该文书的人所为。是否具有形式上的证明力涉及书证的真伪问题。后者是指该书证的内容有证明待证事实真伪的作用。书证要有实质上的证明力，首先必须具有形式上的证明力。即该书证为真实，否则不会存在实质上的证明力。但仅有形式上的证明力并不一定就会有实质上的证明力。具体来说，这会根据不同书证的性质而有所不同。处分性质的书证，只要证明了该书证具有形式上的证明力，则实质上的证明力就存在，如遗嘱。报道性质的书证，即使具有了形式上的证明力，也不一定就会满足实质上的证明力要求，如新闻。

鉴于书证证明方式的特殊性、书证载体的广泛性、书证与当事人利害关系性，再加之书证具有容易丢失、极易毁损的特点，除了质证环节之外，当事人基于各种考虑，持有书证原件但无法或不方便提供书证原件给法院的情况并不少见。例如，档案材料、税务登记、商业秘密等。实践中，当事人常见的变通做法是以复制件方式替代原件提交。其包含用各种方法，直接或间接地复制了原件中能证明案件情况的用于表达思想内容的各种信息，而不仅仅局限于复制的技术。《美国联邦证据规则》对复制件的解释，是指通过下述方法所产生的复本，即通过与原件相同的印模或用同一字模，或者通过包括放大照相和缩小照相在内的照相方式，或者通过机械、电子的再录制，或者通过化学复制方法，或者通过能正确复制原件的相应技术。正如美国法律咨询委员会对“复制”一词的解释，复制是“通过一种具有准确性的、事实上排除出差错可能性的方法来制作”。根据 2021 年《民事诉讼法》第七十三条第一款的规定：“书

---

① 李国光主编：《最高人民法院〈关于民事诉讼证据的若干规定〉的理解与适用》，中国法制出版社 2002 年版，第 202 页。

② 张卫平：《民事证据法》，法律出版社 2017 年版，第 28 页。

证应当提交原件。物证应当提交原物。提交原件或者原物确有困难的,可以提交复制品、照片、副本、节录本。"只有在提交书证原件确有困难的前提下,才可以提交照片、副本、节录本等复制件。但该条只是一般性要求,主要针对的是当事人质证环节应当根据最佳证据原则,提供更具证明力的原件。在司法实践中,要求当事人在其他环节就提交书证原件可能有困难,也无必要。故本条规定的"可以是原件,也可以是经核对无误的副本或者复制件"实质上是认可了实际操作中,当事人在非质证场合,可以提交书证的复制件。其与2021年《民事诉讼法》第七十三条提交原件确有困难才可以提交复制件的最佳证据规定,并不存在实质冲突。本条采"复制件"而非"复制品"的表述,是基于书证载体以书面纸张为主的特点,书证复制件的提法更符合日常生活的称谓。本条中的"副本",是指该文书的全部内容照原本制作,对外具有与原本同样效力的文书。就其内容这一层面而言,与复制件没有实质区别。也即,本条关于复制件的论述,也适用于副本,故在此不再赘述。相应地,复制品就限缩解释为只针对物证原件的复制产物。常理而言,鉴于书证是以文字、符号、图形等内容来证明案件的事实,而不是以其外形、质量等来证明案件的事实。故就文书而言,原件和以其他载体形式出现的复制件,就其内容而言,应当一致。但根据日常生活经验,由于复制设备的种类、复制方法、复制件材质等诸多因素影响,书证复制过程存在复制遗漏、模糊等不能辨别其内容的可能。因此,为避免复制件内容失真,人民法院调查收集书证复制件时,有必要将复制件与原件的内容进行核对,确保内容没有偏差。此外,2022年《民诉法解释》第九十七条规定,"人民法院调查收集证据,应当由两人以上共同进行。调查材料要由调查人、被调查人、记录人签名、捺印或者盖章。"这里的调查材料在实务中主要表现就是调查笔录。对于调取复制件的,调查人员应当在调查笔录中说明证据来源和取证情况,以供审判人员在审判过程中判断该复制件的情况。"证据来源"是指说明该书证的复制件的制作人、制作过程、形成方式以及制作时间;"取证情况"是指在调查笔录中记录调查人员调取该书证复制件的取证过程,以表明调查程序的合法性。最后,有必要说明的是,为了确保调查笔录中的权威性和真实性,调查笔录应经被调查人阅读后签名或盖章确认。

实务疑难

人民法院调查收集的书证可否为未经核对的副本或复制件?

司法实务中,人民法院调查收集书证时,可能出现只能收集到无法与原件核对的副本或复制件的情形。对此,实务中有两种观点:第一种观点认为,无法与原件核对的副本或复制件,不属于本条规定的人民法院调查收集证据的范围,人民法院应依法不予调查收集;第二种观点认为,根据2020年《证据规定》第九十条第五项的规定,无法与原件核对的复制件、复制品不能单独作为认定案件事实的根据。这说明无法与原件核对的复制件本身具有证据资格,只是证明力不够,属于需要被补强的证据。笔者倾向于第二种观点。本条规定人民法院调查收集书证,用的是"可以""也可以"的立法技术。其并未明确限定人民法院调查收集的复制件必须经与原件核对无异。事实上,实务中存在大量虽然无法与原件核对但确实与待证事实有关的复制件。收集这些复制件并将其作为证据链中的一环,有利于举证方当事人完成举证责任。

关联法条

1.《中华人民共和国民事诉讼法》(2021 年)

第七十三条　书证应当提交原件。物证应当提交原物。提交原件或者原物确有困难的，可以提交复制品、照片、副本、节录本。

提交外文书证，必须附有中文译本。

2.《最高人民法院关于适用〈中华人民共和国民事诉讼法〉的解释》(2022 年)

第九十六条　民事诉讼法第六十四条第二款规定的人民法院认为审理案件需要的证据包括：

(一)涉及可能损害国家利益、社会公共利益的；

(二)涉及身份关系的；

(三)涉及民事诉讼法第五十五条规定诉讼的；

(四)当事人有恶意串通损害他人合法权益可能的；

(五)涉及依职权追加当事人、中止诉讼、终结诉讼、回避等程序性事项的。

除前款规定外，人民法院调查收集证据，应当依照当事人的申请进行。

第九十七条　人民法院调查收集证据，应当由两人以上共同进行。调查材料要由调查人、被调查人、记录人签名、捺印或者盖章。

典型案例

1.(2020)晋 09 民终 649 号

裁判观点：上诉人山西建投公司对于一审法院调取的山西省建设厅给薛某颁发的资格证书提出异议，认为一审法院没有制作调查笔录对该份证据的内容进行详细的说明和摘抄，按照法律规定，该证据不能作为定案依据。本院经审查认为，2020 年《证据规定》第二十一条规定："人民法院调查收集的书证，可以是原件，也可以是经核对无误的副本或者复制件。是副本或者复制件的，应当在调查笔录中说明来源和取证情况。"该资格证书系一审法院从 63710 部队 9525 工程竣工资料中复制，一审法院在调取的包括该证据在内的三页证据的第一页右上角明确标注"复制于 63710 部队 9525 工程竣工资料(共三页)"，故一审法院虽未制作调查笔录，但已经明确地标明了该证据的来源以及取证情况，上诉人该项理由不能成立；对于上诉人主张的薛某资格证书真伪问题，薛某认可该资格证书系伪造，但主张建筑行业要求最低要二级建造师证书方可担任项目负责人，当时薛某本人确实没有证书，山西建投公司为了让其可以符合部队条件制作了假证。本院认为，工程竣工资料系由工程承包方向工程建设方提供，在本案中即由山西建投公司向 63710 部队提供，山西建投公司虽对薛某资格证书的真伪提出异议，且不认可薛某系其公司员工，但上诉人不能就其向工程建设方提供薛某资格证书的事实作出合理的解释，故无论薛某资格证书的真伪，均足以认定在案涉工程施工过程中上诉人作出了薛某系其工作人员的真实意思表示。

2.(2019)赣 09 民终 1642 号

裁判观点：关于赣 M×××××货车驾驶证、司机从业资格证等证件复印件作为证据效力的问题。依据2002年《证据规定》第二十条"调查人员调查收集的书证,可以是原件,也可以是经核对无误的副本或者复制件。是副本或者复制件的,应当在调查笔录中说明来源和取证情况"的规定。本案中,付湾湾驾驶证等证件原件应由付湾湾及勇强公司提供,且江西瑞州汽运集团华大汽运有限公司已对复印件来源作出说明,本院予以确认。

(修改)第二十二条 【人民法院调查收集物证】

人民法院调查收集的物证应当是原物。被调查人提供原物确有困难的,可以提供复制品或者影像资料。提供复制品或者影像资料的,应当在调查笔录中说明取证情况。

法条渊源

物证应提交原物是从书证原件最佳证据规则衍生而来。我国立法最早在1982年《民事诉讼法》第六十条就有规定,物证应当提交原物。提交原物确有困难的,可以提交复制品、照片。该条所确立的原物优先的最佳证据规则被历次《民事诉讼法》修改而继受。在司法解释层面,1998年《审判改革规定》第二十八条也规定,无法与原件、原物核对的复印件、复制品不能单独作为认定案件事实的依据。2002年《证据规定》除在第六十九条对此予以重申外,还在第二十一条从人民法院调查收集证据角度细化了操作性规定。从实务反馈情况看,上述条文的适用,效果明显。故本条基本沿袭了2002年《证据规定》第二十一条的规定。具体而言,本条规定的渊源有三处。第一处最直接的渊源来自2002年《证据规定》第二十一条,另外的两处渊源就是2020年《证据规定》第十二条和第十三条关于当事人向人民法院提交作为物证的动产和不动产时需要注意的规定。严格来说,其与2021年《民事诉讼法》第七十三条和第八十三条也有渊源,但此部分已在2020年《证据规定》第十二条和第十三条的法条渊源处列举,故此不再赘述。

法条精析

本条是关于人民法院调查收集物证的规定,是在2002年《证据规定》第二十一条基础上修改而成的。本条内容在修改过程中,2016年《法院征求意见稿》和2017年《审判长讨论稿》基于总分结构原因曾将本条删除,但2018年《审委会送审稿》第二十二条又恢复了2002年《证据规定》第二十一条规定内容,只是序号有所调整。本条主要修改表现在:(1)将"调查人员"替换为"人民法院"。理由同前面本规定第二十一条规定的相关理由一致。(2)将"照片"替换为"影像资料"。理由在于,传统意义上的照片是指用感光纸放在照相底片下曝光后经显影、定影而成的人或物的图片。由此可见,照片可以作为原物的替代品就是因为其能以原物图像形式固定原物能被用于证明案件事实的外部特征、存在状况等。随着现代科技发展,传统意义上的照片正逐渐被以数码照片为代表的其他照片形式取代。为了回应现实情况的变化，有必要将照片替换为影像资料，这样更为周延和应时。所谓影像是人对视觉感知的物质再现。影像可以由光学设备获取，如照相机、镜子、望远镜及显微镜等；也可以人为创作，如手工绘画图像等。图像可以记录、保存在纸质媒介、胶片等对光信号敏感的介质上。随着数字采集技术和信号处理理论的发展，越来越多的图像以数字形式存储。因此，用“影像资料”一词，能将传统照片和数码照片都包括在内，更具有包容性、开放性。对此，2015 年《民诉法解释》第一百一十六条第一款就规定了视听资料包括录音资料和影像资料。存储在电子介质中的录音资料和影像资料，适用电子数据的规定。

一般而言，物证以其自身属性、外部形状、存在状况等特征能够证明待证事实的一部分或者全部。同时，物证又因其客观和不以人的意志为转移的特征，相较于证人证言和当事人陈述来说具有更强的说服力，历史上曾将其作为最有价值的证据，即“哑巴证人”。故无论是当事人举证还是法院调查收集证据，都对收集物证有较高要求。根据最佳证据规则，提供原物或者原件是最基本的要求。原物直接来源于案件事实，是以自己存在的形态、规格、损坏程度、重量等特征来证明案件事实的物品或痕迹。派生物则是并非直接来自案件事实本身的一种载体，记载了能证明案件事实的物品或痕迹形态、规格、损坏程度、重量等特征。因此，原物的证明力大于派生物和复制品，更能够“还原”案件事实。法院调查收集物证主要有以下两种方法：第一，对物证进行现场勘验，这是最常用的方法；第二，直接提取物证，可采取查封、扣押等方式。对于直接提取物证而言，并非所有的原物都能够被提交到法庭。实践中，一些物证原件因为体积庞大、不易移动、已经灭失、被他人控制等原因，被调查人无法将原物提交给法院。此时，被调查人可以提供原物的复制品和影像资料。至于何为“确有困难”的，主要是指原物因其本身的性质和特点，无法直接带到法庭或入卷，或者物证不易保存，或者作为物证的印章等被调查人急需使用等原因。[①]

司法实践中，可以参照 2022 年《民诉法解释》第一百一十一条规定的提交书证原件确有困难的情形：(1)书证原件遗失、灭失或者毁损的；(2)原件在对方当事人控制之下，经合法通知提交而拒不提交的；(3)原件在他人控制之下，而其有权不提交的；(4)原件因篇幅或者体积过大而不便提交的；(5)承担举证证明责任的当事人通过申请人民法院调查收集或者其他方式无法获得书证原件的。该规定情形，人民法院应当结合其他证据和案件具体情况，审查判断书证复制品等能否作为认定案件事实的根据。此外，有别于 2020 年《证据规定》第二十一条关于书证原件提交规定，本条规定仍坚持了 2017 年《民事诉讼法》第七十条的规定，即提交复制品或影像资料的前提是，提供原件确有困难。其理由在于，当物证是通过其自身内部结构、物理属性等来证明待证事实时，复制品或影像资料就不能达到同等证明目的。此时，仍应坚持原物优先这一最优证据原则。

至于“影像资料”要达到何种程度才能作为原物的替代品，笔者认为，应根据证明待证事实需要，能够全方位地反映物证的外部形态特征、毁损程度、地理位置以及与周围环境的关系等综合判断。实践中，多采用录像、拍照等影像资料方式记录物证。影像资料中应当包括物

---

① 李国光主编：《最高人民法院〈关于民事诉讼证据的若干规定〉的理解与适用》，中国法制出版社 2002 年版，第 208 页。

证的局部特写和整体外观,特别是对于能够反映案件特点、说明案件性质、证明案件事实的部分更应当予以全方位记录。

另外,提供复制品或者影像资料的,应当在调查笔录中说明取证情况。民事诉讼法相关解释仅规定了当事人提交复制品时,法院应当进行与原物的核对。法院依职权调查物证时,却对此未作明确规定。根据立法的一般精神,无论是当事人自行提交还是法院依职权调取,被调查人提交复制品或者影像资料的,调查人员应将其与原物进行核对,并将调查情况记入调查笔录。该规定不仅是对当事人随意提供复制品或者影像资料的限制,也是保障调查程序合法性的要求。此外,根据2022年《民诉法解释》第九十七条的规定,人民法院调查收集证据,应当由两人以上共同进行。调查材料要由调查人、被调查人、记录人签名、捺印或者盖章。这里的调查材料在实务中主要表现就是调查笔录。本条还规定,对于调取物证复制件或影像资料的,调查人员应当在调查笔录中说明取证情况,以供审判人员在审判过程中判断该复制品、影像资料能否被采纳。这里的"取证情况"是指在调查笔录中记录调查人员调取该物证复制品、影像资料的取证过程,以表明调查程序的合法性。值得注意的是,本条并未参照本规定第二十一条的规定,要求在调查笔录中说明"证据来源"。笔者认为,调查笔录载明"证明来源"更为妥当,因为其可以说明物证复制品、影像资料的制作人、制作过程、形成方式以及制作时间,有助于人民法院审查判断其证明力。

实务疑难

当事人对人民法院调查收集的物证复制品或者影像资料有异议的,能否要求现场查验?

司法实践中,当事人对人民法院调查收集的物证复制品或影像资料提出异议,要求现场查验的不在少数。对此,实务中存在争议:第一种观点认为,根据本条规定,人民法院调查收集物证复制品或者影像资料,只需在调查笔录中说明取证情况即可,当事人无权要求现场查验。而且,从2020年《证据规定》第十二条、第十三条均规定当事人可以查验而本条没有规定现场查验可知,对人民法院调查收集的物证复制品或者影像资料,异议当事人不得要求现场查验。第二种观点认为,2022年《民诉法解释》第一百零三条已经规定,证据应当在法庭上出示,由当事人互相质证。未经当事人质证的证据,不得作为认定案件事实的根据。因此,当事人有权对人民法院调查收集的证据进行质证并提出异议。如果当事人质证提出复制品或影像资料反映的案件特征信息与原物可能不一致时,人民法院应通知双方当事人到原物所在地进行查验。笔者倾向于第二种观点。在证据的证据能力和证明力判断问题上,不管收集证据的主体是谁,证据都应接受当事人质证。当当事人对复制品或影像资料的真实性提出异议时,人民法院应当让当事人现场查验原物。否则,根据2020年《证据规定》第九十条第五项的规定,无法与原物核对的复制品,不能单独作为认定案件事实的根据。

关联法条

1.《中华人民共和国民事诉讼法》(2021年)

第七十三条 书证应当提交原件。物证应当提交原物。提交原件或者原物确有困难的,可以提交复制品、照片、副本、节录本。

提交外文书证，必须附有中文译本。

2.《最高人民法院关于适用〈中华人民共和国民事诉讼法〉的解释》（2022 年）

第九十六条　民事诉讼法第六十四条第二款规定的人民法院认为审理案件需要的证据包括：

（一）涉及可能损害国家利益、社会公共利益的；

（二）涉及身份关系的；

（三）涉及民事诉讼法第五十五条规定诉讼的；

（四）当事人有恶意串通损害他人合法权益可能的；

（五）涉及依职权追加当事人、中止诉讼、终结诉讼、回避等程序性事项的。

除前款规定外，人民法院调查收集证据，应当依照当事人的申请进行。

第九十七条　人民法院调查收集证据，应当由两人以上共同进行。调查材料要由调查人、被调查人、记录人签名、捺印或者盖章。

第一百一十六条　视听资料包括录音资料和影像资料。

电子数据是指通过电子邮件、电子数据交换、网上聊天记录、博客、微博客、手机短信、电子签名、域名等形成或者存储在电子介质中的信息。

存储在电子介质中的录音资料和影像资料，适用电子数据的规定。

典型案例

（2021）内 29 民终 78 号

裁判观点：关于本案电话录音的证据效力。首先，2017 年《民事诉讼法》第七十一条规定："人民法院对视听资料，应当辨别真伪，并结合本案的其他证据，审查确定能否作为认定事实的根据。"1998 年《审判改革规定》第二十八条第三款规定："下列证据，不能单独作为认定案件事实的依据：……3. 没有其他证据印证并有疑点的视听资料；"2020 年《证据规定》第二十二条规定："人民法院调查收集的物证应当是原物。被调查人提供原物确有困难的，可以提供复制品或者影像资料。提供复制品或者影像资料的，应当在调查笔录中说明取证情况。"本案中，弘鼎运输公司在一审和二审均提交了电话录音的原始载体，并让通话一方作为证人出庭接受质询。且对方当事人对录音真实性并无异议。故该证据符合法律关于视听资料证据资格的规定，系合法有效的证据。其次，考查录音内容，李宏洲作为成年人、作为托运人的法定代表人，其应当认知与合同对方通话陈述的意义和后果。双方均认可，本案最后一笔运费的给付不晚于一审起诉；一审起诉发生在 2020 年 8 月 27 日。故至迟在 2021 年 8 月，银洲物流公司的法人代表李宏洲应当清楚知悉两家公司之间运输及付款的现实状况。李宏洲作为公司法定代表人，作为完全民事责任能力人，应当知道电话对欠债作出承诺的法律后果。其在之后 9 月 1 日、9 月 27 日电话通话中均明确认可欠付运费 58, 800 元，应当认定银洲物流公司欠付弘鼎运输公司运费属实。

(修改) 第二十三条 【调查收集视听资料和电子数据】

人民法院调查收集视听资料、电子数据,应当要求被调查人提供原始载体。

提供原始载体确有困难的,可以提供复制件。提供复制件的,人民法院应当在调查笔录中说明其来源和制作经过。

人民法院对视听资料、电子数据采取证据保全措施的,适用前款规定。

法条渊源

最佳证据规则最早仅适用于书证这一法定证据方法。理由在于:书证内容既是其证明力所在又具有易篡改性、易复制性特征。这使书证原件相较复制件天然具有更强的证明效力。作为"准书证"的视听资料和电子数据也同样具有书证上述特征,也应适用最佳证据规则。对此,虽然早在1982年《民事诉讼法》第六十条就规定书证应当提交原件,间接提出了最佳证据规则,但该法对视听资料的规定,并未明确也适用于最佳证据规则。直至2002年《证据规定》第二十二条才将计算机数据纳入视听资料范畴,并明确了视听资料的最佳证据规则。尽管2012年《民事诉讼法》将电子数据明确为法定证据方法,但是电子数据的原件认定标准则一直没有规定。

法条精析

本条是关于人民法院调查、收集、保全视听资料和电子数据的规定,是在2002年《证据规定》第二十二条基础上修改而成的。2016年《法院征求意见稿》第八十四条规定:"人民法院调查收集视听资料、电子数据的,应当要求被调查人提供原始载体。提供原始载体确有困难的,可以提供复制件。提供复制件的,人民法院应当在调查笔录中说明其来源和制作经过。人民法院对视听资料、电子数据采取证据保全措施的,比照前款规定处理。"2017年《审判长讨论稿》第六十四条规定:"人民法院调查收集视听资料、电子数据,应当要求被调查人提供原始载体。提供原始载体确有困难的,可以提供复制件。提供复制件的,人民法院应当在调查笔录中说明其来源和制作经过。人民法院对视听资料、电子数据采取证据保全措施的,比照前款规定。"2018年《审委会送审稿》第二十三条只将前稿中"比照"修改为"适用"。本条定稿与2018年《审委会送审稿》第二十三条保持一致。

与2002年《证据规定》第二十二条相比,本条主要修改内容在于:(1)将"计算机数据或者录音、录像等视听资料"修改为"视听资料、电子数据",与现行民事诉讼法的规定保持一致;(2)删除"有关资料的",使用语更精练;(3)增加一款"人民法院对视听资料、电子数据采取证据保全措施的,适用前款规定",以避免在后续证据保全相关条文中重复规定。

2021年《民事诉讼法》第六十七条第二款规定:"当事人及其诉讼代理人因客观原因不能自行收集的证据,或者人民法院认为审理案件需要的证据,人民法院应当调查收集。"由该款可知,人民法院调查收集证据时,并不限定证据类型。也即,包括视听资料、电子数据在内的所有法定证据类型都属于人民法院调查收集的范围。虽然现行《民事诉讼法》将视听资料、电子数据分别列为独立的证据类型,但理论界和实务界仍有不同意见。视听资料是利用录音、录像等技术手段反映的声音、图像来证明案件事实。电子数据则是以数字化形式存储于磁盘等载体上包含与案件事实有关内容的数据。由此可见,两者的共性在于都是通过其内容来证明待证事实。就此而言,与书证的证明方式相仿。故大陆法系国家通常将其归类为书证或称为准书证。例如,《法国民法典》第一千三百一十六条第一款就规定满足一定条件的以电子形式做成的文书与书面文书一样应被视为书证。

一般而言,既然书证是依据其记载内容来证明待证事实,那么同样记载其内容的书证复制件,也能达到证明待证事实的目的。相应地,在书证原件和书证复印件的调查收集上就存在一个先后顺序的问题。对此,可通过最佳证据原则解决。最佳证据原则作为英美证据法上一项古老规则,主要适用于书证,是指在证明一项文书内容的过程中,如果该内容是重要的,除非可以证明存在非因提出者的重大过失或其他原因,否则必须提出原始的文书。也就是说,必须提供所能提出的最好的证据,次等好的证据就不用提了。该原则也被称作反对第二位证据规则。最佳证据原则一般适用于书证,至于物证和其他证据,则无"最佳"和"原始证据"之说。因为只有书证才有原件与复印件之别。既然视听资料、电子数据也被纳入书证范畴,且同样存在书证原件和复制件的问题,那么也应适用最佳证据原则。

根据最佳证据规则,视听资料、电子数据的调查、收集,首先,应当要求被调查人提供原始载体,提供原始载体确有困难的,才可以提取复制件。所谓"原始载体",是指以载有直接来源于案件事实的视听资料、电子数据为内容的录音带、录像带、胶卷、移动存储设备等物质载体。相较于书证,人民法院调查收集视听资料、电子数据时,应更强调原始载体的要求。这是因为,视听资料和电子数据具有虚拟性、非直观性,都需要通过一定的工具或手段转化后,人们才能直接感知其信息内容。而且,视听资料、电子数据都依赖录音机、照相机、摄像机和电子计算机等工具来制作完成视听资料、电子数据内容,并产生相应原始载体。例如,手机里的 SD 卡、电脑硬盘、U 盘以及胶卷、录音录像带等。从实务情况看,对视听资料和电子数据提取次数过多、不适当的提取方法都可能破坏其完整性,进而影响其真实性。视听资料和电子数据的原始载体通常为实物,更具有可操作性。故获取其原始载体,能够最大限度地避免不正确的提取方法对视听资料和电子数据的完整性和真实性的破坏。而且,视听资料和电子数据是在其原始载体中生成、存储的,原始载体中所存储的信息一般为视听资料和电子数据的元数据,具有较高的真实性和完整性。即使有人为的因素对其进行过篡改或删除,原始载体中的修改痕迹也较容易鉴定,从而较易判断视听资料和电子数据的真实性。其次,调查、收集视听资料和电子数据的原始载体,将视听资料和电子数据的原始载体放置于人民法院的控制范围之内,可以防止在纠纷解决的过程中当事人对视听资料和电子数据的篡改和删除,减少对视听资料和电子数据真实性和完整性的不必要的争议,提高诉讼效率。最后,调查、收集视听资料和电子数据的原始载体可以确保数据运行环境的安全性,且只要原始载体未被损坏,提取的过程就可以重复操作。这有利于证据在庭审过程中的审查。因此,为保证视听资料和电子数据的真实性、完整性,在调查、收集视听资料、电子数据时应尽量获取视听资料和电子数据的原始载体。但是,对于有些涉案的视听资料和电子数据,可能出现不便获取其原始载体的情形。也即"提供原始载体确有困难的"是指原件被损坏或遗失(但此种损坏或遗失系出于被调查人的不良动机的除外),或者原件不能通过适当的司法程序或行为来获得。[①]

从实践中看,“提供原始载体确有困难”主要包括以下几种情形:(1)原始载体不便封存的。从实践来看,有些情况下难以将原始载体封存或者全盘复制、提取。比如,网络服务器一般采取集中存储的方式,其硬盘存储的信息可谓海量,但其中很多内容与案件无关,不必收集。在这种情况下一般只提取与案件相关的部分数据。再如,船舶的导航系统等部分工控系统,只有操作界面,无接口可以导出数据,也无法把整个船舶或者大型系统扣押。(2)提取计算机内存数据、网络传输数据等不是存储在存储介质上的电子数据。由于这些数据不是存储在电子数据的载体之上,自然无法封存原始载体。而且,这些信息必须在开机运行的状态下获取。一旦关机或者重新启动系统,电子数据就会消失,难以再次获取。比如,目前市场上出现了一种“阅后即焚”的通信模式,越来越多的即时通信软件具备了“阅后即焚”功能。信息接收者收到信息后,点击阅读信息数秒后自动删除,无法及时提取数据,并且难以恢复,即使扣押封存其原始载体也毫无意义。(3)原始载体位于境外的。对位于境外的服务器无法直接获取原始载体,一般只能通过网络在线提取电子数据。对于远程计算机信息系统上的电子数据,也可以通过网络在线提取。(4)其他无法扣押原始存储介质的情形。在上述情形下,如果机械化地要求提供视听资料和电子数据的原始载体,将会阻碍人民法院对证据的调查、收集,影响对案件事实的认定。而且,相较于其他证据,视听资料和电子数据易于精确复制。其原件与复制件并无本质的区别,所以本条规定“提供原始载体确有困难的,可以提供复制件。提供复制件的,人民法院应当在调查笔录中说明其来源和制作经过”。“在调查笔录中说明其来源和制作经过”是为了便于审查复制件复制过程和来源的合法性,从而判断视听资料和电子数据复制件的真实性和完整性。

本条第三款是对视听资料、电子数据进行保全的操作性规定,鉴于视听资料和电子数据的保全与调查收集在操作上并不存在本质区别。所以,对其保全措施的形式要求应与调查收集的形式要求保持一致性。故本款规定“人民法院对视听资料、电子数据采取证据保全措施的,适用前款规定”。

实务疑难

当事人对人民法院调查收集的视听资料、电子数据复制件提出异议,如何处理?

司法实务中,既然人民法院调查收集的视听资料、电子数据的复制件需要经双方当事人质证,那么就必然存在当事人对上述复制件提出异议的情形。对其处理,实务中有两种观点:第一种观点认为,本条既没有像2020年《证据规定》第二十一条一样,对人民法院课以与原始载体核对无误的义务,又没有像2020年《证据规定》第十二条、第十三条规定一样通知当事人查验原始载体。故从体系解释出发,当事人对上述复制件真实性提出异议后,只能由承担举证责任的当事人继续提交补强证据证明待证事实,否则承担相应不利后果。第二种观点则认

---

① 李国光主编:《最高人民法院〈关于民事诉讼证据的若干规定〉的理解与适用》,中国法制出版社2002年版,第211页。

为,当事人可以申请人民法院核对复制件与原始载体内容是否一致。如果无法核对,则应按2020 年《证据规定》第九十条的规定,认定该复制件不能单独作为认定案件事实的根据。笔者倾向于第二种观点。不管由谁调查收集的复制件证据都应与原件核对确认其真实性,无法核对的,则不能单独作为认定案件事实的根据,除非有其他补强证据。另外,如果人民法院调查收集复制件时,制作的调查笔录存在调查资格、签名等瑕疵,则说明该复印件取得方式不合法,其证据的合法性存疑。

关联法条

1.《中华人民共和国民事诉讼法》(2021 年)

第七十条 人民法院有权向有关单位和个人调查取证,有关单位和个人不得拒绝。

人民法院对有关单位和个人提出的证明文书,应当辨别真伪,审查确定其效力。

2.《最高人民法院关于适用〈中华人民共和国民事诉讼法〉的解释》(2022 年)

第一百一十六条 视听资料包括录音资料和影像资料。

电子数据是指通过电子邮件、电子数据交换、网上聊天记录、博客、微博客、手机短信、电子签名、域名等形成或者存储在电子介质中的信息。

存储在电子介质中的录音资料和影像资料,适用电子数据的规定。

典型案例

1.(2021)辽 08 民终 3308 号

裁判观点:2020 年《证据规定》第十五条规定:当事人以视听资料作为证据的,应当提供存储该视听资料的原始载体。当事人以电子数据作为证据的,应当提供原件。电子数据的制作者制作的与原件一致的副本,或者直接来源于电子数据的打印件或其他可以显示、识别的输出介质,视为电子数据的原件。第二十三条第一款、第二款规定:人民法院调查收集视听资料、电子数据,应当要求被调查人提供原始载体。提供原始载体确有困难的,可以提供复制件。提供复制件的,人民法院应当在调查笔录中说明其来源和制作经过。本案中,被上诉人大石桥市永盛铜材有限公司提供的两份记载客户名称为“亿邦”的“永盛型材出库结算单”上系李明签字,既无上诉人大连亿邦门窗制造有限公司法人白圣凡签字,亦无公司盖章,而公司对李明的签字又不予认可。被上诉人提供的其公司员工邹弟与上诉人大连亿邦门窗制造有限公司法定代表人白圣凡 2019 年 6 月 17 日及 6 月 27 日微信聊天记录只有纸质版截图,无法提供原始载体,根据证据规则无法核对原件,对复印件不能单独作为证据使用。现有证据无法与李明的签字相互印证。本案现事实不清需要对如下事实进一步查清:第一,被上诉人能否提供微信聊天记录的原始载体,或者其来源和制作过程;第二,被上诉人在一审中主张上诉人已给付货款 128,575 元,尚欠货款 250,735 元。既然被上诉人认为双方存在买卖合同,且已经履行一部分,那么被上诉人应该提供上诉人已经给付款项的证据;第三,一审法院在(2020)辽 0882 民初 5651 号民事判决中的认定事实部分涉及到本案的两笔货物,其中货物的型号取货时间均与被上诉人出库单上记载的一致,该判决中认定的事实中上诉人给付被上诉人三笔货款的“大连银行电汇凭证”,共计258,032元,该三笔款项是否系支付本案的两笔货款?上诉人与被上诉人是否存在案涉两笔货物的买卖合同事实?

2.(2018)渝01民终3427号

裁判观点:关于通话录音能否被采信的问题。2002年《证据规定》第二十二条规定,调查人员调查收集计算机数据或者录音、录像等视听资料的,应当要求被调查人提供有关资料的原始载体。提供原始载体确有困难的,可以提供复制件。提供复制件的,调查人员应当在调查笔录中说明其来源和制作经过。2017年《民事诉讼法》第七十一条规定,人民法院对视听资料,应当辨别真伪,并结合本案的其他证据,审查确定能否作为认定事实的根据。薛海洋虽在一审仅举示电话录音光盘,未举示原始载体,但甲壳虫公司对录音真实性未提出异议,认可录音中与薛海洋通话的是江涵,主动放弃对录音进行声纹鉴定,二审中,甲壳虫公司听取了手机原始载体内录音,确认一审采信的电话录音与原始载体录音一致,认可一审采信的电话录音的真实性,结合甲壳虫公司陈述的江涵是甲壳虫公司的股东,与该公司法定代表人孙洪伟是夫妻关系等,能够认定该电话录音的真实性,江涵在电话中询问薛海洋的伤情,并催促其恢复后上班,录音内容与认定薛海洋与甲壳虫公司是否存在劳动关系具有关联性,一审法院采信该证据并无不当。现甲壳虫公司在二审中称电话录音不应被采信,却未提供正当理由,也未提供任何证据,对甲壳虫公司的该上诉意见本院不予采纳。根据一审查明的事实,一审不仅采信了电话录音,还采信了交通事故认定书、询问笔录、薛海洋和甲壳虫公司在一审中的陈述等证据,并非以电话录音为唯一定案证据。甲壳虫公司的该上诉意见不能成立。

(新增)第二十四条 【鉴定证据不被污染】

人民法院调查收集可能需要鉴定的证据,应当遵守相关技术规范,确保证据不被污染。

法条渊源

鉴定意见能否反映案件真实情况与鉴定材料的真实、完整、充分关系重大。2001年《司法鉴定程序通则(试行)》第十五条就规定了鉴定材料应当全面、客观、真实。第十七条规定了如果送鉴的鉴定材料不具备鉴定条件的,或者与鉴定要求不符的,司法鉴定机构不得受理。在2007年正式施行的《司法鉴定程序通则》第十三条则对鉴定材料提出新的要求:真实、完整、充分。而且,第十六条明确规定,鉴定材料不真实、不完整、不充分或者取得方式不合法的,司法鉴定机构不得受理。2016年修改《司法鉴定程序通则》第十二条重申了对鉴定材料的要求:真实、完整、充分。而且,为了明确委托人与鉴定机构之间就鉴定材料瑕疵的责任承担,该条还规定了司法鉴定机构应当核对并记录鉴定材料的名称、种类、数量、形状、保存状况、收到时间等。但目前实务中仍出现不少因取得方式不合法、不遵守专业技术流程导致鉴定材料真实性、完整性、充分性被破坏、污染的情形。根据责任自负原则,如果该鉴定材料是当事人收集提交的证据，则应由当事人自行承担可能因鉴定材料被污染，无法进行鉴定的不利后果。为避免该不利后果，当事人在收集作为鉴定材料的证据时，一般会小心谨慎处理，确保鉴定材料不被污染。但对于人民法院调查收集作为鉴定材料的证据情形而言，则因法院并不承担举证不能的不利后果，而可能在收集时因过失而造成鉴定材料污染，从而无法查明案件事实。为此，本条对人民法院调查收集证据应注意的事项作了要求。

法条精析

本条是关于人民法院应确保所收集待鉴定证据不被污染的规定。本条在 2002 年《证据规定》中没有规定，属于新增规定。本条在起草过程中，2016 年《法院征求意见稿》和 2017 年《审判长讨论稿》及 2018 年《审委会送审稿》中均未规定。本条规定是在本司法解释定稿前，听取最高人民法院相关部门建议后才最后增加的。根据 2021 年《民事诉讼法》第六十七条第二款的规定，人民法院应调查收集的证据主要有两类：一是当事人及其诉讼代理人因客观原因不能自行收集的证据；二是人民法院认为审理案件需要的证据。其中，对第一类证据的范围，2022 年《民诉法解释》第九十四条第一款已经规定包括三种：(1)证据由国家有关部门保存，当事人及其诉讼代理人无权查阅调取的；(2)涉及国家秘密、商业秘密或者个人隐私的；(3)当事人及其诉讼代理人因客观原因不能自行收集的其他证据。对于第二类证据的范围，2022 年《民诉法解释》第九十六条第一款已经规定包括五种：(1)涉及可能损害国家利益、社会公共利益的；(2)涉及身份关系的；(3)涉及民事诉讼法第五十五条规定诉讼的；(4)当事人有恶意串通损害他人合法权益可能的；(5)涉及依职权追加当事人、中止诉讼、终结诉讼、回避等程序性事项的。毫无疑问，对上述人民法院调查收集的八种证据，如果证明的是一般性的生活事实，则法官通过其自身生活常识、经验即可作出判断认定。但在特殊情况下，当事人申请或人民法院依职权调查收集的上述证据本身的真实性以及其与待证事实之间的关系均需要通过专业知识加以判断。此时，大陆法系国家和英美法系国家的做法不同。大陆法系国家采用鉴定方法，而英美法系国家则采用专家证人制度。就我国而言，主要是采用鉴定方式。根据 2015 年《鉴定管理决定》相关条文可知，司法鉴定是指在诉讼活动中鉴定人运用科学技术或者专门知识对诉讼涉及的专门性问题进行鉴别和判断并提供鉴定意见的活动。司法鉴定可分为：(1)法医类鉴定；(2)物证类鉴定；(3)声像资料鉴定；(4)根据诉讼需要由国务院司法行政部门商最高人民法院、最高人民检察院确定的其他应当对鉴定人和鉴定机构实行登记管理的鉴定事项等几大类型。由于人民法院已取消内设鉴定机构，故现在人民法院只能通过其司法辅助机构统一对外委托有权鉴定机构进行司法鉴定。因此，人民法院在调查收集证据过程中，如果在特定证据能否证明待证事实的问题上，需要借助专业知识才能作出判断认定，那么比较妥帖的做法就是将该证据提交鉴定机构并委托鉴定机构对其进行鉴定。

从司法实务反馈情况看，当事人对鉴定意见的主要争议点之一就是围绕特定鉴定材料进行，主要表现为对鉴定材料的自然属性、真实性、完整性、充分性、有效性等因素提出质疑，认为不能作为鉴定意见的依据。不可否认，实务中确实存在鉴定材料失真、失效、失联等情形。

其中一个重要原因就是个别法院在收集需鉴定证据时,没有考虑鉴定材料的上述要求,在具体的收集手段上没有按照相应的技术规范操作,从而导致证据被污染,甚至影响到鉴定机构能否作出鉴定意见。

对此,2016年修正《司法鉴定程序通则》相关条文规定,委托人委托鉴定的,应当向司法鉴定机构提供真实、完整、充分的鉴定材料,并对鉴定材料的真实性、合法性负责。这里的鉴定材料包括生物检材和非生物检材、比对样本材料以及其他与鉴定事项有关的鉴定资料。既然作为委托人的法院有义务确保提交的鉴定材料真实、完整、充分并要对其真实性、合法性负责,那么人民法院作为调查收集证据的主体,应当严格依照技术规范保管和使用鉴定材料,尽量避免取证和保存证据时的不当行为,防止作为鉴定材料的证据的真实性、完整性以及充分性受到影响。例如,在亲子关系认定案件中,经常需要通过作血液、毛发等的DNA比对鉴定。其中,作为鉴定标本的血液、毛发等的提取过程就必须严格按照相关专业技术规范,以确保这些鉴定材料不会在提取过程中发生混杂、混同、失效、过期等污染,以确保以其为基础的鉴定意见的真实性、关联性。又如,常见的笔迹鉴定。笔迹是书写人利用笔或其他书写工具,写在纸张或者其他材料上,反映书写人书写习惯特征的一种文字符号。由于每个人生理特征、心理因素和学习写字时的方式、方法、环境、条件的不同,由这些因素所决定的书写习惯也不相同。笔迹鉴定的主要目的是,确定遗留在文书物证上的字迹是否为某人所留,以及确认遗留在不同地方的字迹是否为一人所写。伪造、变造文书是指按照一定真实的样本,或者根据个人的特殊需要,利用各种技术方法设计、制造的文书,或者采用挖补、擦刮、改写、填写、消退、改换、拼接等手段,对真实文书进行的伪造。[①] 因此,如果法院提取笔迹鉴定相关文书时,应确保对象文件上的签名不被破坏、油污覆盖等,否则鉴定机构可能就无法通过笔迹比对,查明笔迹真相。事实上,法院作为委托人将其收集的鉴定材料与司法鉴定机构进行交接时,司法鉴定机构应当核对并记录鉴定材料的名称、种类、数量、性状、保存状况、收到时间等。对于鉴定材料不完整、不充分,不能满足鉴定需要的,司法鉴定机构可以要求委托人补充;经补充后能够满足鉴定需要的,应当受理。发现鉴定材料不真实、不完整、不充分或者取得方式不合法的,司法鉴定机构不得受理。当然,诉讼当事人对鉴定材料有异议的,应当向委托人提出。为了解决上述因人民法院收集证据时不规范操作导致的鉴定材料被污染问题,本条规定了人民法院调查收集可能需要鉴定的证据时,应遵守的一项义务:应当遵守相关技术规范,确保证据不被污染。本条规定既是义务性规范,又是操作性规范。具体而言,人民法院在收集可能需要鉴定的证据时,可从是否会因不当提取导致证据的真实性无从判断、证据本身物理或化学属性发生变化、证据的完整性、充分性受到破坏等方面着手,在收集证据时,参考下列顺序,遵守和采用该专业领域的技术标准、技术规范和技术方法:(1)国家标准;(2)行业标准和技术规范;(3)该专业领域多数专家认可的技术方法。

综上所述,为了保证被鉴定证据不被污染,在调查收集过程中应当遵守相关的技术规范。我国民事诉讼法相关司法解释规定了调查收集书证、物证、视听资料以及电子数据的规定,

---

① 参见2005年《全国人民代表大会常务委员会关于司法鉴定管理问题的决定》。

2020 年《证据规定》首次规定了需要进行鉴定的证据应当保证证据收集过程不被影响，保证鉴定意见的客观真实。

实务疑难

人民法院调查收集的作为鉴定材料的证据，如果因法院原因被污染，导致不能进行鉴定，待证事实无法查明时，该如何处理？

实务中，存在一种情形，即人民法院依当事人申请或主动依职权调查收集证据过程中，因疏忽大意等过失，没有遵守必要的技术规范或提供适宜的保管条件导致该证据被污染，不能委托鉴定或无法作出鉴定意见。对此，实务中有两种观点：第一种观点认为，既然鉴定意见无法作出是人民法院造成特定鉴定材料被污染所致，那么人民法院就应承担相应司法赔偿责任，范围以当事人因不能鉴定所遭受的损失为限。第二种观点认为，应区分情形。如果该证据本身属于人民法院应依职权主动调查收集的证据，则待证事实无法查明一般不会对当事人在本案中的实体权益造成不利后果，如仅涉及程序性事项的调查取证，故人民法院也无须对本案当事人承担司法赔偿责任。如果该证据是当事人依法申请法院调查收集的证据，则申请方当事人可能因申请调查收集的证据即鉴定材料被污染而导致鉴定意见无法作出，最终承担了举证不能的不利后果。对此，因人民法院在调查收集过程中对鉴定材料被污染确有过失，故应承担相应司法赔偿责任。笔者倾向于第二种观点。需要补充一点，如果人民法院依职权调查收集的是涉及身份关系的证据，如唯一证明身份关系的 DNA 样本，如果因人民法院在调查收集保管过程中的过失，导致该 DNA 样本被污染，无法进行身份鉴定，从而无法查明身份关系，人民法院应对自身过失导致当事人的损失承担司法赔偿责任。

关联法条

1.《中华人民共和国民事诉讼法》(2021 年)

第七十条　人民法院有权向有关单位和个人调查取证，有关单位和个人不得拒绝。

人民法院对有关单位和个人提出的证明文书，应当辨别真伪，审查确定其效力。

2.《司法鉴定程序通则》(2016 年)

第十二条　委托人委托鉴定的，应当向司法鉴定机构提供真实、完整、充分的鉴定材料，并对鉴定材料的真实性、合法性负责。司法鉴定机构应当核对并记录鉴定材料的名称、种类、数量、性状、保存状况、收到时间等。

诉讼当事人对鉴定材料有异议的，应当向委托人提出。

本通则所称鉴定材料包括生物检材和非生物检材、比对样本材料以及其他与鉴定事项有关的鉴定资料。

第十五条　具有下列情形之一的鉴定委托，司法鉴定机构不得受理：

(一)委托鉴定事项超出本机构司法鉴定业务范围的；

(二)发现鉴定材料不真实、不完整、不充分或者取得方式不合法的；

(三)鉴定用途不合法或者违背社会公德的；

（四）鉴定要求不符合司法鉴定执业规则或者相关鉴定技术规范的；

（五）鉴定要求超出本机构技术条件或者鉴定能力的；

（六）委托人就同一鉴定事项同时委托其他司法鉴定机构进行鉴定的；

（七）其他不符合法律、法规、规章规定的情形。

3.《最高人民法院关于人民法院民事诉讼中委托鉴定审查工作若干问题的规定》（2020年）

第三条 严格审查鉴定材料是否符合鉴定要求，人民法院应当告知当事人不提供符合要求鉴定材料的法律后果。

第四条 未经法庭质证的材料（包括补充材料），不得作为鉴定材料。

当事人无法联系、公告送达或当事人放弃质证的，鉴定材料应当经合议庭确认。

第五条 对当事人有争议的材料，应当由人民法院予以认定，不得直接交由鉴定机构、鉴定人选用。

典型案例

（2019）豫09民终2568号

裁判观点：……再次，河南裕达永信工程造价咨询事务所有限公司出具的造价鉴定意见书不能作为本案的定案依据。（2016）豫0902民初7325号案中，谢某山、谢某明申请对濮阳市邮政局综合配套工程项目中2010年9月至2012年4月工程利润进行鉴定。经法院委托，河南裕达永信工程造价咨询事务所有限公司出具造价鉴定意见书，认为濮阳市邮政局综合配套工程利润为1,081,417.6元。据此，谢某山、谢某明要求谢某华支付2/3的利润72.0945万元及利息。一审法院审理期间，根据谢某华的申请，经当庭咨询、提问，结合对崔某民的调查，上述鉴定意见存在以下问题：一是该鉴定收集的材料不完整，主要欠缺实际购买相关材料的依据和整体人工、材料、机械开支的依据，其是使用濮阳市邮政局结算资料作的参考，和实际的支出有误差，该误差可能会引起鉴定结果的必然变化；二是该鉴定结果在社保费计算时存在误差，仅当庭就发现误差为11,417.35元；三是个别项目人工费与当时的收入水平明显不符；四是崔某民认可作为鉴定意见基础数据的《濮阳市邮政局配套工程结算材料人工（成本利润）汇总表》系其应谢某山的要求出具，数据根据谢某山的记录整理，谢某山没有提供图纸和变更等资料，不是科学依据，不能作为诉讼的证据。综合以上情况，该鉴定意见依据不足，不能作为本案的定案依据，一审法院未采纳该鉴定意见正确。综上所述，谢某山、谢某明、谢某华三人合伙未自行清算，合伙期间是否盈利不清，现有证据无法对涉案工程分段计算利润，河南裕达永信工程造价咨询事务所有限公司出具的造价鉴定意见依据不足，不能作为本案的定案依据，故谢某山、谢某明要求谢某华支付合伙利润的主张缺少证据支持。谢某山、谢某明的上诉请求不能成立，应予驳回；一审判决认定事实清楚，适用法律正确，应予维持。

（修改）第二十五条　【证据保全申请】

当事人或者利害关系人根据民事诉讼法第八十一条（注：条文序号有变动，现为 2021 年《民事诉讼法》第八十四条）的规定申请证据保全的，申请书应当载明需要保全的证据的基本情况、申请保全的理由以及采取何种保全措施等内容。

当事人根据民事诉讼法第八十一条（注：条文序号有变动，现为 2021 年《民事诉讼法》第八十四条）第一款的规定申请证据保全的，应当在举证期限届满前向人民法院提出。

法律、司法解释对诉前证据保全有规定的，依照其规定办理。

法条渊源

我国的证据保全制度由来已久。在立法上，我国关于证据保全最早的条文规定体现为 1982 年《民事诉讼法》第六十五条，其后 1991 年《民事诉讼法》第七十四条承继了旧法的条文表述。这一时期的证据保全制度主要限于诉讼系属中的情形，并未涉及申请证据保全具体期限和措施的规定。此外，2012 年《民事诉讼法》第八十一条第一次以立法的形式将证据保全的具体程序规则指向了财产保全制度。就具体的证据保全措施而言，旧法虽然并未明示，实践中大多参照财产保全的相关规定，即采取查封、扣押或冻结的方式。从司法解释层面，2002 年《证据规定》第二十三条规定了证据保全的期限和担保。

至于诉前证据保全，2000 年《海事程序法》第六十三条中已经规定了起诉前申请海事证据保全的内容。后在 2001 年修正后的《中华人民共和国著作权法》《中华人民共和国商标法》中再次确认了诉前证据保全制度。2012 年《民事诉讼法》第八十一条则从程序法的角度补充了诉前证据保全的类型。至于司法解释层面的诉前证据保全规定，则最早出现在 2001 年《最高人民法院关于对诉前停止侵犯专利权行为适用法律问题的若干规定》第十六条。基于司法实务中的普遍需求，又在 2002 年《证据规定》第二十三条第三款增加了关于诉前证据保全的但书条款规定，以与将来可能的立法兼容。但直至现在，2021 年《民事诉讼法》及 2022 年《民诉法解释》等都没有对诉前证据保全作出系统规定。

法条精析

本条是关于当事人或利害关系人申请证据保全的规定，是针对 2017 年《民事诉讼法》第八十一条、第一百零二条和 2015 年《民诉法解释》第九十八条如何适用的操作性规定。本条修改过程中，2016 年《法院征求意见稿》第四十一条规定："当事人或者利害关系人根据《民事诉讼法》第八十一条的规定申请证据保全的，应当提交书面申请。申请书应当写明申请保全的证据、申请的理由、申请采取何种保全措施等内容。当事人在诉讼中申请证据保全的，应当在举证期限届满前提出。"2017 年《审判长讨论稿》第三十二条第一款规定："当事人或者利害关系人根据民事诉讼法第八十一条的规定申请证据保全的，申请书应当载明需要保全的证据、申请保全的理由以及采取何种保全措施等内容。根据民事诉讼法第八十一条第一款的规定申请证据保全的,应当在举证期限届满前向人民法院提出。”之后,2018 年《审委会送审稿》第二十四条在其基础上将“需要保全的证据”后增加“的基本情况”,使条文更具有实操性。而且新增加了一款“法律、司法解释对诉前证据保全有规定的,依照其规定办理”。本条定稿时与 2018 年《审委会送审稿》第二十四条保持一致。本条内容主要包括三方面,即申请书的必要记载事项(此为是否采取证据保全、采取何种保全措施、针对哪些证据采取保全措施的基础),当事人申请诉讼证据保全的期限,以及法律、司法解释对诉前证据保全的其他规定。相比 2002 年《证据规定》第二十三条、2015 年《民诉法解释》第九十八条规定,本条主要修改表现在:(1)增加了“利害关系人”,理由是,2012 年《民事诉讼法》第八十一条修改后增加规定了诉前证据保全规定。既然是诉前,那么就不存在当事人一说,只能以利害关系人称之。(2)明确了书面申请要求,增加了申请书内容的规定。理由是,2017 年《民事诉讼法》第八十一条和 2002 年《证据规定》第二十三条并未规定申请形式,而 2015 年《民诉法解释》第九十八条则只规定了申请诉讼中证据保全应当用书面形式,对诉前证据保全申请则未明确。故本条进一步明确排除口头申请情形,统一为书面申请书形式。同时列明申请书内容,指导当事人依法规范申请,便于法院审查是否准许该证据保全申请,提高司法效率。(3)将“不得迟于举证期限届满前 7 日”修改为“应当在举证期限届满前”,理由是:一则从实务情况看,举证期限届满前 7 日,对于当事人申请证据保全,时间过短,不利于维护当事人诉讼权利;二则申请法院调查取证和申请证据保全的目的都是固定证据,既然申请法院调查取证已经将“不得迟于举证期限届满前七日”修改为“举证期限届满前”,故为了保持一致,也应作如此修改。(4)增加一款关于诉前证据保全的但书条款。理由是诉前证据保全作为新生事物,与财产保全存在差别,不排除其他法律、司法解释会就此作出特殊规定,故增加一款。

一般而言,证据保全,是指为了防止在法院对证据认证之前,证据灭失或者以后难以取得,根据利害关系人或当事人的申请,法院对特定的证据资料采取保存或封存等措施的一种制度。[①] 证据保全的目的是保障当事人主张的事实能够建立在相应的证据基础之上,也使法院对事实的认定能够更加接近真实。传统的证据保全功能在于以实现实体公正为标准,以发现真实为目的。其必要性在于:一是证据可能由于自然原因发生变化,如不及时采取措施就会发生毁损灭失等,无法保持正常状态;二是由于人为原因,当事人或者利益相关人员可能会转移、藏匿、篡改证据等。无论是两者中的哪一种原因,对诉讼进程的影响都是相同的:使证据丧失原有证明能力或者灭失,无法发挥其证明案件事实的功能。所以,证据保全制度最传统的功能就在于保全证据。

随着证据保全制度的发展与人们对该制度的认识加深,证据保全制度的功能不再仅限于对证据的保全,也有助于对案件事实状态的确定,有助于确定案件事实状态的保全措施就都有可能纳入证据保全的制度范围内。证据保全功能的扩大将证据保全措施扩展为人身损害、对物的损害、物体瑕疵状态及原因的记录,包括通过申请鉴定方式确定案件事实状态。[②] 一旦通过证据保全确定了案件事实状态,就可以减少不必要的讼争。一般情况下,诉讼的发生是

---

① 张卫平:《民事证据法》,法律出版社 2017 年版,第 172 页。
② 张卫平:《民事证据法》,法律出版社 2017 年版,第 172 页。

基于事实问题的争议。那么如果事实问题被确定,当事人就可以进行诉前和解或调解。因此,从证据保全功能的角度看,证据保全不再只是保全证据的功能,还具有预防诉讼、促进和解或调解的功能,是世界各国证据保全制度发展的新趋势。

关于证据保全制度的性质,学界一直都有非讼程序和诉讼程序之争。认为证据保全属于非讼行为的,理由在于证据的状态不会随时间发生改变的情况下,仅对其采取扣押等手段即可达到证据保全的效果,证据调查并不必要。对于证据的固定仅仅是一种强制措施,不同于正式的证据调查程序,具有非讼性质。此外,非讼性质的证据保全还包括缺少对立双方当事人的情况。《德国民事诉讼法》第四百九十四条第一款规定:“当申请人未指明对方当事人时,如申请人释明,未能指明对方当事人并非由于自己的过失,则应准许其证据保全的申请。”我国台湾地区“民事诉讼法”第三百七十条第一款也规定,“如不能指定对造当事人,应表明其不能指定之理由”。一种观点认为,在此种一方当事人缺席的情况下,证据保全因缺乏两造对立的讼争结构,在本质上属于非讼事件。[①] 另一种观点认为,证据保全属于诉讼行为。其理由为证据保全规定在诉讼法中,属于证据调查的特别规定。其程序开始是基于法定原因,保全的证据当事人均可利用,有关费用也属于诉讼费用的组成部分。即使是诉前证据保全,也是针对未来的诉讼,可以产生诉讼上的效果。所谓诉讼行为一般是指当事人、法院或者其他主体所实施的能够发生诉讼法上效果的行为,而当事人申请证据保全的行为、法院实施证据保全的措施都是诉讼行为,都能产生诉讼法上的效果。两者相比,笔者更倾向于后者,即证据保全就是一种诉讼行为。其规定在《民事诉讼法》中,与适用财产保全同样的规则,目的是保障民事诉讼程序中的举证质证顺利进行和人民法院依据证据裁判。证据保全是一种诉讼行为,更具体而言,是当事人或利害关系人为了自己的诉讼利益而向法院提出申请,由人民法院决定是否采取保全措施的行为。之所以要求当事人或利害关系人提出申请才启动该程序,是因为法院证据保全与法院调查取证作为诉讼保障机制,具有固定证据、便于查明事实的共性。按照同类情况、同样处理的原则,应与2020年《证据规定》第二十条的规定保持一致,由当事人或利害关系人提出书面申请书,启动证据保全程序。之所以强制规定申请应以书面形式,一是为凸显其作为法定保障机制的启动严肃性;二是防止实务中经常出现的当事人与法院之间就是否申请过证据保全产生的争议。同样,为了统一书面申请书载明的内容、引导当事人规范申请、提高法院审查效率,本条第一款也和2020年《证据规定》第二十条一样明确了书面申请书的内容,主要包括:需要保全的证据的基本情况;申请保全的理由、采取何种保全措施等。其中,需要保全的证据的基本情况,主要指书面申请书中应载明证据名称或主要内容、所在的位置、由谁控制等找到证据的线索;申请保全的理由则是应重点说明该证据与本案争议事实的关系、如不及时保全证据可能导致证据灭失、以后难以取得或不再具有证明力等客观情况;明确何种保全措施,是要求在书面申请书中明确从查封、扣押、录音、录像、复制、鉴定、勘验等方法中选择具体申请措施。此外,为便于法院及时作出证据保全裁定,还可以在书面申请书中表明其申请的保全措施对证据持有人利益影响最小以及可以为申请提供的担保等。

---

① 沈冠伶:《民事证据法与武器平等原则》,台北,元照出版社2007年版,第166、174、175页。

由于申请证据保全的目的是固定证据以便将来作为举证证明案件事实的证据,故其与举证本质上都是让当事人通过证据证明待证事实的诉讼权利。为了防止当事人滥用该权利,通过临时、突袭式申请证据保全,拖延诉讼,2022 年《民诉法解释》第九十八条第一款规定"当事人根据民事诉讼法第八十四条第一款规定申请证据保全的,可以在举证期限届满前书面提出"。本条第二款规定了当事人申请诉讼中证据保全,也应与行使举证诉讼权利一样限定为,"应当在举证期限届满前"实施。这里需要注意的是,由"可以"修改为"应当"表明,为了进一步提高司法效率,避免当事人滥用诉讼权利和法官随意行使自由裁量权,我们将该期限规定变更为强制性规定。换言之,当事人超过举证期限,原则上就无权再申请证据保全。但是,与本规定第二十条第一款关于当事人及其诉讼代理人申请人民法院调查收集证据一样,该举证期限规定还可能因出现本规定第五十一条人民法院再次确定举证期限、第五十三条因变更诉讼请求重新确定举证期限、第五十四条准许延长举证期限和第五十五条新确定或重新确定举证期限等情形,而使原举证期限延长,从而客观上延长原已确定的可以提出证据保全申请的时间。

最后,考虑到诉前证据保全与诉讼证据保全之间存在明显区别,不排除其他法律、司法解释会就此作出特殊规定,目前规范层面的条文主要有 2000 年《海事程序法》诉前证据保全和有关侵犯专利、商标、著作权纠纷相关司法解释中的诉前证据保全的特别规定。例如,2001 年《最高人民法院关于对诉前停止侵犯专利权行为适用法律问题的若干规定》第十六条关于诉前证据保全的规定等。故本条第三款仍保留了上述但书条款,解决将来的兼容性问题。

实务疑难

当事人申请证据保全应注意的事项。

实务中,人民法院通常围绕是否存在"证据可能灭失或者以后难以取得的情况"进行审查。故当事人在提交的申请书中应重点载明申请证据保全的理由。实务中,可考虑从以下角度着手:(1)列明证据可能灭失的原因。主观原因,如被申请人或他人可能故意毁损、隐匿证据;客观原因,如证据由于自身原因可能腐烂、变质等。(2)载明证据以后难以取得的原因。以后难以取得是指如果不采取保全措施,将来获取证据会遇到巨大困难或者高昂成本。例如,证人即将移民国外,短期不会回国。(3)如为诉前证据保全,可载明符合"情况紧急"的要件。所谓"情况紧急",是指因情势紧急,不立即申请证据保全,证据就有可能随时灭失。例如,证明交通事故原因的损坏路障即将被更换。此外,实务中还就以下问题存有争议:一是证据保全是否受胜诉概率影响。笔者认为,不需要考虑胜诉概率。理由在于,行为保全和财产保全以被申请人的被诉行为或责任财产为保全对象,对于被申请人影响较大,故需要考量申请人胜诉的可能性;但是,证据保全是以证据为保全对象,目的是帮助人民法院调查收集证据,一般不涉及当事人重大财产权益。二是证据保全是否适用于当事人申请调查证据的情形。一种观点认为,《最高人民法院关于诉前停止侵犯注册商标专用权行为和保全证据适用法律问题的解释》第三条要求诉前证据保全的申请需载明"当事人及其诉讼代理人因客观原因不能自行收集的具体说明",故应该适用。但笔者认为,证据保全本质上虽然是法院调查收集证据的一种方式。但两者适用情形不同。前者是证据可能灭失或以后难以取得,后者是当事人因客观原因不能自行收集证据。只有在同时满足两者的前提下，才可能存在功能的重合。三是当事人申请保全的证据是否需具有关联性。证据的关联性是指证据与待证事实之间的客观联系。笔者认为，申请保全的证据应与案件待证事实有一定的形式关联性。也即，根据日常生活经验可以初步判断两者之间的联系。至于是否具备实质上的关联性从而具有证据资格以及证明力，则需经质证后，由人民法院作出认证。

关联法条

1.《中华人民共和国民事诉讼法》(2021 年)

第八十四条 在证据可能灭失或者以后难以取得的情况下，当事人可以在诉讼过程中向人民法院申请保全证据，人民法院也可以主动采取保全措施。

因情况紧急，在证据可能灭失或者以后难以取得的情况下，利害关系人可以在提起诉讼或者申请仲裁前向证据所在地、被申请人住所地或者对案件有管辖权的人民法院申请保全证据。

证据保全的其他程序，参照适用本法第九章保全的有关规定。

2.《中华人民共和国海事诉讼特别程序法》(2000 年)

第六十三条 当事人在起诉前申请海事证据保全，应当向被保全的证据所在地海事法院提出。

3.《中华人民共和国商标法》(2019 年)

第六十六条 为制止侵权行为，在证据可能灭失或者以后难以取得的情况下，商标注册人或者利害关系人可以依法在起诉前向人民法院申请保全证据。

4.《中华人民共和国专利法》(2020 年)

第七十三条 为了制止专利侵权行为，在证据可能灭失或者以后难以取得的情况下，专利权人或者利害关系人可以在起诉前依法向人民法院申请保全证据。

5.《中华人民共和国著作权法》(2020 年)

第五十七条 为制止侵权行为，在证据可能灭失或者以后难以取得的情况下，著作权人或者与著作权有关的权利人可以在起诉前依法向人民法院申请保全证据。

6.《最高人民法院关于知识产权民事诉讼证据的若干规定》(2020 年)

第十一条 人民法院对于当事人或者利害关系人的证据保全申请，应当结合下列因素进行审查：

(一)申请人是否已就其主张提供初步证据；

(二)证据是否可以由申请人自行收集；

(三)证据灭失或者以后难以取得的可能性及其对证明待证事实的影响；

(四)可能采取的保全措施对证据持有人的影响。

第十三条 当事人无正当理由拒不配合或者妨害证据保全，致使无法保全证据的，人民法院可以确定由其承担不利后果。构成民事诉讼法第一百一十一条规定情形的，人民法院依法处理。

第十四条 对于人民法院已经采取保全措施的证据，当事人擅自拆装证据实物、篡改证据材料或者实施其他破坏证据的行为,致使证据不能使用的,人民法院可以确定由其承担不利后果。构成民事诉讼法第一百一十一条规定情形的,人民法院依法处理。

第十七条 被申请人对证据保全的范围、措施、必要性等提出异议并提供相关证据,人民法院经审查认为异议理由成立的,可以变更、终止、解除证据保全。

第十八条 申请人放弃使用被保全证据,但被保全证据涉及案件基本事实查明或者其他当事人主张使用的,人民法院可以对该证据进行审查认定。

7.《最高人民法院关于适用〈中华人民共和国民事诉讼法〉的解释》(2022 年)

第九十八条 当事人根据民事诉讼法第八十四条第一款规定申请证据保全的,可以在举证期限届满前书面提出。

证据保全可能对他人造成损失的,人民法院应当责令申请人提供相应的担保。

典型案例

1.(2020)最高法知民终 624 号

裁判观点:关于原审法院对蓝翔公司提出的证据保全申请及勘验申请不予支持是否妥当的问题。蓝翔公司所提证据保全申请与现场勘验申请,无论是申请目的,还是被申请对象、实施地点、实施手段均高度重合。故以下如无特别说明,主要围绕对蓝翔公司所提证据保全申请应否支持展开分析。依照 2017 年《民事诉讼法》第八十一条第一款的规定,人民法院依申请进行证据保全适用于证据可能灭失或者以后难以取得的情形。根据 2020 年《证据规定》(以下简称民事诉讼证据规定)第二十五条第一款和第二款、第二十七条第二款的规定,当事人或者利害关系人根据民事诉讼法第八十一条的规定申请证据保全的,申请书应当载明需要保全的证据的基本情况、申请保全的理由以及采取何种保全措施等内容。当事人根据民事诉讼法第八十一条第一款的规定申请证据保全的,应当在举证期限届满前向人民法院提出。根据当事人的申请和具体情况,人民法院可以采取查封、扣押、录音、录像、复制、鉴定、勘验等方法进行证据保全,并制作笔录。根据上述规定可知,证据保全是补强当事人举证能力、推动查明案件事实的重要手段。对于当事人或者利害关系人提出的证据保全申请,人民法院应当及时进行审查;对于符合证据保全法定条件的申请,人民法院应当依法支持,通过及时采取恰当、适度的保全措施,切实减轻当事人的证明负担。

2.(2021)渝 01 民终 3504 号

裁判观点:对于邹利民提出的证据保全申请,2020 年《证据规定》第二十五条规定,当事人或者利害关系人根据民事诉讼法第八十一条的规定申请证据保全的,申请书应当载明需要保全的证据的基本情况、申请保全的理由以及采取何种保全措施等内容。当事人根据民事诉讼法第八十一条第一款的规定申请证据保全的,应当在举证期限届满前向人民法院提出……根据上述规定,申请证据保全应当在举证期限届满前提出,而邹利民并未在规定期限内提出,故本院对其申请不予准许。

对于邹利民提出的评估申请,因本案是二手房交易,约定的价格是当事人通过现场查看后自愿协商的结果,且没有充分的证据证明存在重大误解等情形,故本院对其申请不予准许。

（修改）第二十六条 【证据保全担保】

当事人或者利害关系人申请采取查封、扣押等限制保全标的物使用、流通等保全措施，或者保全可能对证据持有人造成损失的，人民法院应当责令申请人提供相应的担保。

担保方式或者数额由人民法院根据保全措施对证据持有人的影响、保全标的物的价值、当事人或者利害关系人争议的诉讼标的金额等因素综合确定。

法条渊源

证据保全担保制度的设置有助于减轻保全措施给保全标的物带来的限制以及给被申请人带来的损失，平衡双方当事人的风险和利益，也有助于证据保全措施的顺利进行。我国最早关于证据保全担保的规定是2002年《证据规定》第二十三条第二款。首先以“法律”形式予以明确是在2012年《民事诉讼法》第八十一条第三款，证据保全的其他程序，参照适用该法第九章保全的有关规定。该法第一百条、第一百零一条分别规定了诉讼财产保全可以要求提供担保和诉前财产保全应当提供担保。但在2015年《民诉法解释》对证据保全并未完全参照上述规定，而是在其第九十八条第二款规定：证据保全可能对他人造成损失的，人民法院应当责令申请人提供相应的担保。尽管该款明确了保全可能对他人造成损失的，应当提供相应的担保，但其并未明确具体如何判断哪些担保措施可能造成损失以及担保方式或相应担保数额的确定标准。

法条精析

本条是关于当事人或者利害关系人申请证据保全时提供担保的规定，是在2002年《证据规定》第二十三条第二款和2015年《民诉法解释》第九十八条第二款基础上修改而成的。本条在修改过程中，2016年《法院征求意见稿》第四十二条规定：“当事人或者利害关系人申请采取查封、扣押等限制证据保全标的物使用、流通等证据保全措施，或者证据保全可能对证据持有人造成财产损失的，人民法院应当责令申请人提供相应的担保，并对担保财产依法办理查封、扣押、冻结等手续。担保财产的价值由人民法院根据保全措施对证据持有人的影响、证据保全标的物的价值、当事人或者利害关系人争议的诉讼标的额等因素综合确定。”2017年《审判长讨论稿》第三十二条第二款规定：“当事人或者利害关系人申请采取查封、扣押等限制保全标的物使用、流通等保全措施，或者保全可能对证据持有人造成损失的，人民法院应当责令申请人提供相应的担保，担保的方式或数额由人民法院根据保全措施对证据持有人的影响、保全标的物的价值、当事人或者利害关系人争议的诉讼标的金额等因素综合确定。”2018年《审委会送审稿》第二十五条与2017年《审判长讨论稿》第三十二条第二款保持一致。本条定稿时，没有变化。本条主要修改有：(1)2015年《民诉法解释》第九十八条第二款在2002年《证据规定》第二十三条第二款基础上增加规定了应当提供相应担保的证据保全情形：证据保全可能对他人造成损失的。本条则在2015年《民诉法解释》第九十八条第二款基础上细化规定了需要提供相应担保的保全措施:采取查封、扣押等限制保全标的物使用、流通等保全措施。(2)本条在2002年《证据规定》第二十三条第二款基础上增加"利害关系人"这一申请主体,将诉前证据保全的相应担保纳入进来。(3)在2002年《证据规定》第二十三条第二款基础上增加规定"担保方式或数额"的确定方式。以上修改,使本条规定更具操作性,进一步满足实务需求。

从2012年《民事诉讼法》第八十一条第三款增设规定"证据保全的其他程序,参照适用本法第九章保全的其他规定"可知,我国现行法律对证据保全制度的认识,着重在如何对作为物质形态的证据采取物理性固定措施。但对于物理状态会随时间而改变的证据而言,仅仅是对证据方法的固定并不能起到保全证据的作用。对于物理状态不会随时间而改变的证据,理论上对证据方法的固定虽具有可行性,但证据保全强调的是对证据价值的利用,查封、扣押等强制措施不仅无从判断证据价值,更会引发对他造经济利益的不当侵害。[①] 事实上,证据保全的本质是证据调查。所谓证据调查是法官凭借五官对证据进行判断并形成心证的过程。故严格意义而言,除了固定证据之外,证据保全也包括对证据进行调查,审查证据资格,将证据的证明力予以固定。因此,证据保全也应当提前对特定证据对特定事实的证明进行调查,这也是开庭质证要解决的问题之一。在大陆法系国家,证据保全是对证据进行调查的前置程序。证据保全措施的目的是固定证据,一般不会对证据资料载体的物质形态造成影响。从实务情况看,证据保全具体措施主要表现为:对证人的询问、对物的勘验和对书证内容的复印等,很少涉及对证据采取查封、扣押等措施。但一旦对证据不得不采取查封、扣押等措施,就可能会给被申请人和他人带来不利益。这种不利益既可能表现为经济利益的减少,也可能表现为权利行使受到限制。例如,扣押作为证据的货车,限制其使用,将影响生产经营,造成企业损失。因为申请人不是保全标的物的主人,应当对申请证据保全给他人带来的损失予以赔偿。故人民法院受理当事人或利害关系人的证据保全申请,实际上是承担着风险的。因此,为了防止被申请人财产受到损失后难以得到赔偿,立法通过要求申请人提供担保方式解决。例如,2022年《民诉法解释》第九十八条第二款规定,证据保全可能对他人造成损失的,人民法院应当责令申请人提供相应的担保。申请人不提供担保的,驳回证据保全申请。通过责令当事人或利害关系人提供担保这一方式,基本上可以解决不当证据保全的问题,也有利于实现双方当事人之间利益的平衡。这里需要注意的是,本条规定的"人民法院应当责令申请人提供相应的担保"并非完全按照财产保全的相应规定得出。从2021年《民事诉讼法》第一百零三条、第一百零四条可知,对于申请财产保全的提供担保问题,区分诉讼中和诉讼前两种情况处理:针对诉前保全,根据上述第一百零四条规定可知,采用强制性规定,申请人应当提供担保;针对诉讼保全,根据上述第一百零三条规定可知,采用任意性规定,人民法院可以责令申请人提供担保。如按2021年《民事诉讼法》第八十四条第三款规定,证据保全的其他程序,参照适用保全的规定,则证据保全担保也应区分诉前和诉中两种情况。但2015年《民诉法解释》并未根据时间区分,而是以是否导致被申请人不利益为标准。本条规定在沿袭该标准基础上,增

① 段文波、李凌:《证据保全的性质重识与功能再造》,载《南京社会科学》2017年第5期。

加了“申请采取查封、扣押等限制保全标的物使用、流通等保全措施”这一应当提供相应担保的情形。所谓“相应的担保”，是指担保数额与实务中可能造成的损失数额匹配、对应。

正如前述，法院采取证据保全措施时，应当根据不同证据的特点，采取不同的保全证据的方法。对于证人证言，应当采取笔录或录音的方式；对于书证，应当采取拍照、复制的方法；对物证的保全，可以通过现场勘验，制作笔录、绘图、拍照、录像等方法，客观真实地反映证据。其中，能够造成被申请人不利益的主要是查封、扣押等限制保全标的物使用、流通等保全措施。对这类明显损害被申请人财产权益的保全措施，如果所保全的证据是被申请人用于生产经营的工具、材料等，那么担保数额则应主要考虑保全措施可能对证据持有人造成的直接损失和间接损失；如果所保全的证据是非当事人日常生产经营所必须的书证文件，由于书证往往直接决定了当事人争议的诉讼标的金额大小及其归属，书证原件灭失将导致争议的诉讼标的金额因缺乏直接证据无法得到支持。故此时，应将争议标的物价值作为担保数额。此外，在保全可能造成证据持有人其他损失的情形，求稳起见，人民法院对此要求担保的数额可考虑保全标的物的价值并综合前几个因素来确定。因此，根据本条第二款，“担保方式或者数额由人民法院根据保全措施对证据持有人的影响、保全标的物的价值、当事人或者利害关系人争议的诉讼标的金额等因素综合确定”。

证据保全的担保金额应当与保全措施相一致，如果保全的证据为双方当事人有争议的物，且需要采取查封、扣押的方式进行保全的，那么申请保全人提供担保的数额应当与保全标的物的实际价值相当；如果采取鉴定、勘验或拍照、录像的方法保全该物证的，那么该申请人提供的保全金额应当相当于采取该保全措施给对方利益所造成的损失。对此，2016年施行的《最高人民法院关于办理财产保全案件若干问题的规定》起草中曾规定了根据保全对象不同，分别确定担保数额的方式：(1)保全银行账户资金的，不超过被保全资金的30%；(2)保全土地、房屋等不动产的，不超过被保全土地、房屋等不动产同期市场交易价格的30%；(3)保全车辆、机器设备等动产的，不超过被保全车辆、机器设备等动产查封期间的折旧费用；(4)保全非上市公司股权或投资权益的，不超过被保全股权或投资权益出资金额或者转让金额的30%；(5)保全古玩、字画、知识产权等其他财产的，不超过被保全财产市值估价的30%。财产保全期间，申请保全人提供的担保不足以赔偿可能给被保全人造成的损失的，人民法院应当责令其追加担保；拒不追加的，裁定解除保全。除了自己提供财产担保外，实务中，还有他人为申请保全人提供担保的情形。根据该司法解释第六条的规定，他人为申请保全人提供财产担保的，应当向人民法院出具担保书。担保书应当载明担保人、担保方式、担保财产、担保范围、担保物的价值、担保责任的承担等内容，并附相关证明材料。他人为申请保全人提供保证担保的，应当向人民法院提交公民的身份证明、法人或其他组织营业执照、法定代表人或主要负责人身份证明、组织机构代码、财产或财务状况等证明文件。公司法人作为第三人提供保证担保的，还应当提供公司章程及公司股东会或者董事会同意提供担保的决议文件。总之，保全担保应当符合民法典、公司法等有关法律的规定，不符合规定的，人民法院应当裁定驳回申请。近年来，不少保险公司开始推广诉讼保全责任险。对此，该司法解释第七条还规定，申请保全人可以与保险公司订立诉讼保全责任险合同，作为保全担保。诉讼保全责任险合同的保险利益应当确保保险事故发生时被保全人所遭受的损失得到赔偿。

最后,明确提供保全担保的目的是用于对将来保全错误需要赔偿的预先准备。关于保全错误,2021 年《民事诉讼法》第一百零八条规定,"申请有错误的,申请人应当赔偿被申请人因保全所遭受的损失"。关于申请人的"错误"范围该如何界定,应当排除因法院裁判错误而扩大的损害部分。申请保全人不应当承担损害扩大的部分。如果当事人因不服生效判决而申请再审或向检察院申请抗诉,在此期间由证据保全产生的损害,申请保全人不应承担担保责任。如果因被保全人的错误导致损害扩大的,申请人也无须承担赔偿责任。除此之外,因地震、山洪等不可抗力因素造成保全证据损失的,保全申请人也不应承担担保责任。担保的方式和数量由人民法院根据实际情况裁量,应结合采取保全措施对被保全人的影响、保全物的价值以及案件争议诉讼标的金额等因素综合确定。

实务疑难

证据保全与财产保全的关系。

实务中,经常有因为对两者关系不能正确认识,而导致适用法律错误的情形。笔者认为,两者的共同点在于:首先,两者都有保障诉讼进程的作用。证据保全通过保全证据的证明价值,从而协助法院更好地查明事实,维护当事人诉讼权利;财产保全通过保全财产的经济价值,有助于将来裁判的强制执行和促使当事人调解结案。其次,两者的保全措施有相同之处,都可以采取查封、扣押保全对象的措施。正是基于两者以上共同之处,2021 年《民事诉讼法》第八十四条第三款规定,证据保全的其他程序,参照适用保全的规定。所以实务中,经常将两者等同对待,在处理证据保全相关问题时,直接照搬财产保全规定的情形,并不少见。笔者认为,两者存在根本区别:第一,两者本质不同。证据保全本质上是以证据调查为中心,涉及的是当事人的证明权,属于诉讼上的权利。其制度目的是保全证据的证据价值;而财产保全实质是为满足当事人将来强制执行能得以实现的实体法请求权。其制度目的是防止判决将来难以执行或造成当事人其他损害。第二,两者保全对象不同,证据保全保全的对象是证据资料上能证明案件事实的证据,而非证据资料这一载体本身。而财产保全保全的对象则是财产的财产价值,也即财产本身。第三,两者被申请人范围不同。证据保全是基于人民法院行使公权力查明案件事实的需要,任何持有证据的被申请人均有义务配合该保全行为,故其被申请人范围甚至可以扩张到不是本案当事人但对证据享有所有权的案外人。财产保全虽然也可扩张到持有财产的案外人范围,但该案外人不能是该财产的实际所有权人。第四,两者采取相应担保的条件不同。就此,本条前面已有论述,在此不再重复。第五,两者采取的具体措施不同,因为证据保全保全的是证据资料的证明力,而非证据资料本身。故证据保全除常用的查封、扣押和冻结等保全措施,还可采取录音、录像、复制、鉴定、勘验等非财产保全措施。

关联法条

1.《中华人民共和国民事诉讼法》(2021 年)

第八十四条 在证据可能灭失或者以后难以取得的情况下,当事人可以在诉讼过程中向人民法院申请保全证据,人民法院也可以主动采取保全措施。

因情况紧急，在证据可能灭失或者以后难以取得的情况下，利害关系人可以在提起诉讼或者申请仲裁前向证据所在地、被申请人住所地或者对案件有管辖权的人民法院申请保全证据。

证据保全的其他程序，参照适用本法第九章保全的有关规定。

第一百零三条　人民法院对于可能因当事人一方的行为或者其他原因，使判决难以执行或者造成当事人其他损害的案件，根据对方当事人的申请，可以裁定对其财产进行保全、责令其作出一定行为或者禁止其作出一定行为；当事人没有提出申请的，人民法院在必要时也可以裁定采取保全措施。

人民法院采取保全措施，可以责令申请人提供担保，申请人不提供担保的，裁定驳回申请。

人民法院接受申请后，对情况紧急的，必须在四十八小时内作出裁定；裁定采取保全措施的，应当立即开始执行。

第一百零四条　利害关系人因情况紧急，不立即申请保全将会使其合法权益受到难以弥补的损害的，可以在提起诉讼或者申请仲裁前向被保全财产所在地、被申请人住所地或者对案件有管辖权的人民法院申请采取保全措施。申请人应当提供担保，不提供担保的，裁定驳回申请。

人民法院接受申请后，必须在四十八小时内作出裁定；裁定采取保全措施的，应当立即开始执行。

申请人在人民法院采取保全措施后三十日内不依法提起诉讼或者申请仲裁的，人民法院应当解除保全。

2.《最高人民法院关于适用〈中华人民共和国民事诉讼法〉的解释》(2022年)

第九十八条　当事人根据民事诉讼法第八十四条第一款规定申请证据保全的，可以在举证期限届满前书面提出。

证据保全可能对他人造成损失的，人民法院应当责令申请人提供相应的担保。

第五百四十条　依照民事诉讼法第二百七十九条规定，中华人民共和国涉外仲裁机构将当事人的保全申请提交人民法院裁定的，人民法院可以进行审查，裁定是否进行保全。裁定保全的，应当责令申请人提供担保，申请人不提供担保的，裁定驳回申请。

当事人申请证据保全，人民法院经审查认为无需提供担保的，申请人可以不提供担保。

典型案例

(2018)苏民终1264号

裁判观点：人民法院审查知识产权证据保全申请，应当综合考量证据保全申请的合法性、必要性、可行性等因素，既要及时采取保全措施，充分有效保护申请人的合法权益，也要依法维护被申请人正常的生产经营秩序，防止申请人滥用权利或者损害公共利益。证据保全可能对他人造成损失的，申请人应当提供相应的担保。担保方式或者数额由人民法院根据保全措施对证据持有人的影响、保全标的物的价值、当事人或者利害关系人争议的诉讼标的金额等因素综合确定。本案系侵害发明专利权纠纷,被控侵权产品“旋转补偿器”是否落入涉案专利权保护范围需要进行较为复杂的技术比对才能作出判定,而宏鑫公司申请保全的被控侵权产品“旋转补偿器”已安装在蒸汽管道中。该蒸汽管道工程计划竣工日期是2017年12月30日,在一审庭审时已超期半年之久。在此情形下,若采取直接拆卸比对,必然会造成管道工程工期的再次延误,也可能对被申请人造成一定的损失。因此,在确定担保数额时需要考虑保全措施对涉案蒸汽管道工程所造成的影响,不能仅限于单个旋转补偿器本身的产品价值。对此,经一审法院多次询问,宏鑫公司仅愿意对旋转补偿器及拆卸安装检测过程中产生的直接费用提供担保费20万元,明显低于被申请人因执行证据保全措施所可能遭受的损失。故一审法院以担保不足为由对宏鑫公司关于直接拆卸比对的意见不予采纳,并无不当。

(修改) 第二十七条 【证据保全措施及其见证】

人民法院进行证据保全,可以要求当事人或者诉讼代理人到场。

根据当事人的申请和具体情况,人民法院可以采取查封、扣押、录音、录像、复制、鉴定、勘验等方法进行证据保全,并制作笔录。

在符合证据保全目的的情况下,人民法院应当选择对证据持有人利益影响最小的保全措施。

法条渊源

早在2000年《海事程序法》第七十条就对海事证据保全作了原则性规定,根据具体情况,可以对证据采取封存、提取复制件、副本或者进行拍照、录像、制作节录本、调查笔录等保全措施。2002年《证据规定》第二十四条在此基础上,增加了查封、扣押、录音、鉴定、勘验等方法。以上也是多年来,司法实践中普遍采用的证据保全措施范围,实施效果明显。关于证据保全见证则在2002年《证据规定》第二十四条中已有规定。但该条未就人民法院如何确定具体证据保全措施作出细化规定。

法条精析

本条是关于证据保全措施类型和见证人的规定,是在2002年《证据规定》第二十四条基础上修改而成的。本条修改过程中,2016年《法院征求意见稿》第四十三条规定:“人民法院进行证据保全,可以根据当事人的申请和具体情况采取查封、扣押、录音、录像、复制、鉴定、勘验等方法,并制作笔录。在符合证据保全目的的情况下,人民法院应当选择对证据持有人利益影响最小的保全措施。”2017年《审判长讨论稿》第三十三条第一款与其保持一致。2018年《审委会送审稿》第二十六条增加一款“人民法院进行证据保全,可以要求当事人或者诉讼代理人到场。根据当事人的申请和具体情况,人民法院可以采取查封、扣押、录音、录像、复制、鉴定、勘验等方法进行证据保全,并制作笔录”的规定。第二十七条第一款规定:“在符合证据保全目的的情况下,人民法院应当选择对证据持有人利益影响最小的保全措施。”本条最后定稿时再无变动。

本条规定主要修改体现为:(1)将2002年《证据规定》第二十四条第二款作为本条第一款,这样先交代在场见证人员,再载明具体保全措施,更合情理;(2)将2002年《证据规定》第二十四条第一款作为本条第二款并将“人民法院进行证据保全,可以根据具体情况”修改为“根据当事人的申请和具体情况,人民法院可以”,理由在于增加“根据当事人的申请”表明人民法院采取具体保全措施时,应尊重当事人诉讼权利,将当事人申请中提出的具体保全措施类型、保全对象范围纳入考虑范围;(3)删除2002年《证据规定》第一款中“拍照”“制作笔录”这两种证据保全措施。理由在于,就证据保全的内容而言,拍照属于广义上对证据的复制形式,没有必要重复规定。制作笔录是法院对于所保全的证据以笔录的方式固定证据材料的保全方法,适用于以言辞、活动和状态为内容的证据材料,如证人证言、对于物证的勘验笔录、法庭询问笔录、文件材料的摘录、调查笔录等。① 之所以本条删除了“制作笔录”,一是笔录由人临时记录的特性决定了其不可避免出现内容遗漏、谬误或词不达意等情形,影响其所保全证据资料的证明力;二是现代科技发展,实务中原来需要通过调查笔录保全的证据,现基本可被视听资料、电子数据等证据方法替代。

证据保全是当事人对其在诉讼上欲加利用的证据方法,担心日后有灭失或妨碍使用之隐患,欲为调查而对证据加以保全。证据一经法院采取保全措施,便产生法律上的约束力。一是处分约束的效力。一旦对证据采取了保全措施,如查封、扣押等限制处分的措施,被申请人就不得处分或改变该证据。如果被申请人擅自处分或改变证据将构成妨害民事诉讼的行为,并承担法律责任。二是被保全证据的证明作用。证据保全的一个重要价值就在于通过保全的方法将证据中包含的案件信息予以保留,并利用保全的方式对案件事实进行有效的证明,取得与被保全的证据直接证明相同的效果。双方当事人均可以对被保全的证据加以利用。保全的证据为双方当事人之间事实关系的证明,因此不仅是申请一方可以利用,被申请人一方也可以在认为对其有利时加以利用。三是已采取保全措施的证据在辩论中仍然需要予以陈述,即使已经采取保全措施的证据,在未经当事人主动引用向法院提出并进行法庭辩论说明时,法院也不可以直接将该证据作为裁判的依据。这种做法更加尊重当事人的自主选择权,以免法院过多介入诉讼中,保护双方当事人的平等地位。一般而言,证据调查,应于诉讼系属后已达到调查的程度,且认为有必要时才能进行。但如果固守此项原则,直到事后必须调查证据之时才进行证据调查,则可能为时已晚。例如,发生证据灭失不能使用,或者因情势变更出现有碍使用的情形,影响裁判的公正时,即属于这种特别情形。因此,诉讼法特别设置证据保全程序以便给予必要的救济。② 证据保全在本质上是预先进行的证据调查。申请诉讼保全,既可以在诉讼中,也可以在诉讼前,其性质都是使证据证明的内容避免因不可抗力、情势变更或其他原因而产生不利于证明的变化。证据保全的目的在于事前防范,以避免在日后

---

① 李国光主编:《最高人民法院〈关于民事诉讼证据的若干规定〉的理解与适用》,中国法制出版社2002年版,第225页。

② 王甲乙、杨建华、郑健才:《民事诉讼法新论》,台北,广益印书局1983年版,第440页。

的庭审过程中因无法获取证据而导致的不利后果。其意义在于:一是能够使法院的判决更加接近真实,因为民事诉讼中诉讼标的一般表现为当事人之间争议的私权关系,所以证据的提出更多地依靠当事人举证。实践中,经常出现因当事人无法举证而使其合理的诉讼请求不能得到法院的支持。也就导致法院在未能完全了解案件事实的基础上作出裁判,使法院的民事裁判在某种程度上缺乏公正性。如果当事人采取证据保全的措施,法院就能进一步更完整地了解到案件真实,有助于司法裁判更为公平合理。二是基于疏减讼源的需要。民事诉讼的发生,并不完全是双方当事人各持己见的结果。而是常常因为一方当事人未能保全其证据,他方趁机否认其权利所致。假若证据保全完整无缺,在相当程度上便可减少案件发生的概率,即使发生争讼,也便于在诉讼中达成和解。① 概言之,证据方法是证据调查的对象,证据资料是法官经过证据调查后能够左右其心证产生的结果。强制措施可以用来固定证据方法,但对于证据资料的固定则需要正式的证据调查。

证据保全原则上是根据当事人的申请而展开的,当事人提出申请一般是认为该证据能够用来证明其主张,但存在毁损、灭失的可能性,进而导致其日后在诉讼中无法证明诉讼主张的,遂向法院申请证据保全。证据保全的申请应当以书面形式提出,写明利害关系人或当事人和被申请人的身份、被保全的证据、证据保全的原因或理由等。关于证据保全的管辖法院,法律规定,如果是诉前证据保全,由于案件尚未起诉到法院,因此,利害关系人应当向被保全证据的所在地法院或被申请人所在地法院提出申请;当事人已经起诉的,可以向对案件有管辖权的法院提出证据保全的申请。

由于法院在证据保全程序中所获得的同一证据资料如同正式的证据调查程序中所获得的证据资料,不可能同时作为双方当事人主张的事实之根据,故证据保全程序如何进行显然将直接关系到法院在将来的诉讼中如何认定事实,攸关当事人利益。为维护当事人的利益,并凸显证据保全的诉讼程序性质,证据保全应保持双方当事人对立的程序构造:应保证当事人在证据保全程序中享有在场权。当事人在场不仅可以参与证据保全中的证据调查,如依规定向证人、鉴定人进行发问,提出证据是伪造的,文书证据不具有形式上的证据力等各种证据抗辩,并且能主张关于证据的利益。故在证据保全程序中当事人是否在场不仅直接关系到当事人的程序利益能否得到保障而且可能关系到证据保全结果是否正确。因此,在法院实施证据保全程序时必须以合法的方式传唤当事人到场。当事人,由于证据保全乃紧急情形下所进行的证据调查,为保存证据,时间上不允许传唤双方当事人到场也事所常有,②具体而言,在法院裁定的程序中,除非情况特殊紧急,否则原则上尤其是在确认事物现状类型证据保全中,应当及时通知对方当事人,送达申请书副本,保障其对于证据保全要件事实及法律观点有发表意见的机会。即使是在特别紧急的情况下,也应当在事后给予当事人表达意见的机会。在法院对证据进行调查的过程中,应当充分保障当事人的在场参与权,除紧急情况,应当在证据调查日之前将裁定送达对方当事人,给予其在场见证表达意见的权利,避免因对方当事人不在

---

① 陈玮直:《民事证据法研究》,台北,新生印刷厂1970年版,第85页。

② 占善刚:《证据保全程序参照适用保全程序质疑——〈中华人民共和国民事诉讼法〉第81条第3款检讨》,载《法商研究》2015年第6期。

场而导致的程序不合法，以至于侵害他人权益。综上所述，本条第一款沿袭了 2002 年《证据规定》第二十四条第二款，规定人民法院进行证据保全，可以要求当事人或者诉讼代理人到场见证证据保全，并在调查笔录或查封、扣押清单上签名或盖章。当然，当事人或者诉讼代理人拒绝签名或盖章的，法院应将该情况在笔录或清单上载明。这里需要注意的是，如果证据保全对象属于非当事人的证据持有人，同样也可以要求其到场见证，具体理由参见上文。

证据保全的方式根据证明属性的不同采取不同的保全方式。对于物证的保全，通常采取查封、扣押、录像、复制、鉴定等方法。对于与现场事实状态相关的保全，可以采用勘验的方法。勘验笔录实际上是将所谓的现场证据加以转化的另一种证据形式。对于人证的保全，证据形式为证人证言的，为了保证证言的客观性，往往采用录像的方式。在德国，对证人证言的保全方法不是仅采用对证人陈述的录音或录像的方法，通常是通过法院对证人的询问使证人陈述得以确定。对证人询问的方式可能更能够体现证言的客观性。但我国目前的录音、录像方法只是强调对证人证言的记录，没有强调证言获取的程序性方式。关于当事人陈述，我国民事诉讼法并未直接规定将其作为证据保全的对象。从理论上讲，既然当事人陈述属于证据的一种，自然也应当纳入证据保全的范围。不过，实践中似乎没有对当事人陈述申请或实施保全的。在日本，通过当事人照会的方式在证据调查之前，即可将当事人陈述内容固定下来。当事人照会可以于起诉之后，亦可在当事人起诉之前进行。如果比照证人询问的方式进行证据保全，则当事人陈述也可以通过法庭审理前的当事人询问获得当事人陈述，实现对当事人陈述的保全。[①] 在具体实践中，究竟采取何种保全措施，还需要法院根据证据与待证事实具体情况以及当事人申请情况加以斟酌。但是，不管采用何种证据保全措施，都需要制作笔录对证据保全过程进行记录，以便证据调查核对时使用。

虽然实践中人民法院可以采取的证据保全措施多种多样，但都必须服从于证据保全的制度目的：保存证据资料以备将来在本案诉讼中法院可以利用其作为认定事实的依据。从申请人角度而言，只要能实现该目的，具体采用何种证据保全措施，在所不论。但从被申请人角度而言，不同的证据保全措施对其影响则有区别。例如，同样是对公司账本进行证据保全，采取账本原件封存或扣押的方式进行证据保全，则意味着账本持有人即公司正常生产经营将受到严重影响。如采用复制方式进行证据保全，则对该公司而言，还可以使用账本原件记载。如此对公司正常生产经营影响较小。但无论是查封扣押账本原件抑或是提取复制件，申请人在意的仅仅是账目记载能否证明待证事实，根本不关心账目载体是何物。因此，为了平衡双方当事人权益并约束法院随意行使自由裁量权，本条第三款新增规定，在符合证据保全目的的情况下，人民法院应当选择对证据持有人利益影响最小的保全措施。

实务疑难

证据保全的过程中，对方当事人是否可以就证据保全裁定提出异议？

我国台湾地区“民事诉讼法”规定，保全证据的申请必须由接受申请的法院作出裁定。在

---

① 张卫平：《民事证据法》，法律出版社 2017 年版，第 179 页。

作出裁定前，法院要就申请保全的要件，管辖权的有无，申请是否符合程序性事项予以调查，至于待证事实是否重要不必加以审查。在法院作出裁定前，当事人也可以进行任意性言词辩论。法院认为保全申请是正当的，在作出准予保全的裁定之前，应表明证据及待证事实，以使当事人获悉保全证据的范围。凡未经宣示的，应当送达给双方当事人。若认为保全证据的申请不正当的，则应当作出附理由的裁定，驳回其申请，申请人对此裁定可提出控告。至于作出准予保全证据的裁定，对方当事人不得声明不服，这是因为对对方当事人而言并无损害之虑。[①] 我国台湾地区学者认为，法院在接受申请状或者书记官制成的申请笔录后，即应审查管辖有无错误，保全证据的实质要件是否具备，以及申请是否符合程序，然后不经言词辩论裁定准予调查证据或驳回申请。驳回申请的裁定，因其与对方当事人不发生关系，仅须送达申请人，申请人在驳回裁定送达后，可以提出抗告。对准予调查证据的裁定，则应送达双方当事人，对方当事人不得对此提出抗告。当法院在准予调查证据后，认定其申请不应准许而以裁定撤销原裁定的，自应与驳回申请人的申请相同，应当允许申请人对此提出抗告。法律之所以作出这般规定，是因为证据保全的结果并不消灭对方当事人在诉讼上的抗告机会，但是在证据不予保全时将使申请人在事后存在无法诉讼的担忧。[②] 如若由于申请人错误导致证据持有人财产的损失，申请人应当根据实际损害情况予以赔偿。

关联法条

1.《最高人民法院关于人民法院办理财产保全案件若干问题的规定》（2016 年）

第十三条 被保全人有多项财产可供保全的，在能够实现保全目的的情况下，人民法院应当选择对其生产经营活动影响较小的财产进行保全。

2.《最高人民法院关于知识产权民事诉讼证据的若干规定》（2020 年）

第十二条 人民法院进行证据保全，应当以有效固定证据为限，尽量减少对保全标的物价值的损害和对证据持有人正常生产经营的影响。

证据保全涉及技术方案的，可以采取制作现场勘验笔录、绘图、拍照、录音、录像、复制设计和生产图纸等保全措施。

第十五条 人民法院进行证据保全，可以要求当事人或者诉讼代理人到场，必要时可以根据当事人的申请通知有专门知识的人到场，也可以指派技术调查官参与证据保全。

证据为案外人持有的，人民法院可以对其持有的证据采取保全措施。

第十六条 人民法院进行证据保全，应当制作笔录、保全证据清单，记录保全时间、地点、实施人、在场人、保全经过、保全标的物状态，由实施人、在场人签名或者盖章。有关人员拒绝签名或者盖章的，不影响保全的效力，人民法院可以在笔录上记明并拍照、录像。

---

① 王甲乙、杨建华、郑健才：《民事诉讼法新论》，台北，广益印书局 1983 年版，第 443 页。

② 陈玮直：《民事证据法研究》，台北，新生印刷厂 1970 年版，第 91 页。

典型案例

1.(2019)最高法知民终255号

裁判观点：根据2002年《证据规定》第二十四条第二款“人民法院进行证据保全，可以要求当事人或者诉讼代理人到场”的规定，人民法院在证据保全时未通知全部当事人到场并不影响法院证据保全的效力。并且，在原审证据交换阶段，艾斯曼公司向原审法院复制了证据保全过程中所拍摄的照片和录制的视频。证据保全的视频和照片完整地记录了证据保全的全过程、详细地展示了被诉侵权产品的外观和内部构造，艾斯曼公司通过查看视频和照片能够对证据保全的全过程和证据保全的被诉侵权产品有较为充分的了解。

2.(2021)苏06民终1464号

裁判观点：2020年《证据规定》第二十七条规定：“人民法院进行证据保全，可以要求当事人或者诉讼代理人到场。根据当事人的申请和具体情况，人民法院可以采取查封、扣押、录音、录像、复制、鉴定、勘验等方法进行证据保全，并制作笔录。在符合证据保全目的的情况下，人民法院应当选择对证据持有人利益影响最小的保全措施。”由该规定可知，人民法院进行证据保全可以要求当事人或者诉讼代理人到场，而不是应当要求，同时在符合证据保全目的的情况下，人民法院应当选择对证据持有人利益影响最小的保全措施。本案中，鑫鼎汇公司分别于2020年6月22日、2020年7月8日向一审法院提交证据保全申请，要求在法院采取证据保全措施时，允许鑫鼎汇公司派相对专业的人员配合完成相关证据的收集及证据的固定等工作。三一公司于2020年8月31日向一审法院提交关于鑫鼎汇公司申请证据保全的意见，认为鑫鼎汇公司申请证据保全的理由不符合2017年《民事诉讼法》第八十一条以及第六十四条的规定，如准许其保全请求，将可能进一步对三一公司的商业秘密造成严重损害。一审法院于2020年9月21日向鑫鼎汇公司法定代表人胡毅林制作谈话笔录一份，询问了鑫鼎汇公司申请证据保全的目的以及对法院进行证据保全有无需要提醒的事项。胡毅林陈述其公司申请保全的目的是53台机器中有26台是翻新的，要求对26台机器的销售情况进行证据保全，并提醒法院有两种方法可以查询，一是从财务方面，二是从物料方面。后一审法院依法采取了保全措施，并于庭审中向双方当事人告知了保全结果，双方当事人亦发表了质证意见，一审程序并无不当。

3.(2021)皖01民初1182号

裁判观点：在证据可能灭失或者以后难以取得的情况下，当事人可以在诉讼过程中向人民法院申请保全证据。申请人达索系统股份有限公司的申请符合法律规定，依照2017年《民事诉讼法》第八十一条第一款、第三款、2020年《证据规定》第二十七条第二款之规定，裁定如下：

以拍照、录像、截屏、打印、制作笔录、提取、封存、查封、扣押等方式对芜湖万××扬变速器有限公司内的计算机及其他设施设备上复制、安装及使用计算机软件CATIAV5R17、CATIAV5R18、CATIAV5R19、CATIAV5R20、CATIAV5R21、CATIAV5－6R2012、CATIAV5－6R2013、CATIAV5－6R2014、CATIAV5－6R2015、CATIAV5－6R2016、CATIAV5－6R2017及上述计算机软件的相关信息进行证据保全。

4.(2021)皖01证保2号

裁判观点:申请人安徽天邦创新新型建材科技发展有限公司与被申请人浙江省一建建设集团有限公司申请诉前证据保全一案,申请人安徽天邦创新新型建材科技发展有限公司向本院申请诉前证据保全,请求法院采用拍照、录像、封存等保全方法,对被申请人浙江省一建建设集团有限公司在其位于安徽省长丰县下塘镇南圩嘉园二期在建工程的项目工地使用的"CX结构一体化改性岩棉保温模板"进行证据保全,担保人都邦财产保险股份有限公司合肥中心支公司出具了诉讼证据保全责任保险保单保函(保单号码20484234010021000120),为其证据保全责任提供担保。本院经审查认为,因情况紧急,在证据可能灭失或者以后难以取得的情况下,利害关系人可以在提起诉讼前向证据所在地、被申请人住所地或者对案件有管辖权的人民法院申请保全证据。申请人安徽天邦创新新型建材科技发展有限公司的申请符合法律规定。

依照2017年《民事诉讼法》第八十一条第二款、第三款、第一百五十四条第一款第四项,2020年《证据规定》第二十七条之规定,裁定如下:采用拍照、录像、封存等保全方法,对被申请人浙江省一建建设集团有限公司在其位于安徽省长丰县下塘镇南圩嘉园二期在建工程的项目工地使用的"CX结构一体化改性岩棉保温模板"进行证据保全。如不服本裁定,可以自收到裁定书之日起五日内向本院申请复议一次。复议期间不停止裁定的执行。

(新增) 第二十八条 【证据保全错误的赔偿责任】

申请证据保全错误造成财产损失,当事人请求申请人承担赔偿责任的,人民法院应予支持。

法条渊源

关于保全申请错误导致损害赔偿问题,最早在1982年《民事诉讼法》第九十四条就规定,申请人败诉的,应当赔偿被申请人因诉讼保全所遭受的财产损失。后在1991年《民事诉讼法》第九十六条将其修改为,申请有错误的,申请人应当赔偿被申请人因财产保全所遭受的损失。此后在历次民事诉讼法修改中,本条内容均未发生变化。就司法解释层面而言,1991年9月《最高人民法院经济审判庭关于严格依法正确适用财产保全措施的通知》中规定"因保管不善或处理不当给当事人或案外人造成损失的,法院依职权保全不当造成损失的,有关单位、法院和直接责任人员应当承担行政责任和酌情赔偿"。1994年,《最高人民法院关于在经济审判工作中严格执行〈中华人民共和国民事诉讼法〉的若干规定》再次明确"因申请错误造成被申请人损失的,由申请人予以赔偿;因人民法院依职权采取保全措施错误造成损失的,由人民法院依法予以赔偿"。2005年8月,《最高人民法院关于当事人申请财产保全错误造成案外人损失应否承担赔偿责任问题的解释》规定,"根据《中华人民共和国民法通则》第一百零六条、《中华人民共和国民事诉讼法》第九十六条等法律规定,当事人申请财产保全错误造成案外人损失的,应当依法承担赔偿责任”。本条关于证据保全错误损害赔偿的规定,正是从上述规定演化而来。

法条精析

本条是关于证据保全错误的损害赔偿规定,在 2002 年《证据规定》中没有本条内容,属于新增规定。其立法渊源来自 2012 年《民事诉讼法》第八十一条第三款“证据保全的其他程序,参照适用本法第九章保全的有关规定”和第一百零五条“申请有错误的,申请人应当赔偿被申请人因保全所遭受的损失”的规定。本条起草过程中,2016 年《法院征求意见稿》第四十四条规定:“因申请人申请证据保全错误造成他人财产损失的,申请人应当承担赔偿责任。”2017 年《审判长讨论稿》第三十三条第二款修改为:“申请证据保全错误造成他人财产损失的,当事人请求申请人承担赔偿责任的,人民法院应予支持。”2018 年《审委会送审稿》第二十七条第二款规定:“申请证据保全错误造成财产损失,当事人请求申请人承担赔偿责任的,人民法院应予支持。”本条定稿再无变动。

与 2021 年《民事诉讼法》第一百零八条相比,本条的修改表现在:(1)将“损失”限定为“财产损失”,排除了精神损失的可能;(2)将“被申请人”修改为“当事人”。在个案中,申请人提交保全申请时,可能只清楚申请保全的证据所在,但并不清楚该证据由谁控制。故提交申请时也不清楚被申请人的身份,不会列明“被申请人”。所以,本条用当事人替代被申请人。

一般而言,证据保全的适用大致分为三类:一是对证人的询问;二是对物证的勘验;三是书证的保全。与财产保全需要法院查封、扣押等强制措施不同,证据保全真正给被申请人造成直接损失的可能性极小。以物证为例,若当事人之间争议的标的物或当事人的责任财产成为物证时,法院若参照保全程序,采取查封、扣押等方式解除债务人对其之占有,表面看来似可达到保全证据的目的。但是,作为证据的物如果属于不宜保存的水果、随时间推移将会扩大的建筑物裂缝瑕疵等由于自然的原因而会发生性状改变的物时,法院即便采取保全程序中的强制措施保存这些证据,待正式的证据调查期日再进行调查,也难以获知正确的证据调查结果,故亦非所宜。①

虽然我国民事诉讼法中对证据采取保全措施的目的在于固定证据,一般不会对证据资料载体的物质形态造成损失。但是,在有些情况下,查封、扣押等证据保全措施的采取可能会导致被申请人的财产损失。如正在使用中的房、车等生活必需品。如果这些物品作为证据被采取保全措施错误,一方面可能给被申请人或他人带来生活上的不便;另一方面也会造成不必要的财产损失。除了对生产、生活必需品采取保全措施错误会给被申请人造成损失之外,在商业秘密侵权案件中,一方当事人提出对另一方的商业秘密进行证据保全,也有可能给另一方造成极大的损害。这是因为商业秘密相较于其他客体来说,本身即具有秘密性。如果因为证据保全措施采取错误,导致商业秘密外泄,使被申请人失去了最核心的商业竞争力,带来的

---

① 占善刚:《证据保全程序参照适用保全程序质疑——〈中华人民共和国民事诉讼法〉第 81 条第 3 款检讨》,载《法商研究》2015 年第 6 期。

损失无法估量。

为消除这些弊端、保障被申请人的财产权益以及证据保全程序的顺利进行,本条规定了当事人的损害赔偿责任。也即“申请证据保全错误造成财产损失,当事人请求申请人承担赔偿责任的,人民法院应予支持”。

关于对本条规定“申请证据保全错误造成财产损失”的理解问题。学界普遍认为,在“申请有错误”的损害赔偿责任中,被申请人的损害是由申请人错误地申请民事保全的行为所造成的,与一般的侵权行为没有本质区别。不同之处在于,申请人利用司法程序侵犯被申请人的合法权益,是一种新类型的民事侵权行为。[①] 由于2021年《民事诉讼法》第八十四条第三款已经规定,证据保全的其他程序,参照适用保全的有关规定。同理,证据保全错误可参照财产保全错误进行分析。至于申请保全错误赔偿责任的归责原则,存在两种观点:过错责任原则与无过错责任原则。主张无过错责任原则的主要理由是:(1)保全申请中的错误是生效裁判文书最终认定申请行为错误,该错误是客观事实错误,而非申请人主观存在过错。(2)申请保全行为本质上是在事实尚未查清、申请人是否有法定权利尚未明确的前提下实施的危险行为。利益与风险同步,申请人既然享受了证据保全带来的诉讼利益,就应承担相应的风险,即便其主观上没有过错。(3)让申请人承担无过错责任,有利于规范申请人的申请行为,减少滥用申请保全权利给他人造成的损害。笔者认为,保全申请错误应采过错责任原则。主要理由有:(1)过错责任原则是侵权责任的一般归责原则,在立法没有明文规定的情况下,侵权行为都应适用过错责任原则,保全错误案件也不例外。(2)过错责任原则有利于双方利益平衡。由于实务中证据保全造成被申请人财产损失的情形并不多见,且已经对被申请人提供了有权要求担保的救济,两者间利益应已大致均衡。此时,如对申请人适用无过错责任原则,实际上是放大了申请人承担责任的风险,可能导致新的利益失衡。(3)过错责任原则促进证据保全制度功能实现。证据保全最大制度功能就是通过法院采取措施固定证据的证据价值,从而达到帮助当事人证明案件事实,协助法院查明案件事实的功能。由于诉讼本身的不确定性,当事人申请诉讼证据保全,特别是诉前证据保全时,往往对将来裁判结果是否支持其诉讼请求并不确定。如果采用无过错责任原则,就可能导致申请人在考虑是否提出保全申请时,因害怕承担无过错责任,而踟蹰不前,影响保全功能的发挥。此外,在确定民事保全错误损害的归责原则时,还要考虑民事保全适用的频率。一般而言,民事保全适用的频率越高,错误的可能性越高,无过错责任原则的适用空间就要扩张;反之,错误的可能性越低,适用过错责任原则就显得越有必要。从我国目前的实际情况来看,保全的适用比例不高,其发生损害的可能性也必然不高。在这种现实因素之下,适用过错责任原则更符合我们国家的实际情况。[②] 从各地法院审判情况看,多数法院也是将申请保全错误赔偿责任认定为一般侵权责任,适用过错责任原则。既然是适用过错责任原则,那么实务中过错的认定标准就很重要。一般认为,侵权责任领域的过错标准主要有二:主观标准和客观标准。主观标准是指在判断行为人是否存

---

① 潘牧天:《滥用民事诉权的侵权责任研究》,上海社会科学院出版社2011年版,第108页。

② 肖建国、张宝成:《论民事保全错误损害赔偿责任的归责原则——兼论〈民事诉讼法〉第105条与〈侵权责任法〉第5条的关系》,载《法律适用》2016年第1期。

在过错时，不能运用客观化的标准来衡量行为人的过错，必须结合行为人的年龄、性别、健康程度、知识水平、认知能力等具体的、个性化因素来衡量。通过结合个性化的因素来考察其对自己的行为和该行为所产生后果的理解、判断和控制能力，由此判断行为对于损害是否有预见的可能性。[①] 目前实践中采用主观标准的情形，基本都是依据申请人的主观心态和对诉讼结果的态度来确定其是否存在过错。客观标准并不考虑行为人的个性化因素，而是以某种客观的行为标准来衡量行为人的过错，进而作出其是否有过错。[②] 也即采用一个理性人或管理人应尽到的注意义务作为标准。违反了该标准就表明行为人有过错。具体而言，客观标准按照注意义务程度不同可分为：普通人的注意义务、处理自己事务的同等注意义务、善良管理人的注意义务。违反上述义务又可分别认定为重大过失、具体轻过失和抽象轻过失。

综上所述，申请有错误包含侵权责任的两个构成要件：(1)当事人主观上有过错；(2)实施了侵害他人利益的行为。这里的行为主要是财产保全行为，侵害他人利益，构成财产保全错误。实务中，财产保全错误大致有以下三种情形：第一，当事人据以申请财产保全的前提错误，即申请人未在法定期限内起诉或诉讼请求没有得到法院的支持。第二，申请人申请财产保全的对象错误。财产保全应当限于与本案有关的财物，即当事人争议的财产或被告的应承担实体责任的财产。第三，保全的数额超过诉讼请求的范围。基于财产保全制度的立法目的，财产保全中申请保全的财产应与申请人所主张的诉讼请求相当，不得超出其诉讼请求的范围。按侵权责任一般构成要件，证据保全过错损害赔偿的成立至少还需两个要件：(1)有损害后果；(2)保全错误行为与损害后果之间存在因果关系。这里的损害后果，可以划分为直接损失和间接损失。在财产保全申请中，申请人通常申请法院对被申请人的资金、实物、房产、股权等进行冻结、查封或扣押，由此必然限制了被申请人对其所有物的占有、使用、收益、处分，对其造成一定的直接损失和间接损失。直接损害如造成财产的毁损、贬值。间接损害则如交易被限制导致的违约金损失、股权的利息损失等。直接损害系因错误保全申请所直接造成，理应赔偿。间接损害则应根据案件事实进行具体判定，结合因果关系及可预见性规则等进行综合考量。[③] 这里除了可预见性规则之外，还可考虑过失相抵原则、减损原则在综合考虑损失赔偿金额时的适用。除了损害后果这一要件，还需要的一个要件就是保全错误行为与损害后果之间存在因果关系。笔者认为，对于错误申请财产保全损害赔偿案件来说，通常并不会发生复杂的因果关系。只要仔细甄别造成被申请人损失的具体原因是否为错误财产保全，对由其他原因造成的损失，申请人不承担赔偿责任。各种因果关系理论实质上都是将因果关系分为不可归责联系和可归责联系，就财产保全错误申请而言，只需要考虑是否因保全手段而导致被申请人的损失，是否存在造成损害的其他原因行为。[④] 最后，本条相对 2021 年《民事诉讼法》第一百零八条规定，将损失限缩为"财产"范畴，从而排除了精神损失赔偿的适用。这也与我国相关法律明确规定精神损害赔偿仅限于人身权益受损的立法思路保持一致。

---

① 张民安：《现代法国侵权责任制度研究》，法律出版社 2003 年版，第 258 页。

② 张新宝：《侵权责任构成要件研究》，法律出版社 2007 年版，第 465 页。

③ 冯庆平：《财产保全申请错误损害责任的认定与赔偿》，载《人民司法》2013 年第 8 期。

④ 万发文：《财产保全申请错误的构成及赔偿》，载《人民司法》2012 年第 6 期。

实务疑难

申请证据保全错误，能否主张精神损害赔偿？

从本条文义解读而言，仅规范的是申请证据保全错误造成的财产损失。也即，当事人可以根据本条主张财产损害赔偿。至于申请证据保全错误，是否可以主张精神损害赔偿的问题，第一种观点认为，根据2020年《最高人民法院关于确定民事侵权精神损害赔偿责任若干问题的解释》第一条“因人身权益或者具有人身意义的特定物受到侵害，自然人或者其近亲属向人民法院提起诉讼请求精神损害赔偿的，人民法院应当依法予以受理”之规定，对具有人格象征意义的特定纪念物品实施侵权行为，可以请求精神损害赔偿。相应地，如果申请保全的证据为“具有人格象征意义的特定纪念物品”的证据，那么同样可依据该条，主张精神损害赔偿。第二种观点认为，根据《民法典》第一千一百八十三条“侵害自然人人身权益造成严重精神损害的，被侵权人有权请求精神损害赔偿”的规定，可以请求精神损害赔偿的只能是侵害他人人身权益的行为，而不包括财产权益。从新法优于旧法、上位法优于下位法角度而言，该条已经事实上废止了上述司法解释第一条的规定。故申请证据保全错误不可能造成精神损害，不能主张精神损害赔偿。笔者认为，根据日常生活经验，父母遗留照片、子女结婚实况录像等“具有人格象征意义的特定纪念物品”受损，一般会给当事人心理上造成不悦、难受乃至持续的痛苦。该精神上创伤与直接侵害其人身权益造成的伤害没有本质区别。故应允许当事人仍以上述司法解释第一条为依据，主张精神损害赔偿。相应地，当事人可以主张将“具有人格象征意义的特定纪念物品”作为证据申请保全错误造成其精神损失为由，提起精神损害赔偿。至于具体的赔偿数额，则可参考该司法解释第五条，精神损害的赔偿数额根据以下因素确定：(1)侵权人的过错程度，但是法律另有规定的除外；(2)侵权行为的目的、场合、方式等具体情节；(3)侵权行为所造成的后果；(4)侵权人的获利情况；(5)侵权人承担责任的经济能力；(6)受理诉讼法院所在地平均生活水平等。

关联法条

1.《中华人民共和国民事诉讼法》(2021年)

第一百零八条　申请有错误的，申请人应当赔偿被申请人因保全所遭受的损失。

2.《最高人民法院关于办理财产保全案件若干问题的规定》(2020年)

第七条　保险人以其与申请保全人签订财产保全责任险合同的方式为财产保全提供担保的，应当向人民法院出具担保书。

担保书应当载明，因申请财产保全错误，由保险人赔偿被保全人因保全所遭受的损失等内容，并附相关证据材料。

典型案例

1.(2019)沪73民初505号

裁判观点：因申请证据保全错误而给相对人造成损害的，不属于我国侵权责任法规定的特殊侵权责任的类型，因而应适用关于侵权行为的一般条款。2009年《侵权责任法》第六条第一款规定,行为人因过错侵害他人民事权益,应当承担侵权责任。2017年《民事诉讼法》第一百零五条规定,申请有错误的,申请人应当赔偿被申请人因保全所遭受的损失。因此,判断证据保全行为的主体是否应当承担侵权责任,首先需要判断申请保全人是否有过错,根据其诉讼请求所依据的权利基础、事实和理由,结合申请保全的标的物及保全方式等考察其申请证据保全是否适当,是否具有必要性和正当性。本院对此分别从以下几个方面进行评述。首先,被告的涉案专利为实用新型专利,其在提起针对原告的诉前证据保全前,已获得了国家知识产权局出具《实用新型专利权评价报告》,该评价报告结论为全部权利要求1-3未发现存在不符合授予专利条件的缺陷。由此可见,涉案实用新型专利权具有一定的稳定性,被告向国家知识产权局主动申请《实用新型专利权评价报告》的举动亦能看出被告在维权过程中具有一定的谨慎性,其以涉案专利作为权利基础提出专利侵权纠纷中的诉前证据保全申请,具备合理性。其次,依据2009年《专利法》第六十七条第一款、第二款规定,为了制止专利侵权行为,在证据可能灭失或者以后难以取得的情况下,专利权人或者利害关系人可以在起诉前向人民法院申请保全证据。人民法院采取保全措施,可以责令申请人提供担保;申请人不提供担保的,驳回申请。2017年《民事诉讼法》第八十一条第二款规定,因情况紧急,在证据可能灭失或者以后难以取得的情况下,利害关系人可以在提起诉讼或者申请仲裁前向证据所在地、被申请人住所地或者对案件有管辖权的人民法院申请保全证据。因此判断诉前证据保全的必要性及正当性应考虑以下因素:1. 保全应以制止专利侵权行为为目的,保全的证据与案件主要待证事实具备必要的关联性;2. 被保全证据存在可能灭失或以后难以取得的紧急情形;3. 保全的标的物未超出必要的范围;4. 申请人已提供保全担保;5. 保全申请人在人民法院采取保全措施之日起十五日内提起诉讼。本案中,被告申请诉前证据保全的设备由原告制造,属于与案件主要待证事实有必要关联性的证据,其申请诉前证据保全的目的亦在于为接下来的制止专利侵权行为的诉讼做准备。该设备放置在为期五天的展会展出,若未能及时采取保全措施,则该设备存在转移、拆解的较大可能性,导致该设备所使用的技术特征难以固定,属被保全证据存在可能灭失或以后难以取得的紧急情况。并且,被保全设备是否侵犯涉案专利权,需通过将被诉侵权产品的技术特征与涉案专利的相应权利要求进行分析比对确定,亦没有证据证明设备涉嫌侵权的部分能够与设备整体进行拆离保全,故被告申请对涉案设备整体进行证据保全具备合理性。此外,被告已按照要求提供了30万元的证据保全担保金,并在本院采取保全措施之后及时提起了相关侵权诉讼。因此,被告就原告涉嫌侵权设备提起诉前证据保全的申请符合法定的形式要求、具备必要性且未超出合理范围。再次,在涉案专利于2019年5月24日被宣告无效后,被告即于同年6月12日以涉案专利权被宣告无效为由向本院提出撤诉申请,同时申请解除对原告的证据保全措施,早于原告向本院提出的解除证据保全措施的申请(6月24日),被告的行为足见其未有在权利状态不稳定的情况下仍拖延诉讼的恶意。并且本院认为,2017年《民事诉讼法》第一百零五条系为防止当事人滥用诉讼权利,不当损害他人合法权益而作出的规定。司法实践中,保全的申请人对自身权利的衡量与国家知识产权局或人民法院最终认定之间存在差异,当事人自认为合理的诉请不为人民法院认定支持的情况并不鲜见。在申请人败诉或专利权被无效的情况下,即认为其构成“申请有错误”,并一概要求申请人承担申请保全错误的赔偿责任,不符合该法的立法本意。

最后，原告主张被告在向我院申请证据保全之前，已通过温州市知识产权局的调查取证保全了同款设备，无须再向法院申请证据保全。对此本院认为，根据前述查明的事实，温州市知识产权局前往原告生产现场封存的是正在生产中的半成品，而本院诉前证据保全的是完整的整台设备。向法院提起诉讼、向行政机关提起行政投诉均是法律规定的权利人维权的合法手段，现行法律并没有已进行行政投诉查封设备就不能向法院申请证据保全的规定。并且，原告在行政投诉中被查封的是半成品，与证据保全中被查封完整设备必然存在差异。没有证据证明行政投诉中查封的半成品已经全部包含了被告拟在证据保全及诉讼中主张涉嫌侵权的全部技术结构，足以在诉讼程序中作为侵权比对的依据。更何况，行政投诉的取证场所在原告生产现场，诉前证据保全的场所在原告实施许诺销售行为的展会现场，诉前证据保全除可查封将来用于侵权比对的被诉侵权产品实物外，还可辅助证明原告实施了在行政投诉中已查实的制造被诉侵权产品以外的许诺销售被诉侵权产品的侵权行为。据此，不能认定被告在行政投诉后申请诉前证据保全存在主观恶意。原告还主张根据2019年《最高人民法院关于审查知识产权纠纷行为保全案件适用法律若干问题的规定》第十六条第二项的规定认定涉案专利权被宣告无效属于保全措施申请有错误。对此本院认为，上述司法解释涉及的是知识产权行为保全案件，而非证据保全案件。原告的主张属于对法律的误读，本院不予采纳。

（新增）第二十九条 【诉前保全证据移交】

人民法院采取诉前证据保全措施后，当事人向其他有管辖权的人民法院提起诉讼的，采取保全措施的人民法院应当根据当事人的申请，将保全的证据及时移交受理案件的人民法院。

法条渊源

在2012年《民事诉讼法》修改之前，我国《民事诉讼法》仅规定了诉讼中的证据保全制度，2007年《民事诉讼法》第七十四条规定，“在证据可能灭失或以后难以取得的情况下，诉讼参加人可以向人民法院申请保全证据，人民法院也可以主动采取保全措施”。诉前证据保全的规定，当时仅体现在知识产权、海事特别诉讼等特别立法中，普通民事案件并不适用诉前证据保全制度。2012年《民事诉讼法》引入了诉前证据保全制度，将该制度的适用范围扩展至所有民事诉讼和仲裁案件，该法第八十一条第二款、第三款规定：“因情况紧急，在证据可能灭失或者以后难以取得的情况下，利害关系人可以在提起诉讼或者申请仲裁前向证据所在地、被申请人住所地或者对案件有管辖权的人民法院申请保全证据。”“证据保全的其他程序，参照适用本法第九章保全的相关规定。”2017年和2022年《民事诉讼法》延续了该规定，并未作出改变。就司法解释层面而言，2022年《民诉法解释》根据实践中出现的情况，对诉前保全措施的具体规则进行了规定。其中第一百六十条就规定，当事人向采取诉前保全措施以外的其他有管辖权的人民法院起诉的，采取诉前保全措施的人民法院应当将保全手续移送受理案件的人民法院。诉前保全的裁定视为受移送人民法院作出的裁定。

法条精析

本条是关于诉前保全证据移交的规定，在2002年《证据规定》中没有相应内容，属于新增规定。本条修改过程中，2016年《法院征求意见稿》第四十五条规定："人民法院采取诉前证据保全措施后，当事人申请仲裁或者向其他有管辖权的人民法院提起诉讼的，采取证据保全措施的人民法院应当根据当事人的申请，将保全的证据及时移交仲裁机构或者受理案件的人民法院。"2017年《审判长讨论稿》第三十四条没有作修改。2018年《审委会送审稿》第二十八条规定删除了2017年《审判长讨论稿》第三十四条中涉及仲裁的内容。本条定稿时，再无变动。

本条是在2015年《民诉法解释》第一百六十条规定基础上修改而成的，主要修改内容是：(1)将2015年《民诉法解释》第一百六十条中"当事人向采取诉前保全措施以外的其他有管辖权的人民法院起诉的"修改为"人民法院采取诉前证据保全措施后，当事人向其他有管辖权的人民法院提起诉讼的"，虽然文义没有变化，但表达更有逻辑、更清楚。(2)将2015年《民诉法解释》第一百六十条中"应当将保全手续移送受理案件的人民法院"修改为"应当根据当事人的申请，将保全的证据及时移交受理案件的人民法院"，其中"保全手续移送"替换为"保全的证据及时移交"。理由在于，保全证据的实质是保全证据与待证事实有关的案件信息，而财产保全的指向则是财产的经济价值，前者要作为审理中举证质证的对象使用，故应提交受理案件的法院，而后者并非法庭审理所必需，而且如果财产保全的是不动产等不能或不宜移动的财产，客观上也无法移交给法院，而只能移交相应保全手续。故本条规定移送的是保全的证据而不是保全交接手续。增加了"及时"两字是因为实务中经常出现保全证据不及时移送，导致受理案件法院无法正常审理、导致诉讼拖延的现象，加上"及时"两字，是督促保全证据法院尽早将证据移送以促进诉讼。增加了移交的前提"根据当事人的申请"，理由是操作需要。因为在实务中采取证据保全措施的法院，没有当事人申请告知，一般不会知道当事人是否起诉以及起诉的具体法院，也就谈不上向其移送保全证据的可能。而且，根据当事人主义原则，之前申请诉前保全的证据，是否还需要在诉讼中使用，取决于当事人诉讼处分权，故采取证据保全措施的法院不存在依职权移送的必要。(3)删除"诉前保全的裁定视为受移送人民法院作出的裁定"，是因为2015年《民诉法解释》第一百六十条中已经规定，没有必要再重复。

诉前证据保全是指在起诉前利害关系人基于保全证据的需要提出申请，请求法院对特定证据采取相应的证据保全措施的行为。诉前证据保全和诉讼中证据保全除了在时间、程序上有所区别外，其根本目的都是保护申请人的合法利益而建立起的诉讼制度。在某些情况下，利害关系人尚未起诉之前，为了保护证据的利益，在证据有可能灭失或以后难以取得的情况下，利害关系人不得不向法院求助。如果没有诉前证据保全的相关规定，当事人就会陷入因为尚未进入诉讼程序而无法申请证据保全以及由于未能及时采取保全措施而导致证据被毁损、灭失的困境。如此，一旦当事人起诉进入诉讼程序，也会因无法举证而承担败诉的后果。

诉前证据保全开示证据的功能在程序法上的基础是诚实信用原则。这是因为民事纠纷发生后，尽管纠纷尚未诉至法院，但从纠纷形成之时起，双方当事人之间争议的实体法律关系就变成潜在的诉讼标的，彼此都对纠纷的解决负有一定的行为责任，即基于诚信原则，为了解决纠纷，维护法秩序，当事人之间负有就纷争事实、信息和证据进行各种说明、告知等义务。

就我国立法而言，虽然直至2012年《民事诉讼法》才第一次在民事诉讼"法律"层面确立诉前证据保全制度。但早在2002年《证据规定》第二十三条第三款中，已经对诉前证据保全作了初步规定。诉前证据保全一般是在情况较为紧急时，利害关系人向法院提出证据保全的申请。此时，为了让利害关系人能及时、方便申请诉前证据保全，维护将来可能享有的证据利益，2017年《民事诉讼法》第八十一条第二款规定，利害关系人可以向证据所在地、被申请人住所地、对案件有管辖权的人民法院申请保全证据。需要注意的是，利害关系人申请诉前证据保全时所指向的法院，一般并非基于将来要诉讼的管辖法院的考量，而是从及时、方便申请角度出发。因此，不能由利害关系人申请诉前财产保全所选择的申请法院得出将来必然选择由该院管辖案件的结论。实务中，采取诉前证据保全措施的法院与随后受理诉讼的法院不一致的情形很常见。此时，如果当事人在随后诉讼中，需要通过诉前证据来证明特定事实时，就涉及怎样将被其他法院已采取证据保全措施的证据移送至受理诉讼的法院的问题。根据2022年《民诉法解释》第一百六十条的规定，采取诉前保全措施的人民法院应当主动将保全手续移送受理案件的人民法院。诉前保全的裁定视为受移送人民法院作出的裁定。但在实务中，该条规定在适用中存在一定不足：采取诉前保全措施的人民法院主动移送不可行。因为该法院采取诉前保全措施在先，当事人向其他有管辖权法院起诉在后，前法院一般不会知道利害关系人是否起诉、何时起诉以及向哪个法院起诉。因此，在当事人未事先告知采取诉前保全措施的人民法院的前提下，该法院因不知受诉法院而很难主动移送。此外，如果将该条直接适用到证据保全中，法院在当事人诉讼中不需要该被保全证据的情形下，仍坚持主动移送该证据，则有干涉当事人处分权之嫌。为此，本条增加规定了"应当根据当事人的申请"，一方面解决了法院知情的问题；另一方面尊重当事人对证据是否移送的处分权。此外，由于2015年《民诉法解释》第一百六十条并未规定移送保全证据的期限，导致了实务中存在保全证据移送迟延的现象。对此，本条增加了"及时"二字，提醒各方应尽快移送。至于移送的对象，2015年《民诉法解释》第一百六十条规定的是保全手续。所谓手续，作为名词，实务中经常会被理解为办理某项事务的交接文书之类的书面材料，而不是被保全的证据本身。故这次将其修改为保全的证据，更为精准。

实务疑难

关于诉前证据保全和诉中证据保全的划分根据问题。两类证据保全的划分标准在于申请提出的阶段，即是起诉前、还是起诉后，与法院何时受理、何时采取证据保全措施没有关系。关于诉前保全和诉中保全的划分，存在一个问题：在实践中，有的证据保全申请是在起诉时同时提出，此种情形应认定为诉前还是诉讼中存在争议，有学者认为根据上述标准可以归为诉讼中的证据保全。[1] 但是，基于我国特殊的起诉受理程序，案件受理前申请的证据保全作为诉前证据保全更为妥当。因为起诉是当事人向法院提交起诉状，再由法院对当事人的起诉状进行审查，再决定是否受理该案件。也就是说，在当事人起诉，法院尚未决定是否受理的阶段，案件并未确定是否进入诉讼程序，法院有可能将案件驳回，不予受理，所以在这一阶段申请的证据保全仍然归为诉前证据保全更为妥当，将法院受理后申请证据保全归为诉讼中的证据保全。

关联法条

1.《中华人民共和国民事诉讼法》(2021年)

第八十四条　在证据可能灭失或者以后难以取得的情况下，当事人可以在诉讼过程中向人民法院申请保全证据，人民法院也可以主动采取保全措施。

因情况紧急，在证据可能灭失或者以后难以取得的情况下，利害关系人可以在提起诉讼或者申请仲裁前向证据所在地、被申请人住所地或者对案件有管辖权的人民法院申请保全证据。

证据保全的其他程序，参照适用本法第九章保全的有关规定。

第一百零四条　利害关系人因情况紧急，不立即申请保全将会使其合法权益受到难以弥补的损害的，可以在提起诉讼或者申请仲裁前向被保全财产所在地、被申请人住所地或者对案件有管辖权的人民法院申请采取保全措施。申请人应当提供担保，不提供担保的，裁定驳回申请。

人民法院接受申请后，必须在四十八小时内作出裁定；裁定采取保全措施的，应当立即开始执行。

申请人在人民法院采取保全措施后三十日内不依法提起诉讼或者申请仲裁的，人民法院应当解除保全。

2.《最高人民法院关于适用〈中华人民共和国民事诉讼法〉的解释》(2022年)

第一百六十条　当事人向采取诉前保全措施以外的其他有管辖权的人民法院起诉的，采取诉前保全措施的人民法院应当将保全手续移送受理案件的人民法院。诉前保全的裁定视为受移送人民法院作出的裁定。

典型案例

1.(2017)冀民终717号

裁判观点：二审法院认为，本案二审争议的焦点问题之一是一审法院是否违反法定程序。关于一审法院是否违反法定程序问题。第一，在证据保全方面。根据《民事诉讼法》第八十一条的规定，在证据可能灭失或者以后难以取得的情况下，当事人可以在诉讼过程中向人民法院申请保全证据，人民法院也可以主动采取保全措施。泰能机械厂虽向一审法院提交了证据

① 张卫平：《民事证据法》，法律出版社2017年版，第175页。

保全和现场勘验比对申请，但在一审法院未进行证据保全和现场勘验比对，被控侵权产品已被转卖，且具体去向不明的情况下，现已无再行证据保全和现场勘验比对的可能，本案已无发回重审的必要。第二，在举证期限方面。本案驳回当事人管辖权异议的裁定生效后，一审法院未按照2008年《举证时限通知》第三条的规定重新指定不少于30日的举证期限，二审期间泰能机械厂并未提交新的证据，一审未因此影响实体判决结果，故对泰能机械厂该上诉理由法院不予支持。第三，在举证责任方面。本案为侵害发明专利权纠纷，应由泰能机械厂举证证明侵权事实成立。在泰能机械厂未能提交证明侵权成立的初步证据的情况下，泰能机械厂主张举证责任转由乐巢公司、艾斯曼公司承担的理由，依据不足。

2.（2017）沪民终141号

裁判观点：二审法院认为，本案的争议焦点在于，原判认定上诉人申请错误，应当赔偿被上诉人因诉前证据保全所遭受的损失是否于法有据？根据《民事诉讼法》第八十一条第二款、第一百条以及第一百零五条之规定，因情况紧急，在证据可能灭失或者以后难以取得的情况下，利害关系人可以在提起诉讼或者申请仲裁前向证据所在地、被申请人住所地或者对案件有管辖权的人民法院申请保全证据。人民法院采取保全措施，可以责令申请人提供担保，申请人不提供担保的，裁定驳回申请。申请有错误的，申请人应当赔偿被申请人因保全所遭受的损失。本案上诉人在（2015）沪知民保字第5号案件中，以涉案移门一旦撤展，证据无法取得为由向原审法院申请了诉前证据保全，并以被保全的涉案移门为证据提起了三起专利侵权诉讼案件，后经法院审理和比对，上诉人自行撤回两起案件诉请，一起案件被法院驳回诉请。原审据此认定上诉人申请诉前证据保全错误，应当依法赔偿被上诉人因保全遭受的损失，并认为申请诉前证据保全并不是专利权人维权的必要手段，当事人申请诉前证据保全应当承担更大的风险和义务；且这种风险责任并不以当事人的主观是否存在恶意为前提，如果最终的诉讼请求没有获得支持，则诉前证据保全的申请即应认定为申请有错误。

同时，二审法院同样认为，诉前证据保全是法律赋予当事人提升自身诉讼能力的一项临时措施。由于诉前证据保全具有紧急性，法院无法通过辩论程序听取双方当事人意见，故难以有效保障被申请人的合法权益。为平衡双方当事人的利益，法律要求申请人提供担保，以警示申请人采取审慎态度申请临时措施。在（2015）沪知民保字第5号案件中，上诉人认为涉案移门一旦撤展，证据即无法取得。但事实上，涉案移门在展会上用于展览销售，上诉人完全可以通过购买方式固定涉案移门；且双方当事人住所地均在广东，上诉人亦可以在广东当地提起诉讼，通过实地证据保全的方式固定涉案移门。现上诉人在诉讼前未经认真调查，径直采取诉前证据保全措施，既不具有现实的紧急性，又徒增双方当事人维权的诉讼成本，有违审慎的注意义务。故二审法院认为，上诉人申请诉前证据保全主观上存在过错，属于申请错误，应当赔偿被上诉人因保全所遭受的损失。原审法院裁判观点不当，但责任确定无误，应予以维持。

（新增）第三十条 【非当事人主动申请鉴定的启动】

人民法院在审理案件过程中认为待证事实需要通过鉴定意见证明的，应当向当事人释明，并指定提出鉴定申请的期间。

符合《最高人民法院关于适用〈中华人民共和国民事诉讼法〉的解释》第九十六条第一款规定情形的，人民法院应当依职权委托鉴定。

法条渊源

受职权主义的影响，我国有关鉴定程序启动的规则，也具有典型的职权主义特征。依据1991 年《民事诉讼法》第七十二条第一款的规定，有关案件专门性问题是否需要鉴定的决定权属于法院。这一鉴定程序启动方式，有利于纠纷尽快解决，减少当事人诉讼成本，具有积极意义。1998 年《审判改革规定》第三条将鉴定与当事人的证明责任"挂钩"（指由当事人承担鉴定的不利后果），但启动鉴定的主动权仍由法院掌控。随着经济社会发展，法院受理的案件日益纷繁复杂，这一鉴定启动模式的弊端就愈加明显。为"弱化"法院职权，按照程序公正的要求，2002 年《证据规定》第二十六条对鉴定程序的启动作了修正。当事人在鉴定程序的启动方面已有了很大的自主权：第一，当事人享有申请鉴定的权利，该申请鉴定的权利与其举证责任密切相连，既赋予了当事人程序参与权，也尊重了其处分权；第二，当事人享有对鉴定机构及鉴定人员的协商确定权，尊重了当事人意思自治。但仍要求鉴定程序的启动须以法院同意为要件，职权主义与当事人主义的结合，既尊重了当事人的程序权利，也赋予了法院一定的监督权。

法条精析

本条是关于非因当事人主动申请的鉴定的启动规定，其内容在 2002 年《证据规定》中没有规定，属于新增规定。本条修改过程中，2016 年《法院征求意见稿》中对本条内容没有规定，2017 年《审判长讨论稿》第七十七条第三款规定："人民法院在审理过程中认为待证事实需要通过鉴定意见证明的，应当向当事人释明，并指定提出申请的期间。符合本解释第二十八条第一款规定情形的，人民法院应当依职权委托鉴定。"2018 年《审委会送审稿》内容基本一致，只是将"本解释第二十八条"替换为"民事诉讼法司法解释第九十六条"。本文定稿时，再无变化。

本条实际是在 2015 年《民诉法解释》第一百二十一条第三款基础上修改而成的。主要修改有：（1）新增第一款向当事人释明申请鉴定义务的规定；（2）第二款删除了原第三款"在询问当事人的意见后，指定具备相应资格的鉴定人"。

2012 年《民事诉讼法》对鉴定作了较大幅度的修订，包括：把"鉴定结论"的表述改为"鉴定意见"、从原来有关鉴定的一个条文扩充到三个条文、增加了一条关于专家辅助人对鉴定提出意见的规定。其中最为关键的是第七十六条、第七十七条、第七十八条这三个条文，分别规定了鉴定的启动和鉴定人的确定、鉴定过程以及鉴定人出庭等内容。本条意在通过规定人民法院对当事人申请鉴定的释明义务让更多涉及待证事实的鉴定可以由当事人申请而启动,从而尽量减少人民法院依职权委托鉴定的情形,还原法官居中裁判的地位。与此同时,也进一步强化了具有法定依职权委托鉴定情形时,即便当事人不申请鉴定,人民法院也应当依职权主动委托鉴定。

一般而言,证据裁判主义要求任何裁判均应以证据所证明的事实为基础。法官裁判案件以事实为依据,就要求在作出裁判前必须对案件争议焦点的主要事实进行认定。对于一般生活中的事实,法官可以依靠生活常识来进行判断。但随着社会经济科技水平的发展,纠纷涉及的范围越来越广,案情越来越复杂,需要用专门知识处理的案件越来越多。例如,医疗纠纷案件、交通事故纠纷案件、工伤纠纷案件、产品质量纠纷案件、环境污染纠纷案件、房地产纠纷案件等。由于这些类型案件所涉及事实的专业性,当事人经常无法通过一般的证据形式来证明自己主张的事实,需要借助专门知识协助判断。对此,大陆法系国家和英美法系国家采取了不同的方法:一是鉴定人制度。大陆法系国家采用鉴定的方法,即由具有专门知识的人或机构对诉讼中涉及的专门问题提出自己的专业意见供法院裁判参考。法院则可将该意见作为认定相应事实的根据之一。具有专门知识的人或机构对专门问题的认定称为鉴定,作出认定的人或机构为鉴定人,其就案件涉及的专门问题发表的意见为鉴定意见。二是专家证人制度。英美法系国家采用的是专家证人制度,虽然也是由具有专业知识的人就诉讼中的专门知识提出自己的意见,但需双方专家证人通过交叉询问的方式予以认定。两者的不同之处还在于大陆法系的鉴定人在性质上被认为是法官认识手段的延长,是法官的助手。英美法系的专家证人在事实确认方面采取竞争机制,双方的专家证人各自就案件事实的真相发表不同的意见,通过交叉询问,由法官和陪审团决定采信哪一方专家证人的意见。[①] 我国在专门问题的认定上采取的是大陆法系的鉴定人制度。早在1982年《民事诉讼法》第五十五条就将鉴定结论规定为法定证据类型之一,但从实务反馈看,很多法院和当事人都认为,既然是鉴定方面的结论性意见,那就具有不可推翻性,法院都必须采信。但这明显违反了所有证据均需质证后由法院依职权审查认定的原理。故2012年《民事诉讼法》第六十三条第一款将"鉴定结论"修改为"鉴定意见"。这说明鉴定人通过鉴定而得出的结论和其他证据形式一样,只是一种供法院参考的意见,而不是最终的结论,都需要经过法院的审查才能认定。

依据2015年《鉴定管理决定》第一条规定,司法鉴定是指在诉讼活动中鉴定人运用科学技术或者专门知识对诉讼所涉及的专门性问题进行鉴定和判断并提供鉴定意见的活动。司法鉴定的意义在于具有专业知识的人利用专门技术知识和设备对诉讼中的某些问题进行检验,以弥补司法人员专业领域知识的不足,协助司法机关作出裁判。鉴定活动同时具备科学性和法律性。科学性体现在具体的鉴定活动是由具有专业知识和技能的人运用专业知识,借助科学技术设备进行的科学活动,而鉴定结果是直接从科学角度推理、概括的结论。法律性体现在法律规定鉴定主体必须具有法定资格,鉴定活动必须遵守法定程序,鉴定结果必须依照法律规定的方式提出并终将被运用到法律性质的活动即诉讼中。[②] 一般来说,在诉讼中需

---

① 张卫平:《民事证据法》,法律出版社2017年版,第44页。

② 卞建林、郭志媛:《规范司法鉴定程序之立法势在必行》,载《中国司法鉴定》2005年第4期。

要进行鉴定的都是事实认定问题，法律适用不需要鉴定，属于法官判断的范围。这也表明司法鉴定的对象必须是涉及事实专业性问题，由于法官专业领域知识不足，才需要借助专业的技术手段进行鉴定。

我国民事诉讼法关于鉴定程序的启动主体经历了较大幅度的改变：由原来的法院主导启动鉴定程序修改为当事人申请作为启动鉴定的主要方式，法院依职权启动作为次要或补充方式。这也反映我国民事诉讼法由职权主义逐步向当事人主义的转变以及现阶段我国处理民事纠纷案件充分尊重当事人的自由处分权的理念。早期规定由法院主导启动鉴定程序的目的在于，我国改革发展初期，当事人法律知识、诉讼技能都较欠缺，往往不知道或不愿意主动申请鉴定。所以，为了能有效提高司法效率，尽快解决当事人之间的纠纷，减少当事人的诉讼成本，当时就规定法院作为启动鉴定程序的主体。但随着经济社会发展，法院受理案件数量日益增多、案情日益复杂，当事人文化程度、诉讼能力逐步提高，人民法院如果还包办申请鉴定事宜，不但力有不逮，而且干涉了当事人处分权，在形式上也违背了法院的居中原则。从而会使相应裁判结果的公正性受到包括当事人在内的社会公众质疑，最终贬损人民法院的司法威信。在此背景下，一种观点逐渐成为主流。即逐渐淡化人民法院在申请鉴定事项上的主导地位，更多地将是否申请鉴定纳入当事人固有诉讼权利范围，由当事人根据自身情况，自行处分。只有在特定的可能涉及损害国家利益、社会公共利益、身份关系、恶意诉讼、案外人利益等案件中，法院认为审理案件需要的证据才会依职权主动委托鉴定。这种做法，一方面既照顾到了在诉讼程序上发挥当事人的主导作用，另一方面考虑到法官必要时应当行使程序监督管理权。① 这一当事人主义为主、职权主义为辅的鉴定启动模式，既保证了法官在诉讼中的中立性，也保证了当事人的诉讼参与权与程序的正当性，是民事诉讼法基本原则在鉴定程序中的体现。上述主流观点得到了立法的回应。2012 年修正《民事诉讼法》第七十六条第一款就在 2007 年修正《民事诉讼法》第七十二条的基础上新增了一款，专门规定了当事人申请鉴定的问题，并在第二款规定只有在当事人未申请鉴定的前提下，人民法院对专门问题认为需要鉴定的，可以依职权委托鉴定。在随后的 2015 年《民诉法解释》第九十六条中又进一步明确了人民法院认为审理案件需要的证据范围。

虽然目前立法已经原则上将是否就待证事实申请鉴定的权利交给当事人行使并将当事人申请人民法院委托鉴定与人民法院依职权委托鉴定作了先后顺序的安排。但近年来，当事人主动申请鉴定的情形并不是很乐观。实务中，大量涉及专门性问题的待证事实，因当事人未申请鉴定而无法在法院裁判中查明。究其原因：首先，当事人因自身法律知识、诉讼能力的欠缺，不知道涉及特定待证事实的专门性问题需要通过向人民法院申请鉴定方式认定；其次，当事人不愿承担高昂鉴定费用，主动放弃申请鉴定；再次，当事人在应由谁申请鉴定的问题上存在争议，都不愿申请鉴定，承担鉴定费用；最后，当事人认为特定事项与待证事实无关联，或者对证明待证事实无意义，故放弃就该特定事项申请鉴定。当事人上述放弃申请鉴定的行为，虽然符合 2021 年《民事诉讼法》第七十九条第一款“当事人可以就查明事实的专门性问题

---

① 毕玉谦：《关于民事诉讼中鉴定人制度若干问题的探讨》，载《山东警察学院学报》2006 年第 3 期。

向人民法院申请鉴定”的规定，但可能造成的后果就是法院最终裁判所依据的事实没有查清，使法院裁判犹如空中楼阁，不能长久。为妥善解决这一问题，本条第一款规定法院有就当事人申请鉴定的释明义务。

这里所谓释明，通常是指法院为了明确案件的事实关系与法律关系，就事实上以及法律上的有关事项向当事人发问，促使当事人及时、完整地陈述事实和提供证据的活动。传统观点认为，释明制度的设立是对辩论主义的补充和修正。① 虽然我国立法上还未正式明确释明制度，但通说认为，2002 年《证据规定》第三条第一款、第八条第二款、第三十三条第二款以及第三十五条第一款等实质上都是释明的规定。具体到本条第一款而言，人民法院只有在审理案件过程中，发现特定待证事实涉及专门性问题需要通过鉴定意见证明时，才有义务向当事人释明。具体可从以下几个层面理解：一是待证事实应限定为基本事实。为避免法院释明义务的滥用、减轻法院释明负担，这里的特定待证事实，宜作限定解释，即案件基本事实，也即 2022 年《民诉法解释》第三百三十三条规定的基本事实，是指用以确定当事人主体资格、案件性质、民事权利义务等对原判决、裁定的结果有实质性影响的事实。二是待证事实涉及专门性问题。如果根据一般人日常生活经验和逻辑就可以判断待证事实的真实性，则没有必要申请鉴定。只有涉及一般人无从判断的专门性问题的案件基本事实，才需要告知当事人申请鉴定。三是释明对象应为所有当事人。一种观点认为，主张待证事实一方当事人有举证义务，才是释明对象。笔者认为，固然人民法院释明的主要目的是让主张待证事实一方当事人申请鉴定，但释明后的举证质证以及待证事实是否采信都与其他当事人有利害关系，故也应将释明的情况告知其他当事人并听取他们的意见，以确保程序公开、当事人可以充分行使诉讼权利。四是释明的内容至少应告知申请鉴定的必要性、鉴定内容、申请流程、所需鉴定材料、鉴定机构产生方式等申请鉴定的必要事项。为防止当事人犹豫不决甚至恶意拖延诉讼，本条还规定了应在释明时，明确指定提出鉴定申请的期间。

正如上文所言，需要通过鉴定意见证明的待证事实本应由当事人向人民法院主动申请鉴定。这是 2021 年《民事诉讼法》第七十九条第一款规定的当事人的诉讼权利之一。既然是诉讼权利，那么当事人自然可以行使处分权不申请鉴定。因此，如果出现人民法院依据本条第一款规定释明后，当事人仍不申请人民法院委托鉴定的极端情形，则原则上对当事人的决定应予尊重。这也是当事人主义的要求。但是，基于当前国情，我国目前民事诉讼立法贯彻当事人主义并不彻底，仍存在职权主义色彩。例如，2021 年《民事诉讼法》第七十九条第二款同时规定了当事人未申请鉴定，人民法院对专门性问题认为需要鉴定的，应当委托具备资格的鉴定人进行鉴定。也即，人民法院从查明案情、维护公益等目的出发，即便当事人不愿申请鉴定，也可依职权委托鉴定。为了便于操作和防止滥权，2022 年《民诉法解释》第九十六条第一款厘清了人民法院依职权委托鉴定的边界：(1)涉及可能损害国家利益、社会公共利益的；(2)涉及身份关系的；(3)涉及《民事诉讼法》第五十八条规定诉讼的；(4)当事人有恶意串通损害他人合法权益可能的；(5)涉及依职权追加当事人、中止诉讼、终结诉讼、回避等程序性事

① 熊跃敏：《民事诉讼中法院释明的实证分析——以释明范围为中心的考察》，载《中国法学》2010 年第 5 期。

项的。只有上述五种情形,人民法院才可以依职权委托鉴定。因此,本条第二款作出了相应规定。

实务疑难

是否允许当事人在举证期限已经届满后的证据交换和庭审中对对方证据提出反驳并申请司法鉴定?

对此,实务中有两种观点:第一种观点认为,鉴定是当事人提供证据的一种方法,当事人申请鉴定是根据举证责任要求,本质上也是申请法院调查取证行为,应受举证期限限制。故当事人应在举证期限内申请鉴定。对此,2002 年《证据规定》第二十五条就规定当事人申请鉴定,应当在举证期限内提出。第二种观点则认为,在法院依职权调查取证的情形下,司法鉴定只是法院调查收集证据的手段,经过鉴定后得到的鉴定意见才是法定证据方法。故在法院认为专门性问题需要鉴定的情形下,可以随时启动鉴定,不存在举证期限的问题。关于当事人申请鉴定的情形,由于我国并未实行强制答辩制度,故在开庭前被告不答辩的情形十分常见。由此,原告因不了解被告诉讼策略而不能在举证期限内确定是否就某项事实申请法院委托鉴定。而且,2020 年《证据规定》第五十一条事实上已允许当事人逾期举证,故当事人申请鉴定即便作为举证,超过举证期限,也属于申请提交新证据的方式。故应由法院决定是否准许当事人在证据交换或庭审阶段提出申请鉴定。当事人申请鉴定后,如果人民法院认为待证事实确实需要通过鉴定意见证明的,本条规定的是应当指定提出鉴定申请的期间。但由于是当事人主动申请的鉴定,故从提高诉讼效率出发,可以酌情将指定期间压缩得更短。事实上,2022 年《民诉法解释》第一百二十一条已经将 2002 年《证据规定》中当事人申请鉴定"应当在举证期限内提出"修改为"可以在举证期限届满前提出"。也即,现行司法解释并不强求当事人必须在举证期限届满前申请鉴定。笔者倾向于第二种观点。这也是本条规定人民法院可以指定提出鉴定申请的期间的原因之一。

关联法条

1.《中华人民共和国民事诉讼法》(2021 年)

第七十九条 当事人可以就查明事实的专门性问题向人民法院申请鉴定。当事人申请鉴定的,由双方当事人协商确定具备资格的鉴定人;协商不成的,由人民法院指定。

当事人未申请鉴定,人民法院对专门性问题认为需要鉴定的,应当委托具备资格的鉴定人进行鉴定。

第八十条 鉴定人有权了解进行鉴定所需要的案件材料,必要时可以询问当事人、证人。

鉴定人应当提出书面鉴定意见,在鉴定书上签名或者盖章。

2.《最高人民法院关于适用〈中华人民共和国民事诉讼法〉的解释》(2022 年)

第九十六条 民事诉讼法第六十四条第二款规定的人民法院认为审理案件需要的证据包括:

(一)涉及可能损害国家利益、社会公共利益的;

（二）涉及身份关系的；

（三）涉及民事诉讼法第五十五条规定诉讼的；

（四）当事人有恶意串通损害他人合法权益可能的；

（五）涉及依职权追加当事人、中止诉讼、终结诉讼、回避等程序性事项的。

除前款规定外，人民法院调查收集证据，应当依照当事人的申请进行。

第一百二十一条第三款 符合依职权调查收集证据条件的，人民法院应当依职权委托鉴定，在询问当事人的意见后，指定具备相应资格的鉴定人。

3.《最高人民法院关于审理建设工程施工合同纠纷案件适用法律问题的解释（一）》（2020年）

第三十二条 当事人对工程造价、质量、修复费用等专门性问题有争议，人民法院认为需要鉴定的，应当向负有举证责任的当事人释明。当事人经释明未申请鉴定，虽申请鉴定但未支付鉴定费用或者拒不提供相关材料的，应当承担举证不能的法律后果。

一审诉讼中负有举证责任的当事人未申请鉴定，虽申请鉴定但未支付鉴定费用或者拒不提供相关材料，二审诉讼中申请鉴定，人民法院认为确有必要的，应当依照民事诉讼法第一百七十条第一款第三项的规定处理。

4.《最高人民法院关于知识产权民事诉讼证据的若干规定》（2020年）

第十九条 人民法院可以对下列待证事实的专门性问题委托鉴定：

（一）被诉侵权技术方案与专利技术方案、现有技术的对应技术特征在手段、功能、效果等方面的异同；

（二）被诉侵权作品与主张权利的作品的异同；

（三）当事人主张的商业秘密与所属领域已为公众所知悉的信息的异同、被诉侵权的信息与商业秘密的异同；

（四）被诉侵权物与授权品种在特征、特性方面的异同，其不同是否因非遗传变异所致；

（五）被诉侵权集成电路布图设计与请求保护的集成电路布图设计的异同；

（六）合同涉及的技术是否存在缺陷；

（七）电子数据的真实性、完整性；

（八）其他需要委托鉴定的专门性问题。

典型案例

1.（2021）新民申2001号

裁判观点：赵远军认为原审未予准许其提出调取江苏江建公司银行流水及进行审计的申请，属程序违法。2020年《证据规定》第三十条第一款规定："人民法院在审理案件过程中认为待证事实需要通过鉴定意见证明的，应当向当事人释明，并指定提出鉴定申请的期间。"原审虽未委托专业机构对江苏江建公司账目进行审计，但依据双方提供的证据对本案中的款项进行认定，本案双方多次对账，在2017年对账形成《对账明细表》及在2018年二审法院组织双方对账形成法庭对账记录。在法院主持下根据双方提交的合同、收条、银行付款回单、收款凭据等证据，能够通过对账方式查清案件事实的，没必要再通过其他调查方式及委托鉴定确认查清事实的，法院可以决定是否委托鉴定，且减少当事人的诉讼支出，均符合法律规定，不存在程序违法的问题。

2.（2021）新民申 2097 号

裁判观点：本院经审查认为，关于应否支持殷雪梅申请鉴定的问题。2020 年《证据规定》第三十条第一款规定："人民法院在审理案件过程中认为待证事实需要通过鉴定意见证明的，应当向当事人释明，并指定提出鉴定申请的期间。"2020 年 10 月 20 日，本案一审第一次开庭时因双方未进行过对账，一审法院给双方充分的时间对账，将开庭延迟至 2020 年 11 月 2 日，双方在对账期间未申请鉴定，在庭审中亦未提出鉴定申请。根据殷雪梅提交证据的情况，其对是否竣工，是否经过验收的表述不一致，且本案双方签订的合同价款为 70 万元，原审期间殷雪梅称后期有增项部分，并主张合同价款为 140 万元，但针对增项部分及具体的实际工程量其未能提交充分有效的证据加以证明。二审期间，法官前往涉案现场对施工项目进行核实，该记账本中所载明的部分项目均未施工，殷雪梅亦未能作出合理的解释。通过查看现场及殷雪梅的陈述，并不能认定殷雪梅所出示的记账本是双方对工程量结算的结果。双方当事人对殷雪梅实际完成的工程量和内容不能确认一致，委托进行鉴定的条件并不具备。故原审法院未支持殷雪梅申请鉴定的诉讼请求并无不当。

3.（2021）辽 03 民终 4312 号

裁判观点：关于郭清善向本院提出笔迹鉴定申请一节。2020 年《证据规定》第三十条第一款规定："人民法院在审理案件过程中认为待证事实需要通过鉴定意见证明的，应当向当事人释明，并指定提出鉴定申请的期间。"第三十一条第一款规定："当事人申请鉴定，应当在人民法院指定期间内提出，并预交鉴定费用。逾期不提出申请或者不预交鉴定费用的，视为放弃申请。"原审法院在开庭审理时已明确告知郭清善应当于 3 日内提交书面鉴定申请，逾期视为放弃申请。而郭清善并未向原审法院提出笔迹鉴定申请，应当视为放弃申请。故对郭清善在二审提出该项主张，本院不予支持。

4.（2021）苏 04 民终 5009 号

裁判观点：关于上诉人提出的一审法院应当告知其申请鉴定的问题。2020 年《证据规定》第三十条第一款规定，"人民法院在审理案件过程中认为待证事实需要通过鉴定意见证明的，应当向当事人释明，并指定提出鉴定申请的期间"。人民法院的释明前提，在于"待证事实需要通过鉴定意见证明"，而本案中该前提尚不具备，主要考虑因素为：其一，对标的物双方未有封样，融昌厂无客观证据证明其所述的 4 吨纱线系由钰润公司提供，且钰润公司予以否认；其二，融昌厂自认在其与钰润公司的合同之后，其还向另外两家客户购买过纱线，使标的物来源问题更加难以确定。一审法院在庭审中充分询问融昌厂所述的 4 吨纱线是否有对应标记可以确认为钰润公司生产，融昌厂亦表示没有，故本案在无法确定 4 吨纱线确为钰润公司提供的情况下，释明鉴定事项尚无必要。

5.（2020）川民终 1575 号

裁判观点：二审中合顺源公司明确表明其主张的是结算。根据 2020 年《证据规定》第三十条第一款"人民法院在审理案件过程中认为待证事实需要通过鉴定意见证明的，应当向当事人释明，并指定提出鉴定申请的期间”和2019年《建设工程解释二》第十四条第一款“当事人对工程造价、质量、修复费用等专门性问题有争议，人民法院认为需要鉴定的，应当向负有举证责任的当事人释明。当事人经释明未申请鉴定，虽申请鉴定但未支付鉴定费用或者拒不提供相关材料的，应当承担举证不能的法律后果”的规定，本案应当进行鉴定。因合顺源公司二审中方明确表明其主张的是结算，故不属一审法院裁判错误。

（修改）第三十一条 【放弃鉴定申请】

当事人申请鉴定，应当在人民法院指定期间内提出，并预交鉴定费用。逾期不提出申请或者不预交鉴定费用的，视为放弃申请。

对需要鉴定的待证事实负有举证责任的当事人，在人民法院指定期间内无正当理由不提出鉴定申请或者不预交鉴定费用，或者拒不提供相关材料，致使待证事实无法查明的，应当承担举证不能的法律后果。

法条渊源

当事人申请鉴定本质上也是举证行为，应受举证期限限制。故2002年《证据规定》第二十五条第一款就明确规定当事人申请鉴定，应在举证期限内提出。但从该条适用情况看，经常出现要么当事人双方均不申请鉴定；要么当事人过了举证期限仍申请鉴定的情形。事实上，当事人过了举证期限申请鉴定往往是为抗辩对方当事人当庭提交的新的证据，有时也确有其必要性。为了方便法院及时查明案件事实，进行证据裁判，实务中法院经常会主动向当事人释明申请鉴定对案件最终处理的重要性，甚至会主动指定申请鉴定的期限。从处理结果来看，这确实能解决申请鉴定中的现有问题。至于当事人逾期不提出申请或者不预交鉴定费用的，2002年《证据规定》第二十五条规定的法律后果就是，对该事实承担举证不能的法律后果。但对于不承担举证责任的当事人，不存在该法律后果的适用问题。但应否承担法律后果，则没有相应规定。

法条精析

本条是关于视为当事人放弃鉴定及其后果的规定，是在2002年《证据规定》第二十五条基础上修改而成的。与之相关的司法解释条文为2022年《民诉法解释》第一百二十一条。本条修改过程中，2016年《法院征求意见稿》第一百零六条规定：“当事人申请鉴定的，应当在人民法院指定期限内预交鉴定费用。申请人逾期不预交鉴定费用的，视为放弃鉴定申请。人民法院依职权委托鉴定的，应当垫付鉴定费用。鉴定费用由败诉的当事人负担。”第一百零四条规定：“对需要鉴定的事项负有举证证明责任的当事人，在人民法院指定的期限内无正当理由不提出鉴定申请或者不预交鉴定费用，或者拒不提供相关材料，致使待证事实无法通过鉴定意见予以查明的，应当对该事实承担举证不能的法律后果。”2017年《审判长讨论稿》第八十条规定:“当事人申请鉴定的,应当在人民法院指定期限内预交鉴定费用。逾期不预交的,视为放弃鉴定申请。人民法院依职权委托鉴定的,应当垫付鉴定费用,但法律和司法解释另有规定的除外。”第七十八条规定:“对需要鉴定的待证事实负有举证证明责任的当事人,在人民法院指定的期限内无正当理由不提出鉴定申请或者不预交鉴定费用,或者拒不提供相关材料,致使待证事实无法查明的,应当对待证事实承担举证不能的法律后果。”2018 年《审委会送审稿》第三十条规定:“当事人申请鉴定,应当在人民法院指定期间内提出,并预交鉴定费用。逾期不提出申请或者不预交鉴定费用的,视为放弃申请。对需要鉴定的待证事实负有举证责任的当事人,在人民法院指定的期限内无正当理由不提出鉴定申请或不预交鉴定费用,或者拒不提供相关材料,致使待证事实无法查明的,应当对待证事实承担举证不能的法律后果。”本条定稿时,只是删除了重复规定的“待证事实”表述,其他再无变化。本条主要修改内容:(1)将 2002 年《证据规定》第二十五条第一款中“应当在举证期限内提出”修改为“应当在人民法院指定期间内提出,并预交鉴定费用”。(2)删除 2002 年《证据规定》第二十五条第一款中“符合本规定第二十七条规定的情形,当事人申请重新鉴定的除外”。(3)将 2002 年《证据规定》第二十五条第二款中“需要鉴定的事项”修改为“需要鉴定的待证事实”。(4)将 2002 年《证据规定》第二十五条第二款中“对案件争议的事实无法通过鉴定结论予以认定”修改为“致使待证事实无法查明的”。(5)删除 2002 年《证据规定》第二十五条第二款中的“对该事实”。

我国民事诉讼法中未对当事人申请鉴定的期限作出规定,仅规定了当事人举证应当在举证期限内完成。2002 年《证据规定》第二十五条规定了“当事人申请鉴定,应当在举证期限内提出”。2015 年《民诉法解释》第一百二十一条第一款中又规定“当事人申请鉴定,可以在举证期限届满前提出”。这两条规定的不同之处给司法实践中造成了混乱,到底是“应当”还是“可以”在举证期限届满前提出,从不同的角度会产生不同的理解。在实务中,对于鉴定申请期限,法院在举证通知书中一般会指明应在举证期限届满前提出。鉴于申请鉴定也属于广义上的举证范畴,故立法的主流观点是认为应当在举证期限内提出,但超过举证期限的申请也并非一律否定,应当根据具体情况作出判断。在审判实务中,多数鉴定申请是针对当事人在庭审质证环节中出示的证据原件提出的,在事先并未进行证据交换的情况下,当事人无法对证据的真实性进行确认,只有在庭审质证环节对证据原件进行确认之后才能考虑是否申请鉴定。[①] 由此可见,对于超出举证期限提出的鉴定申请如果一律驳回的话,不仅会影响案件真相的查明,也有违诚实信用原则。故应允许庭审中因当事人一方举证或质证需要提出对特定专门性问题申请人民法院委托鉴定。由于当事人随时都可能基于举证或质证需要提出或多次提出鉴定申请,故本条第一款回应实务需求,将原来的“举证期限”改为“人民法院指定期间”,赋予法院自由裁量权。各地法院可以根据个案的实际情况进行指定。一般情况下,法院指定期限仍应以举证期限内为原则,有个别情况可以进行灵活处理。由法院指定期间的做法既避免了当事人陷入因逾期申请无法进行鉴定的困境,又能避免当事人故意逾期申请鉴定,

---

① 王新平:《民事诉讼——证据运用与实务技巧》,中国民主法制出版社 2017 年版,第 194 页。

拖延诉讼进程的行为。关于鉴定费用交纳的问题,我国 2007 年施行的《诉讼费用交纳办法》第十二条就规定了诉讼过程中因鉴定发生的依法应当由当事人负担的费用,人民法院根据“谁主张、谁负担”的原则,决定由当事人直接支付给有关机构或者单位,人民法院不得代收代付。但一般情况下,由于诉讼持续的周期较长,鉴定费用较高,为了保证鉴定工作的顺利进行,本条第一款规定鉴定费用由申请鉴定的一方当事人预先交纳。人民法院指定申请期限后,当事人基于各种主客观原因,可能在指定期限内没有提出鉴定申请。此时,应如何看待当事人逾期不提出申请的法律效果?实务中存有争议:一种观点认为,应区分当事人逾期理由而分别对待。如果当事人逾期理由具有客观性、正当性,从有利于查明案件事实角度,则可以考虑准许其鉴定申请。另一种观点认为,根据 2020 年《证据规定》第三十条的规定,既然法院已指定提出鉴定申请的期间,就说明人民法院已经认为待证事实需要通过鉴定意见查明并已向当事人释明。在此基础上,当事人如在该指定期限内未提出申请,则应理解为其内心已理性分析,作出了放弃申请的决定。几经斟酌,本条最后选择了第二种观点,即将逾期不提出鉴定申请的情形,视为放弃申请。这里的“视为”是一种法律拟制。我国法律中,大多数“视为”表示法律拟制。法律拟制以价值为基础,明知其拟处理的案件与其所拟引用之法条本来处理的案件所涉法律事实并不相同,但仍将二者赋予同一的法律效力。具体到本条,当事人在鉴定申请期间内不作申请意思表示的不作为事实与其明确表示放弃鉴定申请事实两者之间的构成要件不同,但两者均具有同样的法律效力。此外,实务中还存在当事人在指定期限内提交了鉴定申请,但没有预交鉴定费用的情形。根据 2007 年《委托鉴定规定》第二十七条的规定,委托费用主要由当事人与专业机构协商,确定委托费用数额后,交费一方当事人于 3 个工作日内将委托费用交付委托方。对于当事人无故逾期不交纳委托费用的,可中止委托,并书面告知专业机构。当事人及时交纳委托费用的,仍由原专业机构继续进行鉴定。可见,当事人无故逾期不缴纳委托费用的,人民法院可中止委托,并书面告知专业机构。根据 2009 年《司法鉴定收费管理办法》(已于 2016 年被废止)第九条的规定,司法鉴定机构接受委托提供司法鉴定服务,应当与委托人签订《司法鉴定协议书》,并载明收费项目、收费标准、收费方式、收费金额、结算方式、争议解决办法等条款。因此,人民法院中止委托实际是解除《司法鉴定协议书》。这从法律后果而言,就相当于当事人没有提出鉴定申请。既然当事人逾期不预交鉴定费用的法律后果也与逾期不提出鉴定申请一样,那么也应被视为放弃申请。

本条第二款规定了当事人在指定期间内无正当理由不提申请或不预交费用、或者拒不提供相关材料的后果,主要是为对待证事实承担举证责任的当事人所设定。对需要进行鉴定的待证事实承担举证责任的当事人,如果不能证明该事实,应当承担举证不能的不利后果。指定期间届满后,若该事实仍然处于真伪不明的状态的,则应当由负举证责任的当事人承担败诉风险。实务中,在以下三种情况下,当事人的行为应视为逾期未申请鉴定:(1)当事人无正当理由未在法院指定的期间内提交鉴定申请。(2)当事人在指定期间内向法院提交了鉴定申请,但是无正当理由未预交鉴定费用。当事人未在指定期限内提交鉴定申请,原因多样,可根据有无正当理由作出区分。就正当理由而言,例如,2020 年《委托鉴定审查规定》第十二条第二款规定了符合法律援助条件的当事人可以申请暂缓或减免交纳鉴定费用和鉴定人出庭费用。此外,公益诉讼可以申请暂缓交纳鉴定费用和鉴定人出庭费用。当事人申请鉴定,应当以预交鉴定费用为前提,应当预交而未预交的,法院有权拒绝其鉴定申请。由于不按期预交鉴定费用可能导致当事人不利后果,故根据2020年《委托鉴定审查规定》第十二条第一款的规定,人民法院应当向当事人释明不按期预交鉴定费用及鉴定人出庭费用的法律后果,并对鉴定机构、鉴定人收费情况进行监督。(3)当事人在指定期间内向法院提交了鉴定申请且预交了鉴定费用,但是拒绝向法院提交与鉴定相关的材料,导致鉴定机构没有鉴定材料,无法作出鉴定意见。最终影响法院对案件争议事实作出正确的判断。如果因为当事人有上述三种情形而使法院无法查明待证事实的,则其应承担举证不能的法律后果。这里的举证不能法律后果多为当事人因缺乏鉴定意见这一证据而无法证明待证事实存在,从而可能间接影响法院裁判的结果。

实务疑难

一审诉讼中负有举证责任的当事人未申请鉴定,虽申请鉴定但未支付鉴定费用或者拒不提供相关材料,二审诉讼中申请鉴定,应如何处理?

对此,人民法院是否准许,实务中有两种观点:第一种观点认为,应不予准许。主要理由是,既然当事人在一审没有申请鉴定、虽申请鉴定但未支付鉴定费用或者拒不提供相关材料,均应视为其已放弃就特定待证事实申请人民法院调查收集证据的权利。现当事人二审又申请鉴定,既违反禁反言原则,又过了举证期限,故不应准许。第二种观点则认为,应予以准许。主要理由是,当事人申请鉴定本质上是申请人民法院调查取证,行使证明权的行为,既然2021年《民事诉讼法》第六十八条已经允许当事人可以在二审逾期提出新证据并原则上可以采信,那么就应允许当事人二审提出鉴定申请。即便当事人因自身原因在一审没有申请,也不能剥夺其在二审提出申请鉴定的权利。笔者认为,此种情形,应比照2020年《最高人民法院关于审理建设工程施工合同纠纷案件适用法律问题的解释(一)》第三十二条第二款的规定,一审诉讼中负有举证责任的当事人未申请鉴定,虽申请鉴定但未支付鉴定费用或者拒不提供相关材料,二审诉讼中申请鉴定,人民法院认为确有必要的,应当发回重审。

关联法条

1.《中华人民共和国民事诉讼法》(2021年)

第七十九条 当事人可以就查明事实的专门性问题向人民法院申请鉴定。当事人申请鉴定的,由双方当事人协商确定具备资格的鉴定人;协商不成的,由人民法院指定。

当事人未申请鉴定,人民法院对专门性问题认为需要鉴定的,应当委托具备资格的鉴定人进行鉴定。

2.《最高人民法院关于适用〈中华人民共和国民事诉讼法〉的解释》(2022年)

第一百二十一条 当事人申请鉴定,可以在举证期限届满前提出。申请鉴定的事项与待证事实无关联,或者对证明待证事实无意义的,人民法院不予准许。

人民法院准许当事人鉴定申请的,应当组织双方当事人协商确定具备相应资格的鉴定人。当事人协商不成的,由人民法院指定。

符合依职权调查收集证据条件的，人民法院应当依职权委托鉴定，在询问当事人的意见后，指定具备相应资格的鉴定人。

第三百九十九条 审查再审申请期间，再审申请人申请人民法院委托鉴定、勘验的，人民法院不予准许。

3.《最高人民法院关于审理建设工程施工合同纠纷案件适用法律问题的解释（一）》（2020年）

第三十二条 当事人对工程造价、质量、修复费用等专门性问题有争议，人民法院认为需要鉴定的，应当向负有举证责任的当事人释明。当事人经释明未申请鉴定，虽申请鉴定但未支付鉴定费用或者拒不提供相关材料的，应当承担举证不能的法律后果。

一审诉讼中负有举证责任的当事人未申请鉴定，虽申请鉴定但未支付鉴定费用或者拒不提供相关材料，二审诉讼中申请鉴定，人民法院认为确有必要的，应当依照民事诉讼法第一百七十条第一款第三项的规定处理。

4.《最高人民法院关于人民法院民事诉讼中委托鉴定审查工作若干问题的规定》（2020年）

12. 人民法院应当向当事人释明不按期预交鉴定费用及鉴定人出庭费用的法律后果，并对鉴定机构、鉴定人收费情况进行监督。

公益诉讼可以申请暂缓交纳鉴定费用和鉴定人出庭费用。

符合法律援助条件的当事人可以申请暂缓或减免交纳鉴定费用和鉴定人出庭费用。

典型案例

1.（2021）最高法民申4179号

裁判观点：关于原审判决对平房改造工程中钢结构防火涂料的鉴定造价720,953.27元未予确认是否有误的问题。龙盛公司申请一审法院委托金信建设工程造价咨询有限公司对龙盛公司组织施工完成的综合楼装修工程及平房翻建工程造价进行了评估鉴定。鉴定意见认为，鉴定项目中防火涂料第三方检测报告是由龙盛公司提供的，双方未进行质证，且钢结构防火涂料必须由有相应资质的第三方检测公司独立出具的检测报告才能准确鉴定其造价，故将防火涂料列为不确定的造价金额，共计720,953.27元。根据2020年《证据规定》第三十一条关于"当事人申请鉴定，应当在人民法院指定期间内提出，并预交鉴定费用。逾期不提出申请或者不预交鉴定费用的，视为放弃申请。对需要鉴定的待证事实负有举证责任的当事人，在人民法院指定期间内无正当理由不提出鉴定申请或者不预交鉴定费用，或者拒不提供相关材料，致使待证事实无法查明的，应当承担举证不能的法律后果"的规定，龙盛公司未能提供能实现其证明目的的检材，应承担举证不能的法律后果，该鉴定意见不能证明防火涂料造价金额720,953.27元达到高度可能性。故对龙盛公司该项再审主张，本院不予采信。

2.（2020）最高法知民终818号

裁判观点：关于大百科出版社主张的原审司法鉴定费用问题。2020年《证据规定》第三十一条第一款规定，当事人申请鉴定，应当在人民法院指定期间内提出，并预交鉴定费用。逾期不提出申请或者不预交鉴定费用的，视为放弃申请。大百科出版社在原审中申请对英捷特公司交付的软件是否符合合同约定进行鉴定，其应预交鉴定费用，原审法院以其不预交鉴定费用视其放弃申请鉴定，并无不当。

3.（2021）桂07民终1727号

裁判观点：关于上诉人请求被上诉人赔偿装修费及设施损失是否有事实和法律依据的问题。根据2020年《证据规定》第三十一条的规定："当事人申请鉴定，应当在人民法院指定期间内提出，并预交鉴定费用。逾期不提出申请或者不预交鉴定费用的，视为放弃申请。对需要鉴定的待证事实负有举证责任的当事人，在人民法院指定期间内无正当理由不提出鉴定申请或者不预交鉴定费用，或者拒不提供相关材料，致使待证事实无法查明的，应当承担举证不能的法律后果。"上诉人请求被上诉人赔偿租赁场地的装修费和相应的设施费用，对待证的事实负有举证责任。上诉人虽提交加建部分及露台外部分工程材料报价表、安装教室、学生宿舍、校园江边不锈钢防盗网、防护栏材料费及安装费。同时，被上诉人提交证据证实相应的设施及不锈钢防盗网、防护栏等上诉人已拆除。一审诉讼中，上诉人向一审法院申请委托评估机构对装修费及增加的设施费用进行评估，上诉人在一审法院指定期间内无正当理由不预交鉴定费用，致使待证事实无法查明，应当承担举证不能的法律后果。因此，上诉人的请求证据不足，本院不予支持。

4.（2021）粤03民终28104号

裁判观点：2020年《证据规定》第三十一条规定："当事人申请鉴定，应当在人民法院指定期间内提出，并预交鉴定费用。逾期不提出申请或者不预交鉴定费用的，视为放弃申请。对需要鉴定的待证事实负有举证责任的当事人，在人民法院指定期间内无正当理由不提出鉴定申请或者不预交鉴定费用，或者拒不提供相关材料，致使待证事实无法查明的，应当承担举证不能的法律后果。"本案中，乐宏公司对海峰鑫公司提交的2019年11月至2020年5月7份对账单上其员工"徐某"签名和其采购专用章有异议，经原审释明后，乐宏公司当庭同意申请鉴定，但乐宏公司之后在原审指定期间内未办理笔迹与印章真实性的鉴定申请手续，根据前述法律规定，视为乐宏公司放弃鉴定申请，并由其承担举证不能的法律后果。原审推定2019年11月至2020年5月7份对账单上签名与印章真实，并无不当。上述对账单对乐宏公司具有法律约束力。原审进而以上述7份对账单载明的货款金额和无异议的2020年8月送货单载明的货款金额认定总货款金额468,226元，并无不当。

（修改）第三十二条 【法院委托鉴定】

人民法院准许鉴定申请的，应当组织双方当事人协商确定具备相应资格的鉴定人。当事人协商不成的，由人民法院指定。

人民法院依职权委托鉴定的，可以在询问当事人的意见后，指定具备相应资格的鉴定人。

人民法院在确定鉴定人后应当出具委托书，委托书中应当载明鉴定事项、鉴定范围、鉴定目的和鉴定期限。

法条渊源

关于委托鉴定人的问题，早在1982年《民事诉讼法》第六十三条就已经规定，人民法院可以通知有关部门指派有专业知识的人进行鉴定。该条中的有关部门指派，说明当时的鉴定人是尚未从体制中脱离的自然人，仍是国家机关的工作人员。1991年《民事诉讼法》第七十二条则规定，人民法院对专门性问题认为需要鉴定的，交由法定鉴定部门或指定鉴定部门鉴定；鉴定部门和鉴定人应当提出书面鉴定结论，鉴定人鉴定的，应当由鉴定人所在单位加盖印章，证明鉴定人身份。此时，接受鉴定委托的是鉴定部门，但出具鉴定结论的是鉴定部门和鉴定人。可见，鉴定人出具鉴定结论仍是完成鉴定部门的工作任务。直至2012年《民事诉讼法》第七十六条才第一次以“法律”形式明确当事人可以申请鉴定且可以协商确定鉴定人。同时，删除了鉴定部门和鉴定人并列的立法思路。就司法解释层面而言，早在1993年《经济开庭规定》第四条就规定，对专门性问题合议庭认为需要鉴定、审计的，应及时交由法定鉴定部门或者指定有关部门鉴定，委托审计机关审计。2002年《证据规定》第二十六条第一次在司法解释层面规定了当事人可以申请鉴定并自行协商确定鉴定人。2015年《民诉法解释》第一百二十一条在继续同意当事人申请鉴定的情形下，还重申了法院依职权调查收集证据时，应询问当事人的意见的规定。

法条精析

本条是关于鉴定人选任的规定，是在2002年《证据规定》第二十六条基础上，吸收2015年《民诉法解释》第一百二十一条第二款、第三款有关内容修改而成的。本条修改过程中，2016年《法院征求意见稿》第一百零五条规定：“人民法院准许当事人的鉴定申请的，应当组织双方当事人协商确定具备相应资格的鉴定人。当事人协商不成的，由人民法院指定。人民法院依职权委托鉴定的，可以在询问当事人的意见后，指定具备相应资格的鉴定人。人民法院应当在委托书中明确鉴定事项、鉴定范围和鉴定目的。”2017年《审判长讨论稿》第七十九条在该条基础上将“人民法院应当在委托书中明确鉴定事项、鉴定范围和鉴定目的”修改为“人民法院在确定鉴定人后应当出具委托书，委托书中应当明确鉴定事项、鉴定范围、鉴定期限和鉴定目的”，其中增加了“鉴定期限”的表述。2018年《审委会送审稿》第三十一条并无修改。本条定稿时，只将“明确”修改为“载明”。

本条的主要修改内容：(1)将2002年《证据规定》第二十六条中“当事人申请鉴定经人民法院同意后，由双方当事人协商确定有鉴定资格的鉴定机构、鉴定人员”修改为2015年《民诉法解释》第一百二十一条第二款“人民法院准许当事人鉴定申请的，应当组织双方当事人协商确定具备相应资格的鉴定人”，文字修改后语义基本没变，删除“鉴定机构”，目的是与2017年《民事诉讼法》第七十六条第一款保持一致；增加“应当组织”只是为了避免协商久拖不决，强调双方当事人协商应在法院参与组织下进行。增加“相应”，强调鉴定资格与鉴定事项的对应性。(2)将2015年《民诉法解释》第一百二十一条第二款作为本条第一款内容。(3)将2015年《民诉法解释》第一百二十一条第三款修改为本条第二款。删除2015年《民诉法解释》第一百二十一条第三款“符合依职权调查收集证据条件的”，理由是，实务中，对于符合2015年

《民诉法解释》第九十六条应当依职权收集的证据,有两种处理情形:一是仍由当事人申请法院鉴定;二是在当事人不申请鉴定的情形下,人民法院依职权启动鉴定。显然,在前种情形,不属于人民法院依职权启动程序的情形。(4)本条新增第三款关于委托书内容的规定,是根据审判实践的需要增加的内容,目的在于通过对委托书内容的要求,避免出现由于委托事项、鉴定范围和目的不明确导致鉴定意见无法使用的情形,以及防止由于鉴定期限不明确而引起的鉴定拖延。

鉴定人一般是指作出鉴定意见的机构或自然人。鉴定人包含两种含义:一种是指鉴定机构中具体进行鉴定的工作人员;另一种是指作为自然人的鉴定人。严格来说,鉴定人概念源于大陆法系国家,专指依据自身专业知识和经验,接受法院委托并为法庭解决专门性争议问题提供专业判断意见的自然人。与鉴定人相对应的概念是鉴定机构,也称鉴定部门,是指接受司法机构、仲裁机构等委托,有偿提供司法鉴定服务的组织。鉴定机构是鉴定人的执业机构。鉴定人应当且只能在一个司法鉴定机构中执业,与鉴定机构在业务上具有从属关系。

大陆法系国家通过规定鉴定人资格制度来对鉴定人资格的门槛进行统一规范。法国、意大利等都建立了鉴定人名册制度。由专门机构通过特定的考评和登记程序,将全国具有鉴定资格的专家根据行业登记造册,注册各自的教育程度、学术成果、专业经历等内容,供法官根据案件的需要从名册中选任鉴定人。大陆法系国家通过统一的认定程序来授予相关人员司法鉴定人资格。在质证的过程中,以法官为主,当事人质证为辅的方式,对鉴定人作出的司法鉴定意见是否予以采纳,由法官通过自由心证来决定。对比英美法系,把鉴定人称为"专家证人",将其视为普通证人,鉴定意见即专家证言的真实性通过出庭质证,由事实审理者(在有陪审团的情况下,陪审团是事实审理者;在无陪审团的情况下,法官是事实审理者,也是法律审理者)采信。法律没有限制鉴定人的准入资格,原则上,"所有经过该学科科学教育"或"掌握从实践经验中获得特别或专有知识"的人,都可以担当鉴定人。①

从我国情况来看,目前我国对于鉴定人的资格确定并未规定统一的资格考试,而是在工作满一定年限后,可以通过分专业的统一考试合格后向相关主管机关提出申请,待主管机关审核通过后,发放相应专业鉴定资格证。早期的鉴定通常是人民法院认为需要鉴定的,依职权交由法定或指定的鉴定部门鉴定,由鉴定部门和鉴定人出具书面鉴定结论。但是,对鉴定不加区分,全由法院自由裁量是否委托鉴定的做法引发理论界和实务界质疑。毕竟,通过鉴定查明待证事实的专门性问题主要还是属于当事人的举证范畴,如法院介入太多,有违法院居中裁判原则,也会招致当事人的不满。有鉴于此,2002 年《证据规定》第二十五条增设了当事人申请鉴定的有关内容。2012 年《民事诉讼法》第七十六条第一款也第一次以"法律"形式对当事人申请鉴定进行了规定。2015 年《民诉法解释》第一百二十一条再次强调了当事人申请鉴定的问题。本规定第一款则是对之前的立法、司法解释作了进一步细化。

具体而言,当人民法院准许鉴定申请后,关于鉴定人的产生方式:首先,应从尊重当事人意思自治出发,尽量让双方当事人协商确定鉴定人。这体现出充分尊重当事人自主选择权的

---

① 雷刚、魏晓萍、党永辉:《司法鉴定人制度相关问题研究——以法医学司法鉴定人为例》,载《中国司法鉴定》2017 年第 2 期。

精神，能够有效避免程序的公正出现问题，也可以保障法院的中立地位，避免因法院过多的介入而影响法官作出公正的判决。2002 年《证据规定》第二十六条将协商确定完全交给双方当事人自行处理，但过于强调法官置身事外，保持中立。从实务来看，由于双方当事人的利益冲突，经常协商不出鉴定人，反而拖延了诉讼。为此，2015 年《民诉法解释》第一百二十一条第二款增加了“人民法院组织双方当事人协商”的规定。由法院主动参加并组织可以很大程度缓解双方的对立情绪，从而理性协商一致，选出鉴定人。至于当事人协商确定鉴定人的流程，根据 2007 年《委托鉴定规定》，法院司法辅助工作部门专门人员收案后，应当在 3 个工作日内采取书面、电传等有效方式，通知当事人按指定的时间、地点选择专业机构或专家。选择专业机构在司法辅助工作部门专门人员的主持下进行，选择结束后，当事人阅读选择专业机构笔录，并在笔录上签字。当事人不按时到场，也未在规定期间内以书面形式表达意见的，视为放弃选择专业机构的权利。具体协商选择程序如下：(1)专门人员告知当事人在选择程序中的权利、义务。(2)专门人员向当事人介绍名册中相关专业的所有专业机构或专家的情况。当事人听取介绍后协商选择双方认可的专业机构或专家，并告知专门人员和监督、协调员。(3)当事人协商一致选择名册以外的专业机构或专家的，司法辅助工作部门应对选择的专业机构进行资质、诚信、能力的程序性审查，并告知双方应承担的委托风险。(4)审查中发现专业机构或专家没有资质或有违法违规行为的，应当要求双方当事人重新选择。(5)发现如果双方当事人选择有可能损害国家利益、集体利益或第三方利益的，应当终止协商选择程序，采用随机选择方式。

其次，如果当事人协商不成，则依据本条规定，人民法院应指定鉴定人。实务中，当事人协商不一致的情形主要有：(1)当事人都要求随机选择的；(2)一方当事人表示放弃协商选择权利；(3)一方当事人无故缺席的，等等。一旦有上述情形出现，则应根据本条规定，由人民法院指定鉴定人。采用指定方法选择的，司法辅助工作部门负责人到场监督，专门人员应向当事人出示名册中所有相关专业机构或专家的名单，由专门人员采用计算机随机法、抽签法中的一种方法选择专业机构或专家。(1)计算机随机法：①计算机随机法应当统一使用最高人民法院确定的随机软件；②选择前，专门人员应当向当事人介绍随机软件原理、操作过程等基本情况，并进行操作演示；③专门人员从计算机预先录入的名册中选择所有符合条件的专业机构或专家列入候选名单；④启动随机软件，最终选定的候选者当选。(2)抽签法：①专门人员向当事人说明抽签的方法及相关事项；②专门人员根据移送案件的需要，从名册中选出全部符合要求的候选名单，并分别赋予序号；③当事人全部到场的，先确定做签者和抽签者，由专门人员采用抛硬币的方法确定一方的当事人为做签者，另外一方当事人为抽签者，做签者按候选者的序号做签，抽签者抽签后当场交给专门人员验签，专门人员验签后应当将余签向当事人公示；④当事人一方不能到场的，由专门人员做签，到场的当事人抽签。当事人抽签后，专门人员当场验签确定，并将余签向当事人公示。这里需要注意的是，指定选择时，对委托要求超出名册范围的，专门人员应根据委托要求从具有相关专业资质的专业机构或专家中选取，并征求当事人意见。当事人也可以向法院提供相关专业机构或专家的信息，经专门人员审查认为符合委托条件的，应当听取其他当事人意见。专业机构或专家确定后，当事人应当签字确认。对没有到场的当事人应先通过电话、传真送达，再邮寄送达。名册中的专业机构仅有一家时，在不违反回避规定的前提下，即为本案的专业机构。最后需要强调的是，重大、疑难、复杂案件的委托事项，选择专业机构或专家时，应邀请院领导或纪检监察部门和审判、执行部门人员到场监督。对于人民法院依职权委托鉴定的，根据上述规定，应按照随机的方式，选择对外委托的专业机构，然后进行指定。至于随机选择方式和指定方法，与上述内容一致，在此不再赘述。

由于是人民法院在双方矛盾尖锐、协商选择对立情绪较严重下进行的指定，故为了让指定的鉴定人尽可能让双方当事人都满意，确保鉴定程序能顺利进行，法院可以先适当听取双方当事人的意见，尽量吸收他们对鉴定人资质、能力、行业声誉等方面提出的合理建议，这样可以减少在审判过程中当事人申请鉴定人回避的情形。当然，无论是当事人协商还是法院指定，都是由法院出面委托鉴定。司法实务中常见的做法是法院向鉴定机构发出委托书，再由鉴定机构确定具体实施鉴定行为的鉴定人。根据2007年《委托鉴定规定》的规定，专业机构确定后，监督、协调员应在3个工作日内通知专业机构审查材料，专业机构审查材料后同意接受委托的，办理委托手续。向非拍卖类专业机构出具委托书时，应当明确委托要求、委托期限、送检材料、违约责任，以及标的物的名称、规格、数量等情况。在鉴定机构同意接受委托后，委托人才出具委托书，最后再商定委托费用并预交给委托人。根据2007年《司法鉴定程序通则》的规定，司法鉴定机构接受鉴定委托，应当要求委托人出具鉴定委托书，提供委托人的身份证明，并提供委托鉴定事项所需的鉴定材料。鉴定委托书应当载明委托人的名称或者姓名、拟委托的司法鉴定机构的名称、委托鉴定的事项、鉴定事项的用途以及鉴定要求等内容。司法鉴定机构决定受理鉴定委托的，应当与委托人在协商一致的基础上签订司法鉴定协议书。也即，先由委托人出具鉴定委托书，在司法鉴定机构决定受理鉴定委托后，才签订司法鉴定协议书(其中明确鉴定费用)。由上，两者有明显区别。根据2016年《司法鉴定程序通则》的规定，则是先收到委托、再决定受理，最后签订司法鉴定委托书，明确鉴定费用等。也即2016年《司法鉴定程序通则》将2007年《司法鉴定程序通则》中的鉴定委托书删除，将其中的司法鉴定协议书修改为司法鉴定委托书。在此前提下，应如何看待本条新增第三款规定的委托书？从实务情况而言，民事诉讼中，人民法院多采用“委托书”或者“委托函”方式委托鉴定。从委托书的文义而言，委托书一般是由法院单方面出具，而司法鉴定协议书或委托书则由双方共同协商签订。就目前而言，对于办案机关出具委托函或者委托书的，司法鉴定机构不宜再另行要求与其签订司法鉴定委托书，但可以将《司法鉴定程序通则》第十六条规定司法鉴定委托书作为司法鉴定机构与办案机关对移送的鉴定材料、鉴定期限、鉴定费用等问题的确认，可由办案机关的经办人在此委托书上签字确认，从而作为委托人“对鉴定材料的真实性、合法性负责”以及司法鉴定机构对鉴定材料的名称、种类、数量、性状、保存状况、收到时间等(2016年《司法鉴定程序通则》第十二条的规定)核对的证明。① 由此，本条所指委托书，仍应限定为司法鉴定机构作出是否受理鉴定前收到的委托，而不包含上述司法鉴定委托书。由于本委托书是司法鉴定机构用于决定是否受理鉴定的主要依据，故应尽可能在委托书中载明

① 郭华：《司法鉴定程序通则疑难问题的解读与思考》，载《中国司法鉴定》2016年第4期。

可能影响司法鉴定机构作出是否受理决定的内容。从实践反馈情况看,主要应载明以下内容:第一,鉴定事项。载明鉴定事项最大的作用在于帮助司法鉴定机构对照评判自身是否具备该鉴定事项所需资质或能力,防止出现鉴定意见的资质瑕疵。第二,鉴定范围。鉴定范围应尽可能明确,一是帮助鉴定机构判断是否有能力在规定时限内完成鉴定工作,二是可以防止实务中出现的任意增加或减少鉴定事项导致鉴定意见没有针对性的情况。第三,鉴定目的。鉴定目的的明确是为了让鉴定机构能围绕实现鉴定目的而采用最经济、最实用、最高效的鉴定方法或技术,一方面,可以减轻当事人鉴定费用负担;另一方面,可以帮助法院提高司法效率。第四,鉴定期限。由于以往鉴定委托书中经常不规定鉴定期限,导致鉴定机构拖延鉴定现象比较常见。为此,本条专门对载明鉴定期限提出了明确要求。综上所述,本条将鉴定事项、鉴定范围、鉴定目的和鉴定期限规定为委托书必要记载事项,而这四项内容一般需要与鉴定人充分沟通才能明确。从而,本条通过关于委托书记载内容的规定,促进审判人员积极参与鉴定过程。与此同时,通过对委托书内容的要求,避免出现因委托事项、鉴定范围和鉴定目的不明确导致鉴定意见不能使用的情形,也防止由于鉴定期限不明确而引起的鉴定拖延。

实务疑难

人民法院向司法鉴定机构出具委托书与鉴定委托书、司法鉴定协议书的关系?

司法实务中,人民法院委托鉴定存在以下争议:第一,委托鉴定对象争议。根据2021年《民事诉讼法》第七十九条的规定,人民法院委托具有鉴定资格的鉴定人进行鉴定。根据2016年《司法鉴定程序通则》第十六条的规定,由司法鉴定机构受理鉴定委托,应当与委托人签订司法鉴定委托书。显然,司法鉴定人作为诉讼参与人均存在鉴定人回避以及出庭作证的问题。因此,人民法院委托对象只能是司法鉴定人,不可能是司法鉴定机构。为解决上述矛盾,人民法院的委托函委托主体仍应为司法鉴定机构,但司法鉴定机构确定司法鉴定人后应告知人民法院,为回避制度实施提供空间。第二,人民法院应出具鉴定委托书、司法鉴定协议书抑或司法鉴定委托书?2007年《司法鉴定程序通则》第十二条、第十七条规定,司法鉴定机构接受鉴定委托,应当要求委托人出具鉴定委托书。鉴定委托书应当载明委托人的名称或者姓名、拟委托的司法鉴定机构的名称、委托鉴定的事项、鉴定事项的用途以及鉴定要求等内容。司法鉴定机构决定受理鉴定委托的,应当与委托人在协商一致的基础上签订司法鉴定协议书。司法鉴定协议书应当载明下列事项:(1)委托人和司法鉴定机构的基本情况;(2)委托鉴定的事项及用途;(3)委托鉴定的要求;(4)委托鉴定事项涉及的案件的简要情况;(5)委托人提供的鉴定材料的目录和数量;(6)鉴定过程中双方的权利、义务;(7)鉴定费用及收取方式;(8)其他需要载明的事项。因鉴定需要耗尽或者可能损坏检材的,或者在鉴定完成后无法完整退还检材的,应当事先向委托人讲明,征得其同意或者认可,并在协议书中载明。在进行司法鉴定过程中需要变更协议书内容的,应当由协议双方协商确定。委托书与司法鉴定协议书的区别在于委托书是人民法院单方面出具,而司法鉴定协议书则是双方协议签订。由于实践中对委托书和司法鉴定协议书的关系争议较大,故2015年修改《司法鉴定程序通则》时删除了委托人出具鉴定委托书的规定,并在第十六条规定司法鉴定机构决定受理鉴定委托的,应当与委托人签订司法鉴定委托书。司法鉴定委托书应当载明委托人名称、司法鉴定机构名称、委托鉴定事项、是否属于重新鉴定、鉴定用途、与鉴定有关的基本案情、鉴定材料的提供和退还、鉴定风险,以及双方商定的鉴定时限、鉴定费用及收取方式、双方权利义务等其他需要载明的事项。由其内容可知,司法鉴定委托书实际是将鉴定委托书内容合并司法鉴定协议书的产物。因此,就目前而言,对于办案机关出具委托函或者委托书的,司法鉴定机构不宜再另行要求司法鉴定委托书,但可以将 2016 年《司法鉴定程序通则》第十六条规定司法鉴定委托书作为司法鉴定机构对办案机关移送鉴定材料、鉴定期限、鉴定费用等问题的确认,可由办案机关的经办人在此委托书上签字确认,从而作为委托人“对鉴定材料的真实性、合法性负责”以及司法鉴定机构对鉴定材料的名称、种类、数量、性状、保存状况、收到时间等核对的证明。①

关联法条

1.《中华人民共和国民事诉讼法》(2021 年)

第七十九条 当事人可以就查明事实的专门性问题向人民法院申请鉴定。当事人申请鉴定的,由双方当事人协商确定具备资格的鉴定人;协商不成的,由人民法院指定。

当事人未申请鉴定,人民法院对专门性问题认为需要鉴定的,应当委托具备资格的鉴定人进行鉴定。

2.《最高人民法院关于适用〈中华人民共和国民事诉讼法〉的解释》(2022 年)

第一百二十一条 当事人申请鉴定,可以在举证期限届满前提出。申请鉴定的事项与待证事实无关联,或者对证明待证事实无意义的,人民法院不予准许。

人民法院准许当事人鉴定申请的,应当组织双方当事人协商确定具备相应资格的鉴定人。当事人协商不成的,由人民法院指定。

符合依职权调查收集证据条件的,人民法院应当依职权委托鉴定,在询问当事人的意见后,指定具备相应资格的鉴定人。

3.《司法鉴定程序通则》(2016 年)

第十三条 司法鉴定机构应当自收到委托之日起七个工作日内作出是否受理的决定。对于复杂、疑难或者特殊鉴定事项的委托,司法鉴定机构可以与委托人协商决定受理的时间。

第十六条 司法鉴定机构决定受理鉴定委托的,应当与委托人签订司法鉴定委托书。司法鉴定委托书应当载明委托人名称、司法鉴定机构名称、委托鉴定事项、是否属于重新鉴定、鉴定用途、与鉴定有关的基本案情、鉴定材料的提供和退还、鉴定风险,以及双方商定的鉴定时限、鉴定费用及收取方式、双方权利义务等其他需要载明的事项。

---

① 郭华:《司法鉴定程序通则疑难问题的解读与思考》,载《中国司法鉴定》2016 年第 4 期。

4.《最高人民法院关于知识产权民事诉讼证据的若干规定》(2020 年)

第二十一条 鉴定业务领域未实行鉴定人和鉴定机构统一登记管理制度的,人民法院可以依照《最高人民法院关于民事诉讼证据的若干规定》第三十二条规定的鉴定人选任程序,确定具有相应技术水平的专业机构、专业人员鉴定。

第二十二条 人民法院应当听取各方当事人意见,并结合当事人提出的证据确定鉴定范围。鉴定过程中,一方当事人申请变更鉴定范围,对方当事人无异议的,人民法院可以准许。

典型案例

1.(2022)皖 04 民终 11 号

裁判观点:侯纯亮上诉认为一审法院没有摇号选取鉴定机构。依据 2020 年《证据规定》第三十二条第一款规定,人民法院准许鉴定申请的,应当组织双方当事人协商确定具备相应资格的鉴定人。当事人协商不成的,由人民法院指定。经查,2021 年 9 月 2 日,一审庭审期间,侯纯亮的委托诉讼代理人提出涉案两份材料中"侯纯亮"签名不是其本人所签,要求进行鉴定,并希望法院摇号确定鉴定机构,连德商贸公司、夫梅建筑工程公司同意鉴定,并请求一审法院确定鉴定机构。因双方当事人对鉴定机构协商不成,一审法院指定鉴定机构,程序合法。至于侯纯亮提出的摇号,并非是鉴定机构选取的法定程序。关于侯纯亮提出一审法院在主持鉴定样本书写时程序违法,经查,一审法院按照鉴定机构要求,多次主持侯纯亮书写鉴定样本,但侯纯亮书写时速度明显慢于侯纯亮认可的结算单上的签名,且对于要求提供同时期签字样本,也明确回答不能提供。可见,侯纯亮虽然提出了鉴定申请,但并不积极配合,致使鉴定机构不能鉴定签名字迹真伪,鉴定机构对侯纯亮的鉴定予以退案,程序并不违法。侯纯亮因此应承担不利后果。

2.(2021)桂 05 民终 1525 号

裁判观点:对于装修材质鉴定结论报告即国宏信(鉴·广西)字 2020 第 003 号中署名人员分别为:审核人云金平,鉴定人陈某,鉴定人蔡某,其中只有云金平具备价格鉴定师职业资格,而陈某、蔡某是北京价格评估师协会的会员;对于案涉房屋装修现状价值评估报告即国宏信(桂·南宁)(评)字 2020 第 001 号,评估人员分别为:云金平、吴广良、邓福颜、黄文政,其中,云金平、吴广良二人具备价格鉴定师职业资格,而邓福颜、黄文政为北京价格评估师协会的会员。根据 2020 年《证据规定》第三十二条第一款、第二款"人民法院准许鉴定申请的,应当组织双方当事人协商确定具备相应资格的鉴定人。当事人协商不成的,由人民法院指定。人民法院依职权委托鉴定的,可以在询问当事人的意见后,指定具备相应资格的鉴定人"以及 2015 年《鉴定管理决定》第四条"具备下列条件之一的人员,可以申请登记从事司法鉴定业务:(一)具有与所申请从事的司法鉴定业务相关的高级专业技术职称;(二)具有与所申请从事的司法鉴定业务相关的专业执业资格或者高等院校相关专业本科以上学历,从事相关工作五年以上;(三)具有与所申请从事的司法鉴定业务相关工作十年以上经历,具有较强的专业技能。因故意犯罪或者职务过失犯罪受过刑事处罚的,受过开除公职处分的,以及被撤销鉴定人登记的人员,不得从事司法鉴定业务"的规定,北京价格评估师协会是一个社团组织,不属于国家规定的具备司法鉴定资格的执业单位，其成员陈某、蔡某、邓福颜、黄文政均未经全国注册价格评估师管理行政主管部门考核颁发价格评估人员职业资格证书，不具备从事司法鉴定评估资质。一审出庭接受双方当事人及法庭质询的是邓福颜、蔡某，亦不是具备职业资格的鉴定人员。鉴定程序不合法，一审法院采信该鉴定结论作出的判决缺乏法律依据，应发回重审，由一审重新委托具有鉴定资质的机构及人员进行评估后再作出判决。

3.（2021）鄂 09 民终 2387 号

裁判观点：法律并未禁止当事人单方委托司法鉴定。2020 年《证据规定》第三十二条关于"人民法院准许鉴定申请的，应当组织双方当事人协商确定具备相应资格的鉴定人"的规定，是指进入诉讼程序后，经当事人申请，人民法院准许当事人鉴定申请的情形。林定坤一审提交的鄂孝昌信威鉴〔2021〕临鉴字第 107 号《司法鉴定意见书》，是在本案诉讼前，由林定坤委托鉴定机构作出的，并不适用于 2020 年《证据规定》。且该《司法鉴定意见书》系具备相应资质资格的鉴定机构及鉴定人员作出的，鉴定程序合法，鉴定意见符合技术规范，依法应予采信。

4.（2021）黑 01 民终 3340 号

裁判观点：一审法院程序违法，认定案件基本事实不清。2020 年《证据规定》第三十二条规定："人民法院准许鉴定申请的，应当组织双方当事人协商确定具备相应资格的鉴定人。当事人协商不成的，由人民法院指定。人民法院依职权委托鉴定的，可以在询问当事人的意见后，指定具备相应资格的鉴定人。人民法院在确定鉴定人后应当出具委托书，委托书中应当载明鉴定事项、鉴定范围、鉴定目的和鉴定期限。"本案，一审法院经过摇号确定的两家鉴定机构均以"鉴定事项超过本鉴定机构技术条件和鉴定能力"为由不予受理鉴定申请，故该二鉴定人不具备相应的鉴定资格。此后，一审法院未依据上述规定组织双方当事人协商确定具备鉴定资格的鉴定人。二审中，王亚斌提供了具备嗅觉鉴定能力的鉴定机构，并放弃了对味觉鉴定的申请，一审法院应当先根据各方协商结果确定具备相应资格鉴定人，协商不成亦可依据上述规定指定具备鉴定资格的鉴定人进行鉴定，进而查清王亚斌是否存在嗅觉丧失的损害后果，如存在该损害后果，该损害与本案交通事故是否存在因果关系，在存在因果关系的情况下可根据当事人主张就该损害结果是否构成伤残及伤残等级进行鉴定。故一审判决严重违反法定程序，并导致基础事实不清。

（新增） 第三十三条 【鉴定人具结及虚假鉴定后果】

鉴定开始之前，人民法院应当要求鉴定人签署承诺书。承诺书中应当载明鉴定人保证客观、公正、诚实地进行鉴定，保证出庭作证，如作虚假鉴定应当承担法律责任等内容。

鉴定人故意作虚假鉴定的，人民法院应当责令其退还鉴定费用，并根据情节，依照民事诉讼法第一百一十一条（注：条文序号有变动，现为 2021 年《民事诉讼法》第一百一十四条）的规定进行处罚。

法条渊源

本条是关于鉴定人具结及虚假鉴定后果的规定,是根据审判实践需要增加的内容。在调研过程中,各级法院对于鉴定人在鉴定过程中违背客观公正、诚信敬业的职业道德,甚至故意作虚假鉴定的情形反映比较强烈,要求加大鉴定人的监督和对虚假鉴定打击的呼声比较普遍。为此,本条借鉴了2015年《民诉法解释》中当事人、证人出具保证书的规定,增加了鉴定人在鉴定之前签署承诺书、对故意虚假鉴定进行制裁的规定。

法条精析

本条是关于鉴定人具结和故意作虚假鉴定后果的规定。本条内容在2002年《证据规定》中没有规定,属于新增内容。本条修改过程中,2016年《法院征求意见稿》第一百零七条规定:“鉴定开始之前,人民法院应当要求鉴定人签署保证书。保证书中应当载明鉴定人保证公正、诚实地进行鉴定,如作虚假鉴定,愿受法律制裁等内容。”2017年《审判长讨论稿》第八十一条将“愿受法律制裁等内容”修改为“应当接受处罚等内容”,并增加了第二款,规定“鉴定人故意作虚假鉴定的,人民法院应当责令其退回鉴定费用,并应当根据情节,依照民事诉讼法第一百一十条第一款第一项、第一百一十五条的规定处理”。2018年《审委会送审稿》第三十二条将前条中“保证书”修改为“承诺书”,增加“保证出庭作证”,其他无变化。本条定稿时,在“公正、诚实”前增加“客观”,将“接受处罚”修改为“承担法律责任”,并删除了“第一项、第一百一十五条”的表述。本条共分两款:第一款对鉴定人签署承诺书及其内容作出规定;第二款规定的是对鉴定人故意作虚假鉴定的行为如何处罚。

近年来,随着杜培武案、佘祥林案、呼格案等冤假错案的平反,引起了人们对被视为“法庭科学”的鉴定意见的重点关注。这几件案件中的鉴定意见都对法官的裁判起到了或多或少的影响,可见错误的鉴定意见容易造成不公正的裁判,损害公民的合法权利,损害司法的公正、权威。随着现代科技水平不断发展,高科技产品、网络信息技术等新生事物加速走进社会公众的日常生产生活,满足社会公众与日俱增的精神物质需求。相应地,因社会生产生活纠纷引发的民事诉讼中,大量待证事实的证据都涉及超出社会大众日常认知水平的专门性知识。这也为法官审查判断证据提出了新的挑战。在现代诉讼活动中,当科学知识、科学方法、科学规律、原理等特定知识领域的专业术语充斥法庭审理时,司法证明已不再是简单的事实判断和单纯的法律适用问题。科学的不确定性和伪科学问题是法官在审查判断证据时经常要面临的问题。对“科学证据”进行认定、对“伪科学”进行鉴别,已超出了传统法官审判技能的范围,需要通过鉴定方式作出认定。随着司法证明方式的变化,鉴定意见在诉讼活动中的重要性日益凸显。但实践中,由于各种主客观原因,鉴定意见偏离甚至歪曲客观事实的情形屡见不鲜。具体而言,可以将之分为两类:鉴定人故意作出的虚假鉴定意见和非故意作出的虚假鉴定意见。所谓鉴定人故意作出的虚假鉴定意见,是指鉴定人违背自然科学技术和规律、日常生活经验常识,故意作出与客观科学结果不同结论的鉴定意见。至于非故意作出的虚假鉴定意见,包括过失和没有过错。也即,鉴定人作出与客观科学结果不同结论的鉴定意见时,主观心态为过失或没有过错的情形。相应地,根据鉴定人出具虚假鉴定意见时的主观心态不同,大致可分为三种情形:鉴定人故意出具虚假鉴定意见、鉴定人过失出具虚假鉴定意见以及鉴定人无过错出具虚假鉴定意见。实务中,第一种情形主要有三方面表现:(1)虚假鉴定意见常伴有鉴定程序违法行为。当事人一方或委托人为了获取虚假鉴定意见,经常采取"走后门"的方式而不按法定程序委托鉴定,鉴定机构或鉴定人也可能违背规定受理。(2)对鉴定人的指定有反常迹象。如鉴定人是委托方或当事人指名选定的,指定的鉴定人多是与己方有紧密关系的人,或被鉴定对象的疑难程度与鉴定人的资质、经历、经验等极不对应。(3)鉴定中的技术性错误明显。鉴定人受某种压力胁迫,或受利益诱惑,为了故意制造虚假鉴定意见,必然通盘策划,从整体上反映出虚假技术标准的种种表现。如对检材与样本的真实情况与鉴定条件进行歪曲性的判断;对鉴定步骤、方法加以轻描淡写;对鉴定依据进行选择性描述,对有利于作虚假鉴定意见的依据描述详尽无遗,对客观真实的依据避重就轻;对鉴定依据的分析判断表现出明显的片面性,只论证虚假结论的理由;鉴定意见的依据极不充分或者适用技术等级标准出现奇低错误等。[①] 第二种情形则强调的是鉴定机构或鉴定人在接受委托或进行鉴定过程中因为心理上存在疏忽大意或过于自信的过失,导致出现鉴定材料失效或丢失、鉴定方法不科学、鉴定标准错误等情形以至于最终出具的鉴定意见为虚假。第三种情形针对的是鉴定机构或鉴定人主观上没有任何过错,但由于当时科技水平、检测设备、鉴定材料自身瑕疵等所限,致使最终鉴定意见为虚假的情形。上述三种虚假鉴定意见情形中,第一种和第二种情形的共同之处在于鉴定人自身存在故意或过失性质的过错。出现这种现象的原因在于,目前国内鉴定体制的多元化,除了公安部门内设的鉴定机构外,社会上设立的鉴定机构数量庞大,品质也良莠不齐,缺乏统一的市场准入规则。有些当事人可能会为了节省鉴定费用,而选择实力欠缺的鉴定机构。当事人也难以获得可靠的鉴定服务,并且可能会带来虚假鉴定、重复鉴定、多方鉴定等问题。这不仅导致了诉讼资源的分散与浪费,也给人民法院的审判行为带来了极大的负担,不利于案件的及时解决和当事人合法权益的维护。

为了防止诉讼中的虚假鉴定行为泛滥,本条第一款对于鉴定人的规制采取了与证人作伪证相似的规制方式——要求鉴定人在鉴定程序开始之前签署承诺书并明确承诺书的主要记载内容:保证客观、公正、诚实地进行鉴定,保证出庭作证,如作虚假鉴定应当承担法律责任等内容。这里的客观鉴定,主要是指鉴定机构及鉴定人在鉴定过程中应当保持平常心,以客观存在的鉴定材料为对象,严格按照科学原理、技术、流程等进行鉴定,而不能夹杂自己的主观好恶来进行鉴定。所谓公正鉴定,是指鉴定机构和鉴定人在鉴定过程中应持中立态度,不得偏向任何一方当事人。至于诚实鉴定则源自2017年《民事诉讼法》第十三条诚实信用原则。所谓诚实鉴定,是指鉴定机构和鉴定人在鉴定过程中,应当秉承诚信原则,鉴定出什么意见就提交什么鉴定意见,而不用作任何艺术加工。保证出庭作证,是鉴定人以书面形式作出的保证自己将来依法出庭作证的书面承诺。这主要是解决目前实务中,经常发生的鉴定人不出庭作证而是以书面答复等方式回应对鉴定意见的质疑造成诉讼拖延的问题。为了让鉴定人的书面承诺落到实处,本条对承诺书的内容还要求载明如作虚假鉴定应当承担法律责任等内

① 邹明理:《错误鉴定结论(意见)及其认定标准与主体》,载《山东警察学院学报》2012年第4期。

容。这里需要注意的是,本条第一款中的“如作虚假鉴定应当承担法律责任等内容”,从文义解释而言,并非区分出具虚假鉴定意见的鉴定机构或鉴定人的主观心理状态来判断是否承担法律责任。也就是说,原则上,只要结果是出具虚假鉴定意见,就应按承诺书载明的内容承担相应法律责任。除了一般意义上的民事法律责任之外,鉴于故意作虚假鉴定的鉴定人主观恶意最大,为加大对其惩罚力度,本条增设第二款规定,鉴定人故意作虚假鉴定的,人民法院还应当根据情节,依照《民事诉讼法》第一百一十四条的规定进行处罚。具体而言,就是将其故意作虚假鉴定的行为视为《民事诉讼法》第一百一十四条规定的伪造、毁灭重要证据,妨碍人民法院审理案件的情形,人民法院可以根据情节轻重对鉴定人予以罚款、拘留;构成犯罪的,依法追究刑事责任。如果鉴定人是单位,则可以对其主要负责人或者直接责任人员予以罚款、拘留;构成犯罪的,依法追究刑事责任。如果司法鉴定人因违法执业或者因过错给委托人造成损失,理应承担民事赔偿责任。由于司法鉴定人承办业务是由司法鉴定机构统一接受委托并与委托人签订书面委托合同,故发生损害赔偿时,由司法鉴定人所在的司法鉴定机构首先承担赔偿责任。司法鉴定机构赔偿后,可以向有故意或者重大过失行为的司法鉴定人追偿。特聘鉴定人因故意或重大过失行为给委托人造成损失的,也应承担民事赔偿责任。特聘鉴定人直接接受委托并发生损害赔偿时,由该鉴定人直接承担赔偿责任。① 鉴定人故意作出虚假鉴定,意图陷害他人或者隐匿罪证的,情节严重的,可能构成《刑法》中的伪证罪,应依法追究其刑事责任。

除此之外,鉴定人有权收取鉴定费用的前提是以其出具真实可靠的鉴定意见为法院作出裁判提供参考。如果鉴定人故意提供虚假鉴定意见,不仅不能给法官作出裁判提供依据甚至可能误导法官作出错误的裁判,那么鉴定人所收取的鉴定费用就应当退回。

实务疑难

鉴定人非故意作虚假鉴定时,应如何处理?

实务中,鉴定人非故意作虚假鉴定,表现为过失和无过错两类。对这两类虚假鉴定应如何处理,实务观点不一:一种观点认为,只要鉴定人主观上没有进行虚假鉴定的故意,而是认为其结果本身就是根据科学规律所得出的,在这种情形下,即使鉴定的结果与实际情况不同,也不能给予其任何的处罚。② 另一种观点认为,鉴定人如果有重大过失而出具了错误的鉴定意见,导致当事人的利益受到损害的,因符合“过错、损害和因果关系”的侵权责任成立的三要件,因而鉴定人不能免责。③ 笔者倾向于第二种观点。虽然本条第二款只限定了故意作虚假鉴定应承担退还鉴定费用责任的情形,但并未排除重大过失情形下,鉴定人应承担赔偿责任。但对于无过错及轻微过失情形,则考虑到鉴定材料、鉴定设备和鉴定技术等因素的局限性可能造成的固有偏差,应允许一定范围内的“误差”。

---

① 熊秋红:《我国司法鉴定体制之重构》,载《法商研究》2004 年第 3 期。

② 陈忆九:《鉴定人虚假鉴定法律规制初论——以鉴定人法律责任的承担为基点》,载《中国司法》2018 年第 4 期。

③ 施卫忠、许江:《司法鉴定制度改革刍论》,载《南京大学法律评论》2001 年第 1 期。

关联法条

1.《中华人民共和国民事诉讼法》(2021年)

第一百一十四条　诉讼参与人或者其他人有下列行为之一的，人民法院可以根据情节轻重予以罚款、拘留；构成犯罪的，依法追究刑事责任：

(一)伪造、毁灭重要证据，妨碍人民法院审理案件的；

(二)以暴力、威胁、贿买方法阻止证人作证或者指使、贿买、胁迫他人作伪证的；

(三)隐藏、转移、变卖、毁损已被查封、扣押的财产，或者已被清点并责令其保管的财产，转移已被冻结的财产的；

(四)对司法工作人员、诉讼参加人、证人、翻译人员、鉴定人、勘验人、协助执行的人，进行侮辱、诽谤、诬陷、殴打或者打击报复的；

(五)以暴力、威胁或者其他方法阻碍司法工作人员执行职务的；

(六)拒不履行人民法院已经发生法律效力的判决、裁定的。

人民法院对有前款规定的行为之一的单位，可以对其主要负责人或者直接责任人员予以罚款、拘留；构成犯罪的，依法追究刑事责任。

2.《最高人民法院关于适用〈中华人民共和国民事诉讼法〉的解释》(2022年)

第一百一十条　人民法院认为有必要的，可以要求当事人本人到庭，就案件有关事实接受询问。在询问当事人之前，可以要求其签署保证书。

保证书应当载明据实陈述、如有虚假陈述愿意接受处罚等内容。当事人应当在保证书上签名或者捺印。

负有举证证明责任的当事人拒绝到庭、拒绝接受询问或者拒绝签署保证书，待证事实又欠缺其他证据证明的，人民法院对其主张的事实不予认定。

第一百一十九条　人民法院在证人出庭作证前应当告知其如实作证的义务以及作伪证的法律后果，并责令其签署保证书，但无民事行为能力人和限制民事行为能力人除外。

证人签署保证书适用本解释关于当事人签署保证书的规定。

第一百二十条　证人拒绝签署保证书的，不得作证，并自行承担相关费用。

第一百八十九条　诉讼参与人或者其他人有下列行为之一的，人民法院可以适用民事诉讼法第一百一十四条的规定处理：

(一)冒充他人提起诉讼或者参加诉讼的；

(二)证人签署保证书后作虚假证言，妨碍人民法院审理案件的；

(三)伪造、隐藏、毁灭或者拒绝交出有关被执行人履行能力的重要证据，妨碍人民法院查明被执行人财产状况的；

(四)擅自解冻已被人民法院冻结的财产的；

(五)接到人民法院协助执行通知书后，给当事人通风报信，协助其转移、隐匿财产的。

典型案例

1.(2020)豫03民终9516号

裁判观点:光大银行洛阳珠江路支行一审中针对鉴定意见书,认为未附承诺书系程序违法,向一审法院提出书面鉴定申请,因其申请不符合需要重新鉴定的情形,故一审未予准许并无不当。光大银行洛阳珠江路支行上诉中又称鉴定机构事后补充提交承诺书程序违法,且存在由鉴定人复核的情形。本院认为,光大银行洛阳珠江路支行所述并非该鉴定意见明显依据不足或鉴定采用的技术标准错误,一审法院采信该鉴定机构的鉴定意见并无不当。关于鉴定所采用的样本是否存在单一的问题,一审法院为确保鉴定机构接收材料的真实性、完整性,组织双方提交检材并对所提交的鉴定材料进行质证,光大银行洛阳珠江路支行上诉称该鉴定样本单一的上诉主张不能成立。关于本案举证责任的问题,本案贷款方系金融机构,其在掌握相关贷款材料方面的优势大于借款人,同时作为主张权利一方也应对其所主张的事实提供相关的证据加以证明。因此,其上诉称无须另行举证款项实际发放的理由依据不足,本院不予采信。关于光大银行洛阳珠江路支行提交鉴定意见书及相关比对样本等证据,因系单方作出,不能以此否认一审期间所作鉴定。

2.(2020)川15民终2594号

裁判观点:针对本案的争议焦点三,即鉴定人员未出具鉴定人员承诺书,该份鉴定意见书是否应予采信的问题。2020年《证据规定》第三十三条规定,鉴定开始之前,人民法院应当要求鉴定人签署承诺书。承诺书中应当载明鉴定人保证客观、公正、诚实地进行鉴定,保证出庭作证,如作虚假鉴定应当承担法律责任等内容。鉴定人故意作虚假鉴定的,人民法院应当责令其退还鉴定费用,并根据情节,依照民事诉讼法第一百一十一条的规定处理。该条确定了鉴定人在从事司法鉴定活动过程中必须保持客观、公正、诚实和勤勉,并且在当事人申请及委托鉴定的法院要求出庭作证时,确保参与鉴定的鉴定人员能够到庭作证。此外,为增强鉴定人知晓和切实履行上述义务,专门增设了具结的要求,即需要签署附带有上述内容的承诺书,但该条并未规定未予签订承诺书则鉴定意见无效。本案鉴定程序系经尹铃先申请,双方当事人协商一致,由长宁县人民法院依法随机抽选宜宾新兴司法鉴定中心鉴定,保险人并未提供证据证明鉴定过程存在2020年《证据规定》第四十条第一款的情形。故一审法院采信该份鉴定意见认定邓懿彬的伤残等级和后续医疗费用并无不当。

(新增) 第三十四条 【鉴定材料的质证和收集】

人民法院应当组织当事人对鉴定材料进行质证。未经质证的材料,不得作为鉴定的根据。

经人民法院准许,鉴定人可以调取证据、勘验物证和现场、询问当事人或者证人。

法条渊源

早在 2001 年《司法鉴定程序通则(试行)》第十五条就规定了委托人应向司法鉴定机构提供全面、客观、真实的鉴定材料。如因提供的鉴定材料虚假或者不完全而出现的错鉴,由委托人负责。这就倒逼作为委托人的人民法院在提交鉴定材料前,先应确保其真实性、合法性和关联性,即应组织当事人对鉴定材料进行质证。2007 年施行的《司法鉴定程序通则》第十三条则将鉴定材料的要求修改为真实、完整、充分,并明确了委托人对鉴定材料的真实性、合法性负责。这实际进一步明确要求人民法院应组织当事人对鉴定材料进行质证。2007 年《委托鉴定规定》第七条规定对外委托鉴定应当移交以下材料:经法庭质证确认的当事人的举证材料、法院依职权调查核实的材料等,该条中对当事人举证材料的质证,就包括鉴定材料的质证。2016 年《司法鉴定程序通则》第十二条重申,委托人应当向司法鉴定机构提供真实、完整、充分的鉴定材料,并对鉴定材料的真实性、合法性负责。

关于鉴定人了解鉴定所需案件材料和询问当事人、证人的规定,最早在 1982 年《民事诉讼法》第六十三条就规定鉴定人有权了解进行鉴定所需要的案件材料,询问当事人、证人。后在 1991 年《民事诉讼法》第七十二条中将鉴定人拆分为鉴定部门及其指定的鉴定人。在“询问当事人、证人”前增加了“必要时可以”。2012 年《民事诉讼法》第七十七条又将“鉴定部门及其指定的鉴定人”统一为“鉴定人”。关于具体了解案件材料的方式,则通过本条作出了规定。

法条精析

本条是关于鉴定材料质证和鉴定人收集鉴定材料的新增规定,其内容在 2002 年《证据规定》中没有规定。本条在起草过程中,2016 年《法院征求意见稿》第一百零八条规定:“人民法院应当在鉴定材料提交鉴定人之前,组织当事人进行质证。鉴定人可以向人民法院申请调取证据、勘验物证和现场、询问当事人或者证人。经人民法院许可,鉴定人可以直接对当事人或者证人进行询问。”2017 年《审判长讨论稿》第八十二条规定:“人民法院应当组织当事人对鉴定材料进行质证。未经当事人质证的材料,不得作为鉴定的依据。经人民法院准许,鉴定人可以调取证据、勘验物证和现场、询问当事人或者证人。”2018 年《审委会送审稿》第三十三条除将“依据”改为“根据”外,没有其他变动。本条定稿与 2018 年《审委会送审稿》第三十三条一致。

本条第一款是对 2016 年《司法鉴定程序通则》第十二条关于人民法院提交鉴定材料应真实、完整、充分、合法要求的落实。本条第二款实际是从 2017 年《民事诉讼法》第七十七条第一款修改而来,同时借鉴了 2016 年《司法鉴定程序通则》第二十四条有关规定。主要修改体现在,从实务操作角度,将“鉴定人有权了解进行鉴定所需要的案件材料,必要时”进一步细化。增加规定“经人民法院准许”“鉴定人可以调取证据、勘验物证和现场”。理由是,鉴定人收集案件证据的目的是使其出具的鉴定意见更为真实、准确,从而为人民法院依法对证据所证明的待证事实作出认定。2016 年《司法鉴定程序通则》第二十四条就规定,司法鉴定人有权了解进行司法鉴定所需要的案件材料,可以查阅、复制相关资料,必要时可以询问诉讼当事人、证人。明确了鉴定人在鉴定过程中的权利归属。使司法鉴定人能够更加快速准确地了解待证事实,确定司法鉴定的对象并采取合适的司法鉴定方法,提高司法鉴定的准确性和效率。但从法律规定角度而言,收集案件所需证据属于当事人及其诉讼代理人、人民法院的法定权利,故在某种意义上而言,其是代表法院在收集证据,故应事先取得人民法院允许。综上所述,本条对于提交鉴定的材料提出要求,同时对鉴定人获取鉴定材料的权利作出规定,并规定经法院准许,鉴定人可以采取调查、勘验现场,询问当事人和证人等方法,意在保障鉴定人的鉴定顺利进行。

鉴定程序的顺利进行不仅需要鉴定人利用专业知识和职业经验选择适当的鉴定方法,再借助科学设备进行检验,也需要当事人的配合与法院的支持。鉴定人能否顺利进行鉴定,得出准确的鉴定意见,需要当事人积极全面地提供真实可靠的鉴定材料。2017 年《民事诉讼法》第七十七条第一款也规定了"鉴定人有权了解进行鉴定所需要的案件材料",关于鉴定材料,2007 年《司法鉴定程序通则》第十二条第二款规定,鉴定材料包括检材和鉴定资料。检材是指与鉴定事项有关的生物检材和非生物检材;鉴定资料是指存在于各种载体上与鉴定事项有关的记录。后在 2016 年《司法鉴定程序通则》第十二条中将鉴定材料的范围修改为:鉴定材料包括生物检材和非生物检材、比对样本材料以及其他与鉴定事项有关的鉴定资料。与此同时,该条还规定,委托人委托鉴定的,应当向司法鉴定机构提供真实、完整、充分的鉴定材料,并对鉴定材料的真实性、合法性负责。司法鉴定机构应当核对并记录鉴定材料的名称、种类、数量、性状、保存状况、收到时间等。诉讼当事人对鉴定材料有异议的,应当向委托人提出。根据该通则第十五条的规定,司法鉴定机构发现鉴定材料不真实、不完整、不充分或者取得方式不合法的,不得受理。由此可知,人民法院向鉴定机构提交的鉴定材料必须真实、完整、充分、合法,不具备真实、完整、充分、合法特征的鉴定材料,就不能作为鉴定的依据。但实务中,由于取证、保管等环节的诸多主客观原因,人民法院提交鉴定材料给鉴定机构时,鉴定材料经常会在真实性、完整性、充分性和合法性等方面存在瑕疵。一旦鉴定机构以此作出鉴定意见,多被当事人在后续对鉴定意见质证时提出质疑,甚至可能导致鉴定意见被弃用,而不得不重新委托鉴定。毫无疑问,这必将拖延案件审理进程,也会影响司法权威,当事人所受民事权益损害也得不到及时救济。几经权衡,笔者认为,解决这一问题的最佳途径就是质证前移,将原本安排在将来组织对鉴定意见的质证,提前到委托鉴定环节,由人民法院组织当事人对鉴定材料进行质证。通过质证,可以让当事人围绕鉴定材料本身的真实性、合法性和关联性充分发表意见,一方面尽量取得当事人理解和认同,另一方面可以保障当事人对鉴定材料质疑的诉讼权利。最后,由人民法院在听取各方意见的基础上决定是否作为鉴定材料提交给司法鉴定机构。这也可确保对鉴定材料真实性、合法性、充分性、完整性特征的要求能得以贯彻。反过来,由于鉴定机构对鉴定材料合法性、真实性的检验标准与法庭对证据的认证不同,鉴定机构的"认证"远比法院"认证"的标准要宽松许多。因此,就会有许多当事人及其诉讼代理人提出直接将鉴定材料交由鉴定机构,以逃避法院对鉴定材料的认定,使不具有证据资格的鉴定材料成为鉴定意见的依据。那么鉴定人的鉴定意见就必然会存在错误,影响鉴定意见的真实性和裁判的公正性。因此,鉴定机构接受人民法院委托鉴定后,不得私自接收当事人提交而未经人民法院确认的鉴定材料。鉴定机构应规范鉴定材料的接收和保存,实现鉴定过程和检验材料流转的全程记录和有效控制。故本条规定将鉴定材料的质证规定为必经环节,未经过质证的鉴定材料不得作为鉴定的依据。对此,2016 年《司法鉴定程序通则》第十五条也规定:鉴定材料不真实或取得方式不合法的,司法鉴定机构不得受理。

一般而言,人民法院作为委托方提供经过质证的鉴定材料是鉴定人获得鉴定材料的主要途径。但是,如果鉴定人在鉴定过程中发现人民法院提交的检材、样本不充分或不符合要求的,一方面,有权要求委托人补充检材、样本等;另一方面,为加快鉴定进度,也可以经委托人人民法院同意后直接收取鉴定材料,向当事人调取证据,还可以调查、勘验物证和现场以及询问当事人和证人。与 2016 年《司法鉴定程序通则》第二十四条"司法鉴定人有权了解进行鉴定所需要的案件材料,可以查阅、复制相关资料,必要时可以询问诉讼当事人、证人"规定相比,本条规定还增加了经人民法院准许。理由是鉴定人本身不是司法机关或当事人,法律并没有授权其有上述对证据的调查收集权利。如果其可以任意实施上述调查收集证据的行为,既有可能造成权利滥用,又有可能因缺乏法律依据得不到相关人员的配合支持,无法达到其追求的效果。如果经人民法院准许,则可理解为是其得到了有权机构的授权。而且,经人民法院准许还可以起到事先审核的作用,防止鉴定机构滥用权利的行为。因此,鉴定过程中需要调取或者补充鉴定材料的,由鉴定机构或者当事人向委托法院提出申请。事实上,鉴定人在人民法院准许下,适度参与到诉讼程序中有利于鉴定人完整地了解案件具体情况,有针对性收集鉴定材料,能准确及时地确定鉴定事项的具体内容,得出鉴定意见。

实务疑难

如何理解本条中"未经质证的材料,不得作为鉴定的根据"?

司法实务中,经常出现两个问题:一是人民法院直接委托鉴定人组织当事人对鉴定材料进行质证,经过这种质证的鉴定材料能否作为鉴定依据。二是人民法院组织对鉴定材料质证时,当事人无正当理由缺席质证,能否推定已经过质证。对于第一个问题有两种观点:第一种观点认为,既然人民法院已经作出委托,那么作为受托人的鉴定人就有权组织当事人进行质证,由此取得的经过质证的证据,当然可以作为鉴定的根据;第二种观点认为,组织当事人质证是人民法院行使诉讼指挥权的具体表现,属于人民法院应依职权行使的司法公权力范畴。除非法定,公权不能私授。故法院的委托授权质证应属无效。相应地,鉴定人组织的鉴定不能取得诉讼上的质证效果。笔者倾向于第二种观点。类似的情况还有所谓的"调查令"。至于第二个问题:一种观点认为,既然当事人未到场质证,则事实上该鉴定材料就未经过质证,故不能作为鉴定根据;另一种观点则认为,当事人无正当理由不到场进行质证与到场后不发表质证意见本质都是当事人放弃质证的行为。根据 2022 年《民诉法解释》第三百八十七条的规定,当事人对原判决、裁定认定事实的主要证据在原审中拒绝发表质证意见或者质证中未对证据发表质证意见的,不属于 2021 年《民事诉讼法》第二百零七条第四项规定的未经质证的情形。因此,类推适用该条,当事人无正当理由未到场质证的,不属于未经质证的情形。笔者倾向于第二种意见。但是如果法院事后查明该鉴定材料不具备真实性、合法性的,可以向鉴定人提出将其从鉴定中剔除。

关联法条

1.《中华人民共和国民事诉讼法》（2021 年）

第八十条第一款 鉴定人有权了解进行鉴定所需要的案件材料，必要时可以询问当事人、证人。

2.《最高人民法院关于适用〈中华人民共和国民事诉讼法〉的解释》（2022 年）

第一百二十四条第二款 人民法院可以要求鉴定人参与勘验。必要时，可以要求鉴定人在勘验中进行鉴定。

3.《司法鉴定程序通则》（2016 年）

第十二条 委托人委托鉴定的，应当向司法鉴定机构提供真实、完整、充分的鉴定材料，并对鉴定材料的真实性、合法性负责。司法鉴定机构应当核对并记录鉴定材料的名称、种类、数量、性状、保存状况、收到时间等。

诉讼当事人对鉴定材料有异议的，应当向委托人提出。

本通则所称鉴定材料包括生物检材和非生物检材、比对样本材料以及其他与鉴定事项有关的鉴定资料。

第二十四条 司法鉴定人有权了解进行鉴定所需要的案件材料，可以查阅、复制相关资料，必要时可以询问诉讼当事人、证人。

经委托人同意，司法鉴定机构可以派员到现场提取鉴定材料。现场提取鉴定材料应当由不少于 2 名司法鉴定机构的工作人员进行，其中至少 1 名应为该鉴定事项的司法鉴定人。现场提取鉴定材料时，应当有委托人指派或者委托的人员在场见证并在提取记录上签名。

典型案例

1.（2021）新民终 340 号

裁判观点：一、一审法院将未经质证的材料作为鉴定依据，补充质证后未对证据予以审查。2020 年《证据规定》第三十四条第一款规定："人民法院应当组织当事人对鉴定材料进行质证。未经质证的材料，不得作为鉴定的根据。"2019 年《建设工程解释二》第十六条规定："人民法院应当组织当事人对鉴定意见进行质证。鉴定人将当事人有争议且未经质证的材料作为鉴定依据的，人民法院应当组织当事人就该部分材料进行质证。经质证认为不能作为鉴定依据的，根据该材料作出的鉴定意见不得作为认定案件事实的依据。"本案鉴定意见书载明，工艺管道无损检测及热处理的相关资料为后期九化建公司提交未经过双方质证，因此单独计列请法院裁决。一审法院在鉴定意见书出具后庭审中要求美汇特公司发表质证意见，美汇特公司认为九化建公司向鉴定机构出示的材料与九化建公司向其出示的材料存在重大差异，对该部分证据不予认可。一审法院将未经当事人质证的材料作为鉴定依据，补充质证后当事人对证据提出异议，一审法院未对该证据能否作为鉴定依据进行审查而直接采信此部分造价 1120 万余元的鉴定意见，存在程序瑕疵。

2.（2021）豫 15 民终 6116 号

裁判观点：《证据规定》第三十四条第一款规定："人民法院应当组织当事人对鉴定材料

进行质证。未经质证的材料,不得作为鉴定的根据。”本案中,一审法院在能够联系到上诉人中国人民财产保险股份有限公司信阳市分公司的前提下,对息县豫南价格评估咨询有限公司进行鉴定所依据的有关资料未经双方当事人进行质证,该鉴定程序违法,鉴定结论不应被采信,原审根据该鉴定结论认定案涉车辆修复费用显属不当。

3.(2021)甘 04 民终 982 号

裁判观点:泓发实业公司在二审中提出,一审在鉴定时,没有通知其对鉴定的样材进行质证,也未通知其选定鉴定机构,鉴定程序违法。经审查,一审案卷中没有记载通知泓发实业公司对鉴定样材进行质证和参加选定鉴定机构的材料。2020 年《证据规定》第三十四条第一款规定:“人民法院应当组织当事人对鉴定材料进行质证。未经质证的材料,不得作为鉴定的根据”,2020 年《民诉法解释》第一百二十一条第二款规定:“人民法院准许当事人鉴定申请的,应当组织双方当事人协商确定具备相应资格的鉴定人。当事人协商不成的,由人民法院指定”,因此,一审鉴定程序不当。泓发实业公司在二审中提出重新鉴定申请,故将本案发回重审。

4.(2021)辽 10 民终 1516 号

裁判观点:山东永鼎司法鉴定中心于 2021 年 4 月 24 日作出鲁永司鉴中心[202]临鉴字第 358 号《司法鉴定意见书》,该《司法鉴定意见书》所依据的鉴定材料中 X 片 8 张、CT 片 7 张未经质证。根据 2020 年《证据规定》第三十四条的规定,人民法院应当组织当事人对鉴定材料进行质证。未经质证的材料,不得作为鉴定的根据。据此,山东永鼎司法鉴定中心鲁永司鉴中心[2021]临鉴字第 358 号《司法鉴定意见书》不能作为认定案件事实的依据。

5.(2021)晋 10 民终 2536 号

裁判观点:关于鉴定程序,本案一审第一次庭审时因双方当事人对工程量及价款未达成一致意见,庭后曹艳徽对此提出鉴定申请,因工程量及价款是本案事实认定的关键依据,为查清事实,人民法院在审理中对曹艳徽的鉴定申请准许并经由法院委托进行鉴定,程序并无不当。本案一审法院通知双方当事人到庭对检材进行质证,小梁公司收到传票后,无正当理由拒不到庭,应承担不能到庭的不利后果。故本案鉴定意见应予采纳,原判依据该鉴定结论,认定曹艳徽施工工程价款共计 813,651 元并无不当。

(新增)第三十五条　【逾期鉴定后果】

鉴定人应当在人民法院确定的期限内完成鉴定,并提交鉴定书。

鉴定人无正当理由未按期提交鉴定书的,当事人可以申请人民法院另行委托鉴定人进行鉴定。人民法院准许的,原鉴定人已经收取的鉴定费用应当退还;拒不退还的,依照本规定第八十一条第二款的规定处理。

法条渊源

关于鉴定期限,最早在 2001 年《司法鉴定程序通则(试行)》第二十四条就已规定司法鉴定从受理之日起一般应当在15日内出具司法鉴定文书,可延长至30日。复杂、疑难案件的鉴定时限确需延长的,延长期不得超过60日。法医精神病鉴定及司法会计鉴定的时限可适当延长,一般应在受理之日起60日内完成。鉴定过程中需要补充鉴定材料所需时间,不计入鉴定时限。2007年《司法鉴定程序通则》第二十六条规定,将一般鉴定期限延长为签订司法鉴定协议书之日起30个工作日内完成委托事项的鉴定。鉴定事项涉及复杂、疑难、特殊的技术问题或者检验过程需要较长时间的,经本机构负责人批准,完成鉴定的时间可以延长,延长时间一般不得超过30个工作日。司法鉴定机构与委托人对完成鉴定的时限另有约定的,从其约定。也即,虽然原则上不超过60个工作日,但双方可以另行约定鉴定期限。2016年修改《司法鉴定程序通则》第二十八条延续了上述规定。但规定由于补充或者重新提取鉴定材料所需的时间,不计入鉴定时限。故实务中经常出现鉴定人拖延的情况。特别是超长期未结案件中,由于鉴定导致案件审理拖延的情况占很大比例,各级法院对此反映比较强烈。在此背景下,制定了本条规定。

法条精析

本条内容在2002年《证据规定》中没有规定,属于新增规定。本条起草时借鉴了2017年《民事诉讼法》第七十八条中"支付鉴定费用的当事人可以要求返还鉴定费用"以及2016年《司法鉴定程序通则》第二十八条的规定。本条起草过程中,2016年《法院征求意见稿》中对本条内容没有规定。2017年《审判长讨论稿》第八十三条规定:"鉴定人应当在人民法院规定或者指定的期限内完成鉴定,并提交鉴定书。鉴定人无正当理由未按期提交鉴定书的,当事人可以申请人民法院另行委托鉴定人进行鉴定。人民法院准许的,原鉴定人已经收取的鉴定费用应当返还;拒不返还的,依照本解释第八十八条第二款的规定处理。"2018年《审委会送审稿》第三十四条将"规定或者指定的期限"修改为"确定的期限",将"本解释第八十八条"修改为"本规定第八十二条",其他未变动。本条定稿时,将"返还"改为"退还",其他未作修改。

本条规定意在督促鉴定人尽快完成鉴定工作,防止由于鉴定人工作拖延影响案件审理。对鉴定人无正当理由未按期提交鉴定书规定了返还鉴定费用的制裁措施,同时规定当事人可以另行委托鉴定人。司法实务中,由于个案之间存在鉴定对象、鉴定方法、鉴定设备以及标准要求等方面的差异,以往人民法院对外委托鉴定时,经常对鉴定期限不作要求,或者形式上作出约定,而未严格执行该期限。鉴定机构则因为人手、工作量、拖欠鉴定费用、当事人异议等原因,也容易造成鉴定拖延。从本条起草调研反馈情况看,实务中鉴定人人为拖延的情况经常发生,不少超期未结案件是由于鉴定拖延导致审理时间过长所致。对此,各级法院都要求强化鉴定期限意识,提高鉴定效率、落实逾期鉴定责任承担。基于上述原因,2020年《证据规定》新增了本条规定。

毫无疑问,鉴定人应遵守职业道德、执业要求按期完成鉴定任务并提交鉴定书。为此,2016年《司法鉴定程序通则》第二十八条规定:司法鉴定机构应当自司法鉴定委托书生效之日起30个工作日内完成鉴定。鉴定事项涉及复杂、疑难、特殊技术问题或者鉴定过程需要较长时间的,经本机构负责人批准,完成鉴定的时限可以延长,延长时限一般不得超过30个工作日。鉴定时限延长的,应当及时告知委托人。司法鉴定机构与委托人对鉴定时限另有约定的,从其约定。在鉴定过程中补充或者重新提取鉴定材料所需的时间,不计入鉴定时限。由该条规定,鉴定期限有法定期限和约定期限两大类。其中法定期限还可分为法定正常期限和法定延长期限两种:法定正常期限是自司法鉴定委托书生效之日起 30 个工作日内;法定延长期限是在法定正常期限基础上延长时限一般不得超过 30 个工作日。至于约定鉴定期限,则由委托人和鉴定机构协商确定。尽管我国有关鉴定的行业规章规定了鉴定机构完成鉴定工作的期限,但在实践中,仍然有很多长期未结案件是由于鉴定导致审理拖延的。为了解决这类问题,2020 年《证据规定》第三十二条第三款就明确规定了人民法院出具的委托书中应当载明鉴定期限。这样可以杜绝因故意或过失等原因没有对鉴定期限作出约定从而导致鉴定因没有时间约束而拖延的情形。在该条基础上,本条第一款又明确规定鉴定人应当在法院确定的期限内完成鉴定,并提交鉴定书。这样规定赋予了法院自主决定鉴定期间的权利,可以根据案件复杂程度、鉴定技术、鉴定工作量大小等因素具体确定鉴定期限,鉴定人应提交鉴定书、出具鉴定意见作为鉴定工作完成的标志。实务中,对人民法院确定鉴定期限与 2016 年《司法鉴定程序通则》第二十八条规定的法定鉴定期限及法定延长鉴定期限是否冲突存有争议。笔者认为,并不冲突。该通则第二十八条规定法定期限的同时,规定了“至于约定鉴定期限,则由委托人和鉴定机构协商确定”。也即,人民法院可以与司法鉴定机构协商后在委托书中约定其他合理的鉴定期限以及到期后是否可以延长、延长多久等事项。这里的鉴定书也称司法鉴定意见书,从实务情况来看,与鉴定书有关的还有补充鉴定、补正鉴定以及重新鉴定等鉴定特殊情形。这些鉴定的特殊情形是否都应受到鉴定期限的限制呢?根据 2016 年《司法鉴定程序通则》第三十条的规定,有下列情形之一的,司法鉴定机构可以根据委托人的要求进行补充鉴定:(1)原委托鉴定事项有遗漏的;(2)委托人就原委托鉴定事项提供新的鉴定材料的;(3)其他需要补充鉴定的情形。补充鉴定是原委托鉴定的组成部分,应当由原司法鉴定人进行。既然补充鉴定属于原委托鉴定的组成部分,则补充鉴定行为原则上也应受到原委托鉴定期限的限制。但从司法实务情况看,因委托人原因遗漏委托鉴定事项、委托人提供新鉴定材料等非鉴定人原因导致的补充鉴定情形不在少数。对这些非鉴定人原因导致的补充鉴定,可由委托人与鉴定人就个案情况另行协商约定补充鉴定的期限,鉴于该补充性质,另行约定的补充鉴定期限不宜超过原鉴定期限。关于重新鉴定,2016 年《司法鉴定程序通则》第三十一条、第三十二条规定,有下列情形之一的,司法鉴定机构可以接受办案机关委托进行重新鉴定:(1)原司法鉴定人不具有从事委托鉴定事项执业资格的;(2)原司法鉴定机构超出登记的业务范围组织鉴定的;(3)原司法鉴定人应当回避没有回避的;(4)办案机关认为需要重新鉴定的;(5)法律规定的其他情形。重新鉴定应当委托原司法鉴定机构以外的其他司法鉴定机构进行;因特殊原因,委托人也可以委托原司法鉴定机构进行,但原司法鉴定机构应当指定原司法鉴定人以外的其他符合条件的司法鉴定人进行。可见,不管重新鉴定情形何时发生,作为委托人的人民法院都应与新鉴定机构重新约定鉴定期限,故重新鉴定不受原鉴定期限限制。关于补正鉴定,2016 年《司法鉴定程序通则》第四十一条规定,司法鉴定意见书出具后,发现有下列情形之一的,司法鉴定机构可以进行补正:(1)图像、谱图、表格不清晰的;(2)签名、盖章或者编号不符合制作要求的;(3)文字表达有瑕疵或者错别字,但不影响司法鉴定意见的。补正应当在原司法鉴定意见书上进行,由至少1名司法鉴定人在补正处签名。必要时,司法鉴定机构可以出具补正书。对司法鉴定意见书进行补正,不得改变司法鉴定意见的原意。既然补正在原司法鉴定意见书上进行,那么就肯定发生在鉴定人提交鉴定意见之后。也即,补正同样不受鉴定期限的限制。

本条第二款是关于鉴定人无正当理由未能如期完成鉴定后果的规定,实际上是规定了两种后果:一是原鉴定人终止鉴定,由人民法院另行委托鉴定人进行鉴定;二是原鉴定人应返还鉴定费用。就第一种后果而言,另行委托鉴定并非必然发生,是否另行委托鉴定取决于两点:(1)当事人向人民法院提出了另行委托鉴定人进行鉴定的申请;(2)人民法院经审查后,准许其申请。之所以另行委托鉴定并不是由委托人人民法院自行决定。主要是因为,鉴定人没有按期提交鉴定意见,导致相关待证事实无法及时查明,受影响的主要是当事人。故应将是否启动另行委托鉴定的权利交给当事人意思自治。而规定由人民法院决定对当事人的该申请是否准许,主要是让人民法院居中考虑鉴定人逾期未提交鉴定书是否存在正当理由,以及对该鉴定书最终能否提交以及还需要多长时间提交作出相应判断。从平衡各方利益、提高司法效率、避免诉讼浪费角度而言,只要能够认定鉴定人对逾期具有正当理由、鉴定意见即将提交或另行委托鉴定耗时太多等情形,人民法院就没有必要准许当事人申请另行委托鉴定,以避免当事人滥用诉讼权利。当然,如果人民法院对当事人关于另行委托鉴定人进行鉴定的申请准许,则一般意味着鉴定人对逾期存有过错且短期内无法提交鉴定书。对此,本条第二款规定,原鉴定人已经收取的鉴定费用应当退还。这是从2017年《民事诉讼法》第七十八条规定获得的灵感。鉴定人收取鉴定费用是以完成鉴定工作,出具鉴定意见为前提。如果不能按时完成鉴定工作,原鉴定人已经收取的鉴定费用基于权利义务一致性的原则应当返还给当事人。虽然2017年《民事诉讼法》第七十八条规定支付鉴定费用的当事人可以要求返还鉴定费用的情形是指鉴定人拒不出庭作证的情形。但就鉴定人有过错导致鉴定意见无法使用角度而言,两者具有共同性。故本条第二款同样规定了鉴定人返还鉴定费用的内容,只不过两者的些许区别在于,在鉴定人拒不出庭作证场合,鉴定费用不是当然返还,而是用“可以”二字来表明是否返还取决于当事人的主张;而本条规定的“应当”二字则表明该返还规定属强制性规范,鉴定人应当主动向当事人返还鉴定费用。在德国民事诉讼法中也具有相类似的规定:对于鉴定人拒绝约定适当期限或者延误约定的期限的,可以对鉴定人科处罚款。这是由于鉴定人的鉴定活动是根据法院的委托而在诉讼中履行一定的行为,其应当对法院承担按时按质完成的责任。针对实务中可能出现的拒不返还情形,本条规定了依照本规定第八十一条第二款规定处理,即“当事人要求退还鉴定费用的,人民法院应当在三日内作出裁定,责令鉴定人退还;拒不退还的,由人民法院依法执行”。

实务疑难

鉴定人无正当理由未按期提交鉴定书,人民法院另行委托鉴定人存在的实务争议。

首先,当事人不申请人民法院另行委托鉴定人时,人民法院能否主动另行委托?实务中对此有两种观点:第一种观点,根据当事人处分主义原则,是否另行委托鉴定人,属于当事人处分权范畴,人民法院应予尊重,不得主动另行委托。但该鉴定是人民法院依据职权主动委托的情形除外。第二种观点,不管鉴定是否由当事人申请法院委托,人民法院基于促进诉讼进程、提高诉讼效率,都可以主动另行委托鉴定。笔者倾向于第一种观点。理由在于,既然当事人申请委托鉴定是为了取得鉴定意见作为证据证明待证事实,那么鉴定人未按期提交鉴定书只会造成当事人举证延期、待证事实无法按期查明,从而可能使当事人要承担举证不能的不利后果。如果当事人经过对另行委托鉴定时间、鉴定费用、鉴定机构信誉等诸多因素的利弊衡量,不打算申请人民法院另行委托鉴定人,则人民法院应尊重其诉讼选择,而不能主动另行委托鉴定。但是,如果鉴定是人民法院依职权主动委托,则人民法院基于社会公益、程序事项等需要,可以自主决定另行委托鉴定。其次,人民法院是否准许的标准:第一种观点认为,从尊重当事人诉讼权利出发,只要存在其他具备鉴定资质的鉴定人愿意接受委托即可;第二种观点认为,是否准许另行委托鉴定要综合考虑另行委托鉴定所需时间与现有鉴定所需剩余时间的比较、有无其他同等或更高资质的鉴定机构、现有鉴定材料是否还能满足完成另行鉴定的要求、其他当事人对另行委托鉴定的意见等因素。笔者认为,以上第二种观点更为周延、合理。最后,另行委托鉴定的鉴定意见与之前委托鉴定的鉴定意见并存时,如何采信:第一种观点认为,两份鉴定意见都是有资质的鉴定人出具,都是接受法院的委托,故其采信应由法院结合具体案情自由裁量。第二种观点认为,既然法院已经另行委托鉴定,并要求之前的鉴定人返还鉴定费用,就说明法院作为委托人已经单方解除了与之前鉴定人之间的委托关系。相应地,之前鉴定人出具的鉴定意见就不是民事诉讼中的法定证据方法意义上的"鉴定意见"。故应当选择另行委托鉴定人所出具的鉴定意见。笔者倾向于第二种观点。最主要的理由是,另行委托鉴定一旦成立,即意味着人民法院与之前鉴定人之间的委托鉴定关系解除。既然没有了委托鉴定关系,那么鉴定人之后出具的所谓"鉴定意见"本质上已不具备作为法定证据方法的"鉴定意见"所需的人民法院委托这一前提。

关联法条

1.《中华人民共和国民事诉讼法》(2021 年)

第八十一条　当事人对鉴定意见有异议或者人民法院认为鉴定人有必要出庭的,鉴定人应当出庭作证。经人民法院通知,鉴定人拒不出庭作证的,鉴定意见不得作为认定事实的根据;支付鉴定费用的当事人可以要求返还鉴定费用。

2.《司法鉴定程序通则》(2016 年)

第二十八条　司法鉴定机构应当自司法鉴定委托书生效之日起 30 个工作日内完成鉴定。

鉴定事项涉及复杂、疑难、特殊技术问题或者鉴定过程需要较长时间的,经本机构负责人批准,完成鉴定的时限可以延长,延长时限一般不得超过 30 个工作日。鉴定时限延长的,应当及时告知委托人。

司法鉴定机构与委托人对鉴定时限另有约定的,从其约定。

在鉴定过程中补充或者重新提取鉴定材料所需的时间,不计入鉴定时限。

典型案例

1. (2020)鄂07民终559号

裁判观点:2020年《证据规定》第三十五条第二款的规定“鉴定人无正当理由未按期提交鉴定书的,当事人可以申请人民法院另行委托鉴定人进行鉴定。人民法院准许的,原鉴定人已经收取的鉴定费用应当退还;拒不退还的,依照本规定第八十一条第二款的规定处理。”本案中,盛翔评估在接受莲花矿业的申请后,分别于2017年11月21日与2017年12月5日,先后两次出具《资产评估报告书(征求意见稿)》。在2017年12月12日莲花矿业申请变更鉴定事项后,2018年2月7日盛翔评估向我院司法鉴定处出具《涉案资产评估收费函》,该函载明“……现评估工作基本完成,并拟出具资产评估报告书……实收评估费78,237元。前期已预收2万元整,应补58,237元。”2018年2月8日,我院向莲花矿业出具《补交评估费通知书》,通知莲花矿业在收到通知书之日起五个工作日内补交上述费用至盛翔评估的银行账户。但莲花矿业未按时交纳上述费用,并于2018年3月14日向我院申请更换鉴定机构。上述事实表明,盛翔评估并非无故未按时提交鉴定书,是因莲花矿业未及时交纳鉴定费用才最终导致盛翔评估未出具正式的资产评估报告。故莲花矿业要求盛翔评估退还预交鉴定费用的诉讼请求无事实与法律依据,本院依法不予支持。

2. (2020)云23民终1154号

裁判观点:2020年《证据规定》第三十五条规定:“鉴定人应当在人民法院确定的期限内完成鉴定,并提交鉴定书。鉴定人无正当理由未按期提交鉴定书的,当事人可以申请人民法院另行委托鉴定人进行鉴定……”本案中,一审法院根据刘艳一方申请,组织双方当事人协商确定由云南鼎丰司法鉴定中心对申请事项进行鉴定,在鉴定过程中,一审法院与鉴定机构及刘艳一方就鉴定费的交纳及鉴定时限进行了沟通,刘艳未申请人民法院另行委托鉴定人进行鉴定,鉴定机构未在时限内出具鉴定意见与本案鉴定费交纳有一定的关系,故鉴定机构未按期提交鉴定书有正当理由,且牟定县人民医院也没有申请人民法院另行委托鉴定人进行鉴定,牟定县人民医院认为云南鼎丰司法鉴定中心出具云鼎[2019]临鉴字第1187号法医学鉴定意见书程序违法的主张不能成立。

3. (2020)川01民终11529号

裁判观点:如因鉴定人升隆公司未按期出具鉴定报告,应依据2020年《证据规定》第三十五条“鉴定人应当在人民法院确定的期限内完成鉴定,并提交鉴定书。鉴定人无正当理由未按期提交鉴定书的,当事人可以申请人民法院另行委托鉴定人进行鉴定。人民法院准许的,原鉴定人已经收取的鉴定费用应当退还;拒不退还的,依照本规定第八十一条第二款的规定处理”、第八十一条第二款“当事人要求退还鉴定费用的,人民法院应当在三日内作出裁定,责令鉴定人退还;拒不退还的,由人民法院依法执行”之规定办理。一审法院关于美亿家公司非适格主体以及讼争内容不属于人民法院民事诉讼范围的认定正确,本院予以确认。

（修改）第三十六条　【鉴定书内容审查】

人民法院对鉴定人出具的鉴定书，应当审查是否具有下列内容：

（一）委托法院的名称；

（二）委托鉴定的内容、要求；

（三）鉴定材料；

（四）鉴定所依据的原理、方法；

（五）对鉴定过程的说明；

（六）鉴定意见；

（七）承诺书。

鉴定书应当由鉴定人签名或者盖章，并附鉴定人的相应资格证明。委托机构鉴定的，鉴定书应当由鉴定机构盖章，并由从事鉴定的人员签名。

法条渊源

早在 1982 年《民事诉讼法》第六十三条第三款就规定，鉴定人应当提出书面鉴定结论，在鉴定书上签名或者盖章，并由鉴定人所在单位加盖公章，证明鉴定人身份。这是立法第一次规定鉴定书的概念，但没有规定内容。后在 2002 年《证据规定》第二十九条明确了人民法院审查鉴定书的内容范围。对于人民法院审查鉴定书内容的规定，目的在于通过审查来规范鉴定人的行为和提高鉴定书的公信力。从实务情况看，该条在适用过程中出现了一些问题，如鉴定意见明确的标准、鉴定书的签字盖章等，对鉴定书的公信力和可采性产生了消极影响。

法条精析

本条规定了人民法院应当审查鉴定书的内容，是在 2002 年《证据规定》第二十九条基础上修改而成的。本条修改过程中，2016 年《法院征求意见稿》第一百零九条规定，“鉴定工作结束后，鉴定人应当及时向人民法院提交鉴定报告。鉴定报告应当载明如下内容：（一）委托人姓名或者名称、委托鉴定的内容；（二）委托鉴定的材料；（三）鉴定的依据及使用的科学技术手段；（四）对鉴定过程的说明；（五）明确的鉴定意见；（六）对鉴定人鉴定资格的说明；（七）保证书的内容。鉴定报告应当由鉴定人签名或者盖章。鉴定人为机构的，鉴定报告应当由鉴定机构盖章以及从事鉴定的人员签字”。2017 年《审判长讨论稿》第八十四条则修改为“鉴定书应当载明如下内容：（一）委托法院名称；（二）委托鉴定的内容；（三）鉴定材料；（四）鉴定的依据及使用的科学技术手段；（五）对鉴定过程的说明；（六）鉴定意见；（七）保证书的内容。鉴定书应当由鉴定人签名或者盖章。并附鉴定人的鉴定资格证明。鉴定人为机构的，鉴定书应当由鉴定机构盖章、从事鉴定的人员签名”。2018 年《审委会送审稿》第三十五条将“鉴定书应当载明如下内容”修改为“人民法院对鉴定人出具的鉴定书，应当审查是否具有下列内容”；将“（四）鉴定的依据及使用的科学技术手段”修改为“（四）鉴定所依据的原理、方法或者使用的科学技术手段”；将“（五）对鉴定过程的说明”修改为“（五）对鉴定过程的详细说明”；将“保证书的内容”修改为“承诺书”；将“鉴定资格证明”修改为“相应资格证明”；将“鉴定人为机构的”修改为“委托机构鉴定的”；将“由鉴定机构盖章、从事鉴定的人员签名”修改为“由鉴定机构盖章，并由从事鉴定的人员签名”。本条定稿时则将“委托鉴定的内容“修改为“委托鉴定的内容、要求”；将“鉴定所依据的原理、方法或者使用的科学技术手段”修改为“鉴定所依据的原理、方法”；将“对鉴定过程的详细说明”修改为“对鉴定过程的说明”。本条主要为文字修改和结构调整：将2002年《证据规定》第二十九条中“审判人员”修改成“人民法院”，“委托人姓名或者名称”修改为“委托法院的名称”，增加“委托鉴定的要求”，“鉴定的依据及使用的科学技术手段”修改为“鉴定所依据的原理、方法”，“明确的鉴定结论”修改为“鉴定意见”，将“对鉴定人鉴定资格的说明”“鉴定人员及鉴定机构签名盖章”从内容中移出稍作修改后作为本条新增第二款的组成部分。

鉴定人接受委托进行鉴定工作，对需要鉴定的待证事实提出具体的专业意见。鉴定意见形式上应当以书面形式作出，也即本条所称鉴定书。实务中，鉴定人出具的鉴定书形式风格多样、内容五花八门，不够严谨，没有针对性。为此，2016年《司法鉴定程序通则》第三十六条明确提出要求，司法鉴定机构和司法鉴定人应当按照统一规定的文本格式制作司法鉴定意见书。仅有鉴定书格式统一还不够，为了让鉴定意见内容更周延，更有可信度，本条第一款明确规定了人民法院应审查鉴定书的必备内容范围。与2002年《证据规定》第二十九条相比，将审查主体由审判人员修改为人民法院：一是与2017年《民事诉讼法》第七十六条人民法院委托鉴定的表述一致；二是与2016年《司法鉴定程序通则》将委托人确定为包括人民法院在内的办案机关吻合。关于人民法院应当审查鉴定书的具体内容，本条第一款规定如下：

1. 委托法院的名称。2020年《证据规定》将原来的“委托人姓名或者名称”限定为“委托法院的名称”。本条颁布之前，由于2002年《证据规定》第二十九条中“委托人姓名或名称”的表述，实务中曾有观点认为委托人可以是当事人，进而认为，当事人可以自行委托鉴定人进行司法鉴定。但该观点显然与民事诉讼法关于鉴定的立法精神不符。尽管民事诉讼程序中进行的鉴定可分为当事人申请鉴定与法院依职权委托鉴定，但实际上与鉴定人建立委托鉴定权利义务关系的仍然是受诉法院。2016年《司法鉴定程序通则》第十一条也规定，司法鉴定机构应当统一受理办案机关的司法鉴定委托。在民事诉讼中，办案机关只能是人民法院。因此，鉴定人出具的鉴定书上只应载明委托法院的名称。

2. 委托鉴定的内容、要求。2002年《证据规定》将委托鉴定的内容与委托人姓名或名称合并规定，本次修改将其单独进行列举，并新增要求列举委托鉴定的要求。委托鉴定的内容根据案件的不同需要而定。例如，在交通事故纠纷案件中，需要鉴定人鉴定事故原因、损伤程度与事故责任等专业性问题；在判断行为人是否为无民事行为能力人的案件中，需要对行为人的精神状态进行检查，判断其精神是否正常，能够意识到自己行为性质和后果并控制自己的行为；在涉及财产纠纷的案件中，需要对涉案物品的价值进行评估分析等。由于之前仅规定了委托鉴定的内容，而对鉴定的要求没有明确规定，这导致了司法鉴定实务中，各方在鉴定方法、鉴定标准、鉴定期限、鉴定意见表述等方面经常产生争议。为此，本条起草时，增加了委托鉴定要求的内容，明确了对鉴定人进行鉴定时的要求以及基于查明待证事实的需要向鉴定人提出的鉴定意见应达到的标准。

3. 鉴定材料。委托鉴定的鉴定材料同样根据案件需求的不同而有差异。如进行文书鉴定需要的材料包含有关笔迹、文件、票据等。物品鉴定需要的材料则根据鉴定物品类型不同,而有所区别。实务中,物品鉴定包括纤维检验、塑料制品检验、金属粉末、碎片检验、生物物质检验等,而与之相关的鉴定材料也就是与案情相关的纤维、塑料制品、金属粉末、碎片、生物物质等。这里需要强调的是,所有鉴定材料都应经过法院组织当事人进行质证,才能作为鉴定对象。

4. 鉴定所依据的原理、方法。鉴定作为专业领域的工作,不具备相关专业知识的法官和当事人可能对鉴定意见的确定产生疑问。对此,鉴定人也应当将出具鉴定意见所依据的科学原理与方法在鉴定书中进行尽可能通俗易懂的说明。当事人也可以在质证中申请有专门知识的人对鉴定的原理和方法进行质证。

5. 对鉴定过程的说明。鉴定人接受法院的委托,应当根据提交的鉴定材料针对需要鉴定的内容进行分析判断。在鉴定过程中,经人民法院准许,鉴定人可以调取证据、勘验物证及现场,询问当事人和证人,这些都属于鉴定过程中的一部分。由于鉴定过程是一个科学检测、验证过程,故鉴定过程中每一环节、步骤先后顺序、具体鉴定方式、鉴定所处环境等都需要详细记录说明以备将来出现问题时进行核对,辅助证明鉴定意见的可采性。2016年《司法鉴定程序通则》第二十七条也规定,司法鉴定人应当对鉴定过程进行实时记录并签名。记录可以采取笔记、录音、录像、拍照等方式。记录应当载明主要的鉴定方法和过程,检查、检验、检测结果,以及仪器设备使用情况等。记录的内容应当真实、客观、准确、完整、清晰,记录的文本资料、音像资料等应当存入鉴定档案。

6. 鉴定意见。2002年《证据规定》第二十九条中要求鉴定人在鉴定书中记载"明确的鉴定结论"。本条将"明确的鉴定结论"改为"鉴定意见"。之所以删除"明确",理由在于,一般情况下,鉴定人经过鉴定,可以得出明确的鉴定意见肯定或排除待证事实之间的关联性。但从司法实践情况看,现实中确实有一些案件无法得出确定的是或者非的结论。比如,医疗事故的鉴定意见,可以在鉴定书中表明是否构成医疗事故,也可以表明现有的客观材料或技术无法得出确切结论。但不明确表明是或否,不等于没有立场。鉴定意见应坚持科学观察和判断,而不能模棱两可,使用"大概、可能"等字样。至于将"结论"改为"意见",是因为实务中,部分人望文生义,认为原来的"鉴定结论"中"结论"二字意味着不能被推翻,应当直接采信。虽然鉴定的结果是所谓的科学证据,但其本质上仍是一种证据方法,应当经过质证,才能决定能否证明待证事实。故2012年《民事诉讼法》将"结论"改为"意见",本条遵循该立法精神,也进行了相应修改。

7. 承诺书。本项内容属于2020年《证据规定》新增加的内容。为了保证鉴定意见的真实性,杜绝虚假鉴定行为,2020年《证据规定》第三十三条规定人民法院应当要求鉴定人出具承诺书,承诺书中应载明保证客观、公正、诚实地进行鉴定,保证出庭作证,如作出虚假鉴定应当承担相应法律责任等内容。可见,鉴定人签署承诺书是其出具鉴定意见的前提。本条要求鉴定人在鉴定意见中附上承诺书,可以加强对鉴定人的内心约束,减少虚假鉴定的出现。

本条第二款规定了鉴定人应当在鉴定书上签名或盖章,并附上自己相应的资格证明。如果委托的是鉴定机构鉴定,则鉴定书应由鉴定机构盖章,并由从事鉴定的人员签名。关于鉴定人的资格证明，2002 年《证据规定》第十四条的表述是“对鉴定人鉴定资格的说明”将其作为鉴定书的内容。也即只需对鉴定人有无鉴定资格在鉴定书中予以说明即可。本条之所以将其从鉴定书内容中摘出，要求单独附上相应资格证明，是因为对鉴定人鉴定资格的说明本身不能证明鉴定人具有鉴定资格，仍需要附上能证明鉴定人具有鉴定资质的司法鉴定人职业资格证、司法鉴定人执业证等相应资质证明。反过来，如果有了相应资质证据，则鉴定书中的资质说明就没有必要存在。因此，与其在鉴定书内容中进行说明后，再附上相应资质证明，还不如删除鉴定书中的鉴定资质说明相关内容，直接规定附鉴定人的相应资格证明复制件，以备查考。此外，根据 2016 年《司法鉴定程序通则》第三十七条和第三十八条的规定，多人参加的鉴定，对鉴定意见有不同意见的，应当注明。最后，本条规定委托机构鉴定的，司法鉴定意见书应当加盖司法鉴定机构的司法鉴定专用章。之所以对这些签名或盖章以及资格证明作强制性的形式要求，是因为其代表鉴定人或鉴定机构对鉴定意见真实可靠性的担保。

实务疑难

人民法院审查鉴定书内容发现瑕疵，应如何处理?

司法实务中，由于各种主客观原因，鉴定书内容存在瑕疵的情形不在少数。对人民法院审查鉴定书内容时发现的瑕疵应该如何处理，实务中存在争议。笔者倾向于区分情形，分别对待：

1. 补正鉴定。2016 年《司法鉴定程序通则》第四十一条规定，有下列情形之一的，司法鉴定机构可以进行补正：(1)图像、谱图、表格不清晰的；(2)签名、盖章或者编号不符合制作要求的；(3)文字表达有瑕疵或者错别字，但不影响司法鉴定意见的。补正应当在原司法鉴定意见书上进行，由至少 1 名司法鉴定人在补正处签名。必要时，可以出具补正书。对司法鉴定意见书进行补正，不得改变司法鉴定意见的原意。

2. 补充鉴定。根据 2016 年《司法鉴定程序通则》第三十条的规定，可以进行补充鉴定的情形有：(1)原委托鉴定事项有遗漏的；(2)委托人就原委托鉴定事项提供新的鉴定材料的；(3)其他需要补充鉴定的情形。补充鉴定是原委托鉴定的组成部分，应当由原司法鉴定人进行。

3. 重新鉴定。根据 2016 年《司法鉴定程序通则》第三十一条的规定，可以进行重新鉴定的情形有：(1)原司法鉴定人不具有从事委托鉴定事项执业资格的；(2)原司法鉴定机构超出登记的业务范围组织鉴定的；(3)原司法鉴定人应当回避没有回避的；(4)办案机关认为需要重新鉴定的；(5)法律规定的其他情形。

关联法条

1.《中华人民共和国民事诉讼法》(2021 年)

第八十条第二款　鉴定人应当提出书面鉴定意见，在鉴定书上签名或者盖章。

2.《最高人民法院关于人民法院民事诉讼中委托鉴定审查工作若干问题的规定》(2020 年)

10. 人民法院应当审查鉴定意见书是否具备《最高人民法院关于民事诉讼证据的若干规

定》第三十六条规定的内容。

11. 鉴定意见书有下列情形之一的，视为未完成委托鉴定事项，人民法院应当要求鉴定人补充鉴定或重新鉴定：

(1)鉴定意见和鉴定意见书的其他部分相互矛盾的；

(2)同一认定意见使用不确定性表述的；

(3)鉴定意见书有其他明显瑕疵的。

补充鉴定或重新鉴定仍不能完成委托鉴定事项的，人民法院应当责令鉴定人退回已经收取的鉴定费用。

3.《最高人民法院关于知识产权民事诉讼证据的若干规定》(2020 年)

第二十三条　人民法院应当结合下列因素对鉴定意见进行审查：

(一)鉴定人是否具备相应资格；

(二)鉴定人是否具备解决相关专门性问题应有的知识、经验及技能；

(三)鉴定方法和鉴定程序是否规范，技术手段是否可靠；

(四)送检材料是否经过当事人质证且符合鉴定条件；

(五)鉴定意见的依据是否充分；

(六)鉴定人有无应当回避的法定事由；

(七)鉴定人在鉴定过程中有无徇私舞弊或者其他影响公正鉴定的情形。

典型案例

1. (2021)青民申 345 号

裁判观点：2020 年《证据规定》第三十六条规定："人民法院对鉴定人出具的鉴定书，应当审查是否具有下列内容：……鉴定书应当由鉴定人签名或者盖章，并附鉴定人的相应资格证明。委托机构鉴定的，鉴定书应当由鉴定机构盖章，并由从事鉴定的人员签名"；第八十七条规定："审判人员对单一证据可以从下列方面进行审核认定：……(三)证据的形式、来源是否符合法律规定……"本案中，青海百鑫工程造价司法鉴定所虽具备相应资质，但其作出的青百工[2019]工鉴字第 4 号司法鉴定书(初稿)既未加盖该机构公章，也无鉴定人员签名，故该初稿不具备证据应当具备的形式要件，不能作为判定雷光荣施工工程量的有效依据。对于菏泽一建、荷泽一建西宁分公司提出一审法院虽根据心达公司申请委托青海省建筑材料科学研究院司法鉴定所，却未反映该鉴定机构的问题。一审法院经审理查明"……2018 年 4 月 11 日，心达公司申请对涉案工程的质量进行司法鉴定，2019 年 5 月 30 日，司法鉴定机构与心达公司联系沟通，仍无法提供相应鉴定所需资料为由，将此鉴定作退案处理，但提出如后期当事人能够提供齐全的工程资料，我机构仍可继续鉴定。后心达公司以工程质量已修缮完毕而无法进行鉴定为由撤回了对工程质量的鉴定申请……"菏泽一建、荷泽一建西宁分公司对于一审法院查明的该事实也未提出异议。故菏泽一建、荷泽一建西宁分公司该项再审申请理由不能成立。

2.（2021）黔05民终5021号

裁判观点：2020年《证据规定》第三十六条规定："人民法院对鉴定人出具的鉴定书，应当审查是否具有下列内容：（一）委托法院的名称；（二）委托鉴定的内容、要求；（三）鉴定材料；（四）鉴定所依据的原理、方法；（五）对鉴定过程的说明；（六）鉴定意见；（七）承诺书。鉴定书应当由鉴定人签名或者盖章，并附鉴定人的相应资格证明。委托机构鉴定的，鉴定书应当由鉴定机构盖章，并由从事鉴定的人员签名。"第四十条第一款、第三款规定："当事人申请重新鉴定，存在下列情形之一的，人民法院应当准许：（一）鉴定人不具备相应资格的；（二）鉴定程序严重违法的；（三）鉴定意见明显依据不足的；（四）鉴定意见不能作为证据使用的其他情形。对鉴定意见的瑕疵，可以通过补正、补充鉴定或者补充质证、重新质证等方法解决的，人民法院不予准许重新鉴定的申请。"本案中，经审查，云南昭通恒达司法鉴定所出具的云昭恒［2020］临鉴字第1140号鉴定意见，其内容符合2020年《证据规定》第三十六条的规定，也没有第四十条规定中的情形，且鉴定作出后，上诉人吴某1有异议，申请鉴定人作出补充解释和说明，云南昭通恒达司法鉴定所也针对吴某1的异议作出了书面答复，后上诉人申请鉴定人员出庭接受询问，但因费用过高而放弃申请。上诉人提出七星关爱民医院的医务人员无相关医务人员执业证的问题，经查，罗运斌、陈有才持有医师资格证，宋琴、代欢、石春云持有护士执业证，上诉人的该理由不成立。因此，本院对云南昭通恒达司法鉴定所出具的云昭恒［2020］临鉴字第1140号鉴定意见书予以采信。

3.（2021）辽02民再239号

裁判观点：本案中，辽宁学苑司法鉴定中心技术意见书仅加盖了该中心技术意见专用章，并未有具体从事鉴定的人员签名，意见书后亦未附有鉴定人员的相应资格证明。该技术意见书存在瑕疵，能否作为认定原调解书违反自愿原则的依据。由于上述技术意见书系单方委托，银海公司并未参与，技术意见书的样本是否为王××本人亲自署名并捺指纹亦应查清。本案应否启动司法鉴定程序以确认授权委托书的真伪。

4.（2021）粤06民终8377号

裁判观点：本案中，何永锡向一审法院申请对新建、拆建、改造项目的造价进行鉴定，廖秀英则向一审法院申请对涉案厂房现时恢复原状的工程造价进行鉴定。一审法院均予以准许并经摇珠选定同益某公司、永某公司分别对何永锡、廖秀英申请鉴定的项目进行司法鉴定。两鉴定公司根据法院委托鉴定的事项范围、现场勘查情况及当事人提交的证据出具的鉴定意见具备前述规定的内容，鉴定程序合法，依据充分。另外，对于何永锡、廖秀英提出的异议，同益某公司、永某公司均予以书面答复，该答复客观合理，在何永锡、廖秀英均没有提供证据证实鉴定程序严重违法、鉴定结论依据明显不足等情形下，同益某公司、永某公司所作的鉴定意见均可作为定案依据。

(新增) 第三十七条 【鉴定书异议】

人民法院收到鉴定书后,应当及时将副本送交当事人。

当事人对鉴定书的内容有异议的,应当在人民法院指定期间内以书面方式提出。

对于当事人的异议,人民法院应当要求鉴定人作出解释、说明或者补充。人民法院认为有必要的,可以要求鉴定人对当事人未提出异议的内容进行解释、说明或者补充。

法条渊源

人民法院委托鉴定人制作的鉴定书内容与当事人、人民法院都关系重大,故当事人、人民法院都应可以对鉴定书提出异议。对此,早在2007年《司法鉴定程序通则》第三十七条就规定,委托人对司法鉴定机构的鉴定过程或者所出具的鉴定意见提出询问的,司法鉴定人应当给予解释和说明。2016年《司法鉴定程序通则》第四十条进一步修改为,委托人对鉴定过程、鉴定意见提出询问的,司法鉴定机构和司法鉴定人应当给予解释或者说明。关于当事人提出异议的问题,2012年《民事诉讼法》第七十八条第一次以"法律"形式规定了当事人对鉴定意见有异议或者人民法院认为鉴定人有必要出庭的,鉴定人应当出庭作证。关于当事人、人民法院对鉴定书内容提出异议的具体的操作性规定,则没有明确规定。目前,在总结审判实践经验的基础上形成的,鉴定人出具鉴定书后,法院交由当事人提出书面异议的方式,是长期以来审判实践中比较普遍的做法,获得了较好的效果。

法条精析

本条是关于当事人对鉴定意见异议的规定,在2002年《证据规定》中没有相应内容,是新增规定。本条在起草过程中,2016年《法院征求意见稿》第一百一十条规定:"人民法院收到鉴定报告后,应当及时将副本送交当事人。当事人对鉴定报告的内容有异议的,可以以书面方式提出。对于当事人的异议,人民法院应当责令鉴定人作出解释、说明或者补充。人民法院认为有必要的,也可以依职权要求鉴定人进行解释、说明和补充。"2017年《审判长讨论稿》第八十五条规定:"人民法院收到鉴定书后,应当及时将副本送交当事人。当事人对鉴定书的内容有异议的,应当在指定期限内以书面方式向人民法院提出。对于当事人的异议,人民法院应当要求鉴定人作出解释、说明或者补充。人民法院认为有必要的,可以依职权要求鉴定人进行解释、说明或者补充。"2018年《审委会送审稿》第三十六条将"可以依职权要求鉴定人进行解释、说明或者补充"修改为"可以要求鉴定人对当事人未提出异议的内容进行解释、说明或者补充"。本条定稿时将"应当在指定期限内以书面方式向人民法院提出"修改为"应当在人民法院指定期间内以书面方式提出",其他没有修改。

本条是对2017年《民事诉讼法》第七十八条"当事人对鉴定意见有异议或者人民法院认为鉴定人有必要出庭的,鉴定人应当出庭作证。经人民法院通知,鉴定人拒不出庭作证的,鉴定意见不得作为认定事实的根据;支付鉴定费用的当事人可以要求返还鉴定费用"规定的进一步细化的操作性规定。由该条文可知,当事人对鉴定意见有异议时,鉴定人应当出庭作证。本条在此基础上,规定了鉴定人对鉴定书内容的解释、说明或补充义务。

根据2016年《司法鉴定程序通则》第三十九条的规定,司法鉴定意见书应当一式四份,三份交委托人收执,一份由司法鉴定机构存档。司法鉴定机构应当按照有关规定或者与委托人约定的方式,向委托人发送司法鉴定意见书。因此,鉴定书首先是由委托人人民法院收到。虽然鉴定意见是鉴定人站在客观、中立立场上所作出的判断,但由于科学技术的发展水平,鉴定人的知识经验以及业务能力等因素的不确定性,可能会导致针对同一事项出现不一样的鉴定意见,甚至是相反的鉴定意见。其鉴定意见的结果必然会给一方当事人带来不利影响,处于不利地位的当事人就会针对该鉴定意见提出异议,维护自己的权益。为了让处于不利地位的当事人有机会提出异议,维护自身权益,为了充分保障当事人的知情权和异议权,本条第一款规定了当事人对鉴定书的知情权。人民法院收到鉴定书后,应当及时将副本送交当事人。这里的及时是要求人民法院收到鉴定机构发送的鉴定书后应尽快将其送交当事人,不能耽误。副本则是针对原本而言,是全部内容严格依照原本制作,对外具有与原本同样法律效力的文书。

当事人在收到鉴定书副本后,对鉴定意见有异议的,应当在法院指定的期间内以书面形式向人民法院提出异议。由于民事鉴定意见所解决的是双方当事人之间的利益分歧问题,这也就要求从程序上应当保障当事人都有权知悉鉴定意见内容并就鉴定意见的内容提出异议。这样不仅可以增进当事人对于司法鉴定意见的理解,维护司法裁判的权威,也有助于当事人的程序参与权和辩论权,体现程序正义的特点。一般而言,法庭质证环节是双方当事人对鉴定意见进行评价的主要阶段,诉讼两造通过辩论对当事人及第三人提出的证据就真实性、合法性、关联性以及证明力的大小、有无予以质疑和辩驳。当事人在质证环节积极参与发表意见,必要时可以邀请专家辅助人协助参与质证。

虽然法院对于当事人提出的异议,主要通过组织双方当事人进行质证的方式来解决。但就鉴定意见中所涉一些专门性问题,由于超出一般人日常生活经验,故完全交由当事人在质证时解释、说明,往往力有不逮,结果是既说不清、也道不明。此时,回应这类专业问题的最佳人选应为鉴定人。故2021年《民事诉讼法》第八十一条规定,鉴定人应当出庭作证。从实践情况看,当事人的异议多数是在收到鉴定书副本后开庭前即已提出。对此,如果再等到庭审质证环节,让鉴定人出庭作解释说明,则会造成时间拖延、鉴定人回应成本的增加。为解决该问题,目前实务中惯常做法是,由当事人向人民法院提出书面异议,然后人民法院再将当事人的异议转交鉴定人,让后者结合异议内容,复查有关鉴定资料后,有针对性地进行解释说明。为了让当事人的异议内容能够完整无误送达鉴定人,本条要求当事人提出的异议应为书面形式。此外,为了防止当事人恶意拖延提出异议的时间,本条规定了异议应当在人民法院指定期间内提出。这里的人民法院指定期间长短由人民法院根据鉴定事项数量、难度等因素,可征求双方当事人意见后指定。

对于当事人的异议,本条第三款明确规定,人民法院应当要求鉴定人作出解释、说明或者补充。实务中,鉴定人履行陈述义务一般首选向受诉法院提交书面意见的方式。鉴定人可以通过向人民法院提交书面意见方式就当事人异议事项进行逐一解释、说明或者补充。经过鉴定人解释说明后，当事人对鉴定意见仍然有异议或者法官认为有必要的，应当要求鉴定人出庭作证说明。我国现行《民事诉讼法》第八十一条进一步强化了鉴定人的出庭作证义务，并规定了鉴定人拒不出庭的后果，这也是对当事人异议权有效行使的保护。鉴定人出庭作证是基于证据调查的直接言词原则，鉴定人应当在法院通知的时间出庭，向法官和当事人就鉴定事项解释说明，这也是大陆法系民事诉讼立法的通例。譬如，《德国民事诉讼法》第四百一十一条第三款规定，鉴定意见若不清楚或存在疑问，法院可依职权命令鉴定人到场作口头解释。同条第四款规定，双方当事人可以在适当的期间内申请法院传唤鉴定人到场口头解释鉴定意见并回答问题。又如，《日本民事诉讼法》第二百一十五条第二款规定，在鉴定人书面陈述鉴定意见的场合，为明了该鉴定意见的内容，法院认为有必要时，可依当事人申请或依职权让鉴定人进一步口头陈述鉴定意见。我国台湾地区"民事诉讼法"第三百三十五条第三款也规定，鉴定书需说明者，法院可命令鉴定人到场说明。①

本条在起草过程中，有观点认为，本条第三款规定人民法院一项法定义务：应当要求鉴定人作出解释、说明或者补充。这是一项强制性规定。只要当事人提出了异议，人民法院就应承担上述义务。笔者认为，实务中还是应区分当事人异议内容。如果当事人异议与鉴定意见证明待证事实无关联、对证明待证事实无意义或者其他无调查收集必要的，人民法院就没有必要要求鉴定人作出解释、说明或者补充。

除了当事人提出异议可以要求鉴定人对异议内容进行解释、说明和补充外，人民法院为了查明案件事实、防止恶意串通、虚假诉讼、作出公正裁判，在其认为有必要的情况下，也可以依职权要求鉴定人对当事人未提出异议的内容进行解释、说明或者补充。其立法目的在于在某些情形下，当事人由于缺乏专业知识储备和法律意识，可能无法或没有对鉴定书中的专门性问题提出异议。这时需要法官对鉴定意见的内容进行判断，对其中可能存在问题的部分，即使当事人未提出异议，也可以要求鉴定人进行解释说明。

实务疑难

如果鉴定人不作出解释、说明或者补充性质的书面答复，应如何处理？

司法实务中，鉴定人不按人民法院要求书面回复当事人或人民法院提出的异议或问题的情形不在少数。对此，有两种观点：第一种观点认为，鉴定人不按人民法院要求书面回复，属于妨碍民事诉讼的行为，应按 2021 年《民事诉讼法》第一百一十四条规定，对其采取罚款、拘留等妨碍民事诉讼的强制措施。第二种观点认为，鉴定人不按人民法院要求书面回复，人民法院应按照 2021 年《民事诉讼法》第八十一条的规定处理，即要求鉴定人出庭作证，如鉴定人仍拒绝出庭作证的，鉴定意见不得作为认定事实的根据；支付鉴定意见的当事人可以要求返还鉴定费用。笔者倾向于两种做法可以并举：一方面，可以对鉴定人无正当理由拒绝书面回复的行为以妨碍民事诉讼行为为由采取强制措施；另一方面，可以直接以 2021 年《民事诉讼

① 占善刚：《论我国民事诉讼中鉴定人不出庭作证之应有后果——〈民事诉讼法〉第 78 条评析》，载《法学家》2014 年第 2 期。

法》第八十一条为依据,要求鉴定人出庭作证,如鉴定人仍拒绝出庭作证的,鉴定意见不得作为认定事实的根据,支付鉴定费用的当事人可以要求返还鉴定费用。

关联法条

1.《中华人民共和国民事诉讼法》(2021年)

第八十一条 当事人对鉴定意见有异议或者人民法院认为鉴定人有必要出庭的,鉴定人应当出庭作证。经人民法院通知,鉴定人拒不出庭作证的,鉴定意见不得作为认定事实的根据;支付鉴定费用的当事人可以要求返还鉴定费用。

2.《司法鉴定程序通则》(2007年)

第三十七条 委托人对司法鉴定机构的鉴定过程或者所出具的鉴定意见提出询问的,司法鉴定人应当给予解释和说明。

3.《司法鉴定程序通则》(2016年)

第四十条 委托人对鉴定过程、鉴定意见提出询问的,司法鉴定机构和司法鉴定人应当给予解释或者说明。

典型案例

1.(2021)最高法民终304号

裁判观点:一审法院在双方当事人参与的情况下,通过摇号的方式确定工程造价鉴定人,双方当事人对于选定鉴定人的程序和鉴定人无异议。本案鉴定人及鉴定工作人员均持有相关资质证书,具有从事本案鉴定工作的相应资质。根据2020年《证据规定》第三十七条关于“人民法院收到鉴定书后,应当及时将副本送交当事人。当事人对鉴定书的内容有异议的,应当在人民法院指定期间内以书面方式提出。对于当事人的异议,人民法院应当要求鉴定人作出解释、说明或者补充。人民法院认为有必要的,可以要求鉴定人对当事人未提出异议的内容进行解释、说明或者补充”的规定,鉴定意见作出后,一审法院多次组织当事人对鉴定意见进行核对、质证。鉴定人出庭接受质询,针对当事人提出的异议及质疑作出了合理答复,并根据双方所提异议及华冶公司补充提交的证据,对工程造价作了调整。之后针对双方所提异议,鉴定人书面作了回复。诉讼双方虽对鉴定意见提出异议,但均未提供足以反驳该鉴定意见的理由和证据。

2.(2021)最高法民申2501号

裁判观点:2020年《证据规定》第三十七条第二款规定:“当事人对鉴定书的内容有异议的,应当在人民法院指定期间内以书面方式提出。”第三款规定:“对于当事人的异议,人民法院应当要求鉴定人作出解释、说明或者补充。人民法院认为有必要的,可以要求鉴定人对当事人未提出异议的内容进行解释、说明或者补充。”本案中,原审法院根据华西公司的申请对争议项目委托四川中建西勘九鼎建设项目管理有限公司进行造价鉴定。四川中建西勘九鼎建设项目管理有限公司对双方争议的南溪区信息价缺项材料价格是否计入综合让费率范围作出了鉴定意见,南溪区信息价缺项材料价格不下浮,鉴定金额为9,740,195.46元。宜宾纸业虽有异议，但未提出重新鉴定的申请。鉴定机构在原审中亦派员进行了解释说明。原审法院根据鉴定机构出具的鉴定结论，结合双方当事人合同约定，认定案涉缺项材料价格不下浮，并无不当。

3.(2020)最高法民申5599号

裁判观点：五建公司认为1120号答复意见实质性修改了工程造价金额，应属鉴定报告的补充意见，是鉴定书一部分，而一、二审法院仅向双方送达各自异议申请的答复，未能依法送达，违反法定程序，原判决对该答复意见进行质证等不符合事实，故不应以该答复意见作为认定工程价款的依据，而应以鉴定单位出具的1016号鉴定报告的意见为依据。本院认为，2020年《证据规定》第三十七条规定，人民法院收到鉴定书后，应当及时将副本送交当事人。当事人对鉴定书的内容有异议的，应当在人民法院指定期间内以书面方式提出。对于当事人的异议，人民法院应当要求鉴定人作出解释、说明或者补充。人民法院认为有必要的，可以要求鉴定人对当事人未提出异议的内容进行解释、说明或者补充。本案中，一审法院已将1016号鉴定报告送达双方并要求鉴定机构即建正公司作出了1120号答复意见；因一审法院对1120号答复意见未予查明，二审法院通过召集金社公司、五建公司以及建正公司对该答复意见进行质证予以纠正，从而将其作为认定案涉工程款的依据并未违反上述司法解释。

4.(2021)鲁08民终6858号

裁判观点：2020年《证据规定》第三十七条第二款规定："当事人对鉴定书的内容有异议的，应当在人民法院指定期间内以书面方式提出。"第三十八条第一款规定："当事人在收到鉴定人的书面答复后仍有异议的，人民法院应当根据《诉讼费用交纳办法》第十一条的规定，通知有异议的当事人预交鉴定人出庭费用，并通知鉴定人出庭。有异议的当事人不预交鉴定人出庭费用的，视为放弃异议。"依照上述规定，上诉人应首先提交书面异议，鉴定人对书面异议给出书面答复后，上诉人对鉴定人的书面答复仍有异议的，鉴定人应当出庭。本案中，上诉人并未就涉案鉴定报告提出书面异议，鉴定人未出庭作证不能作为鉴定意见不能采纳的依据，本院对上诉人该项上诉请求不予支持。

5.(2021)辽02民终7598号

裁判观点：2020年《证据规定》第三十七条规定，人民法院收到鉴定书后，应当及时将副本送交当事人。当事人对鉴定书的内容有异议的，应当在人民法院指定期间内以书面方式提出。对于当事人的异议，人民法院应当要求鉴定人作出解释、说明或者补充。人民法院认为有必要的，可以要求鉴定人对当事人未提出异议的内容进行解释、说明或者补充。大连理工大学司法鉴定中心出具的大工[2018]GC鉴定第DJ068号司法鉴定意见书，上诉人在一审诉讼期间对该鉴定中心无苗木鉴定资质提出异议，该中心向一审法院回函阐述了具有鉴定资质的依据。在本院上诉审期间，上诉人对该鉴定人员的资质及鉴定事项提出异议并申请鉴定人员出庭接受质询，该中心鉴定人员出庭接受上诉人的质询，并对已出具的鉴定意见没有予以否定，因上诉人所持理由不足以否定上述鉴定意见，故本院对一审法院认定案涉工程存在的质量问题予以维持。

（新增）第三十八条 【鉴定人出庭费用】

当事人在收到鉴定人的书面答复后仍有异议的，人民法院应当根据《诉讼费用交纳办法》第十一条的规定，通知有异议的当事人预交鉴定人出庭费用，并通知鉴定人出庭。有异议的当事人不预交鉴定人出庭费用的，视为放弃异议。

双方当事人对鉴定意见均有异议的，分摊预交鉴定人出庭费用。

法条渊源

鉴定人出庭费用在民事诉讼法立法层面未作规定。但在行政法规、司法解释等层面，则最早在1989年《人民法院诉讼收费办法》第二条已有规定，当事人应交纳鉴定人在人民法院决定日期出庭的交通费、住宿费、生活费和误工补贴费；后在2007年《诉讼费用交纳办法》第六条规定当事人应当向人民法院交纳的诉讼费用包括：鉴定人在人民法院指定日期出庭发生的交通费、住宿费、生活费和误工补贴。2012年《民事诉讼法》对鉴定人出庭相关问题并没有作出明确规定，故有关鉴定人出庭费用预交等问题在审判实践中反映比较突出。特别是由谁交纳、按照何种标准计算等问题存在一定争议，对此有规定的必要。

法条精析

本条是关于鉴定人出庭费用的规定，在2002年《证据规定》没有涉及，属于新增规定。本条在起草过程中，2016年《法院征求意见稿》第一百一十一条第一款、第二款规定："当事人在收到鉴定人的书面答复后仍有异议的，人民法院应当通知有异议的当事人预交鉴定人出庭的费用，并通知鉴定人出庭。但有异议的当事人明确表示不要求鉴定人出庭的除外。双方当事人对鉴定意见均有异议的，由当事人分摊预交鉴定人出庭的费用。"2017年《审判长讨论稿》第八十六条第一款则在此基础上删除了"但有异议的当事人明确表示不要求鉴定人出庭的除外"。新增了"有异议的当事人不预交鉴定人出庭费用的，视为放弃异议"。2018年《审委会送审稿》第三十七条在前稿"人民法院应当"后新增了"根据《诉讼费用交纳办法》第十一条的规定"，其他内容则保持一致。本条定稿时，再无改动。本条涉及2007年《诉讼费用交纳办法》第六条、第十一条规定的内容。本条主要修改内容为：(1)本条根据2017年《民事诉讼法》第七十八条的立法精神，确立了异议方预交的原则。双方均有异议的，由双方分摊。(2)对于当事人无异议但人民法院认为鉴定人有出庭必要的情形，由于审判人员认为鉴定人有必要出庭的原因是对于鉴定意见尚未形成内心确信，故申请鉴定、意图以鉴定意见支持自己事实主张的当事人负有证明鉴定意见真实、客观的证明义务，故由其预交鉴定人出庭费用，符合逻辑。(3)由于鉴定人自身原因导致鉴定人须出庭的，由其自担费用。(4)由于大部分案件鉴定费本身数额较高，从控制成本角度考虑，如果法院委托鉴定时已明确鉴定费用包括出庭费用的，不再交纳。(5)鉴定人出庭费用按照证人出庭费用标准计算、由败诉方承担。

鉴定人出庭费用是指鉴定人履行出庭作证的义务所开支的必要费用，包括鉴定人的交通费、食宿费、误工费等开庭所必须支出的费用。尽管2020年《证据规定》第三十七条规定当事人可以以书面形式向法院就鉴定意见提出异议，而鉴定人也可针对异议以书面形式进行解释、说明和补充。但毕竟书面形式进行的异议和回复客观存在表述内容不周延、表述用词不精准的问题，故当事人收到鉴定人书面回复后仍可能对鉴定意见提出异议。在当事人再次提出异议或人民法院认为有必要的情形下，本条第一款根据 2017 年《民事诉讼法》第七十八条的规定，明确了"通知鉴定人出庭"。显然，本条第一款是对 2017 年《民事诉讼法》第七十八条中"当事人对鉴定意见有异议或者人民法院认为鉴定人有必要出庭的，鉴定人应当出庭作证"的细化解释。通过 2020 年《证据规定》第三十七条在当事人有异议与鉴定人出庭作证之间增设了前提，即鉴定人先应就异议以书面答复形式进行解释、说明和补充。进而，本条第一款再规定，只有当事人在收到鉴定人的书面答复后仍有异议的情形下，人民法院才通知鉴定人出庭作证。而且，将实务中经常出现的当事人异议后不预交鉴定人出庭费用的情形规定为视为放弃异议。这样可以减少因当事人滥用异议的诉讼权利所带来的鉴定人出庭作证成本增加和诉讼拖延的问题。

鉴定人对鉴定事项所提出的鉴定意见是法院裁判的重要依据之一。对于以追求案件事实真相为目标的大陆法系国家而言，依据直接言词原则，法官应当以自己在法庭上直接获取的证据为准，根据在法庭上与鉴定人直接接触所获得的最直观的感受形成内心确信从而作出裁判；对于追求保障人权的英美法系而言，为保障当事人的利益，专家证人应当出庭并且接受交叉询问，交叉询问可以将专家证人的知识结构、经验积淀及道德底线等均直接展现于庭上。实质上还可以为证据的可靠性提供评价路径。[①] 我国基本承继的是大陆法系传统，鉴定人出庭作证是我国《民事诉讼法》规定的鉴定人的职责和义务。从 2021 年《民事诉讼法》第八十一条规定来看，鉴定人出庭作证的前提之一是当事人对鉴定意见有异议。但实务操作中，当事人对鉴定意见有异议与鉴定人出庭作证，并非必然因果关系。从当事人对鉴定意见提异议的实际情况来看，具有持续性、多次性特点。当事人收到鉴定意见副本后，一旦鉴定意见对己不利，就会通过提出各种异议来试图否认鉴定意见的证明力。而且，由于想到或发现的异议点时间不同，当事人往往在异议期限内多次、反复提出异议。如果因此让鉴定人多次出庭作证，显然与现行集中审理制度不相匹配。如果采用收集所有异议点之后，交给鉴定人在庭审质证阶段再统一回应，则难免效率低下，而且不利于保护当事人的异议权利。毕竟，当事人不少异议是在与鉴定人不断地异议—回复中发现的。所以 2020 年《证据规定》第三十七条就规定了当事人异议和人民法院要求鉴定人就异议解释、说明或补充之间的对应关系。本条第一款则解决的是当事人异议、鉴定人书面答复以及鉴定人出庭作证三者之间关系协调问题。核心就是将鉴定人出庭作证情形限定为，只有当事人在收到鉴定人书面答复后仍有异议时，鉴定人才应当出庭作证。另一种情况是人民法院认为鉴定人有必要出庭，有助于了解案件事实的，也可以自行决定鉴定人出庭作证。鉴定人是否出庭作证，最终决定权在法院。

毫无疑问，鉴定人出庭作证就必然会进一步产生交通、住宿费等必要的开支，并且也会对鉴定人的生活、工作产生一定的影响。根据权利义务相一致的原则，鉴定人理应享有就出庭

① 李学军：《鉴定人出庭作证与直接言词原则的落实》，载《人民检察》2017 年第 4 期。

作证所支出的费用请求补偿的权利。否则不仅会使鉴定人所享有的权利和所承担的义务处于严重失衡状态,还会严重降低鉴定人出庭作证的积极性。为此,大多数国家和地区均明确承认证人、鉴定人享有出庭作证费用请求权,如《德国民事诉讼法》第四百零一条、第四百一十三条规定“对证人、鉴定人依照《司法收费与补偿法》予以费用的补偿”;《日本关于民事诉讼费用的法律》第十八条规定“证人、鉴定人可请求出庭作证的相关费用”;我国台湾地区“民事诉讼法”第三百二十三条、第三百三十八条也分别规定了证人、鉴定人出庭作证费用的请求权。此外,德国、日本均制定了有关诉讼收费与补偿的法律,进一步就证人、鉴定人出庭作证费用的补偿作出了详细的规定,我国台湾地区司法机构也专门制定了“法院办理民事事件证人、鉴定人日费旅费及鉴定费支给标准”以保障证人、鉴定人出庭作证费用的补偿请求权。[①]我国《诉讼费用交纳办法》对鉴定人出庭作证的费用作出了统一的规定,其规定鉴定人出庭作证的交通费、住宿费、生活费和误工补贴都包含当事人交纳的诉讼费用中,由人民法院按照国家规定标准代为收取。之所以如此,是为了保护鉴定人的利益不受损害,维护鉴定人出庭作证的积极性,本条规定鉴定人出庭费用由有异议的当事人预先交纳,以免后期败诉一方的当事人与鉴定人就鉴定人出庭费用的支付问题产生纠纷。至于法院依职权通知鉴定人出庭的,则由法院先行支付鉴定人出庭费用。还有极少数情况下是由于鉴定人的原因导致鉴定人必须出庭的,由鉴定人自行承担出庭的费用。

从实务情况看,提出异议当事人主动预交鉴定人出庭费用的情形少之又少。多数为人民法院催交后才消极交纳,甚至还有恶意拖到最后都不预交的情形。这无疑会损害鉴定人的切身利益、打击其出庭的积极性。为解决该问题,本条第一款规定,当事人在向法院提出异议之后,法院应当通知有异议的当事人预交鉴定人出庭的费用,并通知鉴定人出庭。当事人不预交鉴定人出庭费用的,视为放弃异议。视为放弃异议,是法律拟制技术,即按一般生活经验,由当事人不预交鉴定人出庭费用行为反推其心理动机是不再继续坚持异议或准备放弃异议。必须承认,这两者之间不是必然因果关系,只是一个大概率因果关系。之所以这么直接规定,而不考虑其他因素对当事人是否预交鉴定人出庭费用的影响,主要是考虑到鉴定人出庭费用金额一般不高,当事人很少会因客观原因无法预交该笔款项。此外,退一步而言,即便没有预交鉴定人出庭费用,也不必然等同于人民法院一定会作出对其不利的裁判。事实上,人民法院也可依职权通知鉴定人到庭作证。反过来,将不预交鉴定人出庭费用的法律后果与视为放弃异议挂钩,一方面可以让提出异议的当事人慎重权衡鉴定人出庭费用和放弃异议之间孰轻孰重;另一方面可以遏制部分企图通过提出异议拖延诉讼的当事人的滥用权利行为。这里要注意的是,2020 年《委托鉴定审查规定》第十二条规定,人民法院应当向当事人释明不按期预交鉴定人出庭费用的法律后果,并规定公益诉讼可以申请暂缓交纳鉴定人出庭费用。符合法律援助条件的当事人可以申请暂缓或减免交纳鉴定人出庭费用。此外,如果出现双方当事人对鉴定意见均有异议的情形,本条第二款明确规定由双方当事人分摊预交鉴定人出庭费用。实务中,双方当事人对同一份鉴定意见不满的地方很少雷同。这也就意味着,鉴定人针对不

---

① 占善刚、施瑶:《证人、鉴定人出庭作证费用补偿制度比较研究》,载《河南财经政法大学学报》2017 年第 3 期。

同当事人提出异议的回应投入的成本也不一样。因此，人民法院在适用本条第二款分摊预交鉴定人出庭费用时，可根据实际情况确定当事人之间的比例关系，不必一律采用等分方式。当然，如果因鉴定人自身原因产生的鉴定人出庭费用，则理应由其自己承担。

综上所述，人民法院对当事人就鉴定意见提出异议的处理流程大致为：(1)鉴定机构出具鉴定书发送给人民法院后，人民法院及时将鉴定书副本送交当事人并指定有权提出异议的期限；(2)人民法院将当事人在指定期限内提出的所有异议收集后，交给鉴定人并确定提交书面答复的期限；(3)鉴定人提交书面答复意见，就异议内容或人民法院认为未提异议内容中不清楚的部分进行解释、说明或补充；(4)当事人收到书面答复后仍有异议，人民法院通知当事人预交鉴定人出庭费用，并通知鉴定人出庭；(5)双方当事人对鉴定意见均有异议，分摊预交鉴定人出庭费用；(6)当事人不预交鉴定人出庭费用，视为放弃异议。

实务疑难

有异议当事人未在人民法院指定期限内预交鉴定人出庭费用，是否一律视为放弃异议？

司法实务中，有异议当事人未预交鉴定人出庭费用的情形较为复杂，是否依据本条规定一律视为放弃异议，存在观点分歧：第一种观点认为，既然本条没有规定例外情形，则应严格依据本条文义解释，只要有异议当事人未在人民法院指定日期内预交鉴定人出庭费用就应视为放弃异议，不能再提出异议，即便逾期预交鉴定人出庭费用也不例外。第二种观点认为，实务中，有异议的当事人不预交鉴定人出庭费用，是否一律视为放弃异议应区分不同情形而定：如果有异议的当事人有正当理由未在人民法院指定期限内预交鉴定人出庭费用，应允许其逾期预交鉴定人出庭费用，并让鉴定人出庭作证；如果有异议的当事人没有正当理由，但逾期预交了鉴定人出庭费用，则人民法院可以审查其异议是否合理，如果合理仍可要求鉴定人出庭作证。笔者倾向于第二种观点，因为更符合当前司法实践情况。此外，如果当事人在指定期限内申请缓交、减交、免交鉴定人出庭费用，符合《诉讼费用交纳办法》规定的条件，也应允许。此时，因缓减免交造成预交鉴定人出庭费用未交或少交都应属于有正当事由的情形。

关联法条

1.《中华人民共和国民事诉讼法》(2021 年)

第八十一条　当事人对鉴定意见有异议或者人民法院认为鉴定人有必要出庭的，鉴定人应当出庭作证。经人民法院通知，鉴定人拒不出庭作证的，鉴定意见不得作为认定事实的根据；支付鉴定费用的当事人可以要求返还鉴定费用。

2.《诉讼费用交纳办法》(2007 年)

第六条　当事人应当向人民法院交纳的诉讼费用包括：

(一)案件受理费；

(二)申请费；

(三)证人、鉴定人、翻译人员、理算人员在人民法院指定日期出庭发生的交通费、住宿费、生活费和误工补贴。

第十一条 证人、鉴定人、翻译人员、理算人员在人民法院指定日期出庭发生的交通费、住宿费、生活费和误工补贴,由人民法院按照国家规定标准代为收取。

3.《最高人民法院关于人民法院民事诉讼中委托鉴定审查工作若干问题的规定》(2020年)

第十二条 人民法院应当向当事人释明不按期预交鉴定费用及鉴定人出庭费用的法律后果,并对鉴定机构、鉴定人收费情况进行监督。

公益诉讼可以申请暂缓交纳鉴定费用和鉴定人出庭费用。

符合法律援助条件的当事人可以申请暂缓或减免交纳鉴定费用和鉴定人出庭费用。

典型案例

1.(2021)辽04民终3000号

裁判观点:2020年《证据规定》第三十八条规定:当事人在收到鉴定人的书面答复后仍有异议的,人民法院应当根据《诉讼费用交纳办法》第十一条的规定,通知有异议的当事人预交鉴定人出庭费用,并通知鉴定人出庭。有异议的当事人不预交鉴定人出庭费用的,视为放弃异议。双方当事人对鉴定意见均有异议的,分摊预交鉴定人出庭费用。本案中,经法院委托辽宁建业工程造价咨询事务所有限公司出具《工程造价鉴定报告书》,现双方当事人均对该鉴定意见中确定的有争议部分鉴定造价提出异议,故本案重审时应就当事人对鉴定意见提出的异议要求鉴定人作出解释、说明或者补充,如当事人对鉴定人的书面答复仍有异议,应通知有异议的当事人预交鉴定人出庭费用,并通知鉴定人出庭,以查明案件事实。

2.(2021)粤08民终4029号

裁判观点:本案中,经平安财保湛江公司申请,一审法院依法委托广东通济司法鉴定中心进行司法鉴定,该鉴定中心于2020年3月30日作出粤通司鉴中心[2020]临鉴字第137号鉴定意见书,意见为:1.陈秀婷的损伤未构成伤残等级;2.陈秀婷的误工期建议以180日为宜;3.陈秀婷的护理期限建议以90日为宜;4.陈秀婷住院期间医疗费用中非医保医疗费用合计共248.09元;5.陈秀婷合理住院治疗时间建议以6个月为宜。陈秀婷对上述鉴定意见持有异议,并申请鉴定人员出庭接受质询。但因陈秀婷没有缴纳鉴定人出庭费,广东通济司法鉴定中心没有安排鉴定人员出庭接受质询。依照2020年《证据规定》第三十八条"当事人在收到鉴定人的书面答复后仍有异议的,人民法院应当根据《诉讼费用交纳办法》第十一条的规定,通知有异议的当事人预交鉴定人出庭费用,并通知鉴定人出庭。有异议的当事人不预交鉴定人出庭费用的,视为放弃异议。双方当事人对鉴定意见均有异议的,分摊预交鉴定人出庭费用"的规定,陈秀婷不预交鉴定人出庭费用的,视为放弃异议。故在一审法院委托鉴定程序合法、鉴定材料经过质证、鉴定机构具备相应资质、鉴定结论有明确依据的情况下,陈秀婷未能对案涉司法鉴定意见提供反驳的证据,未能举证证明本案存在重新鉴定的法定情形。一审法院不准许陈秀婷的重新鉴定申请并无不当,本院予以维持。

3.(2021)辽03民终3588号

裁判观点:吉林华远司法鉴定中心的《司法鉴定意见书》应予采信,理由如下:首先,被上诉人在最初提起医疗损害的民事诉讼中,一审法院根据被上诉人的申请曾三次委托鉴定机构进行司法鉴定,鉴定机构均以超出自身鉴定能力而退回,一审法院据此裁定驳回了被上诉人的起诉。在无法通过人民法院继续委托鉴定,且无鉴定结论作为证据又不能进行诉讼主张权利的情况下,被上诉人选择自行委托鉴定机构的行为具有合理性。其次,被上诉人陈述鉴定前其曾与上诉人的法律顾问陈明律师电话沟通,将鉴定内容、鉴定时间、地点等情况告知对方,期望其参加鉴定人问询,陈明经与院方沟通后表示因系被上诉人单方委托,故院方不参加,由此可见,上诉人放弃了向鉴定机构陈述意见及到场监督的权利。此后,被上诉人依据吉林华远司法鉴定中心的鉴定意见再次起诉,经一审法院审理以及二审法院发回重审后,上诉人申请重新鉴定,在接受委托的另外三家鉴定机构又以超出自身能力退回鉴定情况下,上诉人申请吉林华远司法鉴定中心的鉴定人出庭,因上诉人未预交鉴定人出庭费用致使鉴定人未能出庭。2020年《证据规定》第三十八条第一款规定:"当事人在收到鉴定人的书面答复后仍有异议的,人民法院应当根据《诉讼费用交纳办法》第十一条的规定,通知有异议的当事人预交鉴定人出庭费用,并通知鉴定人出庭。有异议的当事人不预交鉴定人出庭费用的,视为放弃异议。"故上诉人未预交鉴定人出庭费用的行为视为其放弃了对《司法鉴定意见书》的异议以及申请鉴定人出庭接受质询的权利。最后,吉林华远司法鉴定中心的鉴定意见所依据的祝林及其子的原始病历以及中国医科大学法医司法鉴定中心司法鉴定意见书等材料,均已经过一审法院庭审质证,被上诉人所提交的鉴定材料具备真实性、合法性,且鉴定机构及鉴定人均具备鉴定资质,不存在其他违反法定鉴定程序的问题。

4.(2021)黑27民终193号

裁判观点:2020年《证据规定》第三十八条规定:"当事人在收到鉴定人的书面答复后仍有异议的,人民法院应当根据《诉讼费用交纳办法》第十一条的规定,通知有异议的当事人预交鉴定人出庭费用,并通知鉴定人出庭。有异议的当事人不预交鉴定人出庭费用的,视为放弃异议。双方当事人对鉴定意见均有异议的,分摊预交鉴定人出庭费用。"本案中,上诉人张守春对鉴定意见提出异议,鉴定单位出具了书面说明,上诉人张守春仍提出异议,一审法院应当通知鉴定人出庭,鉴定意见经人民法院审查确认后才能作为认定本案事实的依据。鉴于一审法院未通知鉴定人出庭对鉴定意见进行解释和说明,即依据鉴定意见认为应当支持李志机械费程序违法。

5.(2021)赣11民终666号

裁判观点:根据2020年《证据规定》第三十八条第一款的规定,"当事人在收到鉴定人的书面答复后仍有异议的,人民法院应当根据《诉讼费缴纳办法》第十一条的规定,通知有异议的当事人预交鉴定人出庭费用,并通知鉴定人出庭。有异议的当事人不预交鉴定人出庭费用的,视为放弃异议"。本案中康民养殖场对于鉴定人出具的意见提出异议,鉴定人虽然出具了回复意见,但是康民养殖场要求鉴定人员出庭,人民法院应当按照上述规定进行,现鉴定人员并未出庭接受当事人及法庭的质询,其鉴定意见是否科学有效存疑。

(新增) 第三十九条 【鉴定人出庭费用】

鉴定人出庭费用按照证人出庭作证费用的标准计算,由败诉的当事人负担。因鉴定意见不明确或者有瑕疵需要鉴定人出庭的,出庭费用由其自行负担。

人民法院委托鉴定时已经确定鉴定人出庭费用包含在鉴定费用中的,不再通知当事人预交。

法条渊源

在2012年《民事诉讼法》之前,关于鉴定人出庭作证费用的补偿问题都是由最高人民法院先后颁布的1989年《人民法院诉讼收费办法》和1999年《人民法院诉讼收费办法补充规定》规范,后被国务院颁布的2007年《诉讼费用交纳办法》取代。该办法第六条第三项就明确了鉴定人出庭发生的交通费、住宿费、生活费和误工补助四项费用都属于应向人民法院交纳的诉讼费用。该办法第十一条则明确了上述费用由人民法院按照国家规定标准代为收取。后在2015年《民诉法解释》第一百一十八条规定了证人出庭费用的补偿标准,但一直没有规定鉴定人出庭费用的具体补偿项目和标准以及交纳主体和交纳方式。这也是造成目前鉴定人到庭作证的比例不高的重要原因之一。

法条精析

本条规定鉴定人出庭费用的标准及承担,在2002年《证据规定》和现行《民事诉讼法》中均没有规定,属于新增规定。本条在起草过程中,2016年《法院征求意见稿》第一百一十一条第三款、第四款规定,“鉴定人出庭费用按照证人出庭作证费用的标准计算。鉴定人出庭费用在委托鉴定时明确包含在鉴定费用中的,人民法院不再通知当事人预交”。2017年《审判长讨论稿》第八十六条第三款、第四款规定,“鉴定人出庭费用在委托鉴定时已经包含在鉴定费用中的,人民法院不再通知当事人预交。因鉴定意见的瑕疵需要鉴定人出庭的,出庭费用由其自行负担。鉴定人出庭费用按照证人出庭作证费用的标准计算,由败诉的当事人负担”。2018年《审委会送审稿》则在前稿基础上将“因鉴定意见的瑕疵”修改为“因鉴定意见不明确或者有瑕疵”;将“鉴定人出庭费用在委托鉴定时已经包含在鉴定费用中的,人民法院不再通知当事人预交”修改为“人民法院委托鉴定时已经确定鉴定人出庭费用包含在鉴定费用中的,不再通知当事人预交”。本条定稿时再无变化。具体而言,本条规定第一款填补了鉴定人出庭费用计算标准的空白,并根据责任自负原则,明确了因鉴定人自身原因导致鉴定意见瑕疵,需要进一步解释说明时,出庭费用由其自行负担。本条第二款总结了司法实务中将鉴定人出庭费用包含在鉴定费用中一并收取的好经验,将其吸收并以司法解释条文形式确定下来。

在现行规范中,有多处涉及鉴定人出庭费用的规定。2007年《诉讼费用交纳办法》第六条规定当事人应当向人民法院交纳的诉讼费用包括:(1)案件受理费;(2)申请费;(3)证人、鉴定人、翻译人员、理算人员在人民法院指定日期出庭发生的交通费、住宿费、生活费和误工补贴。该办法第十一条第一款规定,证人、鉴定人、翻译人员、理算人员在人民法院指定日期出庭发生的交通费、住宿费、生活费和误工补贴，由人民法院按照国家规定标准代为收取。针对实务中出现的将鉴定费用和鉴定人出庭费用混同的情形，2009年《司法鉴定收费管理办法》第十三条规定，司法鉴定人在人民法院指定日期出庭作证发生的交通费、住宿费和误工补贴，不属于司法鉴定收费范围，由人民法院按照国家规定标准代为收取后交付司法鉴定机构。

由于现行《民事诉讼法》、2002年《证据规定》中均对于鉴定人出庭作证的费用如何计算和交纳没有规定，故实务中做法不一：一是类推适用现行《民事诉讼法》第七十七条以及2015年《民诉法解释》第一百一十八条有关证人出庭作证费的补偿规定；二是适用《诉讼费用交纳办法》的规定；三是由鉴定机构自行收取和认定鉴定人出庭作证费用，这也是当前司法实践中最为常见的做法。[①] 这些都严重影响了鉴定人出庭作证的积极性。鉴定人出庭作证的费用补偿权是以鉴定人出庭作证的行为为前提。鉴定人因为出庭作证，必然要耗费精力、财力和时间，影响其正常的工作和生活，不可避免地受到一定的经济损失。所以为了保证鉴定人出庭作证义务的顺利履行，应当保障鉴定人的费用补偿权，减轻鉴定人出庭作证的负担。虽然2007年《诉讼费用交纳办法》第六条、第十一条规定鉴定人出庭费用属于当事人应向法院交纳的诉讼费用，该费用由人民法院按照国家规定标准代为收取。但我国法律、司法解释层面并未明确规定统一的鉴定人出庭费用的收费标准，只规定了“由人民法院按照国家规定标准代为收取”，由人民法院根据实际情况，参照《司法鉴定收费项目和收费标准基准价（试行）》《司法鉴定收费管理办法》等行政性规范文件以及和委托的鉴定人或机构进行协商确定费用等方法。[②] 在实践中面临的问题是，没有统一的收费标准加以限制，不同城市的消费标准也千差万别。不同的鉴定人出庭也有可能选择不同的消费模式。这既不利于负担出庭作证费用一方当事人合法权益的保护，也不利于公平地实现鉴定人出庭作证费用的补偿。《德国司法收费与补偿法》第五条规定，“证人、鉴定人出庭之交通费用依照通常乘坐的、公共的交通工具所产生的费用支付，使用自有机动车的，按每公里0.25欧元补偿”；第六条规定，“每日补贴按所得税法确定”；第七条甚至具体规定了复印打印每页的计算额度，如首50页每页0.5欧元，之后每页0.15欧元，彩色打印的按每页2欧元补偿；对证人耽误时间的补偿则按每小时5欧元计，对料理家务造成不利的一般按每小时12欧元计，对收入减少的补偿最高以每小时20欧元计。日本最高法院制定的《关于民事诉讼费用等的规则》第七条规定，“证人的日津贴每日不超过8000日元，鉴定人每日不超过7600日元。证人、鉴定人在甲等地区的住宿费每晚不超过8700日元，乙等地区每晚不得超过7800日元”。我国台湾地区“支给标准”第三条至第五条分别对其日费、旅费、住宿费作出了具体规定，如“证人、鉴定人到场的日费，每次按新台币500元支给。关于交通工具的选择，短途以搭乘公共汽车，大众捷运系统，长途搭乘火车、轮船、客车为原则，如有等位的，以中等等位标准”等。[③] 本条第一款第一次统一了鉴定人的出庭费用计算标准，将鉴定人的出庭费用按照证人出庭作证费用的标准计算。具体该标

---

① 占善刚、施瑶：《证人、鉴定人出庭作证费用补偿范围和标准研究》，载《证据科学》2016年第6期。

② 张卫平：《民事证据法》，法律出版社2017年版，第86页。

③ 占善刚、施瑶：《证人、鉴定人出庭作证费用补偿制度比较研究》，载《河南财经政法大学学报》2017年第3期。

准，2020年《民诉法解释》第一百一十八条第一款规定："民事诉讼法第七十七条规定的证人因履行出庭作证义务而支出的交通、住宿、就餐等必要费用，按照机关事业单位工作人员差旅费用和补贴标准计算；误工损失按照国家上年度职工日平均工资标准计算。"之所以将鉴定人出庭费用标准规定为按照证人出庭费用的标准计算，是因为：第一，主体的身份类似，证人和鉴定人都可以理解为与案件没有利害关系"有专门知识的证人"；第二，立法已经规定证人出庭费用和鉴定人出庭费用的组成项目相同；第三，鉴定人出庭费用和证人出庭费用性质相同，2007年《诉讼费用交纳办法》第六条已经规定两者都是向人民法院交纳的诉讼费用。从实务情况看，自2015年《民诉法解释》第一百一十八条施行后，证人出庭费用交纳标准因标准客观、分歧较少，已为实务所熟悉并接受。故本条第一款明确鉴定人出庭费用按照证人出庭作证费用的标准计算。至于本条第一款还规定由败诉的当事人负担则是为了与2007年《诉讼费用交纳办法》保持一致。因为该办法第六条已经规定鉴定人出庭费用属于诉讼费用，而该办法第二十九条规定诉讼费用由败诉方负担，胜诉方自愿承担的除外。法律规定由败诉方承担鉴定人出庭作证的费用，因为诉讼的产生是由于败诉一方当事人的原而导致的，应当体现有过错一方来承担由此产生的费用，有助于体现诉讼的公正性。此外，由败诉方承担鉴定人出庭费用是社会主义法治的要求，如果由对鉴定意见有异议的当事人来承担鉴定人的出庭费用，那么对于支付能力较弱的当事人，可能因无法支付或不愿支付而拒绝申请鉴定人出庭，就有可能会承担不利的后果，不符合公平正义的诉讼要求。为了保证鉴定人的利益不受损，鉴定人出庭的费用应当由申请鉴定人出庭的一方当事人先行垫付。这样的规定有利于保证鉴定人出庭作证。

虽然2020年《证据规定》第三十八条规定了对鉴定意见有异议的当事人有义务预交鉴定人出庭费用且通过如不预交，则视为放弃异议来倒逼有异议的当事人预交鉴定人出庭费用，但并不意味着所有情形下，鉴定人出庭费用都应由有异议的当事人预交。从实务情况看，在鉴定人出庭作证场合，确实存在因鉴定人主观过错导致鉴定意见不能被人民法院最终采信的情形。例如，因鉴定人自身原因不能出具鉴定意见、鉴定意见含糊不清、同时出具多个鉴定意见以及鉴定意见指标、数据有瑕疵等。在此种情形下，鉴定人出庭作证回答当事人的异议和法院询问所支出的所有成本，都是因自身过错所致。根据过错自担原则，上述成本当然都应由鉴定人负担。这样的规定既能将鉴定人出庭费用的标准明确化，也符合权利义务的一致性原则。从调研情况看，不少地方法院为了避免收取两次费用的麻烦，也为了让鉴定人出庭费用收取更为顺利，都采取将鉴定人的出庭费用包含在鉴定费用中一次性收取的方法。需要注意的是，根据2009年《司法鉴定收费管理办法》第十三条的规定，司法鉴定人在人民法院指定日期出庭作证发生的交通费、住宿费和误工补贴，不属于司法鉴定收费范围，由人民法院按照国家规定标准代为收取后交付司法鉴定机构。至于司法鉴定费，根据2007年《诉讼费用交纳办法》第十二条的规定，诉讼过程中因鉴定发生的依法应当由当事人负担的费用，人民法院根据"谁主张、谁负担"的原则，决定由当事人直接支付给有关机构或者单位，人民法院不得代收代付。可见，司法鉴定费是由当事人直接支付给鉴定机构。2009年《司法鉴定收费管理办法》第九条规定司法鉴定机构接受委托提供司法鉴定服务，应当与委托人签订《司法鉴定协议书》，并载明收费项目、收费标准、收费方式、收费金额、结算方式、争议解决办法等条款。也即由人民法院作为委托人与司法鉴定机构签订协议，然后由当事人将司法鉴定费直接支付给鉴定机构，而人民法院原则上不代收。相应地，人民法院可以在与司法鉴定机构签订的《司法鉴定协议书》中约定将鉴定人出庭费用包含在鉴定费用中，由当事人将包括鉴定人出庭费用在内的鉴定费用直接支付给鉴定机构。此后，就不用再通知异议当事人预交鉴定人出庭费用。

最后，因为鉴定人出庭费用属于诉讼费用，可以根据 2007 年《诉讼费用交纳办法》第四十四条的规定，向人民法院申请缓交、减交或者免交诉讼费用的司法救助。但免交只适用于自然人。司法鉴定费用则可根据 2009 年《司法鉴定收费管理办法》第十七条的规定，符合法律援助条件的受援人，凭法律援助机构提供的有效证明，申请司法鉴定的，司法鉴定机构按照有关规定减收或者免收受援人的司法鉴定费用。对于不符合法律援助条件，但确有困难的，司法鉴定机构可以酌情减收或者免收相关的司法鉴定费用。

实务疑难

当事人对鉴定人出庭费用负担不服，能否就该费用单独提出诉讼请求或上诉请求？

实务中，当事人对鉴定人出庭费用不服，要求对方当事人承担该费用的情形并不鲜见。其中有的是当事人在一审诉讼中增加该类诉讼请求；有的是一审判决自己负担鉴定人出庭费用后不服提起上诉。对此，第一种观点认为，负担鉴定人出庭费用对于当事人是一种不利益，故当事人应有权主张救济。故应允许当事人单独就此提出诉讼请求或上诉请求主张对方负担该鉴定人出庭费用或减少该费用。第二种观点则认为，鉴定人出庭费用的负担及其比例已由法律规定，不能单独提出诉讼请求。对此，2007 年《诉讼费用交纳办法》第六条规定，当事人应当向人民法院交纳的诉讼费用包括鉴定人在人民法院指定日期出庭发生的交通费、住宿费、生活费和误工补贴。该办法第四十三条则规定，当事人不得单独对人民法院关于诉讼费用的决定提起上诉。当事人单独对人民法院关于诉讼费用的决定有异议的，可以向作出决定的人民法院院长申请复核。复核决定应当自收到当事人申请之日起 15 日内作出。当事人对人民法院关于诉讼费用的计算有异议的，可以向作出决定的人民法院请求复核。计算确有错误的，作出决定的人民法院应当予以更正。笔者倾向于第二种观点。

关联法条

1.《诉讼费用交纳办法》（2007 年）

第六条 当事人应当向人民法院交纳的诉讼费用包括：

（一）案件受理费；

（二）申请费；

（三）证人、鉴定人、翻译人员、理算人员在人民法院指定日期出庭发生的交通费、住宿费、生活费和误工补贴。

第十一条 证人、鉴定人、翻译人员、理算人员在人民法院指定日期出庭发生的交通费、住宿费、生活费和误工补贴，由人民法院按照国家规定标准代为收取。

第二十九条 诉讼费用由败诉方负担，胜诉方自愿承担的除外。部分胜诉、部分败诉的，人民法院根据案件的具体情况决定当事人各自负担的诉讼费用数额。共同诉讼当事人败诉的，人民法院根据其对诉讼标的的利害关系，决定当事人各自负担的诉讼费用数额。

2.《最高人民法院关于行政诉讼证据若干问题的规定》(2002 年)

第七十五条 证人、鉴定人因出庭作证或者接受询问而支出的合理费用，由提供证人、鉴定人的一方当事人先行支付，由败诉一方当事人承担。

3.《最高人民法院关于适用〈中华人民共和国民事诉讼法〉的解释》(2022 年)

第一百一十八条 民事诉讼法第七十七条规定的证人因履行出庭作证义务而支出的交通、住宿、就餐等必要费用，按照机关事业单位工作人员差旅费用和补贴标准计算；误工损失按照国家上年度职工日平均工资标准计算。

人民法院准许证人出庭作证申请的，应当通知申请人预缴证人出庭作证费用。

典型案例

1.(2021)湘 09 民终 1270 号

裁判观点：根据 2020 年《证据规定》第三十九条第一款的规定，鉴定人出庭费用按照证人出庭作证费用的标准计算，由败诉的当事人负担。岱岳分公司及鸿祥盛公司对鉴定意见持异议并申请鉴定人出庭，鉴定人已出庭接受质询并对其异议作出合理解释，鉴定人由此主张的出庭费用，并不存在明显不合理的情况。本案确定由鸿祥盛公司承担违约责任，故相应的出庭费用亦应由其负担。

2.(2021)甘 03 民终 78 号

裁判观点：根据 2007 年《诉讼费用交纳办法》第六条"当事人应当向人民法院交纳的诉讼费用包括：……(三)证人、鉴定人、翻译人员、理算人员在人民法院指定日期出庭发生的交通费、住宿费、生活费和误工补贴"的规定，鉴定人出庭费用属于诉讼费用的范围，由申请鉴定人出庭的当事人先行交纳。根据 2020 年《证据规定》第三十九条第一款"鉴定人出庭费用按照证人出庭作证费用的标准计算，由败诉的当事人负担。因鉴定意见不明确或者有瑕疵需要鉴定人出庭的，出庭费用由其自行负担"的规定，本案鉴定人出庭费用 17,992 元应当由败诉方锦泰公司负担。许继公司向鉴定机构提供了价款 12,360 元的 3 个汇流箱，该汇流箱的价款不属鉴定费用，本院不作为鉴定费用处理，许继公司可在鉴定结束后按照约定与鉴定机构协商处理。根据 2007 年《诉讼费用交纳办法》第十二条"诉讼过程中因鉴定、公告、勘验、翻译、评估、拍卖、变卖、仓储、保管、运输、船舶监管等发生的依法应当由当事人负担的费用，人民法院根据谁主张、谁负担的原则……"的规定，一审判令申请人锦泰公司自行负担鉴定费符合法律规定。

3.(2021)鲁 02 民终 2256 号

裁判观点：关于鉴定人出庭费用。2007 年《诉讼费用交纳办法》第十二条第一款规定："诉讼过程中因鉴定、公告、勘验、翻译、评估、拍卖、变卖、仓储、保管、运输、船舶监管等发生的依法应当由当事人负担的费用，人民法院根据谁主张、谁负担的原则，决定由当事人直接支付给有关机构或者单位，人民法院不得代收代付。"鉴定人员出庭费用属于鉴定费的一部分，由申请鉴定人员出庭的当事人直接支付给有关机构或者单位,人民法院不得代收代付。司法鉴定人员出庭费用的计算标准应当符合法律、法规的相关规定,但上诉人主张由人民法院审查鉴定人出庭费用收取金额的合理性没有法律依据,本院不予支持。

4.(2020)皖03民终4036号

裁判观点:2020年《证据规定》第三十九条第一款中规定:鉴定人出庭费用按照证人出庭作证费用的标准计算,由败诉的当事人负担。故鉴定人出庭费用应由败诉方负担,如果是部分胜诉、部分败诉的,应当按败诉比例决定当事人各自负担的数额。一审法院认为"被告主张鉴定人出庭费用应双方共同负担的意见,因鉴定人出庭是被告申请,而鉴定人又不是必须出庭的人员,该费用不是诉讼必须支出的费用,故该费用应由被告自己负担"有误,应予纠正。蚌医一附院已支付鉴定人出庭费用4000元,一审王云起诉请求赔偿的金额为1,402,044.65元,一审判决赔偿的金额为404,009元,王云应当按照其败诉比例负担鉴定人出庭费用2847元,该款蚌医一附院已支付,故王云应负担的鉴定人出庭费用2847元应从蚌医一附院应赔偿款项中予以扣除。

5.(2020)新29民终1065号

裁判观点:关于鉴定人出庭差旅费是否属于一审判项遗漏的问题。一审由上诉人杨京华申请鉴定人出庭质证,由上诉人杨京华支付了鉴定人出庭费2540元。一审时上诉人未主张鉴定人出庭费用,但二审中上诉人杨京华增加了此项诉求。2020年《证据规定》第三十九条第一款规定:"鉴定人出庭费用按照证人出庭作证费用的标准计算,由败诉的当事人负担。因鉴定意见不明确或者有瑕疵需要鉴定人出庭的,出庭费用由其自行负担。"鉴定机构向一审法院提供了有关出庭费用票据共计2540元,故上诉人李国平应按照一审法院确定的赔偿比例对鉴定人出庭费用承担给付责任,即承担2540元×70%=1778元,被上诉人刘晓星、刘汉平、中信虹雨公司应承担连带给付责任。上诉人杨京华此项上诉理由部分成立。

(修改)第四十条　【重新鉴定情形】

当事人申请重新鉴定,存在下列情形之一的,人民法院应当准许:

(一)鉴定人不具备相应资格的;

(二)鉴定程序严重违法的;

(三)鉴定意见明显依据不足的;

(四)鉴定意见不能作为证据使用的其他情形。

存在前款第一项至第三项情形的,鉴定人已经收取的鉴定费用应当退还。拒不退还的,依照本规定第八十一条第二款的规定处理。

对鉴定意见的瑕疵,可以通过补正、补充鉴定或者补充质证、重新质证等方法解决的,人民法院不予准许重新鉴定的申请。

重新鉴定的,原鉴定意见不得作为认定案件事实的根据。

法条渊源

我国法律虽然对于重新鉴定没有作出规定,但是有些行政规章和司法解释对此作出了明确的规定。早在1998年《审判改革规定》第十三条就已规定一方当事人要求申请重新鉴定,人民法院认为有必要的可以准许。补充的证据或者重新进行鉴定、勘验的结论,必须再次开庭质证。在行政规章层面,2001年《司法鉴定程序通则(试行)》第三十三条就规定了重新鉴定的适用情形。该条内容后为2007年《司法鉴定程序通则》第二十九条继受,并为2016年《司法鉴定程序通则》吸收。但从过往重新鉴定中出现的情况看,重新鉴定情形并不统一、重新鉴定与原有鉴定之间的关系尚未理顺、鉴定费用是否返还存在诸多争议。

法条精析

本条是关于申请重新鉴定情形的规定,是在2002年《证据规定》第二十七条规定基础上修改而成的。本条修改中,2016年《法院征求意见稿》第一百一十五条规定,当事人对鉴定意见有异议申请重新鉴定,存在下列情形之一的,人民法院应予准许:(1)鉴定机构或者鉴定人员不具备相应的鉴定资格的;(2)鉴定程序严重违法的;(3)鉴定意见明显依据不足的;(4)经过质证认定不能作为证据使用的其他情形。对有缺陷的鉴定意见,可以通过补充鉴定、重新质证或者补充质证等方法解决的,不予重新鉴定。2017年《审判长讨论稿》第八十九条修改为:"当事人申请重新鉴定,存在下列情形之一的,人民法院应当准许:(一)鉴定机构或者鉴定人员不具备相应鉴定资格的;(二)鉴定程序严重违法的;(三)鉴定意见明显依据不足的;(四)不能作为证据使用的其他情形。存在前款第一项至第三项情形的,鉴定人已经收取的鉴定费用应当返还。鉴定人拒不返还的,依照本解释第八十八条第二款的规定处理。对鉴定意见的瑕疵,可以通过补正或补充鉴定或者补充质证、重新质证等方法解决的,不予重新鉴定。"2018年《审委会送审稿》将前稿中"鉴定人员不具备相应鉴定资格的"修改为"从事鉴定的人员不具备相应资格的";在"不能作为证据使用的其他情形"前增加"鉴定意见";将"本解释第八十八条"修改为"本规定第八十二条";增加一款"重新鉴定的,原鉴定意见不得作为认定案件事实的根据"。本条定稿时,将"鉴定人或者从事鉴定的人员"修改为"鉴定人";将"返还"修改为"退还";将"第八十二条"修改为"第八十一条";将"不予重新鉴定"修改为"人民法院不予准许重新鉴定的申请",其他再无改动。本条主要修改是:(1)将2002年《证据规定》第二十七条第一款第一项"鉴定机构或者鉴定人员"修改为"鉴定人";将第三项"鉴定结论"修改为"鉴定意见";将第四项"经过质证认定"删除。(2)将2002年《证据规定》第二十七条第二款"对有缺陷的鉴定结论"修改为"对鉴定意见的瑕疵",增加"补正鉴定"。(3)在2002年《证据规定》基础上增加了第二款关于鉴定费用退还的规定、第四款关于重新鉴定后果的规定。概言之,本条对以往重新鉴定的规定进行了细化,同时根据2017年《民事诉讼法》第七十八条的规定,补充了由于鉴定人的重大过失致使鉴定意见无法使用、必须重新鉴定的情况下,鉴定人应当返还鉴定费用的规定;同时,根据司法部的意见,增加了鉴定意见出现瑕疵时,进行补正的规定。

由于鉴定意见本身的专业性,加之又是一种意见性质的证据,易受鉴定人主观因素的影响,导致鉴定结果与客观事实有所出入,所以应允许当事人重新申请鉴定。重新鉴定是指委托人对初次鉴定的鉴定意见经审查后认为鉴定意见不可靠而委托原鉴定机构或其他鉴定机构就同一鉴定事项再行的鉴定。① 重新鉴定制度的设立是为了维护鉴定意见的公正性和客观性,允许当事人对存在异议的鉴定意见申请重新鉴定,保护当事人的诉讼权利。但从另外一方面看,重新鉴定制度增加了诉讼成本,降低了诉讼效率。双方当事人都有权向法院申请重新鉴定,案件就有可能被当事人恶意滥用重新鉴定申请拖延诉讼进程。与此同时,当事人反复申请重新鉴定,就可能就同一事项形成不同的鉴定意见,给司法机关审判工作带来困难。例如,卢某成诉胡某军故意伤害赔偿案中,围绕该案被害人的伤势问题,各级司法鉴定部门先后进行了八次鉴定,形成了八次鉴定意见②,给案件审判带来了极大的困难。究其原因是多方面的,最主要的是对鉴定人的管理尚不完善。《全国人民代表大会常务委员会关于司法鉴定管理问题的决定》规定,司法行政部门对法医类鉴定、物证类鉴定、声像资料鉴定及根据诉讼需要由国务院司法行政部门商最高人民法院、最高人民检察院确定的其他鉴定事项,应当对鉴定人和鉴定机构实行登记管理。《司法鉴定许可证和司法鉴定人执业证管理办法》规定,司法鉴定许可证和司法鉴定人执业证是司法鉴定机构和司法鉴定人获准行政许可依法开展司法鉴定执业活动的有效证件。以上是关于法医类、物证类、声像资料等领域司法鉴定的规定,只有取得司法鉴定许可证,方能进行司法鉴定。但在有些领域,则有所不同。例如,《最高人民法院关于如何认定工程造价从业人员是否同时在两个单位执业问题的答复》中指出,工程造价咨询单位不属于实行司法鉴定登记管理制度的范围,对于从事工程造价咨询业务的单位和鉴定人员的执业资质认定以及对工程造价成果性文件的程序审查,应当以工程造价行政许可主管部门的审批、注册管理和相关法律规定为据。大多数当事人对于鉴定意见中所涉及的专业领域知识并不了解,多数情况下是根据价格因素对鉴定机构进行选择,对一些鉴定机构作出的鉴定意见的科学性并不能有效地识别判断,使一些不具备鉴定资格的鉴定机构所作出的鉴定意见进入审判程序影响法官的裁判。除此之外,对于鉴定人员行业准入的标准较低也是造成重复鉴定的原因之一。根据《司法鉴定人管理办法》第十七条的规定,鉴定人的资格考试标准更多是一种学历标准而不是学术标准。再加上科学水平的发展,认识能力和机器设备的局限性,不同的鉴定人作出的鉴定意见就不可避免地会存在差异。在一些主要依据专业技能、经验科学进行鉴定活动的领域里,鉴定人主观意志对作出的鉴定意见影响很大。由非精英化的鉴定人和类似于普通中介机构的司法鉴定机构所操控的鉴定活动,不仅难以保障鉴定意见的质量和公正性,还会削弱鉴定意见的权威性,降低鉴定意见的社会可信度。

除了鉴定机构和鉴定人方面的问题以外,当事人在诉讼中在自身利益的驱动下,反复向法院申请重新鉴定也是造成重复鉴定现象的重要因素之一。鉴定意见在诉讼中往往发挥着认定案件事实的关键作用,与当事人有直接的利害关系。当事人在鉴定意见对己方不利时,就会向法院申请要求重新鉴定,以维护自己的利益。如果再次鉴定的结论与初次鉴定的结论不同时,另一方当事人又会基于同样的原因要求再次进行重新鉴定。这就使鉴定意见本身陷

---

① 霍宪丹主编:《司法鉴定学》,北京大学出版社2018年版,第158页。
② 王波:《重复鉴定问题及解决途径的思考》,载《中国检察官》2014年第23期。

入了不确定的状态,而且往往会因为两次相互矛盾的鉴定意见而导致无休止的重复鉴定。

为了缓解由于上述原因形成的重复鉴定现象,早在1998年《审判改革规定》第十三条就规定“一方当事人要求补充证据或者申请重新鉴定、勘验,人民法院认为有必要的可以准许。补充的证据或者重新进行鉴定、勘验的结论,必须再次开庭质证”。该条规定了一方当事人申请重新鉴定,人民法院认为有必要的,可以准许重新鉴定。2002年《证据规定》第二十七条、第二十八条规定了重新鉴定的情形。本条在此基础上作了修改。

关于鉴定人不具备相应资格的情形。司法鉴定人是指运用科学技术或者专门知识对诉讼涉及的专门性问题进行鉴别和判断并提出鉴定意见的人员。司法鉴定机构是指从事法医类鉴定;物证类鉴定;声像资料鉴定等司法鉴定业务的法人或者其他组织。司法鉴定机构是司法鉴定人的执业机构,经省级司法行政机关审核登记,取得司法鉴定许可证,在登记的司法鉴定业务范围内,开展司法鉴定活动。司法鉴定人应当经省级司法行政机关审核登记,取得司法鉴定人执业证,按照登记的司法鉴定执业类别,从事司法鉴定业务。司法鉴定人应当在一个司法鉴定机构中执业。侦查机关根据侦查工作的需要设立的鉴定机构,不得面向社会接受委托从事司法鉴定业务。本次修改将2002年《证据规定》第二十七条第一款第一项“鉴定机构或者鉴定人员”修改为“鉴定人”是因为诉讼中需要鉴定的,应当委托列入鉴定人名册的鉴定人进行鉴定。鉴定人从事司法鉴定业务,由所在的鉴定机构统一接受委托。司法鉴定实行鉴定人负责制度。鉴定人应当独立进行鉴定,对鉴定意见负责并在鉴定书上签名或者盖章。多人参加的鉴定,对鉴定意见有不同意见的,应当注明。可见,真正进行鉴定并对鉴定意见负责的主体是鉴定人而非鉴定机构。如果鉴定人不具备与待证事实专门性问题相应领域的鉴定资格,该鉴定意见的真实性、科学性就无法得到保证。故本条将其作为人民法院准许重新鉴定的情形。实务中只要鉴定人具备相应资格即可,即便鉴定机构不具备相应资质,也不会对鉴定意见的真实性造成实质性影响。因此本次修改将“鉴定机构”删除。

关于鉴定程序严重违法的情形。与2002年《证据规定》相比,本项没有变化。鉴定严格按法定程序进行是确保鉴定意见可采性的必要保障。实务中,经常会出现各种鉴定程序严重违法的情形,如当事人私自将全部资料移交鉴定机构审核认定和采信的行为。但是,鉴定意见作为法定证据,其基础是鉴定资料。故应由法院组织双方当事人对鉴定资料进行质证,而不能依赖鉴定机构完成。否则,鉴定机构即是代行法院职权,“鉴”“审”一体。此外,实务中的鉴定程序严重违法,还有法律规定鉴定人应当回避而没有回避的情形。根据2021年《民事诉讼法》第四十七条的规定,鉴定人有下列情形之一的,应当自行回避,当事人有权用口头或书面方式申请其回避:(1)是本案当事人或者当事人、诉讼代理人近亲属的;(2)与本案有利害关系的;(3)与本案当事人、诉讼代理人有其他关系,可能影响公正审理案件的。除此之外,鉴定人符合《关于审判人员严格执行回避制度的若干规定》《人民法院司法鉴定工作暂行规定》中明确规定的回避情形的,也应回避。

关于鉴定意见明显依据不足的情形。与2002年《证据规定》相比,本项没有变化。只是将“鉴定结论”改为“鉴定意见”。理由是,弱化鉴定结论的证明力。与前两项形式审查不同,本项情形要求的是人民法院对鉴定依据的实质审查。这里所言的鉴定依据,包括据以得出鉴定意见结果的事实依据、规则依据、专业知识依据等。从实务情况看,明显依据不足主要是指作出鉴定意见内容和结论的前提事实、规则、专业知识不论从质还是量上都无法支持鉴定意见的结论。而且,本项中“明显”意味着这种判断要么基于一般人日常生活经验即可得出,要么基于严谨权威的科学论证得出,这里的论证主体则可由当事人申请的具有专门知识的人担任。

关于鉴定意见不能作为证据使用的其他情形。本项是兜底条款,保留了2002年《证据规定》第二十七条第一款第四项基本语义,只是删除“经过质证认定”。删除的理由很简单,任何证据被采用的前提均是经过质证,故没有必要再作规定。

细究上述一至三情形,其共同特征在于:鉴定人在鉴定过程中存在主观过错。根据过错责任自担原则和权利义务相一致原则,鉴定人已经收取的鉴定费用应当退还。如果鉴定人拒绝退还,则按2020年《证据规定》第八十一条第二款的规定处理,当事人要求退还鉴定费用的,人民法院应当在3日内作出裁定,责令鉴定人退还;拒不退还的,由人民法院依法执行。

除了本条规定重新鉴定情形之外,2016年《司法鉴定程序通则》第三十一条还规定了下列情形:(1)原司法鉴定人不具有从事委托鉴定事项执业资格的;(2)原司法鉴定机构超出登记的业务范围组织鉴定的;(3)原司法鉴定人应当回避没有回避的;(4)办案机关认为需要重新鉴定的;(5)法律规定的其他情形。该通则第三十二条规定,重新鉴定应当委托原司法鉴定机构以外的其他司法鉴定机构进行;因特殊原因,委托人也可以委托原司法鉴定机构进行,但原司法鉴定机构应当指定原司法鉴定人以外的其他符合条件的司法鉴定人进行。接受重新鉴定委托的司法鉴定机构的资质条件应当不低于原司法鉴定机构,进行重新鉴定的司法鉴定人中应当至少有1名具有相关专业高级专业技术职称。

由于重新鉴定固有的弊端,司法实践秉持的原则是能不鉴定,就不鉴定,能少鉴定就少鉴定。所以,本条第三款规定了出现鉴定意见瑕疵时替代重新鉴定的方法。不同的鉴定意见瑕疵,采用不同的替代方法。其一,适用补正鉴定的鉴定意见瑕疵。根据2016年《司法鉴定程序通则》第四十一条的规定,司法鉴定意见书出具后,发现有下列情形之一的,司法鉴定机构可以进行补正:(1)图像、谱图、表格不清晰的;(2)签名、盖章或者编号不符合制作要求的;(3)文字表达有瑕疵或者错别字,但不影响司法鉴定意见的。补正应当在原司法鉴定意见书上进行,由至少1名司法鉴定人在补正处签名。必要时,可以出具补正书。对司法鉴定意见书进行补正,不得改变司法鉴定意见的原意。其二,适用补充鉴定的鉴定意见瑕疵。补充鉴定的情况是指在原鉴定的基础上对其中的个别问题进行复查、修正、补充或解释,以使原鉴定意见更加完备而进行的鉴定。补充鉴定与重新鉴定的区别在于原鉴定意见的异议程度不同,补充鉴定是针对原鉴定事项有遗漏或有新的事项需要补充鉴定的情形。在这种情况下,当事人对原鉴定意见的异议程度较小,只需要进行补充、改正即可;重新鉴定是在当事人对原鉴定意见持根本否定态度或者司法机关发现鉴定程序严重违法、鉴定方法存在严重错误等情况下,需要重新对待检验事项进行鉴定。在这种情况下简单的补充、改正已无法纠正原鉴定意见的错误。根据2016年《司法鉴定程序通则》第三十条的规定,有下列情形之一的,司法鉴定机构可以根据委托人的要求进行补充鉴定:(1)原委托鉴定事项有遗漏的;(2)委托人就原委托鉴定事项提供新的鉴定材料的;(3)其他需要补充鉴定的情形。补充鉴定是原委托鉴定的组成部分,应当由原司法鉴定人进行。通过补正鉴定、补充鉴定后形成的鉴定意见与原鉴定意见已有所不同。故应由人民法院组织双方当事人进行补充质证、重新质证。最后，一旦进行了重新鉴定，不论该重新鉴定的鉴定意见结果与原鉴定意见是否一致，都应以重新鉴定意见为准，这是因为原鉴定意见已因其瑕疵没有客观性和真实性。重新鉴定应当委托原司法鉴定机构以外的其他司法鉴定机构进行；因特殊原因，委托人也可以委托原司法鉴定机构进行，但原司法鉴定机构应当指定原司法鉴定人以外的其他符合条件的司法鉴定人进行。这里需注意的是，接受重新鉴定委托的司法鉴定机构的资质条件应当不低于原司法鉴定机构。

最后，除了本条规定的因当事人申请重新鉴定情形外，人民法院也可依职权进行重新鉴定。2020 年《委托鉴定审查规定》第十一条规定，鉴定意见书有下列情形之一，人民法院应当要求鉴定人补充鉴定或重新鉴定：（1）鉴定意见和鉴定意见书的其他部分相互矛盾的；（2）同一认定意见使用不确定性表述的；（3）鉴定意见书有其他明显瑕疵的。如果补充鉴定或重新鉴定仍不能完成委托鉴定事项的，人民法院应当责令鉴定人退回已经收取的鉴定费用。

实务疑难

如何对本条“鉴定意见明显依据不足”进行审查判断。

司法实践中，法官审查判断鉴定意见的可采性，通常只审查鉴定资质和鉴定程序，即仅以形式审查，而不实质审查，或因不具备这种能力而不能为实质审查。至于鉴定意见明显依据不足的认定，则因其抽象性而实务认定标准不一。对此，笔者倾向于从以下角度判断鉴定意见是否明显依据不足：首先，从鉴定材料角度，重点审查鉴定材料有无证明力，也即审查其是否具备真实性、合法性、关联性。如果其被污染，则不具备真实性，如果取得方式不合法，则鉴定材料不具备合法性。如果鉴定材料与委托鉴定事项没有关联，则由其得出的鉴定意见当然明显依据不足。其次，从鉴定设备、技术、方法等角度，重点审查鉴定设备、技术、方法是否科学可靠。可以根据鉴定书记载的鉴定设备、鉴定技术、方法，重点核实：（1）鉴定设备是否正常运行；（2）鉴定技术和方法是否符合国家标准、行业标准；（3）该鉴定技术和方法是否为多数行内专家认可。最后，从经验或专业能力角度，根据日常生活经验或行业内一般专业人士的业务能力就足以判断鉴定意见缺乏依据的，可以认定为明显依据不足。

关联法条

1.《最高人民法院关于人民法院民事诉讼中委托鉴定审查工作若干问题的规定》（2020 年）

11. 鉴定意见书有下列情形之一的，视为未完成委托鉴定事项，人民法院应当要求鉴定人补充鉴定或重新鉴定：

（1）鉴定意见和鉴定意见书的其他部分相互矛盾的；

（2）同一认定意见使用不确定性表述的；

（3）鉴定意见书有其他明显瑕疵的。

补充鉴定或重新鉴定仍不能完成委托鉴定事项的，人民法院应当责令鉴定人退回已经收取的鉴定费用。

2.《人民检察院鉴定规则(试行)》(2006年)

第十七条　具有下列情形之一的,鉴定机构可以接受案件承办单位的委托,进行重新鉴定:

(一)鉴定意见与案件中其他证据相矛盾的;

(二)有证据证明鉴定意见确有错误的;

(三)送检材料不真实的;

(四)鉴定程序不符合法律规定的;

(五)鉴定人应当回避而未回避的;

(六)鉴定人或者鉴定机构不具备鉴定资格的;

(七)其他可能影响鉴定客观、公正情形的。

重新鉴定时,应当另行指派或者聘请鉴定人。

3.《司法鉴定程序通则》(2016年)

第三十一条　有下列情形之一的,司法鉴定机构可以接受办案机关委托进行重新鉴定:

(一)原司法鉴定人不具有从事委托鉴定事项执业资格的;

(二)原司法鉴定机构超出登记的业务范围组织鉴定的;

(三)原司法鉴定人应当回避没有回避的;

(四)办案机关认为需要重新鉴定的;

(五)法律规定的其他情形。

典型案例

1.(2021)最高法民申1511号

裁判观点:2020年《证据规定》第四十条第一款规定:"当事人申请重新鉴定,存在下列情形之一的,人民法院应当准许:(一)鉴定人不具备相应资格的;(二)鉴定程序严重违法的;(三)鉴定意见明显依据不足的;(四)鉴定意见不能作为证据使用的其他情形。"本案中,胡向荣、周振兴主张案涉《司法审计报告》程序违法且内容失实,故不能作为认定事实的依据。但根据江西省财政厅所出具的《群众举报事项答复意见书》记载,江西人和会计师事务所有限责任公司在本案中并没有超越资质范围从事司法鉴定工作,且作为司法鉴定助理人员的罗小勇在2007年时即已取得注册会计师资格。虽然鉴定人员朱冰、朱冬生未在江西人和会计师事务所有限责任公司专职执业,但其二人在本案一审鉴定时均具有注册会计师执业资格,且其二人也已对案涉《司法审计报告》的审计意见签章确认。故本案并不存在鉴定程序严重违法或鉴定人不具备相应资格等需要重新鉴定的情形。北京永坤会计师事务所(普通合伙)出具的《关于对江西人和会计师事务所有限责任公司出具〈赣人和司审字[2019]第0603号〉司法审计报告使用审计证据的可靠性、完整性和相关性进行专项审核项目的专项审核报告》系该所应胡向荣、周振兴的单方委托出具,且相关鉴定人员亦未出庭接受质询,故仅凭该证据尚不足以证明案涉《司法审计报告》的审计意见明显错误或依据不足。

2.(2020)最高法知民终795号

裁判观点:2020年《证据规定》第四十条第一款、第三款规定,当事人申请重新鉴定,存在下列情形之一的,人民法院应当准许:(一)鉴定人不具备相应资格的;(二)鉴定程序严重违法的;(三)鉴定意见明显依据不足的;(四)鉴定意见不能作为证据使用的其他情形。对鉴定意见的瑕疵,可以通过补正、补充鉴定或者补充质证、重新质证等方法解决的,人民法院不予准许重新鉴定的申请。第四十一条规定,对于一方当事人就专门性问题自行委托有关机构或者人员出具的意见,另一方当事人有证据或者理由足以反驳并申请鉴定的,人民法院应予准许。本院认为,由于植物新品种纠纷查明技术事实的特点,鉴定意见是审理此类案件的重要依据。自行委托鉴定有利于发挥当事人主动性,推进诉讼进程,提高审判效率,具有一定的合理性和必要性。我国民事诉讼法并未排除自行委托鉴定意见的证据效力,人民法院可以结合具体案情予以审查。如果经审查,自行委托鉴定意见由具有相应鉴定资格的鉴定机构和鉴定人作出、鉴定程序合法、对照样品来源可靠、鉴定方法科学,经质证对方未提出足以反驳的相反证据,一般可以确认其证明力。但是如果经审查,自行委托鉴定意见存在鉴定机构或鉴定人不具备相应鉴定资质、鉴定程序严重违法、对照样品来源不明、鉴定方法明显依据不足等重大错误,或者当事人提交了足以推翻原鉴定意见的相反证据的,人民法院可不予采信并启动重新鉴定程序。本案中,登海先锋公司单方委托河南中农检测技术有限公司出具的《检验报告》中的对照样品"先玉335"无样品编号、未注明对照样品来源等问题,无法确认是否为审定品种的标准样品,检验结论存在明显疑点,重新鉴定具有必要性。同时,本案被诉侵权种子保存完好,具备鉴定条件,重新鉴定具有可操作性。故本院依法决定在二审启动重新鉴定程序。

3.(2020)黔民终410号

裁判观点:2020年《证据规定》第四十条规定:"当事人申请重新鉴定,存在下列情形之一的,人民法院应当准许:(一)鉴定人不具备相应资格的;(二)鉴定程序严重违法的;(三)鉴定意见明显依据不足的;(四)鉴定意见不能作为证据使用的其他情形。存在前款第一项至第三项情形的,鉴定人已经收取的鉴定费用应当退还。拒不退还的,依照本规定第八十一条第二款的规定处理。对鉴定意见的瑕疵,可以通过补正、补充鉴定或者补充质证、重新质证等方法解决的,人民法院不予准许重新鉴定的申请。重新鉴定的,原鉴定意见不得作为认定案件事实的根据。"鉴定意见在鉴定程序严重违法的情况下,不作为认定案件事实的依据。本案中,鉴定机构系在一审法院外委办工作人员、一审法院及监察室工作人员共同组织双方当事人参与的情况下,通过抽签的方式选定的,并确定由鸿路公司预付鉴定费用。鸿路公司与鉴定机构签订委托协议以及协商确定鉴定费用,均是在此基础上进行的,不是绕开法院私自签署委托协议。关于鉴定费用的协商问题,2007年《委托鉴定规定》第二十七条第一款规定:"监督、协调员向专业机构办理移交手续后,应于3个工作日内通知双方当事人,按指定时间、地点在监督、协调员主持下与专业机构商谈委托费用。委托费用主要由当事人与专业机构协商,委托费用数额应结合案件实际情况,以参照行业标准为主,协商为辅的方式进行,监督、协调员不得干涉……"法院仅起监督、协调的作用。本案中,法院工作人员未组织双方当事人、鉴定机构到法院协调费用,程序上存在瑕疵,但该瑕疵并不属于类似鉴定材料未进行质证等程序严重违法的情形,不能因此推翻鉴定意见的客观真实性。

（修改）第四十一条　【自行委托他人出具意见】

对于一方当事人就专门性问题自行委托有关机构或者人员出具的意见，另一方当事人有证据或者理由足以反驳并申请鉴定的，人民法院应予准许。

法条渊源

我国民事诉讼法及相关司法解释中规定的鉴定启动方式有当事人申请、法院依职权启动两种。至于当事人自行委托他人出具意见的方式，最早在 2001 年《司法鉴定程序通则（试行）》第十四条就规定，司法鉴定机构可以接受司法机关、仲裁案件当事人、负有举证责任当事人的司法鉴定委托。实务中，当事人委托司法鉴定时一般通过律师进行。2002 年《证据规定》第二十八条也已规定当事人可以自行委托司法鉴定。根据 2007 年《司法鉴定程序通则》第二十九条的规定，委托人或者其他诉讼当事人对原鉴定意见有异议，并能提出合法依据和合理理由的，司法鉴定机构可以接受委托进行重新鉴定。由该条文义解释，委托人应该是诉讼当事人。直至 2016 年《司法鉴定程序通则》第十一条规定，司法鉴定机构应当统一受理办案机关的司法鉴定委托。至于办案机关，该通则第四十八条已明确为办理诉讼案件的侦查机关、审查起诉机关和审判机关。可见，该条已经将司法鉴定的委托主体由当事人转变为办案机关。换言之，当事人已经不能自行委托鉴定机构出具司法鉴定意见。相应地，2002 年《证据规定》中关于当事人自行委托鉴定的规定是否还具有司法鉴定同样的证明力存在疑问。

法条精析

本条关于当事人自行委托他人出具专业意见的规定，是在 2002 年《证据规定》第二十八条基础上修改而成的。本条修改过程中，2016 年《法院征求意见稿》第一百一十六条规定："当事人就案件事实所涉及的专门性问题自行委托有关机构出具的专业性意见，适用民事诉讼法和本解释关于书证的规定。"2017 年《审判长讨论稿》第九十一条规定："当事人就案件所涉及的专门性问题自行委托有关机构出具的意见，适用民事诉讼法和本解释关于书证的规定。"2018 年《审委会送审稿》第四十条则修改为"一方当事人就专门性问题自行委托有关机构或者人员出具的意见，另一方当事人有证据或者理由足以反驳并申请重新鉴定的，人民法院应予准许"。本条定稿时在"一方当事人"前增加"对于"；将"申请重新鉴定"修改为"申请鉴定"，其他再无改动。之所以删除"重新"二字，是因为本条定稿讨论时，笔者提出既然是自行委托出具的意见，而不是通过法院委托，则说明其不符合鉴定的性质和要求。故该意见不属于司法鉴定。相应地，既然之前没有鉴定，也就不存在重新鉴定的问题。后经研究，采纳了笔者观点。

与 2002 年《证据规定》相比，本条主要修改内容为：(1)将"有关部门"修改为"有关机构或者人员"；(2)将"作出的鉴定结论"修改为"专门性问题出具的意见"；(3)在"有证据"基础上增加"或者理由"；(4)将"申请重新鉴定"修改为"申请鉴定"。可见，为弱化当事人自行委托有关机构或者人员出具的意见证明力,保持与《民事诉讼法》一致,本条采纳了笔者意见,参照 2018 年《建设工程施工合同解释二》(已被 2020 年《最高人民法院关于审理建设工程施工合同纠纷案件适用法律问题的解释(一)》替代)规定,以意见替代"鉴定结论"。此外,关于鉴定主体,也由鉴定机构放宽至鉴定人个人。对于本条规定的意见,由于其证明力较低,故当事人一方可通过提供足以反驳的证据或者理由,让人民法院不采信该证据。

当事人自行委托他人提供专业意见又称单方自行委托他人提供专业意见,是当事人对日常生活、生产中产生的专门性问题单方委托专业性的检测机构或相关专业人士进行检测、评价与判断,为待证事实的证明提供科学依据而从事的一项活动。根据当事人自行委托行为发生的场合不同,可分为诉讼自行委托他人提供专业意见和非诉讼自行委托他人提供专业意见。前者是在诉讼前或诉讼中,当事人为向法院证明待证事实存在而自行委托他人就与待证事实相关的专门性问题运用科学技术或者专门知识进行鉴别和判断并提供鉴定意见的活动。例如,为了解决工程造价争议,委托鉴定人出具造价专业意见。后者委托的目的则与诉讼无关,单纯是出于自身工作或生活需要。又如,为了明确二手车市场价值,而委托专业人士评估价格等。显然,后者委托他人出具专业意见是个人行为,完全意思自治。理论而言,当事人委托他人提供"咨询意见"的性质主要有以下几种观点:一是非证据说。按证据严格法定主义,当事人委托的咨询意见不属于我国现行法律规定体系所规定的证据类型,因而不能作为证据使用。二是证人证言说。认为当事人委托咨询意见属于证人证言,即受委托机构因接受委托而事实上成为知道案件情况的专家,其出具的咨询意见作为证人证言提交法庭。三是将当事人委托的咨询意见分类为私鉴定单列。四是书证说。当事人委托咨询意见在不出庭情况下符合书证的表现形式,这种观点主要受书面证人证言属于书证的影响,因而将当事人委托取得的书面鉴定意见划为书证。

虽然 2021 年《民事诉讼法》和 2022 年《民诉法解释》均未规定自行委托咨询意见。但是,之前司法实践中多适用 2002 年《证据规定》第二十八条规定来处理。从司法实践情况看,自行委托咨询意见存在以下问题:(1)异议率、事后鉴定率过高;(2)鉴定意见不一致;(3)法官认证意见差异较大;(4)虚假情形严重等。为了解决上述问题,本条起草时,首先考虑了将当事人自行委托鉴定出具意见与人民法院委托鉴定在证明力上作出区分。也即将 2002 年《证据规定》第二十八条中作出的鉴定结论修改为专门性问题出具的意见。将其中"鉴定结论"替换成"意见"是因为 2012 年《民事诉讼法》为了减少以鉴代审现象,已经将"鉴定结论"修改为"鉴定意见",还原其仅仅是供法院审查认定的法定证据形式之一,对法院并无实质约束力的本来面目。而删除"鉴定"二字则最早可溯源自 2019 年《建设工程施工合同解释二》的起草。笔者在承担该司法解释定稿工作时,对其第十三条关于诉前委托鉴定提出的若干修改之一就是用"咨询意见"替换"鉴定意见",理由是在 2017 年《民事诉讼法》中鉴定意见对应的仅仅是人民法院委托鉴定的情形,不包括当事人自行委托情形。而用"咨询"二字可以表明其非官方性、证明力不强的特征。最后,该条采纳笔者的意见,最终定稿为"当事人在诉讼前共同委托有关机构、人员对建设工程造价出具咨询意见,诉讼中一方当事人不认可该咨询意见申请鉴定的,人民法院应予准许,但双方当事人明确表示受该咨询意见约束的除外"。同样,在本条起草过程中,用意见替代了鉴定结论。此外,2017 年《审判长讨论稿》中对本条曾有当事人自行委托有关机构出具的意见适用书证的规定。但在最后定稿时，将适用书证的规定删除，仍基本保留了2002年《证据规定》第二十八条的内容，只在其基础上增加了“或者理由”作为“足以反驳并申请鉴定”的前缀。之所以将“适用书证的规定”删除，理由在于，虽然两者都是通过其记载内容或表达思想来证明案件事实的证据，但是其区别也明显：其一，记载内容或表达思想的主体不同，书证一般为当事人自行制作，体现其真实意思表示，而后者内容或思想则强调专业性、科学性，是他人基于专业知识进行的科学判断、认定。其二，两者真实性程度不同。书证要么是由与双方当事人没有利害关系的独立第三方出具，要么是由双方当事人共同确认，一般具有较强的真实性。而一方当事人自行委托他人出具的意见则由其单方与他人协商委托后出具，没有另一方当事人参与。基于受托人与委托人之间可能存在的利益关系，不排除双方恶意串通的可能。相应地，该意见的真实性相对较弱。还有就是，由于当事人自行委托他人出具的意见，不具备司法鉴定的性质和证明力，故一般也没有法定资质的要求。当事人可任意委托在特定领域内具有专业能力和鉴定技术设备的他人对专门性问题出具意见。鉴于《2019年建设工程施工合同解释二》第十三条定稿时采纳了笔者提出的用“有关机构、人员”替代“鉴定机构、鉴定人”的意见，笔者在参与本条起草讨论时提出应与《2019年建设工程施工合同解释二》保持一致，将2011年《审判长讨论稿》中限定为有关机构，修改为既可是机构单位等组织，也可是特定领域中的专家学者等自然人。最终，本条采纳了笔者建议，将2002年《证据规定》第二十八条中“有关部门”修改为“有关机构或者人员”。由上，当事人自行委托有关机构或者人员出具的意见在证明力上不如人民法院委托鉴定人出具的鉴定意见，更不能作为人民法院当然采信的证据。相应地，人民法院应组织双方当事人对上述意见进行质证，以确定该意见是否能被采信。在对该意见有无证明力以及证据的三性即真实性、合法性和关联性等进行质证时，如果对方当事人对该意见所提供的证据或理由足以反驳时，人民法院不得采信该证据。关于“足以反驳的”条件，本条在2002年《证据规定》第二十八条基础上增加了“提供的理由”这一表述。这是因为，对于反驳而言，只需要对对方当事人提供的证据是否存在瑕疵提出质疑意见即可，本身并不需要强制就其质疑意见提供证据证明。例如，对鉴定意见错别字、数字不一致等文字表述瑕疵可以提出反驳理由，但无须就此提供其他证据证明。

既然一方当事人对另一方当事人自行委托有关机构或人员出具的意见提出足以反驳的质证理由或证据，那么该意见本身的可采性就值得怀疑。此时，如果委托方当事人是原告，则应进一步提供证据补强其对待证事实的证明。否则，根据2022年《民诉法解释》第一百零八条第二款“对一方当事人为反驳负有举证证明责任的当事人所主张事实而提供的证据，人民法院经审查并结合相关事实，认为待证事实真伪不明的，应当认定该事实不存在”的规定，委托方当事人将因此承担人民法院认定待证事实不存在可能导致的不利后果。进而，本条中“有证据或者理由足以反驳”与本规定第四十条中“存在下列情形之一”的区别在于后者为本证，需提供证据证明“下列情形”事实，已达到高度可能性标准，而前者只需提供证据或提供理由动摇法官心证，让法官认为待证事实真伪不明即可。反过来，如果反驳方当事人为原告，则仅仅提出反驳证据或证据抗辩还不足以证明其事实主张，仍需提供其他证据证明其所主张的待证事实的存在具有高度可能性，其中一条可选路径就是通过申请鉴定来完成。对此，人民法院从查明案件事实出发，应予准许。

综上所述，如果另一方当事人仅指出意见的瑕疵，并未申请鉴定的，人民法院则可以按证明责任分配原则处理。

实务疑难

当事人提供的证据或者理由足以反驳另一方当事人就专门性问题自行委托有关机构或者人员出具的意见，但其未申请鉴定应如何处理？

实务中，就专门性问题自行委托有关机构或者人员出具的意见，另一方当事人提供的证据或者理由足以反驳但不申请鉴定的情形并不鲜见，对此，实务中存有争议：第一种观点认为，根据本条规定文义，反驳方当事人应主动申请鉴定。如不申请鉴定，则反驳的效力得不到补强，反驳方将功归一篑，应承担相应不利后果。第二种观点认为，本条文义解释得不出反驳方当事人不申请鉴定就必须承担不利后果的结论。如果反驳方当事人不申请鉴定，但反驳确有理由和证据依据，说明待证事实真伪不明。从发现案件真实出发，应将该情形归为“有必要情形”，由人民法院依职权主动委托鉴定。第三种观点认为，实务中，就专门性问题自行委托有关机构或者人员出具意见的当事人并非一定是承担举证责任的当事人。故要区分两种情形处理：第一，如果就专门性问题自行委托有关机构或者人员出具意见的当事人是承担举证责任的当事人，则提出证据或理由足以反驳的另一方当事人因不承担证明责任不需要通过申请鉴定补强其证据。根据 2022 年《民诉法解释》第一百零八条第二款“对一方当事人为反驳负有举证证明责任的当事人所主张事实而提供的证据，人民法院经审查并结合相关事实，认为待证事实真伪不明的，应当认定该事实不存在”的规定，可以认定承担举证责任的当事人就专门性问题自行委托有关机构或者人员出具的意见所欲证明的事实不存在。第二，如果就专门性问题自行委托有关机构或者人员出具意见的当事人不是承担举证责任的当事人，则提出证据或理由足以反驳的另一方当事人因承担证明责任而需继续申请鉴定或提供其他证据来补强其证据。否则承担证明责任的当事人将因举证不能，而承担相应不利后果。笔者倾向于第三种观点。

关联法条

1.《司法鉴定程序通则》(2016 年)

第十一条 司法鉴定机构应当统一受理办案机关的司法鉴定委托。

第四十八条 本通则所称办案机关，是指办理诉讼案件的侦查机关、审查起诉机关和审判机关。

第四十九条 在诉讼活动之外，司法鉴定机构和司法鉴定人依法开展相关鉴定业务的，参照本通则规定执行。

2.《最高人民法院关于审理建设工程施工合同纠纷案件适用法律问题的解释(一)》(2020 年)

第三十条 当事人在诉讼前共同委托有关机构、人员对建设工程造价出具咨询意见，诉讼中一方当事人不认可该咨询意见申请鉴定的，人民法院应予准许，但双方当事人明确表示受该咨询意见约束的除外。

典型案例

1.（2021）最高法民申 7290 号

裁判观点：华农园林公司申请再审主张农科集团、新科泰公司应在一、二审判决的补偿金额外，还应就 2012 年 4 月 15 日后新增设施、设备及附着物损失赔偿 90, 263, 180. 80 元，依据的是其自行委托深圳市文集土地与房地产评估经纪有限公司对其花木场内房屋等征收补偿出具的《评估咨询报告》。而农科集团、新科泰公司对于该评估报告内容不予认可，并申请专家证人出庭证明该报告未剔除原属新科泰公司的建筑物及苗木，该报告中有关林木、苗木的评估数属于虚假统计，同时评估价格高于 2016 年 10 月《深圳建设工程价格信息》中 2016 年第 10 期花卉、苗木的价格；农科集团、新科泰公司同时申请对华农园林公司的苗木等按照其实际购买单据等依据重新鉴定，但华农园林公司不同意重新鉴定。依据 2020 年《证据规定》第四十一条“对于一方当事人就专门性问题自行委托有关机构或者人员出具的意见，另一方当事人有证据或者理由足以反驳并申请鉴定的，人民法院应予准许”的规定，在华农园林公司不同意重新鉴定的情况下，一、二审判决未采纳华农园林公司前述自行委托评估所得的评估报告，符合上述规定，并无不当。

2.（2021）最高法民申 2546 号

裁判观点：2020 年《证据规定》第四十一条规定：“对于一方当事人就专门性问题自行委托有关机构或者人员出具的意见，另一方当事人有证据或者理由足以反驳并申请鉴定的，人民法院应予准许。”本案中，原审查明，案涉《工程决算审计报告》为鸿苑公司在通达公司同意情况下，双方共同委托造价员蒋××对已完工程价款进行审计形成，不违反法律规定，原审判决对该审计报告予以采信并无不当。虽然鸿苑公司主张该报告为初稿，未经蒋××签字盖章，但在一、二审庭审中蒋××均出庭接受当事人询问，对鸿苑公司提出的异议进行了解释说明。且鸿苑公司未提供证据推翻蒋××的审计意见，亦未申请法院另行委托鉴定机构鉴定。故鸿苑公司关于案涉《工程决算审计报告》未经蒋××签字盖章不应采信的理由不能成立。

3.（2022）云 09 民终 105 号

裁判观点：2020 年《证据规定》第四十一条规定：“对于一方当事人就专门性问题自行委托有关机构或者人员出具的意见，另一方当事人有证据或者理由足以反驳并申请鉴定的，人民法院应予准许。”根据上述规定，法律并未禁止一方当事人自行委托鉴定，当事人提交的重新鉴定申请被人民法院准许应符合“有证据或者理由足以反驳并申请鉴定的”的条件。本案鉴定机构及人员具有相应资质，鉴定程序合法，上诉人仅以主观判断，未提交证据证实，不能推翻鉴定意见，故一审法院不予准许上诉人的重新鉴定申请，并依据该伤残鉴定意见计算罗世洲的各项损失并无不当，都邦财保汕头支公司主张重新鉴定的上诉理由无事实和法律依据，本院不予支持。

4. (2022)皖03民终169号

裁判观点:2020年《证据规定》第四十一条规定:“对于一方当事人就专门性问题自行委托有关机构或者人员出具的意见,另一方当事人有证据或者理由足以反驳并申请鉴定的,人民法院应予准许。”本案中,荣德红单方委托安徽天平司法鉴定所对其伤残等级及“三期”时间进行评定,具有法律依据。郭文秀以该鉴定意见书鉴定时期过早、鉴定描述荣德红伤情与荣德红实际伤情不一致为由向一审法院申请重新鉴定,但其未提供足以反驳该鉴定意见书的证据,一审法院对该重新鉴定的申请不予准许并无不当。

5. (2022)新40民终81号

裁判观点:2020年《证据规定》第四十一条规定:“对于一方当事人就专门性问题自行委托有关机构或者人员出具的意见,另一方当事人有证据或者理由足以反驳并申请鉴定的,人民法院应予准许。”可见,证据规则并未完全否定有关机构根据单方委托出具的鉴定意见的证明效力。本案新疆中业司法鉴定所依据的主要鉴定资料有:新源县人民医院出院总结、伊宁市为民骨科医院出院记录、伊宁市为民骨科医院DR诊断报告。一审法院组织双方对该三份证据进行了质证。闫光一对其真实性、合法性予以认可,且并未提出反驳证据,是否先行质证并不会对鉴定意见产生实质性影响。故闫光一主张鉴定报告不能作为定案依据的上诉理由,本院不予支持。

(新增) 第四十二条 【撤销鉴定意见后果】

鉴定意见被采信后,鉴定人无正当理由撤销鉴定意见的,人民法院应当责令其退还鉴定费用,并可以根据情节,依照民事诉讼法第一百一十一条(注:条文序号有变动,现为2021年《民事诉讼法》第一百一十四条)的规定对鉴定人进行处罚。当事人主张鉴定人负担由此增加的合理费用的,人民法院应予支持。

人民法院采信鉴定意见后准许鉴定人撤销的,应当责令其退还鉴定费用。

法条渊源

2007年《司法鉴定程序通则》第三十二条规定:“委托的鉴定事项完成后,司法鉴定机构可以指定专人对该项鉴定的实施是否符合规定的程序、是否采用符合规定的技术标准和技术规范等情况进行复核,发现有违反本通则规定情形的,司法鉴定机构应当予以纠正。”实践中,鉴定机构依据该条文采用“复核鉴定”等形式对原鉴定意见进行撤销纠正。2016年《司法鉴定程序通则》第三十五条将相应条款修改为:“司法鉴定人完成鉴定后,司法鉴定机构应当指定具有相应资质的人员对鉴定程序和鉴定意见进行复核;对于涉及复杂、疑难、特殊技术问题或者重新鉴定的鉴定事项,可以组织3名以上的专家进行复核。”必须指出的是,上述复核程序均是发生在鉴定机构提交鉴定意见前的内部纠错,至于鉴定意见提交法院后,能否通过复核鉴定方式撤销原鉴定意见,则语焉不详。但是,审判实践中,鉴定人在提交鉴定意见后,未经委托鉴定的人民法院同意撤销鉴定意见的情形仍时有发生。有的鉴定人甚至在人民法院根据鉴定意见作出的判决生效后撤销鉴定意见，导致案件进入再审程序，严重影响诉讼秩序和司法权威，增加诉讼成本。由于人民法院并非司法鉴定机构的主管部门，故只能针对鉴定机构在诉讼中的撤销鉴定意见行为进行相应处理。具体而言，各地法院对此处理不一，有的对鉴定人擅自撤销鉴定意见的行为规定了返还鉴定费用；有的则根据民事诉讼法妨碍民事诉讼的规定进行处理等。不同处理结果对当事人影响不一，影响司法权威，故亟须统一规范。

法条精析

本条是关于鉴定人撤销鉴定意见应承担法律后果的规定，是根据人民法院司法鉴定管理部门的建议所作出的。本条内容在现行法律、司法解释没有规定，只在相关部门规章中对鉴定意见内部复核有所涉及。本条起草过程中，2016 年《法院征求意见稿》中没有规定。2017 年《审判长讨论稿》第九十条规定："未经人民法院准许，鉴定人不得撤销鉴定意见。人民法院准许鉴定人撤销鉴定意见的，应当责令鉴定人返还鉴定费用。鉴定人未经人民法院准许撤销鉴定意见，人民法院应当责令鉴定人返还鉴定费用，并根据情节，依照民事诉讼法第一百一十一条第一款第一项、第一百一十五条的规定对鉴定人进行处罚。鉴定意见被有关主管部门或者组织撤销的，比照前款规定处理。"2018 年《审委会送审稿》第四十一条规定："人民法院采信鉴定意见后，鉴定人未经人民法院准许不得撤销鉴定意见。人民法院准许鉴定人撤销鉴定意见的，应当责令鉴定人返还鉴定费用。鉴定人未经人民法院准许撤销鉴定意见，人民法院应当责令鉴定人返还鉴定费用，并根据情节，依照民事诉讼法第一百一十一条、第一百一十五条的规定对鉴定人进行处罚。鉴定意见被有关主管部门或者组织撤销的，比照本条第二款规定处理。"本条定稿时，主要修改有二：一是将鉴定人撤销鉴定应退还鉴定费用的前提限定为"鉴定人无正当理由撤销"；二是删除了"鉴定意见被有关主管部门或者组织撤销的，比照本条第二款规定处理"和"第一百一十五条"，主要理由在于，实务中确实存在鉴定人撤销鉴定有正当理由的情形，如据以鉴定的鉴定材料被证明被当事人做了手脚。有关主管部门或组织撤销鉴定意见属于其行业监管职责所在，未必有妨害民事诉讼进行的意图。至于删除"第一百一十五条"则是认为既然本条已经将特定撤销鉴定行为视为妨害民事诉讼行为，那么自然应遵循相应罚款的法定上限要求，无须再指明该法条。

关于撤销鉴定的规定，在鉴定主管部门的规章制度中已有涉及。例如，2007 年《司法鉴定程序通则》第三十二条中规定，司法鉴定机构可以指定专人对该项鉴定的实施进行复核，发现有违反该通则规定情形的，应当予以纠正。后在 2016 年《司法鉴定程序通则》第三十五条对上述第三十二条进行修改，主要修改为增加了对于重大复杂的疑难案件，可以组织 3 名以上专家进行复核，删除了"司法鉴定机构应当予以纠正"的表述。这一修改虽然在实质上并未对鉴定机构参考该条撤销鉴定意见产生影响，但也显示出主管部门对于鉴定意见"复核"和"纠正"问题采取了更为谨慎的态度。这主要是基于司法实践中，鉴定机构随意撤销鉴定意见给审判程序带来了不利影响的考虑。

如我国台湾地区学者黄东熊指出："所谓鉴定人，指就其特有之学识经验而得知之法规、原理、经验法则,或将法规、原理、经验法则适用于具体或假定之事实所得之判断,做其个人意见之供述第三人……鉴定人亦属人的证据,因人为最复杂且微妙之动物,故以人为证据方法,所含之问题亦特多。"[①]由于鉴定意见是自身科学属性与证据属性的结合,这就决定了鉴定结果的局限性和开放性。再加之目前我国社会上的鉴定机构水平良莠不齐,无法保证鉴定意见的质量,所以在诉讼过程中既应当允许鉴定机构或鉴定人对于错误的鉴定意见予以撤销,又应当对撤销鉴定意见适当地加以限制。尽量避免鉴定机构或鉴定人因为一些对鉴定结果影响不大的因素,而随意撤销鉴定意见。本条正是基于上述背景而制定。需要注意的是,在我国真正实施鉴定行为的是鉴定人,而非鉴定机构。但实务中,通常是由鉴定人隶属的鉴定机构作出撤销决定。本条之所以没有将鉴定机构纳入,是采广义,将鉴定人扩张到鉴定机构一并规定。事实上,鉴定意见中的错误部分也可以通过鉴定人出庭解释说明、重新鉴定、补正或补充鉴定等方式进行修正。因此,撤销鉴定意见并不是纠正鉴定意见存在错误的唯一方法。

鉴定意见作为审判程序中认定案件专业、科学性事实的辅助方法,在法官作出裁判的过程中发挥着不可替代的重要作用。所以如果允许鉴定机构或鉴定人不加限制地撤销鉴定意见也会使法院审判陷入困难的境地。表现在:如果在法院裁判作出前,鉴定机构或鉴定人撤销鉴定意见的,法院不得不等待其重新作出鉴定或者另行委托鉴定人重新进行鉴定。这样既会导致诉讼周期的延长,也会给法院和当事人的诉讼资源造成浪费。如果在法院一审裁判作出后,鉴定机构撤销鉴定意见的,则既会增加当事人不服而提出上诉的概率,又会给二审法院发回重审提供空间和理由。特别是生效裁判作出后,鉴定机构撤销鉴定意见的,法院只能通过审判监督程序予以纠正,严重破坏既有诉讼秩序的安定性和生效裁判的既判力。

关于鉴定意见的撤销对既判力的影响,首先要明确既判力的概念,在大陆法系中,既判力又称实质上的确定力,是指确定的终局判决所裁判的诉讼标的对当事人和法院的强制性的适用力。[②] 既判力的作用表现在禁止重复诉讼,终局性地确定当事人之间的实体权利义务关系。《德国民事诉讼法》第三百二十二条规定,判决中,只有对以诉或反诉而提起的请求所为的裁判,有确定力。由于德国法明确区分判决主文和事实与法律部分,前诉判决的效力仅及于裁判的主文,对于事实认定的部分,则不认为具有遮断效果。也就是说,"只有法院确认了的法律后果才发生既判力"。[③] 日本在此问题上的规定与德国相似,《日本民事诉讼法》第一百一十四条第一款规定:"确定判决,限于包括主文之内的内容有既判力。"[④]由此可知,鉴定意见的撤销会影响法院判决的既判力,有可能会被意图不轨的人滥用这项权利,使案件进入审判监督程序,形成重复诉讼的不利局面。鉴定意见的可撤销与否取决于如何对公正与效率、理性与现实等价值的取舍。在诉讼对抗程序较为完善、法官自由裁量权有效行使、专家辅助人制度良性运行的前提下,基于对鉴定人独立性和生效判决既判力的保护,鉴定意见应以不可撤销为原则。

---

① 黄东熊:《刑事诉讼法论》,台北,三民书局1986年版,第395页。

② 杨荣馨主编:《民事诉讼原理》,法律出版社2003年版,第288页。

③ [德]汉斯—约阿希姆·穆泽拉克:《德国民事诉讼法基础教程》,周翠译,中国政法大学出版社2005年版,第326页。

④ 白绿铉编译:《日本新民事诉讼法》,中国法制出版社2000年版,第64页。

从实务情况看，鉴定机构撤销鉴定意见的理由可谓五花八门。主要有：鉴定文书书写不规范；鉴定时间超过指定期限；鉴定意见表述不精准；鉴定意见内容有遗漏；对无资质的问题发表意见、鉴定材料不全却受理、鉴定标准使用错误、违规私下接受鉴定材料等。根据引发鉴定意见错误的原因，鉴定意见的错误大致可以分为以下几个类型：(1)主观错误和客观错误。主观错误即由于鉴定人员主观故意或过失导致鉴定意见与客观实际不相符，又可以分为鉴定人员故意歪曲事实作出的鉴定意见（虚假鉴定意见）和鉴定人员过失导致的错误鉴定意见。客观错误，即由于技术方面的因素导致鉴定结果失真。如鉴定材料存在缺陷、比对样本条件受限、检测仪器设备准确性低、鉴定方法不适当等。(2)实体错误和程序错误。实体错误即鉴定意见的实体结论与科学真实存在偏差。这种错误往往难以简单判断，除非反复验证。程序错误是指鉴定机构和鉴定人员违反了法律规定或技术操作规程而出现的错误。[①] 反言之，如果没有出现上述错误，鉴定机构仅仅因为迫于当事人闹访言行而撤销或者因与当事人恶意串通而撤销都属于本条第一款中“无正当理由”的情形，共性在于主观上存在过错。

鉴定意见作为 2021 年《民事诉讼法》第六十六条规定的八种法定证据形式之一，应当经过人民法院组织当事人质证，才能由人民法院综合各种因素审查判断后决定其是否能被采信。由于鉴定意见被采信与否多需经过庭审合议后才能确定，而案件一旦合议完毕，一般就意味着：一是本审级诉讼基本完成，只剩下裁判文书制作并送达的问题；二是当事人及法院对案件本审级审理的诉讼投入基本消耗完毕。此时，如果鉴定意见是裁判作出的主要依据，则鉴定人无正当理由撤销鉴定意见可能导致如下后果：第一，如果该案裁判尚未作出，则可能需要等待重新鉴定结果后重新开庭，再作出判决。第二，如果该案一审裁判结果已经作出并送达，则当事人可以鉴定意见关联的基本事实缺乏依据为由上诉要求改判。二审法院则可能以基本事实不清为由，将该案发回重审，从而导致诉讼的拖延。第三，如果该案二审裁判结果已作出并送达，则当事人只能根据 2021 年《民事诉讼法》第二百零七条第二项为由，申请再审，让案件进入再审程序后改判。以上三种后果都会让委托鉴定人出具鉴定意见的目的无法实现，作为出具鉴定意见对价的鉴定费自然应予退还。故本条规定了人民法院应当责令鉴定人退还鉴定费用。与此同时，如果鉴定人撤销的鉴定意见的错误是基于鉴定人恶意所为，那么其撤销鉴定意见行为就可以被认定是妨碍民事诉讼行为，而依照 2021 年《民事诉讼法》第一百一十四条的规定对鉴定人进行处罚。此外，由于无正当理由撤销鉴定意见可能引发的重新开庭、发回重审或启动再审等都会造成当事人时间、财力、精力等额外诉讼成本的支出，故本条还规定，当事人主张鉴定人负担由此增加的合理费用的，人民法院应予支持。

本条第一款规定的都是人民法院采信鉴定意见后，鉴定人无正当理由单方未经人民法院准许撤销鉴定意见的情形。但实务中，还有一种特别情况就是人民法院采信鉴定意见后，准许鉴定人撤销鉴定意见的情形。这往往发生在一、二审裁判结果尚未作出前。通常是因为鉴定人撤销鉴定意见有正当理由，而向受诉法院提出撤销申请。此时，如果人民法院经过审查认为可以准许其撤销的，则该撤销属于经人民法院同意的行为，不构成妨碍民事诉讼的行为，

① 樊崇义、阮娜：《鉴定意见撤销问题研究——以对鉴定意见投诉解决为视角》，载《证据科学》2017 年第 4 期。

不能依照本条第一款中的规定,进行处罚。但是,从结果而言,撤销鉴定意见即意味着鉴定人的工作任务没有完成,故收取的相应对价应当退还。因此,本条第二款规定,在此情形下,人民法院应当责令其退还鉴定费用。这里需要注意的是,本条两款都分别规定了人民法院责令鉴定人退还鉴定费用。如果鉴定人拒不退还的,可以参照2020年《证据规定》第四十条的规定,依照2020年《证据规定》第八十一条第二款的规定处理。

实务疑难

鉴定人撤销鉴定意见是否属于再审审查中足以推翻原判决的新证据?

司法实务中,生效判决作出后,所依据的鉴定意见被鉴定人撤销的情形时有发生。对此,一旦鉴定意见被撤销,是否能以符合2021年《民事诉讼法》第二百零七条第一项"有新的证据,足以推翻原判决、裁定的"情形,而启动再审存在争议:第一种观点认为,既然足以证明原生效判决所依据的基本事实的鉴定意见被撤销,则应视为该基本事实处于真伪不明的情形,原判决依据该真伪不明情形作出的裁判缺乏依据。因此,该撤销鉴定意见的行为本身就是一个新的事实,可以认定为新的证据,足以推翻原判决。故应以符合该项再审事由为由启动再审。第二种观点认为,关于鉴定人撤销鉴定意见的决定不属于新证据,只有撤销原鉴定意见后,重新作出的鉴定意见才属于新的证据。因此,仅仅撤销原鉴定意见,并不等于重新作出了新的鉴定意见,也就无所谓新的证据,故不能仅以原判决所依据的鉴定意见被撤销为由,主张符合再审事由启动再审。笔者倾向于第二种观点。理由在于,原判决所依据鉴定意见被撤销,只能说明相关待证事实缺少了鉴定意见这一证据,但缺少该证据并不必然表示其他证据不足以证明待证事实。而且,鉴定机构撤销鉴定意见可能是因为存在程序瑕疵、当事人施压等因素所致,并不必然意味着鉴定意见内容存在实体错误。

关联法条

1.《中华人民共和国民事诉讼法》(2021年)

第一百一十四条 诉讼参与人或者其他人有下列行为之一的,人民法院可以根据情节轻重予以罚款、拘留;构成犯罪的,依法追究刑事责任:

(一)伪造、毁灭重要证据,妨碍人民法院审理案件的;

(二)以暴力、威胁、贿买方法阻止证人作证或者指使、贿买、胁迫他人作伪证的;

(三)隐藏、转移、变卖、毁损已被查封、扣押的财产,或者已被清点并责令其保管的财产,转移已被冻结的财产的;

(四)对司法工作人员、诉讼参加人、证人、翻译人员、鉴定人、勘验人、协助执行的人,进行侮辱、诽谤、诬陷、殴打或者打击报复的;

(五)以暴力、威胁或者其他方法阻碍司法工作人员执行职务的;

(六)拒不履行人民法院已经发生法律效力的判决、裁定的。

人民法院对有前款规定的行为之一的单位,可以对其主要负责人或者直接责任人员予以罚款、拘留;构成犯罪的,依法追究刑事责任。

2.《司法鉴定程序通则》(2016 年)

第三十二条　委托的鉴定事项完成后,司法鉴定机构可以指定专人对该项鉴定的实施是否符合规定的程序、是否采用符合规定的技术标准和技术规范等情况进行复核,发现有违反本通则规定情形的,司法鉴定机构应当予以纠正。

第三十四条　对于涉及重大案件或者特别复杂、疑难、特殊技术问题或者多个鉴定类别的鉴定事项,办案机关可以委托司法鉴定行业协会组织协调多个司法鉴定机构进行鉴定。

典型案例

1.(2020)川 01 民终 14563 号

裁判观点:关于造价鉴定意见应否采信的问题,四川省华建项目管理有限公司系一审法院依法委托,具备相应的鉴定资质和鉴定能力,而且有两个全国注册造价工程师签名,《司法鉴定意见书》没有对包干价范围内的工程造价进行鉴定,只是对于包干价以外增加的工程造价进行鉴定,在苏格工作室无相反证据予以推翻的情况下,一审法院采信该鉴定意见正确,本院予以维持。对于苏格工作室提到的鉴定报告有效期的问题,2017 年《民事诉讼法》及相关的司法解释均未规定鉴定报告的有效期,即在什么时间范围内有效,超出该时间则无效,四川省华建项目管理有限公司在《司法鉴定意见书》中确定鉴定报告的有效期为一年,从 2018 年 11 月 19 日至 2019 年 11 月 19 日缺乏相关法律依据,不产生自然失效的法律后果。同时,2020 年《证据规定》第四十二条规定:"鉴定意见被采信后,鉴定人无正当理由撤销鉴定意见的,人民法院应当责令其退还鉴定费用,并可以根据情节,依照民事诉讼法第一百一十一条的规定对鉴定人进行处罚。当事人主张鉴定人负担由此增加的合理费用的,人民法院应予支持。人民法院采信鉴定意见后准许鉴定人撤销的,应当责令其退还鉴定费用。"说明人民法院采信鉴定意见后,鉴定人无正当理由不能撤销,否则将承担相应的法律后果。由于四川省华建项目管理有限公司并未撤销该《司法鉴定意见书》,故苏格工作室主张该《司法鉴定意见书》已经失效的上诉理由不成立,本院不予采信。

2.(2020)湘 03 民终 813 号

裁判观点:2020 年《证据规定》第四十二条规定,"鉴定意见被采信后,鉴定人无正当理由撤销鉴定意见的,人民法院应当责令其退还鉴定费用,并可以根据情节,依照民事诉讼法第一百一十一条的规定对鉴定人进行处罚。当事人主张鉴定人负担由此增加的合理费用的,人民法院应予支持。人民法院采信鉴定意见后准许鉴定人撤销的,应当责令其退还鉴定费用"。根据该条第二款规定,鉴定人提出撤销鉴定意见后,人民法院应对此进行审查,如鉴定意见确实存在重大问题无法作为证据使用,撤销理由正当,应准予其撤销,并责令退还鉴定费用。本案中,本院认为应不予准许湘潭市潭州司法鉴定所撤回其鉴定意见书,理由如下:(1)如前所述,潭潭州司鉴所(2019)临鉴字第 520 号司法鉴定意见书关于张斌存在粉碎性骨折畸形愈合进而构成拾级伤残的认定具有科学、客观的事实依据,也无证据证实存在不能作为证据使用的其他情形。鉴定机构提出的撤回理由仅仅是因为相关问题存在争议,而作为运用科学知识和技能,对专门性问题所作的分析和鉴定,都是由作为自然人的鉴定人员在技术手段、技术标准等客观因素的基础上根据自己在专业领域的主观认知所作出的，因此，不同的鉴定人员在鉴定过程中对某一专门性问题存在主观认知上的差异不可避免，不能仅以涉及的专门性问题存在认知上的争议即否认鉴定意见的证明效力。(2)关于湘潭市潭州司法鉴定所在《情况说明》中列出的所谓争议焦点问题：a. 骶尾骨骨折是否属于骨盆骨折范围。该争议问题根据湖南省司法鉴定协会2020年《湖南省法医临床司法鉴定若干问题的执业指引(试行)》第4.8.1款“骨盆骨折包括骶尾骨骨折”的明确规定，在本省司法鉴定实践中不再属于争议问题；b. 张斌S3、S4椎体骨折(骶尾骨骨折)是否属于《人体损伤致残程度分级》第5.10.6.4条款中规定的畸形愈合。根据潭潭州司鉴所(2019)临鉴字第520号司法鉴定意见书载明，2019年6月21日湘潭市第三人民医院MR(29266)检查显示：(张斌)原S3、4椎体骨折，S5骨髓挫伤，现示：S3、4椎体骨折后畸形愈合，S4椎体较明显。因此，鉴定意见认为张斌相关椎体骨折后畸形愈合的认定具有客观的事实依据。据此，鉴定人所列两大争议均不构成鉴定意见不能作为证据使用的重大错误，也不能构成其撤回鉴定意见的正当理由，本院不予准许鉴定人予以撤回。

(新增) 第四十三条 【勘验笔录制作】

人民法院应当在勘验前将勘验的时间和地点通知当事人。当事人不参加的，不影响勘验进行。

当事人可以就勘验事项向人民法院进行解释和说明，可以请求人民法院注意勘验中的重要事项。

人民法院勘验物证或者现场，应当制作笔录，记录勘验的时间、地点、勘验人、在场人、勘验的经过、结果，由勘验人、在场人签名或者盖章。对于绘制的现场图应当注明绘制的时间、方位、测绘人姓名、身份等内容。

法条渊源

关于勘验笔录的制作过程，早在1982年《民事诉讼法》第六十四条就规定了勘验物证或者现场的流程和勘验笔录，后在1991年《民事诉讼法》第七十三条对此作了进一步完善。后在《民事诉讼法》多次修改中，其内容都没有发生变化，仅是在法条顺序上由第七十三条变成了第八十条。2002年《证据规定》第三十条则对勘验笔录作了进一步完善。2015年《民诉法解释》第一百二十四条明确提出了勘验时应当保护他人的隐私和尊严以及可以要求鉴定人参加勘验和在勘验中进行鉴定。但上述条文均未对当事人如何参加勘验以及在勘验中的权利和义务作出详细规定。

法条精析

本条第一款和第二款是新增的关于当事人参加勘验的规定，是对2017年《民事诉讼法》

第八十条第一款和 2015 年《民诉法解释》第一百二十四条第一款的细化规定。第三款来源于 2002 年《证据规定》第三十条，规定了法院勘验笔录的内容和制作程序。本条修改过程中，2016 年《法院征求意见稿》第一百二十一条规定："人民法院应当在勘验前将勘验的时间和地点通知当事人。当事人有权参加勘验。当事人不参加的，不影响勘验进行。当事人可以就勘验事项向人民法院进行解释和说明，可以请求人民法院注意勘验中的重要事实。"第一百二十三条规定："人民法院勘验物证或者现场，应当制作笔录，记录勘验的时间、地点、勘验人、在场人、勘验的经过、结果，由勘验人、在场人签名或者盖章。对于绘制的现场图应当注明绘制的时间、方位、测绘人姓名、身份等内容。"2017 年《审判长讨论稿》第九十五条第一款、第二款规定删除了前稿第一百二十一条中的"当事人有权参加勘验"。第九十六条规定删除了前稿第一百二十三条中的"勘验物证或者现场"，2018 年《审委会送审稿》第四十二条规定则沿袭了 2017 年《审判长讨论稿》的规定内容，只是将之前删除的"勘验物证或者现场"又予以恢复。本条定稿时与 2018 年《审委会送审稿》第四十二条内容一致，再无变化。本条的主要修改内容为：(1)本条第一款细化了 2017 年《民事诉讼法》第八十条第一款中"当事人或者当事人的成年家属应当到场，拒不到场的，不影响勘验的进行"的规定，要求法院应当在勘验前将勘验的时间和地点通知当事人。(2)本条第二款细化了 2015 年《民诉法解释》第一百二十四条第一款中"可以根据当事人的申请或者依职权对物证或者现场进行勘验。勘验时应当保护他人的隐私和尊严"的规定，当事人可以就勘验事项向人民法院进行解释和说明，可以请求人民法院注意勘验中的重要事项。

诉讼过程中的勘验，是司法人员凭借自己感官包括视觉、听觉、嗅觉和触觉以及调查工具，对于与案件有关的场所、物品等，进行观察、检验，以收集证据，了解案件情况的活动。[①] 勘验笔录是指诉讼中法院为查明案件事实的需要，根据当事人的申请或者依职权对与案件事实有关的物证和现场进行勘验检验所作的记录。勘验笔录不仅包括文字，还包括绘图、照相、模型、录像等形式的材料。勘验笔录是对勘验的客观情况的记载，不包括询问当事人的记录以及司法工作人员的个人意见。它既记载了勘验的过程，又记载了勘验的结果，能反映各种痕迹、物品存在或形成的环境及相互关系，是具有综合证明作用的一种证据。[②] 作为法定证据种类之一，法院及其指导下的勘验人所作之勘验笔录内容在一定程度上决定了当事人的诉求能否得到支持。故勘验笔录对于当事人无疑非常重要。由于勘验笔录形成于当事人申请或人民法院依职权对物证或者现场进行勘验的过程中，是对勘验过程的全面记录，故勘验流程是否合法、记录内容是否科学、真实等都对勘验笔录可采性产生重大影响，也直接关涉当事人的切身利益。为防止暗箱操作，有必要让当事人全程参加勘验过程，了解勘验全貌。所以 2021 年《民事诉讼法》第八十三条第一款就规定，勘验物证或者现场，当事人或者当事人的成年家属应当到场。只有当事人到场后对勘验过程进行全程观看，才能确保勘验过程和结果都公正、公开。为确保当事人到场落到实处，本条第一款规定了法院进行勘验时对当事人的提前

---

① 李国光主编：《最高人民法院〈关于民事诉讼证据的若干规定〉的理解与适用》，中国法制出版社 2002 年版，第 252 页。

② 张卫平：《民事证据法》，法律出版社 2017 年版，第 99 页。

通知义务，即“人民法院应当在勘验前将勘验的时间和地点通知当事人”。但是，当事人收到通知后是否见证勘验过程并非勘验能否正常进行或者勘验笔录能否作为证据使用的前提条件。对此，2021年《民事诉讼法》第八十三条第一款规定了当事人拒不到场的，不影响勘验进行。本条第一款在此基础上作了文字修改，将“拒不到场”修改为“不参加”，两者的区别在于，后者持中立地位，只强调客观上未到场的后果，而不区分当事人主观上的意愿。而“拒不到场”则强调的是当事人可以参加但主观上不愿意参加。显而易见，不参加比拒不到场的范围要更广。也即，只要人民法院已经将勘验的时间和地点提前通知到当事人，不管当事人因何种原因未到场，都不影响勘验进行。这样做的目的是防止因当事人未到场，勘验延后造成物证或现场被破坏而无法得出勘验结果。

人民法院指定勘验人对物证或现场进行勘验的目的是通过记录勘验过程和勘验结果，反映各种痕迹、物品存在或形成的环境及相互关系，从而判断其与待证事实之间的关系。鉴于物证、现场本身的复杂性、多样性，使勘验角度不同，勘验笔录记载就有异。甚至勘验本身方法不当都有可能对物证或现场造成损害。

为了避免因勘验方向、方法错误导致勘验对象损害、勘验笔录无法使用的风险，勘验时应坚持问题导向原则，即应明确勘验的具体内容和范围，从而确定适宜的勘验方法。鉴于勘验笔录直接关系当事人切身利益，且当事人作为“物证”的所有者或使用者、侵权人或者其他具有利害关系的人，比任何人都更了解“物证”的特征和属性以及被损害情况，现场亦是。故应让当事人向人民法院解释和说明具体的勘验事项以及勘验时可能涉及的专业问题等，并告知物证或现场的特殊性，提醒法院注意勘验中的重要事项。这样不仅可以使勘验人了解争议焦点，而且可以使勘验人有针对性地进行勘验，在一定程度上也可提升勘验的效率。

在勘验物证或者现场时，勘验人必须出示法院的证件。勘验笔录的内容和制作程序直接决定了勘验笔录作为证据对待证事实的证据能力和证明力。因此，保证勘验笔录制作过程的合法性对于保障程序公正、正确处理民事案件具有重要作用。一般而言，勘验笔录由现场文字记录和绘图两部分组成。文字记录一般由前言、叙述事实和结尾三部分构成：前言包括勘验的时间、现场协助勘验的情况以及勘验人的姓名、单位职务等；事实部分包括勘验的时间、地点、场所、周围的环境、现场状态以及勘验的方法、经过以及结果；结尾部分包括勘验人、在场见证人和协助勘验人、当事人或其成年家属的签名、盖章等。这里需要注意的是，根据2021年《民事诉讼法》第八十三条的规定，当事人或其成年家属可以不到场，故其不在勘验笔录上签名或盖章不影响勘验笔录效力。但对于被邀请的当地基层组织或者当事人所在单位指派的见证人而言，现行立法并未规定如果其不到场，是否影响勘验笔录效力。笔者认为，可以参照2015年《公安机关刑事案件现场勘验检查规则》第二十四条的规定处理，即由于客观原因无法由符合条件的人员担任见证人的，应当在笔录材料中注明情况，并对相关活动进行录像。勘验笔录除了文字记录之外，多附有现场绘图。现场绘图包括平面图、立体图、综合图、分析图等，现场绘图一般需要有专业资质的测绘人员进行，应当注明绘制的时间、方位、测绘人姓名、身份等内容。综上所述，勘验笔录越详细，越有利于审判人员组织双方当事人对该证据顺利进行质证。最后有必要说明的是，勘验笔录应当当场制作定稿，记载内容必须客观，不得推定，记载的顺序应与现场勘验的实际顺序一致。

实务疑难

如何对勘验笔录进行审查判断?

勘验笔录虽然是法定证据方法之一,但是在民事诉讼实务中运用得很少。故如何对其进行审查判断需要具体分析:第一,勘验笔录的真实性。首先,勘验笔录与其他证据之间是否存在矛盾。如果有,则依次分析是勘验主体、勘验现场、样本来源抑或检材的原因。其次,勘验内容是否合理,是否有违逻辑法则、日常生活经验。最后,勘验笔录与其他证据结合能否形成证据链证明待证事实。第二,勘验笔录的关联性。勘验笔录是事后制作,具有滞后性。为保证勘验笔录与案件事实的关联性,可参考 2010 年《死刑证据规定》第七条的规定,审查勘验笔录是否记录了提起勘验、检查的事由,勘验的时间、地点、在场人员、现场方位、周围环境等情况以及勘验过程;文字记录与实物或者绘图、照片、录像是否相符;现场、物品、痕迹等是否伪造或被破坏;人身特征、伤害情况等有无伪装等。第三,勘验笔录的合法性。为了保证勘验笔录的合法性,需要审查勘验笔录的制作在形式上是否完备,如勘验、检查人员是否签名或盖章;内容是否全面、详细、准确、规范;如果进行补充勘验,是否说明了再次勘验、检查的原由,前后勘验、检查的情况是否矛盾。①

关联法条

1.《中华人民共和国民事诉讼法》(2021 年)

第八十三条　勘验物证或者现场,勘验人必须出示人民法院的证件,并邀请当地基层组织或者当事人所在单位派人参加。当事人或者当事人的成年家属应当到场,拒不到场的,不影响勘验的进行。

有关单位和个人根据人民法院的通知,有义务保护现场,协助勘验工作。

勘验人应当将勘验情况和结果制作笔录,由勘验人、当事人和被邀参加人签名或者盖章。

2.《最高人民法院关于适用〈中华人民共和国民事诉讼法〉的解释》(2022 年)

第一百二十四条　人民法院认为有必要的,可以根据当事人的申请或者依职权对物证或者现场进行勘验。勘验时应当保护他人的隐私和尊严。

人民法院可以要求鉴定人参与勘验。必要时,可以要求鉴定人在勘验中进行鉴定。

典型案例

1.(2021)云 07 民终 106 号

裁判观点:首先,雄鼎华坪分公司的经营范围包括工程测量、土地勘测定界、日常地籍变动调查,具有土地勘测资质,其接受华坪县人民法院委托,对上诉人陶朝梅华林证字(2008)第 2307002045 号《林权证》的证载林地范围与被上诉人吴宪才种植的争议地块进行实地测量,既具备测量资质,也有合法依据。其次,雄鼎华坪分公司接受华坪县人民法院的委托进行专

---

① 李明、孙连钟:《勘验笔录证明力的认证规则探讨》,载《证据科学》2018 年第 2 期。

业测量后,与争议双方当事人一起到现场进行勘验,虽然被上诉人吴宪才拒绝对勘验地块进行指认,但是,依照2020年《证据规定》第四十三条第一款“人民法院应当在勘验前将勘验的时间和地点通知当事人。当事人不参加的,不影响勘验进行”的规定,被上诉人吴宪才拒绝指认争议地块的行为,并不影响勘验的合法性。再次,对于雄鼎华坪分公司采用的《全球定位系统测量规范》等四项技术依据,被上诉人吴宪才仅提出2008年办理林权证踏勘时采用的定位系统误差值为10-30米,而测绘公司采用的最新技术的误差值仅为3厘米,最新的测量技术与陈旧的测量技术是无法进行比对的抗辩观点,但并无证据证实雄鼎华坪分公司采用的技术依据错误,故其抗辩理由不成立。最后,雄鼎华坪分公司通过实地勘测指认、到华坪县林业局管理系统中比对实测范围和发证范围坐标、被上诉人种植地块坐标点进行比对,得出被上诉人吴宪才耕种的地块5369.92平方米(8.05亩)在上诉人陶朝梅林权范围内的结论,客观真实,应予采信。虽然《测量报告》中存在测量时间为2019年1月15日的问题,但结合雄鼎华坪分公司2020年1月2日接受华坪县人民法院委托后实施测量的事实,该日期应属笔误,并不影响报告内容的真实性。

2.(2020)京02民终753号

裁判观点:吴伟顺上诉主张一审法院的勘验结果有误。经查,一审法院对涉案地块的具体尺寸进行测量认定,并经过现场测量确定枣树平均株距约2米,平均行距约3.35米,并无不妥。吴伟顺不认可一审法院的勘验数据,但未能提供有效的反证。根据2020年《证据规定》第四十三条第一款的规定,人民法院应当在勘验前将勘验的时间和地点通知当事人。当事人不参加的,不影响勘验进行。吴伟顺经一审法院通知无正当理由未到现场参与勘验,不影响本案勘验的进行。故吴伟顺关于一审法院勘验结果有误的上诉主张,本院不予采信。对于一审法院的勘验结果,本院予以确认。

3.(2020)闽04民终963号

裁判观点:2020年《证据规定》第四十三条规定,人民法院应当在勘验前将勘验的时间和地点通知当事人。当事人不参加的,不影响勘验进行。一审法院在(2019)闽0403民初354号案中组织双方于2019年6月24日、7月16日前往案涉产品所在地进行现场查勘,儋浮公司无正当理由未到场,视为放弃相应诉讼权利。一审法院在本案庭审调查中组织双方对两份现场查勘笔录进行质证,儋浮公司意见为:对该证据的真实性、合法性不持异议,球芯确实有破裂,但原告在笔录中的陈述不予认可,我方是按照客户要求定的产品,且经业主检验合格,产品没有质量问题。现儋浮公司辩称一审法院将现场勘验用于认定案件事实的依据程序错误,本院不予采纳。

(修改) 第四十四条 【摘录文件、材料要求】

摘录有关单位制作的与案件事实相关的文件、材料,应当注明出处,并加盖制作单位或者保管单位的印章,摘录人和其他调查人员应当在摘录件上签名或者盖章。

摘录文件、材料应当保持内容相应的完整性。

法条渊源

摘录件又称节录本，早在 1982 年《民事诉讼法》第六十条就规定书证应当提交原件。物证应当提交原物。提交原件或者原物确有困难的，可以提交复制品、照片、副本、节录本。该规定在历次《民事诉讼法》修改中均无变化。关于对节录本具体制作要求、注意事项的规定则早在 1992 年《民诉法意见》第七十条已有所涉及，但对其进一步的细化则体现在 2002 年《证据规定》第三十一条规定中。

法条精析

本条是关于摘录文件、材料的要求规定，是在 2002 年《证据规定》第三十一条基础上修改而成。本条修改过程中，2016 年《法院征求意见稿》和 2017 年《审判长讨论稿》对本条内容均未作规定。2018 年《审委会送审稿》第四十三条直接沿用了 2002 年《证据规定》第三十一条规定内容，只对条文序号作了调整。本条定稿时删除了 2002 年《证据规定》第三十一条第二款中的“不得断章取义”的口语化表达，其他无变化。

实践中，当案件事实的证明与有关单位制作的文件或材料相关，而该文件、材料由档案管理机构或其他机关保管时；或者有关单位制作的文件、材料的内容过多，过于庞杂，而与本案相关、有价值的内容只局限于一小部分时，或者散落在不同的文件中；或者文件、材料的制作或保管机关根据工作需要已将原件作为国家档案归档管理，不能提供原件，但可以查询有关档案文件、材料的摘录或缩编材料时，法院对有关单位制作的文件、材料，可以摘录其中与案件待证事实相关的部分，作为证据使用。摘录时可以突出重点，选取其中最有价值的内容，或者对证明案件事实最有说服力的部分。摘录既是调查收集证据手段，也是证据保全措施。不可否认的是，与证据的原件、复制件相比，摘录文件、材料具有显而易见的局限性。其仅就原件中某一案情事实相关的部分而制作，并未记载证据原件的全面、详细内容。而且在摘录的过程中，摘录人可能加入了其主观推测、评价因素。这也在一定程度上影响了它对证据原件的客观、全面体现，也不一定符合原件内容的内在逻辑性以及结构的完整性。因此，摘录文件、材料的行为本身就具有一定的摘录人主观倾向。所以，为了避免摘录文件、材料时对原件内容的断章取义，消除摘录人主观因素的影响，确保摘录文件、材料内容的真实性和客观性，本条对摘录的程序和注意事项进行了详细的规定。

本条明确要求在摘录有关单位制作的与案件事实相关的文件、材料时，应当注明出处。这是表明摘录的文件、材料具有真实的来源，便于法庭的查证。同时要加盖制作单位或者保管单位的印章，摘录人和其他调查人员应当在摘录件上签名或者盖章。这是为了说明摘录文件、材料的客观真实性，签名或盖章即具有法律效力。若当事人对摘录的文件、材料存在争议时，法院可以要求制作单位、保管单位、摘录人或其他调查人员作出说明。这里的其他调查人员，根据 2022 年《民诉法解释》第九十七条“人民法院调查收集证据，应当由两人以上共同进行”的规定，人民法院派人进行摘录应至少由 2 名以上调查人员组成，其中 1 名是摘录人，另一人则为这里所指的其他调查人员。

此外，本条第二款还对摘录的内容完整性作出了严格的要求，规定“摘录文件、材料应当保持内容相应的完整性”。这是对摘录基本原则的规定。所谓保持内容相应的完整性,是指被摘录的内容在内容和体系上具有完整性。摘录文件、材料的证明内容与文件、材料原件的证明内容保持一致性,不存在误摘或者漏摘的情况。也就是说,摘录人在摘录的过程中对原件内容不得断章取义,也不得主观臆断,随意加进个人的观点、看法,而应当完整地反映证据原件所证明的内容。需要注意的是,在某些大陆法系国家,摘自国家有关部门存档文件的内容,具有正本的证明力。但根据本条规定,即使由国家有关部门制作的摘录材料,仍然属于摘录文件。

与2002年《证据规定》第三十一条相比,本条第二款删除了“不得断章取义”的口语化表达,其主旨内容并无变化。理由在于“不得断章取义”的含义被包括在要求摘录文件客观、真实、完整地表达证据原件的内容这一“内容相应的完整性”的含义之内,无须重复规定。

实务疑难

摘录文件、材料缺乏法定形式要件时,应如何处理?

司法实务中,基于各种主客观原因,人民法院或当事人摘录文件、材料时可能会出现没有注明出处、没有加盖制作单位或者保管单位的印章及摘录人和其他调查人员没有在摘录件上签名或者盖章的情形。这些都属于证据收集过程中瑕疵所导致的证据形式不合法情形,有违证据合法性特征要求。对此,实务中有两种观点:第一种观点认为,应区分情形对待,如果是人民法院工作人员进行的摘录,则只要摘录的内容保持了相应的完整性,就具有证据效力,经质证后可以作为证据使用;如果是当事人自行摘录,则因当事人与本案的利害关系,不得将形式不合法的证据作为当事人提供的证据使用。第二种观点则认为,不管摘录主体是当事人抑或人民法院,只要不具备本条规定的摘录形式要求,就不具备证据效力,即便已经制作单位或者保管单位盖章确认。笔者倾向于第二种观点。本条规定摘录件作为书证的复制件使用时,有法定的形式要求。这对确保摘录件的真实性和维护他人或其他组织的合法权益至关重要,体现了程序正义和实体正义的双重要求。此外,如果人民法院实施的摘录中,具体摘录人并非法院工作人员,则也属于摘录主体不合法,违反了本条的形式要件。

关联法条

1.《中华人民共和国民事诉讼法》(2021年)

第七十三条 书证应当提交原件。物证应当提交原物。提交原件或者原物确有困难的,可以提交复制品、照片、副本、节录本。

提交外文书证,必须附有中文译本。

2.《最高人民法院关于适用〈中华人民共和国民事诉讼法〉的解释》(2022年)

第九十七条 人民法院调查收集证据,应当由两人以上共同进行。调查材料要由调查人、被调查人、记录人签名、捺印或者盖章。

3.《最高人民法院诉讼文书材料立卷归档实施细则》(2019年)

第四条 入卷诉讼文书材料应当保留原件,因特殊原因未能提供原件的,注明事由,可保存一份复制件;摘录、复制的材料应当标注来源、名称、日期和经办人姓名、入卷备查。

典型案例

1.(2020)辽12民终1932号

裁判观点:2020年《证据规定》第十一条规定:"当事人向人民法院提供证据,应当提供原件或者原物。如需自己保存证据原件、原物或者提供原件、原物确有困难的,可以提供经人民法院核对无异的复制件或者复制品。"第四十四条第一款规定:"摘录有关单位制作的与案件事实相关的文件、材料,应当注明出处,并加盖制作单位或者保管单位的印章,摘录人和其他调查人员应当在摘录件上签名或者盖章。"安心财产保险有限责任公司提供的高澜保险调查报告不是原件,没有单位公章,因此此调查报告存在瑕疵,证明力不足。安心财产保险有限责任公司没有明确证据证明韩家辰与调查报告中在铁岭市人民医院门诊检查的韩佳臣是同一人,即无法证明韩家辰"带病投保",因此由安心财产保险有限责任公司承担举证不能的不利后果。原审法院认定并无不当,本院予以维持。

2.(2020)陕71民终48号

裁判观点:上诉人蒋大青一审第七组二份证据为2015年5月28日宁陕县城关镇人民政府加盖公章的户主为蒋某某的表格以及2015年7月15日宁陕县城关镇人民政府加盖公章的户主为蒋大财的表格各一份,拟证明蒋某某承包林地时,蒋大财不是其家庭成员,其已另立为户承包土地。根据2015年《民诉法解释》第一百一十五条的规定,单位向人民法院提出的证明材料,应当由单位负责人及制作证明材料的人员签名或者盖章;2020年《证据规定》第四十四条规定,摘录有关单位制作的与案件事实相关的文件、材料,应当注明出处,并加盖制作单位或者保管单位的印章,摘录人和其他调查人员应当在摘录件上签名或者盖章。摘录文件、材料应当保持内容相应的完整性。经审查,该二份证据作为公文书证,只加盖"宁陕县城关镇人民政府"的公章,不符合其他法定证据形式要件,且待证目的也无其他证据相互印证,又与已生效的安康市中级人民法院(2015)安中民二终字第00121号《民事判决书》认定的时间段相悖,故一审法院对上诉人第七组二份证据不予确认正确,本院对上诉人该上诉理由不予支持。

(新增) 第四十五条 【提交书证申请书的必备要素】

当事人根据《最高人民法院关于适用〈中华人民共和国民事诉讼法〉的解释》第一百一十二条的规定申请人民法院责令对方当事人提交书证的,申请书应当载明所申请提交的书证名称或者内容、需要以该书证证明的事实及事实的重要性、对方当事人控制该书证的根据以及应当提交该书证的理由。

对方当事人否认控制书证的,人民法院应当根据法律规定、习惯等因素,结合案件的事实、证据,对于书证是否在对方当事人控制之下的事实作出综合判断。

法条渊源

为解决证据偏在问题,最早在1998年《审判改革规定》第三十条就规定了证明妨碍的法律后果。后为2002年《证据规定》第七十五条予以沿袭。应该说,两者已初步规定了“证据提出义务”。该规定没有限定证据类型,等于要求持有任何证据的当事人都有义务提供证据。这也是与当时民事诉讼职权主义色彩较浓的环境相匹配。但随着我国民事审判制度改革由职权主义模式逐渐向当事人主义模式过渡,坚持一概要求对方当事人提供所有类型证据,有失妥当。故2015年《民诉法解释》相比2002年《证据规定》限缩证据类型为书证,第一次正式创设了书证提出义务制度,在解决证据偏在问题上有了一定的进步。但遗憾的是,迄今为止,我国尚未在民事诉讼立法上确立书证提出义务制度。

法条精析

原则上,我国实行证据裁判主义。作为裁判基础的案件事实必须依赖当事人提出的各种证据来证明,未提出证据的当事人则可能会面临不利的诉讼后果。但在现实中,往往会出现当事人能证明所主张事实的证据并非由本人所持有和控制,而是由对方当事人所控制或被当事人之外的第三人所持有的“证据偏在”情形。持有证据的一方当事人或第三人往往出于利己或提交成本等原因不愿意将证据提交法庭。这就使得,一方面,负有证明责任的一方当事人可能会因此承担不利甚至败诉的后果;另一方面,也因为缺少该项能证明案件真相的证据,导致法院裁判不能完全建立在客观事实的基础之上,无法充分保障裁判的实质正当性。为了弥补这种证据偏在所致缺陷,英美法系国家通过强制证据开示制度来帮助当事人从对方当事人或第三人处取得待证事实的相关证据;德国、日本等大陆法系国家则专门规定了书证提出命令制度,当书证由对方当事人或第三人占有时,举证人可以请求法院命令书证持有人提交书证。我国虽沿袭大陆法系国家立法传统,但在民事诉讼立法上并未明确规定书证提出命令制度,只是在司法解释层面有所涉及。最早在1998年《审判改革规定》第三十条就规定,有证据证明持有证据的一方当事人无正当理由拒不提供,如果对方当事人主张该证据的内容不利于证据持有人,可以推定该主张成立。后被2002年《证据规定》第七十五条予以肯定。应该说,两者已初步规定了“证据提出义务”。具体表述为,“有证据证明一方当事人持有证据无正当理由拒不提供,如果对方当事人主张该证据的内容不利于证据持有人,可以推定该主张成立”。由于该规定没有限定证据类型,等于要求持有任何证据的当事人都有义务提供证据。从司法实践看,该规定过于绝对和简单,体现出强烈的职权主义色彩,对是否应承担该义务,有一定的随意性,不利于司法裁量的统一。2015年《民诉法解释》相比2002年《证据规定》,第一次正式创设了书证提出义务制度,并规定了简单的程序限定条件、操作流程以及责任承担。在解决证据偏在问题上有了一定的进步。本次修改则以2015年《民诉法解释》第一百一十二条规定为基础,以新增第四十五条的形式对申请书的基本内容以及对方当事人是否持有或控制书证判断标准等问题上予以明确。本条在起草过程中,2016年《法院征求意见稿》第六十五条规定:“书证在对方当事人控制之下的,承担举证证明责任的当事人可以在举证期限届满前书面申请人民法院责令对方当事人提交。因提交书证所产生的费用,由申请提交书证的当事人负担。”第六十六条规定：“申请书应当记载以下内容：（一）所申请提出的书证名称；（二）该书证所证明的事实；（三）书证的内容；（四）对方当事人控制该书证的事由；（五）对方当事人应当提供该文书的理由。”2017 年《审判长讨论稿》第五十条规定：“书证在对方当事人控制之下的，承担举证证明责任的当事人可以在举证期限届满前书面申请人民法院责令对方当事人提交。申请书应当包括所申请提出的书证名称或者内容、需要证明的事实、对方当事人控制该书证的事由以及对方当事人应当提交该书证的理由。”2018 年《审委会送审稿》第四十四条规定将“书证在对方当事人控制之下的，承担举证证明责任的当事人可以在举证期限届满前书面申请人民法院责令对方当事人提交”修改为“当事人根据民事诉讼法司法解释第一百一十二条的规定申请人民法院责令对方当事人提交书证的”，并增加一款“对方当事人否认控制书证的，人民法院应当根据法律规定、习惯等因素，结合案件的事实、证据，对于书证是否在对方当事人控制之下的事实作出综合判断”。本条定稿时，只从行文简洁角度作了个别文字修改。具体而言，主要集中在两大方面。

一、责令提交书证申请书的必要记载事项

在现代型诉讼中，证据尤其是书证，常常存在证据被诉讼力量较强的另一方所持有的情形，如环境侵权诉讼、消费者权益侵权诉讼、金融借贷诉讼、劳动争议诉讼、交通事故赔偿诉讼、知识产权诉讼等。在该类诉讼过程中，由于涉及自身利益，持有证据的当事人往往不愿提出证据证明对方当事人所主张的事实，这就导致负有证明责任的当事人因无法举证而承担不利的诉讼结果。法院也可能因为无法对证据进行审查认定，使诉讼裁判偏离案件真实，无法实现追求事实真相这一重要的诉讼价值。为此，2002 年《证据规定》第七十五条和 2015 年《民诉法解释》第一百一十二条等司法解释对书证提交事项作了初步规定。但就规定适用情况看，由于其不具备可操作性而适用较少。细究而言，现实中很难激活该条适用的主要原因为其没有明确规定申请、审理、裁判、不服裁判的救济及裁决的方式等具体操作细节问题。为此，本条就书证提交义务规范适用中责令提交书证申请书必备内容和书证是否由对方当事人控制的认定标准两大问题作了规定。

由于 2015 年《民诉法解释》第一百一十二条只规定了书面申请，并没有规定书面申请书的具体内容，更没规定人民法院对责令提交书证申请的审查范围。这就导致实务中因申请书的内容表述五花八门而让人民法院的相应审查无所适从。既然书证提出命令的申请形式为书面申请，那么就应写明书证持有人（持有人的身份、住所地等可以保证送达书证提出命令的信息）、书证名称或者内容、需要证明的事实、对方当事人控制该书证的依据以及对方当事人应当提交该书证的理由等。如果申请书没有记载相关事项，法院将可能因无法实施责令行为而驳回当事人关于书证提出的申请。为此，本条第一款在坚持 2015 年《民诉法解释》第一百一十二条的基础上，细化了责令提交书证申请书的必备要素，一方面以规范统一申请书的内容要素形式，告知当事人提交书面申请书的要求；另一方面可以明确和限定法院对责令提交书证申请是否同意的审查范围。具体而言：

第一，关于申请提交的书证名称或者内容问题。这本质上是文书的特定化问题。有学者认为,文书的特定应达到何种程度是一个值得研究的问题。[①] 在日本民事诉讼法中是通过申请人关于文书的标示(表示)和内容要点(趣旨)对文书予以特定化。例如,文书的类别、文书的名义人、制作日期、文书的标题等。[②] 但在实务中,往往出现的情形是申请的当事人可能并不了解书证的实际形成过程,只知道其载明的一项或几项内容能证明自己的主张,难以明确书证的种类、名称或其他标识。此时,如果要求当事人指明书证的具体内容可能会过于严格,故只需申请人对书证的概要描述能达到特定化该书证即可。例如,《日本民事诉讼法》第二百二十二条规定,在明确文书标示和文书要点存在显著困难时,申请人于申请时仅需明确"可使文书持有人能够识别该被申请的文书的事项"即可。为了使文书能够特定化,《日本民事诉讼法》还专门规定了文书特定程序(1996 年日本修改民事诉讼法时在文书提出命令制度中增加了这一程序)。这一程序与文书提出命令程序的关系是,如果申请人指明了文书的标示和内容要点,就无须提出文书特定程序。相反,如果文书的标示和内容要点较为抽象和模糊不清,则需要通过特定化程序予以特定。这一程序的设定是为了避免加重义务人文书提出的负担。[③]

第二,关于需要载明以该书证证明的事实及事实的重要性的问题。当事人申请提交的书证名称或者内容确定后,要求对方当事人提交的书证即已特定化。但是不是只要对方当事人持有的任何未提交的证据,申请方当事人都可申请法院责令其提交呢? 从 2002 年《证据规定》第七十五条中"该证据的内容不利于证据持有人"的表述隐含说明,该证据能证明的事实应与双方争议的法律关系有利害关系。2015 年《民诉法解释》第一百一十二条中用"书证在对方当事人控制之下的,承担举证证明责任的当事人"的表述也间接表明责令对方提交的书证所能证明的事实与案涉法律关系有关。在实务中,法院判断是否与案涉法律关系有关是遵循所举证据到证明事实再到法律关系这一逻辑。其中,书证所能证明的事实起到了承上启下的作用,故当事人在提交的书面申请书中应阐明该书证所能证明的事实,自不待言。进而,该书证所证明的事实与案涉法律关系及当事人诉讼利益应休戚相关。也即,当事人申请法院责令对方当事人提交的书证应于己有利益(事实的重要性)。也即学理上所谓对该文书享有提出的利益即必要性的问题,文书提出的利益考量主要是为了衡平和协调文书提出中证明要求与提出负担之间的关系。如果不对文书提出的利益作出要求,就可能导致举证人完全放弃自行收集证据,而将证据收集的负担和成本完全转嫁给对方当事人。实务中,判断文书提出利益可以从以下几个方面来把握:(1)文书与待证主要事实的关联性以及关联程度。如果文书与案件主要事实没有关联或关联性程度很小(例如,工程建筑设计图与工厂废水排放数量或规模就可能没有多大关联性),则再结合其他因素即可判断可能不具有提出的利益。(2)文书提出不至于给持有人造成过大的负担。因为提出负担不仅是经济成本问题,也包括时间和精力的消耗。(3)可以依据其他法律、法规的规定获得原件或复制件。例如,关于房产登记簿、土地使用证、工商登记资料的相关文书。(4)该文书是否可以很容易从持有人处获得,如

---

① 张卫平:《当事人文书提出义务的制度构建》,载《法学家》2017 年第 3 期。

② [日]兼子一:《条解民事诉讼法》(第 2 版),弘文堂 2011 年版,第 1221 ~ 1222 页。

③ 张卫平:《当事人文书提出义务的制度构建》,载《法学家》2017 年第 3 期。

通过复印就可以获得,也就没有必要非要通过文书命令的方式提出该文书。① 在诉讼过程中,申请人与被申请人可能会对提出该书证的利益产生争议,争议往往源于对书证提出要件的理解差异,申请人应就其符合申请利益承担举证证明责任。

第三,关于"对方当事人控制该书证的根据"的问题。就此而言,应细化为三个方面。一是对方当事人的范围。依据民事诉讼法的立法规定及学理解释,对方当事人的范围包括:原告(共同原告)、被告(共同被告)、有独立请求权第三人及无独立请求权第三人中承担民事责任的第三人。二是控制。当事人只需证明其提出书面申请时,该书证仍存在并由对方当事人实际控制支配即可,无须证明是否为后者所有或占有。对此,应由申请人提出证据加以证明。三是根据。当事人提出书面申请时,应阐明申请时对方当事人还控制该书证的理由或依据。被申请的当事人主张文书已经废弃、灭失、毁损、转移的可以提交相应复印件或复制件。否则,应当对此承担证明责任。如果不能证明,导致待证事实真伪不明时,就应承担相应不利后果。

第四,关于"应当提交该书证的理由"的问题。2022年《民诉法解释》第一百一十二条规定,申请理由成立的,人民法院应当责令对方当事人提交。但该条并未进一步对理由成立作出进一步说明。这直接导致了实务中少数书面申请中因疏忽遗漏了理由的表述,或者即便自述理由也与书证提出义务的正当性、合理性无关。因此,本条特别要求书面申请书中必须写明提交该书证的理由。学理上,正当的理由应当解释为实体法上的理由和诉讼法上的理由两种情形。实体法上的理由就是申请人有要求对方提出该书证的实体请求权或要求阅览作为书证的文书的阅览请求权。例如,基于对该书证的所有权、双方之间的合同、合法占有、使用该书证,申请人有要求书证持有人交付该书证的请求权。再如,根据公司法的规定,有可以阅览公司财务资料的权利,对作为书证的该文书有阅览权。理论上作为诉讼法上的理由,可以解释为:(1)该书证曾经由持有人在诉讼中提出或引用过。诉讼中也包括持有人在起诉状或答辩状或代理词、上诉状、上诉答辩状、代理词以及再审申请书等诉讼文书中引用过该书证。(2)由于持有该书证的当事人的妨碍行为无法获得该书证。(3)除了该书证之外,负有证明责任的当事人无法通过其他证据证明案件的主要事实。(4)作为书证的文书是为申请人利益或法律关系制作的文书。②

二、书证是否在对方当事人控制之下的事实的认定标准

本条第二款是关于对方当事人否认控制书证时,法院依据何种标准进行判断的问题。因为根据书证申请人一方说辞,无法确定对方当事人持有书证。虽然2022年《民诉法解释》也规定了书证持有人无正当理由拒不提交书证就认定申请人所主张的书证内容为真实的后果,但是这一后果是在对方当事人确实持有书证但不提交这一前提事实进行确认的基础上才会产生。因此,需要法官发挥自由裁量权,根据法律规定、习惯等因素,并根据在整个案件中双方当事人所陈述的事实、证据,法院认定的事实和证据以及法官多年的审判经验对书证是否在对方当事人控制下综合予以判断。

---

① [日]兼子一:《条解民事诉讼法》(第2版),弘文堂2011年版,第171~173页。

② 张卫平:《民事证据法》,法律出版社2017年版,第36~37页。

实务疑难

司法实务中,对方当事人否认控制书证是否应承担举证责任?

承担举证证明责任的当事人申请人民法院责令对方当事人提交书证的前提是举证证明存在书证在对方当事人控制之下的事实。对方当事人对该待证事实予以否认的是否应承担举证责任?实务中观点不一:第一种观点认为,消极事实无须举证。对方当事人否认控制书证事实是消极事实,故否认方当事人无须对没有控制书证这一消极事实承担举证责任。第二种观点认为,应区分情形:如果对方当事人否认控制书证的理由是从未控制书证。则应由承担举证证明责任的当事人就对方当事人控制书证的事实承担本证责任。进而,其必须提供足够证据让法院确信对方当事人控制书证这一事实具有高度可能性。如果对方当事人否认控制书证的理由是该书证在其控制期间已经灭失、废弃、毁损、转移等,则说明对方当事人事实上已经自认曾控制书证,只不过后来出现了新的事实,足以使其相应抗辩成立。对其抗辩事实,对方当事人应当举证证明。如果不能证明,导致废弃、灭失、毁损、转移的事实真伪不明时,就要承担相应的不利后果,即发生不履行提出义务的法律后果。如果原件废弃、灭失、毁损、转移,但当事人持有复印件、复制件的,该文书同样应当提交。①

关联法条

《最高人民法院关于适用〈中华人民共和国民事诉讼法〉的解释》(2022 年)

第一百一十二条 书证在对方当事人控制之下的,承担举证证明责任的当事人可以在举证期限届满前书面申请人民法院责令对方当事人提交。

申请理由成立的,人民法院应当责令对方当事人提交,因提交书证所产生的费用,由申请人负担。对方当事人无正当理由拒不提交的,人民法院可以认定申请人所主张的书证内容为真实。

第一百一十三条 持有书证的当事人以妨碍对方当事人使用为目的,毁灭有关书证或者实施其他致使书证不能使用行为的,人民法院可以依照民事诉讼法第一百一十四条规定,对其处以罚款、拘留。

典型案例

1.(2021)吉民申 4530 号

裁判观点:张好辉提出其与被申请人的工作人员的 14 段录音,证明双方另行签订了一份书面的补充协议,达成了无偿使用广告位和楼梯间的合意,但张好辉没有提供直接证据予以证明,而上述录音仅是双方磋商的过程,不能证明被申请人同意其无偿使用广告位和楼梯间,双方已形成了一致的意思表示。张好辉主张被申请人持有书面的补充协议,但根据 2020 年《证据规定》第四十五条第一款"当事人根据《最高人民法院关于适用〈中华人民共和国民事

---

① 张卫平:《当事人文书提出义务的制度建构》,载《法学家》2017 年第 3 期。

诉讼法〉的解释》第一百一十二条的规定申请人民法院责令对方当事人提交书证的,申请书应当载明所申请提交的书证名称或者内容、需要以该书证证明的事实及事实的重要性、对方当事人控制该书证的根据以及应当提交该书证的理由"的规定,现张好辉没有提供该书证客观存在以及对方当事人控制该书证的根据,且如有这份书证,那么张好辉作为合同一方主体,其自身应当持有,而非由法院责令被申请人提供。

2.(2021)鄂13民终510号

裁判观点:根据2020年《证据规定》第四十五条的规定:"当事人根据《最高人民法院关于适用〈中华人民共和国民事诉讼法〉的解释》第一百一十二条的规定申请人民法院责令对方当事人提交书证的,申请书应当载明所申请提交的书证名称或者内容、需要以该书证证明的事实及事实的重要性、对方当事人控制该书证的根据以及应当提交该书证的理由。对方当事人否认控制书证的,人民法院应当根据法律规定、习惯等因素,结合案件的事实、证据,对于书证是否在对方当事人控制之下的事实作出综合判断。"因正好律师事务所未能提供其申请证据的形成时间、参加人员、具体内容以及鸿运公司、资产管理公司持有上述证据的根据,且鸿运公司、资产管理公司对此予以否认,故不能认定上述证据确实存在。

3.(2021)川18民终628号

裁判观点:经审查,《委托代理合同》上无雅通公司加盖公章,雅通公司对于曾经收到过该《委托代理合同》的事实予以否认。三龙事务所为此申请法院责令雅通公司提交该《委托代理合同》,根据2020年《证据规定》第四十五条规定"当事人根据《最高人民法院关于适用〈中华人民共和国民事诉讼法〉的解释》第一百一十二条的规定申请人民法院责令对方当事人提交书证的,申请书应当载明所申请提交的书证名称或者内容……对方当事人控制该书证的根据……对方当事人否认控制书证的,人民法院应当根据法律规定、习惯等因素,结合案件的事实、证据,对于书证是否在对方当事人控制之下的事实作出综合判断",按照律师事务所接受委托事务的操作模式,该《委托代理合同》应当由三龙事务所制作后,交由雅通公司以盖章方式对《委托代理合同》载明的内容,特别是对应当支付的律师服务费金额进行确认。三龙事务所现持有的《委托代理合同》打印件,无雅通公司加盖的公司印章,雅通公司否认收到该《委托代理合同》的事实,且不认可《委托代理合同》载明的内容。虽然三龙事务所提交加盖雅通公司印章的《四川省雅通置业有限公司关于违法公正损失的索赔函》,欲佐证雅通公司认可支付76.5万元的事实。但该《索赔函》只是作为要求乐山市三江公证处赔偿损失的依据,由于《索赔函》中没有附雅通公司实际已经支付76.5万元的凭据,该《索赔函》不能当然作为雅通公司同意支付76.5万元的证据。故,三龙事务所无充分证据证明雅通公司控制该《委托代理合同》,并认可《委托代理合同》载明的内容。即使雅通公司持有该《委托代理合同》并拒绝提交,本院根据现有证据仍不能按照2020年《民诉法解释》第一百一十二条的规定,作出《委托代理合同》内容为真实,且双方形成合意的认定。

4.(2021)赣05民终14号

裁判观点:2020年《证据规定》第四十五条规定:"当事人根据《最高人民法院关于适用〈中华人民共和国民事诉讼法〉的解释》第一百一十二条的规定申请人民法院责令对方当事人提交书证的,申请书应当载明所申请提交的书证名称或者内容、需要以该书证证明的事实及事实的重要性、对方当事人控制该书证的根据以及应当提交该书证的理由。对方当事人否认控制书证的,人民法院应当根据法律规定、习惯等因素,结合案件的事实、证据,对于书证是否在对方当事人控制之下的事实作出综合判断。”本案中,黄勇仅在上诉状中提及请求本院责令华城公司提交书面买卖合同,黄勇并未依照前述法律规定向本院提交申请书,即便黄勇向本院提交符合法律规定的申请书,因黄勇未提交初步证据证明华城公司控制了书面的买卖合同,对黄勇的申请也会不予准许。因此,在华城公司陈述双方未签订书面买卖合同的情形下,一审判决认定双方未签订书面买卖合同并无不当。

(新增) 第四十六条 【对当事人书证提出命令申请的审查】

人民法院对当事人提交书证的申请进行审查时,应当听取对方当事人的意见,必要时可以要求双方当事人提供证据、进行辩论。

当事人申请提交的书证不明确、书证对于待证事实的证明无必要、待证事实对于裁判结果无实质性影响、书证未在对方当事人控制之下或者不符合本规定第四十七条情形的,人民法院不予准许。

当事人申请理由成立的,人民法院应当作出裁定,责令对方当事人提交书证;理由不成立的,通知申请人。

法条渊源

本条是新增规定,是对2015年《民诉法解释》第一百一十二条规定的细化。2015年《民诉法解释》第一百一十二条第一次在司法解释层面规定了书证提出命令制度。但就当事人提交书证的申请只规定了书面形式要求,至于法院是否准许的审查形式则没有明确。此外,虽然该条规定了“申请理由成立的”这一法院责令对方当事人提交的前提,但责令应采用何种法律文书形式也未明确。这直接导致实务中对提交书证申请准许的标准和法律文书形式均不统一,严重影响了司法权威。

法条精析

本条内容是关于当事人书证提出命令申请的审查和处理的规定,在2002年《证据规定》中没有相关内容,属于新增条文。本条起草过程中,2016年《法院征求意见稿》第六十八条第一款规定:“人民法院认为当事人申请理由成立的,应当作出裁定,责令对方当事人提交该书证。”2017年《审判长讨论稿》第五十一条规定:“人民法院对当事人提交书证的申请进行审查时,应当听取对方当事人的意见,必要时可以要求双方当事人提供证据、进行辩论。当事人申请理由成立的,人民法院应当作出裁定,责令对方当事人提交书证;理由不成立的,通知申请人。”2018年《审委会送审稿》第四十五条在前稿的基础上增加一款规定“当事人申请提交的书证不明确、书证对于待证事实的证明无必要或无意义、待证事实对于裁判结果无影响、书证未在对方当事人控制之下或者不符合本规定第四十六条情形的，人民法院不予准许”。本条定稿时，将2018年《审委会送审稿》第四十五条中“或无异议”删除，将“对于裁判结果无影响”修改为“对于裁判结果无实质性影响”，将“第四十六条”改为“第四十七条”，其他无变化。

2022年《民诉法解释》第一百一十二条已规定，承担举证证明责任的当事人可以在举证期限届满前书面申请人民法院责令当事人提交书证。申请理由成立的，人民法院应当责令对方当事人提交。从司法实务角度看，该条对如何在审查判断乃至认定是否应责令对方当事人提交时确保后者程序利益，以及责令提交的法律文书形式，均语焉不详。本条在第四十五条明确书面申请书必备要素的基础上，就人民法院对当事人提交书证的申请进行审查的相关程序事项作一简要规定。事实上，责令提交书证这一对各方当事人权益有重要影响的行为，应当保障双方发表意见的机会和进行辩论的权利。具体而言，主要围绕以下三个方面进行。

一、人民法院对责令对方当事人提交书证的申请进行审查时对当事人的程序保障

在对当事人提交书证的申请进行审查的过程中，法院会依据书证提出命令构成要件进行判断。由于是否履行该书证提交义务，将直接涉及对方当事人的切身利益，故从当事人诉讼地位平等、尊重当事人诉权出发，应允许对方当事人为避免提交该对己不利证据而就不存在或不履行该证据提交义务自主提出其抗辩意见。在出现各执一词、无法直观判断的情形时，应比照一般诉讼模式，要求双方当事人提供证据、进行辩论以查明事实。这里必须注意的是，人民法院就一方当事人是否应提交书证所组织双方当事人进行的听取意见、要求提供证据以及进行辩论等行为虽然与正式庭审相似，但两者仍有本质区别：从性质而言，书证提出申请审查程序是一种附加程序。没有诉讼双方当事人，也没有诉讼标的。与此同时，其也并非一种独立的非讼程序。因为狭义的非讼程序是一种不解决民事权利义务争议的独立程序。

二、人民法院对责令对方当事人提交书证的申请不予准许的情形

在司法实践中，被申请人往往以具有免于提交书证的诸多理由予以抗辩。如若法官要求被申请人就其抗辩理由具体化，被申请人可能以该事实本身涉及商业秘密、个人隐私等信息为由拒绝，导致法院无法判断当事人提交的书证申请是否合理。为了应对这种情形，日本在2001年修改文书提出命令制度时移植了英美法中的“非公开审理”程序。这一程序是指当对方当事人或第三人以涉及商业秘密、国家机密、免于披露的特权事项等事由拒绝提供自己持有的文书时，一方当事人为获取该秘密的、敏感的文书以证明己方主张的诉讼请求或重要事实，请求法院在法官办公室等庭审之外的私密空间审查该文书，以决定文件是否以及在多大范围内可以让申请人（举证人）使用或者公之于众的程序。① 这种制度允许法官在庭审之外的私密空间内审查该书证，并且不必审查所有文件，可以围绕案件争议在合理范围内抽取文件的若干样本进行审查，且该文书的内容不会记录在法庭案卷卷宗中，法官有权决定是否禁止适用、限制适用或公开该书证。除此之外，日本还规定了另一种程序“非公开确认程序”，此种程序是基于在“非公开审理”程序中，法官对涉案的书证进行了审查并形成了内心确信，但人们对于法官基于心证而作出裁判的合理性存在质疑，因为对书证的确认仅有法官，而当事

---

① 张卫平：《当事人文书提出义务的制度构建》，载《法学家》2017年第3期。

人并不在场。这不仅涉及审判公开的问题,也涉及双方当事人诉讼平等的问题。在这一问题上纠结的实际是裁判公开与相关利益维护之间的紧张关系。为了平衡这一关系,日本有关法律(例如专利法)规定,在法院认为有必要时 ,可以将有关文书向当事人等公开,询问这些人的看法,最终决定是否应当作出文书提出命令,将如何平衡这种紧张关系的处置权交给法院裁量。在日本的专利诉讼中,法院根据具体情形给予申请人对文书持有人主张的免提理由提出反驳的机会。同时为了保护秘密,法院将向当事人等有关人员发出秘密保护令,禁止当事人等向诉讼外的其他人披露文书的有关信息。① 另外,还可以通过双方当事人协商的方式决定是否要进行公开,只有在双方当事人无法形成有效合意的情况下,才有法院根据实际情况决定是否公开。被申请人除了以书证涉及商业秘密、个人隐私等原因拒绝提交书证外,在实践中还会对该文书是否存在以及是否为被申请人持有产生争议。所谓"持有",应当理解为即使该文书不在被申请人的实际占有中,但只要当事人可以控制该书证的转移,就应认定为该书证由被申请人"持有"。关于被申请的书证确实存在且由被申请人持有的事实,应由申请的当事人承担举证责任。被申请人主张该文书已经废弃、灭失、毁损、转移的,应当对此承担证明责任。如果不能证明,就要承担相应的不利后果。如果原件废弃、灭失、毁损、转移,但当事人持有复印件、复制件的,该文书同样应当提交。

当事人提出书证提交申请后,法院经审查有以下几种情形时,不予准许:第一,当事人申请提交的书证不明确(当事人自身的原因);第二,书证对于待证事实的证明没有必要,即书证本身对于案件事实无证明作用(书证本身无证明力);第三,待证事实对于裁判结果无实质性影响,也即不管书证能否证明待证事实,该待证事实本身并不会影响判决主文的内容;第四,法院通过 2020 年《证据规定》第四十五条的规定判断书证并不在对方当事人的控制之下。此外,2020 年《证据规定》第四十七条从正面列举了控制书证的当事人应当提交的书证范围。但不能由反向解释直接得出,不属于该条规定情形的,应不予准许。例如,当事人申请的书证不属于控制书证的当事人在诉讼中列举过的书证、不是为对方当事人的利益制作的书证就存在书证因毁损灭失客观上不能提交的可能。

三、人民法院命令或不予准许对方当事人提交证据的方式

如果法院经审查认为当事人的申请符合书证提出命令的条件的,就可以作出书证提出命令的裁定。裁定内容应载明申请人、被申请人、申请提出的书证及范围、申请理由、裁定主体、不服裁定的救济方式等。人民法院裁定提交的书证范围不应超过申请人申请提出的范围,可以就部分文书提出义务作出裁定。具体的书面裁定制作方式,可以参见 2016 年最高人民法院发布的《民事诉讼文书样式》中的民事裁定书(申请书证提出命令用)。此外,根据 2021 年《民事诉讼法》第一百五十七条第三款的规定,裁定也可口头形式,记入笔录即可。关于经审查后当事人申请理由不成立的情形,则从提高司法效率出发,没有必要再采用裁定形式,故本条最后规定的是采用通知方式告知当事人。值得注意的是,在上述民事裁定书(申请书证提出命令用)的说明部分用的是裁定驳回书证提出命令申请。根据新法优于旧法的基本法理

---

① [日]门口正人主编:《民事证据法大系》(第 4 卷各论 2 书证),青林书院 2003 年版,第 180 ~ 187 页;[日]新堂幸司:《新民事诉讼法》,林剑锋译,法律出版社 2008 年版,第 420 ~ 421 页。

念，对驳回申请，宜用通知方式。基于两造诉讼地位平等的理念，法律也应赋予被申请人救济的程序，防止正当请求不能实现或不正当的请求损害书证持有人的利益。但就目前规范层面而言，尚未明确。书证持有人可以在裁定作出后的一定时间内，提出异议，请求撤销或改变该书证提出的命令。基于民事纠纷的基本特点，在我国民事诉讼中，以事实为根据、发现真实、促进诉讼效率、实现诉讼形式平等和实质平等、尊重当事人意愿等诉讼原则都需要通过具体的制度予以落实，而这些制度的建构必须考量原则、理念、权利等多重关系的平衡和协调。书证提出命令的申请和审查的构建也应如此，2020年《证据规定》中对书证提出命令的申请、审查、范围以及后果分别作出了规定。与此同时，我国还应根据实际情况的需要，参考借鉴其他国家的诉讼制度，逐步完善这一制度，促进实体正义与程序正义的共同实现。

实务疑难

当事人对人民法院对当事人申请理由是否成立所作的裁定或通知不服时，应如何救济？

司法实务中，经常会出现当事人对人民法院依据本条对当事人提交书证的申请所作的裁定或通知不服的情形。对此，应如何救济，存在分歧观点：第一种观点认为，既然现行立法和司法解释均未对此作出规定，故当事人即便不服该裁定或通知，也暂时没有救济途径，只能自担可能带来的不利后果。第二种观点认为，有损害就应有救济。在人民法院裁定责令对方当事人提交书证的情形，必然会给对方当事人造成不利益，甚至导致裁判对其不利的后果。在人民法院以理由不成立为由，通知申请人，不同意责令对方当事人提交书证的情形，对申请方当事人而言，就可能因该书证举证不能，而承担不利后果。由上可知，两种情形下，都可能因法院在理由是否成立问题上的偏颇而导致至少一方当事人要承担不利后果。因此，对该司法公权力的不适当行使给当事人造成的损失，应当给予当事人程序救济。故可参照2021年《民事诉讼法》第一百一十一条和2022年《民诉法解释》第一百七十一条的规定，当事人对责令提出书证裁定或不予准许提出书证命令申请不服的，可以自收到裁定或通知之日起5日内向作出裁定或通知的人民法院申请复议一次。人民法院应当在收到复议申请后10日内审查。裁定、通知正确的，驳回当事人的申请；裁定、通知不当的，撤销原裁定、通知。笔者倾向于第二种观点并认为，尽管确实在立法、司法解释中尚未规定相应救济措施，但从程序正义、实体公平角度而言，可以参照其他已有类似情形的救济措施。

关联法条

1.《最高人民法院关于适用〈中华人民共和国民事诉讼法〉的解释》(2022年)

第一百一十二条　书证在对方当事人控制之下的，承担举证证明责任的当事人可以在举证期限届满前书面申请人民法院责令对方当事人提交。

申请理由成立的，人民法院应当责令对方当事人提交，因提交书证所产生的费用，由申请人负担。对方当事人无正当理由拒不提交的，人民法院可以认定申请人所主张的书证内容为真实。

2.《最高人民法院关于知识产权民事诉讼证据的若干规定》(2020 年)

第二十四条 承担举证责任的当事人书面申请人民法院责令控制证据的对方当事人提交证据，申请理由成立的，人民法院应当作出裁定，责令其提交。

典型案例

1.(2021)最高法民申 231 号

裁判观点：关于莱西电影公司申请二审法院依法责令广宇公司提交其掌控的出售案涉房屋的房屋买卖合同、收取房款的账簿及记账原始凭证、房屋交接单等书证的请求，2020 年《证据规定》第四十六条第二款规定，当事人申请提交的书证不明确、书证对于待证事实的证明无必要、待证事实对于裁判结果无实质性影响、书证未在对方当事人控制之下或者不符合本规定第四十七条情形的，人民法院不予准许。莱西电影公司申请提交的证据，对广宇公司是否享有请求莱西电影公司赔偿迟延交付损失的权利无实质性影响，二审法院未予准许，并无不当。

2.(2022)沪 73 民终 28 号

裁判观点：根据 2020 年《证据规定》第四十六条第二款的规定，当事人申请提交的书证不明确、书证对于待证事实的证明无必要、待证事实对于裁判结果无实质性影响、书证未在对方当事人控制之下或者不符合本规定第四十七条情形的，人民法院不予准许。2020 年《知产证据规定》第二十五条第一款规定，人民法院依法要求当事人提交有关证据，其无正当理由拒不提交、提交虚假证据、毁灭证据或者实施其他致使证据不能使用行为的，人民法院可以推定对方当事人就该证据所涉证明事项的主张成立。本院认为，网店后台销售数据不是本案确定赔偿金额的必要证据，在没有证据证明本案的权利人实际损失及侵权人的获利的情况下，人民法院仍然可以适用法定赔偿规则确定赔偿金额，据此，一审法院并未准许上诉人的申请，也基于必要性原则未同意上诉人的调查取证申请，并无不当。

3.(2021)京民申 7066 号

裁判观点：本案中，毕锋主张索普兴大公司在 2016 年 8 月的专项财务审计及相关财务凭证中确认了其主张的 15 万多元的借款而导致诉讼时效中断，故向一审法院申请调取索普兴大公司控制的财务账簿、记账原始凭证及专项财务审计报告。2020 年《证据规定》第四十六条规定："人民法院对当事人提交书证的申请进行审查时，应当听取对方当事人的意见，必要时可以要求双方当事人提供证据、进行辩论。当事人申请提交的书证不明确、书证对于待证事实的证明无必要、待证事实对于裁判结果无实质性影响、书证未在对方当事人控制之下或者不符合本规定第四十七条情形的，人民法院不予准许。当事人申请理由成立的，人民法院应当作出裁定，责令对方当事人提交书证；理由不成立的，通知申请人。"本案中，即使毕锋主张调取的相关书证中确认了上述 15 万多元的借款，毕锋亦应当举证证明索普兴大公司向其做出了同意履行相关债务的意思表示，故毕锋申请调取的上述书证对于裁判结果无实质性影响，一审法院对毕锋调取上述书证的申请不予准许，并于 2020 年庭审中通知毕锋，并无不当。

4. (2021) 陕 05 民终 307 号

裁判观点：赵国胜从李平民处借款，郝建荣承担一般保证责任，约定保证期间至 2014 年 4 月底。李平民诉称，郝建荣同意该笔借款的保证期限后延至 2018 年 8 月底，举出反担保合同来证明自己的主张，同时申请人民法院责令郝建荣提交该书证。2020 年《证据规定》第四十六条第二款规定："当事人申请提交的书证不明确、书证对于待证事实的证明无必要、待证事实对于裁判结果无实质性影响、书证未在对方当事人控制之下或者不符合本规定第四十七条情形的，人民法院不予准许。"第四十七条第一款规定："下列情形，控制书证的当事人应当提交书证：(一)控制书证的当事人在诉讼中曾经引用过书证；(二)为对方当事人的利益制作的书证；(三)对方当事人依照法律规定有权查阅、获取的书证；(四)账簿、证账原始凭证；(五)人民法院认为应当提交书证的其他情形。"本院认为，从李平民在一审庭审中陈述的反担保合同的具体内容以及合同名称来判断，签订合同的目的是债务人赵国胜向担保人郝建荣提供反担保，而不是为了李平民的利益订立该合同，不符合"为对方当事人的利益制作的书证"的情形，故本院对李平民的申请依法不予准许。

(新增) 第四十七条　【当事人有义务提出的书证范围】

下列情形，控制书证的当事人应当提交书证：

(一)控制书证的当事人在诉讼中曾经引用过的书证；

(二)为对方当事人的利益制作的书证；

(三)对方当事人依照法律规定有权查阅、获取的书证；

(四)账簿、记账原始凭证；

(五)人民法院认为应当提交书证的其他情形。

前款所列书证，涉及国家秘密、商业秘密、当事人或第三人的隐私，或者存在法律规定应当保密的情形的，提交后不得公开质证。

法条渊源

我国法律体系中暂时并没有关于该法条的规定渊源。关联的法律条文目前只有 2018 年《公司法》第三十三条第一款"股东有权查阅、复制公司章程、股东会会议记录、董事会会议决议、监事会会议决议和财务会计报告"和第九十七条"股东有权查阅公司章程、股东名册、公司债券存根、股东大会会议记录、董事会会议决议、监事会会议决议、财务会计报告，对公司的经营提出建议或者质询"的规定。因此，本书将从比较法上的变迁来介绍书证提出义务，探寻我国法上该条文规定的缘由。

法条精析

所谓当事人有义务提供书证，又称当事人文书提出之义务，是指在民事诉讼中持有相关文书但不负举证责任的当事人因举证人将该文书作为证据方法使用而将其提交与受诉法院的规定。[①] 一般而言,文书是指以文字及其他符号之组合表现人的意思、意见、感情等思想内容的有形物,法官以文书作为证据方法,通过阅览获知文书所记载的内容并作为证据资料的即为书证。[②] 关于书证提交义务的范围,学理上有绝对化和限制化之争。提倡书证提交义务绝对化的理由是,书证提交义务一般化有利于保障当事人在诉讼上公平竞争,实现案件集中审理,最大限度地查清案件事实从而实现裁判公正。提倡书证提交义务限制化的理由是民事诉讼中当事人诉讼权利和义务的分配和调整,应适用成本负担和危险分配理念。理论上,如果当事人对于保管相关文书没有法律上的义务,却要求不负举证责任的一方当事人无限制地负担书证提交义务,否则就遭受不利益的后果和制裁,其正当性相较于保管义务的情形下的文书提出义务要低,文书提出义务的范围应限定在因当事人地位不平等导致的证据偏在的情形下适用。[③] 例如,消费者权益侵害、劳动争议、环境公益损害、医疗事故纠纷、保险纠纷等当事人地位不平等的案件类型。笔者认为,上述两种观点都有一定道理。从各国和地区的情况来看,采取列举主义将当事人负有提出义务的文书限定于:(1)该当事人于诉讼中曾经引用之文书;(2)举证人依法律规定得请求对方当事人交付或阅览之文书;(3)为举证人之利益而制作之文书;(4)就双方当事人之间法律关系所制作的文书。德国、修法前的日本以及修改规定前的我国台湾地区均采用此种列举主义的方式。概括主义是指凡与系属诉讼有关系的事项文书,持有文书的当事人均负有提出的义务,以修法后的日本以及修改规定后的我国台湾地区为代表。

民事诉讼程序作为解决平等主体之间民事权利义务争议的程序,要求当事人尽力收集证据以证明自己的事实主张。这也是当事人主义诉讼模式的基本要求。从司法实务情况而言,除了当事人诉讼地位不平等等程序法上原因之外,还有实体法上的原因,需要对方当事人提交相应书证。例如,上述公司法的规定。但是,如果因为私益而让国家司法权干涉太深,则必然导致国家逾越自身权力边界,有违诉讼主体平等、诉权自治精神。鉴于我国正处于从职权主义向当事人主义转型的过程中,辩论原则和处分原则尚未完全确立。在事实探知方面,还不能完全遵循当事人主义诉讼模式的要求。故仍应坚持文书提出义务制度中的提出对象范围限定化。几经斟酌后,2020 年《证据规定》以新增本条形式,明确了控制书证的当事人应当提交书证的范围。本条起草过程中,2016 年《法院征求意见稿》第六十七条规定:“下列情形,控制书证的当事人应当提交书证:(一)当事人在诉讼中曾经引用过的自己持有的文书;(二)为承担举证证明责任的当事人的利益而制作的,或者为承担举证证明责任的当事人与文书持有人之间的法律关系而制作的文书;(三)就与本案争议有关的事项所制作的文书;(四)商业账簿;(五)承担举证证明责任的当事人依照法律规定有权请求交付或者查阅的文书。前款所列书证,涉及当事人或者第三人的隐私、商业秘密,且公开书证可能造成当事人或者第三人重大损害的,当事人可以拒绝提出该书证。人民法院对于当事人拒绝提出书证的理

---

① 占善刚:《论民事诉讼中的当事人之文书提出义务》,载《求索》2008 年第 3 期。

② 占善刚:《证据协力义务之比较法分析》,载《法学研究》2008 年第 5 期。

③ 张丽:《民事诉讼中书证提交义务的司法适用》,载《新东方》2018 年第 1 期。

由应当进行审查,必要时可以责令当事人提出书证,以不公开的方式进行审核。"2017 年《审判长讨论稿》第五十二条主要从文字简洁角度作了修改,内容并无实质性变化。2018 年《审委会送审稿》第四十六条的修改主要表现为,将"为承担举证证明责任的当事人的利益而制作的,或者为承担举证证明责任的当事人与文书持有人之间的法律关系而制作的文书"修改为"为对方当事人的利益制作的书证";将"承担举证证明责任的当事人依照法律规定有权请求交付或者查阅的文书"修改为"对方当事人依照法律规定有权请求交付或查阅的书证";将"账簿"修改为"账簿、记账原始凭证";并增加"(五)就与本案争议有关的事项所制作的书证""国家秘密""控制书证的当事人可以不提交"等规定。本条定稿时,则进一步修改为:将"交付"修改为"获取";将"(五)就与本案争议有关的事项所制作的书证"修改为"人民法院认为应当提交书证的其他情形";将"涉及国家秘密、商业秘密、当事人或者第三人的隐私,且公开书证可能造成当事人或者第三人重大损害的,控制书证的当事人可以不提交。人民法院认为确有必要的,可以责令当事人提交书证,以不公开的方式进行审核"修改为"涉及国家秘密、商业秘密、当事人或第三人的隐私,或者存在法律规定应当保密的情形的,提交后不得公开质证"。本条主要修改之处,具体而言:

1. 控制书证的当事人在诉讼中曾经引用的书证

在 2017 年《审判长讨论稿》中,第五十二条第一款第一项表述为"在诉讼中曾经引用过的书证",本条最终定稿时增加了主语,即"控制书证的当事人"。区别在于,如果仅仅是未控制书证的当事人曾经在诉讼中引用某书证,则反而可作为书证控制人主张免于提交该书证的抗辩事由,这在一定程度上减轻了控制书证的当事人的义务。这里的"引用"应解释为不论其作为证据而引用还是为阐明其主张而引用,包括诉答阶段的文书列明、证据交换阶段的证据清单注明乃至一审辩论终结前的陈述引用等在所不问。若控制书证的当事人引用后但予以撤销或者放弃该证据,此时对方当事人若向法院请求其提出该文书,则基于诚实信用原则考虑,控制书证的当事人仍有提出该文书的义务。此外,本项中的"诉讼中"应限定在本案,而一般不包括对方当事人在其他案件中的引用。理由在于,对方当事人在本案诉讼中的引用方可说明该书证对本案争议事实的证明存在必要性。如在他案中,因诉讼标的的不同,该书证与本案中待证事实的证明是否必要,则有待法院进一步审查认定。类似情形还有仲裁程序中曾经引用的书证,在此不再赘述。

2. 为对方当事人的利益制作的书证

在 2017 年《审判长讨论稿》中,第五十二条第一款第二项规定为"为承担举证证明责任的当事人的利益而制作的,或者为承担举证证明责任的当事人与控制书证的当事人之间的法律关系而制作的书证",该项规定与日本民事诉讼法类似。参考日本判例的解释,利益文书是指诸如身份证明书、授权书、遗书等能够直接使举证者的地位、权利以及权限等得以明确的文书;但学说认为,并不以专为举证人利益为限,举证人与控制书证的当事人之间的法律关系也包括在内,比较典型的是遗嘱与赠与协议。[①] 在随后的讨论中,有观点提出本项中"为承担举

---

① 唐力:《日本民事诉讼证据收集制度及其法理》,载《环球法律评论》2007 年第 2 期。

证证明责任的当事人的利益而制作的”与“为承担举证证明责任的当事人与控制书证的当事人之间的法律关系而制作的书证”虽然属于性质完全不同的两类书证,但在实务中经常难以严格区分。甚至在某种意义上,如对前者适当扩张解释,就可以将后者纳入其中。故定稿时,本条仅用“为对方当事人的利益制作的书证”这一简短语句予以表述。司法实务中,关于利益书证,可以从以下几个方面加以把握:第一,书证的证明对象。能够直接或间接证明申请人享有案涉民事法律关系的主体资格、民事权益等的书证才可能是利益书证。第二,书证的制作目的。证明申请人享有民事权益而制作的书证才可能是利益书证。第三,书证的利益范围。利益书证的利益包括举证人利益、举证人和其他人的共同利益。第四,当事人的诉讼请求利益。从当事人诉讼请求角度而言,涉及申请人的实际利益的就构成利益文书。这里的利益书证广义上还包括上文所指法律关系文书在内。所谓法律关系文书是基于申请人与书证控制人之间的法律关系而制作的文书。由于法律关系文书涉及争议的法律关系,对法院查明案件事实意义重大,故法律文书应当纳入提出义务对象范围。实务中的典型法律文书为合同文本。

3. 对方当事人依照法律规定有权查阅、获取的书证

2017 年《审判长讨论稿》中,第五十二条第一款第三项规定的是“就与本案争议有关的事项所制作的书证”涉及范围相对较广,对于与案件争议的事实和法律关系所制作的书证均包括在内,都是控制书证的当事人提交书证之义务范围。在讨论中,有观点提出,不区分书证情况都命令提交是书证提交义务绝对化的表现,与当事人诉讼地位平等的要求不符,应进行限缩性规定。故最终本条规定将该项删除,并将原第五项前移为第三项后修改为“对方当事人依照法律规定有权查阅、获取的书证”,再次缩小了文书持有人的提出证据范围。

“对方当事人依照法律规定有权查阅、获取的书证”是指申请人根据法律的规定,享有要求对方提出该书证的实体请求权或要求阅览文书的阅览请求权。比如,2018 年《公司法》第三十三条规定:(1)股东有权查阅、复制公司章程、股东会会议记录、董事会会议决议、监事会会议决议和财务会计报告。(2)股东可以要求查阅公司会计账簿。股东要求查阅公司会计账簿的,应当向公司提出书面请求,说明目的。公司有合理根据认为股东查阅会计账簿有不正当目的,可能损害公司合法利益的,可以拒绝提供查阅,并应当自股东提出书面请求之日起 15 日内书面答复股东并说明理由。公司拒绝提供查阅的,股东可以请求人民法院要求公司提供查阅。规定查阅请求的最初形态是为了确定诉讼请求以及查明案件事实,将这一情形纳入文书提出义务的范畴,可以在证据的收集、明确事实关系以及促进纠纷的解决等多个方面发挥积极的作用。另外,该款中所称的“依照法律规定”,通常是基于私法上的请求交付或者阅览的权利,该权利可以是物权或者债权。

4. 账簿、记账原始凭证

账簿,能否作为文书提出义务的对象存在争执。有观点认为,若该账簿有记载账簿持有者与其他商事主体之间的商事法律关系时,则该部分账簿可作为文书提出义务的对象。若该账簿持有人仅专为供自己阅览而作成,则不得请求提出。另有观点认为,商业账簿本就系账簿持有人专供自己使用而作成。因此,举证者没有要求商业账簿持有者提出的权利,商业账

簿的持有者对于举证者亦没有提出的义务。[①] 在制定此项规定时，考虑到账簿是财务往来的重要凭证，对于证明案件事实具有重要作用。因此，采纳了前一种观点。记账的原始凭证则是尚未规范化的账簿，在 2017 年《审判长讨论稿》中并没有规定"记账原始凭证"，本条定稿时将其加上，使得关于账的载体的形式更加全面化。

5. 人民法院认为应当提交书证的其他情形

本项是兜底性规定，除上述前四款列举的书证持有人应当提交的书证情形外，若人民法院认为还存在其他书证持有人应当提交书证的情形，也可以命令其提交。至于如何判断属于法院自由裁量权的范围。

第二款的规定是为了防止对第一款进行扩大解释而进行的限制性规定。此款内容，我国并没有参照《日本民事诉讼法》第二百二十条关于文书免除义务的例外规定，而是根据我国国情进行了创新，即使上述第一款所列的书证涉及国家秘密、商业秘密、当事人或者第三人隐私以及法律规定的其他应当保密情形的，书证控制人也不能免除书证提出义务，上述证据仍应进行不公开质证。

实务疑难

股东在诉讼中向法院提出要求对方当事人公司提交公司文件材料的书面申请后，人民法院可否依据本条规定责令公司提交公司文件材料抑或让股东另行提起股东知情权诉讼？

司法实务中，股东对公司提起诉讼后，又申请法院责令公司提交公司股东会会议记录、董事会会议记录、监事会会议记录以及公司财务会计报告等文件资料的情形时有发生。对此，有两种观点：第一种观点认为，该种情形属于本条第一款"下列情形，控制书证的当事人应当提交书证"第三项"对方当事人依照法律规定有权查阅、获取的书证"规定的情形，人民法院应责令公司向法院提交上述公司文件资料。如果公司无正当理由拒不提交的，人民法院可以认定申请人所主张的书证内容为真实。第二种观点认为，既然《公司法》及其司法解释已经专门规定了公司股东可以对公司提起知情权诉讼，那么就应该让股东另行提起知情权诉讼。笔者倾向第一种观点。责令当事人提交书证的命令是为了发现案件真实，解决一般诉讼中的"证据偏在"问题，从而让裁判正当性落脚于对案件事实的尊重。公司股东知情权诉讼则是为了解决公司股东的知情权行使问题。一个是诉讼层面，另一个是公司内部治理层面。两者规范对象和目的均不相同。虽然股东提起公司知情权诉讼胜诉后，客观上可以了解公司文件材料记载内容，从而也可通过复印等方式将其作为证据向法院提交，但从举证角度而言，其相对责令提交书证命令而言并不经济，故人民法院在股东作为原告申请法院责令公司提交公司文件材料的情形下，不能让当事人另行提起股东知情权诉讼。此外，2018 年《公司法》第三十三条第二款规定股东可以要求查阅公司会计账簿，但公司有合理根据认为股东查阅会计账簿有不正当目的，可能损害公司合法利益的，可以拒绝提供查阅。这里所谓"不正当目的"，2020 年《公司法解释四》第八条规定了四种法定情形。当股东根据本条申请法院责令公司提供公

---

① ［日］松岗义正：《民事证据论》，张知本译，中国政法大学出版社 2004 年版，第 252～253 页。

司文件资料时，公司仍应可以上述四种法定情形作为法定正当理由，拒绝提供公司文件资料。

关联法条

1.《中华人民共和国公司法》（2018年）

第三十三条第一款 股东有权查阅、复制公司章程、股东会会议记录、董事会会议决议、监事会会议决议和财务会计报告。

第九十七条 股东有权查阅公司章程、股东名册、公司债券存根、股东大会会议记录、董事会会议决议、监事会会议决议、财务会计报告，对公司的经营提出建议或者质询。

2.《最高人民法院关于适用〈中华人民共和国民事诉讼法〉的解释》（2022年）

第一百一十二条 书证在对方当事人控制之下的，承担举证证明责任的当事人可以在举证期限届满前书面申请人民法院责令对方当事人提交。

申请理由成立的，人民法院应当责令对方当事人提交，因提交书证所产生的费用，由申请人负担。对方当事人无正当理由拒不提交的，人民法院可以认定申请人所主张的书证内容为真实。

典型案例

1.（2021）最高法民申7085号

裁判观点：根据2020年《证据规定》第四十七条第一款第四项的规定："下列情形，控制书证的当事人应当提交书证：（四）账簿、记账原始凭证。"因此，恒松公司作为控制交易凭证的一方，有义务向法庭提交与支付行为有关的书证，以证明争议款项的对账是否存在重合。而无论是对于2017年10月23日《价款协议》中确认支付的433.30万元，还是2020年4月9日对账表格涉及的180.57万元，恒松公司在原审中均未提交相应付款凭证。根据2020年《民诉法解释》第九十条第二款的规定，在作出判决前，当事人未能提供证据或者证据不足以证明其事实主张的，由负有举证证明责任的当事人承担不利的后果。故对于待证事实属于真伪不明的状态时，应当由负有举证责任的一方当事人承担不利后果。本案中，由于恒松公司未能证明案涉争议款项的性质，原审法院据此认定由恒松公司对此承担不利后果，并无不当。

2.（2021）京01民终8039号

裁判观点：2020年《证据规定》第四十七条第一款规定："下列情形，控制书证的当事人应当提交书证：……（四）账簿、记账原始凭证；（五）人民法院认为应当提交书证的其他情形。"二审诉讼中，本院释明要求梁斌、思维数建公司提交其财务开票对手信息，思维数建公司称开票内容为采购软件、汽车租赁等业务，且相关合作涉及保密信息不便向华茂云公司公开，并且其公司规模小，财务管理不健全，存在相关票据凭证管理混乱、丢失的现实情况，以此为由拒绝提供。本院再次释明梁斌、思维数建公司如不提交将可能直接导致华茂云公司的上诉主张成立以及其承担相应赔偿责任的情况下，梁斌、思维数建公司仅提交了2021年4月21日开具的科目为其他有型动产租赁的增值税发票，金额分别为8000元和28,100元。本院认为，梁斌、思维数建公司认可思维数建公司开票金额为30余万元的情况下,仅提供上述两张增值税发票,不足以证明梁斌和思维数建公司的上述主张成立,故其二者应连带赔偿给华茂云公司造成的损失。

3.(2021)鲁02民终4851号

裁判观点:2020年《证据规定》第四十七条第一款第二项规定,"下列情形,控制书证的当事人应当提交书证:(二)为对方当事人的利益制作的书证"。被上诉人在合伙经营期间,应依法制作会计账册、保存会计凭证,为自己及其他合伙人查询、结算盈亏提供依据。合伙终止后,被上诉人应提交合伙经营期间的所有财务账册、会计凭证,对合伙事务进行清算。被上诉人在一、二审期间仅提交部分账册,无法清算,应承担不利的法律后果,因此应赔偿上诉人10万元投资损失。对于上诉人主张的分配合伙利润及库存,待双方证据充分后另行主张。综上,不能清算、不能审计原因系被上诉人不提交合伙经营期间财务账册、会计凭证所致,被上诉人对此应承担不利的法律后果,原审判决由上诉人承担举证责任分配不当,本院予以纠正。

4.(2021)鄂01民终2140号

裁判观点:2019年1月19日,七曜航网物流股东、原公司董事杨明以七曜航网物流名义出具《承诺书》,加盖七曜航网物流公章后,杨明通过微信聊天平台将《承诺书》拍照发给唯路通物流,虽然唯路通物流无法提供《承诺书》原件,根据2020年《证据规定》第四十七条"下列情形,控制书证的当事人应当提交书证:……(二)为对方当事人的利益制作的书证;……"及第四十八条"控制书证的当事人无正当理由拒不提交书证的,人民法院可以认定对方当事人所主张的书证内容为真实。控制书证的当事人存在《最高人民法院关于适用〈中华人民共和国民事诉讼法〉的解释》第一百一十三条规定情形的,人民法院可以认定对方当事人主张以该书证证明的事实为真实"的规定,《承诺书》的内容应当作为证据认定。因七曜航网物流至今未提交证据证明《承诺书》上所盖公章系杨明伪造或私刻,根据双方的聊天记录等证据,唯路通物流有理由相信杨明代表七曜航网物流出具《承诺书》。

(新增)第四十八条　【违反书证提出命令的法律后果】

控制书证的当事人无正当理由拒不提交书证的,人民法院可以认定对方当事人所主张的书证内容为真实。

控制书证的当事人存在《最高人民法院关于适用〈中华人民共和国民事诉讼法〉的解释》第一百一十三条规定情形的,人民法院可以认定对方当事人主张以该书证证明的事实为真实。

法条渊源

关于当事人无正当理由拒不提供书证的法律后果,最早在1998年《审判改革规定》第三十条就规定,如果对方当事人主张该证据的内容不利于证据持有人,可以推定该主张成立。

后在2002年《证据规定》第七十五条原封不动承继了该条内容。关于妨害民事诉讼的强制措施的规定，最早源于1991年《民事诉讼法》第一百零二条的规定，后2007年《民事诉讼法》对此并无增减。2012年《民事诉讼法》也仅作条文序号变动，将第一百零二条调整为第一百一十一条，2021年《民事诉讼法》沿用了这一条规定。2015年《民诉法解释》第一百一十三条则将当事人实施的证据妨害行为具体化，使在对当事人实施的行为进行裁量时有了更加明确的标准。

法条精析

本条是关于违反书证提出命令的后果的规定，是书证提出命令得以顺利实施的必要保障。本条起草过程中，2016年《法院征求意见稿》第六十九条规定："控制书证的当事人无正当理由拒不服从提交书证的裁定，人民法院可以认定对方当事人所主张的书证内容为真实。控制书证的当事人以妨碍对方当事人使用为目的，毁灭有关书证或者实施其他使书证不能使用的行为的，人民法院可以认定对方当事人所主张的需要以该文书证明的事实为真实。前款情形，人民法院可以依照《民事诉讼法》第一百一十一条第一项的规定，对控制书证的当事人处以罚款、拘留。"2017年《审判长讨论稿》第五十三条规定："控制书证的当事人无正当理由拒不服从提交书证的裁定的，人民法院可以认定对方当事人所主张的书证内容为真实。控制书证的当事人毁灭有关书证或者实施其他使书证不能使用的行为的，人民法院可以认定对方当事人主张以该书证证明的事实为真实，并应当依照民事诉讼法第一百一十一条第一款第一项、第一百一十五条的规定，对控制书证的当事人予以处罚。"2018年《审委会送审稿》第四十七条简化了前稿文字表述，规定"控制书证的当事人无正当理由拒不提交书证的，人民法院可以认定对方当事人所主张的书证内容为真实。控制书证的当事人存在民事诉讼法司法解释第一百一十三条规定情形的，人民法院可以认定对方当事人主张以该书证证明的事实为真实"。本条定稿时，只对行文作了简化处理，内容没有变化。

鉴于2015年《民诉法解释》第一百一十三条已经有2017年《审判长讨论稿》中对实施使书证不能使用行为的当事人采取妨碍民事诉讼的强制措施的规定，为避免重复规定，本条最终定稿时将讨论稿中这一部分删除。至于其他部分，则只有文字表述上的精简。具体而言，本条两款内容表述大致可分为两个方面。

一、违反书证提出命令法律效果的理论依据

从诉讼法理而言，控制书证的当事人违反书证提出命令属于证明妨碍行为。一般而言，所谓证明妨碍，是指民事诉讼中不承担证明责任的一方，故意或过失地将证据灭失、隐匿或妨碍诉讼对方利用，使对方当事人因无法利用该证据而无法尽其举证义务时，法院可根据案件审理情况，在事实认定上作出对负证明责任一方当事人有利的认定。[①] 我国2021年《民事诉讼法》第一百一十四条仅规定了对诉讼参与人和其他人在诉讼中实施妨碍举证行为的制裁措施，但至今为止民事诉讼法立法层面并未构建完整的证明妨碍制度。不过基于审判实务的需

① 江伟、肖建国主编：《民事诉讼法》（第7版），中国人民大学出版社2015年版，第188页。

求,早在 2002 年《证据规定》第七十五条就对证明妨碍问题作了进一步规定。该规定将证明妨碍产生的后果扩展到诉讼双方的行为关系上,并在事实认定层面规定了证明妨碍的法律后果。在随后 2015 年《民诉法解释》第一百一十二条和第一百一十三条又分别针对书证提交妨碍问题作出了新的规定。该条起草时参考了大陆法系的文书提出命令制度,而其正是证明妨碍理论在书证领域的表现。根据证明妨碍理论,其构成要件分为主观要件和客观要件两大类,分别决定了行为的可归责性和可惩罚性。具体而言,构成证明妨碍的主观要件是故意和过失。故意的证明妨碍是指行为人明知自身的特定行为会妨碍他方当事人的证据收集从而间接导致其因无法证明而需承担相应不利后果,但该行为人仍持有希望或放任该不利后果发生的心态并实际采取了相应的妨碍措施。这里的故意,除了要求行为人明知其行为能够妨碍他人对有关证据的利用之外,还要求行为人主观追求排除该证据的证明功能。至于过失能否作为证明妨碍的主观要件则存有争议。由于本条两款规定的控制书证的当事人的妨碍行为都是故意为之,故对过失导致的证明妨碍问题,略过不提。至于证明妨碍的客观要件则为控制书证的当事人实施了证明妨碍行为并导致了妨碍行为的法定后果。证明妨碍通常应以一定的作为或不作为为基础。至于该行为是在诉讼系属前或后发生,都不影响妨碍行为的成立。至于妨碍行为的法定后果,是指不负证明责任一方当事人的行为造成了举证人证明不能或者困难的状态。其中,当证据不复存在无法为举证人所掌握时,即称为证明不能;当举证人因妨碍者的行为而必须付出更多的时间成本和人力成本才能获取该证据时,则称为证明困难。二者的本质区别在于是否存在克服客观证明障碍的可能性,若否,即是证明不能;若是,则为证明困难。① 妨碍行为与法定后果之间的因果关系指的是妨碍证明行为与待证事实真伪不明之间为因果关系。如果行为人实施了妨碍证明行为并因此造成受妨碍方的事实主张无法认定,则两者之间不存在因果关系。满足证明妨碍的构成要件后,该妨碍行为将导致相应的法律效果,主要表现为证明妨碍的制裁措施和证明妨碍的救济措施两大类。其中,证明妨碍的制裁措施最常见的为罚款、拘留或刑罚。对此,2021 年《民事诉讼法》第一百一十四条已经有规定,在此略过不提。至于证明妨碍的救济措施,理论上有证明责任转换说、自由证据评价说和多元化适用说等不同观点。具体到司法实务中,2002 年《证据规定》第七十五条已经规定"如果对方当事人主张该证据的内容不利于证据持有人,可以推定该主张成立"。也即,推定该证据本身的内容为真实且不利于证据持有人。从司法实践反馈来看,该条在具体适用中发挥了重要作用,故本条第一款沿袭了该条的主旨精神,并新增了第二款关于认定书证证明的事实为真实的规定。

二、违反书证提出命令的法律效果

司法实务中,控制书证的当事人违反书证提出命令的行为,主要表现为两类情况:无正当理由拒不提交书证和 2022 年《民诉法解释》第一百一十三条规定的情形。这两种情况的共性在于控制书证的当事人违反书证提出命令存在主观恶意。区别在于恶意程度不同。前者是通过不作为方式体现其恶意,而后者多以毁灭等致使书证物理灭失或损坏等作为形式反映其

① 孙晨曦:《论民事诉讼中的证明妨碍》,载《海峡法学》2019 年第 2 期。

恶意。显然,后者的恶意大于前者。相应地,对控制书证的当事人的制裁和不利推定程度,后者也应大于前者。基于此,本条规定的违反书证提出命令的法律后果可以区分为两个层次:第一,控制书证的当事人无正当理由拒不提交书证。对于单纯拒不服从的,认定对方当事人所主张的书证内容为真实,至于书证是否能够证明对方当事人主张的事实,需要人民法院根据相应证据规则确定。第二,对于实施2022年《民诉法解释》第一百一十三条(持有书证的当事人以妨碍对方当事人使用为目的,毁灭有关书证或者实施其他致使书证不能使用行为的,人民法院可以依照2021年《民事诉讼法》第一百一十四条规定,对其处以罚款、拘留)规定行为使书证不能使用行为的控制书证的当事人,不仅应当根据妨害民事诉讼的强制措施对其进行处罚,在事实认定上也应当作出相应处理,故规定人民法院可以认定对方当事人主张以该书证证明的事实为真实。需要注意的是,这里的"认定对方当事人所主张的书证内容为真实"和"认定对方当事人主张以该书证证明的事实为真实"是不同的,前者是关于书证本身的内容问题,后者是指书证作为一项证据而言对待证事实的证明力问题。前者是为了在法院根据一方当事人提出的书证提出申请,对另一方当事人提出书证提出命令后,另一方当事人仍无正当理由不提交时,推定当事人主张的书证内容为真实。后者是在法院对控制文书的当事人下达文书提出命令后,其实施毁灭书证或者采取其他使书证不得使用的行为,法院不仅对该书证证明的事实推定为真实,还要对其采取惩戒措施。但单纯的不提交书证的行为并不会引起惩戒措施。

有学者认为,在控制书证的当事人无正当理由不提出书证时,应当推定对方当事人主张以该书证证明的事实为真实,而非其主张的书证内容本身为真实。理由在于,对医疗记录、产品生产加工记录这些书证,当事人根本不清楚其具体记载的内容,但知道其可以证明的事实。另外,也有学者主张,实行证明责任的转化(在持有书证一方当事人拒不提交书证时,应当将证明该事实真实的责任转换到持有书证一方),如此比直接认定申请人主张的事实真实更好。笔者认为,毕竟"推定对方当事人主张的书证内容本身为真实"和"推定对方当事人主张以该书证证明的事实为真实"是两个不同层面。在控制书证的当事人无正当理由不提出书证时,还是"推定对方当事人主张的书证内容为真实"更为合适。因为"推定对方当事人主张以该书证证明的事实为真实"一旦认定错误或出现偏差,对整个案件造成的偏差影响更大。而且,有可能会造成申请人权利滥用,从而加重书证持有人一方的义务。另外,实行证明责任的转换也容易加重书证持有人一方的义务。如此一来,只要申请方主张书证在对方当事人手中,对方当事人就要承担证明案件事实的责任,不仅造成申请人权利的滥用,还容易拖延诉讼进程。如此看来,本条规定的关于书证持有人不提出书证的"层进式"处理方式更为合理。

值得注意的是,草案稿关于书证提出命令后果的规定为"控制书证的当事人无正当理由拒不服从提交书证的裁定的,人民法院可以认定对方当事人所主张的书证内容为真实。控制书证的当事人毁灭有关书证或实施其他使书证不能使用的行为的,人民法院可以认定对方当事人主张以该书证证明的事实为真实,并应当依照民事诉讼法第一百一十一条第一款第一项、第一百一十五条的规定,对控制书证的当事人予以处罚"。虽然草案稿和本《证据规定》的表述看起来大不相同,但是含义是相同的,其核心意思都是控制书证的当事人无正当理由拒不提交书证的,认定对方当事人主张的书证内容为真;实施妨碍书证使用行为的,认定对方当事人主张以该书证证明的事实为真的二阶层构造。

实务疑难

司法实践中，由于控制书证的当事人实施了致使书证不能使用行为导致其无法应法院要求提供书证的情形出现后，对人民法院是否必须认定对方当事人主张的以该书证证明的事实为真实，存在争议：第一种观点认为，人民法院应当认定对方当事人主张以该书证证明的事实为真实。理由是本条第二款已经规定，存在 2022 年《民诉法解释》第一百一十三条规定情形的，人民法院可以认定对方当事人主张以该书证证明的事实为真实。这也是对当事人妨碍证明行为的制裁和妨碍证明制度的价值所在。第二种观点认为，法院应依据证据调查结果以及言词辩论内容，根据自由心证判断该书证证明事实是否真实，而不是一律认定该事实为真实。具体而言，应从控制书证当事人过错大小角度，根据证明度大小要求不同，区分处理：如果当事人是故意实施证明妨害行为，原则上法院就可以将该申请提交书证所证明的事实认定为真实存在；如果当事人是基于重大过失实施证明妨害行为，则法院可以低度可能性标准认定书证所证明的事实为真实；如果当事人是基于轻微过失实施证明妨害行为，则法院可以高度可能性标准认定书证所证明的事实为真实。笔者倾向于第二种观点。除此之外，还可对证明妨碍行为采取罚款、拘留等妨碍民事诉讼的强制措施进行制裁。两者并行不悖。

关联法条

1.《中华人民共和国民事诉讼法》(2021 年)

第一百一十四条　诉讼参与人或者其他人有下列行为之一的，人民法院可以根据情节轻重予以罚款、拘留；构成犯罪的，依法追究刑事责任：

（一）伪造、毁灭重要证据，妨碍人民法院审理案件的；

（二）以暴力、威胁、贿买方法阻止证人作证或者指使、贿买、胁迫他人作伪证的；

（三）隐藏、转移、变卖、毁损已被查封、扣押的财产，或者已被清点并责令其保管的财产，转移已被冻结的财产的；

（四）对司法工作人员、诉讼参加人、证人、翻译人员、鉴定人、勘验人、协助执行的人，进行侮辱、诽谤、诬陷、殴打或者打击报复的；

（五）以暴力、威胁或者其他方法阻碍司法工作人员执行职务的；

（六）拒不履行人民法院已经发生法律效力的判决、裁定的。

人民法院对有前款规定的行为之一的单位，可以对其主要负责人或者直接责任人员予以罚款、拘留；构成犯罪的，依法追究刑事责任。

2.《最高人民法院关于适用〈中华人民共和国民事诉讼法〉的解释》(2022 年)

第一百一十二条　书证在对方当事人控制之下的，承担举证证明责任的当事人可以在举证期限届满前书面申请人民法院责令对方当事人提交。

申请理由成立的，人民法院应当责令对方当事人提交，因提交书证所产生的费用，由申请人负担。对方当事人无正当理由拒不提交的，人民法院可以认定申请人所主张的书证内容为真实。

第一百一十三条 持有书证的当事人以妨碍对方当事人使用为目的，毁灭有关书证或者实施其他致使书证不能使用行为的，人民法院可以依照民事诉讼法第一百一十一条规定，对其处以罚款、拘留。

3.《最高人民法院关于知识产权民事诉讼证据的若干规定》(2020 年)

第二十五条 人民法院依法要求当事人提交有关证据，其无正当理由拒不提交、提交虚假证据、毁灭证据或者实施其他致使证据不能使用行为的，人民法院可以推定对方当事人就该证据所涉证明事项的主张成立。

当事人实施前款所列行为，构成民事诉讼法第一百一十一条规定情形的，人民法院依法处理。

典型案例

1.(2020)最高法民申5649号

裁判观点:2020年《证据规定》第四十八条第一款规定:“控制书证的当事人无正当理由拒不提交书证的，人民法院可以认定对方当事人所主张的书证内容为真实。”本案中，为证明增加、变更工程量，程洛元提交2012002号《银川市住房保障局工程现场签证单》2份、2012003号《银川市住房保障局工程现场签证单》、2012005号《银川市住房保障局工程现场签证单》、20140920号《银川市住房保障局工程现场签证单》及《工作联系单》。上述签证单及工作联系单均有建设单位、施工单位及监理单位盖章签字，均有李忠东签署“原件存我处李忠东2016.6.22”。经质证，隆天公司及隆天宁夏分公司对李忠东的签名无异议。程洛元依据上述签证单向一审法院提交《增加诉讼请求申请书》，载明“请求增加被告向原告支付工程款1,524,501.56元，利息损失2,541,183元，合计:4,065,684.56元。”因隆天公司及隆天宁夏分公司对上述证据中李忠东的签名无异议，并认可李忠东为隆天公司的副总经理，足以认定上述证据原件由隆天公司及隆天宁夏分公司持有，在其应当出示而未出示的情况下，二审判决依照2020年《证据规定》第四十八条规定支持程洛元该诉讼主张，具有事实和法律依据，并无不当。隆天公司及隆天宁夏分公司该申请再审理由不能成立，本院不予支持。

2.(2021)甘民申870号

裁判观点:2017年年底，虎某和谈爱科、刘水军、杨季川与李刚、严某对涉案工程进行结算，经核对账目，剩余未付款51万多元，虎某给李刚、严某免除了8万多元，并书写条据，谈爱科、杨季川、刘水军、虎某均签字，因李刚和严某内部算账需要，条据由严某持有。2020年《证据规定》第四十八条第一款规定:“控制书证的当事人无正当理由拒不提交书证的，人民法院可以认定对方当事人所主张的书证内容为真实。”严某在原审时没有提交上述条据，根据该规定并结合谈爱科、刘水军证言以及二审中虎某提交的2018年2月14日农家乐总投资结算清单复印件等证据，原判决认定虎某主张的事实真实并无不当，严某应承担付款责任。

3.(2021)甘12民终415号

裁判观点:2020年《证据规定》第四十八条第一款规定:“控制书证的当事人无正当理由

拒不提交书证的，人民法院可以认定对方当事人所主张的书证内容为真实。”西安友慧公司一、二审提交的证据均为复印件，但陇南浙商公司对西安友慧公司共销售的 518 套房屋予以认可，因陇南浙商公司属房屋销售者，并且陇南浙商公司在其起诉西安友慧公司一案上诉状中明确合同解除后，西安友慧公司向陇南浙商公司交接了成交表、价格表、认购书交款流程确认单等相关材料，故可以认定陇南浙商公司持有西安友慧公司提供证据原件，且经二审询问，陇南浙商公司亦认可西安友慧公司提交的申王录签字的结算单系申王录本人所签，但其对结算结果不认可。一审法院裁定陇南浙商公司提供该表内客户收款收据、银行汇款单。但陇南浙商公司拒不提交。本次二审本院又通知陇南浙商公司提供所有西安友慧公司提交的证据的原件，陇南浙商公司仍拒不提交。故根据 2020 年《证据规定》第四十八条的规定，本院认定西安友慧公司所主张的书证内容为真实。

4.（2021）闽 09 民终 464 号

裁判观点：现富德保险宁德支公司在未针对该保险发出拒绝赔偿或拒绝给付保险金通知书并说明理由的情形下无正当理由将相关保险条款原始原件销毁，导致本案关键证据保险条款如何约定无法查实。根据 2020 年《证据规定》第四十八条“控制书证的当事人无正当理由拒不提交书证的，人民法院可以认定对方当事人所主张的书证内容为真实。控制书证的当事人存在《最高人民法院关于适用〈中华人民共和国民事诉讼法〉的解释》第一百一十三条规定情形的，人民法院可以认定对方当事人主张以该书证证明的事实为真实”的规定，一审法院认定王伟华、王德华关于王成龙因脑梗死死亡属于生命附加定期重大疾病保险（A 款）理赔范围的主张成立并无不当。

（修改）第四十九条　【书面答辩内容】

被告应当在答辩期届满前提出书面答辩，阐明其对原告诉讼请求及所依据的事实和理由的意见。

法条渊源

关于被告提交答辩状的时间、形式，最早在 1982 年《民事诉讼法》第八十六条就规定人民法院对追索赡养费、扶养费、抚育费、抚恤金和劳动报酬的案件，被告在收到起诉状副本后 10 日内提出答辩状。其他案件，被告在收到起诉状副本后 15 日内提出答辩状。后在 1991 年《民事诉讼法》第一百一十三条将答辩时间统一为，被告在收到起诉状副本之日起 15 日内提出答辩状。被告不提出答辩状的，不影响人民法院审理。2002 年《证据规定》第三十二条规定了答辩状的主要内容，即“对诉讼请求及所依据的事实和理由的意见”。此后，2012 年《民事诉讼法》第一百二十五条增加了答辩状中被告个人资料信息要求的细化规定。但没有对答辩状的实质内容作出规定。

法条精析

本条规定了被告的书面答辩内容,延续了2002年《证据规定》第三十二条内容,没有任何修改。2016年《法院征求意见稿》和2017年《审判长讨论稿》中均没有规定本条内容。2018年《审委会送审稿》将2002年《证据规定》第三十二条作为第四十八条重新纳入。本条定稿时,内容没有改动。

本条是对2017年《民事诉讼法》第一百二十五条规定的解释。本条所规定的"被告应当在答辩期届满前提出书面答辩",与2021年《民事诉讼法》第一百二十八条第一款规定的"人民法院应当在立案之日起五日内将起诉状副本发送被告,被告应当在收到之日起十五日内提出答辩状",第二款规定的"被告不提出答辩状的,不影响人民法院审理"并没有实质的区别,在条文内容上增加了"应当"二字,加重了语气,进一步明确了答辩也是被告的法定诉讼义务。

在司法实践中,被告特别是被上诉人在答辩期间不提交答辩状是诉讼中常见情形。究其原因,多种多样:个人因疫情隔离、自然灾害等不可抗力原因导致无法提交答辩状;因自身疾病等不可归责原因,无法提交答辩状;因内部管理决策程序原因,没有在答辩期限内提交答辩状;因个人遗忘原因,没有在答辩期满前提交答辩状;为了庭审诉讼突袭,故意不提交答辩状等。这些原因中,有些可以归责于被告或被上诉人,有的则与其自身无关,不具备可归责性。鉴于上述原因和目前我国部分当事人法律素养不高、个案委托律师代理并非强制等司法环境情况,我国现在并没有像西方国家一样实行强制答辩制度。因此,2021年《民事诉讼法》第一百二十八条第二款规定"被告不提出答辩状的,不影响人民法院审理"。

学理上,答辩是被告的一项诉讼权利,分为书面答辩和口头答辩。被告的答辩权与原告的起诉权相对应,共同促进民事诉讼的进行,统称诉答程序。被告的答辩权主要是指被告提出各种事实、主张、理由和证据来反对原告的诉讼请求以维护自身合法权益的诉讼手段,同样也是我国民事诉讼以辩论权为基础确立的辩论原则所赋予被告的权利。从辩论主义角度而言,答辩也是被告的诉讼义务。如果被告不应诉,不答辩,原告方就无法在举证期限内有针对性地调查收集证据,更无法有效进行证据交换。相应地,双方当事人就无法在庭审前明确双方的争议焦点,被告方也就有了庭审诉讼突袭的机会和可能。为此,各国立法皆规定了被告答辩制度,要求被告在法定答辩期限内提交答辩意见。我国也不例外。2017年《民事诉讼法》针对普通程序、简易程序和小额程序繁简程度不同,分别对其被告的答辩期限作出了规定并要求被告在该期限内提交答辩状。但由于我国立法并未采取强制答辩制度,故实务中被告放弃答辩,并不影响庭审的继续进行,只是民事诉讼立法仍对被告或被上诉人不履行提交答辩意见义务规定了相应责任。

首先,从程序方面看,被告不履行书面答辩义务,就可能丧失提出管辖权异议的诉讼权利。如被告对管辖权有异议的,必须在提交答辩状期限内提出,否则就会导致异议失权后果。实务中,被告提出管辖权异议多在书面答辩状中一并提出。如果被告不提交书面答辩状,就很可能连带管辖权异议也不会单独提出。这样就可能丧失对管辖权提出异议的权利。此外,如果被告不履行提交书面答辩义务,则意味着,原告可以就庭审中被告主张的观点或提交的证据提出异议并要求重新指定举证期限,方便其针对被告的观点或证据调查收集新的证据并向法院提交。这肯定会造成诉讼拖延。

其次,从实体方面看,书面答辩可以理解为被告主张权利的方式。之所以本条规定的答辩形式要求是书面,主要是为将来就是否曾提交答辩意见发生的争议留下证据。被告仅有答辩意见,而不参加开庭的,法院对待答辩意见、处理实体问题应同样认真对待。但是,被告不参加开庭,又不提出答辩意见的,法院就可以结合现有证据作出缺席裁判。这使本来可以通过提交书面答辩意见行使辩论权的被告因没提交该意见而被视为放弃了辩论权。也即,该裁判是在被告没有行使辩论权的基础上作出的,很可能对被告不利。

最后,少数被告出于诉讼突袭策略的考虑,而不提交答辩状,担心原告知道自己的诉讼策略而作出相应准备等。这就违反了诉讼平等原则的基本要求。民事诉讼平等原则要求民事诉讼当事人双方平等地享有诉讼权利和平等地履行诉讼义务,被告通过起诉状了解到原告主张的诉讼请求和证据,就应当同样赋予原告了解被告主张和证据的机会与权利。否则,被告故意不提交答辩状,隐藏证据和观点,将剥夺原告的庭前诉讼知情权并限制了其辩论权的行使。此外,随着我国民事诉讼改革的推进,程序经济也成为衡量审判公平正义的重要标准之一。程序经济是指诉讼主体以最低诉讼成本取得最大法律效益。在这种背景下,被告在答辩期间不提交答辩状的消极后果越发明显。主要包含:对原告实施诉讼突袭,不符合程序正义的要求;因原告当庭申请延期举证造成时间浪费和诉讼迟延,不符合诉讼经济的要求;原告在开庭前无法得知被告对原告起诉主张和事实的意见,难以对双方争议焦点作精准预测并事先收集相关证据,进而不能对被告的反驳和主张作进一步辩论,严重影响开庭审理的效率和审判效果。

除了要提交书面答辩状之外,还有必要强调的是书面答辩状记载的内容。从实务反馈情况看,有的当事人虽然在答辩期内提交了书面答辩状,但或是因为自身法律知识、诉讼技能欠缺,或是为了实施诉讼突袭,在书面答辩状中要么记载过于简单、抽象,要么长篇大论、不着边际。这两种情形都不能让原告和被告之间产生真正的攻防抗辩,从而明确争议焦点,各自做好相应庭前准备。既然起诉状、上诉状已经明确了当事人诉讼请求或上诉请求、事实和理由,而人民法院也主要围绕诉讼请求或上诉请求、事实和理由等进行审理,那么担负反驳起诉状、上诉状重任的答辩状自然也应针对上述诉讼请求、上诉请求、相应事实和理由发表反对意见。有鉴于此,本条还明确指出了当事人提交书面答辩意见的主要内容应是针对原告的诉讼请求。

综上所述,本条规定重申被告的答辩义务,旨在消除上述消极后果,督促被告主动、及时提交书面答辩状,防止被告的诉讼突袭给原告带来的不公平,也有利于庭前准备工作有效进行,对争议焦点进行整理,提高诉讼效率,减少诉讼成本。

实务疑难

被告在答辩期满后当庭提交书面答辩状,或者当庭口头答辩,应如何处理?

司法实务中,经常出现被告答辩期满后直至开庭时才提交书面答辩状的情形。对此,原告经常以诉讼突袭为由,提出要求延期审理,针对被告答辩意见重新进行诉讼准备。对此,法院是否允许案件延期,存在观点分歧:第一种观点认为,我国并未规定强制答辩制度,被告在答辩期内不答辩,并不影响人民法院审理。故被告当庭提交书面答辩意见并不违法,也不失权。至于被告逾期提交书面答辩状是否为恶意,不能一概而论,不排除确有无法在答辩期内提交书面答辩状的正当理由的可能。但从诉讼能力对等原则出发,应当允许原告针对被告提交的书面答辩状中陈述的意见重新进行诉讼准备而申请案件延期审理。第二种观点认为,即便被告当庭提交书面答辩意见不违法,也不失权,但如果是恶意逾期答辩、进行诉讼偷袭的诉讼策略,则确实应当给予原告重新进行诉讼准备的时间,而将案件延期审理。至于是否恶意,则可由被告举证其有正当理由。理由不成立的,一般可推定为恶意。但如果被告逾期提交书面答辩意见确有正当理由,则一般可继续进行诉讼。笔者倾向认为,不管被告逾期提交书面答辩是否有正当理由,如其在开庭时才提出,就事实上构成诉讼突袭。为平等保护双方诉讼权利,如果原告重新进行诉讼准备需要时间的,法院可以延期审理。当然,从促进诉讼进程、尽快解决纠纷出发,法院发现被告的书面答辩意见并未实质超出原告诉讼请求和事实、理由范围的,则可向原告释明并不影响其实体权益并征得原告同意后继续进行开庭审理。与此同时,对被告逾期提出书面答辩意见的行为应区分主观是否有恶意以及恶意大小后,有针对性地对被告采取妨碍民事诉讼的强制措施。

关联法条

1.《中华人民共和国民事诉讼法》(2021年)

第一百二十八条 人民法院应当在立案之日起五日内将起诉状副本发送被告,被告应当在收到之日起十五日内提出答辩状。答辩状应当记明被告的姓名、性别、年龄、民族、职业、工作单位、住所、联系方式;法人或者其他组织的名称、住所和法定代表人或者主要负责人的姓名、职务、联系方式。人民法院应当在收到答辩状之日起五日内将答辩状副本发送原告。

被告不提出答辩状的,不影响人民法院审理。

2.《最高人民法院关于适用〈中华人民共和国民事诉讼法〉的解释》(2022年)

第二百二十三条 当事人在提交答辩状期间提出管辖异议,又针对起诉状的内容进行答辩的,人民法院应当依照民事诉讼法第一百三十条第一款的规定,对管辖异议进行审查。

当事人未提出管辖异议,就案件实体内容进行答辩、陈述或者反诉的,可以认定为民事诉讼法第一百三十条第二款规定的应诉答辩。

典型案例

1.(2017)粤02民终2101号

裁判观点:被上诉人黄某华认为,根据《民事诉讼法》第一百四十四条"被告经传票传唤,无正当理由拒不到庭的,或者未经法庭许可中途退庭的,可以缺席判决",2002年《证据规定》第三十二条"被告应当在答辩期届满前提出书面答辩,阐明其对原告诉讼请求及所依据的事实和理由的意见"及第三十四条第一款、第二款"当事人应当在举证期限内向人民法院提交证据材料,当事人在举证期限内不提交的,视为放弃举证权利。对于当事人逾期提交的证据材料，人民法院审理时不组织质证。但对方当事人同意质证的除外"的规定，阳光保险公司一审庭审缺席，亦未提交一审答辩状和重新鉴定申请书，其在一审已经放弃了答辩及要求重新鉴定的权利，一审法院将阳光保险公司按到庭处理，并记录其答辩意见不符合上述法律规定。

2.（2017）粤 07 民终 1204 号

裁判观点：本案谭某霞诉请汇锜制衣公司支付尚欠的劳务费 400 元。一审期间谭某霞为证明该事实提供的证人证言三份，二审期间，谭某霞提供汇锜制衣公司法定代表人何某海出具的证明作为上述事实的补强证据。根据 2002 年《证据规定》第二条第一款"当事人对自己提出的诉讼请求所依据的事实或者反驳对方诉讼请求所依据的事实有责任提供证据加以证明"、第三十二条"被告应当在答辩期限届满前提出书面答辩，阐明其对原告诉讼请求及所依据的事实和理由的意见"及第七十五条"有证据证明一方当事人持有证据无正当理由拒不提供，如果对方当事人主张该证据的内容不利于证据持有人，可以推定该主张成立"的规定，本案汇锜制衣公司承认谭某霞系其员工，对谭某霞主张汇锜制衣公司尚欠的劳务费 400 元的陈述事实，汇锜制衣公司既未表示承认也未否认。鉴于涉及谭某霞劳务费（工资单）的相关证据由汇锜制衣公司所持有，二审期间经法院依法传票传唤汇锜制衣公司无正当理由拒不到庭也不提供谭某霞劳务费单据的相关证据，故法院推定谭某霞主张汇锜制衣公司尚欠的劳务费 400 元的事实成立，汇锜制衣公司应当支付尚欠谭某霞劳务费 400 元。

（修改） 第五十条 【举证通知书】

人民法院应当在审理前的准备阶段向当事人送达举证通知书。

举证通知书应当载明举证责任的分配原则和要求、可以向人民法院申请调查收集证据的情形、人民法院根据案件情况指定的举证期限以及逾期提供证据的法律后果等内容。

法条渊源

举证期限制度最早萌芽于 1992 年《民诉法意见》，后在 2002 年《证据规定》中有系统规定。2002 年《证据规定》以前，我国施行的一直是"证据随时提出主义"，即不管是庭审前还是庭审中，不管是一审、二审还是再审，只要有新的证据都可以随时提出。这样的做法与我国一直追求实体正义、忽视程序正义的历史背景有一定的关系。由于举证期限制度有提高诉讼效率、防止证据突袭和实现程序公正等优势，故后将其移入我国司法体系，使我国举证期限制度也从"证据随时提出主义"转化为"证据适时提出主义"。2012 年《民事诉讼法》第六十五条作为对举证期限的专门规定，体现了我国民事诉讼法对举证期限制度的重视。2015 年《民诉法解释》第九十九条至第一百零二条对 2012 年《民事诉讼法》第六十五条内容进行了详细的规定，对 1 个条款用 4 个条文进行细化，可见其在实践应用中的复杂性和重要性。

法条精析

本条是在对2002年《证据规定》第三十三条第一款进行修改的基础上形成的。本条修改过程中,2016年《法院征求意见稿》中对本条内容没有规定。2017年《审判长讨论稿》第三十五条规定:“人民法院应当在审理前准备阶段向当事人送达举证通知书,载明举证证明责任的分配原则与要求,可以向人民法院申请调查令或者申请调查收集证据的情形,人民法院根据案件情况指定的举证期限以及逾期提供证据的法律后果等内容。”2018年《审委会送审稿》第四十九条规定:“人民法院应当在审理前的准备阶段向当事人送达举证通知书。举证通知书应当载明举证责任的分配原则与要求、可以向人民法院申请调查取证的情形、人民法院根据案件情况指定的举证期限以及逾期提供证据的法律后果等内容。”本条定稿时,只作了个别文字修改,内容没有变化。

本条修改的主要内容是将送达举证通知书的时间由“送达案件受理通知书和应诉通知书时”修改为审理前准备阶段。修改后在操作上更具灵活性,适应性更强。本条主要内容是举证通知书的内容及其送达。举证通知书,顾名思义,就是人民法院依法制作并向当事人送达的告知其举证期限、举证责任、申请调查取证、逾期举证后等相关事项的一种法律文书。从学理角度而言,人民法院向当事人送达举证通知书的法律意义在于通过告知当事人举证注意事项,从程序上给予双方当事人举证攻防抗辩的平等机会。其中,需要向当事人告知的最核心内容为举证期限。

举证期限的含义,一般是指在诉讼中,法律规定或法院指定以及当事人协商提出证据的期限。我国举证期限的规定大致经历了四个阶段:(1)证据随时提出阶段。也就是说,在整个诉讼进程中,当事人都有权随时提出证据。(2)举证期限提出阶段,1992年《民诉法意见》第七十六条规定:“人民法院对当事人一时不能提交证据的,应根据具体情况,指定其在合理期限内提交。当事人在指定期限内提交确有困难的,应在指定期限届满之前,向人民法院申请延期。延长的期限由人民法院决定。”该条首次提出了举证期限这一概念。法院可以指定举证期限,但未规定是否可以再次申请延期,同时也没有规定超过举证期限的证据产生何种法律后果。(3)举证期限发展阶段。1999年10月,最高人民法院颁布的《人民法院改革纲要》第十六条再次提出要建立举证期限制度。紧接着,2002年《证据规定》对举证期限作了比较系统的规定(第三条、第三十三条至第四十条)。2002年《证据规定》第三十四条明确了证据逾期失权的后果。(4)举证期限立法阶段。2012年《民事诉讼法》第六十五条规定,对逾期提出的证据进行灵活处理,放弃了2002年《证据规定》确立的刚性“证据失权”,代之以要求当事人及时提出证据的规定,同时辅以法官的自由心证判断。这体现了法官审理案件面对程序正义和实体公正互相冲突时的价值权衡。

从实务角度看,对于当事人的举证期限只有在诉讼准备阶段予以规范才具有真正的规范意义。2015年《民诉法解释》对举证期限进行了具体的规定,即分别规定一审举证期限和二审举证期限的最低期限。这实际上仍是把举证期限的含义限定在诉讼准备阶段。至于具体的举证时间节点,则由法院在送达的举证通知书中载明。因此,举证通知书的送达时间对于确定举证期限具体起止时间有密切关联。2002年《证据规定》第三十三条第一款规定,“送达案件受理通知书和应诉通知书的同时向当事人送达举证通知书”。但从实务情况看，该款适用情况并不理想。根据该规定，人民法院应在送达案件受理通知书和应诉通知书的同时向当事人送达举证通知书，举证通知书应载明人民法院根据案件情况指定的举证期限。由此可见，双方当事人见面之前，法院已经将举证期限确定下来并通过举证通知书形式告知当事人。这也使立法规定的协商确定举证期限，在实务中很少被适用。此外，由于计算当事人举证期限起点的方式分别为当事人收到案件受理通知书和应诉通知书之日。实务中原被告收到相应文书的时间也不同，从而间接导致了即便法院规定了一样的举证期限，当事人双方实际的举证时间仍有不同。本条第一款将送达举证通知书的时间由 2002 年《证据规定》中的送达案件受理通知书和应诉通知书的同时，放宽修改为包括诉答阶段、证据交换阶段、庭前会议等形式在内的“审理前的准备阶段”。

一般而言，举证期限的设置最主要的作用在于提高诉讼效率，督促当事人在指定期间内提出证据，避免当事人拖延诉讼进程。理由在于：第一，如果没有举证期限的规定，当事人可以随时提出新证据，法院就要多次通知对方当事人进行质证。这不利于法院对事实真相的认定，并且也会纵容当事人滥用举证期限制度而恶意拖延诉讼，浪费司法资源以及当事人的时间、精力。第二，设置举证期限也便于法院集中审理。双方当事人在举证期限内提出证据，法官在审理中可以围绕争议焦点进行裁判。如果当事人可以随时提出证据，法官就要随时对当事人提出的新证据进行审理，可能就会无限次推翻前面已经确定的论点，案件审理周期就被拉长。第三，设置举证期限还在于当事人之间相互开示证据，有利于促成庭前和解的达成。在举证期间，双方当事人全部提交证据后，双方了解了对方的诉求和主张以及对方所掌握的证据。一些争议不大的案件，法院可以进行调解，将更多的案件在庭前予以解决，无疑是节约了司法资源，提高了诉讼效率。

除了上述重大意义外，设置举证期限制度的意义还在于当事人逾期提出证据应承担由此带来的不利后果。如果当事人无正当理由未在规定期限内向法院提出证据，2002 年《证据规定》第三十四条规定了法院对此不予质证，也就间接地否定了逾期提交的证据作为裁判依据的可能，即造成了“证据失权”。证据失权是指“当事人丧失了有效地提出该证据的权利，即使提出法院也不会纳入质证和认证程序，也就不可能作为定案的事实依据”①。在 2002 年《证据规定》实施之前，由于我国没有明确规定举证期限制度，在诉讼实践中，虽然法院可以指定当事人提交证据的期限，但是没有法律效力。即使当事人提交证据超过了规定期限，该证据仍然具有法律效力，法院不能拒绝采纳。2002 年《证据规定》实施之后，如果在规定的期间没有提交证据，没有正当理由的，该证据就失去了证据效力。但这一点并不是绝对的，对于诉讼中出现的新证据，当事人在辩论终结前都可以提出。在 2002 年《证据规定》颁布以后，确实对于规范民事诉讼中证据的提出起到了积极作用。但在实践适用中，人们对于制度的目的、制定的实质未能准确把握，导致对举证期限的含义存在认识错误。② 后来颁布的 2012 年《民事诉讼法》第六十五条第二款规定：“人民法院根据当事人的主张和案件审理情况，确定当事

---

① 于正河、马文静：《民事诉讼的举证期限问题再探讨》，载《东方论坛》2015 年第 6 期。

② 张卫平：《民事证据法》，法律出版社 2017 年版，第 196 页。

人应当提供的证据及其期限。当事人在该期限内提供证据确有困难的,可以向人民法院申请延长期限,人民法院根据当事人的申请适当延长。当事人逾期提供证据的,人民法院应当责令其说明理由;拒不说明理由或者理由不成立的,人民法院根据不同情形可以不予采纳该证据,或者采纳该证据但予以训诫、罚款。”2020 年《民诉法解释》第一百零二条第一款规定,当事人因故意或者重大过失逾期提供的证据,人民法院不予采纳。但该证据与案件基本事实有关的人民法院应当采纳,并依照《民事诉讼法》第六十五条、第一百一十五条第一款的规定予以训诫、罚款。该条第二款规定,当事人非因故意或重大过失逾期提供的证据,人民法院应当采纳,并对当事人予以训诫。由此可见,《民事诉讼法》和 2020 年《民诉法解释》规定对于逾期无正当理由提交的证据并不必然导致失权,法院可以根据具体情况决定是否采纳,并采取予以训诫、罚款等制裁措施。这样规定的原因是举证期限制度的适用仍然要服从民事诉讼的目的,而不能与民事诉讼制度背道而驰。民事诉讼制度的根本目的在于查清案件事实,解决纠纷。以诉讼目的为指导有利于我们更合理、灵活地适用举证期限制度,而不是简单地以举证期限来否定当事人提出的证据。

除此之外,根据诚实信用原则,当事人应当诚实信用地实施诉讼行为,不能以不正当的目的实施影响诉讼公正或效率的诉讼行为。从司法实务角度看,即便告知当事人举证期限及逾期举证的法律后果,部分当事人还是会因为对方当事人对民事诉讼中证明责任理论基础概念缺乏认知,而以诉讼上“突然袭击”为目的,恶意迟延提出证据,实施违反诚实信用原则的行为。为了确保双方当事人能够了解证明责任的基本常识,本条第二款还规定,除了应在举证通知书中告知举证期限及其逾期后果外,还应载明举证责任的分配原则和要求、可以向人民法院申请调查收集证据的情形等内容,以确保双方当事人在举证环节取得诉讼地位的实质平等。当事人收到举证通知书后,也应根据法院要求在举证期限内积极提交证据,遵守诚实信用原则,否则就要承担因逾期举证而带来的不利后果。

实务疑难

举证通知书内容不全或者没有送达,是否构成严重程序瑕疵?

司法实务中,存在举证通知书内容缺失,是否构成严重程序瑕疵的争议:第一种观点认为,鉴于我国目前部分当事人诉讼能力水平较低,并不清楚举证责任的分配和要求、可以向人民法院申请调查收集证据的情形、人民法院根据案件情况指定的举证期限以及逾期提供证据的法律后果等。故本条沿袭了 2002 年《证据规定》第三十三条第一款的规定,明确了举证通知书载明内容的上述要求。如果没有送达举证通知书或举证通知书告知事项残缺,则会影响当事人行使诉讼权利,事实上剥夺当事人诉权。故构成严重违反法定程序。第二种观点认为,举证通知书没有送达,固然可能影响当事人诉讼权利的正确行使,但如果从后续当事人行使诉讼权利的实际情况看,并未发现没有及时正确行使诉讼权利的情形,则不构成严重程序瑕疵。至于举证通知书内容不全,是否构成严重违反程序,也应从后续当事人实际行使诉讼权利的情况来判断。如果并未误导或妨碍当事人举证,则不应构成严重违反法定程序。例如,举证通知书没有载明当事人有申请人民法院调查收集证据的权利,但事实上,当事人在举证期限内申请过法院调查收集证据，则不存在举证通知书影响当事人行使诉讼权的问题。笔者同意第二种观点。

关联法条

1.《中华人民共和国民事诉讼法》（2021 年）

第六十七条　当事人对自己提出的主张应当及时提供证据。

人民法院根据当事人的主张和案件审理情况，确定当事人应当提供的证据及其期限。当事人在该期限内提供证据确有困难的，可以向人民法院申请延长期限，人民法院根据当事人的申请适当延长。当事人逾期提供证据的，人民法院应当责令其说明理由；拒不说明理由或者理由不成立的，人民法院根据不同情形可以不予采纳该证据，或者采纳该证据但予以训诫、罚款。

2.《最高人民法院关于适用〈中华人民共和国民事诉讼法〉的解释》（2022 年）

第九十九条　人民法院应当在审理前的准备阶段确定当事人的举证期限。举证期限可以由当事人协商，并经人民法院准许。

人民法院确定举证期限，第一审普通程序案件不得少于十五日，当事人提供新的证据的第二审案件不得少于十日。

举证期限届满后，当事人对已经提供的证据，申请提供反驳证据或者对证据来源、形式等方面的瑕疵进行补正的，人民法院可以酌情再次确定举证期限，该期限不受前款规定的限制。

典型案例

1.（2021）新 01 民终 80 号

裁判观点：钱丰上诉请求：撤销一审判决，改判驳回民生担保公司的诉讼请求。事实和理由：二、一审程序违法。1. 未履行举证程序。2020 年《证据规定》第五十条第一款规定：“人民法院应当在审理前的准备阶段向当事人送达举证通知书”，但一审法院未履行举证程序。2. 证据没有进行举证。由于未履行举证程序，证据未经举证、质证。钱丰上诉称一审法院未履行举证程序，未送达举证通知书。根据 2017 年《中华人民共和国民事诉讼法》第一百五十九条规定：“基层人民法院和它派出的法庭审理简单的民事案件，可以用简便方式传唤当事人和证人、送达诉讼文书、审理案件，但应当保障当事人陈述意见的权利”；2020 年《民诉法解释》第二百六十一条第一款规定：“适用简易程序审理案件，人民法院可以采取捎口信、电话、短信、传真、电子邮件等简便方式传唤双方当事人、通知证人和送达裁判文书以外的诉讼文书。”一审法院依法适用简易程序审理本案并无不当，简易程序从立法精神上突出提高诉讼效率，且可以采取捎口信、电话、短信、传真、电子邮件等简便方式送达裁判文书以外的诉讼文书，如举证通知书、出庭通知书等诉讼文书。本案钱丰系因为忘记开庭时间而未参加一审庭审，一审法院依法对到庭的当事人民生担保公司的诉讼请求、已经提交的证据及其他材料进行审理符合法律规定，钱丰系个人原因导致其未参加开庭进行举证、质证，故本院认为一审法院不存在钱丰上诉所称的违反 2017 年《民事诉讼法》第一百五十九条、第六十三条、第六十八条规定的问题。且在本案二审过程中，经询问钱丰称无证据提交法庭，已经充分保障其举证权利。

2.（2020）鲁11民终2282号

裁判观点：2020年《证据规定》第五十条规定："人民法院应当在审理前的准备阶段向当事人送达举证通知书。举证通知书应当载明举证责任的分配原则和要求、可以向人民法院申请调查收集证据的情形、人民法院根据案件情况指定的举证期限以及逾期提供证据的法律后果等内容。"指导当事人举证除向当事人送达举证通知书外，亦可通过法官在庭审中口头指导或释明。但何兆余、张正香在收到开庭传票后拒绝出庭，一审法院虽然未送达举证通知书，但并不必然导致其证据失权，故其认为一审程序违法的上诉理由不成立，本院不予支持。

3.（2020）鲁01民终6789号

裁判观点：林永进上诉请求：一、撤销一审民事判决书，依法改判或发回重审；二、一审及二审案件受理费由济钢医院承担。事实和理由：一审法院程序错误、认定事实及适用法律法规错误。一审法院未向林永进送达举证通知书和受理案件通知书，违反法定程序。一审法院使用电子送达，通过12368平台向林永进发送了"https://hub2.cn/LYjP"的内容，里面只有传票，并无举证通知书和受理案件通知书。本案举证通知书和受理案件通知书为林永进与案件庭审后签署。林永进认为一审法院的行为违反2002年《证据规定》第三十三条"人民法院应当在送达案件受理通知书和应诉通知书的同时向当事人送达举证通知书"。一审法院并未对林永进提交的全部证据组织质证，一审法院只组织质证了林永进在2月2日网上立案时提交的证据，对其余证据未组织质证，未对相关事实进行认定。2002年《证据规定》第三十三条第一款规定，"人民法院应当在送达案件受理通知书和应诉通知书的同时向当事人送达举证通知书。举证通知书应当载明举证责任的分配原则与要求、可以向人民法院申请调查取证的情形、人民法院根据案件情况指定的举证期限以及逾期提供证据的法律后果"。2019年《最高人民法院关于修改〈最高人民法院关于民事诉讼证据的若干规定〉的决定》五十二、将第三十三条第一款改为第五十条，修改为："人民法院应当在审理前的准备阶段向当事人送达举证通知书。举证通知书应当载明举证责任的分配原则和要求、可以向人民法院申请调查收集证据的情形、人民法院根据案件情况指定的举证期限以及逾期提供证据的法律后果等内容。"林永进所称的一审法院在程序上存在的问题并不足以推翻一审法院认定的事实及对本案的处理结果。

（修改）第五十一条 【举证期限的确定】

举证期限可以由当事人协商，并经人民法院准许。

人民法院指定举证期限的，适用第一审普通程序审理的案件不得少于十五日，当事人提供新的证据的第二审案件不得少于十日。适用简易程序审理的案件不得超过十五日，小额诉讼案件的举证期限一般不得超过七日。

举证期限届满后，当事人提供反驳证据或者对已经提供的证据的来源、形式等方面的瑕疵进行补正的，人民法院可以酌情再次确定举证期限，该期限不受前款规定的期间限制。

法条渊源

我国民事诉讼中的举证期限制度源于最高人民法院的司法解释。最早在 1992 年《民诉法意见》第七十六条明确规定了举证期限及其延长的内容。2002 年《证据规定》则对举证期限制度作了进一步完善。2012 年修正《民事诉讼法》时，立法机关一方面规定当事人应当及时举证；另一方面对举证期限作出规定。举证期限制度也由此从司法解释上升为法律规定。之后的 2015 年《民诉法解释》也对一审、二审、简易程序、小额诉讼程序的举证期限进行详细的规定，但在该解释中，关于上述不同程序中的举证期限规定比较分散，不利于集中把握。

法条精析

本条关于举证期限如何确定的规定，是对 2002 年《证据规定》第三十三条、2015 年《民诉法解释》第九十九条、第二百六十六条、第二百七十七条以及 2008 年《举证时限通知》第一条的内容进行整理、归纳形成。本条修改中，2016 年《法院征求意见稿》第四十七条规定："人民法院应当在审理前准备阶段确定当事人的举证期限。举证期限可以由当事人协商一致，并经人民法院准许。人民法院指定举证期限的，适用第一审普通程序的案件不少于十五日，适用简易程序审理的案件不少于十日。当事人提供新的证据的第二审案件不得少于十日。举证期限届满后，当事人对已经提供的证据，申请提供反驳证据或者对证据来源、形式等方面的瑕疵的证据，人民法院应当酌情再次确定举证期限，该期限不受前款规定的期间的限制。"2017 年《审判长讨论稿》第三十六条规定删除了前稿第一款规定的"人民法院应当在审理前准备阶段确定当事人的举证期限"；将"适用简易程序审理的案件不少于十日"修改为"不得超过十五日"；增加"小额诉讼案件的举证期间一般不得超过 7 日"；将"当事人对已经提供的证据，申请提供反驳证据或者对证据来源、形式等方面的瑕疵的证据"修改为"当事人提供反驳证据或者对已经提供的证据来源、形式等方面的瑕疵进行补正的"。2018 年《审委会送审稿》第五十条则进一步将"人民法院应当酌情"修改为"人民法院可以酌情"。本条定稿时，内容再无变化。本条主要修改内容为：(1)将 2002 年《证据规定》第三十三条和 2008 年《举证时限通知》规定的人民法院指定一审普通程序举证期限不少于 30 日，调整为 2015 年《民诉法解释》第九十九条规定的第一审普通程序案件举证期限不得少于 15 日。(2)增加规定适用二审程序审理的案件、适用简易程序审理的案件、小额诉讼案件的举证期限分别为不得少于 10 日、不得超过 15 日、一般不得超过 7 日，此与 2015 年《民诉法解释》第九十九条、第二百六十六条、第二百七十七条规定保持一致。(3)明确了再次确定举证期限的标准。本条将 2015 年《民诉法解释》第九十九条内容移植，规定了举证期限届满后，人民法院可以酌情再次确定举证期限的前提条件。(4)删除了 2002 年《证据规定》第三十三条规定的指定举证期限计算起点"自当事人收到案件受理通知书和应诉通知书的次日起计算"。

一般而言,根据确定主体不同,举证期限的确定有两种形式:当事人协商和法院指定。当事人协商确定的举证期限,须经人民法院认可。2002 年《证据规定》中规定了两种举证期限确定的方式,本意是将当事人协商的方法置于优先适用的位置。但在司法实务中,大多数案件是由法院为当事人指定举证期限,由当事人协商确定的情形很少。原因在于:一方面,2002 年《证据规定》本身要求法院向当事人送达"举证通知书",在"举证通知书"中人民法院会为当事人指定举证期限;另一方面,目前案多人少的司法现状决定了大多数案件特别是适用简易程序审理的案件中,一次开庭为常态。一般情况下,当事人没有在一起协商举证期限的机会。这可能会出现如下问题:一是"举证通知书"随"受案通知书""应诉通知书"送达时,被告一般都未作答辩。法院只单方面了解原告的诉讼请求和所依据的事实和理由,对被告的抗辩情况还一无所知。在这种没有全面了解案情、争议焦点和各方取证难易程度不同的情况下,要法院提出一个合理、科学的举证期限是较为困难的。二是依据立审分立的原则,在发送受案通知书和应诉通知书时,案件卷宗一般还在立案部门,要保证举证通知书及时制作,理应由立案部门承担。但立案部门依职权只是对案件是否受理作形式审查,而要其对案件作实体审查以确定举证期限,则多勉为其难。三是如果法院在送达受案通知书、应诉通知书之时,就已确定举证期限,这在某种程度上是限制了当事人约定举证期限的权利。① 当然,如由当事人协商确定举证期限,也存在弊端:一是如果当事人久商不决、恶意拖延,则会降低司法效率;二是当事人可能滥用诉讼权利,随意协商确定举证期限,造成法院审理案件工作的被动。故有必要将当事人协商确定举证期限相关事项的最终裁量权交给法院行使。

即便双方当事人无法协商确定举证期限,而转由人民法院指定举证期限的案件,指定的期限应该多久才适当,也是举证期限制度中非常重要的问题。从我国法院的实践来看,举证期限的长短与案件类型、个案的具体情况关系不大,但与法院所适用的程序紧密相关:

第一,对适用普通程序的案件,根据 2002 年《证据规定》第三十三条的规定,人民法院应当在送达"案件受理通知书"和"应诉通知书"的同时向当事人送达"举证通知书"。"举证通知书"应当载明举证责任的分配原则和要求、可以向人民法院申请调查取证的情形、人民法院根据案件情况指定的举证期限以及逾期提供证据的法律后果。法院在向原告送达案件受理通知书和向被告送达应诉通知书时,由于被告还未向法院提交答辩状,法官也不清楚本案的争议事实有哪些,针对争议的事实要进行哪些方面的证据调查,需要哪一方当事人提供哪些证据。② 因此,在这种情况下,法院无法根据个案的实际情况指定举证期限,而只能一般性指定一个能够适用于不同类型案件或者同一类型不同待证事实的统一的举证期限。由于在对抗式民事诉讼中,起诉对应的就是答辩。既然立法不区分案件类型、难易程度而统一规定被告应对原告起诉的准备(答辩)时间为 15 日,那么给当事人的举证期限也应与法定答辩时间挂钩。因此,2015 年《民诉法解释》第九十九条规定,人民法院规定指定的举证期限不得少于 15 日。其规定的主要目的是防止法院出于加快案件审理速度,快速结案的考虑,指定的举证时间过短,让当事人没有充分的时间收集、整理、提交证据,间接影响当事人维护自己合法权

---

① 李涛、段钧:《浅析举证期限的确定》,载《法学杂志》2003 年第 1 期。

② 李浩:《论适用举证期限的几个问题》,载《法律适用》2013 年第 10 期。

益。该条规定适用数年来，效果明显，故本条第二款相应规定，在第一审普通程序中，各方当事人举证期限均不少于 15 日的底线条款。至于举证期限最长期限则因个案不同，不宜统一规定。故本条未作规定，实务中交由法院自由裁量，视情形而定。

第二，对适用简易程序的案件，根据 2002 年《证据规定》第八十一条的规定，法院在指定时不受第三十三条的限制。原因在于：一方面，适用简易程序的案件一般都是案件事实清楚、权利义务关系明确、争议不大的案件。这类案件一般不存在事实方面的争议。因此，需要的证据也比较少。相应地，需要的举证时间也较少。另一方面，简易程序本身的审理期限较短，是普通程序的一半。在司法实务中，大多数法院在需要指定举证期限的情形下，指定的期限为 15 日。这是由于诉讼中被告的答辩期限为 15 日，举证期限一般不应少于被告的答辩期间。但从司法实务中，举证期限在简易程序中的适用效果而言，“一刀切”地规定为 15 日，不利于提高司法效率，甚至造成当事人不满。适用简易程序的案件多半比较简单，当事人为尽快开庭了结纠纷，往往都表示不需要那么长的举证期限，而法院也觉得不区分案件复杂程度，指定固定的 15 日，也会造成程序空耗，降低司法效率。为此，2015 年《民诉法解释》第二百六十六条第一款规定了适用简易程序案件的举证期限不得超过 15 日。从该条适用情况看，效果明显。故本条继续将简易程序举证期限规定为不得超过 15 日。

第三，对于小额诉讼案件。为了进一步简化程序，提高诉讼效率，2012 年《民事诉讼法》第一百六十二条新增规定了小额诉讼。与国外小额诉讼属于独立程序不同，我国小额诉讼虽然与国外一样实行一审终审，不能上诉，但仍将其定性为简易程序的特殊情形。这从 2012 年《民事诉讼法》第一百六十二条被归入第十三章简易程序，在程序的设计上与简易程序基本相同，即可知晓。但实务界和理论界都认为，小额诉讼应当采用一种比简易程序更加简单、快捷的程序，这样才能凸显出该程序的特点，体现小额诉讼的价值。既然小额诉讼适用的都是标的额小、权利义务关系明确的简单案件，那么从快审快结角度，2015 年《民诉法解释》第二百七十七条规定，在第一审简易程序举证期限不超过 15 日基础上压缩一半，规定为一般不超过 7 日。从调研反馈情况看，适用效果明显。因此，本条第二款继续予以沿用。

第四，对于适用二审程序案件，一般而言，举证期限主要适用于第一审程序。由于我国实行续审制，经过一审程序阶段的举证和庭审质证，双方当事人能够提供的证据均已提供，已没有必要再在二审阶段提供。加之二审阶段的审限较短，除非当事人有新的证据提供，没有必要单独规定一个举证期限。即便有新的证据需要收集，也因数量不多而耗时较少。故 2015 年《民诉法解释》第九十九条第二款规定当事人提供新的证据的第二审案件不得少于 10 日。从司法实践情况看，适用效果不错。故本规定亦继续沿用了上述规定。

举证期限不同于立案期间、答辩期间、上诉期间等法定期间。这些期间在不满足法律规定可以变更的条件时，法院是无权变更的。但对于指定期间，法院则可以根据案件的具体情况加以变更，不受上述规定的限制。对于当事人协商的举证期间，则可以依据当事人的意愿予以变更，但同样应得到法院的认可。法院可以根据实际情况对举证期限予以变更，但这并不意味着举证期限可以随意确定。法律之所以规定有些期间是法定期间，具有不可变性；有些期间是任意期间，可以根据实际情况予以变更，是为了使诉讼程序更加具有合理性和正当性。指定期间是法院行使诉讼指挥权和自由裁量权的体现，指定期间的裁量和认定无疑应当符合诚实信用原则。实务中,举证期限届满后,一方当事人经常会为抗辩对方的主张而对于己不利证据提出质疑,甚至提出反驳的证据;也会因对方当事人质疑自己证据的来源、形式等方面瑕疵需要提供其他证据进行补正。对此,从维护当事人平等诉讼地位、尊重诉讼权利出发,应视案件情况再次给当事人确定举证期限,不受之前规定期间的限制。基于此考虑,2022年《民诉法解释》第九十九条第三款规定,"举证期限届满后,当事人对已经提供的证据,申请提供反驳证据或者对已经提供的证据的来源、形式等方面的瑕疵进行补正的,人民法院应当酌情再次确定举证期限,该期限不受前款规定的期间的限制"。法院可以根据具体情况对举证期限予以变更。这种情况与法定期间不同,对于法定期间,法院没有自由裁量的权利。就如上诉期间,当事人在上诉期间内没有上诉,一审判决即发生法律效力,具有不可逆转性。对举证期限的裁量,法院拥有自由裁量权。这也是由于2017年《民事诉讼法》中各类期限性质的不同而作出的规定。本条第三款沿袭了2015年《民诉法解释》第九十九条第三款的规定,只作了少量文字的修改。

实务疑难

二审或再审审查阶段是否应送达举证通知书并指定举证期限?

司法实务中,关于二审或再审审查阶段是否应送达举证通知书并指定举证期限的问题,存在争议:第一种观点认为,既然一审已经送达举证通知书并确定了举证期限,那么超过一审举证期限提交的证据都属于新的证据。由于我国目前二审实行续审制,故这里新的证据既包括一审期间逾期提交的证据,也包括二审期间提交的任何新证据。故从新证据角度而言,再确定举证期限已无必要。至于再审审查期间,由于其并非审级制下一个独立审判程序,故也没有必要发送举证通知书,告知举证期限。第二种观点认为,二审期间应当送达举证通知书,确定举证期限。一是因为现行司法解释有明确要求。2022年《民诉法解释》第九十九条第二款规定,"人民法院确定举证期限,第一审普通程序案件不得少于十五日,当事人提供新的证据的第二审案件不得少于十日"。二是为了减少当事人在二审庭审中通过提交新证据,进行诉讼突袭。至于再审审查阶段的举证通知书问题,由于现行法律、司法解释均无举证期限的规定以及该阶段不存在开庭审理中的所谓新证据诉讼突袭问题,故无须发送举证通知书。笔者倾向于第二种观点。

关联法条

1.《中华人民共和国民事诉讼法》(2021年)

第六十七条 当事人对自己提出的主张应当及时提供证据。

人民法院根据当事人的主张和案件审理情况,确定当事人应当提供的证据及其期限。当事人在该期限内提供证据确有困难的,可以向人民法院申请延长期限,人民法院根据当事人的申请适当延长。当事人逾期提供证据的,人民法院应当责令其说明理由;拒不说明理由或者理由不成立的,人民法院根据不同情形可以不予采纳该证据,或者采纳该证据但予以训诫、罚款。

2.《最高人民法院关于适用〈中华人民共和国民事诉讼法〉的解释》(2022年)

第九十九条 人民法院应当在审理前的准备阶段确定当事人的举证期限。举证期限可以由当事人协商,并经人民法院准许。

人民法院确定举证期限,第一审普通程序案件不得少于十五日,当事人提供新的证据的第二审案件不得少于十日。

举证期限届满后,当事人对已经提供的证据,申请提供反驳证据或者对证据来源、形式等方面的瑕疵进行补正的,人民法院可以酌情再次确定举证期限,该期限不受前款规定的限制。

第二百六十六条 适用简易程序案件的举证期限由人民法院确定,也可以由当事人协商一致并经人民法院准许,但不得超过十五日。被告要求书面答辩的,人民法院可在征得其同意的基础上,合理确定答辩期间。

人民法院应当将举证期限和开庭日期告知双方当事人,并向当事人说明逾期举证以及拒不到庭的法律后果,由双方当事人在笔录和开庭传票的送达回证上签名或者捺印。

当事人双方均表示不需要举证期限、答辩期间的,人民法院可以立即开庭审理或者确定开庭日期。

第二百七十五条 小额诉讼案件的举证期限由人民法院确定,也可以由当事人协商一致并经人民法院准许,但一般不超过七日。

被告要求书面答辩的,人民法院可以在征得其同意的基础上合理确定答辩期间,但最长不得超过十五日。

当事人到庭后表示不需要举证期限和答辩期间的,人民法院可立即开庭审理。

典型案例

1.(2021)京民终661号

裁判观点:2020年《证据规定》第五十一条第三款规定:"举证期限届满后,当事人提供反驳证据或者对已经提供的证据的来源、形式等方面的瑕疵进行补正的,人民法院可以酌情再次确定举证期限,该期限不受前款规定的期间限制。"本案一审中,德国跃动公司、北京中旅经过第一次证据交换后,均提交了补强证据。依据前述规定,举证期限针对主要证据发挥作用,补强证据作为佐证,不受举证期限的限制。此外,德国跃动公司主张的笔录删除的相关意见,经查,一审中,北京中旅的委托诉讼代理人已经在该次谈话笔录上签字确认,并未表示异议。

2.(2021)湘01民终11602号

裁判观点:五福食品公司另主张一审庭审后,其向一审法院提交了新的证据,但一审法院未组织质证。经审查,2020年《证据规定》第五十一条第三款规定:"举证期限届满后,当事人提供反驳证据或者对已经提供的证据的来源、形式等方面的瑕疵进行补正的,人民法院可以酌情再次确定举证期限,该期限不受前款规定的期间限制。"本案中,五福食品公司虽在一审庭审后向一审法院提交了高建聪与盛毅的微信聊天记录以及高建聪的社保缴费记录,但如前所述,高建聪与盛毅的微信聊天记录无法达到五福食品公司的证明目的,而社保缴费记录所要证明的社保缴费时间,一审法院已经查明。因此,一审法院未再次确定举证期限不违反上述规定。五福食品公司关于一审判决程序违法的理由均不能成立,本院不予支持。

3.(2021)豫03民终3792号

裁判观点:2020年《民诉法解释》第二百六十六条规定,“适用简易程序案件的举证期限由人民法院确定,也可以由当事人协商一致并经人民法院准许,但不得超过十五日。被告要求书面答辩的,人民法院可在征得其同意的基础上,合理确定答辩期间。人民法院应当将举证期限和开庭日期告知双方当事人,并向当事人说明逾期举证以及拒不到庭的法律后果,由双方当事人在笔录和开庭传票的送达回证上签名或者捺印。当事人双方均表示不需要举证期限、答辩期间的,人民法院可以立即开庭审理或者确定开庭日期”。2020年《证据规定》第五十一条规定,“举证期限可以由当事人协商,并经人民法院准许。人民法院指定举证期限的,适用第一审普通程序审理的案件不得少于十五日,当事人提供新的证据的第二审案件不得少于十日。适用简易程序审理的案件不得超过十五日,小额诉讼案件的举证期限一般不得超过七日。举证期限届满后,当事人提供反驳证据或者对已经提供的证据的来源、形式等方面的瑕疵进行补正的,人民法院可以酌情再次确定举证期限,该期限不受前款规定的期间限制”。经查,本案一审适用简易程序进行审理。2021年4月26日上诉人签收了一审开庭传票、举证通知书等,2021年5月6日一审法院组织开庭,双方均参加庭审,一审时上诉人未对程序问题提出异议。庭后上诉人提交了相关银行流水明细及还款计算表等证据,一审法院于2021年6月4日组织双方进行质证。综上可知,上诉人的诉讼权利未受影响,其上诉称未在开庭三日前收到相关通知,导致未做好搜集证据等庭前准备工作,损害其合法权利的上诉理由不予采信。

4.(2021)赣11民终872号

裁判观点:付琳向一审法院提供其汇款给章严共计107万元的银行汇款凭证,其中2012年11月26日20万元、2012年12月5日13万元的两笔共计33万元的银行转账凭证是在本案一审第二次开庭中由付琳补充提交的证据。对此,章严在该次庭审中当即要求另行给予举证期限,以便针对付琳补充的证据收集提供相应的反驳证据进行抗辩。但是,一审法院没有另行赋予章严相应的举证期限,且在章严庭后提交反驳证据后也没有另行组织证据交换和质证,更没有在本案判决书中对章严的反驳证据进行审查评判。因此,一审法院违反了2020年《证据规定》第五十一条第三款“举证期限届满后,当事人提供反驳证据或者对已经提供的证据的来源、形式等方面的瑕疵进行补正的,人民法院可以酌情再次确定举证期限,该期限不受前款规定的期间限制”的规定,属于审判程序不当。

(新增) 第五十二条 【举证确有困难的认定】

当事人在举证期限内提供证据存在客观障碍,属于民事诉讼法第六十五条(注:条文序号有变动,现为2021年《民事诉讼法》第六十八条)第二款规定的“当事人在该期限内提供证据确有困难”的情形。

前款情形，人民法院应当根据当事人的举证能力、不能在举证期限内提供证据的原因等因素综合判断。必要时，可以听取对方当事人的意见。

法条渊源

我国最早对民事诉讼举证时限作出规定的是1992年《民诉法意见》第七十六条，该条首次明确了当事人的举证期限，并将期限的具体长短交由法院自由裁量，即法官“根据具体情况”决定“延长的期限”。故该规定可以说是我国举证时限制度的雏形。关于延期举证的具体申请，2002年《证据规定》第三十六条规定应当在举证期限内向人民法院申请延期举证并经人民法院准许。但该条规定并未明确人民法院准许的标准，而是交由人民法院自由裁量决定。2012年《民事诉讼法》第六十五条明确规定了民事诉讼举证时限制度，并对当事人申请延长举证时限的法定事由作了明确规定。2015年《民诉法解释》第一百条规定了“申请理由成立的，人民法院应当准许”。但该条仍未明确何谓“提供证据确有困难”。直至本条第一次明确规定“提供证据确有困难”的认定标准。

法条精析

本条主要是对2017年《民事诉讼法》第六十五条中“举证确有困难的”认定标准的规定，属于新增内容，在2002年《证据规定》中没有相关规定。本条起草过程中，2016年《法院征求意见稿》第四十八条规定，《民事诉讼法》第六十五条第二款“当事人在该期限内提供证据确有困难”，是指当事人在举证期限内提供证据存在客观障碍。此种情形，人民法院应当根据当事人的举证能力、当事人不能在举证期限内提供证据的原因等因素综合判断。必要时，可以听取对方当事人的意见。2017年《审判长讨论稿》第三十七条内容没有变化。2018年《审委会送审稿》第五十一条将“《民事诉讼法》第六十五条第二款‘当事人在该期限内提供证据确有困难’，是指当事人在举证期限内提供证据存在客观障碍”修改为“当事人在举证期限内提供证据存在客观障碍，属于民事诉讼法第六十五条第二款规定的当事人在该期限内提供证据确有困难的情形。”本条定稿时，内容再无变化。

本条将确有困难限于客观障碍，符合民事诉讼实际的需要，防止当事人举证期限延长权利的滥用。至于是否存在客观困难，则根据举证能力、不能提供证据的原因等案件具体情况综合判断。

一般而言，在确定举证期限后，当事人需要在指定的期间内向法院提交证据，否则就会面临不利的诉讼后果。但2021年《民事诉讼法》第六十八条第二款同时又赋予了当事人申请延长举证期限的权利，即规定“当事人在该期限内提供证据确有困难的，可以向人民法院申请延长期限，人民法院根据当事人的申请适当延长”。该条赋予当事人申请举证延期的权利不仅是保障当事人证明权的内在要求，也是缓解举证期限固有弊端的重要配套规定。对于一些案情复杂、标的额较大的案件而言，证据量较大，当事人调查收集证据存在客观障碍，很难在人民法院指定的举证期限内完成证据调查收集，只能通过延长举证期限来保护当事人的证明权得到充分行使。但一味延长举证期限将不可避免会与立法设计举证期限的价值取向冲突。为缓和这一矛盾，立法设置了举证期限延长的前置条件，即提供证据确有困难。从司法实务反馈情况看，各地法院在何谓“提供证据确有困难”的认定标准上存有分歧：第一种观点认为，应根据证明责任分配原理来处理，即由申请延长举证期限一方举证证明“提供证据确有困难”，若举证不能，则应认定提供证据没有困难；第二种观点认为，应采不可抗力、意外事件等法定标准，只有在有证据能证明符合不可抗力、意外事件等法定免责事由的情形下，当事人申请延期举证的请求才能得到法院同意；第三种观点认为，应采用客观标准，为防止当事人通过提出各种无关事由，恶意申请延期举证拖延案件审理时间，降低司法效率，应将确有困难标准限定在客观事由范围内。也即，只有当事人提出的非主观、非人为原因才属于确有困难范畴。在本条起草过程中，多数意见认为，上述第三种观点更符合实际情况。故本条最后规定了“存在客观障碍”这一标准。所谓客观障碍，一般是指独立存在于人的意识之外，不以人的意志为转移的阻碍当事人在举证期限内提交证据的外在障碍。例如，证据在外地，取证需要往返时间、证据鉴定在举证期限内无法完成等。司法实践中，常见的当事人申请延期举证所主张的确有困难，通常为主观原因所致。例如，当事人所称的工作太忙、生病没有时间收集证据等个人原因。至于当事人申请延期举证所称“提供证据确有困难”的具体事由是否成立，则应由人民法院来认定。为统一裁判尺度，本条第二款规定了人民法院认定“提供证据确有困难”具体事由是否成立所需考量的因素，主要包括当事人的举证能力、不能在举证期限内提供证据的原因等。这里的“当事人的举证能力”，主要侧重于当事人自身的文化知识水平和结构、诉讼能力、经济物质条件、离证据距离远近等，而“不能在举证期限内提供证据的原因”则主要分析该原因的主客观性、与证据的关联性、合法性、正当性等。为了防止法院在当事人申请延期举证陈述确有困难时的偏听、偏信，也为了确保双方诉讼地位平等和诉讼程序的公开公正性，本条第二款规定了人民法院觉得有必要时，可以将申请延期举证的事由告知对方当事人，并听取后者就此发表的意见。需要注意的是，当事人的举证期限是否延长，应由人民法院决定，属于其法定职权范畴。故另一方当事人的意见只能供法院参考，最后仍应由法院根据个案情况，自由裁量决定。

实务疑难

当事人对人民法院关于是否准许当事人延期举证申请的通知不服，应如何处理？

司法实务中，当事人对人民法院关于是否准许当事人延期举证申请的通知不服，主要有两种情形：一是对人民法院准许当事人延期举证不服。这主要是相对方当事人提出的不服，主张不存在“当事人在该期限内提供证据确有困难”的情形。二是对人民法院不准许当事人延期举证不服。这主要是申请当事人提出的不服，主张存在“当事人在该期限内提供证据确有困难”的情形。对上述两种当事人不服情形，现行法都没有规定有针对性的程序救济手段。笔者倾向认为，可以从两方面着手：第一，从是否构成滥用诉权着手，当事人滥用申请延期举证权利拖延诉讼的，可以违反2021年《民事诉讼法》第十三条“民事诉讼应当遵循诚信原则”为由，对其进行罚款。现实中已有类似处罚的案例。第二，从是否构成侵权角度着手，当事人滥用申请延期举证权利拖延诉讼的，另一方当事人可以造成自己额外诉讼成本支出为由，提起侵权损害赔偿之诉。目前，实务界已经逐渐认同滥用诉讼权利可以构成侵权这一观点。具体可参见，2019 年第 6 期《最高人民法院公报》刊登的典型案例。

关联法条

1.《中华人民共和国民事诉讼法》(2021 年)

第六十八条第二款　人民法院根据当事人的主张和案件审理情况，确定当事人应当提供的证据及其期限。当事人在该期限内提供证据确有困难的，可以向人民法院申请延长期限，人民法院根据当事人的申请适当延长。当事人逾期提供证据的，人民法院应当责令其说明理由；拒不说明理由或者理由不成立的，人民法院根据不同情形可以不予采纳该证据，或者采纳该证据但予以训诫、罚款。

2.《最高人民法院关于适用〈中华人民共和国民事诉讼法〉的解释》(2022 年)

第一百条　当事人申请延长举证期限的，应当在举证期限届满前向人民法院提出书面申请。

申请理由成立的，人民法院应当准许，适当延长举证期限，并通知其他当事人。延长的举证期限适用于其他当事人。

申请理由不成立的，人民法院不予准许，并通知申请人。

典型案例

1.(2021)陕民终 755 号

裁判观点：上诉人二审中将《施工组织设计(方案)报审表》作为新证据提交，因其原审中未提交该证据的理由是“我方企业档案管理比较混乱，没有找到该证据”，不符合 2020 年《证据规定》第五十二条关于“当事人在举证期限内提供证据存在客观障碍”之规定，故应认定其逾期提供证据缺乏正当理由。上诉人主张马省平在该报审表上的签字代表的是被上诉人，故其在《工程量核实共性问题》上的签字亦可代表被上诉人。经审查，《工程量核实共性问题》涉及对《施工合同》有关价格条款的变更，上诉人并无证据证明马省平有权代理被上诉人变更施工合同，且施工合同除有经办人签字外，还由双方公司盖章确认，但《工程量核实共性问题》却未经双方公司盖章确认，原审法院依据《施工合同》而非《工程量核实共性问题》确定工程款，并无不当。

2.(2021)沪 02 民终 7866 号

裁判观点：根据民事诉讼证据规则，当事人对自己提出的主张，有责任提供证据。“当事人在举证期限内提供证据存在客观障碍，属于民事诉讼法第六十五条第二款规定的‘当事人在该期限内提供证据确有困难’的情形。前款情形，人民法院应当根据当事人的举证能力、不能在举证期限内提供证据的原因等因素综合判断……”本案中，北飞公司应对其已为本案诉讼支付律师费承担举证责任，一审中北飞公司仅提供发票，对于未能提供其他证据的原因并不属于确有困难的情形，且聘用律师合同并无落款时间，相关费用的支付并非北飞公司直接付款，对此北飞公司亦未能作出合理的解释。一审法院考虑金硕源公司确有逾期付款的违约行为，并鉴于金硕源公司的违约情节，双方实际履行情形及营收状况，将违约金一并酌定为3万元，北飞公司也并无证据表明其实际损失超出3万元，故本院对此可予维持。

3.（2021）闽06民终737号

裁判观点：关于2020年11月9日中营公司付给敬太松34,830元、雷开华56,600元、王耀4170元的问题。根据2020年《证据规定》第五十二条的规定："当事人在举证期限内提供证据存在客观障碍，属于民事诉讼法第六十五条第二款规定的'当事人在该期限内提供证据确有困难'的情形。前款情形，人民法院应当根据当事人的举证能力、不能在举证期限内提供证据的原因等因素综合判断。必要时，可以听取对方当事人的意见。"该证据B38系中营公司在举证期限届满后，判决前提供的，所主张的事实发生在举证期限届满后，属于当事人在该期限内提供证据确有困难的情形，中营公司依沈铭2018年12月13日委托项目部代为发放工人工资的发放证明，付给敬太松34,830元、雷开华56,600元、王耀4170元的行为并无不当，故2020年11月9日中营公司付给敬太松34,830元、雷开华56,600元、王耀4170元，应认定为中营公司已付给沈铭工程款。

（修改）第五十三条 【当事人主张法律关系性质和民事行为效力与人民法院认定不一致时的处理】

诉讼过程中，当事人主张的法律关系性质或者民事行为效力与人民法院根据案件事实作出的认定不一致的，人民法院应当将法律关系性质或者民事行为效力作为焦点问题进行审理。但法律关系性质对裁判理由及结果没有影响，或者有关问题已经当事人充分辩论的除外。

存在前款情形，当事人根据法庭审理情况变更诉讼请求的，人民法院应当准许并可以根据案件的具体情况重新指定举证期限。

法条渊源

关于法官因释明导致当事人变更诉讼请求，从而要求人民法院重新指定举证期限的问题，最早在2002年《证据规定》第三十五条就有规定。但该条在这些年的司法适用中暴露出诸多问题亟待解决。主要争议表现为如何避免可能引发的法官释明与法官中立原则的冲突和当事人拒不变更诉讼请求时的后续处理。特别是在双方当事人对法律关系性质和民事行为效力观点一致但与人民法院的认定不一致时，如人民法院按其认定作出裁判，当事人上诉后，二审法院发现当事人的主张正确时，如直接改判将导致当事人主张的法律关系和民事法律行为效力问题只经过了一审裁判，有违反两审终审原则的嫌疑，而发回重审又会浪费司法资源和降低诉讼效率、增加当事人诉讼成本。

法条精析

本条源自2002年《证据规定》第三十五条规定，主要内容是当事人主张法律关系性质和民事行为效力与人民法院认定不一致时的处理以及当事人因此变更诉讼请求对举证期限的影响。本条在修改过程中，2016年《法院征求意见稿》中没有规定本条内容，2017年《审判长讨论稿》第四十条规定："当事人主张的法律关系的性质或者民事行为的效力与人民法院根据案件事实作出的认定不一致的，人民法院应当对法律关系的性质或者民事行为的效力进行释明，并作为焦点问题进行审理。但法律关系性质对裁判理由及结果没有影响，或者人民法院需要释明的内容已经当事人充分辩论的除外。当事人根据法庭审理情况变更诉讼请求的，人民法院应当予以准许并可以根据案件的具体情况重新指定举证期限。"2018年《审委会送审稿》第五十二条只在开头增加了"诉讼过程中"的表述，其他没有改动。本条定稿时将"人民法院应当对法律关系的性质或者民事行为的效力进行释明，并作为焦点问题进行审理"修改为"人民法院应当将法律关系性质或者民事行为效力作为焦点问题进行审理"；将"或者人民法院需要释明的内容"修改为"或者有关问题"，并在第二款开头增加"存在前款情形"的表述。与2002年《证据规定》第三十五条规定相比，本条主要修改内容为：(1)将"人民法院应当告知当事人可以变更诉讼请求"修改为"人民法院应当将法律关系性质或者民事行为效力作为焦点问题进行审理"。(2)增加但书条款"但法律关系性质对裁判理由及结果没有影响，或者有关问题已经当事人充分辩论的除外"。(3)将"当事人变更诉讼请求的"修改为"当事人根据法庭审理情况变更诉讼请求的"。(4)将"人民法院应当重新指定举证期限"修改为"人民法院应当准许并可以根据案件的具体情况重新指定举证期限"。概言之，本条从保障当事人辩论权利的角度出发，将释明与焦点问题的审理相结合，取消人民法院应当告知当事人变更诉讼请求的规定，兼顾当事人诉讼权利的保障和法院裁判与当事人诉讼请求的一致性。具体分析如下：

在法庭审理的过程中，双方当事人对诉讼标的性质、法律适用、案件事实以及涉案证据等会存在不一样的意见。这些不同的意见所涉及的共同对象就是双方当事人在诉讼中的争议焦点。这时，就需要法官对这些案件争点进行总结、固定，并始终围绕这些争议焦点进行审理。对争点概念的定义，理论界有三种不同的意见：第一，对争点狭义理解。如有学者认为："争点是这样一种事实，当事人双方围绕其真伪或存在与否持有完全相左的主张，处于争执不下的状态。"[①]第二，对争议宽泛理解。较为宽泛的理解认为："当事人之间的争议往往表现为事实证明，这就是事实争点。法律上处理的争议则属于法律争点。诉讼争点是由事实争点和法律争点构成的。"[②]第三，对争议广义理解。最广义争点概念则认为，争点之范围涵盖了当事人在诉讼标的、事实与证据、法律适用上的争议焦点，各争点间呈相互关联状态。[③] 在司法实务中，理论上的争点被通称为争议焦点，较为主流的观点认为，争议焦点系指当事人间民事权利义务争议与涉及案件处理的集中点，它既包括法律上的争议焦点，也包括事实上的争议

① 齐树洁：《构建我国民事审前程序的思考》，载《厦门大学学报》(哲学社会科学版)2003年第1期。
② 陈桂明：《审前准备程序设计中的几对关系问题》，载《政法论坛》2004年第4期。
③ 邱联恭：《争点整理方法论》，台北，三民书局2001年版，第79页。

焦点。① 在采取处分权主义的诉讼构架下，基于对当事人民事权利自由处分的尊重，法官不得超越原告所起诉的诉讼标的范围而为裁判。这是民事诉讼法的一项基本原则。对于原告而言，一方面，原告可以保障其实体权利；另一方面，原告能够选择最经济的方案进行诉讼。对被告而言，可以便于被告根据原告的起诉内容进行答辩，明确防御目标，保护其防御权。因此，诉讼标的的确定就成为诉讼当事人之间最重要的争点。实务中，关于诉讼标的争点整理的固定化，主要适用于以债权作为请求权基础的诉讼案件。此类案件中，在同一当事人之间可能成立二重甚至多重的债权关系，即所谓的请求权竞合的情况。若不探明原告起诉所根据的事实关系，法官就很难将案件审理焦点确定，无法判断原告的诉讼方向。被告亦无法有针对性地进行诉讼防御，导致诉讼进程的进度缓慢。在目前审判实践中，由于当事人法律知识、诉讼技能的欠缺或者自身认识上的主观性等原因，人民法院在诉讼过程中经常难以确定诉讼标的，事实或法律的确定过程往往也较为曲折。为解决该问题，我国台湾地区有较详细的规定，可资借鉴。我国台湾地区有关争点整理程序主要体现在两方面：一方面，赋予法院适时介入争点整理的权力，通过适时介入，保障争点整理的科学化。以我国台湾地区"民事诉讼法"为例，(1)第二百四十四条第一项第二款规定：原告于起诉时，应表明特定的诉讼标的所必要的原因事实。此项规定旨在通过法院在立案阶段的规制，实现诉讼标的争点整理的固定化。因为实践中的民事诉讼案件，在当事人之间可能成立二重或多重的债权关系（所谓请求权竞合情形），若不具体探明原告所据以提出诉求的原因事实，法官将难以将案件的诉讼标的特定化，从而导致审判的散漫化。(2)第二百六十六条要求原、被告就其请求或答辩，应陈明所依据之事实与证据。同时，第一百九十五条第二项，要求当事人对另一方所提事实及证据，应为陈述。此项事实、证据陈明及强化陈述义务旨在通过对言词辩论准备及言词辩论阶段的规制，为法官进行事实、证据争点整理储备条件。(3)第二百九十六条之一及第二百九十七条，要求法院在调查证据前应晓谕争点，并集中于此调查证据及辩论。此项规定旨在实现案件的集中审理，保证案件审理能在争点的指引下有序、高效进行。(4)第一百九十六条第二项规定，当事人意图延滞诉讼，或因重大过失，逾时始行提出攻击或防御方法，有碍诉讼之终结者，法院得驳回之。攻击或防御方法之意旨不明了，经命其叙明而不为必要之叙明者，亦同。另一方面，较多地赋予当事人协商争点的权利，充分体现处分权主义，力求充分发挥法院与当事人在争点整理上的协同功能。同样以我国台湾地区"民事诉讼法"为例，(1)第二百五十五条第一项第二款规定：容许就请求之基础事实同一者为诉之变更或追加。此项规定，赋予了原告调整诉讼标的争点的空间，即只要基础事实不变，原告可以在法院已将诉状送达予被告后，调整其诉讼标的（分变更与追加两种情形）。(2)第二百六十八条之一第二项规定：要求法院致力于使当事人整理并协议简化争点。此项规定，赋予了当事人可通过协议自行确定案件争点的权利，并力图通过双方协议达到求同存异，进而达到简化争点的目的。(3)第二百七十条之一第三项规定：当事人就其主张之争点，经依第一项第三款或前项为协议者，应受其拘束。此项规定明确了有关简化争点之协议的拘束力，从而为通过协议确定的争点提供了公权力的

① 余梓安：《民事诉讼中驾驭庭审能力问题初探》，福建省法院系统第十七届学术讨论会征文。

保障,使在争点整理上的自治能真正得以实现。[1]

我国大陆地区的相关规定相对简单。只在相关司法解释中有个别条文有所涉及。2002 年《证据规定》第三十五条第一款规定:“诉讼过程中,当事人主张的法律关系的性质或者民事行为的效力与人民法院根据案件事实作出的认定不一致的,不受本规定第三十四条规定的限制,人民法院应当告知当事人可以变更诉讼请求。”依照该款文义来看,在当事人主张的法律关系性质或民事行为效力与人民法院所认定的不一致时,人民法院应及时行使释明权,告知当事人真正的诉讼标的,以便法院准确高效地进行审判,同时减轻法院的诉讼负担。这里所谓释明,通常是指法院为了明确案件的事实关系与法律关系,就事实上以及法律上的有关事项向当事人发问,促使当事人及时、完整地陈述事实和提供证据的活动。传统观点认为,释明制度的设立是对辩论主义的补充和修正。[2] 虽然我国立法上还未正面明确释明制度,但通说认为,2002 年《证据规定》第三条第一款、第八条第二款、第三十三条第二款以及第三十五条第一款等实质上都是释明的规定。就该规定第三十五条的具体适用而言,实践中关于该条要求法院释明的对象存在理解上的分歧:一种观点认为,该条要求法院释明的对象是法院所理解的法律关系的性质或者效力;另一种观点则认为,该条要求法院释明的对象是诉讼请求的变更。而且该条的规定目的在于如果是在证据交换或者庭审过程中,发现法律关系性质认识错误,允许当事人变更诉讼请求,进而重新指定举证时限,再次给予当事人针对新的诉讼请求提出新的事实与证据的机会。从该条规定重新指定举证时限这一事项下也可看出,举证时限的对象是证据,而不是诉讼请求,重新规定举证时限是为了让当事人再一次针对新的事实和法律关系提出新的证据。[3] 理论界对于该条第一款规定的“人民法院应当告知当事人可以变更诉讼请求”是否属于释明也存有争议:一种观点认为,对诉讼请求进行释明是法院释明的重要内容;另一种观点则认为,这种告知与辩论原则下的法院释明并非同一概念,两者在行使前提、限制条件等方面均有不同。笔者认为,该条中的法院告知并非属于法院释明范畴。具体理由如下:首先,“释明”的范围不包括法官告知当事人变更诉讼请求。“释明”作为一项诉讼法制度,与辩论主义原则相互对应。法官告知当事人变更诉讼请求则对应的是处分权原则。由于辩论主义原则的适用范围仅限于案件的主要事实,相应地,旨在减少当事人主张责任的法官释明义务也只能针对案件的主要事实。这一点为德日立法所采。其次,在当事人主张的法律关系性质和民事法律行为的效力与受诉法院认定不一致时,如果法官仅是促使或提醒该当事人“对法律关系的性质或民事行为的效力”提出适当的主张,显然是在履行自己的释明义务,但若法院直接告诉当事人可以变更诉讼请求,则超出了释明的本来含义。[4] 而且,告知当事人变更诉讼请求义务还存在诸多弊端。首先,有悖民事诉讼基本理论。客观上将会产

---

① 黄湧:《我国台湾地区民事诉讼争点整理程序分析与借鉴　兼论集中审理与能动司法的契合》,载《法律适用》2010 年第 9 期。

② 熊跃敏:《民事诉讼中法院释明的实证分析——以释明范围为中心的考察》,载《中国法学》2010 年第 5 期。

③ 曹云吉:《释明权行使的要件及效果论——对〈证据规定〉第 35 条的规范分析》,载《当代法学》2016 年第 6 期。

④ 赵钢:《论法官对诉讼请求变更事项的告知义务——以〈关于民事诉讼证据的若干规定〉第 35 条为分析基础》,载《法商研究》2005 年第 6 期。

生以下悖论:一旦当事人主张的法律关系性质与法院认定的法律关系性质不一致时,仅仅变更诉讼请求,而请求的基础也就是诉讼标的依旧,那么这个请求就如同缺了支撑的"空中楼阁",面对这种缺乏法律要件事实支撑的诉讼请求,如何审理怎么下判,实在是让我们的法官左右为难。如果要求当事人在变更诉讼请求的同时也变更诉讼标的,则违反了诉讼标的恒定原则。其次,法官告知当事人变更诉讼请求,也忽略了当事人处分权的行使。被告对原告提出的诉讼请求和主张的事实可以作出自认,原告可以变更或撤回诉讼请求,在这种情况下,原告起诉时所主张的请求和理由就不一定会成为法院认定事实和作出判决的对象。法官告知当事人变更诉讼请求实际上就等于法院既决定审判对象又进行裁判。这在司法实践中存在以下难以解决的问题:诉讼效率的低下与庭审形式化的可能性;法官告知程度是一个两难选择;法官的告知没有被当事人接受时法官应当如何判决;法官的告知被当事人接受后,法院作出了有利于当事人的判决,但如果对方当事人不服该判决提起上诉后,二审法院认为一审诉讼请求不当而否定了原审判决,在这种情况下,当事人的损失应当如何承担。① 基于上述理论和实践上的诸多矛盾与问题,本条在起草时删除了2002年《证据规定》第三十五条"人民法院应当告知当事人可以变更诉讼请求"的表述,而直接规定人民法院应将法律关系性质或者民事行为效力归纳为争议焦点,进行审理。之所以规定人民法院应当直接将法律关系性质或民事行为效力纳入审理范围,一是为弥补处分权主义的不足。实践中,当事人可能因为诉讼经验、法律知识的缺乏不能正确区分法律关系性质或民事行为效力,而随意处分其诉讼权益,从而使裁判结果偏离实质正义要求。二是为消除辩论主义的瑕疵。辩论主义的基本要求之一就是要求法院审理范围不得超出当事人在诉讼中主张的范围,哪怕当事人主张的法律关系性质、民事行为效力与法院依据事实认定的不一致。三是为防止法官突袭裁判。通过将民事法律关系性质和民事行为效力纳入焦点,可以赋予当事人预测法院所持见解的机会,并在此基础上提出对裁判具有重大影响的事实和证据,从而防止法院的裁判结果对当事人造成突袭,避免当事人可能觉得不公的败诉心理。根据司法实务经验可以预见,如果人民法院依据本条规定主动将法律关系性质或者民事行为效力作为焦点问题进行审理,作为原告方当事人很可能根据法庭审理情况变更诉讼请求。对此,既然2021年《民事诉讼法》第五十四条没有对当事人变更诉讼请求作出任何限制,那么在"法无禁止即为自由"的前提下,原告方当事人基于争议焦点的变化在庭审中变更诉讼请求的,人民法院应当予以准许。诉讼请求的变化意味着收集证据范围和所需时间也随之变化。相应地,人民法院可以根据案件的具体情况重新为其指定举证期限。这里需要注意的是,如果法律关系性质的不同认定对裁判理由及结果没有影响,也即当事人的诉讼利益不会受到区别对待时,就没有必要将法律关系性质作为焦点问题进行审理。例如,最高人民法院(2013)民二终字第52号案中"本院认为确认当事人之间系股权转让关系而非原告所诉称的股权置换关系,并不改变上诉人的一审诉讼请求,即上诉人在本案中的实体权利并不因人民法院的认定而受到影响",这里之所以没有对民事行为性质作同样的例外规定,是因为无论民事行为的效力是有效、无效、可撤销抑或效力待定,其对裁判

① 武胜建、叶新火:《从阐明看法官诉讼请求变更告知义务》,载《法学》2003年第3期。

理由及结果必然产生影响。当然,如果双方当事人已经对法律关系性质或者民事行为效力问题进行过充分辩论,那就意味着双方当事人已经对此行使过辩论权,进而人民法院也在双方辩论基础上对上述问题进行了审理,也就不存在审级利益、辩论权被剥夺的问题。在此情形下,同样也不存在需要将上述问题作为争议焦点的问题。最后值得商榷的是,根据《民法通则》第五十四条及相关规定,唯具备合法性要件者,方可称为民事法律行为;无效、可撤销等效力瑕疵行为与民事法律行为统括在"民事行为"概念之下。《民法总则》最终删除《民法通则》第五十四条关于民事法律行为的"合法性"要件,并进而取消了"民事行为"概念,代之以民事法律行为概念,该思路后被《民法典》继受。故本条中的"民事行为"应替换为"民事法律行为"更符合现行法要求。

实务疑难

二审中,人民法院根据案件事实对民事法律行为效力作出的认定与一审法院认定的不一致时,应如何处理?

司法实务中,经常会出现二审法院认定民事法律行为效力与一审不一致,此时的处理存在争议:第一种观点认为,应依据本条规定,当事人主张的民事法律行为效力与人民法院根据案件事实作出的认定不一致的,人民法院应当将民事法律行为效力作为焦点问题进行审理。此时,如果当事人根据法庭审理情况变更诉讼请求的,人民法院应当准许并可以根据案件的具体情况重新指定举证期限。也即,允许当事人在二审中基于法院对合同效力的认定变更上诉请求。例如,一审认定合同有效,当事人基于合同有效提出上诉请求。二审法院根据案件事实认定合同应为无效。此时,二审法院应当将合同效力作为二审焦点问题。此时,上诉人基于二审法院的态度,将基于合同有效提出的上诉请求变更为基于合同无效提出新的上诉请求,由二审法院继续对该新上诉请求进行审理。第二种观点认为,应参照 2019 年《全国法院民商事审判工作会议纪要》第三十六条第二款、第三款"第一审人民法院未予释明,第二审人民法院认为应当对合同不成立、无效或者被撤销的法律后果作出判决的,可以直接释明并改判。当然,如果返还财产或者赔偿损失的范围确实难以确定或者双方争议较大的,也可以告知当事人通过另行起诉等方式解决,并在裁判文书中予以明确。当事人按照释明变更诉讼请求或者提出抗辩的,人民法院应当将其归纳为案件争议焦点,组织当事人充分举证、质证、辩论"。笔者倾向于第二种观点。但有必要说明的是,笔者认为,应对"第二审人民法院认为应当对合同不成立、无效或者被撤销的法律后果作出判决的,可以直接释明并改判"加以限制。理由在于,根据 2022 年《民诉法解释》第三百二十六条的规定,在第二审程序中,原审原告增加独立的诉讼请求或者原审被告提出反诉的,第二审人民法院可以根据当事人自愿的原则就新增加的诉讼请求或者反诉进行调解;调解不成的,告知当事人另行起诉。双方当事人同意由第二审人民法院一并审理的,第二审人民法院可以一并裁判。也即,第二审人民法院直接释明并改判的前提是双方当事人同意放弃审级利益,由第二审人民法院一并审理。

关联法条

《最高人民法院关于适用〈中华人民共和国民事诉讼法〉的解释》(2022年)

第二百二十六条 人民法院应当根据当事人的诉讼请求、答辩意见以及证据交换的情况，归纳争议焦点，并就归纳的争议焦点征求当事人的意见。

第二百三十二条 在案件受理后，法庭辩论结束前，原告增加诉讼请求，被告提出反诉，第三人提出与本案有关的诉讼请求，可以合并审理的，人民法院应当合并审理。

典型案例

1.(2021)最高法民申7057号

裁判观点:2020年《证据规定》第五十三条第一款规定，"诉讼过程中，当事人主张的法律关系性质或者民事行为效力与人民法院根据案件事实作出的认定不一致的，人民法院应当将法律关系性质或者民事行为效力作为焦点问题进行审理。但法律关系性质对裁判理由及结果没有影响，或者有关问题已经当事人充分辩论的除外。"一审法院在上述司法解释施行后向季裕忠释明可以变更诉讼请求，确有不妥。但季裕忠对宏地公司变更前的诉讼请求为宏地公司在欠付工程款的范围内对康德森公司给付义务承担连带清偿责任，变更后的诉讼请求为宏地公司承担给付工程款及利息、返还质保金及利息、赔偿损失及利息等，变更后的诉讼请求所涉及的给付金额较变更前减少了，并未增加宏地公司的法律责任，故上述问题不属于应予再审的情形。

2.(2021)最高法民申5624号

裁判观点:2020年《证据规定》第五十三条第一款规定，"诉讼过程中，当事人主张的法律关系性质或者民事行为效力与人民法院根据案件事实作出的认定不一致的，人民法院应当将法律关系性质或者民事行为效力作为焦点问题进行审理……"本案中，因案涉系列《粮食产品购销合同》的结算不具有商业上的合理性，瑞隆公司亦未提交充分证据证明案涉系列《粮食产品购销合同》存在真实的货物流转，不足以证明瑞隆公司、中恒信公司形成真实的买卖合同关系，原审据此认定双方签订的一系列协议、合同系以虚假的意思表示实施的民事法律行为，案涉协议、合同无效，具有事实和法律依据。原审综合证据情况认定，中恒信公司与瑞隆公司之间更可能是借贷关系或其他法律关系。经一审法院多次释明，瑞隆公司仍坚持依买卖合同法律关系主张权利，不变更诉讼请求，本案难以认定隐藏的法律行为的性质和效力。故原审判决驳回瑞隆公司的诉讼请求，同时告知瑞隆公司可就真实的法律关系另行主张权利，并无不当。

3.(2022)黔04民终209号

裁判观点:从双方聊天记录看，在2020年4月21日被上诉人在微信上提出"我们在一起吧"后，双方均是在微信上聊天，仅见过一面，且上诉人还在微信上表述过时常联系不上被上诉人，故虽双方有恋爱关系，但结合双方感情发展及聊天记录，本院确认双方最终形成民间借贷的合意。因上诉人一审未完整提交其与被上诉人的微信聊天记录，导致一审未就双方之间系赠与合同关系还是民间借贷关系作为争议焦点进行审理，根据2020年《证据规定》第五十三条“诉讼过程中，当事人主张的法律关系性质或者民事行为效力与人民法院根据案件事实作出的认定不一致的，人民法院应当将法律关系性质或者民事行为效力作为焦点问题进行审理。但法律关系性质对裁判理由及结果没有影响，或者有关问题已经当事人充分辩论的除外……”的规定，二审本院认定双方系民间借贷法律关系，虽上诉人一审系基于赠与法律关系主张返还，但一、二审经依法传唤，被上诉人均不到庭，视为对自身诉讼权利的放弃。

4.（2022）宁 04 民终 13 号

裁判观点：金磊以民间借贷提起本案诉讼，有明确的被告，有具体的诉讼请求和事实、理由，金磊与本案有直接利害关系，且属于人民法院受理民事诉讼的范围和受诉人民法院管辖，符合 2021 年《民事诉讼法》第一百二十二条规定的起诉条件。2020 年《证据规定》第五十三条规定，“诉讼过程中，当事人主张的法律关系性质或者民事行为效力与人民法院根据案件事实作出的认定不一致的，人民法院应当将法律关系性质或者民事行为效力作为焦点问题进行审理。但法律关系性质对裁判理由及结果没有影响，或者有关问题已经当事人充分辩论的除外。存在前款情形，当事人根据法庭审理情况变更诉讼请求的，人民法院应当准许并可以根据案件的具体情况重新指定举证期限。”《最高人民法院关于印发修改后的〈民事案件案由规定〉的通知》要求，人民法院受理民事案件后，经审理发现当事人起诉的法律关系与实际诉争的法律关系不一致的，人民法院结案时应当根据法庭查明的当事人之间实际存在的法律关系的性质，相应变更个案案由。各级人民法院应当依法保障当事人依照法律规定享有的起诉权利，不得将修改后的《案由规定》等同于民事诉讼法第一百二十二条规定的起诉条件，不得以当事人的诉请在修改后的《案由规定》中没有相应案由可以适用为由，裁定不予受理或者驳回起诉，损害当事人的诉讼权利。因此，一审以金磊起诉错误为由裁定驳回起诉不当。

5.（2022）鄂 08 民终 78 号

裁判观点：2020 年《证据规定》第五十三条第一款规定，诉讼过程中，当事人主张的法律关系性质或者民事行为效力与人民法院根据案件事实作出的认定不一致的，人民法院应当将法律关系性质或者民事行为效力作为焦点问题进行审理。但法律关系性质对裁判理由及结果没有影响，或者有关问题已经当事人充分辩论的除外。根据该款之规定，法律关系性质显然与裁判理由及结果相关，也即法律关系之认定，已涉案件实体之处理。本案中，一审法院认定的法律关系与绿意公司起诉主张的不一致，在经释明后绿意公司坚持不变更法律关系的情形下，一审法院应从实体而非程序上作相应处理。综上，一审裁定驳回绿意公司起诉错误。

（修改）第五十四条　【申请延长举证期限】

当事人申请延长举证期限的，应当在举证期限届满前向人民法院提出书面申请。

申请理由成立的，人民法院应当准许，适当延长举证期限，并通知其他当事人。延长的举证期限适用于其他当事人。

申请理由不成立的，人民法院不予准许，并通知申请人。

法条渊源

我国自20世纪80年代中后期开始,法院即尝试着以提高诉讼效率,减少讼累为目的的司法改革。随着审判方式改革的深入发展和全面进行,改革的重点不仅仅就局限于庭审阶段,而是以当事人主义为改革重点,强化当事人的诉讼主体地位,保障当事人的诉讼权利,完善当事人举证制度,这其中就包括对当事人举证时限的要求。一般而言,规定举证时限的目的是提高诉讼效率,为当事人提供程序保障。虽然举证时限的延长限制了当事人所追求的诉讼效率,但从确保当事人诉讼权利平等角度而言,确有其正当性。为此,1992年《民诉法意见》第七十六条最早规定了举证时限及其延长。2002年《证据规定》第三十六条规定了申请延长举证期限的条件等内容。这些规定协调了诉讼效率和诉讼公平两大程序目标之间可能的冲突。但该条在实施中也出现了可操作性不强、标准不统一的瑕疵。基于此,本条作出了细化规定。

法条精析

本条是在2002年《证据规定》第三十六条、2015年《民诉法解释》第一百条以及2008年《举证时限通知》第六条基础上修改而来。本条在修改过程中,2016年《法院征求意见稿》第四十九条规定:"当事人申请延长举证期限的,应当在举证期限届满前向人民法院提出书面申请。但适用简易程序审理的案件,当事人的申请可以口头方式提出。申请理由成立的,人民法院应当准许,适当延长举证期限,并通知其他当事人。延长的举证期限适用于其他当事人。申请理由不成立的,人民法院不予准许,并通知申请人。"第五十条规定:"当事人在延长的举证期限内提供证据确有困难的,可以再次申请延长举证期限。举证期限的延长,一般不超过两次。确有必要的,人民法院可以准许延长。"2017年《审判长讨论稿》第三十八条规定则删除了"但适用简易程序审理的案件,当事人的申请可以口头方式提出"。2018年《审委会送审稿》第五十三条则进一步修改,将"举证期限的延长,一般不超过两次。确有必要的,人民法院可以准许延长"修改为"是否准许由人民法院决定"。本条在最终定稿时又将"当事人在延长的举证期限内提供证据确有困难的,可以再次申请延长举证期限,是否准许由人民法院决定"予以删除。本条基本沿袭2015年《民诉法解释》第一百条规定,与2002年《证据规定》相比,主要修改内容为:(1)明确了法院是否同意延长举证期限的文书样式,即用通知形式。(2)参照2008年《举证时限通知》第六条,增加规定了"并通知其他当事人。延长的举证期限适用于其他当事人"。(3)参照2015年《民诉法解释》第一百条,增加规定"申请理由不成立的,人民法院不予准许,并通知申请人"。(4)删除了"当事人在延长的举证期限内提交证据材料仍有困难的,可以再次提出延期申请,是否准许由人民法院决定"。

关于延期举证的"法律"规定,目前主要是2021年《民事诉讼法》第六十八条。其内容包含以下两个方面:一是由法院确定当事人的举证期限,同时法院还可以根据当事人的申请适当延长举证期限;二是对逾期提供的证据,法院可以根据不同情况予以训诫、罚款或宣告证据失权。2021年《民事诉讼法》第六十八条最大的特点在于扩大了法官的自由裁量权。作为诉讼程序指挥者的法官可以"根据当事人的主张和案件审理情况"确定举证期限,同时可以根据当事人的申请"适当"延长举证期限。司法实践中，基层法院由于案件数量庞大，出于对诉讼效率的考虑以及简易程序的广泛应用，法官审理案件基本上是集中审理，一次庭审即宣告结束。这就要求法官在追求效率的同时，也要兼顾公平。法官在有限的时间内查清案件事实，作出裁判，在很大程度上要取决于双方当事人的举证工作能否在举证期限内完成。一般而言，举证期限越长，当事人举证工作完备的概率越高。但在司法实务中，人民法院对于举证期限的指定，适用的都是法定参考标准，一般不会针对个案具体情况进行微调。这就可能造成部分当事人因各种原因不能在举证期限内完成举证工作。在因客观原因导致当事人的举证期限不够用的情况下，人民法院应当允许当事人根据案件的具体情况申请延期举证。只有准许当事人申请延期举证才能使人民法院指定的举证期限与实际需要的时间相匹配，才能有效保障当事人的证明权。由于 2021 年《民事诉讼法》第六十八条所规定的申请延期举证并未区分所适用的程序，故从法不禁止即为允许角度而言，不管简易程序、小额诉讼抑或第一审普通程序以及第二审程序中，当事人应都有权申请延期举证。

虽然 2021 年《民事诉讼法》第六十八条明确了当事人有权申请延期举证，但是现行立法并未规定当事人申请延期举证的具体操作流程。这就导致司法实务中要么当事人申请延期举证时间、方式、理由等各有不同，要么人民法院表明态度的方式方法也有区别。例如，当事人申请延期举证有在举证期限内提出的，亦有在答辩期满后提出的，甚至有在法庭庭审或庭审结束后仍提出的，提出的方式有口头、电话、书面、视频等不一而足。至于人民法院的决定作出方式，有书面通知、裁定、决定、口头告知甚至不予回应的。为了统一、细化申请延期举证的操作流程和维护司法尊严，本条分三款作了规定：首先，明确了当事人申请延期举证的时间和方式。根据本条第一款的规定，当事人申请延长举证期限的，应当在举证期限届满前向人民法院提出书面申请。这里的"应当"二字表明本款关于申请时间和申请方式均是强制性规定。当事人必须严格遵守该规定，只能在举证期限届满这一时间节点前提出延期举证申请，而且该申请还必须以"书面"形式提出。这就既排除了答辩期满前、庭审辩论结束前、裁判结果出来前等其他时间节点提出申请的合法性；又排除了以口头、电话、视频等方式提出申请的合法性。其次，申请理由成立的准许流程。对于当事人依法提出的书面申请，人民法院应根据本规定第五十二条认定是否构成"当事人在该期限内提供证据确有困难的"这一法定延期举证事由。人民法院在综合当事人的举证能力、不能在举证期限内提供证据的原因等因素进行判断后，觉得没有必要再听取对方当事人意见，就可以直接认定申请理由成立时，应向当事人送达《准许延长举证期限通知书》（通知当事人用），该通知书应一并送达其他当事人，以确保当事人的诉讼知情权。而且，从维护各方当事人诉讼权利平等出发，该延长的举证期限也应适用于其他当事人。当然，对于申请理由不成立的，则应根据本条第三款规定，人民法院应制作《不准许延长举证期限通知书》（通知当事人用）送达申请方当事人。由于不予准许的法律后果对其他当事人并无实质影响，故从提高司法效率出发，本条第三款没有规定该不准予通知也应送达其他当事人。值得注意的是，2002 年《证据规定》第三十六条规定，当事人在延期后举证仍然有困难的，可以再次提出延期的申请，是否允许由法院来决定。允许再次申请延期的规定是从充分考虑当事人诉讼权利的角度出发，也是由于法院应基于证据裁判主义作出裁判，而确保当事人有机会提出证据，对案件的发展有着至关重要的作用。在本条起草过程中,对于是否允许当事人再次申请延期举证的问题,曾在提交讨论稿中规定,“当事人在延长的举证期限内提供证据确有困难的,可以再次申请延长举证期限。举证期限的延长,一般不超过两次。确有必要的,人民法院可以准许”。但在随后笔者参加的讨论中,有观点提出没有必要规定再次申请延长举证期限的问题。理由在于:第一,从法无禁止即为自由的角度,即便不规定,当事人也可申请再次延期举证;第二,如果明确规定,则可能被恶意当事人利用,意图滥用诉讼权利、拖延案件审理。后几经考虑,本条最终删除了关于再次申请延期举证的相关内容。但必须强调的是,这并不意味着绝对不允许再次申请延期举证,而是认为对此应当持慎重态度。当当事人再次提出延期举证申请时,法院应对第二次申请延期举证的理由严格审查:一方面,确实取证有困难的,才应当准予延期;另一方面,还要考虑如果再次延期,当事人获得证据的可能性大小。只有在当事人申请再次延期举证的理由客观、充分时,人民法院才能例外准许。

实务疑难

当事人在延长的举证期限内提交证据材料仍有困难的,是否可以再次提出延期申请?

司法实务中,人民法院同意延长举证期限后,当事人是否仍可以再次申请延长举证期限,对此有不同的观点:第一种观点认为,可以准许。举证期限的设立是为保护当事人收集证据的正当权利,防止确因客观障碍导致举证不能影响到裁判的公正性。因此,在当事人确有客观障碍无法在延长的举证期限内举证的情况下,应允许当事人再次申请延期举证,是否准许应由人民法院根据个案情况确定。对此,2002 年《证据规定》第三十六条也规定了当事人在延长的举证期限内提交证据材料仍有困难的,可以再次提出延期申请,是否准许由人民法院决定。第二种观点认为,应当不予准许。理由是延长举证期限的利在于保护当事人正当举证权利;弊则表现为可能被当事人滥用延期举证诉讼权利,拖延诉讼进程。既然已经给过当事人一次延期举证机会,没有必要再次给予其延期举证机会。而且,2002 年《证据规定》第三十六条的上述规定在本条中也已被删除,这也反映了司法机关的意见变化。笔者倾向于第一种观点。

关联法条

《最高人民法院关于适用〈中华人民共和国民事诉讼法〉的解释》(2022 年)

第一百条 当事人申请延长举证期限的,应当在举证期限届满前向人民法院提出书面申请。

申请理由成立的,人民法院应当准许,适当延长举证期限,并通知其他当事人。延长的举证期限适用于其他当事人。

申请理由不成立的,人民法院不予准许,并通知申请人。

典型案例

1. (2021) 新民申 367 号

裁判观点:关于二审法院程序是否违法的问题。根据 2020 年《证据规定》第五十四条“当事人申请延长举证期限的，应当在举证期限届满前向人民法院提出书面申请。申请理由成立的，人民法院应当准许，适当延长举证期限，并通知其他当事人。延长的举证期限适用于其他当事人。申请理由不成立的，人民法院不予准许，并通知申请人"的规定，李文华申请证人出庭作证应当在法院规定的举证期限届满前向人民法院提出书面申请，但李文华在二审开庭前未向法院书面申请延长举证期限，故原二审法院根据李文华的主张及案件审理情况，对其庭后申请证人出庭作证不予准许，亦无不当。

2.（2021）浙 04 民终 2099 号

裁判观点：关于争议焦点二。当事人申请延长举证期限的，应当在举证期限届满前向人民法院提出书面申请。古迪菲斯公司于 2019 年 11 月 22 日即向一审法院起诉，正因考虑到聂志勉身在南非行使诉讼权利确有困难，一审法院在审理过程中裁定中止诉讼，直至 2021 年 2 月 2 日才开庭审理。聂志勉有充分的时间可请求国内亲友帮助其找寻证据，亦可联络证人出庭提供证言，如有必要也可委托诉讼代理人代为行使诉讼权利。但聂志勉在一审开庭前一年多的时间内均未提交证据，也未在举证期限届满前书面提出延期举证申请。一审已经根据实际情况充分保障了聂志勉的诉讼权利，并无程序违法之处。

3.（2021）鲁 11 民终 500 号

裁判观点：根据 2020 年《证据规定》第五十四条"当事人申请延长举证期限的，应当在举证期限届满前向人民法院提出书面申请。申请理由成立的，人民法院应当准许，适当延长举证期限，并通知其他当事人。延长的举证期限适用于其他当事人。申请理由不成立的，人民法院不予准许，并通知申请人"之规定，当事人延期举证申请应在举证期限内以书面形式提出，荣兴公司在一审法庭调查过程中，因提交的视频证据无法播放，口头申请庭后补充提交，不符合上述法律规定的当事人申请延长举证期限的形式要求，不属于永和迅公司上诉主张的当事人申请延长举证期限的情形，一审在庭审过程中未表示准许荣兴公司对该证据延期举证，无须另行通知永和迅公司，不影响一审法庭辩论终结及对其认定。

4.（2021）粤 14 民辖终 4 号

裁判观点：2017 年《民事诉讼法》第二十一条第一款规定，"对公民提起的民事诉讼，由被告住所地人民法院管辖；被告住所地与经常居住地不一致的，由经常居住地人民法院管辖"。本案中上诉人作为原审被告，其户籍地为广东省丰顺县潭江镇，属一审法院辖区，故一审裁定驳回上诉人的管辖异议属认定事实清楚、适用法律正确，本院予以维持。上诉人张学军主张其经常居住地为深圳市南山区，并向本院申请延期举证，但并未就其在举证期限内提供证据存在客观障碍的情形提交证据证明，故其申请不符合 2020 年《证据规定》第五十二条第一款"当事人在举证期限内提供证据存在客观障碍，属于民事诉讼法第六十五条第二款规定的'当事人在该期限内提供证据确有困难'的情形"之规定，依据 2020 年《证据规定》第五十四条第三款"申请理由不成立的，人民法院不予准许，并通知申请人"之规定，本院对其延期举证的申请不予准许，其上诉请求本院不予支持。

（新增）第五十五条 【特别情形下的举证期限确定】

存在下列情形的，举证期限按照如下方式确定：

（一）当事人依照民事诉讼法第一百二十七条（注：条文序号有变动，现为2021年《民事诉讼法》第一百三十条）规定提出管辖权异议的，举证期限中止，自驳回管辖权异议的裁定生效之日起恢复计算；

（二）追加当事人、有独立请求权的第三人参加诉讼或者无独立请求权的第三人经人民法院通知参加诉讼的，人民法院应当依照本规定第五十一条的规定为新参加诉讼的当事人确定举证期限，该举证期限适用于其他当事人；

（三）发回重审的案件，第一审人民法院可以结合案件具体情况和发回重审的原因，酌情确定举证期限；

（四）当事人增加、变更诉讼请求或者提出反诉的，人民法院应当根据案件具体情况重新确定举证期限；

（五）公告送达的，举证期限自公告期届满之次日起计算。

法条渊源

1992年《民诉法意见》第七十六条以及2002年《证据规定》都对举证期限作了规定。其明确的主要是一、二审程序正常运作情形下的举证期限。司法实务中，诉讼主体变化、诉讼请求变动、诉讼中止、暂停甚至回转等情形时有发生。对此，应如何确定举证期限，实务争议较大。2008年《举证时限通知》中对发回重审、增加当事人、增加诉讼请求等诉讼中出现的特殊情形的相应举证期限作了规定。但其毕竟只是通知，效力层级较低，且归纳梳理并不全面。

法条精析

本条在2002年《证据规定》中没有规定，是新增条文。本条主要是在2008年《举证时限通知》基础上修改而来，内容是关于诉讼中出现特别情形时，如何确定举证期限的可操作性规定。本条修改过程中，2016年《法院征求意见稿》第五十一条至第五十五条分别规定："当事人在一审答辩期内提出管辖权异议的，人民法院应当在驳回当事人管辖权异议的终审裁定生效后，重新确定举证期限。""公告送达的案件，举证期限自公告期届满之次日起计算。""人民法院在追加当事人或者有独立请求权的第三人参加诉讼的情况下，应当为新参加诉讼的当事人确定举证期限。该举证期限适用于其他当事人。""发回重审的案件，第一审人民法院在重新审理时，可以结合案件的具体情况和发回重审的原因，酌情确定举证期限。""当事人增加、变更诉讼请求或者提出反诉的，人民法院应当根据案件的具体情况重新指定举证期限。"2017年《审判长讨论稿》第三十九条则将上述各条合为一条，并作了以下修改：将"人民法院应当在驳回当事人管辖权异议的终审裁定生效后，重新确定举证期限"修改为"举证期限中止，自驳回管辖权异议的裁定生效之日起，恢复计算"；并增加一款"公告送达的案件，举证期限自公告期届满之次日起计算"。2018年《审委会送审稿》第五十四条内容基本与2017年《审判长讨论稿》第三十九条规定一致。本条定稿时,内容再无变化。

本条主要修改表现为:(1)将2008年《举证时限通知》第三条规定的管辖权异议驳回裁定生效后重新指定举证期限修改为将管辖权异议理解为举证期限中止事由,在驳回裁定生效后,继续计算。(2)删除2008年《举证时限通知》第七条关于增加、变更诉讼请求以及提出反诉时的举证期限问题中的"当事人对举证期限有约定的,依照《证据规定》第三十三条第二款的规定处理"。(3)删除2008年《举证时限通知》第九条中"如果案件是因违反法定程序被发回重审的,人民法院在征求当事人的意见后,可以不再指定举证期限或者酌情指定举证期限。但案件因遗漏当事人被发回重审的,按照本通知第五条处理。如果案件是因认定事实不清、证据不足发回重审的,人民法院可以要求当事人协商确定举证期限,或者酌情指定举证期限。上述举证期限不受'不得少于三十日'的限制"的规定。(4)增加规定了公告送达案件举证期限的计算起点。

举证期限制度的设立使我国民事诉讼中诉讼资料和证据资料的提出发生了质的变化,我国民事诉讼证据提出制度也由原来的"随时提出主义"转为"适时提出主义"。为了提高诉讼效率,防止诉讼中一方当事人的诉讼突袭,2020年《证据规定》第五十一条要求当事人在法院指定或者当事人约定的举证期限内向法院提交证据。如果当事人逾期未提交证据,又不满足法律规定的特殊情况,也没有法律意义上的"新证据",那就有可能面临证据失权的制裁后果。可见,举证期限的确定,至关重要。其决定了是否逾期举证,进而是否成立新证据,最后是否导致证据失权。但从司法实务来看,民事诉讼的复杂性决定了在出现程序反复或停滞等特殊情形时,为维护当事人诉讼主体地位平等、诉讼权利对等,将举证期限进行微调,在所难免。本条起草过程中主要借鉴了2008年《举证时限通知》的规定,分述如下:

关于管辖权异议对举证期限的影响问题。对此问题,理论界主要有以下观点:第一种观点认为,当事人即便提出管辖权异议,也无须重新指定举证期限,举证期限应继续计算。理由在于,举证时限制度本身的目的就是督促诉讼各方积极取证,固定争议焦点。所以,不管管辖权异议存在与否,当事人有无提出管辖权异议的时间都应当认定在举证期限内。只要诉讼程序启动,都应锁定举证期限。第二种观点认为,如当事人提出管辖权异议,会导致举证期限的中断。管辖权异议如被驳回,举证期限重新开始计算。理由在于,既然存在管辖权异议,也就意味着管辖法院还未能最终确定。那么即使法院为双方当事人指定了举证期限,一旦最终认定无权管辖,之前确定的举证期限也无效力可言。此外,一旦确定法院无权管辖,如坚持让当事人接受该举证期限,反而会激发当事人的不公平心理,进而不断诉讼,这也是2008年《举证时限通知》第三条采纳的观点。笔者认为,第一种观点不正确。如果管辖权异议期间,举证期限继续计算,则可能因为管辖权异议,一、二审程序所花费时间已经超过举证期限,使当事人无法在举证期限内就案件审理所需证据进行正常举证。如果当事人在举证期限内举证,又可能被理解为对该法院有管辖权的认可,在涉外诉讼中尤其如此。在被告既想提出反诉又对管辖权表示异议的情形下,可能妨碍其诉讼权利的行使,若被告想提出反诉,必先等到管辖权异议确定后再提出,否则在管辖权异议未确定时提出反诉,可能被视为默示管辖;如果等管辖权异议确定后再提出反诉,则此时可能已超过提出反诉的期限。因此,被告只能要么提出管辖权异议放弃举证权利,要么应诉答辩放弃管辖权异议的权利。这显然剥夺了当事人的诉讼权利。第二种观点不正确。如果等管辖权确定后再重新指定举证期限,势必影响案件的及时审理,而且管辖权异议问题可能要经过一审、二审才能最终确定。当事人可能利用此达到恶意拖延诉讼目的。几经斟酌,本条采用了举证期限中止的思路。理由在于:第一,中止相比中断,举证期限不用重新计算,有利于防止当事人滥用管辖权异议,拖延诉讼。第二,中止有相应依据。《最高人民法院关于严格执行案件审理期限制度的若干规定》第九条第七项规定,审理当事人提出的管辖权异议和处理法院之间的管辖争议的期间不计入审理、执行期限。因此,管辖权异议应作为举证期间中止的一种情形,从举证期限中予以扣除。这样不但保护了当事人的诉权,他们可以行使民事诉讼法规定的管辖权异议的权利;又保证了当事人的举证期限不受影响。管辖权异议期间并不妨碍当事人收集整理证据,而且在管辖权异议审理结束后,当事人还可以利用剩余的举证时间继续收集整理证据,这维护了法律的尊严,也不至于让 2020 年《证据规定》与 2021 年《民事诉讼法》相互矛盾。

关于增加当事人时的举证期限问题。在广义理解当事人的前提下,实务中增加当事人经常表现为:追加当事人、有独立请求权的第三人参加诉讼或者无独立请求权的第三人经人民法院通知参加诉讼。由于新参加诉讼的当事人参加诉讼时,其他已参加诉讼的当事人的举证期限已经开始起算并进行了一段时间,如果仍继续适用其他当事人的举证期限,则意味着将新参加诉讼当事人的举证时限变相减少,不符合当事人诉讼权利平等原则。故应为其确定新的举证期限。反过来,对其他当事人而言,也会出现自己举证期限已满,而新参加诉讼当事人举证期限尚未届满的情形,这可能会为后者进行诉讼突袭提供机会。故从平等保护全体当事人诉讼权利出发,也有必要将其他当事人的举证期限延续至新参加当事人举证期限届满之日。就此,2008 年《举证时限通知》第五条规定,人民法院在追加当事人或者有独立请求权的第三人参加诉讼的情况下,应当依照 2002 年《证据规定》第三十三条第三款的规定,为新参加诉讼的当事人指定举证期限。该举证期限适用于其他当事人。本条在起草时参考了 2008 年《举证时限通知》第五条的内容,并为周延起见,在其基础上增加规定了无独立请求权第三人参加诉讼的情形。

关于发回重审的案件是否应当重新确定举证期限,实践中存在争议:一种意见认为,没有必要再指定或协商举证期限,这样必然会影响诉讼的效率,因为原审已经审理过一次;另一种意见认为,应当重新确定举证期限,因为毕竟是重新审理,程序就应该重新开始。对于发回重审的案件,应当明确原审的程序并非视为没有发生或者不存在,不代表所有程序都要重新开始,只是审理程序重新开始。实务中,对审理程序理解的不同也会出现不同的意见,如果审理程序仅指开庭以后的程序,那么举证期限就不需要重新确定。如果将被告答辩以后的程序都认为是审理程序的话,那么就要重新确定举证期限。也可以从是否需要进行证据交换的角度看,如果法官认为有必要再次进行证据交换,有利于整理案件焦点,也可以确定举证期限,促使当事人积极提供证据。如果法官认为没有必要再就证据进行交换,案件争议焦点也已经明确,也就没有必要再次确定举证期限。所以发回重审的案件是否要再次确定举证期限,应由法官根据实际情况考虑哪种情形更有利于案件的审理程序。① 具体而言，可以参照2008年《举证时限通知》第九条的规定，如果案件是因违反法定程序被发回重审的，人民法院在征求当事人的意见后，可以不再指定举证期限或者酌情指定举证期限。但案件因遗漏当事人被发回重审的，为新参加诉讼的当事人指定举证期限。该举证期限适用于其他当事人。如果案件是因认定事实不清、证据不足发回重审的，人民法院可以要求当事人协商确定举证期限，或者酌情指定举证期限。上述举证期限不受"不得少于十五日"的限制。

关于当事人增加、变更诉讼请求或者提出反诉是否重新确定举证期限的问题。2002年《证据规定》第三十四条规定，当事人增加、变更诉讼请求或者提起反诉的，应当在举证期限届满前提出。相应地，2008年《举证时限通知》第七条规定，当事人在一审举证期限内增加、变更诉讼请求或者提出反诉，或者人民法院依照2002年《证据规定》第三十五条的规定告知当事人可以变更诉讼请求后，当事人变更诉讼请求的，人民法院应当根据案件的具体情况重新指定举证期限。当事人对举证期限有约定的，依照2002年《证据规定》第三十三条第二款的规定处理。这里之所以规定人民法院要根据案件的具体情况重新指定举证期限，是因为，如果按该条设定的前提：一审举证期限内增加、变更诉讼请求或者提出反诉，那么从实务情况看，一旦当事人在举证期限内增加、变更诉讼请求或者提出反诉，举证期限往往所剩无几。在如此有限的剩余举证期限内，当事人往往不能就新的诉讼请求或反诉请求调查收集到足够的证据，从而影响到其证明权的行使。故需要人民法院重新指定举证期限。这里值得追问的问题是，因为举证期限届满是在开庭前，那么这是否就意味着增加、变更诉讼请求或提起反诉必须在开庭前提出呢？举证期限设置的目的是提高诉讼效率，所以举证期限届满只有在开庭前才有意义。但是，从实践情况看，当事人变更、增加诉讼请求以及提起反诉并不总是在开庭前实施，往往是在开庭中或者开庭后实施。开庭审理的工作主要就是法庭辩论与法庭调查。双方当事人的诉讼行为是根据对方主张的事实以及辩论的实际情况不断变化的，一般情况下，当事人只有在法庭辩论或调查中才会发现有增加、变更诉讼请求或者提起反诉的需要。除此之外，2021年《民事诉讼法》也没有规定当事人必须在开庭前增加、变更诉讼请求或者提起反诉。理论上，通常强调的是诉讼请求的增加、变更或者反诉的提出应当在法庭辩论终结前提出。理由是，一旦法庭辩论结束，法院将以终结辩论前的诉讼标的和诉讼材料作为裁判的对象和依据。② 为此，2015年《民诉法解释》第二百三十二条规定"在案件受理后，法庭辩论结束前，原告增加诉讼请求，被告提出反诉，第三人提出与本案有关的诉讼请求，可以合并审理的，人民法院应当合并审理"。可见，司法实务层面已经认可将原告增加诉讼请求，被告提出反诉，第三人提出与本案有关的诉讼请求的时间节点由"举证期限届满前"推后到"法庭辩论结束前"。相应地，在当事人增加、变更诉讼请求或者提出反诉发生在举证期限临近届满或届满后法庭辩论终结前时，针对该新的诉讼请求或反诉请求所进行的调查收集证据客观上需要人民法院重新指定举证期限。基于上述考虑，本条保留了2008年《举证时限通知》的相应内容。

关于公告送达当事人的举证期限问题。近年来，随着社会经济的发展，当事人因外出务

---

① 陈开梓：《民事诉讼中举证期限若干问题的探讨》，载《宁德师专学报（哲学社会科学版）》2005年第2期。

② 张卫平：《民事证据法》，法律出版社2017年版，第203页。

工、经商离开住所地，给法院送达法律文书增加了较大困难，同时法院面对繁重的办案任务压力以及司法成本的因素，采取公告方式送达法律文书已成为许多法官认可的便捷之策。公告送达是在受送达人下落不明，或者用其他方式无法送达的情况下用公开宣告的方式送达诉讼文书，国内公告送达自发出公告之日起，经过30日，即视为送达。涉外民事诉讼中的公告送达，自公告之日起，满3个月，即视为送达。具体送达方法为：将需要送达的诉讼文书张贴在人民法院布告栏内或公共场所，或者登报、广播、在电视上播映。凡采用公告送达诉讼文书的，应当记明公告送达的原因和经过，并将有关情况附卷备查。司法实务中，人民法院最常用的公告送达方式为，在人民法院报上刊登公告送达文书。由于人民法院在制作举证通知书等法律文书时，一般无法确认法律文书的具体登报日期（公告之日），故不能在文书上写明具体的举证期限的起算之日。因此，本条从方便实务操作出发，规定公告送达的，举证期限自公告期届满之次日起计算。

实务疑难

简易程序转普通程序审理案件的举证期限，如何规定？

关于简易程序转普通程序后的举证期限问题，司法实践中有两种观点：一种观点认为，人民法院应另行确定举证期限。理由在于，根据2020年《证据规定》第五十一条第二款的规定，适用简易程序审理案件的举证期限不得超过15日，期限较短，转为普通程序，往往因为案情复杂，如不另行确定举证期限，不利于当事人充分举证。另一种观点认为，人民法院不再另行确定举证期限。理由在于案件由简易程序转为普通程序的程序转换本身就需要一段时间。该段时间如加上简易程序中确定的举证期间往往都会超过30日。笔者倾向于通过延长原有举证期限来处理。理由在于：首先，2021年《民事诉讼法》第六十八条已经规定，当事人在举证期限内举证确有困难的，可以申请延长举证期限。因此，当事人如果觉得原来确定的举证期限不足以完成举证，可以通过申请延长举证期限解决问题。其次，另行确定举证期限容易造成司法不公。理由在于，举证时间比较紧迫的一方可以通过运作让法官故意不在3个月内审结。从而合法取得更长的举证时间。最后，最高人民法院民事诉讼文书样式中，简易程序转为普通程序的文书格式第二段表述“本案的举证期间延长到某年某月某日，逾期提供证据的，视为放弃举证期间”。

关联法条

《中华人民共和国民事诉讼法》（2021年）

第九十五条　受送达人下落不明，或者用本节规定的其他方式无法送达的，公告送达。自发出公告之日起，经过三十日，即视为送达。

公告送达，应当在案卷中记明原因和经过。

第一百三十条　人民法院受理案件后，当事人对管辖权有异议的，应当在提交答辩状期间提出。人民法院对当事人提出的异议，应当审查。异议成立的，裁定将案件移送有管辖权的人民法院；异议不成立的，裁定驳回。

当事人未提出管辖异议，并应诉答辩的，视为受诉人民法院有管辖权，但违反级别管辖和专属管辖规定的除外。

第一百四十三条　原告增加诉讼请求，被告提出反诉，第三人提出与本案有关的诉讼请求，可以合并审理。

典型案例

1. (2021)粤 07 民终 1034 号

裁判观点：本院于 2020 年 5 月 18 日作出(2020)粤 07 民辖终 64 号民事裁定，驳回展宏公司对本案提出的管辖权异议，并于 2020 年 5 月 20 日发生法律效力。一审法院于 2020 年 6 月 20 日发出开庭传票，定于 2020 年 7 月 2 日开庭审理，2020 年 6 月 24 日，展宏公司向一审法院提出重新指定举证期限。根据 2020 年《证据规定》第五十五条第一项"存在下列情形的，举证期限按照如下方式确定：(一)当事人依照民事诉讼法第一百二十七条规定提出管辖权异议的，举证期限中止，自驳回管辖权异议的裁定生效之日起恢复计算"的规定，一审法院对展宏公司重新指定举证的申请不予准许并无不当。况且从 2020 年 5 月 20 日至 2020 年 7 月 2 日，展宏公司已有不少于 30 天的举证期限，并无损害展宏公司的合法权益。

2. (2021)浙 06 民终 4340 号

裁判观点：张林华辩称本案存在因处理管辖权异议而重新指定举证期限的情形，根据 2020 年《证据规定》第五十五条第一项的规定："存在下列情形的，举证期限按照如下方式确定：(一)当事人依照民事诉讼法第一百二十七条规定提出管辖权异议的，举证期限中止，自驳回管辖权异议的裁定生效之日起恢复计算"，该条款说明驳回管辖权异议的裁定生效之日即举证期限的中止事由消灭时，举证期限应恢复计算，而不是重新计算，故对于被告该项抗辩本院不予采纳。

3. (2021)粤 02 民终 1116 号

裁判观点：为进一步查明事实，庭审后，一审法院于 2020 年 9 月 28 日，以通知的方式，通知孔付林、陈兴发、吴土旺、吴买古、吴建明、竹溪水电站参与本案诉讼，并于 2020 年 11 月 24 日第二次开庭审理本案。根据 2020 年《证据规定》第五十五条第二项"追加当事人、有独立请求权的第三人参加诉讼或者无独立请求权的第三人经人民法院通知参加诉讼的，人民法院应当依照本规定第五十一条的规定为新参加诉讼的当事人确定举证期限，该举证期限适用于其他当事人"、第五十一条"举证期限可以由当事人协商，并经人民法院准许。人民法院指定举证期限的，适用第一审普通程序审理的案件不得少于十五日，当事人提供新的证据的第二审案件不得少于十日。适用简易程序审理的案件不得超过十五日，小额诉讼案件的举证期限一般不得超过七日。举证期限届满后，当事人提供反驳证据或者对已经提供的证据的来源、形式等方面的瑕疵进行补正的，人民法院可以酌情再次确定举证期限，该期限不受前款规定的期间限制"的规定，一审法院在审理本案过程中给予第三人答辩期符合法律规定。此外，一审法院根据吴英杰的申请给予双方当事人调解扣减一个月审限时间亦无不当。故石坑合作社主张一审判决程序违法，本院不予采纳。

4.（2020）黔02民终995号

裁判观点：关于争议焦点一。王贵香、盘骄公司、宏科公司称，应当对第三人强建志参加诉讼后一审的送达程序是否合法进行审查。经审查，一审中，唐胜提起诉讼后，第三人强建志申请作为有独立请求权的第三人参加诉讼，一审法院依法予以准许后依照法律规定向各方当事人送达了相关诉讼材料，并重新指定举证期限，符合2020年《证据规定》第五十五条第二项"追加当事人、有独立请求权的第三人参加诉讼或者无独立请求权的第三人经人民法院通知参加诉讼的，人民法院应当依照本规定第五十一条的规定为新参加诉讼的当事人确定举证期限，该举证期限适用于其他当事人"的规定，未影响各方当事人诉讼权利的行使，故送达程序合法。

5.（2021）豫13民终993号

裁判观点：关于程序问题，2020年《证据规定》第五十五条规定："存在下列情形的，举证期限按照如下方式确定：……（三）发回重审的案件，第一审人民法院可以结合案件具体情况和发回重审的原因，酌情确定举证期限；……"本案系发还重审案件，一审法院确定的举证答辩期虽未满十五日，但并未违反法律规定，亿美公司上诉称一审程序损害其答辩权利的理由不成立，本院不予支持。

6.（2021）京03民终13476号

裁判观点：2020年《证据规定》第五十五条第四项规定，当事人增加、变更诉讼请求或者提出反诉的，人民法院应当根据案件具体情况重新确定举证期限。本案缺席审理针对的是刘荣兰864,616.39元的诉讼请求，一审法院在刘荣兰当庭增加近70万元诉讼请求的情况下，未依法通知珠峰北分，亦未为珠峰北分重新确定举证期限，剥夺了该公司对刘荣兰增加诉讼请求部分的辩论权。本案缺席判决严重违反法定程序。

（修改）第五十六条　【证据交换日的确定】

人民法院依照民事诉讼法第一百三十三条（注：条文序号有变动，现为2021年《民事诉讼法》第一百三十六条）第四项的规定，通过组织证据交换进行审理前准备的，证据交换之日举证期限届满。

证据交换的时间可以由当事人协商一致并经人民法院认可，也可以由人民法院指定。当事人申请延期举证经人民法院准许的，证据交换日相应顺延。

法条渊源

证据交换制度的确立是我国对设立民事审前程序积极探索的重要体现，是民事审前程序由"审理前的准备"的技术性程序事项向大陆法系通说的"审前准备程序"演进的重要标志。最高人民法院通过司法解释的方法首先在1998年《审判改革规定》第五条第七项规定"案情比较复杂、证据材料较多的案件，可以组织当事人交换证据"，2012年《民事诉讼法》第一百三十三条第四项第一次以“法律”形式对证据交换制度作出了规定，即“需要开庭审理的，通过要求当事人交换证据等方式，明确争议焦点”。2015 年《民诉法解释》在此基础上，进一步细化了证据交换制度的程序设计，主要体现在第二百二十四条、第二百二十五条、第二百二十九条和第二百三十一条。上述条文：首先，明确了证据交换的起始时间为在答辩期届满后；其次，对“交换证据等方式”进行补充，增加了庭前会议的审前准备方式，同时将“证据交换”作为庭前会议的具体内容之一，由法官根据案件具体情况决定是否适用；最后，进一步明确了交换证据的法律效果。

法条精析

本条关于证据交换的规定是在 2002 年《证据规定》第三十七条、第三十八条基础上整理、归纳而成。证据交换对于整理证据、归纳争点、实现案件的集中审理具有重要意义。2002 年《证据规定》对证据交换的基本内容的规定经过审判实践检验，效果较好，本条予以吸收。本条起草过程中，2016 年《法院征求意见稿》对本条内容没有规定，2017 年《审判长讨论稿》第四十一条第一款规定：“人民法院依照民事诉讼法第一百三十三条第四项的规定，通过组织证据交换进行审理前准备的，证据交换之日举证期限届满。”2018 年《审委会送审稿》第五十五条则增加了“证据交换的时间可以由当事人协商一致并经人民法院认可，也可以由人民法院指定。当事人申请延期举证经人民法院准许的，证据交换日相应顺延”的规定，本条定稿时，再无变动。本条主要修改内容为：(1)删除 2002 年《证据规定》第三十七条关于证据交换启动方式的规定；(2)将 2002 年《证据规定》第三十八条第二款“人民法院组织当事人交换证据的”修改为“通过组织证据交换进行审理前准备的”。

证据交换制度是指当事人相互之间就其准备在法庭上使用的证据进行交换，以互通有无、公平诉讼的行为。其实质是一方当事人用自己已有的证据去交换对方当事人拥有且自己没有的证据。对于当事人而言，证据交换有助于当事人利用证据论证各自事实主张和法律观点，是双方当事人发表法律意见进行交锋的前提。当事人能否有效利用证据交换环节为自己服务，很大程度上决定诉讼的胜负。证据交换于当事人既是诉讼权利也是诉讼义务。这里的诉讼权利是指一方当事人有权要求另一方当事人向本方公开或出示自己所有的证据；诉讼义务是指一方当事人要求另一方当事人出示证据之前，必须首先向对方当事人出示自己的证据，否则对方当事人没有出示证据的义务。对于法院而言，一些案情复杂，证据数量较多的案件，庭审前的证据交换程序能够帮助法官明晰争议焦点，避免当事人在诉讼中进行证据偷袭，为当事人创造公平的诉讼机会，提高庭审时的诉讼效率。证据交换作为民事诉讼中的一项重要制度，应充分发挥其作用，为当事人创造公平公正的诉讼机会。当事人进行证据交换应遵循以下几项原则：(1)当事人自治原则。当事人自治原则首先应体现在要不要进行证据交换，由当事人双方决定。我国民事诉讼体制改革正逐渐从职权主义向当事人主义转变。法院在诉讼过程中应充分尊重当事人的意思自治，最大限度地保持其消极性和中立性。当事人可以通过合意的方式决定是否适用证据交换的程序。即使在证据交换程序被启动后，当事人是否交换证据以及交换何种证据，仍由当事人自主决定，法院一般不应主动干涉。当事人自治原则也体现在证据交换程序和交换方式的选择上。虽然证据交换程序充分尊重当事人的选择,但是为了便利法院对证据交换过程的控制以及内容的了解,证据交换必须以法院为中心展开,未经法院组织进行的证据交换应被视为无效的证据交换,不产生相应的法律效果。这是由我国法院职权主义的原则所决定的。法院通过证据交换也可以对双方持有的证据进行了解,并且可以进行相应释明,指导当事人有效地进行证据交换。当事人自治原则与法院适时介入,有效管理的保障原则是相互联系,共同发挥作用的。(2)对等原则。证据交换是当事人之间的信息互通过程、证据开示过程。对等原则要求实行平等的证据交换,或者说在证据交换过程中保持平等的诉讼地位。原告是诉讼的发起者,一般应当按照举证责任规定首先向对方交换证据。如果一方当事人拒绝进行证据交换,那么证据交换就此终结。(3)诚信原则。诚信原则对证据交换提出的最主要要求就是不得滥用证据交换的程序。证据交换范围应当集中在主要的证据或者主要证据的核心内容,而不应将其隐藏在无关联证据的背后。实施证据交换的双方当事人应当遵守真实义务和依法进行交换的义务,确保所交换的证据具有真实性与合法性。另外,不得实施妨碍对方举证的行为,不得拖延举证,否则要承担由此所带来的不利后果。事实上,证据交换本身就蕴含了举证时限。有证据交换,必有举证时限,但有举证时限,未必有证据交换。因此,凡是在诉讼程序中实行证据交换的,独立地强调举证时限便是无意义的,立法规定或法院指定何时进行证据交换,便意味着举证时限何时结束。在证据交换中必然要涉及举证时限这个构成因素。因而,举证时限不是一个独立的与证据交换并存的制度,而是一个从属性的诉讼制度,它被包含于证据交换之中。如果立法上规定任何案件的处理均要经过证据交换的过程,则举证时限对任何诉讼程序而言均无独立存在的价值。举证时限只有在不需要证据交换的案件中才有独立发挥作用的意义。

在我国,直至2012年《民事诉讼法》才用新增第一百三十三条第四项的方式对证据交换制度作出了初步规定,即"需要开庭审理的,通过要求当事人交换证据等方式,明确争议焦点"。但从司法实践而言,最高人民法院为了适应民事审判工作实际需要,早在1998年《审判改革规定》中,随后又在2002年《证据规定》第三十七条至第四十条较为全面地规定了证据交换的相关可操作性问题。依据2002年《证据规定》第三十七条第二款的规定,证据不多或非复杂疑难案件,开庭审理前,人民法院可以不组织证据交换。从目前司法实践而言,简易程序案件占民事案件70%以上,几乎没有进行证据交换。根据该条第一款,对于证据较少或案情较简单案件,如果要证据交换,则需当事人申请。否则,人民法院不能主动要求当事人进行证据交换。对必须进行证据交换的案件,如果当事人不配合,法院也没有任何强制性措施。由此可见,2002年《证据规定》第三十七条规定,将证据较少或案情简单的案件(主要是适用简易程序案件)的证据交换排除在人民法院依职权组织交换证据之外,限制了交换证据制度功能的发挥。故本次修改中,将该条予以删除。正如前述,证据交换制度的主要功能就是证据信息公开、明晰争议焦点、避免证据突袭、提高审判效率。在后三者功能上与举证期限制度的价值功能存在重合。相应地,为确保两者共同价值功能落到实处,证据交换之日与举证期限届满之日也应当相同。特别是在当事人协商确定的举证期限或法院指定的举证期限与证据交换时间不一致时,应以证据交换期限为准。这也是本条第一款的起草本意。此外,根据前文所述,当事人自治原则是证据交换制度的基本原则之一。按该原则要求,当事人可以通过合意的方式决定是否进行证据交换以及何时进行证据交换。但是，为了方便法院明确争议焦点，防止当事人滥用诉讼权利拖延诉讼，我国目前的证据交换仍应由法院主导。也即，即便当事人协议确定了证据交换时间，也应经过人民法院认可。当然，如果当事人协商不能就证据交换时间达成一致，则由法院依职权指定。此外，司法实践中，基于各种主客观原因，当事人的举证期限经常发生变化。由于举证期限与证据交换之间存在不可分割的利害关系，如果当事人申请举证期限延后经人民法院准许，则证据交换日也应随之延期，以与本条第一款规定的“证据交换之日举证期限届满”保持一致。

实务疑难

举证期限未届满，人民法院能否组织进行证据交换？

司法实务中，人民法院为加快诉讼进程，可能会提前组织双方当事人进行证据交换。对此，有两种观点：第一种观点认为，举证期限未届满，人民法院也可组织进行证据交换。本条规定“证据交换之日举证期限届满，证据交换的时间可以由当事人协商一致并经人民法院认可，也可以由人民法院指定。当事人申请延期举证经人民法院准许的，证据交换日相应顺延”。也即，证据交换的时间最终都由人民法院控制。既然由人民法院指定，则人民法院为促进诉讼进程，当然可以根据案件繁简程度，在举证期限届满前组织双方当事人进行证据交换。第二种观点认为，举证期限未届满，人民法院不可依职权组织双方当事人进行证据交换。理由在于：首先，证据交换制度是举证期限的配套制度。其促使双方当事人在举证期限届满时将收集到的所有证据告知对方并加以固定。这也可在举证期限届满后，进一步约束当事人逾期举证。其次，如果在举证期限未届满就进行证据交换，不仅使事先确定举证期限处于不确定状态，还让当事人可以举证期限未届满作为抗辩理由而拒绝交换或不完全交换已经掌握的证据。故只有在自愿情形下，可以提前进行证据交换，从而导致举证期限届满。在本条已经规定证据交换之日，举证期限届满的前提下，笔者倾向同意第二种观点。

关联法条

1.《中华人民共和国民事诉讼法》(2021 年)

第一百三十六条　人民法院对受理的案件，分别情形，予以处理：

(一)当事人没有争议，符合督促程序规定条件的，可以转入督促程序；

(二)开庭前可以调解的，采取调解方式及时解决纠纷；

(三)根据案件情况，确定适用简易程序或者普通程序；

(四)需要开庭审理的，通过要求当事人交换证据等方式，明确争议焦点。

2.《最高人民法院关于适用〈中华人民共和国民事诉讼法〉的解释》(2022 年)

第二百二十四条　依照民事诉讼法第一百三十六条第四项规定，人民法院可以在答辩期届满后，通过组织证据交换、召集庭前会议等方式，作好审理前的准备。

第二百二十五条　根据案件具体情况，庭前会议可以包括下列内容：

(一)明确原告的诉讼请求和被告的答辩意见；

(二)审查处理当事人增加、变更诉讼请求的申请和提出的反诉,以及第三人提出的与本案有关的诉讼请求;

(三)根据当事人的申请决定调查收集证据,委托鉴定,要求当事人提供证据,进行勘验,进行证据保全;

(四)组织交换证据;

(五)归纳争议焦点;

(六)进行调解。

典型案例

1.(2021)鲁14民终1341号

裁判观点:关于一审是否必须送达证据副本问题。2020年《证据规定》第五十六条规定:"人民法院依照民事诉讼法第一百三十三条第四项的规定,通过组织证据交换进行审理前准备的,证据交换之日举证期限届满。证据交换的时间可以由当事人协商一致并经人民法院认可,也可以由人民法院指定。当事人申请延期举证经人民法院准许的,证据交换日相应顺延。"由此可知,人民法院可以根据案件具体情况,依申请或依职权组织证据交换,但证据交换并非所有民事案件审理前必经程序。本案一审中,双方当事人均未提出证据交换申请,一审法院在庭审中依法组织质证,充分听取各方当事人质证意见,其审理程序并无不当。

2.(2020)渝03民终864号

裁判观点:因中国平安财产保险股份有限公司垫江支公司在2020年3月26日已经签收了重庆市云阳司法鉴定所出具的云阳司鉴所(2020)医鉴字第018号司法鉴定意见书,一审法院2020年4月17日组织庭审对该证据进行质证审查时,中国平安财产保险股份有限公司垫江支公司对该鉴定意见并未向一审法院提交书面的鉴定人出庭申请书和书面的重新鉴定申请,而是在庭审后的2020年4月20日才向一审法院提交的鉴定人出庭申请书和重新鉴定申请,根据2020年《证据规定》第五十六条"人民法院依照民事诉讼法第一百三十三条第四项的规定,通过组织证据交换进行审理前准备的,证据交换之日举证期限届满……"的规定,中国平安财产保险股份有限公司垫江支公司在2020年4月20日向一审法院提出的上述鉴定人出庭申请书和重新鉴定申请超过了法定的举证期限,一审法院未予采纳正确。从本案现有的证据来看,中国平安财产保险股份有限公司垫江支公司并未提供足够、充分的证据证明一审法院委托重庆市云阳司法鉴定所对该案进行司法鉴定不符合相关的法律、法规规定和程序违法的事实存在,一审法院以重庆市云阳司法鉴定所对该案出具的上述司法鉴定意见书作为本案定案依据之一合法,亦无不妥。故中国平安财产保险股份有限公司垫江支公司上诉提出"一审法院审理该案程序违法"的理由,与本案查明的事实不符,依法不予支持。

3.(2020)豫0581民初7202号

裁判观点:关于被告刘爱平抗辩称原告未在法定期间内向法庭提交相关证据,对超出质证期间的证据不予质证,本院认为,根据2020年《证据规定》第五十六条第一款"人民法院依照民事诉讼法第一百三十三条第四项的规定,通过组织证据交换进行审理前准备的,证据交换之日举证期限届满”的规定，原告于庭审前已提交完毕相应的证据，在举证期限届满之前，故被告刘爱平的抗辩意见不予采信。

（修改）第五十七条　【证据交换流程】

证据交换应当在审判人员的主持下进行。

在证据交换的过程中，审判人员对当事人无异议的事实、证据应当记录在卷；对有异议的证据，按照需要证明的事实分类记录在卷，并记载异议的理由。通过证据交换，确定双方当事人争议的主要问题。

法条渊源

1998 年《审判改革规定》第一次明确提出案情比较复杂、证据材料较多的案件，法院可以组织当事人交换证据，但其并未明确具体的证据交换流程。对此，2002 年《证据规定》第三十九条明确规定了证据交换的具体实施流程，经过多年来的司法实践，实务界已经普遍接受了该条规定的证据交换的具体操作流程，并无出现较大争议。2012 年《民事诉讼法》第一百三十三条则第一次从“法律”层面规定，需要开庭审理的，通过要求当事人交换证据等方式，明确争议焦点。2015 年《民诉法解释》第二百二十四条、第二百二十五条，则从证据交换时间和场合角度作了细化规定。但人民法院组织证据交换是否仍应按照 2002 年《证据规定》第三十九条进行，则有待进一步明确。

法条精析

本条完全沿袭了 2002 年《证据规定》第三十九条规定，主要内容是关于证据交换操作流程的规定。本条在起草过程中，2016 年《法院征求意见稿》对本条内容没有规定。2017 年《审判长讨论稿》第四十一条第二款规定：“在证据交换的过程中，对当事人无异议的事实、证据应当记录在卷；对有异议的证据，应当记载异议的理由。通过证据交换，确定争议的主要问题。”2018 年《审委会送审稿》对本条内容没有规定。本条定稿时增加了第一款“证据交换应当在审判人员的主持下进行”。

就本条第一款规定证据交换在审判人员的主持下进行而言，实务中，主持证据交换的人员既有合议庭成员，也有合议庭成员之外的人，如法官助理、书记员等。具体操作根据各地法院的内部分工，有所不同。第二款对证据交换的具体流程和功能作出规定。在证据固定的前提下，证据交换的主要功能就是确定当事人之间的争议焦点事实，以便于法庭集中审理，提高司法效率。

2002 年《证据规定》第三十九条第一款规定，“证据交换应当在审判人员的主持下进行”。与此同时，2002 年《证据规定》第四十七条第二款规定：“当事人在证据交换过程中认可并记录在案的证据，经审判人员在庭审中说明后，可以作为认定案件事实的依据。”这表明司法解释规定主持证据交换的主体应当是案件的审判人员。但何谓审判人员?实务中理解不一:有的作狭义理解,既然证据交换涉及证据质证及其认定,关联审判结果,故应只包括享有审判权的合议庭法官。有的作中义理解,主持证据交换毕竟不是在正式庭审中进行。而且,证据交换确认的证据还有可能在随后的庭审中被推翻,故将其归为享有审判权的合议庭法官未免失之过窄。从当前司法改革趋势而言,可以考虑将法官助理纳入,也可缓解主审法官的办案压力。有的则持广义理解,从当前法院办案压力角度,认为应放宽至书记员的范围。笔者认为,证据交换放在庭审前进行,本质乃是为了简化程序而进行的庭审质证程序的前移。本规定第六十条可以作为证据交换实体审理性质的印证。既然如此,从应然层面而言,证据交换程序的主持者是享有审判权的法官,而不能是非法官的其他人员。但从实然层面而言,采行合议制由审理法官主持证据交换并非意味着所有的证据交换行为都要通过审理法官来实施。事实上,对于证据交换中的某些活动可以由其他主体代为完成或协助完成,尤其是书面证据交换等非庭审性交换可以在审理法官的指挥和监督下由其他主体实施。比如,由书记员接受证据交换,并将所交换的证据材料送达给双方当事人,然后将交换的证据材料整理后交给审理法官,由审理法官审阅证据材料后阐明意见,书面告知双方当事人。这样的证据交换,其实质仍然是由审理法官所主持的。① 还有观点认为,证据交换具有实体审理的性质,不应当由案件的主审法官来主持证据交换。理由是,这样在一定程度上可以避免主审法官在审前过多地接触当事人,以免造成“先入为主”的判断,从而影响了法官的中立性。② 这种观点显然忽视了证据交换制度的最初目的之一就是让主审法官了解案件事实,明确案件争议焦点,节省法官在审判过程中重新了解案情的时间,能够集中精力在解决当事人争议焦点的环节上。此外,如果主持证据交换的法官与主审法官分离,还会产生一个新的问题,那就是不同的法官对案件事实的认定可能不同,确定争议焦点也可能不同,这时应该以谁的意见为准?如果以主审法官的意见为准,那么在证据交换过程中主持法官就形同虚设,如果以主持证据交换的法官意见为准,那么主审法官就无法按照自己认定的案件事实和争议焦点进行审理,就难以形成内心的确信。所以由主审法官主持证据交换程序有助于法官尽早地了解案件的争议焦点,最大限度地调动当事人的积极性,有利于法官行使审判权,集中审理实体问题,发挥证据交换程序过滤案件无争议事实的功能,减少法院庭审负担。

2020 年《民诉法解释》第二百二十四条、第二百二十五条规定的审前准备程序包括两种方式,即单独的证据交换和包含证据交换在内的庭前会议。因此,我国的证据交换形式可分为两种情况:一是单独的证据交换,即庭审前仅进行证据的接收和交换。此时,交换证据的方式应以到场交换为原则、其他方式为例外。交换方式包括组织双方当事人见面、由法院邮寄交换证据复印件、当事人双方自行交换证据等。二是作为庭前会议内容的证据交换。即在召开庭前会议时,由主审法官具体指导法官助理完成证据交换工作,必要时由主审法官亲自主持交换证据的核对、签收,并对相关诉讼资料进行简单的询问。③ 证据交换的作用主要体现在

---

① 汤维建:《民事诉讼中证据交换制度的确立和完善》,载《法律科学》2004 年第 1 期。
② 肖利:《试述我国民事诉讼证据交换制度的完善》,载《西部法学评论》2009 年第 3 期。
③ 王慧:《我国民事证据交换制度的反思与完善》,载《重庆理工大学学报(社会科学版)》2017 年第 12 期。

其法律效果上。

在证据交换环节，经双方当事人认可的证据，可在法庭中被视为质证过的证据。对此，司法解释已多次明确。例如，2022年《民诉法解释》第一百零三条进一步明确了证据交换的法律效果，在审理前的准备阶段当事人认可的证据，经审判人员在庭审中说明后，视为质证过的证据。又如，2020年《证据规定》第六十条第一款也有类似规定。基于上述证据交换的法律后果，在具体组织证据交换过程中，审判人员应进行证据整理。首先，让当事人在审前就可了解和分析对方的证据，从而做好充分的辩论准备，减少在开庭审理时辨认证据和思索对策的时间。其次，通过证据整理，当事人可以因司法认知和对方当事人自认而免于举证，因对某些证据达成一致意见而免于在审理中继续辩论，从而使当事人和法官把司法资源优先配置在对有争议证据的收集和审理上。对多数有争议证据的合法性、真实性可在审前达成共识，使庭审集中在证据与待证事实关联程度的辩论上。① 具体到本条，对当事人无异议的事实、证据应当记录在卷。这可作为将来庭审中的免证事实以及经过质证对方当事人认可的事实。相应地，将来庭审中，这些无异议的事实、证据可不再进行质证，而由法院直接采信后作为裁判的依据。至于双方当事人有争议的证据，则可按照需要证明的事实分类记录在卷，并记载异议的理由。这样操作的作用在于说明这些证据也属于经过质证且发表过质证意见的证据。换言之，在将来的庭审中，人民法院对这些有争议的证据无须再组织质证，即可决定是否采信，以此提高庭审效率。

值得强调的是，证据交换还有一个重要功能就是有助于确定双方当事人之间的主要争议事实（争点）问题。司法实务中，由于我国并无强制诉答程序，被告方当事人为了隐藏诉讼策略，经常不在答辩期限内提交答辩状，而原告方基于同样考虑，也往往在起诉状中相应简化、含混其主张、事实或法律依据。这种做法，虽然达到了双方互相隐瞒诉讼策略的目的，但同时可能导致法院无法根据双方提交的书面材料，明确案件争议问题。进行证据交换，让双方当事人互相摊开证据底牌，则是克服上述弊端的一种有效手段。双方当事人通过彼此间证据的交换，了解了对方准备出示的证据，就可大致判断对方的诉讼策略、目标和方向，并进行有针对性的准备。人民法院通过组织证据交换，了解双方当事人的证据底牌，再结合起诉状、答辩状等诉讼资料并询问当事人，自然就可以确定双方当事人争议的主要问题。整理争点的目的是要区分无争议的焦点事实和有争议的焦点事实，只让有争议的焦点事实进入开庭审理程序，从而起到过滤庭审对象的作用。

最后，经过证据交换之后，在双方当事人对各自所掌握的诉讼资料与证据资料都有所了解的基础上，法院可以根据案件具体情况积极进行调解，引导当事人进行提前和解或调解，发挥证据交换程序的案件过滤功能，优化法院审判资源配置。

---

① 李国光主编：《最高人民法院〈关于民事诉讼证据的若干规定〉的理解与适用》，中国法制出版社2002年版，第297页。

实务疑难

当事人能否推翻证据交换过程中确认过的无异议的事实?

司法实务中,当事人经常在庭审中否认之前在证据交换过程中确认过的无异议事实。对此,有两种观点:第一种观点认为,证据交换只是审理前准备阶段的一个或有环节,在审前准备阶段为交换证据而进行的质证,仅仅是当事人对证据及待证事实所发表的初步观点,并不具有最终的意义,最终的质证应当发生在法庭上。因此,当事人在证据交换中所认可的事实,到法庭上仍然可以推翻。第二种观点认为,当事人在证据交换中对对方提交的证据和主张的事实无异议,至少构成对对方主张的于己不利事实的承认。根据 2020 年《证据规定》第三条的规定,其可以被认定为当事人自认事实,从而达到免除对方当事人庭审举证的法律效果。因此,在法庭上原则上不能否认或推翻该事实。笔者倾向于第二种观点,一般情形下,当事人不能否认或推翻该事实,除非符合 2020 年《证据规定》第八条、第九条规定的例外情形。

关联法条

1.《中华人民共和国民事诉讼法》(2021 年)

第一百三十六条 人民法院对受理的案件,分别情形,予以处理:

(一)当事人没有争议,符合督促程序规定条件的,可以转入督促程序;

(二)开庭前可以调解的,采取调解方式及时解决纠纷;

(三)根据案件情况,确定适用简易程序或者普通程序;

(四)需要开庭审理的,通过要求当事人交换证据等方式,明确争议焦点。

2.《最高人民法院关于适用〈中华人民共和国民事诉讼法〉的解释》(2022 年)

第二百二十四条 依照民事诉讼法第一百三十六条第四项规定,人民法院可以在答辩期届满后,通过组织证据交换、召集庭前会议等方式,作好审理前的准备。

第二百二十五条 根据案件具体情况,庭前会议可以包括下列内容:

(一)明确原告的诉讼请求和被告的答辩意见;

(二)审查处理当事人增加、变更诉讼请求的申请和提出的反诉,以及第三人提出的与本案有关的诉讼请求;

(三)根据当事人的申请决定调查收集证据,委托鉴定,要求当事人提供证据,进行勘验,进行证据保全;

(四)组织交换证据;

(五)归纳争议焦点;

(六)进行调解。

典型案例

1.(2021)粤 19 民终 891 号

裁判观点:首先,根据一审卷宗材料显示,2020 年 6 月 3 日仅为庭前证据交换,并非开庭。依据 2020 年《证据规定》第五十七条第一款的规定:“证据交换应当在审判人员的主持下进行。”该条规定只要求审判人员在场，并未要求法官必须全程在场，故一审法官未全程参与庭前准备工作，并未违反相关法律程序。其次，2020 年 6 月 3 日当天未能如期开庭的原因，乃系由于当事人未做好庭前证据整理导致。双方当事人对于法官要求先做好庭前准备工作再开庭的意见未提出异议，并在庭前证据交换笔录上签名确认。最后，庭前证据交换笔录记录完整，法官亦有到庭询问双方的质证意见，并且在第二次开庭时，一审法院亦给予双方再次提交证据以及质证的权利，一审程序保障了双方当事人充分地行使诉讼权利，未损害任何一方当事人诉讼权益，程序合法。陈美云主张一审程序违法，缺乏理据，本院不予采纳。

2.（2020）苏 03 民终 6392 号

裁判观点：关于上诉人所称法官助理违法组织证据交换问题。2020 年《证据规定》列明“证据交换应当在审判人员的主持下进行”，但根据 2017 年《最高人民法院司法责任制实施意见（试行）》的规定，法官助理的职能包括在法官的指导下，组织双方进行证据交换。该事项不属于 2017 年《民事诉讼法》第一百七十条第一款第四项规定的严重违反法定程序的事项，不足以据此撤销原判决。

3.（2020）粤 04 民终 2148 号

裁判观点：2002 年 4 月 1 日施行及其后修改自 2020 年 5 月 1 日施行的《证据规定》均规定“证据交换应当在审判人员的主持下进行”，但一审法院审理本案却指派法官助理主持案涉当事人的证据交换，违反法律程序且致本案事实不清，影响了案件的正确处理。

4.（2020）苏 03 民终 493 号

裁判观点：上诉人主张一审证据交换程序应由合议庭全体审判人员进行组织，一审法院采独任询问的方式进行证据交换程序违法。本院认为，根据 2020 年《证据规定》第五十七条规定（2002 年《证据规定》第三十九条），证据交换应当在审判人员的主持下进行，上述规定仅要求证据交换程序的主持者由审判人员担任，但并未对合议庭人员全部到庭组织证据交换进行强制性规定。上诉人的该项上诉主张，并无法律依据，本院依法予以驳回。

（修改）第五十八条　【再次证据交换】

当事人收到对方的证据后有反驳证据需要提交的，人民法院应当再次组织证据交换。

法条渊源

关于证据法上的反驳问题，最早在 1982 年《民事诉讼法》第四十六条就规定，被告可以承认或者反驳诉讼请求。被告可以反驳诉讼请求的规定后被历次民事诉讼法修改保留。在司法解释层面，关于反驳，最早在 1998 年《审判改革规定》第二十三条规定，一方当事人提出的证据，对方当事人举不出相应证据反驳的，可以综合全案情况对该证据予以认定。这里第一次将反驳与证据联系起来。至于有关证据交换环节当事人提出反驳证据的问题，最早在 2002

年《证据规定》第四十条第一款中规定当事人收到对方交换的证据后提出反驳并提出新证据的,人民法院应当通知当事人在指定的时间进行交换。

法条精析

本条是在2002年《证据规定》第四十条第一款基础上修改而来,主要内容为人民法院再次组织证据交换的条件。本条修改过程中,2016年《法院征求意见稿》和2017年《审判长讨论稿》对本条内容均未作规定。2018年《审委会送审稿》第五十七条规定:"当事人有反驳证据需要提交的,人民法院应当通知当事人在指定的时间进行交换。证据交换一般不超过两次。但重大、疑难和案情特别复杂的案件,人民法院认为确有必要再次进行证据交换的除外"。本条定稿时将前稿中"证据交换一般不超过两次。但重大、疑难和案情特别复杂的案件,人民法院认为确有必要再次进行证据交换的除外"修改为"人民法院应当再次组织证据交换",并在"有反驳证据"前增加"收到对方的证据后",这样表述更为明确具体。

相比2002年《证据规定》第四十条,本条主要修改为:(1)将"当事人收到对方交换的证据后提出反驳并提出新证据的"修改为"当事人收到对方的证据后有反驳证据需要提交的"。修改主要是为了简化语言、突出主题的目的。(2)将"人民法院应当通知当事人在指定的时间进行交换"修改为"人民法院应当再次组织证据交换"。修改同样是基于言简意赅的目的。(3)在最后定稿时,本条删除了2002年《证据规定》第四十条第二款关于多次证据交换的规定。删除理由是防止变相激励不诚信当事人通过反复证据交换,拖延诉讼。但删除并不意味着绝对不允许多次证据交换。在特殊情形下,法院仍可组织多次证据交换。

一般而言,证据交换的意义在于促进当事人彼此展示真实证据,追求客观真实而非依靠证据突袭或诉讼技巧来决定审判结果。此外,证据交换还有助于当事人做好庭审攻防抗辩的准备,以及方便法官整理乃至固定争议焦点和证据,从而提高正式庭审的效率,甚至在证据交换过程中促成双方当事人达成和解等。当然证据交换的主要功能在于对争议焦点进行整理。争议焦点是指真伪不明或者双方当事人围绕其产生完全不同意见的一种事实状态,需要中立的审判者对该事实作出认定,以解决当事人之间的争执状态。此外,争议焦点还应是对于解决案件至关重要的事实,如果当事人的任何一方认为有争议的事实本身无关紧要,或者说在案件的真正焦点上不存在实质性的争议,就可以向法院提起不经开庭审理而只就法律问题作出简易判决的申请。① 进而,如果当事人不存在事实上的争议,法院可以在开庭审理阶段直接进行法庭辩论,对法律问题进行审理。司法实践中,仅通过原告的诉讼请求和被告的答辩往往不能厘清双方当事人争议的焦点。这是因为当事人对于事实和法律问题的认识和表述可能存在偏差,需要法官通过当事人的陈述进行梳理。除了整理争议焦点之外,证据交换阶段还具有整理证据,进行调解、和解的功能等,为开庭审理阶段的质证环节作出准备,减轻庭审过程中的负担。所以,证据交换不应仅是简单的证据交换,还包括举证和质证过程。对此,

---

① 李国光主编:《最高人民法院〈关于民事诉讼证据的若干规定〉的理解与适用》,中国法制出版社2002年版,第296页。

2020 年《证据规定》第六十条已经间接认可了证据交换中发表过质证意见的证据，视为质证过的证据。由此可见，证据交换过程可以涉及证据“三性”的判断。在某种意义上，证据交换实际是庭审质证的提前登场。由于未经质证的证据不能作为法院认定案件事实的依据，故当事人提交支持其主张的证据或能证明对方当事人提出的证据存在瑕疵的证据交由法院组织质证，是确保其主张能被法院采信或对方当事人的主张不应被法院采信的重要途径。这里所说的能证明对方当事人提出的证据存在瑕疵的证据在学理上被称为反驳证据。反驳证据，也称证据抗辩，是指一方当事人为证明其主张而提出证据时，对方当事人并不提出相反证据来否定一方主张的事实，而是证实其证据所存在的瑕疵，指出其主张因证据存在瑕疵而无法得到证明。可见证据抗辩的特征在于通过揭示证据瑕疵来间接否定对方主张的事实。例如，甲起诉乙还钱，所持有的证据就是乙出具的借条。乙则在证据交换过程中提交了另一张借条，用上面的本人签名来主张甲持有的借条上乙的签名为伪造。与反驳证据类似的还有相反证据。所谓相反证据，又称反证，是指不负有证明责任一方的当事人所提出的能够否定负有证明责任一方当事人所主张的事实的证据。反证是与本证相对应的，是依据证据和证明责任的关系而作的分类。实务中，相反证据一般都是被告在第一次证据交换中就已针对原告的主张而提出，故通常不存在多次提交相反证据的必要。进而，本条所指需要提交的证据仅仅针对反驳证据，而不包括相反证据。由于反驳证据的提出可能动摇法院对承担举证责任的一方所提供证据真实性的心证，故从维护当事人诉讼权利平等角度，应当由法院再次组织证据交换，让对方当事人对反驳证据提出再反驳证据。这里有必要说明的是，直至最后的送审稿都保留了 2002 年《证据规定》第四十条第二款关于多次证据交换的规定，但在最后定稿时，还是将该款内容从本条中删除，主要是考虑到 2002 年《证据规定》第四十条第二款将证据交换限定为一般不超过两次，但重大、疑难和案情特别复杂的案件，人民法院认为有必要再次进行证据交换的除外。对该款规定，实务中对“一般不超过两次”和“认为有必要”在理解适用上存在分歧。考虑到实践中一方面因发现案件事实、归纳争议焦点等是一个渐进的过程，客观上存在两次甚至更多次的证据交换需要；另一方面又存在滥用该款规定，反复申请证据交换，拖延诉讼的情形。所以，从法无明确禁止即为准许出发，本条定稿时，删除了多次证据交换的规定，而将决定权交由法院视个案情形而自由裁量。

实务疑难

当事人能否以有反驳证据需要提交为由，多次申请法院组织证据交换？

司法实务中，审理前准备阶段进行证据交换后，当事人又以有新的反驳证据需要提交为由申请法院组织证据交换，应如何处理，有两种观点：第一种观点认为，根据 2020 年《证据规定》第五十六条的规定，证据交换之日举证期限届满。既然已经进行第一次证据交换，则因举证期限届满而不能进行第二次证据交换。而且，通常情况下，第一次证据交换之日离正式开庭审理案件已时间不多，故也没有必要见缝插针进行证据交换。如果确有新证据需要交换，可以移到正式庭审中去解决。此外，本条将 2002 年《证据规定》第四十条第二款关于多次证据交换的规定删除，也可印证司法机关目前倾向性意见至少是不提倡多次证据交换。第二种观点认为，对于案情鉴定、权利义务关系明确、争议不大的简易程序案件或小额诉讼案件，没有必要进行多次证据交换。但对于重大、疑难和案情特别复杂的案件而言，应例外允许进行多次证据交换。理由在于：首先，证据交换的制度价值允许多次证据交换。证据交换制度的价值主要有以下几点：一是明确争议焦点；二是防止证据突袭，为当事人创造公平的诉讼机会；三是提高庭审效率。从其三点价值而言，庭前准备阶段的证据交换越充分，庭审中争议焦点就会越明确、证据突袭就会越少有、庭审效率就会越提高。其次，多次证据交换并不违反证据交换之日举证期限届满的原则。实务中，当事人通过第一次证据交换收到对方证据后，可能需要收集反驳证据，这又另外需要举证期限。对此，2020 年《证据规定》第五十一条第三款规定："举证期限届满后，当事人提供反驳证据或者对已经提供的证据的来源、形式等方面的瑕疵进行补正的，人民法院可以酌情再次确定举证期限，该期限不受前款规定的期间限制。"也就是说，即便第二次组织证据交换也不会超过提供反驳证据所需要的举证期限。最后，本条规定删除了 2002 年《证据规定》第四十条第二款多次证据交换的规定，只能说明起草者因担心诉讼拖延和理解分歧，而原则上并不倾向于多次证据交换，但并不能得出不得进行多次证据交换的结论。笔者倾向于第二种观点。而且，笔者还主张既然允许书面质证，那么也应允许书面证据交换。一般而言，书面交换可以用在前期的证据交换上，通过数次书面形式的交换，可以集中进行一次口头交换；口头交换一般为最后一次交换，通常可以安排在庭审前的一段时间内实施。尤其是，证据交换与开庭审理之间并非不可跨越，口头性的证据交换可以直接转换为开庭审理。

关联法条

《最高人民法院关于适用〈中华人民共和国民事诉讼法〉的解释》(2022 年)

第九十条 当事人对自己提出的诉讼请求所依据的事实或者反驳对方诉讼请求所依据的事实，应当提供证据加以证明，但法律另有规定的除外。

在作出判决前，当事人未能提供证据或者证据不足以证明其事实主张的，由负有举证证明责任的当事人承担不利的后果。

第九十九条 人民法院应当在审理前的准备阶段确定当事人的举证期限。举证期限可以由当事人协商，并经人民法院准许。

人民法院确定举证期限，第一审普通程序案件不得少于十五日，当事人提供新的证据的第二审案件不得少于十日。

举证期限届满后，当事人对已经提供的证据，申请提供反驳证据或者对证据来源、形式等方面的瑕疵进行补正的，人民法院可以酌情再次确定举证期限，该期限不受前款规定的限制。

典型案例

1. (2020) 桂 07 民终 794 号

裁判观点：瑞林公司主张焕发公司提交《出库凭证》第二联超过举证期限，程序违法；一审判决适用买卖合同相关法律错误。本院认为，本案一审审理过程中，因送达不到位，一审法院经公告后，如期进行了庭审，瑞林公司缺席第一次庭审。而后瑞林公司主动联系一审法院，一审法院为查清案件事实，于 2020 年 4 月 29 日复庭审理。焕发公司提交的《出库凭证》第二联系在瑞林公司提交《出库凭证》第三联后，焕发公司对瑞林公司主张的事实进行抗辩所举的反驳证据。依据 2020 年《证据规定》第五十一条第三款“举证期限届满后，当事人提供反驳证据或者对已经提供的证据的来源、形式等方面的瑕疵进行补正的，人民法院可以酌情再次确定举证期限，该期限不受前款规定的期间限制”及第五十八条“当事人收到对方的证据后有反驳证据需要提交的，人民法院应当再次组织证据交换”的规定，焕发公司的举证并未超过举证期限，一审法院程序合法，并无不当。

2.（2020）苏 01 民终 8057 号

裁判观点：根据杨文明提交的交易快照、支付宝交易电子回单、订单详情记录，以上证据能够完整的证明杨文明在猫山大叔食品公司开设在天猫平台的“猫山大叔旗舰店”购买了涉案榴莲，并通过支付宝向猫山大叔食品公司支付了货款，猫山大叔食品公司已然发货。猫山大叔食品公司虽然抗辩其后台查询不到该订单，但是这并不能够推翻杨文明提交的证据所证明的事实，故法院认定双方之间买卖关系成立。关于猫山大叔食品公司质证称杨文明补交证据超过举证期限的意见，杨文明是因猫山大叔食品公司庭审中的反驳意见才补交的证据，根据“当事人收到对方的证据后有反驳证据需要提交的，人民法院应当再次组织证据交换”的法律规定，杨文明补交证据并不违反相关法律规定。

3.（2020）冀 0281 民初 1582 号

裁判观点：本院于 2020 年 7 月 17 日组织原、被告双方庭前质证，被告当庭提交个人投保单，该投保单中投保人、被保险人签名处均有杨某 3 签名，原告为证明投保单中杨某 3 签名不是本人所签，于质证结束后提交杨某 3 生前与被告工作人员孔子文的微信聊天记录、河北省登记注册网上实行实名认证的文件及申请证人翟某出庭作证，依据 2020 年《证据规定》第五十八条“当事人收到对方的证据后有反驳证据需要提交的，人民法院应当再次组织证据交换”之规定，本院应当组织双方再次质证，故被告抗辩主张原告庭后提交的证据超过举证期限，不应作为证据使用，理据不足，本院不予采信。

（新增）第五十九条　【逾期提供证据的罚款】

人民法院对逾期提供证据的当事人处以罚款的，可以结合当事人逾期提供证据的主观过错程度、导致诉讼迟延的情况、诉讼标的金额等因素，确定罚款数额。

法条渊源

《民事诉讼法》中关于罚款的规定最早见于 1982 年《民事诉讼法》第七十七条，该条规定对诉讼参与人妨碍诉讼行为可以罚款；第七十八条规定，“罚款的金额，为人民币二百元以下。拘留的期限，为十五日以下”。后在历次民事诉讼法修改中对金额和罚款的对象有所调整。

直至2017年《民事诉讼法》第一百一十五条第一款规定了对个人罚款为人民币十万元以下，对单位的罚款为人民币五万元以上一百万元以下。目前，实务存在的主要争议在于如何在上述法定罚款幅度内确定一个合理的具体罚款金额。为此，本条作出了明确规定。

法条精析

本条在2002年《证据规定》中没有相关内容，是本次新增加的规定，主要内容是关于逾期提供证据的当事人被处以罚款时，确定罚款数额时应考量的因素。本条起草过程中，2016年《法院征求意见稿》第五十九条规定："人民法院依照民事诉讼法第一百一十五条第一款的规定对逾期提供证据的当事人罚款的，可以结合当事人主观过错程度、诉讼标的金额等因素，确定罚款数额。对方当事人请求赔偿因逾期提供证据而支出的交通、住宿、餐饮等必要费用及直接损失的，人民法院应予支持。"2017年《审判长讨论稿》第四十四条增加了"导致诉讼迟延的情况"这一参考因素，其他只在表述方面进行了简洁处理。2018年《审委会送审稿》第五十九条则删除了"对方当事人请求赔偿因逾期提供证据而支出的交通、住宿、餐饮等必要费用及直接损失的，人民法院应予支持"的表述。本条定稿时，则进一步简化表述，删除了"依照民事诉讼法第一百一十五条第一款的规定"，在"主观过错程度"前增加了"逾期提供证据的"表述。

关于逾期举证的后果问题，2002年《证据规定》第四十六条只规定了一方当事人可以请求提出新的证据的另一方当事人负担由此增加的差旅、误工、证人出庭作证、诉讼等合理费用以及由此扩大的直接损失。这些费用的性质都是对一方当事人客观损失的补偿，并没有惩罚性。但根据2017年《民事诉讼法》第六十五条第二款的规定，当事人逾期提供证据的，人民法院应当责令其说明理由；拒不说明理由或者理由不成立的，人民法院根据不同情形可以不予采纳该证据，或者采纳该证据但予以训诫、罚款。由该条可知，如果当事人逾期提供证据且拒不说明理由或者理由不成立的，如果法院最终采纳了该证据，就应同时给予逾期举证当事人训诫、罚款。这里的罚款是对该妨害民事诉讼的行为采取的强制措施，与上述费用的补偿性性质截然不同。虽然2017年《民事诉讼法》第一百一十五条第一款规定了对个人罚款为人民币十万元以下，对单位的罚款为人民币五万元以上一百万元以下，但从司法实务反馈情况来看，存在的争议在于如何在上述法定罚款幅度内确定一个合理的具体罚款金额。这也是本条起草的背景所在。

民事诉讼为了使双方当事人的诉讼权益得到保障，就要给予双方当事人平等的保护。既要保障当事人能够积极有效地行使诉讼权利，也要防止当事人滥用诉讼权利，损害另一方当事人的合法权益。我国立法规定，当事人之间可以商定或者由法院指定举证期限。举证期限规定的意义在于督促当事人积极行使举证权，在规定时间内向法院提交收集到的证据，不得有隐瞒、毁损证据等违法行为。这一制度的确立有利于法院行使审判权，有效率地进行案件审理工作，提高诉讼效率，维护实体的公平正义。尽管法律规定了举证期限的限制，司法实践中仍然有人为了逃避责任而实施一些妨害诉讼的行为。例如，当事人一审期间故意不提出已经收集到的证据，待法院作出判决后也不上诉，而是以发现新的证据为由申请再审。这种行为，一方面浪费了法院的诉讼资源，拖延了诉讼进程，使本可以在一审中审理的证据推迟到审判监督程序中进行审理；另一方面也侵害了对方当事人的诉讼利益，阻碍其行使权利。对于这种情况，法律规定了当事人在举证期限内提交证据确有困难的，可以申请法院延长举证期限。逾期提供证据的，法院应责令其说明理由，拒不说明或理由不成立的，法院可根据情况予以训诫、罚款或对新提出的证据不予认定。

法律对于逾期举证后果的规定，从根本上是为了防止当事人滥用诉讼权利。滥用诉权的行为违背民事诉讼法上的诚实信用原则。民事诉讼法上的诚实信用原则是指民事诉讼法律关系的主体在诉讼过程中，应诚实守信，以善意的方式行事，不得滥用诉讼程序。同时，诚实信用原则要求维持当事人之间的利益平衡及当事人利益与社会利益之间的平衡。值得一提的是，诚实信用原则虽然来自伦理和道德的观念，但既经法律认可，已发展成为法律上的一项重要原则，指导着诉讼参与者一切与诉讼相关的行为。

根据2022年《民诉法解释》第一百零二条的规定，当事人因故意或者重大过失逾期提供的证据与案件基本事实有关的，人民法院应当采纳，并予以训诫、罚款。当事人非因故意或者重大过失逾期提供的证据，人民法院应当采纳，并对当事人予以训诫。故本条所指的罚款，应限定在当事人逾期提供证据是因其主观上存在故意或重大过失所致范围。在因当事人自身主观原因逾期举证的情况下，法律规定了三种规范后果：训诫、罚款或认定证据失权，具体应适用哪一种惩戒措施，就需要法官根据实际情况作出判断。在确定采取罚款这一强制措施后，法官还应在法定范围内确定具体罚款金额。在作出具体罚款金额判断的过程中，首先应考虑的因素就是当事人主观过错程度：故意抑或重大过失。显然，故意的主观恶意大于重大过失。相应地，对因故意而逾期提供证据情形的罚款金额就应大于重大过失。实务中，可考虑法定罚款金额的中位金额为分界线。分界线以下罚款金额范围适用于主观重大过失情形，而分界线以上罚款金额范围则适用于主观故意情形。此外，逾期举证通常会导致诉讼迟延。因此，相应诉讼拖延情况也可作为考虑罚款具体金额的因素。例如，逾期举证导致法定审限内不能结案的，则属于比较严重的拖延情形，可考虑在上述分界线范围内从高处罚，而仅仅导致庭审推迟几天，并不影响审限内结案的，则可在分界线范围内作相应微调即可。虽然罚款是基于当事人逾期举证的主观恶意和对诉讼资源的浪费，但不可否认的是，如果罚款金额与诉讼标的金额过于失衡，也未必符合社会公众的预期。故本条还将诉讼标的金额作为权衡罚款金额的因素。鉴于实务中逾期举证行为本身的复杂性，故本条用“等”字作为兜底，给了法官在遵循诚实信用原则前提下，确定罚款金额的充分自由裁量权，以更好规制当事人逾期举证的行为。

当事人逾期提供证据，除了会拖延诉讼进程，影响对方当事人行使诉讼权利外，还会给对方当事人的生活工作带来一定负面影响。例如，当事人再次出庭还要支付的住宿、车旅、误工等必要费用，包括再次传唤证人出庭所需支付的费用，都是由于逾期举证的当事人未能及时提交证据所产生出的费用。所以，出于平衡双方当事人利益的考量，2022年《民诉法解释》第一百零二条第三款规定，当事人一方可以要求另一方赔偿因逾期提供证据致使其增加的交通、住宿、就餐、误工、证人出庭作证等必要费用。但正如前已述及，该费用为补偿性质，与本条所规范的罚款的惩罚性质有本质区别，不可混同。

实务疑难

当事人多次提供逾期证据、一次性提交逾期证据是否属于人民法院确定罚款金额的考量因素?

司法实务中,当事人逾期提供证据的情形比较复杂:有的是当事人多次提供不同性质的逾期证据,有的是当事人一次性提供多份不同性质的逾期证据。对此,有不同观点:第一种观点认为,两种情形都可以证明其存在严重的主观过错或者可能导致了诉讼迟延。因此,可以一次性从重予以罚款处罚。第二种观点认为,应将两种情形区分对待:对于当事人一次性提供多份不同性质的逾期证据,可以其存在严重主观过错为由,一次性从重予以罚款处罚;对于当事人先后多次提供不同性质的逾期证据,则应分别进行罚款处罚,而不是一次性从重处罚。理由在于,2021 年《民事诉讼法》第六十八条规定的对当事人逾期提供证据行为予以罚款,本质上是因为该逾期提供证据行为,妨碍了人民法院查明案件事实,影响了诉讼进程。也就是说,任何一次逾期提供证据行为,都会妨碍到诉讼行为的顺利进行,都应受到相应处罚。故罚款是针对特定的一次妨碍民事诉讼行为,而非针对所有妨碍民事诉讼行为的合并处罚。对此,2022 年《民诉法解释》第一百八十四条也规定"对同一妨害民事诉讼行为的罚款、拘留不得连续适用。发生新的妨害民事诉讼行为的,人民法院可以重新予以罚款、拘留"。笔者倾向于第二种观点。

关联法条

1.《中华人民共和国民事诉讼法》(2021 年)

第一百一十八条 对个人的罚款金额,为人民币十万元以下。对单位的罚款金额,为人民币五万元以上一百万元以下。

拘留的期限,为十五日以下。

被拘留的人,由人民法院交公安机关看管。在拘留期间,被拘留人承认并改正错误的,人民法院可以决定提前解除拘留。

2.《最高人民法院关于适用〈中华人民共和国民事诉讼法〉的解释》(2022 年)

第一百八十四条 对同一妨害民事诉讼行为的罚款、拘留不得连续适用。发生新的妨害民事诉讼行为的,人民法院可以重新予以罚款、拘留。

第一百九十三条 人民法院对个人或者单位采取罚款措施时,应当根据其实施妨害民事诉讼行为的性质、情节、后果,当地的经济发展水平,以及诉讼标的额等因素,在民事诉讼法第一百一十八条第一款规定的限额内确定相应的罚款金额。

典型案例

1.(2020)青民终 39 号

裁判观点:根据 2017 年《民事诉讼法》第一百三十九条第一款"当事人在法庭上可以提出新的证据"和 2020 年《证据规定》第五十九条"人民法院对逾期提供证据的当事人处以罚款的,可以结合当事人逾期提供证据的主观过错程度、导致诉讼迟延的情况、诉讼标的金额等因素,确定罚款数额”的规定,之前诉讼程序中没有提交过的证据均属于新证据。该组新证据待证本案基本事实为宏都公司所借款项是否用于厂房维修等,即使存在因故意或重大过失逾期提交证据的情形,也应当按照新证据予以审查。从内容上分析判断,上述证据与本案待证事实无关,不予采信。

2.(2020)青民终106号

裁判观点:《由于延期交房两年增加拆迁户过渡费统计表》系三新公司单方制作,仅凭此表不能证明延期交房增加过渡费支出的事实。9份房屋拆迁安置补偿协议,虽有过渡期限的约定和违约责任承担等内容,但一审中三新公司没有提交实际支付增加的过渡费的证据。二审中三新公司新提交了证据25－33,即业主签字捺印的情况说明和领条、收条。根据2017年《民事诉讼法》第一百三十九条第一款“当事人在法庭上可以提出新的证据”和2020年《证据规定》第五十九条“人民法院对逾期提供证据的当事人处以罚款的,可以结合当事人逾期提供证据的主观过错程度、导致诉讼迟延的情况、诉讼标的金额等因素,确定罚款数额”的规定,之前诉讼程序中没有提交过的证据均属于新证据。虽然三新公司逾期提交的理由不能成立,但该组新证据待证本案基本事实,即使存在因故意或重大过失逾期提交证据的情形,也应当按照新证据予以审查。

3.(2021)鄂01司惩复1号

裁判观点:2017年《民事诉讼法》第六十五条规定:“当事人对自己提出的主张应当及时提供证据。人民法院根据当事人的主张和案件审理情况,确定当事人应当提供的证据及其期限。当事人在该期限内提供证据确有困难的,可以向人民法院申请延长期限,人民法院根据当事人的申请适当延长。当事人逾期提供证据的,人民法院应当责令其说明理由;拒不说明理由或者理由不成立的,人民法院根据不同情形可以不予采纳该证据,或者采纳该证据但予以训诫、罚款。”2020年《民诉法解释》第一百零二条第一款规定:“当事人因故意或者重大过失逾期提供的证据,人民法院不予采纳。但该证据与案件基本事实有关的,人民法院应当采纳,并依照民事诉讼法第六十五条、第一百一十五条第一款的规定予以训诫、罚款。”本案中,览海公司在原一、二审诉讼过程中,未按照法院指定的时间到庭参加诉讼,亦未积极举证证明自己的主张。其在再审过程中提交证据,导致案件被发回重审,严重浪费司法资源,对其行为应予以民事制裁。2020年《证据规定》第五十九条规定:“人民法院对逾期提供证据的当事人处以罚款的,可以结合当事人逾期提供证据的主观过错程度、导致诉讼迟延的情况、诉讼标的金额等因素,确定罚款金额。”结合览海公司在案件审理过程中妨害民事诉讼的性质、情节、后果以及诉讼标的等因素,原决定罚款金额过高,本院依法予以调整。

(修改) 第六十条 【发表质证意见】

当事人在审理前的准备阶段或者人民法院调查、询问过程中发表过质证意见的证据,视为质证过的证据。

当事人要求以书面方式发表质证意见,人民法院在听取对方当事人意见后认为有必要的,可以准许。人民法院应当及时将书面质证意见送交对方当事人。

法条渊源

审判实践中,关于当事人质证的时间、场合和方式,素有争议。从维护法庭权威、约束当事人角度出发,当事人质证似只能在正式庭审中,双方当事人到庭的情形下,由法官主持进行。故最早在1991年《民事诉讼法》第六十六条就规定,证据应当在法庭上出示,并由当事人互相质证。对涉及国家秘密、商业秘密和个人稳私的证据应当保密,需要在法庭出示的,不得在公开开庭时出示。后该条为历次民事诉讼法修改所沿袭。但从司法实践反映上看,上述规定过于僵化,为了提高诉讼效率,避免不必要的重复,实务一般都认可当事人在庭审前证据交换阶段进行证据质证的效力。为此,2002年《证据规定》第四十七条一方面强调证据应当在法庭上出示,由当事人质证;另一方面则例外规定,当事人在证据交换过程中认可并记录在卷的证据,经审判人员在庭审中说明后,可以作为认定案件事实的依据。由于庭审前不仅仅有证据交换,还包括其他审理前的准备以及人民法院调查、询问等,在这些环节,人民法院仍可能组织当事人进行实质意义上的证据质证。而且,司法实务还经常出现当事人要求以书面形式发表质证意见的情形。鉴于目前各地法院普遍认可书面质证的效力,但在程序上操作不统一,容易引起争议,在本司法解释论证过程中,地方法院普遍要求增加对书面质证的规定。为了回应上述司法需求,本次司法解释规定了本条内容。

法条精析

本条是关于当事人发表质证意见的规定,是在2002年《证据规定》第四十七条第二款基础上修改而成。本条在修改过程中,2016年《法院征求意见稿》第三条第二款规定:"当事人在审理前准备过程中认可的证据,经审判人员在庭审中说明后,应当作为认定案件事实的依据。"2017年《审判长讨论稿》第三条第二款、第三款规定:"当事人要求以书面方式发表质证意见,人民法院认为有必要的,经对方当事人同意,可以准许。当事人在审理前的准备阶段发表过质证意见的证据,经审判人员在庭审中说明后,视为质证后的证据。"2018年《审委会送审稿》第六十一条规定:"当事人在审理前的准备阶段或者调查、询问过程中发表过质证意见的证据,视为质证过的证据。当事人要求以书面方式发表质证意见,人民法院在听取对方当事人意见后认为有必要的,可以准许。人民法院应当及时将书面质证意见告知对方当事人。"本条定稿时,对2018年《审委会送审稿》作了文字修改:在"调查、询问"前增加"人民法院";将"告知"修改为"送交"。其他内容没有变化。

与2002年《证据规定》相比,本条主要修改为:(1)将"在证据交换过程中认可并记录在卷的证据"修改为"在审理前的准备阶段或者人民法院调查、询问过程中发表过质证意见的证据"。理由在于,回应现实需要,将庭前质证范围扩大至包括庭前会议、人民法院调查、询问环节。(2)将质证无异议证据扩大到包括有异议证据在内的所有证据。(3)将"经审判人员在庭审中说明后，可以作为认定案件事实的依据”修改为“视为质证过的证据”。理由是，不管当事人发表何种质证意见，本条的结论都只说明其已经质证过这一事实，并未直接认定其作为案件事实的依据。故法院释明没有必要。（4）增加第二款关于“书面质证意见”的规定。理由在于，回应现实需求。本条内容还沿袭了2015年《民诉法解释》第一百零三条第二款“当事人在审理前的准备阶段认可的证据，经审判人员在庭审中说明后，视为质证过的证据”的内容。

质证是指在案件开庭审理中，法院组织各方当事人就他方在法庭上所提出的证据的证据资格有无、证明力大小进行辩论，以便法院审查认定证据的过程。质证是三大诉讼庭审中共有的重要环节。在法庭审理过程中，当事人双方在法官的主持下，采用询问、辨认、质疑、辩驳等方式对证据的效力进行质辩是揭示案件真实情况、保障当事人诉讼权利、限制法官自由裁量权的有效方式。庭审质证也是判断案件事实证据是否经得起法律检验的有效方式。庭审质证的强化和完善，是以审判为中心的诉讼制度改革的重要课题。以审判为中心应当以庭审为中心，而庭审则应当以质证为中心。因为质证是庭审中最主要的活动，是证明的过程，是判决的依据。推进“以审判为中心的诉讼制度改革”之实现必须使庭审实质化，而庭审实质化的关键是进行法庭质证。

质证的基本原理首先在于，站在对立或相反立场上的主体围绕证据的对质辩驳可以使人民法院对案件信息的获得更加全面。在当事人双方进行对立而法官居中裁判并最终作出判定的当事人主义诉讼结构中，作为质证制度基础的还有另一项更加重要的原理，即质证作为给当事人提供的一种程序保障，是当事人最重要的诉讼权利。程序保障大体上是指既然由当事人来承担从事诉讼活动可能造成的风险，就必须保障当事人能够按照自己的意愿充分地展开攻击防御等诉讼活动。如果制度不能保证，那么审判结果也不具备正当性。由此可见，在“以审判为中心的诉讼制度改革”中，欲使庭审实质化，法官作出公平有效的判决，质证是其关键环节和重要保障。①

质证的主体为当事人，质证的客体就是指双方当事人提交的证据。质证的内容主要是围绕证据能力和证明力展开，对于不具备合法性和关联性的证据，通过质证排除其证据资格，对于具备合法性和关联性的证据，还应当通过质证从证据的真实性、证据与待证事实之间的关联程度削弱其证明力。在庭审过程中的质证只发生在法庭调查阶段，当事人、诉讼代理人以及第三人之间围绕证据的合法性、关联性、真实性以及证据的证明力展开论辩，说服法官接受己方关于证据是否具有证据能力以及证明力大小的质证意见。

根据2021年《民事诉讼法》第七十一条的规定，证据应当在法庭上出示，并由当事人互相质证。可见，一般情况下，质证应在法庭上进行。这也是民事诉讼制度改革以庭审为中心的应有之义。但在实务中，双方当事人有可能在庭审开始前已经对有关证据发表过质证意见。

根据2021年《民事诉讼法》第一百三十六条第四项的规定，需要开庭审理的，通过要求当事人交换证据等方式，明确争议焦点。由于明确争议焦点的前提是人民法院对证据进行认

---

① 王亚新：《民事诉讼中质证的几个问题——以最高法院证据规定的有关内容为中心》，载《法律适用》2004年第3期。

定,从而发现案件事实真相。人民法院对证据进行认定的前提又是组织当事人对证据进行质证。因此,为了明确争议焦点,有必要在交换证据环节,就由人民法院组织双方当事人进行质证。这也为2002年《证据规定》第四十七条第二款所确认。随着民商事案件日益复杂,人民法院审理案件难度逐渐加大,为了避免庭审因证据众多导致的质证时间拖延,有必要赋予审理前准备阶段更多功能,以减轻庭审的负担。为此,2022年《民诉法解释》第二百二十四条关于审理前的准备的规定,在证据交换基础上增加了召集庭前会议环节。并在该解释第二百二十五条明确了庭前会议包括组织交换证据、归纳争议焦点事项。这也就意味着证据交换、庭前会议等审理前准备阶段都可组织双方当事人进行质证。为此,2022年《民诉法解释》第一百零三条第二款规定:"当事人在审理前的准备阶段认可的证据,经审判人员在庭审中说明后,视为质证过的证据。"除此之外,实务中还经常出现人民法院在审理前的准备阶段之外,对当事人进行调查、询问的情形。这些虽然都不属于制度层面的环节,但在现实中确有其存在的客观需要。相应地,非举证方当事人在接受调查、询问过程中对特定证据发表过质证意见的证据,也可被视为质证过的证据。之所以本条第一款将审理前的准备阶段发表的质证意见、人民法院调查、询问过程中发表过质证意见的证据拟制为质证过的证据,主要是为了避免之后当事人在庭审中进行重复质证,造成庭审效率低下。而且,从质证的主体、客体以及质证内容来看,审前准备、调查询问阶段与庭审阶段是一致的,都是在法院的主持下,双方质证主体围绕证据的证明能力与证明力的大小发表意见。因此,当事人在审前阶段发表的质证意见与在庭审中发表的意见的法律效力是相同的。

质证原则上以当事人出庭质证为准,但根据司法实践中的情况,一些当事人由于某些原因,如交通不便、身体健康、费用过高等客观原因,无法出庭进行质证。此外,还有庭审中,一方当事人当庭提供新证据,另一方当事人则以需要回去核实,无法当庭质证为由提出庭后提交书面质证意见。诸如此类情形,为了避免再次开庭造成诉讼拖延以及对当事人诉讼权利的及时保障,实务中通常做法是法院可以准许其说明情况并出具书面的质证意见,再由法院将该书面意见送交另一方当事人。这样既避免了当事人因无法质证而导致的败诉风险,也降低了当事人的诉讼成本,避免不必要的资源浪费。本条修改时,吸收了上述实务经验做法,允许当事人发表书面质证意见。这里要注意的是,是否允许当事人发表书面质证意见,人民法院应听取对方当事人意见,而不是征求对方当事人同意。这是因为质证毕竟涉及双方当事人诉讼利益,一方当事人改变质证形式,涉及对方当事人利益,人民法院从居中裁判原则出发,自然要听取对方当事人意见。但毕竟质证是由人民法院组织并主持的诉讼行为,具有公法性质。故是否接受书面质证意见,应由法院依职权决定。当然,为提高诉讼效率,人民法院应当及时将书面质证意见送交对方当事人。一方面方便对方当事人做好下一步诉讼准备;另一方面也可以提高诉讼效率。

实务疑难

质证的主体除当事人之外,是否还应包括法官以及证人等其他有关人员。针对这一问题,主流观点是认为质证主体只能指当事人,而不应包括法官或其他参与诉讼的人。持这一观点的学者们认为，不应该只简单地根据质证的一般意义来划定这一范围。如前文所述，质证作为给当事人提供的一种程序保障，是当事人最重要的诉讼权利之一。对质证主体的范围划分只有把质证制度置于程序保障这个最根本的基础之上来加以考察才能真正解决这个问题。不仅仅把质证理解为一种帮助深化案件认识的诉讼活动，而更重要的是当事人拥有的诉讼权利，是专门为他们提供的诉讼保障。这样法官以及其他诉讼参与人实施的类似活动就能被排除在质证的范围之外。法官围绕证据进行询问等活动并不是前述意义上的诉讼权利或程序保障，而只是在当事人辩论能力明显不足而可能导致案件不能得到公正裁判时的适当辅助。这里应理解为是对程序进行诉讼指挥以及具有"释明"性质的职务作用。[①] 并且法官对当事人或证人以及对证据的询问应避免偏向于某一方的提问方式，而是采取中立的态度主持诉讼的进程。至于证人、鉴定人等其他诉讼参与人参照上述程序保障原理来看，也不会成为质证的主体。因为他们仅仅是当法官询问时就自己作出的证言、鉴定意见进行说明解释，这种解释说明仅仅是展示证据内容的一种方式，并不是质证本身，他们并不因此而承受不利的诉讼风险，制度上也并未给他们与此相关的程序保障，所以他们并非质证的主体。

关联法条

1.《中华人民共和国民事诉讼法》(2021 年)

第七十一条　证据应当在法庭上出示，并由当事人互相质证。对涉及国家秘密、商业秘密和个人隐私的证据应当保密，需要在法庭出示的，不得在公开开庭时出示。

2.《最高人民法院关于适用〈中华人民共和国民事诉讼法〉的解释》(2022 年)

第一百零三条　证据应当在法庭上出示，由当事人互相质证。未经当事人质证的证据，不得作为认定案件事实的根据。

当事人在审理前的准备阶段认可的证据，经审判人员在庭审中说明后，视为质证过的证据。

涉及国家秘密、商业秘密、个人隐私或者法律规定应当保密的证据，不得公开质证。

第二百二十四条　依照民事诉讼法第一百三十六条第四项规定，人民法院可以在答辩期届满后，通过组织证据交换，召集庭前会议等方式，作好审理前的准备。

第二百二十五条　根据案件具体情况，庭前会议可以包括下列内容：

(一)明确原告的诉讼请求和被告的答辩意见；

(二)审查处理当事人增加、变更诉讼请求的申请和提出的反诉，以及第三人提出的与本案有关的诉讼请求；

(三)根据当事人的申请决定调查收集证据，委托鉴定，要求当事人提供证据，进行勘验，进行证据保全；

---

① 王亚新：《民事诉讼中质证的几个问题——以最高法院证据规定的有关内容为中心》，载《法律适用》2004 年第 3 期。

（四）组织交换证据；

（五）归纳争议焦点；

（六）进行调解。

典型案例

1.（2021）最高法民申933号

裁判观点：长春畜禽加工厂向本院提交四份录音证据，意在证明农商行金融街支行与丁福国、葫芦岛种业公司相互串通骗取长春畜禽加工厂在违背真实意愿的情况下提供本案质押担保，光毅房地产公司的案涉贷款由农商行金融街支行控制，用于偿还葫芦岛种业公司在农商行金融街支行的逾期贷款本息。经本院审查，该四份证据长春畜禽加工厂作为本案二审上诉人已向二审法院提交，在二审法院于2020年4月27日的询问过程中长春畜禽加工厂对此进行了举证，二审法院在审理过程中对上述证据进行了审查，认为该四份证据欲证明的内容与本案中的《借款合同》《权利质押合同》《保证合同》不具有直接关联性，并在本案二审判决书中的查明事实部分对此作了论述。根据2020年《证据规定》第六十条第一款"当事人在审理前的准备阶段或者人民法院调查、询问过程中发表过质证意见的证据，视为质证过的证据"的规定，上述证据已经二审质证、认证，不属于2008年《最高人民法院关于适用〈中华人民共和国民事诉讼法〉审判监督程序若干问题的解释》第十条规定的"当事人在原审中提供的主要证据，原审未予质证、认证，但足以推翻原判决、裁定"的新证据。二审判决关于对上述证据"不予质证"的表述不当，本院予以纠正。

2.（2021）鄂10民终453号

裁判观点：一、关于本案相关证据质证认证的问题。2020年《民诉法解释》第一百零三条第一款、第二款规定："证据应当在法庭上出示，由当事人互相质证。未经当事人质证的证据，不得作为认定案件事实的根据。当事人在审理前的准备阶段认可的证据，经审判人员在庭审中说明后，视为质证过的证据。"2020年《证据规定》第六十条第一款规定："当事人在审理前的准备阶段或者人民法院调查、询问过程中发表过质证意见的证据，视为质证过的证据。"本案中，一审法院于2020年4月28日召开了庭前会议。庭前会议中，王祥红向法庭提交了7组证据并进行了举证，其中第7组证据为荆州市公安局开发区分局燎原派出所对证人程某的询问笔录。邢书林的委托诉讼代理人孙国军对王祥红的证据发表了质证意见。2020年5月13日，一审法院开庭审理本案，庭审中，审判长对庭前会议组织双方交换证据并质证的情况进行了说明，双方当事人对相关证据当庭再次进行了举证、质证。之后，一审法院依照法律程序，对该案的相关证据进行了调查核实，并经综合审查判断后，公开了判断的理由和结果，不存在邢书林上诉所称的"秘密审判"，严重违反民事诉讼法定程序的情形。

3.（2021）冀04民终8306号

裁判观点：对于证人李某的证言问题，一审虽系在开庭后以网络视频形式对其询问，但本案双方当事人均参与了该次网络询问过程，并对证人证言发表了质证意见。2020年《证据规定》第六十条第一款规定："当事人在审理前的准备阶段或者人民法院调查、询问过程中发表过质证意见的证据,视为质证过的证据”,因此一审采信证人证言并进行相应认定并无不当,本院予以确认。

4.(2021)京 01 民终 6661 号

裁判观点:关于争议焦点一,2020 年《证据规定》第六十条第一款规定,当事人在审理前的准备阶段或者人民法院调查、询问过程中发表过质证意见的证据,视为质证过的证据。本案中,一审法院在开庭审理过程中,索涛提出了调取证据申请,一审法院当即释明不再组织另行开庭,当事人可以提交书面质证意见,鲍贝莉、索涛对此均未提出异议。但据一审卷宗显示,鲍贝莉、索涛并未再行提交书面质证意见。一审法院另向鲍贝莉组织了单独询问,向其告知了调取证据的内容,并就该证据的相关内容令鲍贝莉作出解释,鲍贝莉亦进行了答复,应认定为发表了质证意见。

5.(2021)鲁 06 民终 4402 号

裁判观点:关于安秦公司所提其未收到开庭传票,未能出庭参与诉讼,对庭审中补充的证据未能进行质证等上诉理由。根据 2020 年《民诉法解释》第一百零三条第二款规定,当事人在审理前的准备阶段认可的证据,经审判人员在庭审中说明后,视为质证过的证据。2017 年《民事诉讼法》第一百四十四条规定,被告经传票传唤,无正当理由拒不到庭的,或者未经法庭许可中途退庭的,可以缺席判决。经查明,一审法院在开庭之前组织双方当事人进行了证据交换,后适用简易程序审理本案,并依法对安秦公司进行传票传唤,安秦公司无正当理由未出庭应诉,符合缺席审判的法定情形,一审法院审判程序合法。

(保留)第六十一条　【原件原物优先原则】

对书证、物证、视听资料进行质证时,当事人应当出示证据的原件或者原物。但有下列情况之一的除外:

(一)出示原件或者原物确有困难并经人民法院准许出示复制件或者复制品的;

(二)原件或者原物已不存在,但有证据证明复制件、复制品与原件或者原物一致的。

法条渊源

原件原物优先规则源自英美法上的最佳证据原则,最早在 1982 年《民事诉讼法》第六十条中就有规定,书证应当提交原件。物证应当提交原物。提交原件或者原物确有困难的,可以提交复制品、照片、副本、节录本。该原则后为历次民事诉讼法修改所承继。但该条主要是侧重从当事人向人民法院提交证据角度而言。实务中,当事人因各种原因,向法院提交的证据多为经法院核对无异的复制件或复制品。这些复制件或复制品虽在提交时经法院形式核对,但并不等于其真实性已得到法院和对方当事人的确认。故在随后质证环节仍有必要强调对方当事人有权要求提交原件或原物质证。为此，2002 年《证据规定》第四十九条规定了对书证、物证、视听资料进行质证时，当事人有权要求出示证据的原件或者原物，但出示原件原物确有困难经人民法院准许的，或者原件原物不存在但有证据证明复制件复制品与原件原物一致的，可以出示复制件复制品。从目前情况而言，该条在实务中适用情况争议较少，故本条予以保留。

法条精析

本条是关于原件原物优先规则的规定，沿袭了 2002 年《证据规定》第四十九条的规定，没有进行任何修改。本条在沿袭了其内容的同时，也与 2020 年《证据规定》第十一条、第十二条、第十五条、第二十一条、第二十二条、第二十三条相协调，从质证的角度，重申了原件原物优先原则。本条在起草过程中，2016 年《法院征求意见稿》和 2017 年《审判长讨论稿》中对本条内容均没有规定。2018 年《审委会送审稿》第六十八条规定："对书证、物证、视听资料进行质证时，当事人应当出示证据的原件或者原物。但有下列情况之一的除外：(一)出示原件或者原物确有困难并经人民法院准许出示复制件或者复制品的；(二)原件或者原物已不存在，但有证据证明复制件、复制品与原件或者原物一致的。"本条定稿时，内容再无改动。

一般而言，书证、物证和视听资料的真实性与其证据载体具有紧密的关系。从日常生活经验即可知，书证、物证和视听资料复制的过程中容易丢失或者更改其所包含的信息。故相对其原件或原物而言，书证、物证和视听资料的复制件、复制品作为证据的真实性会受到复制方法、复制环境、复制工具和复制载体物理属性等因素干扰。因此，客观上，其形式要件在很大程度上决定了书证在实质要件上的法律真实性。为确保书证、物证、视听资料的真实性，当事人质证的对象最好是证据的原件或者原物。这一方面是因为书证、物证和视听资料较易通过复制过程进行修改或删除，又或因复制条件的限制，复制件难以精确地复制原始文件；另一方面，复制件、复制品难以体现证据载体本身信息，如证据的制作时间等。该类信息在某些情况下对证据的审查判断具有重要意义。反观书证、物证和视听资料的原件、原物，其可以最大限度地保证信息的完整性和真实性。证据在形式要件与实质要件上的统一要求，构成了对书证、物证和视听资料进行审查判断的两种标准与尺度。有鉴于此，本条从权利行使的角度规定了一方当事人有权要求对方出示书证、物证、视听资料的原件。

我国民事诉讼中没有明确规定最佳证据规则，而是规定了原件原物优先规则，侧重于防范书证、物证和视听资料因复制被更改的风险。关于最佳证据规则，已在本书第十一条部分予以介绍，不再赘述。2021 年《民事诉讼法》第七十三条第一款规定："书证应当提交原件。物证应当提交原物。提交原件或者原物确有困难的，可以提交复制品、照片、副本、节录本。"从该规定来看，这一规则更接近普通法上最佳证据规则的原始含义。本条在该规则的基础上，将视听资料纳入原件原物规则之中。理由在于，视听资料的原件对审查视听资料的真实性具有重要意义，因为录音资料和影像资料都极易被剪辑、加工、伪造。但从技术原理上讲，对视听资料的剪辑、加工和伪造必须通过转录的过程才能实现，也就是说，视听资料的原件能最大限度地避免视听资料被更改的风险。因此，本条除了规定对书证、物证要求提供原件或者原物,而且还规定在对视听资料进行质证时,当事人也有权要求出示视听资料的原件或者原物。

从司法实务情况看,由于各种主客观原因,当事人不能提供原件或者原物,或者提供原件或者原物确有困难的情况经常发生。故本条规定在下列情况下可以出示复制件或者复制品:

1. 出示原件或者原物确有困难并经人民法院准许出示复制件或者复制品的。

虽然原件、原物优先规则要求尽量提交原件、原物,但是在很多情况下当事人出示原件或者原物存在困难时,当事人可以向人民法院提出,经人民法院核实当事人确有困难的,可以同意当事人出示复制品或者复制件。换言之,人民法院在组织质证时,首先应当查明当事人提交的书证、物证、视听资料是不是原件、原物。对于不是原件、原物的,应当要求当事人提交原件、原物。只有在提交原件原物确有困难并经人民法院准许后才能以复制件或者复制品代替原件、原物。人民法院准许的前提是"确有困难"。该"确有困难"应该是客观上的障碍,所谓客观障碍一般是指独立存在于人的意志之外,不以人的意志为转移的阻碍提交证据原件的外在障碍。2022 年《民诉法解释》第一百一十一条规定了提交书证原件"确有困难"的具体情形:(1)书证原件遗失、灭失或者毁损的;(2)原件在对方当事人控制之下,经合法通知提交而拒不提交的;(3)原件在他人控制之下,而其有权不提交的;(4)原件因篇幅或者体积过大而不便提交的;(5)承担举证证明责任的当事人通过申请人民法院调查收集或者其他方式无法获得书证原件的。提交物证、视听资料"确有困难"的情形可参照上述提交书证原件确有困难的情形执行。当然,是否确有困难,一方面取决于当事人的举证证明;另一方面应经人民法院审查认定。一旦法院作出确有困难的认定,对方当事人就不得再坚持要求举证方当事人提交原件、原物,而只能对该复制件、复制品证明力有无及其大小,发表质证意见。

2. 原件或原物已不存在,但有证据证明复制件、复制品与原件或者原物一致的。

原件原物优先规则的目的并不是要求任何情况下都必须出示原件或者原物,而是为了获得最真实的案件信息证明案件相关事项。如果在书证、物证、视听资料原件或原物已经灭失或者毁损等客观情况下,则当事人提出原件原物的义务可以免除,而以复制件或者复制品替代。但是,需要有证据证明复制件或复制品与书证、物证、视听资料原件或原物一致,以保证其证明的真实性。

此外,实务中还可能出现不满足上述例外情形又拒不出具原件原物的情形,对此,如果对方当事人坚持要求出具原件原物,而举证方当事人只出具复制件或复制品且不符合本条规定的例外情形,对方当事人可以发表不确认其真实性,不具备证据资格的质证意见。

最后,有必要说明的是,本条适用对象只限于书证、物证、视听资料。电子数据虽然也有原件和复制件之分,但电子数据的特性决定了其一般不会因复制而导致失真,故本规定第十五条第二款将其复制件视为拟制原件。至于其他法定证据方法,则一般不存在所谓原件原物情形,故不适用本条情形。

实务疑难

电子数据进行质证时,当事人是否应当出示原件?

司法实务中，还存在对电子数据质证时是否应出示原件的争议：第一种观点认为，电子数据也是靠其记载的文字、符号、图案以及声音和图像等内容来证明案件事实，就其证明途径而言，与书证、物证尤其是视听资料并无区别，应当适用最佳证据规则。故也应类推适用本条规定当事人举证时出示电子数据原件。第二种观点认为，相较于传统的证据类型，电子数据真实性并不依赖其载体是否为原始载体。首先，在物理特性上，电子数据易于精确复制、无损传输，其原件与复制件并没有本质区别；其次，由于电子数据在生成、发送、传输、接受、储存、复制的每个阶段都会发生形式和载体的变化，因此很难判断电子数据的原始出处；再次，由于电子数据的载体囿于其物理性质，有固定的使用期限，载体上的数据必然会周期性地复制到其他载体上，故传统意义上的电子数据原件不易保留；最后，普遍情况下，电子数据的原始载体不易移动，很难将其直接移交法庭，且电子数据必须通过一定的设备来显示转化，才能直接感知电子数据所表达的内容，固守原件的要求会将大部分的电子数据排除在法庭之外。[①] 所以，电子数据的原始载体并不是判断电子数据真实性的主要要素。事实上，起到事实证明作用的是其转换形成的可识别形式，也即传统上所界定的复制件。故举证、质证、审查判断证据阶段，不应强行要求出示电子数据原件。笔者倾向于第二种观点，这也是本条未将电子数据纳入的原因。

关联法条

1.《中华人民共和国民事诉讼法》(2021 年)

第七十三条 书证应当提交原件。物证应当提交原物。提交原件或者原物确有困难的，可以提交复制品、照片、副本、节录本。

提交外文书证，必须附有中文译本。

2.《最高人民法院关于适用〈中华人民共和国民事诉讼法〉的解释》(2022 年)

第一百一十一条 民事诉讼法第七十三条规定的提交书证原件确有困难，包括下列情形：

(一)书证原件遗失、灭失或者毁损的；

(二)原件在对方当事人控制之下，经合法通知提交而拒不提交的；

(三)原件在他人控制之下，而其有权不提交的；

(四)原件因篇幅或者体积过大而不便提交的；

(五)承担举证证明责任的当事人通过申请人民法院调查收集或者其他方式无法获得书证原件的。

前款规定情形，人民法院应当结合其他证据和案件具体情况，审查判断书证复制品等能否作为认定案件事实的根据。

---

① 谢勇：《论电子数据的审查和判断》，载《法律适用》2014 年第 1 期。

典型案例

1.(2021)鲁14民终3973号

裁判观点:关于周明振应否承担责任问题。首先,虽然宿永臣、杨文波、肖延国等人一审提交的《木工班组工人工资处理办法协议》是影印件,但周明振认可该协议书的真实性,并认可其签字的真实性,依照2020年《证据规定》第六十一条第二项"对书证、物证、视听资料进行质证时,当事人应当出示证据的原件或者原物。但有下列情形之一的除外:(二)原件或者原物已不存在,但有证据证明复制件、复制品与原件或者原物一致的"的规定,本院对案涉《木工班组工人工资处理办法协议》真实性予以确认。

2.(2021)甘10民终1995号

裁判观点:2020年《证据规定》第六十一条规定:"对书证、物证、视听资料进行质证时,当事人应当出示证据的原件或者原物。但有下列情形之一的除外:(一)出示原件或者原物确有困难并经人民法院准许出示复制件或者复制品的;(二)原件或者原物已不存在,但有证据证明复制件、复制品与原件或者原物一致的。"本案中,郭某持有的结算单及工程机械租赁合同虽系复印件,但其真实性得到了项目部的认可,韩某作为项目部业务负责人员,对其形成情况已作出说明,属于本条所规定的有证据证明复制件与原件一致的情形。

3.(2021)桂05民撤3号

裁判观点:1.关于证据采信问题。2020年《证据规定》第十一条规定,"当事人向人民法院提供证据,应当提供原件或者原物。如需自己保存证据原件、原物或者提供原件、原物确有困难的,可以提供经人民法院核对无异的复制件或者复制品"。第六十一条规定:"对书证、物证、视听资料进行质证时,当事人应当出示证据的原件或者原物。但有下列情形之一的除外:(一)出示原件或者原物确有困难并经人民法院准许出示复制件或者复制品的;(二)原件或者原物已不存在,但有证据证明复制件、复制品与原件或者原物一致的。"2020年《民诉法解释》第一百一十一条对"当事人提供原件、原物确有困难"的情形亦作出具体规定"民事诉讼法第七十条规定的提交书证原件确有困难,包括下列情形:(一)书证原件遗失、灭失或者毁损的;(二)原件在对方当事人控制之下,经合法通知提交而拒不提交的;(三)原件在他人控制之下,而其有权不提交的;(四)原件因篇幅或者体积过大而不便提交的;(五)承担举证证明责任的当事人通过申请人民法院调查收集或者其他方式无法获得书证原件的。前款规定情形,人民法院应当结合其他证据和案件具体情况,审查判断书证复制品等能否作为认定案件事实的根据。"因此不是所有的复印件均不能作为证据采信。具体到本案,在卷有蜀城公司法定代表人宋慧、第三人罗仁志在2016年3月接受本院执行部门干警调查询问时均承认曾桂明向蜀城公司购买商品房的事实,加之蜀城公司出具的证明以及与曾桂明达成的协议,都能相互印证曾桂明向蜀城公司支付购房款购买了三幢别墅因蜀城公司交付不能而转为借款的事实,财务人员肖体兰在本案接受曾桂明委托诉讼代理人询问调查时确认曾桂明购房事实,且陈述到曾桂明交纳的购房款不止案涉7张收据的金额,故本院审理(2014)北民二初字第9号案件时将有其他证据佐证的复印件采信为证据并无不当。

4.(2020)鄂民申2138号

裁判观点:关于东方建设公司柯家垭6#楼项目部印章的真实性问题。2020年《证据规定》第六十一条规定:“对书证、物证、视听资料进行质证时,当事人应当出示证据的原件或者原物。但有下列情形之一的除外:(一)出示原件或者原物确有困难并经人民法院准许出示复制件或者复制品的;(二)原件或者原物已不存在,但有证据证明复制件、复制品与原件或者原物一致的。”本案中,柯友弟在二审时述称,《欠条》出具以后,黎伟将《还款承诺》原件收走,其本人只留下了手机照片,该陈述与交易习惯相符。因此,二审法院认定柯友弟提供的证据能够证实东方建设公司柯家垭6#楼项目部印章存在并无不当。《还款承诺》与《欠条》相互印证,天正房地产公司项目负责人孙路在《欠条》上签字表明天正房地产公司同意在欠付的工程款范围内承担责任,且天正房地产公司未就其承担责任提起上诉。因此,现有证据形成了证据链,可以证明东方建设公司柯家垭6#楼项目部印章真实存在。

(修改) 第六十二条 【质证顺序】

质证一般按下列顺序进行:

(一)原告出示证据,被告、第三人与原告进行质证;

(二)被告出示证据,原告、第三人与被告进行质证;

(三)第三人出示证据,原告、被告与第三人进行质证。

人民法院根据当事人申请调查收集的证据,审判人员对调查收集证据的情况进行说明后,由提出申请的当事人与对方当事人、第三人进行质证。

人民法院依职权调查收集的证据,由审判人员对调查收集证据的情况进行说明后,听取当事人的意见。

法条渊源

我国立法中,“质证”一词最早出现是1991年《民事诉讼法》第六十六条规定的证据应当在法庭上出示,并由当事人互相质证。后为历次《民事诉讼法》修改所保留,没有变化。至于司法解释层面的“质证”最早出现在1992年《民诉法意见》第七十二条规定,证据应当在法庭上出示,并经过庭审辩论、质证。关于质证顺序的规定最早出现在司法解释层面,即1998年《审判改革规定》第八条:“……6.原告出示证据,被告进行质证;被告出示证据,原告进行质证。7.原、被告对第三人出示的证据进行质证;第三人对原告或者被告出示的证据进行质证。8.审判人员出示人民法院调查收集的证据,原告、被告和第三人进行质证……”2002年《证据规定》第五十一条则作了进一步细化规定,将第三人对原被告的质证不再单独区分,而是与原被告之间的质证一并进行。并将对人民法院调查收集的证据的质证细化为两种情形,即“人民法院依照当事人申请调查收集的证据”和“人民法院依照职权调查收集的证据”,并分别规定了举证质证方式。此后,关于举证顺序的规定未再有变化。

法条精析

本条是关于质证顺序的规定，是在 2002 年《证据规定》第五十一条规定基础上修改而成。本条起草过程中，2016 年《法院征求意见稿》第四十条规定："人民法院依照当事人申请调查收集的证据，交由提出申请的当事人与对方当事人、第三人进行质证。质证前，审判人员应当对调查收集证据的情况进行说明。人民法院依职权调查收集的证据，由审判人员对调查收集证据的情况进行说明后，听取当事人的意见。"2017 年《审判长讨论稿》对本条内容没有规定。2018 年《审委会送审稿》第六十九条增加一款规定："质证一般按下列顺序进行：（一）原告出示证据，被告、第三人与原告进行质证；（二）被告出示证据，原告、第三人与被告进行质证；（三）第三人出示证据，原告、被告与第三人进行质证。当事人申请人民法院调查收集的证据，审判人员对调查收集证据的情况进行说明后，由提出申请的当事人与对方当事人、第三人进行质证。人民法院依职权调查收集的证据，由审判人员对调查收集证据的情况进行说明后，听取当事人的意见。"本条定稿进一步将"当事人申请人民法院调查收集的证据"修改为"人民法院根据当事人申请调查收集的证据"，其他内容无变动。

本条主要修改内容为：(1)将 2002 年《证据规定》第五十一条第一款"质证按下列顺序进行"修改为"质证一般按下列顺序进行"。理由在于，实务中存在基于特殊情形，确有必要调整质证顺序的情形。例如，有独立请求权第三人先出示证据，由原告、被告与第三人进行质证、书面质证等。(2)将 2002 年《证据规定》第五十一条第二款"作为提出申请的一方当事人提供的证据"修改为"审判人员对调查收集证据的情况进行说明后，由提出申请的当事人与对方当事人、第三人进行质证"。理由在于，该证据虽然是基于当事人申请提出，但毕竟由审判人员调查收集，故后者有必要说明调查收集过程中的情况，方便各方进行针对性质证。增加"提出申请的当事人与对方当事人、第三人进行质证"是因为人民法院依照当事人申请调查收集的证据，本质上仍属于当事人提出的支持其诉讼请求的证据，故在质证上，仍应由申请方当事人与其他当事人进行质证。(3)将 2002 年《证据规定》第五十一条第三款中"应当在庭审时出示"删除。理由是由法院在庭审时出示证据，容易让人误以为法院也是质证一方，与其居中裁判的地位不符。

庭审质证是证据制度中极为重要的一环。根据 2021 年《民事诉讼法》第七十一条的规定，证据应当在法庭上出示，并由当事人互相质证。2022 年《民诉法解释》第一百零三条规定，未经当事人质证的证据，不得作为认定案件事实的根据。可见，当事人对证据进行质证，是证据功能发挥的前提。对证据进行质证必须注意方式方法，应当有秩序、有顺序地进行，才能确保质证过程公开公正。如果质证程序混乱，不仅影响庭审效率，而且会影响案件事实的查明，甚至危及裁判结果的公正性。因此，必须对质证顺序加以规范，以避免质证的随意性。在民事诉讼中，审判公正与当事人的诉讼地位平等是相关联的。民事诉讼法以当事人平等地实施诉讼行为为理念进行诉讼构造的设计，以保障双方在诉讼中的均衡对抗。因此，在质证程序的设计上，首先要保障诉讼当事人享有平等的质证权利。民事诉讼中，原告行使自己的诉权，启动审判程序后，法院主持的庭审主要围绕其诉讼请求和事实理由进行。而被告或第三人也是针对原告的诉讼请求和事实理由进行抗辩或反驳。因此，从举证质证先后逻辑顺序而言,应当首先由承担举证责任的原告向法庭出示证据,再由被告和第三人行使质证的诉讼权利。然后被告、第三人依次向法庭出示证据,由另两方进行质证,按照顺序进行。至于具体的质证方法,则各方当事人均无区别。这是由于当事人在法庭审判过程中拥有平等的机会和手段,而质证方法相同正是对这种平等性要求的切实贯彻。这种规定有助于确保各方当事人向人民法院平等地提出有利于自己的主张和证据,确保各方均享有反驳其他各方的观点和证据的机会,可以就事实与法律问题展开辩论,帮助法官查明案件事实。因此,本条第一款规定:“质证一般按下列顺序进行:(一)原告出示证据,被告、第三人与原告进行质证;(二)被告出示证据,原告、第三人与被告进行质证;(三)第三人出示证据,原告、被告与第三人进行质证。”

本条第二款和第三款对人民法院调查收集的证据的质证问题进行了规定,体现了法院中立的原则。法院中立原则要求法院作为中立的第三方,一般不积极主动地介入诉讼、限制当事人行使诉权。这在质证活动中具体体现为人民法院不参与证据的出示、辩论,不脱离质证情形发表对证据的倾向性意见。如果由人民法院出示证据,在质证的过程中与其他当事人进行质证、辩论等活动,就会使法院丧失居中裁判的中立地位。法院一旦丧失了中立地位,就可能在认定事实和评定证据方面形成偏见,难免作出错误的判断。所以,即使在法院调查收集证据的情形下,基于法院中立原则的要求,法院也不得成为质证的主体。

根据2021年《民事诉讼法》第六十七条第二款的规定,人民法院调查收集证据存在两种形式:依当事人的申请调查收集证据和依职权调查收集证据。结合本条规定,分述如下:

第一,人民法院根据当事人申请调查收集的证据,审判人员对调查收集证据的情况进行说明后,由提出申请的当事人与对方当事人、第三人进行质证。根据2022年《民诉法解释》第九十四条的规定:“民事诉讼法第六十七条第二款规定的当事人及其诉讼代理人因客观原因不能自行收集的证据包括:(一)证据由国家有关部门保存,当事人及其诉讼代理人无权查阅调取的;(二)涉及国家秘密、商业秘密或者个人隐私的;(三)当事人及其诉讼代理人因客观原因不能自行收集的其他证据。当事人及其诉讼代理人因客观原因不能自行收集的证据,可以在举证期限届满前书面申请人民法院调查收集。”人民法院根据当事人申请调查收集证据,是弥补当事人证据收集能力之不足的重要手段。但是,这种收集活动不应当影响到诉讼的对抗结构。换言之,人民法院依照当事人申请所收集取得的证据,在本质属性上仍然属于当事人提出的支持其诉讼主张的证据。因此,在质证时,仍应按照“谁主张,谁举证”的原则,交由申请的当事人出示,并由其他当事人进行质证。相较于2002年《证据规定》,新增规定了在交由申请的当事人进行质证之前,“审判人员对调查收集的情况进行说明”,这是因为从当事人诉讼地位、权利平等出发,当事人申请人民法院调查收集证据,应限定在法定范围内。如果法院依据当事人申请调查收集了超过法定范围的证据以及在调查收集证据过程中造成了证据的瑕疵,都可能对质证产生影响。通过审判人员对调查收集证据的情况进行说明,可以增加调查收集过程的透明度,便于当事人有针对性地进行质证。需要注意的是,审判人员对证据进行说明时,不应加入自己的主观意见,避免审判人员因支持或者反对某一方的主张而产生偏见,破坏人民法院的中立地位。

第二,人民法院依职权调查收集的证据,由审判人员对调查收集证据的情况进行说明后,听取当事人的意见。根据2022年《民诉法解释》第九十六条第一款的规定:“民事诉讼法第六十七条第二款规定的人民法院认为审理案件需要的证据包括:(一)涉及可能损害国家利益、社会公共利益的;(二)涉及身份关系的;(三)涉及民事诉讼法第五十八条规定诉讼的;(四)当事人有恶意串通损害他人合法权益可能的;(五)涉及依职权追加当事人、中止诉讼、终结诉讼、回避等程序性事项的。”根据这一规定,人民法院依职权调查收集的证据主要是涉及国家利益、社会公共利益和他人合法权益的事实以及与诉讼程序有关的事项。这类事项由作为国家公权力机关的法院进行调查和收集更为便捷。另外,人民法院本身就具有维护社会公平、匡扶社会正义的职能。但人民法院依照职权调查取得的证据,并不具有优势地位,并不能直接作为认定案件事实的证据,仍然要进行必要的质证。这种质证要有当事人的参与。当事人对审判的参与性不仅体现为对其他当事人提出的证据有权进行质证,还表现为对人民法院依照职权调查取得的证据有权质证。需要指出的是,审判人员并非为举证质证的主体,无须以自己名义出示证据。这也是本条第三款将2002年《证据规定》第五十一条第三款中“人民法院依照职权调查收集的证据应当在庭审时出示”删除的原因。因此,即使当事人对该证据存在异议,审判人员也不能就该证据进行辩论,以避免审判人员和当事人发生冲突,使审判人员丧失中立性和公正性。2002年《证据规定》第五十一条曾规定,“人民法院依照职权调查收集的证据应当在庭审时出示,听取当事人意见,并可就调查收集该证据的情况予以说明”。后在本条修改中,将该条中“听取当事人意见,并可就调查收集该证据的情况予以说明”修改为“由审判人员对调查收集证据的情况进行说明后,听取当事人的意见”。也即,将先听当事人意见,后酌定是否说明,变更为先进行说明,后听取当事人的意见,以强调人民法院对调查收集该证据情况说明的必要性,以及将当事人的意见建立在人民法院对调查收集证据情况进行说明基础上,让当事人的质证意见更有针对性和依据。

综上,人民法院应结合当事人的质证意见,对该证据的客观性、真实性、关联性作出判断。

实务疑难

对人民法院依职权调查收集的证据,应如何进行质证?

司法实务中,对于人民法院依职权调查收集的证据,当事人经常不知应如何进行质证。对此,有不同观点:第一种观点认为,根据2021年《民事诉讼法》第七十一条的规定,证据应当在法庭上出示,并由当事人互相质证。因此,即便是人民法院依职权调查收集的证据,也应由双方当事人针对该证据发表质证意见。即由一方当事人进行质疑、辩驳;另一方当事人进行解释、说明。法院通过双方当事人围绕证据进行的攻防抗辩,了解更多案件信息,从而对证据进行审查认定。第二种观点则认为,由于证据由人民法院依职权调查收集,当事人均不了解收集该证据的相关情况,因此,即便有当事人想要对证据进行解释、说明也无从谈起。故应让法院参与质证,对该证据的调查收集情况予以回应。故在此情形下,形成法院、双方当事人三方质证的局面。笔者倾向于第一种观点。质证的基本功能有二:首先,站在对立或相反立场上的主体围绕证据的对质辩驳可以使案件信息的获得更加全面完备,让法官兼听则明;其次,质证作为给当事人提供的一种程序保障,是当事人最重要的诉讼权利。既然是让法官查明案件事实，为当事人提供程序保障，那么法官就不可能成为质证主体。但是，由于法官毕竟是证据的调查收集者，为了让当事人更好发表意见，有必要先让法官对调查收集证据的情况向当事人进行说明。这里需要强调的是，在法官依职权调查收集证据的情形下，当事人之间并非一定是对立或相反立场，双方有可能对证据的三性及其证明力提出相同的意见。这与传统质证辩驳的外观表现不同。故本条第三款也未用当事人质证意见，而是以“当事人的意见”这一表述替代。

关联法条

1.《中华人民共和国民事诉讼法》(2021 年)

第七十一条 证据应当在法庭上出示，并由当事人互相质证。对涉及国家秘密、商业秘密和个人隐私的证据应当保密，需要在法庭出示的，不得在公开开庭时出示。

2.《最高人民法院关于适用〈中华人民共和国民事诉讼法〉的解释》(2022 年)

第一百零三条第一款 证据应当在法庭上出示，由当事人互相质证。未经当事人质证的证据，不得作为认定案件事实的根据。

典型案例

1. (2022) 新民申 185 号

裁判观点：胡敬中上诉时明确称“一审判决双方签订的《土地承包合同》无效属于认定事实错误”，其再审审查期间改口认为合同无效的主张与其要求继续履行合同的诉讼请求矛盾。另外，本案系二审法院向管理局上级部门新疆维吾尔自治区塔里木河流域管理局等部门发函调查确认相关事实，发函对象并非本案当事人，不符合法律规定自认的主体，胡敬中称原审以管理局自认有管理权为由认定合同有效错误的申请再审理由不能成立。2020 年《证据规定》第六十二条规定：“质证一般按下列顺序进行：(一)原告出示证据，被告、第三人与原告进行质证；(二)被告出示证据，原告、第三人与被告进行质证；(三)第三人出示证据，原告、被告与第三人进行质证。人民法院根据当事人申请调查收集的证据，审判人员对调查收集证据的情况进行说明后，由提出申请的当事人与对方当事人、第三人进行质证。人民法院依职权调查收集的证据，由审判人员对调查收集证据的情况进行说明后，听取当事人的意见。”经查阅原审卷宗，原审法院在调取到相关部门的回复函后于 2021 年 2 月 22 日向胡敬中出示，听取了其意见并制作了询问笔录。同时，法律并无强制性规定要求人民法院为调查案件事实情况，依职权调取的证据需要质证。故，胡敬中主张原审未将调取的相关证据向其出示且证据未经质证的申请再审理由亦不能成立。

2. (2021) 鲁 14 民终 3143 号

裁判观点：一审中，为查清案件事实一审法院依职权对董其顺、栗心俊进行了调查，董其顺、栗心俊的陈述及该调查笔录不属于当事人提交的证据。2020 年《证据规定》第六十二条规定：“质证一般按下列顺序进行：(一)原告出示证据，被告、第三人与原告进行质证；(二)被告出示证据，原告、第三人与被告进行质证；(三)第三人出示证据，原告、被告与第三人进行质证。人民法院根据当事人申请调查收集的证据，审判人员对调查收集证据的情况进行说明后，由提出申请的当事人与对方当事人、第三人进行质证。人民法院依职权调查收集的证据，由审判人员对调查收集证据的情况进行说明后，听取当事人的意见。”虽然一审法院未对调查过程进行说明后听取当事人的意见，程序上存在瑕疵，但该瑕疵不属于严重的程序违法，亦不影响调查笔录的真实性。董其顺、栗心俊的陈述能够与其他证据相互印证，亦不属于孤证，能够作为认定本案事实的证据，一审法院予以采信并无不当。

3.（2020）鄂09民终1661号

裁判观点：人民法院在审理民事案件时，审判人员应当组织双方当事人将能够证明各自主张的所有证据进行交换和质证。2020年《证据规定》第六十二条第一款规定，质证一般按下列顺序进行：（一）原告出示证据，被告、第三人与原告进行质证；（二）被告出示证据，原告、第三人与被告进行质证；（三）第三人出示证据，原告、被告与第三人进行质证。经查阅一审庭审笔录，简易程序审理中，一审原告王凤华举证质证完毕后，一审法院未组织一审被告喻维新、李菊珍就自己的主张进行举证。由简易程序转为普通程序审理后，一审法院开庭时仍未组织一审被告喻维新、李菊珍就自己的主张进行举证，违反了法律规定的审理程序，损害了被告的诉讼权利。

4.（2020）鲁13执复14号

裁判观点：2020年《证据规定》第六十二条规定：质证一般按下列顺序进行：（一）原告出示证据，被告、第三人与原告进行质证；（二）被告出示证据，原告、第三人与被告进行质证；（三）第三人出示证据，原告、被告与第三人进行质证。人民法院根据当事人申请调查收集的证据，审判人员对调查收集证据的情况进行说明后，由提出申请的当事人与对方当事人、第三人进行质证。人民法院依职权调查收集的证据，由审判人员对调查收集证据的情况进行说明后，听取当事人的意见。兰山区法院在调取有关证据后未严格按照上述规定听取当事人的意见，程序存在瑕疵。但该瑕疵并不影响法院综合其他查明的情况后对案件事实的认定，且本院在法庭调查中将有关证据向复议申请人进行了出示并听取了其意见。复议申请人以一审法院调取的证据未经质证即作为定案的依据违反法律规定为由请求撤销兰山区法院（2019）鲁1302执异480号执行裁定的主张不能成立，本院不予支持。

（新增）第六十三条 【当事人陈述】

当事人应当就案件事实作真实、完整的陈述 。

当事人的陈述与此前陈述不一致的，人民法院应当责令其说明理由，并结合当事人的诉讼能力、证据和案件具体情况进行审查认定。

当事人故意作虚假陈述妨碍人民法院审理的，人民法院应当根据情节，依照民事诉讼法第一百一十一条（注：条文序号有变动，现为2021年《民事诉讼法》第一百一十四条）的规定进行处罚。

法条渊源

早在1982年《民事诉讼法》第五十五条就已规定当事人的陈述作为法定证据方法之一,且在该法第六十二条规定,当事人的陈述不能单独作为证据。后这两项内容为历次《民事诉讼法》修改所保留。2002年《证据规定》第七十六条则增加了对当事人的陈述,对方自认免证的规定。至于当事人的陈述真实性问题,在2012年之前,我国民事诉讼立法上并没有对当事人陈述的真实性在"法律"层面提出要求。2012年《民事诉讼法》第十三条第一款明确将诚实信用原则作为我国民事诉讼法的基本原则。以此为契机,2015年《民诉法解释》第一百一十条初步确立了证据意义上的当事人真实陈述义务,并规定法官可要求当事人在陈述前以签署保证书的形式保障其陈述真实。

法条精析

本条是关于作为证据方法的当事人陈述真实性认定、陈述不一致的处理以及故意虚假陈述的处罚的规定,属于新增规定。本条在起草过程中,2016年《法院征求意见稿》第六十二条规定:"当事人应当就案件事实作真实而完整的陈述。从当事人故意作虚假陈述且足以影响裁判结果的,人民法院可以根据情节,依照《民事诉讼法》第一百一十一条第一项的规定进行处理。"2017年《审判长讨论稿》第四十五条规定:"当事人应当就案件事实作真实、完整的陈述。当事人的陈述与此前陈述不一致的,人民法院应当责令其说明理由,并结合当事人的诉讼能力、证据和案件的具体情况进行审查认定。当事人故意作虚假陈述妨碍人民法院审理的,人民法院应当根据情节,依照民事诉讼法第一百一十一条第一款、第一百一十五条的规定进行处罚。"2018年《审委会送审稿》第六十四条规定只删除了"第一款"三个字。本条定稿时,为使条文更简洁,进一步删除了"第一百一十五条"的表述。在2002年《证据规定》中没有规定本条内容。本条是对2015年《民诉法解释》第一百一十条、第二百二十九条规定的细化。当事人真实陈述义务是民事诉讼诚实信用原则的基本要求,对于诉讼秩序的建立和维护有着重要影响。但长期以来,由于社会诚信缺失,当事人、证人虚假陈述的情形非常普遍,严重干扰民事诉讼秩序和人民法院的审判活动。故在2020年《证据规定》中加以落实。

一般意义上的当事人陈述,是指案件的当事人向人民法院提出的关于案件事实和证明这些案件真实情况的陈述。从学理而言,当事人陈述可分为三种类型:作为待证事实的当事人陈述、作为免证事实的当事人陈述和作为证据方法的当事人陈述。其中,当事人作为诉讼主体时,其陈述为"主张",是提供诉讼资料(注:诉讼资料是指当事人基于辩论所提出的事实主张)的行为,目的是充实诉讼请求,负担真实、完全陈述义务;当事人陈述作为证据方法时,该陈述为证据,是提供证据资料(注:证据资料是指法官经过证据调查所获得的心证)的行为,目的是帮助法院查明案件事实,负担受询问义务。作为证据资料的当事人陈述有独立的获取程序,该种程序在德国被称为"当事人讯问",日本则称为"当事者询问"。我国台湾地区于2000

年修改其“民事诉讼法”时增加“讯问当事人”的相关规定[①]。就我国大陆而言,2021 年《民事诉讼法》第六十七条和第一百四十四条中的“主张”、“发言”或“答辩”都是作为诉讼资料的当事人陈述。该法第六十六条、第一百四十一条中的“当事人陈述”则是指作为证据资料的当事人陈述。至于作为免证事实的当事人陈述在 2020 年《证据规定》第三条也有明确规定。从实务情况看,在不少案件中,作为法定证据方法之一的当事人陈述,对于查清案件事实具有重要的作用。但是,由于 2021 年《民事诉讼法》第七十八条规定“人民法院对当事人的陈述,应当结合本案的其他证据,审查确定能否作为认定事实的根据。当事人拒绝陈述的,不影响人民法院根据证据认定案件事实”。可见,2021 年《民事诉讼法》并未承认单一当事人陈述具有独立的证据价值。其作为法定证据种类之一,只能与其他证据结合才能体现其证据价值。换言之,当事人陈述作为证据方法,只能对待证事实的证明起到补充、配合作用。直至 2015 年《民诉法解释》第一百一十条规定当事人陈述的操作规则,才对当事人签署保证书后接受人民法院询问时所作陈述,赋予独立的证据价值。该条规定,人民法院认为有必要的,可以询问当事人,并可以要求其签署保证书。另外,保证书应当载明据实陈述、如有虚假陈述要接受处罚等内容。如果当事人拒绝到庭、接受询问或者签署保证书的,在待证事实无法证明的情况下,法院对其主张不予认定。由此可见,我国关于证据方法意义上的当事人陈述规定了陈述真实义务与虚假陈述不利后果这两方面内容。当事人须履行真实陈述的义务,要求当事人不得主张其已知不真实或者认为不真实的事实,同时对对方当事人所主张为其所指或认为真实的事实不得争执。[②] 广义的真实义务还包括完全义务,该义务要求当事人就诉讼请求或抗辩之基础事实关系,在其知晓的范围内,不问利于或不利,应为完全之陈述。[③] 在诉讼过程中,当事人的真实义务具有以下两方面特征:其一,真实义务为诉讼双方当事人共同承担的义务,不受举证责任分配原则的限制。法官在诉讼中可以询问双方当事人,即使不承担证明责任的当事人,在回答法官询问的过程中也应承担陈述真实的义务。其二,真实义务不限制法官询问当事人的范围,不限于当事人已经提出的诉讼资料的范围。法官可以根据审判案件的实际需要,对于当事人提供的证据材料之外的事实,可以进行询问,当事人要根据事实据实回答。[④] 除此之外,还有一点需要注意,当事人在诉讼过程中所作的陈述并非都是证据资料,只有关于案件事实的陈述,包括涉及实体法律关系的民事纠纷事实,以及其他对案件审理有实际意义的陈述,排除其目的仅为支持其诉讼请求的事实主张或其他与案件事实无关的陈述。这也是本条第一款规定的应有之义。

当事人作为诉讼事件的直接参与者,其对案件事实的陈述最具有直接性。但是,由于当事人本身具有诉讼主体的地位,案件的处理结果将对其产生实质影响。这使当事人所作的陈述更容易受到主观因素的影响,可靠性较低,容易出现反复。这显然违反 2021 年《民事诉讼法》第十三条第一款“民事诉讼应当遵循诚信原则”的立法精神。对此,2022 年《民诉法解释》

---

① 郝晶晶:《我国当事人陈述制度的规则审视——以裁判文书为分析样本》,载《法商研究》2018 年第 4 期。
② 雷万来等:《民事诉讼法之探讨》,台北,三民书局 2000 年版,第 130 页。
③ 姜世明:《举证责任与真实义务》,台北,新学林出版社 2006 年版,第 390 ~ 392 页。
④ 纪格非:《我国民事诉讼中当事人真实陈述义务之重构》,载《法律科学》2016 年第 1 期。

第二百二十九条已经规定,当事人在庭审中对其在审理前的准备阶段认可的事实和证据提出不同意见的,人民法院应当责令其说明理由。必要时,可以责令其提供相应证据。人民法院应当结合当事人的诉讼能力、证据和案件的具体情况进行审查。理由成立的,可以列入争议焦点进行审理。本条在该条基础上作了扩张解释:将“当事人在庭审中对其在审理前的准备阶段认可的事实”修改为“当事人的陈述与此前陈述不一致的”。从文义解释而言,前者只限定于审前准备阶段的当事人认可的事实,该当事人陈述仅限于对另一方陈述事实的认可,不包括当事人自己主动陈述的事实。而且,当事人陈述前后不一致情形还存在于同一程序阶段中或跨审级不同程序中。例如,一审庭审中当事人陈述前后矛盾情形、一审当事人陈述与二审程序甚至审判监督程序中当事人陈述前后矛盾情形等。故该修改事实上扩张了前后陈述不一致的适用范围。从实务角度而言,当事人前后陈述不一致存在多种可能。例如,前假后真、前真后假、前后都假等。从当事人陈述心态而言,也有诸多情形。例如,诉讼技能、个人理解、记忆偏差等非主观过错原因以及故意实施证明妨碍等。显然,并不是所有当事人陈述前后不一致情形,都具有可归责性。为了便于人民法院审查判断当事人陈述的可采性、促进程序和当事人诉讼权利平等,本条第二款规定了人民法院应当责令其说明理由,并结合当事人的诉讼能力、证据和案件具体情况进行审查认定,以确定究竟采信哪个当事人陈述抑或均不采信。一般而言,由于当事人陈述的不确定性与反复性,当事人陈述作为证据方法不能被单独作为认定案件事实的依据,而应当与其他证据形式相结合作为认定案件事实的依据。即当事人陈述在诉讼中主要起着补充性、辅助性的证明作用。

如果当事人作出了虚假的陈述,法院就有可能被这种不真实的陈述所误导而作出错误的裁判,有损实体公正。为避免这种情况的出现,一些国家规定了在陈述前宣誓或具结的制度。这类制度主要依靠对当事人道德方面的规制。除了这些事前防范措施外,事后对虚假陈述的制裁措施也很重要。目前,我国司法实践中对当事人虚假陈述的规制主要包括对虚假陈述不予采信、对当事人予以罚款或拘留的强制措施及追究刑事责任。其中,法院最为常见的处理方式即为对该陈述不予采信,而当事人罚款的情形较少,拘留、追究刑事责任的情况更是罕见。[①] 为了能够有效限制这种虚假陈述的行为,应当综合运用各种手段规制。除了不予采信以外,人民法院对已经签署保证书的当事人还可以其虚假陈述符合2021年《民事诉讼法》第一百一十四条第一款第一项中“伪造、毁灭重要证据,妨碍人民法院审理案件”情形为由,采取罚款、拘留等妨碍民事诉讼的强制措施。构成犯罪的,依法追究刑事责任,如虚假诉讼罪等。只有这样,才能使保证书的签署不流于形式,真正发挥作用。对当事人的经济处罚,除了罚款外,虚假陈述的当事人还应承担因虚假陈述而产生的诉讼费用。因为其行为加重了对方当事人的证明负担,也阻碍了法院诉讼程序的进行,违背了民事诉讼法中诚实信用原则的要求,应当承担该虚假陈述行为所造成的损失。当然,对虚假陈述的惩罚并非目的,填补受损害当事人额外支出、减少甚至杜绝当事人虚假陈述才是惩罚性规定的意义所在。最后,需要注意的是,本条第三款规定当事人虚假陈述,人民法院可以采取妨碍民事诉讼的强制措施,是以当事

---

① 熊跃敏、陈亢睿:《当事人虚假陈述的认定与规制——以司法裁决为中心的考察》,载《山东大学学报(哲学社会科学版)》2018年第6期。

人对虚假陈述主观存在故意为前提，不包括因当事人自身认识水平、表达方式、个人理解、记忆偏差等非故意原因造成的虚假陈述情形。

实务疑难

当事人在诉讼中故意作虚假陈述，是否都可以伪造重要证据为由，适用 2021 年《民事诉讼法》第一百一十四条的规定，对其采取妨碍民事诉讼强制措施？

司法实务中，当事人基于自身利益考量，可能在诉讼中，随时故意作出虚假陈述，对此，观点不一：第一种观点认为，既然当事人的陈述为故意作出的虚假陈述，则应一律适用本条规定，根据情节，对其采取 2021 年《民事诉讼法》第一百一十四条规定的民事强制措施。第二种观点认为，我国现行法上的当事人的陈述可分为三类情形：首先，当事人对其诉讼主张事实依据的陈述。该事实依据陈述的目的是确定法院审理案件的事实范围和确定其在诉讼中需证明的待证事实。其次，构成当事人自认的当事人的陈述。即当事人的陈述是承认对己不利事实，起到免除对方当事人举证责任的效果，可以减小待证事实范围。最后，作为证据方法的当事人陈述。就目前 2022 年《民诉法解释》第一百一十条规定来看，司法解释层面的当事人陈述作为证据方法的前提是经过当事人到庭接受法院询问、当事人具结等程序环节，也即当事人接受法院询问，就其亲历情形向法院陈述案件事实。这也是本条所规范的对象。所以，当事人的故意虚假陈述属于事实依据陈述或自认事实情形的，均不是证据方法意义上的当事人陈述，不能认定为 2021 年《民事诉讼法》第一百一十四条中的“伪造证据”。笔者倾向于第二种观点。

关联法条

1.《中华人民共和国民事诉讼法》(2021 年)

第一百一十四条 诉讼参与人或者其他人有下列行为之一的，人民法院可以根据情节轻重予以罚款、拘留；构成犯罪的，依法追究刑事责任：

(一)伪造、毁灭重要证据，妨碍人民法院审理案件的；

(二)以暴力、威胁、贿买方法阻止证人作证或者指使、贿买、胁迫他人作伪证的；

(三)隐藏、转移、变卖、毁损已被查封、扣押的财产，或者已被清点并责令其保管的财产，转移已被冻结的财产的；

(四)对司法工作人员、诉讼参加人、证人、翻译人员、鉴定人、勘验人、协助执行的人，进行侮辱、诽谤、诬陷、殴打或者打击报复的；

(五)以暴力、威胁或者其他方法阻碍司法工作人员执行职务的；

(六)拒不履行人民法院已经发生法律效力的判决、裁定的。

人民法院对有前款规定的行为之一的单位，可以对其主要负责人或者直接责任人员予以罚款、拘留；构成犯罪的，依法追究刑事责任。

2.《最高人民法院关于适用〈中华人民共和国民事诉讼法〉的解释》(2022 年)

第一百一十条 人民法院认为有必要的，可以要求当事人本人到庭，就案件有关事实接受询问。在询问当事人之前，可以要求其签署保证书。

保证书应当载明据实陈述、如有虚假陈述愿意接受处罚等内容。当事人应当在保证书上签名或者捺印。

负有举证证明责任的当事人拒绝到庭、拒绝接受询问或者拒绝签署保证书，待证事实又欠缺其他证据证明的，人民法院对其主张的事实不予认定。

第二百二十九条 当事人在庭审中对其在审理前的准备阶段认可的事实和证据提出不同意见的，人民法院应当责令其说明理由。必要时，可以责令其提供相应证据。人民法院应当结合当事人的诉讼能力、证据和案件的具体情况进行审查。理由成立的，可以列入争议焦点进行审理。

典型案例

1.（2021）最高法民再243号

裁判观点：（二）谢名森在2015年12月12日《借条》记载的269万元不应当认定为其承诺支付本息的上限。该《借条》所载明的269万元是由第一次出具《借条》载明的本金232万元及每月平均利息8万元计算得出，并非借款合法本息数额。基于该本金数额计算得出的269万元借款中所包含利息已高于规定利率上限。即使参照结算模式推定当事人在第二张《借条》出具之后至破产申请受理日前按24%收取利息，为平衡当事人利益计，以谢名森在《借条》中承诺数额为本息上限认定本息数额，也应当综合考虑出借人在法庭上是否如实陈述事实等具体情况而定。根据2015年《民间借贷司法解释》第十八条，负有举证证明责任的原告应当到庭，但经本院依法传唤，燕鹏敏本人未到庭且未说明理由。在询问和公开开庭审理期间及庭审后，本院均要求其对出借本息情况作出如实陈述。燕鹏敏庭后提交的《说明》仍未如实陈述借款本息，并称由法院认定。燕鹏敏在原审中亦未出庭参加庭审活动。诚信诉讼是2017年《民事诉讼法》第十三条规定的重要原则和当事人的基本义务。人民法院应当根据庭审全部材料，包括当事人在诉讼中履行诚信诉讼义务的情况，作出事实认定。若以《借条》约定的269万元作为本息上限，尽管未必不合事理，但于情未必恰如其分，尤其难以鼓励诚信诉讼。2020年《证据规定》第六十三条第一款规定："当事人应当就案件事实作真实、完整的陈述。"第六十六条规定，当事人无正当理由拒不到场或者拒不接受询问的，应当综合案件情况，判断待证事实的真伪。待证事实无其他证据证明的，应当作出不利于该当事人的认定。在本案事实认定存在数种可能的情形下，未如实陈述者，应受不利之认定。该以269万元为上限的债权确认意见，本院不予采纳。

2.（2020）最高法民终667号

裁判观点：2020年《证据规定》第三条规定，"在诉讼过程中，一方当事人陈述的于己不利的事实，或者对于己不利的事实明确表示承认的，另一方当事人无需举证证明。在证据交换、询问、调查过程中，或者在起诉状、答辩状、代理词等书面材料中，当事人明确承认于己不利的事实的，适用前款规定"。本案中，蔡秋雁2018年3月23日向法院第一次提交起诉状时，自认"该小区到目前为止仍然不具备交付使用条件，预售商品房没有实际占有"。但提交第二份起诉状时，蔡秋雁改称"所购房屋已经支付了全部价款，并事实上实际占有了该房产"。2020 年《证据规定》第六十三条第一款、第二款规定，"当事人应当就案件事实作真实、完整的陈述。当事人的陈述与此前陈述不一致的，人民法院应当责令其说明理由，并结合当事人的诉讼能力、证据和案件具体情况进行审查认定"。对于蔡秋雁前后矛盾的陈述，本院结合相关证据审查认定如下：首先，蔡秋雁在案外人异议审查程序中提交的《物品交付清单（业主联）》显示领取钥匙的时间是 2017 年 7 月 6 日，第一次提交起诉状时表示查封时案涉房屋不具备交付条件，没有实际占有。作为完全民事行为能力人，蔡秋雁亲历了商品房购买全过程，理应清楚是否占有这一基本事实，其在司法程序初始阶段的陈述能够相互印证，更为可信。其次，虽然《接房流程卡》《接房返修登记表》上载明的接房时间为 2017 年 1 月 9 日，但是蔡秋雁未提交证据证明上述材料上签字人的身份及真实性。即使如蔡秋雁所称签字人系昆都公司及其委派的物业公司职员，也因昆都公司作为被执行人的利害关系人身份，导致该组证据的证明力较弱。并且，《接房流程卡》《接房返修登记表》作为可能证明蔡秋雁在查封前占有的主要证据，蔡秋雁既未在案外人异议审查阶段提交，亦未陈述曾接房又返修的情况，不合常理。最后，昆都公司于本案一审判决作出后出具的《物业费确认书》《情况说明》，内容仅载明 2017 年与 2018 年的水电费与物业管理费由昆都公司承担，并不涉及蔡秋雁具体占有案涉房屋的时间，该证据不影响关于占有时间的判断。综合上述情况，本院认为，一审判决认定蔡秋雁在人民法院查封前未占有案涉房屋，不符合足以排除执行的要件，对案涉房屋不具有物权期待权正确。蔡秋雁关于一审法院对占有事实认定错误的上诉理由，不能成立。

3.（2022）苏 0282 执异 1 号

裁判观点：2017 年《民事诉讼法》第十三条第一款规定，"民事诉讼应当遵循诚实信用原则"；2020 年《证据规定》第六十三条第一款、第二款规定，"当事人应当就案件事实作真实、完整的陈述。当事人的陈述与此前陈述不一致的，人民法院应当责令其说明理由，并结合当事人的诉讼能力、证据和案件具体情况进行审查认定"，该条明确了我国民事诉讼法中"禁反言"的原则，要求当事人在民事诉讼过程中，其所实施的诉讼行为应前后一致，当事人陈述、利害关系人和证人作证等均属于民事诉讼活动范畴，同样应遵循"诚实信用"和"禁反言"原则。本案中，异议人的陈述、作证内容前后不一致，又没有提供证据证明后来不同陈述之"反言"内容的真实性，故本院亦不予采信其主张。

（新增）第六十四条　【当事人接受询问】

人民法院认为有必要的，可以要求当事人本人到场，就案件的有关事实接受询问。

人民法院要求当事人到场接受询问的，应当通知当事人询问的时间、地点、拒不到场的后果等内容。

法条渊源

自1982年《民事诉讼法》始,我国一直将当事人陈述作为法定证据种类之一,甚至在2012年《民事诉讼法》时,还将其调整置于八种法定证据方法之首。这一立法模式,表明我国立法者对当事人陈述之证据属性已有足够的认识。但实务中,如何区分当事人的陈述是为支持其诉讼主张而对待证事实的陈述抑或独立的一种证据方法,素有争议。为此,2015年《民诉法解释》第一百一十条首次规定了当事人询问制度,用以在其他证据已经用尽,而依据当事人的现有举证不足以使法官就待证事实的真伪形成内心确信时,就待证事实询问当事人,通过对当事人相应事实的回答陈述进行审查判断,来认定案件事实。该条第一款规定了当事人陈述的必要步骤:当事人先到庭,再签署保证书,最后再接受询问。至于如何才能确保当事人到庭则没有规定。

法条精析

本条是关于如何确保当事人到场接受法院询问的规定,在2002年《证据规定》中没有类似内容。本条起草过程中,2016年《法院征求意见稿》第六十条规定"人民法院认为有必要的,可以要求当事人本人到庭,就案件的有关事实接受询问。当事人可以申请人民法院询问对方当事人。人民法院要求当事人到庭接受询问的,应当向当事人送达通知书。通知书中应当载明当事人到场陈述的时间、地点、拒不到场或者拒绝具结、陈述的后果等内容"。2017年《审判长讨论稿》第四十六条规定"人民法院认为有必要的,可以要求当事人本人到场,就案件的有关事实接受询问。人民法院要求当事人到场接受询问的,应当通知当事人到场陈述的时间、地点、拒不到场的后果等内容"。将"到庭"改为"到场"扩大了本条适用范围,不再局限于开庭审理。删除"通知书"的相关表述,可以简化通知的方式,满足实务需要。2018年《审委会送审稿》第六十五条规定没有改动。本条定稿时将"到场陈述"修改为"询问"使文字表述更为简洁。本条第一款是在2015年《民诉法解释》第一百一十条第一款基础上修改而成。主要修改为:(1)将2015年《民诉法解释》第一百一十条第一款中"本人到庭"修改为"本人到场",理由在于:在质证前移、庭前准备越发重要的当下,不排除人民法院会在证据交换阶段或庭前会议上询问当事人,此时庭审尚未开始,还不存在到庭的问题;(2)删除2015年《民诉法解释》第一百一十条第一款中"在询问当事人之前,可以要求其签署保证书",理由是该删除内容已被移至2020年《证据规定》第六十五条。

询问当事人,是指法官通过物证、书证以及证人证言等各种证据形式,还不能得到充分心证时,可以要求当事人本人到场再加以询问,从而判断是否将其陈述作为证据使用的制度。当事人接受询问所作陈述与当事人陈述是不同的概念。前者仅指当事人在接受法院询问下就所知的案件事实所作的陈述。后者则涵盖当事人在法院诉讼期间进行的所有陈述,包括对待证事实的陈述、当事人自认和将所知的案件事实作为证据提交时的陈述等。为了将待证事实的陈述与所知的案件事实作为证据提交时的陈述相区分,2022年《民诉法解释》第一百一十条通过增加让当事人到庭、签署保证书这一客观外化形式,限定且明确了作为法定证据方法的当事人陈述的认定标准。由此,可以作为证据采纳的当事人陈述是指当事人本人到场后，签署保证书后接受法院询问时所作的陈述。由于当事人陈述的作出主体是与案件审判有实际利害关系的主体，故基于利己驱动，当事人陈述作为证据时的证明力是相对较低的。所以询问当事人一般是在法官通过审查其他形式的证据后仍不能形成心证的情况下，才依照程序对当事人进行询问。从域外立法看，德国民事诉讼法规定询问当事人可以依相对方的申请、当事人双方的合意以及法院依职权启动等类型，且询问当事人制度应作为补充性原则适用，其前提要件为证据尚未完全提出及未再有其他证据方法得以利用。亦即，唯有在举证义务人所提证据未足以令法院就待证事实形成确信，而举证人未能提出其他证据方法者，方有当事人询问制度之适用①。我国法律规定与德国法关于当事人陈述应适用补充性原则的规定相似。由于当事人陈述的证明力有限，所以法院在进行证据审查时应优先考虑证明力较强的证据。一般是在经过审查检验各种证据形式仍不能形成内心确信，认为有必要对当事人进行询问的情况下，才会要求当事人到场接受询问。

当事人询问制度的价值在于有助于查清案件事实，减少因举证不能而导致无法公平裁判的现象。自由心证是法官于裁判时，基于审理中所出现的全部资料与情况依其良心自由之判断形成心证而认定主要事实的采证方法。法官之心证是否正确直接决定案件事实能否查明。以发现真实、形成心证为宗旨的法官询问权是保障实体公正的必备制度。当法官心证尚不能确定时，由于当事人与证人是案件事实的亲历者，对当事人、证人进行询问便是查清事实的不可缺少的方式。法官以发现案件真实、形成法官心证为审查判断证据目的，通过对当事人、证人的询问，可以抽丝剥茧，去伪存真。询问的结果可以佐证其他证据或者否定其他证据而使法官获得心证。在案件无其他证据的时候，询问的结果也有可能成为法官内心确信的根源。司法实践中经常见到，司法裁判以"负举证责任的当事人举证不能"为由判决当事人败诉，其中很多"举证不能"往往是欠缺审核判断证据能力、缺乏运用日常生活经验进行推理的能力而导致的"查证（心证）不能"，或者未尽询问义务而导致的查证不能。如上所述，积极行使询问权可以佐证其他证据或者否定其他证据而使法官获得内心确信，从而可以减少"举证不能"现象，减少适用举证责任下导致的错案，减少举证责任制度的负面影响。②

反观我国司法解释，通过规定人民法院认为有必要时、当事人本人到场、签署保证书、接受法院询问的流程设计，规范了当事人陈述的程序规则。要求当事人本人到场接受询问，既提高了当事人陈述的真实性，又便于人民法院通过现场观察当事人陈述时的言行举止，来增强心证。

具体而言，本条的主要内容包括：（1）询问主体。本条第一款规定对当事人进行询问的主体是人民法院。既然法院认为现有其他证据无法证明待证事实，那么法院当然最清楚需要通过当事人的陈述，补强哪方面的证据。相应地，由人民法院有针对性地进行询问，比当事人自行任意陈述，更有效率。而且，当事人陈述作为证据提交法院，本来也是一项诉讼行为，应由法院主持。（2）询问前提。本条第一款规定启动询问的前提是"人民法院认为有必要的"情形。"有必要的"情况一般是指现有证据已全部提交而待证事实仍然真伪不明。至于是否询

---

① 姜世明：《新民事证据法论》，厦门大学出版社 2017 年版，第 58 页。

② 史飚：《民事询问权研究》，载《政法论坛》2016 年第 2 期。

问,则属于人民法院自由裁量的范畴。当人民法院认为当事人陈述与待证事实无关联、对证明待证事实无意义或者其他无必要的情形,则可不要求当事人本人到场接受询问。这里需要注意的是,人民法院询问当事人本质上也是为了调查收集证据,但本条并未明确当事人是否可以申请人民法院询问当事人。有学者认为,应当增加当事人申请法院询问的权利,“在民事诉讼辩论原则要求下,当事人承担着解明案件事实的举证责任,那么,立法也应为当事人提供寻找、收集证据手段的必要保障措施,赋予当事人申请法官询问自己或对方当事人的权利并将其陈述作为证据资料,可充实当事人举证的手段”。① 笔者认为,本条第一款虽然针对的是实务中多数情形下,由人民法院主动通知当事人到场接受询问的情形,但本条并未禁止任何一方当事人提出申请。故从法无禁止即为自由的角度,实务中,人民法院对任一当事人的申请,都可将其申请事由纳入判断是否有必要的考量范畴,从而科学地作出决定。询问的内容只能涉及案件的待证事实。这里的询问范围限定在案件待证事实,是由询问目的是获取作为证据方法的当事人陈述所决定的。作为证据方法的当事人陈述的作用只能是证明案件事实,而不包括法律适用。也就是说,一方面,法院询问当事人的是关于事实方面的内容;另一方面,法院询问的事实应当是与案件相关的事实,而并非任何事实都包括在内。

此外,由于2015年《民诉法解释》第一百一十条并未规定人民法院应采取何种方式要求当事人到场,这导致实务中各地法院做法不一。为此,本条增加第二款规定,人民法院要求当事人到场接受询问的,应当通知当事人询问的时间、地点、拒不到场的后果等内容。如果当事人无正当理由拒不到场的,人民法院则应当根据具体情况判断待证事实的真伪。

实务疑难

不负证明责任的当事人拒绝接受人民法院询问的处理。

实务中,承担举证责任的当事人在穷尽其所能出示的证据而待证事实仍真伪不明时,根据2022年《民诉法解释》第一百一十条的规定,人民法院可以符合必要性为由,要求当事人到庭,就案件事实接受询问。当事人接受询问所作的陈述即为一种法定证据方法。如果负有举证证明责任的当事人拒绝到庭、拒绝接受询问或者拒绝签署保证书,待证事实又欠缺其他证据证明的,人民法院对其主张的事实不予认定。如果人民法院要求不负证明责任的当事人接受询问,但其拒绝到庭、拒绝签署保证书或者拒绝接受询问。对此应如何处理,实务中存在争议:第一种观点认为,根据当事人诉讼地位、权利平等原则,不负证明责任的当事人拒绝到庭、拒绝签署保证书或者拒绝接受询问的行为也应承担相应不利后果。即就待证事实作出对其不利的推定,可以认定承担举证责任的当事人主张的待证事实存在。第二种观点则认为,不负证明责任的当事人可以区分为必须到庭的当事人和不是必须到庭的当事人。必须到庭的当事人拒绝到庭、拒绝接受询问或者拒绝签署保证书的,可以将其拒绝行为视为妨碍民事诉讼的行为,可以对其采取妨碍民事诉讼的强制措施等进行处理。对不是必须到庭的当事人,如果其无正当理由拒绝到庭陈述,则对待证事实可适当降低承担举证证明责任当事人的证明

---

① 肖建华、王勇:《民事诉讼当事人陈述制度的正当化》,载《国家检察官学院学报》2017年第1期。

标准。如果法官对已有证据形成基本心证，就可以作出裁判。笔者倾向于第二种观点。

关联法条

1.《中华人民共和国民事诉讼法》(2021 年)

第六十五条　离婚案件有诉讼代理人的，本人除不能表达意思的以外，仍应出庭；确因特殊情况无法出庭的，必须向人民法院提交书面意见。

2.《最高人民法院关于适用〈中华人民共和国民事诉讼法〉的解释》(2022 年)

第一百一十条第一款　人民法院认为有必要的，可以要求当事人本人到庭，就案件有关事实接受询问。在询问当事人之前，可以要求其签署保证书。

典型案例

1.(2021)最高法民申 5822 号

裁判观点：根据 2020 年《证据规定》第六十四条第一款关于"人民法院认为有必要的，可以要求当事人本人到场，就案件的有关事实接受询问"的规定，再审申请人的委托诉讼代理人在一审庭审就被申请人提供的刘德清签名的数份银行交易凭证质证时表示无法确认，需和刘德清本人核实后，再将核实结果回复该院。一审法院告知其通知刘德清限期到庭，对银行交易凭证上的签名质证，逾期不到庭，该院将以上述书证上刘德清的签名作为鉴定检材。后，一审法院收到署名"刘德清"的邮寄情况说明一份，载明："我收到了我的代理人转来的中国工商银行股份有限公司鹤岗新世纪广场支行出具的三张凭证，我经过回忆，认为上述凭证上的签字并非我本人亲自书写，不能作为笔迹鉴定检材使用。另，因我身体健康原因，一直在外就医，近期不能返回鹤岗。"一审法院因无法判断该情况说明是否为刘德清本人书写，对该证据未予采纳，将上述银行交易凭证上的"刘德清"签名作为检材委托鉴定。

2.(2021)甘民申 248 号

裁判观点：为进一步查清案件事实，二审法院依据 2020 年《证据规定》第六十四条"人民法院认为有必要的，可以要求当事人本人到场，就案件的有关事实接受询问。人民法院要求当事人到场接受询问的，应当通知当事人询问的时间、地点、拒不到场的后果等内容"的规定，两次正式传唤马某本人于指定时间和地点就案件事实到庭接受询问，并告知拒不到庭的法律后果，但马某均未到庭，故二审法院依据 2020 年《证据规定》第六十六条"当事人无正当理由拒不到场、拒不签署或宣读保证书或者拒不接受询问的，人民法院应当综合案件情况，判断待证事实的真伪。待证事实无其他证据证明的，人民法院应当作出不利于该当事人的认定"的规定，综合本案的借贷金额、当事人的经济能力、当地或者当事人之间的交易方式、交易习惯、当事人财产变动情况以及证人证言等事实和因素，认定张某主张的 3,000,000 元借款全部支付，并无不妥之处。

3.(2021)辽 06 民终 1094 号

裁判观点：对负有举证证明责任的当事人提供的证据，人民法院经审查并结合相关事实，确信待证事实的存在具有高度可能性的，应当认定该事实存在。人民法院认为有必要的，可以要求当事人本人到场,就案件的有关事实接受询问。当事人无正当理由拒不到场、拒不签署或宣读保证书或者拒不接受询问的,人民法院应当综合案件情况,判断待证事实的真伪。待证事实无其他证据证明的,人民法院应当作出不利于该当事人的认定。本案一审过程中,一审法院要求上诉人本人到庭陈述,但其无正当理由未到庭,应承担不利后果。通过对全案证据的审查,可以认定被上诉人东港市百魁建筑工程处提供的证据已经达到了高度盖然性的证明标准,完成了举证责任,一审法院判决支持其主张并无不当。

4. (2021)辽03民终2281号

裁判观点:根据2020年《证据规定》第六十四条第一款的规定,人民法院认为有必要的,可以要求当事人本人到场,就案件的有关事实接受询问。闻旌涵在劳动争议仲裁委员会劳动仲裁、一审、二审审理中,本人均未到庭。本院为查明本案事实,两次通过闻旌涵的委托诉讼代理人通知其本人到庭,其均以正在练车为由拒不到庭。本院通过闻旌涵的委托诉讼代理人与其电话通话,其委托诉讼代理人未经法院允许擅自中断通话,并拒不提供闻旌涵本人电话号码。故对闻旌涵主张失业金和医疗保险金一节,因其未完成举证责任,本院不予支持。戴维物业公司上诉请求合理部分,本院予以支持。

5. (2021)桂01民终998号

裁判观点:被上诉人韦奉明主张其已经通过现金交付借款200,000元,一审提供了蓝海洋出具的三份借款凭证及银行取现记录等予以佐证,韦奉明一审、二审本人均到庭陈述,其关于款项交付具体情形的陈述内容稳定一致,足以形成优势证据证明其主张。而蓝海洋一审、二审均由委托诉讼代理人到庭代为陈述,二审其本人签收本院传唤通知后无正当理由仍不到庭接受法院询问。根据2020年《证据规定》第六十四条第一款"人民法院认为有必要的,可以要求当事人本人到场,就案件的有关事实接受询问"和第六十六条"当事人无正当理由拒不到场、拒不签署或宣读保证书或者拒不接受询问的,人民法院应当综合案件情况,判断待证事实的真伪。待证事实无其他证据证明的,人民法院应当作出不利于该当事人的认定"之规定,蓝海洋主张款项未实际交付,但又未能举证反驳在案证据或到庭作合理说明,本院对其主张不予支持。

(新增) 第六十五条 【当事人保证书】

人民法院应当在询问前责令当事人签署保证书并宣读保证书的内容。

保证书应当载明保证据实陈述,绝无隐瞒、歪曲、增减,如有虚假陈述应当接受处罚等内容。当事人应当在保证书上签名、捺印。

当事人有正当理由不能宣读保证书的,由书记员宣读并进行说明。

法条渊源

关于保证书制度,最早在1998年《刑诉法解释》第一百四十二条规定了证人保证书制度。

但关于民事诉讼中当事人保证书的问题，直至2015年《民诉法解释》第一百一十条才首次确立了当事人保证书制度。这是践行诚实守信原则的重要举措，对促进当事人陈述的真实性具有重要意义。从近几年实务反馈情况看，对于当事人接受询问前的具结而言，仅签署保证书并不足以对其内心产生威慑、约束。理论界和实务界的共识均认为，当事人以口头方式当场陈述保证书内容，反而能够更好地起到具结效果。

法条精析

本条内容是关于当事人签署并宣读保证书的要求，在2002年《证据规定》中没有类似内容，属于新增规定。本条在起草过程中，2016年《法院征求意见稿》第六十一条规定"人民法院应当在询问开始前责令当事人签署保证书并朗读保证书的内容。保证书应当载明据实陈述、如有虚假陈述愿意接受处罚等内容。当事人应当在保证书上签名或者捺印。当事人无正当理由拒绝到场、拒绝签署或朗读保证书或者拒绝接受询问的，人民法院应当综合案件情况，判断待证事实的真伪。待证事实无其他证据证明的，人民法院可以作出不利于该当事人的推定"。2017年《审判长讨论稿》第四十七条规定："人民法院应当在询问前责令当事人签署保证书并朗读保证书的内容。确有正当理由不能朗读的，由书记员朗读并进行说明。保证书应当载明保证据实陈述、绝无隐匿、修饰、增减，如有虚假陈述应当接受处罚等内容。当事人应当在保证书上签名、捺印。"2018年《审委会送审稿》第六十六条规定将"朗读"修改为更为正式的表述"宣读"；将"确有正当理由不能难度"改为"当事人有正当理由不能宣读保证书的"；将"隐匿"改为"隐瞒"；将"修饰"改为"歪曲"。本条定稿时，再无变动。

本条是2015年《民诉法解释》第一百一十条第一款后段及第二款关于当事人具结的可操作性规定，是对该条文内容的补充和完善。具体修改内容为：(1)将2015年《民诉法解释》第一百一十条第一款中"在询问当事人之前，可以要求其签署保证书"修改为在"应当在询问前责令当事人签署保证书"后增加"并宣读保证书的内容"。理由在于："可以"意味着是否签署保证书由人民法院自由裁量，而该司法解释第一百一十九条关于证人签署保证书用的却是"应当"，同样情况应同样处理。考虑到签署保证书所产生的心理约束对确保陈述真实性的积极作用，有必要强化保证书签署行为，故本条将原来规定的"可以"修改为"应当"。至于增加宣读保证书的内容的表述，早在笔者参与起草2015年《民诉法解释》时，就曾在草稿中将其写入。但在该司法解释后来提交最高人民法院审判委员会讨论时，有观点认为，规定宣读保证书内容没有必要，因为从司法实务一般经验而言，当事人不会因宣读行为而增强保证书对其内心的约束。而且，当事人口音不同，宣读既不易被听懂，也容易造成庭审拖延。最终，2015年《民诉法解释》中删除了宣读内容的表述。本次修订《证据规定》时，多数意见认为，仍有必要将宣读保证书增补进来，一则，与国外立法和实务做法保持一致；二则，实务中，当事人亲自宣读保证书确有其积极意义。(2)在2015年《民诉法解释》第一百一十条第二款基础上增加"绝无隐瞒、歪曲、增减"，增加该表述主要是为了强调当事人应当全面、准确、真实地表达其陈述内容，进一步阐述何谓"据实陈述"，也对虚假陈述的表现形式作了基本规定。(3)将2015年《民诉法解释》第一百一十条第二款中"如有虚假陈述愿意接受处罚等内容"修改为"如有虚假陈述应当接受处罚等内容”,将“愿意”修改为“应当”强调的是当事人虚假陈述接受处罚是履行公法义务,与其自身愿意与否无关。(4)将2015年《民诉法解释》第一百一十条第三款移至2020年《证据规定》第六十六条规定。(5)增加第三款“当事人有正当理由不能宣读保证书的,由书记员宣读并进行说明”,以保障当事人对保证书内容及法律效力的理解。

在八种法定证据形式中,当事人陈述对于证明案件事实最具有直接性,往往是法官在司法实践中接触和了解案情重要的资料或信息来源之一。由于当事人同时具有诉讼主体和证据来源的两种属性,且作为诉讼主体的地位优先于证据来源的地位,这就会导致当事人陈述不可避免地存在利益偏向性,一般会作出有利于自己的陈述,相应地,其证明力也就缺乏可信性。并且,与其他证据形式相比,当事人陈述在具体的诉讼程序中往往不能轻易地从内容和外观上加以识别,故作为证据的法律性质也难以把握。针对当事人陈述的这一局限性,英美法系和大陆法系分别规定了当事人宣誓制度和当事人具结制度以约束当事人。虽然说宣誓和具结对当事人陈述的真实性只起道德上的促进作用,没有法律上的约束力,但它们在诉讼程序上也发挥着积极意义。首先,宣誓和具结能够在事实主张的当事人陈述和证据形式的当事人陈述之间划分一条明确的界限,并告诉当事人其在宣誓或具结之后所作的陈述具有了证据属性。在一般的诉讼过程中,当事人会提出自己的事实主张和诉讼请求,对对方的主张进行反驳、提出相反证据等。这些陈述都是当事人的陈述,但并非都可以被作为证据使用。有些当事人陈述的内容本身有待证明,是证明的对象而不是证据,不能因当事人的陈述本身是证据而不再举证。所以法院在把当事人陈述作为证据使用时,就要提前通过某种形式提醒当事人其之后所作出的陈述性质将发生重大变化,而宣誓或具结就是这种形式的具体表现。其次,宣誓和具结在一定程度上为当事人陈述的真实性提供了保障。由于当事人的身份首先是案件的直接利害关系人,其在陈述时一般会作出对自己有利的陈述。这种趋利避害的心理是无法避免的,所以法律试图寻找一种能够使当事人尽可能真实陈述的方法,避免法院根据当事人的虚假陈述作出判断。宣誓和具结通过人对道德良心的承诺、对因虚假陈述受到惩罚的担忧,都在一定程度上为避免当事人虚假陈述提供了保障。最后,宣誓和具结为法院采纳当事人陈述作为裁判依据提供了正当理由。在宣誓和具结时,当事人已保证会如实陈述,不加隐瞒。如果当事人作出了虚假的陈述便违反了之前的承诺,法院还会对其进行惩戒。基于上述自律和他律结合,惩罚为兜底的保障方式,人民法院有理由相信作为证据方法的当事人陈述具有可采性。

具体到本条,本条第一款规定,“人民法院应当在询问前责令当事人签署保证书并宣读保证书的内容”。为区分事实主张意义上的当事人陈述和证据方法意义上的当事人陈述,2015年《民诉法解释》第一百一十条规定了当事人陈述作为证据的前提是当事人签署保证书,而本款则在其基础上增加了宣读保证书内容的要求。两者都是通过道德承诺、惩罚担心等对当事人内心的约束,促使其陈述真实。因此,当事人签署并宣读保证书应在当事人接受法院询问,作出相应事实陈述之前。此外,与2015年《民诉法解释》第一百一十条“可以要求其签署保证书”的表述不同的是,本条对于签署保证书态度规定为“应当责令”,也就意味着当事人签署保证书成为一种强制性要求。只要当事人需要接受法院的询问,都必须签署保证书,而且保证书应当作为诉讼材料装订入卷以备审查。并且,新增“宣读保证书的内容”的规定,能够使当事人对保证书的内容和法律后果理解得更为深入，增强当事人陈述的责任感。而且，宣读保证书比单纯的签署更有利于对当事人陈述时的心理形成震慑，提醒其如实陈述，让具结效果更加理想。

关于本条第二款当事人签署保证书内容的规定，“保证书应当载明保证据实陈述，绝无隐瞒、歪曲、增减，如有虚假陈述应当接受处罚等内容”。保证书内容包括两个方面：首先，如实陈述的强调，加强当事人的自我约束。如实陈述不仅包括不作伪证，还包括不应对事实进行隐瞒、歪曲、增减。即其所陈述的事实应当全面、准确、真实。其次，如有虚假陈述应当接受处罚。关于处罚的内容，根据 2020 年《证据规定》第九十八条第二款的规定：“当事人或者其他诉讼参与人伪造、毁灭证据，提供虚假证据，阻止证人作证，指使、贿买、胁迫他人作伪证，或者对证人、鉴定人、勘验人打击报复的，依照民事诉讼法第一百一十条、第一百一十一条的规定进行处罚。”至于具体处罚措施，2021 年《民事诉讼法》第一百一十四条规定，当事人伪造、毁灭重要证据，妨碍人民法院审理案件的，人民法院可以根据情节轻重予以罚款、拘留；构成犯罪的，依法追究刑事责任。例如，虚假诉讼罪等。这样可以让当事人了解其陈述的严肃性，也进一步明确了虚假陈述可能面临的处罚。关于当事人在保证书上签名、捺印的要求，其目的在于增强签署保证书对当事人的震慑，同时保留当事人已经了解如实陈述义务及违反该义务法律后果的证据。

与本规定征求意见稿相比，本条增加了第三款内容，“当事人有正当理由不能宣读保证书的，由书记员宣读并进行说明”。对存在正当理由的不能宣读保证书的当事人进行了灵活性规定，以避免其因不能宣读保证书而被排除在外。“正当理由”包括当事人存在言词表达障碍、知识水平的限制等原因。具体是否构成正当理由，交由法官根据个案情形，自由裁量。书记员宣读并进行说明，能使当事人充分认识到保证书的意义及法律效果，督促其如实陈述。

实务疑难

调查收集作为证据方法的当事人陈述过程中出现先询问后补签保证书、只签不宣读保证书等程序瑕疵情形如何处理？

司法实务中，可能出现当事人接受法院询问，作出当事人陈述在先、补签并宣读保证书在后，只签保证书不宣读或者只宣读不签保证书等程序违法情形。对此，有两种观点：第一种观点认为，对于先接受询问后签署并宣读保证书情形，只要事后签署并宣读了保证书，就说明当事人了解并愿意承担相应法律后果，可视为对之前当事人陈述的事后确认，应该认可当事人陈述的证据资格。至于只签保证书未宣读或者只宣读未签保证书情形，则可通过事后补充宣读或签署的方式，弥补其程序瑕疵，也不影响当事人陈述的证据资格。第二种观点认为，对于先接受询问后签署并宣读保证书情形，事后签署并宣读了保证书后，应询问其是否仍坚持之前的当事人陈述，如果坚持，可以不再要求其作出当事人陈述。如果反悔，则应在签署并宣读保证书后，要求其重新作出当事人陈述。对于只签保证书未宣读或者只宣读未签保证书情形，则都应在其事后补充宣读或补充签署保证书时，询问其是否仍坚持之前的当事人陈述，如果坚持，可以不再要求其作出当事人陈述。如果反悔，则应在签署或宣读保证书后，要求其重新作出当事人陈述。笔者倾向于第二种观点。有必要强调的是,作为证据方法的当事人陈述应当以具结和宣读为前提,否则缺少内心约束作出的当事人陈述,证据资格堪忧。

关联法条

1.《中华人民共和国民事诉讼法》(2021 年)

第七十八条 人民法院对当事人的陈述,应当结合本案的其他证据,审查确定能否作为认定事实的根据。

当事人拒绝陈述的,不影响人民法院根据证据认定案件事实。

2.《最高人民法院关于适用〈中华人民共和国民事诉讼法〉的解释》(2022 年)

第一百一十条 人民法院认为有必要的,可以要求当事人本人到庭,就案件有关事实接受询问。在询问当事人之前,可以要求其签署保证书。

保证书应当载明据实陈述、如有虚假陈述愿意接受处罚等内容。当事人应当在保证书上签名或者捺印。

负有举证证明责任的当事人拒绝到庭、拒绝接受询问或者拒绝签署保证书,待证事实又欠缺其他证据证明的,人民法院对其主张的事实不予认定。

典型案例

1.(2018)皖 01 民终 649 号

裁判观点:关于 2012 年 12 月 27 日黄某 1 向黄某转款 25.5 万元,是否与本案有关的问题。首先,虽然 2012 年 12 月 27 日黄某露向黄某转款 25.5 万元,但黄某 1 明确表示其向黄某转款与黄某露无关,并提供了其与黄某之间存在经济往来的相关证据,换言之,在黄某 1 与黄某之间亦存在经济往来的情况下,不能简单地以数额相等为由推定该转款与本案有关。其次,本案一审、二审期间,在人民法院释明要求本人到庭的情况下,黄某露均未到庭,显然对与黄某 1、黄某进行相互对质持回避态度。根据 2015 年《民诉法解释》第一百一十条"人民法院认为有必要的,可以要求当事人本人到庭,就案件有关事实接受询问。在询问当事人之前,可以要求其签署保证书……负有举证证明责任的当事人拒绝到庭、拒绝接受询问或者拒绝签署保证书,待证事实又欠缺其他证据证明的,人民法院对其主张的事实不予认定"之规定,二审法院对黄某露的主张不予认定,黄某露与黄某之间的经济往来可另行主张。

2.(2016)苏民申 1662 号

裁判观点:关于一、二审判决认定事实的问题。涉案事故发生时樊某已满 14 周岁,对坠楼事故原因有认识能力。一审时,法庭为查明坠楼原因,要求樊某到庭接受询问,其不予配合。樊某的法定代理人称其失去记忆,但未提供证据证明。根据 2015 年《民诉法解释》第一百一十条的规定,人民法院认为有必要的,可以要求当事人本人到庭,就案件有关事实接受询问。负有举证证明责任的当事人拒绝到庭、拒绝接受询问或者拒绝签署保证书,待证事实又欠缺其他证据证明的,人民法院对其主张的事实不予认定。樊某的法定代理人称,桃州中学在涉案事故发生后为招生考虑,不让樊某亲属报警,承诺愿意承担樊某的一切治疗费用和伤残费用。但仅凭樊某提交的樊某法定代理人与证人陈某的通话录音尚不足以证明桃州中学作出了该承诺。一、二审据此判决桃州中学承担樊某坠楼全部损失的30%，并无不当。

（新增）第六十六条 【当事人不接受询问的后果】

当事人无正当理由拒不到场、拒不签署或宣读保证书或者拒不接受询问的，人民法院应当综合案件情况，判断待证事实的真伪。待证事实无其他证据证明的，人民法院应当作出不利于该当事人的认定。

法条渊源

早在 1982 年《民事诉讼法》第六十二条就规定“人民法院对当事人的陈述，应当结合本案的其他证据，审查确定能否作为认定事实的根据。当事人拒绝陈述的，不影响人民法院根据证据确定对案件事实的认定”。在此后的历次民事诉讼法修改中，本条内容基本未变。从该条文义可知两点：第一，当事人的陈述，应结合其他证据，才能作为认定事实的根据。这说明立法者并未承认当事人的陈述具有独立的证据价值，也不认可其为直接证据。换言之，其作为证据只有补充性证明的功能。第二，不管当事人是否拒绝陈述，人民法院都应根据证据规则对待证事实作出认定。概言之，当事人陈述作为一种法定证据类型的独立性和重要性并未引起重视。直至 2015 年《民诉法解释》第一百一十条第一次明确了当事人陈述作为证据方法时，人民法院调查收集该证据各方应遵守的程序。其中第三款甚至通过将当事人拒绝到庭、拒绝签署保证书、拒绝接受询问“三拒情形”与当事人所主张的事实不予认定之间规定为因果关系的方式，倒逼当事人到庭签署保证书并接受询问，以方便人民法院查明案件事实。但近年来，实务中反映该款在适用中仍存在诸多问题。

法条精析

本条是关于当事人不依法接受询问的各种形式及其后果规定，在 2002 年《证据规定》中没有类似内容。本条是在 2015 年《民诉法解释》第一百一十条第三款基础上修改而成。本条修改过程中，2016 年《法院征求意见稿》第六十一条第三款规定：“当事人无正当理由拒绝到场、拒绝签署或朗读保证书或者拒绝接受询问的，人民法院应当综合案件情况，判断待证事实的真伪。待证事实无其他证据证明的，人民法院可以作出不利于该当事人的推定。”2017 年《审判长讨论稿》第四十八条规定：“人民法院可以结合案件具体情况确定询问当事人的结果能否作为认定事实的根据。当事人无正当理由拒不到场、拒不签署或朗读保证书或者拒不接受询问的，人民法院应当综合案件情况，判断待证事实的真伪。待证事实无其他证据证明的，人民法院可以作出不利于该当事人的认定。”2018 年《审委会送审稿》第六十七条删除“人民法院可以结合案件具体情况确定询问当事人的结果能否作为认定事实的根据”，将“朗读”改为“宣读”；将“可以做出”改为“应当作出”。本条定稿时再无变动。

为了进一步完善当事人陈述制度，2020年《证据规定》新增了本条可操作性规定，与2015年《民诉法解释》相比，细化了询问当事人与人民法院作出不利于该当事人认定之间的关系。主要修改为：(1)将2015年《民诉法解释》第一百一十条第三款“负有举证证明责任的当事人拒绝到庭”修改为“当事人无正当理由拒不到场”。(2)增加规定“宣读”环节。(3)将2015年《民诉法解释》第一百一十条第三款“待证事实又欠缺其他证据证明的”前面增加“人民法院应当综合案件情况，判断待证事实的真伪”。(4)将2015年《民诉法解释》第一百一十条规定的不利后果“对主张方当事人主张的事实不予认定”修改为“作出不利于该当事人的认定”。

2015年《民诉法解释》第一百一十条第一款规定，“人民法院认为有必要的，可以要求当事人本人到庭，就案件有关事实接受询问。在询问当事人之前，可以要求其签署保证书”。在当事人被要求到庭接受询问时，当事人可能到庭，也可能拒绝到庭、拒绝陈述或者拒绝签署保证书。当事人拒绝到庭或拒绝陈述，说明其不愿意将自己的陈述作为法庭裁判的证据。当事人拒绝签署保证书，说明当事人不愿担保其陈述的真实性。对于这些情况，各国的立法大体上分为两种做法：一种做法是规定法院可以认定对方当事人有关询问事项的主张为真实，如日本的立法规定；另一种做法是让法官对这种情况进行自由心证。① 这两种方法的实际效果相差不是很大。虽然第二种方法并未明确规定法官可以据此认定对方当事人的主张，从而使拒绝陈述的一方当事人承担由此带来的不利后果，但法官形成内心确信是基于法庭上双方当事人的表现和法庭调查、辩论的结果。当事人拒绝到庭陈述的行为必然会被法官作为参考，进而可能作出不利于该当事人的裁判。

2015年《民诉法解释》第一百一十条第三款对当事人拒绝法庭询问作了规定。主要内容有：(1)接受询问的主体必须为负有举证证明责任的当事人；(2)负举证证明责任的当事人有拒绝到庭、拒绝接受询问或者拒绝签署保证书三种情形之一；(3)待证事实欠缺其他证据证明。满足以上三个条件，人民法院应当对该承担举证证明责任的当事人主张的事实不予认定。当前审判实践中，运用当事人询问制度常见的主要是民间借贷纠纷和买卖合同纠纷。基于交易习惯、诉讼知识等方面原因，这两类案件中当事人经常没有太多能证明法律关系以及相应权利义务履行情况的证据。在其他证据缺乏的情形下，当事人出庭接受询问对于法院依法查明案件事实，妥善化解纠纷具有重要意义。但实际情况是，目前当事人出庭的情况较少。尤其是在有委托诉讼代理人的情况下，即使法院要求其到庭，有些当事人仍然没有到庭或拒绝接受询问。此时，如果人民法院不考虑当事人未到庭、不接受询问或不签署保证书背后有无正当理由，而适用2015年《民诉法解释》第一百一十条第三款“一刀切”地对待证事实不予认定，未必符合裁判公平正义的目标。为此，本条在2015年《民诉法解释》第一百一十条第三款基础上进行了相应删减和增加。主要修改内容有二：(1)删除了2015年《民诉法解释》第一百一十条第三款中“负有举证证明责任”，增加了“无正当理由”“拒不宣读保证书”。理由

---

① 李浩：《当事人陈述：比较、借鉴与重构》，载《现代法学》2005年第3期。

在于:首先,当事人陈述是一种法定证据方法,是人民法院为查明案件事实,调查收集证据的对象。故从查明案件事实出发,人民法院询问对象并不需要限定在承担举证证明责任的当事人一方。当事人接受询问也并非限定在承担举证证明责任一方。其次,实务中,当事人拒不到场的原因很多,只有存在无正当理由也即有可归责性的过错方当事人不到场,才能作出不利于其的认定。再次,2020 年《证据规定》第六十五条已经对人民法院调查收集当事人陈述新增了程序要求,即由当事人宣读保证书。故本条也相应增加了无正当理由拒不宣读保证书的规定,将其与无正当理由拒不到场,同样对待。最后,当事人以各种不正当理由不到庭接受询问的,并不一定代表待证事实对其有利或不利。故不宜以此为由,直接认定待证事实存在抑或不存在。还是应该由人民法院综合案件情况,尽量得出待证事实真伪的判断。故本条新增了"人民法院应当综合案件情况,判断待证事实的真伪"的表述。这也侧面印证了,人民法院询问当事人并以当事人陈述作为证据方法一般是以案件其他证据无法让法官对待证事实形成心证为前提。否则,就没有必要在本条中作如此规定。(2)将"对其主张的事实不予认定"修改为"应当作出不利于该当事人的认定",理由在于:既然法院询问的对象并不限于承担举证证明责任的当事人,那么再以对其主张的事实不予认定,难免以偏概全。在现有证据确实无法让法官对待证事实形成心证的情形下,人民法院应当作出的是对无正当理由不接受询问的当事人不利的事实认定。综上所述,当事人陈述作为 2021 年《民事诉讼法》第六十六条规定的法定证据形式,可以作为其他证据对待证事实证明不能时的兜底条款。在具体审理案件过程中,只要人民法院在查明案件事实时认为有必要,就可以通知当事人到庭接受询问。这里被通知的当事人也不应限于承担举证证明责任的当事人。从查明案件事实角度而言,只要了解案件事实的当事人,就可以成为人民法院询问的对象。为提高人民法院询问时当事人陈述的真实性,有必要通过让当事人宣读保证书的形式强化对其内心的约束。鉴于现实生活的复杂性,有必要将当事人拒不到场、拒不签署或宣读保证书或者拒不接受询问等可能导致人民法院最终作出不利于该当事人的认定情形限定在当事人无正当理由范围内。即便当事人有上述四种情形之一且无正当理由,人民法院也应参照 2021 年《民事诉讼法》第七十八条第二款"当事人拒绝陈述的,不影响人民法院根据证据认定案件事实"的规定,首先结合案件具体情况和其他证据进行分析,并作出待证事实真伪的判断。只有在确实无法判断待证事实真伪,又没有其他证据能证明的情况下,法院才可以最终作出不利于当事人的认定。

实务疑难

司法实务中,经常发生当事人之间的法律事实除了当事人陈述,缺乏其他证据证明的情形。例如,常见的现金出借口头借贷纠纷等。应如何处理?

对此,主要有两种观点:第一种观点认为,根据 2020 年《证据规定》第九十条的规定,当事人陈述不能单独作为认定案件事实的根据,也即需要其他补强证据证明。因此,如果没有其他补强证据出现,法官不能仅凭当事人陈述这一证据方法认定待证事实成立。第二种观点认为,当事人应法院要求到场、签署并宣读保证书、接受法院询问的系列行为可以作为证明当事人陈述事实的证据，补强当事人陈述的证明效力，从而在个案中可以认定当事人陈述事实为真实。笔者倾向于第二种观点，当事人应法院要求到场、签署并宣读保证书、接受法院询问的系列行为虽然单个来看与待证事实均无关联性，也不属于法定证据方法，但确实可以增强法官对案件事实存在的心证，从而事实上达到补强当事人陈述证明力的效果。就补强当事人陈述证明力、增强法官对待证事实的心证角度而言，其与补强证据效果类似。故通过给当事人陈述披上程序外衣，赋予其相应证明力，可以更好地在个案中保障当事人合法权益。

关联法条

1.《中华人民共和国民事诉讼法》（2021年）

第七十八条第二款 当事人拒绝陈述的，不影响人民法院根据证据认定案件事实。

2.《最高人民法院关于适用〈中华人民共和国民事诉讼法〉的解释》（2022年）

第一百一十条 人民法院认为有必要的，可以要求当事人本人到庭，就案件有关事实接受询问。在询问当事人之前，可以要求其签署保证书。

保证书应当载明据实陈述、如有虚假陈述愿意接受处罚等内容。当事人应当在保证书上签名或者捺印。

负有举证证明责任的当事人拒绝到庭、拒绝接受询问或者拒绝签署保证书，待证事实又欠缺其他证据证明的，人民法院对其主张的事实不予认定。

典型案例

1.（2021）川01民终13040号

裁判观点：一审关于张德金向金强公司、交通公司提交《委托书》《不动产登记申请书》时间为2020年5月8日错误。该书证虽然载明的时间为2020年5月8日，但二审中可以确定的事实为金强公司、交通公司认可在交房时已经通知张德金提交《委托书》《不动产登记申请书》，系后来发现张德金少了这些资料再通知提交。但金强公司、交通公司既不向法庭回复什么时候发现张德金没有提交《委托书》《不动产登记申请书》，也没有向法庭回复什么时候通过什么方式通知张德金提交《委托书》《不动产登记申请书》。依照2020年《证据规定》第六十六条规定："当事人无正当理由拒不到场、拒不签署或宣读保证书或者拒不接受询问的，人民法院应当综合案件情况，判断待证事实的真伪。待证事实无其他证据证明的，人民法院应当作出不利于该当事人的认定。"按照金强公司、交通公司的陈述交房时通知过一次张德金，后来发现资料不足，又重新通知张德金提交，那么载明的时间为2020年5月8日的《委托书》《不动产登记申请书》就应该系第二次通知的结果，但对此询问未予回答也并不合理。张德金的陈述在交房时已经一并提交并且时间空白，更为符合本案实情。故本院认定张德金提交时间为交房之日，金强公司、交通公司不能以该抗辩作为延期办证之理由。

2.（2021）鄂02民终1330号

裁判观点：根据2020年《证据规定》第六十六条之规定，当事人无正当理由拒不到场、拒不签署或宣读保证书或者拒不接受询问的,人民法院应当综合案件情况,判断待证事实的真伪。待证事实无其他证据证明的,人民法院应当作出不利于该当事人的认定。本案中,陈建军提供的证据系欠条原件,载明欠付工资款、房租款、转让款、借款共计 140,000 元,黄秋发在欠条上签字确认。黄秋发经传票传唤无正当理由拒不到庭参加诉讼,亦未提交书面答辩意见对该证据的真实性、合法性和关联性提出异议,视为放弃答辩、举证、质证等诉讼权利,应承担相应的不利后果。故本院推定陈建军提供的欠条内容真实,黄秋发自认差欠陈建军 140,000 元的事实具有高度可能性,应予采信。

3. (2021)湘 10 民终 1426 号

裁判观点:2020 年《证据规定》第六十六条规定,当事人无正当理由拒不到场、拒不签署或宣读保证书或者拒不接受询问的,人民法院应当综合案件情况,判断待证事实的真伪。待证事实无其他证据证明的,人民法院应当作出不利于该当事人的认定。本案中,为证明其主张,黄盛纯向一审法院提交了其三次共计支付王田志借款 10,000 元的微信转账记录,黄盛纯就其所主张的债权已完成了初步举证的证明责任。二审中,黄盛纯向本院提交了其转账后催促王田志还款的微信聊天记录。从该聊天记录内容并结合微信转账的事实来看,可以认定黄盛纯与王田志借贷关系成立,且王田志对借款的事实亦不予否认。黄盛纯提起本案诉讼后,王田志始终无正当理由拒不到庭参加诉讼或到庭接受询问调查。依照前述法律,人民法院应当作出不利于王田志的认定,即应当认定黄盛纯与王田志之间借贷关系成立。一审法院以黄盛纯未提交任何借据、收据、欠条等债权凭证,且对 10,000 元转账未进行备注或解释为由,认定黄盛纯与王田志之间借贷关系不成立,并驳回黄盛纯的诉讼请求,与查明事实不符,本院依法予以纠正。

4. (2021)鄂 07 民终 450 号

裁判观点:新口岸公司认可案涉工程已经使用,但认为金达建筑公司至今未向其提交竣工资料。金达建筑公司对此辩称其已经向新口岸公司交付竣工资料,并提交了谈鹏出具的书面证人证言。谈鹏未到庭接受询问。2020 年《证据规定》第六十六条规定:"当事人无正当理由拒不到场、拒不签署或宣读保证书或者拒不接受询问的,人民法院应当综合案件情况,判断待证事实的真伪。待证事实无其他证据证明的,人民法院应当作出不利于该当事人的认定。"根据该条规定,对于案涉竣工资料是否交付的事实,人民法院可以综合案件情况进行判断。首先,新口岸公司一审主张金达建筑公司至今未向其提交竣工资料,但其二审又提交了部分加盖有金达建筑公司公章的竣工资料用于证明金达建筑公司提交的竣工资料不合格,相互矛盾。其次,二审期间,本院通知新口岸公司提交金达建筑公司尚未移交的竣工资料清单,但新口岸公司未向本院提交。最后,新口岸公司二审以金达建筑公司提交的竣工资料未经其他相关单位盖章为由,主张金达建筑公司提交的竣工资料不合格,但根据 2013 年《房屋建筑和市政基础设施工程竣工验收规定》第四条的规定,案涉工程竣工验收应由其组织实施。新口岸公司亦未提交其他证据证明案涉工程未组织竣工验收系金达建筑公司所致。综合以上事实,原审法院认定金达建筑公司已经向新口岸公司交付案涉工程竣工资料,并无不当。

（修改）第六十七条 【证人资格】

不能正确表达意思的人，不能作为证人。

待证事实与其年龄、智力状况或者精神健康状况相适应的无民事行为能力人和限制民事行为能力人，可以作为证人。

法条渊源

学理上，证人资格立法主要有两种模式：宽泛型和严格型。我国学界和实务界通说采严格限制型。早在1982年《民事诉讼法》第六十一条第二款就规定，不能正确表达意志的人，不能作证。后在2002年《证据规定》第五十三条对“不能正确表达意志”进一步细化，规定待证事实与其年龄、智力状况或者精神健康状况相适应的无民事行为能力人和限制民事行为能力人，可以作为证人。后在2012年《民事诉讼法》第七十二条第二款规定，将“不能正确表达意志的人”修改为“不能正确表达意思的人”。

法条精析

本条是关于证人资格的规定，与2002年《证据规定》第五十三条规定基本保持一致，除将“意志”修改为“意思”，其他内容并无变化。本条在修改过程中，2016年《法院征求意见稿》第九十七条规定：“不能正确表达意志的人，不能作为证人。待证事实与其年龄、智力状况或者精神健康状况相适应的无民事行为能力人和限制民事行为能力人，可以作为证人。”2017年《审判长讨论稿》第七十条规定内容与前稿一致。2018年《审委会送审稿》第六十八条规定将“意志“改为“意思”。本条定稿时再无变化。

本条从感知能力和表达能力两个方面限制了证人资格。第一款从表达能力角度规定“不能正确表达意思的人，不能作为证人”；第二款从感知能力角度，对实践中普遍存在的无民事行为能力人和限制民事行为能力人的作证资格问题作出了明确规定。规定“待证事实与其年龄、智力状况或者精神健康状况相适应的无民事行为能力人和限制民事行为能力人，可以作为证人”。至于证人的年龄、智力状况或精神健康状况是否影响了证人资格则由法官在审判过程中进行综合判断。

证人资格，又称证人能力，是指作为证人所应具备的能力，解决的是一个证人是否有资格提供证言的问题。这种能力是一种针对所有案件的一般能力。只有具备证人资格，才能成为证人。

证人资格解决的是证人作证的基本可信性的问题。一个人如果能够就有关案件事实作证，首先，其应该具有基本的感知相关案件事实的能力。也即，证人应能够就自己的眼、耳、鼻、舌、身等感觉器官感知的案件事实向法庭进行陈述。其次，证人的感知应是对案件事实有亲身的感知。如果只是陈述听到他人感知后转告事实或者道听途说的传闻事实的人则不具有证人资格。由于对案件事实有亲身感知的前提仍然是证人具有相应的感知能力，故对证人资格的判断主要依赖于对证人感知能力的审查。即要求证人具有感知、记忆、回忆、表述以及理解如实陈述义务的最低限度的能力。相应地，对证人资格的审查一般分为两个角度，证人内在所具有的感知、记忆、回忆客观事物的能力，以及证人感知能力的外化表现——表达能力。

证人具有感知、记忆、回忆客观事物的能力，是指证人在生理上和精神上有能力感知事实、记住事实，并回忆起事实。这是证人证言这一证据的本质所要求的，证人是就自己所体验、感知的事实作证，如果其不具备感知客观事物的能力，就不具备作为证人的条件。证人的该种能力由生理能力和精神能力组成。生理能力较易检验且检验结果相对客观。精神能力则较为复杂，其本身就是一个弹性的判断，因案件的复杂程度、证人当时的精神状况等而存在不同的结果。证人资格所要求的是证人具有最低限度的感知能力，即证人如不具有证人资格，就会表现为其感知能力完全丧失。其外在表现为影响了其表达能力，完全丧失了表达自己所经历案件事实的能力。通常情况下，即使证人的精神状况有所欠缺，所影响的也仅是证人证言的证明力。证人精神状况欠缺对证明力的影响则是通过质证程序予以审查，而不是在作证之前完全排除该证人。因此，证人精神状况应当由法官加以判断。除非经法官审查确认证人的精神状况已经影响了其表达能力，否则不能以证人的精神状况否定其证人资格。也就是说，证人并不需要主动证明其具有相应的感知能力，而是由法官审查和判断证人是否具有相应的感知能力。

一般而言，证人具有表述感知的能力，是指证人能理解对他进行的询问，并且能清楚地表述自己的意思。证人是发现案件真实的一种手段，其作证的对象是法官，以使法官对案件事实予以认定。假如其不具备表述能力，其所感知的事物就无法传递给法官，也就无法实现证人作证的目的。这种表述能力的实质是要求证人具有意思交流的能力。因此，即使这种交流需要借助相应的人员、工具，如翻译人员、助听设备等，仍不否认其表达能力的存在。

各国有关证人的立法对证人应具有感知、记忆、回忆和表述感知的能力都有明文规定。例如，1995 年《澳大利亚联邦证据法》第十三条规定，“……(4)在下列情形下，该人不具备证人资格：(a)该人不能聆听或者理解对事实的提问，或者不能表达对问题的回答；以及(b)此种不能聆听或理解无法克服”。《西班牙民法典》规定，凡精神病患者或精神异常者，以及涉及必须借助人的视觉或听觉来判断事物的案件中的盲人和聋哑人无作证资格。在美国的司法实践中，对精神病患者普遍实行这样一种规则，即若某一精神病患者通过以下两项测试，就可以作为一名合格的证人：其一，对作证中涉及的作证义务和作伪证的后果是否真正理解；其二，对其所亲身感知的事物是否能够作出理智的陈述。这种规则同样适用于那些在作证之前处于酒醉状态或者受麻醉剂影响的人。

本条规定与上述理论保持了一致性，从证人的感知能力和表达能力两个层面规定了证人资格，即“不能正确表达意思的人，不能作为证人”。从起草渊源而言，该条沿袭了 2012 年《民事诉讼法》第七十二条第二款和 2002 年《证据规定》第五十三条的规定，只不过为了用语精准，将原条文中“不能正确表达意志”修改为“不能正确表达意思”。从本条规定第一款内容上看，我国对证人资格的限制主要表现为表达能力，对证人的感知能力并没有限制。即立法假定每个人都具有最低限度的感知能力，影响感知能力的因素则与证人证言的证明力有关，一般在质证环节予以审查。

与此同时,针对实务中关于无民事行为能力人、限制民事行为能力人因感知能力或意思表达能力的限制是否具备证人资格的问题,本条第二款延续2002年《证据规定》第五十三条第二款的规定,明确了哪些人可以作为证人的情形:待证事实与其年龄、智力状况或者精神健康状况相适应。其理由在于:根据日常生活经验可知,是否具备感知能力、意思表达能力与证人的年龄、智力状况或者精神健康状况有关。根据我国《民法典》相关条文可知,从行为人是否能辨认或完全辨认自己行为的不同角度出发,可将自然人分为三类:完全民事行为能力人、限制民事行为能力人和无民事行为能力人。其中,限制民事行为能力人和无民事行为能力人与完全民事行为能力人的区别就在于年龄、智力状况或者精神健康状况的差异。自然人能否正确表达意思也与其年龄、智力状况或者精神健康状况有关。

应当指出的是,"正确表达意思"是一个相对模糊的概念,一般将对其的判断与民事行为能力联系在一起。我国《民法典》规定无民事行为能力人所为的民事法律行为无效,限制民事行为能力人所为的民事法律行为经其法定代理人同意发生效力。但并不能据此推论出无民事行为能力人和限制民事行为能力人不能正确表达意思,因而无作证能力。就证人而言,其所陈述的是自己通过耳闻目睹所知悉的案件事实。其证人身份是由案件本身所决定的,具有不可选择性和不可替代性。判断证人是否具有证人资格,核心是判断其对客观事实是否有感知能力和表达能力。与民事行为能力不同的是,证人能力与年龄并无必然的联系,无民事行为能力人和限制民事行为能力人的感知能力和表达能力可能只是有所欠缺而非完全缺失。如前所述,证人资格只是对证人感知能力和表达能力的最低限度的要求。无民事行为能力人和限制民事行为能力人因其行为能力瑕疵可能会对其证言的证明力有所影响,但不能因此否定其证人资格,否则将违背证人资格的本质。而且,在特定情况下,无民事行为能力人和限制民事行为能力人能够对某些事物予以感知并正确地加以表达。该证言可能对案件事实的认定具有极大的积极或辅助作用。故以年龄为门槛将无民事行为能力人和限制民事行为能力人一概拒之门外,将有碍于案件真实的发现。所以,本条第二款对"不能正确表达意思的人"予以解释,规定"待证事实与其年龄、智力状况或者精神健康状况相适应的无民事行为能力人和限制民事行为能力人,可以作为证人"。因此,只要能正确表达意思的,待证事实与其年龄、智力状况或者精神健康状况相适应,无民事行为能力人和限制民事行为能力人同样具有证人资格。有观点认为,无民事行为能力人和限制民事行为能力人认识感知事物的能力较弱、心理状况不稳定、独立判断能力不强,在严肃的法庭上,让他们接受作证并接受询问、对质,其证言的可靠性、可采性是大打折扣的,故不宜作证。这一观点混淆了证人资格和证人证言的证明力二者的区别。证言的可靠性是衡量证人证言证明力的标准,而非衡量有无证人资格的标准。无民事行为能力人和限制民事行为能力人的证言的证明力,取决于法官就特定案件中具体情形所形成的内心确信,属于法官自由裁量的范畴。当然,如果从反向解释角度考虑,也可以认为本条第二款间接规定了不具备证人资格的情形。综上所述,我国司法实务目前对证人资格并无特别的限制,而是假定每个人都具有证人资格,无须在作证前先行审查证人的作证资格。如果要以不具有证人资格排除某证人,须提供能够足以证明其不具有正确表达意思能力的证据,并交由法庭组织质证后进行审查认定。因此,司法实务中,人民法院对证人资格的审查阶段是在证人作证时而非作证前。审查证人资格的主体是独任法官或合议庭,而且证人对自己具有证人资格并不承担证明责任。

在认定证人资格时,应当注意区别证人资格与证人证言的证明力的关系。证人证言的证明力是指证人证言对证明案件事实的作用大小。证人证言的证明力是在证人具有资格的前提下才涉及的问题。例如,实践中常常以证人与案件有利害关系而否认其证人资格,即混淆了证人资格与证人证言证明力的关系,与案件有利害关系涉及证人证言的证明力,由法官依自由心证予以判断,而不影响证人资格。与案件有利害关系的人的证言的证明力可能会有所减损,但并不影响其作为证人出庭作证。此外,需要指出的是,实践中存在证言矛盾和虚假的问题,其同样涉及的是证人证言的证明力的问题,并不能以此否定证人的资格。

实务疑难

单位能不能出具证人证言?

有观点认为,只有自然人才能成为证人。机关、法人、社会团体等单位不能作为证人。因为证人需要靠自己的感觉器官去感知、记忆和表达所了解的案情,而单位不具备上述自然属性。即便单位法定代表人出庭作证,其实质也是以自然人身份出庭作证。笔者认为,在需要靠自然人感官去感知案件事实的时候,单位确实存在先天缺陷不具备证人资格。但在某些特殊情况下,案件事实特别是程序性事实,需要单位以自己的名义作出证明时,由于其以自己的名义作出证明,责任也由其承担,故其可以作为证人。而且,2021 年《民事诉讼法》第七十五条已经规定,凡是知道案件情况的单位和个人,都有义务出庭作证。至于单位所出具的证明材料能否作为证人证言,有观点认为,单位出具的证明材料可以作为书证使用。理由是证人只能是了解案件情况的自然人,故单位提交的书面证明材料排除证人证言后,只能是书证。笔者认为,单位出具的证明材料是书面证言。理由在于:书证通常与案件事实同时发生,客观性较强。单位证明则是在案件事实发生后制作的,其制作过程本身与案件事实无关,只是事后出具的证明案件情况的书面证言。这种证明的内容也可能出现反复。故单位证明属于书面证言而非书证。

关联法条

1.《中华人民共和国民事诉讼法》(2021 年)

第七十五条第二款　不能正确表达意思的人,不能作证。

2.《最高人民法院关于适用〈中华人民共和国民事诉讼法〉的解释》(2022 年)

第一百一十九条　人民法院在证人出庭作证前应当告知其如实作证的义务以及作伪证的法律后果,并责令其签署保证书,但无民事行为能力人和限制民事行为能力人除外。

证人签署保证书适用本解释关于当事人签署保证书的规定。

3.《中华人民共和国民法典》(2020 年)

第二十条　不满八周岁的未成年人为无民事行为能力人,由其法定代理人代理实施民事法律行为。

第二十一条　不能辨认自己行为的成年人为无民事行为能力人,由其法定代理人代理实施民事法律行为。

八周岁以上的未成年人不能辨认自己行为的,适用前款规定。

第二十二条 不能完全辨认自己行为的成年人为限制民事行为能力人,实施民事法律行为由其法定代理人代理或者经其法定代理人同意、追认;但是,可以独立实施纯获利益的民事法律行为或者与其智力、精神健康状况相适应的民事法律行为。

典型案例

1.(2021)冀05民终1079号

裁判观点:2020年《证据规定》第六十七条规定,不能正确表达意思的人,不能作为证人。待证事实与其年龄、智力状况或者精神健康状况相适应的无民事行为能力人和限制民事行为能力人,可以作为证人。损伤发生后,育红实验学校迅即对董某1及几个知情学生等进行了询问,形成一些证言等证据材料。依照上述规定,一审法院对学生的证言等情况在调查核实的基础上予以采信并认定本案事实,并无不当,董某1、董某2、张灵方上诉称一审法院认定证据存在严重瑕疵,理由不能成立。

2.(2020)甘民申1447号

裁判观点:关于所提林某1书写收条时系限制行为能力人,见证时受到欺骗的问题。经查,2020年《证据规定》第六十七条规定,不能正确表达意思的人,不能作为证人。待证事实与其年龄、智力状况或者精神健康状况相适应的无民事行为能力人和限制民事行为能力人,可以作为证人。林某1证明的事实与其年龄、智力状况或者健康状况相适应,且申请再审人并未提供证据证明林某1书写借条及见证时受到欺诈。综上,所提的林某1书写收条系限制行为能力人,见证时受到欺骗的理由无事实及法律依据,不予采纳。

3.(2020)黔05民终2231号

裁判观点:本案中,三名证人的证言、被上诉人与持汇人的聊天记录相互印证,能够形成证据链,一审法院认定被上诉人已将剩余21期汇费交给上诉人具有高度盖然性并无不当,本院予以支持;上诉人主张双方离婚后尚处于矛盾怨恨状态,被上诉人向其支付大额汇款但未要求出具收据不符常理的上诉理由,结合证人周某和证人郝某的证言证实,上诉人在索要汇钱的过程中,双方发生较为激烈的争执冲突,在此情况下,被上诉人直接支付现金并未要求上诉人出具收据亦符合情理,故上诉人的上诉理由不成立,本院予以驳回;根据2020年《证据规定》第六十七条第二款"待证事实与其年龄、智力状况或者精神健康状况相适应的无民事行为能力人和限制民事行为能力人,可以作为证人"的规定,证人郝某虽然年幼,但亦能证明与其年龄、智力状况或者精神健康状况相适应的客观事实,且其本系双方共同生育子女,与双方均具有密切关系,上诉人认为证人与被上诉人具有密切关系因而不具有客观真实性的上诉理由不成立,本院予以驳回。

4.(2019)皖04民终1006号

裁判观点:2017年《民法总则》第十九条规定:"八周岁以上的未成年人为限制民事行为能力人",2020年《证据规定》第六十七条规定:"不能正确表达意思的人,不能作为证人。待证事实与其年龄、智力状况或者精神健康状况相适应的无民事行为能力人和限制民事行为能力人，可以作为证人。”陈某的同学孙同瑞、李锦翔、程鑫杰、杨梓翔、马添翼、李凯旋、李俊曦等人虽系限制民事行为能力人，但均能够正确表达意思，对于陈某受伤的陈述清晰明确，所陈述的事实与其年龄、智力相符，故孙同瑞等人的证言能够证明本案事实，再结合一审法院庭后向孙同瑞、李锦翔、程鑫杰、杨梓翔核实的情况，能够证明陈某受伤系其自行从窗户翻下摔落所致。

（修改）第六十八条　【证人出庭作证】

人民法院应当要求证人出庭作证，接受审判人员和当事人的询问。证人在审理前的准备阶段或者人民法院调查、询问等双方当事人在场时陈述证言的，视为出庭作证。

双方当事人同意证人以其他方式作证并经人民法院准许的，证人可以不出庭作证。

无正当理由未出庭的证人以书面等方式提供的证言，不得作为认定案件事实的根据。

法条渊源

关于证人出庭作证的规定，最早在1982年《民事诉讼法》第六十一条就有规定，凡是知道案件情况的人，都有义务出庭作证。有关单位的负责人应当支持证人作证。证人确有困难不能出庭的，经人民法院许可，可以提交书面证言。不能正确表达意志的人，不能作证。2012年《民事诉讼法》增加第七十三条，规定了证人可以不出庭作证的正当理由。在司法解释层面，最早在1993年《经济开庭规定》第二十五条对证人出庭作了细化规定，法庭应查明证人身份，告知证人作证的义务以及作伪证应负的法律责任。后在2002年《证据规定》第五十五条增加规定了在人民法院组织双方当事人交换证据这一非正式开庭场合证人出席陈述证言的，可视为出庭作证。

法条精析

本条是关于证人出庭作证义务的规定，是在2002年《证据规定》第五十五条修改完善的基础上形成的。本条修改过程中，2016年《法院征求意见稿》第八十六条规定：“人民法院应当要求证人出庭作证，接受审判人员和当事人的询问。证人在审前准备阶段双方当事人在场时出席陈述证言的，视为出庭作证。双方当事人同意证人以其他方式作证的，证人可以不出庭作证。”2017年《审判长讨论稿》第六十五条规定：“人民法院应当要求证人出庭作证，接受审判人员和当事人的询问。证人在审理前准备阶段或者其他双方当事人在场时陈述证言的，视为出庭作证。双方当事人同意证人以其他方式作证并经人民法院准许的，证人可以不出庭作证。无正当理由未出庭的证人以书面等方式提供的证言,不得作为认定案件事实的根据。”2018 年《审委会送审稿》第六十九条只将“或者其他”简化表述为“等”,其他无改动。本条定稿时将“等”修改为“或者人民法院调查、询问等”,其他再无改动。

与 2002 年《证据规定》第五十五条相比,整体延续了对证人出庭的要求,但局部有所修改。主要为:(1)将 2002 年《证据规定》第五十五条中“接受当事人的质询”修改为“接受审判人员和当事人的询问”。增加规定需接受审判人员的询问。这与我国的庭审模式相适应,体现了职权主义模式下事实查明的理念。将“质询”修改为“询问”,将实务中申请证人出庭作证的当事人询问情形也纳入,扩大了询问主体的范围,有利于申请证人出庭一方当事人通过询问证人,让证人证言更明确更有针对性,也符合实务现状。(2)对视为证人出庭的情形进行了完善,将视为证人出庭的判断标准,由 2002 年《证据规定》规定的“人民法院组织双方当事人交换证据”场合,变更为“审理前的准备阶段或者人民法院调查、询问等双方当事人在场”。(3)本条新增第二款,规定了双方当事人协议证人可以不出庭的情形。(4)本条新增第三款,明确了无正当理由未出庭的证人以书面等方式提供的证言,不得作为认定案件事实的依据。这改变了 2002 年《证据规定》中将其作为补强证据的做法,体现了直接言词原则的要求。

与物证、书证等实物证据相比,证人证言的特点之一是其反映的不是完全客观的事实,而是经过证人头脑加工过的事实。在这个过程中,证人证言必然受到证人的自然因素、外部社会因素等的影响,具有可变性和复杂性。因此,确定证人证言的真实性成为法院审查判断证人证言可采性时的首要问题。与物证、书证等更具客观性的证据相比,证人证言的可靠性及证明力更加依赖于特定个人观察认知、记忆表达的能力和诚实的态度,因而具有更多的不确定性或可操控性。让证人在公开的法庭上面向法官、双方当事人乃至一般公众口头陈述其证言并接受询问,相对于书面形式而言,对减少或除去这些不确定或可操作的因素会更加有利。从而判断证人证言的真实性以及提高证人证言的证明力,以推进法官对案件事实的认定。学理认为,证人出庭作证的重要意义在于发现案件真实。而且,证人出庭作证与公开审判、直接言词原则以及保障当事人的诉讼权利等方面存在内在联系。在当事人主义模式下,案件真实的发现有赖于当事人双方围绕案件事实和证据的对抗。为当事人充分行使诉讼权利而提供程序保障的观念,也通过重新强调公开审判及直接言词等原则,成为证人应当出庭作证并接受当事人当庭质证这一主张的强有力根据。一般而言,直接言词原则是直接原则和言词原则的统称。直接原则包括两方面的原则:一是直接审理原则,该原则也称在场原则,即法院在审理时,各诉讼主体都必须亲自到场,能面对面地、且在精神上或体力上均有能力参加诉讼的情况下参与诉讼,否则就应停止审理;二是直接采证原则,指人民法院应以直接方式调查收集证据,唯有以直接调查并经衡量评价后采取之证据,方能作为判断之依据,言词原则,也称口头原则,言词审理原则或者言词辩论原则,这一原则要求审判程序的进行,原则上应采言词陈述之方式,一切诉讼程序,均必须以口头陈述之方式为之。将直接原则与言词原则结合,则可推出其双重含义:第一,不经言词辩论不得判决;第二,只有通过言词辩论得以陈述和显示的内容,才属于判决的资料。按照直接言词原则,当事人必须在法庭上对证人进行“交叉询问”,法官必须在法庭上亲自听取证人的陈述,直接接触证人,观察证人作证时的情态,从证人陈述的内容和陈述时的态度、表情、姿势、情绪等方面的情况来对证人陈述的真实性进行审查,辨别证人证言之真伪,以获得可靠的心证。这就要求证人必须出庭作证。此外,相较于证人的书面陈述,口头陈述的真实性更便于审查。在证人出庭的情况下,法官和当事人可以利用掌握的其他证据与证人口头陈述相互对照,对证人口头陈述中模糊或者不符合逻辑的部分及时询问,追问具体情节,起到立竿见影的效果,以揭示案件真实。书面证言的主要弊端在于:一方面,书面证言制作真假难辨。实务中,人民法院仅审查书面证言的内容和签名、捺印,一般无法确认其真假,从而无法判断证言是否为证人所陈述。另一方面,书面证言内容真假难辨。即便书面证言确为证人所制作,但其内容一般是证人经过考虑和文字加工后的结果,更容易在某些关键问题上含糊其词,或者用一些笼统、抽象的概念概括具体情节,甚至故意颠倒时间顺序。这不但使证人证言丧失了基本的直观性和生动性,而且容易造成是非不明、责任难分的状况。事实证明,通过审查证人的书面证言,很难达到发现真实的目的。所以,2021 年《民事诉讼法》第七十五条、第七十六条规定,凡是知道案件情况的单位和个人,都有义务出庭作证。经人民法院通知,证人应当出庭作证。

证人在开庭审理阶段参加庭审、陈述证言并接受询问是证人出庭作证的一般含义。但能否将出庭作证狭义地理解为证人只能在人民法院开庭审理案件时于法庭上陈述证言?笔者认为,从民事诉讼制度设计而言,庭审阶段是审查证据真实性的主要阶段,证人的出庭有助于各方当事人围绕证人证言进行攻防抗辩;有助于人民法院组织证人证言质证的公开、公平和公正;有助于法官对证人证言真实性、合法性和关联性的判断。但在证人作证时间和地点的界定上,不应拘泥于形式,将出庭作证局限于正式庭审期间和法庭上,而应放宽至审理前的准备阶段或者人民法院调查、询问等双方当事人在场时。也即,原则上只要能确保证人证言的提出符合法院和当事人均在同一时空进行质证即可。主要理由在于:一是基于各种主客观原因,目前我国的证人出庭率较低。从本条起草调研反馈情况来看,如本条对证人出庭的时间和地点再加以严格限制,则更加不利于证人的出庭作证。二是按照“同样情况,同样对待”的原则,证人证言作为法定证据形式,其提交应与其他证据形式一样。既然 2021 年《民事诉讼法》第一百三十六条已经规定庭前证据交换,那么就应允许当事人在庭审前证据交换阶段,申请证人出庭作证。

根据上文所述,要求证人出庭作证的目的在于保障双方当事人对证人证言的质证,以便法庭审查证人证言的真实性、合法性和关联性,从而查明案件事实。双方当事人在场对证人进行询问并发表质证意见这一条件才是保障证人证言真实可靠性的基础。因此,即便将本条规定的“出庭作证”解释为在正式庭审时到庭作证,也可能因特定当事人不到庭,而面临证人证言的“三性”无法确定的结果。既然证人证言属于 2021 年《民事诉讼法》第六十六条规定的法定证据形式之一,那么,其就应与其他证据一样,可以在非庭审的其他场合进行证据交换、质证。2002 年《证据规定》第五十五条第二款规定的拟制出庭作证场合为“人民法院组织双方当事人交换证据时”。显而易见,司法实务中,证据交换仅仅是审理前的准备阶段中一个或有环节,不足以涵括 2012 年《民事诉讼法》以及 2015 年《民诉法解释》新增的庭前会议等审理前的准备阶段的内容。事实上,根据 2021 年《民事诉讼法》的规定以及司法实践中的操作,在审理前的准备阶段以及人民法院组织调查、询问等场合均存在双方当事人都在场的可能。所以本条第一款拟制了证人出庭情形:在审理前的准备阶段或人民法院调查、询问等双方当事人均在场的情况下,证人陈述证言的,也应视为出庭作证。相较于征求意见稿,本条规定将"双方当事人在场时"更改为"人民法院调查、询问等双方当事人在场时",对"其他场合"列明了其典型场合,强调了人民法院居中的地位。故对本条中的"出庭作证"应广义理解为包括证人在审理前的准备阶段或者人民法院调查、询问等双方当事人在场时陈述证言的情形。简言之,自立案之日起至庭审辩论终结之时,只要经人民法院同意并主持,证人均可出庭作证。有必要说明的是,如果庭审辩论已经终结,人民法院原则上就不应再同意证人出庭作证。因为证人证言本质上仍是一种法定证据形式,既然庭审已经终结,当事人就不存在以申请证人出庭作证形式提交证据的可能。

同样,基于上述理念,本条第二款规定,双方当事人均同意证人以其他的方式作证并经人民法院准许的,证人可以不出庭作证。从实务反馈情况看,证人出庭作证虽名为应法院通知要求,但实际证人到庭背后动因多为申请方当事人动员或做工作所致。在证人基于各种考量不愿按时出庭作证但愿意以其他方式就特定事实陈述其证言的情形下,由于当事人申请证人出庭陈述的证言可能不利于另一方当事人,不排除对方当事人会对此提出异议。故从保障双方当事人诉讼地位平等、诉讼武器相当的角度出发,本条规定证人以其他方式作证应经双方当事人同意。也即,如证人欲以非出庭的其他方式作证,除了法定情形之外,则应经过对方当事人同意。除了对方当事人同意之外,本条还规定应经人民法院准许。理由在于:证人并不只是"当事人的证人",还是"法院的证人"。法院基于其查明案情真相的法定职责,负有对证人证言真实性的审查义务。因此,为防止双方当事人恶意串通、虚假诉讼,人民法院从查明事实出发,对证人作证的形式有最终决定权。此外,司法实务中,可能出现尽管证人未出庭作证并未取得双方当事人同意,但证人在开庭审理时确有由于时间、生病等原因客观上不能出庭的情形。为此,2021 年《民事诉讼法》第七十六条规定了特殊情形下,未出庭的证人可以通过书面证言、视听传输技术、视听资料等其他方式作证,从而对案件事实发挥证明作用。

反言之,对于无正当理由不出庭的证人的证言,由于其制作主体、制作环境等方面的限制不能全面地反映案件事实,且证人不出庭,无法通过双方当事人的质证及法院的询问审查其真实性,所以不能作为认定案件事实的证据。本条第三款新增规定改变了 2002 年《证据规定》第六十九条中将其作为补强证据的做法,体现了对直接言词原则的贯彻。换言之,未出庭证人在没有正当理由的情形下,提供书面等其他形式证言,不具有证据资格,不能作为证据使用。相应地,人民法院还可继续通知证人出庭作证。

实务疑难

律师调查笔录属于书面证人证言还是书证?

律师调查笔录是律师作为一方当事人的代理人为查明案件事实,向了解案件情况的公民询问时,所制作的记载调查情况的记录。对其性质,存在争议:有观点认为,律师调查笔录属于书证。理由在于律师调查笔录与书证有相似之处:(1)两者均以文字、符号或图画等来反映一定思想内容。(2)两者反映的思想内容能够给法院提供认定案件事实的某种信息来源。(3)两者的物质载体均主要是纸张。(4)两者都是以记载、表述的思想内容来证明案件事实。

对此，笔者认为，调查笔录性质上不属于书证，两者有明显区别：(1)证明作用不同。书证在诉讼中往往能起到直接的证明功能，但调查笔录的内容是知情人就案件事实的一种陈述，知情人的陈述源自其大脑对过往经历事实的记忆，具有主观性。可能因感知能力、个人喜好以及与当事人的关系等的差异，与客观事实存在较大偏差。(2)形成时间不同。书证一般形成于诉讼之前，多是当事人设立、变更、终止民事法律关系的主要依据，而调查笔录往往形成于法律关系形成之后，开庭之前，仅表现为一种证明作用，一般与当事人的民事法律行为无关。笔者倾向于认为，律师调查笔录性质上属于书面证人证言。这是因为两者有诸多相似之处：(1)调查对象。调查对象与证人一样都是案件事实知情人。律师是向知晓案件情况的人进行询问所形成的笔录，故被调查人本身就符合证人的特点。(2)调查内容。两者都是陈述者自身感知记忆的案件事实。(3)陈述方式。两者均是以言词方式作出陈述，容易受陈述人自身主观因素影响，均具有多变性特点。(4)形成时间。两者均形成于案件事实发生后，与书证随案件事实同步发生不同。既然律师调查笔录为书面证人证言，则根据本条规定，当事人向法庭提交律师调查笔录时，应提供证据证明被调查人确有正当理由未出庭。否则，该律师笔录不能作为认定案件事实的根据。

关联法条

1.《中华人民共和国民事诉讼法》(2021 年)

第七十五条 凡是知道案件情况的单位和个人，都有义务出庭作证。有关单位的负责人应当支持证人作证。

不能正确表达意思的人，不能作证。

第七十六条 经人民法院通知，证人应当出庭作证。有下列情形之一的，经人民法院许可，可以通过书面证言、视听传输技术或者视听资料等方式作证：

(一)因健康原因不能出庭的；

(二)因路途遥远，交通不便不能出庭的；

(三)因自然灾害等不可抗力不能出庭的；

(四)其他有正当理由不能出庭的。

2.《最高人民法院关于适用〈中华人民共和国民事诉讼法〉的解释》(2022 年)

第一百一十七条 当事人申请证人出庭作证的，应当在举证期限届满前提出。

符合本解释第九十六条第一款规定情形的，人民法院可以依职权通知证人出庭作证。

未经人民法院通知，证人不得出庭作证，但双方当事人同意并经人民法院准许的除外。

典型案例

1.(2021)最高法知民终 512 号

裁判观点：关于畅鱼公司提交的署名为“胡志家”的情况说明，依照 2020 年《证据规定》第六十八条规定：“人民法院应当要求证人出庭作证，接受审判人员和当事人的询问。证人在审理前的准备阶段或者人民法院调查、询问等双方当事人在场时陈述证言的，视为出庭作证。

双方当事人同意证人以其他方式作证并经人民法院准许的,证人可以不出庭作证。无正当理由未出庭的证人以书面等方式提供的证言,不得作为认定案件事实的根据。”即无正当理由未出庭的证人以书面等方式提供的证言,不得作为认定案件事实的根据。本案中,畅鱼公司提交的署名为“胡志家”的情况说明,不得作为认定案件事实的证据,无法达到畅鱼公司的证明目的。即使情况说明符合证据要件,该份胡志家单方出具的证据也不足以证明案外人胡志家签订涉案协议系畅鱼公司发起人扶瑞英的委托行为。

2.(2021)新28民终1464号

裁判观点:对于上诉人熊雄提供的王红娟于2014年9月26日出具12,800元的收条,依据2020年《证据规定》第六十八条规定:“人民法院应当要求证人出庭作证,接受审判人员和当事人的询问。证人在审理前的准备阶段或者人民法院调查、询问等双方当事人在场时陈述证言的,视为出庭作证。双方当事人同意证人以其他方式作证并经人民法院准许的,证人可以不出庭作证。无正当理由未出庭的证人以书面等方式提供的证言,不得作为认定案件事实的根据。”王红娟未能出庭接受法庭及当事人询问,且该笔借款亦为上诉人出具《借条》之前,故本院对此收条无法认定。对于上诉人熊雄于2016年5月5日给马力的转款理由同上。

3.(2021)京民终599号

裁判观点:甘肃刚泰公司提交了徐建刚书写的个人陈述,徐建刚表示其认可案涉保理合同上甘肃刚泰公司的公章的真实性,但是案涉保理合同以及《委托收付资金协议》上加盖的徐建刚的人名章均不是其真实的人名章。嘉茂通公司对于徐建刚个人陈述的内容不予认可。本院认为,2020年《证据规定》第六十八条规定:“人民法院应当要求证人出庭作证,接受审判人员和当事人的询问。证人在审理前的准备阶段或者人民法院调查、询问等双方当事人在场时陈述证言的,视为出庭作证。双方当事人同意证人以其他方式作证并经人民法院准许的,证人可以不出庭作证。无正当理由未出庭的证人以书面等方式提供的证言,不得作为认定案件事实的根据。”本案中,徐建刚作为本案原审被告,经一审法院及本院合法传唤均无正当理由未到庭参加诉讼,亦未提交书面答辩意见。甘肃刚泰公司提交的徐建刚的陈述应属证人证言,依据前述法律规定,徐建刚作为证人应当出庭接受询问。本案中,徐建刚没有正当理由未出庭接受询问,其证人证言不能作为认定案件事实的根据。本院对甘肃刚泰公司提交的徐建刚的证人证言不予采信。

4.(2020)黔民申3935号

裁判观点:从证据属性上看,韩武松的《证明》本质上属于证人证言。证人由于主观和客观方面的原因,就其所了解的案件情况提供的证言,有可能出现不真实或不完全真实的情况,有时甚至是错误的或纯系伪证。故为了避免这种情况,根据2020年《证据规定》第六十八条规定:“人民法院应当要求证人出庭作证,接受审判人员和当事人的询问。证人在审理前的准备阶段或者人民法院调查、询问等双方当事人在场时陈述证言的,视为出庭作证。双方当事人同意证人以其他方式作证并经人民法院准许的,证人可以不出庭作证。无正当理由未出庭的证人以书面等方式提供的证言,不得作为认定案件事实的根据。”证人作证应当坚持直接言词方式,即证人必须亲自出庭用言词方式陈述自己所要证明的案件事实,并接受审判人员的询问和当事人的质证。故本案中,盛宇公司提交的证人证言系韩武松单方陈述,且盛宇公司亦未提交韩武松的有效身份证明，在未有其他证据予以佐证的前提下，仅仅根据韩武松的《证明》不足以证明《银行流水》清单中的30万元与本案存在关联性，故上述证据不能达到盛宇公司的证明目的，不足以推翻原判决认定的基本事实，故盛宇公司申请再审的事由不能成立，本院不予采纳。

（修改）第六十九条　【证人出庭作证启动方式】

当事人申请证人出庭作证的，应当在举证期限届满前向人民法院提交申请书。

申请书应当载明证人的姓名、职业、住所、联系方式，作证的主要内容，作证内容与待证事实的关联性，以及证人出庭作证的必要性。

符合《最高人民法院关于适用〈中华人民共和国民事诉讼法〉的解释》第九十六条第一款规定情形的，人民法院应当依职权通知证人出庭作证。

法条渊源

关于证人出庭作证启动方式的问题，在1982年《民事诉讼法》第一百零五条只规定人民法院审理民事案件，应当在开庭3日前通知证人，后在历次《民事诉讼法》修改中，未有变化。虽然立法至今没有明确该通知是因当事人申请法院通知还是人民法院依职权通知，但从立法规定了当事人应当提交证据证明其主张和申请法院调查取证角度而言，当事人应当是可以申请法院通知证人出庭作证。在司法解释层面，直至1998年《审判改革规定》第二十九条才规定"当事人提供的证人"间接说明当事人可以申请法院通知证人出庭作证。后在2002年《证据规定》第五十四条第一款第一次明确规定，当事人申请证人出庭作证。至于人民法院依职权通知证人出庭作证，则属于人民法院依职权调查收集证据范畴。人民法院依职权调查收集证据制度在历次修正《民事诉讼法》中都有规定，且在2015年《民诉法解释》第一百一十七条明确区分了当事人申请法院调查取证和人民法院依职权调查取证，并规定了证人临时出庭的要求。

法条精析

本条是关于证人出庭作证方式的规定。除了第一款修改自2002年《证据规定》第五十四条第一款之外，其他都在2002年《证据规定》中没有规定，属于新增内容。本条起草过程中，2016年《法院征求意见稿》第八十七条规定："当事人申请证人出庭作证的，应当在举证期限届满前提出申请书。申请书应当载明证人的姓名、职业、住所、联系方式以及证人作证的事项等。符合民事诉讼法解释第九十六条第一款规定情形的，人民法院可以依职权通知证人出庭作证。未经人民法院通知，证人不得出庭作证，但双方当事人同意并经人民法院准许的除外。"2017年《审判长讨论稿》第六十六条规定："当事人申请证人出庭作证的，应当在举证期限届满前向人民法院提出书面申请。申请书应当载明证人的姓名、职业、住所、联系方式，证人作证的主要内容,该内容与待证事实的关联性,以及证人出庭作证的必要性。符合本解释第二十八条第一款规定情形的,人民法院可以依职权通知证人出庭作证。”2018 年《审委会送审稿》只是将“符合本解释第二十八条第一款”修改为“符合民事诉讼法司法解释第九十六条”,其他无改动。本条定稿时只有文字修改:将“书面申请”改为“申请书”;将“作证内容”改为“该内容”;将“可以依职权”修改为“应当依职权”,其他内容无变动。

本条沿袭了 2015 年《民诉法解释》第一百一十七条规定的基本内容,并有所修改和新增。相较于该规定,本条第一款明确了提出方式为书面形式的“申请书”,并将当事人申请证人出庭的期限由“举证期限届满十日前”修改为“举证期限届满前”并删除了“并经人民法院许可”,其目的是放宽申请证人出庭的期限,方便当事人诉讼权利行使。至于删除“经人民法院许可”是因为本规定第七十条对人民法院是否准许作了专门规定,故没有必要重复。第二款新增了证人出庭申请书必要内容的规定,增加了实践中的可操作性。在第三款中将“人民法院依职权通知证人出庭”由“可以”修改为“应当”,重申了强制证人出庭这一原则,确保双方当事人就证人证言进行询问、辩论的权利能落实到位。

当前,我国民事诉讼审判模式正处在由职权主义模式向当事人主义模式过渡阶段。当事人在整个诉讼过程中逐渐占主导地位,掌握着诉讼进行的主动权,承担着提供证据以证明自己主张的责任。人民法院作为中立的第三方,主要担负居中裁判职能、发挥对下业务指导作用,仅在特定的情况下才依职权主动调查收集证据。虽然根据 2021 年《民事诉讼法》第七十五条的规定,证人具有出庭作证的义务。但从证人作证的性质上看,证人出庭作证仍属于当事人提供证据的范畴,是当事人承担举证责任的体现。所以,证人的出庭作证原则上应依据当事人的申请。只有在当事人提出申请的情况下,才启动法院对证人出庭作证的审查程序。需要指出的是,通知证人出庭作证仍然是人民法院的法定职权,这是由于证人作证并非站在申请人或其他当事人的立场上,而是为帮助人民法院查明事实真相而履行公法上的义务,其实际上是“法院的证人”而非“当事人的证人”。故证人出庭作证有利于人民法院查明案件事实,以解决当事人之间的纠纷。审判实践中,常常出现当事人未在举证期限届满前向人民法院提出申请而径行携同证人到达法院,当庭申请证人出庭作证,或者申请的证人与到场的证人不一致的问题。对此,一些法官由于对《民事诉讼法》的规定理解模糊,适用弹性过大等原因,随意准许未经依法通知的证人作证。这既影响了人民法院庭审的严肃性,甚至无法保障证人证言的真实性、客观性,又会给对方当事人构成证据突袭,缺乏对该证人证言质证的必要准备时间,直接剥夺或限制了其质证和辩论的权利,有违程序公正。① 在本条规定出台之后,除非满足人民法院依职权通知证人出庭作证的条件,否则,证人出庭作证一般都应由当事人申请并经人民法院同意。在当事人未提出申请的情况下,证人临时出庭作证欠缺合法存在的基础,其证人证言一般不能作为认定案件事实的依据。这一规定既有利于保障对方当事人的正当程序权利,也有利于加强法庭对证人的管理,控制诉讼进程。这里有必要说明的是,从尊重当事人诉权和处分权出发,2022 年《民诉法解释》第一百一十七条第三款还规定了一种例

① 杜万华、胡云腾主编:《最高人民法院民事诉讼法司法解释逐条适用解析》,法律出版社 2015 年版,第 206 页。

外情形：双方当事人同意并经人民法院准许时，未经人民法院通知，证人也可临时出庭作证。

关于当事人申请证人出庭作证的时间问题，本条规定更改了2002年《证据规定》第五十四条第一款的规定，并与2022年《民诉法解释》第一百一十七条第一款的规定保持一致，将当事人申请证人出庭作证的时间限制在举证期限届满前。从本质上讲，证人证言属于证据的一种。当事人申请证人出庭作证即提供证人证言的证据，属于一种举证行为，所以当事人申请证人出庭作证也应适用一般的举证规则，需要在举证期限届满前提出。至于举证期限确定、延长等具体规则，则要适用2021年《民事诉讼法》以及本规定的有关规定予以处理。

关于当事人申请证人出庭作证的形式要求，本条明确规定当事人申请证人出庭作证的应当提交书面申请书，并规定了证人出庭申请书应载明的内容，增加实践中的可操作性。出庭作证的证人是与案件事实的认定有关联性的证人，所以法院需要对证人进行审查，以查明证人是否存在法定不宜出庭的情况，以及判断证人出庭的必要性。但是，从实践情况来看，法院对证人出庭与否的庭前审查主要集中在对当事人申请的形式审查。由于2002年《证据规定》第五十四条没有对当事人以何种形式申请证人出庭作出规定，这造成了现实中当事人申请证人出庭作证的方式五花八门。例如，实务中经常有口头申请、庭审申请乃至闭庭后申请等。一方面，这大大降低了人民法院对证人是否出庭的审查效率；另一方面，也因缺乏证据保留而为当事人在是否申请证人出庭问题上产生争议埋下伏笔。为统一申请方式、避免争议、提高司法效率，本条第一款将申请方式明确为提交证人出庭书面申请书。

此外，在当事人提交了证人出庭书面申请书的情形下，其内容也多为简单描述证人基本情况、申请事由等，缺乏必要事项的统一规范。这使人民法院难以单独根据书面申请书审查证人资格和有无出庭作证必要。相应地，人民法院对证人出庭的审查很容易流于形式或者无据可依。为统一书面申请书内容，提高审查效率，本条第二款新增规定了书面申请书应当载明证人的姓名、职业、住所、联系方式，作证的主要内容，作证内容与待证事实的关联性，以及证人出庭作证的必要性。其中，载明证人的姓名、职业、住所和联系方式是为了审查证人是否客观存在，是否具有证人资格或者是否具有法定应依职权通知出庭的情况，并且便于证人出庭通知书的送达。这里需要注意的是，为便于法院查明案件事实，特殊情形下，当没有或不知证人职业、住所时，只要有其真实联系方式，可以送达证人出庭通知书即可。之所以要在书面申请书上载明证人作证的主要内容、该内容与待证事实的关联性以及证人出庭作证的必要性，是为了审查证人出庭作证的必要性。证人出庭作证的前提是其作证的内容与待证事实有关联性，且有通知其出庭作证的必要，否则法官可以有权决定不予通知证人出庭作证。本条对书面申请书的内容要求更为具体，使法官对证人的基本情况以及证言与案件的关联性有一定的了解，增加了实践中的可操作性。而且，该书面申请书可以作为法官在法庭上核实证人身份，询问证人的依据，以避免申请出庭证人与实际出庭证人不一致、申请证人出庭所作证言与庭上所作证言存在实质差别的情况的出现，从而防止证据突袭，提高庭审效率，维护法庭秩序。

本条第三款是关于人民法院依职权通知证人出庭作证的情形。相比2022年《民诉法解释》第一百一十七条第二款，本条第三款对满足人民法院依职权通知证人作证的法定情形时，人民法院有无自由裁量权的规定与2022年《民诉法解释》第一百一十七条第二款的规定不同,本条第三款将2015年《民诉法解释》第一百一十七条第二款中的"可以"修改为"应当",重申了强制证人出庭这一原则,以保障双方当事人质证、辩论的权利。这同时表明最新的司法精神是当具备法定依职权通知证人作证情形时,人民法院必须依职权通知证人作证。这既是查明案件事实的需要,也是人民法院履行法定职责的要求。

人民法院依职权通知证人出庭作证,跳过当事人申请这一步骤,意味着该证据不属于当事人依法自行调查收集证据的范畴,而属于法院依职权调查收集证据的范畴。对此,2022年《民诉法解释》第九十六条第一款规定:"民事诉讼法第六十七条第二款规定的人民法院认为审理案件需要的证据包括:(一)涉及可能损害国家利益、社会公共利益的;(二)涉及身份关系的;(三)涉及民事诉讼法第五十八条规定诉讼的;(四)当事人有恶意串通损害他人合法权益可能的;(五)涉及依职权追加当事人、中止诉讼、终结诉讼、回避等程序性事项的。"即在上述人民法院可依职权调查收集证据的情形下,人民法院应当依职权通知证人出庭作证。因此,本条第三款规定:"符合《最高人民法院关于适用〈中华人民共和国民事诉讼法〉的解释》第九十六条第一款规定情形的,人民法院应当依职权通知证人出庭作证。"

实务疑难

过了举证期限,当事人还有无可能申请证人出庭作证?

司法实务中,经常出现已经过了举证期限,当事人仍向法院申请证人出庭作证的情形。对此,有两种观点:第一种观点认为,当事人申请证人出庭作证,是向法庭申请提交证人证言的举证行为,应受到举证期限的限制。如果当事人逾期申请证人出庭作证,则违反了本条第一款的规定,法院不应予以准许。第二种观点认为,当事人申请证人出庭作证原则上应在举证期限内提出,但鉴于当事人举证是与对方当事人就待证事实进行攻击防御的诉讼手段,那么是否有举证必要,就不完全取决于自己,而与对方当事人是否提出新的主张或抗辩有关。而且,当诉讼进行中,出现追加当事人、第三人参加诉讼情形时,新参加诉讼当事人的诉讼行为,也可能导致当事人确有必要申请证人出庭作证。对上述列举情形,2020年《证据规定》第五十一条第三款,第五十三条第二款,第五十五条第二项、第四项等都规定了新的举证期限。虽然人民法院确定的原来的举证期限已经届满,但由于满足上述法定情形,人民法院又给了举证期限,故当事人可以在原举证期限届满后,在新的举证期限内申请证人出庭作证。笔者倾向于第二种观点。

关联法条

1.《中华人民共和国民事诉讼法》(2021年)

第七十五条 凡是知道案件情况的单位和个人,都有义务出庭作证。有关单位的负责人应当支持证人作证。

不能正确表达意思的人,不能作证。

2.《最高人民法院关于适用〈中华人民共和国民事诉讼法〉的解释》(2022年)

第九十六条 民事诉讼法第六十七条第二款规定的人民法院认为审理案件需要的证据

包括：

（一）涉及可能损害国家利益、社会公共利益的；

（二）涉及身份关系的；

（三）涉及民事诉讼法第五十八条规定诉讼的；

（四）当事人有恶意串通损害他人合法权益可能的；

（五）涉及依职权追加当事人、中止诉讼、终结诉讼、回避等程序性事项的。

除前款规定外，人民法院调查收集证据，应当依照当事人的申请进行。

第一百一十七条 当事人申请证人出庭作证的，应当在举证期限届满前提出。

符合本解释第九十六条第一款规定情形的，人民法院可以依职权通知证人出庭作证。

未经人民法院通知，证人不得出庭作证，但双方当事人同意并经人民法院准许的除外。

典型案例

1.（2021）川 18 民终 758 号

裁判观点：陈银洪虽然在一审庭审中提出证人出庭的申请，但根据 2020 年《证据规定》第六十九条第一款"当事人申请证人出庭作证的，应当在举证期限届满前向人民法院提交申请书"以及第二款"申请书应当载明证人的姓名、职业、住所、联系方式，作证的主要内容，作证内容与待证事实的关联性，以及证人出庭作证的必要性"的规定，当事人在诉讼中向人民法院申请证人出庭作证的，应当在法院确定的举证期间届满前提交申请书，并载明拟出庭证人个人基本信息，与诉争事实存在的关联性以及出庭作证的必要性，经法院审查符合相关法律规定的，才能获得准许。本案中，一审法院在向陈银洪送达书面的《举证通知书》中明确告知"你方申请证人作证，应当在举证期限届满的十日前向本院提出申请"。但其并未在法院确定的期间内提出，更未对申请出庭证人的基本情况以及与案涉待证事实的关联性和出庭的必要性进行说明，法院缺少审查的基础和前提。因此，一审法院结合双方争议的事实以及法律规定，对陈银洪庭审中口头提出的证人出庭的申请作出不准予的决定并无不当，本院应当支持。

2.（2021）京 01 民终 9745 号

裁判观点：对一审法院就证人及其证言的处理问题，2020 年《证据规定》第六十九条规定，"当事人申请证人出庭作证的，应当在举证期限届满前向人民法院提交申请书。申请书应当载明证人的姓名、职业、住所、联系方式，作证的主要内容，作证内容与待证事实的关联性，以及证人出庭作证的必要性。符合《最高人民法院关于适用〈中华人民共和国民事诉讼法〉的解释》第九十六条第一款规定情形的，人民法院应当依职权通知证人出庭作证"。本案中，首先，就证人出庭作证程序问题，高华娟在本案一审调解期间、谈话前提交了载有证人姓名的证据目录。一审谈话时，证人到庭陈述、签署保证书并接受询问，于涛一方参与了询问并发表质证意见，且未就证人出庭作证的程序提出异议，一审法院在证人出庭作证的程序上不存在违法情形。其次，就证人资格、虚假作证等问题，一审法院在文书中仅列举了各方对证人证言的举证、质证情况，并未采信上述证人证言。因此，于涛主张一审法院采信无证人资格且虚假的证人证言，依据不足，本院不予采纳。

3.（2021）吉05民终844号

裁判观点：刁锡泉上诉主张一审证第一次开庭时，双方均称无证人；但在20天之后，法官临时通知召开第二次开庭，鞍山市安力公司才提出有证人刁喜安出庭作证，明显违反了2020年《证据规定》第六十九条第一款"当事人申请证人出庭作证的，应当在举证期限届满前向人民法院提交申请书"的规定，且认为第一次庭审后，证人再出庭，无法排除证人证言被污染的可能性。2020年《民诉法解释》第一百零一条规定："当事人逾期提供证据的，人民法院应当责令其说明理由，必要时可以要求其提供相应的证据。当事人因客观原因逾期提供证据，或者对方当事人对逾期提供证据未提出异议的，视为未逾期。"刁锡泉第二次开庭时对刁喜安作证并未提出异议，且对该证人证实进行了质证，故刁锡泉该主张不成立。

4.（2021）宁04民终1145号

裁判观点：关于牛志海称一审限制证人出庭作证的上诉理由，2020年《证据规定》第六十九条规定，当事人申请证人出庭作证的，应当在举证期限届满前向人民法院提交申请书，但牛志海未提交证人出庭作证申请书，牛志海的该上诉理由亦不能成立，本院不予支持。

5.（2021）渝04民终1312号

裁判观点：2020年《证据规定》第六十九条第一款规定："当事人申请证人出庭作证的，应当在举证期限届满前向人民法院提交申请书。"本案中，上诉人未按前述规定申请证人出庭作证，于一审开庭时要求新增证人出庭作证，不符合前述规定，原判未予准许并未违反法定程序，故上诉人主张一审法院程序违法的理由不成立，本院不予支持。

（修改）第七十条　【申请证人出庭】

人民法院准许证人出庭作证申请的，应当向证人送达通知书并告知双方当事人。通知书中应当载明证人作证的时间、地点，作证的事项、要求以及作伪证的法律后果等内容。

当事人申请证人出庭作证的事项与待证事实无关，或者没有通知证人出庭作证必要的，人民法院不予准许当事人的申请。

法条渊源

法院通知证人出庭作证的明确规定最早见于1982年《民事诉讼法》第一百零五条，该条规定人民法院审理民事案件，应当在开庭3日前通知证人。该规定在历次《民事诉讼法》修改中都予以保留。在司法解释层面，1992年《民诉法意见》第一百五十五条规定，人民法院按照普通程序审理案件，对证人应当用通知书通知其到庭。证人在外地的，应留有必要的在途时间。在1993年《经济开庭规定》第八条进一步细化规定，开庭日期确定后，书记员应当在开庭3日前将开庭通知书送达证人。在2015年《民诉法解释》第二百二十七条中将通知证人出庭的"开庭通知书"修改为"通知书"。后在2016年《民事诉讼文书样式》中，将"通知书"修改为

"证人出庭通知书"。至于通知书内容的规定，最早在 2002 年《证据规定》第五十四条第二款中规定应当在通知证人出庭作证时告知其应当如实作证及作伪证的法律后果，但一直没有对"证人出庭通知书"的必要内容作出规定。至于人民法院不予准许证人出庭作证情形，最早只是在 2015 年《民诉法解释》第九十五条中作出规定。

法条精析

本条是人民法院通知证人出庭作证的有关规定，其内容在 2002 年《证据规定》中没有明确规定，属于新增规定。本条起草过程中，2016 年《法院征求意见稿》第八十八条规定："人民法院准许当事人申请的，应当向证人送达通知书。通知书中应当载明证人作证的时间、地点、作证的事项、要求以及作伪证的责任等内容。人民法院认为当事人申请证人作证的事项与待证事实无关的，可以不予准许当事人的申请，并通知申请人。"2017 年《审判长讨论稿》第六十七条规定："人民法院准许证人出庭作证申请的，应当向证人送达通知书并告知双方当事人。通知书中应当载明证人作证的时间、地点、作证的事项、要求以及作伪证的法律责任等内容。未经人民法院通知，证人不得出庭作证，但双方当事人同意并经人民法院准许的除外。人民法院认为当事人申请证人作证的事项与待证事实无关或者没有通知证人出庭作证必要的，可以不予准许当事人的申请。"2018 年《审委会送审稿》第七十一条将"法律责任"修改为"法律后果"并删除了"未经人民法院通知，证人不得出庭作证，但双方当事人同意并经人民法院准许的除外"。其他无改动。本条定稿时，将"可以不予准许"修改为"不予准许"。其他只有语序调整。

本条规定意在解决人民法院对于证人出庭作证申请的可操作性问题，并强调人民法院通知证人出庭作证的重要意义。本条增加了法院向证人送达通知书的规定，明确了通知书应当载明的内容，使法院的通知正式化和严肃化，有利于推动证人出庭率的提高，警示证人诚信作证。本条也明确了人民法院对于证人出庭的申请应当进行审查，证人出庭作证事项与待证事实无关，或者没有出庭必要的，可以不予准许当事人的申请。

通知证人的职责问题与证人的定位相关联。从我国民事诉讼法对证人定位上看，我国更倾向于将证人定位为"法院的证人"。证人的定位为"当事人的证人"还是"法院的证人"，是一个与民事诉讼结构密切相关的问题，表现的是将证人证言作为当事人对抗的武器抑或作为发现案件真实的工具这两种价值或理念之间的对峙或冲突。凡是采当事人主义结构的诉讼制度，都会通过承认当事人对证据的控制而在某种程度上容忍证据作为当事人之间对抗的武器这一理念。证人是当事人的证人，满足当事人一方支持其诉讼主张的举证负担。所以要求当事人自行提供证人，证人的出庭可不经法院的同意。此外，除非得到当事人的同意，法院不得自行传唤证人。当事人不能提供证人出庭时，证人证言的真实性难以通过交叉询问验证，将被视为传闻证据，不得作为认定案件事实的证据。采职权主义结构的诉讼制度则体现出向发现真实理念的倾斜。证人被视为法院的证人，由法院进行传唤出庭作证，负有公法意义上的法律责任。证人证言的真实性依赖于法官的自由心证。从本规定第六十八条第三款可知，证人没有正当理由不出庭时，其书面证言不得作为认定案件事实的证据。再加上我国目前没有关于强制证人出庭的相关规定，故在诉讼实务中，证人确实非常接近于“当事人的证人”。但是，在我国历史和现实的经济社会文化等条件下，民事诉讼结构向当事人主义的转型不宜以某种高度强调对抗性或对抗色彩过于浓厚的诉讼模式作为目标。[①] 所以，为缓和当事人之间的诉讼对抗矛盾，在规范意义上采纳“法院的证人”这一定位更为可取。故此，本条第一款明确了法院准许证人出庭作证的，负有通知证人出庭的职责。这样更有利于法院对诉讼进程的把控，避免庭审不必要的拖延。

关于通知的形式，无论是英美法系还是大陆法系，立法惯例都是以一定的文书形式传唤证人出庭。例如，《美国联邦民事诉讼规则》第四十五条规定，书记官应将已签署的空白传票发给提出请求的当事人，当事人应在送达前填写该传票。该条第五款规定，任何人没有足够的理由而未遵守已送达的传票，可以被视为对发出传票法庭的蔑视。又如，《英国民事诉讼规则》第三十四条第二款、第三款规定，证人传唤令状是由审理案件的法院或举行听审程序的法院签发的要求证人出庭作证或出示书证的文件。第三十四条第六款规定，证人传唤令状由法院送达，如法院签发令状所代表的当事人以书面形式明确表示要求法院签发令状后由其亲自送达的除外。此种以正式的法律文书方式告知证人出庭，既能显示作证行为的法律严肃性，又明确地告诉证人要履行法律义务，否则就可能会受到法律的制裁。如果是一种口头形式或是形式不太正规的材料等非正式方式通知证人无疑将在一定程度上影响效果。虽然我国2021年《民事诉讼法》第七十六条已明确规定对证人出庭采用通知方式，但具体适用何种传唤形式的文书，我国法律和司法解释都没有作出明确的规定。司法实践中，有的适用传票，有的适用出庭通知书，有的用一般的通知书，还有的不采用书面形式而是电话或口头通知。总之，通知的形式并不统一。这种混乱无疑损害了司法的严肃性，并且加剧当前我国证人出庭率低的现状。为了维护法律的严肃性，最高人民法院在2016年6月发布的《民事诉讼文书样式》中明确了《出庭通知书》（通知证人出庭作证用）这一通知书的文书样式。相应地，本条按照上述文书样式要求，也在第一款增加了关于通知证人出庭的文书形式的规定，即“人民法院准许证人出庭作证申请的，应当向证人送达通知书，并告知双方当事人”。与2002年《证据规定》第五十四条第二款比较可知，本条在通知时间上有所修改，删除了前者“开庭审理前通知”的限定。这是因为证人证言作为法定证据形式中的一种，也可能被作为新证据，由一方当事人根据案情的变化，在庭审开始后提出证人出庭作证的申请。对该申请的准许并通知证人的时间自然超过了开庭审理前这一时间节点。除此之外，鉴于证人出庭作证属于提交证据的一种，为防止诉讼突袭，本条第一款还在2002年《证据规定》第五十四条第二款基础上增加了“告知双方当事人”的规定，以便申请方当事人了解申请结果以及相对方当事人提前知道该证据并做好相应诉讼准备。值得注意的是，“通知书”与“传票”在法律效力上有着本质的区别：适用“通知书”通知证人出庭意味着证人并不负有强制出庭作证的义务，证人拒不出庭不构成妨碍司法审判的行为，法院并不能据此对证人采取强制措施。法院传票则恰恰相反。

关于通知书应当载明的内容，本条第一款规定，“……通知书中应当载明证人作证的时

---

① 王亚新、陈杭平：《证人出庭作证的一个分析框架——基于对若干法院民事诉讼程序的实证调查》，载《中国法学》2005年第1期。

间、地点，作证的事项、要求以及作伪证的法律后果等内容”。载明证人作证的时间、地点和作证的事项，便于证人协调时间以及对作证事项进行回忆，提高庭审效率和对出庭作证的配合度。将上述载明事项与《出庭通知书》（通知证人出庭作证用）文书样式的内容对比可知，增加了作证的事项。这主要是考虑到实务中有些证人作证事项发生时间久远，需要提前告知证人作证的大致范围，以便证人在作证前有充分时间回忆和梳理事实经过。

至于载明作伪证的法律责任，属于对证人如实作证义务的程序上的告知，以书面的形式使证人对作伪证的法律责任得以充分的了解，从而产生威慑的效果。《出庭通知书》（通知证人出庭作证用）文书样式中虽对此有所记载，但仅表述为“作伪证的，应承担相应的法律责任”，这一宣示性表述显然不利于约束证人如实作证。对于证人作伪证的法律责任，2020 年《证据规定》第七十八条第二款有明确规定，“证人故意作虚假陈述，诉讼参与人或者其他人以暴力、威胁、贿买等方法妨碍证人作证，或者在证人作证后以侮辱、诽谤、诬陷、恐吓、殴打等方式对证人打击报复的，人民法院应当根据情节，依照民事诉讼法第一百一十四条的规定，对行为人进行处罚。”2021 年《民事诉讼法》第一百一十四条规定的处罚措施包括罚款、拘留，构成犯罪的，依法追究刑事责任。笔者建议，《出庭通知书》中应完整载明上述内容。需要指出的是，证人作伪证承担相应的责任应当以其本人真正理解作伪证应当承担的法律后果为前提。因此，一个无民事行为能力人或者限制民事行为能力人或许因其证言对特定的案件事实具有一定的价值，但是，当其不能理解或者不能完全理解作伪证的法律后果时，即使其在法庭上提供了虚假的陈述，甚至不能排除其中存在“某种形式上”的主观恶意，我们在审判实践当中也不宜将其作为伪证罪的主体来对待。另外，应注意伪证和假证的区别，凡是证人并非出于主观恶意而在法庭上（抑或其他出具证言的场合）对案件事实进行虚假的陈述，这种陈述的内容都应当被作为与伪证不相同的“假证”来看待。对这种并非出于主观恶意追求而在法庭上所提供的“假证”，应当被视为属于在庭审中不可避免的一种“客观实在行为”。这是由于不同的证人对纷繁复杂的客观存在就其观察、记忆以及陈述能力上存在各种差异所致。这种客观实在行为在相当程度上也与特定的证人因其家庭背景、宗教信仰、生活经历、智力状况、所处环境等“先天”和“后天”的各种因素影响所致。[①] 对证人证言这种“天然”缺陷不应当采取消极、被动的审理模式进行处置，否则将会把这种能动的证据方式排除在法庭之外，而应通过交叉询问等证据规则，最大限度地排除虚假作证内容。

关于人民法院对证人出庭作证申请不予准许的适用情形，民事诉讼法及其司法解释对何种情形下可以不准许当事人的证人出庭作证申请并没有明确规定，实践中随意性很大。为统一裁判尺度，本条新增第二款对这一问题作出了明确的规定，即围绕证人出庭作证的事项与待证事实有无关联性，或者有无通知证人出庭作证的必要性进行审查。审查证人出庭作证事项与待证事实有无关联性，是因为关联性是证据的基本属性和特征。一般认为，客观性（真实性）、关联性、合法性是证据的三种属性，而关联性则是证据能够被认可的首要条件，因此对证明案情具有实际意义。证据的关联性包括可以作为证据使用的资格与证明力问题。前者指

---

① 毕玉谦：《民事证据原理与实务研究》，人民法院出版社 2003 年版，第 176 页。

向证据能力,没有证据能力,就意味着要被证据排除规则排除,那么,该证据就没有证明力大小的问题,最终也不存在法庭采信的问题。故缺乏关联性的证据,如因欠缺证据能力,法庭自不必调查。因此,在交换证据的阶段,就应当确定证据有无关联性。当证人出庭作证的内容与待证事项无关时,是对有限司法资源的浪费,当然不应予以准许。此外,如果证人出庭作证内容已众所周知,或已有在案证据予以佐证,其对法院审查案件事实解决当事人纠纷不存在必要性,自然不必通知证人出庭作证,也即本条所指"没有通知证人出庭作证必要的"情形。一旦认定所申请的证人出庭作证事项与待证事实无关或没有必要通知证人出庭,则意味着申请方当事人所主张的事实可能不会被法院认可。进而,其关联的主张也得不到法院的支持,申请方当事人将承担不利后果。基于当事人诉讼能力的差异,对有无关联性或有无作证必要的认识可能模糊不清,故人民法院对于当事人的申请书应当及时进行审查并可以根据案情对当事人进行询问,对其申请书是否需要补充予以必要的释明。需要明确的是,释明权是在整体上限制法官介入当事人主张事实和提出证据的前提下,为保障当事人攻击与防御手段的平衡而设置的一项权力。作为"辩论主义"的一种补充,其范围应当受到严格的限制。一般来说,释明权的范围应该限于能从证人出庭申请书中得到线索的事实。比如,当事人理由不明确的,可要求其加以明确,举证不充分的,可要求其进一步举证。对于人民法院不予准许证人出庭作证时应履行何种程序,本条并未作出明确规定。也即,没有强制规定人民法院像本条第一款准予出庭申请的情形下那样,履行向证人送达通知书并告知双方当事人的义务。但从尊重当事人诉权角度出发,人民法院可以通过口头或电话等简便方式告知双方当事人不予准许的情况。至于对不予准许申请的救济问题,2002 年《证据规定》第十九条第二款进行了规定:"人民法院对当事人及其诉讼代理人的申请不予准许的,应当向当事人或其诉讼代理人送达通知书。当事人及其诉讼代理人可以在收到通知书的次日起三日内向受理申请的人民法院书面申请复议一次。人民法院应当在收到复议申请之日起五日内作出答复。"但必须指出的是,本规定施行后,上述救济程序的规定已被废止,不再适用。

实务疑难

庭审中,当事人申请未经人民法院准许的证人出庭作证应如何处理?

司法实务中,证人出庭作证制度常见情形除了"请而不来"还有"不请自来"。也即,人民法院并未通知证人出庭作证,但当事人仍将该证人带到法院,申请法院同意其出庭作证。对此,有两种观点:第一种观点认为,证人虽然未经允许,"不请自来"到法庭作证,但仍算履行了公法上应尽的义务。而且,让其出庭作证,也有利于人民法院查明案件相关事实,依法作出影响证人出庭作证的情形。因此,应允许其出庭作证。如果是因当事人事先未申请该证人临时到庭,则可以参照当事人逾期举证为由,予以训诫、罚款。第二种观点则认为,"不请自来"的证人如出庭作证,容易构成证据突袭、影响诉讼进程。长期以来坚持的当事人申请、人民法院准许、人民法院通知、证人持通知书出庭的既有制度将形同虚设。故应不允许"不请自来"的证人出庭作证。笔者倾向于第二种观点,但需要补充三种例外情形:第一,当事人申请证人出庭作证的事项与待证案件基本事实有关,应比照 2022 年《民诉法解释》第一百零二条第一款规定,允许其出庭作证;第二,当事人申请证人出庭作证的事项符合2022年《民诉法解释》第九十六条第一款情形的,说明其本来属于人民法院应依据职权调取证据范畴,应允许其出庭作证;第三,对方当事人同意并经人民法院准许,这是基于2022年《民诉法解释》第一百一十七条第三款的规定。

关联法条

1.《中华人民共和国民事诉讼法》(2021年)

第七十六条 经人民法院通知,证人应当出庭作证。有下列情形之一的,经人民法院许可,可以通过书面证言、视听传输技术或者视听资料等方式作证:

(一)因健康原因不能出庭的;

(二)因路途遥远,交通不便不能出庭的;

(三)因自然灾害等不可抗力不能出庭的;

(四)其他有正当理由不能出庭的。

第七十七条 证人因履行出庭作证义务而支出的交通、住宿、就餐等必要费用以及误工损失,由败诉一方当事人负担。当事人申请证人作证的,由该当事人先行垫付;当事人没有申请,人民法院通知证人作证的,由人民法院先行垫付。

2.《最高人民法院关于适用〈中华人民共和国民事诉讼法〉的解释》(2022年)

第九十五条 当事人申请调查收集的证据,与待证事实无关联、对证明待证事实无意义或者其他无调查收集必要的,人民法院不予准许。

第二百二十七条 人民法院适用普通程序审理案件,应当在开庭三日前用传票传唤当事人。对诉讼代理人、证人、鉴定人、勘验人、翻译人员应当用通知书通知其到庭。当事人或者其他诉讼参与人在外地的,应当留有必要的在途时间。

第二百六十一条 适用简易程序审理案件,人民法院可以依照民事诉讼法第九十条、第一百六十二条的规定采取捎口信、电话、短信、传真、电子邮件等简便方式传唤双方当事人、通知证人和送达裁判文书以外的诉讼文书。

以简便方式送达的开庭通知,未经当事人确认或者没有其他证据证明当事人已经收到的,人民法院不得缺席判决。

适用简易程序审理案件,由审判员独任审判,书记员担任记录。

典型案例

1.(2021)鄂08民终897号

裁判观点:2020年《证据规定》第六十九条第一款规定:“当事人申请证人出庭作证的,应当在举证期限届满前向人民法院提交申请书。”第七十条第一款规定:“人民法院准许证人出庭作证申请的,应当向证人送达通知书并告知双方当事人……”经查阅一审举证通知书,一审指定的举证期限于一审开庭之日届满,李华当庭申请证人出庭作证,并无不当。但李华确未提前提交申请,致一审法院没有时间审查证人出庭申请是否合法,也无法事先告知对方当事人,确有证据突袭之嫌,妨害对方行使抗辩权利。即便一审法院对李华当庭的申请未予准许,于法有所不当,然从证人姚某二审出庭作证的结果看,其证言也不能证实李华已还款的事实主张,即该证人证言不能改变本案基本事实的认定。因此,一审未准许证人出庭申请没有剥夺申请人的辩论权利,未影响本案事实的认定。

2.(2020)鲁06民终7363号

裁判观点:2020年《民诉法解释》第一百一十七条规定:"当事人申请证人出庭作证的,应当在举证期限届满前提出……未经人民法院通知,证人不得出庭作证,但双方当事人同意并经人民法院准许的除外。"2020年《证据规定》第六十八条第一款规定:"……证人在审理前的准备阶段或者人民法院调查、询问等双方当事人在场时陈述证言的,视为出庭作证。"第六十九条第一款、第二款规定:"当事人申请证人出庭作证的,应当在举证期限届满前向人民法院提交申请书。申请书应当载明证人的姓名、职业、住所、联系方式,作证的主要内容,作证内容与待证事实的关联性,以及证人出庭作证的必要性。"第七十条规定:"人民法院准许证人出庭作证申请的,应当向证人送达通知书并告知双方当事人。通知书中应当载明证人作证的时间、地点,作证的事项、要求以及作伪证的法律后果等内容。当事人申请证人出庭作证的事项与待证事实无关,或者没有通知证人出庭作证必要的,人民法院不予准许当事人的申请。"根据上述规定,证人在审理前的准备阶段或者人民法院调查、询问等双方当事人在场时陈述证言的,视为出庭作证。本院传票传唤双方当事人在指定时间共同到指定法庭参加庭审调查,上诉人如果想让证人出庭陈述证言,应依法向本院提交证人出庭作证书面申请书,本院准许证人出庭作证申请后向证人送达通知书并告知双方当事人,上诉人无权径行让证人出庭而不须提出申请。上诉人未依法向本院提交证人出庭书面申请,且从上诉人当庭表述"有证人出庭作证"及理由看,上诉人也并非是当庭申请证人出庭,而是告知法院"有证人出庭作证",认为对本次庭审调查,证人可直接出庭作证而不须向法院申请出庭。因此,本院对上诉人当庭提出的"有证人出庭作证"不予准许,于法不悖。

3.(2020)苏03民终5281号

裁判观点:2020年《证据规定》第七十条规定,人民法院准许证人出庭作证申请的,应当向证人送达通知书并告知双方当事人。通知书中应当载明证人作证的时间、地点,作证的事项、要求以及作伪证的法律后果等内容。当事人申请证人出庭作证的事项与待证事实无关,或者没有通知证人出庭作证必要的,人民法院不予准许当事人的申请。在一审中,上诉人已申请多名证人出庭作证,一审法院已予以准许,至于上诉人主张一审未允许茆某、颜某9出庭作证,二审中,茆某、颜某9亦到庭作证,茆某、颜某9的证言亦不足证明上诉人主张,故一审审理程序并无不当。

4.(2021)川01民终20132号

裁判观点:二审中,上诉人向本院申请证人付某、营门口派出所警官出庭,拟证明上诉人向被上诉人询问过植株遗失的事情,并且就植株遗失向派出所报过案。本院经审查认为,2020年《证据规定》第六十九条第一款规定:"当事人申请证人出庭作证的,应当在举证期限届满前向人民法院提交申请书。"第七十条第二款规定:"当事人申请证人出庭作证的事项与待证事实无关,或者没有通知证人出庭作证必要的,人民法院不予准许当事人的申请。"本案上诉人并未在举证期限内申请证人出庭,且付某一审已经作为证人出庭,即使证人证明上诉人就植株遗失询问过被上诉人、报过案，亦不能达到被上诉人有侵权行为的证明目的，故本院认为，没有再行通知证人出庭作证的必要，本院对上诉人证人出庭作证的申请不予准许。

（新增）第七十一条 【签订证人保证书】

人民法院应当要求证人在作证之前签署保证书，并在法庭上宣读保证书的内容。但无民事行为能力人和限制民事行为能力人作为证人的除外。

证人确有正当理由不能宣读保证书的，由书记员代为宣读并进行说明。

证人拒绝签署或者宣读保证书的，不得作证，并自行承担相关费用。

证人保证书的内容适用当事人保证书的规定。

法条渊源

在我国法上，证人保证书的规定目前都仅在司法解释层面作出。最早是在 1998 年《刑诉法解释》第一百四十二条规定，证人作证前，应当在如实作证的保证书上签名。后在 2015 年《民诉法解释》第一百一十九条第一款中作出细化规定，排除了对无民事行为能力人和限制民事行为能力人作为证人时出具保证书的要求。在该解释第一百二十条中明确规定了证人拒绝签署保证书的后果有二：(1) 不得作证；(2) 自行承担相关费用。但是，至今为止，在法律层面，关于证人保证书的规定还是空白。

法条精析

本条是关于证人作证程序中有关证人签署保证书的相关规定，在 2002 年《证据规定》中没有规定，属于新增规定。本条是在 2015 年《民诉法解释》第一百一十九条、第一百二十条的基础上补充、完善而成。本条将证人签署保证书的时间限定在“作证之前”，与 2020 年《证据规定》第六十八条、第七十七条相协调，覆盖范围更为全面。本条起草过程中，2016 年《法院征求意见稿》第九十五条规定：“人民法院在证人作证之前，应当询问证人的姓名、年龄、职业及住所以及证人与当事人的关系等其他必要事项，告知证人如实作证的义务及作伪证的法律后果，并责令其签署保证书。保证书应当记载证人保证据实陈述，绝无匿、饰、增、减，如有虚假陈述愿受处罚等内容。人民法院应当责令证人在法庭上朗读保证书的内容。不能朗读的，由书记员朗读，并进行说明，使证人清楚保证书的意义。证人拒绝签署或者朗读保证书的，不得作证，并自行承担相关费用。”第九十六条规定：“证人为未成年人，或者因精神障碍不能理解保证书的法律意义及法律后果的人的，人民法院不得要求其签署保证书。”2017 年《审判长讨论稿》第六十九条规定：“证人作证之前，人民法院应当询问证人的姓名、年龄、职业、住所以及证人与当事人的关系等必要事项，告知证人如实作证的义务及作伪证的法律后果，并责令证人签署保证书后，在法庭上朗读保证书的内容。但无民事行为能力人和限制民事行为能力人除外。证人确有正当理由不能朗读保证书的，由书记员朗读，并进行说明。证人拒绝签署或者朗读保证书的,不得作证,并自行承担出庭费用。证人保证书的内容适用当事人保证书的规定。”2018年《审委会送审稿》第七十二条规定:“人民法院应当要求证人在作证之前签署保证书,并在法庭上宣读保证书的内容。但无民事行为能力人和限制民事行为能力人作为证人的除外。证人确有正当理由不能宣读保证书的,由书记员代为宣读并进行说明。证人拒绝签署或者宣读保证书的,不得作证,并自行承担相关费用。证人保证书的内容适用当事人保证书的规定。”本条定稿时,再无变动。

本条增加了证人具结时宣读保证书的内容,规定了证人签署保证书后应当对保证书内容予以宣读,有正当理由无法宣读的,由书记员代为宣读并进行说明。实践证明,宣读保证书比单纯签署保证书更有利于对证人的心理形成震慑,提高证人如实作证的责任感,具结效果更加理想。对于证人拒绝签署或宣读保证书的,不得作证,并自行承担相关费用。这对于促进证人如实作证,维护司法权威具有十分积极的作用。

目前民事诉讼领域突出的问题之一,就是证人作伪证的现象较为普遍,证人证言没有发挥其该有的查明案件事实的作用,反而一定程度上扰乱了法官对案件事实的认定。这既与整个社会的诚信环境有关,也与法律规范层面上对伪证的制裁不明确有一定的联系。因此,有必要在规范层面上确立相应的制度以引导、规范证人尽到如实陈述的义务。就此而言,从比较法上看,英美法系国家有证人宣誓制度,来有效抑制证人作伪证的问题。例如,《美国联邦证据规则》规定,作证前要求证人声明如实提供证词,通过宣誓或虽不宣誓但以某种旨在唤醒证人良知、加深证人责任感的方式进行。至于大陆法系国家也多有宣誓规定。《法国民事诉讼法》规定,以证人资格受到询问的人宣誓其要讲真话。法官告诉他们:作伪证将受到罚款和监禁处罚。为此,《法国刑法典》第三百三十六条规定虚假宣誓为犯罪行为。英美法系国家的宣誓往往含有宗教色彩,通过信仰的力量施加给证人心理负担,督促其如实作证。我国社会大众大多没有宗教信仰、也没有源远流长的证人宣誓传统。在此国情下,有无必要从国外移植证人宣誓制度,理论界和实务界一直争议较大。对此,我国台湾地区采取的是折中办法,即证人具结制度。所谓证人具结,就是证人对其行为向法庭作出的保证。具结后,证人就应按结文内容诚实作证,不得就所知事实作虚假陈述。至于我国大陆早在起草2015年《民诉法解释》第一百一十九条时,就曾试图将上述我国台湾地区类似证人宣誓制度的具结植入进去,但当时一种更强有力的观点认为,我国既无培育证人宣誓制度的土壤又无滋养证人宣誓制度的养分,同时其还与我国精神文明建设相冲突,在此背景下,即便强行规定证人具结制度,也可能因当事人文化程度、地方口音等原因,事与愿违,效果不好。几经斟酌,2015年《民诉法解释》最后定稿时就将宣读保证书的内容这一要求删除,只留下了证人签署保证书的规定。一晃多年过去,证人出庭作假证的概率确实有所降低,但远未达到预期效果。我们认为,其中一个重要原因是光有保证书的签署而没有保证书的宣读,从而导致对证人的心理约束并未实质增强。几经慎重考量,本条第一款增加了“在法庭上宣读保证书的内容”这一程序环节。我们认为,通过规定证人作证前签署保证书的具结制度并规定相应的法律后果,对于解决当前存在的证人作伪证问题具有很好的抑制作用。因此,本条从规范层面上较为系统地规定了证人保证书制度。

根据本条第一款的规定,证人作证之前,人民法院应当要求证人签署保证书,并在法庭上宣读保证书的内容。但无民事行为能力人和限制民事行为能力人作为证人的除外。人民法院应当要求证人签署保证书也就意味着证人签署保证书既是证人作证前的法定义务,也是人民法院的应尽职责,关乎司法秩序和司法权威,不能由审判人员或当事人自由决定。至于保证书的样式和内容,在最高人民法院 2016 年发布的《民事诉讼文书样式》中已有标准范本,可参照制作即可。由于保证书的签署涉及证人证言的采纳以及证人出庭费用的负担等,故保证书应当作为诉讼材料装订入卷以备审查。之所以将证人签署保证书的时间限定在证人作证之前,其原因在于:一方面,这有助于遏制当事人作伪证的冲动。证人作证之前,在双方当事人、审判人员、旁听人员,甚至是在媒体的见证下签署保证书,就会对其心理产生约束力,使其最终因害怕承担虚假陈述的严重后果,进而如实陈述自己所知的事实。另一方面,这有助于法官行使释明权。从法院的角度讲,在证人作证之前要求证人签署并宣读保证书,属于对证人权利义务的告知,以避免证人以不知保证书内容及其拒签保证书法律后果为由拒绝承担法律责任。需要指出的是,相较于 2015 年《民诉法解释》第一百一十九条的规定,在证人签署保证书的时间上,本条删除了"出庭"二字,将作证时间限制在"作证之前",覆盖了证人确有困难不能出庭,以书面证言、视听传输技术或视听资料等方式作证的情况,与本规定第七十七条相协调。证人签署保证书后,需要在法庭上宣读保证书的内容,这是本条新增的内容。司法实践证明,宣读保证书的内容能够使证人对保证书的内容和法律后果理解得更为深入,增强了证人作证的责任感。而且,宣读保证书比单纯的签署保证书更有利于对证人作证的心理形成震慑,提醒证人如实作证,具结效果更加理想。但就无民事行为能力人和限制民事行为能力人而言,由于其行为能力的限制,往往并不能理解或不能完全理解签署保证书并在法庭上宣读保证书的意义,也就无法责令其承担相应的法律后果。并且,即使其所作出的证言与案件事实存在差距,其原因也可能是多方性的,可能是因为其存在认知的偏差,从而不具有法律意义上的可处罚性。此外,签署保证书本身的严肃性可能对无民事行为能力人和限制民事行为能力人作证的心态和精神状况产生消极影响,反而不利于其如实作证。再者,无民事行为能力人和限制民事行为能力人不能独立承担法律责任,故当事人违反如实作证义务,却无法实际让其承担法律责任,就会有损司法的权威。故本条对无民事行为能力人和限制民事行为能力人设置了例外条款,规定无民事行为能力人和限制民事行为能力人不必签署保证书,只要他们的年龄、智力状况或者精神健康状况与待证事实相适应,能够清楚地表达自己的记忆,即可出庭作证。需要指出的是,证人是否签署保证书并不是证人是否具有证人资格的条件。证人签署保证书的作用在于对有作证资格的人如实陈述另外施加一种保证或外在压力,是衡量证人证言可信性的标准之一,而不是证人证言是否具有可采性的必备条件。实践中还可能存在证人因生理或者文化水平等限制,不能宣读保证书的情况。在证人存在上述正当理由时,本条第二款规定由书记员代为宣读并进行说明,使证人能够充分地认识到证人保证书的意义及法律效果,督促其如实作证。还需要说明的是,如果证人具有 2021 年《民事诉讼法》第七十六条规定的正当不出庭理由,那么证人客观上就无法到庭宣读保证书的内容。此时,也可视情形确定是否参照本条第二款规定由书记员代为宣读并进行说明。

关于证人拒绝签署或宣读保证书的法律后果。证人具结制度是保证证人在法庭上如实陈述的前提,也是维护庭审严肃性的重要措施,对于证人拒绝签署或宣读保证书的,有必要规定相应的法律后果,以推动证人具结制度的落实。“无论是证人宣誓制度还是证人保证制度,其法律作用主要有两点:其一,没有宣誓或予以承诺保证的,不能作证。2015 年《民诉法解释》第一百二十条就规定,证人拒绝签署保证书的,不得作证,并自行承担相关费用。其二,有宣誓或签署保证书的,在虚假作证或伪证的情形下就可对该证人予以法律制裁。宣誓或保证就是实施法律制裁的前提条件。”①本条第三款基本延续 2015 年《民诉法解释》第一百二十条规定,只是增加了“证人拒绝宣读保证书的”情形。具体而言,“证人拒绝签署或者宣读保证书的,不得作证”,这里明确了类似于证据失权的后果,证人拒绝签署或宣读保证书的,不得对所感知的事物进行表述,已经提交书面证言的,其证言不得作为认定案件事实的依据。更进一步,证人拒绝签署或宣读保证书的,不再享有证人的相应权利,相应的费用由其自行承担。一般而言,给予证人出庭作证补偿费用的基本前提就是证人履行出庭作证义务。只有证人最终在法庭上如实地履行了自己的作证义务,才能获得相应的经济补偿。在证人未能履行其作证义务时,对案件事实的查明不存在积极的作用,要求当事人承担证人费用欠缺适法的理由,故其作证的相关费用应当自行承担。本条从证据失权以及证人费用的负担两方面规定了证人拒绝签署或宣读保证书的法律后果,以此来保证证人具结制度功能作用的充分发挥。

证人签署保证书与当事人签署保证书在内容、规范目的等方面均存在共通之处,故应适用相同的规则。本条第四款规定:“证人保证书的内容适用当事人保证书的规定。”依据 2020 年《证据规定》第六十五条第二款关于当事人签署保证书内容的规定,“保证书应当载明保证据实陈述,绝无隐瞒、歪曲、增减,如有虚假陈述应当接受处罚等内容”。保证书内容包括两个方面:首先,如实陈述本就是证人发表证言的必然要求。对于这一义务,无论证人是否作出保证都应当遵守。在保证书中进行保证更大的意义在于对如实陈述的强调,加强证人的自我约束。如实陈述不仅包括不作假证,还包括不应对事实进行隐瞒、歪曲、增减。其次,愿意接受处罚。关于处罚的内容,2020 年《证据规定》第七十八条第二款规定,证人故意作虚假陈述的,人民法院应当根据情节,依照《民事诉讼法》第一百一十一条的规定,对行为人进行处罚。根据 2021 年《民事诉讼法》第一百一十四条的规定,处罚措施包括拘留、罚款,构成犯罪的,依法追究行为人的刑事责任。这样的明确规定可以让证人了解作证的严肃性,也再次让证人明确其如实陈述义务及违反该义务所可能接受的处罚。

实务疑难

单位证人签署保证书的约束对象。

司法实务中,由于单位证人的特殊性,存在保证书约束对象的争议:第一种观点认为,由于单位本身并无自然属性,只能指派其工作人员出庭,相应地,签署证人保证书的是该工作人员。而且,单位作为证人当庭陈述的实际是工作人员本人。故保证书应约束的对象是工作人员而非其所在单位。第二种观点认为,单位工作人员是接受单位工作任务,代表单位出庭作

---

① 张卫平:《民事证据法》,法律出版社 2017 年版,第 54 页。

证的，其所作证言即为单位证言，故其签署的证人保证书约束的是单位而非其工作人员。笔者倾向于第二种观点。但有必要指出的是，如果单位工作人员故意超出单位授权范围作出其他证言，则属于伪造证言的行为，可以考虑参照证人作虚假陈述的法律后果规定，对其进行处理。

关联法条

《最高人民法院关于适用〈中华人民共和国民事诉讼法〉的解释》（2022 年）

第一百一十九条　人民法院在证人出庭作证前应当告知其如实作证的义务以及作伪证的法律后果，并责令其签署保证书，但无民事行为能力人和限制民事行为能力人除外。证人签署保证书适用本解释关于当事人签署保证书的规定。

第一百二十条　证人拒绝签署保证书的，不得作证，并自行承担相关费用。

典型案例

1.（2021）鲁 14 民终 938 号

裁判观点：联兴公司认为刘会泉申请证人出庭作证未在举证期限届满前向人民法院提交申请，一审法院也未按照法律规定向联兴公司及朱洪文进行通知。同时联兴公司提出证人不具备证人资格，一审法院未要求证人签署保证书。对于此问题，本院认为，除非有不能正确表达意思的情形，其他人均有作为证人的资格。由于民事案件情况复杂，人民法院在确定举证期限上有一定自由裁量权，可能在民事案件审理中确定当事人的举证期限不止一次，人民法院可以根据当事人的主张和案件审理情况，确定当事人应当提供的证据及其期限。刘会泉当庭申请证人出庭作证，联兴公司并未提出异议，并按程序对证人进行了询问。因一审法院的疏忽等原因二证人未签署和宣读保证书，但一审法院在庭审中已将保证书的内容向二证人进行了释明，二证人明确表示清楚如实陈述的义务，作伪证、假证需要承担法律责任，故一审法院程序上虽有瑕疵，但一审程序并未严重违法。

2.（2020）冀 02 民终 6301 号

裁判观点：上诉人陈琳与被上诉人金贝公司签订《商品房认筹协议书》、支付认筹金后，金贝公司应在 2017 年 9 月 1 日至 2017 年 9 月 7 日期间通知并与陈琳签订《商品房买卖合同》，但至今已经逾期三年，金贝公司仍未履行上述义务，陈琳有理由相信其签订《商品房认筹协议书》的目的不能实现，故陈琳要求解除《商品房认筹协议书》、返还认筹金理据充分，应予支持。原审判令金贝公司返还认筹金时未解除《商品房认筹协议书》欠妥，但原审判令金贝公司返还认筹金的法律后果是《商品房认筹协议书》不再具有法律约束力，故原审判决的该项瑕疵对金贝公司、陈琳的权利义务没有实质影响，本院不再另行予以纠正。证人出庭作证时，原审法院告知了证人的权利和义务，证人表示听清且未提出异议，应当认定证人对依法作证作出了承诺，故金贝公司以证人未签署和宣读保证书为由，主张证人证言不能作为认定案件事实的依据理据不足，本院不予采信。金贝公司原审期间未提出诉讼时效抗辩，根据 2008 年《最高人民法院关于审理民事案件适用诉讼时效制度若干问题的规定》第四条第一款关于“当事人在一审期间未提出诉讼时效抗辩,在二审期间提出的,人民法院不予支持,但其基于新的证据能够证明对方当事人的请求权已过诉讼时效期间的情形除外”的规定,本院对金贝公司关于陈琳提起本案诉讼超时效的主张不予支持。综上,原审判决结果应予维持。原审被告朱相宇经本院传票传唤未到庭参加诉讼,本案依法应当缺席裁判。

3.(2020)吉02民终1730号

裁判观点:关于证人出庭作证问题。五名证人在一审出庭作证时,均未签署承诺书并当庭宣读,一审法院审判程序存在瑕疵,但不属于严重违反法定程序的情形,且海达公司与谢某在一审时对此均未提出异议,故海达公司与谢某以此为由请求本案发回重审,本院不予支持。证人王某虽为王某23的姐姐,但其出庭主要证明其与谢某的姐姐谢海英电话通话的真实性问题,作为海达公司委托诉讼代理人的谢海英对双方电话通话的真实性亦予以认可,故一审法院予以采信并无不当。其他四名证人的证言,与王某23提供的相关证据能够佐证,一审法院经综合分析予以采纳,亦无不当。

(修改) 第七十二条 【证人作证方式】

证人应当客观陈述其亲身感知的事实,作证时不得使用猜测、推断或者评论性语言。

证人作证前不得旁听法庭审理,作证时不得以宣读事先准备的书面材料的方式陈述证言。

证人言辞表达有障碍的,可以通过其他表达方式作证。

法条渊源

关于证人的作证方式要求,最早是在2002年《证据规定》第五十七条作出规定,第一次对出庭作证的证人陈述证言明确了陈述要求和陈述对象以及聋哑证人作证时的非口头表达方式。从司法实务反馈情况看,该条在适用中取得了积极效果,但也存在有待完善之处。例如,证人是否可以通过宣读事先准备的书面材料的方式陈述证言,以及对口吃等说话含混不清的证人是否可以通过其他表达方式作证,该条均未规定。为此,本条在该条基础上,结合司法实践需要,作了进一步完善。

法条精析

本条是关于证人作证方式的规定,源自2002年《证据规定》第五十七条、第五十八条规定。将本条与之对比,主要修改内容为:(1)根据审判实践的需要,删除了“出庭作证的”表述,放宽了证人作证的时间和场合;(2)将第五十八条“证人不得旁听法庭审理”修改限定为“证人作证前不得旁听法庭审理”;(3)增加了“作证时不得以宣读事先准备的书面材料的方式陈述证言”的规定,体现了直接言词原则;(4)将可采取其他表达方式的证人范围由“聋哑人”更改为“言辞表达有障碍的”,扩大了诉讼关照对象的范围。

一般而言,证人真实陈述自己所知案件事实是民事诉讼诚实信用原则的要求。证人证言所陈述的客观事实,应当是自己所见所闻,即通过自己的眼、耳、鼻等身体器官亲身感受到的事实。但众所周知,任何证人证言都是经过证人大脑回忆、筛选、加工后的一种个人主观意见。证人在通过语言将其亲历的事实以自己希望的方式展现在法官面前时,或多或少都可能使用猜测、推断或评论性语言进行逻辑推理或价值判断,而这已违背证人证言客观真实的基本属性。与之类似的还有司法实践中关于证人作证方式的两种错误做法:作证前旁听庭审和宣读事先准备的书面材料。基于证人证言的主观性、善变性,允许证人旁听庭审,即意味着证人在作证前可能被庭审内容所左右。相应地,其证人证言真实性、客观性就无法得到保证。证人作证时如果宣读事先准备的书面材料,就与证人凭大脑记忆向法庭陈述相违背,也无法确保其真实性、客观性。至于证人因聋、哑等客观原因有言词表达障碍的,可以通过手语、书写等方式替代表达,只要确认其表达符合其内心真意即可。由上所述,本条三款内容可作如下具体分析。

一、证人作证的言词表达方式应受限制

本条第一款规定“证人应当客观陈述其亲身感知的事实,作证时不得使用猜测、推断或者评论性语言”,这是基于确保证人证言客观、真实、可靠的考虑。与2002年《证据规定》第五十七条第一款相比,删除了“出庭作证的”表述。理由在于:2020年《证据规定》第六十八条第一款已经增加规定了“审理前的准备阶段”“人民法院调查、询问等双方当事人在场时”等视为出庭作证情形,以适应司法实践需要。一般而言,确保证据真实可靠的关键,是从证据提供者的个人能力水平及其知识内容的角度架构其证据可靠的保障。具体到证人证言,就证据提供者的能力而言,要求证言的提供者有着与其作证身份相称、相适应的能力。抽象而言,证人证言的形成过程一般经过三个阶段,即证人对案件事实的感受阶段、证人对感受或经历案件事实的记忆阶段以及要求证人作证的陈述阶段。① 即证人对于发生于周边的气味、现象、声音等要有相应的感知、记忆、表达能力。普通证人的感知、记忆和表达是证人证言形成的生理基础,其在这三种能力方面的高低或是否有缺陷决定了相应的证人证言是否可靠。因此,我国法律上对证人的资格进行了规定。就证据提供者的知识内容而言,要求证言的提供者应具有与其作证身份相吻合的具体知识。对于证人而言,其作证的缘由在于其是案件发生过程的亲历者。因此,要求其具有的只是其对客观事物的感知,即“亲身感知的事实”。也就是说,凡是证人通过间接方式了解的案件事实不得作为证据,原因在于,以他人传闻作为证据,有为重复内容存有错误和被歪曲的危险。而且,被转述的内容越复杂,次数越多,证言虚假的可能性就越高。所以,证人作证应当具体、如实、中性地陈述“亲身感知的事实”。之所以排除证人的猜测、推断或评论性语言,是基于两方面的考虑:一是证人的猜测、推断或评论性语言侵犯法官对事实审理的职权。当证人就案件中的某一事实、现象等客观存在如实陈述了其感知后,由这些客观存在推导出某结论,并不涉及专门性问题,法官有能力就此事实进行推论。因此,

---

① 李妍:《证人证言与证人心理特征》,载《当代法学论坛》2010年第3辑。

普通证人在陈述完所闻所见之后,或在陈述所闻所见的同时,发表个人意见或看法显然就属多余。而且,在诉讼中,从事实出发进行推理判断是承担事实认定职能的法官的职权。如果允许证人提供意见证据,就相当于允许普通证人代替事实审理者在诉讼中进行推理判断。此时法官认定事实的职权就有被侵犯之嫌。为避免造成审理过程中的混乱,立法有必要排除普通证人的意见证据。二是证人的猜测、推断或评论性语言可能造成偏见或预断,影响法官准确认定案件事实。普通证人意见证言超出了其所感知的案件事实。证人受情感、经验、知识能力的限制可能会作出偏差甚至错误的推论或者意见,从而误导事实审理者,导致其错误认定事实。因此,本条第一款规定了"证人应当客观陈述其亲身感知的事实,作证时不得使用猜测、推断或者评论性语言"。可见,本条对证人的意见证言持完全否定的态度。

二、证人证言应凭记忆独立作出,防止外来影响

本条第二款规定:"证人作证前不得旁听法庭审理,作证时不得以宣读事先准备的书面材料的方式陈述证言。"该款是新增规定,2002 年《证据规定》第五十七条并未对此规定。具体而言,"证人作证前不得旁听法庭审理"这一表述在规范层面上确立了证人隔离原则,所谓证人隔离,是指为了防止证人串通或者通过其他不诚信手段作证,而在证人出庭作证前将其与法庭审理隔离。从实务操作而言,证人的隔离是保障其证言真实性的重要举措。相对于物证、书证等实物证据,证人证言具有可塑性和易变性的特点。证人所提供的证言是其头脑中的感知,这种感知经过大脑的加工再表述出来,经历了事实感知、记忆和陈述三个阶段,在这个过程中不可避免地受到人的自然因素、社会因素和外在条件的影响。如果证人在作证之前听到了当事人陈述、其他证人的证言,或者他们之间能够就作证事项进行交流,证人就很容易受到来自其他证人或当事人的暗示影响,从而根据当事人陈述、其他证人的证言而对自己的证言进行剪裁、拼接以使二者相适应。在这种情况下,证人潜意识里受到的影响,不但难以被排除,而且其原有的记忆甚至可能被覆盖,以至于不知不觉中发生变化。根据日常生活经验可知,人具有天生的从众心理。当其他人说法一致,对案件情况有着共同的倾向时,这种情况容易使个别证人动摇或改变自己的记忆而附和多数人的证言。这样,在对证人进行询问时,将增加揭露其证言中存在的虚假、不一致或者不精确成分的难度,影响对证人证言真实性的审查。因此,为提高证人证言的可靠性,要对证人证言进行隔离审查,尽量减少外界环境对证人作证的负面影响。按照隔离审查原则的要求,证人应当逐一在法庭上陈述案件事实并接受质询。其他尚未出庭作证的证人不能同时在场旁听而应在庭外隔离等候。通过这种方式,既可阻隔证人之间的信息交流,使其不能获知其他证人的陈述内容,又可防止证人在场听到当事人的陈述内容,从而避免被庭审信息干扰影响其作证内容,以保证其证言的自愿性和真实性。

至于本条第二款规定的"作证时不得以宣读事先准备的书面材料的方式陈述证言",则是直接言词原则在证人作证制度上的体现。一般而言,直接言词原则有两方面的要求:一方面,要求法官在审判的过程中始终在场,侧重的是法官如何面对证人审查诉讼资料并从中认定案件事实;另一方面,强调的则是诉讼资料自身的性质和形式问题,解决的是法官应当面对何种证据的问题。具体到证人证言,直接言词最直接的要求就是限制书面证言的使用。法官调查、采信的证人证言应当是证人的当庭陈述,而不得以宣读事先准备的书面材料的方式所替代。这是因为我国在证据审查上采法官自由心证的方式。证人作为一种人证，其在法庭上的直接性和言词性是该证据合法性的不可或缺的品质。对于证人证言的调查，法官应亲自听取证人的陈述，观察证人作证时的情态，从证人陈述的内容和陈述时的态度、表情、动作等方面对陈述的真实性加以审查，以便获得正确、可靠的心证。基于此种考虑，证人事先准备的书面材料同样属于案外的陈述，即使其在法官面前进行宣读，也只是机械地表述文件或笔记所记录的内容，法官无法在其陈述过程中察言观色，从而辅助判断证人证言的真实性。证人的宣读虽有直接言词之形式，却无直接言词之实质，应予以排除。而且，证人通常是由一方当事人提供的，倾向于一方当事人的利益。书面证言经过证人的深思熟虑，仔细斟酌词句，难免会对该当事人有利的事实加以渲染，忽略或者模糊对该当事人不利的事实，破坏庭审的对抗性，不利于案件事实的查明。所以，证人作证时不得以宣读事先准备的书面材料的方式陈述证言。

本条第三款规定："证人言辞表达有障碍的，可以通过其他表达方式作证。"之所以规定第三款，主要是考虑某些证人因其生理的原因，其言词表达存在障碍，不能像常人那样通过言词作证。如若不对此类证人提供证言的方式进行技术性变通规定，则有碍于证人证言向法庭的引入，实质上也剥夺了言词表达有障碍者的作证资格，与我国现行法相关规定冲突。因此，本条规定了证人言词表达有障碍的，可以通过其他表达方式作证。但值得注意的是，采取其他表达方式并不意味着与直接言词原则相背离。该种表达方式仍需具有可靠性的保障，法官应可以从其表达中判断证人证言的真实性。

实务疑难

证人作证时存在违反本条规定的作证瑕疵，应如何处理？

司法实务中，由于证人自身或法院工作人员的疏忽，可能会出现证人作证时使用猜测、推断或评论性语言，或作证前旁听了法庭审理以及宣读书面材料的情形。对此，常见做法是法官行使诉讼指挥权予以制止。但这些行为是否影响证人证言的证明资格或证明力，则存在争议：第一种观点认为，既然证人作证时存在本条所列禁止行为，说明其提供的证人证言取得不合法，既然证人证言不具有合法性，自然就不具有证据资格，人民法院不能将其作为证据采信。第二种观点认为，此种情况不能一概而论，要区分对待。对于证人作证时使用的主观判断性、评价性语言，自然不应予以采信。但其他与主观判断、评价等无关的客观陈述事实的证言，如具备真实性、合法性和关联性，就具有证据资格。例如，证人张三向法庭作证陈述：昨天下午4点半左右，我在新华书店门前路过时亲眼看见甲骑车撞倒了乙，但甲并未立刻拨打急救电话，故甲肯定是故意撞的乙，估计他们之间有恩怨。对该段证人证言，其中"故甲肯定是故意撞的乙，估计他们之间有恩怨"这段属于猜测性、评价性语言，不能作为证人证言使用。但前面那段"昨天下午4点半左右，我在新华书店门前路过时亲眼看见甲骑车撞倒了乙，但甲并未立刻拨打急救电话"即为客观事实陈述，可以作为证据采信。至于作证前证人旁听了法庭审理的问题，由于证人具有不可替代的特殊性，不能轻易否定其作证资格，故仍应让其作出证言，只不过对其证言应严格审查是否受到作证前旁听庭审的影响。如果相对方当事人关于证人受到庭审影响的反驳或举证确实存在可能性的，可以适当降低该证人证言的证明力。最后，当出现宣读事先准备的书面材料的情形时，法官应立即予以制止，并要求其当庭口述证言。如果口述证言与书面材料高度重合，则应从严审核该证人证言的真实性，并辅以其他证据佐证。笔者倾向于同意第二种观点。

关联法条

1.《中华人民共和国民事诉讼法》(2021 年)

第七十五条　凡是知道案件情况的单位和个人，都有义务出庭作证。有关单位的负责人应当支持证人作证。

不能正确表达意思的人，不能作证。

2.《最高人民法院关于适用〈中华人民共和国民事诉讼法〉的解释》(2022 年)

第一百一十九条　人民法院在证人出庭作证前应当告知其如实作证的义务以及作伪证的法律后果，并责令其签署保证书，但无民事行为能力人和限制民事行为能力人除外。

证人签署保证书适用本解释关于当事人签署保证书的规定。

典型案例

1.(2021)晋民申 1137 号

裁判观点：董某领取的346,940元系董某家庭承包地31.54亩的土地流转款，属于该户内成员郝某、董某、董纲共同共有，即董某共有的份额属于双方夫妻共同财产。董某主张该款项已经用于归还了夫妻共同债务。董某为证明其主张，在本案再审审查过程中提交寿阳县乡联法律服务所对郝清莲的调查笔录，欲证明郝某及董某在离婚时都知道本案诉争款项已经全部还了外债。根据郝清莲在该调查笔录中的陈述，郝清莲系在向董某追要欠款时，听二人说案涉款项用于偿还外债，但郝清莲在该笔录中明确表示不知道该款是否全部偿还外债，推测郝某应该知道案涉款项全部花完。2020 年《证据规定》第七十二条第一款规定："证人应当客观陈述其亲身感知的事实，作证时不得使用猜测、推断或者评论性语言。"郝清莲的证言为传来证据且存在推断性言论，该证据证明力较低。董某未能提供与偿还外债相关的合同文件、还款记录、收款收据等客观证据，以郝清莲的调查笔录尚不能达到高度盖然性的证明标准。董某在本案中提交的证据不能证明案涉款项已经用于偿还外债，其再审理由不能成立。

2.(2021)鄂 08 民终 1435 号

裁判观点：由于廖双梅对洲和公司出具的申明的真实性不予认可。根据 2020 年《民诉法解释》第一百一十五条的规定，单位向人民法院提出的证明材料，应当由单位负责人及制作证明材料的人员签名或者盖章，并加盖单位印章。由于该申明上没有该公司负责人及制作证明材料的人员签名，不符合证据的形式要件，故不予采纳。证人陈某虽因病不能出庭作证，但其书面证言对廖双梅与周云娥之间的法律关系进行定性，且明确欠款应由洲和公司偿还的内容，违反了 2020 年《证据规定》第七十二条"证人应当客观陈述其亲身感知的事实，作证时不得使用猜测、推断或者评论性语言"的规定，本院对陈某的证言不予采纳。

3.（2021）粤 19 民终 11909 号

裁判观点：陶某与贺某作为证人，应当客观陈述其亲身感知的事实，作证时不应使用猜测、推断或者评论性语言。二人均为徐某的前同事，但二人并非人事岗位或调岗后所在部门的员工，对徐某调岗的原因或调岗后的待遇并不充分了解，二人陈述中，除了荣禧公司对外公布的徐某调整岗位的一些信息可确认真实性，可予以采信外；其他内容，如徐某调岗的原因、调岗后的工作内容等，均存在猜测、推断或评论的成分，本院依法不予采信。

4.（2021）渝 04 司惩复 2 号

裁判观点：在案件审理过程中，证人应当客观陈述其亲身感知的事实，作证时不得使用猜测、推断或者评论性语言。本案中，首先，龚严良作为宋德权诉重庆罗林房地产有限公司商品房销售合同纠纷案的证人，彭水苗族土家族自治县人民法院在案件审理时即向龚严良告知了证人出庭作证的相关权利义务，龚严良也签署了《保证书》，故龚严良知晓作为证人出庭时应如实供述案件事实的义务。其次，在作证时，龚严良关于款项交付方式的陈述与人民法院审理查明的款项交付方式不一致，其作出不实证言的行为已妨碍了人民法院对案件的审理，扰乱了正常的司法秩序。再次，彭水苗族土家族自治县人民法院依据 2017 年《民事诉讼法》、2020 年《民诉法解释》的相关规定作出司法处罚决定，并非行政性质的处罚，且也事先向龚严良告知了做虚假证言的相关法律后果，因此该决定作出的程序正当。最后，龚严良关于其年事已高且体弱多病，也无财产可供处罚的陈述，并非是其免予司法处罚的事由。

5.（2021）湘 04 民终 2046 号

裁判观点：各方当事人对出庭作证的 3 位证人的证言均提出了异议，该 3 位证人或系车江粮食公司法定代表人廖义勇的亲属或系该公司职工，与上诉人车江粮食公司存在利害关系，且旁听了一审的庭审，根据 2020 年《证据规定》第七十二条第二款规定证人作证前不得旁听法庭审理，作证时不得以宣读事先准备的书面材料的方式陈述证言。该 3 位证人的证言不能作为本案定案的依据，依法不予采信。

6.（2021）鲁 17 民终 3641 号

裁判观点：本院二审期间，李宗桃申请其侄子李现路出庭作证。经查明，李现路系李宗桃的一审委托诉讼代理人，代理李宗桃参与了一审庭审。根据 2020 年《证据规定》第七十二条关于"证人作证前不得旁听法庭审理"的规定，李现路作为李宗桃的亲属，在一审中代理李宗桃参加诉讼，已经了解本案案情。因此，李现路在本案二审中不能作为证人出庭作证。

（新增）第七十三条　【证人陈述证言方式及保障】

证人应当就其作证的事项进行连续陈述。

当事人及其法定代理人、诉讼代理人或者旁听人员干扰证人陈述的，人民法院应当及时制止，必要时可以依照民事诉讼法第一百一十条（注：条文序号有变动，现为 2021 年《民事诉讼法》第一百一十三条）的规定进行处罚。

法条渊源

证人作证的核心要求就是客观、完整陈述亲身感知的事实。为确保证人作证达到该要求，就应在程序上保障证人作证时不受外来干扰，能以意志自由、逻辑严谨、表达连贯的状态提供证言。由于之前2002年《证据规定》第五十七条只是对证人出庭作证客观陈述其亲身感知的事实提出原则要求，而第五十八条则仅对证人旁听庭审作出了限制，均没有涉及证人受到他人干涉、不能客观陈述证言的程序保障问题。为此，这次修正2002年《证据规定》时，根据审判实践的需要新增本条规定。

法条精析

本条在2002年《证据规定》中没有涉及，是新增规定，其内容是关于证人陈述方式和当事人及其法定代理人、诉讼代理人、旁听人员打断或干扰证人作证陈述的处罚措施。本条起草过程中，2016年《法院征求意见稿》第九十九条规定："证人应当就其作证的事项进行连续性陈述。当事人及其法定代理人、诉讼代理人或者旁听人员无正当理由打断证人陈述或者干扰证人陈述的，人民法院应当及时制止，必要时可以依照民事诉讼法第一百一十条的规定进行处罚。"2017年《审判长讨论稿》第七十二条规定删除了"第一百一十五条"的表述。2018年《审委会送审稿》删除"无正当理由打断证人陈述或者"；恢复了"第一百一十五条"的表述。本条定稿时，又再次删除"第一百一十五条"的表述，其他内容则无变动。简单而言，本条第一款规定的证人作证的连续陈述义务，既是保障证人完整陈述证言的要求，也是维护庭审秩序的需要。本条第二款因此规定了干扰、打断证人连续性陈述的处置、处罚措施。对于当事人及其法定代理人、诉讼代理人或者旁听人员打断或者干扰证人陈述的行为人民法院应当及时制止，必要时可以依照2021年《民事诉讼法》第一百一十三条的规定进行处罚，如训诫，责令退出法庭，予以罚款、拘留，追究刑事责任等。

本条第一款规定意在通过强调证人的陈述应当连续来确保证言的真实、完整。证人的连续性陈述要求证人围绕其作证事项连续、完整地叙述自己的记忆内容，这既是确保证人作证流程顺畅、高效的需要，又是防止证人因作证时被打扰、误导、诱导甚至威胁而作出虚假、片面证言的重要举措。从比较法角度看，多个大陆法系国家都规定了证人应就其作证事项陈述的连续性要求。如《德意志联邦共和国民事诉讼法》第三百六十九条第一款规定，"应该使证人就他对讯问事项所知道的全部陈述之"。《德国刑事诉讼法》第六十九条第一项规定，"对证人应当让他连续陈述他对所被询问事项所知道的情况。在询问之前要对他言明所要调查的事项和在有被指控人的情况中言明被指控人"。证人的陈述如果能保持连续性，既能让证言完整性较高，又能够按照证人自身的思路独立地将其记忆的内容表达出来，还原其所感知的争议事实的发生过程。证人连续性的陈述有利于法官深入全面了解分析证人证言，获得更多与案件有关的细节性事实。并且，法官可以通过观察证人连续陈述过程中的表情、语句、表达、身体姿态等情态综合判断证人证言的真实性。所以，相比证人因外来影响被迫中断而进行的断续性陈述所造成的对事实描述碎片化以及前后冲突、矛盾，证人对其作证事项的连续性的陈述更有利于还原其作证事实的发生过程，便于法官对证人证言的审查判断。因此，本条第一款对证人的作证方式予以明确，“证人应当就其作证的事项进行连续陈述”。这里的“应当”二字说明连续陈述已成为证人作证时的一项义务。当然，这里的连续陈述并不意味着绝对禁止证人在陈述证言时出现停顿。司法实践中，证人作证时距其感知事实时间久远，记忆出现消退、模糊的情形并不少见。如果一味要求其连续陈述，可能适得其反，会诱导证人在出庭作证之前就事先将所要陈述的证言梳理并熟记于心，从而在法庭上表现得陈述流利、表情镇静，甚至将作证沦为一场法庭表演，这反而不利于法官对证人进行察言观色、综合判断。因此，司法实践中，应将证人当庭回忆、组织语言所需的必要停顿，与本条规定的不连续陈述加以区分。

本条第二款规定：“当事人及其法定代理人、诉讼代理人或者旁听人员干扰证人陈述的，人民法院应当及时制止，必要时可以依照民事诉讼法第一百一十条的规定进行处罚。”之所以规定本款，是由我国现行民事诉讼基本架构决定的。我国现行的法官居中裁判、诉讼双方平等对抗的“等腰三角形”架构强调诉讼双方在庭审过程中的平等对抗地位。双方当事人基于对胜诉利益的渴望，会迫切地想要以自己的主张对证人施加影响，试图将证人的思维纳入自己的逻辑思路中。在此利益倾向下，双方当事人往往会通过言语、动作等暗示、诱导、打断或干扰证人的陈述，来引导证人叙述对己有利的事实，避免证人叙述对己不利的事实。证人作证是在法庭上对其记忆中内容的再表达，这一表达的完整性又因证人的主观性很容易受到周围环境的影响。证人的陈述被打断或者干扰，将会扰乱证人的思路使其不能完整描述所感知的事实。证人证言的连续性和完整性也随之被破坏，这直接影响证人出庭作证的效果，使法官不能准确地审查判断证人证言。此外，当事人随意地打断和干扰证人作证，是对法庭秩序的扰乱，造成不必要的时间浪费、程序拖沓，破坏法庭的严肃性，降低了司法效率。但在实务中，当事人及其诉讼代理人以及旁听人员对法庭的要求置若罔闻、继续干扰证人作证陈述的情形并不少见。当事人及其法定代理人、诉讼代理人或者旁听人员打断或干扰证人陈述的行为，本质上是一种扰乱法庭秩序的行为，法官应及时制止。法官认为有必要的，可以根据2021年《民事诉讼法》第一百一十三条的规定进行处罚。至于何为必要，则由法官视个案情形而定。此外，尽管2016年修订的《人民法院法庭规则》第十七条第三款已经规定“旁听人员不得进入审判活动区，不得随意站立、走动，不得发言和提问”，但司法实践中仍有部分旁听人员不遵守法庭规则，时不时地打断或干扰证人发言或向其发问，这同样会给证人陈述的连续性造成干扰和破坏。为此，本条第二款将旁听人员干扰证人陈述的情形也纳入被制止或处罚的范围。

综上所述，本条既对证人应履行作证时连续陈述的义务进行了明确规定，又间接告知法院、各方当事人及其诉讼代理人以及旁听人员等应尊重证人义务履行以及不遵守的法律后果。本条规定对证人、法官和当事人三方的行为及法律后果作出了指引：首先，对于证人来说，在具体陈述记忆中所感知的事实时，应保持语言表述的连续性，尽量完整、连贯、客观。其次，对于法官而言，一方面，法官应当在证人陈述之前，向其释明作证时应尽到连续陈述的义务；另一方面，在证人陈述过程中，法官应当维护法庭秩序以保证证人陈述作证的连续性、不间断性。再次，对于当事人、法定代理人、诉讼代理人或旁听人员来说，应当尊重证人的作证行为，不能对证人的陈述进行打断或干扰。最后，如果当事人、法定代理人、诉讼代理人或旁听人员干扰证人陈述的，属于妨害民事诉讼的行为，可以对其采取妨害民事诉讼的相应强制措施。

实务疑难

证人到庭作证陈述时，通过辱骂、威胁、挑衅等方式对当事人进行人身攻击、威胁时，应如何处理？

实务中，存在证人因与特定当事人亲近或基于义愤导致情绪失控，在作证时夹杂对特定当事人进行语言上的人身攻击、威胁的情形。对此，其处理方式存有争议：第一种观点认为，由于证人在法庭上实施的对特定当事人进行言语上人身攻击、威胁的行为，已经构成侵犯当事人的人身权，故当事人及其法定代理人、诉讼代理人有权通过打断或干扰其发言的方式，让其停止继续实施侵权行为。这是私力救济的方式，应予尊重，故人民法院不应予以制止，更不能进行处罚。第二种观点认为，证人在法庭上实施的对特定当事人进行言语上人身攻击、威胁的行为，即便已经构成侵犯当事人人身权的侵权行为，也应由法院予以制止。作为受侵害的当事人及其诉讼代理人，均不得自行打断或干扰证人陈述。笔者倾向于第二种观点。证人在法庭上实施的对特定当事人进行言语上人身攻击、威胁的行为性质至少有两重：一是构成侵犯当事人人身权的侵权行为；二是扰乱法庭秩序的违法行为。也即，被侵权当事人可以另行起诉实施侵权行为的证人，人民法院也可以证人违反法庭规则、扰乱法庭秩序为由对其进行处罚。至于当事人通过打断或干扰证人陈述方式实施的制止侵权行为，同样未经法庭许可，扰乱了法庭秩序，也应被人民法院所制止，并可以予以处罚。

关联法条

《中华人民共和国民事诉讼法》（2021年）

第一百一十三条 诉讼参与人和其他人应当遵守法庭规则。

人民法院对违反法庭规则的人，可以予以训诫，责令退出法庭或者予以罚款、拘留。

人民法院对哄闹、冲击法庭，侮辱、诽谤、威胁、殴打审判人员，严重扰乱法庭秩序的人，依法追究刑事责任；情节较轻的，予以罚款、拘留。

第一百一十八条 对个人的罚款金额，为人民币十万元以下。对单位的罚款金额，为人民币五万元以上一百万元以下。

拘留的期限，为十五日以下。

被拘留的人，由人民法院交公安机关看管。在拘留期间，被拘留人承认并改正错误的，人民法院可以决定提前解除拘留。

典型案例

（2020）云26民终1242号

裁判观点：证人邹某在一审已经出庭为黄何伟进行了作证，根据2020年《证据规定》第七十二条的规定："证人应当客观陈述其亲身感知的事实，作证时不得使用猜测、推断或者评论性语言。证人作证前不得旁听法庭审理,作证时不得以宣读事先准备的书面材料的方式陈述证言。证人言辞表达有障碍的,可以通过其他表达方式作证。”第七十三条第一款规定:“证人应当就其作证的事项进行连续陈述。”本案证人邹某在一审已经作为黄何伟的证人出庭作证,现在其在二审再次作为证人出庭作证的方式,没有遵循和保障证人连续、完整陈述其感知和了解的相关案件事实而不受当事人及其他诉讼参与人的干扰的原则,因其二审的证言不能避免受外界因素即第一次出庭作证的影响,特别是来自当事人诱导的影响,因此,其分别作为一审、二审证人没有就其作证的事项进行连续陈述,并将其知道的相关案件信息完整连续地向法庭作出陈述。故邹某在二审的陈述本院不予采信。

(修改)第七十四条 【询问证人】

审判人员可以对证人进行询问。当事人及其诉讼代理人经审判人员许可后可以询问证人。

询问证人时其他证人不得在场。

人民法院认为有必要的,可以要求证人之间进行对质。

法条渊源

关于询问证人问题,本条主要从法院、当事人、鉴定人三个方面进行考虑。首先,法院询问证人。从立法层面而言,1982年《民事诉讼法》第一百零七条规定人民法院在法庭调查中可以询问证人,后在1991年《民事诉讼法》第一百二十四条中将人民法院可以询问证人删除。此后的历次《民事诉讼法》再无明确规定法院可以询问证人。从司法解释层面而言,只有2002年《证据规定》第五十八条规定,审判人员和当事人可以对证人进行询问。其次,当事人询问证人。从立法层面而言,1982年《民事诉讼法》第一百零八条规定,当事人经法庭许可,可以向证人发问。该点为历次《民事诉讼法》修改所保留。从司法解释层面而言,1993年《经济开庭规定》第二十五条规定,经法庭许可,当事人及其诉讼代理人可以向证人发问。1998年《审判改革规定》第八条规定,经审判长许可,当事人可以向证人发问。2002年《证据规定》第五十八条规定,审判人员和当事人可以对证人进行询问。最后,鉴定人询问证人。最早在1982年《民事诉讼法》第六十三条第二款就规定,鉴定人有权询问证人。这一点,后为历次《民事诉讼法》修改所保留。但在司法解释层面上,对于鉴定人询问证人一直都未有规定。至于询问证人时其他证人不得在场和让证人对质的规定,最早只有2002年《证据规定》第五十八条作出规定。

法条精析

本条是关于询问证人的规定,是在2002年《证据规定》第五十八条、第六十条的基础上进行整理、补充而来。其中关于证人隔离与对质的规定,是在2002年《证据规定》第五十八条的基础上进行整理而来。本条起草过程中,2016 年《法院征求意见稿》第一百条第一款、第二款规定:“审判人员可以对证人进行询问。当事人可以请求审判人员对证人进行询问,或者经审判人员许可后自行询问证人。”第一百零一条第二款规定:“询问证人时,其他证人不得在场。但经当事人申请或者人民法院认为有必要时,可以让证人之间或者证人与当事人之间进行对质。”2017 年《审判长讨论稿》第七十四条规定:“审判人员可以对证人进行询问,当事人及其诉讼代理人经审判人员许可后可以询问证人。人民法院认为有必要的,可以要求证人之间或者证人与当事人之间进行对质。”2018 年《审委会送审稿》第七十五条第一款沿袭了上述第七十四条并新增第二款规定:“证人作证前不得旁听法庭审理。询问证人时其他证人不得在场。”本条定稿时,将前稿中“证人作证前不得旁听法庭审理”移至本规定第七十二条,并删除了“或者证人与当事人之间”的规定。本条内容与 2002 年《证据规定》第五十八条相比,主要区别在于:本条将 2002 年《证据规定》第五十八条“当事人可以对证人进行询问”修改为“当事人及其诉讼代理人经审判人员许可后可以询问证人”,其他内容并无实质变化,都是关于证人询问的相关细节问题。具体而言,本条作如下三方面分析。

一、询问证人的主体范围

本条第一款是关于证人询问的规定。从比较法角度看,各国关于证人的询问,存在两种模式:一是法官依职权询问的模式。这种模式为大陆法系国家所采用,其出发点是证人被视为法官的证人,法官主导证人的询问,结合证人作证时的情态、证人与当事人之间关系、品格等因素,从而获得心证,判断该证言对案件事实认定的证明力。二是当事人询问模式,这种模式为英美法系国家所采用,其出发点是证人是当事人的证人,由当事人主导证人的询问,通过交叉询问,充分发挥当事人采用各种质疑方式的积极性和主动性,使证人因其品格、利害关系、固有偏见、智力状态、社会经验等对证言的不利影响直接暴露在证人作证的过程中,使证人证言的证明力直接外观化。从立法和司法传统来看,我国证人询问与大陆法系国家基本保持了一致,采取的是法官依职权询问制度。由审判人员主导证人的询问,当事人及其诉讼代理人经审判人员的许可后可以询问证人。相较 2002 年《证据规定》第五十八条规定,本条第一款增加了“诉讼代理人”和“经审判人员许可”两部分的表述。之所以规定当事人及其诉讼代理人对证人可以询问,是为了保证当事人充分行使诉讼权利。鉴于我国目前司法实践中不少当事人诉讼能力不强、询问证人没有针对性,流于形式的现状,本条增加了诉讼代理人这一询问主体,这既有助于体现诉讼的公正性,保持法庭的中立地位,又有助于体现当事人的参与性,增强法庭裁判的可接受性。与此同时,本条新增规定当事人及其诉讼代理人对证人的询问,要事先经过审判人员的许可。换言之,审判人员对当事人及其诉讼代理人的发问拥有一定的控制权。此举一方面是为提高司法效率、避免当事人诉讼权利滥用;另一方面是为了规范询问证人程序的进行,控制庭审节奏,发挥庭审实效。对此,2016 年修改的《人民法院法庭规则》第十七条第二款也有类似规定:“检察人员、诉讼参与人发言或提问,应当经审判长或独任审判员许可。”

二、询问证人时应隔离其他证人

本条第二款是关于证人隔离的规定,直接延续了 2002 年《证据规定》第五十八条规定的内容。“询问证人时其他证人不得在场”,其目的是保障证人证言的真实性。相对于物证、书证等实物证据，证人证言具有可塑性和易变性的特点。证人所提供的证言是其头脑中的感知，这种感知经过大脑的加工再表述出来，经历了事实感知、记忆和陈述三个阶段，在这个过程中不可避免地受到人的自然因素、社会因素和外在条件的影响，如果证人在作证之前听到了其他证人的证言，或者他们之间能够就作证事项进行交流，证人就很容易接受来自其他证人的暗示，并根据其他证人的证言而对自己的证言进行剪裁、编辑，以使二者相适应。与此同时，也难以有效排除证人在潜意识里受到的影响，其原有的记忆不知不觉中已经变化。一般而言，人天生具有从众心理，当其他人说法一致，对案件情况有着共同的倾向时，个别证人很容易动摇或改变自己的记忆而附和多数人的证言。这样，法官在对证人进行询问时，将增加揭露其证言中存在的虚假、不一致或者不精确成分的难度，影响对证人证言真实性的审查。此外，证人作证时，如其他证人在场，即便其他证人在场时没有任何言语或动作，但在场这一事实本身也可能对正在作证的证人产生心理作用，甚至会干扰证人的细节陈述。因此，为提高证人证言的可靠性，要尽量减少外界环境对证人作证的影响，对证人进行隔离询问。按照证人隔离原则的要求，证人应当逐一在法庭上陈述案件事实并接受询问。与此同时，其他证人不能同时在场而应在庭外隔离等候。通过这种方式可以阻隔证人之间的信息交流，使其不能获知其他证人的陈述内容，从而避免造成信息干扰、影响其作证内容，保证其证言的自愿性、真实性和完整性。因此，本条第二款确立了证人隔离的规则，即“询问证人时其他证人不得在场”。该款规定既确立了法官在证人隔离问题上的职权，也规定了当事人要求证人退庭和对证人隔离的诉讼权利，以便督促审判人员根据案件情况采取必要的措施。这样可以有效地防止证人之间或者当事人对证人的影响，保证证人陈述的内容是其亲身感知的事实。如果证人违反了本条关于证人隔离的规定，则由法官根据自由裁量权采取适当的补救措施，如可以拒绝证人作证、宣布证人证言无效或者降低证人证言的证明力等。

三、证人之间对质

本条第三款是关于证人之间对质的规定，延续了 2002 年《证据规定》第五十八条规定的内容，只是在文字表述方面稍作修改。证人之间对质是指在审判人员的主持下，原处于隔离状态下的双方或多方证人，因对同一事实的陈述相互矛盾且无法辨认真伪，可以同时到庭上对质，就彼此陈述相互矛盾的案件事实或者证据相互询问、反驳、辨认，以查明案件真相。证人之间对质是庭审中证人证言质证的一种方式。通常来说，对质的主要功能是解决证人证言的证明力问题，主要表现在以下三个方面：首先，对质能够消除误证。证人证言是一种言词证据，易受到主客观条件的影响，从而会出现一定偏差。证人陈述某一事件时，可能会有其他因素掺杂在他的记忆中或者遗漏某些情节。只有在对质中，通过其他证人对事实的描述才能够唤起证人的潜在记忆，提示他想起被自己忽略的某些细节，以更加全面地还原事实真相。其次，对质能够揭露伪证。作伪证的证人普遍存在恐慌的心理，担心其所作的证言存在漏洞，惧怕司法机关识破其伪证。在这种心理状态的影响下，让作伪证的证人与其他证人当庭对质能够加剧证人的忧惧心理。面对其他知晓案情的证人或当事人，若作伪证的证人继续说谎恐会漏洞百出，难以自圆其说。在当面、当时、当场的压力下，除少数心理素质极佳的证人外，大多数谎言会不可避免地被揭穿。最后，对质可能会发现新的案件事实。发现新的案件事实是对质的附带功能。双方证人在对质的过程中，可能会想起之前从未在证言中提到过的情节或者暴露证人故意隐瞒的信息。对质产生的新证言或许能够为法官和当事人双方提供处理案件的新思路和发现新证据的新线索,抑或能够加强原有证据的证明力,从而影响案件事实的认定。

需要指出的是,对质应当在法庭审理的过程中并在审判人员的主持下进行。若在法庭以外进行对质会使证人提前知晓其他证人证言,这可能会阻碍案件事实的查明,并且先行对质也会造成法庭对质实质上被架空。法官主持是为了保障对质结果的客观性以及维持法庭秩序。法官中立的地位决定了其主持对质会避免其他诉讼参与人主持对质时可能具有的偏向,从而保障对质结果的客观性。另外,由法官主持证人之间或证人与当事人之间的轮流询问可以维护对质的秩序,引导对质主体使用正当程序和文明语言,避免出现庭审混乱甚至相互攻击的场面。因此,在证人对质正式开始前,法官应当宣布对质的纪律,对质过程中应当维护法定秩序。

此外,本条第三款还强调了人民法院对证人对质必要性的认定。对质是作为穷尽其他质证方法后的最后手段被采用的,在质证方式中处于补充地位。因为对质这一质证方式具有一些固有的弊端:一是证人面对面对质后,能够全面地了解彼此的证言,证人"从他"的心理使自己按照对方的思路修正自己的证言,顺从他人观点的证言也就由此产生;二是当面对质可能会造成证人之间、证人与当事人之间的强力对抗甚至人身攻击的危险。所以,法院应当就对质的必要性进行审查。由此,对质不是证人或当事人享有的诉讼权利,而是法院依法组织的职权行为。但证人和当事人享有请求对质的权利。一般而言,进行对质的前提条件是证人之间或证人与当事人之间对案件事实的陈述存在重大矛盾,并且这种矛盾无其他办法解决。因此,在组织对质之前,审判人员应当首先分别询问有关证人,先让有关人员对有关事实分别进行陈述,法官对双方的矛盾之处进行整理,然后让每个对质者就其他对质者所提出的与其相矛盾的陈述提出质询,由对方作出回答。通过对质进一步暴露矛盾并解决该矛盾,从而帮助裁判者就对质者陈述的真实性和证言的证明力作出准确的判断。需要指出的是,证人对质的范围应当限于双方矛盾陈述的范围。法官应正确引导证人之间或者证人与当事人之间围绕双方之间的矛盾展开对质,当证人陈述的内容超出对质范围时法官应打断其发言,提醒证人重新回到与矛盾陈述相关内容。严格控制对质范围的作用主要有以下两点:其一,明确指出证人证言的矛盾之处,使矛盾点能够清晰地展现在证人以及控辩双方面前,不致发生争议焦点模糊不清的情形,从而提高对质效率;其二,为证人明确划定对质范围可以避免证人在对质过程中透露与矛盾点无关的信息,防止证人被本不应知晓的信息干扰,影响证言的真实性。

实务疑难

当事人及其诉讼代理人询问证人应注意的事项。

司法实务中,当事人及其诉讼代理人基于自身利益,往往会采取各种询问证人的方式或策略,其中有些询问方式不但不利于查明案件事实,反而会妨碍诉讼秩序,甚至会掩盖案件真相。笔者认为,以下询问方式应予禁止或反对:第一,质疑询问。申请证人出庭的当事人询问证人的目的是通过其提供证人证言来证明自己主张事实的真实性,潜在的前提是认为该证人是诚实可信的。该当事人询问证人时露出的质疑口吻将影响证人陈述的自由,证人可能会为迎合询问当事人而进行回答。第二,无关、重复询问。申请证人出庭的当事人询问无关、重复的问题,既会浪费诉讼时间,又会干扰证人正常作证。第三,意见询问。这是指基于自身知识、经验等作出的判断、推测性意见。证人作证只能陈述自己亲自体验的过去事实,而不能将自己的主观意见作为证言内容。否则,证言将因不具备客观性而缺乏证据能力。因此,当事人不能询问证人的个人意见。第四,诱导询问。所谓诱导询问,是指申请该证人作证的当事人在对证人的询问表述中明示可能的答案,以暗示证人按当事人的答案作出回答。例如:你听到当事人亲口承认欠款5万元,是不是?

关联法条

《中华人民共和国民事诉讼法》(2021年)

第一百四十二条　当事人在法庭上可以提出新的证据。

当事人经法庭许可,可以向证人、鉴定人、勘验人发问。

当事人要求重新进行调查、鉴定或者勘验的,是否准许,由人民法院决定。

典型案例

1.(2021)粤06民终9888号

裁判观点:上诉人上诉主张,一审法院没有向王某核查其与邹录超的关系,也没有让杨桂生、刘锦对其询问,明显程序不当。对此,本院认为,2020年《证据规定》第六十八条第一款规定:"人民法院应当要求证人出庭作证,接受审判人员和当事人的询问。证人在审理前的准备阶段或者人民法院调查、询问等双方当事人在场时陈述证言的,视为出庭作证。"第七十四条第一款规定:"审判人员可以对证人进行询问。当事人及其诉讼代理人经审判人员许可后可以询问证人。"一审法院于庭审中使用证人宁某的手机微信拨打王某的语音电话,王某在双方当事人在场时陈述了其证言,已完成出庭作证义务。同时,在王某已明确陈述其曾于元丰公司任职,元丰公司法定代表人杨桂生系其老板的情况下,再核查王某与邹录超之间的关系已无必要。根据前述规定,当事人及其诉讼代理人经审判人员许可可以向证人发问,此程序并非庭审必经程序,一审法院审理程序并无不当。

2.(2021)粤18民终5331号

裁判观点:本院二审期间,上诉人正邦清远公司、正邦公司提交了中国庭审公开网中一审庭审截录的视频、视频截图和文字翻译,拟证明证人邓某1出庭作证时,证人邓某2在其旁边,且两位证人在作证完毕后一直没有退出法庭,违反了2020年《证据规定》第七十四条第二款"询问证人时其他证人不得在场"的规定,属于程序违法,且两位证人在作证时和旁听席中旁听的人坐在一起并与之交谈……虽然本案两人出庭作证的程序存在瑕疵,但是两证人系分别出庭作证,先出庭的邓某2并无对后出庭的邓某1造成干预或明显影响,故对于两人的证人证言,可予以采纳。

3.(2020)赣08民终1590号

裁判观点:本案中,吉水天成一品业委会抗辩主张双方已达成口头协议的依据是刘红香、李淑兰的证言。2020年《证据规定》第六十八条规定:人民法院应当要求证人出庭作证,接受审判人员和当事人的询问。证人在审理前的准备阶段或者人民法院调查、询问等双方当事人在场时陈述证言的,视为出庭作证……无正当理由未出庭的证人以书面等方式提供的证言,不得作为认定案件事实的根据。第七十四条第二款规定,询问证人时其他证人不得在场。经审查,刘红香、李淑兰在(2019)赣0822民初2464号案件以及本案审理过程中均未出庭作证,且未说明不出庭作证的正当理由。一审法院向刘红香、李淑兰核实有关情况时,周小圆并不在场,且一审法院未依法分别进行调查核实,违反法定程序。因此,一审法院根据刘红香、李淑兰的未出庭证言认定案涉关键事实,违反了上述司法解释的规定,应予以纠正。

4.(2020)新23民终480号

裁判观点:被上诉人邹克成对证人证言的真实性、合法性、关联性均不认可,提出证人李发寿一审时通过手机观看了庭审,在本案中的陈述无效。因证人李发寿一审通过手机观看了庭审直播,根据2020年《证据规定》第五十八条的规定:"审判人员和当事人可以对证人进行询问。证人不得旁听法庭审理;询问证人时,其他证人不得在场。人民法院认为有必要的,可以让证人进行对质"。据此,该证人李发寿不符合出庭作证规定,本院对其已陈述的内容亦不予采信。

5.(2020)黔26民终1772号

裁判观点:根据2020年《证据规定》第七十四条第一款之规定:"审判人员可以对证人进行询问。当事人及其诉讼代理人经审判人员许可后可以询问证人。"因此,当事人及其诉讼代理应当遵守法庭纪律,未经过审判人员许可不能发问,故一审程序不违反法定程序。

(新增) 第七十五条 【证人出庭作证费用的支付】

证人出庭作证后,可以向人民法院申请支付证人出庭作证费用。证人有困难需要预先支取出庭作证费用的,人民法院可以根据证人的申请在出庭作证前支付。

法条渊源

关于证人作证费用请求权的问题,2021年《民事诉讼法》只在第一百二十一条第一款规定,财产案件除交纳案件受理费外,并按照规定交纳其他诉讼费用。这里的其他诉讼费用在解释上应指案件受理费之外的民事诉讼过程中实际支出的必要费用,证人的出庭作证费用自然包括在内。在司法文件层面,最高人民法院分别于1984年和1989年发布《民事诉讼收费办法(试行)》《人民法院诉讼收费办法》,两者的第二条均将其他诉讼费用确定为包括证人出庭作证的费用。2002年《证据规定》第五十四条第三款就明确了证人出庭作证费用由提供证人的一方当事人先行支付,由败诉一方当事人承担。2007年《诉讼费用交纳办法》第六条第三项则明确规定证人在人民法院指定日期出庭发生的交通费、住宿费、生活费和误工补贴属于当事人应当向人民法院交纳的诉讼费用。2012 年《民事诉讼法》第七十四条第一次从立法上明确了证人出庭作证费用的构成及其承担者。2015 年《民诉法解释》第一百一十八条则进一步细化明确了上述证人出庭作证费用的计算标准。上述条文虽然规定了证人出庭作证费用的计算标准和承担方,但对申请证人出庭的当事人不预交费用的法律后果及证人出庭作证费用的具体支付程序并没有规定,这可能会造成实践中难以落实证人出庭费用的支付。

法条精析

本条是关于证人出庭作证费用的支付规定,在 2002 年《证据规定》中没有涉及该内容。本条是为了解释《民事诉讼法》第七十七条的规定,与之相关的条文有 2002 年《证据规定》第五十四条第三款,2007 年《诉讼费用交纳办法》第六条、第十一条第一款和 2015 年《民诉法解释》第一百一十八条规定。本条修改过程中,2016 年《法院征求意见稿》第九十三条规定“证人出庭作证后,可以向人民法院申请支付证人出庭作证的费用。人民法院应当在收到申请的次日起七日内向证人支付该费用。证人有困难需要预先支付出庭作证费用的,人民法院可以根据证人的申请在出庭作证前支付。”2017 年《审判长讨论稿》中对本条内容没有作出规定。2018 年《审委会送审稿》第七十六条规定与前稿规定相比,只删除了“人民法院应当在收到申请的次日起七日内向证人支付该费用”,其他没有变化。本条定稿时,只是将“预先支付”改为“预先支取”,这样更符合语义,其他没有变化。

本条与之前条文相比,主要修改表现为:2012 年《民事诉讼法》第七十四条将 2002 年《证据规定》第五十四条第三款规定的“由提供证人的一方当事人先行支付”修改为“当事人申请证人作证的,由该当事人先行垫付;当事人没有申请,人民法院通知证人作证的,由人民法院先行垫付”。本条则进一步细化出庭作证前、作证后两种情况处理:第一,出庭作证后支付,可以向人民法院申请支付证人出庭作证费用;第二,出庭作证前支付,证人有困难需要预先支付出庭作证费用的,向人民法院申请。也即,证人出庭作证费用的支付,以事后补偿为原则,以预先支付为例外。

民事诉讼中,出庭作证乃证人应负之义务,其目的在于确保受诉法院能基于正确的证据调查结果作出公平而适当的裁判。证人是证据调查和法院司法权行使的对象。法院通过询问证人获得有助于事实认定的证人证言。所以出庭作证义务是证人对代表国家行使司法权的法院所应尽的协力义务。但与此同时,证人出席法庭审理陈述证言,势必会耗费个人的精力、时间和财力,影响证人的收入。特别是如果证人不在法院所在地,证人势必还要花费差旅费等支出。因此,从某种意义上讲,证人出庭作证的整个过程,也是证人不断支出各种费用的过程。进而,证人因履行出庭作证的义务而遭受的经济损失,如果不加以补偿,势必会使证人处于权利义务失衡的不公平状态,影响证人作证的积极性。对此,我国早期的《民事诉讼法》没有关于证人出庭作证费用承担的规定。只是在司法解释、行政法规中有所涉及。例如,2002 年《证据规定》第五十四条第三款就规定,证人因出庭作证而支出的合理费用,由提供证人的一方当事人先行支付,由败诉一方当事人承担。在随后 2007 年《诉讼费用交纳办法》第六条以及第十一条中才将证人出庭作证费用定性为当事人应当向法院交纳的诉讼费用。而且,该费用由在人民法院指定日期出庭发生的交通费、住宿费、生活费和误工补贴组成并由人民法院按照国家规定标准代为收取。直至2012年《民事诉讼法》第七十四条才第一次从立法上规定了证人出庭作证费用补偿制度。但遗憾的是,该条并未对证人出庭作证费用的支付方式、支付标准作出具体规定。这也造成了实践中的混乱。为此,2015年《民诉法解释》第一百一十八条明确了证人出庭作证费用的范围及其计算标准和申请证人出庭作证费用的交纳方式。这些都主要解决的是人民法院按什么标准向申请人收取证人出庭作证费用的问题,并不涉及证人出庭作证费用的发放问题。以往司法实务中,证人出庭作证费用支付方式比较多样:有的由法院进行支付,有的由当事人直接进行支付,至于支付时机,有的是在证人出庭作证前预先支付;有的是作证后当场支付;还有的是判决作出后支付,甚至还有的法院干脆拒绝支付证人出庭作证费用。为此,增加本条规定主要是为了明确证人出庭作证费用的支付主体以及支付时间。根据本条规定,证人作证费用的支付主体为人民法院。理由是2007年《诉讼费用交纳办法》第十一条规定的是由人民法院按照国家规定标准代为向申请方当事人收取。也即,该笔费用在支付给证人之前,一直都由人民法院代管。一般而言,证人请求支取出庭作证费用有两个前提:证人出席了庭审并针对待证事实进行了如实的陈述。当证人没有出庭或者出庭后拒绝作证、拒绝签署或宣读保证书导致不能作证时,则应根据2020年《证据规定》第七十一条第三款规定,让该证人自行承担相关费用。我国并没有规定证人强制出庭作证的义务,所以在证人没有出庭作证之前,并无法确定其是否能够履行出庭作证的义务,补偿费用就无从谈起。而且,证人出庭的具体费用也难以确定,提前支付存在困难,所以证人出庭作证的费用以事后补偿为原则。证人出庭作证后,可向人民法院申请支付出庭作证的费用。但是,在证人出庭作证有困难需要预先支取出庭作证费用的情形,本条为促进证人的出庭,设置了例外性的规定。人民法院可根据证人的申请在开庭前预先支付。但是,如证人无正当理由不予出庭作证的,已经预付费用则应当退还。

需要指出的是,证人请求支付作证费用的对象虽然是法院,但并不能据此推论出证人作证费用的最终负担方为法院。根据2021年《民事诉讼法》第七十七条的规定:"证人因履行出庭作证义务而支出的交通、住宿、就餐等必要费用以及误工损失,由败诉一方当事人负担。当事人申请证人作证的,由该当事人先行垫付;当事人没有申请,人民法院通知证人作证的,由人民法院先行垫付。"该条与本条规定二者并不冲突。该条规定的是证人出庭费用的构成、负担者和垫付者,而本条规定的是证人作证费用请求权的行使对象:证人向人民法院而非直接向当事人主张作证费用。证人出庭作证义务从性质上讲为公法义务而非证人对当事人所负之私法义务。所以证人履行出庭作证义务过程中所产生的必要费用从性质上讲即属于证人协助受诉法院实施证据调查行为而产生的费用,属于诉讼费用的一部分。基于权利义务相一致原则,证人履行出庭作证义务的费用理应由受诉法院为给付。但在采有偿主义的民事诉讼中,证人出庭作证的费用最终应作为诉讼费用的一部分由当事人负担。由申请证人的一方当事人先行垫付,同预交案件受理费和鉴定费等做法相一致。这样处理便于操作,也可以保障证人的出庭费用的后续支付,提高证人的出庭作证率。在当事人申请证人出庭作证并获得法院准许的情况下,申请证人出庭的当事人应当将证人出庭作证的费用预先交纳至法院,再由法院在证人出庭作证后向证人支付。该费用的最终负担者为败诉方。即证人出庭作证费用由法院给付，而非当事人直接向证人支付。事实上，证人与当事人之间在案件中并不存在私法上的法律关系，如果直接由当事人向证人支付，则双方接触在所难免，会加大证人作证受当事人影响的可能。

关于证人出庭费用的计算标准，2022 年《民诉法解释》第一百一十八条规定："民事诉讼法第七十四条规定的证人因履行出庭作证义务而支出的交通、住宿、就餐等必要费用，按照机关事业单位工作人员差旅费用和补贴标准计算；误工损失按照国家上年度职工日平均工资标准计算。"该标准已有国家法规明确规定，较易操作。而且，该标准较为合理，并不存在畸高畸低情况。误工时间一般较短，宜以日为计算单位，所以误工损失的补偿标准参考了国家赔偿的标准，按照国家上一年度职工日平均工资标准计算。

实务疑难

证人收取证人出庭作证费用后，如有未出庭或出庭拒不签署保证书或宣读保证书、拒不作出证言等行为，已收取的证人出庭作证费用应如何处理？

一种观点认为，建立证人经济补偿制度的目的是鼓励证人出庭作证，是为了解决部分证人不愿意出庭作证的问题。因此，即便证人曾有拒绝作证的行为，只要这部分证人最后在法庭履行了自己的作证义务，都应有权得到该笔出庭作证费用；另一种观点认为，2020 年《证据规定》第七十一条第三款已经规定证人拒绝签署或宣读保证书，不得作证，并自行承担相关费用。因此，证人即便之后作证，也应退还出庭作证费用。笔者认为，证人曾有未出庭或出庭拒不签署保证书或宣读保证书、拒不作出证言行为，只要人民法院最后允许该证人出具证人证言，则意味着证人出庭作证费用的目的即已实现，证人原则上不用退还该费用。此外，证人出庭作证费用除了根据 2021 年《民事诉讼法》第七十七条由败诉一方负担之外，当事人一方还可以根据 2022 年《民诉法解释》第一百零二条第三款规定，要求另一方赔偿因逾期提供证据致使其增加的证人出庭作证费用。

关联法条

1.《中华人民共和国民事诉讼法》(2021 年)

第七十七条　证人因履行出庭作证义务而支出的交通、住宿、就餐等必要费用以及误工损失，由败诉一方当事人负担。当事人申请证人作证的，由该当事人先行垫付；当事人没有申请，人民法院通知证人作证的，由人民法院先行垫付。

2.《最高人民法院关于适用〈中华人民共和国民事诉讼法〉的解释》(2022 年)

第一百零二条第三款　当事人一方要求另一方赔偿因逾期提供证据致使其增加的交通、住宿、就餐、误工、证人出庭作证等必要费用的，人民法院可予支持。

第一百一十八条　民事诉讼法第七十七条规定的证人因履行出庭作证义务而支出的交通、住宿、就餐等必要费用，按照机关事业单位工作人员差旅费用和补贴标准计算；误工损失按照国家上年度职工日平均工资标准计算。

人民法院准许证人出庭作证申请的，应当通知申请人预缴证人出庭作证费用。

第一百二十条 证人拒绝签署保证书的，不得作证，并自行承担相关费用。

3.《诉讼费用交纳办法》（2007 年）

第六条 当事人应当向人民法院交纳的诉讼费用包括：

（一）案件受理费；

（二）申请费；

（三）证人、鉴定人、翻译人员、理算人员在人民法院指定日期出庭发生的交通费、住宿费、生活费和误工补贴。

第十一条第一款 证人、鉴定人、翻译人员、理算人员在人民法院指定日期出庭发生的交通费、住宿费、生活费和误工补贴，由人民法院按照国家规定标准代为收取。

第二十九条 诉讼费用由败诉方负担，胜诉方自愿承担的除外。

部分胜诉、部分败诉的，人民法院根据案件的具体情况决定当事人各自负担的诉讼费用数额。

共同诉讼当事人败诉的，人民法院根据其对诉讼标的的利害关系，决定当事人各自负担的诉讼费用数额。

典型案例

1.（2017）湘民再 39 号

裁判观点：关于三个证人出庭费用的问题。经审查，（1）吴孟凯在参加 2011 年 11 月 3 日湘潭县人民法院庭审时申请了 3 名证人出庭作证。证人苏子其、胡湘秀的证言拟证明吴孟凯每逢周六、周日按照上级的工作要求，主持和参加各业务部的周经营会议、会后辅导沟通、陪同展业、对营销员进行家访、小型产品说明会、小型创业说明会等营销管理活动；证人夏丹的证言拟证明农银人寿湖南分公司长期延长工作时间、强制员工公休日、法定节假日加班、拒不支付应休未休带薪年休假工资以及擅自单方面降低劳动者工资标准。（2）第一次发回重审后，由湘潭县人民法院一审作出的（2012）潭民一初字第 1419 号民事判决未采信 3 名证人的证人证言；由湘潭市中级人民法院二审作出的（2013）潭中民一终字第 233 号民事判决虽然全额支持了吴孟凯 4000 元加班费的诉请，但支持的依据是吴孟凯提交的 2007 年 7 月 1 日，12 月 22 日、23 日，2010 年 1 月 9 日、10 日，12 月 18 日、19 日加班 7 天的证据，而并非 3 名证人的证言。（3）（2013）潭中民一终字第 233 号民事判决已经在生效后全部执行完毕，即吴孟凯关于 4000 元加班费的诉请已经全部得到支持。该案第二次发回重审后，吴孟凯的诉讼请求是扣除了得到支持的加班费部分的，故 3 名证人证言的证据与第二次发回重审后的诉求已无关联性，第二次发回重审后均未采信。综上，由于 3 名证人出庭作证的证言没有被采信，故原审法院认定该作证费用应由吴孟凯自己承担的意见正确。

2.（2015）苏审二民申字第 01032 号

裁判观点：关于租金、员工经济赔偿金、证人出庭费用。吴征西未提交给付员工经济赔偿金的证据，且吴征西方的证人钱某陈述未未收到经济赔偿金，故一、二审法院未支持吴征西该项诉讼请求，于法有据并无不当。因吴征西违约不交付租金，导致高怀芳发出解除合同通知书，吴征西提出的租用案外人房屋保管财物产生的租金，即使存在，也应由其自行承担应支付租金，吴征西要求高怀芳承担该租金的主张，不能成立。吴征西主张租金损失，本院不予支持。本案中吴征西双方均申请证人出庭，会都会产生一定费用，高怀芳因本案诉讼亦会支出一定费用，因双方都负有举证义务，本案中双方各自都有过错，各自应承担相应的责任，故对应各自承担证人出庭费用。吴征西要求由高怀芳承担其证人出庭费用的主张，一、二审法院不予支持吴征西关于证人出庭费用，并无不当。

（修改）第七十六条　【证人庭外作证的申请和准许】

证人确有困难不能出庭作证，申请以书面证言、视听传输技术或者视听资料等方式作证的，应当向人民法院提交申请书。申请书中应当载明不能出庭的具体原因。

符合民事诉讼法第七十三条（注：条文序号有变动，现为2021年《民事诉讼法》第七十六条）规定情形的，人民法院应当准许。

法条渊源

关于证人庭外作证最早规定于1982年《民事诉讼法》第六十一条：证人确有困难不能出庭的，经人民法院许可，可以提交书面证言。此规定包含两个基本部分：其一，证人确实有困难不能出庭的，可以免除其出庭义务；其二，证人可以通过书面证言代替出庭作证。前者为庭外作证的条件，后者为庭外作证的方式。后在2002年《证据规定》第五十六条明确了“证人确有困难不能出庭”的情形，扩大庭外作证的方式为书面证言、视听资料、双向视听传输技术作证三种。2012年《民事诉讼法》第七十三条对不能出庭情形进行了文字修改。同时，庭外作证方式变为“书面证言、视听传输技术或者视听资料等方式”。也即，庭外作证不限于该三种方式，扩大了法条的适用范围。

法条精析

本条关于证人出庭作证例外情况的可操作性规定，是对2021年《民事诉讼法》第七十六条的解释，是在2002年《证据规定》第五十六条基础上修改而成的。本条起草过程中，2016年《法院征求意见稿》第九十四条第一款、第二款规定：“证人确有困难不能出庭作证的，应当向人民法院书面申请以书面证言、视听传输技术或者视听资料等方式作证。申请书中应当载明证人不能出庭的原因。证人的申请符合民事诉讼法第七十三条规定的情形的，人民法院应当准许。”2017年《审判长讨论稿》第七十五条规定将前稿“申请书中应当载明证人不能出庭的原因。证人的申请符合民事诉讼法第七十三条规定的情形的，人民法院应当准许”进行文字简化为“申请书中应当载明不能出庭的具体原因。符合民事诉讼法第七十三条规定的情形的,人民法院应当准许”。2018 年《审委会送审稿》第七十七条规定:“证人确有困难不能出庭作证,申请以书面证言、视听传输技术或者视听资料等方式作证的,应当向人民法院提交申请书。申请书中应当载明不能出庭的具体原因。符合民事诉讼法第七十三条规定的情形的,人民法院应当准许。双方当事人同意证人以其他方式作证并经人民法院准许的,证人可以不出庭作证。无正当理由未出庭的证人以书面等方式提供的证言,不得作为认定案件事实的根据。”本条定稿时将“双方当事人同意证人以其他方式作证并经人民法院准许的,证人可以不出庭作证。无正当理由未出庭的证人以书面等方式提供的证言,不得作为认定案件事实的根据”移至本规定第六十八条,其他部分保持不变。

本条主要修改有:(1)删除 2002 年《证据规定》第五十六条第一款规定,理由是该部分内容已被 2012 年《民事诉讼法》增加的第七十三条吸收。(2)将 2002 年《证据规定》第五十六条第二款中“经人民法院许可”细化为“应当向人民法院提交申请书。申请书中应当载明不能出庭的具体原因”。理由是原来的规定没有明确证人将出庭作证改为其他方式作证的具体操作流程。本条第一款通过明确提交申请书和相应记载内容的方式将证人更换其他作证方式的具体操作细化。(3)本条第二款将 2002 年《证据规定》第五十六条第二款和 2017 年《民事诉讼法》第七十三条中具有法定确有困难无法出庭情形时,仍需“经人民法院许可”这一赋予法院在是否许可问题上自由裁量方式,变更为满足 2021 年《民事诉讼法》第七十六条规定的法定确有困难无法出庭情形时,人民法院应当准许这一强制性规定。综上所述,本条规定是对 2021 年《民事诉讼法》第七十六条的可操作性解释,在原规定基础上,新增了证人申请以特殊方式作证的应当提交申请书,并载明不能出庭的具体原因,以便法院的审查。对于符合法定情形的,人民法院应当准许。

2021 年《民事诉讼法》第七十五条规定,“凡是知道案件情况的单位和个人,都有义务出庭作证……”可见,在法庭通知证人出庭作证时,证人有按时到庭并如实向法官陈述证言的法定义务。法律规定证人必须出庭作证的原因在于:一是证人证言作为八种法定证据形式之一,在民事诉讼中出现频率较高且很多场合下还是认定案件基本事实的直接证据。二是由于证人证言依赖于证人对案件发生过程的个人体验的认知能力、认知的记忆能力、认知的表达能力等,这些能力大小又因人而异。故相较于其他的证据形式而言,证人证言存在较大的主观性。因而在司法实践中,证人证言往往需要与其他证据相结合进行综合认证。三是证人出庭作证本质上是对公民或单位履行公法义务、协助法院正确行使司法权的法定要求。因此,让证人出庭陈述证言,当庭接受法官、双方当事人的询问,既可通过法庭的庄严氛围对证人的内心形成约束,促使其提供真实证言,又可通过对证人的询问进一步察言观色,并以此作为对证人证言可采性的判断依据,便于法官对待证事实是否存在形成内心确信。可见,证人到庭可以弥补单纯书面证人证言等其他证人作证形式的缺陷可能导致的证明力不强问题。但是,司法实践中,证人基于各种客观原因不能出庭作证的情形并不鲜见。针对证人不能出庭情形,本条仍有必要细化规定证人非出庭作证的具体方式和操作流程,以尽可能让非到庭证人提供的证言具有可采性。具体而言,在证人确有困难不能出庭作证时,本条规定其可以选择书面证言、视听传输技术或者视听资料等方式作证。这里的“等”字意味着本条对非出庭作证方式持开放态度,以应对实务中将来可能出现的其他方式作证。至于操作流程,为规范庭审行为，提高庭审的严肃性，证人应当向人民法院提交书面申请书，并载明不能出庭的具体原因，以便法院审查是否准许。关于确有困难不能出庭作证的情形，2002年《证据规定》第五十六条第一款进行了罗列。后该款主要内容被2012年《民事诉讼法》第七十三条吸收并有所变化。2021年《民事诉讼法》第七十六条规定的法定可以不出庭作证的情形有："经人民法院通知，证人应当出庭作证。有下列情形之一的，经人民法院许可，可以通过书面证言、视听传输技术或者视听资料等方式作证：（一）因健康原因不能出庭的；（二）因路途遥远，交通不便不能出庭的；（三）因自然灾害等不可抗力不能出庭的；（四）其他有正当理由不能出庭的。"其中，第四项在前三项的基础上，作为兜底性条款，赋予法官针对个案情况的一定自由裁量权。但必须明确的是，实务中确实还存在其他证人有正当理由不能出庭情形。例如，从日常生活经验而言，通知的证人出庭日恰逢证人家中有婚丧嫁娶之类的重大事件，亦可作为证人不能出庭作证的理由。故从法条沿袭而言，本条中确有困难的情形应包括但不限于2021年修改的《民事诉讼法》第七十六条规定范围。只不过针对上述法定情形，本条第二款在对人民法院是否准许问题上改变了之前由法院自由裁量的做法而代之以应当准许这一强制性规定。

即使在作为直接言词之例外情况下允许证人不出庭，采用特殊作证方式，也要注意证人特殊作证行为不可背离直接言词原则过远。随着现代技术发展和生活方式的改变，新的特殊作证手段不断确立，形成单向叙事、双向交流、多向交流等各种特殊作证方式并存的局面。这使法官允许证人以特殊作证方式作证既为必要，也为可能。[①] 法官应以利益平衡为基础来选择证人作证的方式，利益平衡选择的前提是证人应当作证，只是因为证人作证条件不同而采取不同的特殊作证手段。基于上述考虑，本条规定列举了几种典型的特殊作证方式。

1. 书面证言和视听资料

书面证言和视听资料是一种单向叙事作证的方式，主要适用于案件事实简单明确的情况。实践中，如果案件事实简单明确，书面证言通常可以与其他证据互相印证，能达到查明事实的目的。此时，再采用成本较高且对技术设备保障要求较高的多向交流或者双向交流作证方式则无必要。对于书面证言的证明力，本条并未进行规定。应注意本条与2020年《证据规定》第六十八条进行区分，2020年《证据规定》第六十八条第三款规定："无正当理由未出庭的证人以书面等方式提供的证言，不得作为认定案件事实的根据。"该条是以"无正当理由未出庭"为由彻底否定了书面证人证言的证明力，而本条规定的前提是"证人确有困难不能出庭作证"，故其书面证言是否具有证明力不能一概而论，应当根据个案具体的情形予以判断。一般而言，书面证言经法庭宣读且与其他证据不矛盾，能证明与本案相关的事实，则可作为认定案件事实的根据；当书面证言与其他证据存在矛盾，无法认定其真实性时，则可考虑仍要求证人在方便时出庭作证并接受询问，进一步判断其证言的真伪，否则不能将书面证言作为认定案件事实的根据。至于视听资料，是指利用录音、录像等技术手段反映的声音、图像以证明案件事实的证据。根据2022年《民诉法解释》第一百一十六条的规定，视听资料包括录音资料和影像资料。视听资料一般是作为一种独立的证据形式而存在，但当证人证言以视听资料形式

---

① 李峰：《最接近规则：证人特殊作证方式的选择——兼评新〈民事诉讼法〉第73条之规定》，载《现代法学》2013年第4期。

出现时，则可能出现证人证言抑或视听资料的认识分歧。笔者认为，以视听资料形式出现的证人证言的法律属性，仍应为证人证言这种证据形式。实物状态下的录音资料和影像资料与纸张等一样，只不过是证人证言的物质载体。

2. 视听传输技术

视听传输技术作证，简单来说，就是指证人在未出庭情况下，利用信息传输技术进行异地实时作证。采用此种方式，必须以双向视听传输系统为前提，即在法庭和证人之间同时具有“可视”与“可听”的双向传输设备。除此之外，司法实践中还利用信息处理设备传递证人在庭审中的签名文件，以确保证人身份的真实。视听传输技术的作证方式除了可以降低证人作证负担、节约当事人证人出庭作证费用支出之外，最大的优势在于证人与法官、证人与当事人之间可以进行异地实时双向交流，通过对证人在线询问和全程图像、声音观察方式，在一定程度上弥补了因证人未能到庭所导致的证人证言证明力不足，从而达到与证人出庭作证最为接近的效果。

实务疑难

证人有正当理由未出庭提交的书面证言，被对方当事人以证人未到庭无法充分质证为由主张不予采纳时，应如何处理？

有观点认为，由于书面证人证言无法在庭审中进行充分质证，故如果无其他有力证据予以佐证，一般不应采信该证据，只有当其他证据足以印证书面证言的真实性或者基本能让法官形成心证时，相应的书面证言才可能被采信。司法实践中，大部分法官认为，书面证言只具有对心证形成产生一定的补强作用，而不能单独作为认定案件事实的证据。笔者倾向于认为，如果该书面证人证言对证明案件基本事实关系重大，则可对该书面证人证言进行证据调查：首先，法庭外询问。应首先考虑法官到证人所在地进行法庭外的询问。庭外询问证人应通知当事人、诉讼代理人到场，上述主体可以参加并行使询问证人、发表意见的权利，以满足实质性证据调查要求。其次，书面询问证人。对于一些内容简单、确定的案件事实，由法官进行庭外询问，可能会出现发现真实与作证成本失衡的情况。此时，由法院通过书面询问证人，而证人则经书面予以回答，有利于降低证人作证负担，查明案件事实，提高诉讼效率。一般情况下，由当事人提出书面询问的申请，特定情况下，法院也可依职权启动程序，在汇总双方当事人的询问意见后制作询问文书并送交证人。证人书面回复后，可由双方当事人对其发表意见。综上，对书面证言的处理不应一律否定其证明力。

关联法条

《中华人民共和国民事诉讼法》(2021 年)

第七十六条 经人民法院通知，证人应当出庭作证。有下列情形之一的，经人民法院许可，可以通过书面证言、视听传输技术或者视听资料等方式作证：

(一)因健康原因不能出庭的；

(二)因路途遥远，交通不便不能出庭的；

（三）因自然灾害等不可抗力不能出庭的；

（四）其他有正当理由不能出庭的。

典型案例

1.（2021）鄂 08 民终 1077 号

裁判观点：从调查笔录内容来看，郑锟向一审法院陈述其所了解的与本案相关的事实，由此，该份调查笔录应属证人证言。

2020 年《证据规定》第六十八条规定："人民法院应当要求证人出庭作证，接受审判人员和当事人的询问。证人在审理前的准备阶段或者人民法院调查、询问等双方当事人在场时陈述证言的，视为出庭作证。双方当事人同意证人以其他方式作证并经人民法院准许的，证人可以不出庭作证。无正当理由未出庭的证人以书面等方式提供的证言，不得作为认定案件事实的根据。"第七十六条规定："证人确有困难不能出庭作证，申请以书面证言、视听传输技术或者视听资料等方式作证的，应当向人民法院提交申请书。申请书中应当载明不能出庭的具体原因。符合民事诉讼法第七十三条规定情形的，人民法院应当准许。"2017 年《民事诉讼法》第七十三条规定，经人民法院通知，证人应当出庭作证。有下列情形之一的，经人民法院许可，可以通过书面证言、视听传输技术或者视听资料等方式作证：（一）因健康原因不能出庭的；（二）因路途遥远，交通不便不能出庭的；（三）因自然灾害等不可抗力不能出庭的；（四）其他有正当理由不能出庭的。本案中，一审法院未通知郑锟出庭，其对郑锟询问时，也无其他当事人在场，且本案并无证据显示郑锟具备可提供书面证言的情形，由此，一审法院径行对郑锟调查并形成笔录，法律依据确有欠缺，对郑锟的调查笔录，不应作为认定本案事实的根据。

2.（2021）闽 05 民终 512 号

裁判观点：何悦云认为一审严重违反关于证人出庭作证的程序性要求，主张潘某的证言不能作为定案依据，缺乏事实和法律依据。根据 2017 年《民事诉讼法》第七十三条之规定："经人民法院通知，证人应当出庭作证。有下列情形之一的，经人民法院许可，可以通过书面证言、视听传输技术或者视听资料等方式作证：（一）因健康原因不能出庭的；（二）因路途遥远，交通不便不能出庭的；（三）因自然灾害等不可抗力不能出庭的；（四）其他有正当理由不能出庭的"，二审中，潘某在线向本院表明其不在境内，并向本院提供出入境证件复印件证明其二审以及一审审理期间身在境外，综合疫情的实际影响，本院对潘某不在境内的事实予以采信，潘某依法属于可以通过视听传输技术作证的法定情形，符合证据规则，其所作证言合法有效，何悦云主张一审严重违反法律关于证人出庭作证的法定形式，没有事实和法律依据，不予采纳。

3.（2020）湘 12 民终 1854 号

裁判观点：2020 年《证据规定》第六十八条规定，"人民法院应当要求证人出庭作证，接受审判人员和当事人的询问……""双方当事人同意证人以其他方式作证并经人民法院准许的，证人可以不出庭作证。""无正当理由未出庭的证人以书面等方式提供的证言，不得作为认定案件事实的根据。"第七十六条规定，"证人确有困难不能出庭作证，申请以书面证言、视听输技术或者视听资料等方式作证的，应当向人民法院提交申请书……”第七十七条规定，“证人经人民法院准许，以书面证言方式作证的，应当签署保证书；以视听传输技术或者视听资料方式作证的，应当签署保证书并宣读保证书的内容”。具体到本案中，刘某作为实际收款人，有义务对所收款项作出权利处分，也有义务对是否接受邓旭晶委托收取夏莲青借款的事实接受法庭以及双方当事人的质询。被上诉人在一审审理期间未向法院申请刘某出庭作证，仅提交书面证言，在对方提出异议后要求采取打电话的方式进行询问。该种询问方式既无法核实通话人员的身份，也未征求双方当事人同意，更未令证人履行书面具结和口头具结的法定义务。二审期间被上诉人亦未向本院申请刘某出庭作证，导致本案二审期间仍未能依法核实证人证言。故刘某在本案中以书面形式发表证言缺乏合法性；一审法院在证人证言的审查认定上存在严重瑕疵。建议重审时通知证人刘某出庭作证，或按法定程序以其他方式提供证言，对其是否接受邓旭晶委托收款的事实进行核实。

（新增）第七十七条　【证人庭外作证保证书】

证人经人民法院准许，以书面证言方式作证的，应当签署保证书；以视听传输技术或者视听资料方式作证的，应当签署保证书并宣读保证书的内容。

法条渊源

证人出具保证书的要求最早是在 1998 年《刑诉法解释》第一百四十二条规定，证人作证前，应当在如实作证的保证书上签名。后在 2015 年《民诉法解释》第一百一十九条第一款中作出细化规定，排除了对无民事行为能力人和限制民事行为能力人作为证人时出具保证书的要求。在该司法解释第一百二十条中明确规定了证人拒绝签署保证书的后果。但该司法解释并未对 2017 年《民事诉讼法》第七十三条规定的庭外作证情况下是否签署保证书作出规定。虽然 2020 年《证据规定》第七十一条规定了到庭作证宣读保证书，但同样没有涉及庭外作证是否签署并宣读保证书的问题。

法条精析

本条是关于证人使用书面、视听资料、视听传输技术形式作证签署保证书的规定，在 2002 年《证据规定》中没有类似内容，属于新增规定。本条起草过程中，2016 年《法院征求意见稿》第九十四条第三款规定：“证人以书面证言或者其他方式代替出庭作证的，应当签署保证书。”2017 年《审判长讨论稿》第七十五条第三款规定：“证人以书面证言方式作证的，应当签署保证书；以视听传输技术或者视听资料方式作证的，应当签署保证书并朗读保证书的内容。书面证言或者视听资料证言的真实性及证明力，适用本解释关于书证及视听资料的规定。”可见，2017 年《审判长讨论稿》对可视可听情形下的证人作证形式，除了签署保证书，还要求证人朗读保证书。2018 年《审委会送审稿》第七十八条规定：“证人经人民法院准许，以书面证言方式作证的，应当签署保证书；以视听传输技术或者视听资料方式作证的，应当签署保证书并宣读保证书的内容。"该稿改动有二：一是增加了"经人民法院准许"这一前提；二是将"朗读"改为"宣读"用语更为正式。本条定稿时，再无变化。

本条是对2015年《民诉法解释》第一百一十九条规定证人应当如实作证并签署保证书的补充。从法条内容变动情况看，2017年《审判长讨论稿》第七十五条中是将本条内容与本规定第七十六条内容合并规定，而2020年《证据规定》定稿时则将以书面证言、视听传输技术或视听资料方式作证的证人签署并宣读保证书的内容单独以本条规定。这充分体现了证人作证签署并宣读保证书对确保证人证言真实性的重大意义。

民事诉讼中，证人是除当事人以外最了解案件事实的人。在法庭的询问下，证人负有将案件的发生过程如实向法官陈述的义务。但是又由于证人证言更依赖于证人对案件发生过程的个人观察认知、记忆表达的能力等，相较于其他的证据形式存在较大的主观性。

为了便于对证人证言的真实性作出正确判断，各国立法都将证人作证的一般方式规定为出庭作证。2021年《民事诉讼法》第七十五条也规定，凡是知道案件情况的单位和个人，都有义务出庭作证。但从证人出庭作证的实施效果来看，截至目前，司法实践中证人出庭的情况仍较少。大多数证人出于出庭费用过高、害怕打击报复、距离法庭较远、身体不便等主客观原因不愿意出庭作证，甚至在有限的证人出庭作证案件中，还存在极个别证人到庭但拒绝签署保证书的情形。故相对于其他证据形式而言，证人证言与当事人陈述一样，具有更多的不确定性和可操作性。因此，在司法实践中也很少将证人证言单独作为裁判的依据，而是往往与其他证据相结合后进行裁判。

显而易见，证人不出庭作证，法官就无法通过当庭询问来了解证人所知晓的与案件事实相关的情况，而证人如不签署保证书，则对其证言真实性就很难作出准确的判断。因此，只有让证人出庭作证，直接面对法官、双方当事人的询问并作出口头陈述，才能够增强证言的可靠性，便于法官形成内心确信，以弥补一般证人证言证明力有限的固有缺陷。

虽然2021年《民事诉讼法》第七十五条规定原则上证人应当出庭作证，但考虑到实践中，也存在证人出庭作证确有困难的情形，1982年《民事诉讼法》第六十一条规定了提交书面证言形式。随着社会经济的发展，科学技术与司法审判日益融合，相应地，证人出庭作证的例外方式也不应再局限于书面形式。为此，2002年《证据规定》第五十六条增加了双向视听传输技术或者视听资料的方式。双向视听传输技术能够满足两地进行诉讼的同步性，法官、双方当事人均可以向证人提问，这在一定程度上弥补了因证人未能到庭所导致的证言证明力的缺失。2012年《民事诉讼法》第七十三条更是将这一司法经验上升为立法规定。从另一方面看，如果证人以书面证言等方式作证免除了证人出庭当面接受法官询问的义务，当事人也就无法对其证言当面进行询问，这也在一定程度上减低了证人证言的可信度。

实践中，还有很多证人出庭作证时基于人情和面子的道德负担、害怕被打击报复的心理、当事人不当利益的引诱、正向激励的不足、承担伪证责任风险较低等诸多因素考量，存在故意提供虚假证言的情形。针对这种情形，各国普遍采用的是让证人出庭宣誓后作证的制度设计。如《德国民事诉讼法》第三百九十一条规定："法院考虑证言的重要性，并且为了使证人作出真实的证言，认为有必要命证人宣誓时，在双方当事人都未舍弃宣誓的情形下，证人应当宣誓。誓词中应表明证人应按照自己的良心为真实的陈述，毫不隐瞒。"《意大利民事诉讼法》第二百五十六条规定："证人出庭，没有正当理由而拒绝宣誓，法官可告知检察官，并移送调查笔录副本，法官也可以拘捕证人。"《日本民事诉讼法》第二百八十五条规定："审判长应当使证人在询问前进行宣誓。"英美法系国家也规定有相应的证人宣誓制度，如《美国联邦证据规则》第三百二十五条规定："证人没有说明理由而拒绝宣誓的，作为一种强制执行方法，法院可依职权对其处以罚金或拘禁，以强制证人出庭。"①通常认为，证人宣誓之所以能起到证明证言真实的作用，是基于某种信仰的力量。通过这种信仰对人们产生心理上的约束力。宣誓制度所具有的仪式功能、证明功能、威慑功能，能够通过专业的公开宣誓仪式对证人在作证前产生一种约束和警醒。在我国，个人信仰情况多种多样，尚未形成全国统一的标准，甚至还有人根本就没有坚守的信仰，而宣誓制度约束力的强弱与信仰的坚守程度是呈正相关的。基于现实国情，关于证人宣誓这一环节在历次《民事诉讼法》修改中都没有规定。直到2015年《民诉法解释》第一百一十九条，才以保证书形式作了类似证人宣誓制度功能的初步规定。但根据该条规定，证人只有签署保证书的义务，并不需要宣读保证书内容，这显然与证人宣誓制度最核心的宣读誓言以约束内心有明确区别。从2015年《民诉法解释》第一百一十九条的实施效果来看，签署保证书制度确实在一定程度上缓解了保证人不如实陈述证言的问题，但必须承认，其并未达到该制度设计的预计效果。事实上，相比签署保证书，让证人宣读保证书的内容可能更有利于约束证人内心。为此，2020年《证据规定》第七十一条增加规定了证人应在法庭上宣读保证书内容的要求。

上述对证人证言的要求前提都是证人到庭作证，但司法实践中确实存在证人到庭作证确有困难的情形。对此，早在1982年《民事诉讼法》第六十一条就明确规定，证人有出庭作证的义务。确有困难不能出庭的，经人民法院许可，可以提交书面证言。2021年《民事诉讼法》第七十六条规定当事人有法定情形之一，经人民法院允许，可以通过书面证言、视听传输技术或者视听资料等方式作证。为了缓解证人不到庭作证可能带来的证言真实性问题，证人签署保证书就显得尤为重要。在书面证言方式作证情形下，证人仍应参照2022年《民诉法解释》第一百一十九条规定，签署保证书。由于书面证言形式替代的是到庭作证，也即，证人不可能出现在法庭上，故无法再按照2020年《证据规定》第七十一条的要求，让证人在法庭上宣读保证书的内容。至于以视听传输技术或者视听资料方式作证的，其共性在于证人在两种作证方式中都可以传送其声音，也即证人宣读保证书的声音可以被法庭和其他当事人收悉。故此时，仍应按2020年《证据规定》第七十一条的要求，由证人宣读保证书的内容以约束其内心，增强证人证言的真实性。当然，为了保护证人和其他当事人合法权益，证人在获准采用本条规定的形式作证前，人民法院仍应按照2022年《民诉法解释》第一百一十九条规定，告知证人如实作证的义务以及作伪证的法律后果。至于无民事行为能力人和限制民事行为能力人因没有完全的民事行为能力，不能理解作证的相应法律后果，故无须签署保证书。

综上所述，为了保障证人证言的有效性及证明效力，本条规定了以书面证言、视听资料、

---

① 张卫平：《民事证据法》，法律出版社2017年版，第53页。

视听传输技术方式作证的证人，应当签署保证书。虽然本条并未规定强制性的制裁措施，但是签署保证书的行为本身会提醒证人了解如实作证以及作伪证的法律后果，给证人形成心理上的负担，促使其不敢作出虚假的陈述。要求以视听资料、视听传输技术形式作证的当事人宣读保证书的内容则更能增强其作证的仪式感，知晓提供证言行为的审慎性，从而通过进一步增强对证人的心理威慑，促使其提供更符合案件事实的证言。

实务疑难

证人庭外作证时是否应在作证前签署保证书？

第一种观点认为，只要是证人作证，都应在陈述证言之前签署保证书。理由是：保证书的作用就是给证人心理施加压力，让其不敢陈述虚假证言，故保证书与证人陈述证言有时间上的先后关系，否则，保证书的作用无法发挥。2020 年《证据规定》第七十一条也明确规定人民法院应要求证人在作证之前签署保证书，该条规定并未因到庭或庭外情形不同而区分对待。第二种观点认为，应区分情形对待。对于庭外作证中的书面证人证言，证人签署保证书的时间与证人起草书面证人证言的时间先后在现实中几乎无法充分证明。如果因无法确定两者时间先后关系而认定书面证人证言存在瑕疵，影响其证明力，则将实质上让书面证言制度形同虚设。反过来，即便在证人先起草书面证言，后签署保证书的情形下，证人如果在之后的保证书签署中受到约束，也可在将书面证人证言提交法院前，重新制作书面证人证言。因此，在书面证人证言情形下，是否先签署保证书并不实质影响其功效发挥。笔者倾向于同意第二种观点，类似的情形还有视听资料中的录音资料。需要补充一点，在提交的是视听资料中的影像资料情形下，因为影像资料的可视性，当事人只需将其先签署并宣读保证书后作证的过程记录在影像资料中即可证明时间上的先后关系。故仍应坚持 2020 年《证据规定》第七十一条中的先签署并宣读保证书，后作证的规定。

关联法条

1.《中华人民共和国民事诉讼法》(2021 年)

第七十六条　经人民法院通知，证人应当出庭作证。有下列情形之一的，经人民法院许可，可以通过书面证言、视听传输技术或者视听资料等方式作证：

(一)因健康原因不能出庭的；

(二)因路途遥远，交通不便不能出庭的；

(三)因自然灾害等不可抗力不能出庭的；

(四)其他有正当理由不能出庭的。

2.《最高人民法院关于适用〈中华人民共和国民事诉讼法〉的解释》(2022 年)

第一百一十九条　人民法院在证人出庭作证前应当告知其如实作证的义务以及作伪证的法律后果，并责令其签署保证书，但无民事行为能力人和限制民事行为能力人除外。

证人签署保证书适用本解释关于当事人签署保证书的规定。

典型案例

1.(2020)豫07民终4333号

裁判观点:对张兴恒二审提交的证据,依据2020年《证据规定》第七十六条第一款、第七十七条之规定"证人确有困难不能出庭作证,申请以书面证言、视听传输技术或者视听资料等方式作证的,应当向人民法院提交申请书。申请书中应当载明不能出庭的具体原因。""证人经人民法院准许,以书面证言方式作证的,应当签署保证书;以视听传输技术或者视听资料方式作证的,应当签署保证书并宣读保证书的内容。"张兴恒提交的尹本海的视听资料属于证人证言,尹本海作为证人未出庭作证,也未向法庭提交申请以视听资料方式作证,且也未签署和宣读证人保证书,本院对该证据的合法性不予认定,不能证明其证明目的。

2.(2020)豫03民终7450号

裁判观点:关于证人证言,2020年《证据规定》第七十七条规定,"证人经人民法院准许,以书面证言方式作证的,应当签署保证书;以视听传输技术或者视听资料方式作证的,应当签署保证书并宣读保证书的内容"。证人邓某一审时未到庭,一审法院对其书面证言处理存在不当之处,但并不妨碍本案基本事实的认定,且二审中邓某出庭作证,其证言能佐证一审查明的案件事实。故,罗战奇关于本案程序违法而影响其诉讼权利的上诉主张本院不予采信。

3.(2020)云29民终810号

裁判观点:二审中,芮荣光围绕其上诉请求向本院提交以下证据:1.证人朱某证词及证词形成过程的视频资料。以证明:朱某不认识芮荣光,朱某与芮荣光之间不存在买卖关系,案涉材料的实际买受人为李洪祥。2.证人杨某证言。芮荣光向本院申请证人杨某出庭作证,以证明:李洪祥到芮荣光料场商谈采购木料的事实,以及李洪祥请杨某拉运木料,收据上的签名由李洪祥本人签写,案涉木料买卖交易的买受人是李洪祥。经本院准许,杨某到庭陈述:杨某与芮荣光、李洪祥相识,2015年1月李洪祥到芮荣光木料场商谈购买模板事宜,芮荣光找到杨某帮忙运货,当月26日、27日各拉了一车木料,芮荣光让杨某将货物运到李洪祥在宾川附近的杨保工地,因相隔时间较长,具体地址记不清;运费约定为500元一车,货物运到后由李洪祥签收,但李洪祥没有支付运费,收据由杨某带回交给芮荣光,芮荣光向杨某支付了运费1000元;杨某不认识朱老板(朱某)。上述证据经交由李洪祥质证后,李洪祥对证据1的三性予以认可,但要求证人朱某亲自出庭作证;对证据2的真实性和芮荣光的证明目的不予认可。本院认为,2020年《证据规定》第六十八条规定:"人民法院应当要求证人出庭作证,接受审判人员和当事人的询问……双方当事人同意证人以其他方式作证并经人民法院准许的,证人可以不出庭作证。无正当理由未出庭的证人以书面等方式提供的证言,不得作为认定案件事实的根据";第七十六条第一款规定:"证人确有困难不能出庭作证,申请以书面证言、视听传输技术或者视听资料等方式作证的,应当向人民法院提交申请书。申请书中应当载明不能出庭的具体原因";第七十七条规定:"证人经人民法院准许,以书面证言方式作证的,应当签署保证书;以视听传输技术或者视听资料方式作证的,应当签署保证书并宣读保证书的内容。"本案中芮荣光以书面证词及视听资料的方式向本院提交证人朱某证言,但李洪祥明确要求证人朱某出庭作证,该证据的形式要件不合法,故本院不予采纳。证人杨某的证言,与本案当事人陈述一致的部分，本院予以采信；其他无有效证据佐证，不能达到其证明目的，本院不予采纳。

（新增）第七十八条 【妨碍证人作证的处理】

当事人及其诉讼代理人对证人的询问与待证事实无关，或者存在威胁、侮辱证人或不适当引导等情形的，审判人员应当及时制止。必要时可以依照民事诉讼法第一百一十条、第一百一十一条（注：条文序号有变动，现分别为 2021 年《民事诉讼法》第一百一十三条、第一百一十四条）的规定进行处罚。

证人故意作虚假陈述，诉讼参与人或者其他人以暴力、威胁、贿买等方法妨碍证人作证，或者在证人作证后以侮辱、诽谤、诬陷、恐吓、殴打等方式对证人打击报复的，人民法院应当根据情节，依照民事诉讼法第一百一十一条（注：条文序号有变动，现为 2021 年《民事诉讼法》第一百一十四条）的规定，对行为人进行处罚。

法条渊源

关于证人作证保护的问题，早在 1982 年《民事诉讼法》第七十七条已规定，诉讼参与人或者其他人有对证人进行侮辱、诽谤、诬陷、殴打或者以其他方法进行打击报复的，人民法院可以根据情节轻重，予以训诫、责令具结悔过或者予以罚款、拘留；构成犯罪的，依法追究刑事责任。1991 年《民事诉讼法》第一百零二条将其修改为：诉讼参与人或者其他人以暴力、威胁、贿买方法阻止证人作证或者指使、贿买、胁迫他人作伪证的，或对证人进行侮辱、诽谤、诬陷、殴打或者打击报复的，人民法院可以根据情节轻重予以罚款、拘留；构成犯罪的，依法追究刑事责任；人民法院对有前述规定的行为之一的单位，可以对其主要负责人或者直接责任人员予以罚款、拘留；构成犯罪的，依法追究刑事责任。后该条规定内容在历次《民事诉讼法》修改中都维持不变。至于司法解释层面，2002 年《证据规定》第六十条已规定询问证人不得使用威胁、侮辱及不适当引导证人的言语和方式。第八十条又规定，当事人或者其他诉讼参与人阻止证人作证，指使、贿买、胁迫他人作伪证，或者对证人打击报复的，依照 1991 年《民事诉讼法》第一百零二条的规定处理。2015 年《民诉法解释》第一百八十九条规定，证人签署保证书后作虚假证言，妨碍人民法院审理案件的，人民法院可以适用 2012 年《民事诉讼法》第一百一十一条的规定处理。但在本条规定出台前，现行法上没有对妨碍证人作证行为具体法律后果的详细规定。

法条精析

本条第一款是关于证人保护的规定，在 2002 年《证据规定》中没有专门条文对应，属于新增规定。本条起草过程中，2016 年《法院征求意见稿》第一百条第三款规定：“当事人对证人的询问与待证事实无关，或者存在重复、诱导、威胁、侮辱证人或其他不当情形的，审判人员应当根据当事人的申请或者依职权予以限制或禁止。必要时可以依照民事诉讼法第一百一十一条的规定进行处罚。"第一百零二条规定："证人作证时进行虚假陈述经查证属实的，人民法院可以根据情节，依照民事诉讼法第一百一十一条第一项的规定予以处罚。"2017年《审判长讨论稿》第七十三条第二款规定："当事人及其诉讼代理人对证人的询问与待证事实无关，或者存在威胁、侮辱证人或不适当诱导等情形的，审判人员应当及时制止。必要时可以依照民事诉讼法第一百一十条、第一百一十一条、第一百一十五条的规定进行处罚。"第七十六条规定："证人故意作虚假陈述，诉讼参与人或者其他人以暴力、威胁、贿买等方法妨碍证人作证，或者在证人作证后以侮辱、诽谤、诬陷、恐吓、殴打等方式对证人打击报复的，人民法院应当根据情节，依照民事诉讼法第一百一十一条的规定，对行为人予以处罚。"两稿相比，2017年《审判长讨论稿》将"审判人员应当根据当事人的申请或者依职权予以限制或禁止"简化为"审判人员应当及时制止"，将"重复、诱导"改为"不适当诱导"；增加了"第一百一十条、第一百一十五条"；将"证人作证时进行虚假陈述经查证属实的"修改为"证人故意作虚假陈述，诉讼参与人或者其他人以暴力、威胁、贿买等方法妨碍证人作证，或者在证人作证后以侮辱、诽谤、诬陷、恐吓、殴打等方式对证人打击报复的"。2018年《审委会送审稿》第七十五条第三款和第七十九条分别针对上述2017年《审判长讨论稿》第七十三条第二款和第七十六条作了规定。其中将第七十三条第二款规定"诱导"改为"引导"，其他内容均无变化。本条定稿时，只将"第一百一十五条"删除，并将"予以"改为"进行"，其他内容均无变化。

与本条相关的条文有2002年《证据规定》第六十条、第八十条和2015年《民诉法解释》第一百八十九条。本条第一款增加了当事人及其诉讼代理人不适当询问证人的处置措施：人民法院应当及时制止，必要时可以依照2017年《民事诉讼法》第一百一十条、第一百一十一条（注：条文序号有变动，现分别为2021年《民事诉讼法》第一百一十三条、第一百一十四条）的规定进行处罚。本条第二款是关于证人保护和伪证制裁的规定，对保障证人权利、维护诉讼秩序具有积极作用。

实践中，当事人及其诉讼代理人为了使自己的诉讼主张或抗辩得以成立，往往会向证人提出诸多问题。对此，早在1982年《民事诉讼法》第一百零八条第二款就规定，当事人经法庭许可，可以向证人、鉴定人、勘验人发问。后为历次民事诉讼法修改所继受。由于当事人及其诉讼代理人本身诉讼能力、个人情感、主观动机、表达能力等方面存在差异，故在很多情况下，其对证人的询问未必会围绕证言及待证事实进行。其中部分与诉讼中争议的事实有关联性，部分并无关联性，有的甚至是重复发问、情绪发泄等。如果不对当事人的不当发问加以控制，则既会导致诉讼中的争点模糊不清，又会造成诉讼的不必要拖延。因此，本条第一款规定，对于当事人及其诉讼代理人对证人的不当询问，审判人员应当及时制止。必要时可以依照2017年《民事诉讼法》第一百一十条、第一百一十一条（注：条文序号有变动，现分别为2021年《民事诉讼法》第一百一十三条、第一百一十四条）的规定进行处罚。这里的"必要时"，一般是指在当事人及其诉讼代理人对证人的询问与待证事实无关或存在威胁、侮辱、不适当引导等情形。证人再次出现上述不当情形，有滥用诉讼权利、拖延诉讼的嫌疑之时，可以适用2017年《民事诉讼法》第一百一十条（注：条文序号有变动，现为2021年《民事诉讼法》第一百一十三条）以违反法庭规则为由，予以训诫、责令退出法庭等。这里需要注意的是，如果是重复提问或提问无关问题，没有造成其他严重后果，一般没有必要采取罚款、拘留等措施，以避免激化矛盾。但是，在当事人及其诉讼代理人出现情绪失控，向证人进行威胁性、侮辱性发问的情形时，由于此类行为直接妨碍法庭秩序、重挫证人出庭的积极性、严重削弱证人证言的可靠性，最终影响到司法裁判结果的公正性。故一旦出现上述情形，审判人员就应当及时制止。如果这类行为屡次出现，除了训诫、责令退出法庭，必要时，可以予以罚款、拘留。此外，当事人及其诉讼代理人甚至为了让证人作证时的证言有利于自己，还可能通过暗示、提示、假设性发问对证人进行不适当引导。所谓不适当的引导，就是通过对证人进行暗示、假设性发问，让证人作出当事人希望得到的回答。禁止不适当的引导，是因为证人如果对诉讼技巧不甚了解，很容易陷入对方当事人及诉讼代理人所设的“圈套”中，不能正确陈述其对案件事实的感知；而且询问中往往包含问题的答案，这会给证人强烈的心理暗示，引导其作出有利于发问人的证言，妨碍其作证的独立性。此时，审判人员将很难判断证人是凭记忆独立作出的真实性陈述，还是对当事人的附和随意作出的虚假回答。因此，如出现不适当引导情形，也按本条第一款规定处理。

这里需要补充说明的是，关于必要时可以依照 2017 年《民事诉讼法》第一百一十条、第一百一十一条（注：条文序号有变动，现分别为 2021 年《民事诉讼法》第一百一十三条、第一百一十四条）的规定进行处罚的决定，实质是赋予法院对此类情形处罚的自由裁量权。具体而言，2017 年《民事诉讼法》第一百一十条（注：条文序号有变动，现为 2021 年《民事诉讼法》第一百一十三条）规定了诉讼参与人违反法庭秩序的处罚措施，包括训诫、责令退出法庭、罚款、拘留、追究刑事责任等。2017 年《民事诉讼法》第一百一十一条（注：条文序号有变动，现为 2021 年《民事诉讼法》第一百一十四条）规定了诉讼参与人或者其他人威胁、侮辱证人的处罚措施，构成犯罪的追究刑事责任，情节较轻的，予以罚款拘留。以上两条分别针对的是，违反法庭秩序和威胁侮辱证人两种情形下，法官可依自由裁量权对当事人及其诉讼代理人的行为进行处罚。

本条第二款规定了证人故意作虚假陈述以及他人在作证前妨碍证人作证、作证后打击报复证人作证的处罚措施。证人故意作虚假陈述就是一般所称的证人作伪证，主要表现为在民事诉讼过程中，证人故意向审判机关提供虚假的证言或者与一方当事人恶意串通，故意作出有利于或者不利于一方当事人的陈述。证人作伪证既违反证据真实性、合法性要求，也有违民事诉讼法上诚实信用原则。在此，应注意“伪证”和“假证”的区别。凡对于证人并非出于主观故意而在法庭上（抑或其他出具证言的场合）对案件事实作出与真实情况“有出入”的陈述，应当被作为与伪证不相同的“假证”来看待。对于“假证”，应当视为属于庭审中不可避免的一种“客观实在行为”。这是由于不同的证人就其观察、记忆以及陈述能力上存在各种差异所致。这种客观实在行为在相当程度上也与特定的证人因其家庭背景、宗教信仰、生活经历、智力状况、所处环境等“先天”和“后天”的种种因素影响有关。[①] 对证人证言这种“天然”缺陷不应当采取消极、被动的审判模式进行处置，否则将会把这种能动的证据方式排除在法庭

---

① 毕玉谦：《民事证据原理与实务研究》，人民法院出版社 2003 年版，第 176 页。

之外,而应通过法庭询问、当事人询问、观察证人作证言行举止、证据间比对等证据认定方法,最大限度地排除虚假作证内容。有鉴于此,本条第二款在证人作虚假陈述之前限定了“故意”二字,从而将证人非因故意原因所作的虚假陈述行为排除在本条规定的处罚范围之外。

国家为证人设置了出庭作证的义务,相应地,就要对证人的人身安全进行保护,使证人能够没有顾虑地履行自己的义务。当事人在诉讼中有向对方证人进行询问的权利,而这一权利行使的前提自然是证人能够出庭作证。证人出庭作证的必要前提则是其作证前后能得到相应人身安全保障。为此,各国立法都规定了证人保护制度。证人保护制度是确保证人出庭作证的制度保障,能够增强证人出庭作证的安全感,提高证人出庭作证的概率。相应地,当事人也才有机会可以就证人所作的证言对证人进行询问,从而保障双方当事人对程序的参与性以及诉讼程序的正当性。此外,对证人进行保护,使他们能够进行真实的陈述,也保障了案件信息来源的真实性,为法官最终作出符合事实真相的裁判提供了基础。① 对证人进行人身保护是基于证人的特殊身份以及其所应尽的法定义务。证人证言在诉讼中的作用是作为案件裁判的依据,所以为了使证人证言这一证据形式能够充分发挥其作用,不仅要规定作证前,任何人实施妨碍证人作证行为的处罚措施,而且还要规定证人作证被打击报复后,打击报复人所要面临的法律制裁手段,从根本上保护证人的合法权益在任何时候都不因作证受侵犯,确保其愿意尽到陈述真实的义务。为了编制对证人人身保护的安全网,本条第二款分别罗列了妨碍证人作证行为的具体表现方式,主要包括以暴力、威胁、贿买等方法妨碍证人作证;以及对证人打击报复的具体行为手段,主要包括侮辱、诽谤、诬陷、恐吓、殴打等方式对证人打击报复;并规定可对上述行为采取的处罚措施有罚款、拘留,构成犯罪的,依法追究刑事责任。

实务疑难

民事诉讼中,证人故意作虚假陈述是否可能构成犯罪?

司法实务中,第一种观点认为,民事诉讼中,证人故意作虚假陈述,情节严重的,可以伪证罪论处。第二种观点认为,伪证罪已明文规定仅适用于刑事诉讼中的证人,如适用于民事诉讼,则违反罪刑法定原则。但帮助伪造证据罪没有仅限在刑事诉讼的规定范围内,民事诉讼中的证人故意作虚假陈述,属于伪造证据的行为,侵害了司法机关诉讼活动的客观公正,符合帮助伪造证据罪的构成。笔者倾向于第二种观点。另外,由于 2015 年 11 月 1 日起施行的《刑法修正案(九)》增设了虚假诉讼罪。最高人民法院、最高人民检察院于 2018 年 9 月 26 日公布了《关于办理虚假诉讼刑事案件适用法律若干问题的解释》第六条明确了诉讼代理人、证人、鉴定人等诉讼参与人与他人通谋,代理提起虚假民事诉讼、故意作虚假证言或者出具虚假鉴定意见,共同实施虚假诉讼行为的,依照虚假诉讼罪共同犯罪的规定定罪处罚;同时构成妨害作证罪,帮助毁灭、伪造证据罪等犯罪的,依照处罚较重的规定定罪从重处罚。

---

① 汪拥政:《构建我国证人保护制度的必要性及价值分析》,载《北方论丛》2008 年第 4 期。

关联法条

1.《中华人民共和国民事诉讼法》(2021年)

第一百一十三条 诉讼参与人和其他人应当遵守法庭规则。

人民法院对违反法庭规则的人,可以予以训诫,责令退出法庭或者予以罚款、拘留。

人民法院对哄闹、冲击法庭,侮辱、诽谤、威胁、殴打审判人员,严重扰乱法庭秩序的人,依法追究刑事责任;情节较轻的,予以罚款、拘留。

第一百一十四条 诉讼参与人或者其他人有下列行为之一的,人民法院可以根据情节轻重予以罚款、拘留;构成犯罪的,依法追究刑事责任:

(一)伪造、毁灭重要证据,妨碍人民法院审理案件的;

(二)以暴力、威胁、贿买方法阻止证人作证或者指使、贿买、胁迫他人作伪证的;

(三)隐藏、转移、变卖、毁损已被查封、扣押的财产,或者已被清点并责令其保管的财产,转移已被冻结的财产的;

(四)对司法工作人员、诉讼参加人、证人、翻译人员、鉴定人、勘验人、协助执行的人,进行侮辱、诽谤、诬陷、殴打或者打击报复的;

(五)以暴力、威胁或者其他方法阻碍司法工作人员执行职务的;

(六)拒不履行人民法院已经发生法律效力的判决、裁定的。

人民法院对有前款规定的行为之一的单位,可以对其主要负责人或者直接责任人员予以罚款、拘留;构成犯罪的,依法追究刑事责任。

2.《最高人民法院关于适用〈中华人民共和国民事诉讼法〉的解释》(2022年)

第一百八十九条第二项 诉讼参与人或者其他人有下列行为之一的,人民法院可以适用民事诉讼法第一百一十四条的规定处理:

(二)证人签署保证书后作虚假证言,妨碍人民法院审理案件的;

典型案例

(2021)皖08民终402号

裁判观点:陈惟强、陈成送提交与接诊医生程红卫的通话录音(光盘一张),证明:被上诉人陈楼生、陈岳林的伤情系其口述,诊断证明是骗取的,不能成为认定伤情的证据。陈楼生、陈岳林质证如下:确为程红卫的通话录音,但陈惟强、陈成送在获取录音时存在欺骗、隐瞒,关于伤情有鉴定意见,该证据不能达到其举证目的。对当事人二审争议的事实,本院认定如下,从该份录音内容来看,存在诸如“我刚从怀宁县卫生局出来,反映情况了解相关情况,你说我是哪一位”、“作为医生,你不能凭嘴讲…你要拿出证据来”等威胁性、不适当引导发问的情形,不予采信。

(修改) 第七十九条 【鉴定人出庭作证】

鉴定人依照民事诉讼法第七十八条(注:条文序号有变动,现为2021年《民事诉讼法》第八十一条)的规定出庭作证的,人民法院应当在开庭审理三日前将出庭的时间、地点及要求通知鉴定人。

委托机构鉴定的,应当由从事鉴定的人员代表机构出庭。

法条渊源

1991年《民事诉讼法》第一次将鉴定结论作为证据制度的组成部分。但其仅规定了鉴定部门及其指定的鉴定人有权了解进行鉴定所需要的案件材料,必要时可以询问当事人、证人,并没有对鉴定人出庭作证作出规定。1992年《民诉法意见》也只是规定鉴定结论应当在法庭上出示并须双方当事人质证,没有要求鉴定人必须出庭作证。2002年《证据规定》首次明确了鉴定人出庭接受质询的义务。但由于当时鉴定体制的原因,鉴定人出庭是接受质询而不是作证。2005年《鉴定管理决定》第十一条规定:"在诉讼中,当事人对鉴定意见有异议的,经人民法院依法通知,鉴定人应当出庭作证。"该条第一次明确规定了鉴定人出庭作证义务,宣示了鉴定人与证人同等的法律地位。2012年《民事诉讼法》在该决定规定的基础上,对于鉴定人出庭作证制度作了进一步完善。第一次将鉴定人出庭作证义务上升到法律层面,并规定了鉴定人拒不出庭作证的不利法律后果。本条则是关于鉴定人出庭作证的可操作性规定,是对之前鉴定人出庭作证规定的进一步完善。

法条精析

本条是关于鉴定人出庭作证的可操作性规定,是在2002年《证据规定》第五十九条和2017年《民事诉讼法》第七十八条基础上修改而成的。本条修改过程中,2016年《法院征求意见稿》第一百一十二条规定:"鉴定人依照民事诉讼法第七十八条的规定出庭作证的,人民法院应当在开庭审理三日前将出庭通知书送达鉴定人,通知书应当载明鉴定人出庭的时间、地点及出庭的要求。"2017年《审判长讨论稿》第八十七条第一款规定:"鉴定人依照民事诉讼法第七十八条的规定出庭作证的,人民法院应当在开庭审理三日前通知鉴定人,告知鉴定人出庭的时间、地点及出庭的要求。"本次修改,只是将"出庭通知书"修改为"通知",没有强调书面形式,事实上将通知放宽到口头等情形。2018年《审委会送审稿》第八十条第一款和第二款规定:"鉴定人依照民事诉讼法第七十八条的规定出庭作证的,人民法院应当在开庭审理三日前通知鉴定人,告知鉴定人出庭的时间、地点及出庭的要求。鉴定人为机构的,应当由从事鉴定的人员代表鉴定机构出庭。"本次修改,增加了一款"鉴定人为机构的,应当由从事鉴定的人员代表鉴定机构出庭。"这是针对实务中存在的鉴定机构随意委派人出庭,导致对鉴定人询问流于形式的现象,明确了鉴定机构为鉴定人时,应由谁代表鉴定机构出庭的问题。本条定稿时,将前稿中"通知鉴定人,告知鉴定人出庭的时间、地点及出庭的要求。鉴定人为机构的,应当由从事鉴定的人员代表鉴定机构出庭"修改为"将出庭的时间、地点及要求通知鉴定人。

委托机构鉴定的,应当由从事鉴定的人员代表机构出庭”。

本条主要修改内容为:(1)将2002年《证据规定》第五十九条“鉴定人应当出庭接受当事人质询”修改为“鉴定人依照民事诉讼法第七十八条的规定出庭作证的”。理由是,2002年《证据规定》第五十九条将鉴定人出庭作为强制性规定过于绝对。鉴定人出庭是为了接受质证。实务中,当各方当事人都对鉴定意见没有争议时,法院就没有必要让鉴定人出庭。一方面,这是基于民事诉讼中的处分原则;另一方面,是为了提高诉讼效率、节约诉讼成本。除非鉴定意见的采纳可能会导致案件审理结果损害国家利益、社会公共利益和他人的合法权益。因此,2012年《民事诉讼法》第七十八条(注:条文序号有变动,现为2021年《民事诉讼法》第八十一条)明确规定只有在两种情形下鉴定人应当出庭:第一,当事人对鉴定意见有异议;第二,人民法院认为鉴定人有必要出庭。故本条也相应修改为“依照民事诉讼法第七十八条的规定”对鉴定人出庭作证进行限定。此外,鉴定人出庭作证并非仅仅接受当事人质询,还包括审理案件法官的询问。因此,将“出庭接受当事人质询”修改为“出庭作证的”淡化出庭只接受当事人质询的印象。(2)本条新增“人民法院应当在开庭审理三日前将出庭的时间、地点及要求通知鉴定人”是对2017年《民事诉讼法》第七十八条(注:条文序号有变动,现为2021年《民事诉讼法》第八十一条)“经人民法院通知”的解释,目的是细化、统一通知鉴定人的方式。(3)本条新增第二款重在解决鉴定机构作为鉴定人如何出庭以及由谁代表鉴定机构出庭的问题。

民事诉讼中,直接言词原则要求法官作出裁判的内心确信是建立在当庭听取双方当事人、证人以及其他诉讼参与人的法庭陈述和辩论的基础上,其中就包括本条规定的鉴定人出庭陈述。与一般证据形式不同,鉴定意见是鉴定人运用一定的仪器设备进行检测,并在检测的基础上运用其专业知识经验进行判断分析所得出的科学性结论。虽然鉴定意见比一般的证据形式更具可靠性,但并不代表鉴定意见无须经过质证环节即可以被采信。司法鉴定的对象一般是与案件相关的证据,其所依据的信息和材料是有限的,并且鉴定人受鉴定期限的限制,需要在有限时间内作出鉴定意见。故鉴定人可能因无法进行反复验证从而不能得出正确的结论。此外,受制于科学技术水平的发展以及知识经验的固有缺陷,鉴定意见本身也有可能存在局限性。以对鉴定材料的真实性鉴定事项为例,目前的伪造手法和技术不断更新,如照片可以通过计算机软件进行剪切、拼接等编辑处理,录音资料可以通过计算机软件进行语音合成等。如果不对原始的语音文件进行检查,就容易作出错误的判断,法官和当事人也很难通过书面鉴定意见发现问题,只有鉴定人出庭进行质证,才能保障实体的公正。[①] 除此之外,从法律的角度来讲,司法鉴定活动属于民事诉讼中的活动,都应当符合民事诉讼法的规定。民事诉讼法已经规定未经过法庭质证的证据不得作为裁判的依据。鉴定意见作为证据形式的一种,也应经过法院组织双方当事人进行质证才能判断其证明力的有无和大小。由于鉴定人是接受法院的委托对案件中的专门性事项进行鉴定,故当鉴定意见存在异议时,鉴定人应当履行对该鉴定意见的解释说明义务。对于法院而言,鉴定人在诉讼中承担的是协助法

① 杜志淳、廖根为:《论我国司法鉴定人出庭质证制度的完善》,载《法学》2011年第7期。

官就专业性问题进行判断识别,从而作出准确认定的工作。如果鉴定人不出庭进行质证,法官就无法对鉴定意见中争议部分进行实质性的审查,从而也就无从判断争议内容是否具有可采性。此外,在对是否需要进行重新鉴定进行审查时,从严格控制重新鉴定角度出发,人民法院一般都会要求鉴定人出庭针对法庭发问或当事人询问作出解释、说明,帮助查明是否满足重新鉴定的法定要件。对于当事人而言,申请鉴定人出庭并对其陈述进行质证,是当事人的一项重要诉讼权利。如果鉴定人不出庭,当事人就无法针对鉴定意见中有异议的部分向鉴定人进行询问,当事人的诉讼权利无法得到保障,诉讼程序的正义也就难以实现。因此,鉴定人应法院要求出庭陈述鉴定意见,正如证人出庭陈述证言一样,属于鉴定人的法定义务。

就我国而言,1991 年《民事诉讼法》第一次规定了鉴定人的鉴定意见以书面形式作出,鉴定人无须出庭作证。这种书面和间接式的质证方式,难以对鉴定意见的科学性、客观性和关联性问题作出准确的审查,也难以让当事人对鉴定人的公正性和权威性加以信服,从而对法庭审理的公正性造成负面影响。[①] 除此之外,鉴定人不出庭作证有可能导致其鉴定意见不被采信,从而不得不重新鉴定。这既使另行聘请鉴定人的成本增加,又造成诉讼进程拖延,浪费了诉讼资源。为此,2002 年《证据规定》第五十九条强制规定,鉴定人应当出庭接受当事人质询。只有在鉴定人确因特殊原因无法出庭的情况下,经人民法院准许,可以书面答复当事人的质询。可见,该条仅规定了鉴定人出庭接受质询义务而非作证义务。直至 2005 年《鉴定管理决定》第十一条才明确规定,在诉讼中,当事人对鉴定意见有异议的,经人民法院依法通知,鉴定人应当出庭作证。但从这些年司法实践情况来看,基于各种主客观原因,鉴定人出庭作证制度落实得并不到位。为此,2012 年修改的《民事诉讼法》第七十八条以立法形式规定了鉴定人应当出庭作证的义务,以及拒不出庭作证的法律后果。该条意义在于,提高鉴定人出庭作证的规范效力等级,更有利于促使鉴定人出庭作证。对鉴定人拒绝出庭作证的行为明确"鉴定意见失去证明力"以及"应返还鉴定费用"两大法律后果,则可以倒逼鉴定人主动出庭作证。但在该条实施过程中,对条文中"经人民法院通知"存有争议,主要表现在三个方面:通知时间、通知形式和通知内容。首先,通知时间。既然是通知鉴定人到庭作证,那么至少应在开庭审理前应当通知到鉴定人。而且,考虑到鉴定人出庭作证还需要一定的准备时间和在途时间,本条参照 2017 年《民事诉讼法》第一百三十六条中通知当事人和其他诉讼参与人的时间,规定应在开庭审理 3 日前通知鉴定人。这样便于鉴定人协调时间安排以及按法院要求准备回答事项。其次,通知形式。虽然本条起草过程中,曾规定书面通知书形式,但本条定稿时已删除。但考虑到鉴定人出庭作证和证人出庭作证情况相似,故仍应参照 2020 年《证据规定》第七十条规定,一般应为书面通知书形式,但法院可根据情形自由裁量是否采用其他形式。最后,通知内容。本条同样参照 2020 年《证据规定》第七十条规定的证人出庭通知书记载的内容,将通知鉴定人的内容列举为出庭的时间、地点及要求。由于 2020 年《证据规定》第三十三条已经规定鉴定人之前已经签订承诺书知晓虚假鉴定的可能后果,故通知时无须像通知证人一样告知作伪证的风险。这里需要注意的是,当事人申请鉴定人出庭作证与申请证人

① 柯昌林:《鉴定人出庭作证问题研究》,载《湖南社会科学》2011 年第 3 期。

出庭作证的区别在于，前者必须在开庭审理 3 日以前，而对于申请证人出庭作证则无此强制要求。

司法鉴定实务中，受托进行鉴定、出具鉴定意见的有两类主体：鉴定人和鉴定机构。由于鉴定机构是一个法律拟制的组织体，本身不具有自然属性，因此，不能亲自出庭作证，而只能由其工作人员出庭作证。由于之前的规定没有对鉴定机构工作人员作出明确限定，导致个别鉴定机构指派的工作人员因不了解鉴定原理和鉴定过程，对鉴定意见解释说明得不清楚、不全面，从而影响法院对待证事实的审查认定。故本条新增第二款明确规定，委托鉴定机构鉴定的，应当由从事鉴定的人员代表机构出庭。如果鉴定机构安排出庭的人员并非从事本次鉴定的人员，则应视为鉴定人未出庭作证，法院可视情形再次通知其安排符合本条要求的人员出庭或直接依据 2020 年《证据规定》第八十一条处理。

实务疑难

鉴定人是否可以参照 2020 年《证据规定》第七十六条的规定，采取提交书面证言、视听传输技术或者视听资料等方式作证？

第一种观点认为，鉴定人出庭作证与证人出庭作证一样，都是为了陈述与案件相关的待证事实，且鉴定意见由鉴定人制作，其最了解鉴定意见的情况，故如出现 2021 年《民事诉讼法》第七十六条规定的证人确有正当理由不能出庭作证的情形，则应参照 2020 年《证据规定》第七十六条的规定，允许鉴定人通过庭外作证的方式回答当事人及法院的问题。第二种观点认为，虽然证人证言和鉴定意见同属于言词证据，从而使证人、鉴定人出庭接受当事人的质询成为证人证言和鉴定意见产生证明效力的必要前提。但是，证人与鉴定人有很大不同，证人对个案来讲是特定的，在诉讼上具有不可替代性，而鉴定人是由法院指定或者当事人委托的，具有可更换性或替代性。因此，从立法的角度而言，不能像对待普通证人那样为鉴定人设定特殊原因，从而使鉴定人拒绝出庭作证合法化。在实务上，如果鉴定人在客观上确实因特殊情况，如长期抱病在身、到国外长期探亲甚至定居等难以出庭作证的，就应当及时更换鉴定人，并重新作出鉴定意见。这也是废止 2002 年《证据规定》第五十九条第二款“鉴定人确因特殊原因无法出庭的，经人民法院准许，可以书面答复当事人的质询”的原因。它有可能剥夺当事人当庭要求鉴定人回答质疑的权利，也有可能剥夺法官通过直接观察当事人与鉴定人之间的言词辩论而获得内心确信的权力。笔者认为，但如果鉴定人为自然人时，即便鉴定人有类似上述证人的正当理由情形，一般也不宜委托他人进行重新鉴定，完全可以区分情况处理：对于简单问题的异议，可通过书面形式、视听资料形式回复意见；对于复杂问题的异议，则可通过视听传输技术来解决。

关联法条

1.《中华人民共和国民事诉讼法》(2021 年)

第八十一条　当事人对鉴定意见有异议或者人民法院认为鉴定人有必要出庭的，鉴定人应当出庭作证。经人民法院通知，鉴定人拒不出庭作证的，鉴定意见不得作为认定事实的根据;支付鉴定费用的当事人可以要求返还鉴定费用。

2.《全国人民代表大会常务委员会关于司法鉴定管理问题的决定》(2015 年)

十一、在诉讼中,当事人对鉴定意见有异议的,经人民法院依法通知,鉴定人应当出庭作证。

3.《最高人民法院关于适用〈中华人民共和国民事诉讼法〉的解释》(2022 年)

第二百二十七条 人民法院适用普通程序审理案件,应当在开庭三日前用传票传唤当事人。对诉讼代理人、证人、鉴定人、勘验人、翻译人员应当用通知书通知其到庭。当事人或者其他诉讼参与人在外地的,应当留有必要的在途时间。

典型案例

1.(2021)豫 08 民终 349 号

裁判观点:关于上诉人申请鉴定人出庭作证的问题。根据 2020 年《证据规定》第七十九条第一款"鉴定人依照民事诉讼法第七十八条的规定出庭作证的,人民法院应当在开庭审理三日前将出庭的时间、地点及要求通知鉴定人"的规定,上诉人最迟应当在开庭三日前向本院提出申请,其于庭审前一日提出申请,不符合相关规定,本院不予支持。

2.(2020)鲁 07 民终 1934 号

裁判观点:本案系财产损害赔偿纠纷,华杰基地主张电力公司停电造成其养殖的石斛死亡,要求电力公司进行赔偿,应当查明电力公司停电与石斛死亡之间的因果关系、石斛死亡造成的损失情况及双方对于损害后果的过错责任大小等事实内容。一审法院委托鉴定机构对电力公司停电与石斛死亡之间的因果关系、石斛死亡造成的损失情况进行了鉴定,并对鉴定结论进行了质证,从质证情况看,双方当事人对鉴定结论均提出异议。2017 年《民事诉讼法》第七十八条规定:"当事人对鉴定意见有异议或者人民法院认为鉴定人有必要出庭的,鉴定人应当出庭作证……"2020 年《证据规定》第七十九条规定:"鉴定人依照民事诉讼法第七十八条的规定出庭作证的,人民法院应当在开庭审理三日前将出庭的时间、地点及要求通知鉴定人。委托机构鉴定的,应当由从事鉴定的人员代表机构出庭。"第八十条规定:"鉴定人应当就鉴定事项如实答复当事人的异议和审判人员的询问。当庭答复确有困难的,经人民法院准许,可以在庭审结束后书面答复。人民法院应当及时将书面答复送交当事人,并听取当事人的意见。必要时,可以再次组织质证。"经阅卷查询,一审法院未就当事人提出的异议内容依法进行处理,程序不当。

3.(2021)黔 0628 民初 126 号

裁判观点:2016 年《司法鉴定程序通则》第三十二条第二款规定,"接受重新鉴定委托的司法鉴定机构的资质条件应当不低于原司法鉴定机构,进行重新鉴定的司法鉴定人中应当至少有一名具有相关专业高级专业技术职称"。经审查,鉴定报告书中的鉴定人员刘欢具有高级鉴定评估师资质、王稳刚具有鉴定评估师资质,符合该条规定。故对被告迅捷公司的重新鉴定申请,本院不予准许。对其鉴定人出庭申请,2020 年《证据规定》第七十九条第一款"鉴定人依照民事诉讼法第七十八条的规定出庭作证的,人民法院应当在开庭审理三日前将出庭的时间、地点及要求通知鉴定人”的规定，申请鉴定人出庭至少应在开庭三日前，本案开庭时间为2021年2月23日下午3时，申请人在2月20日提交鉴定人出庭申请书系在开庭审理三日内，且拒不预交鉴定人出庭费用，故应承担鉴定人不予出庭的法律后果。该鉴定报告书可作为认定案件事实的依据。

（新增）第八十条　【鉴定人书面答复质询】

鉴定人应当就鉴定事项如实答复当事人的异议和审判人员的询问。当庭答复确有困难的，经人民法院准许，可以在庭审结束后书面答复。

人民法院应当及时将书面答复送交当事人，并听取当事人的意见。必要时，可以再次组织质证。

法条渊源

本条是关于鉴定人出庭回答询问和庭后以书面形式回答质询的规定。在2002年《证据规定》中只有关于鉴定人出庭作证的规定，没有对作证的内容进行细化。特别是针对实务中经常出现的鉴定人无法当庭回答当事人或人民法院询问的情形，当时没有规定可操作性细则。之后，2012年《民事诉讼法》第七十八条第一次以立法形式规定鉴定人在两种情形下应到庭作证以及拒不到庭作证的法律后果，但仍没有对鉴定人出庭作证的内容以及鉴定人无法当庭答复处理作出规定。为了明确鉴定人出庭作证的内容和确有困难不能当庭回答询问的处理，2020年《证据规定》新增了本条规定。

法条精析

本条是关于鉴定人书面回答质询的规定，在2002年《证据规定》中没有涉及，属于新增规定，也是对2017年《民事诉讼法》第七十八条的解释。本条在起草过程中，2016年《法院征求意见稿》第一百一十三条规定：“鉴定人应当就鉴定事项如实答复当事人的异议，当庭答复确有困难的，经人民法院准许，可以在庭审结束后书面答复。人民法院认为有必要的，可以另行开庭组织对鉴定意见的质证。”2017年《审判长讨论稿》第八十七条第二款规定：“鉴定人应当就鉴定事项如实答复当事人的异议。当庭答复确有困难的，经人民法院准许，可以在庭审结束后书面答复。”可见，与前稿相比，本款删除了“人民法院认为有必要的，可以另行开庭组织对鉴定意见的质证”。2018年《审委会送审稿》第八十条第三款、第四款规定，“鉴定人应当就鉴定事项如实答复当事人的异议和审判人员的询问。当庭答复确有困难的，经人民法院准许，可以在庭审结束后书面答复。人民法院应当及时将书面答复送交当事人，并听取当事人的意见。必要时，可以再次组织质证”。与前稿相比，本次修改增加了“和审判人员的询问”和“人民法院应当及时将书面答复送交当事人，并听取当事人的意见。必要时，可以再次组织质证”，一方面增加了鉴定人如实答复的对象；另一方面增加了再次组织质证的内容。本条定稿时,再无修改。

从司法实践情况来看,目前鉴定人出庭作证,回答异议和询问的情形仍然并不普遍。鉴定意见主要还由法官自行判断审查,双方当事人通过询问鉴定人的方式对鉴定意见进行质证的情况较少。主要原因包括:一些法官过于相信鉴定意见中的结论,认为鉴定意见是科学证据,具有最强证明力,因此,在对鉴定意见进行审查认定时,既不让鉴定人出庭回答当事人异议、接受法院询问,也不结合其他证据对鉴定意见的科学性和真实性进行审查,就默认了鉴定意见的证明力。特别是在诉讼中存在多个鉴定意见的情况下,个别人民法院会以权威性较高的鉴定机构拥有更专业的设备和高素质的人才所作出的鉴定意见更加具有可靠性为由,认为不需要再对鉴定意见有无证明力及鉴定意见证明力大小进行审查,故也就更不会通知鉴定人出庭接受询问或回答异议。除此之外,另一些法官由于本身对鉴定所涉领域专业知识的欠缺,无从审查判断鉴定意见的真伪,故往往倾向于直接采纳鉴定意见而不想因让鉴定人出庭接受询问或回答异议而节外生枝,让自己陷入左右为难境地。但不可否认的是,如果一味采信鉴定意见而不对其进行审查判断,难免可能出现案件实际上并非法官裁判而是由鉴定人裁判的后果。

事实上,鉴定的过程就是鉴定人运用自己的专业知识和技术经验对被鉴定对象进行分析研究、作出判断的过程。由于鉴定人自身的主观因素或是鉴定技术水平受限的客观条件原因,鉴定意见出现错误的情况在所难免。这说明,鉴定意见作为证据的一种,也需要接受当事人的质证。虽然鉴定意见多以书面形式呈现,但其实质是鉴定人就案件中的专门性问题进行鉴定作出的判断意见,仍属于言词证据范畴。鉴定意见的科学性和证据性质决定了对鉴定意见质证需要借助鉴定人的专业知识,并通过鉴定人出庭回答法院询问和当事人异议的方式,帮助法院就其是否可作为认定案件事实的依据作出正确判断。因此,2021 年《民事诉讼法》第八十一条规定,在当事人对鉴定意见有异议或人民法院认为有必要出庭的情况下,鉴定人应当出庭作证。与此同时,2021 年《民事诉讼法》第一百四十二条第二款规定,在庭审过程中,当事人经法庭许可,可以向鉴定人发问。由此可见,在我国,向鉴定人进行发问质询是当事人的一项法定诉讼权利。鉴定人出庭有助于当事人充分参与到对鉴定意见的质证中,使当事人与鉴定人进行充分的沟通。法官也可通过亲自聆听当事人及其诉讼代理人对鉴定意见的辩论和鉴定人对质疑的回答,考虑鉴定意见的可靠程度,易于准确判断有关证据的真伪以及证据与案件事实之间的关联性。同时,法官、当事人和鉴定人直接见面,加之言词方式具有传达信息简便、快捷的优点,有助于法官及时解决问题,从而推动诉讼迅速进行。[①]

就答复对象而言,立法已限定在两种情形下,鉴定人应当出庭作证:一是当事人对鉴定意见提出异议;二是人民法院认为有必要。故本条第一款明确鉴定人应就鉴定事项如实答复的对象为当事人异议和审判人员询问。具体而言,当事人就异议问题对鉴定人的询问应围绕鉴定意见的客观性、关联性、合法性、证明力大小等相关问题。在客观性方面,包括送检材料的收集、提取过程,鉴定人的专业技术水平,鉴定方法的科学性等内容。对送检材料收集、提取

---

① 肖承海:《论鉴定结论质证的路径依赖》,载《证据科学》2008 年第 2 期。

过程发问，侧重在收集、提取的现场有无破坏，收集、提取的送检材料有无被污染，收集、提取的流程是否合规等；对鉴定人的专业技术水平的发问，则重点关注鉴定人是否实际进行鉴定、鉴定人鉴定时是否具备鉴定资质、鉴定人是否为出具鉴定意见的鉴定机构的工作人员等；对鉴定方法的科学性发问，则应围绕鉴定方法本身的科学性、鉴定方法选择的合理性、鉴定方法运用的正确性三个方面进行。在关联性方面，可以就鉴定意见针对的专门性问题与待证事实之间关联的形式是直接的还是间接的，关联的性质是必然的还是偶然的问题进行询问。如果鉴定意见与案件事实关联的形式是间接的，并且关联的性质是偶然的，那么鉴定意见的证明价值就比较小，当事人可以申请法官拒绝采信此鉴定意见。在合法性方面，可以就鉴定人是否具有法定的回避事由、鉴定人是否违反鉴定人职业道德和执业纪律、鉴定程序是否合法等内容进行询问。① 相应地，鉴定人出庭答复当事人异议也主要围绕上述当事人询问的内容有针对性地解释、说明。从辩论主义出发，对当事人未提出异议的鉴定意见，人民法院原则上应予采信，除非鉴定意见内容涉及国家利益、社会公共利益或案外人利益。后三者利益是人民法院作为担负司法审判职能的国家机关依法应主动予以保护的利益。一旦后三者利益可能因鉴定意见受损，人民法院当然有必要通知鉴定人出庭作证，接受法院的询问。此时，审判人员的发问就应主要围绕鉴定意见是否损害以上三者利益进行有针对性地发问，而鉴定人答复审判人员的询问，就应侧重在以上三者利益并未因鉴定意见受损的角度进行解释说明。

与证人作证类似，即便鉴定人出庭作证答复当事人异议和法院询问，也可能由于出庭前和出庭时被他人威逼利诱、不适当引导等原因，而作出虚假或不实陈述。为此，本条第一款规定了鉴定人应当就鉴定事项如实答复的义务。这里的如实是指鉴定人在不受外来干扰下在自身专业技术能力水平范围内，对异议和询问作出尽可能全面、客观的答复。但囿于鉴定人专业水平、鉴定技术和表达能力等因素影响，不能完全杜绝鉴定人虽力图如实答复，但结果并不符合真实情况的情形。对此情形，就不能认定鉴定人没有做到本条规定的如实答复要求。

一般情况下，鉴定人收到当事人异议后都有时间对异议问题进行有针对性准备。但毕竟当事人异议和审判人员询问存在随机性、突发性，当出现当事人或法院提出的问题确实因相关资料没有携带、相关数据当场无法核对等客观原因，无法当庭答复问题情形时，是否需要再次开庭并通知鉴定人到庭作证？笔者认为，这应具体情况具体分析。如果尚未答复的问题较多且涉及的专门问题过于专业，一般人根据日常生活经验无法理解，则可以由人民法院再次组织对鉴定意见的质证并通知鉴定人到场回答询问和异议。这里必须指出的是，本条第二款从提高审理效率、降低诉讼成本出发，对再次组织质证的方式并无强制性规定，法院可视情形通过开庭或非开庭方式进行。一般而言，如果尚未答复的问题较少且书面表述不影响当事人、人民法院的理解判断，则没有必要再次开庭浪费司法资源增加诉讼成本。为此，本条规定由人民法院审查认定属于确有困难情形后，可以要求鉴定人在庭审结束后提交书面答复替代通过再次开庭并当庭答复。这里需要注意的是，这里的庭审结束宜解释为本次庭审。这是因为人民法院审理民事案件，可能因案件复杂疑难、证据繁多，不得不多次进行开庭审理。所以

---

① 陈龙业：《鉴定人出庭作证若干适用问题探讨》，载《法律适用》2013年第6期。

就某次庭审中鉴定人出庭作证，就某一问题当庭答复确有困难时，可以要求鉴定人在该次庭审结束后一定时间内向法院提交书面答复，一般无须等到最后一次庭审结束后。事实上，法院要求鉴定人提交书面答复时，也不知道该次庭审是否为最后一次庭审。关于答复确有困难的具体情形，实践中情况很多，无法统一规定，只能由人民法院根据日常生活经验、行业惯例、客观情况变化等诸多因素自由裁量认定。为防止鉴定人以确有困难为借口，对客观上可以当庭回答的问题避而不答、避重就轻的情况，本条第一款将是否允许鉴定人庭审结束后书面答复的决定权交给了人民法院。

鉴定人向人民法院提交书面答复后，由于书面答复本身也属于鉴定人作证的组成部分，涉及各方当事人合法权益，属于质证对象。一般而言，当事人对此应有知情权和异议权。鉴于此处所指书面答复针对的仅是已经质证过的个别鉴定人当庭答复确有困难的问题，故该书面答复一般没有必要再次组织当事人质证，只需要及时将书面答复送交当事人听取其意见即可。故本条第二款明确规定了人民法院应当及时将书面答复送交当事人并听取当事人针对该书面答复所提意见。只有在听取当事人的意见后，仍不能对待证事实判断认定的，人民法院可以再次组织质证。再次组织质证时，鉴定人是否到场接受询问应当由法院依照实际情况判断。人民法院应当根据当事人的意见、鉴定人未出庭的事由、案件具体情况等情况综合考虑后，作出判断。

实务疑难

司法实务中，对本条中书面答复相关问题理解可能存在以下分歧：(1)如何理解庭审结束；(2)书面答复是否必须送交当事人听取其意见。关于如何理解“庭审结束”的问题。第一种观点认为，从本条文义解释角度而言，庭审结束前是指开庭审理结束之前。如果法院定期宣判，则应等到定期之日才意味着庭审结束。理由在于：民事诉讼法已经将定期宣判的法律条文置于开庭审理这一章节之下，这意味着立法者认为宣判也属于庭审重要环节。第二种观点认为，庭审结束也即法庭审理已经结束，意味着法庭关闭。根据 1982 年《民事诉讼法》第一百一十一条“法庭辩论终结，可以再行调解；调解未达成协议的，依法作出判决”可知，法庭辩论终结后，作出判决前，只能进行调解。但该调解显然不是一般意义上的开庭审理。故法庭辩论终结即为庭审结束。此后，当事人不得向本级法院再提出主张和进行举证、质证等。这从 1992 年《民诉法意见》第 156 条规定，原告增加诉讼请求，被告提出反诉，第三人提出与本案有关的诉讼请求只能在法庭辩论终结前即可得到印证。因此，鉴定人提交书面答复应在法庭辩论终结前，也即庭审结束前。进而本条中的“庭审结束前”只能限定为本次开庭审理结束前。笔者倾向于第二种观点。关于书面答复是否必须送交当事人听取其意见的问题，笔者认为，根据 2020 年《证据规定》第三十七条规定，既然鉴定人进行解释、说明或者补充的对象包括当事人的异议事项、人民法院认为有必要但当事人未提出异议的事项，那么在书面答复当事人未提出异议的事项时，由于该答复事项当事人并未提出异议，故无须送交当事人，除非书面答复改变了之前结论。

关联法条

《中华人民共和国民事诉讼法》(2021年)

第八十一条 当事人对鉴定意见有异议或者人民法院认为鉴定人有必要出庭的,鉴定人应当出庭作证。经人民法院通知,鉴定人拒不出庭作证的,鉴定意见不得作为认定事实的根据;支付鉴定费用的当事人可以要求返还鉴定费用。

典型案例

1. (2021)陕民终755号

裁判观点:陕西众源绿能天然气有限责任公司上诉请求:依法撤销陕西省榆林市中级人民法院(2017)陕08民初460号民事判决书,改判驳回被上诉人的诉讼请求或者将案件发回重审。由被上诉人承担诉讼费用。事实与理由:……3. 一审法院将鉴定机构应法院要求所作出的回复函作为本案最终定案证据使用是错误的。回复函不是司法鉴定意见中的结论,民诉法中不包括回复函这个证据类型。回复函在陕西中科司法鉴定所没有具体的鉴定人或者经手人签名,责任主体不明,事实来源发生不明。根据2017年《民事诉讼法》第六十四条规定以及最高人民法院对该条款的解释,当事人对自己主张有责任提供证据,除法律规定情形外,人民法院调查收集证据,应当依照当事人的申请进行。而且从法院致函的内容来看存在明显的倾向性表示,有违司法公正、公平的原则……原审法院对合同中综合费率的理解虽与上诉人不同,但并未否定《施工合同》的效力,故上诉人关于原判决认定合同无效属于适用法律错误之上诉理由,本院不予支持。本案鉴定人给原审法院的回复函,符合2020年《证据规定》第八十条"鉴定人应当就鉴定事项如实答复当事人的异议和审判人员的询问。当庭答复确有困难的,经人民法院准许,可以在庭审结束后书面答复。人民法院应当及时将书面答复送交当事人,并听取当事人的意见。必要时,可以再次组织质证"的规定,原审法院采信该回复函,既未违反法律规定,亦不属于以鉴代审。

2. (2021)辽02民终5059号

裁判观点:关于龙信公司要求对建科院答复意见进行质证一节,根据2020年《证据规定》第八十条的规定,"鉴定人应当就鉴定事项如实答复当事人的异议和审判人员的询问。当庭答复确有困难的,经人民法院准许,可以在庭审结束后书面答复","人民法院应当及时将书面答复送交当事人,并听取当事人的意见。必要时,可以再次组织质证",鉴定机构在庭审后书面答复相关问题,符合法律规定。龙信公司要求组织开庭质证,但并未能提交证据说明其必要性,本院不予组织再次开庭质证,符合法律规定。龙信公司的此项主张,本院不予支持。

3. (2020)豫11民终2533号

裁判观点:2020年《证据规定》第四十条规定:"当事人申请重新鉴定,存在下列情形之一的,人民法院应当准许:(一)鉴定人不具备相应资格的;(二)鉴定程序严重违法的;(三)鉴定意见明显依据不足的;(四)鉴定意见不能作为证据使用的其他情形。存在前款第一项至第三项情形的,鉴定人已经收取的鉴定费用应当退还。拒不退还的,依照本规定第八十一条第二款的规定处理。对鉴定意见的瑕疵,可以通过补正、补充鉴定或者补充质证、重新质证等方法解决的,人民法院不予准许重新鉴定的申请……”第八十条规定:“鉴定人应当就鉴定事项如实答复当事人的异议和审判人员的询问。当庭答复确有困难的,经人民法院准许,可以在庭审结束后书面答复。人民法院应当及时将书面答复送交当事人,并听取当事人的意见。必要时,可以再次组织质证。”本案中,一审法院已就案涉鉴定报告的初稿征求双方当事人意见,鉴定人虽未及时出庭,但庭后接受了法庭询问,对鉴定意见提出的问题进行了解释,询问笔录已入卷宗。本案鉴定由一审法院依法委托,鉴定机构与鉴定人员具备相应资质,鉴定程序合法,鉴定意见符合本案事实,应当予以采纳。

4.(2020)苏03民终3048号

裁判观点:一、关于涉案车辆的折旧损失应如何认定的问题。2020年《证据规定》第八十条规定,鉴定人应当就鉴定事项如实答复当事人的异议和审判人员的询问。当庭答复确有困难的,经人民法院准许,可以在庭审结束后书面答复。人民法院应当及时将书面答复送交当事人,并听取当事人的意见。必要时,可以再次组织质证。本案中,上诉人张永歌认为涉案评估报告未予扣除装载机被扣押前的折旧损失,及上诉人将装载机返还到法院至评估之日期间的折旧损失,不具有客观真实性,不应作为定案依据。为此,本院就张永歌上述异议询问了安杰公司,该公司向本院出具《补充说明》一份,其中载明,因一审法院委托鉴定时未向评估机构明确装载机具体购买时间,导致评估机构未将车辆被扣押前的折旧损失予以扣除;现评估公司明确,到2014年12月装载机的折旧损失为3.9万元,扣除装载机被扣押前折旧损失6368元,车辆被张永歌扣押期间(2010年11月至2014年12月)的折旧损失为32,632元。一审法院系依据当事人申请依法启动鉴定程序,委托具备相应鉴定资质的安杰公司进行评估,鉴定程序合法,评估报告对鉴定、分析过程表述明确,且鉴定机构亦对张永歌提出的异议给予合理的补充说明,本院对该评估公司出具的评估报告及补充说明中关于装载机折旧损失的认定予以确认。

(新增) 第八十一条 【鉴定人拒不出庭作证后果】

鉴定人拒不出庭作证的,鉴定意见不得作为认定案件事实的根据。人民法院应当建议有关主管部门或者组织对拒不出庭作证的鉴定人予以处罚。

当事人要求退还鉴定费用的,人民法院应当在三日内作出裁定,责令鉴定人退还;拒不退还的,由人民法院依法执行。

当事人因鉴定人拒不出庭作证申请重新鉴定的,人民法院应当准许。

法条渊源

本条是根据2017年《民事诉讼法》第七十八条,对鉴定人拒不出庭后果所作的可操作性规定。对于鉴定人拒不出庭的后果,该条已经明确规定鉴定意见不得作为认定案件事实的依据、支付鉴定费用的当事人可以要求鉴定人返还鉴定费用。实务中对该条适用存在较大争议。例如,对拒不出庭的鉴定人能否进行处罚、当事人主张返还鉴定费用是申请还是起诉、拒不出庭是否可以申请重新鉴定等。

法条精析

本条是关于鉴定人拒不出庭作证的后果规定,在 2002 年《证据规定》中没有类似内容,是对 2012 年《民事诉讼法》第七十八条的细化解释。本条起草过程中,2016 年《法院征求意见稿》第一百一十四条规定:"鉴定人拒不出庭作证的,鉴定意见不得作为认定案件事实的根据。人民法院应当在三日内作出裁定,责令鉴定人在收到裁定书次日起七日内向当事人返还鉴定费用。逾期不返回的,由人民法院强制执行。当事人因鉴定人拒不出庭作证申请重新鉴定的,人民法院应当重新委托其他具有相应资格的鉴定人进行鉴定。"2017 年《审判长讨论稿》第八十八条规定:"鉴定人拒不出庭作证的,鉴定意见不得作为认定案件事实的根据。人民法院应当建议有关主管部门或者组织对鉴定人予以处罚。当事人要求返还鉴定费用的,人民法院应当在三日内作出裁定,责令鉴定人在裁定书确定的期间内向当事人返还鉴定费用。逾期不返回的,由人民法院强制执行。当事人因鉴定人拒不出庭作证申请重新鉴定的,人民法院应当准许。"本稿增加了"人民法院应当建议有关主管部门或者组织对鉴定人予以处罚。当事人要求返还鉴定费用的"表述,加大对鉴定人的行业监管约束,并将是否返还鉴定费用,交由当事人自行决定是否提出申请。同时,本稿也将"在收到裁定书次日起七日内"修改为"在裁定书确定的期间内",给予法院在返还鉴定费用期限问题上一定的自由裁量权。2018 年《审委会送审稿》则将"责令鉴定人在裁定书确定的期间内向当事人返还鉴定费用。逾期不返回的,由人民法院强制执行"简化修改为"责令鉴定人返还;拒不返还的,由人民法院依法执行"。本条定稿时除了调整语序外,只将"返还"修改为"退还",内容没有变化。

从司法实务情况看,鉴定人基于各种主客观因素,出庭作证的情形目前并不多见。为了促使鉴定人能在法院通知后积极出庭作证,提高出庭作证率,2012 年《民事诉讼法》第七十八条规定了鉴定人拒不出庭作证的两大后果,即鉴定意见不得作为认定事实的根据、支付鉴定费用的当事人可以要求返还鉴定费用。本条对该项规定进行了完善。对鉴定人拒不出庭作证的后果可以归结为以下情况:

1. 直接排除鉴定意见在裁判中的适用。原则上,鉴定意见既可以口头方式作出,也可以书面方式作出。在多数情况下,法官只要求鉴定人出具书面的鉴定意见。以域外的立法和实务经验为例,在德国,鉴定意见应当在口头辩论中作出,但法院也可以命令出具书面鉴定意见,后者在实践中是惯例。[①] 在日本,"鉴定人原则上应出庭陈述意见,但其报告的形式应由审判长指定"。[②] 2017 年《民事诉讼法》第七十八条已规定,在证据调查阶段,只有当事人有异议或者法院认为有必要的情况下,才需要鉴定人出庭作证,对鉴定意见的内容进行说明,并接受当事人和审判人员的询问。可见,鉴定意见并不必然因为鉴定人拒绝出庭而无效。在不具

---

① [德]奥特马·尧厄尼希:《民事诉讼法》(第 27 版),周翠译,法律出版社 2003 年版,第 290 页。

② [日]三月章:《日本民事诉讼法》,汪一凡译,台北,五南图书出版有限公司 1997 年版,第 466 页。

有法定应当出庭的情形下,鉴定人没有出庭的,仍应由法官进一步对该意见结合其他证据进行审查判断,对于无法认定的鉴定意见可以不予采信。法律要求鉴定人出庭陈述的目的在于赋予当事人直面询问鉴定人的机会,以及鉴定人对其鉴定意见解释说明、答复的机会。最后再由法官决定是否采信该鉴定意见。鉴定人拒不出庭将导致鉴定意见异议问题无法解决,进而法院缺少对专业性问题作出判断的依据而不能采信该鉴定意见。为查明待证事实,经当事人申请,人民法院应当再次委托鉴定机构进行鉴定。因此,本条第三款新增规定"当事人因鉴定人拒不出庭作证申请重新鉴定的,人民法院应当准许"。

2. 退还鉴定费用。从契约角度而言,鉴定人接受法院的委托进行鉴定,收取鉴定费用,就应当对其所作出的鉴定意见负责,并对其中有异议的部分出庭进行解释,方才实现双方权利义务关系的对等。在鉴定人拒绝出庭作证导致鉴定意见不能被采信的情况下,鉴定人已违反了委托合同义务和契约精神,应当退还已经收取的鉴定费用。因此,2021 年《民事诉讼法》第八十一条规定,鉴定人拒不出庭作证的,支付鉴定费用的当事人可以要求返还鉴定费用。但该条实施以来存在较大争议:支付鉴定费用的当事人向鉴定人抑或人民法院主张返还鉴定费用?应采取诉讼抑或非诉讼方式主张返还?如果采取诉讼方式主张返还,被告是法院抑或鉴定人?如果采取非诉讼方式,应向谁主张返还?如果不返还,该怎么处理?主张返还的鉴定费用是全部还是部分?鉴定人能否以已经为鉴定事项支出实际费用主张抵扣?等等。本条起草过程中,笔者曾提出,要求返还鉴定费用应以支付鉴定费用的当事人一方为原告、鉴定人为被告通过诉讼方式进行。理由在于,鉴定费用在建设工程施工等类型案件中数额往往较大,如果直接以裁定方式让鉴定人返还,可能会导致鉴定人的财产权益不当减少,故应通过诉讼程序保障鉴定人就其不符合拒不出庭作证的认定标准提出抗辩的权利。经认真研究,本条最后选择了一种相对弊端较少的处理方式。即支付鉴定费用的当事人一方可以向法院提出鉴定人返还鉴定费用的要求;人民法院则应当在三日内作出裁定。之所以规定法院较短的裁定作出期间,主要是为了避免耽误当事人另行委托鉴定人的时间,拖延诉讼进程。鉴定人拒不返还鉴定费用的,由法院依法执行。这里的依法执行,主要是根据当事人处分原则,执行措施应经当事人申请,符合法定条件,法院才可以采取强制执行措施。

3. 法院应当建议有关主管部门或组织对鉴定人进行处罚。有学者认为,对鉴定人的制裁手段应当只限于罚款和行政处罚。2021 年《民事诉讼法》第一百一十七条规定"有关单位拒绝或者妨碍人民法院调查取证的"可以对直接责任人予以罚款。鉴定人出庭作证的作用在于对鉴定意见进行解释说明,出庭行为和鉴定意见共同构成证据方法。因此,鉴定人拒绝出庭的行为应当认定为妨碍法院调查取证的行为,可以适用该法条予以罚款。[①] 该条还规定了可以对单位主要负责人或直接责任人进行罚款、拘留,并提出司法建议,对应了本条中"应当建议有关主管部门或者组织对拒不出庭作证的鉴定人予以处罚"的规定。具体而言,2015 年《鉴定管理决定》第十三条第二款第三项规定的"经人民法院依法通知,拒绝出庭作证的",由省级人民政府司法行政部门给予停止从事司法鉴定业务三个月以上一年以下的处罚;情节严

---

① 王浩云:《鉴定人出庭作证制度的解构与完善——以〈民事诉讼法〉第 78 条为基点展开》,载《法学杂志》2015 年第 12 期。

重的，撤销登记。

本条第三款则是对 2020 年《证据规定》第四十条规定的法定重新鉴定情形的补充。之所以本条增设鉴定人拒不出庭作证的情形下，当事人可以申请重新鉴定的规定，理由在于 2021 年《民事诉讼法》第八十一条以及本条第一款都已经明确规定，鉴定人拒不出庭作证的情形下，鉴定意见不能作为认定事实的依据。也即，此种情形下，鉴定意见没有证据资格。进而，当事人申请鉴定的证明目的不能实现。鉴于该待证事实涉及专门知识，只能以鉴定意见的方式证明，无法用其他证据形式替代，故当事人申请重新鉴定在所难免。对此，由于鉴定意见不能采用并非申请鉴定一方过错所致，故人民法院应当准许。

实务疑难

支付鉴定费用的当事人主张返还的鉴定费用是全部还是部分？鉴定人能否以已经为鉴定事项支出实际费用主张抵扣？

司法实践中，当事人向鉴定人主张返还鉴定费用时，鉴定人经常以不能到庭有正当理由、已为鉴定支付实际费用、鉴定意见全部或部分可以使用等作为抗辩事由。对此，应如何处理，观点不一：第一种观点认为，如果鉴定人上述抗辩事由确实存在，就应该可以主张减少甚至不予返还鉴定费用。理由在于，2021 年《民事诉讼法》第八十一条只是规定了支付鉴定费用的当事人可以要求返还鉴定费用，但并未明确必须是全部返还。鉴定费用是鉴定人处理鉴定事务应收取的对价，鉴定人与委托人之间本质上是委托合同关系。从权利义务对等角度而言，既然鉴定人已经履行了部分合同义务，就应得到部分鉴定费用。第二种观点认为，即便鉴定人上述抗辩事由确实存在，当事人原则上也可主张全额返还鉴定费用。理由在于，鉴定人收取鉴定费用的前提是交付符合要求的鉴定意见并依法出庭作证。在符合法定出庭情形下，鉴定人不出庭作证，就意味着其鉴定意见很难被完全质证。未经质证的证据不能作为认定事实的依据，故 2021 年《民事诉讼法》第八十一条明确规定鉴定意见不得作为认定事实的根据，也即委托合同目的落空，鉴定人当然无权主张收取任何鉴定费用。笔者倾向于第二种观点，但如果双方当事人认可该鉴定意见中部分内容且人民法院对该部分的鉴定意见并无异议，鉴定人可以收取部分鉴定费用。

关联法条

1.《全国人民代表大会常务委员会关于司法鉴定管理问题的决定》(2015 年)

十三、鉴定人或者鉴定机构有违反本决定规定行为的，由省级人民政府司法行政部门予以警告，责令改正。

鉴定人或者鉴定机构有下列情形之一的，由省级人民政府司法行政部门给予停止从事司法鉴定业务三个月以上一年以下的处罚；情节严重的，撤销登记：

（一）因严重不负责任给当事人合法权益造成重大损失的；

（二）提供虚假证明文件或者采取其他欺诈手段，骗取登记的；

（三）经人民法院依法通知，拒绝出庭作证的；

（四）法律、行政法规规定的其他情形。

鉴定人故意作虚假鉴定，构成犯罪的，依法追究刑事责任；尚不构成犯罪的，依照前款规定处罚。

2.《中华人民共和国民事诉讼法》（2021 年）

第八十一条 当事人对鉴定意见有异议或者人民法院认为鉴定人有必要出庭的，鉴定人应当出庭作证。经人民法院通知，鉴定人拒不出庭作证的，鉴定意见不得作为认定事实的根据；支付鉴定费用的当事人可以要求返还鉴定费用。

典型案例

1.（2021）鲁 16 民终 2203 号

裁判观点：关于上诉人孟新波在一审中提交的由山东中安消防检测有限公司出具的《检验报告》是否作为定案依据的问题，就该报告被上诉人滨州国通公司提出异议，在一审诉讼期间，一审法院通知检验机构山东中安消防检测有限公司出庭接受质询和调查，山东中安消防检测有限公司拒不到庭，根据 2020 年《证据规定》第八十一条“鉴定人拒不出庭作证的，鉴定意见不得作为认定案件事实的根据”的规定，对《检验报告》不予确认。

2.（2021）辽 01 民终 9556 号

裁判观点：本案永盛公估公司评估宝顺安公司因漏水事故造成经济损失 861,060.81 元，对于评估中有争议的“570,000 元的 IT 数据恢复费”法院未予采纳，法院实际采用的金额为 291,060.81 元。依据 2020 年《证据规定》第四十条、第八十一条的规定，鉴定人鉴定意见明显依据不足的，鉴定人已经收取的鉴定费用应当退还；拒不退还的，当事人可以申请法院执行。因本案鉴定意见被部分采纳，因此可以参照上述法律规定，确定由宝顺安公司支付鉴定报告被采纳部分的鉴定费。双方原合同约定数额 10 万元，依据比例确定的评估费数额为 33,800 元（10 万元 ×291,060.81 元/861,060.81 元），宝顺安公司已付 5000 元，依法还应支付 28,800 元（33,800 元 －5000 元）。至于委托人宝顺安公司愿意在此基础上多支付的部分，因双方当事人对此无争议，双方可自行处理。

3.（2021）豫 03 民申 265 号

裁判观点：一审期间，依照郭印三等五原告的申请，一审法院依法委托浙江省机电产品质量检测所对案涉车辆发生交通事故时安全气囊未打开的原因进行鉴定，鉴定意见为：豫 C××××× 号风神轿车发生交通事故时安全气囊未展开的原因是新安城关同心汽修厂在更换安全气囊控制模块时，没有将安全气囊控制模块的功能从工厂模式更改为正常模式。李亚飞申请再审称，鉴定材料未经质证，鉴定人未到庭接受质证，程序违法。根据鉴定意见书的记载，2019 年 10 月 25 日上午，在人民法院工作人员、双方当事人、鉴定专家等均在场的情况下，鉴定专家对案涉车辆进行了勘验，对现场拆卸下的安全气囊系统配件由鉴定机构工作人员带回作进一步分析。在现场勘验的基础上，鉴定机构结合相关资料作出了鉴定意见，而双方当事人均参与了案涉车辆的勘验过程。李亚飞在一审期间对鉴定意见提出异议并申请鉴定人出庭，因鉴定人员出境及受新冠肺炎疫情影响，鉴定人员未能出庭，但鉴定机构针对李亚飞的异议向一审法院作出了书面答复,原审对鉴定意见予以采信,并无不当。

4.(2020)吉民申2189号

裁判观点:2020年《证据规定》第八十一条第二款规定:“当事人要求退还鉴定费用的,人民法院应当在三日内作出裁定,责令鉴定人退还;拒不退还的,由人民法院依法执行。”关于这一条款的规定,虽然所针对的情形为“鉴定人拒不出庭作证的,鉴定意见不得作为认定案件事实的依据”,与本案中鉴定不能的情形不同,且2020年《证据规定》于2020年5月1日起施行,亦不应适用于本案。但从上述条款的规定可以看出,当事人要求退还鉴定费用的申请对象应为人民法院,并由人民法院以裁定的形式予以确认,即当事人在鉴定人拒不出庭作证,鉴定意见不能作为认定案件事实依据的情形下,亦不能直接向鉴定人或者鉴定机构诉请要求返还鉴定费。2020年《证据规定》第八十一条第二款的规定对本案存在指引作用。一、二审法院认定佳翔公司与盛象公司之间并不存在直接的民事法律关系,并无不当。

5.(2020)川01民终11529号

裁判观点:根据四川省宜宾市中级人民法院技术室委托函所载内容,对美亿家公司涉案房产进行评估的委托人系宜宾市中级人民法院,而非美亿家公司。如因鉴定人升隆公司未按期出具鉴定报告,应依据2020年《证据规定》第三十五条“鉴定人应当在人民法院确定的期限内完成鉴定,并提交鉴定书。鉴定人无正当理由未按期提交鉴定书的,当事人可以申请人民法院另行委托鉴定人进行鉴定。人民法院准许的,原鉴定人已经收取的鉴定费用应当退还;拒不退还的,依照本规定第八十一条第二款的规定处理”、第八十一条第二款“当事人要求退还鉴定费用的,人民法院应当在三日内作出裁定,责令鉴定人退还;拒不退还的,由人民法院依法执行”之规定办理。一审法院关于美亿家公司非适格主体以及讼争内容不属于人民法院民事诉讼范围的认定正确,本院予以确认。

(修改) 第八十二条 【询问鉴定人、勘验人】

经法庭许可,当事人可以询问鉴定人、勘验人。

询问鉴定人、勘验人不得使用威胁、侮辱等不适当的言语和方式。

法条渊源

本条是关于询问鉴定人、勘验人的规定。我国立法最早在1991年《民事诉讼法》第一百二十五条第二款就规定“当事人经法庭许可,可以向证人、鉴定人、勘验人发问”。后在2002年《证据规定》第六十条第一款沿袭了上述规定,并新增第二款规定了询问时应注意的言语表达方式,即询问证人、鉴定人、勘验人不得使用威胁、侮辱及不适当引导证人的言语和方式。在本次修改中,主要修改了原来的列举式规定,将威胁、侮辱等行为纳入不适当的言语和方式之中,扩大了当事人不得使用的言语和行为的范围,实际赋予法院在庭审主持中更多的诉讼指挥权,有利于维护庭审秩序,提高庭审效率。

法条精析

本条修改过程中,2016 年《法院征求意见稿》和 2017 年《审判长讨论稿》均对本条内容没有规定。2018 年《审委会送审稿》第八十二条增加"经法庭许可,当事人可以询问鉴定人、勘验人。询问鉴定人、勘验人不得使用威胁、侮辱及不适当引导证人的言语和方式"的规定。本条定稿时将"及不适当引导证人"修改为"等不适当的",其他内容没有变化。相比 2002 年《证据规定》第六十条第一款规定内容,本条主要修改有两处:(1)将询问对象中的"证人"删除。因为 2020 年《证据规定》第七十四条第一款已有规定,故没必要再重复规定。(2)将"及不适当引导证人"修改为"等不适当的"。理由在于,既然证人删除,那么不适当引导证人的表述就没有必要。鉴定人、勘验人是诉讼活动的重要参与人,对于诉讼活动的顺利进行具有重要的意义。鉴定意见和勘验笔录属于言词证据,较易受到主客观因素的影响。故根据 2020 年《证据规定》第三十八条的规定,当事人在收到鉴定人的书面答复后仍有异议的,人民法院应当通知鉴定人出庭。至于勘验人,2017 年《民事诉讼法》第一百三十九条第二款只是规定当事人经法庭许可,可以向勘验人发问,但没有明确规定勘验人的出庭义务。从 2015 年《民诉法解释》第二百二十七条规定对诉讼代理人、证人、鉴定人、勘验人、翻译人员应当用通知书通知其到庭可知,勘验人应当到庭。因此,在当事人对鉴定意见或勘验笔录有异议,人民法院认为有必要时,鉴定人或勘验人应当出庭接受审判人员和当事人的询问。关于对鉴定人、勘验人的询问,我国采取的是法官依职权询问制度,由审判人员主导对鉴定人、勘验人的询问,当事人及其诉讼代理人经法庭的许可后才可以询问鉴定人、勘验人。这里所谓经法庭的许可是一种抽象表述,实际是经审理本案的审判人员许可。之所以规定当事人可以对鉴定人、勘验人进行询问,是因为鉴定意见、勘验笔录具有专业性,仅凭书面记载,很难让不具备专业知识的当事人理解其内容,进而发表相应质证意见。只有在鉴定人、勘验人出庭后,让当事人就其不清楚或有异议部分向鉴定人、勘验人询问,从而后者可以就该部分向法庭作出回应。鉴定人、勘验人的回应,一方面,可以有助于化解当事人对鉴定意见、勘验笔录的疑惑;另一方面,法庭也可根据鉴定人、勘验人的回应进一步判断鉴定意见、勘验笔录的可采性。这里需要注意的是,不能由"经法庭许可"望文生义,得出询问必须发生在法庭正式开庭审理过程中的结论。前面已多次述及,对证据的质证可以发生在开庭前的证据交换以及庭前会议等庭前准备阶段。具体到本条所规范的当事人对鉴定人、勘验人发问,本质上仍是对相关鉴定意见、勘验笔录进行质证的行为。故根据同样情况同样处理原则,在开庭前准备阶段,经法庭允许,当事人可以对鉴定人、勘验人发问。当然,如果法庭不许可,则不存在当事人询问鉴定人、勘验人的前提。至于何种情况下,法庭不许可,现行法并未明确规定。但就实务情况而言,如果当事人有重复询问,询问与鉴定意见、勘验笔录所涉专业问题无关,询问时夹带威胁、侮辱、诱导攻击性语言等滥用询问权情形被人民法院制止后,仍重复上述情形,则人民法院可不予允许。虽然本条第一款没有明确规定当事人的诉讼代理人可以询问鉴定人、勘验人,但从诉讼代理人参加庭审代表当事人行使诉讼权利出发,其应该有权代表当事人对鉴定人、勘验人进行询问。这一点,也可以从 2020 年《证据规定》第七十四条第一款关于诉讼代理人对证人的询问中得到印证。

需要指出的是，本条第一款规定当事人可以询问鉴定人、勘验人是为了保证当事人充分行使诉讼权利，有助于体现诉讼的公正性，保持法庭的中立地位，有助于增强当事人的参与性，提高法庭裁判的可接受性。但是，当事人对鉴定人、勘验人的询问，要经过法庭的许可。换言之，法庭对当事人的发问拥有一定的控制权。此举是为了规范鉴定人、勘验人询问程序的进行，控制庭审的节奏，发挥庭审应有的作用。

本条第二款规定则是通过对当事人询问时禁止行为的宣示性规定，来确保鉴定人、勘验人出庭作证时的客观性。从以往审判实践情况来看，在鉴定人、勘验人出庭作证的案件中，出现了不少当事人为了让鉴定意见、勘验笔录的解读有利于自己，试图引导、干扰鉴定人、勘验人如实陈述或回答询问的情形。这将很大程度影响对鉴定意见、勘验笔录的充分质证，进一步造成鉴定意见、勘验笔录书面审查方式的泛滥，降低了司法裁判的可接受性，更导致了司法权威性的降低。基于上述考虑，本条第二款作出了明确规定，“询问鉴定人、勘验人不得使用威胁、侮辱等不适当的言语和方式”。与 2002 年《证据规定》相比，本条采用了不完全列举的方式，以“威胁、侮辱”作为当事人不适当的言语和方式的典型表现，并以“等”字扩大了当事人不得使用的言语和行为的范围，凡是与“威胁、侮辱”程度相当的言语和方式，均应被视为不适当的言语和行为，应当予以制止，符合法定情况时，予以处罚，加大了对鉴定人和勘验人的保护。值得注意的是，本条删掉了“引导”，但并不意味着法律允许对鉴定人、勘验人进行诱导性询问，而是将此类询问纳入法官裁量的范围，如果当事人的询问被认定为不适当的言语，其询问也应当被制止。有必要说明的是，即便再多的禁止性规定，如果没有法律责任作为后盾，无疑会成为一纸空文。因此，对本条第二款规定的“使用威胁、侮辱等不适当的言语和方式”情形，可以考虑认定为妨碍民事诉讼的行为。人民法院可以视情况适用 2021 年《民事诉讼法》第一百一十三条、第一百一十四条的规定，对其采取训诫、责令退出法庭、罚款、拘留等妨碍民事诉讼的强制措施。

此外，由于鉴定意见、勘验笔录作为案件的证据，对案件事实的认定有着直接的影响，故一些当事人在预计鉴定人、勘验人陈述的观点可能对其不利时，会对其进行不适当引导或干扰，甚至会以暴力、威胁、贿买等方法妨碍其接受询问。或者是在其接受询问前后，采取侮辱、诽谤、诬陷、恐吓、殴打等方式对鉴定人和勘验人进行打击报复。正是基于这些顾虑，鉴定人、勘验人出庭作证的心理障碍难以消除，严重影响了出庭作证积极性和陈述的客观性。因此，要想提高鉴定人、勘验人的出庭率和言词客观性，就必须赋予鉴定人、勘验人人身安全、人格尊严受保护的权利。鉴于鉴定人、勘验人出庭作证与证人出庭作证一样属于言词证据，故在人身安全、人格尊严方面可以按照同样情况同样处理的原则，参照适用 2020 年《证据规定》第七十八条第二款规定，“依照民事诉讼法第一百一十一条（现条文第一百一十四条）的规定，对行为人进行处罚”。只有这样对鉴定人、勘验人进行保护，才能使他们能够进行真实的陈述，保障案件信息来源的真实性，为法官最终作出符合事实真相的裁判提供了基础。

实务疑难

当事人应如何结合勘验笔录正确合理地询问勘验人？

实务中，当事人对鉴定人的询问比较常见，其询问方式和方法也比较熟悉。但民事案件中涉及勘验笔录的并不常见，当事人应如何结合勘验笔录正确合理地询问勘验人？对此，笔者认为，询问勘验人可从以下几个角度着手：一是结合勘验笔录制作要求，询问勘验时的细节。例如，勘验时是否邀请当事人或当事人成年家属、见证人以及当地基层组织或当事人所在单位的人员到场等。二是结合勘验笔录内容，就其是否完整、准确，有无遗漏进行询问。三是结合勘验对象，就勘验现场或物证是否具备勘验条件进行询问。四是结合勘验笔录记载的勘验人本身和勘验事项，询问其是否具备勘验所应具备的资质或能力、与本案当事人有无利害关系等。

关联法条

1.《中华人民共和国民事诉讼法》（2021 年）

第一百四十二条 当事人在法庭上可以提出新的证据。

当事人经法庭许可，可以向证人、鉴定人、勘验人发问。

当事人要求重新进行调查、鉴定或者勘验的，是否准许，由人民法院决定。

2.《最高人民法院关于适用〈中华人民共和国民事诉讼法〉的解释》（2022 年）

第二百二十七条 人民法院适用普通程序审理案件，应当在开庭三日前用传票传唤当事人。对诉讼代理人、证人、鉴定人、勘验人、翻译人员应当用通知书通知其到庭。当事人或者其他诉讼参与人在外地的，应当留有必要的在途时间。

典型案例

（2018）最高法民终 407 号

裁判观点：规划院鉴定所出具鉴定意见书和补正书系一审法院根据双方当事人的申请，依法委托具有鉴定资质的鉴定机构出具的鉴定意见。鉴定意见书根据双方当事人订立的协议书、提交的施工资料、双方签字确认的现场勘验记录作出的鉴定意见，鉴定机构和鉴定人员出庭接受当事人质询，双方提出异议并经鉴定机构补正，鉴定程序合法，依据充分，可以作为本案裁判依据。二审期间，亿民公司就鉴定提出了新的异议，就此新的异议及其一审已提出但没有解决的异议，法院组织双方当事人进行质证，鉴定人员出庭接受了质询。

（新增）第八十三条 【有专门知识的人出庭的申请要求】

当事人依照民事诉讼法第七十九条（注：条文序号有变动，现为 2021 年《民事诉讼法》第八十二条）和《最高人民法院关于适用〈中华人民共和国民事诉讼法〉的解释》第一百二十二条的规定，申请有专门知识的人出庭的，申请书中应当载明有专门知识的人的基本情况和申请的目的。

人民法院准许当事人申请的，应当通知双方当事人。

法条渊源

2002 年《证据规定》中首次明确规定，当事人可以申请有专门知识的人出庭。2012 年《民事诉讼法》在总结实践经验的基础上，第一次在诉讼法层面正式确立了专家辅助人制度。2015 年《民诉法解释》第一百二十二条对有专门知识的人出庭作证作出具体规定，并明确了专家意见的效力。当前我国民事诉讼领域对专业问题的解决主要是通过"鉴定人 + 专家辅助人"的制度构架。[①] 本条是根据 2017 年《民事诉讼法》第七十九条（注：条文序号有变动，现为 2021 年《民事诉讼法》第八十二条）的规定，对申请有专门知识的人出庭的细节所作出的可操作性规定，是对 2017 年《民事诉讼法》第七十九条（注：条文序号有变动，现为 2021 年《民事诉讼法》第八十二条）从操作角度的进一步解释。由于 2017 年《民事诉讼法》第七十九条（注：条文序号有变动，现为 2021 年《民事诉讼法》第八十二条）来源于 2002 年《证据规定》第六十一条，故本条的核心内容来源于 2002 年《证据规定》第六十一条的内容。

法条精析

本条是关于对"有专门知识的人"出庭申请要求的规定，在 2002 年《证据规定》中没有类似内容，属于新增规定。本条在起草过程中，2016 年《法院征求意见稿》第一百一十七条规定："当事人可以根据民事诉讼法第七十九条的规定，在举证期限届满前书面申请一至二名有专门知识的人出庭，代表当事人就案件事实所涉及的专门性问题进行说明、发表意见，或者对鉴定意见进行质证。申请书应当载明有专门知识的人基本情况和申请的目的。人民法院准许当事人的申请的，应当向当事人送达准许有专门知识的人出庭通知书。有专门知识的人出庭的费用由提出申请的当事人负担。"2017 年《审判长讨论稿》第九十二条规定："当事人可以根据民事诉讼法第七十九条的规定，在举证期限届满前书面申请一至二名专家辅助人出庭，代表其对鉴定意见进行质证，或者就案件所涉及的专业问题发表意见。申请书应当载明专家辅助人的基本情况和申请的目的。人民法院准许当事人的申请的，应当通知双方当事人。专家辅助人出庭的费用由提出申请的当事人负担。"与 2016 年《法院征求意见稿》相比，本稿除了表述的文字性修改外，实质变化仅为将"有专门知识的人"改为"专家辅助人"。2018 年《审委会送审稿》第八十三条第一款和第二款规定："当事人依照民事诉讼法第七十九条和民事诉讼法司法解释第一百二十二条的规定，申请有专门知识的人出庭的，申请书中应当载明有专门知识的人的基本情况和申请的目的。人民法院准许当事人的申请的，应当通知双方当事人。"可见，该稿又回到了 2021 年《民事诉讼法》第八十二条的立法表述"有专门知识的人"并鉴于 2015 年《民诉法解释》第一百二十二条第三款已经规定"相关费用由提出申请的当事人负担"，为避免重复，删除了"专家辅助人出庭的费用由提出申请的当事人负担"。本条定稿时，只将"民事诉讼法司法解释"用"《最高人民法院关于适用〈中华人民共和国民事诉讼法〉的解释》"替代，其他无变化。

---

① 王栋、倪子昊、张涛：《价值、现状与重构：民事诉讼专家辅助人制度之探讨》，载《中国司法鉴定》2017 年第 4 期。

回溯历史,2002年《证据规定》第六十一条第一次从司法解释层面规定了“有专门知识的人”这一概念。因该条在实务适用中效果明显,后在2012年《民事诉讼法》第七十九条第一次在立法层面对“有专门知识的人”予以认可。后又在2015年《民诉法解释》第一百二十二条、第一百二十三条对有专门知识的人予以解释性规定。

2012年《民事诉讼法》第七十九条中规定的“有专门知识的人”是理论界与实务界的通称,专家辅助人则是学理上的概念。我国民事诉讼法规定统称为“有专门知识的人”。从最高人民法院的解释来看,有专门知识的人是指在科学、技术以及其他专业知识方面具有特殊的专门知识或经验的人员,根据当事人的请托并经法院准许,出庭辅助当事人对讼争的案件事实所涉及的专门性问题进行说明或发表专业意见和评论的人。[①] 我国专家辅助人制度的确立经历了漫长的过程,是随着现代社会科技发展而来的产物。在科学技术高速发展的大背景下,民事诉讼领域越来越多的案件涉及对专门性问题的判断,而法官的专业知识并不能涵盖所有承办案件的专业性问题。为解决这类问题,我国受大陆法系国家的影响,建立了司法鉴定制度。但在司法实践中,司法鉴定制度也存在鉴定范围有限、鉴定主体主观化、鉴定内容抽象化等缺陷,无法满足诉讼审判的需要。为解决这一问题,我国民事诉讼法确立了专家辅助人制度。

我国采取的是“诉讼辅佐人说”的观点。2022年《民诉法解释》第一百二十二条第二款规定“具有专门知识的人在法庭上就专业问题提出的意见,视为当事人的陈述”,专家辅助人在诉讼中发表的意见被认为是当事人的陈述。这表明专家辅助人的诉讼地位被视为当事人的辅助人。由于专家辅助人是基于当事人的申请参与到诉讼中,代表当事人质证、提出专业意见,并且,2022年《民诉法解释》第一百二十二条第三款规定了专家辅助人出庭的费用由提出申请的一方当事人负担。这也表明专家辅助人与当事人之间存在利益关系,关系紧密。所以,不宜将其参照处于中立地位的证人或鉴定人等对待。否则,将会使当事人对裁判的公正性产生质疑。

既然2017年《民事诉讼法》及2015年《民诉法解释》已经确定有专门知识的人是当事人的诉讼辅助人。那么当诉讼中需要当事人对鉴定意见或其他专业问题发表质证意见或陈述观点时,当事人就可以申请人民法院通知有专门知识的人出庭。关于申请人民法院通知有专门知识的人出庭的可操作性细节问题,2022年《民诉法解释》第一百二十二条对可申请出庭的具有专门知识的人数、申请期限、是否应经人民法院准许、相关费用的承担等诸多问题均进行了规定。首先,专家辅助人人数过多会影响诉讼的正常进行,导致诉讼拖延。故基于提高诉讼效率的考虑,本条规定准许当事人申请有专门知识的人出庭的数量为一名至两名。其次,规定当事人申请的时间应当在举证期间届满前,与申请鉴定的时间要求一致。这是因为有专门知识的人出庭是代表申请人对鉴定意见等专业问题发表支持或反驳鉴定意见的观点,从而增强或减弱相关证据的证明力,故提出专家辅助人出庭申请的时间应符合民事诉讼法关于举证期限的一般要求。再次,专家辅助人出庭的目的是代表申请方当事人就相关专业问题

---

① 最高人民法院民事审判第一庭:《民事诉讼证据司法解释的理解与适用》,中国法制出版社2002年版,第296页。

发表意见，从而帮助审判人员对相关事实作出进一步审查判断。如果审判人员已经对专业问题没有疑问或专业问题与待证事实没有关联性，则此时已没必要让专家辅助人出庭作证。故应赋予法院就是否准许申请作出决定的权力。最后，专家辅助人出庭必然会产生相应费用。由于专家辅助人出庭是应当事人申请并代表其就专业问题发表意见，且该意见视为当事人的陈述，也即该费用是当事人参加诉讼本应承担的费用。

从司法实践反馈情况看，该条的实施在实务中还存在争议。主要是该条对申请形式、所申请有专门知识的人基本情况以及让有专门知识的人出庭的目的等可操作性细节问题都没有涉及。实务中，就申请形式而言，有口头形式、书面形式或者其他形式；就申请内容而言，有面面俱到、繁杂冗长的，有简单抽象、不知所云的，凡此种种，不一而足。为了解决该争议，本条第一款明确规定了当事人申请形式为书面申请书形式。之所以这样做，一方面，是为了避免将来可能因口头申请等未留下证据而引发是否曾提出申请的争议；另一方面，是为与2020年《证据规定》对申请证人、鉴定人出庭要求的书面通知形式保持一致。此外，本条第一款还规定了书面申请书内容的必备条款，即申请书中应当载明有专门知识的人的基本情况和申请目的。之所以规定申请书中必须载明有专门知识的人的基本情况，是为了便于人民法院在作出是否准许其出庭决定时作为考量因素。一般而言，有专门知识的人，是对案件特定事实所涉专业领域问题具有相应学历、资质、从业经验或较多研究或了解的人。一般情形下，只要当事人自己认为某人有与案件专业问题或鉴定意见相关的专门知识即可，不需要法定资质要求。但由于个案待证事实所涉专业问题复杂多样，有的属于高精尖或涉及人身等重大利益，而当事人基于与有专门知识的人关系远近、其意见是否与自身利益关联、出庭费用高低等诸多因素考量，有可能申请的所谓有专门知识的人并不具备对鉴定意见或专业问题发表科学、客观意见的能力。例如，不具备行医资格的人或与当事人有利害关系的人作为有专门知识的人出庭对涉及人身损害事故的鉴定意见发表所谓的专业意见等。故当事人申请书中应载明有专门知识的人的基本情况，以供人民法院审查是否准许其出庭。至于载明申请目的，一是为了明确出庭的有专门知识的人发表意见的范围，便于包括鉴定人在内的其他方做好庭前准备；二是有利于人民法院审查是否准许该申请。这是因为当事人申请有专门知识的人出庭目的是代表当事人对鉴定意见进行质证，或者对案件事实所涉及的专业问题提出意见。也即，对申请目的的描述有助于人民法院判断当事人申请的有专门知识的人出庭所发表的意见对于查明案件有关事实有无关联或有无意义。如果人民法院发现当事人申请目的已无必要或与本案无关，则从促进诉讼进程出发，可不予准许该申请。

本条第二款是关于人民法院应将准许申请情况通知双方当事人的规定。为了避免造成诉讼突袭，如果人民法院准许当事人关于有专门知识的人出庭申请，则意味着将来的庭审中，申请方当事人将增加有专门知识的人这一诉讼武器。从平等保护诉讼对抗出发，也应告知另一方当事人该情况并留给其准备相应诉讼武器的时间。因此，人民法院准许申请后，应当将准许的有专门知识的人基本情况以及出庭目的通知对方当事人。对于申请方当事人自然也应通知其准许的结果，方便其可以在开庭时与有专门知识的人一起到庭，参加诉讼。这里需要注意的是，本条第二款从提高司法效率出发，并未限定通知的形式，也即口头通知、电话通知也可。但为稳妥起见，口头通知、电话通知时，应作相应书面记录备查。

实务疑难

实务中,存在案件事实涉及的专业问题不属于司法鉴定范围(如文物真假、年代等)但又需要专业人士提出专业意见的情形,此时如果各方当事人都不申请有专门知识的人出庭,该如何处理?

有观点认为,民事诉讼是解决私益纠纷的,故应保障各方当事人诉讼地位平等,享有平等获得诉讼武器的机会。由于有专门知识的人与鉴定人不同,在诉讼中的立场倾向于申请其出庭的当事人,故如果法院委托有专门知识的人出庭,则会与有专门知识的人的法律定位相悖,使其居中裁判原则有所贬损。现行立法也规定有专门知识的人要出庭,需要由当事人向法庭提出申请,法院不能依职权委托。如果案件审理没有有专门知识的人出庭,该专业问题又不能进行鉴定,则法官无法对该专业问题真伪形成心证,那么就只能根据证明责任原则,由对该专业问题负有证明责任的一方当事人承担不利后果。但这样处理,败诉方当事人可能以事实不清为由提出上诉后,在二审中让有专门知识的人出庭从而改判案件。笔者认为,实务操作中可以考虑必要时,法官可以在征得各方当事人同意的情形下,委托有专门知识的人出庭就专业问题提出专业意见。理由在于:第一,征得各方当事人同意,可以理解为尊重了当事人的处分权,防止法官滥用自由裁量权,有利于各方当事人接受相应专业意见。第二,减少法律真实与客观真实的偏差。虽然人民法院在不得已的情况下,可以法律真实作为裁判依据,但归根到底,法院的职责之一就是查明案件客观真实并予以裁判止争。这里的必要时,由法官结合当事人未提出申请是否因经济困难、不知道如何寻找有专门知识的人以及不让有专门知识的人出庭会否影响裁判结果等多个因素综合判断。

关联法条

1.《中华人民共和国民事诉讼法》(2021 年)

第八十二条 当事人可以申请人民法院通知有专门知识的人出庭,就鉴定人作出的鉴定意见或者专业问题提出意见。

2.《最高人民法院关于适用〈中华人民共和国民事诉讼法〉的解释》(2022 年)

第一百二十二条 当事人可以依照民事诉讼法第八十二条的规定,在举证期限届满前申请一至二名具有专门知识的人出庭,代表当事人对鉴定意见进行质证,或者对案件事实所涉及的专业问题提出意见。

具有专门知识的人在法庭上就专业问题提出的意见,视为当事人的陈述。

人民法院准许当事人申请的,相关费用由提出申请的当事人负担。

3.《最高人民法院关于知识产权民事诉讼证据的若干规定》(2020 年)

第二十八条 当事人可以申请有专门知识的人出庭,就专业问题提出意见。经法庭准许,当事人可以对有专门知识的人进行询问。

典型案例

1.(2020)苏民申 5904 号

裁判观点：原审判决采信评估报告，并无不当。首先，诚益公司虽对美凌公司提出的异议问题作出《涉案资产价值项目评估报告有关异议咨询的回复函》（以下简称回复函），但其并非一审法院委托的评估机构，也未参与鉴定过程，难以全面、客观的作出评价意见，加之回复函还载明"我们向贵公司出具的本咨询函仅能作为贵公司了解评估机构出具的评估报告和回函中有关内容进行的解答"，对回复函使用范围作出明确限定，故二审判决对回复函未予采信，并无不当。其次，2020 年《证据规定》第八十三条第一款规定，当事人依照民事诉讼法的规定，申请有专门知识的人出庭的，申请书中应当载明有专门知识的人的基本情况和申请的目的。本案中，美凌公司未向二审法院申请诚益公司派员出庭进行说明，故其主张诚益公司可以作为专家辅助人，不符合上述规定。最后，尽管美凌公司二审提交了诚益公司回复函，但该函所涉问题与美凌公司一审提出的异议问题一致，德恒方事务所一审已就异议问题作出回复，再行回复已无必要。故美凌公司主张德恒方事务所对其提交的诚益公司回复函未予回复，违反法律规定，不能成立。

2.(2020)浙 0206 民初 809 号

裁判观点：被告在法庭辩论时认为本案承办人存在下列违法情况：1. 为了再一次"帮助"原告挽回对鉴定意见已视为无异议的不利局面，而立即通知原告交纳鉴定人员出庭费用。2."专家"的出庭手续是 2 月 24 日开庭时当庭办理的，而未依 2020 年《民诉法解释》第一百二十二条规定，在举证期限届满前提出。3. 审判人员明知有"专家报告"存在，并已同意启动"专家"出庭的程序，却不依 2020 年《证据规定》第八十三条第二款"人民法院准许当事人申请的，应当通知双方当事人"的规定，而不通知被告。4. 出具"专家意见"的二位专家，同北仑法院长期审理建设工程施工合同纠纷的法官极为熟悉，相互之间建立有微信联系方式。在专家意见形成过程中，原告早就着手进行启动"专家意见"的工作包括联系、沟通、商定方案、委托手续的办理及服务费用的商务洽谈等，而事实上本应光明正大依法进行的专家出庭程序，却人为的搞得神神秘秘，且原告能做到法院都可以事先不通知被告，而非要放在开庭当天告知有专家证人出庭的地步。至于原告是通过何种渠道联系上"专家证人"的？不得而知。本院认为，本院在 2021 年 1 月 28 日排期，安排 2021 年 2 月 24 日开庭发了传票，并根据原告的申请通知鉴定人出庭接受询问。后因原告认为鉴定人出庭费用 3000 元收费高不合理只愿意按 200 元缴纳。本院将开庭改为庭前会议，内容为听取双方对鉴定报告的意见。原告对鉴定单位异议回复不认可，向本案承办人电话告知过要请专家证人，但本院并不确定原告的办理情况，本案承办人也是在 2021 年 2 月 24 日才拿到原告的专家报告，知晓原告专家证人到庭，也是第一次碰到原告的专家证人，之前与原告的专家无任何联系。之后本案安排开庭的时间是 2021 年 4 月 9 日。本院承办人与被告是在 2021 年 2 月 24 日同日知晓原告申请专家证人，当天本院面对被告提出异议，多次强调今天只是听取意见，并非开庭，当日也仅是听取双方对鉴定的意见，故并不存在被告所说的违反证据规则，搞突然袭击，本院准许原告申请专家证人出庭的，不告知被告情况。原告对鉴定意见一直有异议，本院也未作出过采纳鉴定意见的决定,被告认为为了再一次“帮助”原告挽回对鉴定意见已视为无异议的不利局面,而立即通知原告交纳鉴定人员出庭费用,显然认知错误。本院认为,本案审理中,并不存在被告提出的程序违法问题,有违司法公正事宜。

(新增) 第八十四条 【有专门知识的人言行要求】

审判人员可以对有专门知识的人进行询问。经法庭准许,当事人可以对有专门知识的人进行询问,当事人各自申请的有专门知识的人可以就案件中的有关问题进行对质。

有专门知识的人不得参与对鉴定意见质证或者就专业问题发表意见之外的法庭审理活动。

法条渊源

我国最早在2002年《证据规定》第六十一条就对有专门知识的人出庭的问题作出规定。2012年《民事诉讼法》第七十九条将其上升为立法规定。由于上述司法解释和民事诉讼法对该问题均仅有一个条文规定且内容简略,故实务中,各地法院因缺乏具体可操作性规范而适用不多,这直接影响当事人的诉讼权利维护。故在2015年《民诉法解释》新增了第一百二十二条和第一百二十三条规定,对有专门知识的人出庭事项作了细化规定。其中,第一百二十三条对2002年《证据规定》第六十一条的修改主要有:(1)将询问主体“审判人员”修改为“人民法院”,在“当事人询问”前增加“经法庭准许”;(2)删除“具有专门知识的人员可以对鉴定人进行询问”;(3)增加“具有专门知识的人不得参与专业问题之外的法庭审理活动”。时至今日,上述四个条文在实践中仍存在需要进一步完善的问题。故本条对有专门知识的人接受询问的具体要求,作了进一步明确。

法条精析

本条是关于有专门知识的人接受询问要求的规定,是在2002年《证据规定》第六十一条和2015年《民诉法解释》第一百二十三条基础上修改而成。本条修改过程中,2016年《法院征求意见稿》第一百一十八条规定:“有专门知识的人员在法庭上就专门性问题的陈述,视为当事人的陈述。人民法院可以对出庭的具有专门知识的人进行询问。经法庭准许,当事人可以对出庭的具有专门知识的人进行询问,当事人各自申请的具有专门知识的人可以就案件中的有关问题进行对质。具有专门知识的人不得参与专业问题之外的法庭审理活动。”2017年《审判长讨论稿》第九十三条规定:“专家辅助人在法庭上就专业问题的陈述,视为当事人的陈述。人民法院可以对专家辅助人进行询问。经法庭准许,当事人可以对专家辅助人进行询问,当事人各自申请的专家辅助人可以就案件中的有关问题进行对质。专家辅助人不得参与除对鉴定意见或者就专业问题发表意见之外的法庭审理活动。”本稿与前稿相比,将“有专门知识的人”改为“专家辅助人”;将“专门性问题”改为“专业问题”。将“不得参与专业问题之外”改为“不得参与除对鉴定意见或者就专业问题发表意见之外”增加了“鉴定意见”。2018年《审委会送审稿》第八十三条第三款、第四款规定:“审判人员可以对有专门知识的人进行询问。经法庭准许,当事人可以对有专门知识的人进行询问,当事人各自申请的有专门知识的人可以就案件中的有关问题进行对质。有专门知识的人不得参与对鉴定意见质证或者就专业问题发表意见之外的法庭审理活动。”本稿将前稿中“专家辅助人在法庭上就专业问题的陈述,视为当事人的陈述”删除,理由在于 2015 年《民诉法解释》第一百二十二条已有规定。将“专家辅助人”改为“有专门知识的人”,仍与《民事诉讼法》的表述保持一致。在“鉴定意见”后增加“质证”二字,更明确其功能定位。本条定稿时,再无变化。本条主要修改为:(1)将2015 年《民诉法解释》第一百二十三条第一款中“人民法院”修改为“审判人员”并删除“当庭”二字。理由在于尊重事实,人民法院作为组织体本身不能对有专门知识的人进行询问,能够询问的只能是审判人员。删除“当庭”意味着审判人员在庭前证据交换或庭前会议上也可询问有专门知识的人。(2)在2015 年《民诉法解释》第一百二十三条第二款基础上增加“对鉴定意见质证”,以与 2017 年《民事诉讼法》第七十九条保持一致。

我国专家辅助人制度是基于司法实践不断发展而来的产物:一方面,是为了弥补当事人在鉴定意见或专业问题质证环节的专业知识欠缺;另一方面,是为了满足程序正义的要求。程序正义要求当事人有权获得相关专业知识以辅助其就鉴定意见或专业问题向鉴定人进行询问并发表质证意见。专家辅助人在司法实践中最大的作用在于补强当事人对于专业问题的质证能力,保障当事人充分行使质证权。这也是 2002 年《证据规定》第六十一条出台的直接动因。从该条文的立法目的来看,专家辅助人制度承载的功能之一便是充实当事人的诉讼权利,补强其庭审中的质证能力,避免对案件中专业性问题的质证流于形式,影响司法公正。[①]专家辅助人凭借自己的专业能力能够发现鉴定意见中存在的问题与错误。专家辅助人的参与能够使当事人充分发挥质证权,使其不再流于形式,让质证实质化。与此同时,法律要求专家辅助人为当事人提供专业知识辅助必须在遵循科学性的前提下进行,从而也可协助法官对鉴定意见的认定提出疑点和瑕疵,使法官不再只依靠鉴定意见认定事实,而可以结合多方专业意见,有助于提高裁判的公正性和权威性。

本条第一款内容规定了诉讼中专家辅助人的言行表现:就案件专门性问题接受询问进行对质。专家辅助人出庭的作用是为了弥补当事人专业知识的不足,辅助当事人对鉴定意见和专业问题发表意见。具体而言,由于鉴定意见是由专业人员针对专门性问题作出的判断,故当事人一般都难以准确地理解鉴定意见中的专业问题,无法对鉴定意见进行充分的质询,使缺乏专业知识的审判人员也对鉴定意见难以进行有效的审查。除了鉴定意见这一法定证据形式之外,司法实践中还存在案件审理涉及其他专业问题判断的情形,同样会让当事人和人民法院倍感困惑。此时,听取有专门知识的人的专业意见,尤为重要。虽然有专门知识的人代表一方当事人出庭,但其本身与案件结果没有切身利害关系,故其意见存在客观性。进而,

① 李永泉:《功能主义视角下专家辅助人诉讼地位再认识》,载《现代法学》2018 年第 1 期。

审判人员可以就鉴定意见内容和专业问题对有专门知识的人进行询问,以提高裁判的科学性。当事人为了更好行使主张、抗辩、反驳等诉讼权利,也有询问有专门知识的人的需求。虽然2002年《证据规定》第六十一条规定了当事人可以询问有专门知识的人,但并未对询问的具体细节要求作出规定。这造成了司法实务中当事人多次询问、重复询问、不相关询问等干扰法庭秩序、妨碍民事诉讼进行的弊端。为此,2015年《民诉法解释》第一百二十三条增加了"经法庭准许",将是否准许当事人询问以及如何询问的自由裁量权交由法院行使。从实务反馈情况来看,实施效果明显。故本条保留了"经法庭准许"这一前提。从确保当事人诉讼权利平等出发,有权申请有专门知识的人出庭作证的包括所有当事人,应为本条应有之义。故在实践中,就会出现双方当事人各自申请的有专门知识的人出庭就鉴定意见和专业问题发表意见的情形。此时,双方当事人立场不同,可能出现就同一问题有不同的意见表述情形。由于有专门知识的人就专业问题提出的意见视为当事人的陈述,故原本由当事人之间就有关案件问题进行的对质,就会外观表现为当事人各自申请的具有专门知识的人员就案件中的有关问题进行对质。对质是双方当事人唇枪舌战最激烈的节点,必须在法院准许和组织下进行。故早在2002年《证据规定》第六十一条第三款就规定了"经人民法院准许,可以由当事人各自申请的具有专门知识的人员就案件中的有关问题进行对质"。后该款规定因适用效果良好,相继被2015年《民诉法解释》第一百二十三条和本条完全继受。在本次修改中,还删除了2002年《证据规定》第四款"具有专门知识的人员可以对鉴定人进行询问",理由是2020年《证据规定》第八十二条已经规定,经法庭许可,当事人可以询问鉴定人。由于有专门知识的人出庭代表当事人,故当然可以代表当事人对鉴定人进行询问。也就没有必要在本条重复规定。至于本条新增加"有专门知识的人不得参与对鉴定意见质证或者就专业问题发表意见之外的法庭审理活动",是因为2017年《民事诉讼法》第七十九条已经规定有专门知识的人发表意见有两方面:鉴定人作出的鉴定意见或者专业问题,而2015年《民诉法解释》第一百二十三条第二款只规定了"专业问题",故这次补充上"鉴定意见"。法理上,将有专门知识的人可以参与的法庭审理活动范围限定为上述两方面的主要理由在于,有专门知识的人并非案件当事人,与案件没有利害关系且不了解案件事实情况,一般还对法律知识并不精通。如果对其出庭参与法庭审理活动的范围不作限制,不但不利于其作用发挥,反而会降低庭审效率,甚至让其参与其他法庭活动还可能会影响其专业意见的客观性、科学性。

故让有专门知识的人出庭,应仅限于案件涉及需要其根据自身专业知识、业务能力发表专业意见的场合,而非让其到法庭上讲事实和法律适用。所以,在庭审中,审判人员对涉及专门性问题的事实调查结束后,有必要责令该有专门知识的人退出法庭。此外,在有专门知识的人出庭接受询问或对质过程中,针对超出专门性问题的范围发表意见的,审判人员也应当及时制止。最后,有专门知识的人在诉讼活动中超出其职权范围,违反法律规定故意帮助当事人毁灭证据或者伪造证据,将会因其扰乱正常司法秩序的行为承担相应的法律责任;故意帮助司法人员徇私枉法、滥用职权也要受到相应的法律制裁。

实务疑难

如何规制有专门知识的人恶意发表专业意见?

与鉴定人的中立立场不同,有专门知识的人由一方当事人申请且相关费用亦由申请方负担,故其与该申请人的诉讼立场通常一致。甚至不排除实务中,有专门知识的人因与申请方当事人之间存在利益关系,出庭发表意见时虚假陈述、恶意歪曲科学原理、伪造相关科学结论的情形。对此,可从以下几个方面加以规制:首先,人民法院可以在有专门知识的人发表专业意见前进行释明,告知其参加诉讼应遵守诚实信用原则,不能帮当事人故意编造虚假理论、方法、标准、数据等误导审判人员或其他当事人;其次,对有专门知识的人在诉讼中帮助当事人伪造证据、虚假陈述的恶意行为,可以适用妨碍民事诉讼的强制措施;再次,对其所属行业协会等职业组织发出司法建议,建议职业组织对其进行行业内处分;最后,对因其恶意行为遭受损失的当事人进行诉讼救济,让行为人承担损害赔偿责任。这里需要注意的是,判断其是否恶意,应考虑有专门知识的人提出专业意见时所受制的各种因素。这是因为有专门知识的人提出的专业意见与个人能力、经验密切相关,而后者又因人而异。另外,提供专业意见多数要依靠仪器、设备,而后者又存在技术水平影响准确度的情形。采用的技术方法、原理不同也会让结果有天壤之别。故如果仅仅是因为轻微过失、业务水平较低、从业经验有限等原因导致专业意见有误,而不是出于故意偏袒一方当事人的原因,就应当对恶意的认定保持谦抑态度。当然,对是否为轻微过失、业务水平较低、从业经验有限等原因所致,实务中还可考量有专门知识的人的相关专业知识、技能或经验,如学历、职称、执业资格、从业年限、执业经验、业内声望等加以判断。

关联法条

1.《中华人民共和国民事诉讼法》(2021 年)

第八十二条　当事人可以申请人民法院通知有专门知识的人出庭,就鉴定人作出的鉴定意见或者专业问题提出意见。

2.《最高人民法院关于适用〈中华人民共和国民事诉讼法〉的解释》(2022 年)

第一百二十三条　人民法院可以对出庭的具有专门知识的人进行询问。经法庭准许,当事人可以对出庭的具有专门知识的人进行询问,当事人各自申请的具有专门知识的人可以就案件中的有关问题进行对质。

具有专门知识的人不得参与专业问题之外的法庭审理活动。

典型案例

(2020)甘 29 民终 961 号

裁判观点:根据二审双方诉辩情况,本案的争议焦点为:一审法院依据第一次鉴定意见确认被上诉人孔某因交通事故造成左胫腓骨骨折损失构成伤残是否正确。本案中,孔某的伤情在公安交警部门对事故进行处理时已委托鉴定机构作出鉴定意见,该鉴定意见与其后上诉人申请重新鉴定后作出的第二次鉴定意见同属于有效证据。在两份鉴定意见结论出现明显不一致的情形下,一审法院组织当事人以及医学专业人员就鉴定机构第二次作出的鉴定意见进行了质询,符合2020年《证据规定》第八十四条第一款规定"审判人员可以对有专门知识的人进行询问。经法庭准许,当事人可以对有专门知识的人进行询问,当事人各自申请的有专门知识的人可以就案件中的有关问题进行对质。"根据组织质询的记录,第二次的鉴定机构明确承认其在出具鉴定意见时存在疏漏,并未将孔某神经可能受损的情况考虑进去,一审法院结合专家意见采信第一次鉴定意见中对孔某左胫腓骨的结论正是基于第二次鉴定意见存在疏漏这一情形。同时,对第一次鉴定意见中孔某鼻骨损伤是否构成伤残时,也是结合第二鉴定意见以及医学专业人员的意见采信了第二次鉴定意见形成的结论。针对孔某两处伤情的认定,符合2020年《证据规定》第八十五条第二款的规定"审判人员应当依照法定程序,全面、客观地审核证据,依据法律的规定,遵循法官职业道德,运用逻辑推理和日常生活经验,对证据有无证明力和证明力大小独立进行判断,并公开判断的理由和结果。"一审法院为审慎起见,同意上诉人进行第二次鉴定的申请并无不当,但上诉人认为第二次鉴定意见应该当然作为认定孔某伤情依据的主张无法律依据,对该主张不予支持。

(修改)第八十五条 【证据裁判原则与证据审查判断原则】

人民法院应当以证据能够证明的案件事实为根据依法作出裁判。

审判人员应当依照法定程序,全面、客观地审核证据,依据法律的规定,遵循法官职业道德,运用逻辑推理和日常生活经验,对证据有无证明力和证明力大小独立进行判断,并公开判断的理由和结果。

法条渊源

本条第一款规定最早源于2002年《证据规定》第六十三条,体现了证据裁判原则精神;第二款规定最早源于1991年《民事诉讼法》第六十四条的规定,后2002年《证据规定》第六十四条在吸收该条规定精神的基础上,对法官如何具体审查判断证据进行了补充、细化。此后,1991年《民事诉讼法》历经三次修改,2002年《证据规定》经一次调整,此条文的内容都未被改动。但值得注意的是,2015年《民诉法解释》第一百零五条去掉了"遵循法官职业道德",将"经验"改成了"经验法则"。但本次规定仍保留了2002年《证据规定》的内容。

法条精析

本条修改过程中,2016年《法院征求意见稿》第一条规定:"人民法院应当以证据能够证明的案件事实为依据,依法作出裁判。但法律另有规定的除外。"第五条规定:"审判人员应当依照法定程序,全面、客观地审核证据,依照法律规定,运用逻辑推理和日常生活经验,对证据有无证据能力和证明力大小独立进行判断,并公开判断的理由和结果。"2017年《审判长讨论稿》第一条规定:"人民法院应当以证据能够证明的案件事实为根据依法作出裁判,但法律、司法解释另有规定的除外。”第二条第二款规定：“审判人员应当依照法定程序，全面、客观地审核证据，依照法律规定，运用逻辑推理和日常生活经验法则，对证据有无证据能力、有无证明力和证明力大小独立进行判断，并公开判断的理由和结果。”2018 年《审委会送审稿》则直接将 2002 年《证据规定》第六十三条改为第八十四条，删除了上述第二条第二款的规定内容，理由是 2015 年《民诉法解释》第一百零五条已有规定。本条定稿时，又将上述第二条第二款的规定内容恢复，只将 2015 年《民诉法解释》第一百零五条中“人民法院”改为“审判人员”；将“日常生活经验法则”改为“日常生活经验”；在“进行判断”前增加“独立”。

本条第一款是关于证据裁判原则的规定。证据裁判原则一般是指对案件事实的认定应以证据为根据，没有证据不能认定案件事实。“证据裁判原则”是三大诉讼的基本原则，其意图在于强调证据在裁判中的基础性作用。证据在诉讼程序中发挥着重要的作用，是连接事实与裁判的纽带，是整个诉讼程序中极其重要的一环。民主国家的一项重要法律制度是司法的公正与客观。公正意味着法官平等对待当事人，提供平等的机会阐明各自的观点，而且以看得见的方式进行。伴随公正而来的是客观。客观意味着根据外在于法官的考量作出司法判决，这些考量甚至可能与他的个人观点冲突。法官必须寻找社会公认的价值，必须表达其所处社会认为道德与公正的内容。但是，审判程序核心的部分是依据证据准确无误地认定事实的过程，2017 年《民事诉讼法》第六十三条第二款规定证据必须查证属实，才能作为认定事实的根据。不管是公正还是客观，其前提是所依据的证据（事实）的真实性。法官依据虚假事实作出的裁判结论，既不可能公正，也不可能客观。所以，必须保持司法过程的纯洁性，即整个司法过程中不得有任何虚假的事实与内容。① 因此，在诉讼程序中，“证据裁判主义”的重要性不言而喻。

根据 2021 年《民事诉讼法》第七条的规定，法院审理民事案件“必须以事实为依据”。这里所指成为裁判依据的事实，并非无所要求，根据 2021 年《民事诉讼法》第六十六条第二款的规定，应以人民法院查证属实的证据，作为认定事实的根据。根据该法第六十四条第一款的规定，当事人对自己提出的主张，有责任提供证据，也即人民法院查证属实的证据主要源于当事人提供。此外，为确保证据审查判断的科学性和公开性，2021 年《民事诉讼法》第七十一条还规定，证据应当在法庭上出示，并由当事人互相质证。一旦人民法院认为裁判所依据的基本事实缺乏证据证明，则将被作为再审改判的法定事由。例如，2021 年《民事诉讼法》第二百零七条第二项、第三项规定的“原判决、裁定认定的基本事实缺乏证据证明的”“原判决、裁定认定事实的主要证据是伪造的”。由上可见，我国虽未以立法形式明确证据裁判原则，但相关条文已经体现了该原则的意旨。这项原则意味着能够成为裁判根据的事实，除了公知的所谓“不证自明”的自然法则或历史知识等之外，必须都是运用证据加以证实的事实。任何个人独自持有的认识或臆想等，都绝不能成为法院作出判决的根据。②

证据裁判原则在民事诉讼中占有重要地位，是诸多进步、文明的诉讼理念与原则的体现。首先，证据裁判是民事诉讼进步与文明的表现。与历史上的神明裁判，神示证据制度下的水

① 张明楷：《虚假诉讼罪的基本问题》，载《法学》2017 年第 1 期。

② 王亚新、陈杭平、刘君博：《中国民事诉讼法重点讲义》，高等教育出版社 2017 年版，第 68 页。

审、火审等通过神的意志发现事实真相的做法相比,证据裁判无疑具有前所未有的优越性。其次,证据裁判可以防止法官任意妄为地作出裁判。证据裁判主义不仅要求法官必须以证据认定事实,而且对符合一定特征的证据,限制法官为自由心证,如无证据能力、未经合法调查,与认定事实不符的证据,都不能作为自由心证的依据。除此之外,证据应否补强及科学证据的取舍等,法官也没有自由判断认定的权力。最后,证据裁判原则能够增强司法裁判的确定性和权威性。证据裁判原则要求裁判的作出以证据为根据,这就避免了以主观臆断或其他不具证明力的证据材料作为认定案件基础的现象。证据本身的客观性、关联性本身就能增强司法裁判的确定性、预测性,减少裁判作出时的争议。通过限定法官在特定证据是否采信问题上的自由裁量权,也能够增强司法裁判的公信力,维护司法权威。

不可否认,证据裁判原则也存在先天缺陷,这又分为两种情形:第一种情形是法官形成内心确信作出了判决;第二种情形是法官未形成内心确信作出了判决。就第一种情形而言,在正当化程序运作之下证据规则得到遵守,法官也确信案件真相仍然发生错误,理论上应属于可接受的不可避免的误判。第二种情形属于完全实行证据裁判主义排斥法官心证时发生的,或者说只要把法官形成内心确信作为定案的条件之一也不会发生错判。① 对证据裁判缺陷的一种修补方式就是应当允许法官在证据认定上的适度自由心证。大陆法系各国对自由心证具体内容的描述有所差异,但至少有两点是一致的:(1)在事实认定时,心证形成的资料仅限于证据调查的结果与辩论的全意旨;(2)法官斟酌的方式并不由法律作出统一规定,而由法官对证据价值的评价进行自由的衡量。自由心证包括下述主要内容:(1)证据方法的自由;(2)证据能力的自由;(3)证明力评价和选择经验法则的自由;(4)法官斟酌辩论全意旨等。现实中法官如何行使自由心证权,是在经验法则和证据的客观基础上发挥认识的能动作用,还是背离或突破这种客观的限定,则主要依靠法官个人自觉、品格以及经验,因此,在自由心证原则下,存在法官滥用自由裁量权的内在危险,对自由心证从制度层面进行约束也就成为自由心证原则正当发挥作用的必不可少的前提。② 为此,本条第二款在确立自由心证的前提下为自由心证设定了合理的限制。

本条第二款内容本次修改基本没有变动。

根据本款内容的规定,有以下五点需要进行说明:第一,审判人员应当依照法定程序,全面、客观地审核证据。这里的"法定程序"是指证据调查程序。证据调查程序是调查证据有无证据资格和证明力大小的程序,也即当事人质证和法官判断证据的程序。根据证据裁判原则的要求,作为认定事实的证据必须具有证据能力。证据具有证据能力是指在法院组织双方当事人对证据进行质证和辩论后,认定证据同时具备关联性、真实性和合法性。证明力大小则是在证据具备证据能力前提下对证据可信度大小的判断。法官审查认定证据的内容包括两个方面:一是审查证据能力,确认其是否具有证据资格,是否可以进入诉讼的"大门";二是审查证据效力,即审查获准进入诉讼程序的证据是否真实可靠,是否具有充分证明案件事实的证明价值,确认其是否足以作为认定案件事实的根据。前者可以称为证据的采纳;后者可以

---

① 马贵翔:《论证据裁判主义与自由心证的衡平》,载《北方法学》2017 年第 6 期。

② 李祖军:《自由心证与法官依法独立判断》,载《现代法学》2004 年第 5 期。

称为证据的采信。就法官的认定过程来说，采纳是对证据的初步审查和认定，采信是对证据的深入审查和认定；采纳是采信的基础，采信是采纳的延续；没有被采纳的证据当然谈不上采信，但是采纳了的证据也不一定都被采信。[①]“全面、客观”则强调人民法院在调查证据时应处于中立地位，针对证据“三性”和证明力大小进行全面审查，以避免出现“挂一漏万”、认定证据时主观臆断的情形。

第二，法官职业道德。法官职业道德关系国家法律的正确适用和社会公平正义的实现，对从业者天然有较高素质的要求。这里的素质除了法律技能之外，还包括法官职业道德素质。法律本意是以人为本，界定人与人、人与社会和人与国家之间的关系。但法律本身没有生命，需要法官来解释和适用。这就要求法官应当具有正义感、公正廉洁等良好的品行和美德。我国法律对法官的选任要求是德才兼备，法官的职业道德素养与法律素养同等重要。《法官法》第三条规定，法官必须忠实执行宪法和法律，维护社会公平正义，全心全意为人民服务。第十条规定，法官的义务包括：(1)严格遵守宪法和法律；(2)秉公办案，不得徇私枉法；(3)依法保障当事人和其他诉讼参与人的诉讼权利；(4)维护国家利益、社会公共利益，维护个人和组织的合法权益；(5)保守国家秘密和审判工作秘密，对履行职责中知悉的商业秘密和个人隐私予以保密；(6)依法接受法律监督和人民群众监督；(7)通过依法办理案件以案释法，增强全民法治观念，推进法治社会建设；(8)法律规定的其他义务。既然法律追求的最终目标是公平正义，那么法官作为司法裁判者，就必须要具有较高的思想道德素养，才能维护整个社会的正义。

第三，逻辑推理和日常生活经验。法官在诉讼中是依照三段论的逻辑形式来进行裁判的，首先认定事实(小前提)，其次适用法律(大前提)，最后作出裁判(结论)。逻辑规则具有一贯性，要求法官按照确定的逻辑路线进行推理，虽然不能保证结论的正确性，但能够保证法律推理过程的正确性，遵循一定的逻辑路线，有利于迅速高效地完成事实认定和适用法律的任务。具体到本条中的证据判断的逻辑推理主要包括三类：一是类比推理；二是演绎推理；三是归纳推理。类比推理是从部分到部分，即根据两个对象某个特征类似，而推出他们在其他特征上也类似。例如，当事人相同的两份借款合同都是同时签订，第一份借款合同签名是伪造，那第二份借款合同签名很可能也是伪造。演绎推理则是从整体到部分，即所有A是B，则因为C是A，故C一定是B。归纳推理是从部分到整体，与演绎推理刚好相反。

日常生活经验是指人们在日常生产生活中形成的对客观事物的一种理性认识，不是由法律加以规定的，是一种客观意义上的普遍认知，能够为一般人所认同。并非任何形式的日常经验法则都能作为审判意义上的经验规则，它是法官以其职业素养为前提，在一般生活经验的基础上进行提炼，来判断案件中的事实是否存在。日常生活经验有两个特征：第一，其是不需要任何证据就可被一般人所认同的客观存在的普遍认知；第二，其是一般人在日常生活中可以感知的反复发生的现象。这里需要注意的是，法官应以常人标准来理解日常生活经验，而不能以专业人士对特定领域的一般性认知作为日常生活经验。

---

① 何家弘：《证据的审查与认定原理论纲》，载《法学家》2008年第3期。

第四,独立判断证据证明力有无及其大小。换言之,人民法院审查判断证据的核心内容是证据是否具备证据资格和证明力大小,也就是要对证据的可采性和可信性都作出判断。而且,本条第二款还要求该判断必须是独立作出的,强调法官在判断过程中要保持中立,尽可能地避免审判案件受个人偏见与外界因素的影响。

第五,公开判断的理由和结果。也就是说,法官认证的结论和理由应当向当事人乃至社会公开。心证公开可以有两种表现方式:一是在法庭审判中的公开,即通过法官的当庭认证等活动表现出来的心证公开;二是在判决文书中的公开,即通过法官在判决文书中说明采信证据的理由所表现出来的心证公开。这里需要强调一点,法官不仅要对其采信为定案根据的证据进行说明,而且要对那些已经采纳但未被采信的证据进行说明,要说明其不把那些具备了关联性与合法性的证据采信为定案根据的具体理由。①

实务疑难

在特别程序案件中,人民法院如何进行证据审核认定?

特别程序一般不具有争议性,并且没有对立的双方当事人而只有申请人或起诉人。与诉讼程序不同的是,特别程序的证据调查程序中一般不存在双方当事人之间的质证和攻防抗辩环节。故法官一般会进行书面审查或采取特别的证明方式。我国 2021 年《民事诉讼法》第一百八十四条规定,特别程序包括选民资格案件、宣告失踪或宣告死亡案件、认定公民无民事行为能力或限制民事行为能力案件、认定财产无主案件、确认调解协议案件和实现担保物权案件。例如,宣告失踪或宣告死亡案件中,通过对申请人提交的公安机关或者其他有关机关关于该公民下落不明的书面证明进行书面审查,直接认定公民下落不明的事实。通过发出寻找下落不明人的公告,公告期满,该公民仍下落不明,则认定下落不明公民失踪或死亡。

关联法条

1.《中华人民共和国民事诉讼法》(2021 年)

第七条 人民法院审理民事案件,必须以事实为根据,以法律为准绳。

第六十七条第三款 人民法院应当按照法定程序,全面地、客观地审查核实证据。

2.《最高人民法院关于适用〈中华人民共和国民事诉讼法〉的解释》(2022 年)

第一百零四条 人民法院应当组织当事人围绕证据的真实性、合法性以及与待证事实的关联性进行质证,并针对证据有无证明力和证明力大小进行说明和辩论。

能够反映案件真实情况、与待证事实相关联、来源和形式符合法律规定的证据,应当作为认定案件事实的根据。

第一百零五条 人民法院应当按照法定程序,全面、客观地审核证据,依照法律规定,运用逻辑推理和日常生活经验法则,对证据有无证明力和证明力大小进行判断,并公开判断的理由和结果。

---

① 何家弘:《证据的审查与认定原理论纲》,载《法学家》2008 年第 3 期。

3.《最高人民法院关于知识产权民事诉讼证据的若干规定》(2020年)

第三十一条 当事人提供的财务账簿、会计凭证、销售合同、进出货单据、上市公司年报、招股说明书、网站或者宣传册等有关记载,设备系统存储的交易数据,第三方平台统计的商品流通数据,评估报告,知识产权许可使用合同以及市场监管、税务、金融部门的记录等,可以作为证据,用以证明当事人主张的侵害知识产权赔偿数额。

第三十二条 当事人主张参照知识产权许可使用费的合理倍数确定赔偿数额的,人民法院可以考量下列因素对许可使用费证据进行审核认定:

(一)许可使用费是否实际支付及支付方式,许可使用合同是否实际履行或者备案;

(二)许可使用的权利内容、方式、范围、期限;

(三)被许可人与许可人是否存在利害关系;

(四)行业许可的通常标准。

典型案例

1.(2021)最高法民申5473号

裁判观点:本案再审审查的焦点在于案涉车库转让价款如何认定以及原审判决关于余欠借款数额的认定是否正确。关于案涉车库转让价款如何认定的问题,郑建平主张车库真实转让价款为425万元,而非不动产交易中心备案合同上载明的183.736万元。郑建平为此提供了相关的证人证言,并以其与被申请人李玉春之间2011年8月31日结算对账单上记录的第5笔、第7笔以及2012年9月1日结算对账单上记录的最后一笔借款一致作为相应的佐证。2020年《证据规定》第八十五条规定,人民法院应当以证据能够证明的案件事实为根据依法作出裁判。审判人员应当依照法定程序,全面、客观地审核证据,依据法律的规定,遵循法官职业道德,运用逻辑推理和日常生活经验,对证据有无证明力和证明力大小独立进行判断。就本案而言,关于案涉车库转让价款的认定,郑建平提供了相关的证人证言,原审法院依据经过备案的买卖合同、税务发票、涉税证明等证据来作出认定。郑建平提供的证人证言与原审法院采信的证据在有关案涉车库转让价款的认定上存在矛盾冲突。虽然郑建平主张"在现实的房地产交易中,买卖双方为逃避税费签订阴阳合同,乃是众所周知的事实",但该种情形并非适法的行为,违背法律规定的行为当然不能也不应得到法律应有的保护。根据日常生活法则,一方当事人提供的证人证言与经过备案的买卖合同、税务发票、涉税证明等证据在证明力大小的判断上,人民法院一般情况下应认定后者具有更高的证明力。因此,郑建平关于车库转让价款的申请理由不能成立。

2.(2022)辽03民终19号

裁判观点:本案二审的争议焦点为一审法院认定的刘经华的误工费损失是否正确。根据2020年《最高人民法院关于审理人身损害赔偿案件适用法律若干问题的解释》第七条"误工费根据受害人的误工时间和收入状况确定。误工时间根据受害人接受治疗的医疗机构出具的证明确定。受害人因伤致残持续误工的,误工时间可以计算至定残日前一天。受害人有固定收入的,误工费按照实际减少的收入计算。受害人无固定收入的,按照其最近三年的平均收入计算；受害人不能举证证明其最近三年的平均收入状况的，可以参照受诉法院所在地相同或者相近行业上一年度职工的平均工资计算”的规定，受害人有固定收入的，误工费按照实际减少的收入计算。受害人不能举证证明其收入状况的，可以参照受诉法院所在地相同或者相近行业上一年度职工的平均工资计算。本案中，虽然刘经华在一审时提供海城开发区大苓电路维修中心营业执照、介绍信和工资表等证据用以证明刘经华在受伤之前的实际收入状况，但是该组证据均为高大苓为其出具，而高大苓与刘经华原为夫妻关系，具有一定的利害关系，且刘经华又未能提供其收入的发放或存入等客观证据加以证明，因此，根据2020年《证据规定》第八十五条“人民法院应当以证据能够证明的案件事实为根据依法作出裁判。审判人员应当依照法定程序，全面、客观地审核证据，依据法律的规定，遵循法官职业道德，运用逻辑推理和日常生活经验，对证据有无证明力和证明力大小独立进行判断，并公开判断的理由和结果”的规定，一审法院根据刘经华提供的上述证据综合审查认定其伤前工作的事实存在，但是收入情况按照全体居民人均可支配收入标准计算并无不当，本院予以确认。

3.（2021）藏04民终236号

裁判观点：根据2020年《证据规定》第八十五条“人民法院应当以证据能够证明的案件事实为根据依法作出裁判。审判人员应当依照法定程序，全面、客观地审核证据，依照法律的规定，遵循法官职业道德，运用逻辑推理和日常生活经验，对证据有无证明力和证明力大小独立进行判断，并公开判断的理由和结果”的规定，在综合分析全案证据后，本院依法认定张俊并非《购销合同》实际买受人，不应当承担支付欠付货款的责任。具体理由如下：首先，《购销合同》中严冬梅、张俊虽以甲方名义签名捺印，但该合同中亦对张俊系材料员身份、签字同严冬梅签字产生同样法律效力进行了明确约定，则其在《购销合同》上以甲方名义签字的行为不应当同合同约定的主要内容割裂开理解，且湘宝建材应当对张俊系材料员的身份明知；其次，张俊及严冬梅虽然均在《欠条》上签名捺印，但二人在《欠条》上表明的身份分别为“材料负责欠款人：严冬梅”及“材料负责人：张俊”，该身份表述同《购销合同》相互印证，并明确了张俊材料负责人的身份，而并非欠款人；最后，严冬梅认可张俊并非实际买受人，仅为其雇用的材料采购员，且张俊及严冬梅在二审中关于雇佣时间及工资标准的具体陈述能够相互印证，结合张俊二审提交的农民工工资明细表，也可进一步证实张俊领取工资，系严冬梅雇员的身份。综上，张俊并非案涉货物的实际买受人及受益人，则由其承担责任不符合权利义务相一致原则，也同全案证据反应的客观事实相违背，案涉《购销合同》的实际买受人为严冬梅，故应由严冬梅个人承担支付责任。张俊的上诉理由成立，本院予以支持。另，湘宝建材主张张俊与严冬梅系合伙关系，并无证据证明，本院不予认可。

（新增）第八十六条 【特殊证明标准】

当事人对于欺诈、胁迫、恶意串通事实的证明，以及对于口头遗嘱或赠与事实的证明，人民法院确信该待证事实存在的可能性能够排除合理怀疑的，应当认定该事实存在。

与诉讼保全、回避等程序事项有关的事实，人民法院结合当事人的说明及相关证据，认为有关事实存在的可能性较大的，可以认定该事实存在。

法条渊源

关于民事诉讼的证明标准，最高人民法院先后在三部司法解释中用专门条文进行规范：一是 1998 年《审判改革规定》第二十四条规定：“双方当事人对同一事实分别举出相反的证据，但都没有足够理由否定对方证据的，应当分别对当事人提出的证据进行审查，并结合其他证据综合认定。”就该条而言，并未确立证据的具体证明标准。二是 2002 年《证据规定》第七十三条第一款规定：“双方当事人对同一事实分别举出相反的证据，但都没有足够的依据否定对方证据的，人民法院应当结合案件情况，判断一方提供证据的证明力是否明显大于另一方提供证据的证明力，并对证明力较大的证据予以确认”，该规则表明民事诉讼中民事证据的高度盖然性标准在我国司法解释中得到承认。但该规则用“明显大于”一词来表示证明力差距，在表述上是存在一定问题的，同时，也没有就民事诉讼证明标准区分不同的层次。更为重要的是，其并未引入证明责任分配原则，仍然留有很大的修改空间。三是 2015 年《民诉法解释》修正了这一问题，在其第一百零八条中将证明标准准确表述为“高度可能性”，这里高度可能性的证明力度从概率上讲相当于 75%。① 为回应该条第三款“……另有规定的，从其规定”，该解释第一百零九条专门规定了更严格的“排除合理怀疑”之证明标准，即“当事人对欺诈、胁迫、恶意串通事实的证明，以及对口头遗嘱或者赠与事实的证明，人民法院确信该待证事实存在的可能性能够排除合理怀疑的，应当认定该事实存在”。即“排除合理怀疑”的证明标准。

法条精析

本条是关于民事诉讼证据证明标准的规定，在 2002 年《证据规定》中没有类似内容，本条在 2015 年《民诉法解释》第一百零九条的基础上针对诉讼中的程序性事项，新增了一款“降低证明标准”的情形，进一步完善多层次的证明标准体系。本条起草过程中，2016 年《法院征求意见稿》第十四条规定：“当事人对于欺诈、胁迫、恶意串通事实的证明，以及对于口头遗嘱或赠与事实的证明，人民法院确信该待证事实存在的可能性能够排除合理怀疑的，应当认定该事实存在。”第十五条规定：“申请回避、申请诉讼保全措施和申请证人出庭作证等程序性事实，由负有举证证明责任的当事人提供相应证据并进行必要说明，人民法院认为该事实有可能存在的，可以准许当事人的申请。”2017 年《审判长讨论稿》第十一条第一款规定延续了前述第十四条规定。第二款则将前述第十五条修改为“与申请回避、诉讼保全措施和证人出庭作证等程序事项相关的事实，由申请人进行必要说明、提供相应证据，人民法院认为该事实有可能存在的，可以准许”。2018 年《审委会送审稿》第八十五条第一款延续了 2017 年《审判长

① 霍海红：《提高民事诉讼证明标准的理论反思》，载《中国法学》2016 年第 2 期。

讨论稿》第十一条第一款规定，没有变化。该条第二款将“与申请回避、诉讼保全措施和证人出庭作证，由申请人进行必要说明、提供相应证据，人民法院认为该事实有可能存在的，可以准许”改为“与申请回避、申请诉讼保全或者申请证人出庭作证等程序事项相关的事实，人民法院结合当事人的说明及相关证据，认为相关事实存在的可能性较大的，可以确认该事实存在”。本条定稿时，将“与申请回避、申请诉讼保全或者申请证人出庭作证等程序事项相关的事实”改为“与诉讼保全、回避等程序事项有关的事实”；将“认为相关事实存在的可能性较大的，可以确认该事实存在”改为“认为有关事实存在的可能性较大的，可以认定该事实存在”。

2020 年《民诉法解释》第一百零八条结合证明责任分配原则规定了民事诉讼的一般证明标准，即“对负有举证证明责任的当事人提供的证据，人民法院经审查并结合相关事实，确信待证事实的存在具有高度可能性的，应当认定该事实存在”。可见，我国目前立法采取高度可能性的标准作为法院判断认定事实的基准。为建立多层次的民事诉讼证明标准体系，与民事实体法衔接，解决实践中诸多复杂的情况，2022 年《民诉法解释》在第一百零八条规定的一般证明标准之外，还通过第一百零九条规定了特殊证明标准，即“当事人对欺诈、胁迫、恶意串通事实的证明，以及对口头遗嘱或者赠与事实的证明，人民法院确信该待证事实存在的可能性能够排除合理怀疑的，应当认定该事实存在”。从学理上考虑，证明标准根据证据证明力大小从高到低，大致可分为以下几类：第一，排除合理怀疑标准。排除合理怀疑标准是指待证事实有相应的证据证明，且证据之间及证据与待证事实之间没有矛盾或者虽有矛盾但能够合理地排除。传统上，排除合理怀疑标准一般用于刑事诉讼，而在民事诉讼中并不多见，但也并非没有。“在美国民事诉讼中，证明标准分为两个层级，优势证据标准适用于大部分民事案件实体事实的证明，清楚和有说服力的证明标准用于特定事实，如欺诈的证明”以及“许多司法区要求，民事欺诈案件或可能涉及刑事行为的民事案件的主张，要用清晰且令人信服的证据加以证明”。[①] 第二，高度可能性标准。高度可能性标准也就是 2022 年《民诉法解释》第一百零八条规定的一般证明标准。这里高度可能性的证明力度从概率上讲相当于 75%，也即基于现有证据可以确认待证事实基本存在。第三，明显优势标准。明显优势标准指可以按照证据的效力根据具有明显优势的证据来认定案件事实。例如，2002 年《证据规定》第七十三条规定：“双方当事人对同一事实分别举出相反的证据，但都没有足够的依据否定对方证据的，人民法院应当结合案件情况，判断一方提供证据的证明力是否明显大于另一方提供证据的证明力，并对证明力较大的证据予以确认”。第四，简单优势标准。简单优势标准指可以根据具有简单优势的证据来认定案件事实。

我国民事诉讼法学界普遍认为，应建立高度盖然性的一般证明标准之外的特殊证明标准，大多数也指向“降低证明标准”。[②] 在本规定出台之前，我国已有法律、司法解释规定了以

① [美]罗纳德·J. 艾伦等：《证据法：文本、问题和案例》（第 3 版），张保生等译，高等教育出版社 2006 年版，第 808 页。

② 张卫平：《民事诉讼法》（第 2 版），中国人民大学出版社 2013 年版，第 174 页；李浩：《民事诉讼法学》，法律出版社 2014 年版，第 235 页；吴杰：《民事诉讼证明标准理论研究》，法律出版社 2007 年版，第 135 页。

其他方式降低证明标准的有关情形，主要分为两种类型：(1)原告只需要提供“初步证明”。如《最高人民法院关于审理食品药品纠纷案件适用法律若干问题的规定》第五条第二款规定：“消费者举证证明因食用食品或者使用药品受到损害，初步证明损害与食用食品或者使用药品存在因果关系，并请求食品、药品的生产者、销售者承担侵权责任的，人民法院应予支持，但食品、药品的生产者、销售者能证明损害不是因产品不符合质量标准造成的除外。”(2)采取举证责任倒置的方式。如《民法典》第一千二百三十条规定：“因污染环境、破坏生态发生纠纷，行为人应当就法律规定的不承担责任或者减轻责任的情形及其行为与损害之间不存在因果关系承担举证责任。”但是，举证责任倒置的规定在实践中并未得到有效贯彻，有学者主张摒弃证明责任倒置这种“一劳永逸”式方案，建立促进因果关系信息最大化的精细配套证明制度。①

就目前司法解释规定而言，我国主要采用排除合理怀疑标准、高度可能性标准和简单优势标准。就本条所涉情形而言，排除合理怀疑可以从完备性、一致性和唯一性角度来把握。完备性，即待证事实的要素和情节都应该有证据证明，而且这些证据应当构成一个完整闭合的证明链条；一致性，是指待证事实所依据的证据应当相互一致，不存在做不出合理解释的疑点；唯一性，即依据这些证据所能得出的唯一合理结论为待证事实。

就排除合理怀疑标准的适用对象而言，本条第一款规定排除合理怀疑标准适用于五种事实的证明：欺诈、胁迫、恶意串通、口头遗嘱或赠与。

其中，欺诈、胁迫、恶意串通都属于主观心态事实，隐藏于人的内心，外人很难查明。故实务中对主观心态事实的证明，只能通过当事人的外观行为表现所形成的证据来进行。多数情况下，当事人的外观行为证据与主观心态之间不存在一对一必然直接对应关系。同一种言行，不同人可能会有不同的解读。如果对欺诈、胁迫、恶意串通适用 2022 年《民诉法解释》第一百零八条，采高度可能性标准，则将导致实务中对欺诈、胁迫、恶意串通的认定不当增多。一则不利于维护交易安全和社会秩序。“但凡发生了欺诈、胁迫或恶意串通的行为，就会发生相应的实体法效果：导致现有的法律关系无效或者可撤销。因而，从维护法律秩序的稳定性、保障交易安全的民商事立法目的来看，需要对这些事实赋予更高的证明标准。”②二则可能与当事人内心真意相悖。这显然不符合裁判正义。三则认为，在某一行为被认定为欺诈、胁迫或恶意串通时，当事人可能会因此而涉嫌刑事犯罪，如合同诈骗罪、敲诈勒索罪等。因此，在审理上述法律事实的民事诉讼中也应当采取与刑事诉讼相同的证明标准。

类似地，口头遗嘱或赠与这两项待证事实因缺乏证据固定，对于主张方提供的证据如果采用较低证明标准，同样会在实务中增加认定存在口头遗嘱或赠与事实的情形。为此，2015 年《民诉法解释》第一百零九条从实践需求出发，对上述五种情形规定提高证明标准，适用比高度可能性标准更严格的排除合理怀疑的证明标准。该条实施以后，取得了较好效果，故本条第一款沿袭了该条规定。

本条第二款为新增规定，对“与诉讼保全、回避等程序事项有关的事实”降低了证明标准，

---

① 胡学军：《环境侵权中的因果关系及其证明问题评析》，载《中国法学》2013 年第 5 期。

② 江必新主编：《新民诉法解释法义精要与实务指引》(上)，法律出版社 2015 年版，第 231 页。

采“存在可能性较大的”标准，也即“简单优势标准”。本条之所以增加对与程序事项相关事实进一步降低证明标准的规定，主要理由在于：一方面，是为了更好地利用有限的诉讼资源，将诉讼资源集中于实体性事项的审理；另一方面，是为了符合实质公平正义原则的要求，将那些争议不大、通过当事人举证说明就能够清楚证明的事实与争议较大、需要法院加以斟酌的事项区分开来，分别适用不同的证明标准，有效保证裁判的正当性。事实上，程序性事项仅为保障和促进民事诉讼的进行，本身并不直接涉及当事人实体权益争议，一般也不必对证据进行证据交换、言词质证和辩论。故对其降低证明标准，有助于迅速处理程序问题以保证诉讼迅速进行。例如，本条规定的诉讼保全、回避这种程序事项本身就有紧迫性，适当降低证明标准有助于人民法院尽快审查认定待证事实是否存在，从而及时决定回避、裁定是否保全等相应程序措施，推动程序往下进行。

虽然在此次修改中，新增的减低证明标准的事项中仅规定了程序性事项，未规定实体性事项，但是这代表了我国民事诉讼法在证明标准多层次体系构建中的重要一步，代表了民事证明标准体系化的主要方向。关于证明标准的法律规定也将会在司法实践中得以完善。

实务疑难

实务中，认定重大误解应适用何种标准？

司法实务中，对重大误解的证明标准是采一般证明标准抑或特殊证明标准，一直存在争议：第一种观点认为，对重大误解的证明标准应按具有高度可能性的一般证明标准把握。理由在于，现有法条都未将对重大误解的证明纳入排除合理怀疑这一特殊证明标准范畴。例如，将2022年《民诉法解释》第一百零八条关于一般证明标准和第一百零九条关于特殊证明标准结合进行体系解释可知，既然第一百零九条关于特殊证明标准适用对象的全部罗列情形中均无重大误解，则意味着关于重大误解的证明标准应采一般证明标准，即高度可能性标准。第二种观点则认为，对重大误解的证明标准应按排除合理怀疑这一特殊证明标准把握。理由在于，民事诉讼证明标准的多元化是裁判正当性和证据裁判主义的必然要求，之所以对欺诈、胁迫、恶意串通、口头遗嘱或赠与提高证明标准，是因为如果对这些主张的事实依然采用高度可能性的证明标准，将会导致这些主张的事实容易被确认，使当事人之间的合意行为或单方民事行为被轻易否认，影响法律关系的稳定性。重大误解既可能在实施单方法律行为时存在也可能发生在双方法律行为场合，故也应提高证明标准，所以应适用特殊证明标准。笔者倾向于第二种观点。毕竟就被容易确认的后果同为民事法律行为被轻易否认，影响法律关系的稳定性角度而言，重大误解与欺诈、胁迫并无区别，且确认后的法律后果同为当事人可以主张撤销，从而导致该民事法律行为被否认。

关联法条

《最高人民法院关于适用〈中华人民共和国民事诉讼法〉的解释》（2022年）

第一百零八条 对负有举证证明责任的当事人提供的证据，人民法院经审查并结合相关事实，确信待证事实的存在具有高度可能性的，应当认定该事实存在。

对一方当事人为反驳负有举证证明责任的当事人所主张事实而提供的证据，人民法院经审查并结合相关事实，认为待证事实真伪不明的，应当认定该事实不存在。

法律对于待证事实所应达到的证明标准另有规定的，从其规定。

第一百零九条 当事人对欺诈、胁迫、恶意串通事实的证明，以及对口头遗嘱或者赠与事实的证明，人民法院确信该待证事实存在的可能性能够排除合理怀疑的，应当认定该事实存在。

典型案例

1.(2021)最高法民终703号

裁判观点：2020年《证据规定》第八十六条第一款规定："当事人对于欺诈、胁迫、恶意串通事实的证明，以及对于口头遗嘱或赠与事实的证明，人民法院确信该待证事实存在的可能性能够排除合理怀疑的，应当认定该事实存在。"海南省海口市中级人民法院（以下简称海口中院）(2019)琼01行终257号案中有关张某与陶某婚姻登记效力等事实的查明与认定，是本案原审法院认定张某与陶某签订《夫妻婚内财产协议书》《补充协议》属于可撤销协议的主要事实依据。本案二审阶段，当事人提交了海南省人民检察院琼检行监〔2021〕46000000006号行政抗诉书，即海南省人民检察院对海口中院(2019)琼01行终257号案件提出抗诉，该案已进入再审程序。综合考虑本案二审阶段当事人的陈述及证人出庭作证的情况，原审判决关于"陶某以双方存在合法婚姻关系为前提作出了签订《夫妻婚内财产协议书》《补充协议》的错误意思表示，上述协议属于可撤销的协议"的认定，属于基本事实不清，证据不足，本案应予发回重审。

2.(2020)最高法民申2288号

裁判观点：根据2015年《民诉法解释》第一百零九条的规定，当事人对欺诈、胁迫、恶意串通事实的证明，以及对口头遗嘱或者赠与事实的证明，人民法院确信该待证事实存在的可能性能够排除合理怀疑的，应当认定该事实存在。根据该规定，当事人主张欺诈、胁迫、恶意串通等事实的，其提供的证据应当达到排除合理怀疑的标准，方可予以认定。本案中，刚家宏主张其与案外人吕和平存在借款关系、李建纲原告主体不适格，但案涉《借款合同》《还款协议》《还款协议之补充协议》《担保函》上均载明李建纲为出借人。刚家宏作为完全民事行为能力自然人，在上述多份时间不同的合同上签字时均未提出异议；网上银行电子回单收款方为李建纲的证据，亦可证明刚家宏在还款协议签订后，陆续向李建纲还款；在一审法院询问吕和平时，其亦表示："我知道有6000万元这件事，开始我介绍李建纲兄嫂与刚家宏对账，对账之后是6000万元。此后，他们之间还款对账都是他们之间进行的，再没有找我。"综合上述情况，刚家宏在未举证证明其存在意思表示不自由、不真实的情况下，应对其所签订协议的法律后果承担相应责任。刚家宏提供的证据不能达到排除合理怀疑的标准，故刚家宏关于出借主体非李建纲以及存在胁迫、恶意串通情形的主张，均不能成立，原审法院未予支持，并无不当。

3.(2020)最高法知民辖终239号

裁判观点：2020年《证据规定》第八十六条第二款规定："与诉讼保全、回避等程序事项有关的事实，人民法院结合当事人的说明及相关证据，认为有关事实存在的可能性较大的，可以认定该事实存在。"根据上述法律规定,关于本案管辖所涉经常居住地事实的认定,应当结合当事人提供的有关购房、租房、就业、缴纳社会保险等证据,按照证据规则予以综合判断和认定。本案中,根据张强提交的居住登记凭证、居住证、上海市居住房屋租赁合同备案登记通知书、上海市居住房屋租赁合同、养老保险缴费情况、税收完税证明、个人所得税纳税清单、个人纳税记录等证据,张强最早从2017年8月起就在上海交纳养老保险和个税,从2018年2月起就在上海租赁房屋居住,张强在上海市交纳税费和租赁房屋一直延续至本案诉讼时已满一年且未曾中断。虽然德瑞公司对张强提交的上述证据的形式、内容、时间等提出了质疑,但是应当注意到,居住登记凭证、房屋租赁合同等材料都有相关部门和单位的公章,不同证据上记载的起止期间虽不完全一致,但大体上重合,并不存在自相矛盾,能够形成相互印证关系,在德瑞公司未提交足以推翻前述证据证明的事实情况下,本院对德瑞公司的简单质疑不予采信。根据现有证据,可以认定张强的经常居住地为上海市,对于德瑞公司否认张强经常居住地为上海市,应以张强户籍地为管辖连接点确定管辖法院的主张,本院不予支持。由于本案另外两被告的住所地均不在广东省深圳市,且本案中亦无证据显示被诉侵权行为发生在广东省深圳市,故原审法院对本案不具有管辖权。

4.(2022)鲁14民终264号

裁判观点:寇俊梅主张离职协议及离职申请中的签字系其在受安居物业以不发工资为由的要挟,违背真实意愿签订。要挟属于胁迫,关于对胁迫的认定,根据2020年《证据规定》第八十六条第一款"当事人对于欺诈、胁迫、恶意串通事实的证明,以及对于口头遗嘱或赠与事实的证明,人民法院确信该待证事实存在的可能性能够排除合理怀疑的,应当认定该事实存在"的规定,人民法院对胁迫的认定采取排除合理怀疑,结论具有唯一性的认定标准。本案中,寇俊梅主张签订的书面协议存在胁迫,不具备认定无效的标准,寇俊梅主张安居物业应向其支付经济补偿金,没有法律依据。对该上诉请求,本院不予支持。

(修改)第八十七条 【单一证据的审核认定】

审判人员对单一证据可以从下列方面进行审核认定:

(一)证据是否为原件、原物,复制件、复制品与原件、原物是否相符;

(二)证据与本案事实是否相关;

(三)证据的形式、来源是否符合法律规定;

(四)证据的内容是否真实;

(五)证人或者提供证据的人与当事人有无利害关系。

法条渊源

我国关于证据审查认定的规范中,对单一证据的审核认定,最早出现在1998年《审判改革规定》第二十六条。根据该条规定,审判人员应从以下几个方面对单一证据进行审查:

(1)证据取得的方式;(2)证据形成的原因;(3)证据的形式;(4)证据提供者的情况及其与本案的关系;(5)书证是否系原件,物证是否系原物以及复印件或者复制品是否与原件、原物的内容、形式及其他特征相符合。后为适应司法实践需要,在2002年《证据规定》第六十五条对该条内容作了如下修改:(1)证据是否原件、原物,复制件、复制品与原件、原物是否相符;(2)证据与本案事实是否相关;(3)证据的形式、来源是否符合法律规定;(4)证据的内容是否真实;(5)证人或者提供证据的人,与当事人有无利害关系。在本次修改中,本条规定沿袭了2002年《证据规定》第六十五条规定,并未对其内容进行实质性修改,但在第一项中增加了"为",使语句读起来更为流畅,也消除了歧义,另外,还删除了第五项居中的逗号。

法条精析

本条是关于对单一证据审核认定的规定,是在2002年《证据规定》第六十五条基础上修改而成。本条修改过程中,2016年《法院征求意见稿》和2017年《审判长讨论稿》中没有本条规定内容,2018年《审委会送审稿》将2002年《证据规定》第六十五条规定为第八十六条。本条定稿时,仅对2018年《审委会送审稿》第八十六条规定作了简单文字修改。

前文已述,2020年《证据规定》第八十五条第二款已经规定了审判人员审查判断民事证据的一般原则。由该一般原则可以分解细化为若干个具体原则。其中,根据审查判断对象证据的数量不同,可分为单一证据审查判断原则和全部证据综合审查判断原则。本条规定的就是单一证据审查判断原则。审查判断证据要对全案证据逐一审查判断,无论该证据是需要质证的证据,还是无须质证的证据,无论是当事人提供的证据,还是司法机关提供或亲自收集的证据,也无论是何种证据,均应如此。这些证据经逐一审查判断,只有具备真实性、关联性、合法性的,才可作为定案根据。逐一审查判断证据,并非孤立进行,亦应将该证据与全案证据进行综合比较、分析,以便排查矛盾与疑点。[①] 为此,本条沿袭2002年《证据规定》第六十五条规定精神,从证据是否为原件、原物,复制品复印件与原件、原物是否一致,证据与本案事实是否相关,证据的形式来源是否合法,证据内容是否真实以及证人、提供证据的人与当事人有无利害关系五个方面来审核认定单一证据的证明力,其中贯穿了证据三大属性的认定,即证据的合法性、关联性和客观性。下面分别对这五方面展开分析:

1. 证据是否为原件、原物,复制件、复制品与原件、原物是否相符

本项是从证据来源的角度审查证据的真实性。证据来源包括证据自身形成过程和取得过程。其中,证据形成过程往往受环境、动机、利害关系等主观、客观因素影响,容易导致证据失真。因此,本条第一项规定对单一证据真实性审核时,应注意两个切入点:首先,应审查证据是否为原件、原物。从证据来源而言,原件、原物属于原始证据,即直接产生于案件或争议法律关系形成、变化过程中的证据。复制件、复制品属于传来证据,即从原件、原物派生,通过复印、复制等方式形成的证据。原始证据是由案件事实直接作用于相应物质载体而成,特点是真实性强;传来证据由原始证据派生,容易在派生过程中出现失真现象。故根据最佳证据

① 刘金友:《试论我国审查判断证据的原则及其理论根据》,载《政法论坛》2004年第2期。

规则,证据的原件、原物的真实性要大于相应复制件、复制品。这对于书证、物证、视听资料、电子数据等法定证据方法尤其如此。故具体操作时,首先应审查证据是否为原件或原物,以区分证据证明力大小。其次,核对复制件、复制品与原件、原物在内容、形式、其他特征上是否一致,以辨别该证据真伪。无法与原件核对的,则需要结合本案其他证据来印证其内容是否真实,以防止出现复制失真的情形。这既是保障证据证明力的要求,同时也关涉原始证据和传来证据的划分。比如,经过剪辑、修音的视听资料和电子数据不能真实地反映案件的客观事实;合同复制件无法与原件对比的,不能证明合同的真伪;仅有物证照片的,不能完全确信物证的外观和状态等。因此,2020 年《证据规定》第九十条也明确规定了无法与原件、原物核对的复制件、复制品不能单独作为认定案件事实的根据。

2. 证据与本案事实是否相关

本项规定的是对单一证据关联性的要求,关联性是证据的基本自然属性之一。所谓证据的关联性,也称证据的相关性,是指证据必须与本案事实有实际、客观联系,并具有证明作用。反之,对案件事实具有证明作用的证据一定与案件具有关联性。证据与待证事实之间的关联性大小对证据的证明力大小有决定作用。因此,在当事人提交的证据中,如果某证据与案件事实不具有关联性,则可以没有证明力为由予以排除,不能作为认定案件的依据。

3. 证据的形式、来源是否符合法律规定

本条第三项是对证据合法性的要求,证据的合法性主要是指证据形式、来源的合法性。在民事诉讼中,使用特定证据认定案件事实必须符合法律规定。证据的形式合法是指在形式上该证据必须符合法律规定,比如,单位向法院提交的证明文书必须有单位负责人的签名或者盖章,保证合同和抵押合同应当采用书面形式等。[①] 来源合法性包括形成原因的合法性和形成过程的合法性,即他人的合法权利不会因为证据的取得而受到损害。比如,视听资料的取得不得采用偷拍偷录等侵犯他人隐私权的方式,法院调查收集证据应当由两人以上进行,证据材料必须经过质证程序,才能作为认定案件事实的依据等。

4. 证据的内容是否真实

本条第四项是对证据客观性的要求,证据的客观性并非仅指证据资料必须是客观存在的事实,不以人们的主观愿望为转移。证据的客观性本身包括三个方面的客观存在:证据资料的客观存在、证据资料合法性的客观存在和关联性的客观存在。[②] 不得伪造证据、不得作伪证、不得作虚假陈述都是为了满足证据内容真实、客观的要求。实务中,审查判断证据的真实性,一般从两个角度展开:一是证据的来源,主要审查证据的形成或提供者中有无影响其真实可靠的因素;二是证据的内容,主要是审查证据本身物理属性、记载内容是否存在矛盾之处、是否符合常理等。

5. 证人或者提供证据的人与当事人有无利害关系

本条第五项规定审查证人或提供证据的人与当事人有无利害关系,本质上仍是进行审查证据真实性的作业。这里的利害关系主要是指与当事人之间的仇敌关系、友好关系等,日常

---

① 张卫平:《民事证据法》,法律出版社 2017 年版,第 16 页。

② 张卫平:《民事证据法》,法律出版社 2017 年版,第 17 页。

生活中具体表现为亲属关系、朋友关系、仇人关系等。由于人的意识可以受主观因素影响,故证人、提供证据的人如与当事人有上述关系,则其主观心态就有不中立的可能,在陈述证人证言或者提交证据时带有一定的感情倾向,无法做到完全、客观、真实地陈述“客观事实”,其提供的证言或证据真实性就会受到怀疑,会在一定程度上降低该证据的证明力。故本项中审查利害关系的重点是查明证人和提供证据的人与当事人之间是否存在特定关系,该关系的性质以及基于该关系性质是否会为当事人提供有利证明抑或不利证明等。必须指出的是,1998 年《审判改革规定》中曾规定证人提供的对与其有亲属或其他密切关系的当事人有利的证言,证明力较低,这是典型的对证据证明力大小法定化表现,不符合自由心证原则,早在 2002 年《证据规定》中即已被摒弃。最后,这里所称提供证据的人区别于以其亲身感受提供证言的证人,是当事人以外掌握证据的来源或证据线索,并将其提交给法院的人。

实务疑难

缺席被告不向法庭提交答辩状、不提供任何证据材料、也不出庭进行辩论质证时,对于原告所提供的单一证据材料应如何审核认定?

第一种观点认为,对单一证据的审核认定只需要进行形式审查。如果原告提供的证据材料形式真实、合法、与案件有关联,就可直接认定原告提交的该证据;第二种观点认为,对单一证据的审核认定要进行实质审查,即不仅要对证据材料的证据资格进行形式审查,还要综合其他诉讼材料对证据的证明力大小进行判断。笔者倾向于第二种观点。主要理由有二:(1)司法解释有规定。2020 年《证据规定》第八十五条第二款规定:审判人员应当依照法定程序,全面、客观地审核证据,依据法律的规定,遵循法官职业道德,运用逻辑推理和日常生活经验,对证据有无证明力和证明力大小独立进行判断,并公开判断的理由和结果。根据该条文文义解释,其并未以被告出席庭审为前提,故对证据的审核认定应采实质性审查。(2)维护诉讼权利对等。原告缺席,法院仅裁定按撤诉处理。原告的起诉按撤诉处理,原告只是承受了程序上的不利益,此后仍然可以再向法院提起诉讼。被告缺席,法院却可以作出缺席判决,承受的很可能是实体上的不利益。显然,证据审核认定采取形式审查的做法扩大了当事人之间的不平等。因此,应当对原告所提供的证据材料采取实质性审查的方式进行审核认定。当然,采取实质性审查的方式是指对原告提交的证据的证据资格,证据真实性、合法性、关联性有无以及证明力的大小进行判断,实质审查时要注意有无直接证据、原始证据证明原告的诉讼请求。由于没有经过质证,也没有被告的诉讼材料作为参照,此时假如原告没有直接证据、原始证据这些证明力大的证据材料支持自己的诉讼主张,原则上不应当判决其胜诉。因为间接证据、传来证据没有经过质证,其所反映的案情的真实性如何很难判断。

关联法条

《最高人民法院关于适用〈中华人民共和国民事诉讼法〉的解释》(2022 年)

第一百零五条 人民法院应当按照法定程序,全面、客观地审核证据,依照法律规定,运用逻辑推理和日常生活经验法则,对证据有无证明力和证明力大小进行判断,并公开判断的理由和结果。

典型案例

1.(2021)最高法民申5411号

裁判观点:(一)关于《情况说明》及证人证言的证明力问题。2020年《民诉法解释》第一百一十五第一款关于"单位向人民法院提出的证明材料,应当由单位负责人及制作证明材料的人员签名或者盖章,并加盖单位印章。人民法院就单位出具的证明材料,可以向单位及制作证明材料的人员进行调查核实。必要时,可以要求制作证明材料的人员出庭作证"的规定中,并无缺少制作证明材料人员签名即无证明效力的明确表述。当事人对书证提出质疑的,亦可依据前款规定请求人民法院对制作证明材料的人员进行调查核实或出庭作证。农发行新疆支行营业部出具《情况说明》,系依照民事程序法律的规定参与本案诉讼,并非试图创设新的民事权利或承担民事责任,故其是否具有法人资格、是否具有民事责任能力与其依法陈述所知晓案情并无关联。农发行新疆分行营业部及其工作人员欧某与本案所涉纠纷有事实上的关联,但并非2020年《证据规定》第八十七条第五项"审判人员对单一证据可以从下列方面进行审核认定:(五)证人或者提供证据的人与当事人有无利害关系"所指有可能影响证人或提供证据的人公正客观参与诉讼的特定利害关系。海丰达公司仅以农发行新疆分行及其工作人员为受益者为由即认定其不能客观地陈述案件事实缺乏事实根据。由于二审法院补充查明了与本案争议有关的事实,与《情况说明》以及证人欧某所陈述内容可以相互印证,并非仅以前述书证及证人证言之孤证认定本案事实,故二审法院将《情况说明》以及证人欧某的证言作为定案依据之一符合法律规定。

2.(2018)最高法民再13号

裁判观点:该案二审期间,杨柳保向该院陈述该《欠条》所记载的160万元中包括工程材料款、机械租赁款以及一百余名施工人员的人工工资,其中人工工资占绝大部分且已由其自行支付完毕,但对其上述主张,杨柳保表示无法提交其所购材料以及机械租赁清单,亦无法提交其欠付的人工工资的具体人员名单和已付款证据,因此杨柳保所主张存在160万元工程欠款的证据仅为张衍坤出具的《欠条》,依据2002年《证据规定》第六十五条"审判人员对单一证据可以从下列方面进行审核认定:……(四)证据的内容是否真实……"之规定,由于张衍坤所出具的《欠条》在证明该案欠款数额中属孤证,杨柳保原审及该案二审期间亦没有提供其他证据对其证明力予以补充,故该《欠条》在证明欠款数额方面的证明力尚不足以达到"优势证据"的标准,依据民事诉讼中"谁主张,谁举证"的证据规则,杨柳保应就其举证不能承担相应不利后果。

3.(2021)鲁民申10944号

裁判观点:2020年《证据规定》第八十七条规定:"审判人员对单一证据可以从下列方面进行审核认定:(一)证据是否为原件、原物,复制件、复制品与原件、原物是否相符;(二)证据与本案事实是否相关;(三)证据的形式、来源是否符合法律规定;(四)证据的内容是否真实;

（五）证人或者提供证据的人与当事人有无利害关系。”上述规定人民法院应对证人与当事人有无利害关系审查确定是否认定证言，但何为证人与当事人的利害关系并未规定，蔡立杰所述的三位在场人员均曾是平安装饰公司的工作人员，高芹现为平安公司的工作人员，但上述关系均为一般劳动雇佣关系，不是商业伙伴关系，无理由认定高芹与平安公司存在利害关系。蔡立杰再审申请以此否定高芹证言的理由不成立。

（保留）第八十八条 【证据综合审查判断】

审判人员对案件的全部证据，应当从各证据与案件事实的关联程度、各证据之间的联系等方面进行综合审查判断。

法条渊源

审判人员对证据的审查判断方式根据证据情况大致可分为单一证据审查判断方式和全部证据综合审查判断方式。虽然我国民事诉讼法至今尚未对此予以区分明确，但从我国司法实践看，早在 1998 年《审判改革规定》第二十六条就规定了单一证据的审查判断方式，而对于全部证据的综合审查判断，在 1998 年《审判改革规定》第二十四条就初见端倪。该条规定，双方当事人对同一事实分别举出相反的证据，但都没有足够理由否定对方证据的，应当分别对当事人提出的证据进行审查，并结合其他证据综合认定。但该条仍限定了适用前提，即双方当事人对同一事实提供的证据都不足以否定对方证据的情形。至于不设置前提的全部证据综合认定规定，直至 2002 年《证据规定》第六十六条才正式予以明确。从这些年适用情况看，效果明显。故本条规定沿袭了 2002 年《证据规定》第六十六条的规定，并未对其内容进行修改。

法条精析

本条是关于综合审查判断证据规则的规定，沿袭 2002 年《证据规定》第六十六条，内容没有变动。本条起草过程中，2016 年《法院征求意见稿》和 2017 年《审判长讨论稿》均未对本条内容作出规定。2018 年《审委会送审稿》第八十七条直接改自 2002 年《证据规定》第六十六条，内容与本条一致。本条定稿也无变化。

综合审查判断证据规则是指审判人员在证据认定过程中对证据所进行的综合审查评断，即要求审判人员在收集证据的基础上，判断证据与案件事实的客观联系、各证据的证明力大小以及证据间的相互关系，通过甄别和对比印证，以此来排除矛盾和疑点，发现其内在联系，正确确定证据的证据能力和证明力以及是否形成证据链。综合审查判断认定证据是诉讼活动中的重要一环，是在案件有多个证据时必须用到的规则，其核心就是判断现有全部证据是否已形成完整证据链并足以证明待证事实。所谓证据链，是指在多个证据与待证事实之间建立连接关系且证据相互间依次传递相关联系的证据组合。其特点有四：（1）证据链的适用前提是多个证据并存，故单一证据审查认定时，不存在证据链的可能；(2)证据链适用于单独证据不能直接证明案件待证事实的情形；(3)构成证据链的所有证据应与其他证据有客观联系；(4)各个证据证明力汇总为证据链的集合证明力。

审查认定证据，需要专业的审判人员予以进行，审判人员代表的是法院，处于第三方的中立立场，履行的是保障公平正义的职责。在综合判断认定证据过程中，应当对各个证据按照2020年《证据规定》第八十七条要求，在进行分别审查判断的基础上，再对所有证据进行综合审查判断。因为各个证据之间存在联系也可能互相矛盾，有必要结合全案证据，通过组织当事人质证、辩论以及法官审查判断来排除疑点，使各个证据之间相互印证，达到相应证明标准才能作出恰当的裁判。

具体而言，本条首先规定了从各证据与案件事实的关联程度方面进行综合判断。一般而言，证据不同与案件事实之间的联系程度也会有异。当双方当事人在诉讼中各自提供的证据相互冲突时，将各自证据与案件事实之间进行关联性比较，就成为判断双方证据证明力大小的重要途径。在实践操作中，需要注意各个证据与案件事实之间联系程度的紧密等多样性关系，联系程度的紧密不同决定了证明力大小的不同，只有准确把握各证据之间的关系才能准确地认定案件事实。

其次，应对证据之间的联系进行综合审查判断。如果全部证据相互印证，共同指向同一事实，可以考虑认定该证据的真实性、关联性，如果全部证据中存在冲突、矛盾，则可以进一步分析判断导致矛盾的原因，从而最终确定证据的真伪。

综合判断证据方法按逻辑推理大致可分为三步：第一，对证据逐个甄别，判断其证据资格有无。司法人员对证据材料加以初步筛选、审查、判断，根据证据的来源、特征、性质、表现形式等加以识别、判断得出是否具备证据资格的结论。第二，对相关证据进行交叉对比。根据事物的本质特征或内在属性的同一性原理，对具有可比性的证据材料加以分析、印证，确认其异同和真伪。第三，综合印证。综合考查所有证据之间的相互关系以及这些证据与案件事实之间的关系，注重证据之间、证据与事实之间的矛盾和排除，使证据彼此互相鉴别、证明，以发现案件真实。试以典型民间借贷纠纷为例说明。张三持载明借款5万元、年利率15%的借条将李四诉至法院。李四抗辩该借条为伪造，其上的李四签名并非李四本人所签。对此，张三提供李四写借条时的现场视频资料作为证据证明该借条上的签名确为李四所签。李四接着抗辩称，视频中所签名的借条为张三胁迫签订。对此，张三申请证人王五出庭，王五当庭出具证言称，当时其就在现场，视频由其帮忙拍摄，其与张三、李四均为同事关系且三人当时互为好朋友。李四继续抗辩称，没有收到过案涉借款。对此，张三出具面额为5万元，收款人为李四的转账凭证一张，所记载的转账日期为借条注明的日期。由上，本案张三为证明案涉借款已经发生先后提供了一系列证据。虽然其中的借条、视频资料、王五的证人证言、案涉转账凭证等均无法单独证明案涉借款已经发生这一待证事实，但视频资料、王五的证人证言、案涉转账凭证等证据都与直接证明借贷关系的借条存在关联且彼此印证，并无矛盾之处。故人民法院对上述证据进行综合判断后，可以认定已形成完整证据链，足以证明张三与李四之间存在民间借贷关系。

最后，确定性程度高的证据(直接证据)往往可单独认定某一案件事实，确定性程度低的证据(间接证据)必须与其他证据结合在一起,才能认定某一事实。一般认为,对间接证据与待证事实之间关联性的审查,应满足以下四个条件:其一,间接证据应有一定数量。这是对间接证据比较印证的前提。间接证据与事实关联性越弱,其要求数量越多。其二,间接证据之间应在逻辑推理上共同指向同一证明对象事实。其三,各个间接证据之间以及他们与待证事实之间不能产生不合理的矛盾。其四,各个间接证据形成的证据链的完整性、一致性足以让法官产生心证,确信待证事实的存在。

实务疑难

实务中,如何具体进行综合审查判断证据?

司法实务中,对数份证据如何进行综合审查判断,并无统一做法。一种观点认为,从文义解释出发,应分别审查判断各个证据之间的关联性和各个证据分别与待证事实之间的关联性,分别确定各个证据的证明力大小,然后简单将证明力相加或合并完成多份证据的证明力大小判断;另一种观点则认为,可根据证明方向不同将不同证据进行分组审查判断认定。首先,对同一待证事实,存在多份相同证明方向的证据,应按"先并后认"规则处理。将多个相同证明方向的证据归为一组,再综合该组证据之间的联系以及该组证据与待证事实之间的联系,确定该组证据的证明力大小。其次,对同一待证事实,存在相反证据时,应当按"先认后并"规则处理。如果某方提供的证据有多份时,还应当先进行"先并后认",再进行"先认后并"。[①] 笔者倾向于同意第二种观点,这样更有条理、有针对性。

关联法条

《最高人民法院关于适用〈中华人民共和国民事诉讼法〉的解释》(2022年)

第一百零五条 人民法院应当按照法定程序,全面、客观地审核证据,依照法律规定,运用逻辑推理和日常生活经验法则,对证据有无证明力和证明力大小进行判断,并公开判断的理由和结果。

典型案例

1.(2021)最高法民申4558号

裁判观点:本案二审的主要争议在于《三方协议》是否变更了农商行东岗支行与李龙成因《承诺书》形成的担保法律关系问题。二审法院并未否认《承诺书》系李龙成真实意思表示,亦认可仅从该承诺书而言,李龙成应当承担连带清偿责任。鉴于本案有不同的担保民事法律行为,二审法院对案涉担保民事法律行为予以综合分析认定,进而判断李龙成是否应当承担相应民事责任,符合2020年《民诉法解释》第一百零五条关于"人民法院应当按照法定程序,全面、客观地审核证据,依照法律规定,运用逻辑推理和日常生活经验法则,对证据有无证明

① 应秀良:《论民事审判中法官如何"认证"》,载《法律适用》2013年第6期。

力和证明力大小进行判断,并公开判断的理由和结果"以及2020年《证据规定》第八十八条关于"审判人员对案件的全部证据,应当从各证据与案件事实的关联程度、各证据之间的联系等方面进行综合审查判断"的规定。

2.(2021)最高法民申1215号

裁判观点:一审期间,皇家公司提交了6份该公司的商品房买卖合同,用以证明保全前后房价下降导致其遭受损失;太平洋保险防城港支公司则提供防城港市住房保障和房产管理局、住房和城乡建设局官网以及房天下网站发布的房价信息,用以证明保全期间房价大幅上涨。2020年《证据规定》第八十八条规定:"审判人员对案件的全部证据,应当从各证据与案件事实的关联程度、各证据之间的联系等方面进行综合审查判断。"单个商品房买卖合同的价格可能受多种因素影响,与皇家公司提供的6份该商品房合同相比,当地房地产主管部门及相关专业网站发布的房价信息更能反映出当地房地产市场价格。蒋参林申请保全时皇家公司尚有1100多套没有销售,而根据蒋参林的保全申请,仅查封了其中的20个商铺及141套房屋。上述查封会对皇家公司的销售产生一定影响,但综合考虑查封比例与房价上涨等因素,二审判决认定皇家公司没有提供证据证实其因蒋参林申请财产保全而遭受损失,并无不当。

3.(2022)新01民终179号

裁判观点:2020年《民诉法解释》第九十条规定:"当事人对自己提出的诉讼请求所依据的事实或者反驳对方诉讼请求所依据的事实,应当提供证据加以证明,但法律另有规定的除外。在作出判决前,当事人未能提供证据或者证据不足以证明其事实主张的,由负有举证证明责任的当事人承担不利的后果。"2020年《证据规定》第八十八条规定:"审判人员对案件的全部证据,应当从各证据与案件事实的关联程度、各证据之间的联系等方面进行综合审查判断。"2014年9月,湛明祥承包乌鲁木齐市113中学铺设学生临时安全通道的劳务,并由张怀新实际进行施工。2014年9月6日至14日,金厦建材厂先后向113中学学生临时安全通道现场供送曲波砖670平方米,有张怀新签字确认的七张出库单为证。湛明祥称其将铺砖劳务包给了张怀新,并已向张怀新付清了全部费用,但提交的证据不足以证实该主张,一审法院根据双方所提交的证据,并向张怀新通过微信及电话方式进行了核实,属于对证据的认证,因湛明祥所提交的证据不足以证实其主张,故湛明祥作为乌鲁木齐市113中学临时安全通道的劳务承包人应对因该劳务工程所产生的各项费用承担给付责任,一审法院对劳务费用及利息的认定正确,本院予以维持。湛明祥上诉认为一审法院直接认定张怀新的陈述属程序违法,其不应承担责任的请求,证据不足,本院不予采纳。

(修改)第八十九条 【当事人认可的证据】

当事人在诉讼过程中认可的证据,人民法院应当予以确认。但法律、司法解释另有规定的除外。

当事人对认可的证据反悔的,参照《最高人民法院关于适用〈中华人民共和国民事诉讼法〉的解释》第二百二十九条的规定处理。

法条渊源

本条是关于当事人对证据认可的规定。早在 1998 年《审判改革规定》第二十二条、第二十五条就分别规定了当事人认可的证据,可以确认证明力和当事人认可证据后反悔的处理。随后,在 2002 年《证据规定》第七十四条则将认可的主体扩张到当事人的委托代理人,并细化了认可证据的场合,而且还将 1998 年《审判改革规定》第二十二条的"可以确认"修改为"应当予以确认",同时删除了第二十五条"庭审后"这一对后悔时间的限制,并将"相应证据"修改为"相反证据"。本条则在 2002 年《证据规定》第七十四条的基础上,增加了"法律、司法解释另有规定的除外"这一但书条款,并结合了 2015 年《民诉法解释》第二百二十九条"禁反言"的规定。

法条精析

本条是有关当事人对证据认可及其对认可反悔后果的规定,是在 2002 年《证据规定》第七十四条的基础上修改而成。本条修改过程中,2016 年《法院征求意见稿》中没有规定,2017 年《审判长讨论稿》第十三条第二款和第三款规定,"在审判人员组织证据交换、询问、调查过程中,当事人明确承认于己不利的事实和认可的证据,人民法院应当予以确认,但法律、司法解释另有规定的除外。当事人对认可的证据反悔的,依照民事诉讼法司法解释第二百二十九条的规定处理"。2018 年《审委会送审稿》第八十八条规定,"当事人在诉讼过程中认可的证据,人民法院应当予以确认。但法律、司法解释另有规定的除外。当事人对认可的证据反悔的,依照民事诉讼法司法解释第二百二十九条的规定处理。"本条定稿时,将"依照民事诉讼法司法解释第二百二十九条"修改为"参照《最高人民法院关于适用〈中华人民共和国民事诉讼法〉的解释》第二百二十九条的规定处理。"

与 2020 年《证据规定》相比较,本条主要修改为:(1)删除了第七十四条中"在起诉状、答辩状、陈述及其委托代理人的代理词中承认的对己方不利的事实"。理由在于,删除内容与本条仅针对当事人对证据的认可这一条文主旨无关。(2)增加了"法律、司法解释另有规定的除外"这一但书条款。理由在于,其他法律、司法解释可能基于防止当事人之间通过认可证据进行虚假诉讼等原因,不予确认该证据。(3)增加了对认可证据反悔后果为参照 2015 年《民诉法解释》第二百二十九条规定处理。理由在于,后者是针对当事人的禁反言规定,其中包含对认可的证据反悔的处理,故对认可的证据反悔的可以参照适用该条规定。

2020 年《证据规定》第三条规定了当事人自认制度。自认是指在诉讼过程中一方当事人就对方当事人所主张的于己不利的事实,以言词或行为方式表示承认,从而使法院无须再就该事实进行调查取证,也使对方当事人免于再进行举证说明的制度。自认的对象是于己不利的事实,而本条所规定的当事人认可的对象是案件中的证据。两者共同之处在于,都是当事人在诉讼中行使处分权的表现。两者区别在于,承认的对象不同。自认承认的是于己不利的待证事实,而本条规定的当事人对证据的认可,承认的是证据。证据是用来证明待证事实的。故当事人认可了证据,只能说明该证据具备真实性、合法性和关联性且具有证明力,可纳入本案诉讼中,作为人民法院审查判断其对待证事实证明效力大小的依据。换言之,该证据是否能直接证明待证事实尚未可知。自认则是一种免证规则,只要当事人自认了于己不利的事实,就免除了对方当事人就该事实的举证责任,人民法院一般也就无须再就该事实进行调查取证,可以直接认定该事实存在。

我国司法体制改革目前正处于从职权主义向辩论主义的过渡期。体现在具体制度设计上,两种理念都有所体现。根据辩论主义的要求,当事人未主张的事实,不能作为裁判基础;当事人无争执的事实,应作为法院裁判基础。相应地,当事人在诉讼过程中认可的、无争议的证据,一般都对人民法院有约束力,人民法院应予确认并作为认定事实的依据。对证据认可的好处在于尊重当事人诉权自治,能够有效节省诉讼资源,提高诉讼效率,促进纠纷的尽快解决。为此,本条第一款将2002年《证据规定》第七十四条关于当事人自认证据规定的基本内容予以保留,只删除了该条所罗列的认可的场合,这是为了回应实务需求。从实务情况看,当事人认可证据的意思表示可以通过起诉状、答辩状、代理词等书面文件作出,也可在法庭审理中或庭前证据交换、庭前会议等场合以口头形式作出,甚至在个别询问、听证、接受法院谈话过程中作出。故本条删除了2002年《证据规定》第七十四条的限制场合规定,但仍保留了"诉讼过程中"这一限定。这里的诉讼过程中强调的是当事人的证据认可行为属于诉讼行为,应有审判人员在场,从而可以将当事人诉前认可和诉讼中双方当事人在法庭外的私下认可排除。需要注意的是,虽然证据认可制度免去了双方当事人对该证据的辩论,也免除了法院对该证据的审查,但不是由于双方当事人承认的证据具有真实性,而是法律尊重当事人的意志自由,允许其在法律规定的范围内自由地行使其权利。但当事人该认可证据权利,仍应遵循权利不得滥用原则。必须承认,当前实践中仍存在不少为达违法目的从事虚假诉讼的行为。在这些虚假诉讼中,双方当事人惯用套路就是恶意串通,通过当事人自认、认诺或者对证据认可等方式骗取裁判文书。为打击虚假诉讼,目前司法解释已将当事人对证据的认可行为,作为判断是否为虚假民事诉讼的表现之一。例如,2020年《民间借贷司法解释》第十八条规定,人民法院审理民间借贷纠纷案件时发现当事人双方对借贷事实的发生没有任何争议或者诉辩明显不符合常理的,应当严格审查借贷发生的原因、时间、地点、款项来源、交付方式、款项流向以及借贷双方的关系、经济状况等事实,综合判断是否属于虚假民事诉讼。故本条第一款新增但书条款"但法律、司法解释另有规定的除外"的规定,可以与其他司法解释保持衔接,共同防范当事人对证据认可可能引发的虚假诉讼问题。实务中还有一种情形,即当事人对认可的证据反悔。当事人在诉讼过程中认可证据的行为本身就是诉讼行为,而且还影响人民法院对对方当事人主张的待证事实是否存在的认定,与对方当事人利益休戚相关。故根据2021年《民事诉讼法》第十三条的规定,当事人对证据认可的诉讼行为应遵循诚实信用原则,一般不得反悔。这也是落实禁反言原则的具体表现。但考虑到司法实践的复杂性和人的主观认识的有限性,不排除当事人对证据认可反悔具有正当性。为此,2002年《证据规定》第七十四条规定,当事人只要有相反证据足以推翻之前认可的证据的,就允许其反悔。该条适用过程中,部分法院对如何对相反证据进行审查以及是否需要进行审理存在认识分歧:有观点认为,从文义解释出发,法院只需要将相反证据与之前认可的证据作一比较,由法官自由裁量决定后证是否足以推翻已认可证据即可。笔者认为,仅仅由法院单向审查,没有对方当事人对相反证据的质疑、辩驳,不利于保护对方当事人合法权益。故在2015年《民诉法解释》第二百二十九条中细化了对上述反悔行为的处理：首先，人民法院应当责令反悔当事人说明理由；其次，必要时，可以责令其提供相应证据；再次，人民法院应当结合当事人的诉讼能力、证据和案件的具体情况进行审查；最后，审查理由成立的，可以列入争议焦点进行审理，也即应允许对方当事人对相反证据进行质证、辩论。自从该条细化处理方式后，效果明显，故本条第二款沿袭了该条规定。需要注意的是，本条对 2015 年《民诉法解释》第二百二十九条的"拿来主义"用的是"参照"而非"视为"，两者在具体适用时，有本质不同。本条第二款的规定有利于保障当事人的诉讼利益，也有助于减轻当事人反悔对诉讼进程的影响程度。

实务疑难

当事人在诉讼过程中认可证据的行为是认可其证明力抑或证据资格？

司法实务中，对当事人认可证据的行为的相应法律后果存在争议：第一种观点认为，对方当事人认可证据的法律效果就是可以约束法官自由心证，人民法院应确认该证据有证明力。也即人民法院在运用证据认定待证事实时，必须将该证据作为认定事实的基础，而不得排除在外。对此，2002 年《证据规定》第七十二条也有规定，即一方当事人提出的证据，另一方当事人认可的，或者对方当事人对反驳证据认可的，可以确认证据的证明力。第二种观点则认为，对方当事人认可证据的法律效果只是确认该证据的证据能力，并不确认其证明力大小。证据能力，又称证据资格或证据的适格性、适格证据，是指特定的证据材料所具有的作为认定事实的资格。证据的证明力，则是指证据能够证明案件事实的证明程度。[①] 证据能力是一个法律问题，属于可能性的范畴，解决的是证据能否在法庭上提出，让法官看见和听见的问题。因此，另一方当事人认可证据只是解决了证据资格问题，并不解决其证明力大小问题。如果不确认证明力大小，则所谓的确认证明力与证据资格就没有本质区别。这也是本条修改后，删除"证明力"表述的原因。笔者倾向于第二种观点。

关联法条

1.《最高人民法院关于适用〈中华人民共和国民事诉讼法〉的解释》(2022 年)

第一百零三条 证据应当在法庭上出示，由当事人互相质证。未经当事人质证的证据，不得作为认定案件事实的根据。

当事人在审理前的准备阶段认可的证据，经审判人员在庭审中说明后，视为质证过的证据。

涉及国家秘密、商业秘密、个人隐私或者法律规定应当保密的证据，不得公开质证。

第二百二十九条 当事人在庭审中对其在审理前的准备阶段认可的事实和证据提出不同意见的，人民法院应当责令其说明理由。必要时，可以责令其提供相应证据。人民法院应当结合当事人的诉讼能力、证据和案件的具体情况进行审查。理由成立的，可以列入争议焦点进行审理。

---

① 张卫平：《民事证据法》，法律出版社 2017 年版，第 17～18 页。

2.《最高人民法院关于审理民间借贷案件适用法律若干问题的规定》(2020年)

第十八条 人民法院审理民间借贷纠纷案件时发现有下列情形之一的，应当严格审查借贷发生的原因、时间、地点、款项来源、交付方式、款项流向以及借贷双方的关系、经济状况等事实，综合判断是否属于虚假民事诉讼：

(一)出借人明显不具备出借能力；

(二)出借人起诉所依据的事实和理由明显不符合常理；

(三)出借人不能提交债权凭证或者提交的债权凭证存在伪造的可能；

(四)当事人双方在一定期间内多次参加民间借贷诉讼；

(五)当事人一方或者双方无正当理由拒不到庭参加诉讼，委托代理人对借贷事实陈述不清或者陈述前后矛盾；

(六)当事人双方对借贷事实的发生没有任何争议或者诉辩明显不符合常理；

(七)借款人的配偶或合伙人、案外人的其他债权人提出有事实依据的异议；

(八)当事人在其他纠纷中存在低价转让财产的情形；

(九)当事人不正当放弃权利；

(十)其他可能存在虚假民间借贷诉讼的情形。

典型案例

1.(2020)最高法民申4730号

裁判观点：诚实信用是民法的基本原则，民事主体在民事诉讼中应当秉持诚实，信守承诺。王月锁陈述，其在山东省菏泽市中级人民法院(2013)菏民三初字第81号案件中是为了减轻或免除自身责任才迎合京庄公司发表不真实辩解意见，违背诚实信用原则，亦违背民事诉讼的禁反言原则。2020年《证据规定》第八十九条规定："当事人在诉讼过程中认可的证据，人民法院应当予以确认。但法律、司法解释另有规定的除外。当事人对认可的证据反悔的，参照《最高人民法院关于适用〈中华人民共和国民事诉讼法〉的解释》第二百二十九条的规定处理。"2020年《民诉法解释》第二百二十九条规定，当事人在庭审中对其在审理前的准备阶段认可的事实和证据提出不同意见的，人民法院应当责令其说明理由。必要时，可以责令其提供相应证据。人民法院应当结合当事人的诉讼能力、证据和案件的具体情况进行审查。理由成立的，可以列入争议焦点进行审理。王月锁在山东省菏泽市中级人民法院(2013)菏民三初字第81号和山东省高级人民法院(2016)鲁民终338号案件中，均未反悔否认两份建设工程施工合同的真实性，其在本案中基于不同的诉讼利益需求提出否认，不符合上述规定。

2.(2019)最高法民终1752号

裁判观点：2020年《证据规定》第八十九条规定："当事人在诉讼过程中认可的证据，人民法院应当予以确认。但法律、司法解释另有规定的除外。当事人对认可的证据反悔的，参照《最高人民法院关于适用〈中华人民共和国民事诉讼法〉的解释》第二百二十九条的规定处理。"经查明，原一审庭前证据交换过程中，各方当事人对《付款台账》的原始凭证进行了核对，并对相关数额进行了确认，冯勇对《付款台账》第18、19项款项予以确认。原一审庭审中，冯勇亦未对此提出异议，并认可《协议书》载明的双方确认合计7,150,739元款项中，包括了《付款台账》第18、19项载明的共计700万元款项。而庭审结束后，冯勇提交补充答辩意见，以“庭审时间紧迫、当时未发现问题”为由否认前述事实，缺乏合理性，且冯勇未提供支持其理由的证据，故对其主张，本院不予采纳。

3.（2021）辽民终327号

裁判观点：郑雪莲和王基春在一审庭审中认可共同经营案涉养殖圈，二审中虽然反言，但未提交证据。2020年《证据规定》第八十九条规定：“当事人在诉讼过程中认可的证据，人民法院应当予以确认。但法律、司法解释另有规定的除外。当事人对认可的证据反悔的，参照《最高人民法院关于适用〈中华人民共和国民事诉讼法〉的解释》第二百二十九条的规定处理。”2020年《民诉法解释》第二百二十九条规定，“当事人在庭审中对其在审理前的准备阶段认可的事实和证据提出不同意见的，人民法院应当责令其说明理由。必要时，可以责令其提供相应证据。人民法院应当结合当事人的诉讼能力、证据和案件的具体情况进行审查。理由成立的，可以列入争议焦点进行审理”。据此，郑雪莲的主张没有证据佐证，本院对其反言不予支持。

4.（2020）鲁民终1093号

裁判观点：关于第一个焦点问题。2020年《证据规定》第三条规定：“在诉讼过程中，一方当事人陈述的于己不利的事实，或者对于己不利的事实明确表示承认的，另一方当事人无需举证证明。在证据交换、询问、调查过程中，或者在起诉状、答辩状、代理词等书面材料中，当事人明确承认于己不利的事实的，适用前款规定。”第八十九条规定：“当事人在诉讼过程中认可的证据，人民法院应当予以确认。但法律、司法解释另有规定的除外。当事人对认可的证据反悔的，参照《最高人民法院关于适用〈中华人民共和国民事诉讼法〉的解释》第二百二十九条的规定处理。”2020年《民诉法解释》第二百二十九条规定：“当事人在庭审中对其在审理前的准备阶段认可的事实和证据提出不同意见的，人民法院应当责令其说明理由。必要时，可以责令其提供相应证据。人民法院应当结合当事人的诉讼能力、证据和案件的具体情况进行审查。理由成立的，可以列入争议焦点进行审理。”本案一审中，河南地矿建设公司明确表示不再对其施工完成的工程量及工程款进行重新审计或评估鉴定，以沂山实业公司提交的三份审核报告中载明的共计45,843,565.99元工程款为准，应当视为河南地矿建设公司对工程款数额的自认。二审庭审中，河南地矿建设公司主张载明不申请鉴定的“庭审后对账说明”上的印章不是其公司真实印章，但不能否认该份材料系其公司在一审诉讼中提交。对于在一审中对工程价款数额的认可，河南地矿建设公司作为从事建设工程施工的市场主体和法人单位，应当具有进行判断衡量的行为能力，能够充分预见该行为的法律后果。并且以政府审计部门审计结果确定工程价款，属于双方在合同中约定的内容，河南地矿建设公司也未明确指出审计意见的具体错误，在二审中无充分证据推翻在一审中认可的事实，应认定双方已就工程款结算数额达成一致，对于河南地矿建设公司申请鉴定的请求，本院不予支持。

（修改）第九十条 【需补强证据】

下列证据不能单独作为认定案件事实的根据：

（一）当事人的陈述；

（二）无民事行为能力人或者限制民事行为能力人所作的与其年龄、智力状况或者精神健康状况不相当的证言；

（三）与一方当事人或者其代理人有利害关系的证人陈述的证言；

（四）存有疑点的视听资料、电子数据；

（五）无法与原件、原物核对的复制件、复制品。

法条渊源

补强证据规则最早在1982年《民事诉讼法》第六十二条“人民法院对当事人的陈述，应当结合本案的其他证据，审查确定能否作为认定事实的根据。当事人拒绝陈述的，不影响人民法院根据证据确定对案件事实的认定”就有所涉及，规定了第一种需要被补强的证据：当事人陈述。后在1991年《民事诉讼法》第六十九条规定“人民法院对视听资料，应当辨别真伪，并结合本案的其他证据，审查确定能否作为认定事实的根据”。该条增加了需要被补强的第二种证据：视听资料。两者共同体现了“孤证不能定案”的补强规则。1998年《审判改革规定》第二十一条和第二十八条则对需要被补强的证据类型进行了扩张和细化。2002年《证据规定》第六十九条则在总结经验基础上，对孤证不能定案的补强规则进行了细化。2012年《民事诉讼法》第七十八条，修改为“鉴定意见”并规定了特定情形下，鉴定人出庭补强的要求。

法条精析

本条是关于补强证据的规定，是在2002年《证据规定》第六十九条基础上修改而成。本条在修改过程中，2017年《审判长讨论稿》第六条在2002年《证据规定》第六十九条的基础上：其一，增加了“当事人的陈述”。理由在于，根据2017年《民事诉讼法》第七十五条的规定，当事人的陈述不能独立证明案件事实，故其本身即属于法定的需补强证据，应纳入本条一并规范。其二，将“未成年人”替换为“无民事行为能力人或者限制民事行为能力人”增加了“精神健康状况”。理由在于，无民事行为能力人或者限制民事行为能力人还包括成年人。且成年人成为限制民事行为能力人或无民事行为能力人的衡量标准不仅限于智力状况还包括精神健康状态。例如，老年人常见的精神健康方面疾病可能影响其作证。其三，删除了“无正当理由未出庭作证的证人证言”。理由在于，根据2017年《民事诉讼法》第七十三条的规定，存在不能出庭作证的法定情形的，经人民法院许可后才能以书面等其他方式作证。如果未经人民法院许可，就不允许提交书面证言。该证人证言也就不具备证据资格。对此，2020年《证据规定》第六十八条第三款规定，无正当理由未出庭的证人以书面等方式提供的证言，不得作为认定案件事实的根据。既然不能作为认定案件事实的根据，自然也就不存在是否能单独作为认定案件事实的问题。其四，在“存有疑点的视听资料”基础上增加了“电子数据”。

这是为与 2012 年《民事诉讼法》第六十三条法定证据方法增加“电子数据”保持一致，以回应当前电子数据证据越来越普遍的现实。2018 年《审委会送审稿》第八十九条则进一步修改为：(1)将“提供的”改为“所作的”；将“不相适应”改为“不相当”；(2)将“证人证言”改为“证人出具的证言”；本条定稿时，则将“出具的证言”改为“陈述的证言”；将“复印件”改为“复制件”。

从理论上讲，民事补强证据规则有广义与狭义之分，狭义的民事补强证据规则仅指孤证不能定案规则，具体而言，每一个证据的证明力之有无或者大小，都不能靠该证据本身得到证明，而必须通过对证据本身的情况、证据与其他证据之间有无矛盾及能否互相印证、证据在全案证据体系中的地位等问题进行全面的衡量，才能作出合理的判断。[①] 广义的民事补强证据规则则指瑕疵证据补强、相互印证规则以及孤证不能定案规则等一系列证据规则的汇总。民事补强证据规则的性质具有多重性，兼具法定证据规则、证明力规则、认证规则、辅助证明的属性。总而言之，民事补强证据规则是以证据裁判主义为规则创设的理论起点，以“信赖真实”为规则设置的终极目标，以新法定证据主义为规则运行的理论前提，以证明标准为规则发展的理论基础。就其价值而言，民事补强证据规则在引导当事人及其代理人的证明活动、规范法官证据采信的标准、充分发挥法定证据规则的优点等方面发挥了不可替代的作用。在我国诉讼法界，对于民事补强证据规则的界定，整体上沿袭了我国台湾地区学者陈朴生的定义，仅细节方面有多扩展。所谓补强证据规则，是指为了防止误认事实或发生其他危险性，而在运用某些证明力显然薄弱的证据认定案情时，必须有其他证据补强其证明力，才可以作为定案依据的规则。

追根溯源，补强证据规则产生于英美法系的刑事诉讼领域，是慎重裁判以及排除一切合理怀疑理念下防止刑讯逼供的有效手段，其与主证据结合使用具有明显的强制性及证据能力规则属性。民事补强证据规则是一种与自由心证相对应的法定证据规则，前者是后者的补充，能够通过强制规定适用，限制法官认定案件事实时自由心证的滥用。在法定证据规则中，一切证据的证明力大小，以及对证据的取舍运用等事项全由法律预先加以规定，法官在诉讼中只能根据法律的明文规定对各种证据对号入座。这在立法层面主要表现为将狭义民事补强证据规则的“孤证不能定案”作出明确强制性规定。本条是通过明确列举需要补强的证据类型来约束法官滥用自由心证。简单而言，就是法官不能仅凭本条规定的证据就自由心证，据以认定案件事实。本条规定的证据，必须与补强证据一起，才能作为认定案件事实的根据。具体而言，包括以下五个方面：(1)当事人的陈述。对于当事人陈述作为需要被补强证据角度而言，首先，应区分的是将当事人事实主张从当事人事实陈述中剥离。前者只是当事人的权利、法律观点等主张，与待证事实无关，并非法定证据方法之一。后者是当事人对所经历事实的陈述，其内容都与待证事实有关，是一种法定证据方法。其次，应承认当事人陈述作为证据方法在真实性方面存在先天缺陷。“利之所在，其微必争。”当事人与案件的利害关系决定了其可能从利己目的出发，对事实作出不实陈述。故仅靠当事人陈述不能据以定案，应将当事

---

① 陈瑞华：《刑事法制的理念建构》，法律出版社 2002 年版，第 416 页。

人陈述置于补充地位。即只有法官评价完其他所有证据方法之后,还无法形成内心确信时,才开始评价作为证据方法的当事人陈述,以此来尽量避免将当事人陈述作为认定案件事实的根据。(2)无民事行为能力人或者限制民事行为能力人所作的与其年龄、智力状况或者精神健康状况不相当的证言。无民事行为能力人或者限制民事行为能力人能否正确表达意思取决于待证事实是否超出了其自身年龄、智力状况或者精神健康状况所能理解的范围。具体而言,应当根据案件复杂程度、智力发育、精神状况的情况,结合其年龄、生理、性格、习惯、受教育的程度、作证环境等因素综合考虑判断是否超出。如果超出,则其证言属于本条所指需要被补强的证据。反之,则其证言可以作为认定案件事实的根据。(3)与一方当事人或者其代理人有利害关系的证人陈述的证言。实务中,该利害关系主要表现为两类:一是与一方当事人或其代理人有亲朋好友性质的有利关系;二是与一方当事人或其代理人存在交恶、利益冲突的不利关系。这两种关系都会影响证人作证时的主观心态,进而危及证言的客观性。故本条将其纳入需要被补强证据范围。(4)存有疑点的视听资料、电子数据。视听资料、电子数据作为法定证据,具有其独特特点:一方面,具有主观性强、动态直观的特点,能够逼真准确地再现案件事实;另一方面,具有极高的科学技术成分,容易被修改、伪造、裁剪等,[①]正是基于此点,1991 年《民事诉讼法》第六十九条将视听资料增加为需要补强的证据。鉴于 2012 年《民事诉讼法》第六十三条已经将电子数据确定为法定证据方法,故本条根据同样情况同样处理的原则,在继续将视听资料作为需要补强证据的基础上,新增电子数据为需要补强证据。(5)无法与原件、原物核对的复制件、复制品。根据最佳证据原则,人民法院认定事实最好采信原件、原物。2020 年《证据规定》第十一条也规定,当事人向人民法院提供证据,应当提供原件或者原物。之所以强调原件、原物,是因为复制件、复制品作为传来证据,在从原件、原物传来过程中因为物理或化学甚至人为原因,可能会出现“失真”现象。故上述第十一条还规定,如果提供原件、原物确有困难的,可以提交经人民法院核对无异的复制件、复制品。但实务中难免出现原件、原物灭失只剩复制件、复制品的情形。此时,由于无法将其与原件原物核对,不能确定其真实来源和出处以及是否存在与原件、原物有异的情形,故不能单独作为认定案件事实的根据。

实务疑难

当事人的陈述加上书面证人证言,能作为认定案件事实的根据吗?

司法实务中,经常出现开庭时,当事人提交书面证人证言作为证据的情形。对此,有两种观点:第一种观点认为,当事人的陈述固然不能单独作为认定案件事实的根据,但如果再加上相关的书面证人证言,就可以满足本条要求,作为认定案件事实的根据。第二种观点则认为,当事人的陈述只有加上有正当理由未出庭的证人提交的书面证人证言的补强,才可以作为认定案件事实的根据,如补强的证据是没有正当理由未出庭的证人提交的书面证人证言,则不能作为认定案件事实的根据。理由在于,2020 年《证据规定》第六十八条第三款已经明确规

① 刘宜军、龚丽梅:《补强证据规则在民事审判中的适用》,载《发展研究》2007 年第 12 期。

定“无正当理由未出庭的证人以书面等方式提供的证言，不得作为认定案件事实的根据”。也即在此情形下的证人证言，不具有证据资格，不能作为证据使用。笔者倾向于同意第二种观点。补强证据后能作为认定事实的根据的前提是被补强的证据和补强证据应该都具备证据资格，只不过单个来看，证明力均不够，故需要通过补强方式增加其证明力。

关联法条

《中华人民共和国民事诉讼法》(2021 年)

第八十一条　当事人对鉴定意见有异议或者人民法院认为鉴定人有必要出庭的，鉴定人应当出庭作证。经人民法院通知，鉴定人拒不出庭作证的，鉴定意见不得作为认定事实的根据；支付鉴定费用的当事人可以要求返还鉴定费用。

典型案例

1.(2021)最高法民再 181 号

裁判观点：鉴于黄平系钱塘公司的前股东和前法定代表人，故黄平与本案具有利害关系，且黄平作为证人未出庭作证。此外，虽然仁友公司出具《情况说明》，但仁友公司的股东包新明亦为钱塘公司股东，与本案仍有利害关系。依据 2020 年《证据规定》第九十条第三项关于“下列证据不能单独作为认定案件事实的根据：(三)与一方当事人或者其代理人有利害关系的证人陈述的证言”的规定，仅凭两份《情况说明》无法认定本案存在大型汽轮机公司对外协加工单位限制的情形。

2.(2020)最高法民申 2357 号

裁判观点：在本案一审中李明杰委托云南大怒江律师事务所律师李雪伟作为委托诉讼代理人参加诉讼；在二审则是委托陈桂彬作为委托诉讼代理人参加诉讼。上述授权委托书均由李明杰签字确认。李明杰申请再审主张其签名系陈桂彬伪造，并提交了陈桂彬的证言予以证实。经查明，陈桂彬与李明杰系亲属关系且两人均作为债务人承担赔偿责任，故陈桂彬系本案利害关系人。依照 2020 年《证据规定》第九十条关于“下列证据不能单独作为认定案件事实的根据：……(一)当事人的陈述……”的规定，在李明杰不能提交其他证据印证的情况下，对陈桂彬的陈述应不予采纳。李明杰主张其未参加本案一审、二审审理缺乏事实依据，本院不予支持。

3.(2022)辽 03 民终 578 号

裁判观点：刘涛提出其在没有受到威胁的情况下存在重大误解才签字的上诉主张，根据《民法典》第十七条“十八周岁以上的自然人为成年人。不满十八周岁的自然人为未成年人”和第十八条第一款“成年人为完全民事行为能力人，可以独立实施民事法律行为”的规定，上诉人刘涛系具有完全民事行为能力人的成年人，其应当对在机打借据上签字特别是在孟宪英关于利息手写部分之后签字的民事行为的法律后果具有充分的认识，其除陈述之外未能提供证据证明其在签字之时存在重大误解的情形，根据 2020 年《证据规定》第九十条第一项“下列证据不能单独作为认定案件事实的根据：(一)当事人的陈述”的规定，本院对其提出的系存在重大误解的主张不予支持。

4.(2022)吉04民终95号

裁判观点:本案的争议焦点为:案涉40万元转账是否为丁锡源偿还邴长军的欠款。2021年《民事诉讼法》第六十七条第一款规定:“当事人对自己提出的主张,有责任提供证据。”2020年《证据规定》第九十条第三项规定:“下列证据不能单独作为认定案件事实的根据:(三)与一方当事人或者其代理人有利害关系的证人陈述的证言;”本案中,2015年6月29日唐某通过银行转账给邴长军的40万元,因唐某与邴长军之间存在经济往来,该银行转账凭证仅能证明唐某向邴长军转账的事实,不能证明唐某代丁锡源向邴长军偿还本案欠款的事实。丁锡源虽向本院申请唐某出庭作证,证明该笔40万元是偿还本案的欠款,但唐某与邴长军、丁锡源之间存在利害关系,且唐某在庭审中所作证言前后矛盾,因此该证言不能作为定案依据,丁锡源亦未向本院提交其他证据予以补强,应承担举证不能的不利后果。

5.(2022)苏03民终460号

裁判观点:2020年《民诉法解释》第九十条规定,当事人对自己提出的诉讼请求所依据的事实或者反驳对方诉讼请求所依据的事实,应当提供证据加以证明,但法律另有规定的除外。在作出判决前,当事人未能提供证据或者证据不足以证明其事实主张的,由负有举证证明责任的当事人承担不利的后果。2020年《证据规定》第九十条第一项规定:“下列证据不能单独作为认定案件事实的根据:(一)当事人的陈述;”本案中,上诉人对案涉11,700元尚欠货款事实不持异议,并上诉主张在2020年11月23日给付5000元后,余下6700元以现金形式到店支付给陈昌勇,陈昌勇不予认可,故上诉人应对该主张的给付事实承担举证证明责任。而从本案现已查明的事实看,上诉人未提供任何证据予以证实,且该到店现金支付的主张与上诉人二审陈述的通过其女朋友偿还的陈述相悖,故上诉人关于其以为钱已经付清了的主张不能成立,本院不予采信。上诉人上诉主张不能成立,本院不予支持。

(新增) 第九十一条 【公文书证副本、复制件、节录本证明力】

公文书证的制作者根据文书原件制作的载有部分或者全部内容的副本,与正本具有相同的证明力。

在国家机关存档的文件,其复制件、副本、节录本经档案部门或者制作原本的机关证明其内容与原本一致的,该复制件、副本、节录本具有与原本相同的证明力。

法条渊源

本条是2020年《证据规定》新增加的内容,并无相关法条渊源。关于公文书证,最早可追溯至1998年《审判改革规定》第二十七条规定的历史档案、登记的书证证明力高于一般书证。后在2002年《证据规定》第七十七条规定,国家机关、社会团体依职权制作的公文书证的证明力一般大于其他书证。这里的社会团体似乎包括社会中介组织。但在2015年《民诉法解释》

第一百一十四条则限定公文书证制作者为国家机关或者其他依法具有社会管理职能的组织，排除了公证机关等不具有社会管理职能的社会中介组织，并规定但书条款：有相反证据足以推翻的除外。

法条精析

本条是关于公文证书的副本、复制件、节录本的证明力的规定，在 2002 年《证据规定》中没有类似内容，是新增规定。本条起草过程中，2016 年《法院征求意见稿》第七十二条规定："公文书证的制作者根据公文书原件作出的载有部分或者全部内容的副本，与正本具有相同的证明力。在国家机关存档的文件，其影印本经档案部门或者制作原本的机关证明其内容与原本一致的，该影印本具有与原本相同的证明力。"2017 年《审判长讨论稿》第五十四条第三款、第四款规定："公文书证的制作者根据文书原件作出的载有部分或者全部内容的副本，与正本具有相同的证明力。在国家机关存档的文件，其复制件、副本、节录本经档案部门或者制作原本的机关证明其内容与原本一致的，该复制件、副本、节录本具有与原本相同的证明力。"2018 年《审委会送审稿》第九十条规定与前稿一致，内容没有变化。本条定稿时，将"作出"改为"制作"，其他没有变化。

公文书证是国家机关或者其他依法具有社会管理职能的组织，在其职权范围内制作的文书。关于公文书证的定义和划分最早源于罗马法和德国古代法。对于公文书证的定义，2022 年《民诉法解释》第一百一十四条虽未明确"公文书证"的定义，但实际上已经将公文书证的制作主体和文书形式要求予以明确，即公文书证的制作主体为国家机关、其他依法具有社会管理职能的组织，而文书形式要求则为在制作主体职权范围内制作的文书。

一般而言，公文书证有以下三项特征：(1)制作主体为履行公权的国家机关或依法具有社会管理职能的组织；(2)依据法定程序在职权范围内制作；(3)不具有普遍约束力。由其特征可知，之所以将公文书证从一般书证中区分出来，主要是因为该类书证因有公权力的介入而在证据能力和证明力方面要明显高于其他书证，从而影响人民法院对书证的审查认定应区分公文书证和私文书证分别适用不同的规则。所谓证据能力，是指某一有形物能够作为证据方法来使用的资质。[①] 故实务又称证据资格。民事诉讼中，没有证据资格的证据方法不具有可采纳性，不能被证据调查后，作为认定事实的依据。证据力是指证据材料对待证事实所起的认定作用的大小，又称该证据资料的证明力或者证明价值。[②] 也即，对证据方法调查的结果，对法官认定事实起作用的效果叫证据力（证明力）。就证据力本身来讲，其分为形式的证据力和实质的证据力。书证的形式证据力是指文书记载的内容被认为是举证者所主张特定人之思想的表达，即当文书是基于举证者所主张的特定人思想而做成时，在诉讼上才可以说该文书的成立是真实的；所谓文书的实质证据力，是指作为特定人思想表现的文书记载内容对于证明待证事实所起的效果。[③] 就公文书证形式证明力与实质证明力的关系而言，如果没有公

① ［日］高桥宏志：《重点讲义民事诉讼法》，张卫平、许可译，法律出版社 2007 年版，第 27 页。
② ［日］高桥宏志：《重点讲义民事诉讼法》，张卫平、许可译，法律出版社 2007 年版，第 41 页。
③ ［日］新堂幸司：《新民事诉讼法》，林剑锋译，法律出版社 2008 年版，第 448 页。

文书证形式证明力,就肯定不具备公文书证实质证明力。例如,户籍属于公安部门管理职责范畴,不能证明是公安部门作出的户籍证明,就肯定不是户籍证明的公文书证,也就谈不上公文书证的证明力问题。反过来,具备了形式证明力,所谓的公文书证也未必具备实质证明力。例如,即便是公安部门作出的户籍证明,也不能必然证明其婚姻状态。所以公文书证的证明力判断至少要分两步:第一步,判断是否具有形式证明力。该书证表达思想是否为书证制作者的思想。第二步,判断是否具有实质证明力。该书证制作者的思想对认定事实起作用的效果或程度。由于公文书证之特殊性即在于其是国家公权力机关依职权对公共事务和社会事务所作之记录,为了落实公法上的信赖利益保护原则,保护公民基于对已经生效公文书证的信赖而进行的行为选择,尤其是当公文书证属于处分性书证时,只要该公文书证一经合法作出,公共处分行为就已经生效,如果仍然允许对方当事人提出相反证据推翻已经生效的公文书证的实质真实推定,就会减少公证证书之信用,致为诉讼迟延之原因。[①] 因此,2022 年《民诉法解释》第一百一十四条明确规定,公文书证所记载的事项推定为真实,但有相反证据足以推翻的除外。与私文书证不同,公文书证具有很强的实质证明力,可以单独证明案件事实。由于公文书证是有权国家机关或社会团体依职权制作,本身也属于上述主体依法履行职务、行使公权力的证据。故有关国家机关或社会团体会对上述公文书证原件进行妥善保存,存档备查。如果民事诉讼涉及上述公文书证,当事人或人民法院向有关国家机关、社会团体收集上述证据,后者一般是通过提供副本、节录本、复印件等方式替代原件提供。此时,就涉及公文书证替代件的证明力的问题。

根据公文书证的不同制作方法和相互关系,实务中,公文书证可能以原件、正本、副本、复制件、节录本等形式出现。公文书证的原件是指文书制作主体签发或制作的最初签字定稿的原本,也称正本。副本是指根据原本誊写或抄出,全部内容按照原本制作,对外具有与原本一样效力的文本。复制件是指通过对原件进行拍照、复印、打印、扫描等方式形成的图文资料。需要说明的是,司法实践中,“复写件”是不同于“复印件”的,把复写纸夹在两张或几张纸之间书写形成的文书,叫复写件。例如,超市售货员开具的第二联、第三联发票。虽然复写件与原件同时完成,属于原始证据而非传来证据,但是复写件经过复写纸形成,没有原制作单位和制作人的签章,也不是原件,因此也不具有原件的证明力。[②] 节录本是指制作人摘要抄录、印制原本文书部分内容后而形成的书证,节录本与原本相比只能反映原本的部分内容。由于副本、复制件和节录本与原本相比,都属于传来证据,所以不能单独认定案件事实。

本条第一款之所以规定公文书证的制作者根据文书原件制作的载有部分或者全部内容的副本,与正本具有相同的证明力。理由在于:(1)从公文书证形式证明力角度而言,正本与副本均由公文书证制作者自己制作,都表达了制作者自己的思想,故正本和副本的形式证明力相同。(2)公文书证制作者与案件无利害关系,具有中立性,根据原件亲自制作,不存在制作副本的认知障碍。这说明该副本内容与原件一致。既然副本具有公文书证的形式证明力且正本、副本在内容上没有出入,那么就可以得出正本与副本证明力相同的结论。实务中,还

---

① 高星阁:《民事诉讼中公文书证之证据效力研究》,载《证据科学》2016 年第 5 期。

② 王新平:《民事诉讼证据运用与实务技巧》,中国民主法制出版社 2017 年版,第 125 页。

有一些公文书证原件虽然由国家机关或社会团体存档保存，但是其复制件、副本、节录本则交由档案部门或者制作原本的其他国家机关备份。故当事人往往自行或申请人民法院向档案部门或制作原本的机关调查收集该公文书证。如果档案部门或制作原本的机关证明其内容与原本一致，如在复制件、副本、节录本上加盖"经检查，与原本无异"的检验章等。对此，本条第二款规定，在此情形下，只要其复制件、副本、节录本经档案部门或者制作原本的机关证明其内容与原本一致的，该复制件、副本、节录本具有与原本相同的证明力。

实务疑难

单位出具的证明材料是否属于公文书证？

有观点认为，单位出具的证明材料属于公文书证，具有比一般自然人之间形成的私文书证更高的证明效力。笔者认为，该观点值得商榷。理由有四：第一，单位范围广泛，既包括国家机关或者依法具有社会管理职能的组织，也包括不行使国家权力或者不具有社会管理职能的组织。根据 2022 年《民诉法解释》第一百一十四条规定，公文书证的制作者只能是国家机关或者其他依法具有社会管理职能的组织。第二，国家机关或者依法具有社会管理职能的组织出具的书证也未必都是公文书证。事实上，只有在其职权范围内制作的文书才是公文书证。与该类主体管理职能无关的仍是私文书证。第三，2022 年《民诉法解释》第一百一十五条规定的"证明材料"强调的是与公权力或者社会管理职能无涉的书面材料，故该"证明材料"属于私文书证，需要单位负责人及制作人的签名或者盖章，并加盖单位印章。第四，法院如对单位出具证明材料的真实性存有疑义，可以向单位及制作证明材料的人员进行调查核实或者要求制作证明材料的人员出庭作证。需要注意的是，此处法院调查核实以及制作证明材料的人员出庭作证的内容为单位证明材料的真实性，而非案件的具体情况。在此意义上，这也可以印证 2022 年《民诉法解释》第一百一十五条中的单位证明材料是一种书证而非证人书面证言。

关联法条

1.《最高人民法院关于适用〈中华人民共和国民事诉讼法〉的解释》(2022 年)

第一百一十四条　国家机关或者其他依法具有社会管理职能的组织，在其职权范围内制作的文书所记载的事项推定为真实，但有相反证据足以推翻的除外。必要时，人民法院可以要求制作文书的机关或者组织对文书的真实性予以说明。

2.《最高人民法院关于民事诉讼证据的若干规定》(2020 年)

第十六条　当事人提供的公文书证系在中华人民共和国领域外形成的，该证据应当经所在国公证机关证明，或者履行中华人民共和国与该所在国订立的有关条约中规定的证明手续。

中华人民共和国领域外形成的涉及身份关系的证据，应当经所在国公证机关证明并经中华人民共和国驻该国使领馆认证，或者履行中华人民共和国与该所在国订立的有关条约中规定的证明手续。

当事人向人民法院提供的证据是在香港、澳门、台湾地区形成的,应当履行相关的证明手续。

典型案例

(2021)吉民申 2304 号

裁判观点:2021 年《最高人民法院关于适用〈中华人民共和国民法典〉时间效力的若干规定》第五条规定:“民法典施行前已经终审的案件,当事人申请再审或者按照审判监督程序决定再审的,不适用民法典的规定。”据此,本案应当适用《民法典》施行前的法律和司法解释。2015 年《民诉法解释》第九十条规定:“当事人对自己提出的诉讼请求所依据的事实或者反驳对方诉讼请求所依据的事实,应当提供证据加以证明,但法律另有规定的除外。在作出判决前,当事人未能提供证据或者证据不足以证明其事实主张的,由负有举证证明责任的当事人承担不利的后果。”第九十一条规定:“人民法院应当依照下列原则确定举证证明责任的承担,但法律另有规定的除外:(一)主张法律关系存在的当事人,应当对产生该法律关系的基本事实承担举证证明责任;(二)主张法律关系变更、消灭或者权利受到妨害的当事人,应当对该法律关系变更、消灭或者权利受到妨害的基本事实承担举证证明责任。”第一百一十四条规定:“国家机关或者其他依法具有社会管理职能的组织,在其职权范围内制作的文书所记载的事项推定为真实,但有相反证据足以推翻的除外。必要时,人民法院可以要求制作文书的机关或者组织对文书的真实性予以说明。”2020 年《证据规定》第九十一条规定:“公文书证的制作者根据文书原件制作的载有部分或者全部内容的副本,与正本具有相同的证明力。在国家机关存档的文件,其复制件、副本、节录本经档案部门或者制作原本的机关证明其内容与原本一致的,该复制件、副本、节录本具有与原本相同的证明力。”据此,公文书证具有较高的证明力,对公文书证的反证需要达到推翻公文书证内容的程度,即有争执的当事人需要对相反的事实承担本证证明责任。本案中,王德刚主张公安机关涉嫌违规办案,但亦自认公安机关在制作讯问笔录和询问笔录并未对其采取强制措施,系在王德刚住所地公安派出所内对其进行调查。一审法院亦对公安机关制作笔录的真实性予以核实。王德刚主张其已就公安机关违规办案问题向有关部门进行了投诉举报,但尚未获得有关部门作出结论性意见,故其主张缺乏事实依据。王德刚虽然否认一、二审判决认定的事实,但未能提交反驳证据予以推翻,应当承担举证不能的法律后果。

(新增) 第九十二条 【私文书证的证明力】

私文书证的真实性,由主张以私文书证证明案件事实的当事人承担举证责任。

私文书证由制作者或者其代理人签名、盖章或捺印的,推定为真实。

私文书证上有删除、涂改、增添或者其他形式瑕疵的,人民法院应当综合案件的具体情况判断其证明力。

法条渊源

根据制作者身份的不同，书证可以分为公文书证和私文书证。我国对私文书证的规定最早是在1998年《审判改革规定》第二十七条规定，历史档案或者经过登记的书证，其证明力一般高于其他书证。虽未明言，但将该规定前后书证表述对比可知，前者多为公文书证，后者即为对应的私文书证。随后2002年《证据规定》第七十七条则规定，国家机关、社会团体依职权制作的公文书证的证明力一般大于其他书证。该条第一次将公文书证的制作者明确限定为国家机关、社会团体，将制作方式限定为职务行为。将该条反向解释即为国家机关、社会团队非依据职权制作的书证和非国家机关、社会团体制作的书证均为私文书证。本条则在上述对私文书证圈定范围的基础上，根据证据法理论和审判实践经验总结、归纳，就私文书证的证明力相关问题作了进一步细化。

法条精析

本条是关于私文书证证明力的规定，在2002年《证据规定》中没有规定，是新增规定。本条起草过程中，2016年《法院征求意见稿》第七十三条规定："对私文书证的真实性存在争议的，由主张以私文书证证明案件事实的当事人予以证明。私文书证上有删除、涂改、增添或者其他形式的瑕疵的，人民法院应当综合案件的具体情况判断其证明力。"2017年《审判长讨论稿》第五十五条规定："私文书证的真实性，由主张以私文书证证明案件事实的当事人承担举证证明责任。私文书证经本人或者其代理人签名、盖章或捺印，或者经公证机关公证的，推定为真实。私文书证上有删除、涂改、增添或者其他形式的瑕疵的，人民法院应当综合案件的具体情况判断其证明力。"可见，本条增加了一款"私文书证经本人或者其代理人签名、盖章或捺印，或者经公证机关公证的，推定为真实"。2018年《审委会送审稿》第九十一条规定删除"或者经公证机关公证的"，其他内容不变。本条定稿时，将"本人"修改为"制作者"，其他内容再无变动。

本条内容主要包括私文书证真实性的证明责任、形式真实的判断及瑕疵私文书证的认定三方面内容。

就笔者有限阅读经验判断，关于私文书证的制度最早源于法国民法，依据该法，私文书证必须加上制作者的署名，否则不得称为证据，但是《日本民事诉讼法》上所称的私文证书，并不要求必须署名。① 我国学者认为现在所称的公文书证和私文书证的划分源于罗马法和德国古代法，而且要求必须"制作者署名"这一条件。② 从日本及我国现行法规定上来看，对于私文书证应该不宜以"制作者署名"为要件。另外，有学者认为公民个人制作的文书即为私文书证。笔者认为不妥，这样对于私文书证的范围来说未免太狭窄，应对公文书证的定义采取反向解释，即除国家机关或者依法具有社会管理职能的组织在职权范围内制作的书证以外的书证都可称为私文书证。其主要包括两类：一是非国家机关或者非依法具有社会管理职能的组

① ［日］松冈义正：《民事证据论》，张知本译，中国政法大学出版社2004年版，第243页。

② 张卫平：《民事证据法》，法律出版社2017年版，第29页。

织制作的书证;二是国家机关或者依法具有社会管理职能的组织非依据其职权制作的书证。随着互联网技术的不断发展,有些法院认为"官网声明"也属于私文书证的范围。[①] 在日本,私文证书具有以下三项特征:第一,私文书证一般由举证者作成,如商业账簿、借款合同和债权转让证书;第二,证书上所载的语言并不影响其性质;第三,公证人认证的私文书证对其性质也不产生影响。另外,书证上的签名和盖章,目的仅在于确保作成书证的真实,不要求必须有公用印章,签阅即可。这里再简单介绍一下公文书证和私文书证的区别。首先,两者的证明力不同,公文书证所记载的事项推定为真实,除非有相反证据足以推翻。但私文书证内容的真实性则需要提出该书证的当事人证明。其次,两者的制作主体不同。公文书证必须由履行公法上职能的国家机关或社会团体制作,而私文书证的制作主体没有要求,包括国家机关在内的任何主体都可制作私文书证。最后,两者的制作方法不同。公文书证因涉及公权,制作过程应更为严谨,必须依据法定程序。而私文书证则没有法定的制作程序要求。

具体到本条而言,本条第一款是关于私文书证真实性证明责任的分配,即由主张以私文书证证明案件事实的当事人有义务举证证明私文书证具有真实性。实务中,对真实性的证明,主要围绕私文书证是否为制作者制作、私文书证内容是否为其真实意思表示等进行。这一证明责任分配体现了"谁主张,谁举证"这一民事诉讼中关于举证责任分配的基本原则。一旦出现当事人不能举证证明私文书证为真实的情形,则意味着该私文书证不具有证据资格,不能被采纳为证据。本条第二款是关于私文书证推定真实的判断标准。一般来说,对一份以他人名义制作的私文书证,其是否真实,最直接的判断方法就是私文书证是否得到他人的确认。实务中最常见的他人确认方式就是直接在私文书证上签名、盖章或者捺印。故一旦能够确认私文书证上的签名、盖章或者捺印行为由制作者或其代理人所实施,就可推定该私文书证为真实。当然,如果是代理人实施上述行为,还应查明代理人的签名、盖章或者捺印是否具有委托人就出具该私文书证的特别授权。这里的推定是由确认制作者或代理人签名、盖章或捺印这一事实,推定该私文书证内容为其意思表示这一事实为真实。本质上,该款属于2020年《证据规定》第十条中"根据已知的事实和日常生活经验法则推定出的另一事实"的范围,进而,根据该条第二款规定,当事人有相反证据足以反驳时,本条的当事人仍应就私文书证的真实性承担举证责任。此外,如果私文书证经过公证机关公证,其真实性便更可靠。但需要注意的是,即使经过公证机关公证过的书证,其性质仍然是私文书证。根据2020年《证据规定》第十条第二款的规定,当事人有相反证据足以推翻时,当事人仍应就私文书证的真实性举证证明。本条第三款是关于对瑕疵私文书证证明力认定的规定。实践中,如果私文书证上具有涂改、删除或者增添等形式瑕疵,惯常补救的办法通常是在改动处附加改动人的亲笔签名和日期、捺印或者由单位工作人员代表单位加盖公章等。比如,法院和仲裁委员会制作的笔录、当事人之间的合同或者当事人就医记录等。如果私文书证上改动处采取了上述补救措施,并能证明是改动人亲笔签名和日期、捺印或者由单位工作人员代表单位加盖公章,一般情况可推定该书证为真实。但是如果被改动的书证不满足上述条件,在认定其是否真实时则需

① 北京市第三中级人民法院(2018)京03民终697号民事判决书。

要综合形式瑕疵的出现背景、时间、瑕疵制造者个人情况、制造原因、对案件处理的影响等案件具体情况，综合判断其证明力。必要时，人民法院还可以通过要求当事人提供其他证据对私文书证证明力予以补强。

实务疑难

如果对方当事人认为自己签名、捺印或盖章于空白纸张或者印章被盗用等私文书证瑕疵，应如何处理？

司法实践中，对此有两种观点：第一种观点认为，根据“谁主张，谁举证”原则，应由提供该私文书证的当事人承担进一步举证责任，证明该私文书证为真实。对此，本条第一款已经规定私文书证的真实性，由主张以私文书证证明案件事实的当事人承担举证责任。如举证不能达到高度可能性，则应承担举证不能的不利后果。第二种观点认为，应适用推定原则，既然私文书证上的签名、盖章或捺印真实，则应推定该私文书证内容为真实。对此，本条第二款也规定了私文书证由制作者或者其代理人签名、盖章或捺印的，推定为真实。笔者倾向于认为，对方当事人认为自己签名、捺印或盖章于空白纸张或者印章被盗用等的陈述本身就是以其承认私人书证上的签名、捺印或者盖章为真实前提。故提供私文书证的当事人已不需要对签名、捺印或者盖章为真实进一步举证，该私文书证已具有初步形式证明力，如果对方当事人对其主张的自己签名、捺印或盖章于空白纸张或者印章被盗用等待证事实没有高度可能性证据足以证明，则应认定该私文书证为真实。

关联法条

1.《中华人民共和国民事诉讼法》(2021年)

第六十七条 当事人对自己提出的主张，有责任提供证据。

当事人及其诉讼代理人因客观原因不能自行收集的证据，或者人民法院认为审理案件需要的证据，人民法院应当调查收集。

人民法院应当按照法定程序，全面地、客观地审查核实证据。

2.《最高人民法院关于适用〈中华人民共和国民事诉讼法〉的解释》(2022年)

第九十三条 下列事实，当事人无须举证证明：

(一)自然规律以及定理、定律；

(二)众所周知的事实；

(三)根据法律规定推定的事实；

(四)根据已知的事实和日常生活经验法则推定出的另一事实；

(五)已为人民法院发生法律效力的裁判所确认的事实；

(六)已为仲裁机构生效裁决所确认的事实；

(七)已为有效公证文书所证明的事实。

前款第二项至第四项规定的事实，当事人有相反证据足以反驳的除外；第五项至第七项规定的事实，当事人有相反证据足以推翻的除外。

典型案例

1. (2021)最高法民申1315号

裁判观点:在一审庭审中,和迪公司对泰烜公司出示的《建设工程施工合同》质证意见为"真实性基本无异议,但对其证明目的不认可"。依据2020年《证据规定》第九十二条关于"私文书证的真实性,由主张以私文书证证明案件事实的当事人承担举证责任。私文书证由制作者或者其代理人签名、盖章或捺印的,推定为真实。私文书证上有删除、涂改、增添或者其他形式瑕疵的,人民法院应当综合案件的具体情况判断其证明力"的规定,闫西涛是否作为代理人在《建设工程施工合同》上签字、闫西涛的签字是否系之后增添,均无法成为推翻《建设工程施工合同》真实性的证据。原审判决认定案涉《建设工程施工合同》的真实性,并无不当。

2. (2021)京民申2640号

裁判观点:2020年《证据规定》第九十二条第一款、第二款规定,私文书证的真实性,由主张以私文书证证明案件事实的当事人承担举证责任。私文书证由制作者或者其代理人签名、盖章或捺印的,推定为真实。本案中彭某1、彭某2不认可共同遗嘱中彭党成的签字并申请鉴定,鉴定机构以无法提供同期比对样本材料,不具备鉴定条件等为由,终止鉴定工作。在没有证据证明一方当事人存在持有鉴定对比样本而拒不提供,共同遗嘱形成之后,雷人英又作出"在我去世后,上述房屋产权中属于我的份额及我继承我老伴遗产的份额全部由女儿彭某3个人继承,排除其配偶的共有权"的公证遗嘱的情况下,该共同遗嘱的举证责任及效力的事实还需进一步查清。

3. (2022)辽02民终811号

裁判观点:虽然"共作价70万元,2018年底前随租金结清"字样记载于有被上诉人签字的货物移交单上,但该部分内容系上诉人自书,并非与该单据上半部分机打字体一体形成,且被上诉人并不认可该部分内容,那么,根据2020年《证据规定》第九十二条第一款关于"私文书证的真实性,由主张以私文书证证明案件事实的当事人承担举证责任"的规定,上诉人应当对其提出的书证整体系双方签字时的真实意思表示承担举证责任。然而,上诉人未能提供相应证据证明货物移交单整体具有真实性,上诉人应当承担举证不能的不利后果,根据2020年《证据规定》第九十二条第三款关于"私文书证上有删除、涂改、增添或者其他形式瑕疵的,人民法院应当综合案件的具体情况判断其证明力"的规定,一审对货物移交单中的"共作价70万元,2018年底前随租金结清"内容不予采信并无不妥。

4. (2021)京01民终10484号

裁判观点:私文书证的真实性,由主张以私文书证证明案件事实的当事人承担举证责任。李某提交的2010年11月3日签订的家庭协议和2018年4月2日签订的协议书系私文书证,许某、方某对李某提交的上述两份协议真实性不予认可,李某应承担进一步举证责任,经法院释明后,李某明确表示不申请鉴定,使待证事实真伪不明,对此,李某应当承担相应的不利后果,故在李某不能提交相应证据证实其提交的协议真实存在的情况下,本院对李某提交的两份协议不予采纳。

5.(2021)甘01民终5462号

裁判观点:民生银行兰州分行提供的《综合授信合同》、《最高额担保合同》、《借款支用申请书》、《借款支用申请书》确认部分、个人借款凭证中记载的截止日均由2017年改为2018年。2020年《证据规定》第九十二条第一款、第二款规定,私文书证的真实性,由主张以私文书证证明案件事实的当事人承担举证责任。私文书证上有删除、涂改、增添或者其他形式瑕疵的,人民法院应当综合案件的具体情况判断其证明力。本案中民生银行兰州分行主张借款及保证期间的到期日为2018年且在庭审中称时间由2017年改为2018年是借款人颜军及担保人何小琴所为,而担保人叶丹江、何小琴对改动时间的行为予以否认。民生银行兰州分行应继续提供证据证明该改动行为确为颜军、何小琴所为。在日常生活实践中,银行发放借款,需先签订借款、担保合同,后发放借款,即使如民生银行兰州分行所述,上述改动确系借款人颜军、担保人何小琴所为,其后形成的《借款支用申请书》、《借款支用申请书》确认部分、个人借款凭证中记载的借款到期日只需按照签订的合同填写对应日期即可。

(新增)第九十三条 【对电子数据真实性审查】

人民法院对于电子数据的真实性,应当结合下列因素综合判断:

(一)电子数据的生成、存储、传输所依赖的计算机系统的硬件、软件环境是否完整、可靠;

(二)电子数据的生成、存储、传输所依赖的计算机系统的硬件、软件环境是否处于正常运行状态,或者不处于正常运行状态时对电子数据的生成、存储、传输是否有影响;

(三)电子数据的生成、存储、传输所依赖的计算机系统的硬件、软件环境是否具备有效的防止出错的监测、核查手段;

(四)电子数据是否被完整地保存、传输、提取,保存、传输、提取的方法是否可靠;

(五)电子数据是否在正常的往来活动中形成和存储;

(六)保存、传输、提取电子数据的主体是否适当;

(七)影响电子数据完整性和可靠性的其他因素。

人民法院认为有必要的,可以通过鉴定或者勘验等方法,审查判断电子数据的真实性。

法条渊源

电子数据作为证据进行审查最早在2005年《电子签名法》中已有规定。但在司法实践中被采用则首先出现在刑事诉讼领域,并由司法解释所规定。2010年《死刑证据规定》第二十九条规定了对电子证据的审查,后由2012年《刑诉法解释》第九十三条将“电子证据”修改为

“电子数据”,规定了对电子数据的审查。2012年《民事诉讼法》第六十三条第一次在民事诉讼立法层面确立了电子数据的法定证据方法地位。2015年《民诉法解释》第一百一十六条第二款则对电子数据作了定义;第三款则规定存储在电子介质中的录音资料和影像资料,适用电子数据的规定。2016年《电子数据规定》、2017年《排除非法证据规定》,进一步细致完善了电子数据审查判断的标准和程序。

法条精析

本条是关于审查电子数据真实性时考量因素的规定,在2002年《证据规定》中没有类似规定,为新增条文。本条起草过程中,2016年《法院征求意见稿》第八十三条规定:“人民法院对于电子数据的真实性,应当结合下列因素综合判断:(一)电子数据的生成、存储、传输所依赖的计算机系统的硬件、软件环境是否完整、可靠;(二)电子数据的生成、存储、传输所依赖的计算机系统的硬件、软件环境是否处于正常运行状态,或者不处于正常运行状态时对电子数据的生成、存储、传输是否有影响;(三)电子数据的生成、存储、传输所依赖的计算机系统的硬件、软件环境是否具备有效的防止出错的监测、核查手段;(四)电子数据是否被完整地保存、传输,保存、传输的方法是否可靠;(五)鉴别电子数据发件人的方法是否可靠;(六)电子数据是否是在正常的往来活动中形成和存储的;(七)保存电子数据的主体;(八)影响电子数据完整性和可靠性的其他因素。”2017年《审判长讨论稿》第六十二条规定相比前稿,将“保存、传输”改为“保存、传输、提取”;将“(五)鉴别电子数据发件人的方法是否可靠;”删除;将“(七)保存电子数据的主体”修改为“保存、传输、提取电子数据的主体是否适当;”并增加规定“人民法院认为有必要的,可以通过鉴定或者勘验等方法,审查判断电子数据的真实性”。2018年《审委会送审稿》第九十二条规定沿袭了前稿规定,内容没有变化。本条定稿时,内容再无变化。

本条主要内容为对判断电子数据真实性所需考量因素的规定,主要有以下几方面:(1)对电子数据的生成、存储、传输所依赖的计算机系统的硬件、软件环境的审查;(2)对电子数据保存、传输、提取是否完整,方法是否可靠的审查;(3)对电子数据形成和存储的过程是否正常的审查;(4)对保存、传输、提取电子数据的主体是否适当的审查等。此外,必要时,还可通过鉴定或者勘验等方法,审查判断电子数据的真实性。

电子数据是指通过电子邮件、电子数据交换、网上聊天记录、博客、微博客、手机短信、电子签名、域名等形成或者存储在电子介质中的信息。电子数据具有易变性与稳定性并存的特征:一方面,只需要敲击键盘,即可对其进行增加、删除、修改;另一方面,绝大多数情况下对于电子数据的增加、删除、修改会留有一定的痕迹。而且,多数情况被破坏的数据可以通过技术手段被恢复到破坏前的状况。这些特征决定了对电子数据真实性审查不可避免要具有一定的技术性,同时司法实务也希望能够出台更具可操作性的审查规范。[①] 此前,最高人民法院在2016年出台了适用于刑事诉讼领域的《电子数据规定》。民事诉讼领域关于电子数据的司法

① 周加海、喻海松:《〈关于办理刑事案件收集提取和审查判断电子数据若干问题的规定〉的理解与适用》,载《人民司法(应用)》2017年第28期。

解释则仅有 2015 年《民诉法解释》第一百一十六条，过于简单。为此，2020 年《证据规定》增加规定了电子数据的有关可操作性相关规定，其中本条规定的就是对电子数据真实性审查应考虑的因素。

鉴于电子数据的可复制性，司法实践中区分电子数据的原件与复制件既难以实现又无实质的意义。而且，电子数据在生成、存储、传输的过程中，通过技术手段很容易对其篡改和破坏。同时，这种行为又极具隐蔽性，非经特殊审查并不易被发觉。因此，对电子数据真实性的审查，首先就表现在对电子数据完整性、可靠性的判断。电子数据的完整性主要强调内容上的完整性，是指自生成之时起，电子数据的内容保持完整，不存在非必要的添加或删除。一份完整的电子证据包括数据电文（原始数据信息）、附属信息证据和系统环境证据三个层面。在电子数据生成、传播、复制、保管的过程中，会添加必要的附属信息，这不仅不会损害电子数据的完整性，反而是电子数据是否完整、真实的证明。① 对此，联合国国际贸易法委员会在《电子商务示范法》“实施指南”中指出，在判断电子数据的“完整性”时，应当注意把对最初的（原始的）数据电文所作的必要添加，如背书、证明、公证等，同其他改动区分开来。至于可靠性，则主要是指电子数据需保持生成之时的原始状态，可以排除一切对其真实性的合理怀疑。一般而言，电子数据的生成、存储和传输都需依赖特定的计算机设备和软件，必须在特定的虚拟电子信息环境中进行。进而，电子数据的完整性、可靠性不能直接通过外观可视方式辨别，而只能通过其生产、存储、传输所依赖的计算机系统的硬件、软件环境来间接判断。具体而言，主要有五个方面：第一，审查电子数据的生成、存储、传输所依赖的计算机系统的硬件、软件环境是否完整、可靠。审查硬件环境完整性、可靠性，主要为是否具备生成、存储、传输电子数据的必要硬件部件及其可用性，如显示器、主机、数据线、键盘、鼠标、电源、U 盘、磁盘、互联网连接设备等。审查软件环境完整性、可靠性，主要审查是否具备相应操作系统和软件程序。从技术上讲，如果电子数据所依赖的计算机系统的软件、硬件是完整的、可靠的，那么就具备了确保电子数据完整性、可靠性的物理前提。第二，审查电子数据所依赖的计算机系统的硬件、软件环境的运行状态是否对电子数据的生成、存储和传输产生影响。具体而言，主要审查计算机系统的硬件是否处于正常工作状态以及软件是否正常运行。鉴于实务中，确实存在部分硬件或软件虽不能正常运行但不影响电子数据完整性、可靠性的情形，故在出现不能正常运行的情形时，还应进一步审查分析该不正常运行情形对电子数据可能造成的影响。第三，审查电子数据所依赖的计算机系统的硬件、软件环境是否具备监测、核查手段。如果具备相应监测、核查手段，就可判断硬件设备是否被替换、被改动，系统程序是否被侵入，软件是否被篡改。第四，审查电子数据保存、传输、提取的主体和方法是否可靠。对电子数据赖以存在的计算机系统的可靠性进行考察，本身具有很高的科学技术含量。因此，对电子数据保存、传输、提取的主体的技术资质以及取证过程的技术标准提出了较高要求。如果保存、传输、提取电子数据的主体不具备相应知识或者取证方法不当，很可能损害电子数据的完整性，对其证据能力产生消极影响，侵害电子数据所承载的权利，阻碍对案件事实的正确认定。因此，在审查

---

① 聂铄：《电子证据在民事诉讼中的运用》，载《武汉大学学报（哲学社会科学版）》2006 年第 4 期。

电子数据真实性时,需要审查保存、传输、提取电子数据的主体是否适当以及其方法是否可靠。第五,审查电子数据的形成和存储是否在正常往来活动中形成。从日常生活经验角度而言,如果电子数据的形成和存储是在当事人之间正常往来活动中形成或存储,则可从很大程度上排除被伪造和篡改的可能,从而提高其真实的可能性。

鉴于电子数据真实的审查因素较为复杂,难以穷尽现存的审查因素,而且随着技术的发展,可能出现新的鉴真技术,因此本条第一款第七项进行了兜底性规定,以囊括其他判断电子数据真实性的考量因素。此外,电子数据的真实性的判断具有很高的技术性:一方面,电子数据所记载的内容必须借助一定的设备或软件才能转化为人们可以认知的信息,了解信息内容及判断真伪需要专门的技术手段;另一方面,正常活动中的电子数据的生成、存储、删改或传输,与非法活动或故意破坏中的数据的生成、存储、删改或传输形成的电磁痕迹基本相同,非经专门技术或软件不能区分。在某些情况下,法官囿于专业知识的限制,较难从电子数据的表现方式中判断电子数据的真伪,所以规定"人民法院认为有必要的,可以通过鉴定或者勘验等方法,审查判断电子数据的真实性",根据专业人士的意见,辅助法官心证的形成。

实务疑难

如何认定制作、发送电子数据的主体身份?

司法实务中,双方当事人关于电子数据真实性的一个主要争议就是电子数据制作、发送主体如何确定。对此,第一种观点认为,电子数据制作、发送主体实际涉及的是电子证据形式证明力问题。就此而言,应采取类似书证形式证明力的处理。即由提供电子数据作为证据的一方当事人证明电子数据的制作和发送主体。由于《电子签名法》已经规定可靠的电子签名与手写签名或盖章具有同等法律效力,故提供电子数据的一方当事人应提供电子签名等能够标明电子数据制作人、发送人的技术手段来证明该电子数据的制作、发送主体。如果没有电子签名等,则可通过公证方式确认电子数据的真实性。否则,就可能因不能证明电子数据的形式证明力而不确认其证据资格。第二种观点则认为,电子数据不能像书证一样,通过在原件上捺印、印章或签名等方式标示制作、发送人,电子数据最好采用电子签名等技术手段客观证明制作、发送人,但如果没有电子签名等,则不能简单通过公证方式确认其真实性。这是因为,2012 年《办理保全互联网电子证据公证的指导意见》第四条已经明确,公证人员应告知申请人如果不能证明对方的真实身份,则保全的电子信息可能不具备证据效力。故,对于没有使用电子签名或可靠电子签名的电子证据,法庭则需要结合案件的其他证据进行认定,如电子证据所涉及的技术等级、账号平时使用的情况等。例如,电子邮箱是否为加密邮箱,该邮箱平时是由谁控制;聊天记录主体是否经过实名认证及其平时的使用情况;手机短信的用户身份是否有实名认证及其平时的使用情况;微博账户是否有实名认证及其平时的使用情况等。一般而言,经过实名认证的 QQ 账户,手机账户或微博账号,可以结合其他证据来推定该电子证据的主体身份。然而,对于没有实名认证的账户,则需要更多的证据来相互印证。[①]

① 汪闽燕:《电子证据的形成与真实性认定》,载《法学》2017 年第 6 期。

关联法条

1.《最高人民法院、最高人民检察院、公安部、国家安全部、司法部关于办理死刑案件审查判断证据若干问题的规定》(2010 年)

第二十九条　对于电子邮件、电子数据交换、网上聊天记录、网络博客、手机短信、电子签名、域名等电子证据,应当主要审查以下内容:

(一)该电子证据存储磁盘、存储光盘等可移动存储介质是否与打印件一并提交;

(二)是否载明该电子证据形成的时间、地点、对象、制作人、制作过程及设备情况等;

(三)制作、储存、传递、获得、收集、出示等程序和环节是否合法,取证人、制作人、持有人、见证人等是否签名或者盖章;

(四)内容是否真实,有无剪裁、拼凑、篡改、添加等伪造、变造情形;

(五)该电子证据与案件事实有无关联性。

对电子证据有疑问的,应当进行鉴定。对电子证据,应当结合案件其他证据,审查其真实性和关联性。

2.《最高人民法院关于适用〈中华人民共和国刑事诉讼法〉的解释》(2021 年)

第一百一十条　对电子数据是否真实,应当着重审查以下内容:

(一)是否移送原始存储介质;在原始存储介质无法封存、不便移动时,有无说明原因,并注明收集、提取过程及原始存储介质的存放地点或者电子数据的来源等情况;

(二)是否具有数字签名、数字证书等特殊标识;

(三)收集、提取的过程是否可以重现;

(四)如有增加、删除、修改等情形的,是否附有说明;

(五)完整性是否可以保证。

3.《最高人民法院、最高人民检察院、公安部关于办理刑事案件收集提取和审查判断电子数据若干问题的规定》(2016 年)

第二十二条　对电子数据是否真实,应当着重审查以下内容:

(一)是否移送原始存储介质;在原始存储介质无法封存、不便移动时,有无说明原因,并注明收集、提取过程及原始存储介质的存放地点或者电子数据的来源等情况;

(二)电子数据是否具有数字签名、数字证书等特殊标识;

(三)电子数据的收集、提取过程是否可以重现;

(四)电子数据如有增加、删除、修改等情形的,是否附有说明;

(五)电子数据的完整性是否可以保证。

4.《中华人民共和国电子签名法》(2019 年)

第八条　审查数据电文作为证据的真实性,应当考虑以下因素:

(一)生成、储存或者传递数据电文方法的可靠性;

(二)保持内容完整性方法的可靠性;

(三)用以鉴别发件人方法的可靠性;

(四)其他相关因素。

典型案例

1. (2020)最高法民申6847号

裁判观点:首先,2020年《证据规定》对电子证据的认定作出了新规定,其中第九十三条规定:"人民法院对于电子数据的真实性,应当结合下列因素综合判断:(一)电子数据的生成、存储、传输所依赖的计算机系统的硬件、软件环境是否完整、可靠;(二)电子数据的生成、存储、传输所依赖的计算机系统的硬件、软件环境是否处于正常运行状态,或者不处于正常运行状态时对电子数据的生成、存储、传输是否有影响;(三)电子数据的生成、存储、传输所依赖的计算机系统的硬件、软件环境是否具备有效的防止出错的监测、核查手段;(四)电子数据是否被完整地保存、传输、提取,保存、传输、提取的方法是否可靠;(五)电子数据是否在正常的往来活动中形成和存储;(六)保存、传输、提取电子数据的主体是否适当;(七)影响电子数据完整性和可靠性的其他因素。人民法院认为有必要的,可以通过鉴定或者勘验等方法,审查判断电子数据的真实性。"第九十四条第一款第二项规定:"电子数据存在下列情形的,人民法院可以确认其真实性,但有足以反驳的相反证据的除外:(二)由记录和保存电子数据的中立第三方平台提供或者确认的;"据此,由于电子数据的特殊性,法院在认定电子数据的真实性时,其审查判断标准有别于传统证据。本案中,韩洪亮称西南期货公司提交给原审法院的开户视频资料和交易结算记录不是原件,因电子证据保存于网站之中,只能从中导取相关数据作为证据,原审判决结合本案事实,依照民事诉讼优势证据规则和高度盖然性的证明标准对开户视频资料和交易结算记录的真实性予以确认并无不当。如果韩洪亮对上述证据真实性存疑,应当提出相应证据予以反驳。同时根据原审卷宗庭审笔录的记载,原审庭审依法组织三方进行了举证和质证,韩洪亮申请再审称原审没有让其质证,有违事实。因韩洪亮在西南期货公司的开户视频资料是从网站导取,"属性"所显示修改时间非韩洪亮的实际开户时间,与韩洪亮实际在2015年开户并不矛盾。至于开户资料中的签名问题,西南期货公司认可韩洪亮先上传本人现场签名字样图片至开户系统,开户过程中只要勾选"我已阅读并同意以上所有协议和业务规则内容"并点击"下一步"按钮,系统默认韩洪亮提供签名字样是对所有阅读、确认的法律文件的签署并自动粘贴。在开户视频具有真实性的前提下,韩洪亮已在视频中表示阅读并完全理解《客户须知》《互联网开户风险提示》《西南期货公司关于防范期货配资业务的风险提示》《期货经纪合同》等的相关内容,故西南期货公司的上述解释具有合理性。即使韩洪亮未在《期货经纪合同》上直接签名,也应当认为上述操作程序能够体现韩洪亮的真实意思表示。韩洪亮关于签名系技术处理粘贴而成、其未在《期货经纪合同》签名的再审申请理由不能成立。

2. (2021)鄂08民终1186号

裁判观点:证据二属于电子数据,2020年《证据规定》第九十三条第一款规定:"人民法院对于电子数据的真实性,应当结合下列因素综合判断:(一)电子数据的生成、存储、传输所依赖的计算机系统的硬件、软件环境是否完整、可靠;(二)电子数据的生成、存储、传输所依赖的计算机系统的硬件、软件环境是否处于正常运行状态,或者不处于正常运行状态时对电子数据的生成、存储、传输是否有影响;(三)电子数据的生成、存储、传输所依赖的计算机系统的硬件、软件环境是否具备有效的防止出错的监测、核查手段；（四）电子数据是否被完整地保存、传输、提取，保存、传输、提取的方法是否可靠；（五）电子数据是否在正常的往来活动中形成和存储；（六）保存、传输、提取电子数据的主体是否适当；（七）影响电子数据完整性和可靠性的其他因素。”本案中，馨隆公司提供的仅为一段微信语音聊天记录，既没有显示系谁发出的该聊天语音，又没有该聊天语音的上下文情景，无法判断该证据的完整性，不能客观的反映事实。故对该证据应不予采信。

3.（2021）辽 02 民终 4663 号

裁判观点：2020 年《证据规定》第十五条第二款规定：“当事人以电子数据作为证据的，应当提供原件。电子数据的制作者制作的与原件一致的副本，或者直接来源于电子数据的打印件或其他可以显示、识别的输出介质，视为电子数据的原件。”第九十三条规定：“人民法院对于电子数据的真实性，应当结合下列因素综合判断：（一）电子数据的生成、存储、传输所依赖的计算机系统的硬件、软件环境是否完整、可靠；（二）电子数据的生成、存储、传输所依赖的计算机系统的硬件、软件环境是否处于正常运行状态，或者不处于正常运行状态时对电子数据的生成、存储、传输是否有影响；（三）电子数据的生成、存储、传输所依赖的计算机系统的硬件、软件环境是否具备有效的防止出错的监测、核查手段；（四）电子数据是否被完整地保存、传输、提取，保存、传输、提取的方法是否可靠；（五）电子数据是否在正常的往来活动中形成和存储；（六）保存、传输、提取电子数据的主体是否适当；（七）影响电子数据完整性和可靠性的其他因素。人民法院认为有必要的，可以通过鉴定或者勘验等方法，审查判断电子数据的真实性。”据此，隋军提供的页面截图若由电子数据的制作者腾讯公司提供，可以视为电子数据原件；在该证据并非腾讯公司提供的情况下，若隋军可以证明该截图打印件直接来源于电子数据，亦可视为隋军提供了证据原件。但隋军仅提供了该截图打印件，并未证明该打印过程，即未能证明该打印件直接来源于各方认可的存储或显示电子数据的页面，对方当事人及本院亦不能根据 2020 年《证据规定》第九十三条之规定，对电子数据的生成、存储、传输所依赖的计算机系统的硬件、软件环境、运行状态、核查手段、提取方法等因素予以质证或审查。据此，该证据不能视为电子数据的原件，本院对其真实性不予认可，不予采信该证据。

（新增）第九十四条　【电子数据推定真实情形】

电子数据存在下列情形的，人民法院可以确认其真实性，但有足以反驳的相反证据的除外：

（一）由当事人提交或者保管的于己不利的电子数据；

（二）由记录和保存电子数据的中立第三方平台提供或者确认的；

（三）在正常业务活动中形成的；

（四）以档案管理方式保管的；

（五）以当事人约定的方式保存、传输、提取的。

电子数据的内容经公证机关公证的,人民法院应当确认其真实性,但有相反证据足以推翻的除外。

法条渊源

我国立法最早关于电子证据推定真实的规定是2005年《电子签名法》第十三条。2012年《民事诉讼法》第六十三条第一次在民事诉讼立法层面确立了电子数据的法定证据方法地位。2015年《民诉法解释》第一百一十六条第二款对电子数据作了定义;第三款则规定存储在电子介质中的录音资料和影像资料,适用电子数据的规定。但均未再对电子数据推定真实的情形作出明确规定。

法条精析

本条规定了电子数据的推定真实规则,在2002年《证据规定》中没有规定,属于新增规定。本条起草过程中,2016年《法院征求意见稿》中没有本条规定内容。2017年《审判长讨论稿》第六十三条规定:"电子数据存在下列情形的,人民法院可以确认其真实性,但有足以反驳的相反证据的除外:(一)由当事人提交和保管的于己不利的电子数据;(二)由记录和保存电子数据的中立第三方平台提供或者确认的;(三)在正常业务活动中形成的;(四)以档案管理方式保管的;(五)以当事人约定的方式保存、传输、提取的。电子数据的内容经公证机关公证的,人民法院应当确认其真实性,但有相反证据足以推翻的除外。"2018年《审委会送审稿》第九十三条与前稿保持一致。本条定稿时也无变化。

关于推定事实及其否认的问题,2020年《证据规定》第十条规定了根据法律规定推定的事实、根据已知的事实和日常生活经验法则推定出的另一事实等三类推定事实,当事人有相反证据足以反驳的除外。具体到确认电子数据真实性问题,由于电子数据并非有形物理存在,其真实性不能直观判断,只能通过技术手段实现。技术手段往往耗时耗力,成本过高。为此,以往司法实务中,往往根据日常生活经验法则和已知的事实推定电子数据的真实性。本条起草过程中,收集提炼了司法实践中关于电子数据推定真实性的各种实务做法,并最终形成了本条规定内容。具体而言,本条根据可以否定推定的证明标准不同,将可以推定电子数据为真实情形为两大类:第一,有足以反驳的相反证据,才能否定其真实性。具体情形如下:(1)由当事人提交或者保管的于己不利的电子数据;(2)由记录和保存电子数据的中立第三方平台提供或者确认的;(3)在正常业务活动中形成的;(4)以档案管理方式保管的;(5)以当事人约定的方式保存、传输、提取的。但有足以反驳的相反证据的除外。第二,有足以推翻的相反证据。电子数据的内容经公证机关公证的。

司法实践中,由于电子数据自身的特性,人民法院直接认定电子数据的真实性的难度一般较大。为此,本条借用推定的立法技术,可以缓解实务中对电子数据真实性的认定困难。一般而言,法律推定是指立法者按照特定的立法意图依据立法程序在成文法条文中所设置的推定规范,规定以某一事实的存在为基础, 据以认定另一事实或权利的存在。它要求将要件事实的存在视为已经获得证明而被假定为真实，除非推定的不利方当事人能够提供相反的证据推翻这种推定。[①] 因此，本条规定，电子数据存在下列情形的，人民法院可以确认其真实性，但有足以反驳的相反证据的除外：

一是由当事人提交或者保管的于己不利的电子数据。本情形源自证据法上的“自认”制度。一般认为，当一方当事人承认了对方当事人主张的于己不利的事实时，根据常理，该事实应当为真实，故为提高诉讼效率，法官可以直接予以认定，并作为裁判依据。本条所谓“于己不利”，是指该电子数据记载的内容事实对提交或保管方当事人的主张不利。从证明责任分配的角度讲，对一方当事人不利的证据，通常都是由对方当事人提交。如果该证据由己方提供或保存，则当事人可能将承担败诉的结果，这种结果自然是对自己不利的。因此，根据一般的经验法则，在民事诉讼中，当事人提交证据时往往是趋利避害的，并不会提交和保管虚假的于己不利的电子数据，以免自己陷入败诉的处境之中。进而，对于一方当事人提交或保管的于己不利的电子数据，一般不存在被该当事人篡改、伪造的可能，故可确认其真实性。

二是由记录和保存电子数据的中立第三方平台提供或者确认的电子数据。本情形来自日常生活经验法则。通常来讲，电子数据由计算机设备、应用系统、操作系统、存储编码系统、网络传输系统等网络系统自动运行形成的，其生成、存储、传输依赖于计算机内部指令的运行，这些指令一般并不是具体针对某一个数据或者某一起事件，因此，通常情况下可以视作“客观真实的”，计算机系统软件、硬件的可靠性决定了电子数据的真实性，除非有人为的因素进行干预。日常生活中，网络购物、网络发文等形成的大量电子数据都通过第三方平台形成。相应地，第三方平台对这些电子数据都有记录和保存。电子数据的真实可靠性主要取决于其生成、运行、存储环境的可靠性。因此，负责电子数据生成、运行、存储的第三方平台的利益倾向对电子数据的真实性的判断意义重大。根据日常生活经验法则，第三方平台作为中立的第三方，通常都独立于双方当事人利益关系，具有中立性，并没有利益趋动对电子数据进行更改，以使其更偏向于一方当事人，所以能够保证电子数据真实性。因此，电子数据“由记录和保存电子数据的中立第三方平台提供或者确认的”，人民法院可以确认其真实性。

三是在正常业务活动中形成的电子数据。这一规定源于“商务记录例外”原则。一般认为，商务记录如果符合下列条件，无须书写者的证言就能被采纳为证据：第一，它可反映出某人亲自知道的情况；第二，它产生于正常的商业过程中，在商业活动完成之时或稍后作出；第三，该项商业活动正常情况下均作出记录。“商业记录例外”原则最早为美国司法判例所确认，后来被纳入美国1965年《统一证据规则》，并被大多数州略加修改后采用为州法。根据美国《联邦诉讼规则》的规定，商务记录例外适用于“不问使用什么样的存储方法”的数据。依官方解释，这是指以计算机存储的数据。[②] 一般来讲，在正常的业务活动中，当事人双方以友好合作的态度共同推进某一事件的进行，在这个过程中，形成的商业往来记录均为双方真意的表达，并不会出现人为的篡改。同理，当事人为维持日常生活或生产经营，都不可避免与他人之间进行业务活动。由此所形成的电子数据不存在预谋修改伪造的可能，故可认定其真

① 王雄飞：《论事实推定和法律推定》，载《河北法学》2008年第6期。

② 谢勇：《论电子数据的审查和判断》，载《法律适用》2014年第1期。

实性。

四是以档案管理方式保管的电子数据。档案是一种历史记录,这种记录是组织或者个人在社会活动中形成的。与其他证据形式相比,它具有较强的规范性、稳定性以及完整性等特征。2009 年我国出台了《电子文件管理暂行办法》(以下简称《办法》)。从整体原则上,《办法》要求对电子文件工作实行统筹规划、建立统一的管理制度,对具有保存价值的电子文件实行集中管理和全过程管理,制定统一标准和规范并对电子文件实行规范化管理,同时采取有效技术手段和管理措施,确保电子文件信息的安全。在具体管理上,《办法》对电子文件形成和办理环节、信息交换和存储环节、归档和移交环节、保管环节都提出了具体要求。① 因此,以档案管理的方式保管的电子数据通常具有完整性、真实性,可推定其真实。

五是以当事人约定的方式保存、传输、提取的电子数据。处分原则作为民事诉讼法的基本原则之一,要求在民事诉讼进行过程中充分尊重当事人的诉讼行为。双方当事人对电子数据保存、传输、提取方式进行约定的,其隐含的前提条件为双方当事人对以此种方式保存、传输、提取的电子数据的真实性予以认可。因此,法院可推定确认该电子数据的真实性。

公证的效力在于通过中立的第三方的认证,使电子数据的原始信息得以保留。在公证的过程中,公证人员的保全技术手段可能影响电子数据的真实性,对电子数据的完整提取过程是一份有效的公证书所不可或缺的内容,包括取证的时间、地点、制作过程、设备情况等,其中制作过程应当包括访问网站的路径,网络证据如何提取、存储及被打印等。② 基于公证保全的专业性、程序保障以及公证主体的公信性,经过公证的电子数据的真实性程度很高。对此,2020 年《证据规定》第十条就已经规定已为有效公证文书所证明的事实,当事人无须举证证明,当事人有相反证据足以推翻的除外。因此,本条第二款规定,电子数据的内容经公证机关公证的,人民法院应当确认其真实性,但有相反证据足以推翻的除外。需要指出的是,这里的"有相反证据足以推翻"比第一款"有足以反驳的相反证据"对证据证明力标准要求更高,这也是基于经过公证的电子数据的证明力更高的原因。进而,对于没有相反证据足以推翻的情形,本条第二款用的是"人民法院应当确认其真实性",而对于没有足以反驳的相反证据的情形,本条第一款用的是"人民法院可以确认其真实性"。

实务疑难

在没有足以反驳的相反证据情形下,由当事人提交或者保管的于己不利的电子数据,人民法院是否应当确认其真实性?

司法实务中,有两种观点:第一种观点认为,应当确认其真实性。从理性人角度出发,当事人为了自身利益,一般都会提交于己有利的证据,甚至不排除伪造于己有利的证据,而不提交于己不利的证据。既然当事人提交和保管的电子数据于其不利,就不可能是其伪造的证据。因此,应推定该证据为真实。第二种观点认为,是否确认其真实性,应区分情形对待。虽

---

① 崔起凡:《论民事诉讼中档案证据的运用》,载《浙江档案》2016 年第 10 期。

② 赵卫红:《网络电子证据公证取证的效力》,载《人民司法(案例)》2011 年第 10 期。

然当事人一般不会伪造对其不利的证据，但并不能得出其所提交的对其不利的证据为真实的必然结论。事实上，基于各种主客观原因，当事人提供的对其不利证据事后被证明为虚假的情形并不少见。而且，电子数据在生产、存储、传输、呈示环节均有可能存在瑕疵。基于此，人民法院根据个案情况可以自由裁量是否确认该电子数据的真实性。对此，从本条第一款"人民法院可以确认其真实性"即可解释得出人民法院也可以不确认其真实性的结论。笔者倾向于第二种观点。此外，当事人提交和保管的于己不利的电子数据也存在伪造可能，即伪造的相对不利证据。就此，也不应确认其真实性。

关联法条

1.《中华人民共和国民事诉讼法》(2021年)

第六十六条 证据包括：

(一)当事人的陈述；

(二)书证；

(三)物证；

(四)视听资料；

(五)电子数据；

(六)证人证言；

(七)鉴定意见；

(八)勘验笔录。

证据必须查证属实，才能作为认定事实的根据。

第六十九条 经过法定程序公证证明的法律事实和文书，人民法院应当作为认定事实的根据，但有相反证据足以推翻公证证明的除外。

2.《最高人民法院关于适用〈中华人民共和国民事诉讼法〉的解释》(2022年)

第一百一十六条 视听资料包括录音资料和影像资料。

电子数据是指通过电子邮件、电子数据交换、网上聊天记录、博客、微博客、手机短信、电子签名、域名等形成或者存储在电子介质中的信息。

存储在电子介质中的录音资料和影像资料，适用电子数据的规定。

3.《中华人民共和国电子签名法》(2019年)

第十三条 电子签名同时符合下列条件的，视为可靠的电子签名：

(一)电子签名制作数据用于电子签名时，属于电子签名人专有；

(二)签署时电子签名制作数据仅由电子签名人控制；

(三)签署后对电子签名的任何改动能够被发现；

(四)签署后对数据电文内容和形式的任何改动能够被发现。

当事人也可以选择使用符合其约定的可靠条件的电子签名。

典型案例

1.(2020)最高法民申3728号

裁判观点:根据2020年《证据规定》第九十四条第一款第三项“电子数据存在下列情形的,人民法院可以确认其真实性,但有足以反驳的相反证据的除外:在正常业务活动中形成的”之规定,可以确认邮件内容的真实性。2015年5月1日时任摩登公司股东的郭原英在天龙公司制作的对账单下方签字,该对账单载明了所欠货款的具体数额。前述事实已构成相互联系的整体,原审法院据此确认摩登公司尚欠天龙公司的货款数额,具有相应的事实依据,天龙公司的主张不能成立。

2.(2020)最高法民申6847号

裁判观点:2020年《证据规定》第九十四条第一款第二项规定:“电子数据存在下列情形的,人民法院可以确认其真实性,但有足以反驳的相反证据的除外:(二)由记录和保存电子数据的中立第三方平台提供或者确认的;”据此,由于电子数据的特殊性,法院在认定电子数据的真实性时,其审查判断标准有别于传统证据。本案中,韩洪亮称西南期货公司提交给原审法院的开户视频资料和交易结算记录不是原件,因电子证据保存于网站之中,只能从中导取相关数据作为证据,原审判决结合本案事实,依照民事诉讼优势证据规则和高度盖然性的证明标准对开户视频资料和交易结算记录的真实性予以确认并无不当。如果韩洪亮对上述证据真实性存疑,应当提出相应证据予以反驳。同时根据原审卷宗庭审笔录的记载,原审庭审依法组织三方进行了举证和质证,韩洪亮申请再审称原审没有让其质证,有违事实。因韩洪亮在西南期货公司的开户视频资料是从网站导取,“属性”所显示修改时间非韩洪亮的实际开户时间,与韩洪亮实际在2015年开户并不矛盾。至于开户资料中的签名问题,西南期货公司认可韩洪亮先上传本人现场签名字样图片至开户系统,开户过程中只要勾选“我已阅读并同意以上所有协议和业务规则内容”并点击“下一步”按钮,系统默认韩洪亮提供签名字样是对所有阅读、确认的法律文件的签署并自动粘贴。在开户视频具有真实性的前提下,韩洪亮已在视频中表示阅读并完全理解《客户须知》《互联网开户风险提示》《西南期货公司关于防范期货配资业务的风险提示》《期货经纪合同》等的相关内容,故西南期货公司的上述解释具有合理性。即使韩洪亮未在《期货经纪合同》上直接签名,也应当认为上述操作程序能够体现韩洪亮的真实意思表示。韩洪亮关于签名系技术处理粘贴而成、其未在《期货经纪合同》签名的再审申请理由不能成立。

3.(2021)甘民终650号

裁判观点:根据2020年《证据规定》第九十四条第一款第二项“电子数据存在下列情形的,人民法院可以确认其真实性,但有足以反驳的相反证据的除外:(二)由记录和保存电子数据的中立第三方平台提供或者确认的”之规定,中国人民银行征信中心动产融资统一登记公示系统是中立的第三方平台,其显示内容具有公示性,可以确认其真实性,且兰州银行庆阳分行一审时提交的《动产抵押登记书》显示抵押物详情请在全国市场监管动产抵押登记业务系统中查看,因2020年12月22日国务院发布《关于实施动产和权利担保统一登记的决定》,从2021年1月1日起,原由市场监督管理部门承担的“生产设备、原材料、半成品、产品抵押”,改由中国人民银行征信中心提供登记服务,已移交统一登记系统的历史动产抵押登记,市场监督管理部门和统一登记系统同时提供查询服务。故而进一步证明中国人民银行征信中心动产融资统一登记公示系统查询记录来源合法,无须由原登记机关提供,明珠公司及时代公司等原审被告所提证据来源不合法的抗辩意见不能成立,该份证据本院予以采信。

4. (2020)晋民申 1778 号

裁判观点:本院经审查认为,2020 年《证据规定》第九十四条第一款第三项规定:电子数据存在下列情形的,人民法院可以确认其真实性,但有足以反驳的相反证据的除外:(三)在正常业务活动中形成的。工行晋中分行在原审中提交的信用卡申请书、交易流水、银行终端交易平台信息查询单属于银行在日常业务中形成的电子交易记录,能够证明被申请人姜某办理了信用卡、该信用卡产生欠付款项及利息。原审判决以工行晋中分行所举证据及陈述不足以支持其诉讼请求,判决驳回工行晋中分行的诉讼请求适用法律不当。本案指令晋中市中级人民法院再审。

5. (2021)京 73 民终 4231 号

裁判观点:2020 年《证据规定》第九十四条第一款第二项规定:电子数据存在下列情形的,人民法院可以确认其真实性,但有足以反驳的相反证据的除外:(二)由记录和保存电子数据的中立第三方平台提供或者确认的。本案中体娱公司为证明多彩公司实施被控侵权行为,提交了《电子数据取证证书》,取证内容显示涉案图片作为文章配图使用在多彩公司运营的多彩贵州网上。该《电子数据取证证书》系由第三方数据保全机构出具,具有客观性,在多彩公司未提交任何相反证据的前提下,对该《电子数据取证证书》证明内容的真实性应予以认可。

(修改) 第九十五条 【证明妨碍规定】

一方当事人控制证据无正当理由拒不提交,对待证事实负有举证责任的当事人主张该证据的内容不利于控制人的,人民法院可以认定该主张成立。

法条渊源

关于证明妨碍的规定,早在 1982 年《民事诉讼法》第七十七条就有规定,主要针对诉讼参与人或者其他人下列妨碍证明行为:(1)伪造、隐藏、毁灭证据;(2)指使、贿买他人作伪证;(3)对司法工作人员、证人、鉴定人、勘验人、诉讼参加人,协助执行的人,进行侮辱、诽谤、诬陷、殴打或者以其他方法进行打击报复。对上述妨碍证明行为的处理可以采取训诫、责令具结悔过或者予以罚款、拘留;构成犯罪的,依法追究刑事责任。后在 1991 年《民事诉讼法》第一百零二条将 1982 年《民事诉讼法》第七十七条第一项修改为:伪造、毁灭重要证据,妨碍人民法院审理案件的;将第二项修改为:以暴力、威胁、贿买方法阻止证人作证或者指使、贿买、胁迫他人作伪证的;将第五项修改为:对司法工作人员、诉讼参加人、证人、翻译人员、鉴定人、勘验人、协助执行的人,进行侮辱、诽谤、诬陷、殴打或者打击报复的。至于强制措施则删除了

"训诫、责令具结悔过"。此后该条延续至今未变。除了从维护司法秩序角度,规定强制措施对妨碍证明行为进行处理之外,1998 年《审判改革规定》第一次从事实认定角度规定了诉讼后果,即如果对方当事人主张该证据的内容不利于证据持有人,可以推定该主张成立。后该精神在 2002 年《证据规定》第七十五条得到沿袭。2015 年《民诉法解释》第一百一十二条、第一百一十三条则专门从书证调查收集角度,引入证明妨碍理念,规定了书证提出命令制度。

法条精析

本条关于证明妨碍的规定是在 2002 年《证据规定》第七十五条的基础上修改而成。本条修改中,2016 年《法院征求意见稿》第二十四条规定:"一方当事人持有证据无正当理由拒不提供,对待证事实负有举证证明责任的当事人主张该证据的内容不利于持有人的,人民法院可以推定该主张成立。"2017 年《审判长讨论稿》中对此没有规定。2018 年《审委会送审稿》第九十四条规定:"一方当事人持有证据无正当理由拒不提供,对待证事实负有举证责任的当事人主张该证据的内容不利于持有人的,人民法院可以推定该主张成立。"本条定稿时,将"持有"改为"控制";将"提供"改为"提交";将"推定"改为"认定",其他无变化。

具体而言,首先,本条删除了"有证据证明"一词。删掉"有证据证明"使本条规定在语句上更加精简。因为这种表述在实践中也是多余之词,对待证事实负有举证责任的当事人既然提出主张,肯定也对"一方当事人控制证据无正当理由拒不提交"提出了证据证明,不会没有依据。其次,本条将"持有"改成了"控制"。从语义上来说,"控制"比"持有"的范围更大。后者仅限于实际上占有,但是前者包括实际上占有和间接操纵控制。再次,将"对方当事人"改成了"对待证事实负有举证责任的当事人",在用语上明确了提出主张的当事人应是承担证明责任的一方。最后,将"推定"改成了"认定",用语上更加严谨。与本条规定相关的是 2020 年《证据规定》第四十八条关于拒不提交书证的后果,即控制书证的当事人无正当理由拒不提交书证的,法院可以认定对方当事人所主张的书证内容为真实;控制书证的当事人存在毁损书证等行为的,可以认定对方当事人主张以该书证证明的事实为真实。无论是"认定对方当事人所主张的书证内容为真实"还是"认定对方当事人主张以该书证证明的事实为真实",相较于本条规定的认定该证据的内容不利于控制人的主张成立而言更加具体,但在程度上并没有那么严格。这是因为书证相较于其他证据而言,多数情况下属于可直接反映案件事实的直接证据,对于案件事实的证明力更强。因此,在审核和认定上应当更加严谨,有必要设置阶梯式、渐进式的"后果规定",即"认定书证内容为真—认定书证所证事实为真—认定对方当事人主张成立"。本条规定是在书证这一证据种类之外,对于其他七种法定证据拒不提交后果的规定。

司法实践中,当事人拒不提交证据,不仅妨害诉讼进程而且有碍于司法权威,理论上称为"证明妨碍"。所谓证明妨碍,是指不负证明责任的一方当事人,基于故意或过失,以作为或不作为,妨害负证明责任的当事人之证明使其对要件事实之证明陷入不能,该妨害证明之人将被科以一定的不利益之法理。具体而言,证明妨碍的法理基础主要有四个:(1)损害赔偿义务说。此说以妨害证明之当事人违反实体法上的证据保存义务为条件,认为于妨害证明之有责行为存在之场合，举证人将因之受到就自己所主张的事实陷入证明不可能之损害。对此损害，妨害证明之当事人应负原状恢复之义务，此义务履行之方式即为对举证人所主张的事实之反对事实之存在负证明责任。[①]（2）证明责任转换说。该说基本观点是，如果待证事实真伪不明的结果由对该事实负证明责任的当事人的妨碍行为所致，其证明责任自然不发生变动；如果该结果由对该事实负证明责任的当事人之相对人所致，这涉及该事实的证明责任转由其承担。（3）可推翻之不利拟制说。该说认为，如果不负证明责任的当事人实施了证明妨碍行为，负证明责任当事人的主张应被视为已得到证明或妨害者对该主张作出自认。（4）证据自由评价说。该说认为，如果某一证据所示内容并不会对不负证明责任的当事人造成不利，则不负证明责任的当事人通常不会故意实施毁损证据行为或隐匿该证据拒不提交。如果不负证明责任的当事人故意实施毁损证据行为或隐匿该证据拒不提交，则根据经验法则，该证据内容对其不利。故在发生证明妨碍的情形下，法院可以基于经验法则认定举证人之事实主张为真实。但若妨碍者提出申请，法院仍应依一般原则进行证据调查，并根据证据调查的结果和言词辩论的全部意旨，在自由心证的框架内，综合考虑妨碍的方式、妨碍者的主观可归责程度以及被妨碍之证据的重要性等因素，对举证人之事实主张真实与否作出认定[②]。

一般而言，实务中认定是否构成证明妨碍，主要从是否满足以下构成要件角度考虑：

第一，相对方当事人控制该证据。一般情形下，相对方当事人实施证明妨碍是通过对特定证据拒不提交的方式实现，而拒不提交的前提是对该证据可以实际处分。处分则应以对该证据控制为前提。由于实务中证据由他人持有，但相对方当事人可以指示、要求、命令该他人按其意志处分的情形并不少见，故本条将 2002 年《证据规定》中“持有”二字修改为“控制”，扩大了本条适用范围。

第二，实施妨害证明行为可发生在诉前或诉讼中。例如，医院在诉讼前将病历销毁或在诉讼中隐藏化验单。区分诉前或诉后的意义在于，对当事人可归责性有一定影响。例如，诉前过失妨碍证明行为，通常相对诉讼中故意妨碍证明行为的责任更轻。这里的行为包括作为和不作为，但最后的外观结果均表现为拒绝向法院提交该证据且无正当理由。这里的无正当理由泛指没有可以不提交证据的正当理由。实务中，正当理由主要有：证据并未由其控制、证据已经灭失但并非当事人过错原因所致、该证据正用于其他用途暂时无法提供等。

第三，妨碍证明行为与证明不可能之间存在因果关系。具体来说，妨碍证明行为应为不负举证责任的当事人所实施。如果是负举证责任的当事人实施，则应根据责任自担原则，自行承担举证不能的不利后果。证明不可能是指举证人不能提出证据或提出证据非常困难。前者是指证据灭失；后者则指证据仍存在，但取证非常困难。

第四，不负举证责任的当事人具有可归责性。这里的归责性强调的是不负举证责任的当事人在实施妨碍行为时有过错。这里的过错包括故意或过失。但是就过错认定标准而言，诉讼中的妨碍行为情形应宽于诉讼前的妨碍行为情形。毕竟进入诉讼后，为查明案件事实，当事人都负有诉讼上的协力义务。故在认定是否存在过错的标准上应采更宽松的标准。具体

---

① 占善刚：《证明妨害论——以德国法为中心的考察》，载《中国法学》2010 年第 3 期。

② 于鹏：《民事诉讼证明妨碍救济与制裁比较研究》，载《法律适用》2013 年第 12 期。

到本条中则用“无正当理由拒不提交”的表述，间接说明本条适用的前提是控制证据一方当事人对不提交证据主观上具有过错。

一旦相对方的行为满足证明妨碍构成要件，就应承担相应法律后果。本条采证据自由评价说，规定对待证事实负有举证责任的当事人主张该证据的内容不利于控制人的，人民法院可以认定该主张成立。也即人民法院可以采信该证据的内容不利于控制人，从而认定待证事实。这里需要注意的是，本条用的是“可以”而不是“应当”，也即赋予了人民法院在认定负有举证责任的当事人关于该证据的内容不利于控制人的主张成立的问题上的自由裁量权。

实务疑难

当事人一方拒不提交证据时，应如何处理？

首先，人民法院应审查当事人拒不提交证据是否有正当理由。当事人可以举证证明的常见的正当理由有：证据并未由其控制、证据已经灭失但并非当事人过错原因所致、该证据正用于其他用途暂时无法提供等。其次，在确定没有正当理由的前提下，可以分为以下三种情形分别处理：第一，如果一方当事人拒不提交的证据是书证，则可以认定该书证的内容真实，进而结合该书证等证据，认定对方当事人以该书证证明的事实是否为真实；第二，如果一方当事人拒不提交的证据是原件，人民法院应当结合其他证据认定复印件、复制件、节录本的内容是否为真实；第三，妨碍方当事人如果提出申请，法院仍应依一般原则进行证据调查，并根据证据调查的结果和言词辩论的全部意旨，在自由心证的框架内，综合考虑妨碍的方式、妨碍者的主观可归责程度以及被妨碍之证据的重要性等因素，对举证人之事实主张真实与否作出认定。

关联法条

1.《最高人民法院关于适用〈中华人民共和国民事诉讼法〉的解释》(2022 年)

第一百一十二条 书证在对方当事人控制之下的，承担举证证明责任的当事人可以在举证期限届满前书面申请人民法院责令对方当事人提交。

申请理由成立的，人民法院应当责令对方当事人提交，因提交书证所产生的费用，由申请人负担。对方当事人无正当理由拒不提交的，人民法院可以认定申请人所主张的书证内容为真实。

第一百一十三条 持有书证的当事人以妨碍对方当事人使用为目的，毁灭有关书证或者实施其他致使书证不能使用行为的，人民法院可以依照民事诉讼法第一百一十四条规定，对其处以罚款、拘留。

2.《中华人民共和国民法典》(2020 年)

第一千零七十三条 对亲子关系有异议且有正当理由的，父或者母可以向人民法院提起诉讼，请求确认或者否认亲子关系。

对亲子关系有异议且有正当理由的，成年子女可以向人民法院提起诉讼，请求确认亲子关系。

典型案例

1.（2021）最高法民终 841 号

裁判观点：关于分包配合费是否计取的问题。双方当事人在《施工承包补充协议》中明确约定百富房产公司分包的深基坑支护、外墙保温、装饰及幕墙工程、消防工程、电梯工程等专业项目中兴建设公司收取 3% 的配合费。因百富房产公司未在限期内向一审提供分包金额，鉴定单位估算上述几项内容外包金额不少于 15,000,000 元，按此价款计取配合费应为 450,000 元。2020 年《证据规定》第九十五条规定："一方当事人控制证据无正当理由拒不提交，对待证事实负有举证责任的当事人主张该证据的内容不利于控制人的，人民法院可以认定该主张成立。"故一审根据中兴建设公司的主张认定配合费按 450,000 元计取，并无不当。百富房产公司认为该费用不应计取的意见，本院不予支持。

2.（2021）最高法民再 181 号

裁判观点：陕鼓汽轮机公司在一审中向法院提交申请书，申请调取钱塘公司 2009 年 5 月成立后至 2016 年 11 月注销前的全部采购合同、总账、明细账、年度会计报告、清算报告等证据。一审法院责令高少华、程勤一周内向法院提交清算报告、财务报告等证据，逾期承担法律责任。高少华、程勤回答"听清了"。但高少华、程勤仅提交了 2010 年到 2015 年的利润表等证据，并未完成提交完整的清算报告、财务报告等证据。根据 2020 年《证据规定》第九十五条关于"一方当事人控制证据无正当理由拒不提交，对待证事实负有举证责任的当事人主张该证据的内容不利于控制人的，人民法院可以认定该主张成立"的规定，高少华、程勤作为钱塘公司合计控股 60% 的股东以及清算组成员，拒不提供钱塘公司财务报告等证据，未能提供足以反驳的证据。结合陕鼓汽轮机公司提交的第四组证据，陕鼓汽轮机公司认为因钱塘公司遭受损失数额为 7,064,480.35 元的主张，本院予以采信。

3.（2022）新 22 民终 44 号

裁判观点：关于师希胜应否返还案涉 1－8 号楼道路垫层及 K 段的工程款。2020 年《证据规定》第九十五条规定：一方当事人控制证据无正当理由拒不提交，对待证事实负有举证责任的当事人主张该证据的内容不利于控制人的，人民法院可以认定该主张成立。本案中，师希胜向法庭提交了加盖万盛公司公章的签证单，万盛公司虽口头提出先盖章后填写内容的质疑，但未申请进行公章鉴定，亦未提交相关证据予以证明。万盛公司作为案涉工程的施工单位并持有审计报告，能够提供案涉 K 段工程的组织施工情况而不予提供，应当承担不利后果，且根据万盛公司盖章的签证单反映出案涉工程 1－8 号楼道路垫层和 K 段道路的挖土方、混合料垫层的一部分系师希胜组织施工完成，符合客观事实。一审法院确认 1－8 号楼道路垫层和 K 段道路的挖土方、混合料垫层的工程造价应当计入被告师希胜的应付工程款中，并无不当，本院予以维持。

4.（2021）辽民申 8590 号

裁判观点：固德公司提出的会议记录证据提交的法律适用问题。2020 年《证据规定》第九十五条规定"一方当事人控制证据无正当理由拒不提交，对待证事实负有举证责任的当事人主张该证据的内容不利于控制人的，人民法院可以认定该主张成立"。本案中，固德公司主张“新钢铁公司持有要求提前使用急于开工的证据即会议记录,新钢铁公司无正当理由拒不提交的,可以认定固德公司该项主张的事实成立。”但从本案现有证据来看,固德公司并未提出证据初步证明其主张的待证事实具有一定可能性。二审判决援引2002年《证据规定》不妥,但根据2020年《民诉法解释》第三百九十条的规定,适用法律错误并导致判决、裁定结果错误的,才构成“适用法律确有错误”的再审事由。因此对固德公司该项申请再审的理由,本院不予支持。

5.(2020)苏民终416号

裁判观点:2020年《证据规定》第九十五条规定,一方当事人控制证据无正当理由拒不提交,对待证事实负有举证责任的当事人主张该证据的内容不利于控制人的,人民法院可以认定该主张成立。《财务顾问与收益分配协议》载明本协议一式四份,四方各执一份,钢联公司和华仪集团作为《财务顾问与收益分配协议》签署方均应持有该协议原件。虽然钢联公司在原审中提交的《财务顾问与收益分配协议》系复印件,但钢联公司对此作出了合理解释,即《财务顾问与收益分配协议》原件用于办理内蒙古银行股份质押登记手续。华仪集团代理人一审期间确认该公司持有《财务顾问与收益分配协议》原件,但庭后华仪集团向原审法院出具情况说明又表示没有原件,且无合理解释,原审法院结合《股份质押合同》、谦泰公司出具的联系函内容以及陈道荣经法院传唤无正当理由拒不到庭接受调查的实际情况,认定《财务顾问与收益分配协议》及补充协议的真实性并无不当。

(保留)第九十六条 【证人证言认定】

人民法院认定证人证言,可以通过对证人的智力状况、品德、知识、经验、法律意识和专业技能等的综合分析作出判断。

法条渊源

证人证言存在易变性和主观性,皆因证人的感知、记忆和陈述均具有主观性,易受各种因素干扰。早在1998年《审判改革规定》第二十七条中就将对证人证言的认定与对证人的智力状况、品德、知识、经验、法律意识和专业技能等个人情况进行综合分析、判断。实务中,该条可操作性规定适用效果很好,故在2002年《证据规定》第七十八条中予以保留并沿用至今。

法条精析

本条是关于证人证言认定的可操作性规定,保留了2002年《证据规定》第七十八条内容,没有变化。本条起草过程中,2016年《法院征求意见稿》和2017年《审判长讨论稿》中均未规定。2018年《审委会送审稿》仅将2002年《证据规定》第七十八条规定改为第九十五条,内容没有变化。本条定稿时只有条文序号变化,没有内容变化。

一般而言，人民法院对证人证言的认定围绕证人证言的客观性、合法性和关联性进行。由于证人对案件事实的感知、记忆和陈述均受主客观条件的影响，故证人证言具有主观性、易变性等特征。这也就意味着对其证明力的认定较为复杂。再加之目前我国证人的实际出庭率较低，无法通过对证人进行询问、察言观色的方式增强对证人证言真实性的心证，故对证人证言认定更显困难。为此，本条侧重从证人自身个性角度为法院审查认定证人证言效力提供可操作性规范，强调审判人员认定证人证言时，可以结合证人的智力状况、品德、知识、经验、法律意识和专业技能等个性因素进行综合分析、判断。

一、证人的智力状况

一般而言，智力状况会影响证人感知事物的能力、记忆事物的能力、心理状况以及陈述证言的能力，从而影响证人证言的证明力。对此，2020年《证据规定》第六十七条第二款规定："待证事实与其年龄、智力状况或者精神健康状况相适应的无民事行为能力人和限制民事行为能力人，可以作为证人。"可见，证人智力状况是判断证人是否适格的标准之一。相应地，对证人证言的认定也应考虑证人的智力因素。具体而言，审判人员应在案件审理过程中，根据特定案情的复杂程度、被证明对象对认识能力的要求程度，以及证人的认识、辨别、记忆、表达事物的能力等具体因素一并加以考虑，从而对证人证言的证明力形成内心确信。

二、证人的品德

关于证人的品德是否影响证人证言的证明力，实践中有较大的争议。品格证据的规定起源于普通法系，是指证明诉讼参与人的品格或品格特征的证据，主要包括前科劣迹、社会名声和评价。从证据法原理来看，美国品格证据适用规则是依据普通法传统中证据的相关性与可采性规则建立起来的。相关性是证据的基本属性，它体现的是证据与案件待证事实联系的程度。美国《联邦证据规则》第四百零四条明确规定，某人的品格或其品格特征的证据被用以证明此人在特定场合下会实施与其品格或特征相符的行为时，不具有可采性。品格证据适用规则可以被通俗地概括为两点：其一，所有与案件待证事实无相关性的品格证据均无可采性；其二，并非所有与案件待证事实有相关性的品格证据都有可采性。因为品格证据是有明显倾向性的证据，会带给法官一定的心理暗示，极易引起偏见，使审判者的注意力从查明案件事实这个主要问题上分散开来而过分关注品格问题，进而依据该品格作出判断。我国现行立法并没有规定品格证据。本条中的"品德"与品格证据有一定的区别，仅是将"品德"作为认定证人证言可参考的诸多因素中的一种而非独立的证据方法，其作用是辅助法官对证人证言的真实性进行考量。证人的品格证据无法直接证明其证言真假，但可以起到增强或削弱其证言证明力的作用。故在其他证据相互印证的前提下，证人的品德可起到增加或削弱其他证据可信性的"锦上添花"作用。当然，其证明力的大小还需要法官根据法律规定和经验规则进行充分的内心推理后作出裁量。

三、证人的知识和经验

证人证言是证人就其感知的事实作出表述。证人感知、记忆、表达信息的能力和经验，都直接影响证人证言的证据能力和证明力，尤其是在涉及专业知识、非日常生活领域出现的案件中，对证人的特定专业知识和从业经验要求较高。证人的知识和经验直接影响着证人对事物的感知、陈述是否准确和可靠。因此，证人是否具有适当的知识和经验，是审查证人证言真实性和证明力的重要方面。值得注意的是，在具体案件中，查明证人的知识、经验应当围绕待证事实的需要，有针对性地进行，并以实际需要为限度，防止出现因要求不必要的知识、经验未果而降低其证言的证明力。

四、证人的法律意识和专业技能

根据我国现行民事诉讼法的要求，证人在作证前应当签署保证书，作伪证需承担法律责任。这主要是约束证人内心，促使其如实向法庭陈述证言。所以法律意识强的证人能够更好地理解作不实证人证言的法律责任，从而更可能如实作出证人证言。因此，证人法律意识强，其证言真实性较高。此外，由于证人证言所涉事实均发生在过去，离证人陈述证言时间较久，故证人的感知、记忆以及陈述能力高低将影响证言的真实性。证人的感知、记忆、陈述能力高低与其自身对该信息的了解程度关系紧密。对同一专业信息，有无相应专业技能的证人在接受、记忆该信息和将来向法庭陈述该信息方面的效果可能截然不同。例如，在建设工程施工等特定类型案件中，具有建设工程施工专业技能的证人能够更贴切地感知、记忆案件事实并更精准表达，从而提高其证言的可靠性。

虽然本条提供了认定证人证言可以参考的诸多因素，但是毕竟证人证言受太多因素影响，故本条在明确认定证人证言考量因素时，并未采用完全列举方式，而是通过“等”字来让法官在证人证言认定的问题上，区分个案，借助法官的自由心证来评价和衡量。

实务疑难

实务中，应如何具体把握本条规定，重点审查哪些事项？

与其他证据的审查认定不同，由于证人证言的提供者证人具有主观性、易变性和情绪性特点，故对证人证言的审查认定应保持平和心态，尽量避免让证人产生排斥对抗心理，应营造严肃、平等氛围。具体审查时，可以从以下几个方面着手：第一，证人是否到庭。如未到庭，有无正当理由；是否为双方当事人同意其不出庭以其他形式提供证言；是否提交其他形式证人证言。第二，到庭证人是否收到出庭通知，是否为不请自来；各方当事人是否都同意不请自来的证人出庭作证。第三，到庭证人是否与本案有利害关系。这里的利害关系包括与裁判结果的物质利益方面利害关系、与各方当事人之间的亲疏远近关系等。第四，证人是否自愿作证，这里主要是结合证人和当事人各自经济状况、生活工作环境有无交叉等因素判断证人有无可能受到当事人及其代理人的贿买、威胁、欺骗。第五，到庭证人是否具备作证所需的感知能力、记忆能力和表达能力；是否确已感知过待证事实。第六，证人感知待证事实时所处环境，有无受到其他因素干扰、影响。第七，证人是否曾为他人案件多次出庭作证以及证言采信情况、有无作假证受处理的情形。第八，证人证言的内容是否道听途说、自己主观分析、推测得出等。

关联法条

《中华人民共和国民事诉讼法》（2021 年）

第六十七条　当事人对自己提出的主张，有责任提供证据。

当事人及其诉讼代理人因客观原因不能自行收集的证据，或者人民法院认为审理案件需要的证据，人民法院应当调查收集。

人民法院应当按照法定程序，全面地、客观地审查核实证据。

典型案例

1.（2021）京 74 民终 521 号

裁判观点：本案中，李红梅提交吕某的证人证言证明其已经偿还案涉借款。人寿北分公司认可吕某系该公司销售人员，但称吕某并非结算人员，且二人之间具有利害关系，其证言不能被采信。对此，本院认为，2020 年《证据规定》第九十六条规定："人民法院认定证人证言，可以通过对证人的智力状况、品德、知识、经验、法律意识和专业技能等的综合分析作出判断。"首先，根据查明的事实，吕某于 2000 年至 2013 年 5 月底为人寿北分公司的员工，案涉争议《保险合同》项下的《借款申请书》签订日期为 2012 年 8 月 27 日，计划还款日期 2013 年 2 月 27 日，均发生于吕某任职人寿北分公司期间，人寿北分公司亦认可案涉争议《保险合同》载明的业务员为吕某。吕某的证人证言符合其职业性质和特点，具有一定程度的可信性。其次，吕某虽然离职后仍负责李红梅在其他保险公司投保保险的对接工作，双方之间存在商业合作关系。但证人与当事人之间存在商业伙伴关系情形时，并不能简单认定为存在证据法意义上的利害关系，而应结合除证人证言之外的证据综合分析，着重考查该关系是否会影响证人证言的公正性。吕某本身就是人寿北分公司的业务员，主要职责系负责营销，发展客户、服务客户。吕某对客户李红梅交易的陈述有证明交易的客观事实，吕某与李红梅之间系服务与被服务的关系，并不能认定为法律意义上的利害关系。从现有证据来看，吕某的证言内容与《借款申请书》中约定的"现金还款"条款、李红梅持有保单原件的客观事实以及人寿北分公司未积极主张保险合同项下权利的情形能够相互印证。据此，人寿北分公司缺乏有力证据证明其所称的吕某与李红梅之间的利害关系足以影响吕某证言的效力，本院对吕某的证言予以采信。

2.（2021）川 34 民终 1957 号

裁判观点：本案一审中，双方当事人均申请了证人出庭作证，以证明彩礼金额。上诉人申请的证人吴某 3 是吴某 2 的亲兄弟，其证明支付彩礼时没在现场，仅听说彩礼是六万多，具体多少不清楚。吴某 3 的证词不能证明上诉人主张的事实。被上诉人申请出庭作证的证人张某是双方缔结婚约的介绍人，同时既是王某的舅母，又是吴某 1 家的邻居，还与吴某 1 家存在姻亲关系。张某不仅介绍王某与吴某 1 认识、恋爱，还参与协调婚礼过程中男女双方的彩礼金额等相关事宜，张某的证词符合其在本案中的身份和其智力水平。同时双方也认可彩礼是按当地民间习俗通过张某在双方亲友见证下以现金方式给付。且张某的证词能够与王某申请出庭作证的证人付某、周某的证词相印证。其证明力高于吴某 3 证词的证明力。2020 年《证据规定》第九十六条规定："人民法院认定证人证言，可以通过对证人的智力状况、品德、知识、经验、法律意识和专业技能等的综合分析作出判断。"所以一审判决认定张某证言的可信度极高，采信其证言，认定彩礼金额为 121，888 元，符合法律规定。

3.(2021)粤01民终20548号

裁判观点:2020年《证据规定》第九十六条规定:"人民法院认定证人证言,可以通过对证人的智力状况、品德、知识、经验、法律意识和专业技能等的综合分析作出判断。"根据上述法律规定,前述证人是否适格,应符合是否知晓案件情况的条件。证人证言能否采信应审查证人证言的内容是否客观真实。结合本案,证人李某、吴某虽然系刘西林亲友,但其知晓案件的事实情况,具备成为本案证人的资格。前述证人证言中关于2020年1月8日开锁事宜的事实情况,有广东省军区广州第七离职干部休养所出具的情况说明相佐证。上述证人证言并非孤证,原审法院予以采信符合法律规定,本院依法予以维持。

(保留) 第九十七条 【证据采纳理由公开】

人民法院应当在裁判文书中阐明证据是否采纳的理由。

对当事人无争议的证据,是否采纳的理由可以不在裁判文书中表述。

法条渊源

关于裁判理由的公开,早在2002年《证据规定》第六十四条、第七十九条就规定了裁判文书应对证据是否采纳的理由予以公开。2007年《最高人民法院关于加强人民法院审判公开工作的若干意见》和2009年《最高人民法院关于司法公开的六项规定》第五项也规定,裁判文书应当充分表述证据的采信理由、事实的认定、适用法律的推理与解释过程,做到说理公开。2012年《民事诉讼法》第一百五十二条和第一百五十四条分别规定"判决书应当写明判决结果和作出该判决的理由""裁定书应当写明裁定结果和作出该裁定的理由"。这是立法层面对裁判理由公开的规定。为落实该要求,《最高人民法院关于人民法院在互联网公布裁判文书的规定》则通过规范互联网公开裁判文书方式,进一步扩大了裁判文书公开的范围。

法条精析

本条是关于法官对证据认定心证公开的规定,与2002年《证据规定》第七十九条保持一致,并无任何变化。本条修改过程中,2016年《法院征求意见稿》和2017年《审判长讨论稿》中均没有规定本条内容。2018年《审委会送审稿》将2002年《证据规定》第七十九条改为第九十六条,内容无变化。本条定稿时,也无变动。

一般而言,程序正义要求程序公开和民主,而司法程序公开的重点之一就是司法裁判文书的公开,主要包括裁判主体、裁判事实、裁判理由和裁判结论的公开。这里的公开既包括对当事人的公开也包括对社会公众的公开。其中,当事人和公众不但关注裁判结论,而且关注裁判结论如何形成。裁判理由的公开则是裁判结论形成过程中的关键环节。裁判理由的公开包括两部分:事实认定和法律适用。事实认定部分的说理,就是要求法官对证据采信理由、证据与认定事实之间的逻辑关系进行阐明。法律适用部分的说理就是要求法官对法律发现、选择和创造方面进行必要的解释说明。裁判理由的公开，应当注意将案件事实与法律条文有机结合，做到全面充分、通俗易懂。但从司法实践情况看，我国目前部分裁判文书中对裁判理由公开仍有待完善，主要表现在：对各方当事人的意见是否采纳不予回应；对裁判理由的阐述公式化、概念化、形式化；对法律适用理由不加阐述等。尤其是涉及事实认定中的证据采纳与否的理由方面，尤显不足。这也是本条继续保留的背景因素。

本条重申了对于证据是否被采纳，法官应当在裁判文书中阐述理由，公开其心证，但是对于当事人无争议的证据，可以不阐述裁判理由。我国实行法官独立审查判断证据制度。法官对证据的审查判断过程，本质上主要是一个心证证成的过程。一般而言，裁判者心证的形成应当遵循以下规则：第一，心证系基于证据而作出，没有证据，即没有心证；第二，心证之证据系已经过庭审质证的证据，不得随意扩大心证的证据范围，未经质证的证据不得作为心证依据；第三，心证不预设前提、不拟制事实，心证推演需要有明确的过程证据及逻辑依据。裁判心证的形成过程也即裁判理由的形成过程。阐明证据是否采纳的理由，可将法官心证的过程和内容外在化，使法官对证据证明力的判断及证据的认定逻辑具体化，可以推动裁判者主观认识客观化。因此，案件的事实是否根据证据作出、证据是否采纳、能否证明待证事实应当成为裁判说理公开的首要内容。

就本条第一款规定而言，裁判文书中阐明证据是否采纳的理由，就是要对当事人根据举证责任分配规则提供的证据，法官依职权调查收集的证据以及当事人申请法院调取的证据在庭审中经过双方当事人质证后，综合案件情况，对于有争议的证据所证明的案件事实形成自己的心证后，就采纳与不予采纳的证据分别加以阐释与说明理由。司法实务中，很多裁判文书对证据是否采纳理由的阐释不够透彻，甚至采取忽略回避态度。例如，直接说结论"证据A具有真实性、合法性，与本案具有关联性，本院予以采信""经本院查明，对证据B，于法无据，不予采信"等。笔者认为，对证据采纳与否的说理分析可以从以下方面着手：第一，阐明理由必须围绕证据的"三性"及证明力大小进行。广义而言，证据是否采纳包括两个层次：一是证据是否具备证据资格。也即证据是否具有"三性"，即真实性、合法性和关联性。这是判断证据能否为本案裁判所用的前提。二是证据的证明力大小。这关涉证据能够达到足以证明待证事实的程度。第二，阐明的理由应当全面充分，没有遗漏。这涉及证据资格及证明力大小判断是否依据充分、周延的问题。第三，阐明理由时用语应规范、通俗易懂。应注意将证据与相关条文结合，通过细致深入的说理，通俗易懂的表述，让普通民众都能理解和接受。事实上，在裁判文书中对证据加以具体阐释本身，本质是再现法官就当事人举证以及经过庭审质证而采纳特定证据作为判决基础的心证过程。因此，应当做到全面透彻、逻辑严密、重点突出、层次分明、合法有据。

虽然本条第一款规定了裁判理由应在裁判文书中阐明，但是本条第二款同时又规定，"对当事人无争议的证据，是否采纳的理由可以不在裁判文书中表述"。也就是说，心证公开的一般适用情形，是在当事人争议的事实和证据存在分歧的情况下，公开心证确有必要性。但是，对当事人无争议的证据，法官可以直接表明采纳的立场而无须写明采纳的理由。当事人无争议的证据，包括两类：确认证据具备证据资格和证明力的证据以及否认其证据资格和证明力的证据。这些证据均是当事人意思自治的结果，法院应当尊重当事人的诉讼处分权。对此，

2020 年《证据规定》第八十九条也规定,当事人在诉讼过程中认可的证据,人民法院原则上应当予以确认。既然人民法院对这类证据的确认源自当事人认可,那么一般就不存在事后当事人再对证据提出质疑而需要公开理由的必要。因此,裁判文书一般可以省略对该类证据是否采纳理由的阐释。审判实践中,还存在当事人对对方当事人所出示的证据,既不表示认可又不表示异议的情形。对于此种情形,法官是否可以确认其证明力,应当如何确认其证明力,本条并没有作出明确规定。笔者认为,可参照 2020 年《证据规定》第四条规定,对于此种情形,经审判人员说明并询问后,该当事人仍不明确表示肯定或否定的,应当视为对该证据无争议。有必要引起注意的是,实务中,目前仍存在不少通过虚假诉讼谋取个人非法利益的情形。双方当事人对证据无争议就是判断虚假诉讼的一个重要表征。故一旦出现本条第二款情形,人民法院还应审查是否为虚假诉讼,如果是,则人民法院应根据 2021 年《民事诉讼法》第一百一十四条、第一百一十五条规定进行处理。

毫无疑问,在裁判文书中阐述法官的心证与审理过程,可以增加裁判的可接受性。法官通过裁判文书公开法官被说服的过程,包括公开事实形成过程中各种影响法官心证的主客观因素,如常识、经验、演绎、推理、反证等,表明法官在认定事实方面的自由裁量权受证据规则的约束从而使裁判获得正当性。尽管当事人追求不同的诉讼目的,但本条规定不仅可以增加当事人对于裁判结果的可接受性,而且对于确立司法权威具有重大意义。

实务疑难

司法实务中,双方当事人如果对特定证据的客观性、合法性、关联性以及证明力均无异议,人民法院应在裁判文书中如何表述,实务中存在争议:第一种观点认为,根据辩论主义原则,人民法院认定案件事实和证据应受当事人辩论范围的约束。既然双方当事人对特定证据没有异议,说明双方当事人均认可该证据的"三性"和证明力,对将该证据作为认定待证事实的依据并无异议。故人民法院应从尊重当事人诉讼权利出发,对当事人无争议的证据予以采纳,至于裁判文书中的表述可按照 2016 年《民事诉讼文书样式》中"第一审普通程序民事判决书"的要求,写明"对当事人无异议的证据,本院予以确认并在卷佐证"即可,无须在裁判文书中列明该证据的名称和法院对争议证据的认定理由。第二种观点则认为,应视情况不同,区分对待:如果人民法院已查明双方当事人存在恶意串通,通过对证据无争议方式,试图让法院将虚假待证事实认定为真实事实,从而侵害他人合法权益或逃避履行法律文书确定的义务,应当驳回其诉讼请求,并根据情节轻重予以罚款、拘留、追究刑事责任等。此时,应在驳回其诉讼请求的判决文书中,列明该证据的名称和法院对该无争议证据的认定意见和理由。如果人民法院不能确定双方当事人存在恶意串通,则仍应对当事人无争议的证据予以采纳,至于裁判文书中的表述可按照 2016 年《民事诉讼文书样式》中"第一审普通程序民事判决书"的要求,写明"对当事人无异议的证据,本院予以确认并在卷佐证",也即无须列明该证据的名称和法院对该无争议证据的认定理由。

关联法条

1.《中华人民共和国民事诉讼法》(2021年)

第一百五十五条 判决书应当写明判决结果和作出该判决的理由。判决书内容包括:

(一)案由、诉讼请求、争议的事实和理由;

(二)判决认定的事实和理由、适用的法律和理由;

(三)判决结果和诉讼费用的负担;

(四)上诉期间和上诉的法院。

判决书由审判人员、书记员署名,加盖人民法院印章。

第一百五十七条第三款 裁定书应当写明裁定结果和作出该裁定的理由。裁定书由审判人员、书记员署名,加盖人民法院印章。口头裁定的,记入笔录。

2.《最高人民法院关于适用〈中华人民共和国民事诉讼法〉的解释》(2022年)

第二百七十条 适用简易程序审理的案件,有下列情形之一的,人民法院在制作判决书、裁定书、调解书时,对认定事实或者裁判理由部分可以适当简化:

(一)当事人达成调解协议并需要制作民事调解书的;

(二)一方当事人明确表示承认对方全部或者部分诉讼请求的;

(三)涉及商业秘密、个人隐私的案件,当事人一方要求简化裁判文书中的相关内容,人民法院认为理由正当的;

(四)当事人双方同意简化的。

第二百八十条 小额诉讼案件的裁判文书可以简化,主要记载当事人基本信息、诉讼请求、裁判主文等内容。

典型案例

1.(2021)鄂08民终1134号

裁判观点:2020年《证据规定》第八十五条第二款规定:"审判人员应当依照法定程序,全面、客观地审核证据,依据法律的规定,遵循法官职业道德,运用逻辑推理和日常生活经验,对证据有无证明力和证明力大小独立进行判断,并公开判断的理由和结果。"第九十七条规定:"人民法院应当在裁判文书中阐明证据是否采纳的理由。对当事人无争议的证据,是否采纳的理由可以不在裁判文书中表述。"由此,根据心证公开的要求,证据是否采纳的理由应予对外公开,一审在裁判文书中未阐明对证据审核认定的理由和结果,违反上述规定。

2.(2021)豫09民终1103号

裁判观点:2020年《证据规定》第八十八条规定:"审判人员对案件的全部证据,应当从各证据与案件事实的关联程度、各证据之间的联系等方面进行综合审查判断。"同时第九十七条规定:"人民法院应当在裁判文书中阐明证据是否采纳的理由。对当事人无争议的证据,是否采纳的理由可以不在裁判文书中表述。"本院经审查发现,一审法院认定事实时对中大公司提供的证据是否采纳未在裁判文书中阐明理由。虽然二审中围绕上述争议焦点,双方均又提交了一部分新证据,但是本院认为本案基本事实仍不清楚,故发回重审。

（修改）第九十八条 【证人、鉴定人、勘验人的合法权益保护】

对证人、鉴定人、勘验人的合法权益依法予以保护。

当事人或者其他诉讼参与人伪造、毁灭证据，提供虚假证据，阻止证人作证，指使、贿买、胁迫他人作伪证，或者对证人、鉴定人、勘验人打击报复的，依照民事诉讼法第一百一十条、第一百一十一条（注：条文序号有变动，现分别为2021年《民事诉讼法》第一百一十三条、第一百一十四条）的规定进行处罚。

法条渊源

损害证人、鉴定人、勘验人合法权益的处理问题，早在1982年《民事诉讼法》第七十七条即有规定：诉讼参与人或者其他人对证人、鉴定人、勘验人进行侮辱、诽谤、诬陷、殴打或者以其他方法进行打击报复的，人民法院可以根据情节轻重，予以训诫、责令具结悔过或者予以罚款、拘留；构成犯罪的，依法追究刑事责任。1991年《民事诉讼法》第一百零二条第一款扩大了对证人、鉴定人、勘验人的合法权益保护范围，增加了"以暴力、威胁、贿买方法阻止证人作证或者指使、贿买、胁迫他人作伪证的"，删除了威慑力不大的"训诫、责令具结悔过"，将"打击报复"从"侮辱、诽谤、诬陷、殴打"独立。第二款增加了对单位损害行为的处罚规定：可以对其主要负责人或者直接责任人员予以罚款、拘留；构成犯罪的，依法追究刑事责任。2002年《证据规定》第八十条则在第一款强调了保护证人、鉴定人、勘验人的合法权益，并在第二款重申了当事人或者其他诉讼参与人对证人、鉴定人、勘验人打击报复的，依照1991年《民事诉讼法》第一百零二条的规定进行处罚的精神。

法条精析

本条是对证人、鉴定人、勘验人合法权益保护的规定，是在2002年《证据规定》第八十条的基础上补充、修改而成。本条修改过程中，2016年《法院征求意见稿》和2017年《审判长讨论稿》中均对本条内容没有规定。2018年《审委会送审稿》第九十七条规定："对证人、鉴定人、勘验人的合法权益依法予以保护。当事人或者其他诉讼参与人伪造、毁灭证据，提供假证据，阻止证人作证，指使、贿买、胁迫他人作伪证，或者对证人、鉴定人、勘验人打击报复的，依照2017年《民事诉讼法》第一百一十条的规定进行处理。"本条定稿时，将"假"改为"虚假"；将"处理"改为"处罚"，其他没有变化。

本条主要修改的是第二款增加了依照《民事诉讼法》第一百一十条（注：条文序号有变动，现为2021年《民事诉讼法》第一百一十三条）规定进行处罚的内容。本条修改注意与2017年《民事诉讼法》第一百一十一条相协调，修改了惩罚措施的条文序号并增加了对侵害证人、鉴定人、勘验人的同时构成扰乱法庭秩序的行为进行处罚的法条依据，对保障证人、鉴定人、勘验人合法权益，维护法庭诉讼秩序具有积极作用。

本条第一款规定："对证人、鉴定人、勘验人的合法权益依法予以保护"，是对证人、鉴定人、勘验人合法权益保护的宣示性规定。证人、鉴定人、勘验人保护制度是证人、鉴定人、勘验人如实作证的制度保障。相较于其他证据类型，证人证言、鉴定意见和勘验笔录都是人证形式的证据，证人、鉴定人、勘验人在诉讼的过程中，容易受到当事人及其他诉讼参与人的指使、贿赂、威胁、打击报复等，从而影响其证言的真实性以及出庭作证的积极性。对证人、鉴定人、勘验人进行保护，使他们能够进行真实的陈述，也保障了案件信息来源的真实性，为法官最终作出公正裁判提供了基础。[①] 当前我国民事诉讼面临证人、鉴定人、勘验人作证意愿较低、出庭率不高致使不少案件事实难以查明的现实，其中一个主要原因就是证人、鉴定人、勘验人均害怕因作证受到打击报复等不利影响。

案件裁判的基础是客观案件事实，客观案件事实的重要前提之一是证人、鉴定人、勘验人出庭作证，讲出客观事实。故对证人、鉴定人、勘验人合法权益的保障，是确保庭审顺利进行、裁判客观公正的重要条件。本条第一款对保护证人、鉴定人、勘验人合法权益的宣示性规定，就是要凸显人民法院保护其合法权益的决心，打消其可能的担心、疑虑，同时也告诫那些企图损害证人、鉴定人、勘验人合法权益的不法分子不要越雷池一步。除了该宣示性规定，立法和司法解释对证人、鉴定人、勘验人合法权益保护还有诸多具体规定，例如，获得报酬权、人格尊严受保护权、受刑事司法保护权等。但仅有宣示性规定，而无配套惩罚性措施，难免会让宣示性规定成为一纸空文。为了使证人证言、鉴定意见、勘验笔录能够充分发挥其作用，就要从根本上保护证人、鉴定人和勘验人的合法权益不受侵犯，核心措施就是规定对侵犯其权益的当事人及其他诉讼参与人进行处罚。

基于上述考虑，本条第二款对当事人及其他诉讼参与人的处罚措施进行了规定，主要分两种情况处理：第一，妨碍证人证言的情形。具体而言，就是当事人或者其他诉讼参与人阻止证人作证，指使、贿买、胁迫他人作伪证的行为。这里的阻止证人作证，即采取以暴力、威胁、贿买、限制人身自由、不断打断等方法阻止证人作证。第二，当事人或者其他诉讼参与人对证人、鉴定人、勘验人打击报复的情形。这里的打击报复主要表现为：对于证人，主要是制造种种“借口”，非法克扣证人的工资、奖金，给证人降级、降职、降薪；将证人调往脏、累、苦的岗位工作或者调离本单位；妨碍证人的提职、晋升及职称评定；开除证人的公职或者解除劳动合同等。对于鉴定人、勘验人，则是采取侮辱、诽谤、诬陷、殴打等行为。这里需要注意的是，对证人进行打击报复，往往是行为人基于对证人的管理指挥关系，滥用手中的职权，假公济私，一般不包括针对鉴定人、勘验人的平等主体间的侮辱、诽谤、诬陷、殴打行为。对上述两类情形，本条规定依照 2017 年《民事诉讼法》第一百一十条、第一百一十一条（注：条文序号有变动，现分别为 2021 年《民事诉讼法》第一百一十三条、第一百一十四条）的规定进行处罚。具体来讲，如果上述情形同时也违反法庭规则，那么针对该情形，既可适用 2017 年《民事诉讼法》第一百一十条（注：条文序号有变动，现为 2021 年《民事诉讼法》第一百一十三条），又可适用该法第一百一十一条（注：条文序号有变动，现为 2021 年《民事诉讼法》第一百一十四条）。两个条文在处罚措施方面的区别在于，违反法庭规则的可以予以训诫，责令退出法庭。也即对上述情形较轻的，可以考虑适用该法第一百一十一条（注：条文序号有变动，现为 2021 年《民

---

① 汪拥政：《构建我国证人保护制度的必要性及价值分析》，载《北方论丛》2008 年第 4 期。

事诉讼法》第一百一十四条）规定，只适用训诫，责令退出法庭即可。

需要注意的是，2021 年《民事诉讼法》第一百一十四条规定了诉讼参与人和其他人伪造、毁灭重要证据，妨碍人民法院审理案件的，应当受到相应的制裁和处罚，本条则规定的是对当事人或者其他诉讼参与人伪造、毁灭证据、提供虚假证据的处理，扩大了对伪造、毁灭证据进行惩罚的范围。在审判实践中，法官应当在具体案件中，根据当事人及其他诉讼参与人伪造、毁灭证据、提供虚假证据对案件事实的认定所造成的影响的程度，基于维护法律尊严和司法秩序的要求，根据具体情形作出相应的处理。

实务疑难

非诉讼参与人伪造、毁灭证据，提供虚假证据，阻止证人作证，指使、贿买、胁迫他人作伪证，或者对证人、鉴定人、勘验人打击报复的，应如何处理？

司法实务中，非诉讼参与人实施上述侵害证人、鉴定人、勘验人合法权益行为的情形并不少见。对此，应如何处理，实务中有两种观点：第一种观点认为，对非诉讼参与人不宜以妨害民事诉讼为由，采取强制措施。事实上，非诉讼参与人与诉讼争议案件无关，一般不了解诉讼情况，故即便其客观上可能实施了侵害证人、鉴定人、勘验人合法权益的行为，但其主观恶意并非是为了违反法庭规则，扰乱法庭秩序，也不是为了妨碍司法公正而实施其他妨害民事诉讼行为。而且，本条已明确限定实施上述侵害行为，应按 2021 年《民事诉讼法》第一百一十三条、第一百一十四条的规定进行处罚的主体为当事人或者其他诉讼参与人，并不包括非诉讼参与人。第二种观点认为，对非诉讼参与人可以妨害民事诉讼为由，采取强制措施。理由在于：首先，非诉讼参与人可能与特定当事人具有亲情、友情、爱情等情感关系以及债权债务等利益关系，可能会基于这些因素，为了帮助特定当事人而实施上述妨害民事诉讼的行为。也即不排除非诉讼参与人实施上述侵害证人、鉴定人、勘验人合法权益行为的目的就是妨害民事诉讼。其次，如果非诉讼参与人实施侵害证人、鉴定人、勘验人合法权益的行为，不承担侵权责任，不能有效维护民事诉讼秩序和司法权威。实务中，受侵害的证人、鉴定人、勘验人当然可以以合法权益受损为由，向非诉讼参与人主张承担侵权责任。但侵权救济的目的是填补被侵权人的个体损害，而不是维护民事诉讼秩序和司法权威等整体利益。最后，立法已有明确规定。根据 2021 年《民事诉讼法》第一百一十四条中“诉讼参与人或者其他人有下列行为之一的，人民法院可以根据情节轻重予以罚款、拘留；构成犯罪的，依法追究刑事责任”，该表述中的“其他人”就包括非诉讼参与人。笔者同意第二种观点。有必要说明的是，本条第二款只罗列当事人或者其他诉讼参与人，主要是基于实务中，实施该类行为的主要是诉讼参与人，但并未明确排除非诉讼参与人。

关联法条

《中华人民共和国民事诉讼法》（2021 年）

第一百一十三条　诉讼参与人和其他人应当遵守法庭规则。

人民法院对违反法庭规则的人，可以予以训诫，责令退出法庭或者予以罚款、拘留。

人民法院对哄闹、冲击法庭，侮辱、诽谤、威胁、殴打审判人员，严重扰乱法庭秩序的人，依法追究刑事责任；情节较轻的，予以罚款、拘留。

第一百一十四条　诉讼参与人或者其他人有下列行为之一的，人民法院可以根据情节轻重予以罚款、拘留；构成犯罪的，依法追究刑事责任：

（一）伪造、毁灭重要证据，妨碍人民法院审理案件的；

（二）以暴力、威胁、贿买方法阻止证人作证或者指使、贿买、胁迫他人作伪证的；

（三）隐藏、转移、变卖、毁损已被查封、扣押的财产，或者已被清点并责令其保管的财产，转移已被冻结的财产的；

（四）对司法工作人员、诉讼参加人、证人、翻译人员、鉴定人、勘验人、协助执行的人，进行侮辱、诽谤、诬陷、殴打或者打击报复的；

（五）以暴力、威胁或者其他方法阻碍司法工作人员执行职务的；

（六）拒不履行人民法院已经发生法律效力的判决、裁定的。

人民法院对有前款规定的行为之一的单位，可以对其主要负责人或者直接责任人员予以罚款、拘留；构成犯罪的，依法追究刑事责任。

典型案例

1.（2015）连民终字第 01985 号

裁判观点：本案是一起由董道前和屠兴军恶意串通、共同策划的虚假诉讼。董道前和屠兴军仿冒当事人签名，向人民法院提交虚假的授权委托书、起诉状和重要证据，为双方共同利益，假冒原告名义起诉、应诉，企图通过诉讼侵害他人合法权益。董道前和屠兴军为达到人民法院受理和胜诉目的，虚构法律关系，故意规避劳动争议仲裁前置程序，影响法院的公正审判，依法应给予司法制裁。董道前和屠兴军对制造虚假诉讼的行为已经表示认错悔过，同时表示尊重法院裁决，接受人民法院的处罚决定。2012 年《民事诉讼法》第十三条第一款规定：民事诉讼应当遵循诚实信用原则。第五十九条第一款规定：委托他人代为诉讼，必须向人民法院提交由委托人签名或者盖章的授权委托书。第一百一十九条第一项规定：原告是与本案有直接利害关系的公民、法人和其他组织；第一百二十条规定：起诉应当向人民法院递交起诉状，并按照被告人数提出副本。书写起诉状确有困难的，可以口头起诉，由人民法院记入笔录，并告知对方当事人。董道前和屠兴军的行为违反了上述法律规定，严重干扰了人民法院民事诉讼法律秩序。2012 年《证据规定》第八十条第二款规定：当事人或者其他诉讼参与人伪造、毁灭证据，提供假证据，阻止证人作证，指使、贿买、胁迫他人作伪证，或者对证人、鉴定人、勘验人打击报复的，仿照 1991 年《民事诉讼法》第一百零二条即 2012 年《民事诉讼法》第一百一十一条的规定处理。2015 年《民诉法解释》第一百八十九条第一项规定：诉讼参与人或者其他人有下列行为之一的，人民法院可以适用民事诉讼法第一百一十一条的规定处理：（一）冒充他人提起诉讼或者参加诉讼的。根据 2012 年《民事诉讼法》第一百一十一条的规定，可以根据情节轻重对上述行为人予以罚款、拘留；构成犯罪的，依法追究刑事责任。依据 2012 年《民事诉讼法》第一百一十二条的规定，当事人之间恶意串通，企图通过诉讼、调解等方式侵害他人合法权益的,人民法院应当驳回其请求,并根据情节轻重予以罚款、拘留;构成犯罪的,依法追究刑事责任。董道前和屠兴军的行为亦符合上述规定的情形,应根据其情节和认错态度依法给予司法制裁,本院已另行处理。

2.(2018)辽0214民初3481号

裁判观点:2017年《民事诉讼法》第一百一十一条第一款第一项、第六项规定,伪造、毁灭重要证据,妨碍人民法院审理案件的,拒不履行人民法院已经发生法律效力的判决、裁定的,人民法院可以根据情节轻重予以罚款、拘留,构成犯罪的,依法追究刑事责任。原告诉请被告在原告与案外人崔福德土地承包经营权纠纷的民事案件中作伪证、提供虚假证据且拒绝履行生效裁判等事实,系行政处罚或刑事责任范畴,并非人民法院受理民事诉讼的范围。

(新增)第九十九条 【证据保全、询问准用规范;视听资料、电子数据适用规范;电子化视听资料适用规范】

本规定对证据保全没有规定的,参照适用法律、司法解释关于财产保全的规定。

除法律、司法解释另有规定外,对当事人、鉴定人、有专门知识的人的询问参照适用本规定中关于询问证人的规定;关于书证的规定适用于视听资料、电子数据;存储在电子计算机等电子介质中的视听资料,适用电子数据的规定。

法条渊源

实务情况的无限性与法条数量和内容的有限性之间的矛盾催生了适用、准用等立法技术。早在1982年《民事诉讼法》第三条第二款就规定,在当时没有行政诉讼法的情形下,法律规定由人民法院审理的行政案件,适用1982年《民事诉讼法》规定。至于参照的立法技术最早出现在1992年《民诉法意见》第二百五十三条"人民法院审理破产还债案件,除适用民事诉讼法第十九章的规定外,并可参照《企业破产法(试行)》的有关规定"。在民事诉讼法律层面,则直到2012年《民事诉讼法》第八十一条第三款"证据保全的其他程序,参照适用本法第九章保全的有关规定"才首次出现。不过,为了应对当前实务的复杂情况,现行法律、司法解释中,采用适用、参照等立法技术情形已经越来越多。

法条精析

本条规定的内容是关于证据保全、询问准用规范;视听资料、电子数据适用规范;电子化视听资料适用规范。本条所罗列情形在2020年《证据规定》其他条文中均没有专门规定,但实务中确有相关争议存在。故本条规定的目的是弥补规范上的空白,通过适用、参考等规定,可以避免立法的繁复,在适用上也更加灵活。本条起草过程中,2016年《法院征求意见稿》第四十六条规定:"本解释没有规定的其他情形,参照适用法律、司法解释关于财产保全的规定。”第六十三条规定：“对当事人的询问，适用本解释关于询问证人的规定。”第一百一十九条规定：“除法律、司法解释另有规定外，本解释中有关询问证人的规定适用于对鉴定人和有专门知识的人的询问。”第七十九条规定：“视听资料包括录音资料和录像资料。存储在电子计算机等电子介质中的录音资料和录像资料，适用电子数据的规定。”第八十五条第二款规定：“本节没有规定的其他情形，参照适用本解释关于书证的规定。”2017 年《审判长讨论稿》第九十七条将上述几个条文的内容，集中规定为“本解释对证据保全没有规定的，参照适用法律、司法解释关于财产保全的规定。除法律、司法解释另有规定外，本解释中关于询问证人的规定适用于对当事人、鉴定人、专家辅助人的询问；关于书证的规定适用于视听资料、电子数据”。2018 年《审委会送审稿》第九十八条规定：“本规定对证据保全没有规定的，参照适用法律、司法解释关于财产保全的规定。除法律、司法解释另有规定外，对当事人、鉴定人、有专门知识的人的询问参照适用本规定中关于询问证人的规定；关于书证的规定适用于视听资料、电子数据；存储在电子计算机等电子介质中的视听资料，适用电子数据的规定。”相比前稿，将“适用询问证人的规定”改为“参照适用”，并增加规定：“存储在电子计算机等电子介质中的视听资料，适用电子数据的规定。”本条定稿时，再无变化。

本条中“参照适用”的含义。“参照”在法律上的释义就是参酌之后照此办理，该释义不仅有参考之意，亦有“照此办理”之要求。故而，“参照”既不同于“依据”，亦不同于“参考”，其效力介于强制的“依据”与任意的“参考”之间，具有柔性之法律约束力，该效力以体现约束力为先，以体现柔性为后。从立法技术角度而言，“比照或参照是准用性法条的关键词或律眼，是准用性法条的外观识别标准”。[①] 所谓“准”，在法律上意味着“一物的某些特征类似于另一物”，但两者之间仍有本质的不同。准用与适用有明显区别。准用应加以变通才能适用，从性质而言，部分可用，部分不可用。适用就是指直接适用，不必有任何变通。故“准用非全部照样适用，如其事件有差异时，于性质许可之限度，应基于其差异，加以取舍变更，以变通适用，此点与适用应完全适用者不同”。[②] 所以在“参照”中，既要考虑类似是否足以导致准用，又要考虑不同是否足以导致限制、修正或排除所准用之规范；这与类推的思维模式正相吻合。因此，准用是立法明文规定的类推，应将其纳入法定授权类推适用范畴。其意义在于，如果没有这个立法上的授权，则法官可能采用多种不同的方法填补漏洞，未必一定采用类推；即使采用了类推，也有选择用于类推的具体基础规范之自由。一旦有了立法的这个授权，法官就受到了一个立法强制，该强制有两层含义：其一，在此法官必须在“准用”的明示下首先尝试类推方法填补漏洞；其二，在此法官必须以立法指明的法律规范为基准进行类推。故这种“授权式类推适用”仍然有立法事先作出一定判断，从而合理限制法官自由裁量的。参照或准用既然是类推而非直接适用，就意味着法官并非必须适用被准用的规范，而是有自由判断的余地。[③] 具体到本条中，本条第一款关于证据保全，参照适用法律、司法解释关于财产保全的规定，就是

① 刘风景：《准用性法条设置的理据与方法》，载《法商研究》2015 年第 5 期。

② 史尚宽：《民法总论》，中国政法大学出版社 2000 年版，第 52 页。

③ 于飞：《合同法总则替代债法总则立法思路的问题及弥补——从“参照适用”的方法论性质切入》，载《苏州大学学报（法学版）》2018 年第 2 期。

典型的准用性规范。也即法官在处理证据保全争议,确定将要适用的法律时,可以根据证据保全具体的争议内容来决定是否适用法律、司法解释关于财产保全的规定。例如,就证据保全中的证人证言保全而言,就不能参照保全程序予以保全。理由在于,证人如果患有绝症即将离世或者将移居海外,对证人进行证据保全的方式只能是询问证人予以同步录音或制作询问笔录的方式,不可能采取一般保全中的查封、扣押和冻结财产保全措施,或者对证人采取限制出境等行为保全措施。此时,证据保全就不能适用法律、司法解释关于财产保全的规定。本条第二款还规定了对当事人、鉴定人、有专门知识的人的询问参照适用本规定中关于询问证人的规定。也即 2020 年《证据规定》第七十四条规定:“审判人员可以对证人进行询问。当事人及其诉讼代理人经审判人员许可后可以询问证人。询问证人时其他证人不得在场。人民法院认为有必要的,可以要求证人之间进行对质。”第七十八条第一款规定:“当事人及其诉讼代理人对证人的询问与待证事实无关,或者存在威胁、侮辱证人或不适当引导等情形的,审判人员应当及时制止。必要时可以依照民事诉讼法第一百一十条、第一百一十一条(注:条文序号有变动,现分别为 2021 年《民事诉讼法》第一百一十三条、第一百一十四条)的规定进行处罚。”

至于询问当事人、鉴定人、有专门知识的人不可参照询问证人规定的情形主要有 2020 年《证据规定》第七十四条规定,在法院询问当事人、鉴定人、有专门知识的人时,不让其他当事人、鉴定人、有专门知识的人在场等。当然,还规定了除非法律、司法解释另有规定除外,以增加条文的弹性。由此,在对与待决案件相关的法条参照适用时,应该首先考虑适用,特殊情况下方可排除适用,即以适用为原则,以排除适用为例外。法官在审判实践中如若要进行参照适用,还必须尽到注意、选择和说明义务。注意义务是指无论是法官主动参照,还是当事人、诉讼代理人提出参照适用的意见,法官都要对作为参照的规范文件进行检索对比,判断其予以适用是否合法合理。选择义务体现为“参照适用”就是以适用为原则,以排除为例外。法官对于参照适用与否有选择权,并非必须对该参照规范予以适用,法律予以法官选择适用的权利,以避免刚性的规定与多样的司法实践无法适应。在法官决定对参照规范予以适用之后,还需要尽到必要的说明义务,因参照在绝大多数情况下不可作为法源直接在裁判依据中援引(行政诉讼中的参照规章除外),故其只能在裁判文书说理部分或其他案件材料中予以说明。[①] 至于本条第二款中“关于书证的规定适用于视听资料、电子数据;存储在电子计算机等电子介质中的视听资料,适用电子数据的规定”,则强调的是“适用”。简言之,“适用”指虽然 A 的法律属性与 B 不同,但在某一范围或框架内,两者具有共同性质,应适用同样法律规范。故为节约法条资源、避免重复,将 A 与 B 等同视之,用相同法律条文规范。与前述“参照”不同,在“适用”情形中,法官必须适用该法条处理,而不存在法官斟酌余地。电子数据是以其表达的思想内容来证明案件事实,这一点与书证相同。除了具有相同的运用功能且能够记录完全相同的内容外,电子数据和书证还具有以下相似性:(1)制作书证的目的在于直接表达人的主观意识、思想和意思表示,电子数据同样具有保存和传达思想的功能,实际上人的主观意

① 张骐:《论寻找指导性案例的方法——以审判经验为基础》,载《中外法学》2009 年第 3 期。

识、思想和意思表示也是一种信息资料;(2)书证和电子数据一样,都具有可阅读性;(3)书证和电子数据的存在同样离不开一定的物质材料作为其载体,只是电子数据和书证所依据的物质材料因科学技术的发展而不同,在某种程度上,电子数据和书证的区别只不过是人们的阅读方式发生了转变,但这种转变并不能改变人们制作书证的目的。① 事实上,视听资料与书证之间同样存在上述相似点,在此不再赘述。正是基于电子数据、视听资料与书证之间的共性,本条规定了对视听资料、电子数据适用书证的规定。根据 2022 年《民诉法解释》第一百一十六条的规定,视听资料包括录音资料和影像资料。存储在电子介质中的录音资料和影像资料(视听资料),适用电子数据的规定。故存储在电子计算机等电子介质中的视听资料,本质上仍是电子数据,自然也要适用书证的规定。

最后,我国法律中出现频率较高的词汇有"依照""按照""参照"等,全国人大法工委也对这三个词语进行了比较权威的解读。全国人大法工委出台的《立法技术规范(试行)(一)》对于按照和依照的用法作了规定,以法律法规规定作为依据,一般用"依照"。对约定、规定、章程、比例、份额等的表述,一般用"按照"。同时,该规范同样对"参照"一词进行了解读,即一般情况下用于没有直接纳入法律调整范围,但又属于该法律调整范围逻辑内涵自然延伸的事项。此种释义主要针对规范类参照。② 因此,参照与依照、按照的区别主要集中于对象、用法及效力上。依照、按照有着法律强制约束力,而参照虽然也有约束力,但并非直接强制力,可以视为法律强制力的一种延伸。在司法裁决时,需在对待决案件与参照事项比对分析并审查后,方可决定是否对参照予以选择适用,而不是如依照、按照一样可以直接援引适用。

实务疑难

如何理解证据保全参照适用保全规定?

2021 年《民事诉讼法》重申了证据保全参照适用保全规定的原则。但在实务中,具体如何参照则存有争议:第一种观点认为,既然立法已明确规定"参照",且"参照"之前没有"可以"二字,则应理解为必须参照适用,而不能有例外情形;第二种观点则认为,不能机械理解"参照适用",而应从参照作为准用性规范的立法技术角度理解为由法官视情形自由裁量决定是否参照。我们同意第二种观点。首先,证据保全与财产保全性质、目的不同。证据保全本质是预先进行的证据调查方式,涉及的是当事人的证明权,目的是固定保全对象的证据价值,而财产保全是为防止仲裁裁决、法院裁判将来难以被执行或造成当事人其他损害而设置,目的在于控制保全对象的经济价值,以满足将来强制执行的实体请求权。其次,保全手段不具有通用性。例如,财产保全中常用的查封、扣押和冻结措施,如适用于水果、禽蛋肉、水产品等食物的证据保全就会因时间的推移而降低其证明力,达不到证据保全效果。对身患绝症或即将移民的证人的证言保全则更不能采用上述强制措施。事实上,目前可参照适用保全程序的证据一般仅限于不会因时间变迁而发生影响自身证明力变化的标的物。最后,财产保全常用

---

① 毕玉谦:《电子数据庭审证据调查模式识辨》,载《国家检察官学院学报》2016 年第 1 期。

② 全国人民代表大会常务委员会法制工作委员会办公室:《立法工作规范守则(试行)》,中国民主法制出版社 2012 年版,第 22 页。

的担保一般没必要适用于证据保全。这是因为证据保全需要获得的是保全对象的证据价值而非经济价值，而查封、扣押等只是手段，故证据保全一般并无担保必要。而且，如果强行规定任何证据保全都要提供担保，那么如果参照保全规定，在对方提供反担保情形下，似乎就应解除证据保全，结果就会导致证据保全目的落空。当然特殊情况除外，如《最高人民法院在关于诉前停止侵犯注册商标专用权行为和保全证据适用法律问题的解释》第六条第二款规定，"申请人申请诉前保全证据可能涉及被申请人财产损失的，人民法院可以责令申请人提供相应的担保"，即以"被申请人可能遭受的财产损失"为依据。

关联法条

1.《中华人民共和国民事诉讼法》(2021年)

第八十四条 在证据可能灭失或者以后难以取得的情况下，当事人可以在诉讼过程中向人民法院申请保全证据，人民法院也可以主动采取保全措施。

因情况紧急，在证据可能灭失或者以后难以取得的情况下，利害关系人可以在提起诉讼或者申请仲裁前向证据所在地、被申请人住所地或者对案件有管辖权的人民法院申请保全证据。

证据保全的其他程序，参照适用本法第九章保全的有关规定。

2.《最高人民法院关于适用〈中华人民共和国民事诉讼法〉的解释》(2022年)

第九十八条 当事人根据民事诉讼法第八十四条第一款规定申请证据保全的，可以在举证期限届满前书面提出。

证据保全可能对他人造成损失的，人民法院应当责令申请人提供相应的担保。

典型案例

1.(2020)沪01民终9080号

裁判观点：关于2018年11月9日、2019年11月28日录音中的谈话人员。根据2020年《证据规定》第九十九条第二款规定，除法律、司法解释另有规定外，关于书证的规定适用于视听资料、电子数据。根据2020年《证据规定》第九十二条第二款的规定，私文书证由制作者或者其代理人签名、盖章或捺印的，推定为真实。沪光公司业已承认录音中"胡某"、"张某1"的声音及其身份，而录音及其文字整理资料作为陈艳提供的证据，其中"陈艳"的声音已得陈艳之认可，沪光公司虽不确认陈艳的声音，但并未提供证据推翻，也未申请鉴定，又没有对"陈艳"的声音究竟是谁作出合理解释，沪光公司不确认陈艳的声音更与其对一审法院认定事实所提"'原告'应改为'陈艳'"之异议自相矛盾。本院根据2020年《证据规定》第九十九条第二款、第九十二条第二款的规定，认可该两段录音真实性，确认录音中"陈艳"的声音。

2.(2020)冀0627民初811号之一

裁判观点：原告提交的证据3属于2020年《证据规定》第十四条规定的电子数据，该证据第一段的内容是原告与一名女性的手机通话录音，根据2020年《证据规定》第六十八条第三款和第九十九条第二款规定，关于书证的规定适用于视听资料、电子数据，无正当理由未出庭的证人以书面等方式提供的证言,不能作为认定案件事实的根据,据此,本院对该段录音不予认定;该证据第二段、第三段的内容是现场录音,本院对其真实性予以认定

3.(2020)京 0108 民初 8289 号

裁判观点:关于协议的实际履行情况,广州三七公司主张诉争游戏分成数据存储于力天无限公司所属的"安智 SDK 管理平台"网站(域名 pay. anzhi. com),并提供了结算确认函打印件作为初步佐证。本院经审查,裁定力天无限公司提交诉争期间涉案游戏运营收支数据及结算确认函。力天无限公司未在本院指定期间内提交。就此,本院认为,2020 年《证据规定》第四十八条第一款规定,控制书证的当事人无正当理由拒不提交书证的,人民法院可以认定对方当事人所主张的书证内容为真实。第九十九条第二款中规定,关于书证的规定适用于视听资料、电子数据。现力天无限公司无正当理由未提交"安智 SDK 管理平台"所载诉争期间涉案游戏运营收支数据及结算确认函,应依法承担相应的不利后果。鉴于此,本院结合涉案发票、顺丰快递回单,综合认定广州三七公司提交的结算确认函所载内容属实。

(修改) 第一百条 【司法解释时间效力】

本规定自 2020 年 5 月 1 日起施行。

本规定公布施行后,最高人民法院以前发布的司法解释与本规定不一致的,不再适用。

法条渊源

法的时间效力和冲突规范协调问题,是在任何法律、司法解释适用中都可能面对的问题。早在 1982 年《民事诉讼法》就规定了民事诉讼法的时间效力。1991 年《民事诉讼法》第二百七十条规定了新旧法施行、废止时间。2002 年《证据规定》第八十二条规定了新法优于旧法原则,新旧规定不一致的以新规定为准;第八十三条除了规定时间效力,还规定了 2002 年《证据规定》的特殊溯及力原则。

法条精析

本条是有关 2020 年《证据规定》时间效力和新法与旧法适用关系的规定,是在 2002 年《证据规定》第八十二条和第八十三条基础上修改而成。本条修改过程中,2016 年《法院征求意见稿》第一百二十五条规定:"本解释公布施行后,最高人民法院于 2001 年 12 月 21 日发布的《关于民事诉讼证据的若干规定》同时废止;最高人民法院以前发布的司法解释与本解释不一致的,不再适用。"2017 年《审判长讨论稿》第九十八条规定:"本解释自公布之日起施行。本解释公布施行后,最高人民法院于 2001 年 12 月 21 日发布的《关于民事诉讼证据的若干规定》同时废止;最高人民法院以前发布的司法解释与本解释不一致的,不再适用。"2018 年《审委会送审稿》第九十九条规定:"本规定自 年 月 日 起施行。本院过去的司法解释,与本规定

不一致的,以本规定为准。本规定施行前已经审理终结的民事案件,当事人以违反本规定为由申请再审的,不予支持。本规定施行后受理的再审民事案件,人民法院依据《民事诉讼法》第一百九十八条的规定进行审理的,适用本规定。"本条定稿时,修改为"本规定自 2020 年 5 月 1 日起施行。本规定公布施行后,最高人民法院以前发布的司法解释与本规定不一致的,不再适用。"本条明确规定了本解释生效施行时间以及本规定优先于其他在本规定施行前发布的司法解释,便于审判实践中对法律、司法解释的理解与选择适用。

法的时间效力是法的适用效力的重要内容,是指法律何时生效、何时终止生效及对其颁布实施的时间和行为是否具有溯及力的问题。对于司法解释而言,同样存在时间效力问题,包括司法解释何时生效、何时失效以及司法解释对其生效以前的事件和行为有无溯及力的问题。①关于司法解释的时间效力问题,涉及生效时间和失效时间以及溯及力问题。司法解释的生效时间包含两种情况:一种情况是自司法解释公布之日起生效。如"本解释自公布之日起施行"。这种情况多适用于新的法条已经制定完备,且施行时机已经较为成熟,能够尽早发挥该司法解释应有的作用。另一种情况是新司法解释中规定了具体的生效时间,一般表述为"本解释自某年某月某日起施行",只有到达司法解释规定的那一天才能生效施行。这一般是为了预留一段时间作为新解释施行准备期,使需要适用该新解释的法院和当事人能够有时间熟悉、学习和掌握,便于新司法解释的顺利实施。为了规范司法解释的生效时间,最高人民法院还出台了最高人民法院办公厅《关于规范司法解释施行日期有关问题的通知》(法办〔2007〕396 号),其中规定了今后各部门起草的司法解释对施行日期没有特别要求的,司法解释条文中不再规定"本解释(规定)自公布之日起施行"的条款,施行时间一律以发布司法解释的最高人民法院公告中明确的日期为准。司法解释对施行日期有特别要求的,应当在司法解释条文中规定相应条款,明确具体施行时间,最高人民法院公告的施行日期应当与司法解释的规定相一致。这一规定也是为了便于发挥在审判实践中司法解释的指导作用。关于失效时间,也大致分为两种情况:第一种情况是新司法解释出台后,条文中规定自新司法解释实施之日起,旧司法解释同时废止,如 2015 年《民诉法解释》第五百五十二条中所表述的"本解释公布施行后,最高人民法院于 1992 年 7 月 14 日发布的《关于适用〈中华人民共和国民事诉讼法〉若干问题的意见》同时废止",这种情况下新法取代了旧法继续发挥作用。第二种情况是该司法解释制定的同时即规定了有效期限,期限届满即失效。这种情况是为了适应特殊时期的形势发展变化,原来的某项司法解释的出台是为了调整原有的社会关系,当该社会关系不再存在或因完成了历史任务而失去了存在的条件而自行失效,也无须再制定颁布后续的新法。司法解释的时间效力还涉及司法解释的溯及力问题。关于司法解释是否具有溯及力问题一直存在争议,最高人民法院在制定颁布司法解释时更加倾向于赋予司法解释一定的溯及力。司法解释是对法律的释明,虽在被解释法律实施后制定,其性质也应被视为解释法律的一部分,其溯及力就受到被解释法律的时间效力范围的限制。关于民事司法解释的溯及力问题,相关规定散见于最高人民法院的司法解释的具体条文中。

---

① 沈德咏主编:《最高人民法院民事诉讼法司法解释理解与适用》,人民法院出版社 2015 年版,第 1429 页。

本条第二款中规定的“最高人民法院以前发布的司法解释与本规定不一致的，不再适用”，这是新法优于旧法原则的体现。新法优于旧法是指同一机关就同一规范对象或法律问题先后制定若干相互冲突的规定时，应遵循新的规定优先于旧的规定的法律适用基本原则。这是因为其更能体现起草者最新意志，符合调整对象最新情况。对此，我国 2015 年修改《立法法》第九十二条规定，同一机关制定的法律、行政法规、地方性法规、自治条例和单行条例、规章，新的规定与旧的规定不一致的，适用新的规定。根据该规定，适用新法优于旧法原则的条件包括：(1)新法与旧法由同一机关制定；(2)新法和旧法规范同一对象或法律问题的内容不一致；(3)新法对该规定有明确的规定。

在 2020 年《证据规定》施行前，我国在民事诉讼领域已经出台了很多涉及证据的司法解释。例如，2015 年《民诉法解释》、2015 年《最高人民法院关于审理民间借贷案件适用法律若干问题的规定》中有关证据的规定等。由于本解释规定施行在后，相对前述司法解释属于新的司法解释，故仍应适用新法优于旧法原则。具体而言，本规定对 2015 年《民诉法解释》中关于证据的相关条文作出修改的规定，即属于对同一法律问题或者规定的不一致解释，均应当适用本解释的规定。对于本解释未有的规定，而其他司法解释中有规定的，如果该规定与本司法解释相关条文不冲突的，则应继续适用原司法解释的规定。

实务疑难

关于本条在审判实践中的运用，一般遵循“实体从旧、程序从新”的原则，即“实体法以不溯及既往为原则，但在新程序法生效时尚未处理的案件，一般应采取程序从新原则，依照新程序法处理”。理由在于，法律不溯及既往原则的来源和基础之一是信赖利益保护，而信赖利益一般以实体法为基础。所谓信赖利益保护，一般是指当事人根据以往法律确立的秩序、规则而获得的利益应该得到何种程度的维护。具体而言，当事人遵从或依据这一信赖基础做出某种行为并因此获得或即将获得的利益，包括财产权益和人身权益，都是信赖利益。所以要保护信赖利益，就不能改变信赖利益产生的基础，即不能以事后产生的法来约束当事人基于信赖利益借以产生的事件和行为，所以法律不得溯及既往。由于实体法创造、确定和规范权利(或权力)和义务(职责)，而程序法不创造新的权利和义务，只是在程序上提供法律救济和实现权利(或权力)的方法和途径。因此，实体法溯及既往会影响法的安定性和社会大众对于旧法的信赖利益，而程序法溯及既往反而可能有助于新法合理适用。所以，主流观点认为，实体法不溯及既往而程序法溯及既往。例如，《关于修改后的民事诉讼法施行时未结案件适用法律若干问题的规定》第一条规定：“2013 年 1 月 1 日未结案件适用修改后的民事诉讼法，但本规定另有规定的除外。前款规定的案件，2013 年 1 月 1 日前依照修改前的民事诉讼法和有关司法解释的规定已经完成的程序事项，仍然有效。”另外，民事程序性规定并非仅有公法利益，涉及私人利益事项的实务并不少见。由于在私法领域，私人利益具有平等性，故难以评价保护的高低、先后，所以私益性程序事项在私法领域一般不能溯及适用。事实上，民事案件中的证据规则就是典型的私益性程序规则，由于在私法领域难以界定私益高低，所以证据规则往往不具有溯及力。如 2002 年《证据规定》第八十三条第一款规定：“本规定自 2002 年 4 月 1

日起施行。2002 年 4 月 1 日尚未审结的一审、二审和再审民事案件不适用本规定。”但 2002 年《证据规定》中也并非所有规范都涉及私人利益,故上述第八十三条的规定也过于绝对。本次修改中,最终将其删除。

关联法条

1.《最高人民法院关于适用〈中华人民共和国民事诉讼法〉的解释》(2022 年)

第五百五十条 本解释公布施行后,最高人民法院于 1992 年 7 月 14 日发布的《关于适用〈中华人民共和国民事诉讼法〉若干问题的意见》同时废止;最高人民法院以前发布的司法解释与本解释不一致的,不再适用。

2.《中华人民共和国立法法》(2015 年)

第九十二条 同一机关制定的法律、行政法规、地方性法规、自治条例和单行条例、规章,特别规定与一般规定不一致的,适用特别规定;新的规定与旧的规定不一致的,适用新的规定。

典型案例

1.(2020)最高法民申 6734 号

裁判观点:2020 年《证据规定》第一百条规定:“本规定自 2020 年 5 月 1 日起施行。本规定公布施行后,最高人民法院以前发布的司法解释与本规定不一致的,不再适用。”原审法院受理香港中通公司的起诉并立案时间为 2019 年 12 月 19 日,作出判决的时间为 2020 年 4 月 23 日。因此,原审法院未适用 2020 年《证据规定》并无不当。即使适用 2020 年《证据规定》,并非在业务活动中形成的电子数据的真实性都必须予以确认。

2.(2021)浙民再 223 号

裁判观点:2020 年《证据规定》第一百条规定,本规定自 2020 年 5 月 1 日起施行。本规定公布施行后,最高人民法院以前发布的司法解释与本规定不一致的,不再适用。原案由温州市中级人民法院于 2019 年 12 月 4 日裁定提审,于 2020 年 6 月 5 日作出再审判决,因此原再审应适用 2020 年《证据规定》。

3.(2020)陕民终 508 号

裁判观点:关于一审法院委托信远公司进行司法鉴定,其鉴定程序是否违法,其鉴定意见能否作为认定本案工程造价依据的问题。2020 年《证据规定》第三十条第一款规定:人民法院在审理案件过程中认为待证事实需要通过鉴定意见证明的,应当向当事人释明,并指定提出鉴定申请的期间。第三十一条第一款规定:当事人申请鉴定,应当在人民法院指定期间内提出,并预交鉴定费用。逾期不提出申请或者不预交鉴定费用的,视为放弃申请。第一百条规定:本规定自 2020 年 5 月 1 日施行。本规定公布施行后,最高人民法院以前发布的司法解释与本规定不一致的,不再适用。本案系 2020 年《证据规定》施行之时尚未审结的二审案件,应当适用 2002 年《证据规定》。一审认为本案待证事实需要通过鉴定意见证明,于 2018 年 8 月 8 日向迩恒公司释明,通知迩恒公司在 7 日内提出鉴定申请。迩恒公司于 2018 年 8 月 15 日向一审法院提交鉴定申请书。一审法院依迩恒公司的申请委托信远公司进行司法鉴定,符合2002年《证据规定》,陕煤化建设公司主张一审鉴定程序违法的上诉理由不能成立。信远公司及鉴定人员具备工程造价鉴定资质,鉴定人亦出庭接受了双方当事人的质询并对双方当事人的异议出具答复意见,故信远公司最终所出具的鉴定意见应当作为定案依据。

4.(2020)鄂08民终967号

裁判观点:首先,2002年《证据规定》已于2019年被修改,并于2020年5月1日起施行。根据2020年《证据规定》第一百条第二款规定,本规定公布施行后,最高人民法院以前发布的司法解释与本规定不一致的,不再适用。换言之,根据"程序从新"的法律溯及力准则,在本规定实行后,所有民事案件,无论是按第一审程序还是按第二审程序尚未审结的案件,均应适用新的司法解释。2002年《证据规定》修改后已经删去了原规定中的第四条。其次,本案是发生在2009年《侵权责任法》实施之后,根据"新法优于旧法"的原则,即便在本案一审期间2002年《证据规定》仍有效,但2002年《证据规定》第四条第一款第八项规定也与2009年《侵权责任法》规定的举证责任相冲突而不再适用。故文某主张应由荆门市第一人民医院承担医疗行为与损害结果之间不存在因果关系及不存在医疗过错的举证责任于法无据。

5.(2020)吉民申3138号

裁判观点:2020年《证据规定》第三十条第一款规定:"人民法院在审理案件过程中认为待证事实需要通过鉴定意见证明的,应当向当事人释明,并指定提出鉴定申请的期间。"2020年《证据规定》于2019年12月6日通过,自2020年5月1日起施行,本案于2019年11月4日一审立案,于2019年12月23日作出一审判决,一审审理期间2020年《证据规定》并未生效。而2002年《证据规定》未规定法院对鉴定意见的释明义务,故一审法院未予释明并不违反法律规定。根据2002年《证据规定》第二十五条第一款:"当事人申请鉴定,应当在举证期限内提出。符合本规定第二十七条规定的情形,当事人申请重新鉴定的除外"的规定,镇赉变压器公司在举证期间内并未提出鉴定申请,应当承担举证不能的不利后果。镇赉变压器公司以二审期间2020年《证据规定》已生效,二审法院未对其释明而主张程序违法的理由不能成立,亦不符合2017年《民事诉讼法》第二百条程序违法进入再审的条件。

第二部分　证据相关条文新旧对比及现行有效证据条文汇总

一、2002 年《证据规定》(表中用“【2002】”表示)、2022 年《民诉法解释》、2021 年《民事诉讼法》、2020 年《证据规定》(表中用“【2020】”表示)对比表

【2002】第一条　原告向人民法院起诉或者被告提出反诉,应当附有符合起诉条件的相应的证据材料。 【2020】第一条　原告向人民法院起诉或者被告提出反诉,应当提供符合起诉条件的相应的证据。
【关联】2021 年《民事诉讼法》第六十六条　证据包括: (一)当事人的陈述; (二)书证; (三)物证; (四)视听资料; (五)电子数据; (六)证人证言; (七)鉴定意见; (八)勘验笔录。 证据必须查证属实,才能作为认定事实的根据。 第六十七条第一款　当事人对自己提出的主张,有责任提供证据。 第一百二十四条第四项　起诉状应当记明下列事项: (四)证据和证据来源,证人姓名和住所。
【2002】【删除】第二条　当事人对自己提出的诉讼请求所依据的事实或者反驳对方诉讼请求所依据的事实有责任提供证据加以证明。 没有证据或者证据不足以证明当事人的事实主张的,由负有举证责任的当事人承担不利后果。 【2020】
【关联】2022 年《民诉法解释》第九十条　当事人对自己提出的诉讼请求所依据的事实或者反驳对方诉讼请求所依据的事实,应当提供证据加以证明,但法律另有规定的除外。 在作出判决前,当事人未能提供证据或者证据不足以证明其事实主张的,由负有举证证明责任的当事人承担不利的后果。
【2002】第三条　人民法院应当向当事人说明举证的要求及法律后果,促使当事人在合理期限内积极、全面、正确、诚实地完成举证。 当事人因客观原因不能自行收集的证据,可申请人民法院调查收集。 【2020】第二条 人民法院应当向当事人说明举证的要求及法律后果,促使当事人在合理期限内积极、全面、正确、诚实地完成举证。 当事人因客观原因不能自行收集的证据,可申请人民法院调查收集。
【关联】
【2002】【删除】第四条　下列侵权诉讼,按照以下规定承担举证责任: (一)因新产品制造方法发明专利引起的专利侵权诉讼,由制造同样产品的单位或者个人对其产品制造方法不同于专利方法承担举证责任; (二)高度危险作业致人损害的侵权诉讼,由加害人就受害人故意造成损害的事实承担举证责任; (三)因环境污染引起的损害赔偿诉讼,由加害人就法律规定的免责事由及其行为与损害结果之间不存在因果关系承担举证责任; (四)建筑物或者其他设施以及建筑物上的搁置物、悬挂物发生倒塌、脱落、坠落致人损害的侵权诉讼,由所有人或者管理人对其无过错承担举证责任; (五)饲养动物致人损害的侵权诉讼,由动物饲养人或者管理人就受害人有过错或者第三人有过错承担举证责任;

续表

（六）因缺陷产品致人损害的侵权诉讼，由产品的生产者就法律规定的免责事由承担举证责任； （七）因共同危险行为致人损害的侵权诉讼，由实施危险行为的人就其行为与损害结果之间不存在因果关系承担举证责任； （八）因医疗行为引起的侵权诉讼，由医疗机构就医疗行为与损害结果之间不存在因果关系及不存在医疗过错承担举证责任。 有关法律对侵权诉讼的举证责任有特殊规定的，从其规定。 第五条　在合同纠纷案件中，主张合同关系成立并生效的一方当事人对合同订立和生效的事实承担举证责任；主张合同关系变更、解除、终止、撤销的一方当事人对引起合同关系变动的事实承担举证责任。 对合同是否履行发生争议的，由负有履行义务的当事人承担举证责任。 对代理权发生争议的，由主张有代理权一方当事人承担举证责任。 第六条　在劳动争议纠纷案件中，因用人单位作出开除、除名、辞退、解除劳动合同、减少劳动报酬、计算劳动者工作年限等决定而发生劳动争议的，由用人单位负举证责任。 第七条　在法律没有具体规定，依本规定及其他司法解释无法确定举证责任承担时，人民法院可以根据公平原则和诚实信用原则，综合当事人举证能力等因素确定举证责任的承担。 【2020】
【关联】2022年《民诉法解释》第九十一条　人民法院应当依照下列原则确定举证证明责任的承担，但法律另有规定的除外： （一）主张法律关系存在的当事人，应当对产生该法律关系的基本事实承担举证证明责任； （二）主张法律关系变更、消灭或者权利受到妨害的当事人，应当对该法律关系变更、消灭或者权利受到妨害的基本事实承担举证证明责任。
【2002】第八条第一款　诉讼过程中，一方当事人对另一方当事人陈述的案件事实明确表示承认的，另一方当事人无需举证。但涉及身份关系的案件除外。 第七十四条　诉讼过程中，当事人在起诉状、答辩状、陈述及其委托代理人的代理词中承认的对己方不利的事实和认可的证据，人民法院应当予以确认，但当事人反悔并有相反证据足以推翻的除外。 【2020】第三条　在诉讼过程中，一方当事人陈述的于己不利的事实，或者对于己不利的事实明确表示承认的，另一方当事人无需举证证明。 在证据交换、询问、调查过程中，或者在起诉状、答辩状、代理词等书面材料中，当事人明确承认于己不利的事实的，适用前款规定。
【关联】2022年《民诉法解释》第九十二条第一款　一方当事人在法庭审理中，或者在起诉状、答辩状、代理词等书面材料中，对于己不利的事实明确表示承认的，另一方当事人无需举证证明。
【2002】第八条第二款　对一方当事人陈述的事实，另一方当事人既未表示承认也未否认，经审判人员充分说明并询问后，其仍不明确表示肯定或者否定的，视为对该项事实的承认。 【2020】第四条　一方当事人对于另一方当事人主张的于己不利的事实既不承认也不否认，经审判人员说明并询问后，其仍然不明确表示肯定或者否定的，视为对该事实的承认。
【关联】
【2002】第八条第三款　当事人委托代理人参加诉讼的，代理人的承认视为当事人的承认。但未经特别授权的代理人对事实的承认直接导致承认对方诉讼请求的除外；当事人在场但对其代理人的承认不作否认表示的，视为当事人的承认。 【2020】第五条　当事人委托诉讼代理人参加诉讼的，除授权委托书明确排除的事项外，诉讼代理人的自认视为当事人的自认。 当事人在场对诉讼代理人的自认明确否认的，不视为自认。
【关联】

续表

【2002】 【2020】【新增】第六条　普通共同诉讼中，共同诉讼人中一人或者数人作出的自认，对作出自认的当事人发生效力。 　　必要共同诉讼中，共同诉讼人中一人或者数人作出自认而其他共同诉讼人予以否认的，不发生自认的效力。其他共同诉讼人既不承认也不否认，经审判人员说明并询问后仍然不明确表示意见的，视为全体共同诉讼人的自认。
【关联】
【2002】 【2020】【新增】第七条　一方当事人对于另一方当事人主张的于己不利的事实有所限制或者附加条件予以承认的，由人民法院综合案件情况决定是否构成自认。
【关联】
【2002】 【2020】【新增】第八条　《最高人民法院关于适用〈中华人民共和国民事诉讼法〉的解释》第九十六条第一款规定的事实，不适用有关自认的规定。 　　自认的事实与已经查明的事实不符的，人民法院不予确认。
【关联】2022年《民诉法解释》第九十二条第二款　对于涉及身份关系、国家利益、社会公共利益等应当由人民法院依职权调查的事实，不适用前款自认的规定。 　　第九十二条第三款　自认的事实与查明的事实不符的，人民法院不予确认。 　　第九十六条第一款　民事诉讼法第六十七条第二款规定的人民法院认为审理案件需要的证据包括： 　　（一）涉及可能损害国家利益、社会公共利益的； 　　（二）涉及身份关系的； 　　（三）涉及民事诉讼法第五十五条规定诉讼的； 　　（四）当事人有恶意串通损害他人合法权益可能的； 　　（五）涉及依职权追加当事人、中止诉讼、终结诉讼、回避等程序性事项的。
【2002】第八条第四款　当事人在法庭辩论终结前撤回承认并经对方当事人同意，或者有充分证据证明其承认行为是在受胁迫或者重大误解情况下作出且与事实不符的，不能免除对方当事人的举证责任。 【2020】第九条　有下列情形之一，当事人在法庭辩论终结前撤销自认的，人民法院应当准许： 　　（一）经对方当事人同意的； 　　（二）自认是在受胁迫或者重大误解情况下作出的。 　　人民法院准许当事人撤销自认的，应当作出口头或者书面裁定。
【关联】
【2002】第九条　下列事实，当事人无需举证证明： 　　（一）众所周知的事实； 　　（二）自然规律及定理； 　　（三）根据法律规定或者已知事实和日常生活经验法则，能推定出的另一事实； 　　（四）已为人民法院发生法律效力的裁判所确认的事实； 　　（五）已为仲裁机构的生效裁决所确认的事实； 　　（六）已为有效公证文书所证明的事实。 　　前款（一）、（三）、（四）、（五）、（六）项，当事人有相反证据足以推翻的除外。 【2020】第十条　下列事实，当事人无须举证证明： 　　（一）自然规律以及定理、定律； 　　（二）众所周知的事实；

续表

（三）根据法律规定推定的事实； （四）根据已知的事实和日常生活经验法则推定出的另一事实； （五）已为仲裁机构的生效裁决所确认的事实； （六）已为人民法院发生法律效力的裁判所确认的基本事实； （七）已为有效公证文书所证明的事实。 前款第二项至第五项事实，当事人有相反证据足以反驳的除外；第六项、第七项事实，当事人有相反证据足以推翻的除外。
【关联】2021 年《民事诉讼法》第七十二条　经过法定程序公证证明的法律事实和文书，人民法院应当作为认定事实的根据，但有相反证据足以推翻公证证明的除外。 2022 年《民诉法解释》第九十三条　下列事实，当事人无须举证证明： （一）自然规律以及定理、定律； （二）众所周知的事实； （三）根据法律规定推定的事实； （四）根据已知的事实和日常生活经验法则推定出的另一事实； （五）已为人民法院发生法律效力的裁判所确认的事实； （六）已为仲裁机构生效裁决所确认的事实； （七）已为有效公证文书所证明的事实。 前款第二项至第四项规定的事实，当事人有相反证据足以反驳的除外；第五项至第七项规定的事实，当事人有相反证据足以推翻的除外。
【2002】第十条　当事人向人民法院提供证据，应当提供原件或者原物。如需自己保存证据原件、原物或者提供原件、原物确有困难的，可以提供经人民法院核对无异的复制件或者复制品。 【2020】第十一条　当事人向人民法院提供证据，应当提供原件或者原物。如需自己保存证据原件、原物或者提供原件、原物确有困难的，可以提供经人民法院核对无异的复制件或者复制品。
【关联】2022 年《民诉法解释》第一百一十一条　民事诉讼法第七十三条规定的提交书证原件确有困难，包括下列情形： （一）书证原件遗失、灭失或者毁损的； （二）原件在对方当事人控制之下，经合法通知提交而拒不提交的； （三）原件在他人控制之下，而其有权不提交的； （四）原件因篇幅或者体积过大而不便提交的； （五）承担举证证明责任的当事人通过申请人民法院调查收集或者其他方式无法获得书证原件的。 前款规定情形，人民法院应当结合其他证据和案件具体情况，审查判断书证复制品等能否作为认定案件事实的根据。
【2002】 【2020】【新增】第十二条　以动产作为证据的，应当将原物提交人民法院。原物不宜搬移或者不宜保存的，当事人可以提供复制品、影像资料或者其他替代品。 人民法院在收到当事人提交的动产或者替代品后，应当及时通知双方当事人到人民法院或者保存现场查验。
【关联】
【2002】 【2020】【新增】第十三条　当事人以不动产作为证据的，应当向人民法院提供该不动产的影像资料。 人民法院认为有必要的，应当通知双方当事人到场进行查验。
【关联】

续表

【2002】 【2020】【新增】第十四条　电子数据包括下列信息、电子文件： （一）网页、博客、微博客等网络平台发布的信息； （二）手机短信、电子邮件、即时通信、通讯群组等网络应用服务的通信信息； （三）用户注册信息、身份认证信息、电子交易记录、通信记录、登录日志等信息； （四）文档、图片、音频、视频、数字证书、计算机程序等电子文件； （五）其他以数字化形式存储、处理、传输的能够证明案件事实的信息。
【关联】
【2002】 【2020】【新增】第十五条　当事人以视听资料作为证据的，应当提供存储该视听资料的原始载体。 当事人以电子数据作为证据的，应当提供原件。电子数据的制作者制作的与原件一致的副本，或者直接来源于电子数据的打印件或其他可以显示、识别的输出介质，视为电子数据的原件。
【关联】2021年《民事诉讼法》第七十四条　人民法院对视听资料，应当辨别真伪，并结合本案的其他证据，审查确定能否作为认定事实的根据。
【2002】第十一条　当事人向人民法院提供的证据系在中华人民共和国领域外形成的，该证据应当经所在国公证机关予以证明，并经中华人民共和国驻该国使领馆予以认证，或者履行中华人民共和国与该所在国订立的有关条约中规定的证明手续。 当事人向人民法院提供的证据是在香港、澳门、台湾地区形成的，应当履行相关的证明手续。 【2020】第十六条　当事人提供的公文书证系在中华人民共和国领域外形成的，该证据应当经所在国公证机关证明，或者履行中华人民共和国与该所在国订立的有关条约中规定的证明手续。 中华人民共和国领域外形成的涉及身份关系的证据，应当经所在国公证机关证明并经中华人民共和国驻该国使领馆认证，或者履行中华人民共和国与该所在国订立的有关条约中规定的证明手续。 当事人向人民法院提供的证据是在香港、澳门、台湾地区形成的，应当履行相关的证明手续。
【关联】
【2002】第十二条　当事人向人民法院提供外文书证或者外文说明资料，应当附有中文译本。 【2020】第十七条　当事人向人民法院提供外文书证或者外文说明资料，应当附有中文译本。
【关联】
【2002】第十三条　对双方当事人无争议但涉及国家利益、社会公共利益或者他人合法权益的事实，人民法院可以责令当事人提供有关证据。 【2020】第十八条　双方当事人无争议的事实符合《最高人民法院关于适用〈中华人民共和国民事诉讼法〉的解释》第九十六条第一款规定情形的，人民法院可以责令当事人提供有关证据。
【关联】
【2002】第十四条　当事人应当对其提交的证据材料逐一分类编号，对证据材料的来源、证明对象和内容作简要说明，签名盖章，注明提交日期，并依照对方当事人人数提出副本。 人民法院收到当事人提交的证据材料，应当出具收据，注明证据的名称、份数和页数以及收到的时间，由经办人员签名或者盖章。 【2020】第十九条　当事人应当对其提交的证据材料逐一分类编号，对证据材料的来源、证明对象和内容作简要说明，签名盖章，注明提交日期，并依照对方当事人人数提出副本。 人民法院收到当事人提交的证据材料，应当出具收据，注明证据的名称、份数和页数以及收到的时间，由经办人员签名或者盖章。
【关联】2021年《民事诉讼法》第六十九条　人民法院收到当事人提交的证据材料，应当出具收据，写明证据名称、页数、份数、原件或者复印件以及收到时间等，并由经办人员签名或者盖章。

续表

【2002】【删除】第十五条 《民事诉讼法》第六十四条规定的“人民法院认为审理案件需要的证据”，是指以下情形： （一）涉及可能有损国家利益、社会公共利益或者他人合法权益的事实； （二）涉及依职权追加当事人、中止诉讼、终结诉讼、回避等与实体争议无关的程序事项。 【删除】第十六条 除本规定第十五条规定的情形外，人民法院调查收集证据，应当依当事人的申请进行。 【删除】第十七条 符合下列条件之一的，当事人及其诉讼代理人可以申请人民法院调查收集证据： （一）申请调查收集的证据属于国家有关部门保存并须人民法院依职权调取的档案材料； （二）涉及国家秘密、商业秘密、个人隐私的材料； （三）当事人及其诉讼代理人确因客观原因不能自行收集的其他材料。 【2020】
【关联】2022 年《民诉法解释》第九十四条 民事诉讼法第六十七条第二款规定的当事人及其诉讼代理人因客观原因不能自行收集的证据包括： （一）证据由国家有关部门保存，当事人及其诉讼代理人无权查阅调取的； （二）涉及国家秘密、商业秘密或者个人隐私的； （三）当事人及其诉讼代理人因客观原因不能自行收集的其他证据。 当事人及其诉讼代理人因客观原因不能自行收集的证据，可以在举证期限届满前书面申请人民法院调查收集。 第九十五条 当事人申请调查收集的证据，与待证事实无关联、对证明待证事实无意义或者其他无调查收集必要的，人民法院不予准许。 第九十六条 民事诉讼法第六十四条第二款规定的人民法院认为审理案件需要的证据包括： （一）涉及可能损害国家利益、社会公共利益的； （二）涉及身份关系的； （三）涉及民事诉讼法第五十五条规定诉讼的； （四）当事人有恶意串通损害他人合法权益可能的； （五）涉及依职权追加当事人、中止诉讼、终结诉讼、回避等程序性事项的。 除前款规定外，人民法院调查收集证据，应当依照当事人的申请进行。
【2002】第十八条 当事人及其诉讼代理人申请人民法院调查收集证据，应当提交书面申请。申请书应当载明被调查人的姓名或者单位名称、住所地等基本情况、所要调查收集的证据的内容、需要由人民法院调查收集证据的原因及其要证明的事实。 第十九条第一款 当事人及其诉讼代理人申请人民法院调查收集证据，不得迟于举证期限届满前七日。 【删除】第十九条第二款 人民法院对当事人及其诉讼代理人的申请不予准许的，应当向当事人或其诉讼代理人送达通知书。当事人及其诉讼代理人可以在收到通知书的次日起三日内向受理申请的人民法院书面申请复议一次。人民法院应当在收到复议申请之日起五日内作出答复。 【2020】第二十条 当事人及其诉讼代理人申请人民法院调查收集证据，应当在举证期限届满前提交书面申请。 申请书应当载明被调查人的姓名或者单位名称、住所地等基本情况、所要调查收集的证据名称或者内容、需要由人民法院调查收集证据的原因及其要证明的事实以及明确的线索。
【关联】2021 年《民事诉讼法》第七十条 人民法院有权向有关单位和个人调查取证，有关单位和个人不得拒绝。 人民法院对有关单位和个人提出的证明文书，应当辨别真伪，审查确定其效力。 2022 年《民诉法解释》第九十七条 人民法院调查收集证据，应当由两人以上共同进行。调查材料要由调查人、被调查人、记录人签名、捺印或者盖章。

续表

【2002】第二十条　调查人员调查收集的书证,可以是原件,也可以是经核对无误的副本或者复制件。是副本或者复制件的,应当在调查笔录中说明来源和取证情况。 【2020】第二十一条　人民法院调查收集的书证,可以是原件,也可以是经核对无误的副本或者复制件。是副本或者复制件的,应当在调查笔录中说明来源和取证情况。
【关联】2021年《民事诉讼法》第七十三条　书证应当提交原件。物证应当提交原物。提交原件或者原物确有困难的,可以提交复制品、照片、副本、节录本。 提交外文书证,必须附有中文译本。
【2002】第二十一条　调查人员调查收集的物证应当是原物。被调查人提供原物确有困难的,可以提供复制品或者照片。提供复制品或者照片的,应当在调查笔录中说明取证情况。 【2020】第二十二条　人民法院调查收集的物证应当是原物。被调查人提供原物确有困难的,可以提供复制品或者影像资料。提供复制品或者影像资料的,应当在调查笔录中说明取证情况。
【关联】
【2002】第二十二条　调查人员调查收集计算机数据或者录音、录像等视听资料的,应当要求被调查人提供有关资料的原始载体。提供原始载体确有困难的,可以提供复制件。提供复制件的,调查人员应当在调查笔录中说明其来源和制作经过。 【2020】第二十三条　人民法院调查收集视听资料、电子数据,应当要求被调查人提供原始载体。 提供原始载体确有困难的,可以提供复制件。提供复制件的,人民法院应当在调查笔录中说明其来源和制作经过。 人民法院对视听资料、电子数据采取证据保全措施的,适用前款规定。
【关联】
【2002】 【2020】【新增】第二十四条　人民法院调查收集可能需要鉴定的证据,应当遵守相关技术规范,确保证据不被污染。
【关联】
【2002】第二十三条　当事人依据《民事诉讼法》第七十四条的规定向人民法院申请保全证据,不得迟于举证期限届满前七日。 当事人申请保全证据的,人民法院可以要求其提供相应的担保。 法律、司法解释规定诉前保全证据的,依照其规定办理。 【2020】第二十五条　当事人或者利害关系人根据民事诉讼法第八十一条的规定申请证据保全的,申请书应当载明需要保全的证据的基本情况、申请保全的理由以及采取何种保全措施等内容。 当事人根据民事诉讼法第八十一条第一款的规定申请证据保全的,应当在举证期限届满前向人民法院提出。 法律、司法解释对诉前证据保全有规定的,依照其规定办理。
【关联】2021年《民事诉讼法》第八十四条　在证据可能灭失或者以后难以取得的情况下,当事人可以在诉讼过程中向人民法院申请保全证据,人民法院也可以主动采取保全措施。 因情况紧急,在证据可能灭失或者以后难以取得的情况下,利害关系人可以在提起诉讼或者申请仲裁前向证据所在地、被申请人住所地或者对案件有管辖权的人民法院申请保全证据。 证据保全的其他程序,参照适用本法第九章保全的有关规定。 2022年《民诉法解释》第九十八条　当事人根据民事诉讼法第八十四条第一款规定申请证据保全的,可以在举证期限届满前书面提出。 证据保全可能对他人造成损失的,人民法院应当责令申请人提供相应的担保。

续表

【2002】 【2020】【新增】第二十六条　当事人或者利害关系人申请采取查封、扣押等限制保全标的物使用、流通等保全措施，或者保全可能对证据持有人造成损失的，人民法院应当责令申请人提供相应的担保。 　　担保方式或者数额由人民法院根据保全措施对证据持有人的影响、保全标的物的价值、当事人或者利害关系人争议的诉讼标的金额等因素综合确定。
【关联】
【2002】第二十四条　人民法院进行证据保全，可以根据具体情况，采取查封、扣押、拍照、录音、录像、复制、鉴定、勘验、制作笔录等方法。 　　人民法院进行证据保全，可以要求当事人或者诉讼代理人到场。 【2020】第二十七条　人民法院进行证据保全，可以要求当事人或者诉讼代理人到场。 　　根据当事人的申请和具体情况，人民法院可以采取查封、扣押、录音、录像、复制、鉴定、勘验等方法进行证据保全，并制作笔录。 　　在符合证据保全目的的情况下，人民法院应当选择对证据持有人利益影响最小的保全措施。
【关联】
【2002】 【2020】【新增】第二十八条　申请证据保全错误造成财产损失，当事人请求申请人承担赔偿责任的，人民法院应予支持。
【关联】
【2002】 【2020】【新增】第二十九条　人民法院采取诉前证据保全措施后，当事人向其他有管辖权的人民法院提起诉讼的，采取保全措施的人民法院应当根据当事人的申请，将保全的证据及时移交受理案件的人民法院。
【关联】
【2002】 【2020】【新增】第三十条　人民法院在审理案件过程中认为待证事实需要通过鉴定意见证明的，应当向当事人释明，并指定提出鉴定申请的期间。 　　符合《最高人民法院关于适用〈中华人民共和国民事诉讼法〉的解释》第九十六条第一款规定情形的，人民法院应当依职权委托鉴定。
【关联】2021年《民事诉讼法》第七十九条　当事人可以就查明事实的专门性问题向人民法院申请鉴定。当事人申请鉴定的，由双方当事人协商确定具备资格的鉴定人；协商不成的，由人民法院指定。 　　当事人未申请鉴定，人民法院对专门性问题认为需要鉴定的，应当委托具备资格的鉴定人进行鉴定。
【2002】第二十五条　当事人申请鉴定，应当在举证期限内提出。符合本规定第二十七条规定的情形，当事人申请重新鉴定的除外。 　　对需要鉴定的事项负有举证责任的当事人，在人民法院指定的期限内无正当理由不提出鉴定申请或者不预交鉴定费用或者拒不提供相关材料，致使对案件争议的事实无法通过鉴定结论予以认定的，应当对该事实承担举证不能的法律后果。 【2020】第三十一条　当事人申请鉴定，应当在人民法院指定期间内提出，并预交鉴定费用。逾期不提出申请或者不预交鉴定费用的，视为放弃申请。 　　对需要鉴定的待证事实负有举证责任的当事人，在人民法院指定期间内无正当理由不提出鉴定申请或者不预交鉴定费用，或者拒不提供相关材料，致使待证事实无法查明的，应当承担举证不能的法律后果。

续表

【关联】2022年《民诉法解释》第一百二十一条　当事人申请鉴定，可以在举证期限届满前提出。申请鉴定的事项与待证事实无关联，或者对证明待证事实无意义的，人民法院不予准许。

人民法院准许当事人鉴定申请的，应当组织双方当事人协商确定具备相应资格的鉴定人。当事人协商不成的，由人民法院指定。

符合依职权调查收集证据条件的，人民法院应当依职权委托鉴定，在询问当事人的意见后，指定具备相应资格的鉴定人。

【2002】第二十六条　当事人申请鉴定经人民法院同意后，由双方当事人协商确定有鉴定资格的鉴定机构、鉴定人员，协商不成的，由人民法院指定。

【2020】第三十二条　人民法院准许鉴定申请的，应当组织双方当事人协商确定具备相应资格的鉴定人。当事人协商不成的，由人民法院指定。

人民法院依职权委托鉴定的，可以在询问当事人的意见后，指定具备相应资格的鉴定人。

人民法院在确定鉴定人后应当出具委托书，委托书中应当载明鉴定事项、鉴定范围、鉴定目的和鉴定期限。

【关联】

【2002】

【2020】【新增】第三十三条　鉴定开始之前，人民法院应当要求鉴定人签署承诺书。承诺书中应当载明鉴定人保证客观、公正、诚实地进行鉴定，保证出庭作证，如作虚假鉴定应当承担法律责任等内容。

鉴定人故意作虚假鉴定的，人民法院应当责令其退还鉴定费用，并根据情节，依照民事诉讼法第一百一十一条的规定进行处罚。

【关联】

【2002】

【2020】【新增】第三十四条　人民法院应当组织当事人对鉴定材料进行质证。未经质证的材料，不得作为鉴定的根据。

经人民法院准许，鉴定人可以调取证据、勘验物证和现场、询问当事人或者证人。

【关联】

【2002】

【2020】【新增】第三十五条　鉴定人应当在人民法院确定的期限内完成鉴定，并提交鉴定书。

鉴定人无正当理由未按期提交鉴定书的，当事人可以申请人民法院另行委托鉴定人进行鉴定。人民法院准许的，原鉴定人已经收取的鉴定费用应当退还；拒不退还的，依照本规定第八十一条第二款的规定处理。

【关联】2021年《民事诉讼法》第八十条　鉴定人有权了解进行鉴定所需要的案件材料，必要时可以询问当事人、证人。

鉴定人应当提出书面鉴定意见，在鉴定书上签名或者盖章。

【2002】第二十九条　审判人员对鉴定人出具的鉴定书，应当审查是否具有下列内容：

（一）委托人姓名或者名称、委托鉴定的内容；

（二）委托鉴定的材料；

（三）鉴定的依据及使用的科学技术手段；

（四）对鉴定过程的说明；

（五）明确的鉴定结论；

（六）对鉴定人鉴定资格的说明；

（七）鉴定人员及鉴定机构签名盖章。

【2020】第三十六条　人民法院对鉴定人出具的鉴定书，应当审查是否具有下列内容：

（一）委托法院的名称；

续表

（二）委托鉴定的内容、要求； （三）鉴定材料； （四）鉴定所依据的原理、方法； （五）对鉴定过程的说明； （六）鉴定意见； （七）承诺书。 鉴定书应当由鉴定人签名或者盖章，并附鉴定人的相应资格证明。委托机构鉴定的，鉴定书应当由鉴定机构盖章，并由从事鉴定的人员签名。
【关联】2021 年《民事诉讼法》第八十二条　当事人可以申请人民法院通知有专门知识的人出庭，就鉴定人作出的鉴定意见或者专业问题提出意见。
【2002】 【2020】【新增】第三十七条　人民法院收到鉴定书后，应当及时将副本送交当事人。 当事人对鉴定书的内容有异议的，应当在人民法院指定期间内以书面方式提出。 对于当事人的异议，人民法院应当要求鉴定人作出解释、说明或者补充。人民法院认为有必要的，可以要求鉴定人对当事人未提出异议的内容进行解释、说明或者补充。
【关联】
【2002】 【2020】【新增】第三十八条　当事人在收到鉴定人的书面答复后仍有异议的，人民法院应当根据《诉讼费用交纳办法》第十一条的规定，通知有异议的当事人预交鉴定人出庭费用，并通知鉴定人出庭。有异议的当事人不预交鉴定人出庭费用的，视为放弃异议。 双方当事人对鉴定意见均有异议的，分摊预交鉴定人出庭费用。
【关联】2021 年《民事诉讼法》第八十一条　当事人对鉴定意见有异议或者人民法院认为鉴定人有必要出庭的，鉴定人应当出庭作证。经人民法院通知，鉴定人拒不出庭作证的，鉴定意见不得作为认定事实的根据；支付鉴定费用的当事人可以要求返还鉴定费用。
【2002】 【2020】【新增】第三十九条　鉴定人出庭费用按照证人出庭作证费用的标准计算，由败诉的当事人负担。因鉴定意见不明确或者有瑕疵需要鉴定人出庭的，出庭费用由其自行负担。 人民法院委托鉴定时已经确定鉴定人出庭费用包含在鉴定费用中的，不再通知当事人预交。
【关联】
【2002】第二十七条　当事人对人民法院委托的鉴定部门作出的鉴定结论有异议申请重新鉴定，提出证据证明存在下列情形之一的，人民法院应予准许： （一）鉴定机构或者鉴定人员不具备相关的鉴定资格的； （二）鉴定程序严重违法的； （三）鉴定结论明显依据不足的； （四）经过质证认定不能作为证据使用的其他情形。 对有缺陷的鉴定结论，可以通过补充鉴定、重新质证或者补充质证等方法解决的，不予重新鉴定。 【2020】第四十条　当事人申请重新鉴定，存在下列情形之一的，人民法院应当准许： （一）鉴定人不具备相应资格的； （二）鉴定程序严重违法的； （三）鉴定意见明显依据不足的； （四）鉴定意见不能作为证据使用的其他情形。 存在前款第一项至第三项情形的，鉴定人已经收取的鉴定费用应当退还。拒不退还的，依照本规定第八十一条第二款的规定处理。

续表

对鉴定意见的瑕疵，可以通过补正、补充鉴定或者补充质证、重新质证等方法解决的，人民法院不予准许重新鉴定的申请。

重新鉴定的，原鉴定意见不得作为认定案件事实的根据。

【关联】

【2002】第二十八条　一方当事人自行委托有关部门作出的鉴定结论，另一方当事人有证据足以反驳并申请重新鉴定的，人民法院应予准许。

【2020】第四十一条　对于一方当事人就专门性问题自行委托有关机构或者人员出具的意见，另一方当事人有证据或者理由足以反驳并申请鉴定的，人民法院应予准许。

【关联】

【2002】

【2020】【新增】第四十二条　鉴定意见被采信后，鉴定人无正当理由撤销鉴定意见的，人民法院应当责令其退还鉴定费用，并可以根据情节，依照民事诉讼法第一百一十一条的规定对鉴定人进行处罚。当事人主张鉴定人负担由此增加的合理费用的，人民法院应予支持。

人民法院采信鉴定意见后准许鉴定人撤销的，应当责令其退还鉴定费用。

【关联】

【2002】第三十条　人民法院勘验物证或者现场，应当制作笔录，记录勘验的时间、地点、勘验人、在场人、勘验的经过、结果，由勘验人、在场人签名或者盖章。对于绘制的现场图应当注明绘制的时间、方位、测绘人姓名、身份等内容。

【2020】【新增】第四十三条　人民法院应当在勘验前将勘验的时间和地点通知当事人。当事人不参加的，不影响勘验进行。

当事人可以就勘验事项向人民法院进行解释和说明，可以请求人民法院注意勘验中的重要事项。

人民法院勘验物证或者现场，应当制作笔录，记录勘验的时间、地点、勘验人、在场人、勘验的经过、结果，由勘验人、在场人签名或者盖章。对于绘制的现场图应当注明绘制的时间、方位、测绘人姓名、身份等内容。

【关联】2021 年《民事诉讼法》第八十三条　勘验物证或者现场，勘验人必须出示人民法院的证件，并邀请当地基层组织或者当事人所在单位派人参加。当事人或者当事人的成年家属应当到场，拒不到场的，不影响勘验的进行。

有关单位和个人根据人民法院的通知，有义务保护现场，协助勘验工作。

勘验人应当将勘验情况和结果制作笔录，由勘验人、当事人和被邀参加人签名或者盖章。

2022 年《民诉法解释》第一百二十四条　人民法院认为有必要的，可以根据当事人的申请或者依职权对物证或者现场进行勘验。勘验时应当保护他人的隐私和尊严。

人民法院可以要求鉴定人参与勘验。必要时，可以要求鉴定人在勘验中进行鉴定。

【2002】第三十一条　摘录有关单位制作的与案件事实相关的文件、材料，应当注明出处，并加盖制作单位或者保管单位的印章，摘录人和其他调查人员应当在摘录件上签名或者盖章。

摘录文件、材料应当保持内容相应的完整性，不得断章取义。

【2020】第四十四条　摘录有关单位制作的与案件事实相关的文件、材料，应当注明出处，并加盖制作单位或者保管单位的印章，摘录人和其他调查人员应当在摘录件上签名或者盖章。

摘录文件、材料应当保持内容相应的完整性。

【关联】2022 年《民诉法解释》第一百一十五条　单位向人民法院提出的证明材料，应当由单位负责人及制作证明材料的人员签名或者盖章，并加盖单位印章。人民法院就单位出具的证明材料，可以向单位及制作证明材料的人员进行调查核实。必要时，可以要求制作证明材料的人员出庭作证。

单位及制作证明材料的人员拒绝人民法院调查核实，或者制作证明材料的人员无正当理由拒绝出庭作证的，该证明材料不得作为认定案件事实的根据。

续表

【2002】 【2020】【新增】第四十五条　当事人根据《最高人民法院关于适用〈中华人民共和国民事诉讼法〉的解释》第一百一十二条的规定申请人民法院责令对方当事人提交书证的，申请书应当载明所申请提交的书证名称或者内容、需要以该书证证明的事实及事实的重要性、对方当事人控制该书证的根据以及应当提交该书证的理由。 对方当事人否认控制书证的，人民法院应当根据法律规定、习惯等因素，结合案件的事实、证据，对于书证是否在对方当事人控制之下的事实作出综合判断。
【关联】
【2002】 【2020】【新增】第四十六条　人民法院对当事人提交书证的申请进行审查时，应当听取对方当事人的意见，必要时可以要求双方当事人提供证据、进行辩论。 当事人申请提交的书证不明确、书证对于待证事实的证明无必要、待证事实对于裁判结果无实质性影响、书证未在对方当事人控制之下或者不符合本规定第四十七条情形的，人民法院不予准许。 当事人申请理由成立的，人民法院应当作出裁定，责令对方当事人提交书证；理由不成立的，通知申请人。
【关联】2022 年《民诉法解释》第一百一十四条　国家机关或者其他依法具有社会管理职能的组织，在其职权范围内制作的文书所记载的事项推定为真实，但有相反证据足以推翻的除外。必要时，人民法院可以要求制作文书的机关或者组织对文书的真实性予以说明。
【2002】 【2020】【新增】第四十七条　下列情形，控制书证的当事人应当提交书证： （一）控制书证的当事人在诉讼中曾经引用过的书证； （二）为对方当事人的利益制作的书证； （三）对方当事人依照法律规定有权查阅、获取的书证； （四）账簿、记账原始凭证； （五）人民法院认为应当提交书证的其他情形。 前款所列书证，涉及国家秘密、商业秘密、当事人或第三人的隐私，或者存在法律规定应当保密的情形的，提交后不得公开质证。
【关联】
【2002】 【2020】【新增】第四十八条　控制书证的当事人无正当理由拒不提交书证的，人民法院可以认定对方当事人所主张的书证内容为真实。 控制书证的当事人存在《最高人民法院关于适用〈中华人民共和国民事诉讼法〉的解释》第一百一十三条规定情形的，人民法院可以认定对方当事人主张以该书证证明的事实为真实。
【关联】2022 年《民诉法解释》第一百一十二条　书证在对方当事人控制之下的，承担举证证明责任的当事人可以在举证期限届满前书面申请人民法院责令对方当事人提交。 申请理由成立的，人民法院应当责令对方当事人提交，因提交书证所产生的费用，由申请人负担。对方当事人无正当理由拒不提交的，人民法院可以认定申请人所主张的书证内容为真实。 第一百一十三条　持有书证的当事人以妨碍对方当事人使用为目的，毁灭有关书证或者实施其他致使书证不能使用行为的，人民法院可以依照民事诉讼法第一百一十四条规定，对其处以罚款、拘留。
【2002】第三十二条　被告应当在答辩期届满前提出书面答辩，阐明其对原告诉讼请求及所依据的事实和理由的意见。 【2020】第四十九条　被告应当在答辩期届满前提出书面答辩，阐明其对原告诉讼请求及所依据的事实和理由的意见。

续表

【关联】
【2002】第三十三条第一款　人民法院应当在送达案件受理通知书和应诉通知书的同时向当事人送达举证通知书。举证通知书应当载明举证责任的分配原则与要求、可以向人民法院申请调查取证的情形、人民法院根据案件情况指定的举证期限以及逾期提供证据的法律后果。 【2020】第五十条　人民法院应当在审理前的准备阶段向当事人送达举证通知书。 举证通知书应当载明举证责任的分配原则和要求、可以向人民法院申请调查收集证据的情形、人民法院根据案件情况指定的举证期限以及逾期提供证据的法律后果等内容。
【关联】
【2002】第三十三条第二款　举证期限可以由当事人协商一致，并经人民法院认可。 第三十三条第三款　由人民法院指定举证期限的，指定的期限不得少于三十日，自当事人收到案件受理通知书和应诉通知书的次日起计算。 【2020】第五十一条　举证期限可以由当事人协商，并经人民法院准许。 人民法院指定举证期限的，适用第一审普通程序审理的案件不得少于十五日，当事人提供新的证据的第二审案件不得少于十日。适用简易程序审理的案件不得超过十五日，小额诉讼案件的举证期限一般不得超过七日。 举证期限届满后，当事人提供反驳证据或者对已经提供的证据的来源、形式等方面的瑕疵进行补正的，人民法院可以酌情再次确定举证期限，该期限不受前款规定的期间限制。
【关联】2022年《民诉法解释》第九十九条　人民法院应当在审理前的准备阶段确定当事人的举证期限。举证期限可以由当事人协商，并经人民法院准许。 人民法院确定举证期限，第一审普通程序案件不得少于十五日，当事人提供新的证据的第二审案件不得少于十日。 举证期限届满后，当事人对已经提供的证据，申请提供反驳证据或者对证据来源、形式等方面的瑕疵进行补正的，人民法院可以酌情再次确定举证期限，该期限不受前款规定的限制。
【2002】【删除】第三十四条　当事人应当在举证期限内向人民法院提交证据材料，当事人在举证期限内不提交的，视为放弃举证权利。 对于当事人逾期提交的证据材料，人民法院审理时不组织质证。但对方当事人同意质证的除外。 当事人增加、变更诉讼请求或者提起反诉的，应当在举证期限届满前提出。 【2020】
【关联】2021年《民事诉讼法》第六十七条　当事人对自己提出的主张应当及时提供证据。 人民法院根据当事人的主张和案件审理情况，确定当事人应当提供的证据及其期限。当事人在该期限内提供证据确有困难的，可以向人民法院申请延长期限，人民法院根据当事人的申请适当延长。当事人逾期提供证据的，人民法院应当责令其说明理由；拒不说明理由或者理由不成立的，人民法院根据不同情形可以不予采纳该证据，或者采纳该证据但予以训诫、罚款。
【2002】 【2020】【新增】第五十二条　当事人在举证期限内提供证据存在客观障碍，属于民事诉讼法第六十五条第二款规定的“当事人在该期限内提供证据确有困难”的情形。 前款情形，人民法院应当根据当事人的举证能力、不能在举证期限内提供证据的原因等因素综合判断。必要时，可以听取对方当事人的意见。
【关联】

续表

【2002】第三十五条　诉讼过程中，当事人主张的法律关系的性质或者民事行为的效力与人民法院根据案件事实作出的认定不一致的，不受本规定第三十四条规定的限制，人民法院应当告知当事人可以变更诉讼请求。 当事人变更诉讼请求的，人民法院应当重新指定举证期限。 【2020】第五十三条　诉讼过程中，当事人主张的法律关系性质或者民事行为效力与人民法院根据案件事实作出的认定不一致的，人民法院应当将法律关系性质或者民事行为效力作为焦点问题进行审理。但法律关系性质对裁判理由及结果没有影响，或者有关问题已经当事人充分辩论的除外。 存在前款情形，当事人根据法庭审理情况变更诉讼请求的，人民法院应当准许并可以根据案件的具体情况重新指定举证期限。
【关联】
【2002】第三十六条　当事人在举证期限内提交证据材料确有困难的，应当在举证期限内向人民法院申请延期举证，经人民法院准许，可以适当延长举证期限。当事人在延长的举证期限内提交证据材料仍有困难的，可以再次提出延期申请，是否准许由人民法院决定。 【2020】第五十四条　当事人申请延长举证期限的，应当在举证期限届满前向人民法院提出书面申请。 申请理由成立的，人民法院应当准许，适当延长举证期限，并通知其他当事人。延长的举证期限适用于其他当事人。 申请理由不成立的，人民法院不予准许，并通知申请人。
【关联】2022年《民诉法解释》第一百条　当事人申请延长举证期限的，应当在举证期限届满前向人民法院提出书面申请。 申请理由成立的，人民法院应当准许，适当延长举证期限，并通知其他当事人。延长的举证期限适用于其他当事人。 申请理由不成立的，人民法院不予准许，并通知申请人。
【2002】 【2020】【新增】第五十五条　存在下列情形的，举证期限按照如下方式确定： （一）当事人依照民事诉讼法第一百二十七条规定提出管辖权异议的，举证期限中止，自驳回管辖权异议的裁定生效之日起恢复计算； （二）追加当事人、有独立请求权的第三人参加诉讼或者无独立请求权的第三人经人民法院通知参加诉讼的，人民法院应当依照本规定第五十一条的规定为新参加诉讼的当事人确定举证期限，该举证期限适用于其他当事人； （三）发回重审的案件，第一审人民法院可以结合案件具体情况和发回重审的原因，酌情确定举证期限； （四）当事人增加、变更诉讼请求或者提出反诉的，人民法院应当根据案件具体情况重新确定举证期限； （五）公告送达的，举证期限自公告期届满之次日起计算。
【关联】
【2002】【删除】第三十七条　经当事人申请，人民法院可以组织当事人在开庭审理前交换证据。 人民法院对于证据较多或者复杂疑难的案件，应当组织当事人在答辩期届满后、开庭审理前交换证据。 【2020】
【关联】

续表

【2002】第三十八条　交换证据的时间可以由当事人协商一致并经人民法院认可，也可以由人民法院指定。 　　人民法院组织当事人交换证据的，交换证据之日举证期限届满。当事人申请延期举证经人民法院准许的，证据交换日相应顺延。 【2020】第五十六条　人民法院依照民事诉讼法第一百三十三条第四项的规定，通过组织证据交换进行审理前准备的，证据交换之日举证期限届满。 　　证据交换的时间可以由当事人协商一致并经人民法院认可，也可以由人民法院指定。当事人申请延期举证经人民法院准许的，证据交换日相应顺延。
【关联】
【2002】第三十九条　证据交换应当在审判人员的主持下进行。 　　在证据交换的过程中，审判人员对当事人无异议的事实、证据应当记录在卷；对有异议的证据，按照需要证明的事实分类记录在卷，并记载异议的理由。通过证据交换，确定双方当事人争议的主要问题。 【2020】第五十七条　证据交换应当在审判人员的主持下进行。 　　在证据交换的过程中，审判人员对当事人无异议的事实、证据应当记录在卷；对有异议的证据，按照需要证明的事实分类记录在卷，并记载异议的理由。通过证据交换，确定双方当事人争议的主要问题。
【关联】
【2002】第四十条　当事人收到对方交换的证据后提出反驳并提出新证据的，人民法院应当通知当事人在指定的时间进行交换。 　　证据交换一般不超过两次。但重大、疑难和案情特别复杂的案件，人民法院认为确有必要再次进行证据交换的除外。 【2020】第五十八条　当事人收到对方的证据后有反驳证据需要提交的，人民法院应当再次组织证据交换。
【关联】
【2002】【删除】第四十一条　《民事诉讼法》第一百二十五条第一款规定的“新的证据”，是指以下情形： 　　（一）一审程序中的新的证据包括：当事人在一审举证期限届满后新发现的证据；当事人确因客观原因无法在举证期限内提供，经人民法院准许，在延长的期限内仍无法提供的证据； 　　（二）二审程序中的新的证据包括：一审庭审结束后新发现的证据；当事人在一审举证期限届满前申请人民法院调查取证未获准许，二审法院经审查认为应当准许并依当事人申请调取的证据。 【删除】第四十二条　当事人在一审程序中提供新的证据的，应当在一审开庭前或者开庭审理时提出。 　　当事人在二审程序中提供新的证据的，应当在二审开庭前或者开庭审理时提出；二审不需要开庭审理的，应当在人民法院指定的期限内提出。 【删除】第四十三条　当事人举证期限届满后提供的证据不是新的证据的，人民法院不予采纳。 　　当事人经人民法院准许延期举证，但因客观原因未能在准许的期限内提供，且不审理该证据可能导致裁判明显不公的，其提供的证据可视为新的证据。 【删除】第四十四条　《民事诉讼法》第一百七十九条第一款第（一）项规定的“新的证据”，是指原审庭审结束后新发现的证据。 　　当事人在再审程序中提供新的证据的，应当在申请再审时提出。 【删除】第四十五条　一方当事人提出新的证据的，人民法院应当通知对方当事人在合理期限内提出意见或者举证。

续表

【删除】第四十六条　由于当事人的原因未能在指定期限内举证，致使案件在二审或者再审期间因提出新的证据被人民法院发回重审或者改判的，原审裁判不属于错误裁判案件。一方当事人请求提出新的证据的另一方当事人负担由此增加的差旅、误工、证人出庭作证、诉讼等合理费用以及由此扩大的直接损失，人民法院应予支持。
【2020】

【关联】2021年《民事诉讼法》第六十七条　当事人对自己提出的主张应当及时提供证据。

人民法院根据当事人的主张和案件审理情况，确定当事人应当提供的证据及其期限。当事人在该期限内提供证据确有困难的，可以向人民法院申请延长期限，人民法院根据当事人的申请适当延长。当事人逾期提供证据的，人民法院应当责令其说明理由；拒不说明理由或者理由不成立的，人民法院根据不同情形可以不予采纳该证据，或者采纳该证据但予以训诫、罚款。

2022年《民诉法解释》第一百零一条　当事人逾期提供证据的，人民法院应当责令其说明理由，必要时可以要求其提供相应的证据。

当事人因客观原因逾期提供证据，或者对方当事人对逾期提供证据未提出异议的，视为未逾期。

第一百零二条　当事人因故意或者重大过失逾期提供的证据，人民法院不予采纳。但该证据与案件基本事实有关的，人民法院应当采纳，并依照民事诉讼法第六十八条、第一百一十八条第一款的规定予以训诫、罚款。

当事人非因故意或者重大过失逾期提供的证据，人民法院应当采纳，并对当事人予以训诫。

当事人一方要求另一方赔偿因逾期提供证据致使其增加的交通、住宿、就餐、误工、证人出庭作证等必要费用的，人民法院可予支持。

【2002】
【2020】【新增】第五十九条　人民法院对逾期提供证据的当事人处以罚款的，可以结合当事人逾期提供证据的主观过错程度、导致诉讼迟延的情况、诉讼标的金额等因素，确定罚款数额。

【关联】2021年《民事诉讼法》第六十七条　当事人对自己提出的主张应当及时提供证据。

人民法院根据当事人的主张和案件审理情况，确定当事人应当提供的证据及其期限。当事人在该期限内提供证据确有困难的，可以向人民法院申请延长期限，人民法院根据当事人的申请适当延长。当事人逾期提供证据的，人民法院应当责令其说明理由；拒不说明理由或者理由不成立的，人民法院根据不同情形可以不予采纳该证据，或者采纳该证据但予以训诫、罚款。

2022年《民诉法解释》第一百零二条第一款　当事人因故意或者重大过失逾期提供的证据，人民法院不予采纳。但该证据与案件基本事实有关的，人民法院应当采纳，并依照民事诉讼法第六十八条、第一百一十八条第一款的规定予以训诫、罚款。

【2002】第四十七条　证据应当在法庭上出示，由当事人质证。未经质证的证据，不能作为认定案件事实的依据。

当事人在证据交换过程中认可并记录在卷的证据，经审判人员在庭审中说明后，可以作为认定案件事实的依据。

【2020】第六十条　当事人在审理前的准备阶段或者人民法院调查、询问过程中发表过质证意见的证据，视为质证过的证据。

当事人要求以书面方式发表质证意见，人民法院在听取对方当事人意见后认为有必要的，可以准许。人民法院应当及时将书面质证意见送交对方当事人。

续表

【关联】2021 年《民事诉讼法》第七十一条　证据应当在法庭上出示，并由当事人互相质证。对涉及国家秘密、商业秘密和个人隐私的证据应当保密，需要在法庭出示的，不得在公开开庭时出示。 2020 年《民诉法解释》第一百零三条第一款　证据应当在法庭上出示，由当事人互相质证。未经当事人质证的证据，不得作为认定案件事实的根据。 第一百零三条第二款　当事人在审理前的准备阶段认可的证据，经审判人员在庭审中说明后，视为质证过的证据。
【2002】【删除】第四十八条　涉及国家秘密、商业秘密和个人隐私或者法律规定的其他应当保密的证据，不得在开庭时公开质证。 【2020】
【关联】2022 年《民诉法解释》第一百零三条第三款　涉及国家秘密、商业秘密、个人隐私或者法律规定应当保密的证据，不得公开质证。
【2002】第四十九条　对书证、物证、视听资料进行质证时，当事人有权要求出示证据的原件或者原物。但有下列情况之一的除外： （一）出示原件或者原物确有困难并经人民法院准许出示复制件或者复制品的； （二）原件或者原物已不存在，但有证据证明复制件、复制品与原件或原物一致的。 【2020】第六十一条　对书证、物证、视听资料进行质证时，当事人应当出示证据的原件或者原物。但有下列情形之一的除外： （一）出示原件或者原物确有困难并经人民法院准许出示复制件或者复制品的； （二）原件或者原物已不存在，但有证据证明复制件、复制品与原件或者原物一致的。
【关联】
【2002】【删除】第五十条　质证时，当事人应当围绕证据的真实性、关联性、合法性，针对证据证明力有无以及证明力大小，进行质疑、说明与辩驳。 【2020】
【关联】2022 年《民诉法解释》第一百零四条　人民法院应当组织当事人围绕证据的真实性、合法性以及与待证事实的关联性进行质证，并针对证据有无证明力和证明力大小进行说明和辩论。 能够反映案件真实情况、与待证事实相关联、来源和形式符合法律规定的证据，应当作为认定案件事实的根据。
【2002】第五十一条　质证按下列顺序进行： （一）原告出示证据，被告、第三人与原告进行质证； （二）被告出示证据，原告、第三人与被告进行质证； （三）第三人出示证据，原告、被告与第三人进行质证。 人民法院依照当事人申请调查收集的证据，作为提出申请的一方当事人提供的证据。 人民法院依照职权调查收集的证据应当在庭审时出示，听取当事人意见，并可就调查收集该证据的情况予以说明。 【2020】第六十二条　质证一般按下列顺序进行： （一）原告出示证据，被告、第三人与原告进行质证； （二）被告出示证据，原告、第三人与被告进行质证； （三）第三人出示证据，原告、被告与第三人进行质证。 人民法院根据当事人申请调查收集的证据，审判人员对调查收集证据的情况进行说明后，由提出申请的当事人与对方当事人、第三人进行质证。 人民法院依职权调查收集的证据，由审判人员对调查收集证据的情况进行说明后，听取当事人的意见。
【关联】

续表

【2002】【删除】第五十二条　案件有两个以上独立的诉讼请求的,当事人可以逐个出示证据进行质证。 【2020】
【关联】
【2002】 【2020】【新增】第六十三条　当事人应当就案件事实作真实、完整的陈述。 　　当事人的陈述与此前陈述不一致的,人民法院应当责令其说明理由,并结合当事人的诉讼能力、证据和案件具体情况进行审查认定。 　　当事人故意作虚假陈述妨碍人民法院审理的,人民法院应当根据情节,依照民事诉讼法第一百一十一条的规定进行处罚。
【关联】2021 年《民事诉讼法》第七十八条　人民法院对当事人的陈述,应当结合本案的其他证据,审查确定能否作为认定事实的根据。 　　当事人拒绝陈述的,不影响人民法院根据证据认定案件事实。
【2002】 【2020】【新增】第六十四条　人民法院认为有必要的,可以要求当事人本人到场,就案件的有关事实接受询问。 　　人民法院要求当事人到场接受询问的,应当通知当事人询问的时间、地点、拒不到场的后果等内容。
【关联】2022 年《民诉法解释》第一百一十条第一款　人民法院认为有必要的,可以要求当事人本人到庭,就案件有关事实接受询问。在询问当事人之前,可以要求其签署保证书。
【2002】 【2020】【新增】第六十五条　人民法院应当在询问前责令当事人签署保证书并宣读保证书的内容。 　　保证书应当载明保证据实陈述,绝无隐瞒、歪曲、增减,如有虚假陈述应当接受处罚等内容。当事人应当在保证书上签名、捺印。 　　当事人有正当理由不能宣读保证书的,由书记员宣读并进行说明。
【关联】2022 年《民诉法解释》第一百一十条第二款　保证书应当载明据实陈述、如有虚假陈述愿意接受处罚等内容。当事人应当在保证书上签名或者捺印。
【2002】 【2020】【新增】第六十六条　当事人无正当理由拒不到场、拒不签署或宣读保证书或者拒不接受询问的,人民法院应当综合案件情况,判断待证事实的真伪。待证事实无其他证据证明的,人民法院应当作出不利于该当事人的认定。
【关联】2022 年《民诉法解释》第一百一十条第三款　负有举证证明责任的当事人拒绝到庭、拒绝接受询问或者拒绝签署保证书,待证事实又欠缺其他证据证明的,人民法院对其主张的事实不予认定。
【2002】第五十三条　不能正确表达意志的人,不能作为证人。 　　待证事实与其年龄、智力状况或者精神健康状况相适应的无民事行为能力人和限制民事行为能力人,可以作为证人。 【2020】第六十七条　不能正确表达意思的人,不能作为证人。 　　待证事实与其年龄、智力状况或者精神健康状况相适应的无民事行为能力人和限制民事行为能力人,可以作为证人。

续表

【关联】2021年《民事诉讼法》第七十五条　凡是知道案件情况的单位和个人,都有义务出庭作证。有关单位的负责人应当支持证人作证。 　　不能正确表达意思的人,不能作证。
【2002】第五十五条　证人应当出庭作证,接受当事人的质询。 　　证人在人民法院组织双方当事人交换证据时出席陈述证言的,可视为出庭作证。 【2020】第六十八条　人民法院应当要求证人出庭作证,接受审判人员和当事人的询问。证人在审理前的准备阶段或者人民法院调查、询问等双方当事人在场时陈述证言的,视为出庭作证。 　　双方当事人同意证人以其他方式作证并经人民法院准许的,证人可以不出庭作证。 　　无正当理由未出庭的证人以书面等方式提供的证言,不得作为认定案件事实的根据。
【关联】
【2002】第五十四条第一款　当事人申请证人出庭作证,应当在举证期限届满十日前提出,并经人民法院许可。 【2020】【新增】第六十九条　当事人申请证人出庭作证的,应当在举证期限届满前向人民法院提交申请书。 　　申请书应当载明证人的姓名、职业、住所、联系方式,作证的主要内容,作证内容与待证事实的关联性,以及证人出庭作证的必要性。 　　符合《最高人民法院关于适用〈中华人民共和国民事诉讼法〉的解释》第九十六条第一款规定情形的,人民法院应当依职权通知证人出庭作证。
【关联】
【2002】第五十四条第二款　人民法院对当事人的申请予以准许的,应当在开庭审理前通知证人出庭作证,并告知其应当如实作证及作伪证的法律后果。 　　第五十四条第三款　证人因出庭作证而支出的合理费用,由提供证人的一方当事人先行支付,由败诉一方当事人承担。 【2020】第七十条　人民法院准许证人出庭作证申请的,应当向证人送达通知书并告知双方当事人。通知书中应当载明证人作证的时间、地点,作证的事项、要求以及作伪证的法律后果等内容。 　　当事人申请证人出庭作证的事项与待证事实无关,或者没有通知证人出庭作证必要的,人民法院不予准许当事人的申请。
【关联】
【2002】 【2020】【新增】第七十一条　人民法院应当要求证人在作证之前签署保证书,并在法庭上宣读保证书的内容。但无民事行为能力人和限制民事行为能力人作为证人的除外。 　　证人确有正当理由不能宣读保证书的,由书记员代为宣读并进行说明。 　　证人拒绝签署或者宣读保证书的,不得作证,并自行承担相关费用。 　　证人保证书的内容适用当事人保证书的规定。
【关联】2022年《民诉法解释》第一百一十九条　人民法院在证人出庭作证前应当告知其如实作证的义务以及作伪证的法律后果,并责令其签署保证书,但无民事行为能力人和限制民事行为能力人除外。 　　证人签署保证书适用本解释关于当事人签署保证书的规定。 　　第一百二十条　证人拒绝签署保证书的,不得作证,并自行承担相关费用。

续表

【2002】第五十七条　出庭作证的证人应当客观陈述其亲身感知的事实。证人为聋哑人的，可以其他表达方式作证。 证人作证时，不得使用猜测、推断或者评论性的语言。 【2020】第七十二条　证人应当客观陈述其亲身感知的事实，作证时不得使用猜测、推断或者评论性语言。 证人作证前不得旁听法庭审理，作证时不得以宣读事先准备的书面材料的方式陈述证言。 证人言辞表达有障碍的，可以通过其他表达方式作证。
【关联】
【2002】 【2020】【新增】第七十三条　证人应当就其作证的事项进行连续陈述。 当事人及其法定代理人、诉讼代理人或者旁听人员干扰证人陈述的，人民法院应当及时制止，必要时可以依照民事诉讼法第一百一十条的规定进行处罚。
【关联】
【2002】第五十八条　审判人员和当事人可以对证人进行询问。证人不得旁听法庭审理；询问证人时，其他证人不得在场。人民法院认为有必要的，可以让证人进行对质。 【2020】第七十四条　审判人员可以对证人进行询问。当事人及其诉讼代理人经审判人员许可后可以询问证人。 询问证人时其他证人不得在场。 人民法院认为有必要的，可以要求证人之间进行对质。
【关联】
【2002】 【2020】【新增】第七十五条　证人出庭作证后，可以向人民法院申请支付证人出庭作证费用。证人有困难需要预先支取出庭作证费用的，人民法院可以根据证人的申请在出庭作证前支付。
【关联】2021年《民事诉讼法》第七十七条　证人因履行出庭作证义务而支出的交通、住宿、就餐等必要费用以及误工损失，由败诉一方当事人负担。当事人申请证人作证的，由该当事人先行垫付；当事人没有申请，人民法院通知证人作证的，由人民法院先行垫付。 2022年《民诉法解释》第一百一十八条　民事诉讼法第七十七条规定的证人因履行出庭作证义务而支出的交通、住宿、就餐等必要费用，按照机关事业单位工作人员差旅费用和补贴标准计算；误工损失按照国家上年度职工日平均工资标准计算。 人民法院准许证人出庭作证申请的，应当通知申请人预缴证人出庭作证费用。
【2002】【删除】第五十六条　《民事诉讼法》第七十条规定的“证人确有困难不能出庭”，是指有下列情形： （一）年迈体弱或者行动不便无法出庭的； （二）特殊岗位确实无法离开的； （三）路途特别遥远，交通不便难以出庭的； （四）因自然灾害等不可抗力的原因无法出庭的； （五）其他无法出庭的特殊情况。 前款情形，经人民法院许可，证人可以提交书面证言或者视听资料或者通过双向视听传输技术手段作证。 【2020】
【关联】2021年《民事诉讼法》第七十六条　经人民法院通知，证人应当出庭作证。有下列情形之一的，经人民法院许可，可以通过书面证言、视听传输技术或者视听资料等方式作证： （一）因健康原因不能出庭的；

续表

（二）因路途遥远，交通不便不能出庭的；
（三）因自然灾害等不可抗力不能出庭的；
（四）其他有正当理由不能出庭的。

【2002】
【2020】【新增】第七十六条　证人确有困难不能出庭作证，申请以书面证言、视听传输技术或者视听资料等方式作证的，应当向人民法院提交申请书。申请书中应当载明不能出庭的具体原因。
符合民事诉讼法第七十三条规定情形的，人民法院应当准许。

【关联】

【2002】
【2020】【新增】第七十七条　证人经人民法院准许，以书面证言方式作证的，应当签署保证书；以视听传输技术或者视听资料方式作证的，应当签署保证书并宣读保证书的内容。

【关联】

【2002】
【2020】【新增】第七十八条　当事人及其诉讼代理人对证人的询问与待证事实无关，或者存在威胁、侮辱证人或不适当引导等情形的，审判人员应当及时制止。必要时可以依照民事诉讼法第一百一十条、第一百一十一条的规定进行处罚。
证人故意作虚假陈述，诉讼参与人或者其他人以暴力、威胁、贿买等方法妨碍证人作证，或者在证人作证后以侮辱、诽谤、诬陷、恐吓、殴打等方式对证人打击报复的，人民法院应当根据情节，依照民事诉讼法第一百一十一条的规定，对行为人进行处罚。

【关联】2021年《民事诉讼法》第一百一十三条　诉讼参与人和其他人应当遵守法庭规则。
人民法院对违反法庭规则的人，可以予以训诫，责令退出法庭或者予以罚款、拘留。
人民法院对哄闹、冲击法庭，侮辱、诽谤、威胁、殴打审判人员，严重扰乱法庭秩序的人，依法追究刑事责任；情节较轻的，予以罚款、拘留。
第一百一十四条　诉讼参与人或者其他人有下列行为之一的，人民法院可以根据情节轻重予以罚款、拘留；构成犯罪的，依法追究刑事责任：
（一）伪造、毁灭重要证据，妨碍人民法院审理案件的；
（二）以暴力、威胁、贿买方法阻止证人作证或者指使、贿买、胁迫他人作伪证的；
（三）隐藏、转移、变卖、毁损已被查封、扣押的财产，或者已被清点并责令其保管的财产，转移已被冻结的财产的；
（四）对司法工作人员、诉讼参加人、证人、翻译人员、鉴定人、勘验人、协助执行的人，进行侮辱、诽谤、诬陷、殴打或者打击报复的；
（五）以暴力、威胁或者其他方法阻碍司法工作人员执行职务的；
（六）拒不履行人民法院已经发生法律效力的判决、裁定的。
人民法院对有前款规定的行为之一的单位，可以对其主要负责人或者直接责任人员予以罚款、拘留；构成犯罪的，依法追究刑事责任。
第一百一十五条　当事人之间恶意串通，企图通过诉讼、调解等方式侵害他人合法权益的，人民法院应当驳回其请求，并根据情节轻重予以罚款、拘留；构成犯罪的，依法追究刑事责任。

【2002】
【2020】【新增】第七十九条　鉴定人依照民事诉讼法第七十八条的规定出庭作证的，人民法院应当在开庭审理三日前将出庭的时间、地点及要求通知鉴定人。
委托机构鉴定的，应当由从事鉴定的人员代表机构出庭。

续表

【关联】2021 年《民事诉讼法》第八十一条　当事人对鉴定意见有异议或者人民法院认为鉴定人有必要出庭的，鉴定人应当出庭作证。经人民法院通知，鉴定人拒不出庭作证的，鉴定意见不得作为认定事实的根据；支付鉴定费用的当事人可以要求返还鉴定费用。
【2002】第五十九条　鉴定人应当出庭接受当事人质询。 　　鉴定人确因特殊原因无法出庭的，经人民法院准许，可以书面答复当事人的质询。 【2020】第八十条　鉴定人应当就鉴定事项如实答复当事人的异议和审判人员的询问。当庭答复确有困难的，经人民法院准许，可以在庭审结束后书面答复。 　　人民法院应当及时将书面答复送交当事人，并听取当事人的意见。必要时，可以再次组织质证。
【关联】
【2002】 【2020】【新增】第八十一条　鉴定人拒不出庭作证的，鉴定意见不得作为认定案件事实的根据。人民法院应当建议有关主管部门或者组织对拒不出庭作证的鉴定人予以处罚。 　　当事人要求退还鉴定费用的，人民法院应当在三日内作出裁定，责令鉴定人退还；拒不退还的，由人民法院依法执行。 　　当事人因鉴定人拒不出庭作证申请重新鉴定的，人民法院应当准许。
【关联】
【2002】第六十条　经法庭许可，当事人可以向证人、鉴定人、勘验人发问。 　　询问证人、鉴定人、勘验人不得使用威胁、侮辱及不适当引导证人的言语和方式。 【2020】第八十二条　经法庭许可，当事人可以询问鉴定人、勘验人。 　　询问鉴定人、勘验人不得使用威胁、侮辱等不适当的言语和方式。
【关联】
【2002】【删除】第六十一条　当事人可以向人民法院申请由一至二名具有专门知识的人员出庭就案件的专门性问题进行说明。人民法院准许其申请的，有关费用由提出申请的当事人负担。 　　审判人员和当事人可以对出庭的具有专门知识的人员进行询问。 　　经人民法院准许，可以由当事人各自申请的具有专门知识的人员就有案件中的问题进行对质。 　　具有专门知识的人员可以对鉴定人进行询问。 【2020】
【关联】2022 年《民诉法解释》第一百二十二条　当事人可以依照民事诉讼法第八十二条的规定，在举证期限届满前申请一至二名具有专门知识的人出庭，代表当事人对鉴定意见进行质证，或者对案件事实所涉及的专业问题提出意见。 　　具有专门知识的人在法庭上就专业问题提出的意见，视为当事人的陈述。 　　人民法院准许当事人申请的，相关费用由提出申请的当事人负担。
【2002】 【2020】【新增】第八十三条　当事人依照民事诉讼法第七十九条和《最高人民法院关于适用〈中华人民共和国民事诉讼法〉的解释》第一百二十二条的规定，申请有专门知识的人出庭的，申请书中应当载明有专门知识的人的基本情况和申请的目的。 　　人民法院准许当事人申请的，应当通知双方当事人。
【关联】
【2002】【删除】第六十二条　法庭应当将当事人的质证情况记入笔录，并由当事人核对后签名或者盖章。 【2020】

续表

【关联】2021年《民事诉讼法》第一百五十条　书记员应当将法庭审理的全部活动记入笔录，由审判人员和书记员签名。 　　法庭笔录应当当庭宣读，也可以告知当事人和其他诉讼参与人当庭或者在五日内阅读。当事人和其他诉讼参与人认为对自己的陈述记录有遗漏或者差错的，有权申请补正。如果不予补正，应当将申请记录在案。 　　法庭笔录由当事人和其他诉讼参与人签名或者盖章。拒绝签名盖章的，记明情况附卷。
【2002】 【2020】【新增】第八十四条　审判人员可以对有专门知识的人进行询问。经法庭准许，当事人可以对有专门知识的人进行询问，当事人各自申请的有专门知识的人可以就案件中的有关问题进行对质。 　　有专门知识的人不得参与对鉴定意见质证或者就专业问题发表意见之外的法庭审理活动。
【关联】2022年《民诉法解释》第一百二十三条　人民法院可以对出庭的具有专门知识的人进行询问。经法庭准许，当事人可以对出庭的具有专门知识的人进行询问，当事人各自申请的具有专门知识的人可以就案件中的有关问题进行对质。 　　具有专门知识的人不得参与专业问题之外的法庭审理活动。
【2002】第六十三条　人民法院应当以证据能够证明的案件事实为依据依法作出裁判。 　　第六十四条　审判人员应当依照法定程序，全面、客观地审核证据，依据法律的规定，遵循法官职业道德，运用逻辑推理和日常生活经验，对证据有无证明力和证明力大小独立进行判断，并公开判断的理由和结果。 【2020】第八十五条　人民法院应当以证据能够证明的案件事实为根据依法作出裁判。 　　审判人员应当依照法定程序，全面、客观地审核证据，依据法律的规定，遵循法官职业道德，运用逻辑推理和日常生活经验，对证据有无证明力和证明力大小独立进行判断，并公开判断的理由和结果。
【关联】2022年《民诉法解释》第一百零五条　人民法院应当按照法定程序，全面、客观地审核证据，依照法律规定，运用逻辑推理和日常生活经验法则，对证据有无证明力和证明力大小进行判断，并公开判断的理由和结果。
【2002】 【2020】【新增】第八十六条　当事人对于欺诈、胁迫、恶意串通事实的证明，以及对于口头遗嘱或赠与事实的证明，人民法院确信该待证事实存在的可能性能够排除合理怀疑的，应当认定该事实存在。 　　与诉讼保全、回避等程序事项有关的事实，人民法院结合当事人的说明及相关证据，认为有关事实存在的可能性较大的，可以认定该事实存在。
【关联】2022年《民诉法解释》第一百零九条　当事人对欺诈、胁迫、恶意串通事实的证明，以及对口头遗嘱或者赠与事实的证明，人民法院确信该待证事实存在的可能性能够排除合理怀疑的，应当认定该事实存在。
【2002】第六十五条　审判人员对单一证据可以从下列方面进行审核认定： 　　（一）证据是否原件、原物，复印件、复制品与原件、原物是否相符； 　　（二）证据与本案事实是否相关； 　　（三）证据的形式、来源是否符合法律规定； 　　（四）证据的内容是否真实； 　　（五）证人或者提供证据的人，与当事人有无利害关系。 【2020】第八十七条　审判人员对单一证据可以从下列方面进行审核认定： 　　（一）证据是否为原件、原物，复制件、复制品与原件、原物是否相符； 　　（二）证据与本案事实是否相关； 　　（三）证据的形式、来源是否符合法律规定；

续表

（四）证据的内容是否真实； （五）证人或者提供证据的人与当事人有无利害关系。
【关联】
【2002】第六十六条　审判人员对案件的全部证据，应当从各证据与案件事实的关联程度、各证据之间的联系等方面进行综合审查判断。 【2020】第八十八条　审判人员对案件的全部证据，应当从各证据与案件事实的关联程度、各证据之间的联系等方面进行综合审查判断。
【关联】
【2002】【删除】第六十七条　在诉讼中，当事人为达成调解协议或者和解的目的作出妥协所涉及的对案件事实的认可，不得在其后的诉讼中作为对其不利的证据。 【2020】
【关联】2022 年《民诉法解释》第一百零七条　在诉讼中，当事人为达成调解协议或者和解协议作出妥协而认可的事实，不得在后续的诉讼中作为对其不利的根据，但法律另有规定或者当事人均同意的除外。
【2002】【删除】第六十八条　以侵害他人合法权益或者违反法律禁止性规定的方法取得的证据，不能作为认定案件事实的依据。 【2020】
【关联】2022 年《民诉法解释》第一百零六条　对以严重侵害他人合法权益、违反法律禁止性规定或者严重违背公序良俗的方法形成或者获取的证据，不得作为认定案件事实的根据。
【2002】【删除】第七十四条　诉讼过程中，当事人在起诉状、答辩状、陈述及其委托代理人的代理词中承认的对己方不利的事实和认可的证据，人民法院应当予以确认，但当事人反悔并有相反证据足以推翻的除外。 【2020】
【关联】2022 年《民诉法解释》第二百二十九条　当事人在庭审中对其在审理前的准备阶段认可的事实和证据提出不同意见的，人民法院应当责令其说明理由。必要时，可以责令其提供相应证据。人民法院应当结合当事人的诉讼能力、证据和案件的具体情况进行审查。理由成立的，可以列入争议焦点进行审理。
【2002】 【2020】【新增】第八十九条　当事人在诉讼过程中认可的证据，人民法院应当予以确认。但法律、司法解释另有规定的除外。 当事人对认可的证据反悔的，参照《最高人民法院关于适用〈中华人民共和国民事诉讼法〉的解释》第二百二十九条的规定处理。
【关联】
【2002】第六十九条　下列证据不能单独作为认定案件事实的依据： （一）未成年人所作的与其年龄和智力状况不相当的证言； （二）与一方当事人或者其代理人有利害关系的证人出具的证言； （三）存有疑点的视听资料； （四）无法与原件、原物核对的复印件、复制品； （五）无正当理由未出庭作证的证人证言。 【删除】第七十六条　当事人对自己的主张，只有本人陈述而不能提出其他相关证据的，其主张不予支持。但对方当事人认可的除外。

续表

【2020】第九十条　下列证据不能单独作为认定案件事实的根据： （一）当事人的陈述； （二）无民事行为能力人或者限制民事行为能力人所作的与其年龄、智力状况或者精神健康状况不相当的证言； （三）与一方当事人或者其代理人有利害关系的证人陈述的证言； （四）存有疑点的视听资料、电子数据； （五）无法与原件、原物核对的复制件、复制品。
【关联】
【2002】【删除】第七十条　一方当事人提出的下列证据，对方当事人提出异议但没有足以反驳的相反证据的，人民法院应当确认其证明力： （一）书证原件或者与书证原件核对无误的复印件、照片、副本、节录本； （二）物证原物或者与物证原物核对无误的复制件、照片、录像资料等； （三）有其他证据佐证并以合法手段取得的、无疑点的视听资料或者与视听资料核对无误的复制件； （四）一方当事人申请人民法院依照法定程序制作的对物证或者现场的勘验笔录。 第七十一条　人民法院委托鉴定部门作出的鉴定结论，当事人没有足以反驳的相反证据和理由的，可以认定其证明力。 【2020】
【关联】
【2002】【删除】第七十二条　一方当事人提出的证据，另一方当事人认可或者提出的相反证据不足以反驳的，人民法院可以确认其证明力。 一方当事人提出的证据，另一方当事人有异议并提出反驳证据，对方当事人对反驳证据认可的，可以确认反驳证据的证明力。 【删除】第七十三条　双方当事人对同一事实分别举出相反的证据，但都没有足够的依据否定对方证据的，人民法院应当结合案件情况，判断一方提供证据的证明力是否明显大于另一方提供证据的证明力，并对证明力较大的证据予以确认。 因证据的证明力无法判断导致争议事实难以认定的，人民法院应当依据举证责任分配的规则作出裁判。 【2020】
【关联】2022年《民诉法解释》第一百零八条　对负有举证证明责任的当事人提供的证据，人民法院经审查并结合相关事实，确信待证事实的存在具有高度可能性的，应当认定该事实存在。 对一方当事人为反驳负有举证证明责任的当事人所主张事实而提供的证据，人民法院经审查并结合相关事实，认为待证事实真伪不明的，应当认定该事实不存在。 法律对于待证事实所应达到的证明标准另有规定的，从其规定。
【2002】 【2020】【新增】第九十一条　公文书证的制作者根据文书原件制作的载有部分或者全部内容的副本，与正本具有相同的证明力。 在国家机关存档的文件，其复制件、副本、节录本经档案部门或者制作原本的机关证明其内容与原本一致的，该复制件、副本、节录本具有与原本相同的证明力。
【关联】
【2002】 【2020】【新增】第九十二条　私文书证的真实性，由主张以私文书证证明案件事实的当事人承担举证责任。 私文书证由制作者或者其代理人签名、盖章或捺印的，推定为真实。

续表

私文书证上有删除、涂改、增添或者其他形式瑕疵的，人民法院应当综合案件的具体情况判断其证明力。
【关联】
【2002】 【2020】【新增】第九十三条　人民法院对于电子数据的真实性，应当结合下列因素综合判断： （一）电子数据的生成、存储、传输所依赖的计算机系统的硬件、软件环境是否完整、可靠； （二）电子数据的生成、存储、传输所依赖的计算机系统的硬件、软件环境是否处于正常运行状态，或者不处于正常运行状态时对电子数据的生成、存储、传输是否有影响； （三）电子数据的生成、存储、传输所依赖的计算机系统的硬件、软件环境是否具备有效的防止出错的监测、核查手段； （四）电子数据是否被完整地保存、传输、提取，保存、传输、提取的方法是否可靠； （五）电子数据是否在正常的往来活动中形成和存储； （六）保存、传输、提取电子数据的主体是否适当； （七）影响电子数据完整性和可靠性的其他因素。 人民法院认为有必要的，可以通过鉴定或者勘验等方法，审查判断电子数据的真实性。
【关联】
【2002】 【2020】【新增】第九十四条　电子数据存在下列情形的，人民法院可以确认其真实性，但有足以反驳的相反证据的除外： （一）由当事人提交或者保管的于己不利的电子数据； （二）由记录和保存电子数据的中立第三方平台提供或者确认的； （三）在正常业务活动中形成的； （四）以档案管理方式保管的； （五）以当事人约定的方式保存、传输、提取的。 电子数据的内容经公证机关公证的，人民法院应当确认其真实性，但有相反证据足以推翻的除外。
【关联】
【2002】第七十五条　有证据证明一方当事人持有证据无正当理由拒不提供，如果对方当事人主张该证据的内容不利于证据持有人，可以推定该主张成立。 【2020】第九十五条　一方当事人控制证据无正当理由拒不提交，对待证事实负有举证责任的当事人主张该证据的内容不利于控制人的，人民法院可以认定该主张成立。
【关联】
【2002】【删除】第七十七条　人民法院就数个证据对同一事实的证明力，可以依照下列原则认定： （一）国家机关、社会团体依职权制作的公文书证的证明力一般大于其他书证； （二）物证、档案、鉴定结论、勘验笔录或者经过公证、登记的书证，其证明力一般大于其他书证、视听资料和证人证言； （三）原始证据的证明力一般大于传来证据； （四）直接证据的证明力一般大于间接证据； （五）证人提供的对与其有亲属或者其他密切关系的当事人有利的证言，其证明力一般小于其他证人证言。 【2020】
【关联】

续表

【2002】第七十八条　人民法院认定证人证言，可以通过对证人的智力状况、品德、知识、经验、法律意识和专业技能等的综合分析作出判断。 【2020】第九十六条　人民法院认定证人证言，可以通过对证人的智力状况、品德、知识、经验、法律意识和专业技能等的综合分析作出判断。
【关联】
【2002】第七十九条　人民法院应当在裁判文书中阐明证据是否采纳的理由。 对当事人无争议的证据，是否采纳的理由可以不在裁判文书中表述。 【2020】第九十七条　人民法院应当在裁判文书中阐明证据是否采纳的理由。 对当事人无争议的证据，是否采纳的理由可以不在裁判文书中表述。
【关联】
【2002】第八十条　对证人、鉴定人、勘验人的合法权益依法予以保护。 当事人或者其他诉讼参与人伪造、毁灭证据，提供假证据，阻止证人作证，指使、贿买、胁迫他人作伪证，或者对证人、鉴定人、勘验人打击报复的，依照《民事诉讼法》第一百零二条的规定处理。 【2020】第九十八条　对证人、鉴定人、勘验人的合法权益依法予以保护。 当事人或者其他诉讼参与人伪造、毁灭证据，提供虚假证据，阻止证人作证，指使、贿买、胁迫他人作伪证，或者对证人、鉴定人、勘验人打击报复的，依照民事诉讼法第一百一十条、第一百一十一条的规定进行处罚。
【关联】
【2002】【删除】第八十一条　人民法院适用简易程序审理案件，不受本解释中第三十二条、第三十三条第三款和第七十九条规定的限制。 【2020】
【关联】2022年《民诉法解释》第二百六十六条　适用简易程序案件的举证期限由人民法院确定，也可以由当事人协商一致并经人民法院准许，但不得超过十五日。被告要求书面答辩的，人民法院可在征得其同意的基础上，合理确定答辩期间。 人民法院应当将举证期限和开庭日期告知双方当事人，并向当事人说明逾期举证以及拒不到庭的法律后果，由双方当事人在笔录和开庭传票的送达回证上签名或者捺印。 当事人双方均表示不需要举证期限、答辩期间的，人民法院可以立即开庭审理或者确定开庭日期。 第二百六十七条　适用简易程序审理案件，可以简便方式进行审理前的准备。 第二百七十条　适用简易程序审理的案件，有下列情形之一的，人民法院在制作判决书、裁定书、调解书时，对认定事实或者裁判理由部分可以适当简化： （一）当事人达成调解协议并需要制作民事调解书的； （二）一方当事人明确表示承认对方全部或者部分诉讼请求的； （三）涉及商业秘密、个人隐私的案件，当事人一方要求简化裁判文书中的相关内容，人民法院认为理由正当的； （四）当事人双方同意简化的。
【2002】【删除】第八十二条　本院过去的司法解释，与本规定不一致的，以本规定为准。 【2020】
【关联】

续表

【2002】 【2020】【新增】第九十九条　本规定对证据保全没有规定的，参照适用法律、司法解释关于财产保全的规定。 除法律、司法解释另有规定外，对当事人、鉴定人、有专门知识的人的询问参照适用本规定中关于询问证人的规定；关于书证的规定适用于视听资料、电子数据；存储在电子计算机等电子介质中的视听资料，适用电子数据的规定。
【关联】
【2002】第八十三条　本规定自2002年4月1日起施行。2002年4月1日尚未审结的一审、二审和再审民事案件不适用本规定。 本规定施行前已经审理终结的民事案件，当事人以违反本规定为由申请再审的，人民法院不予支持。 本规定施行后受理的再审民事案件，人民法院依据《民事诉讼法》第一百八十四条的规定进行审理的，适用本规定。 【2020】第一百条　本规定自2020年5月1日起施行。 本规定公布施行后，最高人民法院以前发布的司法解释与本规定不一致的，不再适用。
【关联】2022年《民诉法解释》第五百五十条　本解释公布施行后，最高人民法院于1992年7月14日发布的《关于适用〈中华人民共和国民事诉讼法〉若干问题的意见》同时废止；最高人民法院以前发布的司法解释与本解释不一致的，不再适用。

二、2020年《民诉法解释》、2021年《民事诉讼法》、2020年《知产证据规定》、2020年《证据规定》对比表

2020年《知产证据规定》	2022年《民诉法解释》 2021年《民事诉讼法》	2020年《证据规定》
【第二条】当事人对自己提出的主张，应当提供证据加以证明。根据案件审理情况，人民法院可以适用民事诉讼法第六十五条第二款的规定，根据当事人的主张及待证事实、当事人的证据持有情况、举证能力等，要求当事人提供有关证据。	【2021年《民事诉讼法》第六十七条第一款】当事人对自己提出的主张，有责任提供证据。 【2021年《民事诉讼法》第六十八条第二款】人民法院根据当事人的主张和案件审理情况，确定当事人应当提供的证据及其期限。当事人在该期限内提供证据确有困难的，可以向人民法院申请延长期限，人民法院根据当事人的申请适当延长。当事人逾期提供证据的，人民法院应当责令其说明理由；拒不说明理由或者理由不成立的，人民法院根据不同情形可以不予采纳该证据，或者采纳该证据但予以训诫、罚款。	【第一条】原告向人民法院起诉或者被告提出反诉，应当提供符合起诉条件的相应的证据。

续表

2020 年《知产证据规定》	2022 年《民诉法解释》 2021 年《民事诉讼法》	2020 年《证据规定》
【第一条】知识产权民事诉讼当事人应当遵循诚信原则，依照法律及司法解释的规定，积极、全面、正确、诚实地提供证据。		【第二条第一款】人民法院应当向当事人说明举证的要求及法律后果，促使当事人在合理期限内积极、全面、正确、诚实地完成举证。
	【2021 年《民事诉讼法》第六十七条第二款】当事人及其诉讼代理人因客观原因不能自行收集的证据，或者人民法院认为审理案件需要的证据，人民法院应当调查收集。 【2022 年《民诉法解释》第九十四条第二款】当事人及其诉讼代理人因客观原因不能自行收集的证据，可以在举证期限届满前书面申请人民法院调查收集。	【第二条第二款】当事人因客观原因不能自行收集的证据，可申请人民法院调查收集。
【第三条】专利方法制造的产品不属于新产品的，侵害专利权纠纷的原告应当举证证明下列事实： （一）被告制造的产品与使用专利方法制造的产品属于相同产品； （二）被告制造的产品经由专利方法制造的可能性较大； （三）原告为证明被告使用了专利方法尽到合理努力。 原告完成前款举证后，人民法院可以要求被告举证证明其产品制造方法不同于专利方法。 【第四条】被告依法主张合法来源抗辩的，应当举证证明合法取得被诉侵权产品、复制品的事实，包括合法的购货渠道、合理的价格和直接的供货方等。 被告提供的被诉侵权产品、复制品来源证据与其合理注意义务程度相当的，可以认定其完成前款所称举证，并推定其不知道被诉侵权产品、复制品侵害知识产权。被告的经营规模、专业程度、市场交易习惯等，可以作为确定其合理注意义务的证据。 【第五条】提起确认不侵害知识产权之诉的原告应当举证证明下列事实：	【2022 年《民诉法解释》第九十一条】人民法院应当依照下列原则确定举证证明责任的承担，但法律另有规定的除外： （一）主张法律关系存在的当事人，应当对产生该法律关系的基本事实承担举证证明责任； （二）主张法律关系变更、消灭或者权利受到妨害的当事人，应当对该法律关系变更、消灭或者权利受到妨害的基本事实承担举证证明责任。	

续表

2020 年《知产证据规定》	2022 年《民诉法解释》 2021 年《民事诉讼法》	2020 年《证据规定》
(一)被告向原告发出侵权警告或者对原告进行侵权投诉; (二)原告向被告发出诉权行使催告及催告时间、送达时间; (三)被告未在合理期限内提起诉讼。		
	【2022 年《民诉法解释》第九十二条第一款】一方当事人在法庭审理中,或者在起诉状、答辩状、代理词等书面材料中,对于己不利的事实明确表示承认的,另一方当事人无需举证证明。	【第三条】在诉讼过程中,一方当事人陈述的于己不利的事实,或者对于己不利的事实明确表示承认的,另一方当事人无需举证证明。 在证据交换、询问、调查过程中,或者在起诉状、答辩状、代理词等书面材料中,当事人明确承认于己不利的事实的,适用前款规定。
		【第四条】一方当事人对于另一方当事人主张的于己不利的事实既不承认也不否认,经审判人员说明并询问后,其仍然不明确表示肯定或者否定的,视为对该事实的承认。
		【第五条】当事人委托诉讼代理人参加诉讼的,除授权委托书明确排除的事项外,诉讼代理人的自认视为当事人的自认。 当事人在场对诉讼代理人的自认明确否认的,不视为自认。
	【2021 年《民事诉讼法》第五十五条】当事人一方或者双方为二人以上,其诉讼标的是共同的,或者诉讼标的是同一种类、人民法院认为可以合并审理并经当事人同意的,为共同诉讼。 共同诉讼的一方当事人对诉讼标的有共同权利义务的,其中一人的诉讼行为经其他共同诉讼人承认,对其他共同诉讼人发生效力;对诉讼标的没有共同权利义务的,其中一人的诉讼行为对其他共同诉讼人不发生效力。	【第六条】普通共同诉讼中,共同诉讼人中一人或者数人作出的自认,对作出自认的当事人发生效力。 必要共同诉讼中,共同诉讼人中一人或者数人作出自认而其他共同诉讼人予以否认的,不发生自认的效力。其他共同诉讼人既不承认也不否认,经审判人员说明并询问后仍然不明确表示意见的,视为全体共同诉讼人的自认。

续表

2020年《知产证据规定》	2022年《民诉法解释》 2021年《民事诉讼法》	2020年《证据规定》
		【第七条】一方当事人对于另一方当事人主张的于己不利的事实有所限制或者附加条件予以承认的，由人民法院综合案件情况决定是否构成自认。
	【2021年《民事诉讼法》第六十七条第二款】当事人及其诉讼代理人因客观原因不能自行收集的证据，或者人民法院认为审理案件需要的证据，人民法院应当调查收集。 【2022年《民诉法解释》第九十二条第二款、第三款】对于涉及身份关系、国家利益、社会公共利益等应当由人民法院依职权调查的事实，不适用前款自认的规定。 自认的事实与查明的事实不符的，人民法院不予确认。 【2022年《民诉法解释》第九十六条第一款】民事诉讼法第六十七条第二款规定的人民法院认为审理案件需要的证据包括： （一）涉及可能损害国家利益、社会公共利益的； （二）涉及身份关系的； （三）涉及民事诉讼法第五十八条规定诉讼的； （四）当事人有恶意串通损害他人合法权益可能的； （五）涉及依职权追加当事人、中止诉讼、终结诉讼、回避等程序性事项的。	【第八条】《最高人民法院关于适用〈中华人民共和国民事诉讼法〉的解释》第九十六条第一款规定的事实，不适用有关自认的规定。 自认的事实与已经查明的事实不符的，人民法院不予确认。
		【第九条】有下列情形之一，当事人在法庭辩论终结前撤销自认的，人民法院应当准许： （一）经对方当事人同意的； （二）自认是在受胁迫或者重大误解情况下作出的。 人民法院准许当事人撤销自认的，应当作出口头或者书面裁定。

续表

2020 年《知产证据规定》	2022 年《民诉法解释》 2021 年《民事诉讼法》	2020 年《证据规定》
【第六条】对于未在法定期限内提起行政诉讼的行政行为所认定的基本事实，或者行政行为认定的基本事实已为生效裁判所确认的部分，当事人在知识产权民事诉讼中无须再证明，但有相反证据足以推翻的除外。 【第三十条】当事人对公证文书提出异议，并提供相反证据足以推翻的，人民法院对该公证文书不予采纳。 当事人对公证文书提出异议的理由成立的，人民法院可以要求公证机构出具说明或者补正，并结合其他相关证据对该公证文书进行审核认定。	【2021 年《民事诉讼法》第七十二条】经过法定程序公证证明的法律事实和文书，人民法院应当作为认定事实的根据，但有相反证据足以推翻公证证明的除外。 【2022 年《民诉法解释》第九十三条】下列事实，当事人无须举证证明： （一）自然规律以及定理、定律； （二）众所周知的事实； （三）根据法律规定推定的事实； （四）根据已知的事实和日常生活经验法则推定出的另一事实； （五）已为人民法院发生法律效力的裁判所确认的事实； （六）已为仲裁机构生效裁决所确认的事实； （七）已为有效公证文书所证明的事实。 前款第二项至第四项规定的事实，当事人有相反证据足以反驳的除外；第五项至第七项规定的事实，当事人有相反证据足以推翻的除外。	【第十条】下列事实，当事人无须举证证明： （一）自然规律以及定理、定律； （二）众所周知的事实； （三）根据法律规定推定的事实； （四）根据已知的事实和日常生活经验法则推定出的另一事实； （五）已为仲裁机构的生效裁决所确认的事实； （六）已为人民法院发生法律效力的裁判所确认的基本事实； （七）已为有效公证文书所证明的事实。 前款第二项至第五项事实，当事人有相反证据足以反驳的除外；第六项、第七项事实，当事人有相反证据足以推翻的除外。
	【2021 年《民事诉讼法》第七十三条第一款】书证应当提交原件。物证应当提交原物。提交原件或者原物确有困难的，可以提交复制品、照片、副本、节录本。 【2022 年《民诉法解释》第一百一十一条】民事诉讼法第七十条规定的提交书证原件确有困难，包括下列情形： （一）书证原件遗失、灭失或者毁损的； （二）原件在对方当事人控制之下，经合法通知提交而拒不提交的； （三）原件在他人控制之下，而其有权不提交的； （四）原件因篇幅或者体积	【第十一条】当事人向人民法院提供证据，应当提供原件或者原物。如需自己保存证据原件、原物或者提供原件、原物确有困难的，可以提供经人民法院核对无异的复制件或者复制品。

续表

2020年《知产证据规定》	2022年《民诉法解释》 2021年《民事诉讼法》	2020年《证据规定》
	过大而不便提交的； （五）承担举证证明责任的当事人通过申请人民法院调查收集或者其他方式无法获得书证原件的。 前款规定情形，人民法院应当结合其他证据和案件具体情况，审查判断书证复制品等能否作为认定案件事实的根据。	
		【第十二条】以动产作为证据的，应当将原物提交人民法院。原物不宜搬移或者不宜保存的，当事人可以提供复制品、影像资料或者其他替代品。 人民法院在收到当事人提交的动产或者替代品后，应当及时通知双方当事人到人民法院或者保存现场查验。
		【第十三条】当事人以不动产作为证据的，应当向人民法院提供该不动产的影像资料。 人民法院认为有必要的，应当通知双方当事人到场进行查验。
	【2021年《民事诉讼法》第六十六条】证据包括： （一）当事人的陈述； （二）书证； （三）物证； （四）视听资料； （五）电子数据； （六）证人证言； （七）鉴定意见； （八）勘验笔录。 证据必须查证属实，才能作为认定事实的根据。 【2022年《民诉法解释》第一百一十六条】视听资料包括录音资料和影像资料。 电子数据是指通过电子邮件、电子数据交换、网上聊天记录、博客、微博客、手机短信、电子签名、域名等形成或者存储在电子介质中的信息。	【第十四条】电子数据包括下列信息、电子文件： （一）网页、博客、微博客等网络平台发布的信息； （二）手机短信、电子邮件、即时通信、通讯群组等网络应用服务的通信信息； （三）用户注册信息、身份认证信息、电子交易记录、通信记录、登录日志等信息； （四）文档、图片、音频、视频、数字证书、计算机程序等电子文件； （五）其他以数字化形式存储、处理、传输的能够证明案件事实的信息。

续表

2020 年《知产证据规定》	2022 年《民诉法解释》 2021 年《民事诉讼法》	2020 年《证据规定》
	存储在电子介质中的录音资料和影像资料，适用电子数据的规定。	
	【2021 年《民事诉讼法》第七十四条】人民法院对视听资料，应当辨别真伪，并结合本案的其他证据，审查确定能否作为认定事实的根据。	【第十五条】当事人以视听资料作为证据的，应当提供存储该视听资料的原始载体。 当事人以电子数据作为证据的，应当提供原件。电子数据的制作者制作的与原件一致的副本，或者直接来源于电子数据的打印件或其他可以显示、识别的输出介质，视为电子数据的原件。
【第八条】中华人民共和国领域外形成的下列证据，当事人仅以该证据未办理公证、认证等证明手续为由提出异议的，人民法院不予支持： （一）已为发生法律效力的人民法院裁判所确认的； （二）已为仲裁机构生效裁决所确认的； （三）能够从官方或者公开渠道获得的公开出版物、专利文献等； （四）有其他证据能够证明真实性的。 【第九条】中华人民共和国领域外形成的证据，存在下列情形之一的，当事人仅以该证据未办理认证手续为由提出异议的，人民法院不予支持： （一）提出异议的当事人对证据的真实性明确认可的； （二）对方当事人提供证人证言对证据的真实性予以确认，且证人明确表示如作伪证愿意接受处罚的。 前款第二项所称证人作伪证，构成民事诉讼法第一百一十一条规定情形的，人民法院依法处理。 【第十条】在一审程序中已经根据民事诉讼法第五十九条、第二百六十四条的规定办理授权委托书公证、认证或者其他证明手续的，在后续诉讼程序中，人民法院可以不再要求办理该授权委托书的上述证明手续。		【第十六条】当事人提供的公文书证系在中华人民共和国领域外形成的，该证据应当经所在国公证机关证明，或者履行中华人民共和国与该所在国订立的有关条约中规定的证明手续。 中华人民共和国领域外形成的涉及身份关系的证据，应当经所在国公证机关证明并经中华人民共和国驻该国使领馆认证，或者履行中华人民共和国与该所在国订立的有关条约中规定的证明手续。 当事人向人民法院提供的证据是在香港、澳门、台湾地区形成的，应当履行相关的证明手续。

续表

2020 年《知产证据规定》	2022 年《民诉法解释》 2021 年《民事诉讼法》	2020 年《证据规定》
	【2021 年《民事诉讼法》第七十三条第二款】提交外文书证，必须附有中文译本。	【第十七条】当事人向人民法院提供外文书证或者外文说明资料，应当附有中文译本。
	【2022 年《民诉法解释》第九十六条第一款】民事诉讼法第六十七条第二款规定的人民法院认为审理案件需要的证据包括： （一）涉及可能损害国家利益、社会公共利益的； （二）涉及身份关系的； （三）涉及民事诉讼法第五十五条规定诉讼的； （四）当事人有恶意串通损害他人合法权益可能的； （五）涉及依职权追加当事人、中止诉讼、终结诉讼、回避等程序性事项的。	【第十八条】双方当事人无争议的事实符合《最高人民法院关于适用〈中华人民共和国民事诉讼法〉的解释》第九十六条第一款规定情形的，人民法院可以责令当事人提供有关证据。
	【2021 年《民事诉讼法》第六十九条】人民法院收到当事人提交的证据材料，应当出具收据，写明证据名称、页数、份数、原件或者复印件以及收到时间等，并由经办人员签名或者盖章。	【第十九条】当事人应当对其提交的证据材料逐一分类编号，对证据材料的来源、证明对象和内容作简要说明，签名盖章，注明提交日期，并依照对方当事人人数提出副本。 人民法院收到当事人提交的证据材料，应当出具收据，注明证据的名称、份数和页数以及收到的时间，由经办人员签名或者盖章。
		【第二十条】当事人及其诉讼代理人申请人民法院调查收集证据，应当在举证期限届满前提交书面申请。 申请书应当载明被调查人的姓名或者单位名称、住所地等基本情况、所要调查收集的证据名称或者内容、需要由人民法院调查收集证据的原因及其要证明的事实以及明确的线索。

续表

2020年《知产证据规定》	2022年《民诉法解释》 2021年《民事诉讼法》	2020年《证据规定》
	【2021年《民事诉讼法》第七十条】人民法院有权向有关单位和个人调查取证,有关单位和个人不得拒绝。 人民法院对有关单位和个人提出的证明文书,应当辨别真伪,审查确定其效力。 【2022年《民诉法解释》第九十七条】人民法院调查收集证据,应当由两人以上共同进行。调查材料要由调查人、被调查人、记录人签名、捺印或者盖章。	【第二十一条】人民法院调查收集的书证,可以是原件,也可以是经核对无误的副本或者复制件。是副本或者复制件的,应当在调查笔录中说明来源和取证情况。
		【第二十二条】人民法院调查收集的物证应当是原物。被调查人提供原物确有困难的,可以提供复制品或者影像资料。提供复制品或者影像资料的,应当在调查笔录中说明取证情况。
		【第二十三条】人民法院调查收集视听资料、电子数据,应当要求被调查人提供原始载体。 提供原始载体确有困难的,可以提供复制件。提供复制件的,人民法院应当在调查笔录中说明其来源和制作经过。 人民法院对视听资料、电子数据采取证据保全措施的,适用前款规定。
		【第二十四条】人民法院调查收集可能需要鉴定的证据,应当遵守相关技术规范,确保证据不被污染。
【第十一条】人民法院对于当事人或者利害关系人的证据保全申请,应当结合下列因素进行审查: (一)申请人是否已就其主张提供初步证据; (二)证据是否可以由申请人自行收集; (三)证据灭失或者以后难以取得的可能性及其对证明待证事实的影响; (四)可能采取的保全措施	【2021年《民事诉讼法》第八十四条第一款、第二款】在证据可能灭失或者以后难以取得的情况下,当事人可以在诉讼过程中向人民法院申请保全证据,人民法院也可以主动采取保全措施。 因情况紧急,在证据可能灭失或者以后难以取得的情况下,利害关系人可以在提起诉讼或者申请仲裁前向证据所在地、被申请人住所地或者对案件有管辖权的人民法院申请保全证据。	【第二十五条】当事人或者利害关系人根据民事诉讼法第八十一条的规定申请证据保全的,申请书应当载明需要保全的证据的基本情况、申请保全的理由以及采取何种保全措施等内容。 当事人根据民事诉讼法第八十一条第一款的规定申请证据保全的,应当在举证期限届满前向人民法院提出。 法律、司法解释对诉前证据保全有规定的,依照其规定办理。

续表

2020 年《知产证据规定》	2022 年《民诉法解释》 2021 年《民事诉讼法》	2020 年《证据规定》
对证据持有人的影响。 【第十三条】当事人无正当理由拒不配合或者妨害证据保全，致使无法保全证据的，人民法院可以确定由其承担不利后果。构成民事诉讼法第一百一十一条规定情形的，人民法院依法处理。 【第十四条】对于人民法院已经采取保全措施的证据，当事人擅自拆装证据实物、篡改证据材料或者实施其他破坏证据的行为，致使证据不能使用的，人民法院可以确定由其承担不利后果。构成民事诉讼法第一百一十一条规定情形的，人民法院依法处理。 【第十七条】被申请人对证据保全的范围、措施、必要性等提出异议并提供相关证据，人民法院经审查认为异议理由成立的，可以变更、终止、解除证据保全。 【第十八条】申请人放弃使用被保全证据，但被保全证据涉及案件基本事实查明或者其他当事人主张使用的，人民法院可以对该证据进行审查认定。	【2020 年《民诉法解释》第九十八条第一款】当事人根据民事诉讼法第八十一条第一款规定申请证据保全的，可以在举证期限届满前书面提出。	
	【2022 年《民诉法解释》第九十八条第二款】证据保全可能对他人造成损失的，人民法院应当责令申请人提供相应的担保。	【第二十六条】当事人或者利害关系人申请采取查封、扣押等限制保全标的物使用、流通等保全措施，或者保全可能对证据持有人造成损失的，人民法院应当责令申请人提供相应的担保。 　　担保方式或者数额由人民法院根据保全措施对证据持有人的影响、保全标的物的价值、当事人或者利害关系人争议的诉讼标的金额等因素综合确定。
【第十五条】人民法院进行证据保全，可以要求当事人或者诉讼代理人到场，必要时可以根据当事人的申请通知有专门知识的人到场，也可以指派技术调查官参与证据保全。 　　证据为案外人持有的，人民		【第二十七条】人民法院进行证据保全，可以要求当事人或者诉讼代理人到场。 　　根据当事人的申请和具体情况，人民法院可以采取查封、扣押、录音、录像、复制、鉴定、勘验等方法进行证据保全，并制作笔录。

续表

2020 年《知产证据规定》	2022 年《民诉法解释》 2021 年《民事诉讼法》	2020 年《证据规定》
法院可以对其持有的证据采取保全措施。 【第十二条】人民法院进行证据保全，应当以有效固定证据为限，尽量减少对保全标的物价值的损害和对证据持有人正常生产经营的影响。 证据保全涉及技术方案的，可以采取制作现场勘验笔录、绘图、拍照、录音、录像、复制设计和生产图纸等保全措施。 【第十六条】人民法院进行证据保全，应当制作笔录、保全证据清单，记录保全时间、地点、实施人、在场人、保全经过、保全标的物状态，由实施人、在场人签名或者盖章。有关人员拒绝签名或者盖章的，不影响保全的效力，人民法院可以在笔录上记明并拍照、录像。		在符合证据保全目的的情况下，人民法院应当选择对证据持有人利益影响最小的保全措施。
	【2021 年《民事诉讼法》第八十四条第三款】证据保全的其他程序，参照适用本法第九章保全的有关规定。 【2021 年《民事诉讼法》第一百零八条】申请有错误的，申请人应当赔偿被申请人因保全所遭受的损失。	【第二十八条】申请证据保全错误造成财产损失，当事人请求申请人承担赔偿责任的，人民法院应予支持。
	【2022 年《民诉法解释》第一百六十条】当事人向采取诉前保全措施以外的其他有管辖权的人民法院起诉的，采取诉前保全措施的人民法院应当将保全手续移送受理案件的人民法院。诉前保全的裁定视为受移送人民法院作出的裁定。	【第二十九条】人民法院采取诉前证据保全措施后，当事人向其他有管辖权的人民法院提起诉讼的，采取保全措施的人民法院应当根据当事人的申请，将保全的证据及时移交受理案件的人民法院。
【第十九条】人民法院可以对下列待证事实的专门性问题委托鉴定： （一）被诉侵权技术方案与专利技术方案、现有技术的对应技术特征在手段、功能、效果等方面的异同； （二）被诉侵权作品与主张	【2021 年《民事诉讼法》第七十九条】当事人可以就查明事实的专门性问题向人民法院申请鉴定。当事人申请鉴定的，由双方当事人协商确定具备资格的鉴定人；协商不成的，由人民法院指定。 当事人未申请鉴定，人民法	【第三十条】人民法院在审理案件过程中认为待证事实需要通过鉴定意见证明的，应当向当事人释明，并指定提出鉴定申请的期间。 符合《最高人民法院关于适用〈中华人民共和国民事诉讼法〉的解释》第九十六条第一款规定情形的，人民法院应当依职权委

续表

2020年《知产证据规定》	2022年《民诉法解释》 2021年《民事诉讼法》	2020年《证据规定》
权利的作品的异同； （三）当事人主张的商业秘密与所属领域已为公众所知悉的信息的异同、被诉侵权的信息与商业秘密的异同； （四）被诉侵权物与授权品种在特征、特性方面的异同，其不同是否因非遗传变异所致； （五）被诉侵权集成电路布图设计与请求保护的集成电路布图设计的异同； （六）合同涉及的技术是否存在缺陷； （七）电子数据的真实性、完整性； （八）其他需要委托鉴定的专门性问题。	院对专门性问题认为需要鉴定的，应当委托具备资格的鉴定人进行鉴定。	托鉴定。
【第二十条】经人民法院准许或者双方当事人同意，鉴定人可以将鉴定所涉部分检测事项委托其他检测机构进行检测，鉴定人对根据检测结果出具的鉴定意见承担法律责任。		
	【2022年《民诉法解释》第一百二十一条】当事人申请鉴定，可以在举证期限届满前提出。申请鉴定的事项与待证事实无关联，或者对证明待证事实无意义的，人民法院不予准许。 人民法院准许当事人鉴定申请的，应当组织双方当事人协商确定具备相应资格的鉴定人。当事人协商不成的，由人民法院指定。 符合依职权调查收集证据条件的，人民法院应当依职权委托鉴定，在询问当事人的意见后，指定具备相应资格的鉴定人。	【第三十一条】当事人申请鉴定，应当在人民法院指定期间内提出，并预交鉴定费用。逾期不提出申请或者不预交鉴定费用的，视为放弃申请。 对需要鉴定的待证事实负有举证责任的当事人，在人民法院指定期间内无正当理由不提出鉴定申请或者不预交鉴定费用，或者拒不提供相关材料，致使待证事实无法查明的，应当承担举证不能的法律后果。

续表

2020 年《知产证据规定》	2022 年《民诉法解释》 2021 年《民事诉讼法》	2020 年《证据规定》
【第二十一条】鉴定业务领域未实行鉴定人和鉴定机构统一登记管理制度的，人民法院可以依照《最高人民法院关于民事诉讼证据的若干规定》第三十二条规定的鉴定人选任程序，确定具有相应技术水平的专业机构、专业人员鉴定。 【第二十二条】人民法院应当听取各方当事人意见，并结合当事人提出的证据确定鉴定范围。鉴定过程中，一方当事人申请变更鉴定范围，对方当事人无异议的，人民法院可以准许。		【第三十二条】人民法院准许鉴定申请的，应当组织双方当事人协商确定具备相应资格的鉴定人。当事人协商不成的，由人民法院指定。 人民法院依职权委托鉴定的，可以在询问当事人的意见后，指定具备相应资格的鉴定人。 人民法院在确定鉴定人后应当出具委托书，委托书中应当载明鉴定事项、鉴定范围、鉴定目的和鉴定期限。
		【第三十三条】鉴定开始之前，人民法院应当要求鉴定人签署承诺书。承诺书中应当载明鉴定人保证客观、公正、诚实地进行鉴定，保证出庭作证，如作虚假鉴定应当承担法律责任等内容。 鉴定人故意作虚假鉴定的，人民法院应当责令其退还鉴定费用，并根据情节，依照民事诉讼法第一百一十一条的规定进行处罚。
	【2021 年《民事诉讼法》第八十条】鉴定人有权了解进行鉴定所需要的案件材料，必要时可以询问当事人、证人。 鉴定人应当提出书面鉴定意见，在鉴定书上签名或者盖章。	【第三十四条】人民法院应当组织当事人对鉴定材料进行质证。未经质证的材料，不得作为鉴定的根据。 经人民法院准许，鉴定人可以调取证据、勘验物证和现场、询问当事人或者证人。
		【第三十五条】鉴定人应当在人民法院确定的期限内完成鉴定，并提交鉴定书。 鉴定人无正当理由未按期提交鉴定书的，当事人可以申请人民法院另行委托鉴定人进行鉴定。人民法院准许的，原鉴定人已经收取的鉴定费用应当退还；拒不退还的，依照本规定第八十一条第二款的规定处理。

续表

2020 年《知产证据规定》	2022 年《民诉法解释》 2021 年《民事诉讼法》	2020 年《证据规定》
【第二十三条】人民法院应当结合下列因素对鉴定意见进行审查： （一）鉴定人是否具备相应资格； （二）鉴定人是否具备解决相关专门性问题应有的知识、经验及技能； （三）鉴定方法和鉴定程序是否规范，技术手段是否可靠； （四）送检材料是否经过当事人质证且符合鉴定条件； （五）鉴定意见的依据是否充分； （六）鉴定人有无应当回避的法定事由； （七）鉴定人在鉴定过程中有无徇私舞弊或者其他影响公正鉴定的情形。	【2021 年《民事诉讼法》第八十二条】当事人可以申请人民法院通知有专门知识的人出庭，就鉴定人作出的鉴定意见或者专业问题提出意见。	【第三十六条】人民法院对鉴定人出具的鉴定书，应当审查是否具有下列内容： （一）委托法院的名称； （二）委托鉴定的内容、要求； （三）鉴定材料； （四）鉴定所依据的原理、方法； （五）对鉴定过程的说明； （六）鉴定意见； （七）承诺书。 鉴定书应当由鉴定人签名或者盖章，并附鉴定人的相应资格证明。委托机构鉴定的，鉴定书应当由鉴定机构盖章，并由从事鉴定的人员签名。
		【第三十七条】人民法院收到鉴定书后，应当及时将副本送交当事人。 当事人对鉴定书的内容有异议的，应当在人民法院指定期间内以书面方式提出。 对于当事人的异议，人民法院应当要求鉴定人作出解释、说明或者补充。人民法院认为有必要的，可以要求鉴定人对当事人未提出异议的内容进行解释、说明或者补充。
	【2021 年《民事诉讼法》第八十一条】当事人对鉴定意见有异议或者人民法院认为鉴定人有必要出庭的，鉴定人应当出庭作证。经人民法院通知，鉴定人拒不出庭作证的，鉴定意见不得作为认定事实的根据；支付鉴定费用的当事人可以要求返还鉴定费用。	【第三十八条】当事人在收到鉴定人的书面答复后仍有异议的，人民法院应当根据《诉讼费用交纳办法》第十一条的规定，通知有异议的当事人预交鉴定人出庭费用，并通知鉴定人出庭。有异议的当事人不预交鉴定人出庭费用的，视为放弃异议。 双方当事人对鉴定意见均有异议的，分摊预交鉴定人出庭费用。

续表

2020 年《知产证据规定》	2022 年《民诉法解释》 2021 年《民事诉讼法》	2020 年《证据规定》
		【第三十九条】鉴定人出庭费用按照证人出庭作证费用的标准计算,由败诉的当事人负担。因鉴定意见不明确或者有瑕疵需要鉴定人出庭的,出庭费用由其自行负担。 人民法院委托鉴定时已经确定鉴定人出庭费用包含在鉴定费用中的,不再通知当事人预交。
		【第四十条】当事人申请重新鉴定,存在下列情形之一的,人民法院应当准许: (一)鉴定人不具备相应资格的; (二)鉴定程序严重违法的; (三)鉴定意见明显依据不足的; (四)鉴定意见不能作为证据使用的其他情形。 存在前款第一项至第三项情形的,鉴定人已经收取的鉴定费用应当退还。拒不退还的,依照本规定第八十一条第二款的规定处理。 对鉴定意见的瑕疵,可以通过补正、补充鉴定或者补充质证、重新质证等方法解决的,人民法院不予准许重新鉴定的申请。 重新鉴定的,原鉴定意见不得作为认定案件事实的根据。
		【第四十一条】对于一方当事人就专门性问题自行委托有关机构或者人员出具的意见,另一方当事人有证据或者理由足以反驳并申请鉴定的,人民法院应予准许。
		【第四十二条】鉴定意见被采信后,鉴定人无正当理由撤销鉴定意见的,人民法院应当责令其退还鉴定费用,并可以根据情节,依照民事诉讼法第一百一十一条的规定对鉴定人进行处罚。当事人主张鉴定人负担由此增加的合理费用的,人民法院应予支持。 人民法院采信鉴定意见后准

续表

2020 年《知产证据规定》	2022 年《民诉法解释》 2021 年《民事诉讼法》	2020 年《证据规定》
		许鉴定人撤销的，应当责令其退还鉴定费用。
	【2021 年《民事诉讼法》第八十三条】勘验物证或者现场，勘验人必须出示人民法院的证件，并邀请当地基层组织或者当事人所在单位派人参加。当事人或者当事人的成年家属应当到场，拒不到场的，不影响勘验的进行。 有关单位和个人根据人民法院的通知，有义务保护现场，协助勘验工作。 勘验人应当将勘验情况和结果制作笔录，由勘验人、当事人和被邀参加人签名或者盖章。 【2022 年《民诉法解释》第一百二十四条】人民法院认为有必要的，可以根据当事人的申请或者依职权对物证或者现场进行勘验。勘验时应当保护他人的隐私和尊严。 人民法院可以要求鉴定人参与勘验。必要时，可以要求鉴定人在勘验中进行鉴定。	【第四十三条】人民法院应当在勘验前将勘验的时间和地点通知当事人。当事人不参加的，不影响勘验进行。 当事人可以就勘验事项向人民法院进行解释和说明，可以请求人民法院注意勘验中的重要事项。 人民法院勘验物证或者现场，应当制作笔录，记录勘验的时间、地点、勘验人、在场人、勘验的经过、结果，由勘验人、在场人签名或者盖章。对于绘制的现场图应当注明绘制的时间、方位、测绘人姓名、身份等内容。
	【2022 年《民诉法解释》第一百一十五条】单位向人民法院提出的证明材料，应当由单位负责人及制作证明材料的人员签名或者盖章，并加盖单位印章。人民法院就单位出具的证明材料，可以向单位及制作证明材料的人员进行调查核实。必要时，可以要求制作证明材料的人员出庭作证。 单位及制作证明材料的人员拒绝人民法院调查核实，或者制作证明材料的人员无正当理由拒绝出庭作证的，该证明材料不得作为认定案件事实的根据。	【第四十四条】摘录有关单位制作的与案件事实相关的文件、材料，应当注明出处，并加盖制作单位或者保管单位的印章，摘录人和其他调查人员应当在摘录件上签名或者盖章。 摘录文件、材料应当保持内容相应的完整性。
		【第四十五条】当事人根据《最高人民法院关于适用〈中华人民共和国民事诉讼法〉的解释》第一百一十二条的规定申请人民法院责

续表

2020 年《知产证据规定》	2022 年《民诉法解释》 2021 年《民事诉讼法》	2020 年《证据规定》
		令对方当事人提交书证的，申请书应当载明所申请提交的书证名称或者内容、需要以该书证证明的事实及事实的重要性、对方当事人控制该书证的根据以及应当提交该书证的理由。 对方当事人否认控制书证的，人民法院应当根据法律规定、习惯等因素，结合案件的事实、证据，对于书证是否在对方当事人控制之下的事实作出综合判断。
【第二十四条】承担举证责任的当事人书面申请人民法院责令控制证据的对方当事人提交证据，申请理由成立的，人民法院应当作出裁定，责令其提交。		【第四十六条】人民法院对当事人提交书证的申请进行审查时，应当听取对方当事人的意见，必要时可以要求双方当事人提供证据、进行辩论。 当事人申请提交的书证不明确、书证对于待证事实的证明无必要、待证事实对于裁判结果无实质性影响、书证未在对方当事人控制之下或者不符合本规定第四十七条情形的，人民法院不予准许。 当事人申请理由成立的，人民法院应当作出裁定，责令对方当事人提交书证；理由不成立的，通知申请人。
		【第四十七条】下列情形，控制书证的当事人应当提交书证： （一）控制书证的当事人在诉讼中曾经引用过的书证； （二）为对方当事人的利益制作的书证； （三）对方当事人依照法律规定有权查阅、获取的书证； （四）账簿、记账原始凭证； （五）人民法院认为应当提交书证的其他情形。 前款所列书证，涉及国家秘密、商业秘密、当事人或第三人的隐私，或者存在法律规定应当保密的情形的，提交后不得公开质证。

续表

2020 年《知产证据规定》	2022 年《民诉法解释》 2021 年《民事诉讼法》	2020 年《证据规定》
【第二十五条】人民法院依法要求当事人提交有关证据，其无正当理由拒不提交、提交虚假证据、毁灭证据或者实施其他致使证据不能使用行为的，人民法院可以推定对方当事人就该证据所涉证明事项的主张成立。 　　当事人实施前款所列行为，构成民事诉讼法第一百一十一条规定情形的，人民法院依法处理。	【2022 年《民诉法解释》第一百一十二条】书证在对方当事人控制之下的，承担举证证明责任的当事人可以在举证期限届满前书面申请人民法院责令对方当事人提交。 　　申请理由成立的，人民法院应当责令对方当事人提交，因提交书证所产生的费用，由申请人负担。对方当事人无正当理由拒不提交的，人民法院可以认定申请人所主张的书证内容为真实。 【2022 年《民诉法解释》第一百一十三条】持有书证的当事人以妨碍对方当事人使用为目的，毁灭有关书证或者实施其他致使书证不能使用行为的，人民法院可以依照民事诉讼法第一百一十四条规定，对其处以罚款、拘留。	【第四十八条】控制书证的当事人无正当理由拒不提交书证的，人民法院可以认定对方当事人所主张的书证内容为真实。 　　控制书证的当事人存在《最高人民法院关于适用〈中华人民共和国民事诉讼法〉的解释》第一百一十三条规定情形的，人民法院可以认定对方当事人主张以该书证证明的事实为真实。
		【第四十九条】被告应当在答辩期届满前提出书面答辩，阐明其对原告诉讼请求及所依据的事实和理由的意见。
		【第五十条】人民法院应当在审理前的准备阶段向当事人送达举证通知书。 　　举证通知书应当载明举证责任的分配原则和要求、可以向人民法院申请调查收集证据的情形、人民法院根据案件情况指定的举证期限以及逾期提供证据的法律后果等内容。
	【2022 年《民诉法解释》第九十九条】人民法院应当在审理前的准备阶段确定当事人的举证期限。举证期限可以由当事人协商，并经人民法院准许。 　　人民法院确定举证期限，第一审普通程序案件不得少于十五日，当事人提供新的证据的第二审案件不得少于十日。 　　举证期限届满后，当事人对	【第五十一条】举证期限可以由当事人协商，并经人民法院准许。 　　人民法院指定举证期限的，适用第一审普通程序审理的案件不得少于十五日，当事人提供新的证据的第二审案件不得少于十日。适用简易程序审理的案件不得超过十五日，小额诉讼案件的举证期限一般不得超过七日。 　　举证期限届满后，当事人提

续表

2020 年《知产证据规定》	2022 年《民诉法解释》 2021 年《民事诉讼法》	2020 年《证据规定》
	已经提供的证据，申请提供反驳证据或者对证据来源、形式等方面的瑕疵进行补正的，人民法院可以酌情再次确定举证期限，该期限不受前款规定的限制。	供反驳证据或者对已经提供的证据的来源、形式等方面的瑕疵进行补正的，人民法院可以酌情再次确定举证期限，该期限不受前款规定的期间限制。
		【第五十二条】当事人在举证期限内提供证据存在客观障碍，属于民事诉讼法第六十五条第二款规定的"当事人在该期限内提供证据确有困难"的情形。 前款情形，人民法院应当根据当事人的举证能力、不能在举证期限内提供证据的原因等因素综合判断。必要时，可以听取对方当事人的意见。
		【第五十三条】诉讼过程中，当事人主张的法律关系性质或者民事行为效力与人民法院根据案件事实作出的认定不一致的，人民法院应当将法律关系性质或者民事行为效力作为焦点问题进行审理。但法律关系性质对裁判理由及结果没有影响，或者有关问题已经当事人充分辩论的除外。 存在前款情形，当事人根据法庭审理情况变更诉讼请求的，人民法院应当准许并可以根据案件的具体情况重新指定举证期限。
	【2022 年《民诉法解释》第一百条】当事人申请延长举证期限的，应当在举证期限届满前向人民法院提出书面申请。 申请理由成立的，人民法院应当准许，适当延长举证期限，并通知其他当事人。延长的举证期限适用于其他当事人。 申请理由不成立的，人民法院不予准许，并通知申请人。	【第五十四条】当事人申请延长举证期限的，应当在举证期限届满前向人民法院提出书面申请。 申请理由成立的，人民法院应当准许，适当延长举证期限，并通知其他当事人。延长的举证期限适用于其他当事人。 申请理由不成立的，人民法院不予准许，并通知申请人。
		【第五十五条】存在下列情形的，举证期限按照如下方式确定： （一）当事人依照民事诉讼法第一百二十七条规定提出管辖权异议的，举证期限中止，自驳回管

续表

2020 年《知产证据规定》	2022 年《民诉法解释》 2021 年《民事诉讼法》	2020 年《证据规定》
		辖权异议的裁定生效之日起恢复计算； （二）追加当事人、有独立请求权的第三人参加诉讼或者无独立请求权的第三人经人民法院通知参加诉讼的，人民法院应当依照本规定第五十一条的规定为新参加诉讼的当事人确定举证期限，该举证期限适用于其他当事人； （三）发回重审的案件，第一审人民法院可以结合案件具体情况和发回重审的原因，酌情确定举证期限； （四）当事人增加、变更诉讼请求或者提出反诉的，人民法院应当根据案件具体情况重新确定举证期限； （五）公告送达的，举证期限自公告期届满之次日起计算。
	【2021 年《民事诉讼法》第一百三十六条】人民法院对受理的案件，分别情形，予以处理： （一）当事人没有争议，符合督促程序规定条件的，可以转入督促程序； （二）开庭前可以调解的，采取调解方式及时解决纠纷； （三）根据案件情况，确定适用简易程序或者普通程序； （四）需要开庭审理的，通过要求当事人交换证据等方式，明确争议焦点。 【2022 年《民诉法解释》第二百二十四条】依照民事诉讼法第一百三十六条第四项规定，人民法院可以在答辩期届满后，通过组织证据交换、召集庭前会议等方式，作好审理前的准备。	【第五十六条】人民法院依照民事诉讼法第一百三十三条第四项的规定，通过组织证据交换进行审理前准备的，证据交换之日举证期限届满。 证据交换的时间可以由当事人协商一致并经人民法院认可，也可以由人民法院指定。当事人申请延期举证经人民法院准许的，证据交换日相应顺延。
		【第五十七条】证据交换应当在审判人员的主持下进行。 在证据交换的过程中，审判人员对当事人无异议的事实、证据应当记录在卷；对有异议的证据，按照需要证明的事实分类记

续表

2020 年《知产证据规定》	2022 年《民诉法解释》 2021 年《民事诉讼法》	2020 年《证据规定》
		录在卷，并记载异议的理由。通过证据交换，确定双方当事人争议的主要问题。
		【第五十八条】当事人收到对方的证据后有反驳证据需要提交的，人民法院应当再次组织证据交换。
		【第五十九条】人民法院对逾期提供证据的当事人处以罚款的，可以结合当事人逾期提供证据的主观过错程度、导致诉讼迟延的情况、诉讼标的金额等因素，确定罚款数额。
	【2021 年《民事诉讼法》第七十一条】证据应当在法庭上出示，并由当事人互相质证。对涉及国家秘密、商业秘密和个人隐私的证据应当保密，需要在法庭出示的，不得在公开开庭时出示。 【2022 年《民诉法解释》第一百零三条第一款、第二款】证据应当在法庭上出示，由当事人互相质证。未经当事人质证的证据，不得作为认定案件事实的根据。 当事人在审理前的准备阶段认可的证据，经审判人员在庭审中说明后，视为质证过的证据。	【第六十条】当事人在审理前的准备阶段或者人民法院调查、询问过程中发表过质证意见的证据，视为质证过的证据。 当事人要求以书面方式发表质证意见，人民法院在听取对方当事人意见后认为有必要的，可以准许。人民法院应当及时将书面质证意见送交对方当事人。
	【2021 年《民事诉讼法》第七十三条】书证应当提交原件。物证应当提交原物。提交原件或者原物确有困难的，可以提交复制品、照片、副本、节录本。 提交外文书证，必须附有中文译本。	【第六十一条】对书证、物证、视听资料进行质证时，当事人应当出示证据的原件或者原物。但有下列情形之一的除外： （一）出示原件或者原物确有困难并经人民法院准许出示复制件或者复制品的； （二）原件或者原物已不存在，但有证据证明复制件、复制品与原件或者原物一致的。

续表

2020 年《知产证据规定》	2022 年《民诉法解释》 2021 年《民事诉讼法》	2020 年《证据规定》
		【第六十二条】质证一般按下列顺序进行： （一）原告出示证据，被告、第三人与原告进行质证； （二）被告出示证据，原告、第三人与被告进行质证； （三）第三人出示证据，原告、被告与第三人进行质证。 人民法院根据当事人申请调查收集的证据，审判人员对调查收集证据的情况进行说明后，由提出申请的当事人与对方当事人、第三人进行质证。 人民法院依职权调查收集的证据，由审判人员对调查收集证据的情况进行说明后，听取当事人的意见。
	【2021 年《民事诉讼法》第七十八条】人民法院对当事人的陈述，应当结合本案的其他证据，审查确定能否作为认定事实的根据。当事人拒绝陈述的，不影响人民法院根据证据认定案件事实。	【第六十三条】当事人应当就案件事实作真实、完整的陈述。 当事人的陈述与此前陈述不一致的，人民法院应当责令其说明理由，并结合当事人的诉讼能力、证据和案件具体情况进行审查认定。 当事人故意作虚假陈述妨碍人民法院审理的，人民法院应当根据情节，依照民事诉讼法第一百一十一条的规定进行处罚。
	【2022 年《民诉法解释》第一百一十条第一款】人民法院认为有必要的，可以要求当事人本人到庭，就案件有关事实接受询问。在询问当事人之前，可以要求其签署保证书。	【第六十四条】人民法院认为有必要的，可以要求当事人本人到场，就案件的有关事实接受询问。 人民法院要求当事人到场接受询问的，应当通知当事人询问的时间、地点、拒不到场的后果等内容。
	【2022 年《民诉法解释》第一百一十条第二款】保证书应当载明据实陈述、如有虚假陈述愿意接受处罚等内容。当事人应当在保证书上签名或者捺印。	【第六十五条】人民法院应当在询问前责令当事人签署保证书并宣读保证书的内容。 保证书应当载明保证据实陈述，绝无隐瞒、歪曲、增减，如有虚假陈述应当接受处罚等内容。当事人应当在保证书上签名、捺印。 当事人有正当理由不能宣读保证书的，由书记员宣读并进行说明。

续表

2020年《知产证据规定》	2022年《民诉法解释》 2021年《民事诉讼法》	2020年《证据规定》
	【2022年《民诉法解释》第一百一十条第三款】负有举证证明责任的当事人拒绝到庭、拒绝接受询问或者拒绝签署保证书,待证事实又欠缺其他证据证明的,人民法院对其主张的事实不予认定。	【第六十六条】当事人无正当理由拒不到场、拒不签署或宣读保证书或者拒不接受询问的,人民法院应当综合案件情况,判断待证事实的真伪。待证事实无其他证据证明的,人民法院应当作出不利于该当事人的认定。
	【2021年《民事诉讼法》第七十五条】凡是知道案件情况的单位和个人,都有义务出庭作证。有关单位的负责人应当支持证人作证。不能正确表达意思的人,不能作证。	【第六十七条】不能正确表达意思的人,不能作为证人。 待证事实与其年龄、智力状况或者精神健康状况相适应的无民事行为能力人和限制民事行为能力人,可以作为证人。
	【2022年《民诉法解释》第一百一十七条】当事人申请证人出庭作证的,应当在举证期限届满前提出。 符合本解释第九十六条第一款规定情形的,人民法院可以依职权通知证人出庭作证。 未经人民法院通知,证人不得出庭作证,但双方当事人同意并经人民法院准许的除外。	【第六十八条】人民法院应当要求证人出庭作证,接受审判人员和当事人的询问。证人在审理前的准备阶段或者人民法院调查、询问等双方当事人在场时陈述证言的,视为出庭作证。 双方当事人同意证人以其他方式作证并经人民法院准许的,证人可以不出庭作证。 无正当理由未出庭的证人以书面等方式提供的证言,不得作为认定案件事实的根据。
		【第六十九条】当事人申请证人出庭作证的,应当在举证期限届满前向人民法院提交申请书。 申请书应当载明证人的姓名、职业、住所、联系方式,作证的主要内容,作证内容与待证事实的关联性,以及证人出庭作证的必要性。 符合《最高人民法院关于适用〈中华人民共和国民事诉讼法〉的解释》第九十六条第一款规定情形的,人民法院应当依职权通知证人出庭作证。

续表

2020 年《知产证据规定》	2022 年《民诉法解释》 2021 年《民事诉讼法》	2020 年《证据规定》
		【第七十条】人民法院准许证人出庭作证申请的，应当向证人送达通知书并告知双方当事人。通知书中应当载明证人作证的时间、地点，作证的事项、要求以及作伪证的法律后果等内容。 当事人申请证人出庭作证的事项与待证事实无关，或者没有通知证人出庭作证必要的，人民法院不予准许当事人的申请。
	【2022 年《民诉法解释》第一百一十九条】人民法院在证人出庭作证前应当告知其如实作证的义务以及作伪证的法律后果，并责令其签署保证书，但无民事行为能力人和限制民事行为能力人除外。 证人签署保证书适用本解释关于当事人签署保证书的规定。 【2022 年《民诉法解释》第一百二十条】证人拒绝签署保证书的，不得作证，并自行承担相关费用。	【第七十一条】人民法院应当要求证人在作证之前签署保证书，并在法庭上宣读保证书的内容。但无民事行为能力人和限制民事行为能力人作为证人的除外。 证人确有正当理由不能宣读保证书的，由书记员代为宣读并进行说明。 证人拒绝签署或者宣读保证书的，不得作证，并自行承担相关费用。 证人保证书的内容适用当事人保证书的规定。
		【第七十二条】证人应当客观陈述其亲身感知的事实，作证时不得使用猜测、推断或者评论性语言。 证人作证前不得旁听法庭审理，作证时不得以宣读事先准备的书面材料的方式陈述证言。 证人言辞表达有障碍的，可以通过其他表达方式作证。
		【第七十三条】证人应当就其作证的事项进行连续陈述。 当事人及其法定代理人、诉讼代理人或者旁听人员干扰证人陈述的，人民法院应当及时制止，必要时可以依照民事诉讼法第一百一十条的规定进行处罚。

续表

2020 年《知产证据规定》	2022 年《民诉法解释》 2021 年《民事诉讼法》	2020 年《证据规定》
		【第七十四条】审判人员可以对证人进行询问。当事人及其诉讼代理人经审判人员许可后可以询问证人。 询问证人时其他证人不得在场。 人民法院认为有必要的,可以要求证人之间进行对质。
	【2021 年《民事诉讼法》第七十七条】证人因履行出庭作证义务而支出的交通、住宿、就餐等必要费用以及误工损失,由败诉一方当事人负担。当事人申请证人作证的,由该当事人先行垫付;当事人没有申请,人民法院通知证人作证的,由人民法院先行垫付。 【2022 年《民诉法解释》第一百一十八条】民事诉讼法第七十七条规定的证人因履行出庭作证义务而支出的交通、住宿、就餐等必要费用,按照机关事业单位工作人员差旅费用和补贴标准计算;误工损失按照国家上年度职工日平均工资标准计算。 人民法院准许证人出庭作证申请的,应当通知申请人预缴证人出庭作证费用。	【第七十五条】证人出庭作证后,可以向人民法院申请支付证人出庭作证费用。证人有困难需要预先支取出庭作证费用的,人民法院可以根据证人的申请在出庭作证前支付。
	【2021 年《民事诉讼法》第七十六条】经人民法院通知,证人应当出庭作证。有下列情形之一的,经人民法院许可,可以通过书面证言、视听传输技术或者视听资料等方式作证: (一)因健康原因不能出庭的; (二)因路途遥远,交通不便不能出庭的; (三)因自然灾害等不可抗力不能出庭的; (四)其他有正当理由不能出庭的。	【第七十六条】证人确有困难不能出庭作证,申请以书面证言、视听传输技术或者视听资料等方式作证的,应当向人民法院提交申请书。申请书中应当载明不能出庭的具体原因。 符合民事诉讼法第七十三条规定情形的,人民法院应当准许。

续表

2020 年《知产证据规定》	2022 年《民诉法解释》 2021 年《民事诉讼法》	2020 年《证据规定》
		【第七十七条】证人经人民法院准许，以书面证言方式作证的，应当签署保证书；以视听传输技术或者视听资料方式作证的，应当签署保证书并宣读保证书的内容。
	【2021 年《民事诉讼法》第一百一十三条】诉讼参与人和其他人应当遵守法庭规则。 人民法院对违反法庭规则的人，可以予以训诫，责令退出法庭或者予以罚款、拘留。 人民法院对哄闹、冲击法庭，侮辱、诽谤、威胁、殴打审判人员，严重扰乱法庭秩序的人，依法追究刑事责任；情节较轻的，予以罚款、拘留。 【2021 年《民事诉讼法》第一百一十四条】诉讼参与人或者其他人有下列行为之一的，人民法院可以根据情节轻重予以罚款、拘留；构成犯罪的，依法追究刑事责任： （一）伪造、毁灭重要证据，妨碍人民法院审理案件的； （二）以暴力、威胁、贿买方法阻止证人作证或者指使、贿买、胁迫他人作伪证的； （三）隐藏、转移、变卖、毁损已被查封、扣押的财产，或者已被清点并责令其保管的财产，转移已被冻结的财产的； （四）对司法工作人员、诉讼参加人、证人、翻译人员、鉴定人、勘验人、协助执行的人，进行侮辱、诽谤、诬陷、殴打或者打击报复的； （五）以暴力、威胁或者其他方法阻碍司法工作人员执行职务的； （六）拒不履行人民法院已经发生法律效力的判决、裁定的。 人民法院对有前款规定的行为之一的单位，可以对其主要负责人或者直接责任人员予以	【第七十八条】当事人及其诉讼代理人对证人的询问与待证事实无关，或者存在威胁、侮辱证人或不适当引导等情形的，审判人员应当及时制止。必要时可以依照民事诉讼法第一百一十条、第一百一十一条的规定进行处罚。 证人故意作虚假陈述，诉讼参与人或者其他人以暴力、威胁、贿买等方法妨碍证人作证，或者在证人作证后以侮辱、诽谤、诬陷、恐吓、殴打等方式对证人打击报复的，人民法院应当根据情节，依照民事诉讼法第一百一十一条的规定，对行为人进行处罚。

续表

2020 年《知产证据规定》	2022 年《民诉法解释》 2021 年《民事诉讼法》	2020 年《证据规定》
	罚款、拘留;构成犯罪的,依法追究刑事责任。 【2021 年《民事诉讼法》第一百一十五条】当事人之间恶意串通,企图通过诉讼、调解等方式侵害他人合法权益的,人民法院应当驳回其请求,并根据情节轻重予以罚款、拘留;构成犯罪的,依法追究刑事责任。 【2022 年《民诉法解释》第一百八十九条第二项】诉讼参与人或者其他人有下列行为之一的,人民法院可以适用民事诉讼法第一百一十四条的规定处理: (二)证人签署保证书后作虚假证言,妨碍人民法院审理案件的;	
	【2021 年《民事诉讼法》第八十一条】当事人对鉴定意见有异议或者人民法院认为鉴定人有必要出庭的,鉴定人应当出庭作证。经人民法院通知,鉴定人拒不出庭作证的,鉴定意见不得作为认定事实的根据;支付鉴定费用的当事人可以要求返还鉴定费用。	【第七十九条】鉴定人依照民事诉讼法第七十八条的规定出庭作证的,人民法院应当在开庭审理三日前将出庭的时间、地点及要求通知鉴定人。 委托机构鉴定的,应当由从事鉴定的人员代表机构出庭。
		【第八十条】鉴定人应当就鉴定事项如实答复当事人的异议和审判人员的询问。当庭答复确有困难的,经人民法院准许,可以在庭审结束后书面答复。 人民法院应当及时将书面答复送交当事人,并听取当事人的意见。必要时,可以再次组织质证。
	【2021 年《民事诉讼法》第八十一条】当事人对鉴定意见有异议或者人民法院认为鉴定人有必要出庭的,鉴定人应当出庭作证。经人民法院通知,鉴定人拒不出庭作证的,鉴定意见不得作为认定事实的根据;支付鉴定费用的当事人可以要求返还鉴定费用。	【第八十一条】鉴定人拒不出庭作证的,鉴定意见不得作为认定案件事实的根据。人民法院应当建议有关主管部门或者组织对拒不出庭作证的鉴定人予以处罚。 当事人要求退还鉴定费用的,人民法院应当在三日内作出裁定,责令鉴定人退还;拒不退还的,由人民法院依法执行。

续表

2020 年《知产证据规定》	2022 年《民诉法解释》 2021 年《民事诉讼法》	2020 年《证据规定》
		当事人因鉴定人拒不出庭作证申请重新鉴定的，人民法院应当准许。
		【第八十二条】经法庭许可，当事人可以询问鉴定人、勘验人。 询问鉴定人、勘验人不得使用威胁、侮辱等不适当的言语和方式。
【第二十六条】证据涉及商业秘密或者其他需要保密的商业信息的，人民法院应当在相关诉讼参与人接触该证据前，要求其签订保密协议、作出保密承诺，或者以裁定等法律文书责令其不得出于本案诉讼之外的任何目的披露、使用、允许他人使用在诉讼程序中接触到的秘密信息。 当事人申请对接触前款所称证据的人员范围作出限制，人民法院经审查认为确有必要的，应当准许。		
【第二十八条】当事人可以申请有专门知识的人出庭，就专业问题提出意见。经法庭准许，当事人可以对有专门知识的人进行询问。	【2022 年《民诉法解释》第一百二十二条】当事人可以依照民事诉讼法第七十九条的规定，在举证期限届满前申请一至二名具有专门知识的人出庭，代表当事人对鉴定意见进行质证，或者对案件事实所涉及的专业问题提出意见。 具有专门知识的人在法庭上就专业问题提出的意见，视为当事人的陈述。 人民法院准许当事人申请的，相关费用由提出申请的当事人负担。	【第八十三条】当事人依照民事诉讼法第七十九条和《最高人民法院关于适用〈中华人民共和国民事诉讼法〉的解释》第一百二十二条的规定，申请有专门知识的人出庭的，申请书中应当载明有专门知识的人的基本情况和申请的目的。 人民法院准许当事人申请的，应当通知双方当事人。
【第二十九条】人民法院指派技术调查官参与庭前会议、开庭审理的，技术调查官可以就案件所涉技术问题询问当事人、诉讼代理人、有专门知识的人、证人、鉴定人、勘验人等。		

续表

2020 年《知产证据规定》	2022 年《民诉法解释》 2021 年《民事诉讼法》	2020 年《证据规定》
	【2022 年《民诉法解释》第一百二十三条】人民法院可以对出庭的具有专门知识的人进行询问。经法庭准许，当事人可以对出庭的具有专门知识的人进行询问，当事人各自申请的具有专门知识的人可以就案件中的有关问题进行对质。 具有专门知识的人不得参与专业问题之外的法庭审理活动。	【第八十四条】审判人员可以对有专门知识的人进行询问。经法庭准许，当事人可以对有专门知识的人进行询问，当事人各自申请的有专门知识的人可以就案件中的有关问题进行对质。 有专门知识的人不得参与对鉴定意见质证或者就专业问题发表意见之外的法庭审理活动。
【第三十一条】当事人提供的财务账簿、会计凭证、销售合同、进出货单据、上市公司年报、招股说明书、网站或者宣传册等有关记载，设备系统存储的交易数据，第三方平台统计的商品流通数据，评估报告，知识产权许可使用合同以及市场监管、税务、金融部门的记录等，可以作为证据，用以证明当事人主张的侵害知识产权赔偿数额。 【第三十二条】当事人主张参照知识产权许可使用费的合理倍数确定赔偿数额的，人民法院可以考量下列因素对许可使用费证据进行审核认定： （一）许可使用费是否实际支付及支付方式，许可使用合同是否实际履行或者备案； （二）许可使用的权利内容、方式、范围、期限； （三）被许可人与许可人是否存在利害关系； （四）行业许可的通常标准。	【2021 年《民事诉讼法》第六十七条第三款】人民法院应当按照法定程序，全面地、客观地审查核实证据。 【2022 年《民诉法解释》第一百零五条】人民法院应当按照法定程序，全面、客观地审核证据，依照法律规定，运用逻辑推理和日常生活经验法则，对证据有无证明力和证明力大小进行判断，并公开判断的理由和结果。	【第八十五条】人民法院应当以证据能够证明的案件事实为根据依法作出裁判。 审判人员应当依照法定程序，全面、客观地审核证据，依据法律的规定，遵循法官职业道德，运用逻辑推理和日常生活经验，对证据有无证明力和证明力大小独立进行判断，并公开判断的理由和结果。
	【2022 年《民诉法解释》第一百零九条】当事人对欺诈、胁迫、恶意串通事实的证明，以及对口头遗嘱或者赠与事实的证明，人民法院确信该待证事实存在的可能性能够排除合理怀疑的，应当认定该事实存在。	【第八十六条】当事人对于欺诈、胁迫、恶意串通事实的证明，以及对于口头遗嘱或赠与事实的证明，人民法院确信该待证事实存在的可能性能够排除合理怀疑的，应当认定该事实存在。 与诉讼保全、回避等程序事项有关的事实，人民法院结合当事人的说明及相关证据，认为有关事实存在的可能性较大的，可以认定该事实存在。

续表

2020 年《知产证据规定》	2022 年《民诉法解释》 2021 年《民事诉讼法》	2020 年《证据规定》
		【第八十七条】审判人员对单一证据可以从下列方面进行审核认定： （一）证据是否为原件、原物，复制件、复制品与原件、原物是否相符； （二）证据与本案事实是否相关； （三）证据的形式、来源是否符合法律规定； （四）证据的内容是否真实； （五）证人或者提供证据的人与当事人有无利害关系。
【第七条】权利人为发现或者证明知识产权侵权行为，自行或者委托他人以普通购买者的名义向被诉侵权人购买侵权物品所取得的实物、票据等可以作为起诉被诉侵权人侵权的证据。 被诉侵权人基于他人行为而实施侵害知识产权行为所形成的证据，可以作为权利人起诉其侵权的证据，但被诉侵权人仅基于权利人的取证行为而实施侵害知识产权行为的除外。		【第八十八条】审判人员对案件的全部证据，应当从各证据与案件事实的关联程度、各证据之间的联系等方面进行综合审查判断。
	【2022 年《民诉法解释》第二百二十九条】当事人在庭审中对其在审理前的准备阶段认可的事实和证据提出不同意见的，人民法院应当责令其说明理由。必要时，可以责令其提供相应证据。人民法院应当结合当事人的诉讼能力、证据和案件的具体情况进行审查。理由成立的，可以列入争议焦点进行审理。	【第八十九条】当事人在诉讼过程中认可的证据，人民法院应当予以确认。但法律、司法解释另有规定的除外。 当事人对认可的证据反悔的，参照《最高人民法院关于适用〈中华人民共和国民事诉讼法〉的解释》第二百二十九条的规定处理。
		【第九十条】下列证据不能单独作为认定案件事实的根据： （一）当事人的陈述； （二）无民事行为能力人或者限制民事行为能力人所作的与其年龄、智力状况或者精神健康状况不相当的证言； （三）与一方当事人或者其代理人有利害关系的证人陈述的证言；

续表

2020 年《知产证据规定》	2022 年《民诉法解释》 2021 年《民事诉讼法》	2020 年《证据规定》
		（四）存有疑点的视听资料、电子数据； （五）无法与原件、原物核对的复制件、复制品。
	【2022 年《民诉法解释》第一百一十四条】国家机关或者其他依法具有社会管理职能的组织，在其职权范围内制作的文书所记载的事项推定为真实，但有相反证据足以推翻的除外。必要时，人民法院可以要求制作文书的机关或者组织对文书的真实性予以说明。	【第九十一条】公文书证的制作者根据文书原件制作的载有部分或者全部内容的副本，与正本具有相同的证明力。 在国家机关存档的文件，其复制件、副本、节录本经档案部门或者制作原本的机关证明其内容与原本一致的，该复制件、副本、节录本具有与原本相同的证明力。
		【第九十二条】私文书证的真实性，由主张以私文书证证明案件事实的当事人承担举证责任。 私文书证由制作者或者其代理人签名、盖章或捺印的，推定为真实。 私文书证上有删除、涂改、增添或者其他形式瑕疵的，人民法院应当综合案件的具体情况判断其证明力。
		【第九十三条】人民法院对于电子数据的真实性，应当结合下列因素综合判断： （一）电子数据的生成、存储、传输所依赖的计算机系统的硬件、软件环境是否完整、可靠； （二）电子数据的生成、存储、传输所依赖的计算机系统的硬件、软件环境是否处于正常运行状态，或者不处于正常运行状态时对电子数据的生成、存储、传输是否有影响； （三）电子数据的生成、存储、传输所依赖的计算机系统的硬件、软件环境是否具备有效的防止出错的监测、核查手段； （四）电子数据是否被完整地保存、传输、提取，保存、传输、提取的方法是否可靠； （五）电子数据是否在正常的往来活动中形成和存储；

续表

2020 年《知产证据规定》	2022 年《民诉法解释》 2021 年《民事诉讼法》	2020 年《证据规定》
		（六）保存、传输、提取电子数据的主体是否适当； （七）影响电子数据完整性和可靠性的其他因素。 人民法院认为有必要的，可以通过鉴定或者勘验等方法，审查判断电子数据的真实性。
		【第九十四条】电子数据存在下列情形的，人民法院可以确认其真实性，但有足以反驳的相反证据的除外： （一）由当事人提交或者保管的于己不利的电子数据； （二）由记录和保存电子数据的中立第三方平台提供或者确认的； （三）在正常业务活动中形成的； （四）以档案管理方式保管的； （五）以当事人约定的方式保存、传输、提取的。 电子数据的内容经公证机关公证的，人民法院应当确认其真实性，但有相反证据足以推翻的除外。
		【第九十五条】一方当事人控制证据无正当理由拒不提交，对待证事实负有举证责任的当事人主张该证据的内容不利于控制人的，人民法院可以认定该主张成立。
		【第九十六条】人民法院认定证人证言，可以通过对证人的智力状况、品德、知识、经验、法律意识和专业技能等的综合分析作出判断。
		【第九十七条】人民法院应当在裁判文书中阐明证据是否采纳的理由。 对当事人无争议的证据，是否采纳的理由可以不在裁判文书中表述。

续表

2020 年《知产证据规定》	2022 年《民诉法解释》 2021 年《民事诉讼法》	2020 年《证据规定》
		【第九十八条】对证人、鉴定人、勘验人的合法权益依法予以保护。 当事人或者其他诉讼参与人伪造、毁灭证据,提供虚假证据,阻止证人作证,指使、贿买、胁迫他人作伪证,或者对证人、鉴定人、勘验人打击报复的,依照民事诉讼法第一百一十条、第一百一十一条的规定进行处罚。
		【第九十九条】本规定对证据保全没有规定的,参照适用法律、司法解释关于财产保全的规定。 除法律、司法解释另有规定外,对当事人、鉴定人、有专门知识的人的询问参照适用本规定中关于询问证人的规定;关于书证的规定适用于视听资料、电子数据;存储在电子计算机等电子介质中的视听资料,适用电子数据的规定。
【第三十三条】本规定自 2020 年 11 月 18 日起施行。本院以前发布的相关司法解释与本规定不一致的,以本规定为准。		【第一百条】本规定自 2020 年 5 月 1 日起施行。 本规定公布施行后,最高人民法院以前发布的司法解释与本规定不一致的,不再适用。

三、2020 年《委托鉴定审查规定》

为进一步规范民事诉讼中委托鉴定工作,促进司法公正,根据《中华人民共和国民事诉讼法》《最高人民法院关于适用〈中华人民共和国民事诉讼法〉的解释》《最高人民法院关于民事诉讼证据的若干规定》等法律、司法解释的规定,结合人民法院工作实际,制定本规定。

一、对鉴定事项的审查

1. 严格审查拟鉴定事项是否属于查明案件事实的专门性问题,有下列情形之一的,人民法院不予委托鉴定:

(1)通过生活常识、经验法则可以推定的事实;

(2)与待证事实无关联的问题;

(3)对证明待证事实无意义的问题;

(4)应当由当事人举证的非专门性问题;

(5)通过法庭调查、勘验等方法可以查明的事实;

(6)对当事人责任划分的认定;

（7）法律适用问题；

（8）测谎；

（9）其他不适宜委托鉴定的情形。

2. 拟鉴定事项所涉鉴定技术和方法争议较大的，应当先对其鉴定技术和方法的科学可靠性进行审查。所涉鉴定技术和方法没有科学可靠性的，不予委托鉴定。

二、对鉴定材料的审查

3. 严格审查鉴定材料是否符合鉴定要求，人民法院应当告知当事人不提供符合要求鉴定材料的法律后果。

4. 未经法庭质证的材料（包括补充材料），不得作为鉴定材料。

当事人无法联系、公告送达或当事人放弃质证的，鉴定材料应当经合议庭确认。

5. 对当事人有争议的材料，应当由人民法院予以认定，不得直接交由鉴定机构、鉴定人选用。

三、对鉴定机构的审查

6. 人民法院选择鉴定机构，应当根据法律、司法解释等规定，审查鉴定机构的资质、执业范围等事项。

7. 当事人协商一致选择鉴定机构的，人民法院应当审查协商选择的鉴定机构是否具备鉴定资质及符合法律、司法解释等规定。发现双方当事人的选择有可能损害国家利益、集体利益或第三方利益的，应当终止协商选择程序，采用随机方式选择。

8. 人民法院应当要求鉴定机构在接受委托后5个工作日内，提交鉴定方案、收费标准、鉴定人情况和鉴定人承诺书。

重大、疑难、复杂鉴定事项可适当延长提交期限。

鉴定人拒绝签署承诺书的，人民法院应当要求更换鉴定人或另行委托鉴定机构。

四、对鉴定人的审查

9. 人民法院委托鉴定机构指定鉴定人的，应当严格依照法律、司法解释等规定，对鉴定人的专业能力、从业经验、业内评价、执业范围、鉴定资格、资质证书有效期以及是否有依法回避的情形等进行审查。

特殊情形人民法院直接指定鉴定人的，依照前款规定进行审查。

五、对鉴定意见书的审查

10. 人民法院应当审查鉴定意见书是否具备《最高人民法院关于民事诉讼证据的若干规定》第三十六条规定的内容。

11. 鉴定意见书有下列情形之一的，视为未完成委托鉴定事项，人民法院应当要求鉴定人补充鉴定或重新鉴定：

（1）鉴定意见和鉴定意见书的其他部分相互矛盾的；

（2）同一认定意见使用不确定性表述的；

（3）鉴定意见书有其他明显瑕疵的。

补充鉴定或重新鉴定仍不能完成委托鉴定事项的，人民法院应当责令鉴定人退回已经收取的鉴定费用。

六、加强对鉴定活动的监督

12. 人民法院应当向当事人释明不按期预交鉴定费用及鉴定人出庭费用的法律后果，并对鉴定机构、鉴定人收费情况进行监督。

公益诉讼可以申请暂缓交纳鉴定费用和鉴定人出庭费用。

符合法律援助条件的当事人可以申请暂缓或减免交纳鉴定费用和鉴定人出庭费用。

13. 人民法院委托鉴定应当根据鉴定事项的难易程度、鉴定材料准备情况，确定合理的鉴定期限，一般案件鉴定时限不超过 30 个工作日，重大、疑难、复杂案件鉴定时限不超过 60 个工作日。

鉴定机构、鉴定人因特殊情况需要延长鉴定期限的，应当提出书面申请，人民法院可以根据具体情况决定是否延长鉴定期限。

鉴定人未按期提交鉴定书的，人民法院应当审查鉴定人是否存在正当理由。如无正当理由且人民法院准许当事人申请另行委托鉴定的，应当责令原鉴定机构、鉴定人退回已经收取的鉴定费用。

14. 鉴定机构、鉴定人超范围鉴定、虚假鉴定、无正当理由拖延鉴定、拒不出庭作证、违规收费以及有其他违法违规情形的，人民法院可以根据情节轻重，对鉴定机构、鉴定人予以暂停委托、责令退还鉴定费用、从人民法院委托鉴定专业机构、专业人员备选名单中除名等惩戒，并向行政主管部门或者行业协会发出司法建议。鉴定机构、鉴定人存在违法犯罪情形的，人民法院应当将有关线索材料移送公安、检察机关处理。

人民法院建立鉴定人黑名单制度。鉴定机构、鉴定人有前款情形的，可列入鉴定人黑名单。鉴定机构、鉴定人被列入黑名单期间，不得进入人民法院委托鉴定专业机构、专业人员备选名单和相关信息平台。

15. 人民法院应当充分运用委托鉴定信息平台加强对委托鉴定工作的管理。

16. 行政诉讼中人民法院委托鉴定，参照适用本规定。

17. 本规定自 2020 年 9 月 1 日起施行。

附件：

鉴定人承诺书（试行）

本人接受人民法院委托，作为诉讼参与人参加诉讼活动，依照国家法律法规和人民法院相关规定完成本次司法鉴定活动，承诺如下：

一、遵循科学、公正和诚实原则，客观、独立地进行鉴定，保证鉴定意见不受当事人、代理人或其他第三方的干扰。

二、廉洁自律，不接受当事人、诉讼代理人及其请托人提供的财物、宴请或其他利益。

三、自觉遵守有关回避的规定，及时向人民法院报告可能影响鉴定意见的各种情形。

四、保守在鉴定活动中知悉的国家秘密、商业秘密和个人隐私，不利用鉴定活动中知悉的国家秘密、商业秘密和个人隐私获取利益，不向无关人员泄露案情及鉴定信息。

五、勤勉尽责，遵照相关鉴定管理规定及技术规范，认真分析判断专业问题，独立进行检验、测算、分析、评定并形成鉴定意见，保证不出具虚假或误导性鉴定意见；妥善保管、保存、移交相关鉴定材料，不因自身原因造成鉴定材料污损、遗失。

六、按照规定期限和人民法院要求完成鉴定事项，如遇特殊情形不能如期完成的，应当提前向人民法院申请延期。

七、保证依法履行鉴定人出庭作证义务，做好鉴定意见的解释及质证工作。

本人已知悉违反上述承诺将承担的法律责任及行业主管部门、人民法院给予的相应处理后果。

承诺人：（签名）

鉴定机构：（盖章）

年　月　日

四、2022 年《民诉法解释》其他证据相关条文

第四十三条第三项　审判人员有下列情形之一的，应当自行回避，当事人有权申请其回避：

（三）担任过本案的证人、鉴定人、辩护人、诉讼代理人、翻译人员的；

第一百一十六条　视听资料包括录音资料和影像资料。

电子数据是指通过电子邮件、电子数据交换、网上聊天记录、博客、微博客、手机短信、电子签名、域名等形成或者存储在电子介质中的信息。

存储在电子介质中的录音资料和影像资料，适用电子数据的规定。

第一百一十七条第三款　未经人民法院通知，证人不得出庭作证，但双方当事人同意并经人民法院准许的除外。

第一百八十九条第二项、第三项　诉讼参与人或者其他人有下列行为之一的，人民法院可以适用民事诉讼法第一百一十四条的规定处理：

（二）证人签署保证书后作虚假证言，妨碍人民法院审理案件的；

（三）伪造、隐藏、毁灭或者拒绝交出有关被执行人履行能力的重要证据，妨碍人民法院查明被执行人财产状况的。

第二百二十四条　依照民事诉讼法第一百三十六条第四项规定，人民法院可以在答辩期届满后，通过组织证据交换、召集庭前会议等方式，作好审理前的准备。

第二百二十五条　根据案件具体情况，庭前会议可以包括下列内容：

（一）明确原告的诉讼请求和被告的答辩意见；

（二）审查处理当事人增加、变更诉讼请求的申请和提出的反诉，以及第三人提出的与本案有关的诉讼请求；

（三）根据当事人的申请决定调查收集证据，委托鉴定，要求当事人提供证据，进行勘验，进行证据保全；

（四）组织交换证据；

（五）归纳争议焦点；

（六）进行调解。

第二百三十一条 当事人在法庭上提出新的证据的，人民法院应当依照民事诉讼法第六十八条第二款规定和本解释相关规定处理。

第二百五十六条 民事诉讼法第一百六十条规定的简单民事案件中的事实清楚，是指当事人对争议的事实陈述基本一致，并能提供相应的证据，无须人民法院调查收集证据即可查明事实；权利义务关系明确是指能明确区分谁是责任的承担者，谁是权利的享有者；争议不大是指当事人对案件的是非、责任承担以及诉讼标的争执无原则分歧。

第二百六十六条 适用简易程序案件的举证期限由人民法院确定，也可以由当事人协商一致并经人民法院准许，但不得超过十五日。被告要求书面答辩的，人民法院可在征得其同意的基础上，合理确定答辩期间。

人民法院应当将举证期限和开庭日期告知双方当事人，并向当事人说明逾期举证以及拒不到庭的法律后果，由双方当事人在笔录和开庭传票的送达回证上签名或者捺印。

当事人双方均表示不需要举证期限、答辩期间的，人民法院可以立即开庭审理或者确定开庭日期。

第二百六十九条 当事人就案件适用简易程序提出异议，人民法院经审查，异议成立的，裁定转为普通程序；异议不成立的，口头告知当事人，并记入笔录。

转为普通程序的，人民法院应当将合议庭组成人员及相关事项以书面形式通知双方当事人。

转为普通程序前，双方当事人已确认的事实，可以不再进行举证、质证。

第二百七十五条 小额诉讼案件的举证期限由人民法院确定，也可以由当事人协商一致并经人民法院准许，但一般不超过七日。

被告要求书面答辩的，人民法院可以在征得其同意的基础上合理确定答辩期间，但最长不得超过十五日。

当事人到庭后表示不需要举证期限和答辩期间的，人民法院可立即开庭审理。

第三百零九条 案外人或者申请执行人提起执行异议之诉的，案外人应当就其对执行标的享有足以排除强制执行的民事权益承担举证证明责任。

第三百八十五条 再审申请人提供的新的证据，能够证明原判决、裁定认定基本事实或者裁判结果错误的，应当认定为民事诉讼法第二百零七条第一项规定的情形。

对于符合前款规定的证据，人民法院应当责令再审申请人说明其逾期提供该证据的理由；拒不说明理由或者理由不成立的，依照民事诉讼法第六十八条第二款和本解释第一百零二条的规定处理。

第三百八十六条 再审申请人证明其提交的新的证据符合下列情形之一的，可以认定逾期提供证据的理由成立：

（一）在原审庭审结束前已经存在，因客观原因于庭审结束后才发现的；

（二）在原审庭审结束前已经发现，但因客观原因无法取得或者在规定的期限内不能提供的；

（三）在原审庭审结束后形成，无法据此另行提起诉讼的。

再审申请人提交的证据在原审中已经提供,原审人民法院未组织质证且未作为裁判根据的,视为逾期提供证据的理由成立,但原审人民法院依照民事诉讼法第六十八条规定不予采纳的除外。

第三百八十七条　当事人对原判决、裁定认定事实的主要证据在原审中拒绝发表质证意见或者质证中未对证据发表质证意见的,不属于民事诉讼法第二百零七条第四项规定的未经质证的情形。

第三百九十五条　人民法院根据审查案件的需要决定是否询问当事人。新的证据可能推翻原判决、裁定的,人民法院应当询问当事人。

第四百零九条　当事人提交新的证据致使再审改判,因再审申请人或者申请检察监督当事人的过错未能在原审程序中及时举证,被申请人等当事人请求补偿其增加的交通、住宿、就餐、误工等必要费用的,人民法院应予支持。

第五百四十条　依照民事诉讼法第二百七十九条规定,中华人民共和国涉外仲裁机构将当事人的保全申请提交人民法院裁定的,人民法院可以进行审查,裁定是否进行保全。裁定保全的,应当责令申请人提供担保,申请人不提供担保的,裁定驳回申请。

当事人申请证据保全,人民法院经审查认为无需提供担保的,申请人可以不提供担保。

最高人民法院关于印发《人民法院民事裁判文书制作规范》《民事诉讼文书样式》的通知

法〔2016〕221 号

各省、自治区、直辖市高级人民法院,解放军军事法院,新疆维吾尔自治区高级人民法院生产建设兵团分院:

为进一步规范和统一民事裁判文书写作标准,提高民事诉讼文书质量,最高人民法院制定了《人民法院民事裁判文书制作规范》《民事诉讼文书样式》。该两份文件已于 2016 年 2 月 22 日经最高人民法院审判委员会第 1679 次会议通过,现予印发,自 2016 年 8 月 1 日起施行。请认真遵照执行。

最高人民法院

2016 年 6 月 28 日

人民法院民事裁判文书制作规范

为指导全国法院民事裁判文书的制作,确保文书撰写做到格式统一、要素齐全、结构完整、繁简得当、逻辑严密、用语准确,提高文书质量,制定本规范。

一、基本要素

文书由标题、正文、落款三部分组成。

标题包括法院名称、文书名称和案号。

正文包括首部、事实、理由、裁判依据、裁判主文、尾部。首部包括诉讼参加人及其基本情况,案件由来和审理经过等;事实包括当事人的诉讼请求、事实和理由,人民法院认定的证据及事实;理由是根据认定的案件事实和法律依据,对当事人的诉讼请求是否成立进行分析评述,阐明理由;裁判依据是人民法院作出裁判所依据的实体法和程序法条文;裁判主文是人民法院对案件实体、程序问题作出的明确、具体、完整的处理决定;尾部包括诉讼费用负担和告知事项。

落款包括署名和日期。

二、标题

标题由法院名称、文书名称和案号构成,例如:"××××人民法院民事判决书(民事调解书、民事裁定书)+案号"。

(一)法院名称

法院名称一般应与院印的文字一致。基层人民法院、中级人民法院名称前应冠以省、自治区、直辖市的名称,但军事法院、海事法院、铁路运输法院、知识产权法院等专门人民法院除外。

涉外裁判文书,法院名称前一般应冠以"中华人民共和国"国名;案件当事人中如果没有外国人、无国籍人、外国企业或组织的,地方人民法院、专门人民法院制作的裁判文书标题中的法院名称无需冠以"中华人民共和国"。

(二)案号

案号由收案年度、法院代字、类型代字、案件编号组成。

案号="("+收案年度+")"+法院代字+类型代字+案件编号+"号"。

案号的编制、使用应根据《最高人民法院关于人民法院案件案号的若干规定》等执行。

三、正文

(一)当事人的基本情况

1. 当事人的基本情况包括:诉讼地位和基本信息。

2. 当事人是自然人的,应当写明其姓名、性别、出生年月日、民族、职业或者工作单位和职务、住所。姓名、性别等身份事项以居民身份证、户籍证明为准。

当事人职业或者工作单位和职务不明确的,可以不表述。

当事人住所以其户籍所在地为准;离开户籍所在地有经常居住地的,经常居住地为住所。连续两个当事人的住所相同的,应当分别表述,不用"住所同上"的表述。

3. 有法定代理人或指定代理人的,应当在当事人之后另起一行写明其姓名、性别、职业或工作单位和职务、住所,并在姓名后用括号注明其与当事人的关系。代理人为单位的,写明其名称及其参加诉讼人员的基本信息。

4. 当事人是法人的,写明名称和住所,并另起一行写明法定代表人的姓名和职务。当事人是其他组织的,写明名称和住所,并另起一行写明负责人的姓名和职务。

当事人是个体工商户的,写明经营者的姓名、性别、出生年月日、民族、住所;起有字号的,以营业执照上登记的字号为当事人,并写明该字号经营者的基本信息。

当事人是起字号的个人合伙的，在其姓名之后用括号注明“系……（写明字号）合伙人”。

5. 法人、其他组织、个体工商户、个人合伙的名称应写全称，以其注册登记文件记载的内容为准。

6. 法人或者其他组织的住所是指法人或者其他组织的主要办事机构所在地；主要办事机构所在地不明确的，法人或者其他组织的注册地或者登记地为住所。

7. 当事人为外国人的，应当写明其经过翻译的中文姓名或者名称和住所，并用括号注明其外文姓名或者名称和住所。

外国自然人应当注明其国籍。国籍应当用全称。无国籍人，应当注明无国籍。

港澳台地区的居民在姓名后写明“香港特别行政区居民”“澳门特别行政区居民”或“台湾地区居民”。

外国自然人的姓名、性别等基本信息以其护照等身份证明文件记载的内容为准；外国法人或者其他组织的名称、住所等基本信息以其注册登记文件记载的内容为准。

8. 港澳地区当事人的住所，应当冠以“香港特别行政区”“澳门特别行政区”。

台湾地区当事人的住所，应当冠以“台湾地区”。

9. 当事人有曾用名，且该曾用名与本案有关联的，裁判文书在当事人现用名之后用括号注明曾用名。

诉讼过程中当事人姓名或名称变更的，裁判文书应当列明变更后的姓名或名称，变更前姓名或名称无需在此处列明。对于姓名或者名称变更的事实，在查明事实部分写明。

10. 诉讼过程中，当事人权利义务继受人参加诉讼的，诉讼地位从其承继的诉讼地位。裁判文书中，继受人为当事人；被继受人在当事人部分不写，在案件由来中写明继受事实。

11. 在代表人诉讼中，被代表或者登记权利的当事人人数众多的，可以采取名单附后的方式表述，“原告×××等×人（名单附后）”。

当事人自行参加诉讼的，要写明其诉讼地位及基本信息。

12. 当事人诉讼地位在前，其后写当事人姓名或者名称，两者之间用冒号。当事人姓名或者名称之后，用逗号。

（二）委托诉讼代理人的基本情况

1. 当事人有委托诉讼代理人的，应当在当事人之后另起一行写明为“委托诉讼代理人”，并写明委托诉讼代理人的姓名和其他基本情况。有两个委托诉讼代理人的，分行分别写明。

2. 当事人委托近亲属或者本单位工作人员担任委托诉讼代理人的，应当列在第一位，委托外单位的人员或者律师等担任委托诉讼代理人的列在第二位。

3. 当事人委托本单位人员作为委托诉讼代理人的，写明姓名、性别及其工作人员身份。其身份信息可表述为“该单位（如公司、机构、委员会、厂等）工作人员”。

4. 律师、基层法律服务工作者担任委托诉讼代理人的，写明律师、基层法院法律服务工作者的姓名，所在律师事务所的名称、法律服务所的名称及执业身份。其身份信息表述为“××律师事务所律师”“××法律服务所法律工作者”。属于提供法律援助的，应当写明法律援助情况。

5. 委托诉讼代理人是当事人近亲属的，应当在姓名后用括号注明其与当事人的关系，写明住所。代理人是当事人所在社区、单位以及有关社会团体推荐的公民的，写明姓名、性别、住所，并在住所之后注明具体由何社区、单位、社会团体推荐。

6. 委托诉讼代理人变更的，裁判文书首部只列写变更后的委托诉讼代理人。对于变更的事实可根据需要写明。

7. 委托诉讼代理人后用冒号，再写委托诉讼代理人姓名。委托诉讼代理人姓名后用逗号。

（三）当事人的诉讼地位

1. 一审民事案件当事人的诉讼地位表述为“原告”“被告”和“第三人”。先写原告，后写被告，再写第三人。有多个原告、被告、第三人的，按照起诉状列明的顺序写。起诉状中未列明的当事人，按照参加诉讼的时间顺序写。

提出反诉的，需在本诉称谓后用括号注明反诉原告、反诉被告。反诉情况在案件由来和事实部分写明。

2. 二审民事案件当事人的诉讼地位表述为“上诉人”“被上诉人”“第三人”“原审原告”“原审被告”“原审第三人”。先写上诉人，再写被上诉人，后写其他当事人。其他当事人按照原审诉讼地位和顺序写明。被上诉人也提出上诉的，列为“上诉人”。

上诉人和被上诉人之后，用括号注明原审诉讼地位。

3. 再审民事案件当事人的诉讼地位表述为“再审申请人”“被申请人”。其他当事人按照原审诉讼地位表述，例如，一审终审的，列为“原审原告”“原审被告”“原审第三人”；二审终审的，列为“二审上诉人”“二审被上诉人”等。

再审申请人、被申请人和其他当事人诉讼地位之后，用括号注明一审、二审诉讼地位。

抗诉再审案件（再审检察建议案件），应当写明抗诉机关（再审检察建议机关）及申诉人与被申诉人的诉讼地位。案件由来部分写明检察机关出庭人员的基本情况。对于检察机关因国家利益、社会公共利益受损而依职权启动程序的案件，应列明当事人的原审诉讼地位。

4. 第三人撤销之诉案件，当事人的诉讼地位表述为“原告”“被告”“第三人”。“被告”之后用括号注明原审诉讼地位。

5. 执行异议之诉案件，当事人的诉讼地位表述为“原告”“被告”“第三人”，并用括号注明当事人在执行异议程序中的诉讼地位。

6. 特别程序案件，当事人的诉讼地位表述为“申请人”。有被申请人的，应当写明被申请人。

选民资格案件，当事人的诉讼地位表述为“起诉人”。

7. 督促程序案件，当事人的诉讼地位表述为“申请人”“被申请人”。

公示催告程序案件，当事人的诉讼地位表述为“申请人”；有权利申报人的，表述为“申报人”。申请撤销除权判决的案件，当事人表述为“原告”“被告”。

8. 保全案件，当事人的诉讼地位表述为“申请人”“被申请人”。

9. 复议案件，当事人的诉讼地位表述为“复议申请人”“被申请人”。

10. 执行案件，执行实施案件，当事人的诉讼地位表述为“申请执行人”“被执行人”。

执行异议案件，提出异议的当事人或者利害关系人的诉讼地位表述为“异议人”，异议人之后用括号注明案件当事人或利害关系人，其他未提出异议的当事人亦应分别列明。

案外人异议案件，当事人的诉讼地位表述为“案外人”“申请执行人”“被执行人”。

（四）案件由来和审理经过

1. 案件由来部分简要写明案件名称与来源。

2. 案件名称是当事人与案由的概括。民事一审案件名称表述为“原告×××与被告×××……（写明案由）一案”。

诉讼参加人名称过长的，可以在案件由来部分第一次出现时用括号注明其简称，表述为“（以下简称×××）”。裁判文书中其他单位或组织名称过长的，也可在首次表述时用括号注明其简称。

诉讼参加人的简称应当规范，需能够准确反映其名称的特点。

3. 案由应当准确反映案件所涉及的民事法律关系的性质，符合最高人民法院有关民事案件案由的规定。

经审理认为立案案由不当的，以经审理确定的案由为准，但应在本院认为部分予以说明。

4. 民事一审案件来源包括：

（1）新收；

（2）有新的事实、证据重新起诉；

（3）上级人民法院发回重审；

（4）上级人民法院指令立案受理；

（5）上级人民法院指定审理；

（6）上级人民法院指定管辖；

（7）其他人民法院移送管辖；

（8）提级管辖。

5. 书写一审案件来源的总体要求是：

（1）新收、重新起诉的，应当写明起诉人；

（2）上级法院指定管辖、本院提级管辖的，除应当写明起诉人外，还应写明报请上级人民法院指定管辖（报请移送上级人民法院）日期或者下级法院报请指定管辖（下级法院报请移送）日期，以及上级法院或者本院作出管辖裁定日期；

（3）上级法院发回重审、上级法院指令受理、上级法院指定审理、移送管辖的，应当写明原审法院作出裁判的案号及日期，上诉人，上级法院作出裁判的案号及日期、裁判结果，说明引起本案的起因。

6. 一审案件来源为上级人民法院发回重审的，发回重审的案件应当写明“原告×××与被告×××……（写明案由）一案，本院于××××年××月××日作出……（写明案号）民事判决。×××不服该判决，向××××法院提起上诉。××××法院于××××年××月××日作出……（写明案号）裁定，发回重审。本院依法另行组成合议庭……”。

7. 审理经过部分应写明立案日期及庭审情况。

8. 立案日期表述为：“本院于××××年××月××日立案后”。

9. 庭审情况包括适用程序、程序转换、审理方式、参加庭审人员等。

10.适用程序包括普通程序、简易程序、小额诉讼程序和非讼程序。

非讼程序包括特别程序、督促程序、公示催告程序等。

11.民事一审案件由简易程序(小额诉讼程序)转为普通程序的,审理经过表述为:“于××××年××月××日公开/因涉及……不公开(写明不公开开庭的理由)开庭审理了本案,经审理发现有不宜适用简易程序(小额诉讼程序)的情形,裁定转为普通程序,于××××年××月××日再次公开/不公开开庭审理了本案”。

12.审理方式包括开庭审理和不开庭审理。开庭审理包括公开开庭和不公开开庭。

不公开开庭的情形包括:

(1)因涉及国家秘密不公开开庭;

(2)因涉及个人隐私不公开开庭;

(3)因涉及商业秘密,经当事人申请,决定不公开开庭;

(4)因离婚,经当事人申请,决定不公开开庭;

(5)法律另有规定的。

13.开庭审理的应写明当事人出庭参加诉讼情况(包括未出庭或者中途退庭情况);不开庭的,不写。不开庭审理的,应写明不开庭的原因。

14.当事人未到庭应诉或者中途退庭的,写明经传票传唤,无正当理由拒不到庭或者未经法庭许可中途退庭的情况。

15.一审庭审情况表述为:“本院于××××年××月××日公开/因涉及……(写明不公开开庭的理由)不公开开庭审理了本案,原告×××及其诉讼代理人×××,被告×××及其诉讼代理人×××等到庭参加诉讼。”

16.对于审理中其他程序性事项,如中止诉讼情况应当写明。对中止诉讼情形,表述为:“因……(写明中止诉讼事由),于××××年××月××日裁定中止诉讼,××××年××月××日恢复诉讼。”

(五)事实

1.裁判文书的事实主要包括:原告起诉的诉讼请求、事实和理由,被告答辩的事实和理由,法院认定的事实和据以定案的证据。

2.事实首先写明当事人的诉辩意见。按照原告、被告、第三人的顺序依次表述当事人的起诉意见、答辩意见、陈述意见。诉辩意见应当先写明诉讼请求,再写事实和理由。

二审案件先写明当事人的上诉请求等诉辩意见。然后再概述一审当事人的诉讼请求,人民法院认定的事实、裁判理由、裁判结果。

再审案件应当先写明当事人的再审请求等诉辩意见,然后再简要写明原审基本情况。生效判决为一审判决的,原审基本情况应概述一审诉讼请求、法院认定的事实、裁判理由和裁判结果;生效判决为二审判决的,原审基本情况先概述一审诉讼请求、法院认定的事实和裁判结果,再写明二审上诉请求、认定的事实、裁判理由和裁判结果。

3.诉辩意见不需原文照抄当事人的起诉状或答辩状、代理词内容或起诉、答辩时提供的证据,应当全案考虑当事人在法庭上的诉辩意见和提供的证据综合表述。

4.当事人在法庭辩论终结前变更诉讼请求或者提出新的请求的,应当在诉称部分中写明。

5. 被告承认原告主张的全部事实的,写明“×××承认×××主张的事实”。被告承认原告主张的部分事实的,写明“×××承认×××主张的……事实”。

被告承认全部诉讼请求的,写明:“×××承认×××的全部诉讼请求”。被告承认部分诉讼请求的,写明被告承认原告的部分诉讼请求的具体内容。

6. 在诉辩意见之后,另起一段简要写明当事人举证、质证的一般情况,表述为:“本案当事人围绕诉讼请求依法提交了证据,本院组织当事人进行了证据交换和质证。”

7. 当事人举证质证一般情况后直接写明人民法院对证据和事实的认定情况。对当事人所提交的证据原则上不一一列明,可以附录全案证据或者证据目录。

对当事人无争议的证据,写明“对当事人无异议的证据,本院予以确认并在卷佐证”。对有争议的证据,应当写明争议的证据名称及人民法院对争议证据认定的意见和理由;对有争议的事实,应当写明事实认定意见和理由。

8. 对于人民法院调取的证据、鉴定意见,经庭审质证后,按照当事人是否有争议分别写明。对逾期提交的证据、非法证据等不予采纳的,应当说明理由。

9. 争议证据认定和事实认定,可以合并写,也可以分开写。分开写的,在证据的审查认定之后,另起一段概括写明法院认定的基本事实,表述为:“根据当事人陈述和经审查确认的证据,本院认定事实如下:……”。

10. 认定的事实,应当重点围绕当事人争议的事实展开。按照民事举证责任分配和证明标准,根据审查认定的证据有无证明力、证明力大小,对待证事实存在与否进行认定。要说明事实认定的结果、认定的理由以及审查判断证据的过程。

11. 认定事实的书写方式应根据案件的具体情况,层次清楚,重点突出,繁简得当,避免遗漏与当事人争议有关的事实。一般按时间先后顺序叙述,或者对法律关系或请求权认定相关的事实着重叙述,对其他事实则可归纳、概括叙述。

综述事实时,可以划分段落层次,亦可根据情况以“另查明”为引语叙述其他相关事实。

12. 召开庭前会议时或者在庭审时归纳争议焦点的,应当写明争议焦点。争议焦点的摆放位置,可以根据争议的内容处理。争议焦点中有证据和事实内容的,可以在当事人诉辩意见之后在当事人争议的证据和事实中写明。争议焦点主要是法律适用问题的,可以在本院认为部分,先写明争议焦点。

13. 适用外国法的,应当叙述查明外国法的事实。

(六)理由

1. 理由部分的核心内容是针对当事人的诉讼请求,根据认定的案件事实,依照法律规定,明确当事人争议的法律关系,阐述原告请求权是否成立,依法应当如何处理。裁判文书说理要做到论理透彻,逻辑严密,精炼易懂,用语准确。

2. 理由部分以“本院认为”作为开头,其后直接写明具体意见。

3. 理由部分应当明确纠纷的性质、案由。原审确定案由错误,二审或者再审予以改正的,应在此部分首先进行叙述并阐明理由。

4. 说理应当围绕争议焦点展开,逐一进行分析论证,层次明确。对争议的法律适用问题,应当根据案件的性质、争议的法律关系、认定的事实，依照法律、司法解释规定的法律适用规则进行分析，作出认定，阐明支持或不予支持的理由。

5. 争议焦点之外，涉及当事人诉讼请求能否成立或者与本案裁判结果有关的问题，也应在说理部分一并进行分析论证。

6. 理由部分需要援引法律、法规、司法解释时，应当准确、完整地写明规范性法律文件的名称、条款项序号和条文内容，不得只引用法律条款项序号，在裁判文书后附相关条文。引用法律条款中的项的，一律使用汉字不加括号，例如："第一项"。

7. 正在审理的案件在基本案情和法律适用方面与最高人民法院颁布的指导性案例相类似的，应当将指导性案例作为裁判理由引述，并写明指导性案例的编号和裁判要点。

8. 司法指导性文件体现的原则和精神，可在理由部分予以阐述或者援引。

9. 在说理最后，可以另起一段，以"综上所述"引出，对当事人的诉讼请求是否支持进行评述。

（七）裁判依据

1. 引用法律、法规、司法解释时，应当严格适用《最高人民法院关于裁判文书引用法律、法规等规范性法律文件的规定》。

2. 引用多个法律文件的，顺序如下：法律及法律解释、行政法规、地方性法规、自治条例或者单行条例、司法解释；同时引用两部以上法律的，应当先引用基本法律，后引用其他法律；同时引用实体法和程序法的，先引用实体法，后引用程序法。

3. 确需引用的规范性文件之间存在冲突，根据《立法法》等有关法律规定无法选择适用的，应依法提请有决定权的机关作出裁决，不得自行在裁判文书中认定相关规范性法律文件的效力。

4. 裁判文书不得引用宪法和各级人民法院关于审判工作的指导性文件、会议纪要、各审判业务庭的答复意见以及人民法院与有关部门联合下发的文件作为裁判依据，但其体现的原则和精神可以在说理部分予以阐述。

5. 引用最高人民法院的司法解释时，应当按照公告公布的格式书写。

6. 指导性案例不作为裁判依据引用。

（八）裁判主文

1. 裁判主文中当事人名称应当使用全称。

2. 裁判主文内容必须明确、具体、便于执行。

3. 多名当事人承担责任的，应当写明各当事人承担责任的形式、范围。

4. 有多项给付内容的，应当先写明各项目的名称、金额，再写明累计金额。如："交通费……元、误工费……元、……，合计……元"。

5. 当事人互负给付义务且内容相同的，应当另起一段写明抵付情况。

6. 对于金钱给付的利息，应当明确利息计算的起止点、计息本金及利率。

7. 一审判决未明确履行期限的，二审判决应当予以纠正。

判决承担利息，当事人提出具体请求数额的，二审法院可以根据当事人请求的数额作出相应判决；当事人没有提出具体请求数额的，可以表述为"按×××利率，自××××年××

月××日起计算至××××年××月××日止”。

（九）尾部

1. 尾部应当写明诉讼费用的负担和告知事项。

2. 诉讼费用包括案件受理费和其他诉讼费用。收取诉讼费用的，写明诉讼费用的负担情况。如：“案件受理费……元，由……负担；申请费……元，由……负担”。

3. 诉讼费用不属于诉讼争议的事项，不列入裁判主文，在判决主文后另起一段写明。

4. 一审判决中具有金钱给付义务的，应当在所有判项之后另起一行写明：“如果未按本判决指定的期间履行给付金钱义务，应当依照《中华人民共和国民事诉讼法》第二百五十三条的规定，加倍支付迟延履行期间的债务利息。”二审判决具有金钱给付义务的，属于二审改判的，无论一审判决是否写入了上述告知内容，均应在所有判项之后另起一行写明上述告知内容。二审维持原判的判决，如果一审判决已经写明上述告知内容，可不再重复告知。

5. 对依法可以上诉的一审判决，在尾部表述为：“如不服本判决，可以在判决书送达之日起十五日内，向本院递交上诉状，并按对方当事人的人数或者代表人的人数提出副本，上诉于××××人民法院。”

6. 对一审不予受理、驳回起诉、管辖权异议的裁定，尾部表述为：“如不服本裁定，可以在裁定书送达之日起十日内，向本院递交上诉状，并按对方当事人的人数或者代表人的人数提出副本，上诉于××××人民法院。”

四、落款

（一）署名

诉讼文书应当由参加审判案件的合议庭组成人员或者独任审判员署名。

合议庭的审判长，不论审判职务，均署名为“审判长”；合议庭成员有审判员的，署名为“审判员”；有助理审判员的，署名为“代理审判员”；有陪审员的，署名为“人民陪审员”。独任审理的，署名为“审判员”或者“代理审判员”。书记员，署名为“书记员”。

（二）日期

裁判文书落款日期为作出裁判的日期，即裁判文书的签发日期。当庭宣判的，应当写宣判的日期。

（三）核对戳

本部分加盖“本件与原本核对无异”字样的印戳。

五、数字用法

（一）裁判主文的序号使用汉字数字，例：“一”“二”；

（二）裁判尾部落款时间使用汉字数字，例：“二〇一六年八月二十九日”；

（三）案号使用阿拉伯数字，例：“（2016）京0101民初1号”；

（四）其他数字用法按照《国家标准GB/T15835－2011出版物上数字用法》执行。

六、标点符号用法

（一）“被告辩称”“本院认为”等词语之后用逗号。

（二）“×××向本院提出诉讼请求”“本院认定如下”“判决如下”“裁定如下”等词语之后用冒号。

(三)裁判项序号后用顿号。

(四)除本规范有明确要求外,其他标点符号用法按照《国家标准 GB/T15834 - 2011 标点符号用法》执行。

七、引用规范

(一)引用法律、法规、司法解释应书写全称并加书名号。

(二)法律全称太长的,也可以简称,简称不使用书名号。可以在第一次出现全称后使用简称,例:"《中华人民共和国民事诉讼法》(以下简称民事诉讼法)"。

(三)引用法律、法规和司法解释条文有序号的,书写序号应与法律、法规和司法解释正式文本中的写法一致。

(四)引用公文应先用书名号引标题,后用圆括号引发文字号;引用外文应注明中文译文。

八、印刷标准

(一)纸张标准,A4 型纸,成品幅面尺寸为:210mm × 297mm。

(二)版心尺寸为:156mm × 225mm,一般每面排 22 行,每行排 28 个字。

(三)采用双面印刷;单页页码居右,双页页码居左;印品要字迹清楚、均匀。

(四)标题位于版心下空两行,居中排布。标题中的法院名称和文书名称一般用二号小标宋体字;标题中的法院名称与文书名称分两行排列。

(五)案号之后空二个汉字空格至行末端。

(六)案号、主文等用三号仿宋体字。

(七)落款与正文同处一面。排版后所剩空白处不能容下印章时,可以适当调整行距、字距,不用"此页无正文"的方法解决。审判长、审判员每个字之间空二个汉字空格。审判长、审判员与姓名之间空三个汉字空格,姓名之后空二个汉字空格至行末端。

(八)院印加盖在日期居中位置。院印上不压审判员,下不压书记员,下弧骑年压月在成文时间上。印章国徽底边缘及上下弧以不覆盖文字为限。公章不应歪斜、模糊。

(九)凡裁判文书中出现误写、误算,诉讼费用漏写、误算和其他笔误的,未送达的应重新制作,已送达的应以裁定补正,避免使用校对章。

(十)确需加装封面的应印制封面。封面可参照以下规格制作:

1. 国徽图案高 55mm,宽 50mm。

2. 上页边距为 65mm,国徽下沿与标题文字上沿之间距离为 75mm。

3. 标题文字为"××××人民法院××判决书(或裁定书等)",位于国徽图案下方,字体为小标宋体字;标题分两行或三行排列,法院名称字体大小为 30 磅,裁判文书名称字体大小为 36 磅。

4. 封面应庄重、美观,页边距、字体大小及行距可适当进行调整。

九、其他

(一)本规范可以适用于人民法院制作的其他诉讼文书,根据具体文书性质和内容作相应调整。

(二)本规范关于裁判文书的要素和文书格式、标点符号、数字使用、印刷规范等技术化标准,各级人民法院应当认真执行。对于裁判文书正文内容、事实认定和说理部分,可以根据案件的情况合理确定。

（三）逐步推行裁判文书增加二维条形码，增加裁判文书的可识别性。

人民法院用证据诉讼文书样式（摘录）

1. 民事裁定书（申请书证提出命令用）

××××人民法院
民事裁定书

（××××）……民×……号

申请人：×××，……。

……

被申请人：×××，……。

……

（以上写明申请人、被申请人及其代理人的姓名或者名称等基本信息）

……（写明当事人及案由）一案，本院于××××年××月××日立案。申请人×××向本院提出书面申请，请求本院责令×××提交……（写明证据名称），以证明……（写明证明对象）。

本院经审查认为，……（写明准许或者驳回书证提出命令申请的理由）。

依照《中华人民共和国民事诉讼法》第六十四条、第一百五十四条第一款第十一项、《最高人民法院关于适用〈中华人民共和国民事诉讼法〉的解释》第一百一十二条规定，裁定如下：

（准许申请的，写明：）

×××于××××年××月××日前向本院提交……。

无正当理由拒不提交的，本院可以认定申请人主张的书证内容为真实。

（驳回申请的，写明：）

驳回×××的申请。

审　判　长　×××
审　判　员　×××
审　判　员　×××

××××年××月××日
（院印）
书　记　员　×××

【说明】

1. 本样式根据《中华人民共和国民事诉讼法》第六十四条、第一百五十四条第一款第十一项以及《最高人民法院关于适用〈中华人民共和国民事诉讼法〉的解释》第一百一十二条制定，供人民法院审查书证提出命令申请后，裁定准许或者驳回书证提出命令申请用。

2. 本裁定书案号用诉讼案件的类型代字。

3. 申请理由成立的，人民法院应当责令对方当事人提交，因提交书证所产生的费用，由申请人负担。对方当事人无正当理由拒不提交的，人民法院可以认定申请人所主张的书证内容为真实。

2. 民事裁定书（申请返还鉴定费用用）

××××人民法院
民事裁定书

（××××）……民×……号

申请人：×××，……。

……

被申请人：×××，……。

……

（以上写明申请人、被申请人及其代理人的姓名或者名称等基本信息）

……（写明当事人及案由）一案，本院于××××年××月××日立案。×××向本院提出申请，……（概述主张鉴定人返还鉴定费用的请求、事实和理由）。

本院经审查认为，……（写明准许或者驳回返还鉴定费用申请的理由）。

依照《中华人民共和国民事诉讼法》第七十八条、第一百五十四条第一款第十一项规定，裁定如下：

（准许申请的，写明：）×××于××××年××月××日前返还×××鉴定费用……元。

（驳回申请的，写明：）驳回×××的申请。

审　判　长　×××
审　判　员　×××
审　判　员　×××

××××年××月××日
（院印）
书　记　员　×××

【说明】

1. 本样式根据《中华人民共和国民事诉讼法》第七十八条、第一百五十四条第一款第十一项制定，供人民法院对于当事人申请返还鉴定费用，裁定准许或者驳回申请用。

2. 本裁定书案号用诉讼案件的类型代字。

3. 民事裁定书（诉前证据保全用）

××××人民法院

民事裁定书

（××××）……证保……号

申请人：×××，……。

……

被申请人：×××，……。

……

担保人：×××，……。

（以上写明申请人、被申请人及其代理人的姓名或者名称等基本信息，如有担保人的应一并写明其基本信息）

申请人×××于××××年××月××日向本院申请诉前保全证据，请求……（写明证据保全措施），并以本人/担保人×××的……（写明担保财产的名称、数量或者数额、所在地点等）提供担保。

本院认为，因情况紧急，在证据可能灭失或者以后难以取得的情况下，利害关系人可以在提起诉讼前向证据所在地、被申请人住所地或者对案件有管辖权的人民法院申请保全证据。申请人×××的申请符合法律规定。

依照《中华人民共和国民事诉讼法》第八十一条第二款、第三款，第一百零一条第一款，第一百五十四条第一款第四项规定，裁定如下：

……（写明证据保全措施）。

如不服本裁定，可以自收到裁定书之日起五日内向本院申请复议一次。复议期间不停止裁定的执行。

申请人在人民法院采取保全措施后三十日内不依法提起诉讼的，本院将依法解除保全。

审　判　长　×××

审　判　员　×××

审　判　员　×××

××××年××月××日
(院印)
书 记 员 ×××

【说明】

1. 本样式根据《中华人民共和国民事诉讼法》第八十一条第二款、第三款,第一百零一条第一款,第一百五十四条第一款第四项制定,供人民法院在当事人申请诉前证据保全后,经审查符合法定条件的,裁定采取证据保全措施用。

2. 案号类型代字为"证保"。

3. 因情况紧急,在证据可能灭失或者以后难以取得的情况下,利害关系人可以在提起诉讼前向证据所在地、被申请人住所地或者对案件有管辖权的人民法院申请保全证据。

4. 民事裁定书(诉讼证据保全用)

××××人民法院
民事裁定书

(××××)……民×……号

申请人:×××,……。

……

被申请人:×××,……。

……

担保人:×××,……。

(以上写明申请人、被申请人及其代理人的姓名或者名称等基本信息,如有担保人的应一并写明其基本信息)

……(写明当事人及案由)一案,申请人×××于××××年××月××日向本院申请保全证据,请求……(写明证据保全措施),并以本人/担保人×××的……(写明担保财产名称、数量或者数额、所在地点等)提供担保。

本院经审查认为,在证据可能灭失或者以后难以取得的情况下,当事人可以在诉讼过程中向人民法院申请保全证据。申请人×××的申请符合法律规定。

依照《中华人民共和国民事诉讼法》第八十一条第一款、第三款,第一百条第一款,第一百五十四条第一款第四项规定,裁定如下:

……(写明证据保全措施)。

如不服本裁定,可以自收到裁定书之日起五日内向本院申请复议一次。复议期间不停止裁定的执行。

审　判　长　×××
审　判　员　×××
审　判　员　×××

××××年××月××日
（院印）
书　记　员　×××

【说明】

1. 本样式根据《中华人民共和国民事诉讼法》第八十一条第一款、第三款，第一百条第一款，第一百五十四条第一款第四项制定，供人民法院在当事人申请保全证据后，经审查符合法定条件，裁定采取证据保全措施用。

2. 本裁定书案号用诉讼案件的类型代字。

3. 在证据可能灭失或者以后难以取得的情况下，当事人可以在诉讼过程中向人民法院申请保全证据。

5. 民事裁定书（仲裁前证据保全用）

××××人民法院
民事裁定书

（××××）……证保……号

申请人：×××，……。

……

被申请人：×××，……。

……

担保人：×××，……。

（以上写明申请人、被申请人及其代理人的姓名或者名称等基本信息，如有担保人的应一并写明其基本信息）

申请人×××于××××年××月××日向本院申请仲裁前保全证据，请求……（写明证据保全措施），并以本人/担保人×××的……（写明担保财产名称、数量或者数额、所在地点等）提供担保。

本院认为，因情况紧急，在证据可能灭失或者以后难以取得的情况下，利害关系人可以在申请仲裁前向证据所在地、被申请人住所地或者对案件有管辖权的人民法院申请保全证据。申请人×××的申请符合法律规定。

依照《中华人民共和国民事诉讼法》第八十一条第二款、第三款，第一百零一条第一款，第

一百五十四条第一款第四项规定,裁定如下:

……(写明证据保全措施)。

如不服本裁定,可以自收到裁定书之日起五日内向本院申请复议一次。复议期间不停止裁定的执行。

申请人在人民法院采取保全措施后三十日内不依法申请仲裁的,本院将依法解除保全。

审 判 长 ×××
审 判 员 ×××
审 判 员 ×××

××××年××月××日
(院印)
书 记 员 ×××

【说明】

本样式根据《中华人民共和国民事诉讼法》第八十一条第二款、第三款,第一百零一条第一款,第一百五十四条第一款第四项制定,供人民法院在当事人申请仲裁前申请保全证据,经审查符合法定条件,裁定采取证据保全措施时用。

6. 民事裁定书(解除证据保全用)

××××人民法院
民事裁定书

(××××)……证保……号

申请人:×××,……。

……

(以上写明申请人及其代理人的姓名或者名称等基本信息)

……(写明当事人及案由)一案,××××法院于××××年××月××日作出(××××)……号民事裁定:……(写明裁定主文)。

本院经审查认为,……(写明解除证据保全措施的事实和理由)。

依照《中华人民共和国民事诉讼法》第一百零一条第三款/《最高人民法院关于适用〈中华人民共和国民事诉讼法〉的解释》第一百六十六条第一款第×项规定,裁定如下:

解除对被保全人×××的……(写明保全对象名称)的保全措施。

本裁定书送达后立即执行。

审　判　长　×××
审　判　员　×××
审　判　员　×××

××××年××月××日
（院印）
书　记　员　×××

【说明】

1. 本样式根据《中华人民共和国民事诉讼法》第一百零一条第三款以及《最高人民法院关于适用〈中华人民共和国民事诉讼法〉的解释》第一百六十六条制定，供人民法院在采取保全措施后，具备法定情形时，裁定解除保全措施用。

2. 人民法院裁定采取保全措施后，除作出保全裁定的人民法院自行解除或者其上级人民法院决定解除外，在保全期限内，任何单位不得解除保全措施。

3. 申请人在人民法院采取保全措施后三十日内不依法提起诉讼或者申请仲裁的，人民法院应当解除保全。

4. 裁定采取保全措施后，有下列情形之一的，人民法院应当作出解除保全裁定：(1)保全错误的；(2)申请人撤回保全申请的；(3)申请人的起诉或者诉讼请求被生效裁判驳回的；(4)人民法院认为应当解除保全的其他情形。

5. 解除以登记方式实施的保全措施的，应当向登记机关发出协助执行通知书。

7. 举证通知书（通知当事人用）

××××人民法院
举证通知书

（××××）……民×……号

×××：

……（写明当事人及案由）一案，本院依照《中华人民共和国民事诉讼法》第六十五条、《最高人民法院关于适用〈中华人民共和国民事诉讼法〉的解释》第九十九条规定，指定本案的举证期限至××××年××月××日届满。（当事人协商一致的，写明：你方与×××协商一致，确定本案的举证期限至××××年××月××日届满，本院予以准许）你方应当在该期限前向本院提交证据，逾期提交，将承担相应的不利后果。

特此通知。

××××年××月××日
（院印）

【说明】

1. 本样式根据《中华人民共和国民事诉讼法》第六十五条以及《最高人民法院关于适用〈中华人民共和国民事诉讼法〉的解释》第九十九条制定，供人民法院在审理前的准备阶段确定当事人的举证期限后，通知当事人用。

2. 本通知书送达各方当事人。

3. 举证期限可以由当事人协商，并经人民法院准许。

4. 人民法院确定举证期限，第一审普通程序案件不得少于十五日，当事人提供新的证据的第二审案件不得少于十日。

5. 举证期限届满后，当事人对已经提供的证据，申请提供反驳证据或者对证据来源、形式等方面的瑕疵进行补正的，人民法院可以酌情再次确定举证期限，该期限不受上述规定的限制。

8. 准许延长举证期限通知书（通知当事人用）

××××人民法院
准许延长举证期限通知书

（××××）……民×……号

×××：

……（写明当事人及案由）一案，×××于××××年××月××日以……（写明申请延长举证期限的理由），在举证期限内提交证据确有困难为由，向本院申请延期举证。

经审查，×××的申请符合《中华人民共和国民事诉讼法》第六十五条第二款、《最高人民法院关于适用〈中华人民共和国民事诉讼法〉的解释》第一百条规定，本院准许你方延长本案举证期限至××××年××月××日。

特此通知。

××××年××月××日
（院印）

【说明】

1. 本样式根据《中华人民共和国民事诉讼法》第六十五条第二款以及《最高人民法院关于适用〈中华人民共和国民事诉讼法〉的解释》第一百条制定，供人民法院在当事人申请延长举证期限后，通知当事人准许延长举证期限用。

2. 本通知书送达申请人和其他当事人。

9. 不准许延长举证期限通知书(通知申请人用)

××××人民法院
不准许延长举证期限通知书

（××××）……民×……号

×××：

……(写明当事人及案由)一案,你方于××××年××月××日以……(写明申请延长举证期限的理由),在举证期限内提交证据确有困难为由,向本院申请延期举证。

经审查,你方的申请不符合《中华人民共和国民事诉讼法》第六十五条第二款、《最高人民法院关于适用〈中华人民共和国民事诉讼法〉的解释》第一百条规定,本院不予准许。

特此通知。

××××年××月××日
（院印）

【说明】

1. 本样式根据《中华人民共和国民事诉讼法》第六十五条第二款以及《最高人民法院关于适用〈中华人民共和国民事诉讼法〉的解释》第一百条制定,供人民法院在当事人申请延长举证期限后,通知申请人不准许延长举证期限用。

2. 本通知书只送达申请人,不送达其他当事人。

10. 准许调查收集证据申请通知书(通知当事人用)

××××人民法院
准许调查收集证据申请通知书

（××××）……民×……号

×××：

……(写明当事人及案由)一案,×××于××××年××月××日向本院书面申请调查收集……(写明当事人申请调查收集的证据名称)。

经审查,×××的申请符合《中华人民共和国民事诉讼法》第六十四条第二款和《最高人民法院关于适用〈中华人民共和国民事诉讼法〉的解释》第九十四条规定,本院予以准许。

特此通知。

××××年××月××日
（院印）

【说明】

1. 本样式根据《中华人民共和国民事诉讼法》第六十四条第二款以及《最高人民法院关于适用〈中华人民共和国民事诉讼法〉的解释》第九十四条制定，供人民法院在当事人书面申请人民法院调查收集证据后，通知当事人准许调查收集证据申请用。

2. 本通知书送达申请人和其他当事人。

11. 不准许调查收集证据申请通知书(通知申请人用)

××××人民法院

不准许调查收集证据申请通知书

(××××)……民×……号

×××：

……(写明当事人及案由)一案，你方于××××年××月××日向本院书面申请调查收集……(写明当事人申请调查收集的证据名称)。

经审查，你方的申请不符合《中华人民共和国民事诉讼法》第六十四条第二款和《最高人民法院关于适用〈中华人民共和国民事诉讼法〉的解释》第九十四条规定/你方的申请属于《最高人民法院关于适用〈中华人民共和国民事诉讼法〉的解释》第九十五条规定情形。本院不予准许。

特此通知。

××××年××月××日

(院印)

【说明】

1. 本样式根据《中华人民共和国民事诉讼法》第六十四条第二款以及《最高人民法院关于适用〈中华人民共和国民事诉讼法〉的解释》第九十四条、第九十五条制定，供人民法院在当事人书面申请人民法院调查收集证据后，通知申请人不准许调查收集证据申请用。

2. 本通知书只送达申请人，不送达其他当事人。

12. 准许具有专门知识的人出庭通知书(通知当事人用)

××××人民法院
准许具有专门知识的人出庭通知书

(××××)……民×……号

×××:

……(写明当事人及案由)一案,×××于××××年××月××日向本院申请×××作为具有专门知识的人出庭,就……(鉴定意见或者专业问题)提出意见。

经审查,×××的申请符合《中华人民共和国民事诉讼法》第七十九条、《最高人民法院关于适用〈中华人民共和国民事诉讼法〉的解释》第一百二十二条规定,本院予以准许。相关费用由申请人负担。

特此通知。

××××年××月××日
(院印)

【说明】

1. 本样式根据《中华人民共和国民事诉讼法》第七十九条以及《最高人民法院关于适用〈中华人民共和国民事诉讼法〉的解释》第一百二十二条制定,供人民法院在当事人申请具有专门知识的人出庭后,通知申请人准许具有专门知识的人出庭用。

2. 本通知书送达申请人并告知其他当事人。

13. 不准许具有专门知识的人出庭通知书(通知申请人用)

××××人民法院
不准许具有专门知识的人出庭通知书

(××××)……民×……号

×××:

……(写明当事人及案由)一案,你于××××年××月××日向本院申请×××作为具有专门知识的人出庭,就……(鉴定意见或者专业问题)提出意见。

经审查,你的申请不符合《中华人民共和国民事诉讼法》第七十九条、《最高人民法院关于适用〈中华人民共和国民事诉讼法〉的解释》第一百二十二条规定,本院不予准许。

特此通知。

××××年××月××日
(院印)

【说明】

1. 本样式根据《中华人民共和国民事诉讼法》第七十九条以及《最高人民法院关于适用〈中华人民共和国民事诉讼法〉的解释》第一百二十二条制定,供人民法院在当事人申请具有专门知识的人出庭后,通知申请人不准许具有专门知识的人出庭用。

2. 本通知书只送达申请人。

14. 出庭通知书(通知证人出庭作证用)

××××人民法院

出庭通知书

(××××)……民×……号

×××:

……(写明当事人及案由)一案,本院根据当事人申请/依职权通知你出庭作证。你应于××××年××月××日××时××分携带有效身份证明到……(证人作证的地点)出庭。现将有关事项通知如下:

一、凡是知道案件情况的单位和个人,都有义务出庭作证。

二、证人应当客观陈述亲身感知的事实,不得使用猜测、推断或者评论性的语言,不得宣读事先准备的书面证言。

三、证人应当如实作证,并如实回答审判人员和当事人的询问,作伪证的,应承担相应的法律责任。

四、证人不得旁听法庭审理,不得与当事人和其他证人交换意见。

五、证人的合法权利受法律保护。

联系人:……(写明姓名、部门、职务)

联系电话:……

联系地址:……

特此通知。

××××年××月××日

(院印)

【说明】

1. 本样式根据《中华人民共和国民事诉讼法》第七十二条、第七十三条以及《最高人民法院关于适用〈中华人民共和国民事诉讼法〉的解释》第一百一十五条、第一百一十七条制定,供人民法院根据当事人申请或者依职权通知证人出庭作证用。

2. 凡是知道案件情况的单位和个人,都有义务出庭作证。有关单位的负责人应当支持证人作证。不能正确表达意思的人,不能作证。

15. 出庭通知书(通知具有专门知识的人出庭用)

××××人民法院
出庭通知书

(××××)……民×……号

×××:

……(写明当事人及案由)一案,×××向本院申请你作为具有专门知识的人出庭,就本案涉及的……(写明协助质证的专门性问题)代表其质证或者提出意见。本院经审查,已准许×××的申请。现将有关事项通知如下:

一、你应于××××年××月××日××时××分携带有效身份证明到……(写明法庭审理的地点)出庭。

二、你在法庭上可以代表当事人对鉴定意见进行质证,或者对案件事实所涉及的专业问题提出意见。

三、审判人员可以对你进行询问。经法庭准许,当事人可以对你进行询问。你可以与对方当事人或其申请的具有专门知识的人就案件中的有关问题进行对质。

四、你应当遵守法庭秩序,服从审判人员指挥,不得参与鉴定意见或者专业问题之外的法庭审理活动。

联系人:……(写明姓名、部门、职务)

联系电话:……

联系地址:……

特此通知。

××××年××月××日
(院印)

【说明】

1. 本样式根据《中华人民共和国民事诉讼法》第七十九条以及《最高人民法院关于适用〈中华人民共和国民事诉讼法〉的解释》第一百二十二条制定,供人民法院根据当事人申请通知具有专门知识的人出庭用。

2. 当事人可以在举证期限届满前申请一至二名具有专门知识的人出庭,就鉴定人作出的鉴定意见或者专业问题提出意见。

16. 委托鉴定书(委托鉴定用)

××××人民法院
委托鉴定书

(××××)……民×……号

×××(写明受委托鉴定人名称或姓名):

我院审理/执行……(写明当事人及案由)一案,需对……(写明委托鉴定的事项)予以鉴定。依照《中华人民共和国民事诉讼法》第七十六条规定,请你进行鉴定,并及时向我院提出书面鉴定意见。

联系人:……(写明姓名、部门、职务)

联系电话:……

附:委托鉴定清单/委托鉴定事项说明

××××年××月××日
(院印)

【说明】

1. 本样式根据《中华人民共和国民事诉讼法》第七十六条以及《最高人民法院关于适用〈中华人民共和国民事诉讼法〉的解释》第一百二十一条制定,供人民法院在审理或执行案件中,委托具备资格的鉴定人进行鉴定用。

2. 案号适用诉讼案号。

3. 委托书后应附委托鉴定清单或者委托鉴定事项说明。

17. 证据材料收据(收到证据材料用)

××××人民法院
证据材料收据

(××××)……民×……号

今收到×××提交的证据……(单一证据可填写证据名称;如证据较多,可表述为“参见附录”)一式×份。

签收人(签名或者盖章)
××××年××月××日

附录：

序号	证据名称	份数	页数	原件/复制件	证明目的	备注

【说明】

1. 本样式根据《中华人民共和国民事诉讼法》第六十六条制定，供人民法院收到当事人提交的证据材料后，向当事人出具收据用。

2. 写明证据名称、份数、页数、原件或者复制件、证明目的、收到时间，并由经办人员签名或者盖章。

18. 调查笔录（庭外调查用）

调 查 笔 录

（××××）……民×……号

时间：××××年××月××日××时××分至××时××分

地点：……

调查人：……（写明职务和姓名）

记录人：……（写明职务和姓名）

被调查人：……（写明基本信息，与当事人的关系）

记录如下：

……（写明记录内容）。

（以下无正文）

被调查人（签名或者盖章）

调查人（签名或者盖章）

记录人（签名或者盖章）

【说明】

1. 本样式根据《中华人民共和国民事诉讼法》第一百三十条制定，供人民法院派出人员进行庭外调查记录用。

2. 人民法院派出人员进行调查时，应当向被调查人出示证件。

3. 调查笔录经被调查人校阅后，由被调查人和调查人签名或者盖章。

19. 勘验笔录(勘验物证和现场用)

勘 验 笔 录

(××××)……民×……号

时间:××××年××月××日××时××分至××时××分

地点:……

勘验对象:……(写明勘验的现场或物证)

勘验人:……(写明姓名、所在法院和职务)

在场人:×××(写明到场的当事人或者其成年家属、当事人的法定代表人或主要负责人的姓名等基本信息,上述人员拒不到场的,记录在案)

被邀参加人:×××(写明邀请的当地基层组织工作人员或者当事人所在单位的工作人员的姓名等基本信息)

记录人:×××(写明姓名、所在法院和职务)

勘验经过:……

勘验情况和结果:……

(以下无正文)

勘验人(签名或者盖章)
在场人(签名或者盖章)
被邀参加人(签名或者盖章)

【说明】

1. 本样式根据《中华人民共和国民事诉讼法》第八十条以及《最高人民法院关于适用〈中华人民共和国民事诉讼法〉的解释》第一百二十四条制定,供人民法院勘验物证和现场记录用。

2. 勘验物证或者现场,勘验人必须出示人民法院的证件,并邀请当地基层组织或者当事人所在单位派人参加。当事人或者当事人的成年家属应当到场,拒不到场的,不影响勘验的进行。

3. 有关单位和个人根据人民法院的通知,有义务保护现场,协助勘验工作。

4. 勘验人应当将勘验情况和结果制作笔录,由勘验人、当事人和被邀参加人签名或者盖章。

20. 委托书（委托外地法院调查用）

××××人民法院

委托书

（××××）……民×……号

××××人民法院（写明受委托人民法院名称）：

我院受理……（写明当事人及案由）一案，因……（写明委托调查的原因）。特此委托你院协助调查下列提纲中所列举的事项。请你院在收到本委托书后三十日内完成调查，并将调查材料函复我院。因故不能完成的，请在上述期限内函告我院。

联系人：……（写明姓名、部门、职务）

联系电话：……

联系地址：……

附：调查提纲

××××年××月××日

（院印）

【说明】

1. 本样式根据《中华人民共和国民事诉讼法》第一百三十一条制定，供人民法院在必要时委托外地人民法院调查用。

2. 委托调查，必须提出明确的项目和要求。受委托人民法院可以主动补充调查。

3. 受委托人民法院收到委托书后，应当在三十日内完成调查。因故不能完成的，应当在上述期限内函告委托人民法院。

21. 保证书（当事人当庭保证用）

保　证　书

（××××）……民×……号

姓名：

本案诉讼地位：

案由：

我作为本案当事人，保证向法庭据实陈述。如有虚假陈述，愿意接受罚款、拘留乃至刑事处罚。

特此保证。

保证人（签名或捺印）
××××年××月××日

【说明】

1. 本样式根据《最高人民法院关于适用〈中华人民共和国民事诉讼法〉的解释》第一百一十条制定，供人民法院在询问到庭当事人之前认为有必要的，要求当事人签署用。

2. 人民法院认为有必要的，可以要求当事人本人到庭，就案件有关事实接受询问。在询问当事人之前，可以要求其签署保证书。

3. 当事人拒绝签署保证书，待证事实又欠缺其他证据证明的，人民法院对其主张的事实不予认定。

22. 保证书（证人出庭作证保证用）

保　证　书

（××××）……民×……号

姓名		性别		民族	
证件类型		证件号码		与本案当事人关系	
职业和工作单位				联系方式	

我作为本案证人，保证向法庭据实陈述证言。如有虚假陈述，愿意接受罚款、拘留乃至刑事处罚。

特此保证。

保证人（签名或捺印）
××××年××月××日

【说明】

1. 本样式根据《最高人民法院关于适用〈中华人民共和国民事诉讼法〉的解释》第一百一十九条、第一百二十条制定，供人民法院在证人出庭作证前，责令证人签署用。

2. 人民法院在证人出庭作证前应当告知其如实作证的义务以及作伪证的法律后果，并责令其签署保证书，但无民事行为能力人和限制民事行为能力人除外。

3. 证人拒绝签署保证书的，不得作证，并自行承担相关费用。

第三部分　当事人用证据诉讼文书样式

1. 申请书(申请延长举证期限用)

申 请 书

申请人:×××,男/女,××××年××月××日出生,×族,……(写明工作单位和职务或者职业),住……。联系方式:……。

法定代理人/指定代理人:×××,……。

委托诉讼代理人:×××,……。

(以上写明申请人和其他诉讼参加人的姓名或者名称等基本信息)

请求事项:

申请延长你院(××××)……号……(写明当事人和案由)一案的举证期限至××××年××月××日。

事实和理由:

申请人×××与×××……(写明案由)一案,原定举证期限自××××年××月××日至××××年××月××日。……(写明申请延长举证期限的理由)

此致

××××人民法院

申请人(签名或者公章)

××××年××月××日

【说明】

1. 本样式根据《最高人民法院关于适用〈中华人民共和国民事诉讼法〉的解释》第一百条第一款制定,供当事人在举证期限届满前,向人民法院书面申请延长举证期限用。

2. 当事人是法人或者其他组织的,写明名称住所。另起一行写明法定代表人、主要负责人及其姓名、职务、联系方式。

2. 申请书(申请人民法院调查收集证据用)

申 请 书

申请人:×××,男/女,××××年××月××日出生,×族,……(写明工作单位和职务或者职业),住……。联系方式:……。

法定代理人/指定代理人:×××,……。

委托诉讼代理人:×××,……。

(以上写明申请人和其他诉讼参加人的姓名或者名称等基本信息)

请求事项:

申请你院调查收集……(写明证据名称)。

事实和理由:

你院(××××)……号……(写明当事人和案由)一案,……(写明申请人因客观原因不能自行收集,申请法院调查收集证据的理由。)

此致

××××人民法院

申请人(签名或者公章)

××××年××月××日

【说明】

1. 本样式根据《中华人民共和国民事诉讼法》第六十四条第二款以及《最高人民法院关于适用〈中华人民共和国民事诉讼法〉的解释》第九十四条制定,供当事人和其他诉讼参加人因客观原因不能自行收集的证据,申请人民法院调查收集证据用。

2. 当事人是法人或者其他组织的,写明名称住所。另起一行写明法定代表人、主要负责人及其姓名、职务、联系方式。

3. 当事人和其他诉讼参加人因客观原因不能自行收集的证据包括:(一)证据由国家有关部门保存,当事人和其他诉讼参加人无权查阅调取的;(二)涉及国家秘密、商业秘密或者个人隐私的;(三)当事人和其他诉讼参加人因客观原因不能自行收集的其他证据。

4. 当事人和其他诉讼参加人因客观原因不能自行收集的证据,可以在举证期限届满前书面申请人民法院调查收集。

3. 申请书(申请书证提出命令用)

申 请 书

申请人:×××,男/女,××××年××月××日出生,×族,……(写明工作单位和职务或者职业),住……。联系方式:……。

法定代理人/指定代理人:×××,……。

委托诉讼代理人:×××,……。

被申请人:×××,……。

……

(以上写明当事人和其他诉讼参加人的姓名或者名称等基本信息)

请求事项：

裁定责令×××提交……（写明书证名称）。

事实和理由：

你院（××××）……号……（写明当事人和案由）一案，……（写明书证在被申请人的控制之下的事实以及申请书证提出命令的理由）。

此致

××××人民法院

申请人（签名或者公章）

××××年××月××日

【说明】

1. 本样式根据《中华人民共和国民事诉讼法》第六十四条以及《最高人民法院关于适用〈中华人民共和国民事诉讼法〉的解释》第一百一十二条制定，供承担举证证明责任的当事人向人民法院提出书面申请，责令对方当事人提交其控制之下的书证用。

2. 当事人是法人或者其他组织的，写明名称住所。另起一行写明法定代表人、主要负责人及其姓名、职务、联系方式。

3. 承担举证证明责任的当事人可以在举证期限届满前，向人民法院提出书面申请。

4. 申请理由成立的，人民法院应当责令对方当事人提交，因提交书证所产生的费用，由申请人负担。

4. 申请书（申请通知证人出庭作证用）

申　请　书

申请人：×××，男/女，××××年××月××日出生，×族，……（写明工作单位和职务或者职业），住……。联系方式：……。

法定代理人/指定代理人：×××，……。

委托诉讼代理人：×××，……。

（以上写明申请人和其他诉讼参加人的姓名或者名称等基本信息）

请求事项：

因（××××）……号……（写明当事人和案由）一案，申请你院通知×××出庭作证，以证明……（写明待证事实）。

事实和理由：

……（写明申请证人出庭的事实和理由）。

此致

××××人民法院

申请人(签名或者公章)

××××年××月××日

【说明】

1. 本样式根据《中华人民共和国民事诉讼法》第七十二条以及《最高人民法院关于适用〈中华人民共和国民事诉讼法〉的解释》第一百一十七条第一款制定，供当事人在举证期限届满前，向人民法院申请通知证人出庭作证用。

2. 申请人是法人或者其他组织的，写明名称住所。另起一行写明法定代表人、主要负责人及其姓名、职务、联系方式。

3. 证人因履行出庭作证义务而支出的交通、住宿、就餐等必要费用以及误工损失，由败诉一方当事人负担。当事人申请证人作证的，由该当事人先行垫付。

5. 申请书(申请鉴定用)

申 请 书

申请人：×××，男/女，××××年××月××日出生，×族，……(写明工作单位和职务或者职业)，住……。联系方式：……。

法定代理人/指定代理人：×××，……。

委托诉讼代理人：×××，……。

(以上写明申请人和其他诉讼参加人的姓名或者名称等基本信息)

请求事项：

因(××××)……号……(写明当事人和案由)一案，申请对……(写明鉴定种类、鉴定事项)进行鉴定。

事实和理由：

……(写明申请鉴定的事实和理由)。

此致

××××人民法院

申请人(签名或者公章)

××××年××月××日

【说明】

1. 本样式根据《中华人民共和国民事诉讼法》第七十六条第一款以及《最高人民法院关于适用〈中华人民共和国民事诉讼法〉的解释》第一百二十一条第一款制定,供当事人在举证期限届满前,向人民法院申请鉴定以查明事实的专门性问题用。

2. 申请人是法人或者其他组织的,写明名称住所。另起一行写明法定代表人、主要负责人及其姓名、职务、联系方式。

3. 当事人申请鉴定的,由双方当事人协商确定具备资格的鉴定人;协商不成的,由人民法院指定。

6. 申请书(申请返还鉴定费用)

申　请　书

申请人:×××,男/女,××××年××月××日出生,×族,……(写明工作单位和职务或者职业),住……。联系方式:……。

法定代理人/指定代理人:×××,……。

委托诉讼代理人:×××,……。

被申请人:×××,……。

……

(以上写明当事人和其他诉讼参加人的姓名或者名称等基本信息)

请求事项:

裁定被申请人×××返还申请人×××鉴定费……元。

事实和理由:

你院(××××)……号……(写明当事人和案由)一案,……(写明申请返还鉴定费的事实和理由)。

此致

××××人民法院

申请人(签名或者公章)

××××年××月××日

【说明】

1. 本样式根据《中华人民共和国民事诉讼法》第七十八条制定,供支付鉴定费用的当事人,向人民法院申请裁定拒不出庭作证的鉴定人返还鉴定费用。

2. 申请人是法人或者其他组织的,写明名称住所。另起一行写明法定代表人、主要负责人及其姓名、职务、联系方式。

3. 当事人对鉴定意见有异议或者人民法院认为鉴定人有必要出庭的，鉴定人应当出庭作证。经人民法院通知，鉴定人拒不出庭作证的，鉴定意见不得作为认定事实的根据；支付鉴定费用的当事人可以要求返还鉴定费用。

7. 申请书（申请通知有专门知识的人出庭用）

申 请 书

申请人：×××，男/女，××××年××月××日出生，×族，……（写明工作单位和职务或者职业），住……。联系方式：……。

法定代理人/指定代理人：×××，……。

委托诉讼代理人：×××，……。

（以上写明申请人和其他诉讼参加人的姓名或者名称等基本信息）

请求事项：

因（××××）……号……（写明当事人和案由）一案，申请通知有专门知识的人×××，男/女，……（写明工作单位和职务或者职业），……（写明专业资质等信息）出庭，就鉴定人作出的鉴定意见或者专业问题提出意见。

事实和理由：

……（写明申请通知有专门知识的人出庭的事实和理由）。

此致

××××人民法院

申请人（签名或者公章）

××××年××月××日

【说明】

1. 本样式根据《中华人民共和国民事诉讼法》第七十九条以及《最高人民法院关于适用〈中华人民共和国民事诉讼法〉的解释》第一百二十二条第一款制定，供当事人在举证期限届满前，向人民法院申请通知有专门知识的人出庭用。

2. 申请人是法人或者其他组织的，写明名称住所。另起一行写明法定代表人、主要负责人及其姓名、职务、联系方式。

3. 当事人可以申请一至二名具有专门知识的人出庭，代表当事人对鉴定意见进行质证，或者对案件事实所涉及的专业问题提出意见。

4. 具有专门知识的人在法庭上就专业问题提出的意见，视为当事人的陈述。

5. 人民法院准许当事人申请的，相关费用由提出申请的当事人负担。

8. 申请书(申请诉前证据保全用)

申　请　书

申请人:×××,男/女,××××年××月××日出生,×族,……(写明工作单位和职务或者职业),住……。联系方式:……。

法定代理人/指定代理人:×××,……。

委托诉讼代理人:×××,……。

被申请人:×××,……。

……

(以上写明当事人和其他诉讼参加人的姓名或者名称等基本信息)

请求事项:

请求裁定……(写明证据保全措施)。

事实和理由:

……(写明诉前/仲裁前申请证据保全的事实和理由)。

申请人提供……(写明担保财产的名称、性质、数量或数额、所在地等)作为担保。

此致

××××人民法院

申请人(签名或者公章)

××××年××月××日

【说明】

1. 本样式根据《中华人民共和国民事诉讼法》第八十一条制定,供利害关系人在提起诉讼或者申请仲裁前,向人民法院申请诉前证据保全用。

2. 当事人是法人或者其他组织的,写明名称住所。另起一行写明法定代表人、主要负责人及其姓名、职务、联系方式。

3. 利害关系人申请诉前证据保全,可以在提起诉讼或者申请仲裁前向证据所在地、被申请人住所地或者对案件有管辖权的人民法院提出。

9. 申请书(申请诉讼证据保全用)

申　请　书

申请人:×××,男/女,××××年××月××日出生,×族,……(写明工作单位和职务或者职业),住……。联系方式:……。

法定代理人/指定代理人:×××,……。

委托诉讼代理人:×××,……。

被申请人:×××,……。

……

(以上写明当事人和其他诉讼参加人的姓名或者名称等基本信息)

请求事项:

因(××××)……号……(写明当事人和案由)一案,请求裁定……(写明证据保全措施)。

事实和理由:

……(写明申请诉讼证据保全的事实和理由)。

此致

××××人民法院

申请人(签名或者公章)

××××年××月××日

【说明】

1. 本样式根据《中华人民共和国民事诉讼法》第八十一条第一款制定,供当事人在诉讼过程中,向人民法院申请诉讼证据保全用。

2. 当事人是法人或者其他组织的,写明名称住所。另起一行写明法定代表人、主要负责人及其姓名、职务、联系方式。

3. 在证据可能灭失或者以后难以取得的情况下,当事人可以在诉讼过程中向人民法院书面提出证据保全申请。

后　记

本书自2019年开始启动至2021年初我结束第三巡回法庭工作时已经完成初稿。本来打算将本书出版作为证明我在第三巡回法庭工作期间专业学习不曾懈怠的证据。但在后期校对初稿时，我发现本书中的部分内容的表述仍差强人意，特别是与最新证据司法理念已有距离，遂有针对性地进行了内容完善。本书完成第二稿后，恰逢2021年第四次修正《民事诉讼法》，又结合该法最新修改对第二稿相关条文序号及其内容表述进行了更新。本书完成第三稿后，又迎来了2022年第二次修正《最高人民法院关于适用〈中华人民共和国民事诉讼法〉的解释》，好在这次民诉法解释修正条文序号及内容几无变化，只需对本书内容作一微调。本书第四稿完成时已是2022年6月，回过头来看，初稿时选择的【典型案例】都已略显过时。为让您能了解最新司法裁判动态，我又用重新选择了近几年来最新司法案例替代了全部原有案例。

"罗马不是一天建成的"。从2019年开始启动到2022年6月最终定稿，这本书前后历时3年半时间。漫长的写作过程，虽然消耗了我大量的时间和精力，但一想到能与您分享自己有限的实务经验和心得体会，我仍不免暗自高兴。

"作品也不是一人完成的"！本书能顺利付梓，首先，我要感谢最高人民法院宋春雨法官等诸多同事。在职期间，曾经常向他们请教、交流民事诉讼法特别是证据方面的问题，每一次思想碰撞产生的火花，我都小心采集并融入本书中。其次，我要感谢法律出版社法商分社社长薛晗女士、责任编辑慕雪丹女士、章雯女士，没有她们提供的选题、校稿等建议，本书不可能顺利出版。

最后也是最重要的是，感谢我的家人！我的贤妻刘颖女士，在我离家赴第三巡回法庭的两年多工作时间里，独力承担了照顾小朋友、料理家务等家庭重担，其中艰辛，点滴在心。当然，我的乖儿肖泽帆也表现优秀，时不时给我惊喜，有效舒缓了我写作的压力。

絮叨了这么多，其实可以归结为一句话：感恩你们，感谢自己！